Heinrich Julius Holtzmann

Lehrbuch der neutestamentlichen Theologie

Heinrich Julius Holtzmann

Lehrbuch der neutestamentlichen Theologie

ISBN/EAN: 9783743304086

Hergestellt in Europa, USA, Kanada, Australien, Japan

Cover: Foto ©Lupo / pixelio.de

Manufactured and distributed by brebook publishing software
(www.brebook.com)

Heinrich Julius Holtzmann

Lehrbuch der neutestamentlichen Theologie

SAMMLUNG

THEOLOGISCHER LEHRBÜCHER

NEUTESTAMENTLICHE THEOLOGIE

VON

HEINRICH JULIUS HOLTZMANN

DR. UND ORD. PROFESSOR DER THEOLOGIE
IN STRASSBURG

ERSTER BAND

FREIBURG I. B. UND LEIPZIG 1897.
AKADEMISCHE VERLAGSBUCHHANDLUNG VON J. C. B. MOHR
(PAUL SIEBECK).

LEHRBUCH

DER

NEUTESTAMENTLICHEN THEOLOGIE

VON

HEINRICH JULIUS HOLTZMANN

DR. UND ORD. PROFESSOR DER THEOLOGIE
IN STRASSBURG

ERSTER BAND

FREIBURG I. B. UND LEIPZIG 1897.

AKADEMISCHE VERLAGSBUCHHANDLUNG VON J. C. B. MOHR

(PAUL SIEBECK).

Vorrede.

Eine Verschiebung in dem Plane der Sammlung theologischer Lehrbücher liess vor zwei Jahren an mich die Aufgabe herantreten, die neutestamentliche Theologie zu bearbeiten. Da ich seit meiner Uebersiedelung von Heidelberg nach Strassburg über dieses Fach Vorlesungen zu halten hatte, konnten die zu solchem Zwecke gesammelten Materialien benutzt werden. Dem daher stammenden Text wurden reichliche Noten beigegeben, um auch andere Fachmänner zum Wort kommen und die Fühlung bemerkbar werden zu lassen, welche die hier begegnenden Aufstellungen mit dem Gange der wissenschaftlichen Forschung einhalten. Auch während des Druckes erschienene Beiträge zur neutestamentlichen Theologie konnten noch benutzt werden. Ich bedaure jedoch, dass ich so belehrende Arbeiten wie die von HÄRING über „Δικαιοσύνη θεοῦ bei Paulus" und von TEICHMANN über „Die paulinischen Vorstellungen von Auferstehung und Gericht und ihre Beziehung zur jüdischen Apokalyptik" nicht einmal mehr habe namhaft machen können. Auch von manchen Ausführungen allgemeineren und ferner liegenden Inhaltes, wie von K. BREYSIG's erster Studie über „Die sociale Entwicklung der führenden Völker Europas" (in SCHMOLLER's Jahrbuch für Gesetzgebung, Verwaltung und Volkswirthschaft im deutschen Reich XX, 4) würde ich gern früher Kenntniss genommen haben. Speciell theologische Werke sind in der Regel nach den neuesten Auflagen angeführt. Von BEYSCHLAG's neutestamentlicher Theologie konnte ich den zweiten Band in zweiter Auflage leider erst auf den später gedruckten Bogen heranziehen (vgl. hierüber I, S. 15, II, S. 238). Von SABATIER's paulinischen Studien stand mir die dritte Auflage noch nicht zu Gebote. An Vollständigkeit der zu verarbeitenden Literatur war natürlich auf einem so überreich angebauten Gebiete nicht zu denken. Wohl aber ist eine möglichst umfassende, auch das Ausland berücksichtigende, Umschau, eine gleichmässige Uebersicht über die Herkunft und den Stand der Controversen, eine zuverlässige Darstellung des

Kampfes der Meinungen angestrebt worden. Dies schloss die Durchführung einer einheitlichen und zusammenhängenden Grundanschauung, in welcher ich meine dem Neuen Testament gewidmeten Studien zusammenzufassen und zum Abschlusse zu bringen gedachte, keineswegs aus. Diese Seite der Aufgabe tritt sogar ungleich mehr hervor, als im „Lehrbuch der historisch-kritischen Einleitung zum Neuen Testament" geschehen konnte, wo die Natur der Probleme ein endgültiges Urtheil vielfach erschwerte. Aber so sehr ich auch hoffe, dass man mir jetzt vielleicht bereitwilliger den Besitz einer eigenen Meinung zugestehen werde, habe ich es doch auch hier neben der Darlegung derselben stets auf Berichterstattung und Orientirung über die jeweilige Sachlage abgesehen. Daher anderweitige Auffassungen vielfach selbst da wenigstens angemerkt sind, wo es an Raum oder Lust mangelte, sich mit ihnen des Weiteren zu befassen. Man wird vielleicht finden, dass neben der neueren und neuesten Literatur, auf die es ankomme, der älteren ein noch zu grosser Raum gegönnt sei. Zur Verständigung sei mir daher hier die Bemerkung gestattet, dass ich dabei meiner eigenen Werthempfindung gefolgt bin, wie ich überhaupt lange nicht Alles für überwunden und abgethan halten kann, was heutzutage, oft sogar von ganz incompetenter Seite, dafür ausgegeben wird. Wohl aber hat die, mir im Interesse des „Theologischen Jahresberichtes" obliegende, sehr wenig lohnende Pflicht, von Allem Notiz zu nehmen, was der Büchermarkt Jahr aus Jahr ein zur Sache bringt, mir reichliche Gelegenheit geboten, die Leichtfertigkeit zu bewundern, womit auf dem neutestamentlichen Gebiete Unzählige lehren wollen, ohne eine Ahnung davon zu haben, was hier zuvor Alles zu lernen wäre. Auf dem Gebiete des Alten Testaments wird aus begreiflichen Gründen nicht so fröhlich in den Tag hinein geredet und geschrieben.

Abgesehen davon, dass die Veröffentlichung des Werkes sich in Folge von Ereignissen, welchen ich machtlos gegenüberstand, über Erwarten in die Länge zog, hat schon die lieferungsweise erfolgende Herausgabe Besprechungen ermöglicht, noch bevor das Ganze abgeschlossen vorlag. Von sachlichem Belange sind ihrer namentlich zwei. Was JEAN RÉVILLE, Revue de l'histoire des religions XXXIV, S. 222f bemerkt hat, betrifft den Inhalt, während GUSTAV KRÜGER, Das Dogma vom Neuen Testament S. 11 f, 21 f Form und Umfang in Anspruch nimmt. In letzterer Beziehung ist unumwunden zuzugeben, dass eine „Geschichte der urchristlichen Literatur" eine vollkommenere Leistung sein würde, als eine „neutestamentliche Theologie". Ich fühle das um so tiefer, je mehr ich im Vergleich mit Vorgängern die Zusammenhänge der neutestamentlichen Gedankenwelt mit dem religions-

und dogmengeschichtlichen Process im Auge gehabt habe. Aber die „Sammlung theologischer Lehrbücher" berücksichtigt zunächst den gegenwärtigen Schulbetrieb, innerhalb dessen bei der unvergleichlichen Bedeutung, welche gerade der, im Zusammenhang mit der Bildungsgeschichte der katholischen Kirche entstandene, neutest. Kanon für die christliche Theologie und für den gesammten Bestand unserer religiösen Besitzthümer gewonnen hat, eine gesonderte Behandlung dieser Auswahl noch immer ihren guten Sinn hat. Ich berufe mich in dieser Beziehung einfach auf die Erörterung dieses Punktes in der Einleitung in das Neue Testament[3], S. 10f, zu welcher das vorliegende Lehrbuch ein Seitenstück sein will, indem es zu den dort behandelten Stoffen die innere Kehrseite bietet. Auch kann ich nicht verstehen, wie, was dort allenfalls angehe, bezüglich der hier zu behandelnden Stoffe zur Unmöglichkeit werde, sofern es unvermeidlicher Weise bald zu falscher Zusammenschau disparater Dinge, bald zu irreführenden Trennungen und Scheidungen innerhalb eines homogenen Stoffes Anlass gebe. Vielleicht tragen in dieser Richtung die letzten Abschnitte des ersten Bandes einigermaassen zur Beruhigung bei, sofern sie den grossen geschichtlichen Rahmen bieten, innerhalb dessen die im zweiten Bande hineingezeichneten Einzelbilder ihren Zusammenhang gewinnen, wobei gelegentlich auch solchen Schriften ihre Stellung angewiesen wird, die, wenn sie eine gleich eingehende Besprechung finden sollten, das zweibändige Werk zu einem dreibändigen hätten anwachsen lassen. Was dann aber in einem dritten Bande zu sagen war, ist in den, der Sammlung angehörigen, Lehrbüchern der Kirchen- und Dogmengeschichte schon hinlänglich und eingehender, als ich selbst es jetzt zu geben vermocht hätte, dargelegt.

Im Uebrigen habe ich auch bereits anderswo (Deutsche Literaturzeitung 1896, S. 1283f) anerkannt, dass das fernere Ziel und die letzte Aufgabe der Darstellung für die hier behandelten Stoffe nur in der Richtung liegen kann, nach welcher das KRÜGER'sche Programm weist. Theils ist damit der Weg beschrieben, auf welchem die ausgereiften Früchte unserer Zunftgelehrsamkeit dem allgemeinen Weltmarkt zugeführt werden können, theils würden sich auch innerhalb des theologischen Schulbetriebes die biblischen und die kirchengeschichtlichen Arbeitsleistungen vielleicht einfacher gegen einander abgrenzen, wenn der Kirchenhistoriker nach einem kurzen Rückblick auf die Urzeit erst mit dem Auftreten der katholischen Kirche einzusetzen hätte. Seinem neutestamentlichen Kollegen würde er dann freilich gerade diejenige Zeit zu überlassen haben, in welcher es noch kein Neues Testament gab (S. 34f). Der von der angeführten Schrift gebrauchte und in Curs gesetzte Name „Neutestamentler" gewinnt dadurch einen Klang von eigenthümlicher Paradoxie. Wie die Dinge dagegen vor der beabsichtigten Reform liegen, führt er seinen Namen wenigstens davon, dass er sich wirklich mit dem Neuen Testament, und zwar mit der Geschichte sowohl des Ganzen wie seiner einzelnen Bestandtheile, zu befassen hat, alles Weitere aber nur als Nebenwerk und Hülfsconstruction erscheint. Ein Uebelstand bleibt es dann immerhin, dass er, sofern man „nicht berechtigt ist, mit dem Begriff Neues Testament in irgend einer Form bei der geschichtlichen Betrachtung einer Zeit zu operiren, die noch kein Neues Testament kennt" (S. 10), die Legitimation für Existenz und Function ausserhalb des Gebietes seiner Forschung zu suchen und das Urtheil der späteren Kirche dafür verantwortlich zu machen hat, wenn er seine Vorlesungen, die gesprochenen, wie die gedruckten, zunächst nur diesen 27 statt 27 + x Schriften widmet. Solange daher jenes Urtheil der alten katholischen Kirche identisch ist mit dem Urtheil der heutigen officiellen Kirchlichkeit, so lange eben desshalb aber auch die protestantische Wissenschaft kaum eine dringendere Aufgabe hat, als diejenige der Rectificirung dieses, vor der Wirklichkeit nicht bestehenden, Urtheils, wird es immer noch verständlich erscheinen, dass das eigentliche Kampfgebiet, auf welchem zunächst ein entscheidender Sieg errungen sein will, mit den herkömmlichen Schranken abgesteckt erscheint, wenn nur die Kämpfer selbst über diese hinauszublicken und, wo es nöthig, auch hinauszugreifen vermögen. In diesen Erwägungen werden wir uns wohl verstehen und zusammenfinden können.

Der französische Gelehrte, dem wir schon so viel Gutes und Schönes verdanken, macht einige sehr beachtenswerthe Vorschläge zur Ergänzung und Erweiterung der im ersten Bande behandelten Gegenstände und wünscht bezüglich des zweiten, es hätte der Paulinismus mehr nach der genetischen Methode SABATIER's als Entwickelungsproduct zur Darstellung kommen sollen (S. 229 f). Aber die Sache liegt doch wesentlich anders da, wo man zu den kritischen Fragen so steht, dass man die sämmtlichen paulinischen Briefe in Gruppen eintheilen und nach Stufen ordnen kann, als in meinem Falle, wo auf der ersten Stufe II Th, auf der dritten Eph und ein guter Theil von Kol in Wegfall kommen müssten, um von den Tim- und Tit-briefen ganz zu schweigen. Da erscheinen denn doch die erste Gruppe (I Th) und die dritte (Phl und die ältere Schicht von Kol) als allzu schmale Stufen, um neben der mittleren (Rm, Kor, Gal) noch auf selbständige Bedeutung Anspruch erheben zu können. Und thatsächlich sind die Unterschiede, welche z. B. Phl von den Haupt-

briefen trennen (s. II, S. 87 f), nicht grösser, als die zwischen I und
II Kor (s. II, S. 193) oder zwischen Rm und Gal, also auf der breiten
Mittelstufe selbst, statthabenden (vgl. II, S. 26 mit S. 31 f). Gleichwohl gebe ich zu, dass hier die Differenzirung noch weiter fortgeführt
werden könnte und müsste, falls beispielsweise etwa Teichmann's Auffassung der in I Th zu Tage tretenden Eschatologie zu Recht bestünde
(s. a. a. O. S. 35 f, 40 f) und die ganze Lehre vom metaphysischen
Dualismus (σάρξ und πνεῦμα) erst in den Zeiten der Korintherbriefe
Ausbildung gefunden hätte. Dann erst würde Réville's Einwand
rechte Kraft gewinnen: es sei hier die Anthropologie des Apostels als
vor der Bekehrung bereits feststehende Prämisse vorausgesetzt, während doch die Quellen, daraus die Darstellung geschöpft ist, erst nach
der Bekehrung entstanden sind, also auch erst für die christliche
Weltanschauung des Paulus beweiskräftig sein können (S. 9 f). Wenn
dagegen unsere Darstellung des vorchristlichen Christusbildes zu Recht
besteht (Réville führt S. 229 f die S. 53 gemachte Reserve an und
erkennt in dem S. 55 f entworfenen Bilde „les éléments de l'apparition,
antérieurs au système chrétien de Paul"), so sind damit auch die allgemeinen anthropologischen Begriffe, welche jenes Christusbild bedingen und mit herstellen halfen, als Eigenthum des Paulus von Haus
aus, als Erwerb schon seiner pharisäischen Studien erwiesen. Von dem
fraglichen Einwande würde also höchstens die Stellung der Lehre
vom Gesetz innerhalb der vorchristlichen Hemisphäre des paulinischen
Denkens betroffen. Aber gerade hier ist ja auch ausdrücklich anerkannt, dass die gegebene Darstellung auf Aussagen beruht, die der
Apostel „von dem schon in seiner Erfahrung gegebenen Heilsbewusstsein aus rückschauend entwirft" (S. 30). Für meine Zwecke scheint
mir also die gewählte Reihenfolge der Stoffe nach wie vor zulässig
und zweckmässig.

Ein hervorragender Vertreter der praktischen Theologie, H. Bas-
sermann, hat in einer akademischen Rede (Die praktische Theologie
als eine selbständige wissenschaftliche theologische Disciplin, S. 19)
von vorliegendem Buche Anlass genommen, den Abstand zwischen
der hier dargelegten religiösen Gedankenwelt und unserem heutigen
Denken und Glauben, und zwar auch dem kirchlichen, zu bemerken.
Derselbe wächst in der That in demselben Maasse, als man einer, so
manches sonst brauchbare Lehrbuch der neutestamentlichen Theologie
kennzeichnenden, Neigung, zu rationalisiren und zu modernisiren, zu
glätten und auszugleichen, widersteht, um dafür den geschichtlichen
Zusammenhängen mit dem jüdischen und antiken Religionswesen nachzugehen. Aber gerade der Umstand, dass sie dazu führt, paulinischen,

johanneischen oder sonstigen Lehrbegriffen eine unmittelbare Bezieh-
barkeit auf unsere heutige Gedankenwelt abzuerkennen, bedingt den,
tiefe Gegensätze überbrückenden, versöhnenden und friedlichen Beruf unserer Disciplin. Sie nöthigt der Theologie der Gegenwart gewaltsam höhere und höchste Aufgaben auf, indem unter dem beherrschenden Gesichtswinkel der Distanz die kurzen Wege, auf welchen
bisher ein rasch fertiger Schriftbeweis die Dinge zu erledigen gedachte, überall als ziellos erscheinen. Die sog. praktische Erklärung
der Schrift, welche vielleicht den werthvollsten Bestandtheil aller praktischen Theologie ausmacht, kann an Bedeutung nur gewinnen, wenn
das zu erreichende Ziel so gesteckt werden muss, dass es in Zukunft
gilt, die Religion des Neuen Testamentes zu verkündigen, ohne desshalb neutestamentliche Lehrbegriffe zu predigen.

Für Besorgung der Correctur bin ich den mir befreundeten
Geistlichen A. HUCK und M. ZIMMER zu Dank verpflichtet. Der
Erstgenannte hat auch die Register angefertigt. Hier sind übrigens
nur solche Stellen berücksichtigt, welche im Text oder in den An-
merkungen eingehende Besprechung oder durch den jeweiligen Zu-
sammenhang besondere Beleuchtung erfahren haben. Von synopt.
Paralellen wurden, wo nicht besondere Gründe obwalteten, nur die
Stellen aus Mc oder, wo dieser versagt, aus Mt aufgenommen.

Strassburg, 1. März 1897.

H. Holtzmann.

Inhaltsverzeichniss.

XIV

Sigla der biblischen Citate.

Act = Acta, Apostelgeschichte.
Am = Amos.
Apk = Apokalypse.
Bar = Baruch.
Chr = Chronik.
Cnt = Canticum, hohes Lied.
Dan = Daniel.
Dtn = Deuteronomium, 5. Moses.
Eph = Epheserbrief.
Esr = Esra.
Est = Esther.
Ex = Exodus, 2. Moses.
Ez = Ezechiel.
Gal = Galaterbrief.
Gen = Genesis, 1. Moses.
Hab = Habakuk.
Hag = Haggai.
Hbr = Hebräerbrief.
Hos = Hosea.
Jak = Jakobusbrief.
Jdc = Judices, Richter.
Jdt = Judith.
Jer = Jeremias.
Jes = Jesajas.
Jo = Joel.
Job = Hiob.
Joh = Johannes (Evangelium und Briefe).
Jon = Jona.
Jos = Josua.
Jud = Judasbrief.
Koh = Kohelet, Prediger Salomo.

Kol = Kolosser- ⎱ Briefe.
Kor = Korinther- ⎰
Lc = Lucas
Lev = Leviticus, 3. Moses.
Mak = Makkabäer.
Mal = Maleachi.
Mc = Marcus.
Mch = Micha.
Mt = Matthäus.
Na = Nahum.
Neh = Nehemia.
Num = Numeri, 4. Moses.
Ob = Obadja.
Past = Pastoralbriefe.
Phl = Philipperbrief.
Phm = Philemonbrief.
Prv = Proverbia, Sprüche.
Ps = Psalmen.
Pt = Petrusbriefe.
Reg = Reges, Könige.
Rm = Römerbrief.
Rt = Ruth.
Sam = Samuel.
Sap = Sapientia, Weisheit Salomo's.
Sach = Sacharja.
Sir = Sirach.
Th = Thessalonicherbriefe.
Thr = Threni, Klagelieder.
Tim = Timotheus- ⎱ Briefe.
Tit = Titus- ⎰
Tob = Tobias.
Zph = Zephanja.

Sonstige Sigla.

BTh = Biblische Theologie.
HC = Hand-Commentar zum NT.
JdTh = Jahrbücher für deutsche Theologie.
JpTh = Jahrbücher für protestantische Theologie.
LJ = Leben Jesu.

StKr = Theolog. Studien u. Kritiken.
ThLz = Theolog. Literaturzeitung.
ThT = Theologisch Tijdschrift.
ZThK = Zeitschrift für Theologie und Kirche.
ZwTh = Hilgenfeld's Zeitschrift für wissenschaftl. Theologie.

Verzeichniss von Druckfehlern und Versehen.

Band I.

Seite 216 Zeile 8 von unten lies: 120 f und besonders (statt: 121 f und selbst)
„   218   „   10   „   „   „   59 (statt 47)
„   222   „   13   „   „   streiche: 120 f
„   225   „   9   „   „   „   115,
„   237   „   6   „   oben lies: vgl. 39 13 33 24 19
„   241   „   4   „   unten „   das (statt Das)
„   256   „   15   „   „   „   2 27 (statt 2 26)
„   265   „   4   „   „   „   die einfache Gleichstellung
„   276   „   12   „   oben „   11 (statt 12)
„   278   „   18   „   unten „   5 (statt 6)
„   283   „   7   „   „   „   Verhältniss
„   284   „   13   „   oben „   6 (statt 7)
„   286   „   23   „   „   „   Mt 20 (statt Mt 26)
„   294   „   26   „   „   „   πάντων oder
„   302   „   5   „   „   „   Rest (statt Recht)
„   307   „   3   „   unteu „   6 4 (statt 7 4)
„   308   „   20   „   oben „   Lc 22 (statt Lc 23)
„   310   „   19   „   „   „   unmittelbar
„   320   „   18   „   unten „   225 (statt 215)
„   328   „   7   „   „   lies zweimal: kirchl. (statt christl.)
„   331   „   5   „   „   streiche das Komma nach selber
„   334   „   1   „   „   lies: 1893, S. 1 f, vgl. besonders S. 62 f, 82.
„   335   „   23   „   oben „   Mahl, (statt Mahl-)
„   338   „   7   „   „   „   flatu divino, vgl. De oratore II 46, 194
„   350   „   7   „   unten „   1895 (statt 1859)
„   357   „   17   „   „   „   wenn (statt wem)
„   369   „   24   „   „   „   γενέσθαι), zu
„   398   „   1   „   „   „   IV, S.
„   423   „   4   „   oben „   gefasst²
„   438   „   17   „   unten „   Lc (statt Mc)

— — ·

Einleitung:
Geschichte, Begriff und Eintheilung der Disciplin.

I. Literatur.

1. Die Anfänge der Disciplin.

HAYMANN, Bibl. Theologie 1708,⁴ 1768. — BÜSCHING, Gedanken von der Beschaffenheit und dem Vorzug der bibl.-dogmatischen Theologie vor der schola-
stischen 1756—58. — GABLER, De justo discrimine theologiae biblicae et dog-
maticae 1787. — ZACHARIÄ, Bibl. Theologie oder Untersuchung des bibl. Grundes
der vornehmsten theol. Lehren 1771—75, ²1774—86, ³1786—95, 3 Bde mit Schluss-
theil von VOLLBORTH. — HUFNAGEL, Handbuch der bibl. Theologie 1785—89, 2 Bde.
— AMMON, Entwickelung einer reinen bibl. Theologie 1792, ²Bibl.Theologie 1801—02.
— G. LORENZ BAUER, Bibl. Theologie des NT 1800—02. Bibl. Moral des NT 1804—05.
— PÖLITZ, Das Urchristenthum 1804. — CLUDIUS, Uransichten des Christenthums
1808. — SCHWARZ, Die Lehre des Evglms aus den Urkunden dargestellt 1808. —
G. PH. CH. KAISER, Die bibl. Theologie oder Judaismus und Christenthum 1813—21,
3 Bde. — DE WETTE, Bibl. Dogmatik 1813, ³1841. — L. J. RÜCKERT, Christl. Philo-
sophie, Bd. 2: Die Bibel, d. h. systematische Darstellung der theol. Ansichten des
NT 1825. — LOSSIUS, Bibl. Theologie des NT 1825. — BAUMGARTEN-CRUSIUS, Grundzüge der bibl. Theologie 1828. — CRAMER, Vorlesungen über die bibl. Theologie des
NT 1830. — DANIEL VON CÖLLN, Bibl. Theologie, herausgegeben von DAVID SCHULZ
1836. — SAMUEL LUTZ, Bibl. Dogmatik, herausgegeben von RUETSCHI 1847, ²1861.

2. Die kritische Richtung.

A. NEANDER, Geschichte der Pflanzung und Leitung der christl. Kirche durch
die Apostel 1832, ⁵1862. Neuer Abdruck in der Bibliothek der theol. Classiker,
Bd. 26—28, 1890. — E. REUSS, Histoire de la théologie chrétienne au siècle
apostolique 1852, ³1864, 2 Bde. — A. SCHWEGLER, Das nachapostol. Zeitalter in den
Hauptmomenten seiner Entwickelung 1846, 2 Bde. — F. CHR. BAUR, Vorlesungen
über neutest. Theologie, herausgegeben von F. F. BAUR 1864. Neuer Abdruck in
der Bibliothek der theol. Classiker, Bd. 45—46, 1892. — A. HILGENFELD, Das Urchristenthum in den Hauptmomenten seiner Entwickelung 1854. Zeitschrift für
wissenschaftliche Theologie seit 1858. — HEINRICH EWALD, Geschichte des Volkes
Israel, Bd. 5: Geschichte Christus 1855, ³1867; Bd. 6: Geschichte des apostol.
Zeitalters 1858, ³1868; Bd. 7: Geschichte der Ausgänge des Volkes Israel und
des nachapostol. Zeitalters 1859, ²1869. Die Lehre der Bibel von Gott oder
Theologie des alten und neuen Bundes. Bd. 1: Die Lehre vom Wort Gottes 1871;
Bd. 2 und 3: Die Lehre von Gott und Welt oder die Glaubenslehre 1873—74;
Bd. 4: Ueber das Leben des Menschen und das Reich Gottes 1876. — ALBRECHT
RITSCHL, Die Entstehung der altkathol. Kirche 1850, ²1857. Die christl. Lehre
von der Rechtfertigung und Versöhnung; Bd. 2: Der bibl. Stoff der Lehre 1874,

Holtzmann, Neutestamentl. Theologie. I.   1

[5]1889. — CARL WEIZSÄCKER, Das apostol. Zeitalter der christl. Kirche 1886, [2]1892.
— L. NOACK, Die bibl. Theologie 1853. — J. H. SCHOLTEN, Geschiedenis der chr.
godgeleerdheid gedurende het tijdperk des NT 1857, [2]1858. — E. RENAN. Histoire
des origines du Christianisme 1863—83, besonders Bd. 1: La vie de Jésus 1863,
[17]1882; Bd. 2: Les apôtres 1866; Bd. 3: St. Paul 1869; Bd. 4: l'antechrist 1871;
Bd. 5: Les évangiles 1877. — E. HAVET, Le christianisme et ses origines 1873—84,
4 Bde. — A. IMMER, Theologie des NT 1877. — A. HAUSRATH, Neutest. Zeitgeschichte 1868—73, 3 Bde., [2]1873—77, 4 Bde.; Bd. 1 [3]1879. — OTTO PFLEIDERER,
Lectures on the influence of the apostle Paul on the development of Christianity,
Translated by J. FR. SMITH 1885. Das Urchristenthum, seine Schriften und Lehren
im geschichtlichen Zusammenhang 1887.

3. Die apologetische Richtung.

J. A. B. LUTTERBECK, Neutest. Lehrbegriffe oder Untersuchungen über das
Zeitalter der Religionswende 1852, 2 Bde. — GEORG LUDWIG HAHN, Die Theologie
des NT, Bd. 1, 1854. — CHRISTIAN FRIEDRICH SCHMID, Bibl. Theologie des NT,
herausgegeben von C. WEIZSÄCKER 1853, [4]1868, [5]1886 von A. HELLER. Neuer Abdruck in der Bibliothek der theol. Classiker, Bd. 42—44, 1892. — GOTTHARD
VICTOR LECHLER, Das apostol. und nachapostol. Zeitalter 1851, [2]1857, [3]1885. —
H. THIERSCH, Die Kirche im apostol. Zeitalter 1852, [2]1858, [3]1879. — JOHANN
PETER LANGE, Apostol. Zeitalter 1853—54. — PH. SCHAFF, Geschichte der apostol.
Kirche (1851), [2]1854, englisch 1853, holländisch 1857. History of the christian
church: Bd. 1: Apostolic christianity, [5]1889. — E. DE PRESSENSÉ, Histoire des
trois premiers siècles de l'église 1858—77, [2]1887—89, 3 Bde.; deutsch 1862—77.
— JOHANN JAKOB VAN OOSTERZEE, De Theologie des Nieuwen Verbonds 1867,
[2]1872, deutsch von CÖRPER 1868, [2]1886, englisch von EVANS 1876. — KONSTANTIN
SCHLOTTMANN, Kompendium der bibl. Theologie des AT und NT 1889, [2]1895. —
C. J. RÖMHELD, Theologia sacrosancta, Grundlinien der bibl. Theologie 1888—89,
2 Bde. — C. F. NÖSGEN, Geschichte der neutest. Offenbarung. Bd. 1: Geschichte
Jesu Christi 1891; Bd. 2: Geschichte der apostol. Verkündigung 1893.

4. Die Gegenwart.

BERNHARD WEISS, Lehrbuch der bibl. Theologie des NT 1868, [6]1895. —
WILLIBALD BEYSCHLAG, Neutest. Theologie oder geschichtliche Darstellung der
Lehren Jesu und des Urchristenthums nach den neutest. Quellen 1891—92, [2]1896,
2 Bde. — W. ALEXANDER, A system of biblical theology 1888, 2 Bde. —
W. F. ADENEY, The Theology of the NT 1894. — E. H. VAN LEEUWEN, Pro-
legomena van bijbelsche godgeleerdheid 1890. Bijbelsche godgeleerdheit, Bd. 1,
1892. — H. BLANC-MILSAND, Étude sur l'origine et le développement de la théologie apostolique 1884. — G. G. CHAVANNES, La religion dans la Bible. II. Le
Nouveau Testament 1889. — G. FULLIQUET, La pensée religieuse dans le Nouveau
Testament 1893. — W. MACKINTOSH, The natural history of the christian religion
1894. — F. WEIDNER. Biblical theology of the New Testament 1892, 2 Bde. —
ORELLO CONE, The gospel and its earliest interpretations, a study of the teaching
of Jesus and its doctrinal tranformations in the New Testament 1893.

5. Dogmatische Bearbeitungen.

JOHANN TOBIAS BECK, Einleitung in das System der christl. Lehre 1838,
[2]1870. Die christl. Lehrwissenschaft nach den bibl. Urkunden 1841. Bd. 1: Die
Logik der christl. Lehre [2]1875. — O. F. MYRBERG, Die bibl. Theologie und ihre
Gegner 1892. — KARL LECHLER, Die Confessionen und ihr Verhältniss zu Christus
1877. — ROBERT KÜBEL, Das christl. Lehrsystem nach der hl. Schrift 1873. —
JOHANNES WICHELHAUS, Akademische Vorlesungen über bibl. Dogmatik, herausgegeben von A. ZAHN 1875, [2]1889. — J. CHR. K. HOFMANN, Der Schriftbeweis

1852—55, ²1857—59, 2 Bde. Bibl. Theologie des NT, bearbeitet von Volck (Die hl. Schrift NT, Bd. 11) 1886. — R. Grau in Zöckler's Handbuch der theol. Wissenschaften in encyklopädischer Darstellung I 1882, S. 549f, ²1885, S. 613f, ³1889, I 2, S. 275f. — K. F. A. Kahnis, Lutherische Dogmatik, Bd. 1, 1861—68, 3 Bde., ²1874—75, 2 Bde. — A. Biedermann, Christl. Dogmatik 1869, ²1884—85, 2 Bde. — R. A. Lipsius, Evangel.-protest. Dogmatik 1876, ³1893. — J. A. Dorner, System der christl. Glaubenslehre 1879—81, 2 Bde. — H. Cremer, Bibl.-theol. Wörterbuch der neutest. Gräcität 1866, ⁶1895. — J. Bovon, Etude sur l'oeuvre de la rédemption (Bd. 1 u. 2: Théologie du Nouveau Testament 1893—94, 2 Bde.).

6. Einzelne Lehrbegriffe.

Böhme, Die Religion Jesu Christi 1825, ²1827. Die Religion der Apostel Jesu Christi 1829. — Matthäi, Der Religionsglaube der Apostel Jesu 1826—29. — H. Messner, Die Lehre der Apostel 1856. — G. W. Meyer, Entwickelung des paulin. Lehrbegriffes 1801. — Leun, Reine Auffassung des Urchristenthums in den paulin. Briefen 1803. — Usteri, Entwickelung des paulin. Lehrbegriffes 1824, ⁶1851. — Dähne, Entwickelung des paulin. Lehrbegriffes 1835. — C. Schrader, Der Apostel Paulus, Bd. 3, 1832. — F. Chr. Baur, Paulus, der Apostel Jesu Christi 1845, ²herausgegeben von Zeller 1866, 2 Bde. — Carl Holsten, Zum Evglm des Pls und des Pt 1868. Das Evglm des Pls, Bd. 1, 1880. — J. F. Räbiger, De Christologia Paulina 1852. — Richard Schmidt, Die paulin. Christologie 1870. — R. A. Lipsius, Die paulin. Rechtfertigungslehre 1853. — Fricke, Der paulin. Grundbegriff δικαιοσύνη θεοῦ 1888. — H. F. Th. L. Ernesti, Der Ursprung der Sünde nach paulin. Lehrgehalt 1862. Die Ethik des Apostels Pls 1868, ²1880. — H. Lüdemann, Die Anthropologie des Apostels Pls 1872. — H. H. Wendt, Die Begriffe Fleisch und Geist im bibl. Sprachgebrauch 1878. — W. P. Dickson, St. Pauls use of the terms flesh and spirit 1883. — A. Westphal, Chair et esprit 1885. — E. Grafe, Die paulin. Lehre vom Gesetz nach den vier Hauptbriefen 1884, ²1893. — S. Cler, La notion de la loi dans St. Paul 1886. — A. Zahn, Das Gesetz Gottes nach der Lehre und Erfahrung des Apostels Pls 1876, ²1892. — W. Beyschlag, Die paulin. Theodicee Rm 9—11, 1868. — E. Ménégoz, Le péché et la rédemption d'après St. Paul 1882. — O. Everling, Die paulin. Angelologie und Dämonologie 1888. — Gloël, Der hl. Geist in der Heilsverkündigung des Pls 1888. — Gunkel, Die Wirkungen des hl. Geistes nach der populären Anschauung der apostol. Zeit und nach der Lehre des Apostels Pls 1888. — A. Schumann, Der weltgeschichtliche Entwickelungsprocess nach dem Lehrsystem des Apostels Pls 1875. — B. Duhm, Pauli apostoli de Judaeorum religione judicia 1873. — Chr. Rogge, Die Anschauungen des Apostels Pls von dem religiös-sittlichen Charakter des Heidenthums 1888. — K. Müller, Die göttliche Zuvorersehung und Erwählung in ihrer Bedeutung für den Heilsstand der einzelnen Gläubigen nach dem Evglm des Pls 1891. — J. Dalmer, Die Erwählung Israels nach der Heilsverkündigung des Apostels Pls 1894. — E. Schäder, Die Bedeutung des lebendigen Christus für die Rechtfertigung nach Pls 1893. — R. Kabisch, Die Eschatologie des Pls 1893. — A. Sabatier, L'apôtre Paul 1870, ²1881. L'origine du péché dans le système de Paul 1887. — O. Pfleiderer, Der Paulinismus 1873, ²1887. — G. B. Stevens, The pauline theology 1892. — C. C. Everett, The gospel of Paul 1893. — H. Opitz, Das System des Pls nach seinen Briefen 1873. — Irons, Christianity as taught by St. Paul 1876. — H. Th. Simar, Die Theologie des hl. Pls 1864, ²1883. — A. Bruce, Pauls conception of christianity 1894. — H. Holtzmann, Kritik der Eph- und Kol-briefe 1872, S. 200f. Die Pastoralbriefe 1880, S. 159f. — O. Lorenz, Das Lehrsystem des Römerbriefs 1884. — C. Chr. E. Schmid, De theologia Joannis apostoli 1801. — T. Holm, Versuch einer Darstellung der Lehre des Apostels Johannes 1832. — C. Frommann, Der johann. Lehrbegriff 1839. — Simson, Summa theologiae Johanneae 1839. — Karl Reinhold Köstlin, Der

Lehrbegriff des Evglms und der Briefe Johannis 1843. — A. HILGENFELD, Das
Evglm und die Briefe Johannis, nach ihrem Lehrbegriff dargestellt 1849. —
J. C. NIESE, Die Grundgedanken des johann. Evglms 1850. — B. WEISS, Der
petrinische Lehrbegriff 1855. Der johann. Lehrbegriff 1862. — J. H. SCHOLTEN,
Het evangelie naar Johannes 1864. Das Evglm nach Johannes, übersetzt von
H. LANG 1867. — A. THOMA, Die Genesis des Joh-Evglms 1882. — OSCAR
HOLTZMANN, Das Joh-Evglm 1887. — H. KÖHLER, Von der Welt zum Himmel-
reich oder die johann. Darstellung des Werkes Jesu Christi synoptisch geprüft
und ergänzt 1892. — G. B. STEVENS, The johannine theology 1895. — L. MORICH,
Des hl. Apostels Pt Lehre und Leben 1874. — E. RIEHM, Der Lehrbegriff des
Hbrbriefs 1858—59, [2]1867 (Titelausgabe). — KLUGE, Der Hbr-brief 1863. —
E. MÉNÉGOZ, La théologie de l'épitre aux Hébreux 1894. — W. G. SCHMIDT,
Der Lehrgehalt des Jakbriefs 1869. — H. GEBHARDT, Lehrbegriff der Apokalypse
1873. — C. WITTICHEN, Beiträge zur bibl. Theologie, insbesondere der synoptischen
Reden Jesu 1865—72, 3 Bde. — A. REICHENBACH, Die Lehre des Rabbi Jesua von
Nazareth 1882. — D. H. MEYER, Le christianisme du Christ 1883. — E. WÖRNER,
Die Lehre Jesu 1882. — E. SCHÜRER, Die Predigt Jesu Christi in ihrem Ver-
hältniss zum AT und zum Judenthum 1882. — R. F. GRAU, Das Selbstbewusstsein
Jesu 1887. — FLÜGEL, Die Sittenlehre Jesu 1887, [2]1892. — W. BALDENSPERGER,
Das Selbstbewusstsein Jesu im Lichte der messianischen Hoffnungen seiner Zeit
1888, [2]1892. — BOUSSET, Jesu Predigt in ihrem Gegensatz zum Judenthum 1892.
— OSCAR HOLTZMANN, Jesus Christus und das Gemeinschaftsleben der Menschen
1893. — E. EHRHARDT, Der Grundcharakter der Ethik Jesu im Verhältniss zu den
messianischen Hoffnuungen seines Volkes und seinem eigenen Messiasbewusstsein
1895. — JOHANNES WEISS, Die Nachfolge Christi und die Predigt der Gegenwart
1895. — H. H. WENDT, Die Lehre Jesu 1886—90, 2 Bde, englisch von WILSON
1892. — J. MOORHOUSE, The teaching of Christ 1891. — I. A. PIETON, The religion
of Jesus 1893.

7. Einzelne Lehrpunkte.

LEUN, Grundriss der neutest. Christologie 1804. — SCHUMANN, Christus oder
die Lehre des AT und NT von der Person des Erlösers 1852. — J. J. VAN
OOSTERZEE, Christologie des Ouden en Nieuwen Verbonds 1855—61, 3 Bde. —
W. BEYSCHLAG, Die Christologie des NT 1866. — W. F. GESS, Christi Person und
Werk nach Christi Selbstzeugniss und dem Zeugnisse der Apostel 1870—87, 3 Bde.
— D. SCHENKEL, Das Christusbild der Apostel und der nachapostol. Zeit 1879. —
CHR. B. KLAIBER, Die neutest. Lehre von der Sünde und Erlösung 1836 (Ueber-
arbeitung einer früheren Schrift: Die Lehre von der Versöhnung und Rechtfertigung
des Menschen 1823). — E. KÜHL, Die Heilsbedeutung des Todes Christi, bibl.-
theol. Untersuchung 1890. — A. SEEBERG, Der Tod Christi in seiner Bedeutung
für die Erlösung. Eine bibl.-theol. Untersuchung 1895. — P. E. BRIËT, Die
Eschatologie nach dem NT 1857—58. — F. KÖSTLIN, Die bibl. Lehre von der
Versuchung 1859. — A. THOMA, Geschichte der christl. Sittenlehre in der Zeit
des NT 1879. — P. CHRIST, Die Lehre vom Gebet im NT 1886. — A. SCHLATTER,
Der Glaube im NT 1886, [2]1895. — R. EHLERS, Das NT und die Taufe 1890. —
F. SCHULTZEN, Das Abendmahl im NT 1895. — HARTUNG, Der Begriff der τελειότης
im NT (Festschrift zu LUTHARDT's 25jährigem Professorjubiläum S. 41—67) 1881.
— E. ISSEL, Der Begriff der Heiligkeit im NT 1887. — J. S. RUSSEL, The parousia,
new. ed. 1887. — W. PORCHER DU BOSE, The soteriology of the NT 1892. —
G. LÄNGIN, Die bibl. Vorstellungen vom Teufel und ihr religiöser Werth 1890. —
E. DAVIDSON, The doctrine of last things contained in the NT compared with the
notions of the Jews and the statements of the church creeds 1882. — W. BOUSSET,
Der Antichrist in der Ueberlieferung des Judenthums, des NT und der alten
Kirche 1895.

II. Entwickelungsgeschichte der Disciplin.

1. Wie sich aus dem dogmatischen Interesse an den biblischen Belegstellen eine gesonderte exegetische Behandlung derselben in der „Topik" ergeben und aus dieser wieder eine von der Dogmatik als Vorarbeit dazu abgelöste Disciplin der „biblischen Theologie" (der Name schon bei HAYMANN 1708 und BÜSCHING 1756) gebildet hat, wie dieselbe durch GABLER (1787) als selbständige Wissenschaft proclamirt und unter gleichmässiger Ausdehnung auf beide Testamente durch ZACHARIÄ (seit 1771), HUFNAGEL (seit 1785) und AMMON (seit 1792) bearbeitet worden ist, braucht hier, nachdem ausser den neueren Bearbeitungen unserer Disciplin auch die Lehrbücher der alttest. Theologie über die frühere Entwickelung eingehend berichtet haben, nicht wiederholt zu werden [1]. Die selbständige Darstellung des neutest. Theiles beginnt erst mit GABLER's Altdorfer Collegen G. LORENZ BAUER (seit 1800). Derselben Zeit und ungefähr auch der gleichen Richtung gehören die Arbeiten von PÖLITZ (1804), CLUDIUS und SCHWARZ (1808) über das Urchristenthum an. Neue Versuche zur Bearbeitung des gesammtbiblischen Stoffes füllen fast die erste Hälfte des Jahrhunderts. So KAISER (seit 1813), welcher bereits zu religionsgeschichtlichen Vergleichungen greift, die eigentliche Aufgabe aber nur unklar erfasst hat, weiterhin RÜCKERT und LOSSIUS (1825), endlich CRAMER (1830). Diesen Arbeiten überlegen sind die Werke von DE WETTE (seit 1813) und v. CÖLLN (1836). Während sie nach GABLER's Anleitung die Lehre Jesu und die Lehre der Apostel scheiden, streben BAUMGARTEN-CRUSIUS (1828) und LUTZ (1847) mehr eine einheitliche, bibl. Dogmatik an. Alle aber leiden in formeller wie materieller Beziehung an den mannigfachsten Schäden und gehören noch der Vorgeschichte unserer Disciplin an. Dennoch ermöglichte erst der Gesammtertrag so redlicher Arbeiten den neueren Ausbau der Disciplin, indem dieselbe dadurch aus dem Dienstverhältniss zur Dogmatik endgültig erlöst und einer Behandlung nach rein historischer Methode zugänglich gemacht worden ist.

2. In demselben Maasse, wie das Verhältniss zur Dogmatik sich löste, gewann das zur historisch-kritischen Bibelforschung an Belang. Dies führt uns in die Zeiten, da auch der ihr parallel gehenden Disciplin der neutest. Einleitung ein neues Interesse zuwuchs vermöge der Beziehungen, in welche beide Fächer zu der Geschichte des apostol.

---

[1] Vgl. H. SCHULTZ, Alttest. Theologie [4]1889, S. 72 f, verkürzt [5]1896, S. 56 f, R. SMEND, Lehrbuch der alttest. Religionsgeschichte 1893, S. 1 f, A. KAYSER, Theologie des AT, [2] bearbeitet von R. MARTI 1894, S. 7 f.

(und nachapostol.) Zeitalters traten, und da im Zusammenhang damit
auch die Exegese des NT eine gediegenere Gestalt gewann. Mit
der historisch-kritischen Einleitung in das NT hat die neutest. Theologie die wesentlichsten Bedingungen ihrer Existenz als gesonderte und
selbständige Disciplin gemein (s. S. 24). Aber im Unterschiede von ihr
als einer historischkritischen Wissenschaft ist die neutest. Theologie
eine historisch beschreibende; sie ist Referat über Resultate der Exegese wie der Kritik des NT. Andererseits liefert sie freilich in demselben Maasse, wie sie die Lehrweise der einzelnen Schriftstücke unbefangen zu beurtheilen versteht, auch vielfach Förderungsmittel der
Exegese und Ergänzungen zu dem Material, womit die Einleitung arbeitet. Nicht wenige kritische Fragen finden erst auf dem Wege einer
bibl.-theol. Untersuchung einen befriedigenden Abschluss. Daher die
ganze isagogische wie exegetische Literatur der Neuzeit auch für unsere
Disciplin in Betracht kommt.

Desgleichen führt die bibl. Theologie des NT der Geschichte des
apostol. Zeitalters ebenso sehr ihren Stoff zu, wie sie auch wieder auf
Entlehnungen aus dieser Disciplin angewiesen ist, deren innere Seite
sie gleichsam darstellt[1], während der äussere Gang der Dinge, die
Strömungen und Richtungen, welchen die einzelnen Schriften angehören, die Sorgen und Kämpfe, welche die Zeit bewegen, als aus
jener Disciplin bekannt vorausgesetzt werden. Freilich sind es gerade
die Beziehungen letzterer Art, welche die neutest. Theologie tief herein-
ziehen in den grossen Kampf, der seit einem halben Jahrhundert um
die historische Beurtheilung des Urchristenthums entbrannt ist. Nicht
wenige, zunächst der Darstellung des apostol. Zeitalters gewidmete
Werke umfassen daher auch den wesentlichen Stoff der bibl. Theologie
des NT und müssen in der Literatur unserer Disciplin Berücksichtigung finden. So hatte erstmalig (seit 1832) A. NEANDER eine, in der
Anordnung mangelhafte, Darstellung der verschiedenen neutest. Lehr-
typen als Ausprägungen apostol. Individualitäten gegeben — ein Gesichtspunkt, über welchen auch seine Nachfolger (MESSNER, SCHAFF,
J. P. LANGE u. A.) nicht weit hinaus kamen. Unter das Richtmaass
eines religiösen Gedankenprocesses stellte dagegen den Stoff E. REUSS
(seit 1852). Die elegante und durchsichtige Darstellung ist beherrscht
von dem Schema: erst judenchristl. Bestimmtheit des Gemeinbewusst-
seins, dann Paulinismus und vermittelnde Richtungen, endlich johann.
Theologie. Im Wesentlichen war dies der Grundgedanke der Tübinger
Schule, wie er eine erste Durchführung schon 1846 gefunden hatte

---

[1] HAGENBACH, Encyklopädie und Methodologie der theol. Wissenschaften
[12] S. 260.

durch Schwegler, während Baur's nachgelassene Vorlesungen erst 1864 erschienen. Baur's 1. Abschnitt beschreibt an der Hand von Mt die Lehre Jesu, der 2. diejenige der Apostel, und zwar so, dass sich in einer ersten Periode die Lehrbegriffe des Pls und der Apk gegenübertreten, während eine zweite die Vermittelungen in Gestalt von Hbr, Eph, Kol, Phl, Jak, Pt, Mt, Mc, Lc bringt, eine dritte endlich den Uebergang zur Dogmengeschichte der kathol. Kirche in den Lehrbegriffen von Past und Joh behandelt — eine Construction, die mit verschiedenerlei Modificationen bis in die Gegenwart herein A. Hilgenfeld vertreten hat (zusammenhängend schon 1854).

Der nächste Gegenschlag gegen Tübingen knüpft sich an die Namen Heinrich Ewald und Albrecht Ritschl. Der Erstgenannte hat sowohl in den betreffenden Theilen seiner grossen Geschichte des Volkes Israel, als auch in dem schwerfälligen, Systematisches und Geschichtliches grundsatzmässig vermengenden, Werke zur bibl. Theologie (es dient fast ebenso sehr apologetischen Zwecken) weniger von der Lehre der Bibel, als von seinen eigenen Ansichten und Ueberzeugungen gehandelt. Was darin für die Wissenschaft in Betracht kommt, berührt fast ausschliesslich das AT. Das Uebrige ist Beiwerk.

Anders geartet tritt die Opposition gegen Baur auf bei A. Ritschl, welcher in den der paulin. Theologie und ihrem judenchristl. Gegensatze gewidmeten Abschnitten seines Werkes über die „altkathol. Kirche" (seit 1850) an die Stelle der bei Schwegler allentscheidenden Macht des Judenchristenthums die führende und zur Katholicität überleitende Rolle der von Pls begründeten und bestimmten Heidenkirche zuwies. Die bibl.-theol. Unterlage seiner historischen wie dogmatischen Construction liefert der 2. Band der Monographie über „Rechtfertigung und Versöhnung", eine scharfsinnige und überraschende Exegese, aber doch erkennbar im Dienste des Systems stehend. Unter Verarbeitung sämmtlicher Erträgnisse der vorangegangenen Forschungen hat Carl Weizsäcker das apostol. Zeitalter beschrieben (seit 1886). Die eigentlichen Triebfedern der Entwickelung liegen hiernach zwar im christl. Judaismus, aber der Mutterboden der kathol. Kirche ist das Heidenchristenthum. Kommt in letzterer Richtung das Schema Ritschl's zum Recht, so nähert sich der Verf. in Beurtheilung der Tragweite der Differenzen und Gegensätze der neutest. Lehrbildungen doch ungleich mehr seinem Vorgänger auf dem Tübinger Katheder, Baur.

Während bei uns L. Noack (1853) einen kritischen Sonderstandpunkt einnahm, hat in Holland Scholten (seit 1857) eine Schule begründet, aus welcher eine grosse Reihe von Specialarbeiten Erträgnisse für unsere Disciplin abwerfen sollten. In Frankreich haben E. Renan (seit 1863) und E. HAVET (seit 1873) mit ihren Darstellungen der Ursprünge des Christenthums ähnliche Anregungen gegeben, die gleichfalls noch heute nachwirken.

Mannigfache Berührungen mit der Tübinger Schule, zumal mit dem Schema des Buches von BAUR, weist A. IMMER auf (1877). Doch steckt zu viel exegetische Roharbeit darin, als dass die rein historische Aufgabe zur vollen Geltung hätte gelangen können. Bei aller Anerkennung der exakten Auslegung und des unbefangenen historischen Blickes wäre doch eine gleichmässigere und erschöpfendere Behandlung der Stoffe zu wünschen gewesen.

Eine solche lieferte, wesentlich auf Tübinger Grund, aber in selbstständiger und fesselnder Darstellung, auch unter Ablehnung der RITSCHL'schen Correcturen, A. HAUSRATH (seit 1868), und ganz ähnlich gerichtet ist OTTO PFLEIDERER, noch ein persönlicher Schüler BAUR's, in den Vorträgen, welche er im Auftrage der Hibbert-Stiftung in England gehalten (1885) und bald darauf in erweiterter Gestalt deutsch veröffentlicht hat (1887). Die Abweichung des Schülers von der Marschroute, die der Lehrer gewiesen hatte, tritt namentlich darin zu Tage, dass der Gegensatz zwischen Paulinismus und Judenchristenthum nicht mehr in dem Maasse, wie der Stifter der Tübinger Schule und seine ersten Jünger gemeint hatten, das treibende Princip der Entwickelung auch in der nachapostol. Zeit gewesen sein soll, da ja die heidenchristl. Kirche von Anfang an auf dem, ausserhalb jenes Gegensatzes gelegenen, Boden des Hellenismus sich gebildet und entwickelt habe. Aber auch bei RITSCHL vermag der Verf. nicht stehen zu bleiben, sofern ihm die Weiterbildung, welche der Paulinismus auf dem Boden des Hellenismus empfangen hat, nicht sowohl Verflachung und Verderb, als vielmehr naturgemässer Fortschritt bedeutet[1].

3. Die gewöhnliche und landläufig gewordene Form des Gegensatzes zur Tübinger Schule macht sich geltend in den Darstellungen der bibl. Theologie seit Mitte des Jahrhunderts. Katholischerseits

---

[1] Vgl. S. V: „Da die heidenchristl. Weltkirche durch die paulin. Christusverkündigung auf einem durch den vorchristl. Hellenismus längst vorbereiteten Boden gepflanzt worden ist, so waren eben dieser Hellenismus und jene Christusverkündigung die beiden Faktoren, aus deren Verbindung die Eigenart des Heidenchristenthums von seiner Entstehung an sich natürlich erklärt und aus deren wechselseitigem Verhältniss der Durchdringung oder Sonderung, der Ueber- oder Unterordnung des einen oder anderen Faktors die verschiedenen Entwickelungsformen der urchristl. und altkirchl. Lehrweise sich völlig ungezwungen begreifen lassen." S. 610: „Niemals seit dem Apostelkonvent, also eben seit seiner ersten Gemeindebildung, hat sich das Heidenchristenthum in der Lage befunden, dass es sich hätte veranlasst fühlen können, mit den Juden um sein Existenzrecht zu verhandeln und durch Compromisse dasselbe zu erkaufen."

schrieb LUTTERBECK ein Werk, das manche Originalitäten aufweist,
aber auf einem künstlich erdachten Schematismus beruht (1852). Innerhalb des Protestantismus wurde die traditionelle Richtung vertreten
durch G. L. HAHN, der jedoch nicht über die Anfänge hinausgekom-
men ist (1854) und in vollkommener Weise durch CHR. FR. SCHMID in
Tübingen (erst nach seinem Tode, seit 1853)[1].
Auch noch ein anderer Landsmann von BAUR und SCHWEGLER
erschien, um das von diesen entzündete Feuer zu löschen, G. V.
LECHLER (seit 1851). Allerhand Schlagwörter, welche aber den Inhalt der zu erklärenden Gedankencomplexe nicht erschöpfen, Ab-
flachung aller scharfen Pointen, Zusammenlegung alles irgendwie Verwandten, Zersetzung aller ganz individuellen Bildungen, Verwischung
aller scharfen Antithesen charakterisiren seine glatten, überall dem
theol. Durchschnittsurtheile der Zeit gefällig entgegenkommenden Ausführungen. Dass zwischen Pls, wenigstens nach Act, und den übrigen
Aposteln in Betreff der Lehre grundsätzliche Uebereinstimmung ge-
herrscht hat, bildet das Concessum, wovon der Verf. bei seiner Beurtheilung des gegenseitigen Verhältnisses der apostol. Lehrbegriffe
ausgeht[2]. Dem entspricht sofort die Darstellung der paulin. Gedankenwelt. Anstatt sie aus dem theol. Problem der Unmöglichkeit
der Gesetzeserfüllung einerseits, aus dem christologischen Problem,
unter welchen Voraussetzungen und Bedingungen ein Gekreuzigter
Messias sein könne, und aus der eigenthümlichen psychologischen Combination, in welcher beide Probleme im religiösen Bewusstsein des Pls
erscheinen, abzuleiten, bilden vielmehr die vermittelnden und ausgleichenden Begriffe, welche der Paulinismus nachträglich im Verlaufe
des kirchenbildenden Processes hervorgerufen und gezeitigt hat, das
Medium, durch welches er selbst betrachtet wird. So beurtheilt der
Verf. im Grunde den echten Paulinismus bloss nach denjenigen secun-

---

[1] Der Beifall, welchen dieses von aprioristischen Gesichtspunkten beeinflusste
Werk bis auf unsere Gegenwart gefunden hat, beweist nach A. HARNACK, ThLZ
1887, S. 220, „dass noch immer eine grosse Zahl von Theologen sich über die
wichtigste der neutest. Disciplinen an der Hand eines Buches unterrichtet, an
welchem die Forschungen der letzten vier Decennien auf dem Gebiet der Ein-
leitungsfragen, der Einzelexegese und vor Allem der neutest. Theologie selbst
spurlos vorübergegangen sind."
[2] Vgl. S. 448. Dieser Hauptthese zufolge „schlossen denn die Richtungen
von beiden Seiten einander nicht aus, vielmehr ergänzten sie sich gegenseitig,"
S. 505. Zugegeben wird nur, „dass die Einheit der neutest. Lehrbegriffe keine
Einerleiheit sei, sondern mannigfaltige Unterschiede, eine Fülle eigenthümlicher
Entwickelungen in sich fasse." Aber „eben diese Unterschiede innerhalb der Einheit des apostol. Lehrkreises haben die Fülle der Harmonie erhöht und die Frische
des Lebens erhalten," S. 522.

dären Schriften des NT, welche im Verein mit den älteren apostol.
Vätern einen abgeblassten und bereits kathol. werdenden Paulinismus
bieten, und nimmt daher auch keinen Anstand, in dem Pls der Briefe
den Pls der Act, und sofern Lc denselben Standpunkt vertritt, den
directen Fortsetzer des Lebenswerkes Jesu wiederzuerkennen.

Während LECHLER demgemäss den normirenden Mittelpunkt der
urchristl. und apostol. Theologie in den paulinischen Briefen fand,
lieferten ähnlich gerichtete Restaurationsarbeit bei uns H. THIERSCH
(seit 1852), J. P. LANGE (seit 1853), in Amerika PH. SCHAFF (deutsch
seit 1851), in Frankreich E. DE PRESSENSÉ (seit 1858) und in England
geradezu die gesammte Theologie der Kirche. Gemeinsam sind allen
diesen Versuchen gewisse Schlagwörter, wie: Jesus habe anders, aber
nicht Anderes gelehrt, als die Apostel; die Lehrbegriffe der letzteren
seien nur Emanationen seiner Lehre. Daher im NT zwar Verschiedenartigkeit der Auffassungen und Gesichtspunkte anzutreffen sei, aber
nur innerhalb eines durchaus einheitlichen Rahmens. Die einzelnen
Lehrbegriffe werden gewürdigt als verschiedene Arten und Stufen der
christl. Erkenntniss. Dass die Entwickelung auch durch Gegensätze
geführt habe, wird entweder geläugnet, oder wenigstens um so dringlicher behauptet, dass auch in den Gegensätzen nur der einheitliche
Ausgangspunkt nachwirke und zur Entfaltung gelange [1].

Innerhalb der Disciplin vertritt diesen Standpunkt J. VAN OOSTER-
ZEE (seit 1867), der Holländer, dessen Werk heutzutage in Gross-
britannien und Nordamerika vielfach als Grundlage für theol. Vorlesungen dient, wozu überdies auch die am Schlusse der Paragraphen
in Frageform angebrachten, meist recht schülerhaft lautenden „Punkte
zur Erwägung" Anleitung geben. Das 1. Hauptstück behandelt die
alttest. Grundlagen (nach altem Schema: Mosaismus, Prophetismus,
Judenthum), ein 2. „die Theologie Jesu Christi" zunächst auf Grund
der synopt. Evglien (Mittelbegriff: Reich Gottes), dann des Joh (Ausgangspunkt: übermenschliches Selbstbewusstsein), ein 3. „die Theologie der Apostel", d. h. zuerst die petrinische (auf Grund beider Briefe
und der apostelgeschichtlichen Reden) sammt den verwandten Lehrbegriffen (Mt, Mc, Jak, Jud), dann die paulinische (Grundgedanke:
Gnade und Rechtfertigung) sammt verwandten Lehrgebieten (Lc und
Hbr), endlich die johanneische, woran sich etwas schüchtern Apk anschliesst als „die Krone jenes Stammes, welcher sich in der propheti-

---

[1] Das Programm zu dieser Auffassung stellten auf JULIUS KÖSTLIN, JdTh
1857, S. 327f, 1858, S. 85f und LUTHARDT, Die Stufen der apostol. Verkündigung
im NT 1875. Auch DEISSMANN, ZThK 1893, S. 138 fordert in der Mannigfaltigkeit Einheit, nicht aber Einerleiheit.

schen und apostol. Schrift des AT und NT vor unseren Augen belaubt". Demgemäss führt die Betrachtung dieses Buches über zur Untersuchung „der höheren Einheit der verschiedenen Lehrbegriffe", womit das Ganze abschliesst, wie schon das der Lehre Jesu gewidmete Hauptstück in eine Darlegung der „höheren Einheit" zwischen den 3 ersten und dem 4. Evglm ausmündet.

Etwas gediegener steht immerhin das nachgelassene Werk von SCHLOTTMANN da (seit 1889), dem zu Folge das NT in seinen religiösen Grundgedanken mit Ueberspringung der jüd. Gesetzlichkeit wieder an den alttest. Prophetismus anknüpft. In der Lehre Jesu werden synopt. und johann. Stoffe zu Einem Bilde zusammengewoben. Die Lehre der Apostel wird dargestellt unter dem Gesichtspunkte: Lehre von Gott, vom Menschen und vom Heil. Die Form ist knapp, präcis und das Beste vom Ganzen. RÖMHELD (seit 1888) behandelt die ganze bibl. Theologie unter den zwei Ueberschriften: vom Namen Gottes und von Jehova = Christus, liefert so eine Sammlung von Marotten, für welche er unbestrittene Originalität in Anspruch nimmt. Vor ihm voraus hat NÖSGEN den Schein, im Zusammenhang der wissenschaftlichen Discussion zu stehen und mit der Sachlage vertraut zu sein (1891). Die 1. Hälfte will Geschichte und bibl. Theologie vereinigen und schüttet zu diesem Zwecke synopt. und johann. Christusreden zusammen; die 2. unterscheidet formell urapostol., paulin. und johann. Christenthum, aber nur um darin gleichartige Ergänzungen zu jenem 1. Hauptstück zu finden. Das Ganze ein Spiel mit vornehm verkleideten Begriffen aus der theol. Kinderstube.

4. Weitaus das bedeutendste, ja das eigentlich classische Werk dieser Richtung lieferte BERNHARD WEISS (seit 1868). Der Grundton des Buches ist der von NEANDER angeschlagene. „Die bibl. Theologie kann in ihrem Unterschiede von der bibl. Dogmatik kein einheitliches System der neutest. Wahrheit darstellen, weil sie es mit der Mannigfaltigkeit der Lehrformen zu thun hat"[1]. Diese Verschiedenheit in der Auffassung des Heilsgutes selbst wird hier sogar in den Vordergrund der Betrachtung gerückt und zunächst auf die Individualität der Einzelnen oder ganzer Richtungen zurückgeführt. Daneben hat sich der Verfasser aber mit den Arbeiten der kritischen Schule vertrauter gemacht, als irgend einer seiner theol. Gesinnungsgenossen; er sucht sie unschädlich zu machen durch Aufnahme und Aneignung ihrer assimilirbaren Elemente. Die Verschiedenheit, um die es sich handelt, ist daher andererseits auch begründet „in der fortschreitenden geschicht-

---

[1] § 4 d.

lichen Entwickelung, in welche das einmal in der Welt erschienene Heil behufs seiner vollen Verwirklichung in derselben nach ihrem allgemeinen Lebensgesetz eingehen musste" [1]. „Eben weil die hl. Schrift die Wahrheit nicht in der Form eines einheitlichen Lehrsystems darbietet, sondern sie nur aus der Mannigfaltigkeit der durch die göttliche Offenbarung gewirkten religiösen Bewusstseins- und Lebensformen erkennen lässt, bedarf es einer eigenen Disciplin zur Eruirung derselben" [2]. Dafür trägt der als Voraussetzung für die Existenz der ganzen Disciplin geltend gemachte Glaube an die Wirklichkeit einer höchsten Gotteswirkung in Christus die Zuversicht ein, dass schliesslich nur die Einheit der allen neutest. Lehrbegriffen zu Grunde liegenden Heilsoffenbarung in ihrer immer reicheren und tieferen Erfassung zu Tage treten werde [3], Gegensätze und Widersprüche, wie sie bei Baur vorkommen, nur in abstracto möglich seien, nicht aber „unter den concreten Voraussetzungen, unter denen es allein eine neutest. Theologie gibt" [4]. Also der Begriff unserer Disciplin setzt den Offenbarungscharakter der in ihr zu behandelnden Schriften voraus; Offenbarung schliesst Widersprüche und Gegensätze in ihrer Bezeugung aus; folglich hat die neutest. Theologie nachzuweisen, was der Verf. in der That nachzuweisen sich bemüht, dass Jak und Pls sich gar nicht, am wenigsten feindselig berühren, dass Apk und Joh in Einem Kopf Platz haben, dass weder Gefangenschafts- noch Hirtenbriefe zu den grossen Sendschreiben des Apostels in unausgleichbaren Gegensatz treten. Wäre jener Schluss zwingend, so wäre gegen die überaus pünktliche, auf minutiösester Durcharbeitung des gesammten Stoffes beruhende Durchführung, die dem Grundgedanken gegeben wird, nichts Wesentliches mehr einzuwenden. Ebenso wäre unter Voraussetzung seiner, meist mit den traditionellen Anschauungen stimmenden, Resultate auch Anordnung und Gruppirung des Stoffes nur als sachlich wohl begründet zu bezeichnen. Der 1. Theil behandelt „die Lehre Jesu nach der ältesten Ueberlieferung", d. h. nach den Grundbestandtheilen der drei ersten Evglien, und bringt, mit der Botschaft vom Gottesreich beginnend, das messianische Selbstzeugniss und die messianische Wirksamkeit, hierauf die Gerechtigkeit des Gottesreichs und die messianische Gemeinde, schliesslich die messianische Vollendung zur Darstellung. „Der urapostol. Lehrtropus in der vorpaulin. Zeit" lautet die allgemeine Ueberschrift des 2. Theiles. Derselbe zeigt uns zuerst die Gestalt der ältesten apostol. Verkündigung vom Messias und dem Anbruch der messianischen Zeit, sowie die dadurch herbeigeführte

---

[1] § 1 c.   [2] § 1 d.
[3] § 1 b, 4 d.   [4] § 1 c.

Gründung der Urgemeinde und die Lösung der ersten sie bewegenden Fragen, an der Hand von Act, zumal der Reden des Pt und des Stephanus, welchen sich als weitere angebliche Documente jener Urzeit I Pt und Jak anschliessen. Im 3. Theile tritt Pls auf. Nach einer Skizze der ältesten heidenapostol. Verkündigung, wie sie seine Reden in Act und weiterhin beide Thess aufweisen, kommt das eigentliche Lehrsystem nach Gal, Kor, Rm zur Darstellung; hierauf die eigenthümliche Fortbildung desselben, welche Eph, Phil, Kol charakterisirt, worauf ein Schlussabschnitt die wieder eigenartige Lehrweise in Past schildert. Ein 4. Theil behandelt den „urapostol. Lehrtropus in der nachpaulin. Zeit", d. h. die Lehre in Hbr, II Pt, Jud und Apk, zum Schlusse auch die lehrhaften Grundanschauungen von Mt, Mc und Lc. Der 5. Theil entwickelt als höchste Verklärung der neutest. Lehrweise die johann. Theologie. Jeder dieser 5 Theile beginnt mit einem einleitenden Abschnitt, welcher die Quellen desselben charakterisirt, ihre historisch-kritische Auffassung durch den Verf. begründet und sich mit andersartigen Auffassungen dieses Materials, sowie mit den bisherigen Bearbeitungen desselben auseinandersetzt. Die Darstellung selbst gliedert sich in eine Reihe von, nach Kapiteln übersichtlich geordneten, Paragraphen, die in präcis gefassten Sätzen die einzelnen Hauptlehren darstellen. Dabei steht kaum etwas in dem Buche, was nicht hereingehört. Es stellt in formeller Hinsicht ohne Zweifel die mustergültigste Leistung der ganzen einschlägigen Literatur dar.

Wären nun aber auch die exegetischen und kritischen Resultate, darauf das Buch ruht, so sicher und fest ausgemacht, wie sie es vielmehr recht oft nicht sind, so bliebe immer noch als ein Hauptmangel des Werkes die geschichtslose Isolirung zu nennen, in welcher die neutest. Vorstellungswelt hier erscheint. Vorwärts wie rückwärts werden alle von Anderen wahrgenommenen Verbindungsfäden ignorirt oder abgeschnitten. Das neutest. Gebiet sieht hier aus wie eine meerumflossene Insel. Aber auch die Karte, welche von dieser Insel entworfen wird, fordert zu starken Bedenken heraus. Die Natur selbst bietet nämlich viel schroffere Uebergänge und gewaltigere Contraste, als diese saubere, aber fahle und stimmungslose Bleistiftzeichnung vermuthen lässt. Die bedeutenderen Unterschiede und Gegensätze der einzelnen Lehrbegriffe werden zwar keineswegs unterschlagen, aber die Grundgedanken, auf welchen sie beruhen, in ihrem entscheidenden Gewicht mannigfach paralysirt durch Einreihung und Gleichstellung mit belangloseren Elementen, unter deren Masse sie verschwinden. Nichts tritt mächtig genug hervor, um zugleich als Zeichen, dem widersprochen wird, weithin in die Augen zu fallen. Alle Pflanzen in diesem Garten erscheinen fast gleich gross, und wenn man statt Garten Wald setzen will, so muss man, das Sprichwort umdrehend, sagen, dass man vor lauter grünem Wald keine Bäume sieht, weder jugendlich aufsprossende, noch knorrige, gespaltene oder ganz absterbende, und am wenigsten kann man die Urwaldstämme von dem Gestrüpp und Laubgewinde unterscheiden, das von gestern her ist. Ja man lebt hier überhaupt nicht in der freien Natur; viel eher glaubt man sich in einem wohl geordneten Herbarium umzusehen, darin ein unabsehbares Material hübsch gruppirt, geordnet und mit sorgfältig gewählter Etikette Stück für Stück neben einander liegt. Wissenschaftliche Methode und erstaunliche Mühe einer fast den gesammten neutest. Text bewältigenden Detailarbeit einerseits, apologetisch versteifte Urtheile und unmögliche Hülfsconstructionen andererseits lassen einen so widerspruchsvollen Gesammteindruck zurück, dass man schon den Hauptwerth des Buches in der durchgehenden Polemik gegen BAUR finden wollte, darunter es seine Abhängigkeit von diesem Theologen gewöhnlich verberge, dabei aber in einzelnen Fällen auch das Richtige treffe [1].

Ein interessantes Seitenstück zu WEISS bietet BEYSCHLAG, der sich auch fast nur mit dem genannten Concurrenzwerke eingehender auseinandersetzt. Im Vergleiche mit diesem sind seiner „neutest. Theologie" ähnliche Vorzüge nachzurühmen, wie man sie vom „Leben Jesu" her kennt, das gleichfalls beide Verf. bearbeitet haben. Anstatt einer lückenlos durchgeführten, symmetrischen Gliederung, anstatt eines sorgfältig angelegten Systems pedantisch eingehaltener Kreuz- und Quereintheilungen, vermöge dessen die Schätze der neutest. Theologie in grosse und kleine Schachteln geschlossen und vor dem Beschauer ausgebreitet werden, anstatt einer, wie BEYSCHLAG es formulirt, vorzugsweise „literarischen" Behandlung des Stoffes, strebt er eine mehr „historische" an in der Ueberzeugung, es sei „die höchste Aufgabe der Geschichtsschreibung, die Ergebnisse der Quellenforschung nicht bloss als eine wohlgeordnete Sammlung von Rohmaterialien vorzutragen, sondern aus denselben die lebendigen Gebilde selbst, deren bruchstückliches Zeugniss in jenem Befunde vorliegt, herzustellen" [2], was natürlich nur vermöge eines erheblich bedeutenderen Aufwands von divinatorischer Phantasie möglich ist, als sie B. WEISS zu Gebote steht. Demgemäss bringt der 1. Bd. die Lehren Jesu im zusammenhängenden, künstlerisch abgerundeten Vortrage zur Darstellung, und zwar zuerst nach den Synoptikern (8 Capitel: Einleitendes, das Himmelreich oder Reich Gottes, der Menschen- und Gottessohn, der himmlische Vater

---

und die Welt, der Weg der Gerechtigkeit, das messianische Heil, die
Gemeinde, das Weltgericht), dann nach Joh (5 Capitel: Einleitendes,
Gott und Welt, das Selbstzeugniss Jesu, die Heilsstiftung, die Entfaltung des ewigen Lebens). Hieran schliessen sich unter dem Ge-
sammttitel „Urapostolische Anschauungen", die Abschnitte über Urapostel und Urgemeinde nach Act, Jak und I Pt. Der 2. Bd.[1] bringt
zunächst den paulin. Lehrbegriff, dann als „fortgebildete urapostol.
Lehrweise" diejenige von Hbr, Apk und den johann. Schriften, endlich
unter dem Titel „Gemeinchristliches und Nachapostolisches" die synopt.
Evglien, Act, Jud und II Pt, endlich auch Past. Auf diesem Wege
glaubt der Verf. neuerem „Kriticismus gegenüber, der die Kritik und
ganze freiere Theologie in Verruf bringt", dargelegt zu haben, „was
eine besonnene Kritik über die neutest. Urkunden auszusagen hat",
nämlich „einen grossen Einklang bibl. Heilslehre, eine sachliche Uebereinstimmung auch zwischen Pls und den Uraposteln und zwischen Pls
und Jesus selber in Allem, worauf es ankommt"[2]. So viel wohl con-
servirte und oft recht handgreifliche Illusion bei diesem Unternehmen
zu Tage tritt, so erinnert doch der Gemüthsantheil, welcher den, praktische und theoretische Arbeit stets mit gleichem Schwunge leistenden, Verf. auch hier kennzeichnet, in sympathischer Weise an die besten
Tage der „gläubigen Theologie" eines Neander, K. I. Nitzsch, Lücke,
Bleek u. A. Es ist der Durchschnitt der von diesen Theologen einst
vertretenen Gedankenwelt, der in Beyschlag einen Dolmetscher gefunden hat, vermittelst dessen sie wenigstens gewissen, dem Stumpfsinn traditioneller Kirchlichkeit bereits entwachsenen, Kreisen ungleich
verständlicher werden konnte.

Das Meiste thut, um solchen Erfolg sicher zu stellen, allerdings
die Form, die Darstellungsgabe, die Virtuosität, womit er die Sprache
handhabt. Er ist immer auch durchaus Redner, aber ein überzeugter
und überzeugender Redner, der sich seinem Stoff ebenso gefangen gibt,
wie er seinerseits diesen Stoff gefangen nimmt, d. h. soweit bearbeitet
und gestaltet, bis er ihn sich selbst ganz aneignen und den Lesern zu
weiterer Aneignung darbieten kann. Mehr oder weniger hat er es auf
die kirchliche Verwerthung der biblischen Gedanken abgesehen; er ist
bemüht, dem behandelten Material dogmatisch fruchtbare Beziehungen
und erbaulich wirksame Motive abzugewinnen, es unmittelbar verwend-
bar zu machen und in die Denk- und Sprechweise der religiös angeregten Zeitgenossenschaft zu übersetzen. Wenn ein geschichtlich

---

[1] Beim Druck vorliegenden Werkes konnte Bd. 2 nur in 1. Aufl. benutzt
werden.
[2] Vorrede zur 1. Aufl. S. V.

treues Bild des Urchristenthums ein Feld voll Unebenheiten, klaffender
Risse und Sprünge zeigt, so ist hier eine glatt polirte Fläche daraus
geworden, darin die civilisirtere Theologie der Zeit sich selbst spiegeln,
ihr eigenes Angesicht mit Befriedigung wahrnehmen und verehren kann.
Darin liegt der doppelte Gegensatz begründet, welche die ganze Darstellung beherrscht: einerseits zur Orthodoxie, welche zuletzt doch
immer nur das kirchliche Lehrsystem im NT wahrzunehmen vermag,
andererseits zur kritischen Schule, sofern dieselbe möglichst objectiv
und kühl den Sachverhalt eruirt, gänzlich unbekümmert um den himmel-
weiten Abstand, der unser heutiges Denken und Empfinden davon trennt.
Dafür, dass es vielmehr darauf ankommt, Anknüpfungspunkte und Präformationen im Denken und Empfinden des nachexilischen Judenthums
zu suchen, fehlt bei BEYSCHLAG geradezu jedwedes Verständniss[1].

Noch erübrigt ein Blick auf das Ausland. Der Londoner Professor W. ADENEY arbeitet nach ganz harmonistischen Grundsätzen.
Die schottische Orthodoxie ist vertreten durch W. ALEXANDER (1888),
die holländische durch E. H. VAN LEEUWEN (seit 1890), ein Rückfall
in den alt- und neutest. Elemente nivellirenden Calvinismus. Auf fran-
zösischem Boden repräsentirt BLANC-MILSAND die Grossmacht der
Unwissenheit, wogegen selbständig und frei dastehen CHAVANNES, der
übrigens mehr die Religion als die Theologie des NT behandelt (1889),
und FULLIQUET, welcher einen vollständigen Entwurf der biblischen
Theologie unter Anwendung einer oft sehr kühnen psychologischen
Methode bietet, darauf abzielend, die jüd. Elemente von Stellvertretung, Imputation und Satisfaction in paulin.-johann. Mystik aufgehen
zu lassen. Dagegen schliesst sich durchgehends an die Linie BAUR,
PFLEIDERER, unter beständiger Polemik gegen die supernaturalen und
traditionellen Begriffe, an der Schotte W. MACKINTOSH, mit seiner
„natürlichen“ Religionsgeschichte (1894).

Am verheissungsvollsten gestaltet sich augenblicklich die Entwickelung der nordamerikanischen Theologie. Zwar konnte noch WEIDNER
nur eine Combination von LECHLER, SCHMID und WEISS bieten (1892).
Um so selbständiger und freier entwickelt ORELLO CONE (1893) den
ursprünglichen Gedanken Jesu zuerst nach den Snptkrn, um denselben
sodann in seiner Fortbildung durch ein judenchristl., paulin., deuteropaulin., johann., antignostisches und apokalyptisches Medium zu verfolgen.

---

[1] Er kann I, S. 25 „von einer solchen vermeintlichen Vorgeschichte neutest.
Theologie mit gutem Gewissen absehen“, da „eine vorgängige Entwickelung der
judaistischen Lehrgedanken, insonderheit der pharisäisch-rabbinischen, in keiner
Weise zum Verständniss der Lehre Jesu und seiner Apostel erforderlich ist.“

5. Als Versuche, das Problem der neutest. Theologie zu lösen,
stellen sich nun aber des Weiteren auch solche Leistungen der systematischen Theologie ein, welche es unternehmen, ein System biblischer Lehre unter Beiseitelassung der dazwischen liegenden dogmengeschichtlichen Entwickelung unmittelbar aus der Schrift herzuleiten. Freilich wird die dabei statthabende Voraussetzung, dass
sich in allen Theilen der Bibel eine einheitliche Reihe von religiösen
Lehren und Vorstellungen finde, durch die ganze protest. Bibelforschung, die bibl. Theologie selbst mit eingeschlossen, durchgehends
widerlegt [1].

Seit BENGEL und OETINGER war es in den Kreisen der schwäbi-
schen Frömmigkeit ein beliebter Gedanke, die Schriftlehre sei zu
entwickeln, nicht im Gegensatze zur kirchl. Dogmatik, wohl aber als
selbständig neben oder vielmehr über ihr stehende Normalgestalt.
Dem persönlichen Verhältnisse der evangel. Theologen zur Schrift
sollte ein Lehrsystem zu entlocken sein, zu welchem das kirchliche sich
immerhin als unvollkommene Präformation, als wohl gemeinter und
mehr nur ungefähr richtiger Versuch verhält. Mit Hülfe eines solchen
„unvermittelten unmethodischen Biblicismus" [2] sollte gleichsam die Dogmengeschichte rückgängig oder wenigstens als ein unnöthiger Umweg
entbehrlich gemacht werden, indem ihr Endpunkt, der Glaube der
Gegenwart, mit ihrem Ausgangspunkte, wie unsere Disciplin ihn darzustellen hat, zusammenfällt. So vor Allem JOHANN TOBIAS BECK.
Auf Grund eines vollkommen supernaturalistischen, heutzutage fast
allgemein aufgegebenen Inspirationsbegriffes findet hier ein rein äusser-
liches Zusammenschweissen der verschiedenartigsten und auseinander-
liegendsten Theile der bibl. Begriffswelt statt, die so lange beschnitten,
umgebogen, verzerrt werden, bis sie sich wie die Bruchstücke eines Ge-
duldspieles zu einem Ganzen zusammenfügen. Das ist einfach die jetzt
allgemein verurtheilte Harmonistik, vom historischen auf das systematische Gebiet übertragen. Wie die alte Evangelienharmonie den Berichten, so thun derartige Systeme bibl. Theologie den Gedanken der
neutest. Schriftsteller so lange Gewalt an, bis dieselben identisch oder
wenigstens compatibel erscheinen wollen. Von diesem Standpunkte

---

[1] Sofern nämlich nach B. WEISS, § 1 d „die bibl. Offenbarungsurkunden gemäss ihrer geschichtlichen Entstehung und der ihren praktischen Zwecken entsprechenden Beschaffenheit nun einmal nicht darauf angelegt sind, die Heilswahr-
heit allseitig und in systematischer Form zu entwickeln, und als die lehrhaften
Aussagen ihrer Verfasser auch nicht einem ihnen mitgetheilten System übernatürlicher Erkenntnisse entspringen, das man nur aus seinen Bruchstücken wieder
zusammenzufügen hätte."

[2] Vgl. KÄHLER, Wissenschaft der christl. Lehre S. 56.

aus hat auch der schwedische Professor MYRBERG die Vertheidigung
der BECK'schen Rechtfertigungslehre übernommen (1892).
An BECK reihen sich übrigens noch einige seiner Landsleute an.
Nur sehr bedingt zwar gehört hierher KARL LECHLER, welcher in
den bibl.-theol. Theilen eines kirchl. Reformplanes (1877) unter Voraussetzung der conservativsten Annahmen bezüglich der Entstehungsverhältnisse der neutest. Literatur doch den Gegensatz, in welchem
Jak und Mt, theilweise sogar Mc zu Pls stehen, zugibt, um daraus
Capital für sein unionistisches Programm im Sinne des Altkatholicis-
mus zu schlagen, welchen er etwa im Sinne der „altkatholischen
Kirche" RITSCHL's auffasst. Viel näher zu BECK haltend, nur etwas
kirchlicher gestimmt, hat sein Nachfolger ROBERT KÜBEL (1873) seinen
Gedankenbau gleichfalls unmittelbar auf dem Boden der bibl. Theologie herzustellen versucht, obwohl er sich des Unterschiedes seiner
(dogmatischen) Aufgabe von dem lediglich beschreibenden Zweck der
bibl. Theologie bewusst war.

Eine andere Art von Biblicismus vertrat der reformirte Kohl-
brüggianer WICHELHAUS in seinen nachgelassenen akademischen Vorlesungen (seit 1875). Aber viel einflussreicher als alle Genannten war
durch seine Wirksamkeit an der Spitze einer weit verbreiteten Schule
der Erlanger J. CHR. K. HOFMANN, der gleichfalls sein System direct
auf die Schrift selbst erbaut und als Quintessenz ihres Gesammtinhaltes
dargestellt hat. So schon im „Schriftbeweis" (seit 1852), dann auch in
den nachgelassenen Vorlesungen über neutest. Theologie (1886). Die
Einbildung, dass er berufen sei, der kritischen Richtung Halt zu gebieten, liess den scharfsinnigen und geistvollen Mann selten zu einem
gesunden Urtheil in Fragen gelangen, zu deren Lösung Sinn für geschichtliches Werden, überhaupt für den wirklichen Gang der Dinge
gehört. In seiner Anhängerschaft gilt er als der originellste Ausleger,
welchen das NT je gefunden habe. Gleichwohl haben ihn seine Schüler
z. Th. noch zu überbieten gesucht. Hierher gehört die Bearbeitung
der neutest. Theologie in ZÖCKLER's Handbuch der theol. Wissenschaften durch GRAU (seit 1882). Die späteren Auflagen rechtfertigen
wenigstens den Titel und sind dabei einigermaassen lesbarer geworden.
Ueberdies lernen die Leser der 3. auf nur 135 Seiten, wie man über
BAUR, HOLSTEN, PFLEIDERER u. s. w. aburtheilen kann, ohne sich mit
positivem Wissen um die fraglichen Gegenstände irgend zu beschweren.

Unvergessen werden dafür bleiben mehrere Bearbeitungen der
bibl. Theologie, welche die Aufgabe der Disciplin zwar Hand in Hand
mit der Darstellung der kirchl. Dogmatik, aber unter voller Anerkennung des Unterschiedes beider Disciplinen zu lösen versuchten. Unter

den Vertretern der Orthodoxie gehört hierher KAHNIS, nämlich im 1. Bd. der 1. Auflage seiner lutherischen Dogmatik (1861), während in der 2. die bibl.-theol. Ausführungen nur sehr verkürzt und auf die einzelnen Lehrstücke vertheilt erscheinen. Ungleich bedeutender und an Werth nicht wenigen Gesammtdarstellungen der neutest. Theologie überlegen sind die lichtvoll und präcis gearbeiteten bibl.-theol. Ausführungen bei BIEDERMANN (seit 1869) und LIPSIUS (seit 1876) — Darstellungen, die eine wesentliche Schranke nur in dem unvermeidlichen Umstande haben, dass dabei der Schematismus der kirchl. Dogmatik auf die einheitliche Zusammenfassung der bibl. Gedankenreihen einen Einfluss gewinnen musste, welcher es nicht zu einer vollständigen organischen Reproduction kommen lässt, wie das noch mehr in den der bibl. Lehre gewidmeten Abschnitten bei I. A. DORNER hervortritt. Vollends in lauter Einzelartikel aufgelöst erscheint der Stoff in CREMER's, übrigens ganz von der orthodoxen Tradition beherrschtem, bibl.-theol. Wörterbuch (seit 1866).

Mehr an BEYSCHLAG in Deutschland, OOSTERZEE in Holland, SCHAFF in Amerika erinnert das Werk des französischen Schweizers JULES BOVON, dessen zweibändige Theologie des NT (seit 1893) unter dem gemeinsamen Titel Le fondement historique den ersten Theil eines umfassenden systematischen Werkes (Étude sur l'oeuvre de la rédemption) bildet. Wie die 1. Hälfte die Lehre Jesu in Verbindung mit seinem Leben, so stellt die 2. die apostol. Lehre im Rahmen einer Skizze des apostol. Zeitalters dar. Synopt. und johann. Stoffe erscheinen zwar getrennt, sollen sich aber nur wie Kehrseiten eines und desselben Gedankenkreises zu einander verhalten. Ueber BEYSCHLAG hinausschreitend, setzt der Verf. übrigens wie Apk, so auch Jak und I Pt erst unter die nachpaulin. Literatur.

6. Seit Anfang des Jahrhunderts ist auch die Theilung der Arbeit auf dem Gebiete der neu geschaffenen Disciplin in beständigem Voranschreiten begriffen gewesen. So hat BÖHME (seit 1825) die Religion Jesu von derjenigen der Apostel getrennt; nur die letztere behandelten MATTHÄI (seit 1826) und der Schüler NEANDER's, MESSNER (1856). Unter den einzelnen Lehrbegriffen hob sich natürlich zunächst der paulin. als ein Ganzes hervor. Diesen behandelten schon G. W. MEYER (1801) und LEUN (1803). Bahnbrechend wirkte hier, zuerst von SCHLEIERMACHER'schem, dann auch etwas zwitterhaftem HEGEL'schem Standpunkte aus USTERI (seit 1824). Wie er, so geht bei der Eintheilung des Stoffes auch DÄHNE (1835) von Rm aus. Nachdem SCHRADER (1832) Unbrauchbares geboten, dagegen KUHN auf kathol. Boden einen tüchtigen Ansatz geliefert hatte (Jahrbücher der

Theologie IV, S. 287f), trat BAUR (1845) mit seiner Epoche machenden Darstellung auf. Ganz in seinem Geiste hat wohl das Werthvollste CARL HOLSTEN geleistet (seit 1868). Noch weiter wurde die Theilung der Arbeit fortgesetzt, indem RÄBIGER (1852) und R. SCHMIDT (1870) die Christologie, LIPSIUS (1853) und FRICKE (1888) die Rechtfertigungslehre, ERNESTI die paulin. Sündenlehre (1862) und Ethik (seit 1868), H. LÜDEMANN die Anthropologie (1872) behandelten.

Im Gegensatze zu HOLSTEN erörterten die Begriffe von Fleisch und Geist WENDT (1878), DICKSON (1883) und WESTPHAL (1885); dem Begriff des Gesetzes galten die Arbeiten von DUHM (1873), GRAFE (seit 1884), CLER (1886), A. ZAHN (seit 1876). Gesondert behandelten BEYSCHLAG die Theodicee (1868), MÉNÉGOZ (1882) und SABATIER (1887) den Ursprung der Sünde im Zusammenhang mit der Erlösung, EVERLING die Angelologie und Dämonologie (1888), GLOËL und GUNKEL die Lehre vom hl. Geist (1888), KABISCH die Eschatologie (1893), SCHUMANN die Anschauungen von der weltgeschichtlichen Entwickelung (1875), DUHM diejenigen vom Judenthum (1873), ROGGE die vom Heidenthum (1888), K. MÜLLER (1891) und DALMER (1894) die Erwählung, SCHÄDER die Christologie im Zusammenhang mit der Rechtfertigungslehre (1893).

SABATIER wagte zum erstenmal (1870) den Versuch, die Veränderungen in der Lehre des Apostels aus seiner persönlichen Entwickelung von der Zeit der ersten Conception bis zur Versteifung seiner Ideenwelt im Alter zu verstehen. Eine neue Bahn brach auf Grund der Tübinger Aufstellungen OTTO PFLEIDERER (1873). Bei ihm wie auch bei SABATIER und HOLSTEN liegt der einheitliche Ausgangspunkt und Impuls für die ganze Entwickelung paulin. Lehre in der Christuserscheinung. Bald an NEANDER und bald an LIPSIUS und PFLEIDERER lehnt sich STEVENS (1892) an, während EVERETT (1893) eigene Wege geht. Untergeordneter Art sind Werke von H. OPITZ (1873) und IRONS (1876). Selbst der kathol. Bischof SIMAR hat sich an der Aufgabe versucht (seit 1864). Von ungleich mehr Belang sind die Beiträge von A. BRUCE (1894). Speciell die Theologie von Eph und Kol behandelte H. HOLTZMANN (1872), die von Tim und Tit H. HOLTZMANN (1880), die von Rm LORENZ (1884).

Den Lehrbegriff des Joh erörterten, unter Voraussetzung von noch sehr fragmentarischem Wissen um den Charakter des 4. Evglms, E. SCHMID (1801), HOLM (1832), SIMSON und FROMMANN (1839). Die heutige Fragestellung ist begründet von K. R. KÖSTLIN (1843), HILGENFELD (1849), NIESE (1850), B. WEISS (1862), SCHOLTEN (1864), THOMA (1882) und OSCAR HOLTZMANN (1887); H. KÖHLER (1892) und

STEVENS (1895) nehmen vermittelnde Stellungen ein. Um einen petri-
nischen Lehrbegriff bemühten sich B. WEISS (1855) und rein dogmati-
sirend MORICH (1874), den von Hbr stellten RIEHM (1858), KLUGE
(1863), MÉNÉGOZ (1894), den von Jak W. G. SCHMIDT (1869), den von
Apk GEBHARDT (1873) dar.

Erst späteren Datums sind die Versuche, die Lehre Jesu zu ab-
gesonderter und selbständiger Darstellung zu bringen. Die apostol.
Lehrbegriffe waren leichter als historische Bildungen zu begreifen.
Aber erst mit dem Bewusstsein davon, dass auch die Lehre Jesu einen
eigenen Kreis bildet, war die Abtrennung der bibl. Theologie von der
Dogmatik endgültig vollzogen [1]. Einen ersten erfolgreichen Schritt that
C. WITTICHEN, dessen „Beiträge" die Hauptbegriffe in der Verkündigung Jesu erörterten, nämlich „die Idee Gottes als des Vaters" (1865),
„die Idee des Menschen" (1868) und „die Idee des Reiches Gottes"
(1872). Wissenschaftlich weniger in Betracht kommen REICHENBACH
(1882) und D. H. MEYER (1883), dessen Werk fast nach dem dogmatischen Compendium geordnet und auf die Aussagen des Mt beschränkt
ist. WÖRNER, der in seinem nachgelassenen Werke (1882) Betrachtungen im Geiste von J. T. BECK bietet, gruppirt nach dem aus den Snptkrn
genommenen Schema: 1. von der göttlichen Heilsmacht (das Reich
Gottes, der Menschensohn, der Vater und der Sohn); 2. von dem göttlichen Heilswerk (der Eingang in's Reich Gottes, das Kommen des
göttlichen Reiches). Verursacht das Hereinzwängen der johann. Christusreden, die ihren Zusammenhang nur auf Grund eines ganz anderen
Planes offenbaren könnten, hier einige Unzuträglichkeiten, so hält sich
die Uebersicht, welche SCHÜRER (1882) über den Inhalt der öffentlichen
Verkündigung Jesu giebt, vollständig innerhalb des geschichtlich ge-
sicherten Gebietes. Was er giebt, ist sachlich unanfechtbar und berührt
alle Hauptpunkte, darauf es ankommt, unter den beiden Rubriken: das
Heil selbst und der Weg zum Heil. Um so phantastischer und willkür-
licher springt mit den gegebenen Stoffen GRAU (1887) um. Ganz nach
des Herbartianers ALLIHN Kategorien geordnet ist die Darstellung der
Sittenlehre Jesu von FLÜGEL (seit 1887). Dagegen haben BALDENSPER-
GER (seit 1888), BOUSSET (1892), OSCAR HOLTZMANN (1893), EHRHARDT
und JOH. WEISS (1895) beachtenswerthe Beiträge zum Verständnisse
der Lehre Jesu geliefert. Die ausführlichste und dabei eine durchaus
gleichmässige Arbeit auf diesem Gebiete lieferte H. H. WENDT (seit
1886), welcher zuerst „die evangel. Quellenberichte" (Zwei-Quellen-

---

[1] HEGEL, Vorlesungen über die Philosophie der Religion 1832, II, S. 241:
„Christus Lehre kann aber doch unmittelbar nicht christl. Dogmatik, nicht Lehre
der Kirche sein."

Theorie und johann. Theilungshypothese), dann den „Inhalt der Lehre
Jesu" behandelt von dem leitenden Gedanken aus, dass letzterer nicht
als eine Summe von einzelnen Lehren zu verstehen ist, sondern als eine
einheitliche ideale Anschauung von dem religiösen Verhältnisse; so
originell sie aber auf ihrem, den Gedanken des Gottesreichs darstellen-
den Kernpunkt auch ist, so sicher berührt sie sich auf der Peripherie
mit den überkommenen und übernommenen Vorstellungen des Judenthums. Vielfach ist es dem Eindrucke, welchen dieses Buch in den
Reihen der englischen und nordamerikanischen Theologie machte, zuzuschreiben, wenn hier eindringende bibl.-theol. Erörterungen gerade
an diesem Punkte ansetzten. So von J. MOORHOUSE, PIETON u. s. w.

7. Wie Querdurchschnitte durch das Ganze erscheinen Werke, die
in unabsehbarer Menge einzelnen neutest. Lehrstücken gewidmet sind.
In der obigen Bibliographie wurden nur die bedeutenderen derjenigen
Arbeiten aufgeführt, welche als selbständige Werke erschienen sind[1].
Viel zahlreicher und theilweise weit gehaltvoller sind die Beiträge,
welche die theol. Zeitschriften gebracht haben. Eine Auswahl derselben wird im Zusammenhang der folgenden Betrachtungen namhaft
gemacht und berücksichtigt werden.

III. Methodologisches.

1. Inhalt.

Aus dem Gang, welchen die Literatur genommen hat, ergibt
sich der Begriff der Disciplin als einer wissenschaftlichen Darstellung
der Religion des NT oder bestimmter des religiösen und, sofern alle
ethischen Fragen hier religiös bedingt sind, auch des sittlichen Gehaltes der kanonischen Schriften des NT; also wissenschaftliche Reconstruction der daraus erkennbaren religiös-sittlichen Gedankenwelt,
und zwar sowohl nach der principiell einheitlichen Seite, welche sie
der Betrachtung darbietet, wie nach der durch Individualitäten und
Zeitströmungen bedingten Mannigfaltigkeit, Verschiedenheit, ja Gegen-
sätzlichkeit[2].

Sofern es sich demnach allerdings nicht um bibl. Geschichte, sondern um bibl. Lehre handelt, hat man auch von „bibl. Dogmatik" ge-

---

[1] Anderes vgl. bei B. WEISS, § 8 c.
[2] HEINRICI, Theol. Encyklopädie 1893, S. 108: „Die christl. Welt- und Lebensanschauung, wie sie in den kanonischen Schriften niedergelegt ist, nach ihrer
Einheit und ihrer individuellen Ausgestaltung darzustellen, ist die Aufgabe der
neutest. Theologie."

sprochen [1]. Aber eigentliche Glaubenssätze in der scharfen Umgrenzung officiell kirchlicher Festsetzung bietet das NT überhaupt nicht, höchstens einige Ansätze zu Bekenntnissformeln wie Mt 28 19 I Kor 12 3 Joh 17 3 I Joh 4 2 I Tim 3 16 6 13 II Tim 2 8. Wenn aber auch nicht eigentliche Dogmen, so bringt es doch bereits lehrhafte Ausgestaltungen des Glaubensinhaltes und wird damit, unbeschadet seines vorbildlichen Charakters für jede christl. Aera, zum 1. Glied in der dogmengeschichtlichen Entwickelung oder, wenn man so lieber will, in der Geschichte der christl. Theologie. Jedenfalls nannte man unsere Disciplin mit Fug und Recht nicht neutest. Dogmatik, sondern neutest. Theologie, indem man sie mit diesem auf das ganze religiöse Verhältniss beziehbaren Namen von der systematischen Theologie zu unterscheiden gedachte. Es liegt darin, im Gegensatze zu der Behandlung, welche diese Stoffe einst in ihrer Verpuppungsgestalt erfahren hatten, das Bewusstsein ausgesprochen, dass die bibl. Gedankenwelt mit den formalen Mitteln der Dogmatik nicht aufzubauen ist, dass bibl. und kirchl. Theologie nicht von gleicher Art, dass Schriftinhalt und Dogmatik nicht wesentlich identisch sind [2]. Sollte die bibl. Theologie als bibl. Dogmatik Bestand haben, so hätten die S. 17 f charakterisirten Versuche theosophischer Biblicisten ihre Aufgabe am rechten Ende angegriffen. Aber im geraden Widerspruch zu ihrem Unternehmen ist die bibl. Theologie vielmehr auf dem Wege, eine, die Erträgnisse der Exegese und Kritik verwerthende, geschichtliche Disciplin zu werden, oder sie ist es eigentlich schon geworden. Wenn das NT ein Lehrcodex, dessen einzelne Aussagen man nur zu sammeln, zu sichten, zu ordnen hat, um eine „neutest. Theologie" zu erzielen, angesichts seiner thatsächlichen Beschaffenheit nicht mehr sein kann, wenn es vielmehr den Niederschlag einer religiösen Evolution darstellt, welche unter wechselnden allgemeinen und mannigfaltigen individuellen Bedingungen vor sich gegangen ist, so bleibt als sicherer und fruchtbarer Standpunkt nur noch der geschichtliche, und zwar der speciell dogmen-

---

[1] Thatsächlich führten nur AT und NT gemeinsam behandelnde Werke diesen Titel. Hiernach ist vielleicht die selbständige Aufgabe zu verstehen, welche HEINRICI S. 109 der bibl. Dogmatik zuweist. Doch vgl. S. 111 f. DEISSMANN, ZThK 1893, S. 173.

[2] Diese ganze Entwickelung zurückschraubend findet A. KUYPER, Encyklopedie der heilige godgeleerdheid III 1894, S. 59, 134, 166 f, 175, die aus der Bibel zu gewinnende Lehre von Gott und Mensch, Sünde und Heil liege ja in der orthodoxen Dogmatik vor; was übrig bleibe, dürfe weder „bibl. Theologie", noch „bibl. Dogmatik", sondern nur „Geschichte der Offenbarung" heissen, wogegen sich selbst E. H. VAN LEEUWEN verwahrt, Historia revelationis of Theologia biblica? Theol. Studiën 1894, S. 348 f. Einigermaassen kommt NÖSGEN (s. oben S. 11) dem Vorschlag KUYPER's entgegen.

geschichtliche [1], daneben auch der allgemein religionsgeschichtliche übrig, und wie die Disciplin der alttest. Theologie demgemäss thatsächlich eine veränderte Behandlung erfährt, so tritt bereits eine analoge Forderung auch an den 2. Theil der bibl. Theologie heran [2].

2. Umfang.

Wird aber einmal die neutest. Lehrbildung in ihre geschichtlichen Zusammenhänge hineingestellt, so werden wir bei ihrer Darstellung auch genöthigt sein, über den durch die kanonischen Schriften des NT abgegrenzten Rahmen nach vorwärts wie nach rückwärts hinauszugehen. In jener Beziehung müssten, wie PFLEIDERER (s. oben S. 8) gethan hat, eigentlich diejenigen altchristl. Documente noch hereingezogen werden, welche sich an das NT anschliessen und als mit den späteren Theilen desselben gleichalterig gelten. In der anderen wären mindestens die apokryphischen und pseudepigraphischen Bücher des Judenthums zu berücksichtigen. Aber gerade diese finden, was Darstellung des religiösen Vorstellungsgehaltes betrifft, ihren sachlich doch wohl am besten gerechtfertigten Platz im Anschlusse an die alttest. Theologie [3], und gegen Aufnahme einer mehr oder minder grossen Anzahl von apostol. Vätern, am Ende auch Apologeten u. dgl. sprechen im Interesse der festen Abgrenzung unserer Disciplin dieselben Gründe, welche es zur Zeit auch räthlich erscheinen lassen, noch den alten Rahmen der neutest. Einleitung beizubehalten, statt eine urchristl. Literaturgeschichte daraus zu machen [4].

Gleichwohl muss für den Uebergang von der alten zur neuen Be-

---

[1] Vgl. A. HARNACK, Lehrbuch der DG I [3], S. 17 f, 50 f. Als Anfang der dogmengeschichtlichen Entwickelung ist sie dagegen mit Recht zu bezeichnen nach denjenigen ihrer Elemente, welche nicht ethischer oder überhaupt praktisch religiöser, sondern speciell theologischer (christologischer, soteriologischer, eschatologischer) Art sind. So BAUR, Vorlesungen über die christl. Dogmengeschichte I 1, S. 20. G. KRÜGER, Was heisst und zu welchem Ende studirt man Dogmengeschichte? 1895, S. 20, 72 f.

[2] M. SCHULZE, Zur Frage nach der Bedeutung der hl. Schrift 1894, S. 34 f.

[3] So unter den neuesten Darstellungen KAYSER-MARTI S. 4 f.

[4] Vgl. H. HOLTZMANN, Lehrbuch der Einleitung in das NT [3], S. 10 f. Zur Urtheilsbildung genügt die einfache Thatsache, dass der Verlauf der christl. Entwickelung gerade dieser Auswahl von Literatur, der sog. kanonischen, eine besondere Bedeutung und Werthschätzung verliehen hat. Eine Verschiebung dieses Sachverhaltes ist es, wenn B. WEISS § 1, allen Bearbeitungen der bibl. Theologie, welche nicht die nachgewiesene normative Autorität, die wirkliche Kanonicität jener Schriften zur Voraussetzung haben, die Existenzberechtigung abspricht. Dagegen liegt es bloss an der angedeuteten, den praktischen Interessen der Schultheologie entsprungenen Abgrenzung, wenn wie die Einleitung nicht urchristl. Literaturgeschichte, so die neutest. Theologie nicht „ein Stück Religionsgeschichte und ein Capitel der Geschichte des Urchristenthums" (HEINRICI S. 109) wird.

handlungsweise, von der neutest. Theologie zur spätjüd. und urchristl Religionsgeschichte jetzt schon Bahn gebrochen, es kann das NT und seine Religionswelt unmöglich mehr zu einer ebenso einheitlichen wie isolirten Grösse gemacht werden, deren Verständniss von Demjenigen, was vorher oder nebenher gieng, unabhängig wäre. Selbst WEISS, der ihr eine so weitgehende Originalität zuschreibt, dass er nur in Ausnahmefällen ausserkanonische Zeitvorstellungen zur Erläuterung herbeizuziehen für erlaubt hält, muss doch zugeben, dass man für eine gesunde Beurtheilung des neutest. Gehaltes zwar auf das AT zurückgreifen, dabei aber sich in die Art und Weise, wie dasselbe damals aufgefasst wurde, versetzen müsse[1]. In der That ist die ganze Art der Verwerthung, welche das AT im NT erfährt, abhängig von der im Spätjudenthum maassgebenden Geltung und Benützung der Schrift. Die alttest. Ideenwelt bildet zwar die allgemeine Voraussetzung der neutest. Gedankengänge, aber doch meist nur in der Form, welche sie auf der Mittelstation des nachexilischen Judenthums, speciell der palästinisch-rabbinischen Theologie hier, der alexandrinisch-hellenistischen dort angenommen hat[2]. Abgelöst von diesem im ganzen NT vorausgesetzten Boden der Wirklichkeit ist dasselbe nicht zu begreifen[3]. Ueber seiner ganzen Begriffswelt lagert die allgemeine und gleichmässig wirkende Atmosphäre der jüd. Theologie, Angelologie, Dämonologie und Eschatologie[4]. Ist dem aber so, so gehört die Mittelstation an sich ebenso sehr zur Domäne der alttest. wie der neutest. Theologie; unabkömmlicher noch ist sie für die letztere. Ohne über die von der gleichzeitigen Schriftgelehrsamkeit vertretenen und verbreiteten Vorstellungen berichtet zu haben, kann die neutest. Theologie kein Verständniss dafür erwarten, in welchem Lichte die neuen Gedanken den Zeitgenossen erscheinen mussten; kann sie nicht beweisen, dass und inwieweit die neutest. Schriftsteller sich jener vorgefundenen Vorstellungswelt entweder einfach anschliessen oder sie fortbilden oder endlich in Opposition dazu treten. Daher das fortgesetzte Bemühen um Zusammenstellung des bezüglichen Quellen-

---

[1] § 3, a. c.

[2] B. WEISS § 3 b: „Dass in dieser Zwischenzeit das religiöse Bewusstsein des Judenthums eine eigenthümliche Entwickelung durchgemacht hat, welche in vielen Punkten und nach verschiedenen Seiten hin den alttest. Vorstellungskreis überschritt, ersehen wir aus den literarischen Denkmälern derselben."

[3] KUENEN, Volksreligion und Weltreligion 1883, S. 187.

[4] M. SCHULZE S. 35: „Thatsache, dass die überlieferte Predigt Jesu selbst, sowie das urchristl. Zeugniss von ihm eine Menge von Vorstellungen voraussetzt, die dem Volk geläufig waren und die entweder in ihrer Entstehung oder wenigstens in ihrer weiteren Ausbildung, sowie in ihrer Bedeutung für die Religion nur aus der Literatur des späteren Judenthums verstanden werden können."

naterials bei F. WEBER, WÜNSCHE, STRACK, EDERSHEIM, SCHÜRER, VERNES; daher auch der Eifer, womit in den letzten 10 Jahren SCHMOLLER, SCHNEDERMANN, SCHLATTER, SPITTA, BALDENSPERGER, GUNKEL, BOUSSET, EVERLING, SCHNAPP, KABISCH, C. A. C. VAN LEEUWEN u. A. das frisch eroberte Land urbar und für die Erkenntniss der neutest. Gedankenwelt fruchtbar zu machen suchten[1]. Die mannigfachen Beiträge, welche diese Gelehrten zur neutest. Theologie geliefert haben, verbieten es schlechterdings, an diesem Theil der Aufgabe vorüber zu gehen, und die dagegen geltend gemachten Schwierigkeiten, welche dem Unternehmen, den Bestand der jüd. Schriftgelehrsamkeit zur neutest. Zeit zu beschreiben, schon aus dem chronologischen Abstand des rabbinischen Quellenmaterials erwachsen (s. unten [1, 4]), können niemals Rechtfertigungsgrund für eine Unterlassungssünde werden. Dazu kommt, dass die Bedingungen für eine correcte Verwerthung der Quellen bei den alttest. Apokryphen und Pseudepigraphen, bei Philo und Josephus dafür um so günstiger liegen.

Mit der alexandrinischen Religionsphilosophie endlich hängt nicht bloss die Theologie von Hbr und Joh, sondern irgendwie auch die Gnosis zusammen, deren Einfluss auf die spätere Literatur des NT nicht zu unterschätzen, jedenfalls ernstlich zu untersuchen ist. Bedeutet auch erst die Gnosis die Hellenisirung des Christenthums, so sind mit hellenischen Bildungselementen doch schon die neutest. Schriftsteller in Berührung gekommen[2]. In welchem Maasse dies der Fall war, muss freilich im einzelnen Fall entschieden werden, während der Einfluss des Spätjudenthums sozusagen den Generalfall bildet.

3. Eintheilung.

Wenn wir demgemäss unsere Betrachtungen mit einem 1. Abschnitte über die gemeinsamen Voraussetzungen des NT in dem religiösen und ethischen Vorstellungskreis des gleichzeitigen Judenthums beginnen, so kann es uns auch nicht befremden, hier sofort vielen Stoffen zu begegnen, welche man sonst gern als „eigentlich urchristl.

---

[1] Vgl. bezügliche Erklärungen bei SCHÜRER, Die Predigt Jesu Christi S. 5 f, SPITTA, Christi Predigt an die Geister S. 3 f und BOUSSET, Jesu Predigt S. 8 f.

[2] DEISSMANN, ZThK 1893, S. 132: „Wir haben ja eine ganze Reihe von Vorstellungen, welche als Gemeingut der Alten zugleich in den Denkmälern der populären Geistesbildung des Heidenthums und im NT sich finden; wir erinnern an die Vorsehungs-, Geister- und Dämonenlehre, die Eschatologie, die Opfervorstellung und besonders an die bunte Mannigfaltigkeit der ethischen Gedanken." Ist das richtig, so bildet die neutest. Lehre einen Ansatz zur dogmengeschichtlichen Entwickelung auch für den Fall, dass zum Wesen des Dogmas die Beeinflussung durch die griech.-röm. Cultur gehört.

Gemeingut" bezeichnet. Anderes und mehr noch wird seinen Platz im 3. Abschnitt, welcher den gemeinsamen Problemen des Urchristenthums gewidmet ist, finden. Aber schon was in der Mitte liegt, die Lehre Jesu, fällt dann wenigstens entschieden unter den individuellen Gesichtspunkt, wenn es sich nachweisen lässt, dass von dieser Lehre zwar einige deutlich sichtbare Linien nach den sog. apostol. Lehrbegriffen führen, dass aber auf diesen selbigen Linien sehr wesentliche Theile jener grundlegenden Elemente keine Weiterbeförderung, geschweige denn Weiterbildung erfahren haben, während des neu hinzutretenden Stoffes gerade genug begegnet. Die ganze 2. Hälfte unserer Disciplin erfordert demnach eine individualisirende Behandlung[1]. Die innere Gliederung aber ist durch die beherrschende Stellung der paulin. und die abschliessende Bedeutung der johann. Theologie so bestimmt an die Hand gegeben, dass Abweichungen von dem Schema, wie es zuletzt auch DEISSMANN in der Abhandlung zur Methode der bibl. Theologie des NT[2] entwickelt hat, im Grossen und Ganzen gar nicht mehr denkbar sind. Nur die Behandlung der deuteropaulin. und der kathol. Briefe sowie der Apk bereitet Schwierigkeiten, sofern hier eigentlich „Lehrbegriffliches" bald überhaupt nur mit zweifelhaftem Recht, bald jedenfalls nur im Anschlusse an die wirklichen Lehrbegriffe des Pls und des Joh konstatirt werden kann. Das System der Anlehnung, welches DEISSMANN grundsätzlich empfiehlt[3], wird darum, wenigstens hier und da, Aushülfsdienste zu leisten vermögen. Wo und warum, darüber kann nur die Rede selbst, nicht schon die Vorrede entscheiden[4].

---

[1] Dagegen HEINRICI S. 112: „Wenn die individualisirende Behandlung der neutest. Theologie als ein Uebergangsstadium angesehen werden darf und es als Ziel festgehalten werden muss, die Einheit der in den kanonischen Schriften niedergelegten Wahrheiten zur sachgemässen Anschauung zu bringen, so wird der Unterschied zwischen bibl. Theologie und Dogmatik ein rein methodischer."

[2] ZThK III 1893, S. 126 f. Vgl. auch KUENEN, Gesammelte Abhandlungen zur bibl. Wissenschaft. Aus dem Holländischen von BUDDE, 1894, S. 39.

[3] S. 136.

[4] Im Allgemeinen hält sonach vorliegende Darstellung den gleichen Gang ein, wie das oben S. 24 angeführte Lehrbuch der Einleitung zum NT, auf welches zur Ergänzung des mitzutheilenden Stoffs ein für allemal verwiesen sei. Nur dass aus begreiflichen Gründen das 1. und das 2. Kapitel (Briefliteratur und Geschichtsbücher) hier ihre Stellung vertauschen müssen.

Erste Hälfte.
Jesus und die Evangelisten.

—

Erstes Kapitel: Die religiöse und sittliche Gedankenwelt des gleichzeitigen Judenthums.

1. Das Spätjudenthum.

Von der alttest. Religionsgeschichte scheidet man unter dem Eindruck eines weiten Abstandes zwischen der schöpferischen Zeit des Hebraismus und der nachexilischen Periode des Nomismus: auf jener Seite liegt die Production der religiösen Gedankenwelt, auf dieser die Regelung der religiösen Praxis. Aber der Uebergang vom Einen zum Anderen bedeutet keinen Bruch. Die Prophetie hat sich zuletzt selbst in den Dienst jener zumeist für Tempel und Cultus interessirten, jener immer ausschliesslicher gesetzlich werdenden Strömung gestellt [1]. Wie sie ihre Lebensaufgabe darin gefunden hatte, in Israel eine dem weltbeherrschenden Gott der Gerechtigkeit wohlgefällige Gemeinschaft herzustellen, so galt auch ihre Zukunftsweissagung nicht etwa den Einzelnen, sondern nur der israelitischen Gemeinschaft und ihrer ethischen Vollendung. Das Subject aller Gerechtigkeit ist das Volk. Aber gerade dadurch, dass sie etwas, was seiner Natur nach zunächst nur persönliche Errungenschaft sein kann, als einen Collectivzustand fassten, wurden die Propheten unwillkürlich Begründer des Nomismus, der eben die Ethik der Gemeinde zu normiren unternahm. Das Gesetz bot sich als das gemeingültige Mittel zur Erlangung einer dem Wesen und Willen Gottes entsprechenden Gerechtigkeit an, und durch seinen Besitz glaubte sich Israel über die Völkerwelt ein für allemal hinausgehoben. In Folge dessen suchte es den Gesetzesdienst immer pein-

---

[1] Vgl. Schürer, Geschichte des jüd. Volks im Zeitalter Jesu Christi 1886—90, 2 Bde, Oscar Holtzmann, Das Ende des jüd. Staatswesens und die Entstehung des Christenthums (Stade's Geschichte des Volkes Israel II, 2) 1888, Neutest. Zeitgeschichte 1895, Wellhausen, Israel. und jüd. Geschichte 1894, [2]1895, speciell zum Folgenden Ehrhardt, Der Grundcharakter der Ethik Jesu 1895, S. 6 f.

licher und die Trennung von der Heidenwelt immer schroffer zu gestalten. Inmitten dieser letzteren schien Israels Religion anders als
durch hermetische Absperrung nicht mehr erhalten werden zu können.
An Stelle des alten Staatswesens, wie Könige und Propheten es in der
assyrischen und babylonischen Zeit mit Wort und That vertreten hatten,
war jetzt eine Gottesgemeinde, man kann fast sagen eine Kirche oder
ein Kirchenstaat getreten, dessen sichtbarer Mittelpunkt der Tempel,
dessen Oberhaupt der Hohepriester, dessen Verfassungsurkunde und
Grundgesetz der Priestercodex sein sollte. So richtete sich denn die
ganze Energie der von den jüngsten Propheten theils vorbereiteten,
theils direct unterstützten Schöpfung Esra's auf Pflege und Erhaltung
der Religion durch Cultushandlung und gesetzlich regulirte Lebensordnung. Dies der allgemeine Charakter des Judenthums im Unterschiede von den vorangegangenen Entwickelungsperioden des Hebraismus.

Dazu kommt nun aber ein weiterer Zug, welcher besonders die
letzten 2 Jahrhunderte vor Christus, die Zeit des sog. Spätjudenthums,
kennzeichnet und, in noch engerem Sinne als die Gesetzlichkeit, die
religionsgeschichtliche Folie des Urchristenthums bildet. Das Königthum David's war in den Stürmen der Weltgeschichte zerfallen. Aber
die Erinnerung daran, welche den Rest der Getreuen in der neuen
Gottesgemeinde belebte, war durch keinen Tod zu tödten. Zusammengehalten wurde diese Gemeinde durch den festen Entschluss, ihrem
Gott den strengen Gehorsam, welchen die Vorfahren zu ihrem eigenen
Schaden oft verweigert hatten, jetzt zu leisten und eben damit endlich
auch seine Gnade definitiv zu verdienen, sich des höchsten Lohnes einer
Wiederherstellung der alten nationalen Grösse, ja wo möglich einer bis
zur Herrschaft über die Heiden gesteigerten Ueberbietung derselben
würdig zu machen. Da nun aber nicht bloss die glänzenden Träume
der exilischen Propheten von der Herrlichkeit des wiederherzustellen-
den Jerusalem unerfüllt blieben, sondern auch die ganze Folgezeit jene
Aussichten auf Glück und Herrscherstellung immer mehr verdunkelte,
so wandte sich das jüd. Gemüth endlich ganz einer rein phantastisch
ausgestatteten Zukunft zu. Das Reich wurde als ein jenseitig vor-
bereitetes gefasst, das plötzlich durch eine göttliche Wunderthat sich
in die irdische Welt herabsenken werde. Dabei aber war die Hoffnung
keineswegs rein überweltlicher, himmlischer Art; das Reich sollte irdisches Glück im höchsten Grade bringen. Indem so das Ziel ein eudä-
monistisches war, wurde auch die Ethik, die seine Erreichung verdienen
sollte, innerlich entwerthet und sank zu einer blossen Uebung von Formen herab. Dies im Allgemeinen der Charakter der sog. Apokalyptik.

Als so gestaltetes Gewebe von Nomismus und Apokalyptik fand das
Christenthum die jüd. Religion vor. Es selbst bedeutete im Grund-
satze eine Reaction dagegen, ohne deshalb die allzu dicht gesponnenen
Fäden nach allen Seiten und für jegliche Zukunft zerreissen zu können.

2. Pharisäismus und Sadducäismus.

1. Geschichtliche Begründung des Gegensatzes.

Dem eben Gesagten zu Folge bildet etwa die Zeit der syr. Religionsnoth den Punkt, wo retrospective Betrachtungen einzusetzen
haben [1]. Dem restaurirten Judenthum trat das Griechenthum des
alexandrinischen Zeitalters in Gestalt des seleukidischen Staates gegenüber mit dem Versuche, es aufzulösen und ähnlich, wie dies bei anderen
Völkern gelungen war, auch geistig einzuverleiben. Eine vollständige
Absorption des jüd. Wesens durch den Hellenismus konnte freilich
nicht durchgesetzt werden; dazu erwies sich der religiöse Kern des
Volkswesens zu zäh und zu fest. Immerhin aber trat eine bedeutende
Krisis, ein tiefgehender Bruch in diesem Leben ein. Der Tempel war
entweiht gewesen, das gleichzeitige Hohepriesterthum durch Usurpa-
toren und Verräther schwer compromittirt. Aber auch jene neuen
Hohepriester, welche für den gereinigten Tempel zu Jerusalem in der
Familie der Hasmonäer erstanden, verdankten ihre vorzugsweise po-
litisch aufgefasste Würde den syr. Oberherrschern. Ueberdies waren
sie auch nicht direct der früher herrschenden Linie entsprossen, nicht
mehr legitim im streng gesetzlichen Sinne. Das war und blieb aber
ein Widerspruch zu der jetzt herrschend werdenden Strömung. Unmittelbarste Folge der Makkabäerkämpfe war nämlich ein neu belebter
Enthusiasmus, ein fanatischer Eifer für das Gesetz. Diese energische
Reaction gegen alle Abtrünnigkeit, alle Fremdthümelei, kennzeichnet
die griech. Periode des neuen Staatslebens sogar noch mehr als die
persische. Durchgreifender als je zuvor nimmt jetzt die Geschichte
der Juden einen religiösen Charakter an. Aus jahrhundertelangem Stillleben herausgetreten, feierte das Judenthum von Judas Makkabäus an
bis auf Johannes Hyrkanus eine Reihe von Triumphen, die man sich nur
aus dem unmittelbaren Eingreifen Gottes zu erklären vermochte. Jetzt
erst war aus der Gemeinde wieder ein Volk geworden. Nichts aber
fürchteten seither die Eifrigen in diesem Volke mehr als ein Erlahmen
jenes frischen Geistes, ein erneutes Eindringen ausländischer Elemente
in das streng jüd. Leben, irgendwelche Rückkehr des Abfalls: erstens
und letztens handelte es sich jetzt immer nur um Erhaltung des Juden-

---

[1] Bousset S. 10 f, 19 f.

thums in seiner überkommenen Gestalt. Der naturgemässe Niederschlag dieser Stimmung, wie sie seit den syr. Tagen je länger desto
ausschliesslicher das Volksgemüth beherrschte, war der Pharisäismus.
Die Partei als solche tritt allerdings erst seit den Tagen des Johames
Hyrkanus auf den Plan. Jedenfalls war zur Zeit Jesu die grosse Masse
der Juden pharisäisch gezüchtet und geformt. Im Pharisäismus ruhte
der Schwerpunkt der Nation. Für ihn aber kommt es vor Allem darauf
an, das Judenthum im Hochgefühle, ein auserwähltes Volk zu sein, zu
stärken; für ihn gibt es nur Eine Gefahr, die Verweltlichung, nur Eine
Sünde, nämlich Alles, was Berührung mit dem Heidenthum bedeutet,
nur Ein Gnadenmittel, nämlich das Gesetz, sofern es diese Berührung
unmöglich macht. Sind sonst diejenigen die Günstlinge und Leiter
des Volkes, welche den Druck der bestehenden Bräuche und Institu-
tionen zu mildern oder zu beseitigen suchen, so fand hier, wo es galt
durch pünktliche Beobachtung des Gesetzes ein nationales Privilegium
zu sichern, das Gegentheil statt. Die tonangebenden Häupter und
Leiter dieser national-religiösen Richtung haben es darauf abgesehen,
das ganze Alltagsleben zu „heiligen". Darum stellten sie dem Tempel
als der Opferstätte die Synagogen als Volkshallen, den Opfermahlen,
levitischen Reinigungen und priesterlichen Waschungen die heiligen
Weihen und Ceremonien gegenüber, womit sie insonderheit jede gemeinsame Mahlzeit einfassten. Wie die Priester, so pflegten auch die
Pharisäer ihre eigenen Verbrüderungsmahle (ḥabburot = συσσίτια), wobei man sich vorher und nachher abwusch, die Speisen aber gesegnet
und Gespräche über religiöse Gegenstände geführt wurden, vgl. Lc 5 29
7 36 11 37 14 1 15. So sollte alles Häusliche, Gesellschaftliche und Bürger-
liche möglichst in den kirchlichen Bereich gezogen und mit der Etikette
der strengsten Religiosität versehen werden. Die zu Grunde liegende
Idee bildet eine Präformation zu dem nachher vom Christenthum aufgenommenen Princip des allgemeinen Priesterthums. „Gott hat Allen
das Erbe und das Königreich und das Priesterthum und die Heiligkeit
gegeben" heisst es II Mak 2 17, wie dann unter der freilich anders gearteten Voraussetzung der Freiheit der Kinder Gottes I Pt 2 9 gleichfalls gefordert wird.

Diejenigen, gegen welche die angegebene Losung ausgespielt worden
ist, die sog. Sadducäer, sind schon damit als Angehörige eines bevor-
rechteten Standes, als priesterliche Patrizier gekennzeichnet. Waren
die Pharisäer Privatpersonen ohne officiellen Charakter, in ihrer Gesammtheit die streng religiöse Volkspartei ausmachend, so erscheinen
dafür die Sadducäer Act 4 1 5 17 als die im Synedrium sitzende, regie-
rende Aristokratie. Demgemäss wird ihr Name gewöhnlich von jenem

Zadok abgeleitet, der zu David's und Salomo's Zeiten an der Spitze
des Priesterthums stand und in der späteren Geschichtsschreibung als
der eigentliche Begründer der Hierarchie, als Typus des Priesterthums
gal (Zedukim, Sadokiten), während der Parteiname ihrer Gegner von
der Absonderung hergenommen ist, die sie aller Berührung mit Un-
reinem und Profanem, allem heidnischen Wesen und allen Mischformen
gegenüber durchführten (Peruschim = die Separirten, Besondern). Die
Heiligkeit, welche ihr Ideal bildete, ist gleichbedeutend mit Exclusivi-
tät. Als die eigentlichen Musterjuden sondern sie sich ab, zunächst
gegen weite Kreise des eigenen Volkes, in letzter Instanz gegen das
diese infizirende Heidenthum.

2. Theologische Zuspitzung des Gegensatzes.

Dieser, aus zwingenden Gründen zwischen den Ansprüchen der
Amtsaristokratie und dem im Volke herrschenden Geiste des Pharisäerthums sich ergebende, Gegensatz scheint gemeint, wo im Henoch-
buche, in den Psalmen Salomo's und in der Assumptio Mosis die Armen und Stillen im Lande, die Heiligen und Auserwählten einerseits,
die Reichen und Mächtigen, die Vornehmen und Herrscher andererseits
sich gegenübertreten [1]. Ganz unbrauchbar hat sich dagegen, um die
wirkliche Sachlage zu bestimmen, der Maassstab erwiesen, welchen der
alle heimischen Verhältnisse in's Griechische umfärbende Josephus an
die Hand gibt, wenn er seine Schilderung der Pharisäer, Sadducäer und
Essäer mit den hochtrabenden Worten eröffnet: „Dreierlei Schulen der
Philosophie gibt es bei den Juden“ (Ant. 18 1 2). Was dieser Fälschung
einigen Schein der Wahrheit verleiht, das ist die Thatsache, dass mit
der Zeit allerdings gewisse Punkte, die bei den Griechen einer philosophischen Behandlung unterworfen zu sein pflegten, zwischen Pharisäern und Sadducäern streitig wurden. Schliesslich aber läuft der
Gegensatz immer nur hinaus auf den Widerspruch der strengen Frömmigkeit gegen die, einem freieren Umblick in der wirklichen Welt ent-
stammten, Ueberzeugung, dass sich keineswegs alle Lebensverhältnisse
ohne Weiteres nach den Anforderungen der religiösen Ueberlieferung
bestimmen und regeln lassen. Naturgemäss erzeugte sich die letztere
Anschauungs- und Behandlungsweise der Dinge nicht in der Partei
der Gemeinde, der so zu sagen kirchlichen Partei, sondern in der Partei
der Politiker, des Staates. Als die berufenen Wächter des Heiligthums
handhaben zwar auch sie im Grundsatze nur einen religiösen Maass-

---

[1] Nowack, Die sozialen Probleme in Israel und deren Bedeutung für die
religiöse Entwickelung dieses Volkes: Das Stiftungsfest der K.-W.-Universität
Strassburg 1892, S. 37 f.

stab, indem sie die ausschliessliche Verbindlichkeit des eigentlichen Gesetzes vertraten, welchem gegenüber alles Spätere nur einen untergeord-
neten Werth und eine bloss bedingte Heiligkeit besitze. Sie verwarfen
zwar auf keinen Fall ausdrücklich die übrigen Schriften des AT, wohl
aber die Verbindlichkeit der von Tag zu Tag anschwellenden Tradition
(s. unten 3 ₂) und schnitten schon damit dem Pharisäerthum in's Herz.
Ueberdies standen sie im Verdacht, selbst dem geschriebenen Gesetz
nicht um seiner selbst willen, darum, weil es geschrieben war, die Ehre
anzuthun, die ihm gebührte. Ursprünglich Diener der Religion, mussten
sie sich, weil als Staatsmänner mannigfachen Berührungen mit der
röm. Weltmacht und der griech. Culturwelt ausgesetzt, an Compromisse
gewöhnen und konnten je länger, desto weniger umhin, wichtige öffentliche Interessen, wenn solche mit religiösen Bedenklichkeiten in Conflict geriethen, rein aus sich heraus zu begreifen und zu behandeln. Die
Pharisäer ihrerseits verwiesen in solchen Fällen lieber auf die wunderbaren Erfolge des Makkabäerkampfes, lehrten auf ein gleiches Eintreten rein übernatürlicher Factoren, auf sofortige Intervention Gottes
hoffen und verhöhnten die diplomatischen Schachzüge ihrer Gegner,
welche nur mit endlichen Grössen zu rechnen wussten. Heilloser
Uebermuth schien es ihnen, mit politischen Kniffen, wie z. B. heidnischen Bündnissen, das Geschick des auserwählten Volkes bestimmen
zu wollen, da ja vielmehr alle Dinge nach göttlicher Bestimmung, insofern also nach unbedingter Nothwendigkeit, ihren Verlauf nehmen
(vgl. im NT das δεῖ des göttlichen Verhängnisses). Von diesem Ausgangspunkt aus kann Josephus dergleichen thun, als hätten sich Pharisäer und Sadducäer über den Einfluss des Schicksals (εἱμαρμένη) auf die
menschliche Willensfreiheit gezankt, etwa nach Art der Stoiker und
Epikureer (Bell. II 8 ₁₄ Ant. XIII 5 ₉ XVIII 1 ₃). In Wahrheit ist
der Glaube an das Schicksal, welchen Josephus den Pharisäern nach-
sagt, nur ein schiefer Ausdruck für jene echt semitische, unbedingt
religiöse Auffassung des Lebens, von der sie ausgingen, während es die
Opposition dagegen, also die Stellung des Menschen auf seine eigenen
Füsse, bedeutet, wenn den Sadducäern nachgesagt wird, dass sie „allen
Einfluss des Schicksals leugnen und behaupten, Gott habe mit dem
Thun oder Lassen des Bösen gar nichts zu schaffen. Gutes wie Böses
ist nach ihnen der unbeschränkten Wahl des Menschen anheimgestellt,
und wenn dieser sich für das Eine oder Andere entscheidet, so ist es
eine Folge seiner Willensfreiheit."

Unmittelbar an diese Beschreibung der Sadducäer reiht sich bei
Josephus (Bell. II 8 ₁₄) noch der Satz an: „Unsterblichkeit, Strafen
und Belohnungen in der Unterwelt verwerfen sie." „Sie sagen, die

Seelen vergehen mit den Leibern" (Ant. XVIII 1 4). Hier haben wir
nun scheinbar einen rein theologischen, vielleicht sogar philosophischen
Gegensatz, der ja überdies auch durch die Charakteristik der Sadducäer im NT (Mc 12 18 = Mt 22 23 = Lc 20 27 Act 23 8) bestätigt ist.
Genauer besehen kehren nur dieselben Streitpunkte wieder, auf die wir
bereits mehrfach gestossen sind. Die Pharisäer betrachteten das Leben
vom Standpunkte vorgestellter göttlicher Zwecke aus, und da, was sie
als letzten Zweck Gottes dachten, auf Erden nicht realisirbar scheint,
so verlegten sie die Vollendung in das zukünftige, messianische Weltalter. Im Gefolge pharisäischer Auffassung ging daher überhaupt ein
massiver Zukunftsglaube, insonderheit Vorstellungen über die Auferstehung einher, welche an derber Handgreiflichkeit kaum mehr etwas
zu wünschen übrig liessen. Gegentheils waren die Sadducäer Realisten;
ihre nüchterne, verständige Anschauungsweise erklärte das Leben als
einen Zusammenhang von Ursache und Folge und konnte eben darum
keine andere Form von Lohn und Strafe anerkennen, als eine solche,
welche von selbst aus der so oder anders beschaffenen Handlungsweise
fliesst. So lebten sie in und von der Gegenwart; sie zogen sich auch
in Bezug auf die Zukunft auf das geschriebene Gesetz zurück, welches
weder von Geistern, noch Auferstehung weiss, überhaupt den apokalyp-
tisch-eschatologischen Apparat der Pharisäer stillschweigend ablehnt.

Für die Pharisäer ihrerseits bildete die glühende Hoffnung auf
zukünftigen Lohn das ergänzende Gegenstück zu der Qual der Gegenwart; und so sehen wir sie nicht allein das Joch des mühsamsten Ge-
setzesdienstes tragen und Anderen auferlegen, sondern zu allen Opfern
und Reinigungen, womit sie schon als Jünger des Gesetzes das Leben
füllten, auch noch neue verdienstliche Werke hinzufügen. Dazu gehören in erster Linie Fasten, Almosen und Gebetsübungen. In diesen
asketischen Formen hoffte man den Geist der makkabäischen Glaubens-
zeugen festhalten, die Absonderung des Volkes Gottes von den „Heiden
der Welt" Lc 12 30 verewigen zu können. Der Pharisäismus nahm jene
überkommenen frommen Uebungen alle in den Begriff seiner „Gerechtigkeit" auf und schuf daraus eine starre, das ganze Leben des Volkes
auf Schritt und Tritt, vom Morgen bis zum Abend, von der Geburt bis
zum Grabe, auf Stunde und Minute regelnde Norm. Das Merkmal
der pharisäischen Gerechtigkeit bildete daher jene peinliche Sorge, den
zahlreichen casuistischen Zusätzen zum Gesetz nachzukommen, welche
als nothwendig zur levitischen Reinerhaltung des täglichen Lebens er-
sonnen worden waren. Begreiflicher Weise musste eine solche, auf
ein Maximum von levitischen Reinheitsgarantien gerichtete, Ethik (die
mania purifica Pharisaeorum) zu einer völligen Verschiebung und Zer-

setzung des tieferen und umfassenderen alttest. Begriffes der Gerechtigkeit, wie ihn die Propheten gekannt hatten, führen[1]. Das NT sagt den Pharisäern bekanntlich noch viel Schlimmeres nach. Sie sind hier die grundsätzlichen und typischen Heuchler. Sogar die jüd. Tradition kennt auch entartete, heuchlerische Pharisäer, die „Gefärbten"[2]. Aber im Allgemeinen durfte die pharisäische Selbstgerechtigkeit wenigstens den Anspruch erheben, ihr Ruhebett auf härtestem Dienst aufgeschlagen zu haben. Eben darum konnten ja diesen Intransigenten gegenüber die opportunistischen Sadducäer nie recht aufkommen. Andererseits war aber auch der Untergang des Staates das unvermeidliche Ergebniss der praktisch gemachten pharisäischen Doctrin. Zwar hatten frühere Schulhäupter in richtiger Voraussicht verhängnissvoller Folgen vor jeder Anwendung der theokratischen Theorie auf das Gebiet weltlicher Politik gewarnt. Schien dies doch vielmehr Sache und Gegenstand der sadducäischen Sorge. „Geselle dich nicht zur weltlichen Herrschaft" — lehrte Schemaja. Hillel und noch manche Spätere vertraten eine ähnliche Theorie absoluter Unterwerfung unter den die Fremdherrschaft verhängenden Gotteswillen wie Pls Rm 13 1—7. Gleichwohl lag auch ein revolutionäres Element im Pharisäismus, während die Sadducäer wesentlich conservativ gesinnt erscheinen und vor Allem Sorge tragen, dass nicht „die Römer kommen und uns Land und Leute nehmen" Joh 11 48. Dagegen schloss sich der schammaitische Pharisäer Saddok jenem Gaulaniten Judas an, welcher in Jesu Jugendzeit seinen Landsleuten die Schande vorwarf, dass sie neben Gott noch weltliche Herrscher duldeten. Seither vertritt der Pharisäismus immer bewusster den Anspruch auf Befreiung des Volkes von der Fremdherrschaft, die Einen allerdings bloss in der Theorie als theologisches Postulat, die Anderen aber auch als Demagogen in der Praxis. Die Letzteren eben sind die Zeloten, welche Josephus als eine besondere Partei einführt (Ant. XVII 1 1). In Wahrheit haben die Pharisäer den Zeloten in die Hände gearbeitet, indem sie die populäre Phantasie mit Engelerscheinungen, Wunderzeichen und apokalyptischen Hoffnungen so lange erhitzten, bis die Zeloten als die praktischen Willensvollstrecker des Pharisäismus das völlige Verderben heraufbeschwören konnten. So vollzieht sich die ganze Geschichte des Spätjudenthums bis zum letzten Ende unter dem Zeichen des Pharisäismus.

---

[1] WELLHAUSEN [2] S. 284: „Gerecht hatte so viel bedeutet wie einfach, schlicht, aufrichtig. Jetzt bedeutete es correct und legal."
[2] CHWOLSON, Das letzte Passamahl Christi 1892, S. 114f. M. FRIEDLÄNDER, Zur Entstehungsgeschichte des Christenthums 1894, S. 41 f.

3. Die Schriftgelehrten und die Tradition.

1. Volksbelehrung.

Die eigenthümlichsten Schöpfungen der nachexilischen Zeit oder vielmehr des Spätjudenthums sind Schriftgelehrtenthum und Synagoge. Esra, der „eilende Schreiber", d. h. in der Tradition schon Schriftgelehrter, war doch selbst noch Priester gewesen. Wie er, so war letztlich noch der Hohepriester Simon der Gerechte (um 220) zugleich auch schriftgelehrte Autorität. Zwischen beiden Grössen liegt die Zeit der sog. „grossen Synagoge", ein leerer Raum der Geschichte. Sobald sich die Zeiten wieder füllen und beleben, sehen wir dem Priesterstande einen unabhängigen Gelehrtenstand zur Seite, bzw. gegenüber treten, welcher sich aus dem Volke rekrutirte und wenn auch keineswegs durchaus (vgl. Mc 2 16 = Lc 5 30 mit Act 23 9), so doch grossentheils eng mit den Bestrebungen des Pharisäismus verbunden und verwachsen war. „Schriftgelehrte und Pharisäer" erscheinen daher auch in den Evglien in der Regel zusammen und befinden sich in nicht mehr bestreitbarem Besitze der Führerschaft des Volkslebens. Sie drücken diesem ihre Signatur auf.

Das Geheimniss ihrer Herrschaft beruhte darauf, dass die jüdische Religion ganz Buchreligion geworden war. Die nächsten Fortbildungen, welche das Gesetz nach Esra erfahren hatte, waren noch codificirt und in die geschriebene Tora aufgenommen worden. Aber über die oben (S. 29) bezeichnete Epoche, die den terminus a quo des Spätjudenthums bildet, kann diese Art von productiver Thätigkeit nicht fortgedauert haben. Das grosse Gesetzbuch, die Magna charta der Gottesgemeinde, das Corpus juris divini der Theokraten, war für abgeschlossen erklärt und ihm sogar die Schriften der früheren und der späteren Propheten als ein zweiter Kanon zur Seite gestellt worden. An Bedeutung stand letzterer freilich schon darum hinter dem Gesetze zurück, weil er grundsätzlich gleichsam nur supplementäre Bedeutung hatte. Wäre das Gesetz gehalten worden, so wäre neben seiner Autorität auch keine andere mehr nöthig gewesen; hätte man dem Moses gehorcht, so wären die Propheten zu Hause geblieben. So lautete die Theorie. In Wirklichkeit sammelte man eben in demselben Maasse, wie das nachexilische Judenthum zunächst von Erinnerungen lebte, begierig die alten Weisthümer des Volkes, die prophetischen Reden, die Lieder und Sprüche, überhaupt die Reste der althebr. Literatur und schloss sie dem Pentateuch an. So hatte das Spätjudenthum gleichsam eine literarische Heimath, einen hl. Schatz in Buchform gewonnen, welchen, nachdem die Priester ihn gesammelt und abgeschlossen hatten, nunmehr die

Schriftgelehrten als ein, mit keinerlei nachfolgender Literatur vergleichbares, hochhl. Schrifterbe des auserwählten Volkes hüteten und verwalteten. Schon damit waren sie auf dem Wege, die Hegemonie an sich zu bringen, an die Stelle der Hierokratie die Nomokratie zu setzen. Denn während das Volk dem priesterlich verwalteten Tempelcultus in Jerusalem seine durch Herkommen und Gesetz geforderte Ehre gab, ihm aufrichtige, aber doch nur äusserliche Achtung erwies, die symbolischen und sacramentalen Handlungen desselben sich abspielen sah und mitmachte, walteten die Schriftgelehrten überall in den Bethäusern und Schulen (botte hakkeneset). Die hier geübte Andacht aber bestand ausser in Gebet zumeist in Vorlesen und Erklären der hl. Schriften. In diesem, für Verständniss und Anwendung auf das Leben viel fruchtbareren, darum auch viel beliebteren, Synagogencult feierte das Schriftgelehrtenthum seine Triumphe über das Priesterthum, wenngleich erst der Untergang des Tempels die völlige Entscheidung brachte. Damit war nämlich auch thatsächlich an Stelle des Tempels die Synagoge, an Stelle des Opferdienstes ('aboda) der Gebetsdienst, an Stelle des gesetzlichen Cultus das Studium der ihn betreffenden Theile des Gesetzes getreten. „Die Ehrfurcht vor deinem Lehrer soll so gross sein, wie die Ehrfurcht vor dem Himmel" (Pirke abot 4 12) — so formuliren sich zuletzt die Ansprüche des aus dem freien Wesen der Schriftgelehrsamkeit allmählich erwachsenen Standes der Rabbinen. Aber schon das NT zeigt uns eine am Munde der Schriftgelehrten hängende Volksmasse; nur dass hier noch jeder Israelite, also auch Jesus Lc 4 16—21 und Pls Act 13 15, das Recht hat, für Erbauung seiner Brüder thätig zu sein, falls er sich als Lehrer geltend zu machen weiss.

2. Gesetz und Ueberlieferung.

Dazu kam nun aber noch ein Zweites. Der neue Lehrstand bewahrte nicht bloss in der Theorie das Gesetz, er bildete es auch in der Praxis fort. Damit, dass ein endgültiges Punktum hinter das geschriebene Gesetz gesetzt worden war, war dem geistigen Leben kein Stillstand geboten. Es stellten sich immer neue Fälle ein, unvorhergesehene Fälle, welche doch nach dem Gesetz zu entscheiden waren. Die Schriftgelehrten wurden mit der Zeit auch zu Juristen und Kanonisten (die neutest. γραμματεῖς heissen auch νομικοί oder νομοδιδάσκαλοι). Zu dem einen Geschäft des Abschreibens, Uebersetzens und Erklärens des Gesetzes kam als ein zweites die Anwendung, Erweiterung und Fortbildung desselben. Gerade über dem Bestreben, das Gesetz zur unumschränktesten, jede andere Autorität, selbst die innere, ausschliessenden Geltung zu bringen, sah man sich veranlasst, es als

Maassstab an alle wirklichen und denkbaren Lebensverhältnisse anzulegen, es fortwährend den neu sich gestaltenden Lebensbedingungen
anzubequemen und für alle Fälle den directen Willen Gottes an sein
Volk auf dem Wege der Auslegung des Pentateuchs festzustellen.

Die
in dieser Richtung gegebenen Entscheidungen angesehener Schrift- und
Rechtsgelehrter wurden dann gemäss dem dieser Zeit eignenden, all-
gewaltigen Autoritätsbedürfniss zur Regel erhoben und sorgfältig weiter
überliefert, aber nur mündlich. Denn ein 2. geschriebenes Gesetz neben
dem 1. war so unmöglich, wie ein 2. Gott neben dem Einen. Nichts
war neben dem geschriebenen Gesetz mehr der Aufzeichnung würdig.
So erschien zwar die neue Autorität auch als Gesetz, aber als ein
„mündliches" und unter Voraussetzung der Fiction, dass es bloss den
Auslegungskanon für das schriftliche, die Selbstauslegung desselben
im Geiste der fortlebenden Generationen darstelle. Dies der Ursprung
und der leitende Gedanke der sog. Tradition (παράδοσις τῶν πρεσβυτέρων
Mc 7 3 5 = Mt 15 2).

Diese Tradition umrankte und umwob nunmehr alle Theile des
Gesetzes, auch die geschichtlichen. Eine Menge von ausmalenden,
theilweise von der Schrifterzählung sogar abweichenden, ihre Anstösse
beseitigenden, aber auch den anmuthigen Legendenton mit bizarrer
Ornamentik verunstaltenden Züge haben sich im Jahrwochenbuche
abgelagert, finden sich ferner auch bei Philo, Josephus und im NT,
zumal in den Reden Act 7 und 13 und im Katalog Hbr 11. So verfolgt Ismael den Isaak Gal 4 29 und sucht Esau weinend, aber umsonst
Umkehr Hbr 12 17, die Zauberer Pharao's heissen Jannes und Jambres
II Tim 3 8, der Wasser spendende Fels rückt den Israeliten nach I Kor
10 4, Teufel und Engel streiten um den Leichnam des Moses Jud 9,
die Hure Rahab heirathet den Stammfürsten Juda's, Salmon Mt 1 5,
die Dürre zur Zeit des Elia dauert 3½ Jahre Lc 4 25 Jak 5 17. Gehören
solche Züge, wie auch die Fortführung der Sittenlehre, zur sog. Hag-
gada, so bilden dagegen die, den gesetzlichen Inhalt selbst betreffenden,
Weiterungen die sog. Halacha, eine Art von Gewohnheitsrecht. Während z. B. das Levitengesetz, die Bestimmungen über Sabbath- und Jubel-
jahre u. A. als unvollziehbar hinfällig geworden waren, kamen dafür
neue Satzungen auf, wie über Sabbathweg (Act 1 12), Händewaschen
(Mc 7 2—4), Fasten (Mc 2 18 = Mt 9 14 = Lc 5 33 Mt 6 16), Gebets-
riemen (φυλακτήρια, tephillin Mt 23 5). Wie man letztere anzulegen
habe, wie oft und wann man beten, wie man sich dabei stellen müsse
u. s. w. — dafür gab es bald hunderterlei Bestimmungen, darunter der
freie Gebetsgeist ersticken musste. Eine nicht minder minutiöse und
haarspaltende Casuistik wurde den Reinigungs- und Reinheitsvorschrif-

ten zu Theil, auf deren Beobachtung die Sonderstellung des Volkes in
erster Linie beruhte.   Hier vor Allem zeigt sich die Solidarität der
religiösen Motive des Pharisäerthums mit der productiven Thätigkeit
der Tradition (s. oben 2 2).   Der Widerstand der Sadducäer, deren
Zwecken die althergebrachte pentateuchische Uebung vollkommen genügte, hatte bloss den Erfolg, dass das entscheidende Kriterium der
Frömmigkeit je länger, desto mehr in der Beobachtung der Zusätze
zum Gesetz gefunden wurde, der Ton mithin auf die Tradition fiel.
Nur in der Theorie stand das geschriebene Gesetz obenan; in der
Wirklichkeit erwies sich die Ueberlieferung als die treibende Kraft,
die auch den Schriftglauben in ihren Dienst zwang.   Denn nur unter
den Händen der Schriftgelehrten wurde die Schrift lebendig, also auch
verständlich.   Aber freilich wie?

3. Auslegung und Fortbildung des Gesetzes.

Von einem wirklichen Verständnisse, wie es auf dem Wege einer
sprachlichen und sachlichen Auslegung vermittelst wissenschaftlicher
Schulung gewonnen wird, ist bei einer Schrift, die als heiliges Grund-
buch einer Religion gelten sollte, immer nur selten und spät die Rede.
Auf die Theologie der Synagoge passt genau, was man von der
Theologie der Kirche gesagt hat: indem sie eine Schrift kanonisirte,
entzog sie dieselbe der freien Auslegung und machte sie zum Object einer allegorischen, typologischen oder irgend welcher anderen
Art von Exegese, welche nach einem dem Wortsinn überlegenen,
„tieferen", den geschichtlichen Autoren thatsächlich jedenfalls transcendenten, Sinne sucht[1].   So legt denn auch die Schriftgelehrsamkeit
der Synagoge nirgends etwa mit der Absicht oder dem Erfolge aus,
den eigensten, ursprünglichsten Gedankengang aus dem Zusammenhang des Textes herauszustellen, sondern sie hält sich als „unhistorische Localmethode"[2] ohne jede Berücksichtigung der Personen, welche
sprechen oder angesprochen werden, der Motive und Zwecke, welchen
die Worte gelten, der geschichtlichen Situation, die sie zeichnen, lediglich an die einzelnen Sätze, die ja alle gleichmässig göttliche Orakel
sein müssen, an die einzelnen Worte, ja Buchstaben, welchen ein tieferer
Sinn um so gewisser abzulocken sein muss, als der Wortsinn oft ir-
relevant oder trivial erscheinen könnte.   Auch das NT, zumal die
paulin. Briefe, liefern hiezu Beispiele in grosser Menge.   In irgend
einem Maasse ist der ursprüngliche Sinn fast immer verschoben, nicht

---

[1] OVERBECK, Zur Geschichte des Kanons 1880, S. 39. A. HARNACK I[3], S. 343,
350, II[3], S. 74 f. KAFTAN, ZThK 1893, S. 93.
[2] HARNACK I, S. 95, Dogmengeschichte (Abriss) [2]S. 18.

selten ganz verlassen (s. II 1, 3 4). Zu Grunde liegt dabei die Voraussetzung, dass in göttlichen Schriften nichts gleichgültig sein dürfe, dass
sie vielmehr dem, welcher sucht (daraš, daher midraš = Ergebniss solches
Suchens), immer tiefere Geheimnisse offenbaren werden, dass aber auch
die Schrift als Ganzes einheitlichen Ursprunges und Gepräges, daher
uneingeschränkte Combination der entlegensten Stellen möglich, ja
allein fruchtbar sei. Als derartige Midrasche geben sich beispielsweise
(durch τοῦτ᾽ ἔστιν Rm 9 8 10 6—8, vgl. Gal 4 24—26) die Stellen Rm 9 7 8
10 5—9 und Gal 4 21—30.

Nichts ist selbstverständlicher, als dass Theologen und Juristen,
welche eine so biegsame Exegese berufsmässig handhabten, nicht selten
unter sich uneins werden mussten. Solcher Dissensus wurde dann
Anlass und Ausgangspunkt für Bildung verschiedener Schulen und
Parteien. Insonderheit bewegten sich derartige Controversen um die
Begriffe von Statthaft und Unerlaubt. Man stritt sich, um in der
Sprache dieser Schulen selbst zu reden, darum, was zu „lösen“ oder
zu „binden“ sei Mt 16 19 18 18. Binden oder lösen hiess nämlich entscheiden, was auf Grund des Gesetzes und des Herkommens als verboten oder erlaubt zu gelten habe, und zwar sowohl wissenschaftlich
in der Schule wie rechtskräftig im Gericht. Der Zweck des rabbinischen Bindens und Lösens war Aufstellung einer vollkommen sicheren
und ausreichenden Norm für jegliches Handeln. Man fragte z. B., ob
nur vom Korn und Oel und Most zu zehnten sei, oder auch von Anis,
Kümmel und Pfefferminze Mt 23 23. Es galt auf dem Wege der Consequenzmacherei zu bestimmen, was in jedem einzelnen Falle, mochte
er in der Erfahrung wirklich vorliegen oder nur scharfsinnig erdacht
sein, erlaubt oder verboten sei. Auf solche Weise gedachten die
Schriftgelehrten das Gesetz zu vervollständigen, zu ergänzen, allseitig
anwendbar und vollkommen erfüllbar zu machen. Die Resultate dieser
Bemühungen bildeten das Hauptmaterial der Ueberlieferung, welche
lange ein lebendiges Gut der Lehrhäuser geblieben war, bis sie endlich in den kolossalen Sammelwerken der beiden Talmude und ihren
Ausläufern schriftliche Fixirung fand.

Das Gedächtniss bewahrte übrigens nicht bloss die Lehre, sondern liess auch die Namen der Lehrer nicht untergehen. Der tal-
mudische Tractat (Mischna 4 9) Pirke abot (capitula patrum), welcher
die Fabel von der „grossen Synagoge“ überliefert, hat auch die Reihe
der an diese fictive Grösse zeitlich sich anschliessenden Autoritäten
mit einigen, für jede derselben charakteristischen, Sprüchen erhalten.
Und zwar sollen die Männer der „grossen Synagoge“ die Tradition
bis auf Simon den Gerechten, dieser soll sie auf Antigonus ben Socho,

seinen seit 198 blühenden Schüler, vererbt haben. Von ihm ging sie
auf die Schulhäupter über. Diese werden zwischen Antigonus und
Gamaliel, von welchen der Letztere ebenso am Ende der ganzen Entwickelung steht, wie der Andere am Anfang, paarweise (zugot) auf-
gezählt und können als die ersten Ringe einer langen Traditionskette
(gleichsam einer Art von διαδοχή) gelten.

Das letzte dieser 5 „Paare" bilden Hillel, Gamaliel's Grossvater,
welcher etwa 30 v. Chr. als Schulhaupt auftrat, und sein berühmter
Gegner Schammai. Hillel war in vieler Beziehung ein Reformator, der
den Ausblick vom Einzelnen auf das Ganze des Gesetzes frei machte,
ja mit seinem als Kern des Gesetzes aufgestellten Princip allgemeiner
Menschenliebe das Judenthum seiner Zeit über sich selbst hinaus-
zuheben bestrebt war. Denn wo Alles nur auf den Begriff des Gesetzes gestellt ist, da zerfällt consequenter Weise die sittliche Pflicht
in eine Menge von statutarischen Forderungen, davon jede einzelne
genau so wichtig ist, wie die andere, da jede von Gott geoffenbart ist.
In diesem Sinne hat der Rabbinismus im Pentateuch 613 Gebote gezählt, 613 absolute Heiligthümer. Es war daher ein Anlauf zur Ueberwindung einer charakteristischen Schranke des Judenthums, seiner
ethischen Atomistik und Casuistik, wenn Hillel die Forderungen des
Gesetzes auf ein Centralgebot zurückführte und so die Frage nach dem
„grossen Gebot" in Fluss brachte, welche dann Jesus gelöst hat.
Wenigstens die negative Kehrseite von Mt 7 12 stellt Hillel's Satz dar:
Was du nicht willst, dass man dir thue, das füge auch keinem Anderen
zu! Von Hillel rühren ferner die 7 hermeneutischen Regeln (middot)
her, nach welchen man die Ueberlieferung aus dem geschriebenen Wort
beweisen wollte durch Schlüsse von Bekanntem auf Unbekanntes, z. B.
von Aehnlichem auf Aehnliches, von Wichtigerem auf minder Wich-
tiges — Regeln, an welche sich auch Jesus in seinen Argumentationen
hält, so gut wie Pls, z. B. Rm 5 15 17 II Kor 3 9 11 (argumentum a
minore). Es waren wohl die besten Züge des edleren Pharisäerthums,
die in dem bescheidenen und milden Lehrer sich zusammenfanden,
während Schammai durchaus ein Mann von schrofferen Formen gewesen zu sein scheint. Aber nicht bloss auf die persönlichen Eigenschaften und Geistesanlagen beider Männer, sondern auch auf die Auffassung des Gesetzes und Beobachtung der Gebräuche erstreckte sich
der Gegensatz. Die Ueberlieferung sagt, das Gesetz sei in der ganzen
Dauer des Schulstreites gleichsam in zwei Lehren gespalten gewesen.
Vieles, was das „Haus Hillel's" löste, das band das „Haus Schammai's", und umgekehrt. So war z. B. streitig die Mt 19 3 formulirte
Frage, ob der Mann sein Weib beliebig entlassen dürfe oder an ge-

wisse Schranken gebunden sei, wobei Hillel die laxere, Schammai die
strengere Theorie vertrat. Aber wie hier, so gewann auch sonst meist
die hillelische Richtung, als die praktischere, Oberwasser.

4. Das theologische System der Synagoge.
1. Allgemeines.

Wie in der Einleitung gezeigt wurde, hat sich die Forschung je
länger desto weniger der Nöthigung erwehren können, die Gedanken-,
Vorstellungs- und Stimmungswelt des Spätjudenthums zum Behufe einer
religionsgeschichtlichen Vergleichung mit dem theol. Inhalte der neutest. Literatur heranzuziehen. Nun besitzt auch diese Welt ihre eigene
Geschichte. Auf der Basis des althebr. Ideenkreises ist sie erwachsen.
Nebenher ist sie aber auch bedingt zunächst durch den, schon in der
pers. Zeit üppiger aufgewucherten, mythologischen Trieb, dann in der
griech. Zeit überdies noch durch eine, in diametral entgegengesetzter
Richtung laufende, Tendenz nach dem Metaphysischen und Abstracten
Dort steht babyl., hier griech. Einfuhr im Hintergrunde. Documente
und Zeugen für diese, der nomistischen Schöpfung Esra's und seiner
Nachfolger nachgewachsene, halb phantastische, halb speculative Weltanschauung sind die alttest. Apokryphen und Pseudepigraphen, zumal
die apokalyptische Literatur.

Unter den apokryphischen Apokalypsen kommen, als auch im
NT berührt, besonders in Betracht die Assumptio Mosis (am deutlichsten Jud 9 gestreift) und mehr noch das sog. Buch Henoch. Dieses
ausführliche Sammelwerk, darin die ganze Natur- und Geschichtsweis-
heit, vor Allem die ganze Theologie seiner schriftgelehrten Verfasser
sich breit macht, bildet eine ergiebige Fundgrube der jüd. Weltanschauung in der unmittelbar vorneutest. Zeit und ist insofern unschätzbar, so
fremdartig und langweilig seine mythologischen, angelologischen, geographischen, astrologischen und physikalischen Träumereien uns auch
anmuthen. Die alttest. Ideen sollen darin dem eindringenden Griechenthum gegenüber aufrecht erhalten und zu einem specifisch jüd. System
der Gottes- und Weltbetrachtung zusammengeschlossen werden. Daher
das grosse Ansehen dieses Buches im älteren Judenthum und Christenthum. Denn nicht bloss das, noch zur Zeit des bestehenden Tempels ver-
fasste, Buch der Jubiläen und die, erst nach der Zerstörung desselben
geschriebene, Esra-Apokalypse (= IV Esr), mit welcher wieder die ungefähr gleichzeitige Baruch-Apokalypse sich mannigfach berührt, setzen
es bereits voraus; auch mit evangel. und paulin. Schriften stellen sich
oft auffallende Berührungspunkte ein. Ganz durchzogen von Reminiscenzen aus Hen sind die Briefe Jud und II Pt; in jenem wird sogar

Hen 1 9 direct citirt (14 ἐπροφήτευσεν δὲ καὶ τούτοις ἕβδομος ἀπὸ Ἀδὰμ
Ἑνὼχ λέγων). Jüd. Ursprungs sind endlich auch die im 2. Jahrh. christl.
überarbeiteten Testamente der 12 Patriarchen.

Zu einer reicher gegliederten, systemartigen Theologie hat sich
die Weltanschauung der Apokryphen und Apokalypsen erst in einer
Literatur entwickelt, welche Jahrhunderte weit hinter dem NT liegt.
Hierher gehören erstlich die aramäischen Targume, d. h. die um-
schreibenden Uebersetzungen des Onkelos und des Jonathan ben Usiel,
welche zwar auf älteren Arbeiten ruhen, aber in der Gestalt, wie sie
uns vorliegen, nicht vor dem 3. oder 4. Jahrh. entstanden scheinen.
Dem Zeitalter der Mischna noch näher stehen die, zum Theil gleichfalls alte Traditionen enthaltenden, Midrasche, d. h. Auslegungswerke
zu einzelnen kanonischen Büchern oder Theilen derselben. Letztlich
käme noch in Betracht der Talmud selbst in seinen älteren Theilen.
Seit der Zerstörung des Tempels fing man nämlich an, das mündlich
überlieferte Gesetz, die juristische Tradition, aufzuschreiben und nach
gewissen Gesichtspunkten zu ordnen. Dies das Werk der sog. Tan-
naim, d. h. der Rabbinen zwischen Gamaliel und dem Fürsten (naśi')
oder dem hl. Rabbi Juda (um 200) in Tiberias. Seine Sammlung
fand allgemeine Geltung: dies die sog. Mischna, welcher als Ergän-
zungswerk die Tosephta zur Seite steht. Als authentische Interpretation der Mischna wieder tritt die Gemara auf, welche mit jener zusammen den Talmud ausmacht. Dieser letztere gewann eine doppelte
Gestalt: es entstand zuerst in Tiberias der Talmud Jeruschalmi, dann
in Babylonien der Talmud Babli, jener mehr halachisch, conservativ
und traditionell, dieser 4 bis 5 Mal grösser, mehr haggadisch, pro-
ductiv und weiterbildend.

Die Verwerthbarkeit der von christl. Gelehrten aus diesen Quellen
gesammelten Stoffe als eines Schlüssels zum Verständnisse der neutest.
Vorstellungswelt ist nun freilich eine sehr bestrittene und schon wegen
des ungewissen und theilweise sehr späten Datums der betreffenden
Quellen bestreitbare Sache [1]. Jedenfalls müssen derartige Quellen, wo

---

[1] HEINRICI, Encyklopädie S. 89: „Der Abstand zwischen der rabbinischen
Literatur, wie sie im Talmud und der politischen Vernichtung des jüd. Staatslebens codifizirt ist, und den literarischen Ueberresten des Judenthums vor der
Zerstörung Jerusalems wird wohl grundsätzlich anerkannt, aber in der wissenschaftlichen Arbeit vielfach unterschätzt." Ebenso wahr aber schreibt BALDENS-
PERGER, Das Selbstbewusstsein Jesu [2] S. 43: „So wenig man den Werth dieses
vielfach todten Stoffes überschätzen darf, ebensowenig geht es heutzutage an,
denselben einfach zu ignoriren, angesichts der grossen Anstrengungen neuerer
Gelehrter, dieses so lange fast brach gelegene Land fleissiger zu durchforschen
und besonders der neutest. Geschichtswissenschaft zugänglicher zu machen."
SCHLATTER, Der Glaube im NT [2]S. 7 behauptet, dass „kein einziger neutest.

sie beigezogen werden, stets in Bezug auf ihr Zeitalter gewürdigt werden. In dieser Beziehung liegt die Sache etwa folgendermaassen: Der Talmud von Jerusalem ward in der Mitte des 3., der babylonische zu Anfang des 5. Jahrh. begonnen. Die Entstehung der Midraschim Rabbot fällt in die Zeit vom 6. (Bereschit Rabba) bis zum 12. Jahrh. (Schemot und Bamidbar Rabba; der Midrasch zum Pentateuch, Tanchuma, gehört dem 9. Jahrh. an). Das älteste Buch ist die Pesikta des Rab Kahana aus der Mitte des 3. Jahrh.

Andererseits wollen alle diese Bücher nichts Neues bringen, sondern das Alte, zumal das bisher nur von der mündlichen Ueberlieferung Aufbewahrte zusammenstellen und allgemein zugänglich machen. So war bei den Juden die längste Zeit über alle Lehre auf genaue Aufnahme und Wiedergabe des Ueberlieferten gerichtet, alle Wissenschaft erschien dem Stoff wie der Form nach als durch fortwährende Wiederholung einzuübende Gedächtnisssache. Dass dieser so gleichmässig und geradlinig durch die Jahrhunderte sich bewegende Strom auch irgend welches Quantum von Material mit fortschwemmte, das zur neutest. Zeit schon in wesentlicher Gleichheit vorhanden war, ist durchaus wahrscheinlich. In der That wird auch nicht selten den überlieferten Aussprüchen der Name Desjenigen beigefügt, welcher ihn erstmalig gethan hat, und die Reihe dieser Autoritäten reicht in Rabbi Johanan und Resch (Simeon ben) Lakisch bis in das 3. Jahrh., in dem oben genannten hl. Juda bis um 200, in Rabbi Meische bis in das 2. Jahrh., in Rabbi Samuel bis um 100, in Rabbi Elieser und Rabbi Johanan ben Zakkai bis in die Mitte des 1. Jahrh., in den Schulhäuptern Hillel und Schammai bis in die Zeit Jesu zurück.

Angesichts dieser Sachlage wird man den aus solchen Quellen bezogenen Stoffen nur relative und secundäre, hypothetische und subsidiäre Geltung zuerkennen dürfen, wo es sich darum handelt, den Stand der jüd. Theologie zur neutest. Zeit zu erheben. Man wird derartige Quellenbenutzung von Fall zu Fall rechtfertigen müssen [1]. Im Allgemeinen aber gilt wohl die Regel, dass, wo sich Redeformen und Aus-

---

Begriff ohne Vorbildung in der Theologie der Synagoge ist". WELLHAUSEN, Die Pharisäer und die Sadducäer 1874, S. 11 betont gleichfalls, dass Talmudisches nur secundäre Bedeutung für die Erkenntniss des vortalmudischen Judenthums beanspruchen darf. Das hält ihn aber keineswegs ab, in der „Geschichte des hebr. und jüd. Volkes" einen sehr positiven Gebrauch von Daten der rabbinischen Theologie zu machen.

[1] WEBER S. XXIX: „In materieller Hinsicht haben wir an eine Stelle da, wo wir sie für unsere Darstellung verwerthen sollen, die Anforderung zu stellen, dass sie in deutlich erkennbarem Zusammenhang mit den religiösen Principien altpalästinischen Judenthums stehe."

drücke, Gedanken und Sätze iu den Evglien¹ finden, welche in einer
auffallenden, bis in das Einzelne gehenden Analogie zu anderen stehen,
die im Talmud oder Midrasch begegnen, uns nichts hindert, die letzteren als eigenthümliche Bildungen der jüd. Theologie schon in die
neutest. Zeiten zurückzuverlegen. Denn dass die späteren Juden sie
dem NT entlehnt haben sollten, ist so unwahrscheinlich, wie die umgekehrte Annahme unmöglich ist. Wo die Aehnlichkeit sich noch
über das NT hinaus bis in die apokryphische Literatur des AT erstreckt, da erreicht die Wahrscheinlichkeit, dass der betreffende Inhalt
schon dem jüd. Bewusstsein zur neutest. Zeit angehört hat, ihr Maxi-
mum².

2. Gott und seine Offenbarung.

Zu den gemeinsamen Voraussetzungen aller Schriftsteller des NT
gehört die innerhalb der gleichzeitigen Theologie herrschende Lehre
von der in Schriftform gefassten göttlichen Offenbarung. „Die Schrift“
(ἡ γραφή) kann sowohl eine einzelne Stelle wie das Ganze heissen; im
letzteren Falle vertritt „die Schrift“ überhaupt alle Gottesoffenbarung
wie eine Personification derselben (s. II 1, 3 4). Nur auf diesem allgemeinen Bauhorizont kann es zu weiteren Aufschüttungen kommen.
Alle jüd. wie christl. Bauunternehmungen setzen ihn voraus und geben
diese Gebundenheit an eine gemeinsame Höhenlinie gern durch gehäufte Citate zu erkennen, welche noch in der Mischna von derselben
Art zu sein pflegen, wie im NT: „es ist gesagt“ (ἐρρέθη z. B. Rm 9 12,
εἴρηται Hbr 4 7) oder „er sagt“, nämlich Gott (Hbr 1 6 7 Eph 5 14). Das
Christenthum ist von Anfang an Buchreligion gewesen, d. h. es setzt
schon in seinem Stifter, in seinen Aposteln, in allen seinen schriftstellerischen Vertretern, in allen seinen Lehrern und Gläubigen das jüd.
Formalprincip von der specifischen Autorität einer inspirirten Schrift
als bindender Lebensnorm und ausreichender Anweisung zum ewigen

---

¹ So besonders DELFF, StKr 1892, S. 104. Das Gleiche gilt natürlich auch
von den Plsbriefen, wovon einen ausgedehnten Gebrauch PFLEIDERER macht,
Urchristenthum S. 153 f, 163 f, 233 f, Paulinismus, S. IV, 20 f. Wo die Analogien
zwischen dem Begriffsapparat, mit welchem Paulus, und demjenigen, womit die
rabbinische Literatur arbeitet, mit einer gewissen Regelmässigkeit wiederkehren,
da wird auf nachbarlichen Ursprung der beiden Gewässer auch dann geschlossen
werden dürfen, wenn das eine von beiden Jahrhunderte lang sich unterirdisch
fortbewegt, d. h. für die Literaturgeschichte ein latentes Dasein geführt hat.
² BALDENSPERGER S. 43 f: „Es kommt nur auf Handhabung einer festen,
kritischen Methode an, welche das, was auf jüd. Boden wachsen konnte und
musste, von der christl. Flora unterscheiden und den Kreuzungspunkt beider
Zonen erkennen lehrt. Im Allgemeinen wird man als ächt jüd. Baumaterial zur
Reconstruction des christl. Gebäudes all das verwenden dürfen, wofür in den bisher betrachteten, griech. Quellen Anhaltspunkte vorliegen.“

Leben Joh 5 39 voraus [1]. Die Bibel ist ihrem Begriffe nach älter als das
NT. Dieses ist erst hinzugewachsen. Dagegen bildet den Grundstock
des Ganzen das Gesetz, der Pentateuch. Neben ihm blieb die in den
Schriften der Propheten niedergelegte religiöse Gedankenwelt ein un-
gehobener Schatz, für die Theologie der Schriftgelehrten fast so gut
wie nicht vorhanden. Aber auf dem heiligen Pergament standen sie,
die weiteren Schriften der Propheten, und nicht sie allein. Zwar wird
im NT die ganze Sammlung gewöhnlich nach ihren beiden Haupttheilen
als „Gesetz und Propheten" bezeichnet, z. B. Mt 7 12. Bereits aber
stellt sich eine 3. Klasse ein, welche anfangs noch zusammenfiel mit
der ersten und meistgelesenen der in sie aufgenommenen Schriften,
den Psalmen (Lc 24 44 ὁ νόμος καὶ προφῆται καὶ ψαλμοί). Aber schon
die Thatsache, dass in diese 3. Klasse auch ein prophetisches Buch,
Dan, und drei Geschichtsbücher, Esr, Neh, Chr, Aufnahme fanden,
weist darauf hin, dass den beiden zuvor schon geschlossenen Samm-
lungen in den „Schriften" (ἁγιόγραφα) eine neue folgte, neben älteren
poetischen Stücken noch eine Reihe von Büchern enthaltend, welche
eben überhaupt später geschrieben waren. Damit hängt es zusammen,
dass die 3 Theile des Kanons auch zugleich 3 Stufen verschiedener
Heilighaltung bei den Juden darstellen. Der Autorität der Inspiration des Pentateuchs können es die anderen Bücher nicht gleich thun;
ihn behandelt auch Philo fast ausschliesslich als Gotteswort. Die Propheten sind nur seine Ausleger; die „Schriften" des 3. Kanons rühren
nicht einmal von Propheten her, und die Schlussgrenze ist noch in der
neutest. Zeit flüssig gewesen, sofern gerade über die 3 im NT nicht erwähnten oder citirten Bücher (Koh, Cnt, Est; diese fehlen übrigens
nebst Rt, Ez, Dan, Thr bei Philo) auch innerhalb der jüd. Schulen
noch disputirt wurde.

Dem durchaus übernatürlichen Lichte, in welchem die Doku-
mente der Offenbarung erscheinen, entspricht eine gleiche Fassung
des Gottesbegriffs im Spätjudenthum. Derselbe weist je länger, desto
mehr denselben Charakter der absoluten Ueberweltlichkeit auf, mit
welchem man auch seine im AT fixirte Offenbarung umgab. Die

---

[1] Jülicher S. 274: „Als das Christenthum geboren wurde, gab es seit Jahrhunderten für jeden Israeliten, in der Diaspora wie im hl. Lande, eine Anzahl
von Schriften mit höchster Autorität, an den Sabbaten in grösseren Abschnitten
den Gemeinden vorgelesen und daher allgemein wohlbekannt; diese Schriften ent-
hielten die unfehlbare Offenbarung Gottes an sein Volk, die Form, unter der er
selber, auch nachdem die Prophetie ausgestorben war, gleichsam persönlich in
dessen Mitte gegenwärtig blieb, als Erkenntnissquelle für göttliche Wahrheit und
göttlichen Willen heilig gehalten und unbedingt maassgebend für jedes Gemeinde-
glied."

Weite des Weges, welcher bis zu diesem im Spätjudenthum erreichten
Endpunkte führte, ist heute eine unumstrittene Thatsache. Der Geltung der Gottesidee selbst ist dadurch, dass man ihr erstes, dämmer-
haftes Aufleuchten in der Personification der Furcht und Staunen
erregenden Naturmächte auf der einen, auf der anderen Seite in ani-
mistischen Vorstellungen, welche zur Erklärung so vieler Räthsel sich
wie gerufen einstellten, findet, so wenig präjudicirt, wie der Realität
der psychischen Lebenserscheinungen, der Wahrheit und Geltung des
Begriffes Geist dadurch präjudicirt wird, dass man die ersten Ahnungen
von geistigem und weiterhin persönlichem Dasein mit den kindlichen
Schlüssen in Verbindung bringt, welche der Naturmensch aus der Beobachtung des beim Tode entfliehenden Athems, aus den Traum-
erscheinungen Verstorbener u. s. w. gezogen hat. Während mit dem
ersten jener Motive alles Naturhafte in der Religion zusammenhängt,
gibt das zweite, zumal wie es im Ahnencultus wirkt, einen ersten
Anstoss dazu, sie mit sittlichem Gehalte zu füllen. Dort bildet die
Vorstellung des Königs, hier die des Vaters die einstweilen noch im
Dunkel verharrenden Zielpunkte der Entwickelung des Gottesbegriffs.
Deutlich stellt uns insonderheit die alttest. Theologie den Werdegang
einer Gottesidee vor Augen, welche von einer primitiven, der Sphäre
der Naturreligion angehörigen Stufe bis zu dem innerhalb der Schranken
des nationalen Bewusstseins denkbar höchsten Grade von geistig sittlichem Charakter hinaufführt. Die, wie überall so auch hier, mit Personification der Natur beginnende Entwickelung gibt sich in der noch
lange nachwirkenden Vorstellung von Jahve als dem Gewitter- und
daher auch Kriegsgott, überhaupt in jenem, mit der sinnlichen Kraft
freiester Phantasie gemalten, Gottesbilde der althebr. Zeit kund, welches
dann dem Spätjudenthum so unverständlich erschien und darum Anlass zu einer theologischen Bearbeitung des Gottesbegriffes wurde, wie
sie hier darzustellen ist. Das nachwachsende, die Zukunft der Religion
in sich bergende, sittliche Moment macht sich dann, ohne, wie anderswo, erst der Verkleidung im Gewande der Schönheit zu bedürfen, immer
energischer geltend in der prophetischen Anschauung von dem „Heiligen Israels", während zugleich die bloss gradweise Ueberordnung desselben über die ihm ursprünglich nebengeordneten Volksgötter verschwindet. Als sittliche Macht gedacht, löst sich dieser Gott bei schon
aufdämmerndem Bewusstsein um die Kluft, welche Naturwelt und
sittliche Welt trennt, bald von jener ab; dies aber nur soweit, dass er,
wiewohl der Natur als ein Anderer gegenüberstehend, dieselbe doch
bewältigt, in seinen Dienst zwingt, ja sie in's Dasein ruft, jedenfalls
immer in lebendigster Beziehung zu ihr bleibt. Lässt darum die Vor-

stellung von dem göttlichen Weltschöpfer und Weltregenten immer
noch einen Zusammenhang mit der Naturform der Religion erkennen, so tritt das zweite Motiv der Religion kräftiger in Wirksamkeit, wo sich mit dem Allmachtsgedanken des Gottesbildes die
Heilsgedanken, Friedensgedanken, Liebesgedanken verbinden, wie sie
in der Prophetenreihe von Hosea bis Deuterojesaja, zumal bei diesem,
überwiegen [1]. Die Vermittlung wird auf dem Wege gefunden, dass
der Gott, bei dem Israel's Heil steht, seine Macht durchaus in den
Dienst dieses seines in der Menschenwelt zu erreichenden Zieles stellt.
Als solches Ziel, als Zweck und Abschluss der menschlichen Geschichte, erscheint das Königthum dieses Gottes, das Reich Gottes.
Der Schwerpunkt des alttest. Gottesbegriffes ruht demnach darin, dass
Jahve als Israel's „Herr" und „König", daneben auch, entsprechend
der antiken Vereinigung der regierenden und der richterlichen Thätigkeit, als Gesetzgeber und Richter erscheint. Viel seltener dagegen
als diese Bilder erscheint das, auf die Anschauung Gottes als „Vater"
zurückweisende, Bild vom Hause Hos 8 1 Jer 12 7 Ps 36 6 52 10, wie
ja auch selbst in den Evglien nur Ansätze zu seiner Ausführung begegnen Mt 21 28—31 = Lc 15 11—32 Joh 14 2. Aber der König Israel's
war doch immer zugleich wie Israel's Schöpfer, so auch sein Erretter
und Heilsgott. Insofern wusste sich ihm gegenüber das Volk nicht
bloss als Knecht (häufige Bezeichnung in Gesetz und Propheten),
der seines Herrn Macht und Strenge, sondern auch als Sohn Ex 4 23
Dtn 1 31 8 5 Hos 11 1 Sap 2 13 18 18 13, als erstgeborener, besonders reich
ausgestatteter Erbe Ex 4 22 Jer 31 9 20 JSir 36 17 bzw. 33 14, der seines
Vaters Liebe erfährt. Daher die „Kinder" Dtn 14 1 Jes 1 2 45 11 63 8
Jer 3 22 Hos 2 1 und besonders häufig bei JSir und Sap (παῖδες, υἱοί und
τέκνα im Sinne von Rm 9 4 ὧν ἡ υἱοθεσία); daher aber auch die Erinnerung an den Einen Vater und Schöpfer Aller Mal 2 10 (Philo's
πατὴρ τῶν ὅλων) und das Bekenntniss Jes 63 16: „Du Jahve bist unser
Vater, unser Erlöser von je ist dein Name"; ähnlich, aber mit mannig-
faltiger Nuancirung Dtn 14 1 32 6 Jes 64 7 Jer 3 4 19 31 9 Mal 1 6 Ps 68 6
(πατὴρ τῶν ὀρφανῶν) 89 27 103 13 I Chr 29 10 JSir 23 1 4 51 10 Tob 13 4
Sap 2 16 14 3 III Mak 5 7 6 3 8 Hen 62 11, aber auch im Schmone Esre

---

[1] NATORP, Religion innerhalb der Grenzen der Humanität S. 21: „Das felsen-
feste Vertrauen auf Gott den Ewigen, den Ersten und Letzten, den Einzigen,
ausser dem kein Heiland, der nicht müde noch matt wird, in dem Gedanke und
That eins ist; der, als unser Vater, in uns seine echten Kinder erkennt, der aus
Liebe uns erlöst, der nicht um unserer Arbeit, sondern um seinetwillen unsere
Uebertretungen tilgen, unserer Sünde, mit der wir vielmehr ihm Arbeit gemacht,
nicht mehr gedenken will: dieser Glaube ist sicher eine Religion zu nennen, wenn
je etwas diesen Namen verdient hat."

5 und 6 und in der Mischna[1]. Auf keinen Fall kann man demnach sagen, der Vatername begegne im vorchristl. Judenthum nur ausnahmsweise.

Die weitere Entwickelung, welche das Judenthum auf diesem obersten und entscheidenden Punkt seiner religiösen Gedankenwelt durchmacht, besteht zumeist darin, dass der religiöse Gehalt des prophetischen Gottesbildes zurücktritt hinter dem metaphysischen Gottesbegriff. Die Gottesidee erweitert sich zur Idee des allmächtigen Weltschöpfers, Welterhalters, Weltregenten; sie wird einerseits immer erhabener, andererseits immer unlebendiger, weil dünner und abstracter. Sie erstarrt fast in den regelmässigen Linien, in welchen die theologische Reflexion sie abzuzeichnen unternimmt. Schon die elohistischen Bestandtheile des Pentateuchs streben den Begriff des Absoluten, der schlechthinigen Ueberweltlichkeit an. Elohim wird der Gottesname der nomistischen Zeit. Sofern späterhin gar hellenistische Einflüsse auch die vaterländische Theologie erreicht und bedingt haben sollten, konnten sie in diesen Zug nach Vergeistigung des Gottesbegriffes nur ein beschleunigtes Tempo bringen. Dem Gamaliel wird nachgesagt, dass er von seinen 1000 Schülern die Hälfte im Gesetz, die Hälfte in griechischer Weisheit unterrichtet habe (Sota 49): vielleicht ein Symbol für die Doppelheit der Motive, durch welche die Entwickelung der jüd. Theologie nicht bloss in Alexandria, sondern als Rückwirkung davon auch in Palästina bedingt war. Beiderorts weist der Gottesbegriff vorzugsweise negative Bestimmungen auf, als Gegentheil von der Welt tritt Gott mehr und mehr in die Sphäre des Jenseitigen und Unerforschlichen zurück. Die abstracte Farblosigkeit dieses Gottesbegriffs der Epigonen[2], wie er die apokryphische und vor Allem die apokalyptische Literatur beherrscht, spricht sich schon aus in dem Namen (El, Eljon = altissimus, excelsus, κύριος, ὕψιστος). Er heisst jetzt schlechthin „der Hochgelobte" (habbaruk, Mc 14 61 ὁ εὐλογητός, sanctus benedictus in der rabbinischen Literatur). Aber vom absoluten Gott gilt der Spruch: „Wer darf ihn nennen?" Also stellt man in Alexandria die Theorie von der Namenlosigkeit Gottes auf (s. unten 6 4). Die Parallele dazu bildet in Palästina der Glaube, dass Gottes Name ein Geheimniss sei. Praktisch wird dieser Glaube in dem Verbot, den geoffenbarten Namen Gottes auszusprechen, worüber die richtige Vocalisation des Tetragrammatons Jhvh verloren ging. Niemand sollte die altheilige Aussprache desselben

[1] Brandt, Die evangel. Geschichte und der Ursprung des Christenthums 1893, S. 466 f, 585. Schürer, ThLZ 1891, S. 275.
[2] Bousset S. 23: „Gott ist nicht mehr in der Welt, die Welt nicht mehr in Gott."

mehr kennen. Ja selbst die directe Bezeichnung Gottes als Elohim
wird bald vermieden. Man sagt statt dessen lieber Adonai, oder
man wählt metonymische Bezeichnungen nach dem Kanon: der Raum
statt dessen, was den Inhalt desselben ausmacht. Die gebräuchlichste
dieser Bezeichnungen bildet das Wort Himmel. Das eigentliche Wesen
Gottes liegt hinter dieser Welt, seine Herrlichkeit wohnt nur im Himmel. Daher neben „Gott des Himmels" einfach „Himmel" (schon Dan
4 23, später Pirke abot 4 4 11, aber auch Mc 11 30 Lc 15 18 21 Joh 3 27,
vgl. die coelum metuentes Judaei bei Juvenal, Sat. 14 97). Andererseits musste dieser Trieb, Gott in seiner jenseitigen Erhabenheit der
unmittelbaren Beziehung zur Welt möglichst zu entrücken, zur Ausfüllung der bestehenden Kluft durch allerhand mythologische Mittelwesen führen. Sache Gottes bleibt jetzt nur noch der Entwurf des allgemeinen Geschichtsplanes, des vorzeitlichen Schemas aller zeitlichen
Entwickelung Act 17 26. Da dieses Schema auf Zahlenverhältnissen beruht, lässt es sich auch einigermaassen berechnen. Daher die Zukunfts-
rechnerei, die Zahlentheologie, die gematrischen Künste des Spätjudenthums [1].

Die bisher beschriebene Richtung auf abstract-monistische Punk-
tualisirung des Gottesbegriffes beherrscht namentlich die Targume,
insofern hier die anthropomorphischen und anthropopathischen Aussagen der Schrift gemildert oder umgangen, die auf unmittelbare Beziehungen zwischen Gott und den Menschen angelegten Erzählungen
durch leichte Aenderungen dem Schema der Transcendenz angepasst
werden. Von dieser Seite betrachtet, geht der Gottesbegriff auf in der
Vorstellung einer letzten Ursache, welche zugleich die letzten Zwecke
setzt und sich mit allbestimmender, unentrinnbarer Gewalt in allem irdischen Geschehen und menschlichen Thun geltend macht.

Als Reaction gegen diese Entleerung, dieses Verschweben des
Gottesbegriffes in philosophirendem Trieb, logischer Consequenz und
metaphysischem Duft ist es aufzufassen, wenn andererseits die Midrasche den Gottesgedanken eher zum Gegenstande einer müssigen,
ja ausschweifenden und überwuchernden Phantasie werden lassen. In
der sich daran schliessenden rabbinischen Literatur erscheint Gott geradezu in rein mythologischer Weise als himmlischer Oberrabbiner,
welcher Alles, was er überhaupt denkt, schon einmal gedacht und im Pentateuch fixirt hat, als Richter daher auch sich vollständig in den Ordnungen seines Gesetzes bewegt, sogar die Entscheidungen des irdischen
Synedriums als für den Himmel gültig respectirt (vgl. Mt 16 19 18 18).

---

[1] HAUSRATH I, S. 98 f.

3. Die Engelwelt.

Weil der Gott des Spätjudenthums nur von ferne, von der entlegensten Himmelshöhe aus dem irdischen Treiben zusieht, welches viel zu schlecht und gemein ist, um ihm ein persönliches Eingreifen zu gestatten, hat er solches Eingreifen den Engelmächten überlassen. Diese sind es, welche nunmehr auch allein noch die Möglichkeit einer Offenbarung und eines Weltregimentes des weltfernen Gottes sichern. Der Gemeinglaube denkt sich die Weltregierung nach talmudischer Vorstellung in sinnlichster Form als eine grosse Reichseinrichtung. Der Herrscher sitzt auf seinem Thron, umgeben, wie von einem Synedrium, von der Schaar seiner Engel. Die Lehre von diesen bildet nun aber einen Hauptartikel im religiösen Bewusstsein schon des Spätjudenthums. Wenn Gott nach Ps 104 4 Winde zu seinen Boten, Feuerflammen zu seinen Dienern macht, und wenn die entfesselten Elemente des Gewitters als die ihn lobenden Geister erscheinen Ps 29 1 2, so sind diese starken Naturkräfte allmählich zu einer immer phantastischeren, ergänzenden Zuthat des kahl gewordenen Monotheismus, zu eigentlichen Gottessöhnen nach Gen 6 2 Job 1 6 2 1 Ps 89 7 und endlich geradezu zu einem, fast an die persischen Ferwers erinnernden, himmlischen Heer und Hofstaat geworden I Reg 22 19 Job 38 7 Jes 40 26. In dieser Gestalt kennt sie das NT als in der Nähe Gottes, aber auch im Gefolge des Messias Mc 8 38 befindliche Wesen von beschränktem Wissen Mt 24 36 = Mc 13 32, welche Gott zum Dienst der Menschen verwendet Mt 26 53 Lc 16 22 Hbr 1 14. Sie sind nicht mit der sinnlichen Natur und Fleischlichkeit der Menschen behaftet Mc 12 25, daher heilig Mc 8 38, gleichwohl nicht gegen Fall und Verderben gefeit (s. unten). Aber auch die mythologisirenden Weiterbildungen des Spätjudenthums sind dem NT nicht fremd geblieben. Neben den althebräischen Cheruben kennt Hen 61 10 71 6 Seraphe nach Jes 6 2 3, die rabbinische Literatur die „Lebendigen" (hajjot nach Ez 1 5 8, ζῶα Apk 4 6—9 5 6). Sie scheinen die oberste Rangklasse darzustellen als Thronengel (θρόνοι und κυριότητες Kol 1 16, diese auch Eph 1 21, jene Test. XII patriarcharum, Levi 3). Von ihnen unterschieden, sind die, schon Ez 9 2 Sach 4 10 angedeuteten, Individualgestalten, welche Namen tragen wie Michael Jud 9 Apk 12 7 und Gabriel Lc 1 19 26 (diese beiden, welche stets die Hauptengel blieben, schon in Dan), Raphael (Tob), Uriel und Jeremiel (IV Esr), Raguel und andere (Hen): dies die Erzengel I Th 4 16. Ausserdem kennt Hen auch „auserwählte" Engel wie I Tim 5 21, das Buch der Jubiläen „Engel des Angesichts", und weitere, schwer zu bestimmende Klassen deutet das NT an (ἀρχαί Rm 8 38, ἐξουσίαι

4*

Kol 2 10, συνάμεις I Kor 15 24). Die rabbinische Literatur kennt 7 Erzengel, entsprechend entweder den babylonischen Planeten oder den
7 Räthen am Hofe des persischen Königs Esr 7 14; vgl. Tob 12 15 Apk
8 2 (1 4 4 5 5 6). Durch seine Engel übt Gott nicht bloss überhaupt das
Weltregiment, sondern regiert insonderheit auch das Volk Israel. Im
Buche der Jubiläen wird erzählt, wie Gott den Engeln den Auftrag
gab, dem Moses das Gesetz mitzutheilen, vgl. Gal 3 19 Hbr 2 2 Act 7 38 53
Jos. Ant. XV 5 3 (s. II 1, 3 3). So hat Israel, und so haben alle Völker
ihre Vertreter und Patrone im Engelheer; JSir 17 17 Dan 10 13 20—11 1
12 1. Während diese persönliche Selbständigkeit führen, wechseln die
vulgären Engel beständig Namen und Thätigkeit. Dies entspricht noch
ganz dem Trieb der Naturreligion, den tausenderlei Gegenständen, Erscheinungen und Ereignissen der Natur ihre entsprechenden Geister zu
verleihen. Daher haben in JSir, Hen, im Buche der Jubiläen und in den
Targumen die himmlischen Sphären und die Elemente ihre Geister, mit
welchen sie gleichsam in Eins verwachsen sind: Engelschaaren rauschen
im Sturmwind dahin, sind im Erdbeben, im Feuer thätig; Meer, Thau,
Nebel, Reif, Schnee, Regen — Alles hat seinen bestimmten Engel, die
Mitglieder des auserwählten Volkes insonderheit ihre individuellen
Schutzengel Mt 18 10 Act 12 7 15. Es gibt auch Engel des Wassers Job
5 4 Apk 16 5, des Feuers Apk 14 18 und der Winde Apk 7 1 (auch
Hen 60 12 69 22). Als derartige Elementargeister sind wohl auch die
„Elemente der Welt" (στοιχεῖα τοῦ κόσμου) Gal 4 3 9 Kol 2 8 20 zu be-
trachten, welche Gal 4 8, möglicher Weise auch I Kor 8 5, „Götter"
heissen. Wenn ihnen Gal 4 3 die Juden untergeben sind, sofern sie
Tage, Monate, Jahre feiern, so erinnert solches an Hen 82 10—20, wo
sie als Begründer der Zeiteintheilung erscheinen [1]. Nur zwischen dieser
Auffassung und der verwandten, aber engeren, Deutung auf Gestirne
(Zodiakal-Geister, Astral-Engel, Beherrscher der über einander sich
wölbenden Himmelssphären) [2] kann überhaupt noch von einer Wahl die
Rede sein. Wie Sonne, Mond und Planeten schon von griech. Philosophen für belebte Wesen gehalten worden waren, so sieht in ihnen
nicht bloss Philo gewissermaassen unselbständige Götter, sondern die

---

[1] So SPITTA zu II Pt und Jud S. 260f, 265f, 269f und nach ihm EVERLING
S. 25f, 45, 66f, 74, 95, 98, 119 und v. SODEN, HC III 1, [2]S. 44 f.
[2] Die letztere Auffassung ist angedeutet von BAUR, Christenthum der 3 ersten
Jahrhunderte [3]S. 55f, Neutest. Theologie S. 171f, begründet von HILGENFELD, Der
Gal-brief S. 66f, ZwTh 1858, S. 99f, 1860, S. 208, 1866, S. 314, 1870, S. 239, 1884,
S. 336 und LIPSIUS, Die paulin. Rechtfertigungslehre S. 83, ZwTh 1863, S. 426f,
446f, HC II 2, [2]S. 47, befolgt von HOLSTEN, Zum Evglm S. 325, Evglm des Pls
S. 113, 168f. Die drei ursprünglichen Evglien S. 15, KLÖPPER zu Kol S. 361f, FRANKE
zu Phil, Kol, Phil S. 390f.

Gestirne (Gott ist Jak 1 17 πατήρ τῶν φώτων, wie sonst die Engel seine Söhne sind) beobachten in Hen sogar das Thun der Menschen, wie überhaupt diese Engelsgestalten dazu dienen, die dem Judenthum unveräusserliche Lehre von einer bis in's Einzelste gehenden Vorsehung Gottes zu vermitteln (daher „Engel des Dienstes"). Auffallende Unglücksfälle z. B. sind ebenso wohl göttliche Strafgerichte, wie andererseits Thatbeweise für Existenz und Wirksamkeit der zur Bestrafung geschaffenen Geister (Strafengel bei Hen 53 3 56 1 62 11 63 1 66 1 und Testam. Levi 3), als welche Hunger und Tod, Feuer und Hagel, Schlangen und Skorpione genannt werden. Besondere Engel des Verderbens und böse Geister durchziehen das Weltall. Unter ihnen nennen die Rabbinen Abaddon Apk 9 11 und Mawet Apk 6 8; daneben existirt noch ein ganzer Wust von Unholden und Spukgestalten [1], welcher dem Satan untersteht, zu dem wir uns nunmehr hinüberwenden.

Die Vorstellung von bösen Machtwesen (Satanologie) ist theils auf Reste der Naturreligion zurückzuführen, theils hat auf ihre weitere Ausgestaltung der Parsismus Einfluss geübt; wenigstens ist sie unter dem Einfluss des Parsismus kräftiger herangewachsen. Asmodi in Tob, Asmodai im Talmud ist identisch mit dem persischen Aeschma Daeva. Im Uebrigen entwickelten sich diese Vorstellungen aus dem jüd. Gottes- und Vorsehungsglauben mit einer gewissen inneren Folgerichtigkeit. Der strenge Theismus verlangt, dass jegliche Wirkung ihre Ursache nicht bloss, sondern auch ihr zwecksetzendes Motiv in Gottes Willen findet, daher I Reg 22 19—23 auch Truggeister von Gott ausgehen. Im Interesse der, neben der Allmacht mit der Zeit immer energischer betonten, Heiligkeit Gottes verselbständigte man diese personificirten Geister und schrieb ihnen auch eigene Motive zu, zunächst dasjenige einer besonderen Freude an der Erfüllung von Aufträgen, die den Menschen täuschen, versuchen, schädigen. Aber erst in der nachexilischen Zeit gewinnt das aussermenschliche Böse an Consistenz und wird personifizirt im Satan (= Widersacher), der im Prolog zu Job und Sach 3 als Strafengel und Ankläger auftritt, I Chron 21 1 sogar jene innere Versuchung ausübt, welche II Sam 24 1 noch unbedenklich auf Gott zurückgeführt wird. So geht er schon ganz seine eigenen Wege, überschreitet in seiner boshaften Schadenfreude die ihm gewordene Vollmacht, handelt Gott somit zuwider und wird aus einem Feind der Menschen ein Feind Gottes, ein relatives Hemmniss für die Realisation der Gedanken Gottes, eine, den Weltlauf irgendwie mitbedingende,

---

[1] HAUSRATH I. ²S. 109: „Ein ausländisches Geistergesindel, von dem das alte Israel nichts gewusst hatte, das aber der spätere Aberglaube in die Schrift hineindeutete."

eben damit zugleich die Theodicee erleichternde, persönliche Macht
des Bösen.

Die Frage nach dem Woher dieser Macht führte auf die Vorstellung eines Falles der Engel, wie er in classischer Weise Hen 6 u. 7
ausgemalt, übrigens auch Jos. Ant. 1 3 1 und Justin, Apol. I 5 u. 21
vorausgesetzt wird. Hauptsächlich aber liefern hierüber das Buch der
Jubiläen, die Apk Bar und die Testamente der 12 Patriarchen sehr
anschauliche Vorstellungen. Hiernach sind es besonders die obersten
Engel, die als „Wächter" (ἐγρήγοροι nach Dan 4 10) Gottes Thron umstehen, welche sich vor der grossen Fluth durch Vermischung mit den
Töchtern der Menschen, deren Schönheit sie anzog, vergangen haben;
aus diesem Umgange sind Riesengeister entsprossen, welche sammt ihren
Erzeugern ihr Unwesen bald in der Luft treiben, bald aber auch gefesselt an provisorischen Straforten in der Tiefe der Erde aufbewahrt
werden I Pt 3 19 II Pt 2 4 Jud 6, wo sie z. B. die vulkanischen Erscheinungen verursachen. Endlich gelten auch sämmtliche heidnische
Götter als Dämonen I Kor 10 20, und der Satan als der „Gott dieser
Welt" II Kor 4 4, „Fürst dieser Welt" Joh 12 31 14 30 16 11. Andererseits ist die Rede vom „Teufel und seinen Engeln" Mt 25 41. Er
erscheint als Oberhaupt der Dämonen Lc 10 18, als Beherrscher der
psychisch-nervösen Krankheitsgeister Lc 13 16, als Strafengel I Kor 5 5
II Kor 12 7. Es gibt auch böse Engelclassen Eph 6 11—16. Die eigentlichen Dämonen (δαίμονες, δαιμόνια) aber gelten entweder als Seelen böser
Menschen (Jos. Bell. VII 6 3 Jubil. 11) oder speciell als die Geister der
von den abgefallenen Engeln erzeugten Riesen (Hen 15 Jubil. 10). Sie
treiben ihr Wesen in der Luft Eph 2 2 oder hausen in Wüsten Mt
12 43—45 und unreinen Orten Mc 5 2—5. All dieses dämonische Ungeziefer
untersteht dem Satan und macht seine grosse Gewalt begreiflich. Aber
zu einem parsischen Gegengott liess ihn der hebr. Monotheismus nicht
heranwachsen; er gilt nur als der die Heidenwelt beherrschende Urheber
und Gegenstand alles Götzendienstes, also als relativer Selbstherrscher
in einem zu überwindenden Gebiete. So grosse Wunder er verrichten
kann II Th 2 9: wohlthätige und segnende stehen ausser seiner Macht.
Kein Dämon kann beispielsweise einem Blinden die Augen öffnen Joh
10 21 [1]. Gänzliche Zerstörung aller dämonischen Mächte erwartete man
von dem mit der Macht Gottes über sie kommenden Messias. Daher
Dämonen zuerst in Jesus den Messias ahnen, wie auch er in ihrer Bekämpfung eine wesentliche Seite seiner Aufgabe und derjenigen seiner
Jünger sieht Mc 1 23—25 34 3 11 12 15 22—27 6 7 Lc 10 17—20 11 14—22 13 32.

---

[1] Vgl. GUNKEL S. 38 f, 47 f.

4. Mensch und Sünde.

Erst unter Voraussetzung des beschriebenen angelologisch-satano-
logischen Vorstellungskreises versteht sich die Stellung, welche diese
Weltanschauung dem Menschen zutheilt. Die ursprünglich fremd-
ländische Erzählung vom Sündenfall Gen 3 wird erstmalig Sap 2 23 24
dahin dogmatisirt, dass der Neid des in der Paradiesesschlange wirksamen Teufels den Tod in die zur Unsterblichkeit geschaffene Menschenwelt gebracht habe; daher „die alte Schlange" Apk 12 9 20 2, „der
Mörder von Anfang an" Joh 8 44, der „die Gewalt des Todes hat"
Hbr 2 14. Damit war die Lehre vom Sündenfall gegeben, welche Apk
Bar 17 3 23 4 48 42 54 15 56 5 wiederholt wird, aber so, dass die Wahl-
freiheit nicht aufgehoben ist, vielmehr jeder Einzelne in dieser Beziehung
die Situation Adam's theilt 54 19. Erscheinen daneben gleichwohl Ansätze zur Lehre von der Vererbung der Sünde, so ist dasselbe in verstärktem Maasse IV Esr 3 20 4 30 31 6 21 7 48 der Fall, aber doch ohne
dass es zur Aufhebung der Freiheit kommt; 3 35 36 gibt es keine sünd-
losen Völker, wohl aber Individuen. In dieser Form ist die Lehre vom
Sündenfall in die rabbinische Theologie übergegangen, wobei besonders
noch betont wird, dass der zugleich mit dem Weibe geschaffene Teufel
dieses durch Unzucht zur Sünde verführt habe II Kor 11 3 [1], dann aber
zum Verkläger (κατήγορος, vgl. Apk 12 10) der so von ihm selbst zu
Fall gebrachten Menschheit geworden sei. Er ist der „Feind" Lc 10 19
Mt 13 25 = 39, der Satan, Widersacher Mc 8 33 Lc 22 31, der Versucher (ὁ πειράζων) Mt 4 3 I Th 3 5. Andererseits ist der Mensch auch
nach der ausgebildeten rabbinischen Lehre durch den Fall nicht so
tief gesunken, dass es nicht mehr in seiner Wahl stünde, ob er gerecht oder ungerecht sein will. In ganz populärer Weise wird er als
ein Doppelwesen gefasst, ohne dass mit diesem Dualismus an sich etwas
sittlich Böses gesetzt wäre. Dasselbe anthropologische Schema beherrscht auch die Evglien, wobei Mt 10 28 = Lc 12 4 die Seele im
Unterschied vom Leibe untödtbar erscheint. Dasselbe Wort (ψυχή)
bedeutet aber gelegentlich auch das sinnliche Leben gerade nach seiner
Verlierbarkeit; daher die Paradoxie Mc 8 35 = Mt 10 39 16 25 = Lc 9 21
17 33. Einheitlicher sind die Begriffe Herz (καρδία) Mt 15 19 = Mc 7 21 und
Geist (πνεῦμα) Mt 26 41 = Mc 14 38 für die Innerlichkeit des Menschen
im Unterschiede von der Naturseite, dem „schwachen Fleisch". Ueber
letztere Schätzung der Sinnlichkeit hinausgehend, spricht erst die rabbinische Theologie geradezu nach Gen 6 5 von einem Bösen (jeṣer haraʿ),

---

[1] EVERLING S. 51 f.

und auch dies nur mit Berücksichtigung des Zustandes nach dem Fall,
womit die Macht der an sich zur Natur des Menschen gehörigen Sinnlichkeit thatsächlich zur Uebermacht geworden ist, so dass der, in Folge
des Falls mit dem Todesgeschick bestrafte, Mensch jetzt der Sünde nur
in Ausnahmsfällen und mit grösster Anstrengung widerstehen kann.
Immerhin kann er es aber doch: dabei ist nicht bloss die vorneutest. jüd.
Weisheitslehre (z. B. JSir), sondern auch die nachneutest. jüd. Theologie
stets verblieben. „Alles ist vorhergesehen, aber (dem Menschen) die
Freiheit gegeben" (Pirke abot 3 15) — die Voraussetzung für Worte
wie Mc 14 21 = Mt 26 24 = Lc 22 22 und Mt 23 37 = Lc 13 33. Nur der
äussere Lebensgang ist von dem allwirksamen Gott unabänderlich
determinirt; in sittlicher Beziehung aber besteht für die rabbinische
Doctrin nicht bloss die abstracte Möglichkeit der Sündlosigkeit, sondern es gibt auch selbst nach der, sonst so trübselig gestimmten, allgemeine Verderbniss predigenden, Apk IV Esr einzelne Sündlose (bei
den Rabbinen die Patriarchen) und mehr noch relativ Gerechte, deren
Sünden leicht zu zählen sind (Moses z. B. that ihrer 6); denn jede Sünde
ist zähl- und wägbare Thatsünde. Das vereinzelte Vorkommen solcher
beeinträchtigt den Stand der wesentlichen Gerechtigkeit noch nicht,
da sie leicht abgebüsst werden können, während die ungeheure Mehrzahl allerdings dem bösen Triebe erliegt, der sie zu geschlechtlichen
Sünden und weiterhin auch zur Geistessünde, ja zum Abfall von Gottes
Gebot reizt. Das geschieht freilich nicht, ohne dass ein böser Geist
in den Menschen gefahren wäre, um ihn zu bethören oder gänzlich zu
verwirren. Ein Dämon oder in schlimmeren Fällen viele Dämonen
können einen Menschen so in Besitz nehmen, dass er zum machtlosen
Gegenstand ihrer quälerischen Tücken und zum willenlosen Organ ihrer
feindseligen Anschläge wird Mc 5 2—5 9 17 18 20 22. Neben der eigentlichen
Geisteszerrüttung werden aber auch alle plötzlichen Zufälle, besonders
jede intermittirende oder überhaupt aussergewöhnliche Krankheitsform,
wie hartnäckige Lähmung, Aussatz, anhaltender Blutfluss, dämonischer
Wirkung zugeschrieben und dagegen die Wundercur des Beschwörers
aufgeboten; die Behandlung mit Oel Mc 6 13 Jak 5 14 schwebt zwischen
ärztlicher Cur und Exorcismus; aber auch Wurzeln, Steinen und Rauch-
werk (vgl. das Tob 6 17 8 2 beschriebene Präparat) schrieb man kräftige
Wirkungen gegen die schädlichen Dämonen zu. Josephus (Ant. VIII
2 4) erzählt, dass König Salomo Heilmittel gegen solche Krankheiten
erfunden habe, und derer, die Geister austrieben und Besessene heilten,
gab es schon zur neutest. Zeit eine Unzahl, und Pharisäer Mt 12 27
= Lc 11 19 wie Essäer zeichneten sich auf diesem Gebiete aus. Der von
solchen Vorstellungen sich nährende Aberglaube bot auch den zahl-

reich umherziehenden Goëten ein willkommenes Feld einträglicher
Thätigkeit dar Act 8 9 13 6 19 13—19, und noch im christl. Exorcismus
liegt seine Nachwirkung vor.

5. Die Mittelwesen.

Wie auf Seiten der mythologisirenden Ausmalung des Gottesbildes
besonders die Vorstellung der guten und bösen Engelmächte cultivirt
wurde, so stellt sich dort, wo der Gottesbegriff vielmehr in der Richtung
einer abstract transcendenten Metaphysik gepflegt wird, das Bedürfniss ein, neben dem erhabenen, unzugänglichen, verborgenen Gott den
offenbaren, der Welt sich aufschliessenden, weltnahen, nicht zu verlieren. Daher treten hypostasirte Mittelwesen, von Gott ausgehende
Kräfte zwischen ihn und die Welt, mit der er sich nicht unmittelbar
berühren darf (vgl. die δύναμις ἐξ ἑαυτοῦ λογική. welche Justin, Dial. 61
mit δόξα. σοφία. λόγος, υἱός zusammenlegt). Namentlich lieben es die
Targume, anstatt Gottes seine Herrlichkeit (kabod) zu nennen oder
auch. wo eine Wirksamkeit Gottes nach aussen ausgesagt wird, dieselbe
auf sein Wort (ma'amar, memar, memra, auch dibbura) zu übertragen.
Letzteren Ausdruck, der auf die im AT auftretende poetische Verselbständigung des Schöpfungswortes oder des Wortes als Offenbarungs-
mediums zurückgeht, gebrauchen sie gern zur Vermeidung von Anthropomorphismen. aber auch, gleich dem ersten, um einen Uebergang zur
Welt, eine sinnlich wahrnehmbare Darstellung der göttlichen Gegenwart, eine personificirte Gotteserscheinung zu ermöglichen. An die
Stelle des Begriffs Kabod = Herrlichkeit haben die Rabbinen dann
den, früher gleichfalls viel in die neutest. Exegese und Theologie hinein-
gezogenen, Begriff Schechina, d. h. Wohnung gesetzt, welcher eingeschoben wird, wo Gott im AT unmittelbar in der Welt zu wirken scheint.
Von Haus aus dient das Wort nur zur dogmatischen Fixirung der
Vorstellung Ex 24 15—17 40 34—38 Lev 16 2 und bezeichnet die das
Innere der Stiftshütte erhellende Lichtwolke zwischen den Cheruben
der Bundeslade, die sich dann aber in die Bethäuser und Schulen ver-
zogen hat und bei jeder religiösen Erhebung gegenwärtig gedacht wird.
Ueberhaupt bedeutet dieser Begriff im Unterschied von dem eigentlichen Mittelwesen Memar eine unpersönliche Vertretung Gottes. Erst
im Talmud, wo der Memar verschwunden ist, ersetzt diesen die, aus
den Targumen stammende, Schechina [1]. Für das NT hat sie mithin
schwerlich Bedeutung.

---

[1] Die ältere Ansicht, der zu Folge das Theologumenon vom Memar schon
früh auf palästinischem Boden erwachsen wäre und auf die alexandrinische
Theologie eingewirkt hätte, ist unter Hinweis auf IV Esr 6 43 Apk Bar 56 4 ver-

Während sonach die, der Phantasie des Gehörsinnes und des Gesichtssinnes entsprechenden, Vorstellungen der Memra und der Schechina erst nach der neutest. Zeit auftauchen, ragt in die neutest. Begriffswelt noch vielfach herein eine viele Jahrhunderte ältere Vorstellung, welche ursprünglich Ausdrucksmittel der, im hebr. Gottesbilde neben den Attributen der Macht und der Heiligkeit hervortretenden, intellectuellen Eigenschaften gewesen und in der sog. Weisheitsliteratur gepflegt worden war. Diese von dem Ueberwiegen des teleologischen Gesichtspunktes in der jüd. Weltbetrachtung bedingte und begünstigte Vorstellung der göttlichen Weisheit (ḥokma, σοφία) vertritt sowohl das Moment des Normativs und der Executive bei der Weltschöpfung, als auch speciell das heilschaffende Organ. Gottes unzugängliches Wesen ist nur der Weisheit erschlossen, sie ist seine Rathgeberin und Werkmeisterin, schöpferisches und welterhaltendes Princip in ihm, Kern und Mittelpunkt seiner sittlichen Eigenschaften. So nach Vorgang von Jer 10 12 51 15 Job 12 13 28 12—28 Ps 104 24 Prv 1 20 21 3 19 20 besonders Prv 8 22—31 („Anfang des Handelns Gottes", „vor dem Ursprung der Erde geboren", „vor Gott spielend", „Künstlerin"). Was hier erst poetische Personification ist (denn auch ihr Gegenbild, die Thorheit, tritt 9 13 ähnlich auf), das wird zur philosophischen Theorie, zum „ersten Ansatz für eine jüd. Metaphysik" schon JSir 1 1—10 und besonders 24 1—22. Sie ist als Gottes erstes Geschöpf aus seinem Munde im Anfang ausgegangen JSir 1 1 24 3 9, bzw. 4 11 und hat sich einen Platz gesucht unter den Völkern 24 7, bzw. 11; Gott aber wies ihr im alttest. Bundesvolk ihren dauernden Wohnsitz, das „Zelt ihrer Ruhe", Israel als Eigenthum zu 24 8 10—12, bzw. 12 13 15 16 [1]. Ganz ähnlich lautet auch 'Bar 3 14—38, während Hen 42 1 2 die Weisheit überhaupt keinen Platz auf Erden findet und darum in den Himmel zurückkehrt, um in der messianischen Zeit ausgegossen zu werden 48 1 7 49 1—3 91 10. Daneben kommt aber auch das schöpferische Wort vor

---

treten von EDERSHEIM, Life of Jesus I, S. 47, II, S. 660f, WEBER S. 174f. SIEGFRIED, Philo S. 281, BALDENSPERGER S. 49; während Abhängigkeit vom alexandrinischen Logos annehmen LANGEN S. 275, SCHANZ zu Joh 8. 68 f, SCHÖNFELDER, Onkelos und Peschitto 1869, SCHÜRER II, S. 879, ThLZ 1878. S. 412. Die Verbindung der Ausdrücke Memra, Jekara (= Ehre, Glanz), Schechina mit der Logoslehre stellte in Abrede MAYBAUM, Die Anthropomorphien und Anthropopathien bei Onkelos und den späteren Targumim 1879, S. 32f. Als Mittelwesen im strengen Sinne sind sie auch von der Synagoge nicht gefasst worden, wohl aber als passende Ersatzmittel in casu, um die Vorstellung des göttlichen Wesens vor Profanation zu schützen. Vgl. KUENEN, ThT 1870, S. 666f.

[1] Daran schliesst sich die weiter unten (s. 6 4) zu besprechende alexandrinische Weisheitslehre unmittelbar an, wie überhaupt JSir schon vielfach hellenistisch angehaucht ist. Vgl. Osc. HOLTZMANN, Das Ende des jüd. Staatswesens S. 31f.

JSir 39 17 (bzw. 22) 42 15 43 26 (bzw. 26). Während dieses den Uebergang zur Memra bildet, ist der Begriff der Weisheit schon in den unmittelbar vorchristl. Jahrhunderten ganz zum Eigenthum der alexandrinischen Theologie geworden, wo sie ein weibliches Seitenstück zum
Logos darstellt (s. unten 6 2). Einen noch directeren Einfluss auf die
neutest. Lehrbildung hat eine weitere, der besprochenen verwandte,
Gedankenbildung geübt, welche gleichfalls der Idee des offenbaren, in
der Welt sich auswirkenden, eine Heilsgeschichte schaffenden Gottes
dient. Das ursprünglich Luftbewegung, Windhauch bedeutende Wort
für Geist (ruah) hatte schon eine lange Geschichte hinter sich, als ihm
in der Erzählung Gen 1 eine Rolle neben dem schöpferischen Wort
zufiel. Als belebender Odem über der ordnungslosen Masse schwebend
und dieselbe befruchtend 1 2, vgl. Ps 33 6 147 18, steht der Geist Gottes
(ruah 'elohim) der Hypostasirung bereits näher als das erst Gen 1 3 erscheinende Wort. Der Geist macht den Stoff entwickelungsfähig, das
Wort bestimmt, was er werden soll; beide Termini bezwecken Vermittelung des Gottesbegriffes mit dem Weltdasein, und das Streben nach
Verselbständigung hat beim Geist, welcher die schöpferische Obmacht
Gottes über die träge, bewegungslose Materie bezeichnet, daher gelegentlich schon einmal Jes 31 3 zur Begriffsbestimmung Gottes gedient
hatte [1], sogar schon früher begonnen (vgl. I Reg 22 19—23), als beim
Wort, welches ja nur Ausdruck und Executivmacht des Geistes ist.
In dieser hypostasirten Form begegnet er auch erstmalig als „heiliger
Geist" Jes 63 10 11 (im AT sonst nur noch Ps 51 13, vgl. noch den
„guten Geist" Ps 143 10). So heisst er als der Gott eigenthümliche
Geist; gemeint aber ist speciell der den Propheten verliehene Geist
der Weissagung, gegen welchen Israel sich auflehnte. Und so handelt
es sich auch, wo in der apokryphischen Literatur von Geisteswirkungen
gesprochen wird, gewöhnlich nicht sowohl um die schöpferische Wirksamkeit Gottes überhaupt Jdt 16 14, als vielmehr speciell um Prophetie,
Vision, Weisheit u. s. w., wie JSir 48 24 Susan 42 64 IV Esr 14 22, ähnlich auch Ps Sal 17 42 [2]. Er ist Subjekt und Autor aller Inspiration.
So ist im Zusammenhang mit der Lehre von der Offenbarung der
„heilige Geist" (ruah hakkodeš) ein fester geschlossener Begriff der
palästinischen Theologie geworden [3], dessen Name den Gegensatz zu

---

[1] SMEND S. 206: „Das Eine absolute Agens, ausser dem es nur ohnmächtiges
Fleisch gibt."
[2] GLOËL S. 231, GUNKEL S. 11, 35f.
[3] In unsere Denkweise hat die alttest. und jüd. Lehre vom Geist Gottes nach
ihren allgemeinsten, auch für das ganze NT maassgebenden Umrissen treffend übersetzt H. SCHULTZ, Gottheit Christi S. 356: „Der Geist Gottes ist nicht eine Persönlichkeit neben Gott." „Er bleibt persönliches Leben Gottes, auch wenn er an der

den, auch erst im Spätjudenthum recht lebendig gewordenen „unreinen
Geistern" ausdrückt [1]. Wie wir diese aus dem NT kennen, so auch
den „Geist des Irrwahns" (πνεῦμα πλανήσεως Hen 56 5 Ps Sal 8 75 =
τὸ πνεῦμα τῆς πλάνης I Joh 4 6). Die Vorstellungen vom bösen Geist
sind überhaupt ganz parallel mit denen vom hl. Geist durchgebildet [2].

Im sprechenden Gegensatz zu dem, was der Begriff von Haus aus
meint und ausdrücken soll, aber in um so bezeichnenderem Anschluss
an den Charakter dieser ganzen Theologie erscheint der Geist unter
die Kategorien der Substanz und Quantität gebracht, materialisirt
(als himmlischer, übersinnlicher Stoff ist er δόξα. πῦρ. φῶς) und nach
Num 11 17 25 theilbar gedacht; ein „Theil des Geistes" haust nach
Josephus im Tempel. Dem entspricht weiterhin auch im Judenthum
wie im Urchristenthum die momentane, sprung- und stossweise erfolgende Wirkung, die er auf die menschliche Persönlichkeit ausübt,
indem er „auf sie fällt" Act 8 16 10 44 11 15 [3]. Hierauf beruht u. A.
die absolute supernaturale Vorstellung von den Momenten der Inspiration, welchen die Orakel des AT entstammt sind (Mc 12 36 Δαυεὶδ
εἶπεν ἐν τῷ πνεύματι τῷ ἁγίῳ).

Aber bereits keimt neben Wort und Weisheit, Herrlichkeit und
Geist eine neue mittlerische Hypostase auf, praktisch wichtiger, als
alle: das Gesetz. In der rabbinischen Theologie wenigstens gilt von
der Tora, welche Gott „unserem Lehrer" Moses unmittelbar übergeben

---

Creatur wirkt. Er wird zu neuem persönlichem Leben, wo die göttlichen Motive
und Kräfte im menschlichen Geistesleben theilweise oder ganz zum Bewusstsein
gelangen. Aber man darf ihn nicht gegen den Sinn der biblischen Aussagen als
eine Persönlichkeit auffassen, welche auch neben der Persönlichkeit des einen
Gottes und neben der Persönlichkeit der Menschen, in denen er wirkt, noch eine
besondere Existenz hätte." S. 358: „Der Geist Gottes ist die, mehr oder minder
sinnlich vorgestellte, Kraftfülle Gottes, die Fülle von Motiven und schöpferischen
Zwecken, in welchen Gottes Selbstbewusstsein und seine eigene Lebensmacht
ruhen, und kraft deren er sein Leben und die Ziele seines eigenen Wesens auch
in der Welt zum Ausdruck bringt. Zunächst geschieht das in dem Leben der
Creatur überhaupt, in welchem die Lebenskraft Gottes zum Lebensgefühle un-
zähliger Wesen wird. Sodann geschieht es in den persönlichen Wesen in dem
Triebe der Vernünftigkeit und Zweckmässigkeit des Handelns, in den Steigerungen
der Kraft und des Lebensgefühls, dem allerdings zuweilen auch Trübungen desselben folgen. Endlich geschieht es in der Gemeine, welche zum Verständnisse
der Ziele des göttlichen Lebens geführt ist, in der Form der wirklichen Theilnahme an Gottes auf das höchste Ziel gerichteten Trieben, in der Begeisterung
für dieses Ziel, sei es in Heldenkraft und Königssinn, sei es in Frömmigkeit und
Sittlichkeit, sei es in der eigentlich religiösen Genialität der Propheten, deren
ganzes persönliches Leben von der Macht der göttlichen Motive erfüllt und fortgerissen wird."

    [1] Jacob S. 6.   [2] Gunkel S. 38 f.
    [3] Gunkel S. 33. Vgl. S. 9: „Wo Sittliches und Religiöses für pneumatisch
gehalten wird, da ist es stets eine Steigerung des Gewöhnlichen."

und durch seinen „heiligen Geist" den Propheten fortwährend in Erinnerung gebracht hat, ähnliches wie von der alexandrinischen Sophia. Das jüd. Nachdenken war nämlich theils auf der Spur der pentateuchischen Vorstellung von himmlischen Vorbildern der irdischen Heiligthümer Ex 25 9 40 26 30 27 8 Num 8 4 Act 7 44 Hbr 8 5, theils unter dem Druck einer allgemeineren, die antike, auch die orientalische Weltanschauung überhaupt kennzeichnenden, Nöthigung, sich das logische Prius als ein zeitliches vorstellig zu machen, dahin gelangt, den besonders werthvollen Factoren der Religion Präexistenz bei Gott zuzuschreiben [1]. Unter den 7 Dingen, welche nach dem Targum zu Prv 8 9 vor der Welt geschaffen sind, ist das erste das Gesetz; die übrigen sind Israel, Tempel, Busse, Hölle, Thron der Herrlichkeit und Messias. Dieselbe apokalyptische Messias-Literatur, welche den Messias zum präexistenten Wesen erhebt (s. 5 1), bedient sich der Idee der Präexistenz auch sonst, um Personen und Sachen von entscheidender religionsgeschichtlicher Bedeutung in's gebührende Licht zu setzen. In der Assumptio Mosis 1 14 führt dieser sich selbst als zum Bundesmittler von Anfang an vorbereitet ein und hat der Tempel von Urbeginn Bestand gehabt 1 17; in Apk Bar 4 ist das himmlische Jerusalem schon zu Adam's Zeiten vorbereitet gewesen; im Buche der Jubiläen 2 hat Gott Sabbath gefeiert, ehe einem Sterblichen das Sabbathgebot bekannt war. Man kann das eine ideale Präexistenz nennen, sofern zunächst nur darin liegt, dass Gott um diese Hauptartikel seiner Heilsordnung vor Beginn der Welt gewusst hat. Andererseits ist sie aber auch sehr real zu nehmen, sofern das zeitliche Vordasein auch ein örtliches Ueberdasein bedeutet [2], in welchem jene höchsten Werthe einstweilen deponirt sind, bis sie der unteren Welt mitgetheilt werden können. Jedenfalls ist auf diesem Weg die Tora zur vorweltlichen, geliebten, einzigen Tochter Gottes geworden; identisch mit der ewigen Weisheit ist sie der eigentliche Inhalt seines Bewusstseins, der Plan, nach welchem er die Welt baut, das Ziel und Ende aller Wege Gottes mit den Menschen [3]. Das Wissen um die Richtung und Tendenz, welche die Lehre vom Ge-

---

[1] HARNACK, Lehrbuch der Dogmengeschichte I, 3S. 99: „Der gedachte Zweck wurde in einer Art von realer Existenz den Mitteln, die ihn auf Erden zu realisiren bestimmt waren. als Ur-Sache vorangestellt." „Ist die Welt um des Volkes Israel willen geschaffen — und das lehren ausdrücklich die Apokalyptiker — so folgt, dass im Gedanken Gottes Israel älter ist, als die Welt." Vgl. den Excurs über die Präexistenz-Vorstellung S. 755 f, H. SCHULTZ, S. 424 („Der Zweck ist die Bedingung des Werdens"), LOBSTEIN, La notion de la préexistence du fils de Dieu 1883, S. 17, 82, 91f, BALDENSPERGER S. 86f.
[2] EHRHARDT S. 25: „Gleichsam als Bergungsort aller für die diesseitige Entwickelung wichtigsten Realitäten."
[3] WEBER S. 14f, 18f, 46, 153, 259, 263, 295.

setz damit genommen hatte, ist von allgemein religionsgeschichtlicher Bedeutung [1] und bedingt unter Anderem das Verständniss der Stellung, welche Pls dazu eingenommen hat [2].

6. Das religiöse Verhältniss.

Einerseits geht Gottes Offenbarung ganz auf im Gesetz, andererseits hat das Leben des Menschen keinen anderen Zweck und Sinn ausser dem Studium und der Erfüllung des Gesetzes. Dies aber bringt eine charakteristische Oede und Unfruchtbarkeit in das Leben des Spätjudenthums [3]. Religion ist nicht Gemeinschaft mit Gott, sondern gesetzmässiges Verhalten vor Gott. Gesetzlichkeit ist Religiosität im absoluten Sinne. Dem weltfernen Gott, der nur noch im Gesetz gegenwärtig ist, entspricht ein weltscheues, durch dasselbe Gesetz gegen die ganze sonstige Menschheit abgesperrtes Volk. Vollkommene Beobachtung des Gesetzes ist der einzige Heilsweg für den Einzelnen wie für das Ganze. Denn an das Volk Israel ist Gott seit dem Acte der Gesetzgebung gebunden, wie es an ihm; nur indem es seinerseits Gottes geoffenbarten Willen pünktlich erfüllt und durch vorgeschriebene Reinigungen, Waschungen, Opfer u. dgl. Alles, was es von Gott trennt, immer wieder auf's Neue ohne Aufhören beseitigt, verdient das Volk die Erfüllung der Verheissungen seitens Gottes und hat also Aussichten, seinen Beruf zur Herrlichkeit und Herrschaft über die profane Heidenwelt anzutreten. Denn Gott ist wohl ein Gott der ganzen Welt; sein Heil aber ist nur für die Juden. Beweis: nur ihnen hat er sein Gesetz gegeben. Was in der Theorie Weltreligion war, sollte in der Praxis durchaus nur zur Auszeichnung eines einzelnen Volkes dienen. So

---

[1] Wie nach dem Talmud das Gesetz 974 Geschlechter vor Entstehung der Welt, 1000 Geschlechter vor Moses geschaffen ist, so haben für die Brahmanen die Veden von Anfang der Zeit im Geist der Gottheit präexistirt und ist für die Theologie des Islam der Koran sogar unerschaffen. Die Buchreligionen verfügen über eine gemeinsame Buchmythologie, welche bekanntlich auch noch dem heutigen Christenthum tief in den Gliedern sitzt. Von der jüd. Bibel speciell sagt Wellhausen S. 194: „Was davon nicht verstanden wurde, wirkte als Missverständniss um so erbaulicher, und für das Missverständniss war gesorgt."

[2] Weizsäcker S. 129: „Hier hat sich der Bruch mit seiner Vergangenheit vollzogen, und die Gewalt dieses Bruchs lässt sich ermessen, wenn man sich vergegenwärtigt, wie die Schule des Judenthums, von welcher er ausgeht, nicht nur in der Beobachtung des Gesetzes den einzigen Weg des Heils sah, sondern wie sie hiebei dahin gelangt war, dieses Gesetz gleichsam neben Gott zu verehren und gewissermaassen zu vergöttern." Wellhausen S. 286: „Es herrschte ein wahrer Götzendienst des Gesetzes. Gott selber studirte in seinen Mussestunden die Thora und las am Sabbat in der Bibel — so meinten die Rabbinen."

[3] Wellhausen S. 199: „Jahve erweckte keine Helden mehr in Israel, der Mund der Propheten schwieg, die Offenbarung war ein Buch geworden."

bildet der Begriff Israel's als des auserwählten Volkes Gottes, welches im Gesetz das ausreichende Mittel zur Realisirung seiner Idee, also sein ganzes Heil hat, die eigentliche Centralidee der hier beschriebenen Religion, und ihre charakteristische Färbung empfängt diese Central-idee der Synagoge durch die rein juristische, vertragsmässige Auffas-sung des Verhältnisses zwischen Gott und Israel, wie selbige freilich schon in den letzten kanonischen Büchern auftaucht. Für die Pro-pheten war der Bund Gottes mit dem Volke in erster Linie eine Gnadenerweisung, daher auch Sündenvergebung mit seiner Vollendung verbunden gewesen. Das Spätjudenthum hat fast nur noch das Wort Gnade beibehalten, das Verständniss für die Sache verloren; aus dem Gnadenbund ist ein Pact geworden [1]. Demgemäss trägt die rabbinische Theologie eine Rechtfertigungslehre vor, welche ganz auf der doppelten Prämisse beruht, dass der göttlichen Forderung Genüge geschehen könne und dass die Erfüllung derselben einen Anspruch auf Lohn, zu-nächst auf eine Abschlagszahlung in dieser Welt, begründe. Die An-erkennung eines solchen Anspruches von Seiten Gottes ist es, was diese Theologie meint, wenn sie von Gerechterklärung spricht. Gleich-sam als himmlischer Buchführer berechnet und wägt Gott nach einem sowohl quantitativen wie qualitativen Maassstab die Summe der Gebot-erfüllungen und verdienstlichen Werke hier, die Summe der Ueber-tretungen und Uebelthaten dort ab. Das Endurtheil wird dann ein-fach durch das Uebergewicht bestimmt. Liegt dieses auf Seiten des Guten, so erfolgt das göttliche Rechtfertigungsurtheil (zakkot = δικαι-οῦν), welches in der Erklärung besteht, dass der betreffende Mensch Reinheit, Straflosigkeit, Gerechtigkeit (zekut vertritt das alttest. ṣedeḳ = δικαιοσύνη) besitze [2]. Demnach wird z. B. Ps 44 23 (= Rm 8 36) dahin ausgelegt: Gott rechnet es den Gerechten an, als ob sie den ganzen Tag über getödtet würden, belohnt sie wie ein andauerndes Martyrium [3].

Noch ein anderes hängt damit zusammen. Nicht bloss die ganze Gemeinschaft zwischen Gott und Israel vollzieht sich in Leistung und Gegenleistung, in Pflichterfüllung und Lohn; nicht bloss die Geschichte Israels ist fortwährend bedingt theils durch Lohn forderndes Verdienst,

---

[1] RITSCHL [3] II, S. 307: „Der Religionsfehler des Pharisäismus." S. 276f: „In beiden Beziehungen übt der Pharisäismus die fehlerhafte Verschiebung aus, dass er den Cultuspflichten den Werth der sittlichen Pflichten zuschreibt, durch deren Uebung allein der sittliche Charakter sich gestaltet, und dass er die Gegenseitig-keit zwischen Gott und Mensch in der Religion zu dem Verhältniss gegenseitiger Rechte ausprägt."
[2] WEBER S. 267. PFLEIDERER, Paulinismus S. 180 f. I. A. C. VAN LEEUWEN S. 64 f, 71 f.
[3] WEBER S. 271.

theils durch Strafe nach sich ziehendes Vergehen; es stellt sich auch als weitere Folge eine fortschreitende Individualisirung der Religion ein. Im Hebräerthum hat es Gott mit dem Volke, im Judenthum mit dem Subject zu thun, da nicht Jeder in Gesetzeserfüllung das Gleiche leistet [1]. Jetzt heisst es: „Mein Gott, gedenke mir das" Neh 5 19. Daher hat im Talmud jeder Mensch geradezu sein Conto im Himmel, und zur Todesbereitschaft gehört es, diese Rechnung in Ordnung zu bringen, dafür zu sorgen, dass nach Abzug der Schuldenmasse vom Guthaben bei Gott noch etwas übrig bleibt. Wie solches Conto ausfällt, weiss der Mensch freilich vor dem Tode nicht, weil, so lange er noch zu handeln in der Lage ist, der Stand seines von Gott mit absoluter Genauigkeit geführten Buches sich theils durch Abbüssung alter Schulden, theils durch neue begangene Sünden auf der einen, durch neu erworbene Verdienste, bestehend in Fasten, Almosen und Gebet auf der anderen Seite fortwährend verändert [2]. Auch hier ist dem Drängen auf ausschliesslich „quellenmässige Darstellung" sofort zuzugeben, dass diese grellsten Formen eines rein kaufmännisch gestalteten religiösen Verhaltens erst für nachneutest. Zeiten schwarz auf weiss erscheinen. Aber man muss die Reife der Saat kennen, um für ihr Wachsthumstadium den richtigen Maassstab bereit zu haben, und in dieser Beziehung ist nicht zu leugnen, dass, was sich als letztes Facit ergeben hat, auch schon volle Gültigkeit für die jüd. Religion der neutest. Zeit hat, nämlich der Satz: für das religiöse Subject besteht nur Ein einziges Motiv zur Gesetzeserfüllung, das Seligkeitsbedürfniss mit seiner mathematisch eingeschulten Speculation auf göttliche Vergeltung im Jenseits [3].

Derselbe Calcul, welchem die Lehre von den Activ- und Passiv-Rezessen des persönlichen Lebens entstammte, hat in folgerechter Entwickelung seiner Prämissen mit der Zeit zu einem weitverzweigten Satisfactions- und Imputationssystem geführt, welches hier in Kürze berührt werden muss [4]. Wo sich diesem zufolge, wie bei den schon

---

[1] WELLHAUSEN S. 179, 205: „Der geborene Jude muss sich doch noch selbst zum Juden machen."

[2] Mathematisch construirbar ist sonach ein Moment, da gute und böse Handlungen sich genau die Wage halten. In diesem Zustand erblickt Abraham eine abgeschiedene Seele in dem, 1893 von BARNES herausgegebenen, Testament des Abraham, 12—14.

[3] WELLHAUSEN S. 285 f: „Das Rechnen mit Gott trat ganz anders und viel unangenehmer hervor wie früher. Nicht die Gesinnung entschied, sondern die einzelnen Handlungen wurden addirt." „Die Lehre vom Thesaurus und vom stellvertretenden Verdienst ist bei den Juden entstanden, sie bildete sich in den Grundzügen schon in dieser Zeit aus."

[4] Vgl. hierüber WEBER S. 252 f, 266 f, 310, 314 f. Gebrauch davon machen BALDENSPERGER S. 154, BRANDT S. 518 und besonders PFLEIDERER, Urchristenthum S. 233 f, Paulinismus S. 22 f, 137.

vollendeten Gerechten der Fall ist, ein definitiver Ueberschuss von
verdienstlichen Handlungen ergeben hat, da kann dieser, weil Israel
einen Leib bildet, dessen Glieder organisch unter einander verbunden
sind, ergänzend eintreten zu Gunsten der Nachkommen. So stellt das
Verdienst Abraham's gleichsam ein nationales Stammcapital dar, an
dem jeder Israelit Theil hat. Daher der grosse Werth eines reinen
Stammbaums. So ergänzt man den Mangel völliger Gerechtigkeit durch
das, Gott von Zeit zu Zeit in's Gedächtniss gerufene, Verdienst der
Väter, wozu auch das Verdienst noch lebender Gerechter und Heiliger treten kann. Correlatbegriff zu Verdienst ist Schuld. Jede Schuld
lässt Gott sich bezahlen; Vergebung ohne Bezahlung gibt es beim
himmlischen Richter so wenig als beim irdischen, wohl aber Sühne im
Sinne von Gutmachung und Wiederherstellung durch Darbringung
eines Aequivalentes. Als ein solches gilt im Allgemeinen die Busse
(tešuba), die daher mit dem Gesetz zu den vor der Zeit erschaffe-
nen Dingen zählt: dieses als das positive, jene als das negative Heils-
mittel. Busse ist zunächst innere Bewegung, aber auch verbunden
mit Bekenntniss, Fasten, Selbstkasteiung; unter Voraussetzung der
Busse tilgt der Versöhnungstag die Sünden des vergangenen Jahres.
Sühnende Kraft haben ferner gewisse, in der Form den zu sühnenden
Sünden entsprechende und ihnen als Compensation dienende, sonderliche gute Werke wie Almosen; mehr aber als alles Thun sühnt Leiden.
Am Tage, da Jerusalem zerstört ward, hat Israel eine Hauptquittung
empfangen und Gott sich für die Sünden des Volkes mit Einem Mal bezahlt gemacht. Ebenso gilt der Tod des Einzelnen als abschliessende
Sühne (Rm 6 7), zumal wenn er in auffallender Weise eintritt. Der
Ergänzung der eigenen Gerechtigkeit durch fremde entspricht endlich
auch eine Ergänzung der eigenen Sühne durch fremde; denn darauf,
dass überhaupt Sühne geleistet wird, kommt mehr an als darauf, dass
gerade der Schuldige selbst sie leistet. So weit reicht die in Israel
geltende Idee der Solidarität. Zumal im Tode büsst ein Gerechter nicht
bloss für eigene Sünden, sondern auch für die der Gemeinde; und einer,
der für eigene Sünden der Büssung nicht bedarf, sogar lediglich für die
letztere. Ein solcher heisst Goël, und als eine erlösende That von dieser
Tragweite wird z. B. die freiwillige Dahingabe Isaak's in den Opfertod
gerühmt (Sabb. 89). So hat der Tod jedes Gerechten Sühnkraft; er
vermag den göttlichen Zorn zu begütigen und von den göttlichen Strafen
loszukaufen. Die Sühnkraft des unschuldigen Martyriums wird geradezu gleichgestellt derjenigen des grossen Versöhnungstages [1].

---

[1] WEBER S. 320 f: „Zwei Thatsachen treten am Schlusse der Heilslehre als
Ergebnisse entschieden hervor: die Vielheit der Mittel, die zur Erwerbung der

Auch hier muss auf der einen Seite wieder zugestanden werden, dass die Theorie in der vorgetragenen Handgreiflichkeit Product talmudistischer Reflexion ist. Auf der anderen aber stellt sie doch nur die, vom juristischen Verstand der pharisäischen Schultheologie mechanisirte, Idee des büssenden Gottesknechtes dar, welche vornehmlich durch das Christenthum wieder mit Leben erfüllt wurde. Dem Talmud zufolge hat Gott in seiner Barmherzigkeit den Propheten Ezechiel für Alle gezüchtigt, damit er ihre Sünden büsse (Sanh. 39).

Von noch unmittelbarerem Belange für unsere Interessen ist aber, dass schon zur Zeit des noch bestehenden Tempeldienstes, mit der wir es zunächst zu thun haben, der Opferbegriff allmählich eine Wendung oder, wenn man will, Entartung erfährt, die sich nur aus der übermächtigen Einwirkung der Ideen von Vertauschung und Stellvertretung, Uebertragung und Anrechnung, wie sie sich im Gefolge der beschriebenen Theorie und Praxis des Heilserwerbes eingestellt hatte, verstehen lässt[1]. Bereits im Vorstellungskreise des Priestercodex hatte das Opfer Vieles von seinem althebr. Charakter eingebüsst und war, von der Strenge gottesdienstlicher Feier umgeben, zur pflichtmässigen, also im Sinne der eben entwickelten Ethik auch verdienstlichen Handlung, zum opus operatum geworden. Immerhin erschien es noch als eine Veranstaltung der göttlichen Gnade, wenn den Menschen von Gott das, nach jüd. wie heidnischen Begriffen das Geheimniss des Lebens repräsentirende, Blut der Opferthiere zu dem speciellen Zwecke der Sühne gegeben war Lev 17 11, d. h. um Verunreinigungen und Profanirungen zu beseitigen und dadurch das nor-

Gerechtigkeit und der Sühnung angewendet werden, und die trotz, ja vielleicht wegen dieser Vielheit vorhandene Unsicherheit des Sünders über sein Verhältniss zu Gott. Was das Erste anlangt, so werden zur Erlangung der Gerechtigkeit nicht bloss die Erfüllung der Gebote, sondern auch sonderliche gute Werke erfordert, und genügen nicht bloss eigene Leistungen, sondern auch die Verdienste der Väter, sowie der mitlebenden grösseren Gerechten werden in Anspruch genommen. Und zur Sühnung genügt nicht die alltägliche Busse, noch die grosse des Versöhnungstages: es bedarf zur Abbüssung gewisser Sünden noch besonderer Leiden, ja des Todes; es müssen überdies besondere gute Werke Ersatz leisten für begangene Sünden: und alle diese Leistungen kann der Einzelne für gewöhnlich nicht aufbringen, sondern es fordert auch die Sühne die Mitwirkung der Gerechten, deren Leiden, Tod und gute Werke für die anderen eintreten. So gross ist die Menge der Werke, durch welche Gerechtigkeit vor Gott und damit Gewissheit des Heils erstrebt wird. Und welches ist der Erfolg? Die Heilsgewissheit wird nicht erlangt, die Sicherheit des religiösen Bewusstseins, die Freudigkeit zu Gott mangelt dem Sünder, und die Furcht begleitet ihn bis zum Tode, ja über diesen hinaus. Von dieser Furcht legen Talmud und Midrasch manches beredte Zeugniss ab."
    [1] BALDENSPERGER S. 154: „Solche Aufstellungen begünstigten das sinkende Ansehen des Opferwesens."

male Verhältniss zwischen den Volksgenossen und dem hl. Bundesgott wiederherzustellen und aufrecht zu erhalten. Ihrem Ursprung
nach weisen freilich diese Sünd- und Schuldopfer, deren Auftreten seit
Ez das spätere Opferwesen vom früheren charakteristisch unterscheidet, auf die den gleichen Namen (ḥaṭṭa't, 'ašam) tragenden Geld-
bussen hin, die an das Heiligthum gezahlt wurden II Reg 12 17 [1].
Aehnlich wie für einen unvorsätzlichen Mord Geldbusse eintreten
konnte, nicht aber für einen vorsätzlichen [2], so kann auch die vorsätz-
liche Sünde überhaupt nicht, die Versäumniss-, Unwissenheits- und
Uebereilungssünde dagegen nur durch Opfer gesühnt werden, welche im
Grunde nichts Anderes als eine an Gott erlegte Busse, ein Aequivalent, unter Umständen (nämlich als 'ašam) geradezu eine Art von
Ersatz darstellen. Die Handauflegung kennzeichnet das lebende Thier
noch als Eigenthum, als höchsten und heiligsten Besitz des Opfernden,
das Bestreichen der Hörner des Altars aber oder die Besprengung des
Vorhanges mit dem Blut des Schlachtopfers, ähnlich wie das Verbrennen, die Zueignung an Gott, welchem auf solche Genugthuung [3]
hin der Spender des Opfers sich wieder cultisch nahen darf, nachdem
er sich gleichfalls cultisch zuvor gegen ihn vergangen hatte. Insofern
bedeutet die Sühne Aufhebung dessen, was von Gott getrennt hat,
Beseitigung eines Zustandes der Verunreinigung, Wiedereinführung des
unrein Gewesenen bei Gott [4]. Als Erklärungsgrund hiefür lag nahe
genug die Deutung, dass Gott das dargebrachte Blut als eine Art ge-
zahlter Busse, also als „Lösegeld" betrachte, worauf schon die Verwandtschaft der Worte führen musste (kipper = sühnen, denominirt
von kopher = Sühngeld, Lösegeld). Dass damit die Sühne den Sinn
einer Besänftigung des göttlichen Zornes, das Opfer die Bedeutung
einer geleisteten Genugthuung gewann, war um so unvermeidlicher [5],

---

[1] R. SMEND S. 320: „Man muss annehmen, dass Sünd- und Schuldopfer aus
diesen Bussen hervorgegangen sind." NOWACK, Lehrbuch der hebr. Archäologie II,
S. 226, 231. WELLHAUSEN S. 178: „Das Sündopfer ... ist kaum noch ein Opfer
überhaupt, sondern eine Busse."

[2] H. SCHULTZ, Alttest. Theologie[5], S. 276 f: „Wie vor dem menschlichen Gericht für unbeabsichtigte Tödtung ein Sühngeld genommen werden darf, ... so kann
die Sünde, die nicht bösem Willen entspricht, ... nach Gottes gnädigem Willen ...
durch ein von ihm festgestelltes Opfer als Sühngeld ausgeglichen werden."

[3] Um eine solche handelt es sich jedenfalls, vgl. H. SCHULTZ S. 269 f, 272.

[4] SCHMOLLER, StKr 1891, S. 205 f, KÖLBING, ebend. 1895, S. 28. Die directe
Beziehung der Kappara auf Deckung und Schutz vor Gott darf wohl als beseitigt
betrachtet werden.

[5] P. W. SCHMIEDEL, HC II 1, S. 248: „Die Idee stellvertretender Sühne lag
bei den alttest. Opfern, obgleich deren eigentlicher Bedeutung durchaus fremd,
besonders beim Sündopfer und bei dem des grossen Versöhnungstages so nahe,
dass sie sich für das Volksbewusstsein fast unvermeidlich einstellen musste."

als auch die populäre Geschichtstradition des Volkes auf ein solches
Verständniss hinwies I Sam 3 14 26 19 II Sam 21 5—14 24 25 II Reg 3 27,
trotz des Widerspruchs Ps 51 18 19. So gewiss die neueren Darsteller
der alttest. Theologie und Archäologie exegetisch im Rechte sind mit
ihrer Ablehnung der satisfactorischen Deutung des Opferrituals, so
bezeichnend ist doch die Thatsache, dass eine solche Deutung als der
Abwehr so gar bedürftig empfunden wird. Populär sind die zum Theil
sehr künstlichen und unklaren Auslegungen, welche an die Stelle der
abgewiesenen traten, schwerlich jemals gewesen, und wenn darum die
Abwesenheit jedes klaren Gedankens am wahrscheinlichsten befunden
werden will [1], so steht um so mehr zu vermuthen, dass sich das Chaos
nach der Seite hin lichtete, wo die zwar äusserlichste, aber auch einfachste, gemeinverständlichste und geläufigste Antwort auf die Frage
nach dem Wesen der Sühne lag. Dass für todeswürdige Vergehen
ein Sühnopfer gar nicht denkbar sei, weil nur lässliche Sünden auf der
Gottesgemeinde lasten könnten, war ohnedies eine auf die Dauer nicht
vorhaltende Fiction [2]. So drängte denn Alles zu der Annahme, dass
die Hingabe eines nach Gottes Anordnung für die Sünder substituirten
Lebens die von ihnen verwirkte Todesstrafe aufhebe, dass mithin das
dargebrachte Blut der Opferthiere als Surrogat für das Leben der
Schuldigen die Sünde sühne. Damit war das Sühngeld (kopher) zum
Loskaufsmittel vom verdienten Tod (λύτρον Prv 13 8 = LXX λύτρον
ψυχῆς, Ex 21 30 Num 35 31 32 = LXX λύτρα τῆς ψυχῆς), zu einem Aequivalent (ἀντίλυτρον, ἀντάλλαγμα) geworden. Schliesslich befinden wir uns
ganz im Umkreise der, durch zahlreiche Vorkommnisse in Geschichte
und Sage verherrlichten, Antipsychie (Seele um Seele), der, selbst der
profanen Dichtung nicht fremden (HORAZ, Carm. 3 9), Idee des freiwilligen, stellvertretenden Todes (mors vicaria) [3], welche auch in hellenistischen Apokryphen vertreten ist (II Mak 7 37 IV Mak 6 29 καθάρ-
σιον αὐτῶν ποίησον τὸ ἐμὸν αἷμα καὶ ἀντίψυχον αὐτῶν λαβὲ τὴν ἐμὴν ψυχήν,
vgl. 17 21 22).

5. Messianische Dogmatik.

1. Der nachexilische Messianismus.

Alles Bisherige ist im Grunde doch nur Aussenwerk gewesen.
Kern und Stern der ganzen religiösen Vorstellungswelt des Spätjuden-

---

[1] SMEND S. 324: „Eine präcise Antwort auf die Frage, wie denn der Opferdienst auf Gott einwirke, wusste man schwerlich zu geben."
[2] KAYSER-MARTI S. 222. SMEND, S. 319, 323. Für den paulin. Lehrbegriff
z. B. kommt sie nicht mehr in Betracht. Vgl. KÖLBING S. 29 f.
[3] DIETRICHSON, Antinous 1884, S. 77, 81.

thums ist der religiös-nationale Zukunftsglaube. Die eschatologische
Orientirung bildet keineswegs bloss ein Stück Theologie, sondern das
hervorragendste besondere Kennzeichen im Signalement des jüd. Volks-
geistes überhaupt und erfordert schon desshalb eine besondere Behandlung. Gott und Offenbarung, Gesetz und Cultus sind im Vergleich
damit fast nur Hülfsconstructionen [1]. Gott bewährt sich als Gott erst,
indem er sich offenkundig auf Seiten seines erwählten Volkes stellt und
dasselbe zur verheissungsgemässen Herrlichkeit führt; das Gesetz aber
ist dem Volke gegeben, damit es, indem es seinerseits den Vertrags-
bedingungen Genüge thut, Gott in die Lage bringt, das Gleiche thun
zu können, ja zu müssen [2]. Nur darum ist das Gesetz so schwer, seine
Erfüllung so peinlich. Je mehr Gebote zu erfüllen sind, desto mehr
wächst ja nur der Anspruch auf Lohn nach dem populären Kanon:
Viel macht viel. Das eigentliche Heilsgut aber besteht sonach in der
Gerechtigkeit als einem dem Gesetz Gottes entsprechenden Verhalten
einerseits, in den damit verdienten Glückserfahrungen andererseits;
auf diese Combination von Gerechtigkeit und Glück ist der ganze
Gottesbegriff eingerichtet. In Beseitigung der ihrer Verwirklichung
entgegenstehenden Hemmnisse, wie sie durch das Verhalten der gottlosen Völkerwelt bedingt sind, besteht das eigentliche Ereigniss der
messianischen Epoche. Die vorwiegende Beziehung dieser einfachen
Gedankenreihe auf das gesammte Volk, welcher der religiöse Individualismus erst nachwuchs (s. oben 4 6), prägt ihr eine von Haus aus
wesentlich politische Färbung auf. Aus der Idee des Bundes folgt
unmittelbar die weitere einer von Gott über sein auserwähltes Volk geübten Königsherrschaft, eines besonderen Herrschaftsverhältnisses, in
welchem er zu Israel steht. Daher klingt es durch das ganze AT:
„Jahve herrscht, unser Gott ist Herr, ist König, hat ein Reich" (mem-
šala Ps 103 22 bezeichnet den Bereich dieser regirenden Thätigkeit,
mamlaka I Chr 29 11 oder gewöhnlicher malkut die Gesammtheit seiner
königlichen Thätigkeiten, sein Regiment). In das Gewand prächtiger
Poesie gekleidet, schaut dieses Reichsbild aus den vorexilischen Zeiten
herüber. Die Wiederkehr der in idealem Lichte vorschwebenden Zeiten
David's trotz des erfahrungsmässigen Niederganges aller nationalen
Hoffnungen, eine Epoche des Friedens unter einem neuen David, der
als Repräsentant oder „Sohn" Jahve's herrschen wird und wohl nur
als der erste in der endlosen Reihe messianischer Könige gedacht war

---

[1] BOUSSET S. 11, 20 f, 25 f.
[2] EHRHARDT S. 11: „In dem Gesetz glaubt Israel das absolut vollkommene
Mittel zu besitzen, um das von ihm erstrebte höchste Gut zu erlangen." S. 17:
„Das Gesetz stellt sich uns also dar als messianische Heilsordnung."

(„auf ewig" bedeutet das Nichtaussterben der Dynastie): das sind die
wiederkehrenden Züge aller Schilderungen, die übrigens durchaus auf
diese Erde berechnet sind.

Aber gerade dieses royalistisch gefärbte, durchaus persönliche
Messiasbild ist im nachexilischen Judenthum keineswegs sofort wieder
zur alten Lebendigkeit erwacht. Ursache seines Zurücktretens war in
erster Linie das Erlöschen des messianischen Schimmers gewesen, der
noch iu den ersten Zeiten des zweiten Tempels auf den Ueberresten
des königlichen Hauses geruht hatte. In gleichem Maasse, wie Seru-
babel's Nachkommen im Dunkel verschwanden und das Haus David's
keine unmittelbare Wirklichkeit im Bewusstsein der Nation mehr besass, musste auch der Davidide aus dem Messiasbild verschwinden.
Zwei Jahrhunderte hindurch stand statt einer davidischen Dynastie
eine priesterliche Aristokratie an der Spitze der Nation. Als endlich
mit den Makkabäern wieder ein fürstliches Geschlecht das Ruder er-
greift, gilt dieses selbst nicht mehr als aus Juda's, sondern aus Levi's
Stamm hervorgegangen.

Dazu kam noch ein weiteres Moment, welches gleichfalls in den
veränderten Verhältnissen des neuen Gemeinwesens begründet war. So
lange ein jüd. Königthum existirte, hatten die Propheten bloss die
Reinigung, Erweiterung und Vollendung des Gottesreiches in's Auge
gefasst. Jetzt dagegen bedurfte dasselbe nicht mehr so sehr der Läuterung und Ausbreitung, als der Aufrichtung; anstatt einer Vollendung,
welche in den Formen irdischen Geschehens verlief, handelte es sich
vielmehr überhaupt erst um seine Inscenirung von oben her, um die
wunderbare Einführung eines Fertigen in die untere Welt[1]. Dies ist
daher der Grundgedanke des in der syr. Religionsnoth aus der Durchschütterung der Geister hervorgegangenen Buches Dan. Die Reiche
dieser Welt, die mit ihrer Wucht den althebr. Gottesstaat erdrückt
haben, lösen einander ab und gehen vorüber, bis der Gott des Himmels auf ihren Trümmern als Abschluss der Völkergeschichte sein
unvergängliches Reich aufrichten wird 2 44; eine gewaltige Weltkatastrophe wird die göttliche Universalmonarchie herbeiführen, darin die
messianischen Verheissungen in glorreiche Erfüllung gehen sollen.

---

[1] SCHÜRER, Die Predigt Jesu Christi S. 7 f: „So lauge das jüd. Königthum
noch existirte, war ja wenigstens der äussere Rahmen zur Verwirklichung jener
Hoffnung gegeben. Gott übte, sozusagen, sein Königthum thatsächlich aus durch
den auf Zion eingesetzten theokratischen König." S. 8: „Die Hoffnung ging mit
einem Wort nicht auf Errichtung, sondern auf Vollendung der Theokratie oder
Gottherrschaft." WELLHAUSEN S. 165: „Keine Brücke leitete von der Wirklichkeit
hinüber zu den Ideen, das Reich David's sollte plötzlich durch das Eingreifen eines
deus ex machina in die Welt gesetzt werden."

Nicht aus der Erde wächst es, sondern vom Himmel kommt es; ein Himmelreich (malkut haššamajim) ist es, nach Analogie der grossen Welt-
monarchien, die man erlebt hatte, vorgestellt und zu einem alle Völker
umfassenden ökumenischen Gottesstaat ausgeweitet. Nicht mehr bloss
um die Zukunft Israel's, um die Zukunft der Welt handelt es sich jetzt.
Die irdische Repräsentation Gottes in diesem Reiche werden aber die
„Heiligen des Höchsten" bilden, d. h. die gesetzestreuen Juden. Das
ist der danielische Menschensohn, welchen jetzt das Judenthum dem
ästhetisch werthvollen, religiös indifferenten Menschheitsideale des
Griechenthums entgegensetzt. Schon die Gleich- und Ebenmässigkeit
der berühmten Vision vom Menschensohn 7 13 14 erfordert nämlich,
dass dieser so gut wie die 4 Thiergestalten, die Personification eines
Weltreiches ist, dessen unterscheidende Züge eben damit bezeichnet
sein sollen, dass es unter der edeln menschlichen, also gottebenbildlichen (Gen 1 27) Gestalt gegenüber den Thierbildern erscheint. Es
handelt sich um die Artverschiedenheit der Reiche. Auch in der an-
geschlossenen Erklärung 7 18 22 27 wird das Bild des Menschensohnes
ausdrücklich auf dasjenige Reich bezogen, welches auf die 4 anderen
folgen, sich über alle Völker erstrecken und kein Ende haben soll [1].
Somit findet hier nur die sachliche, nicht aber die persönliche Seite
des Messiasglaubens Vertretung.

Aehnlich steht es in jenen apokryphischen Büchern, welche
die Brücke zwischen der alttest. und der neutest. Literatur bilden.
Festgehalten ist nur der Grundgedanke eines Königthums Gottes,
welches derselbe nicht aus der Hand geben, sondern in der messianischen Aera zur vollen Wahrheit machen werde. Daher allenthalben
Schwärmerei für diese Zukunft, aber dabei kühles, stillschweigendes
Verhalten gegenüber dem persönlichen Messias. Bei JSir 37 25, bzw. 28
steht Israel's ewiger Bestand fest, wird David's Königthum erhöht „für
immer" 47 11, bzw. 13 und behält selbst Elias seine ihm Mal 3 1 23 24, bzw.
4 5 6 angewiesene Mission, die Ankunft Gottes (nicht etwa eines Messias)
zum Gericht einzuleiten 48 10 11; Bar 2 34 35 4 21—37 5 5—9 II Mak 2 18
wird die Sammlung des Volkes von allen Enden der Erde geweissagt;
Jdt 16 17 wird Gott Rache nehmen an den Heiden; Tob 13 5—18 14 5—7
kommen diese vielmehr nach Jerusalem, um den wahren Gott anzubeten;
Sap 3 8 5 1 werden die Gerechten zuletzt über alle Welt herrschen, und
diese „Gottesherrschaft" (βασιλεία τοῦ θεοῦ, vgl. Sib III 47 48 Ps Sal
17 1 4 Ass. Mosis 10 1 3) mit ihrem schon Dan 4 32—34 5 21 erreichten

---

[1] SCHÜRER S. 9: „Die Aufrichtung des Reiches Gottes ist hier gleichbedeutend mit der Verleihung der Weltherrschaft an Israel."

universalistischen Hintergrund ist bereits Sap 10 10 zum terminus technicus für die Erfüllung aller Gottesverheissungen geworden; I Mak 2 57
ist zwar David wieder König „für immer“, aber nach 4 46 9 27 14 41
scheint es, als warte man nicht sowohl auf einen Messias, als auf den
Dtn 18 15 verheissenen neuen Propheten, im Hinblick auf welchen alle
zur Zeit getroffenen Maassregeln und Einrichtungen den Charakter des
Provisorischen tragen.

Mit dem Bewusstsein, in prophetenloser Zeit zu stehen (Ps 74 9),
hängt es zusammen, wenn eine Reihe von Schriftstellern unserer Periode, weil sie den Besitz des Geistes für sich selbst nicht mehr in Anspruch zu nehmen wagen darf, für ihre, lauter eschatologische Fragen
behandelnden, Producte die Namen längst verstorbener Gottesmänner
erborgt. Dies nämlich ist der Fall bei jenem Sonderzweig der jüd.
Literatur, für welche die Bezeichnung Apokalyptik gangbar geworden ist.
Alle diese anonymen und pseudonymen Schriften sind nur Nachtriebe
des originellen Buches Dan und bewegen sich im hier festgestellten
Rahmen der Zukunftserwartungen. Zunächst kommen in Betracht die
älteren Theile von Hen (1—36 72—104), in welchen der persönliche
Messias erstmalig wieder eine wenigstens nebensächliche Rolle spielt.
Gelegentlich nennt ihn Gott sogar seinen Sohn 105 2. In der Haupt-
stelle aber tritt er in Gestalt eines grossen weissen Farrens auf, welchen die sich bekehrenden Heiden anflehen werden 90 37 38. Und zwar
wird er erst erscheinen, nachdem Gott den letzten Angriff der Weltmacht abgeschlagen 90 16—19, gefallene Engel und Juden gerichtet
90 20—24 und ein neues Jerusalem an die Stelle des alten gesetzt hat
90 28 29: letzteres die seither öfter begegnende, transcendente Wieder-
spiegelung der ezechielischen Schlussweissagung. Das Gericht hält Gott
selbst. So meint auch das erst nach Hen entstandene Buch der Jubiläen, welches eine dichterische Schilderung messianischer Herrlichkeit
im Sinne der jüd. Weltherrschaftsträume gibt, ohne irgendwo eines
persönlichen Hauptes dieses Reiches zu gedenken, und die in die
Mitte des 1. Jahrh. fallende Himmelfahrt des Moses (10), wo Gott
selbst sich zum Gericht und zur Wiederherstellung Israel's aufmacht,
nur dass, ähnlich wie in der gewöhnlichen Vorstellung der Prophet
Elia (Lc 1 17 Mc 9 11 12 = Mt 17 10 11), hier sein höchster Engel, wahrscheinlich Michael, die Endkatastrophe einleitet [1]. Und so scheint die

---

[1] P. DE LAGARDE, Deutsche Schriften 1886, S. 68f: „Die Erwartung, dass ein
Messias kommen werde, ist in gewissen Schichten des jüd. Volkes vor Jesu Auftreten ohne Frage vorhanden und sogar lebhaft gewesen, aber nicht in den tonangebenden Kreisen des Volkes, nicht in der anerkannten Litteratur, nicht auf
Grund von durchschlagenden, klaren und diese Erwartung als die Haupterwartung

Idee eines persönlichen Messias lange ohne Einfluss auf das palästinische Nationalleben im Grossen und Ganzen geblieben zu sein. Für keine der drei sog. Parteien gab der Messiasgedanke ein durchschlagendes Motiv ihrer Parteistellung ab. Die Sadducäer verhielten sich überhaupt kühl gegen alle eschatologischen und apokalyptischen Vorstellungen. Die Pharisäer gaben solchen zwar den weitesten Raum, aber sie dachten das kommende Reich als auf Grundlage des allgemeinen Priesterthums, durch Herstellung einer allgemeinen Gerechtigkeit und Gesetzlichkeit sich erbauend. Gott allein, kein Mensch sollte König sein. Der wesentliche Inhalt des pharisäischen Messiasglaubens bestand, wenn nicht gerade in jüd. Weltherrschaft, so doch in der Erkenntniss und Verehrung Gottes auf der ganzen Erde, in dem Triumph des Gesetzes über alle heidnische Cultur. Auch insofern suchten sie ein demokratisches Princip gegen die priesterliche Aristokratie zur Geltung zu bringen. In einem solchen Programme konnte der königliche Davidide zunächst nur noch als eine ganz anderen Verhältnissen entstammte Antiquität gelten, nur noch den Werth einer Reliquie besitzen. Er wurde zur Redensart.

Nicht viel anders steht es in der hellenistischen Literatur zunächst mit der sibyllinischen Apokalyptik, deren ältestes Stück III 97—819 nach der Mitte des 2. vorchristl. Jahrh. entstanden ist. Messianischen Charakters ist darin zwar der ganze Abschnitt 652—793, welcher die Erweiterung des Monotheismus zum Glauben der Menschheit und Aufrichtung eines allgemeinen Friedensreiches schildert, darin Gott selbst von Zion aus herrschen wird. Aber nur als Einleitung dazu erscheint 652—656 ein messianischer König, welcher auch schon III 49 als heiliger Beherrscher der Erde ($\H{\eta}\xi\varepsilon\iota$ $\H{o}$ $\grave{\alpha}\gamma\nu\grave{o}\varsigma$ $\H{\alpha}\nu\alpha\xi$ $\pi\acute{\alpha}\sigma\eta\varsigma$ $\gamma\H{\eta}\varsigma$ $\sigma\kappa\H{\eta}\pi\tau\rho\alpha$ $\kappa\rho\alpha\tau\acute{\eta}\sigma\omega\nu$) vorüberschwebt. Das Reich, welches er bringt, heisst III 50 und 766 ein ewiges, so dass vielleicht auch hier, wie in der, freilich nur missverständlich auf den Messias bezogenen, Stelle III 286—290 an eine Dynastie zu denken ist. In einem nachchristl. Stück V 414 kommt ein „seliger Mann" mit einem ihm von Gott übergebenen Scepter aus himmlischen Gefilden. Aber schon hier ist der jüd. Ursprung bestritten und sicher von christl. Hand rührt die messianische Stelle 256—259 her.

Von hellenistischen Einflüssen berührt war vielleicht auch der

der Nation in den Vordergrund stellenden Erklärungen der hl. Urkunden. Der Messiasglaube gehört dem Theile der jüd. Gesellschaft an, welcher die sogenannten apokalyptischen Schriften hervorgebracht und bewundert hat." Aber selbst im 1. Jahrh. unserer Zeitrechnung fanden wir eine Apokalypse ohne persönlichen Messias.

Essäismus, dessen Messiasbilde das persöuliche Centrum wohl aberkannt werden muss. Die Essäer nahmen das künftige Reich schon jetzt durch Bildung einer gereinigten religiösen Gemeinschaft vorweg und entzogen damit dem ganzen Messiasglauben seine Grundlage, die ausschweifende Erwartung eines irdischen Königreiches. Die essäischen Zukunftshoffnungen konnten nur rein idealistischer Natur sein, ähnlich den vergeistigten Aussichten, welche als Hauptrepräsentant des Hellenismus Philo in ein goldenes Zeitalter eröffnet, wobei die Vorstellung eines Messias nur zweimal gestreift wird, wenn hier von einem siegreichen Helden (De praemiis et poenis 16), dort von einer übermenschlichen, jedoch nur den Frommen sichtbaren Gestalt die Rede ist, unter deren Führung die bekehrten Nachkommen Israel's aus griech. und barbarischen Ländern heimkehren sollten (De exsecrationibus 9). Die hier vorliegende Parallele zu den Functionen des „Engels Gottes" lässt vermuthen, dass Philo an eine Logoserscheinung dachte. Ueberhaupt aber bildete für die, durch die Berührung mit dem griech. Geist hervorgerufene, kosmopolitische Richtung der persönliche Messias, der künftige Davidide, ein Hinderniss. Konnte er doch nur eine verbesserte und erweiterte Auflage der jüd. Theokratie bedeuten, und die derberen national-particularistischen Vorstellungen setzten sich unvermeidlich wieder um diesen gegebenen Organisationspunkt an.

Ist die messianische Idee während der Blüthezeit der Hasmonäerherrschaft wieder da und dort aufgetaucht (vielleicht gehören ja auch Ps 2 und 110 hierher), so erfolgen noch energischere Lebenszeichen sofort in der röm. Periode. In Folge der Eroberung Jerusalems durch Pompejus entstehen zunächst die Psalmen Salomo's, deren 2 (die Psalmen 17 und 18) uns seit langer Zeit erstmalig wieder den leibhaftigen, altisraelitischen Messias vorführen als einen gerechten und geisterfüllten König aus David's Stamm, der zu einer nur Gott bekannten Zeit kommen wird, um die wahre Gottesverehrung auszubreiten und zu schützen, Israel und die Völker in Gerechtigkeit und Frieden zu beherrschen. Ueber das gemein-menschliche Niveau ist derselbe hier wenigstens dadurch erhaben, dass er in Folge des Geistesbesitzes sündlos sein wird (17 41). Andererseits könnte die für ewige Zeiten in Aussicht gestellte Wiederaufrichtung des Davidsthrones (17 5) eher auf eine davidische Dynastie schliessen lassen.

Geht diese Christologie immerhin noch von unten nach oben, so begegnet uns die entgegengesetzte, von oben nach unten ihre Linien ziehende, in der apokalyptischen Literatur dieser Spätzeit. Hierher gehört vornehmlich der spätere Einschub in Hen, welcher unter dem Namen „Bilderreden" bekannt ist (37—71) und das grosse Gericht schildert, das den Frommen den Sieg über ihre irdischen Feinde bringen soll. Der Streit, ob derselbe noch vorchristl.[1] oder bereits nachchristl.[2] Datums ist, oder ob wenigstens sämmtliche Stellen, die vom Menschensohn handeln, von christl. Hand eingetragen sind[3], schwebt noch. Die grosse Mehrzahl entscheidet in der ersten Richtung. Hier heisst der Messias vorzugsweise „der Auserwählte", der, schon ehe die Welt geschaffen wurde, bei Gott verborgen, dessen Name, ehe die Sonne und die Sterne erschienen, schon vor dem Heere der Geister genannt war: also dasselbe eigenthümliche Schwanken zwischen realer und idealer Präexistenz, welches überhaupt den ganzen Präexistenzgedanken, wie ihn das Spätjudenthum sich angeeignet hat, kennzeichnet (s. oben 4 5). So begegnet eine reale Präexistenz des Messias im Targum zu Jes 9 6 und Mch 5 2, eine ideale ebendaselbst zu Ps 93 1 und Prv 8 9. Den Bilderreden zufolge hat ihn Gott den Auserwählten und Heiligen geoffenbart; aber schliesslich werden Alle vor ihm niederfallen und von ihm gerichtet werden. Und zwar hängt diese Präexistenz daran, dass der Messias (so 48 10 52 4) hier durch das Medium des danielischen Menschensohnes betrachtet wird. Daher steht er neben dem Haupt der Tage (Gott, der „Alte der Tage"), und sein Angesicht ist wie das Ansehen eines Menschen und eines Engels; er heisst geradezu „der Menschensohn", ja einmal auch „Mannessohn" (69 29) oder „Weibessohn" (62 5). „In ihm wohnt der Geist der Weisheit und der Geist dessen, der Einsicht gibt, und der Geist derer, die in Gerechtigkeit entschlafen sind" (49 3). Er ist mithin Vertreter und Schutzpatron der Gesetzestreuen[4]. „Er wird ein Stab sein der Gerechten und Heiligen, dass sie sich darauf stützen und nicht fallen, und er wird das Licht der Völker und die Hoffnung derer sein, die betrübt sind in ihrem Herzen. Es werden niederfallen und anbeten vor ihm Alle, die auf Erden wohnen, und sie werden preisen den Namen des Herrn der Geister" (48 4 5). Damit hat der Verf. der Bilderreden dem Messiasbilde jenen wesentlich transcendenten, alle Bedingungen irdischer Beschränktheit überspringenden, Charakter verliehen, welcher in Uebereinstimmung mit der ganzen, der Wirklichkeit abgewandten Denkart und Stimmung des Judenthums der neutest. Zeit steht.

Entschieden nachchristlich sind die beiden, dieses Messiasbild aufnehmenden, unter einander nahe verwandten, Apokalypsen des Esra

---

[1] WENDT II, S. 441 f.
[2] HILGENFELD, zuletzt ZwTh 1888, S. 489 f, 1892 S. 445 f.
[3] BOUSSET S. 105 f.
[4] EHRHARDT S. 34: „Er ist ethisches Ideal, aber durchaus im Sinne der gesetzlichen Frömmigkeit."

(IV Esr) und Baruch, die einen persönlichen Messias als Ueberwinder der Heiden und Begründer eines langen und herrlichen Friedensreiches bringen. Während aber Apk Bar solches Glück in lebhafter Färbung ausmalt, spricht uns aus IV Esr eine vorwiegend pessimistische Beurtheilung der Gegenwart und des Lebens überhaupt an[1]. Wie alle wirklichen, werthvollen Güter, alle Ideale in ein örtliches Jenseits verlegt werden, wie das Heil überhaupt als ein lediglich jenseitiges gefasst wird, dessen Güter von Ewigkeit her im Himmel aufbewahrt werden und von oben herabkommen, so führt auch der Messias in beiden Werken[2] ein zwischen Himmel und Erde schwebendes, vor- und übermenschliches Dasein. Auch dieser nachher stehend gewordene Name selbst (mašiaḥ = ὁ Χριστός, der Gesalbte) erscheint erstmalig in den Bilderreden (s. oben) und den beiden Apokalypsen IV Esr und Bar, bzw. den Psalmen Salomo's (17 36 18 6 8 Χριστὸς κυρίου), und zwar als gleichbedeutend mit Gottessohn, wie er im Grundbuche von Hen (s. oben) und IV Esr (13 32 52 14 9 u. s. w.) heisst.

2. Die Eschatologie des Spätjudenthums.

Aber nicht bloss die Person, auch das Werk des Messias erfährt eine tiefgreifende Aenderung innerhalb der apokalyptischen Literatur selbst. Hatten einst die Propheten einen „grossen Tag Jahve's" geweissagt, welcher das Gericht zwischen dem Volke Gottes und den Heiden bringen werde in Form einer Niederwerfung der Letzteren und als Vorbedingung für die Vollendung des Gottesreiches, so ist schon in der älteren Apokalyptik aus dieser, mit irdischen Waffen geführten, Entscheidungsschlacht ein Act Gottes geworden, ein Gottesgericht. Der althebr. Schlachtengott, der sein Volk auch im prophetischen Zukunftsbild noch zum Siege führt, ist zum apokalyptischen Weltrichter geworden. Dieses, sogar noch in den Apokalypsen Joh 20 11—15 und IV Esr 5 33—35 von Gott selbst gehaltene Gericht geht Sib III 286 Hen 45 3 62 8—13 69 27 Apk Bar 72 2—6 und in den Reden des Täufers Mc 1 7 8 = Mt 3 11 12 = Lc 3 16 17 auf den Messias über. Sei es nun aber, dass dieser oder dass Gott richten soll, so müssen die Gegenstände des Gerichts leben; jedenfalls diejenigen, die für ihre Gerechtigkeit und Treue belohnt werden sollen, d. h. aber unter der

---

[1] Freilich gilt dies nicht bloss von dieser Stelle. Ehrhardt S. 26: „Der Unterschied zwischen der apokalyptischen Betrachtungsweise und der älteren prophetischen ist im Grunde nur der, dass nunmehr die Gegenwart völlig entwerthet ist."

[2] Nach Bousset S. 108f wäre freilich ille homo cum nubibus IV Esr 13 3 interpolirt. Jedenfalls erscheint hier der Messias als im Paradiese aufbewahrt, bis er zum Gericht offenbar werden wird.

Voraussetzung der jüd. Anthropologie: die Israeliten, mindestens die Frommen unter ihnen, müssen vom Tod auferstehen. Das treu gebliebene Israel muss gleichsam neu auf die Füsse gestellt werden, um einen gemeinsamen Triumph zu geniessen Ps Sal 3 16 14 2—7. Der Messianismus wird zum Auferstehungsglauben.

Das bedeutet nun allerdings im Vergleiche mit den althebr. Vorstellungen vom Schattenleben in der Unterwelt (šeʼol) eine radicale Neuerung. An Einfluss des Parsismus [1] könnte etwa dann gedacht werden, wenn, was in schwebender Bildlichkeit und ohne ernstlichen Gedanken an übernatürlichen Apparat Jes 25 8 26 19 53 10—12 Ez 37 1—10 vom Volke als solchem gesagt wird oder was da und dort einmal in den Psalmen, vielleicht auch in Job, als Ahnung einzelner frommer Seelen auftaucht, sofort zum Dogma gestempelt werden dürfte. Während aber JSir, Tob, Jdt und I Mak noch nichts von Auferstehung wissen, erscheint diese Vorstellung in ganz handgreiflicher Gestalt Dan 12 2 Ps Sal 3 16 14 7, bei Josephus, Bell. II 8 14 III 8 5 Ant. XVIII 1 3 Ap. 2 30, endlich II Mak 7 9 23 29 36 so recht als „Auferstehung des Fleisches" im wörtlichsten Sinne II Mak 7 11 14 46. Doch ist auch in der späteren Literatur der Midrasche und Talmude die Auferstehung noch ein Vorrecht Israel's geblieben. Aber schon in Hen lauten wenigstens die Ausdrücke so, als ob eine allgemeine Auferstehung in Aussicht genommen sei (51 1 2 61 5 90 31 91 10 92 3 100 3), und in den Apokalypsen Bar und IV Esr stehen alle Todten aus der Erde auf, um in das Gericht zu gehen, aber dies erst, nachdem zuvor dem Messias mit den Seinigen auf Erden eine Aera der Herrlichkeit und Freuden erblüht war, also das eigentlich messianische Reich des Messias in Gestalt eines Interregnums vorübergegangen ist. Aus diesem apokalyptischen Wirrwar ergibt sich mit der Zeit die im NT begegnende Unterscheidung zwischen einer Auferstehung der Gerechten Lc 14 14 (20 35), als einer ersten Auferstehung Apk Joh 20 4—6, und einer allgemeinen Auferstehung 20 12 13 (vgl. die successive Auferstehung I Kor 15 22—24). In die Mitte zwischen beide Auferstehungen legt sich dann ein zeitlich beschränktes Friedens- und Freudenreich, welches IV Esr 7 28 ver-

---

[1] Der Parsismus hat die sofortige Scheidung der Gerechten und der Ungerechten nach dem Tode wohl schon früher ergänzt durch den Glauben an eine nach 9000 jährigem Kampfe erfolgende Vernichtung des Reiches des Bösen durch Soshyans, worauf vom Urmenschen an die Auferstehung successiv im Laufe von 57 Jahren sich vollzieht. Vgl. CHANTEPIE DE LA SAUSSAYE, Lehrbuch der Religionsgeschichte II, S. 51. Die Analogien sind z. Th. verführerisch. „Aber seinen wahren Ursprung hat der Glaube an die Auferstehung aller Juden doch in der Ueberzeugung gehabt, dass die Märtyrer und die Abtrünnigen der makkabäischen Zeit auferweckt werden müssten" (SMEND S. 507 f).

möge einer Combination von Gen 15 13 und Ps 90 15 auf 400 Jahre, in
Apk Joh 20 4 5 vermöge einer Combination von Gen 2 2 und Ps 90 4
= II Pt 3 8 auf 1000 Jahre berechnet wurde. Letzteres läuft auf die
Idee des Sabbathjahrtausends hinaus (Hbr 4 9 σαββατισμός), welches
auf die dem Hexaëmeron entsprechenden 6 Werktagsjahrtausende,
daraus sich die Weltgeschichte zusammensetzt, folgen wird. Vertreten
ist diese Idee im jüd. Jubiläenbuch 4, dann bei christl. Schriftstellern
wie Barn. 15 4 und Iren. V 28 3. Schon die Grundschrift des Buches Hen
und die älteste Sibylle theilen das eschatologische Drama in 2 Acte:
es wird unterschieden die Erscheinung des Messias und die Erscheinung Gottes, eine messianische und eine absolute Seligkeit. Daher
auch nach I Kor 15 28 zwischen dem zeitlich beschränkten Messiasreich und dem ewigen Reich Gottes unterschieden wird (s. II 1, 11 6).
Die letzten Wurzeln für alle solche Verdoppelungen der eschatologischen Krisis liegen in der, namentlich bei Hen ersichtlichen, Zusammenschau der älteren prophetischen Conception, welche auf das Diesseits wies, und der danielischen Apokalyptik mit ihrer je länger desto
entschiedener supernaturalistisch bedingten Endperspektive. Der neue
Himmel und die neue Erde Jes 65 17 66 22 = Apk 21 1 II Pt 3 13
wird dann erst als Schauplatz der ewigen Vollendung gedacht, während das in der Zukunft winkende goldene Zeitalter, zu dessen Genuss
zunächst die Frommen aus der Erde hervorgestiegen sind, als blosse
Vorstufe für die himmlische Vollendung, noch mehr irdische Farbe
trägt. Damit soll nicht gesagt sein, dass die Vollendung selbst wirklich überweltlich oder innerlich gedacht wäre; sie spielt nur auf einem
erheblich höheren und sonnigeren Niveau.

So kennzeichnet nun nicht bloss zeitlicher, sondern auch örtlicher
Dualismus die Eschatologie des Spätjudenthums im sprechenden Gegensatze zu einer früheren Weltanschauung, welche noch keine innere
Disposition zur Doppelscherei kannte [1]. Schliesslich baut sich die jüd.
Schulmetaphysik ganz auf den, zuvor schon in der hellenistischen Weltanschauung cultivirten, Gegensatz der oberen und der unteren Welt
auf. Aber auch die Aussicht in das Jenseits wird wieder eine doppelseitige, sofern sie die Scheidung zwischen Israeliten und Heiden, ja die
Resultate einer fortgesetzten Sichtung des auserwählten Volkes selbst
verewigen soll. Jetzt erst gibt es einen Himmel, den Garten Eden,
wohin die vollendeten Gerechten nach dem Tode wandern, während
alle Heiden und diejenigen unter den Juden, welche sich ihnen gleich-

---

[1] WELLHAUSEN S. 291: „Die ganze sinnliche Welt wird in einer übersinnlichen abgespiegelt und wiederholt, und nachdem dies geschehen ist, wird sie daraus
abgeleitet.“

gestellt haben, also die grosse Mehrzahl der Menschen (IV Esr 6 20 9 15),
hinabsinken (Mt 11 23 = Lc 10 15) in die Scheol oder vielmehr jetzt in die
Gehenna, einst die Stätte der Molochsopfer (vgl. Jer 7 31—33 Mt 5 22), womit sich die Vorstellung eines Massengrabes und, wegen der Leichen-
verbrennung, Feuerpfuhles verbindet [1], in welchem die Gottlosen nach
den Apokalypsen Bar und IV Esr ewige Höllenqualen erdulden [2]. Wie
hier so kann man über Einflüsse von Osten (Parsismus) oder Westen
(orphische Theologie) [3] auch streiten bezüglich der, bald recht sinnlich
(besonders Hen und Apk Bar) als ein grosses Mahl, wie in den Evglien,
bald spiritualistischer (schon IV Esr) ausgemalten, Himmelsfreuden.
Jedenfalls findet eine völlige Umgestaltung der diesseitigen Ordnung
statt. Das nachexilische Judenthum hatte sich aus harten Erfahrungen,
wie sie hinter einander zu machen waren unter dem Druck des persischen, des griechischen und des römischen Weltreichs, die Lehre gezogen, dass Israel's Weltherrschaft als Resultat des gegenwärtigen
Geschichtslaufes unmöglich zu erwarten sei, die prophetischen Hoffnungen also über den Lauf dieser Welt hinauswiesen. Nur ein wunderbares Eingreifen Gottes kann die gehoffte Zukunft als das völlige
Gegentheil der Gegenwart und Vergangenheit herbeiführen. Daniel's
Visionen stellten also jenen Weltreichen das, am Abschluss der Zeit
durch Gottes Wundermacht herbeizuführende, Reich der Heiligen gegenüber. Nur unter völlig veränderten äusseren Bedingungen schien solche
Herrschaft überhaupt denkbar; nur vom Walten schlechthin übernatürlicher Kräfte war sie zu erhoffen. In vollkommenem Contrast stehen
sich daher beide Perioden gegenüber als „dieses" und als „zukünftiges
Weltalter". Daraus, dass diese in der Mischna überlieferte Unterscheidung (Pirke abot 2 7 3 11 4 16) schon im AT begegnet, erhellt noch
einmal das relative Recht der Benützung späterer Quellen für bestimmt
angezeigte Fälle. Nämlich in „dieser Welt" (ha'olam hazze = ὁ αἰὼν
οὗτος Lc 16 8 20 34 Mt 13 22 40 Rm 12 2 II Kor 4 4, dagegen in Past
ὁ νῦν αἰών, auch ὁ καιρὸς οὗτος Lc 18 30) herrschen dämonische
Mächte; Gott hat sich zurückgezogen. Nur den Gang der Welt-
uhr hat er genau geregelt, um sie an einem gegebenen Punkte plötzlich still zu stellen. Den letzten Abschnitt dieser Periode bilden
die „Endzeiten" (ἔσχαται ἡμέραι Jak 5 3 II Tim 3 1, ὕστεροι καιροί
I Tim 4 1, τὰ τέλη τῶν αἰώνων I Kor 10 11, ἡ συντέλεια τοῦ αἰῶνος Mt

---

[1] WELLHAUSEN S. 201, 204, 290 f.
[2] Vgl. übrigens bezüglich des schwankenden Begriffes der Ewigkeit in dieser
Literatur HAUPT, Die eschatologischen Aussagen Jesu in den synopt. Evglien 1895,
S. 83 f.
[3] A. DIETERICH, Nekyia 1893.

13 39 40 49 24 3 28 20 Hbr 9 26). Dann beginnt die „zukünftige Welt"
(ha'olam habba' = ὁ αἰὼν ὁ μέλλων oder ὁ ἐρχόμενος Mt 12 32 Mc 10 30
= Lc 18 30 oder ἐκεῖνος Lc 20 35). Aber auch dieses einfache Schema
geräth sofort in's Schwanken, wenn es sich nun fragt, wie sich dazu
die messianischen Hoffnungen des Volks stellen werden. Die ältere Vorstellung lässt die zukünftige Welt einfach mit den „Tagen des Messias"
(jemot hammašiah) zusammenfallen oder von ihnen wenigstens eröffnet
werden (Dan, Bilderreden in Hen, Ps Sal, Targum und Mischna); eine
jüngere dagegen schlägt jene Messiastage noch zu der gegenwärtigen
Welt (Hbr 1 1 ἐσχάτου τῶν ἡμερῶν τούτων) und unterscheidet sie auf
diese Weise von der definitiven Welterneuerung (IV Esr und Apk Bar,
Midrasch, und spätere Theologie). Das Gesagte genügt zur Charakteristik der schwankenden Haltung dieser ganzen apokalyptischen Vorstellungswelt. Nicht bloss lässt es das Hereinragen verschiedenartigster
ausländischer Elemente zu keiner sicheren Zeichnung des Zukunftsbil-
des kommen, sondern auch der Kampf des neu auftauchenden Individualismus mit dem alten System, wornach die Religion Eigenthum des Volkes war, bringt überall wirres Durcheinander mit sich und lässt selbst
im Zusammenhang eschatologischer Bilderbücher wie IV Esr und Apk
Bar oft genug jede Compatibilität der einzelnen Züge vermissen. Im
Allgemeinen zwar ist aus der siegreichen Schlacht, darin Gott richtet,
das Weltgericht geworden: ein Gesammttriumph der Frommen des
Volks. Vom Standpunkte des Individuums aber erfolgt die Entscheidung sofort nach dem Tode, wie im Gleichniss vom reichen Mann und
armen Lazarus, wo der Letztere in den Schooss Abraham's über-
geht[1], wie der Schächer Lc 23 43 in's Paradies. Ein ähnlicher Gegensatz begegnet auch in der persischen Eschatologie. Wo aber nach
Ausgleichung gestrebt wird, da ist wie IV Esr 4 35 und Apk Bar 30
von Behältnissen (promptuaria) die Rede, worin die Seelen der Gerechten nach dem Tode vorläufige Aufnahme finden. Den griech.
Heroen entsprechend sind schon zuvor einzelne Gottesmänner wie
Henoch und Elias direct in den Himmel erhoben worden. Eine defini-

---

[1] Dass Lc 16 23 die Bewohner der beiden getrennten Hadesorte einander
sehen können, beurtheilt WEISS (LJ II, S. 127 f) als „poetische Licenz"; das
Gleiche findet sich aber auch im Midrasch Koh 7 14, vgl. Sap 5 2. Während aber
zu Lc 16 22 B. WEISS bei MEYER[7] noch einen Zwischenzustand angedeutet findet,
fasst JOH. WEISS bei MEYER[8] S. 543 f die Stelle vom definitiven Abschluss; wohl
mit Unrecht. Vgl. TITIUS, Die neutest. Lehre von der Seligkeit I, 1895, S. 158 f.
Gegen B. WEISS, der nur die Seelen des Reichen und des Armen im Jenseits weiss,
vgl. A. HAUPT S. 88 f: „Nie ist von einer blossen Fortdauer der Seele die Rede; wo
von dem Zustand der Gestorbenen geredet wird, auch im Hades Lc 16 23 f, ist die
Vorstellung immer, dass dieselben eine Leiblichkeit haben." Der alte Zwiespalt
wird also immer wieder neu.

tive Scheidung der Gerechten und Ungerechten aber findet da, wo die
doppelte Perspective in ein Messiasreich und ein Gottesreich vorherrscht, erst vor dem Schlussact des Dramas statt. So übernimmt
es eine naive Reflexion, die grossen Fugen und Risse, welche das aus
einer früheren Periode in die Gegenwart hereinragende Urgestein
offen gelassen hat, allenthalben zu bedecken und auszufüllen, sei es
aus freier Hand mit den Mitteln der combinirenden Phantasie, sei es
aus neu sich eröffnenden Steinbrüchen orientalischer und occidentali-
scher Religionsformen.

3. Der Messias der Schriftgelehrten.

War somit die messianische Idee in der griech. Zeit wenigstens auf
einigen Punkten des Volkslebens wieder zu einer Art Nachleben erwacht,
so tritt sie vollends in der röm. Epoche wieder deutlich in Sicht. Das hat
einen doppelten Grund. Erstlich kommt in Betracht, was schon für Ps
Sal gilt, die unbehagliche und unerträgliche Situation seit den sechziger Jahren des ersten vorchristlichen bis wieder zu den sechziger
Jahren des folgenden Jahrhunderts. Die gehäuften Bedrängnisse,
welche die mit der Römerherrschaft verbündete Despotie und romani-
sirende Reformtendenz Herodes des Grossen, die Schamlosigkeit seiner
Nachfolger, die Feigheit der jüd. Aristokratie, die Zwietracht der
Parteien erzeugten, konnten die ohnehin feststehende Voraussetzung
nur bestätigen, dass man sich seit dem Exil in einem vorbereitenden, provisorischen Zustande befinde. Das Erdrückende und Entsitt-
lichende, das in der röm. Weltherrschaft lag und mit keinerlei gemein
menschlichen Mitteln zu bekämpfen war, der wuchtige Schritt des
Schicksals, der in ihr dem jüd. Staatsleben immer drohender nahte,
musste die letzte Lebenskraft des Volks, seine innerste Energie herausfordern und den Glauben an das Ende dieser Weltperiode wieder mächtig entflammen. Jetzt wurde die Messiashoffnung zum Gemeingut
Aller. Die Vorgeschichte des Lc-Evglms stellt uns die Stillen im
Lande dar, wie sie hoffen auf Errettung von der Hand aller ihrer
Feinde, worauf dann Gott geben werde Erkenntniss des Heils, Ver-
gebung der Sünden und die Möglichkeit, ihm zu dienen ohne Furcht,
in gottgefälliger Gerechtigkeit und Heiligkeit (Zacharias und Maria,
Simeon und Hanna). Alles schien reif zu sein für die Gerichte Gottes.
Gott muss selbst die übermächtige Allgewalt zerbrechen, womit das
eiserne Rom auf alle Nationen der Welt drückt; nur unter all-
gemeiner Herrschaft des mosaischen Gesetzes ist der Friede und das
Glück der Nationen gesichert. Zwar haben sich weder Judas, noch
Theudas, noch der Aegypter Act 5 36 37 21 38 den Messiastitel bei-

gelegt; er wurde ihnen auch nicht, so viel wir wissen, angetragen.
Aber die grosse Entscheidungsschlacht wollten sie doch schlagen,
welche nach der Weissagung der Errichtung des, mit keiner menschlichen Oberherrschaft verträglichen (Jos. Ant. XVIII 1 6), Gottesreiches
vorangehen musste.

Das Zweite, was im Auge behalten werden muss, um den Stand
der messianischen Hoffnungen zur Zeit Jesu zu würdigen, betrifft diese
Weissagungen selbst, überhaupt jene oben (s. 4 2) geschilderte Hoch-
stellung der hl. Schriften im späteren Judenthum. Letztere bildeten,
seitdem die Productivität des jüd. Geistes im Rückgang begriffen war,
den geistigen Mittelpunkt des nationalen Lebens. Diese Texte führten
aber mit unentrinnbarer Nothwendigkeit auch das Bild des messianischen
Davididen wieder in das Bewusstsein zunächst der Schriftgelehrten, dann
auch des von ihnen belehrten Volkes zurück. Er musste wohl oder übel
ein stehender Artikel der Erklärung der Propheten werden. Die schriftlich verbriefte Verheissung sprach nun einmal deutlich von einem zukünftigen Davidssohn als Retter und Heiland. Also wurde es Sache
der Rechtgläubigkeit, die Messiasidee nicht bloss an sich wieder herzustellen, sondern auch sich bei näherer Ausmalung derselben genau
nach den prophetischen Stellen zu richten, welche sein Bild zu enthalten schienen [1], wobei das vorschwebende Ideal bald mehr royalistisch nach Jes 9 und 11 oder Ps 2, bald mehr danielisch, bald,
vielleicht schon vor dem Auftreten des Christenthums, mosaisch nach
Dtn 15 18 gefärbt sein mochte. Insonderheit aber galt es die näheren
Umstände und Bedingungen zu ermitteln, unter welchen das künftige Heil sich verwirklichen werde. Ein einzelner Zug in diesem,
auf literarisch-doctrinärem Wege reconstruirten, Messiasbilde ist es
z. B., wenn bezüglich der irdischen Herkunft die Schriftgelehrten Mt
2 4—6 aus Mich 5 1, wo davon die Rede ist, dass der Messias aus dem
Geburtsort David's hervorgehen, d. h. eben ein Davidide sein werde, die
Erkenntniss ableiten, er müsse in Bethlehem geboren werden. Alles
wurde so viel als möglich dogmatisirt. Ohne Widersprüche konnte es
bei einem so äusserlichen Verfahren nicht abgehen. Es ist im Grunde
schon eine Antinomie, dass auf der einen Seite zuletzt Alles aus Rand
und Band gehen muss, auf der anderen aber doch der Satz festgehalten
wird, dass Busse und Bekehrung, sittliche Läuterung den Messias herbeiziehen sollen. Auffallender noch ist es, dass der Messias ganz urplötzlich

---

[1] REUSS, Geschichte der heil. Schrift AT [2], S. 719: „Sie steuerten bei, mehr
als sie selber gedacht, bestimmte Verheissungen, fromme Ahnungen, dichterische
Bilder, alles in gleicher Weise als brauchbaren Stoff für das Programm der
Dinge, die da kommen sollten."

aus der Verborgenheit hervortreten wird Hen 48 6 7 62 6—8 Joh 7 27 (dies liegt auch in παρουσία, ἀποκάλυψις, z. B. IV Esr 7 26) und dass gleichwohl vor diesem Auftreten Elias (nach Mal 3 23 24), Jeremias (Mt 16 14) oder sonst Einer der grossen Propheten erscheinen wird, um Israel äusserlich und innerlich würdig zu machen. Wenigstens die apokalyptische Literatur verfügte noch über ganz andere Anzeichen, an deren Eintreffen die Nähe des grossen Ereignisses zu erkennen sein werde. Zunächst erfährt die Noth der Gegenwart eine Steigerung in den sog. „Geburtswehen des Messias" (heble hammašiah, ὠδῖνες τοῦ Χριστοῦ), wie man das nach Hos 13 13 Mch 4 9 10 5 2 Jes 66 7—9 (vgl. Mc 13 9 = Mt 24 8) nannte. Die Apokalypsen IV Esr und Bar schildern die auf Erden dann herrschende Friedlosigkeit, den Aufruhr der Völker unter einander (vgl. Mc 13 8 = Mt 24 7), die Zwietracht in den Familien (nach Mch 7 6, vgl. Mc 13 12 = Mt 10 21); zur inneren Zerrüttung kommen äussere Calamitäten, Hungersnöthe, Erdbeben u. s. w., wie sich das in den mannigfachsten Variationen bis tief in die apokalyptische Literatur der alten Kirche hinein wiederholt [1]. Mindestens sehr fraglich ist, ob man zu diesen vormessianischen Nöthen auch die Erscheinung eines Antichristus zählen darf [2]. Anhaltspunkte hiefür könnten nur die Stellen Dan 7 8 11 20—25 8 23—25 9 27 11 36 37 bieten. Aber so gewiss auch die neutest. Apokalyptik auf dieser Bahn vorgeschritten ist und so gewiss es in der christl. Zeit eine jüd. Lehre vom Antimessias gab [3], so wenig kann eine solche dem Spätjudenthum in der vorchristl. Zeit mit Sicherheit beigelegt werden. Der Sib. III 63 „von den Nachkommen der Sebasten" (ἐκ τῶν Σεβαστηνῶν) kommende Beliar ist allerdings ein Feind der Letztzeit; der Ausdruck war aber vor Augustus unmöglich. Die Ausdeutung einiger Stellen in IV Esr auf die Vorstellung vom Gegenmessias [4] ist mindestens gewagt, und Apk Bar 36—40 bringt zwar einen Führer der gegen das Messiasreich anstürmenden heidnischen Weltmacht, aber keinen Gegenmessias [5]. Die Figur des Armillus (Romulus) vollends gehört in das 4. [6], wo nicht 7. oder 8. [7] Jahrh., und Aehnliches gilt von rabbinischen Sagen über Bileam [8]. Einstweilen darf man annehmen, dass das Wiederaufleben der Idee des Antichristus, wie es schon an sich dem Wiederaufleben des per-

---

[1] Bousset, Der Antichrist 1895, S. 76 f, 129 f.
[2] So Bousset S. 81 f.
[3] Bousset S. 59 f.
[4] Bousset S. 54, 81, 63, 77 f, 81, 115 f, 127.
[5] Vgl. Schmiedel, Exc. 6 zu II Thess 2 12.
[6] Schürer I, S. 117 f, II, S. 438 f, 448.
[7] Bousset S. 66, 70, 123.
[8] Gegen Gfrörer, Das Jahrhundert des Heils II, S. 401 f.

sönlichen Messiasbildes nur nachgefolgt, nicht aber vorausgegangen
sein kann, von den Zeiten Caligula's an datirt, in welchem ein neuer
Antiochus Epiphanes zu erstehen schien [1].
Das eigentliche Geschäft des Messias geht dann ganz auf in Vernichtung der Feinde und in politischer Restauration. Als neuer David
soll er Israel erhöhen über die ganze Völkerwelt. Dieses populäre
Programm musste jeder Messias einhalten, der auf Anerkennung von
Seiten des Volkes rechnen wollte. Wenn daher im NT das ganze Volk,
einschliesslich des Jüngerkreises, von derartigen politischen Hoffnungen
ganz erfüllt, ja fast besessen erscheint, so entspricht solcher Befund
vollkommen der Volksunterweisung, wie sie Sabbath für Sabbath in den
Synagogen geübt wurde. Dagegen scheint die apokalyptische Theorie,
welche eine höhere, übermenschliche Natur des Messias voraussetzt,
nachdem sie bei der Entwickelung des Christenthums eine gewisse
Betheiligung geübt hatte, vielleicht gerade um dieses Umstandes
willen, innerhalb des Judenthums verschwunden zu sein. Schon um
die Zeit der Geburt Jesu konnte unter dem Einflusse der pharisäischen Messiaslehre eine Schwägerin Herodes des Grossen den Messias
in ihrem Manne oder in einem ihrer Söhne zu finden glauben (Jos.
Ant. XVII 2 4). Noch in der letzten Noth Jerusalems taucht der
politische Messiastraum auf (Jos. Bell. VI 5 4). Die verbreitetste Lehre
des Judenthums im nachapost. Zeitalter war ohne Zweifel diejenige,
welche Trypho gegen Justin dahin formulirt, dass der Messias als
Mensch von Menschen abstammen werde, keineswegs aber ewiges Dasein oder gar Gottheit besitze (Dial. 49, ähnlich auch Philos. 9 30). Dasselbe gilt vom samaritanischen Taheb, der bei Nablus begraben werden
soll. Auch in den Targumen, in den Midraschen und in der Mischna lässt
sich nirgends ein Zug übermenschlicher Natur des Messias entdecken.
Er sündigt wie ein anderer Mensch und wird durch Gesetzeserfüllung
und büssendes Leiden ein vollendeter Gerechter. Im Zusammenhange
damit aber gewann je länger je mehr die Vorstellung Raum, wornach
die „Tage des Messias" noch dem Diesseits, dem „gegenwärtigen
Weltlaufe" angehören. Der babylonische Talmud spricht es offen aus,
dass jene Tage von den gegenwärtigen bloss durch die veränderte
politische Weltlage unterschieden sein werden: „Zwischen der Gegenwart und der Messiaszeit ist kein Unterschied, als dass Israel keine
Unterdrückung mehr zu erdulden hat". Vom „König Messias" sprechen
die Targume. „Den Spross David's, deines Knechtes, lass bald auf-
sprossen und sein Horn erheben durch deine Hülfe": so betete seit

---

[1] Hausrath II, S. 255 f, 258, III, S. 197 f, 504.

etwa 100 n. Chr. jeder Jude täglich im sog. Schmone-Esre. Sonach endete das Judenthum, indem es die Kette seiner messianischen Phantasien schloss, mit einem politischen Gedanken, wie ein solcher auch den Anfang des ganzen Processes gekennzeichnet hatte. Der Messias des nachexilischen Judenthums ist und bleibt der zum Herrscher im Gottesreich bestimmte und für diese Königswürde durch die übermenschliche Kraft des Gottesgeistes ausgerüstete Mensch, der mächtige, weise und gerechte König, welcher vermöge dieser seiner Eigenschaften für Israel eine Zeit vollkommenster Glückseligkeit herbeiführt. Selbstverständlich haben nur Gerechte an seinem Reiche Theil, aber die Gerechtigkeit schafft Jeder sich selbst durch sein gesetzliches Verhalten und die ihm zu Gebote stehenden Sühnmittel, während eine innere Entsündigung, die im gläubigen Anschlusse an die Person des Messias begründet und verbürgt wäre, wie solches der Kernpunkt der paul. Christologie ist, dem jüd. Gesichtskreis völlig fremd bleibt. Daran machen auch entschieden spätere Phasen, die der theologische Begriff noch durchläuft, wobei es zu einer Unterscheidung des Messias aus Joseph's und aus Juda's Stamm, gelegentlich auch zur Vorstellung eines leidenden Messias, wahrscheinlich nach Sach 12 10–12, kommt, nichts anders. Sie sind bedingt theils durch das Unglück der Nation unter Titus, Trajan und Hadrian, theils durch die Controverse mit den Christen.

6. Die alexandrinische Theologie.

1. Die griechische Bibel.

Das bisher Dargelegte würde etwa genügen, um der Lehre Jesu und der Urapostel ihren zeitlichen und nationalen Hintergrund zu geben. Aber schon der Paulinismus setzt diesen nur theilweise voraus; zum anderen Theile sucht er seine Analogien im Hellenismus, und speciell das alexandrinische Judenthum will zur Vergleichung herangezogen sein, wo es sich um das Verständniss von Schriften wie Hbr und Joh handelt. Dadurch ist die Erweiterung des Schauplatzes bedingt, welche nunmehr einzutreten hat. Die ganze Gedankenwelt des NT erfordert, um aufrecht stehen zu können, diese breitere Unterlage [1].

Das Christenthum hat seine Entstehung gefunden auf demjenigen Punkte der Weltgeschichte, wo die beiden Hauptströmungen, davon die-

---

[1] A. HARNACK I, S. 47: „Es gibt wohl keine einzige neutest. Schrift, die nicht den Einfluss der Denkweise und der allgemeinen Culturverhältnisse verriethe, welche eine Folge der Hellenisirung des Orients gewesen sind.“ „Das Evglm selbst ist geschichtlich unverständlich, solange man ihm die Idee eines exclusiven, noch von keinem fremden Geist betroffenen Judenthums gibt.“

selbe bisher getragen war, in einander überfluthen und neue Schöpfungen aus dem Kampfe widerstrebender Elemente hervorgehen
sollten. Dieser gewaltigste Umschwung, welchen die menschlichen Gedanken über Gott und göttliche Dinge in der ganzen alten und neuen
Geschichte erfahren haben, ward eingeleitet durch mannigfache Berührungen, wie sie schon lange zwischen den beiden nachhaltigst
wirkenden Factoren der bis dahin gediehenen Geistesentwickelung
stattgehabt hatten, dem Griechenthum und Judenthum. Seit Alexander
sah sich das jüd. Volk, nachdem es 200 Jahre lang ein ziemlich latentes
Dasein geführt hatte, auf's Neue hineingeworfen in den Strudel der
Weltgeschichte. Seinem weitaus überwiegenden Theile nach wohnte es
schon damals nicht mehr im alten Lande der Väter. Unzählige Juden
hatten, einem übermächtigen Auswanderungstriebe Folge leistend, ihre
Wohnsitze ausserhalb Palästinas aufgeschlagen. Man fasst sie zusammen
als „Diaspora". Zumal in der zum Unterschied von der babylonischen
sog. „Diaspora der Hellenen" Joh 7 35 (Juden in Syrien, Aegypten,
Kleinasien, Griechenland, Italien) häuften sich die Wirkungen der unausgesetzten Berührungen mit dem Griechenthum zu Resultaten von
weltgeschichtlicher Bedeutung an. Und zwar war die Initiative bei
solchem Vermittelungsprocesse keineswegs etwa bloss auf Seiten des
Judenthums gelegen. Allenthalben im griech.-röm. Reiche gab es
solche, die im Monotheismus, d. h. dem Gotte Israel's [1], das Ideal der
Weisen und den Trost der Welt fanden (die sog. προσήλυτοι, σεβόμενοι
oder φοβούμενοι des NT, auf welche man die gesetzlichen Bestimmungen
über die Gerim Lev 19 33 34 bezog). Aber nur die Wenigsten nahmen
das ganze Joch des Gesetzes auf und wurden durch Uebernahme der
Beschneidung und der, unzweifelhaft alten, Proselytentaufe Juden (die
συμπολίται und οἰκεῖοι in der Anwendung Eph 2 19); die Meisten blieben
nur als Gäste (Hospitanten) bei den Heiligthümern Israel's. Diesen
Proselyten im weiteren Sinne scheinen, nach Maassgabe der Fremden-
gesetzgebung Lev 17 12 18 26, gewisse Verpflichtungen auferlegt worden
zu sein, etwa die im Talmud (Tr. Sanh. 56) vorkommenden, als auch für
die ausserjüd. Menschheit verbindlich geltenden, Noahgebote [2]. Unter
diesen betreffen die wichtigsten das geschlechtliche Leben (Vermeidung
der Blutschande) und die Speiseverhältnisse, vgl. Act 15 20 29 21 25.

Die Juden ihrerseits waren auch nicht umsonst und folgelos
„Gäste und Fremdlinge" bei den Griechen, mit welchen der Verkehr
des Handels und Wandels sie täglich zusammenführte. Dieser Ver-

---

[1] Sie waren darauf „durch die beginnende Götterdämmerung vorbereitet"
Wellhausen S. 198.
[2] Weber S. 254, 378f. Doch vgl. Schürer II, S. 568 f.

kehr hatte in griech. Sprache statt. Man vertauschte allmählich die
väterliche Sprache mit der neuen und empfand in Folge dessen das
Bedürfniss, auch die hl. Schriften in der letzteren zu besitzen. So entstanden die griech. Uebersetzungen, voran die alexandrinische Septua-
ginta (LXX), die keineswegs bloss von Juden gelesen wurde. In den
Jahrhunderten der Religionswende waren die unter der Abstraction
und Negation der Philosophie erlahmten Sinne um so empfänglicher geworden für den starken gewürzigen Duft der hebr. Poesie und für das
wohlthuende Oel der prophetischen Gottessprüche. Je länger, je mehr
trachtete und schmachtete man nach einer unmittelbaren Weisung von
oben, nach Mittlern zwischen Diesseits und Jenseits, nach übernatürlicher Offenbarung. Kein Wunder, dass einer Zeit, welche einmal auf
der Suche nach Spuren unmittelbarer Kundgebungen der Gottheit
begriffen war und allenthalben vom Himmel gefallene Bücher, sibyl-
linische Weissagungen, urälteste Orakel auffand, das so ganz originelle,
zudem auch unter der Stempelmarke einer inspirirten Literatur dargebotene, AT bewundernde Hochachtung abgewann. Es gehört das mit
zu der „Fülle der Zeit" Gal 4 4. Ohne die griech. Bibel würde es
vielleicht eine aramäische Winkelliteratur, aber keine neutest. Theologie geben. In der weitaus überwiegenden Anzahl der Fälle citirt
das NT nach LXX, zuweilen auch nach Formen, die mehr schon an
Aquila, Symmachus und Theodotion erinnern. Wo dagegen nachweisbar der Urtext wirksam gewesen ist, da sind die Citate zugleich merklich ungenauer. Die so in die Weltliteratur eingeführte Bibel hat insonderheit dem Heidenapostel, hat überhaupt dem Christenthum als
Weltanschauung und Lehre die Wege gebahnt, hat ihm vor Allem auch
die Sprache geliefert, darin es zu Juden und Griechen zugleich zu reden
vermochte [1].

Vorher schon hatte die Uebertragung der hebr. Bibel Anlass zur
Entstehung einer eigenen Literatur geboten, welche, durchaus ein Erzeugniss der hellenischen Diaspora, fast ganz der Anpreisung und Vertheidigung des Judenthums gegenüber der griech.-röm. Bildung diente.
Dahin gehören namentlich Stücke, welche sich an die hl. Bücher an-
schlossen, so dass in Folge solches Zuwachses in Alexandria der Kanon
nicht so endgültig abgeschlossen erscheint, wie in Palästina. So III Esr,
Bar 3 9—5 9 (der Brief Baruch's), die Zusätze zu Est und zu Dan, ferner
II und III Mak, namentlich aber auch IV Mak, worin mosaische Le-
galität und stoische Moral sich zu einem idealisirten Judenthum verbinden.

---

[1] WINER-SCHMIEDEL, Grammatik des neutest. Sprachidioms § 4 2. VOLLMER,
Die alttest. Citate bei Pls 1895, S. 10f. DEISSMANN, Bibelstudien 1895, S. 55 f.

2. Das alexandrische System.

Noch ein deutlicher redendes Document dieses, bis zu einem gewissen Grade entnationalisirten, säkularisirten Judenthums[1] liegt vor in dem platonisch-stoischen Buche Sap. Dasselbe gehört bereits einer Schule an, welche in der griech. Weltstadt Alexandria den Process der Vermittelung und Ausgleichung griech. Philosophie und semitischer Religiosität seinerseits in Fluss gesetzt und es unternommen hatte, so ziemlich alle religiösen Symbole und Vorstellungskreise des AT mit Umgehung und Beseitigung ihrer ursprünglichsten und eigensten Bedeutung in den gänzlich fremdartigen Rahmen der platonischen und stoischen Gottes- und Weltanschauung umzusetzen.

Was diese sog. jüd.-alexandrinische Religionsphilosophie mit den übrigen Lieblingssystemen eines in Eklekticismus und Repristination schwelgenden Zeitalters gemein hat, besteht wesentlich in einer directen Entgegensetzung des Göttlichen und des Irdischen, in der dualistischen Auffassung von Geist und Fleisch als eines unversöhnlichen Gegensatzes, daher auch in Aufstellung eines Gottesbegriffes, der, unfassbar und leer an wirklichem Inhalt, sich jeder Erkenntniss verschliesst und nur negativ zu bestimmen ist, ferner in der Annahme vermittelnder Kräfte, welche die göttlichen Wirkungen in die Erscheinungswelt herableiten, in der Verachtung der an sich gottwidrigen Sinnenwelt, in welche die Seele aus dem Zustande rein geistiger Präexistenz hereingebannt ist, und aus deren Gefängniss sie sich durch Askese und Contemplation wieder befreien muss; daher die negativ-asketische Ethik aller dieser Systeme. Im Zusammenhang damit steht die enthusiastische Inspiration als Form, in welcher sich das Göttliche dem menschlichen Geiste enthüllt, und die, zu solchem Offenbarungsprincip stimmende, Interpretation ist allein die allegorische (s. unten 6 3).

Diesem gemeinsamen Grundzug ganz entsprechend will speciell die Erkenntnisslehre des jüd. Philosophen Philo von Alexandria lediglich von der Nichtigkeit der sinnlichen Natur des Menschen überzeugen und so über die theoretische Skepsis hinweg den Weg bereiten für die unmittelbare und mystische Anschauung Gottes[2]. Die Voraussetzung, dass alle Thätigkeit und wirkliche Erkenntniss durch eine jedesmalige Einwirkung Gottes erzeugt werde, machte eine Erforschung der natürlichen Bedingungen alles Erkennens ebenso unmöglich wie überflüssig. Im Einzelnen befolgt Philo einen weit gehenden Eklekticismus, der ihm vielfach widerstrebende Elemente kaum noch zu einer

[1] Vgl. darüber Harnack I, S. 53 f, 103 f, Dogmengeschichte [2]S. 16 f, 20 f.
[2] Freudenthal, Die Erkenntnisslehre Philo's von Alexandria 1891.

äusserlichen Einheit verknüpfen lässt. Ganz nur dem jedesmal obwaltenden Interesse folgend, bekennt er sich bald zur Zweitheilung
der Seele, bald zur platonischen, aristotelischen, stoischen Seelentheil-
ung (Verstand, Muth, Begehrungsvermögen). Aehnliche Schwankungen
begegnen dann auch in den erkenntnisstheoretischen oder psychologischen Voraussetzungen des NT (s. II 1, 2 2). Die Theorie der Sinnes-
empfindungen entwickelt Philo im Anschlusse an Plato und Aristoteles;
in der Erkenntnisstheorie und der Auffassung des Verhältnisses und des
Zusammenwirkens von Vernunft (νοῦς) und Empfindung (αἴσθησις) folgt
er lange durchweg der Stoa, verlässt sie aber schliesslich auch wieder
völlig, indem er die Erkenntnissfähigkeit der Sinne und des Geistes nach
Aenesidem's Anleitung leugnet, die ganze Körperwelt in Schein auflöst
und auf die mystische Erkenntnissquelle als einzig sicheren Ausweg
verweist.

Gehen wir von der formalen Seite des Problems zur materialen
über, so bietet sich hier der gleiche Eindruck principloser, aber aus
den religiösen Bedürfnissen und Stimmungen des jüd. Volkes erklär-
barer Mischung heterogener Elemente. An die populäre Gottesidee,
welche auch im Glauben der Propheten ihr sinnlich-lebendiges Wesen
nicht verloren hatte, traten nunmehr die Probleme heran, welche die
Idee des Absoluten umspielen. Hatte man das Heidenthum bisher
nur als bunten Götzendienst kennen und würdigen gelernt, so vernahm
man nun von einer Philosophie, welche der, von den Propheten an
solchem Cult geübten, Kritik nichts nachgab, überhaupt keine Götter
mit Sünde und Schwäche duldete, sondern alles Böse in die geistlose
Welt des Stoffes verwies. Derselbe Plato, den noch die ersten Jahrhunderte der Kirche verherrlichten, derselbe Aristoteles, welcher dann
das christl. Mittelalter beherrschte, mussten nothwendig vorher schon
den überraschendsten Eindruck auf das jüd. Volk machen, welches in
seinen hl. Büchern einer Gottesidee zu begegnen schien, die in einzelnen
unbefangenen Erzählungen fast auf die Stufe des Kindischen herabsank
gegenüber der Reinheit und Klarheit, womit Aristoteles die Lehre vom
ersten Beweger ausgebildet hatte, gegenüber der allbeseelenden, allgegenwärtigen Kraft Plato's und der Stoa. Und welch' eine ganz
andere Ansicht bot sich dem gottverwandten Menschengeiste hier im
Vergleiche mit dem Schattenleben im althebr. Hades? Wie vergeistigt
schienen hier selbst die späteren jüd. Begriffe vom Himmel und räum-
lichen Jenseits![1] Wo vollends war auf jüd. Boden ein so deutliches,

[1] HAUSRATH III, S. 109 veranschaulicht den Unterschied der jüd. und der
griech. Vorstellung vom Transcendenten: „Wohl gibt es auch für den Juden eine
Lichtwelt, die über dieser thront, aber sie ist nicht eine andere Welt, sondern

blendendes Wort von der Seelenunsterblichkeit zu finden wie Plato's
Phädon, von der charaktervollen Entschlossenheit, heldenmüthigen Entsagung, wie die ehrfurchtgebietende Stoa sie lehrte, und von so bewusstem Streben nach sittlicher Vervollkommnung, wie die neu-
erwachende Schule des Pythagoras es forderte? Hier erst schienen
feste, begriffliche Formen erreicht für die unendliche Mannigfaltigkeit
alttest. Sittensprüche, Lebensregeln und Gebote. Ebenso schien die
Stoa nur den wissenschaftlichen Ausdruck für ein reiches, im AT vor-
liegendes, Material von religiösen Erfahrungen zu liefern in dem, was
sie von der Vorsehung (πρόνοια) zu sagen wusste. Von dieser Seite
drang daher der genannte Begriff jetzt in die dogmatische Sprache
des Judenthums wie des späteren Christenthums an. Von der Stoa
übernahmen ihn apokryphische Schriftsteller wie Sap 14 ₃ 17 ₂ III Mak
4 ₂₁ 5 ₃₀ IV Mak 9 ₂₄ 13 ₁₈ 17 ₂₂ und Philo (περὶ προνοίας). Im erkennbarsten Gegensatze zur pantheistischen Fassung bei den Griechen bleibt
aber als sinnliche Unterlage das Bild eines, die ganze Verwaltung (διοί-
κησις Sap 8 ₁ 12 ₁₈ 15 ₁) und Lenkung (διακυβέρνησις Sap 14 ₃ III Mak
6 ₂) seiner Reichsangelegenheiten persönlich überschauenden (II Mak
15 ₂ III Mak 2 ₂₁). Herrschers bestehen. Der classische Zeuge für diesen
Import griech. Errungenschaft in das religiös-sittliche Bewusstsein
des jüd. Volkes bleibt immer das auch im NT direct benutzte (vgl.
II 1, 1 ₁) Buch Sap, welches von der Stoa die Idee der Weltseele 7 ₂₂—₂₇
übernimmt und mit der hypostasirten göttlichen Weisheit zusammenlegt, auch die angeborene menschliche Würde lehrt 12 ₈, von Plato
aber die gestaltlose Urmaterie 11 ₁₈ (ἐξ ἀμόρφου ὕλης), die Präexistenz
8 ₁₉ ₂₀ und Unsterblichkeit der Seele 2 ₂₃ 3 ₁ ₄ff 4 ₇ 5 ₁₅f 16 ₁₄, dazu auch
die Beurtheilung des Leibes als eines Kerkers der Seele 9 ₁₅ (vgl. II Kor
5 ₁ ₄ ₈; letzte Quelle ist Plato, Phaed. 81) und Ursache der Sünde 8 ₂₀
entlehnt und 8 ₇ die 4 Cardinaltugenden erwähnt.

3. Die allegorische Interpretation.

Was nun aber so thatsächlich von Pythagoras, Plato und Chry-
sippus stammt, wird doch immer noch auf Moses zurückgeführt. Während es in Wirklichkeit nur griech. Gedanken waren, die man an's Licht
brachte, indem man angeblich dem Pentateuch auf den Grund schaute,
seinen innersten Sinn zu Tage förderte, bildete man sich doch alles
Ernstes ein, darin nichts als urjüd. Grundeigenthum entdeckt zu haben,
welches nur vorübergehend und lehensweise an heidnische Bearbeiter

---

ein höheres Stockwerk der unseren. Dem Platonismus dagegen gehört der Begriff der jenseitigen Welt an, die die Heimath der Ideen, der Kräfte, der Seele ist."

veräussert worden sei. Hat beispielsweise Anaxagoras das Causal-
princip aller Bewegung in den weltordnenden Geist (νοῦς) verlegt, so
erscheint er um dieses Anklanges an die Schöpfungslehre willen bei Josephus, Ap. 2 ɪ6 als ein Ausläufer jüd. Weisheit. Der Jude konnte sich
erst dann in aller Ruhe an das Studium der Philosophie begeben, wenn
er zum Voraus wusste, dass er daselbst nur einem Abflusse der seinen
eigenen Vätern ertheilten Offenbarung begegnen werde. Andererseits
aber glaubte man auch wieder von rein speculativem Interesse bewegt zu
sein, während man doch immer durch das geheiligte Ansehen des AT
gebunden blieb. Denn diese Schranke durfte auch der alexandrinisch
gebildete Jude niemals überschreiten, wenn er nicht sein jüd. Bewusstsein überhaupt verleugnen wollte. Nur so weit durfte er die neu
aufgenommenen Ideen in sich treiben und wuchern lassen, als er unbeschadet dieses üppigen Pflanzenwuchses doch der grossartigen Umrisse des altmosaischen Religionsbaues ansichtig bleiben konnte. Fragt
man aber, wie es möglich geworden ist, dem Pentateuch Sätze zu entnehmen, davon dieser selbst nichts weiss, so begegnen wir erstmalig
bei jenem Philosophen Aristobul, der um 160 v. Chr. über den Pentateuch geschrieben hat, einem Auskunftsmittel, welches verhängnissvoll
in die Geschichte der Bibelerklärung überhaupt eingreifen sollte, nämlich der sog. allegorischen Auslegung. In ihr glaubte man das geheimnissvolle Band gefunden zu haben, welches die beiden heterogenen Elemente, an welchen das alexandrinische Judenthum sich zerarbeitete,
zur Einheit verknüpfen sollte. Man muss also, um den geistigen und
allein wahren Gottesbegriff in den alttest. Schriften zu finden, den
Worten derselben einen geheimen Sinn unterlegen und z. B. unter der
„Hand Gottes" seine Macht, unter dem „Stehen Gottes" den Bestand
der Weltordnung verstehen; das Sechstagewerk bedeute nur die in der
Welt herrschende Zeitfolge und Stufenordnung u. s. w. Eine solche
allegorische Deutung war damals im Heidenthum geläufig genug; man
erklärte in der Stoa den „heiligen" Homer nach ihr, und gerade zur
neutest. Zeit entstanden die „homerischen Allegorien" des Philosophen
Heraklitus Ponticus. Mit manchmal genialem Scharfsinn haben die
ägyptischen Juden diese Methode auf ihre hl. Schriften, vor Allem auf
die Mosesbücher übertragen, um so einerseits ihr Gesetz den Griechen
als weise und menschlich, den berechtigten Forderungen des Natur-
gesetzes entgegenkommend, annehmbar zu machen, andererseits die
neugewonnene Ideenwelt möglichst sicher im Heiligthum des AT selbst
unterzubringen. Auch die LXX beförderte diese Umsetzung alter in
neue Gedankenwelt, indem sie Anthropomorphismen umging, Jahve
mit Herr (κύριος) übersetzte u. s. w. Das Uebrige that eine Auslegung,

welche durchweg dem Buchstaben einen neuen Geist einhauchte, zu dessen Träger er von vornherein keineswegs bestimmt gewesen war. In Parallele mit den Normen Hillel's (s. oben 3 3), aber dem Charakter der palästinischen Theologie gleichwohl ferner stehen diejenigen Auslegungsregeln, welche der bedeutendste Vertreter dieser ganzen Richtung, Philo von Alexandria, ein älterer Zeitgenosse Jesu, aufgestellt hat. Der geschichtliche Sinn ist aufzugeben, wo er auf Selbstwiderspruch führt (wie Hbr 3 11 4 11 11 13—16); dem Stillschweigen der Schrift über gewisse Dinge ist höhere Bedeutung beizumessen (argumentatio e silentio, wie Hbr 1 5 13 2 16 7 3 20); die Wörter können im ganzen Umfange ihrer Bedeutung (Hbr 8 6—13), die Eigennamen nach ihrem etymologischen Sinne (Hbr 7 1 2) ausgebeutet werden, und Aehnliches. Nach solchen Grundsätzen hat Philo in einer langen Reihe von Tractaten (Midraschen) die allegorische Deutung am Pentateuch, den er dutzendmal citirt, ehe kaum eines der übrigen alttest. Bücher vorkommt, namentlich Gen 1—11 durchgeführt. Ihm bedeutet der Himmel das durch Vernunft Erkennbare, die Erde das durch die Sinne Wahrnehmbare, das Paradies die Tugend; die 4 Flüsse sind die Cardinaltugenden, deren Namen aus der griech. Philosophie entlehnt werden. Die Sabbathsruhe ist nichts Anderes als der reinste Seelenfrieden. Die diesen störende Schlange ist die sinnliche Lust, die zur Erde herabzieht. Weiterhin wird vorzüglich die Patriarchengeschichte zur Geschichte des Gott suchenden Geistes umgestempelt. Abraham stellt das eifrige Sinnen dar, sein Geburtsland, daraus er auswandert, ist der chaldäische Sterndienst, von dem er sich dem wahren Gott zuwendet; sein Kampf mit den 5 Königen der Streit gegen die 5 Sinne. Hagar ist die vorbereitende Wissenschaft. Jakob's Heimath ist das hl. Wort, wohin er wieder zurückgewiesen wird. Esau bildet die sinnliche Begierde, Joseph die Politik ab. Der Auszug aus Aegypten erinnert natürlich wieder an die Loslösung vom Körper. Am längsten hält sich Philo bei der Gesetzgebung auf, wobei er zwar den Wortsinn des Gesetzes streng festhält und die Leichtfertigkeit derjenigen alexandrinischen Juden tadelt, welche meinten, über jenen dürfe sich hinwegsetzen, wer den Geist erfasst habe. Gleichwohl steht auch hier das Interesse an der Allegorie obenan, ohne welche er seiner Hauptleidenschaft, die einfachsten geschichtlichen Thatsachen, die gleichgültigsten, ethnographischen und geographischen Notizen, die handgreiflichste Prosa diätetischer Vorschriften in lauter Ethik umzusetzen, nicht hätte fröhnen können. Rein nach dem Wortsinne dagegen erklärt Philo gern solche Gesetze, welche zur Illustration der Menschenfreundlichkeit und Milde des Gesetzgebers dienen. Dahin gehört beispielsweise auch Dtn 25 4, aus welcher Stelle

dagegen Pls, die allegorische Kunst Philo's überbietend I Kor 9 9,
weil Gott nicht wohl für die Ochsen sorgen könne, die schwerfällige
Hülle einer Instruction für Apostel und Evglsten macht. Aber formell
sind beide Ausleger einig bezüglich des Grundsatzes, dass der Wortsinn aufzugeben sei, wo er etwas Gottes Unwürdiges enthalte. Uebrigens
gibt auch der andere Hauptschriftsteller des zeitgenössischen Judenthums, Josephus, Ap. 2 22—30 eine Darstellung des jüd. Gesetzes, als
ob dies lediglich Sittenlehre wäre.

4. Die Logoslehre.

Ihrem Stoffe nach bietet die philonische Theologie nichts Origi-
nales; sie ist nur der Schlusspunkt einer langen und reichen Entwickelung, charakterisirt durch eigenthümliche Zusammenlegung jüd. und
griech.-philosophischer Elemente. Die letzteren entnahm Philo aus
Heraklit, Plato, Aristoteles und mehr noch aus den Stoikern, deren
Ideen ihm ganz besonders verwerthbar schienen, um die jüd. Religion
als zur Weltreligion befähigt und bestimmt zur allgemeinen Anerkennung
zu bringen. So ist gleich der Gottesbegriff ganz vom Gesichtspunkt
des Absoluten beherrscht. Philo erst hat diesen, auch für das damalige palästinische Judenthum maassgebend gewordenen, Gedanken
consequent und schulgerecht durchgeführt. Und zwar beschreibt er
Gott theils als das reine Gegentheil der Welt, als den einfach Seien-
den, Eigenschaftslosen (ἄποιος, d. h. ohne ποιότης), theils als die absolute Erhabenheit nicht bloss über die Endlichkeit und Schwäche, sondern auch über die Tugenden der Menschen. Von ihm allein kommt alles
Gute; aber er selbst ist immer wieder besser als das Gute und Schöne,
höher als die Einheit, kann überhaupt nie in seinem Wie, sondern nur
in seinem Dass erkannt werden. Und doch soll er auch wieder, den
hl. Schriften des AT zufolge, ein bestimmtes Personwesen sein. Diese
Schriften deuten aber in dem geheimnissvollen Gottesnamen der vier
Buchstaben Jhvh selbst an, dass er das reine Sein ist (τὸ ὄν, τὸ ὄντως
ὄν). In der That aber kann Gott mit Namen gar nicht beschrieben
werden. Jeder Name würde ja eine Beziehung, eine Beschränkung
setzen (ὁ ἀκατονόμαστος καὶ ἄῤῤητος). Man kann nur sagen: er ist einheitlich und einfach, unveränderlich und zeitlos, wie Philo mehrfach
gegenüber anthropopathischen und anthropomorphen Ansichten aus-
führt (τὸ ἕν, ἡ μονάς). Er ist aber auch allein frei, während alles Endliche der Nothwendigkeit unterworfen ist. Auf diese Weise sucht nämlich Philo die Persönlichkeit Gottes zu retten, dass er ihn wie als reines
Sein, so als ursprüngliche Thätigkeit auffasst. Das Wirken ist Gott
ebenso natürlich, wie dem Feuer das Brennen (Leg. all. 1 3). Gott wirkt

unaufhörlich, auch am Sabbath (vgl. Joh 5 17). Damit sind aber freilich
die Schwierigkeiten der Frage noch nicht gelöst, wie überhaupt ein
Uebergang von Gott zur Welt zu gewinnen, wie der, jeder Berührung
mit Stofflichem schlechthin unzugängliche, Gott vermittelst Schöpfung
und Erhaltung mit der aus gottwidrigem Stoff bestehenden Welt in
Verbindung zu setzen sei. Der Abstand wird auch hier (s. oben 4 5) nur
ausgefüllt durch Zuhülfenahme von Mittelwesen, welche halb den jüd.
Engeln, auch den Dämonen des Volksglaubens, halb den platonischen
Ideen oder den stoischen Kräften verwandt sind. Gott, „der Vater
des Alls“, schuf zuerst die geistige Welt (ὁ κόσμος νοητός, ἀσώματος,
ἀόρατος), das reale Weltideal (Mundi opif. 6 ἡ ἰδέα τῶν ἰδεῶν, νοητὸν πάρά-
δειγμα), die sog. Ideen, welche nicht bloss Urbilder der zu schaffenden
Dinge werden sollten, sondern zugleich als wirkende Kräfte und Ursachen Gott wie ein Gefolge dienender Wesen umgeben (Monarchia 1 6
δορυφοροῦσαι δυνάμεις). Durch diese geistigen Kräfte wirkt Gott wenigstens mittelbar in der Welt, wenn er auch nicht wesenhaft in dieselbe
einzugehen vermag. Sie sind seine Statthalter und Boten (ὑποδιάκονοι
καὶ ὕπαρχοι τοῦ πρώτου θεοῦ), die Ordner der Welt, die unzerreissbaren
Bande, die Gott durch das Weltall gespannt hat, die Säulen, auf welche
es gestützt ist. Je nachdem der griech. oder der jüd. Einfluss in seinem
Denken überwiegt, lässt Philo diese Mittelkräfte bald nach stoischem
Vorbilde als unzertrennliche Potenzen in Gott, bald als selbständige,
persönliche Wesen, als Engel wirken (λόγοι = δυνάμεις = ἄγγελοι). Bei
den Griechen heissen sie Dämonen, bei Moses Engel (Somn. I 22, Gi-
gantes 2). Der Inbegriff aller dieser Kräfte, die Zusammenfassung der
ganzen Ideenwelt, der „Ort der Ideen“ ist der Logos (nach Mundi opif. 4
= κόσμος νοητός).

Dieses wichtigste und fruchtbarste Stück der philonischen Lehre,
an welchem die ganze Möglichkeit der Weltbildung und Weltordnung
hängt (vgl. den Ausgangspunkt des Gedankens De victimas offer. 13),
ist besonders belehrend bezüglich der Zwiespältigkeit und Doppelseelig-
keit der ganzen Weltanschauung[1]. Denn nur die eine seiner Wurzeln
führt gerade so wie die palästinische Lehre vom Wort (s. oben 4 5)

---

[1] Ueber den philonischen Logos vgl. J. LANGEN, Das Judenthum in Palästina zur Zeit Christi 1866, S. 248f, M. HEINZE, Die Lehre vom Logos in der
griech. Philosophie 1872, S. 204f, C. SIEGFRIED, Philo von Alexandrien 1875,
H. SOULIER, La doctrine du Logos chez Philon d'Alexandrie 1876, J. RÉVILLE,
La doctrine du Logos dans le quatrième évangile et dans les oeuvres de Philon
1881, E. PFLEIDERER, Die Philosophie des Heraklit 1886, JpTh 1887, S. 177f,
E. ZELLER, Die Philosophie der Griechen III 2³, S. 338 f, DRUMMOND, Philo Judaeus
1888, THIJM, Theol. Studiën 1893, S. 97 f, 209 f, 377 f, M. FRIEDLÄNDER, Zur Entstehungsgeschichte des Christenthums 1894, S. 8 f.

auf die alttest. Schöpfungsgeschichte zurück; die andere reicht in griech. Boden hinab, und zwar bis zu dem ionischen Naturphilosophen Heraklit, nach dessen Lehre dem Wechsel und Fluss aller Dinge der Logos als ewige, allumfassende Ordnung immanent ist. Als Zwischenmoment kommt die Verbindung in Betracht, in welche der Gedanke des Anaxagoras vom geistigen Weltgrund mit Plato's Lehre von der Idealwelt (bei Philo ὁ ἀσώματος καὶ νοητὸς κόσμος) getreten ist. Auch die platonische „Weltseele" hat ja in der „Weisheit" der Apokryphen ihr Seitenstück gefunden (s. oben 6 ₂). Ein Gleiches gilt aber auch von der immanenten Weltvernunft der Stoa. Philosophisch betrachtet ist dieser stoische Logos das Weltgesetz, ethisch betrachtet das Sittengesetz (es gilt dem Logos, d. i. der Natur, gemäss zu leben), religiös betrachtet die „Vorsehung", das „Verhängniss", die „Nothwendigkeit". Aber nicht aus diesen wirklichen Quellen seiner Wissenschaft leitet Philo den Logosgedanken ab, sondern, wie seiner Erkenntnisslehre zufolge (s. 6 ₂) das ganze System, so will er namentlich ihn in gottbegeisterter Ekstase empfangen und vom Geist geleitet hinter und unter der Buchstabenhülle der hl. Schrift gefunden (s. 6 ₃) haben. Geschichtlich berührt er sich dabei am nächsten mit der philosophischen Bearbeitung, welche die jüd. Idee der Weisheit, wie sie als Kern und Mittelpunkt der sittlichen Eigenschaften Gottes besonders Prv 8 ₂₂—9 ₁₀, aber auch 1 ₂₀ ₂₁ 3 ₁₉ ₂₀ Job 12 ₁₃ 28 ₁₂—₂₈ gefeiert und der Personification nahe gebracht war, in Alexandria gefunden hatte, wo sie zum Schöpfungs- und Erlösungsprincip zugleich erhoben ward (s. oben 4 ₅). Sämmtliche Beziehungen zwischen Gott und der Welt sind durch dieses wirksame Offenbarungsorgan vermittelt. Ein durch das All ausgegossenes, aus feinem Licht bestehendes, Alles durchdringendes, leicht bewegliches Geistwesen Sap 7 ₂₂—₂₇, zu dessen Prädicaten auch μονογενές gehört 7 ₂₂, ist sie das verbindende Medium zwischen Göttlichem und Menschlichem 7 ₂₈ 8 ₃, Beisitzerin des göttlichen Thrones 9 ₄, Hauch (ἀτμίς) aus Gottes Kraft, Ausfluss (ἀπόρροια) seiner Herrlichkeit 7 ₂₅, Abglanz (ἀπαύγασμα) des ewigen Lichtes, fleckenloser Spiegel seiner Kraft (ἔσοπτρον τῆς ἐνεργείας) und Abbild (εἰκών) seiner Güte 7 ₂₆; sie wählt als eingeweiht in Gottes Gedanken (μύστις τῆς τοῦ θεοῦ ἐπιστήμης) diejenigen unter ihnen aus, die zur Ausführung gelangen sollen 8 ₄, ist Zeugin beim Schöpfungsact 9 ₉ und Werkzeug der Schöpfung 7 ₁₂ 8 ₆ 9 ₂, wirkt 8 ₅ und erneuert Alles 7 ₂₇, bildet die endlichen Dinge 8 ₆ und erhält die Weltordnung 8 ₁, wohnt in frommen Seelen 7 ₂₇, ist Mittlerin der Vorsehung mit dem Wohnsitz in Israel 9 ₈—₁₁, begleitet das Volk, wie in der Wolken- und Feuersäule 10 ₁₇, so überhaupt auf allen seinen Wegen 10 ₁—11 ₁. Wie nun aber neben diesem Centralbegriff auch die männliche Nebenform des Logos nicht unerwähnt bleibt (besonders 18 15 ὁ παντοδύναμος λόγος), so hat andererseits Philo neben seinem Hauptbegriff, dem Logos, auch der Idee der Weisheit noch einige Pflege gewidmet[1]. Bald erscheint sie als des Logos Mutter, wie Gott sein Vater ist, bald aber werden auch Logos und Sophia vereinerleit[2]. In beiden Fällen vertritt die Letztere die Weltidee als Inhalt des göttlichen Denkens, die immanente Seite des Logosbegriffes, den Logos, der mit „Vernunft" übersetzt wird (die λόγοι sind dann Theilkräfte der Vernunft); dagegen entspricht die andere Uebersetzung „Wort" (Erscheinungsform des Gedankens) dem Begriff des Logos als weltbildendes Organ; ausdrücklich wird er mit dem Schöpferwort Gen 1 3 zusammengelegt. Indem Philo so die Doppelbedeutung des griech. Ausdrucks benutzt, schafft er ein widerspruchsvolles Gedankengebilde, welches, einerseits ein unzertrennliches Moment des göttlichen Wesens, andererseits als Vermittelungsorgan von ihm unterscheidbar, verselbständigt wird[3]. Der Logos steht eben auf der dünnen Grenzlinie zwischen Unendlichem und Endlichem (Quis rerum divinarum heres 42: οὔτε ἀγέννητος ὡς ὁ θεός, οὔτε γεννητὸς ὡς ἡμεῖς). Nach der Analogie eines denkenden und handelnden Menschen, der sich zuerst ein Bild der auszuführenden Dinge entwirft, vergleicht er den Logos dem Plane einer Stadt, der in der Seele des Baumeisters wohnt (Mundi opificium 4), dann aber auch wieder den Strahlen der Sonne, die nur, wenn sie aus ihr hervorbrechen, Wirkung ausüben. So ist es zu verstehen, wenn der Logos geradezu „Gott" (nicht ὁ θεός, sondern, um die Subordination auszudrücken, artikellos und mit der ausdrücklichen Reserve Somn. I 39 ὁ μὲν ἀληθείᾳ θεὸς εἷς ἐστιν, οἱ δ᾽ ἐν καταχρήσει λεγόμενοι πλείους), einmal auch „zweiter Gott" (δεύτερος θεός bei Euseb., Praep. ev. VII 13 1) heisst, andererseits aber auch „Lebensquelle" (πηγὴ ζωῆς) für die Welt ist und der chaotischen, niemals völlig zu bewältigenden, Materie das Siegel des göttlichen Denkens, gleichsam eine vernünftige Physiognomie, aufprägt. Als solches Schöpfungsorgan (Cherub. 35, Monarchia 2 5 ὄργανον δι᾽ οὗ κατεσκευάσθη oder ἐδημιουρ-

---

[1] Siegfried S. 215, 222. M. Friedländer S. 19 f.
[2] Vgl. über das Verhältniss von σοφία und λόγος H. Schultz, Die Gottheit Christi. S. 365 f, Theologie des AT, 5 S. 434 f.
[3] Drummond II, S. 222 f setzt es auf Rechnung der dichterischen Sprache Philo's, wenn sein Logos nicht bloss als Vernunftkraft, sondern auch als Vernunftgeist erscheint. Nach Heinze S. 295, J. Réville S. 24 f, Hatch, Griechenthum und Christenthum S. 186, kann die Frage nach seiner Persönlichkeit weder bejahend noch verneinend beantwortet werden. Vgl. Schürer II, S. 876: „Die λόγοι, δυνάμεις, ἄγγελοι sind ebensowohl immanente Bestimmtheiten des göttlichen Wesens als selbständige Hypostasen."

γεῖτο, scil. ἡ ὕλη: charakteristische Präposition für die Mittelursache ist διά, nicht ὑπό), richtiger als „Weltbildner" (δημιουργός), handelt er übrigens genau nach den Vorschriften Gottes, ist der Strahl Gottes, welchen die Menschen zu schauen im Stande sind (ἡ ἀνθήλιος αὐγή), sein Name (ὄνομα θεοῦ), sein Bild (εἰκὼν τοῦ θεοῦ Monarch. 2 5 = II Kor 4 4; auch τάξις, δόξα), die Ordnung der Dinge in der äusseren, die göttliche Kraft in der vernünftigen Creatur; er heisst im Vergleiche mit der Welt als dem jüngeren Sohne der ältere (Agric. 12, Confusio linguar. 28 ὁ πρωτόγονος υἱός = πρωτότοκος Rm 8 29), erscheint sogar einmal geradezu als geworden (Post. Cain 31 λόγος γεγονώς).

Die logische Unmöglichkeit dieser Mittel- und Schwebestellung des Logos bringt den praktischen Vortheil ein, ihn als Mittler zu denken. In der That ist er Stellvertreter und Gesandter (πρεσβευτής) Gottes, der dessen Befehle in der Welt vollzieht; Dolmetscher, der ihr seinen Willen verkündet; Vollstrecker, der ihn sogleich ausrichtet; der Engel oder Erzengel, welcher alle Offenbarungen und Wirkungen Gottes in der Welt vermittelt. Zugleich bürgt er Gott dafür, dass nicht das ganze Menschengeschlecht von ihm abfalle. Wie er demgemäss die Welt bei Gott als Hohepriester (Somn. 1 38 ἀρχιερεύς), Fürbitter (Quis divin. rer. her. 42, Migratio Abrah. 21 ἱκέτης) und Beistand (παράκλητος) vertritt, so vertritt er auch Gott, den schlechthin unnahbaren, der Welt gegenüber. Er ist es, der oberste aller Engel (Conf. ling. 28 ἄγγελος πρεσβύτατος, ἀρχάγγελος, Caritas 17 ταξιάρχης), welcher in der hl. Schrift als Engel Gottes, als Melchisedek, als Fels in der Wüste (= I Kor 10 4), als Messias, als Manna und Seelenspeise der Israeliten auf der Wanderung (= I Kor 10 3) erscheint, freilich aber von ihnen, die sich vielmehr nach den Fleischtöpfen Aegyptens zurücksehnen, nicht als solcher anerkannt wird. Er führte das Volk in der Wüste als Wolken- und Feuersäule und wird einst die Israeliten sammt Allen, die sich vom Götzendienst zum wahren Gott bekehren, in der Zeit des Heils sammeln und heimführen in das Land der Ruhe, wo die Belohnung winkt für unsägliche Leiden und heldenmüthige Ausdauer.

5. Die philonische Anthropologie.

Was ist nun aber in solchem Systeme die Welt, und was ist der Mensch? Indem wir uns anschicken, auf diese Frage eine Antwort zu finden, halten wir uns zunächst an eine Entdeckung, welche Philo auf dem Wege eines Schriftstudiums, dessen Methode bereits beschrieben wurde, gemacht hat. Eines der ersten Räthsel, welches das AT darbietet, besteht in der doppelten Erzählung von der Erschaffung des Menschen. Zuerst „schuf Gott den Menschen nach seinem Bilde" Gen 1 26.

In der zweiten Erzählung ist es dagegen Jahve, der den Adam aus einem Erdenklosse bildet und ihm den Lebensodem in die Nase bläst Gen 2 7. Diese Doppelerzählung bildet bekanntlich für die neuere Kritik einen der Anhaltspunkte, daraus sie auf Zusammenstellung verschiedener, von einander unabhängiger, Urkunden im Pentateuch geschlossen hat. Ganz andere Schlüsse baute darauf der jüd. Philosoph (Leg. all. 1 12). Ihm schien daraus hervorzugehen, dass es zwei Urmenschen gibt, einen übersinnlichen, leiblosen, nach dem Bilde Gottes geschaffenen Idealmenschen, einen himmlischen Menschen (ἄνθρωπος οὐράνιος) und einen sinnlichen, irdischen, sterblichen Menschen. Offenbar ist es die platonische Ideenlehre, nach welcher Philo hier die Genesis auslegt. Schon bei Plato schafft der Demiurg die erste Classe von Wesen, die Götter; diese dann, ihn nachahmend, die Menschen. Aehnlich vermittelt auch der Logos als „ebenbildlicher Mensch" (Conf. ling. 28 ὁ κατ᾽ εἰκόνα ἄνθρωπος) zwischen Gott und dem Menschen, so dass Letzterer eigentlich nach dem Urbilde (ἀρχέτυπος oder παράδειγμα) des Logos geschaffen ist (Mundi opific. 6 εἰκὼν εἰκόνος) [1]. Auffallender Weise gibt Gott seinen Geist gerade dem aus Leib und Seele bestehenden, dem an sich sterblichen Menschen. In diesem stellt nämlich der Geist unter Ausschluss der niederen psychischen Bestandtheile einen Ausfluss göttlicher Kraft dar. Aber consequent und einheitlich ist Philo's Lehre von der doppelten Form der Menschheit überhaupt nicht durchgebildet, zumal die begriffsmässig bestehende Geschlechtslosigkeit des Idealmenschen nicht festgehalten ist. Auch hat Philo, wahrscheinlich in Folge variirender Lesarten in LXX, die Einhauchung des göttlichen Odems in die irdischen Menschen gelegentlich so gefasst, als ob sie mit der Einprägung des göttlichen Ebenbildes zusammenfiele, wodurch der ideale Mensch dem irdischen Adam näher gebracht erscheint [2]. Dass die ganze Unterscheidung, und zwar in der zuletzt angedeuteten Verknüpfung, bei den Ebjoniten, weiterhin auch in jüd. Midraschen [3] wieder zum Vorschein kommt, dagegen in ganz anderer Wendung, wiewohl angeknüpft an dieselben Stellen, auch von Pls benutzt wird (s. II 1, 5 2), beweist, dass sowohl Pls wie Philo mit dieser Vorstellung in ihre Weltanschauung nur aufgenommen haben, was schon auf jüd. Grund und Boden gewachsen war. Jedenfalls hat sich Adam alsbald der geschlechtlichen Lust überlassen und ist in die Materie hinabgesunken. Diese letztere wird nämlich von Philo im Anschlusse an die griech. Philosophie als ewiger Stoff, als ungeformter Möglichkeitsgrund des Seins, als das gerade Gegentheil des Geistes gedacht, welcher Gott ist. Das Tohuwabohu Gen 1 2

---

[1] Siegfried S. 223 f.   [2] Hatch, Essays in biblical Greek S. 147 f.
[3] Vollmer S. 54 f.

ist das Chaos der Griechen. Die Unvollkommenheiten der Welt rühren einestheils her von der Thatsache, dass nicht Gott, sondern untergeordnete Wesen ihre directen Urheber sind, anderntheils aber liegt es im Wesen der Urmaterie (ὕλη ist ein μὴ γεγονός, gleichwohl δυναμένη πάντα γενέσθαι), nicht alle und jede Vollkommenheit annehmen zu können. Bis zu einem gewissen Grade widerstrebt der spröde Stoff immer den Einwirkungen der Idealwelt; denn sie ist und bleibt ihrem stofflichen Substrate nach etwas Ungöttliches, Widergöttliches. Gott erreicht seinen Zweck in der Welt daher niemals ganz. Ist doch selbst der Mensch ein in sich widerspruchsvolles Product und nicht in jeder Beziehung ein Geschöpf Gottes. Vielmehr gehört der Erdmensch (ἄνθρωπος γήινος oder αἰσθητός) seiner leiblichen Seite nach der Materie an, erscheint demnach als ein strafweise in den Körper gebannter Engel, als ein im Kerker der Sinnlichkeit schmachtender Funke göttlichen Geistes, welcher aber unter dem anziehenden Einflusse des Logos wieder zur reinen, aufwärts lodernden Flamme werden kann. Denn auch die Nachkommen Adam's bewahren trotz ihrer Fleischlichkeit und Sündhaftigkeit die Spuren der Gottverwandtschaft. Noch im Fleische fühlt sich der Geist in Momenten der Eingebung und Ekstase in seine ursprüngliche Freiheit zurückversetzt, und es ist die eigentliche Bestimmung des Menschen, sich mit Aufgeben seiner endlichen Verstandeskräfte ganz in Gott zu versenken. Denn sobald das göttliche Licht aufleuchtet, geht das menschliche unter. Diesem rein geistigen Streben entspricht auf praktischem Boden die, nach stoischer Vorschrift geforderte, Unterdrückung der Sinnlichkeit. In demselben Maasse, als der Mensch das Bedürfniss, seine erste Fessel, auf das Aeusserste beschränkt, die zweite Fessel aber, die Lust, ganz vermeidet, also wesentlich den Befehlen der stoischen Ethik nachkommt, ist Aussicht vorhanden, dass der Tod, wenn er ihm naht, seine Seele als reife Frucht lösen wird. Während es nicht bloss für den alten Hebräer, sondern auch für den palästinischen Theologen zur Zeit Philo's ein wahres Leben ohne irdische Leiblichkeit nicht gibt, alle Hoffnungen des Frommen daher auf die Auferstehung zielen, führt in der alexandrinisch umgemodelten Eschatologie die Gnade Gottes die wahrhaft Weisen über die Schranken der Endlichkeit hinaus, bereitet ihren Geist zum heiligsten, Gott wahrhaft wohlgefälligen Opfer und macht sie als leiblose Geister göttlicher Natur theilhaftig.

6. Der Essäismus.

Irgendwie verwandt mit der alexandrinischen Weltanschauung ist der Essäismus. Freilich gewährt die Frage nach seinem Wesen und Ur-

sprung zunächst nur einen belehrenden Einblick in die Unsicherheit
unseres geschichtlichen Wissens[1]. Und doch wäre es bei den mannigfachen Analogieen zum Urchristenthum, welche diese Erscheinung
bietet (s. 2, 1 4), und bei den directen oder indirecten Einwirkungen,
welche wenigstens auf gewisse Lehrbildungen des apostol. und nachapostol. Zeitalters stattgefunden zu haben scheinen (s. 3, 5), von hohem
Interesse, hier klar blicken zu können. Aber auch davon abgesehen,
vereinigen sich auf diesem, in der unmittelbaren Nachbarschaft des Urchristenthums gelegenen, Punkte in sprechendster Weise alle Schwierigkeiten der Herleitung eines eigenthümlichen Gedankenflusses aus der
grossen Brunnenstube der heidnischen oder jüd. Weltanschauung; es
thun sich der Möglichkeiten so viele auf und die verknüpfenden Fäden
laufen so wirr durcheinander, dass die Untersuchung dieses minder
wichtigen Specialfalls sich zur Vorschule eignen dürfte für die Behandlung der wichtigeren Fragen nach der Provenienz der neutest. Gedankenwelt selbst, die unter wesentlich ähnlichen weltgeschichtlichen Constellationen Entstehung gefunden hat.

Wenn sich unsere Darstellung nicht an den Abschnitt über Pharisäer und Sadducäer anreiht, wiewohl Josephus die Essäer mit diesen als
3. Sekte unter eine Kategorie bringt, so geschieht es unter der Voraussetzung, dass die Letzteren überhaupt keine Partei darstellen und auch
nicht so direkt aus den Bedingungen des jüd. Volkslebens abzuleiten
sind wie jene, sondern eine Mischform bilden. Woher sie diejenigen Elemente ihres Wesens, welche man als ausländische bezeichnen könnte,
bezogen haben, darüber mochte kaum ein Zweifel obwalten, so lange die
Existenz der sog. Therapeuten als der älteren, ägyptischen Brüder der
Essäer unangefochten dastand. Dies wäre noch heute der Fall, wenn
Philo die Schrift de vita contemplativa, daraus allein wir die Therapeuten kennen, wirklich verfasst hätte. Sollte sie dagegen zwar unächt,
aber dem Philo von einem Zeitgenossen untergeschoben sein, so könnten
die Therapeuten selbst immerhin bestehen bleiben[2]. Hinfällig wird dagegen ihre Existenz, falls jenes Buch etwa um 300 n. Chr. von einem
Manne geschrieben ist, welcher das, in der Bildung begriffene, ägyptische
Mönchswesen durch eine panegyrische Schilderung zu verherrlichen und
zu rechtfertigen sucht[3]. Mit dem Ausfall der Therapeuten wird frei-

---

[1] Man vgl. damit die Darlegung des früheren Standes der Frage bei VORST-
MAN, ThT 1869, S. 586f.
[2] So M. FRIEDLÄNDER, Zur Entstehungsgeschichte des Christenthums 1894,
S. 59f.
[3] LUCIUS, Die Therapeuten und ihre Stellung in der Geschichte der Askese.
Eine kritische Untersuchung der Schrift de vita contemplativa 1879. Vorgänger
hat er an jüd. Gelehrten wie GEIGER, FRANKEL und GRÄTZ, Geschichte der Juden

lich weiterhin auch das Essäerthum zu einer so isolirten und räthselhaften Erscheinung, dass es nicht an Versuchen fehlen konnte, auch es möglichst zu beseitigen.

Was wir von ihm theils aus Philo [1], theils aus 20 Stellen des Josephus [2], theils aus Plinius (H. n. V 17 4), welcher es nach einer seiner 473 Quellen beschreibt, und aus dem, wohl aus der gleichen Quelle mit Plinius schöpfenden, Dio Chrysostomus erfahren, lässt allerdings vermuthen, dass sich dem Bilde mancher ungeschichtliche Zug beigemischt habe. Die Sekte zählte hiernach etwas über 4000 Mitglieder, welche ihre Wohnsitze grösstentheils am Todten Meere, also in der Einsamkeit, aufgeschlagen hatten. Ihr erkennbarster Charakterzug liegt in der asketischen Lebensweise, sowohl im Essen und Trinken, wie im Geschlechtsleben. Während sie aber im Allgemeinen die Ehe verwarfen, gab es wenigstens nach der Stelle Jos. Bell. Jud. II 8 13 auch solche unter ihnen, die heiratheten, vielleicht dieselben, welche statt in der Wüste in den Städten und Dörfern Palästinas wohnten. Freilich sahen diese den Zweck der Ehe lediglich im Kinderzeugen und in der Fortpflanzung des Menschengeschlechts oder vielmehr ihrer eigenen Sekte. Uebrigens unterwarfen sich ihre Frauen derselben Lebensweise wie die Männer, namentlich auch denselben strengen Waschungen, die ein Hauptkennzeichen des Ordens bildeten. Daraus erhellt, dass ihnen

III [2], S. 463 f. Bedenken äusserte WEINGARTEN, Real-Encyklopädie für protest. Theologie und Kirche [2]X, S. 761 f. gegen welchen wieder A. HARNACK schrieb, ebend. XV, S. 548 f. Für philonische Abfassung von de vita contemplativa traten ein MASSEBIEAU, Revue de l'histoire des religions 1887, S. 170 f, 1888, S. 230 f, 284 f, Bibliothèque de l'école des hautes études I, 1889, S. 63 f, EPSTEIN, Revue des étude's juives 1891, S. 1 f, WENDLAND, Berliner philologische Wochenschrift 1895, Nr. 23, CONYBEARE, Philo about the contemplation 1895, S. 258 f. Uebrigens spricht für die Hypothese theils das Stillschweigen aller Schriftsteller der 3 ersten Jahrhunderte über die Sekte, theils die Schwierigkeit, sie in irgend einen früheren geschichtlichen Zusammenhang einzureihen.

[1] Freilich ist das von Eusebius, Praep. evangel. 8 11 erhaltene Bruchstück einer Apologie schon von GRÄTZ III [3], S. 680 für unächt, von HILGENFELD, ZwTh 1881, S. 275 f, Ketzergeschichte S. 113 f für eine christliche Fälschung erklärt worden; das Buch Quod omnis probus liber aber ist nicht bloss dem Philo überhaupt schon abgesprochen, sondern auch gerade die Stelle über die Essäer (§ 12 und 13) mit sehr scheinbaren Gründen von OHLE, Beiträge zur Kirchengeschichte I, 1888) für einen vom Verfasser der Schrift de vita contemplativa und des eusebianischen Fragmentes herrührenden Einschub gehalten worden, und AUSFELD, De libro περὶ τοῦ πάντα σπουδαῖον εἶναι ἐλεύθερον 1887 hat das ganze Buch für unächt erklärt. Weiter aber finden die Essäer bei Philo keine Erwähnung.

[2] Aber gerade die Hauptstellen Bell. II 8 und Ant. XVIII 1 sucht OHLE, JpTh 1888, S. 221 f, 366 f gleichfalls als Interpolationen darzustellen, so dass die Essäer des Josephus zu einem unbedeutenden Ueberbleibsel des älteren Chasidäerthums zusammenschrumpfen. Nach OORT, ThT 1882, S. 565 f hätte Josephus gar keine einheitliche Erscheinung vor Augen gehabt, Philo vollends nur gefabelt. Die Einheitlichkeit vermisst auch Osc. HOLTZMANN, Neutest. Zeitgeschichte S. 170 f.

das Weib wegen intensiveren Geschlechtslebens unreiner erschien, als
der Mann, das Geschlechtsleben mithin überhaupt als Befleckung galt,
wie denn auch Josephus ihre Verachtung der Ehe auf den Satz, dass
Lust Sünde sei, zurückführt, während Philo verächtliche Geringschätzung des weiblichen Geschlechtes als Grund der essäischen Ehelosig-
keit angibt. Mit ihrer asketischen Lebensweise hing auch die bei
ihnen eingeführte Gütergemeinschaft zusammen; Privatbesitz war ausgeschlossen, Alles floss in eine gemeinsame Kasse, aus der wohl auch
die Kosten für die gemeinschaftlichen Mahlzeiten bestritten wurden,
welche ihnen für heilig galten, sofern alle Speisen, von eigenen Priestern zubereitet, vollkommen rein waren. In jeder Stadt hatten sie
einen eigenen Beamten, welcher für die Bedürfnisse der reisenden
Brüder sorgte. Weiterhin verwarfen sie den Eid, indem sie denjenigen
schon für verurtheilt erklärten, dessen Rede ohne Eid nicht Glauben
finden würde. Mit diesem Grundsatze vereinbar erschien ihnen aber
ein „fürchterliches" Aufnahmsgelöbniss für die Novizen, das neben allgemeinen, an Ps 15 2—5 erinnernden, religiös-sittlichen Vorschriften
namentlich zum unbedingten Gehorsam gegen die Oberen und zur
treuen Ueberlieferung der Geheimlehre verpflichtete. Ein Zug men-
schenfreundlicher Milde und gegenseitiger Hilfsbereitschaft, der die
stille Ordensgemeinschaft auszeichnet, tritt auch darin zu Tage, dass
sie keine Sclaven hielten. Ihr Glaube war im Allgemeinen der jüdische,
obgleich sie die blutigen Opfer verwarfen und dadurch in Gegensatz
zu dem Tempeldienst geriethen. Ihre Beschäftigung bestand vor Allem
im Ackerbau, theilweise auch in handwerklichem Betrieb, daneben im
Dienst an Armen und Kranken, und der Jugenderziehung widmeten
sie sich, hierin an die besseren Erscheinungen des Mönchthums er-
innernd, mit besonderem Eifer. Ihre philosophischen Studien beschränkten sich auf Pflege der Ethik, wogegen sie die Logik als un-
nöthig zum Besitze der Tugend, die Physik als menschliche Kraft über-
steigend bei Seite liessen [1]. Ihre Metaphysik wird sich demnach mit
Untersuchungen über das Wesen Gottes und den Ursprung des Alls,
die ihnen Philo ausdrücklich beilegt, doch nur soweit befasst haben,
als damit die Erkenntniss der Zielpunkte des frommen Thuns und sittlichen Strebens zusammenhing. Speciell gründete ihre Askese auf einem
stark ausgeprägten theoretischen Dualismus, wornach nur das Gute von

---

[1] Th. Ziegler, Geschichte der christl. Ethik S. 37 versteht diese Notiz Philo's
in dem Sinne, dass sie bemüht gewesen seien, nur das, was sie praktisch übten,
auch theoretisch zu begründen, wie sie z. B. die Sclaverei auch dialektisch bekämpften, weil sie ungerecht und unnatürlich sei und gegen das Gesetz verstosse,
dass alle Menschen Brüder seien.

Gott, das Böse aber von einer ungöttlichen Ursache, also wohl von der Materie, herzuleiten sei. Die Seele wohnt nämlich im Körper wie in einem Kerker gefesselt, und desshalb eben schien ihnen jede sinnliche Lust vom Uebel. Daraus folgt weiterhin der Glaube an die Präexistenz der immateriellen Seele auf der einen, an ihre Unsterblichkeit auf der anderen Seite, womit sich die Annahme einer besonderen Seligkeit der Guten in einem Paradies jenseit des Oceans und einer Bestrafung der Frevler in einer finsteren, kalten Hölle verband. Auch der Streitfrage vom Verhältniss zwischen sittlicher Führung und menschlichem Geschick haben sie ihre Aufmerksamkeit zugewandt und sich dabei noch strenger und ausschliesslicher als die Pharisäer auf die Lehre vom göttlichen Verhängniss zurückgezogen. Als Surrogate der Sühnopfer nahmen sie tägliche Reinigungsbäder. Unter ihren weiteren hl. Gebräuchen ragt jenes Gemeindemahl als heiligste Cultushandlung hervor. Nur die eigentlichen Eingeweihten durften daran Theil nehmen. Vor der Aufnahme in die Gesellschaft fand eine 3 Jahre dauernde Prüfung statt, während welcher die Novizen schon die Gesetze des Ordens befolgen mussten. In dem Orden selbst herrschte, wenngleich die Knechtschaft verworfen und vollkommene Ebenbürtigkeit der Bundesgenossen Princip war, eine blinde Unterwürfigkeit unter die Oberen und eine steife Gliederung der Classen, die nach der Eintrittszeit bestimmt war. Ebenso wenig wie über Besitz oder Erwerb verfügte der Essäer über seine Zeit. Das ganze Tagewerk war peinlich genau geordnet. Keiner durfte ausser seiner gewöhnlichen Beschäftigung etwas ohne die Erlaubniss seiner Oberen thun; kein niederen Classen Angehöriger durfte einen Höherstehenden berühren; sonst wurde dieser dadurch verunreinigt und musste sich lustriren. Eine Gemeindeversammlung von hundert Mann entschied über Ausstossung, welche einem Todesurtheile gleich kam, da der Ausgestossene, durch seinen Eid gebunden, dennoch zur Lebensweise des Ordens verpflichtet war, der zu Folge bloss die im essäischen Bruderkreise Gott dargebrachte und geweihte Speise als heilig und vollkommen rein galt.

Der Annahme eines rein jüd. Ursprungs dieser Art von Gesellschaftsleben stehen zumeist folgende Thatsachen entgegen[1]: ihre Verwerfung der Thieropfer und des Salböls, ihre Verschmähung der Ehe, das Verbot der Sclaverei und des Eides, die Verehrung der Sonne und ihre theoretischen Ansichten über die Präexistenz und Unsterblichkeit der Seele. In der That ist eine Theorie, wie die von Josephus ihnen

---

[1] Vgl. vor Allem ZELLER, Die Philosophie der Griechen III 2 ³1881, S. 277 f, 286 f, 302 f, 306 f, 334.

beigemessene, wornach „die Seelen, unsterblich und ewig fortdauernd,
aus dem feinsten Aether kommend, durch einen natürlichen Zauber
herabgezogen und von den Leibern wie von Gefängnissen umfasst würden", auf keinen Fall auf rein jüd. Boden entstanden. Nur frägt sich
eben wieder, ob und inwieweit Josephus auch das, was er über die Essäer zu sagen hat, seinem griech.-röm. Publicum mundgerecht gemacht
habe. Um so deutlicher erhellt aus den angegebenen Merkmalen, wie
namentlich Stellung des Betenden in der Richtung nach der aufgehen-
den Sonne (statt des Tempels), Enthaltung von den blutigen Opfern
des Tempels und Verwerfung des Salböls als eines dem Wohlleben
dienenden Luxusartikels, ein folgerichtig durchgeführter Gegensatz
gegen das bestehende, priesterlich-gesetzliche Judenthum. War aber
einmal der Bruch mit dem Opfer- und Tempeldienst und also auch mit
dem Priesterthum erfolgt, so lässt sich hieraus das Wesentlichste ihrer
Gebräuche und Besonderheiten ableiten. Es handelt sich dann einfach
um Lossagung der „Frommen" vom illegitim gewordenen Tempeldienst.
Während der syr. Religionsnoth und vielleicht speciell in Folge der un-
gesetzlichen Hohepriesterwirthschaft unter Iason, Menelaus und Alki-
mus hätten die Entschlossensten unter den sog. Chasidäern (I Mak 2 42
7 13), mit denen die Essäer als „die Frommen" ja auch im Namen über-
einstimmen[1], vollständig mit der Tradition des Judenthums gebrochen
und, ohne fremde Einwirkung, aus dem inneren Wesen des späteren
jüd. Geistes selbst heraus sich gleichsam als Sekte der „Stillen im
Lande" befestigt und abgeschlossen. Die Lösung des Problems wäre
mithin auf rein jüd. Boden gefunden[2]. Es erklärt sich, wie die Essäer
im Uebrigen doch Juden bleiben, Weihgeschenke (ἀναθήματα) nach dem
Tempel schicken, mit rigoroser Strenge den Sabbath feiern, die Lästerung des Moses mit dem Tode bestrafen und als Uebungsstätte ihres
contemplativen Triebes vornehmlich den Pentateuch erwählen konnten.
Ueberhaupt entspricht ihre ganze Weise, Gott in ängstlicher Enthaltung
von aller Unreinheit zu nahen, durchaus dem rituellen Mosaismus im Gegensatze zu dem älteren Prophetismus. Weist doch auch das Gelübde
des Nasiräats[3] auf einen asketischen Zug im Mosaismus und zugleich

---

[1] Unter einem halben Hundert von Ableitungen des Namens ist der von
Chasid (syrisch Chase) immer noch die ausprechendste.
[2] Lucius, Der Essenismus in seinem Verhältniss zum Judenthum 1881. Dagegen Schürer, ThLZ 1881, S. 492f, Geschichte des jüd. Volkes II, S. 479 f, 482,
484, 487 f, der aber S. 477 f, 487 gerade darin mit Lucius geht, dass Enthaltung von
Fleisch- und Weingenuss nicht zur essäischen Ordensobservanz gehört haben solle
(gegen Hieronymus Jovin. 2 14).
[3] Ritschl, Die Entstehung der altkathol. Kirche ²S. 179 f sieht im Essäismus einen Versuch, die priesterliche Reinigkeit und Würde, welche der Nasiräat

auf den darauf gegründeten Anspruch besonderer Heiligkeit und Gottwohlgefälligkeit zurück. Auf der anderen Seite könnte möglicher Weise selbst auch der hebräische Prophetismus zu den Factoren des Essäismus zählen. Man erinnert zu diesem Behufe an das Auftreten sowohl der älteren Propheten, zumal eines Elias, welcher ja in dem angeblichen Essäer Johannes wiedergekommen sein sollte, wie auch an die Polemik des Prophetenthums gegen Opferwesen und Tempeldienst. Andere Züge im Bilde des essäischen Sonderlebens haben dagegen ihre Anhaltspunkte in einzelnen gesetzlichen Vorschriften. Die Verwerfung des Eides ergab sich in Fortführung des relativen Verbots, unbedacht zu schwören Lev 5 4, die Behandlung der Excremente als Verallgemeinerung der Forderung Dtn 23 14, und die Opposition gegen die Sclaverei dürfte gleichfalls in alttest. Vorschriften über die Sclaven ihre Begründung finden. Derartige forcirte Bestrebungen beweisen dann nur, dass die Essäer trotz des Bruches mit dem Tempel Juden, ja gerade die ächten Juden bleiben, also in allen diesen Punkten eher mehr als weniger leisten wollten. Gerade weil sie nicht mehr in der Lage waren, für geschehene Verunreinigungen Sühnopfer darzubringen, mussten sie jegliche Verunreinigung auf's Aengstlichste meiden. Selbst der ordensartige Tugend- und Bruderbund, als dessen Glieder die Essäer sich zum ausschliesslichen Wirken für Gerechtigkeit und Wahrheit verpflichtet wussten, erinnert an pharisäische Vereine, welche mit äusserster Strenge die Reinheitsgesetze beobachteten und gemeinsame geweihte Mahlzeiten hielten.

Trotz alledem will uns der Essäismus immer noch als ein sonderbares und fremdartiges Gewächs erscheinen. Seine speculativ-asketische Färbung lässt ihn grell genug aus dem Gesammtleben der Nation heraustreten[1]. Zur Erklärung derselben und um den Essäismus als Mischbildung zu begreifen, hat man bald auf den Osten, zumal (wegen der hohen Bedeutung des Wassers und der Verehrung des Sonnenlichtes) auf den Parsismus[2], bald auf den griechischen Westen ver

sich als zeitweilige Aufgabe zu freiwilliger Lösung stellte, in abgeschlossener Gemeinschaft dauernd zu verwirklichen. Aehnlich BESTMANN, Geschichte der christl. Sitte I, S. 808f. Nach EWALD u. A. wären Pharisäer und Essäer zusammen auf der streng gesetzlichen Richtung zu suchen. REUSS, Geschichte der hl. Schriften AT ²S. 709 sieht in ihnen den Superlativ des Pharisäismus. Aehnlich WENDT II, S. 30f, KAYSER-MARTI S. 274 und WELLHAUSEN S. 294 f, doch unter Anerkennung fremder Einflüsse.

[1] H. SCHULTZ S. 288: „Die Essäer schlossen noch entschiedener an den Kern der alten Religion eine ganz fremdartige asketisch-mystische Richtung an." Ebenso S. 305.

[2] HILGENFELD hat zuletzt Parsismus und Buddhismus zu Hülfe gerufen, ursprünglich aber in den Essäern einen mit Israel näher verbunden gewesenen Volks

wiesen[1]. Gegen letztere Ableitung macht man geltend, dass diejenigen
Kreise, aus welchen die Essäer stammen, als die Frommen im Lande den
griech. Einfluss ausdrücklich bekämpften und fernhielten, woher z. B. ihre
Verwerfung des Salböls kommen dürfte, welches sie allzusehr an das Sal-
ben der Wettkämpfer bei den griech. Wettspielen gemahnte. Eine andere Erklärung führt diesen speciellen Zug vielmehr auf dieselbe Quelle
zurück, wie die Verwerfung des Eides und der Sclaverei: auf den principiellen Rückgang zur Natur und zu natürlichen Verhältnissen[2]. Aber
gerade dies und so viele andere Züge finden sich zumeist wieder im Lebens-
ideal des Neupythagoreismus. Freilich gibt es Essäer schon seit Mitte
des 2. vorchristl. Jahrh.; dagegen ist der Neupythagoreismus nachweisbar 100 Jahre später entstanden als die essäische Sekte; denn der
Römer P. Nigidius Figulus, der Freund Cicero's, ist der erste uns mit
Namen bekannte Mann, welcher dieser Schule zugezählt wird. Andererseits ist durch die orphisch-pythagoreischen Mysterien der Zusammenhang zwischen dem alten und dem neuen Pythagoreismus einigermaassen
gewahrt, so dass, wenn ein Zusammenhang mit den Essäern bestehen
sollte, die orphisch-pythagoreische Lehre in Judäa Beachtung gefunden
und sektenbildend gewirkt, der Essäismus aber erst später unter dem
Einfluss der neupythagoreischen Philosophie die Gestalt und Ausbildung erhalten haben müsste, in welcher er uns aus den Berichten des
Philo und Josephus entgegentritt[3]. Findet doch gerade der Letztgenannte bei den Essäern die pythagoreische Lebensweise wieder (Ant.
XV 10 4). Ist aber dieser Hypothese eine Hauptstütze damit entzogen,
dass die pseudophilonischen Therapeuten nicht mehr als Vorläufer des
Neupythagoreismus gelten dürfen, so leistet für solchen Ausfall wenigstens in verwandter Richtung Philo selbst Ersatz, sofern für ihn der
Essäismus Muster und Vorbild, zugleich auch die praktische Probe für
die Richtigkeit seiner Theorie darstellt[4].

stamm, eine Fortsetzung der Rechabiten, einen Seitenzweig Israel's, ähnlich den
Samaritern, gefunden: das wäre ein Stamm, welcher, patriarchalische Lebensweise
beibehaltend, nur in losem Verhältniss zum Tempeldienst und gesetzlichen Judenthum stehend, mit der Zeit zum Orden wurde, ZwTh 1858, S. 116f, 1860, S. 358f,
1867, S. 97f, 1868, S. 343f, 1871, S. 50f, 1882, S. 257f, 290f, Ketzergeschichte des
Urchristenthums 1884, S. 87f, 98, 138. LIGHTFOOT, St. Paul's epistles to the Colos-
sians and to Philemon S. 355f nimmt secundäre Einflüsse des Parsismus an. Damit
stimmt TH. ZIEGLER, welcher S. 38 selbst den Buddhismus nicht ganz ausschliessen
möchte. Vgl. indessen ZELLER S. 320f und 323f, MÖLLER, Lehrbuch der Kirchengeschichte I, S. 38.
    [1] So namentlich ZELLER S. 324. Aehnlich auch BAUR, GFRÖRER, LUTTERBECK,
MANGOLD, SCHÜRER II, S. 483f, 491f, E. LANGHANS, Handbuch der bibl. Geschichte
und Literatur II, 487f.
    [2] SCHÜRER S. 467.   [3] ZELLER S. 337.
    [4] Da aber Philo keine ägyptischen Essäer kennt, in Palästina dagegen schon

In noch viel deutlicherer Analogie zu den theoretischen und praktischen Grundsätzen des Essäerthums steht die „Weisheit Salomo's",
welche in Bezug auf die Empfehlung der Jungfrauschaft und der
Kinderlosigkeit, auf das Gebet vor Sonnenaufgang, auf die Theorie der
Präexistenz, auf die daraus fliessende Maxime, Berührungen mit der
unreinen Materie möglichst zu vermeiden, so deutlich als möglich den
Weg nachweist, auf welchem die essäischen Grundsätze von Aegypten aus nach Palästina vordringen konnten. Ganz nach alexandrini-
schem Recept suchten die Essäer eine denkbar grösste Einfachheit
der Lebensführung zu erzielen und durch möglichste Abstreifung alles
Sinnlichen zu einer innigeren Berührung mit der Welt des Geistes und
Gottes zu gelangen. Von diesem Ausgangspunkte aus versteht sich
das reformatorische Verhalten, welches sie wenigstens innerhalb ihrer
abgeschlossenen Gesellschaftskreise ausübten.

Wo so gewichtige Gründe auf beiden Wagschalen die Entscheidung erschweren, ist es nahe liegend und vielleicht am gerathensten, ek-
lektisch zu Werke zu gehen, schwerlich aber zulässig, den griech. Einfluss gänzlich abzuweisen [1]. In charakteristischer Weise berührt sich auch

Essäer vor Ausbildung der alexandrinischen Religionsphilosophie vorkommen, sieht
ZELLER S. 334 in ihnen „nicht einen Ableger der jüd.-alexandrinischen Philosophie,
sondern nur eine neben ihr hergehende Erscheinung, welche sich auf palästinen-
sischem Boden aus der Berührung des Pythagoreismus mit dem Judenthum selbst-
ständig entwickelte." Aehnlich scheint BRANDT S. 327 zu denken. M. FRIEDLÄNDER,
Zur Entstehungsgeschichte des Christenthums 1894, S. 7, 62, 98 f, 149 sieht im
Essäismus ganz einfach den auf palästinischen Boden verpflanzten Alexandrinismus.

[1] Letzteres thun ausser den oben S. 100 genannten jüd. Gelehrten namentlich LUCIUS, LIPSIUS, WELLHAUSEN, HILGENFELD, TH. ZIEGLER, wobei jedoch die
beiden Letztgenannten im Uebrigen wieder Eklektiker sind. Ebenso auch HITZIG,
Geschichte des Volkes Israel S. 426 f, der das Wesentliche der Sekte aus der Zeit-
lage ihrer Entstehung erklärt, aber auch geringe Anleihen beim Neupythagoreismus statuirt. Den vielseitigsten Eklekticismus vertritt OSCAR HOLTZMANN, Das
Ende des jüd. Staatswesens und die Entstehung des Christenthums S. 287: „Etwas
wesentlich Fremdartiges, seinem eigenen Glauben Fremdes konnte weder der
Pharisäer Josephus noch der Alexandriner Philo an diesen essenischen Juden entdecken, da beide Juden denselben Einflüssen unterlagen, die auf ihr Volk einwirkten, seitdem Alexander der Grosse das Perserreich der griech. Bildung unterworfen hatte. Es ist sicher ein Missgriff, wenn man den Essenismus aus dem
Israelitenthum der alttest. Propheten allein herleiten wollte; aber es ist ein
ebenso grosser Missgriff, wenn man glaubt, der Essenismus sei desshalb keine
ächt jüd. Erscheinung, weil er vom Parsismus und Griechenthum beeinflusst ist.
Denn gerade diese beiden Einflüsse haben aus dem Israelitenthum das Judenthum
geschaffen." Dagegen hält sich Osc. HOLTZMANN später (Neutest. Zeitgeschichte
S. 167 f, 170) mehr an die oben S. 108 f erwähnten Erzählungen des Josephus von
weissagenden Essäern und bietet die Analogie der Rechabiten und Propheten-
schüler auf. Ein einfaches haud liquet constatirt DILLMANN, Handbuch der alttest. Theologie S. 201.

das Werk eines späteren Essäers, des Tannaiten Pinehas ben Jair, auf
der einen Seite mit dem Jubiläenbuche, auf der anderen aber mit dem
Hellenismus, insonderheit mit Philo [1]. Neben den übrigen, schon geltend gemachten, Instanzen dürfte auch die Gütergemeinschaft zu den
Momenten gehören, durch welche sich der Essäismus in die eine grosse
Bewegung einreiht, welche durch die ganze griech.-röm. Welt ging und
der sich in dem Maasse, als es vom griech. Wesen berührt wurde, auch
das jüd. Volk nicht entziehen konnte. Wenn Dichter und Geschicht-
schreiber der röm. Kaiserzeit das an den Anfang der Welt gesetzte goldene Zeitalter, die sog. Aera des Saturnus, beschreiben, so fehlt unter
den auszeichnenden Zügen desselben nie die Gütergemeinschaft. Dieselbe Gütergemeinschaft versetzen jüd. Schriftsteller, wie Philo und
die Sibylle, in das messianische Zeitalter der Zukunft. Wenn die Epigonen unter den Philosophen über den besten Staat speculiren, so erwägen sie das von Plato hiefür gelieferte, rein communistisch gedachte,
Musterbild. Unter dem Einflusse des platonischen Staatsideales stehend,
verlegte die neu auflebende Schule des Pythagoras, des Mannes, welcher gesagt hatte, Freunden sei Alles gemein, die dieser Losung entsprechende Gütergemeinschaft als ideale Gesellschaftsform in die Urzeit. Sie dagegen in Praxis und Wirklichkeit umzusetzen, war das
Bestreben der Essäer. Hier haben wir urbildlich alles, was dann im
Laufe der Kirchengeschichte einzelne communistische Sekten, ja was
die Socialdemokratie des 19. Jahrhunderts anstrebt: Verwandlung des
Privateigenthums in Genossenschaftsbesitz, Productiv-Association, regelmässige Arbeitsvertheilung unter die Einzelnen, gemeinsame Mahlzeiten, durchgeführte Interessensolidarität. Wohl zu bemerken ist freilich, dass ähnlich wie im platonischen Musterstaate, so auch bei den
Essäern das Haupthinderniss der Gütergemeinschaft, die Familie, in
Wegfall kam. Dies aber ist gerade der Punkt, wo die Ableitung des
gesammten Essäerthums aus dem jüd. Volksgeiste fast in die Brüche
zu gehen droht. Auch die beliebten Parallelen mit Puritanismus,
Pietismus und Methodismus helfen nicht weiter.

Schliesslich scheinen die Essäer zur Zeit Jesu, aus dem Zusammenhange des, vom Pharisäismus beherrschten, Nationallebens ausgeschieden, meist in stiller Zurückgezogenheit auf dem Lande gelebt und auch,
wo sie in Städten Colonien besassen, wenig Einfluss auf das Denken und
Treiben der Volksgenossen geübt zu haben. Wenn Josephus erzählt,
dass der Essäer Judas den Tod des Antigonus, Menahem die Thron-

[1] Epstein. Ueber den sog. Midrasch Tadsche: Revue des études juives 1890,
S. 80 f, 1891, S. 1 f.

besteigung des Herodes vorausgesagt, Simon einen Traum des Arche-
laus gedeutet habe, wenn die Essäer sich mit Vorliebe dem Beschwö-
rungswesen und Wundercuren ergeben zu haben scheinen, so ist hieraus
nur auf Verbindung heiliger Begeisterung mit dem vulgärsten Aberglauben, also auf ein, innerhalb einer in sich abgeschlossenen religiösen
Sekte nicht eben verwunderliches, Vorkommniss zu schliessen. Auf der
einen Seite waren die Essäer Vertreter einer verinnerlichten Sittlichkeit
und vertieften Religiosität; auf der anderen sind sie Traumdeuter und
Schwärmer, die mit Pflanzen und Steinkräften nicht nur, sondern auch
mit salomonischen Zauberformeln Krankheiten verscheuchen. Solche
Beschäftigungen lassen es schon an sich erklärlich erscheinen, wie man
ihnen auch apokalyptische Spielereien zutrauen mochte. Aber auch
positive Analogien und Berührungspunkte verbinden den Essäismus
mit der Apokalyptik: so eine gewisse Gleichgültigkeit gegen Tempeldienst, Ceremonie und Priesterthum, Ansätze zur Präexistenztheorie,
Pflege der Angelologie. Lässt sich auch keineswegs nachweisen, dass
die apokalyptische Literatur Erzeugniss oder Sonderbesitz der Essäer
gewesen sei, so legen doch beide Erscheinungen von wesentlich ähnlichen
Trieben Zeugniss ab, welche in dem damaligen Judenthum wirksam
waren. Wie die Apokalyptik eine Geheimliteratur repräsentirt, so das
Essäerthum einen Orden, der Geheimnisse, z. B. die Literatur der Sekte
und die Namen der Engel, zu hüten hatte. Wie die Apokalyptik wenig
eingriff in das Gesammtbewusstsein des Volkes, so war auch im Essäer-
orden das Nationalgefühl offenbar ein ziemlich reducirtes. Erst in den
Zeiten des röm.-jüd. Krieges lebte es wieder auf. Trotzdem, dass sie
den Krieg principiell verwarfen, wurden die essäischen Genossenschaften, ähnlich wie die Mennoniten und ein Theil der Quäker in den nordamerikanischen Freiheitskampf, in die Rebellion gegen Rom herein-
gezogen. Wahrscheinlich sind sie gleichzeitig auch den christl. Ver-
bänden näher getreten. Wenigstens bietet diese Voraussetzung die
einfachste Erklärung für die Thatsache, dass wir neben dem älteren, den
pharisäischen, schon vor, besonders aber nach dem Jahre 70 ein essäer-
artig gefärbtes Judenchristenthum heranwachsen sehen. Späterhin hat
dasselbe nicht bloss die blutigen Opfer aus dem Gesetz ausgemerzt,
sondern auch ähnlich wie der Neupythagoreismus den Fleisch- und
Weingenuss verpönt. Von den Essäern berichten Josephus und Philo
allerdings nur die Verwerfung des Opfers. Aber weder aus ihrer symbolischen Auffassung von dem Inhalte des Gesetzes, noch aus Nachahmung des Lebens der Nasiräer oder gar der Priester, welche ja
durch das Gesetz selbst auf Fleischgenuss angewiesen waren, noch
als praktische Consequenz aus der Ueberweltlichkeit Gottes, die viel-

mehr auf Verwerfung des Tempeldienstes überhaupt hingedrängt hat,
sondern viel eher aus dualistischen Prämissen bezüglich der Unreinheit
des thierischen Lebens ist es abzuleiten, wenn sie keine Opfer im
Tempel verrichteten, vielmehr bei sich symbolische Opfer darbrachten,
in den Tempel aber nur Weihgeschenke sandten. Die von Epiphanius
bezeugten Motive, aus welchen die späteren Ebjoniten und Elkesaiten
eine ähnliche Stellung zum Fleischgenuss und Opferdienst einnahmen,
verwehren andere Auffassungen hinsichtlich der Praxis der Essäer,
und beweisen den Zusammenhang der älteren jüd. und der späteren
judenchristl. Richtung. Kannten die Essäer Rangclassen der Engel,
so ist immerhin möglich, wenn auch nicht bezeugt, dass sie zu eigentlichem Engeldienst Kol 2 18 fortschritten. Insofern weisen die Irrlehrer in Kolossä ebenso auf den jüd. Essäismus zurück, wie auf den
judenchristl. Ebjonitismus und Elkesaitismus vor[1]. Auch die Irr-
geister der Pastoralbriefe, die freilich vielerlei Gesichter zeigen, sind
nach dem gleichen Maassstabe gemessen und in dieselbe Kategorie
gebracht worden. Andererseits weisen schon sie und mehr noch die
Gnostiker der kathol. Briefe Züge auf, welche auf heidnische Ursprünge
deuten und dem Judenthum direct zuwiderlaufen. Mit der alexandrinischen Form desselben hängt freilich auch die griech. Gnosis schon
durch das allgemeine Bindeglied des allegorischen Schriftverständnisses
zusammen[2]. Nähere Auskunft hierüber zu ertheilen, ist aber nicht
mehr Sache der neutest. Vorgeschichte, sondern bereits der Kirchengeschichte selbst.

Zweites Kapitel: Die Verkündigung Jesu.

1. Voraussetzungen.

1. Allgemeines.

Die dargestellten Vorstellungsmassen gleichen einem breiten, wenig
bewegten und darum nur langsam von der Stelle rückenden Gewässer,
darein plötzlich ein Felsblock stürzt, welcher es bis in die Tiefe auf-
wühlt und in weitem Umkreise aufrauschen macht. Wenn die Oberfläche sich allmählich wieder zu glätten beginnt, ist sie wie von einer
ganz neuen Wellenbewegung überzogen und dehnt sich auch über
bisher noch nicht überschwemmt gewesene Gebiete aus. Die alten
Elemente aber stellen sich zwar fast alle wieder ein; sie treten jedoch

---

[1] Möller, Kirchengeschichte I, S. 103.
[2] Baur, Das Christenthum und die christliche Kirche der 3 ersten Jahrhunderte S. 181 f. Vgl. auch M. Friedländer S. 25, 30 f über die Spuren, welche
vom Alexandrinismus zum Gnosticismus und Christenthum führen.

in vielfach abgewandelter Gestalt, in neuen Mischungsverhältnissen
auf und folgen einem anderen Gesetze der Schnelligkeit. Dieser, wie
aus göttlicher Schöpferhand geschehene, Wurf stellt in das Zusammen-
spiel der bewegenden Kräfte als neubildenden Factor eine Persönlichkeit hinein, für deren Beurtheilung nur die originalsten und pro-
ductivsten Prophetengestalten der israelitischen Vergangenheit einen
Maassstab von relativer Deutlichkeit und Sicherheit darbieten. Jedenfalls stehen diese Propheten in vorderster Reihe, wo man sich nach Voraussetzungen, nach Vorbildern, nach dem richtigen geistigen Mutterboden für das Wachsthum Jesu umsieht. Ein eigentlicher Entwickelungsgang kann überhaupt nicht nachgewiesen werden; wohl aber lassen
seine Reden gewisse stetig wirkende Bedingungen, gleichmässig erfolgende Eindrücke erkennen, unter welchen sich jener Entwickelungsgang, wie er auch immer beschaffen gewesen sein mag, vollzogen haben
muss [1]. Dahin gehören schon Natur und Umgebung, ferner die geistige
Atmosphäre des AT, die gleichzeitige Gesellschaft, das Judenthum
der Synagoge und des Gesetzes, endlich der Täufer Johannes [2].

2. Natur.

Allgemein anerkannt, auch mehrfach schon erschöpfend dargestellt
ist die Thatsache, dass die äussere Natur sich in den überlieferten
Herrnsprüchen überaus klar und spiegelhell abzeichnet, ohne dass hier
ein orientalischer Ueberschwall der Phantasie, dort ein missglückter
Griff rabbinischen Witzes Verirrungen in's Ungeheuerliche oder in's
Gewöhnliche und Gemeine verschuldet hätten, auch ohne dass weither-
geholte Bilder, verkünstelte Vergleichungen einen jener schiefen Gesichtswinkel verriethen, unter welchem die Unvollkommenheit der Geschöpfe sich so gern und leicht die Vollkommenheiten der Schöpfung
auszulegen, umzudeuten und zu verderben pflegt. Aber auch darauf
braucht, seitdem die Biographen angefangen haben, die Heimath ihrer
Helden als erklärenden Hintergrund des Geschichtsbildes zu verwerthen,
nicht mehr erst aufmerksam gemacht zu werden, dass nicht jeder Ort
der Erde gleich geeignet war, um solche Eindrücke zu sammeln, wie
sie z. B. Jesu Anschauungen von der göttlichen Naturordnung zu
Grunde liegen (s. unten 3 2). Unter einem nordischen Himmel war
die Mt 6 26 = Lc 12 21 gelegentlich vorgetragene Erfahrung kaum zu
machen, und nur für den nächsten Umkreis hat die botanische Beob-

[1] E. Reuss, Die Geschichte der hl. Schriften AT [2]1890, S. 729 f.
[2] Musterhaft ist noch immer die Darstellung dieser Verhältnisse bei Th. Keim.
Geschichte Jesu von Nazara I 1867, S. 307 f, 412 f. Dritte Bearbeitung 1875, S. 88 f.
Vgl. auch Stapfer, Jésus-Christ avant son ministère 1896.

achtung Mc 4 31 = Mt 13 32 ihre Richtigkeit. Um Ostern konnte in
Jerusalem Feigen zu finden hoffen Mc 11 13 = Mt 21 19 nur, wer seine
Erfahrungen in der Landschaft Genezaret gesammelt hatte [1]. Die Frage
„Wo lag das Paradies?" beantwortet sich, vom Boden der alttest.
Theologie in's NT übertragen, von der Thatsache aus, dass Jesus durch
und durch Galiläer war, unter dem glücklichen Himmel des südlichen
Syriens, in der Umgebung einer sowohl reizenden, wie feierlichen Natur
aufgewachsen, fern von Priestern und Opfern, von Schulen und Lehr-
stuben. Während dem unter theologischem Bann stehenden Juden die
Natur der Aufenthalt der Dämonen, aber kein Gegenstand sympathischer Hingabe war, bleibt Jesu Horizont, trotz aller positiven Stellung
zum Volksglauben, doch zeitlebens der weite, von keinem Schatten
teuflischer Fittige bedeckte, Raum zwischen Aufgang und Niedergang,
freundlich beleuchtet von Gottes Sonne, so dass sich die Vögel unter
dem Himmel und die Blumen des Feldes ihres Daseins freuen dürfen [2].
So wie er von diesen Dingen redet, hätte schwerlich Einer gesprochen,
dessen Seele in den engen Gassen Jerusalems erwacht und zu früh in
die verhängnissvolle Berührung mit dem Schulgeist gebracht worden
wäre. Hier drohte also von vornherein nicht die ewige Gefahr, dass
der Theologe dem Menschen oder gar dem Religionsstifter zu nahe
treten könne [3].

---

[1] Anstatt neuere Bilder, die doch dem damaligen Sachverhalt nicht mehr
entsprechen, im Uebermaasse heranzuziehen, genügt eine Erinnerung an Josephus, welcher mehrfach (Bell. III 3 2 10 8) bei Beschreibung des „zusammenhängenden Fruchtgartens" von Galiläa verweilt, wie dieser „durchaus fett, weide-
reich, mit Bäumen aller Art bewachsen, durch seine üppige Fruchtbarkeit auch
dem trägsten Ackerbauer reichen Lohn verheisst." „Am See Genezaret streckt
sich eine gleichnamige Landschaft hin von ausgezeichneter Schönheit und Güte
des Bodens. Wegen der üppigen Fruchtbarkeit kommt jedes Gewächs fort, und
Alles ist auf's Beste angebaut. Die milde Luft begünstigt die Pflanzen. Nuss-
bäume, welche Ruhe bedürfen, wachsen in unermesslicher Fülle neben Palmen,
welche nur in der Hitze gedeihen, neben Feigen und Olivenbäumen, denen eine
gemässigtere Temperatur zusagt. Es ist wie ein Wettstreit der Natur, das Widersprechende auf Einem Punkte zu vereinen, wie ein schöner Kampf der Jahres-
zeiten, deren jede das Land für sich in Anspruch nimmt. Der Boden bringt die
verschiedenen Obstarten nicht nur einmal im Jahr hervor, sondern zu den ver-
schiedensten Zeiten. Die königlichen Früchte, Weintrauben und Feigen, liefert
er zehn Monate lang unausgesetzt, während die übrigen das ganze Jahr hindurch
neben ihnen heranreifen." Darüber hinaus bieten moderne Reisebeschreibungen
treffliche Auskunft für zahlloses Detail in Jesu Reden. Besonders ergiebig ist
K. Furrer, Wanderungen durch das hl. Land [2] 1891.

[2] Bousset S. 44: „Die ganze hohe poëtische Schönheit der Natur- und Weltbetrachtung Jesu ist auf anderem Boden als dem des Judenthums gewachsen."
Classisch in ihrer Art sind die betreffenden Ausführungen von Keim, Der geschichtliche Christus [3] 1866, S. 4 f.

[3] Strauss, Das Leben Jesu [3] I, S. 246 bemerkt „die Ursprünglichkeit, Frische

3. Menschenleben.

Fast mehr noch als die äussere Natur ist das Menschenleben nach allen seinen Dimensionen für Jesus zugleich Gegenstand der kritischen Beobachtung und Mittel der künstlerischen Veranschaulichung geworden. Auf jeder Seite weisen die Evglien darauf hin, nicht bloss wie er die Freuden und Leiden, die Güter und Verluste des Lebens abschätzt und den Menschen in allen seinen Beziehungen und Zuständen, Schriftgelehrte und Zöllner, pharisäische und sadducäische Theologen, Jünger und Gegner, aufzufassen und anzufassen weiss, sondern auch wie er in den gemachten Beobachtungen treffende Illustrationen einer umfassenden sittlichen Weltordnung, Spiegelbilder ewiger Wahrheit aufzugreifen vermag. Aber noch vor der Gesprächigkeit und Oeffentlichkeit des orientalischen Lebens kommen die enger geschlossenen, familienartigen Kreise in Betracht. Wie dort kritisch scharfblickende Beobachtung (vgl. beispielsweise Lc 14 7 20 46 47 21 1), so begegnet uns hier verständnissinnige Sympathie. Wer der Welt ihren Gott im Bilde eines Vaterangesichtes darstellen konnte, musste in dieser Richtung unvergleichlich tiefe Eindrücke von Kind an gesammelt haben, während ihm, im Unterschiede von anderen Grössen, die Mutter verhältnissmässig fremder gegenübersteht (Mc 3 31—35 = Mt 12 46—50 = Lc 8 19—21 Joh 2 4). Oft zeichnet er das Paradies des Vaterhauses. Die Kindlein sitzen um den Tisch der Eltern; die Hunde warten auf die herabfallenden Brocken (Mc 7 27 28 = Mt 15 26 27). Wird es aussen dunkel, so leuchtet innen das aufgesteckte Licht für Alle, die im Hause sind (Mc 4 21 Lc 8 16 11 33 = Mt 5 15). Auch Nachbarn und Nachbarinnen finden sich ein, wenn einmal im Hause Festfreude einkehrt (Lc 15 6 9). Abends ruhen die Kinder beim Hausvater in der Kammer (Lc 11 7). Auf keiner Partie des Familienbildes ruht der Blick mit so viel Theilnahme, wie auf diesen Kindern; sie erfreuen und lieben zu können, ist eine wunderbare Lichtseite auch an der argen menschlichen Natur (Mt 7 11 = Lc 11 13); das Kind erwählt er, um an ihm ein sprechendes Bild für die seinem Herzen Nächststehenden aufzuweisen (Mc 9 36 37 10 14 15 Mt 11 25 = Lc 10 21).

Ueber so freundlichem Anblick bleiben aber die Schattenpartien und Nachtseiten des menschlichen Gesellschaftslebens keineswegs unberücksichtigt. Vielmehr nehmen einen besonders breiten Raum zunächst die Arbeiter- und Dienstboten-, bzw. Sclavenverhältnisse ein. Freier stehen draussen im Weinberg die Lohnarbeiter (Mc 12 1 7 9

---

und Abwesenheit jedes Schulgeschmackes, der bei dem geistvollen Heidenapostel doch so merklich ist."

Mt 20 1—8). Mit ihnen verhandelt der Herr erst durch die eigentlichen Sclaven (Mc 12 2 4 5) und insonderheit durch den Schaffner (Mt
20 8). Dies ist der Obersclave oder Hausverwalter, der das Gesinde
beaufsichtigt und in den Gleichnissreden bald durch bewiesene Brauch-
barkeit und Zuverlässigkeit immer höher steigt (Lc 12 42 44 = Mt
24 45 47), bald auch leicht auf die Abwege tyrannischer Laune und
selbstsüchtiger Wirthschaftsmethode geräth (Lc 12 45 = Mt 24 48 49);
unter ihm stehen die Mägde, die Handmühlen drehen (Lc 17 35 =
Mt 24 41), und die Knechte, welche bei Tag auf dem Acker arbeiten
und Nachts je zwei auf ein Bettgestell zusammengepackt werden (Lc
17 34 = Mt 24 40). Sie alle theilen das eigentliche Sclavenloos, werden
bestraft nach dem grausamen Rechte der Zeit (Lc 12 46), wobei im
guten Falle das Mehr oder Minder von Bekanntschaft mit dem Willen des Herrn als Maassstab dient (Lc 12 47 48). Auch nachdem sie
draussen auf dem Felde sich müde gearbeitet, werden sie herkömmlicher Weise zu Hause noch ausgebeutet (Lc 17 7—9), und eines einzigen Herrn Wille reicht aus, sie alle in Athem zu erhalten (Lc 16 13
= Mt 6 24). Neben dem zu Tische Dienen, was mit aufgegürtetem
Oberkleid geschieht (Lc 12 35 37 22 27), erscheint dann aber als eine besondere, ehrenvollere Obliegenheit erprobter Diener, dass sie ihrem
Herrn in Geldgeschäften nützlich werden (Mt 25 20—30 = Lc 19 13 15
17 22), wesshalb der mit seinen Knechten rechnende Hausherr eine
stehende Figur solcher Reden bildet (Mt 18 23 24 Lc 19 15 = Mt 25 19).
Dasselbe gilt vom verreisenden Hausherrn (Mc 13 34 = Mt 25 14 =
Lc 19 12), dessen Heimkehr die Knechte erwarten, indem sie die Nacht
durchwachen (Mc 13 35 = Mt 24 42 Lc 12 35—38).

Das Sclavenelend sticht freilich nur besonders scharf hervor im
Gesammtbilde der gesellschaftlichen Schäden, das übrigens auch noch
in anderer Richtung Ausmalung erfährt. Dicht daneben stehen die
grellen Contraste von glänzender Ueppigkeit und widrigem Elend (Lc
16 19—21); die Krüppel und Bettler auf den Gassen (Lc 14 21), die Va-
gabunden an den Landstrassen (Mt 22 9 = Lc 14 23), die Diebe in den
Städten (Mt 6 19 = Lc 12 33), die Räuber in den Wäldern (Lc 10 33),
die Missethäter, die ihr Kreuz zur Richtstatt schleppen (Mc 8 34 = Mt
10 38 16 24 = Lc 9 23 14 27), die Gefangenen, die ihr Leben im Schuld-
thurm vertrauern (Mt 5 26 = Lc 12 59). Letztberührter Gegenstand
spielt eine besonders bedeutende Rolle in Jesu Reden. Wucher und
Zinsen (Lc 19 13—23), Schuldscheine (Lc 16 6 7), harte Praxis der Gläubiger (Mt 18 25 30), die streitenden Parteien auf dem Wege zum Richter
und das Strafverfahren (Mt 5 25 = Lc 12 58) — lauter unmittelbar aus
dem Vollen gegriffene Züge von Härte, Unbill und Druck des socialen

Lebens, die als Untergrund für die Frohbotschaft von Erlösung und Gottesreich beachtet sein wollen (s. unten 2 1).

4. Die Schrift.

Weder Natur noch Weltleben konnte selbstverständlich so positive Beiträge zum Ausbau des inneren Lebens, zur Füllung desselben mit geistigem Gehalt liefern, wie dies von der Schrift des AT gilt. Zu ihr steht er gerade so wie jeder andere Volksgenosse, wie er sie auch inmitten des galiläischen Volkes aus dem Munde der Schriftgelehrten kennen gelernt hatte. Doch scheint seine Bekanntschaft mit ihr nicht bloss vom Vorlesen und aus der Wiedergabe des Inhalts in der aramäischen Volkssprache zu stammen; schwerlich kann es ihm an Gelegenheit gefehlt haben, einzelne Rollen auch selbst in die Hände und unter die Augen zu bekommen[1]. Darum rückt er Mc 2 25 = Mt 12 3 = Lc 6 3 den Pharisäern vor: „Habt ihr nicht gelesen?" Auch literarische Schätze seines Volks, die keine Aufnahme in den Kanon mehr gefunden haben, dürften zu diesen gegebenen Voraussetzungen aller eigenen Gedankengänge gehört haben. Wenigstens berühren sich mit dem Anschauungskreise der Apokryphen und Apokalypsen seine Reden von Auferstehung und Gericht, mehr noch seine kosmologischen und astronomischen, seine angelologischen und dämonologischen Vorstellungen, seine Reden von Schutzengeln und dämonischer Besessenheit (s. oben 1, 4 3 und 4). In der That citirt er Lc 11 49 aus einem, für uns nicht mehr nachweisbaren, Weisheitsbuche, und mit unserem JSir berühren sich Stellen wie Mt 11 28—30 (s. unten 5 4) oder Lc 12 16—20 (JSir 11 19)[2]. Aber auf die originellsten und entscheidendsten Punkte des Denkens Jesu haben diese Schriften doch weniger Einfluss geübt, als das eigentliche AT. Namentlich ist es der prophetisch gehobenste und verklärteste Gehalt desselben, der in dem Sittlichen, wie Jesus es dachte, und in der Religion, die er lebte und lehrte, wieder zum Vorschein kommt, nachdem ihn die Theologie der Schriftgelehrten bei Seite hatte liegen lassen (s. oben S. 46). Besonders nahe berührt sich seine Gedankenwelt mit derjenigen des zweiten Jes[3]. Bei alledem findet doch kein sclavisches Verhalten zu diesen geschriebenen Prämissen seines Denkens statt. Im Gegentheil streift seine Auslegung

---

[1] Stapfer S. 95 f.

[2] Anderes vgl. bei Spitta, Zur Geschichte und Literatur des Urchristenthums II, 1896, S. 179 f.

[3] Natorp, Die Religion innerhalb der Grenzen der Humanität 1894, S. 20 f. Stapfer S. 104: „Parmi les prophètes écrivains il fit un choix. Il ne semble pas les avoir tous également goûtés. Esaïe paraît avoir été son auteur de prédilection."

und Anwendung ganz wie von selbst die äussere, local und historisch
bedingte Hülle der Schriftsprüche ab und holt mit sicherem Griff das
Beste, was darin zu finden war, die jederzeit gelten sollende Wahrheit,
wie er sie gedacht hatte, hervor. Durchweg beachtet und gebraucht er
bei aller Pietät gegen das Heiligthum des Buchs doch nur dasjenige
darin, was seinem eigensten Genius entsprach und für diesen assimilir-
bar, weil wahlverwandt, war. Wie in einem Spiegel betrachtet er in
der Schrift das eigene Angesicht und hinter, über demselben das
Angesicht Gottes selbst. Was nicht diesen Anblick wiederstrahlt,
das beschäftigt ihn einfach nicht, mag es im Uebrigen noch so sehr
einen Bestandtheil der von ihm gläubig hingenommenen Vorstellungswelt bibl. Autoren bilden [1]. Ohne die Schrift so oft wie etwa Pls zu
citiren und mit ihr theologisch zu operiren, schaltet und waltet er doch
mit königlicher Freiheit über ihre Reichthümer; er trägt in sich den
Schlüssel, wenn nicht zum historischen [2], so doch zum inneren, religiösen Verständnisse des AT, darin ihm Alles dienen und helfen muss,
seine Gedanken zu illustriren. Je nach Bedürfniss holt er hervor,
was die Schrift erzählt von der Schöpfungsgeschichte und dem daselbst gesetzten geschlechtlichen Ergänzungsverhältnisse, vom ersten
Hass und Mord, von Lot's Gefahr und Sodoms Untergang, von Moses,
seinem Gesetz und seinem Opferritual, vom späteren Tempeldienst,
von David und von Salomo; ihm ist gegenwärtig, was die Dichter
sangen und die Propheten redeten; er argumentirt aus den Schicksalen
des Elias, des Jonas, des priesterlichen Märtyrers unter Joas, aus dem
prophetischen Loos überhaupt, wie aus dem Schicksal der Städte,
welchen die prophetischen Bussrufe gegolten hatten. Dabei sehen wir
ganz ab von den zahllosen bibl. Reminiscenzen, die ihm stets zur Hand
sind, von den alttest. Redeformen, von welchen sein Vortrag regelmässig durchwebt, wie ja auch seine parabolische Lehrweise nach

---

[1] Richtig z. B. Beyschlag I², S. 37 f. Schon Keim I, S. 457 hat als auf eine
„kleinere Parallele“ auf Luther's Verhältniss zur Bibel verwiesen, sofern hier
gleiche Freiheit mit gleicher Gebundenheit gepaart erscheine. Noch näher liegt
die Analogie, sofern für Luther die Schrift lediglich Erkenntnissquelle des von
ihm erlebten Heiles war. Nur dieses sein Evglm sah und fand er in ihr. „Alles
Andere, was sonst noch darin stand, sah und hörte er gar nicht oder höchstens
mit halbem Ohr, es interessirte ihn nicht.“ So Siegfried, ZprTh 1890, S. 108.
Vgl. auch Jacob, Jesu Stellung zum mosaischen Gesetz 1893, S. 23 f, 29.

[2] Es ist also z. B. einfach selbstverständlich, dass für ihn der Pentateuch
von Moses, Ps 110 von David, Jes 53 vom Propheten Jesajas und Dan 7 vom
Propheten Daniel herrühren. Strauss I, S. 330: „Wir sehen gerade darin seine
Grösse, dass er die alte Schrift mit neuem Geiste las; dadurch war er ein Prophet,
und wenn er ein noch schlechterer Exeget gewesen wäre.“ Abschliessendes hierüber gibt Meinhold, Jesus und das AT 1896, S. 3 f.

Mustern alttest. Poesie und Prophetie geformt ist. Und dies Alles
lautet so frei, dass von tendenziöser Nachahmung nicht gesprochen
werden kann, berührt zugleich aber doch so ganz wie frischester Hauch
des gleichen Geistes, dass die Erinnerung an wesentlich anders gefärbte
Jahrhunderte, welche geschichtlich zwischen die alten und dem neuen
Propheten treten, machtlos wird.

5. Essäismus.

Die soeben beschriebenen Einflüsse auf das sich füllende und vertiefende Bewusstsein Jesu sind jedenfalls ungleich bedeutender anzu-
schlagen, als die Zufuhr von Begriffen und Vorstellungsreihen, welche
man in früherer Zeit aus den vom Griechenthum berührten Kreisen
seines Volkes, ja sogar direct aus jenem ableiten zu müssen glaubte.
Zuvörderst steht fest, dass von Einflüssen, welche nach Griechenland
weisen, kaum irgendwelche Rede sein kann, es sei denn, dass dieselben
ganz zufällig und vereinzelt der Berührung mit dem zahlreichen Heidenthum Galiläas und dem weiteren Gesichtskreise einer, unter heidnische
Umgebung eingesprengten, jüd. Bevölkerung entsprangen. Er beobachtet das Thun der Heiden (Mt 5 47 6 7 32 20 25), aber ihre Schul- und
Weltweisheit ist ihm jedenfalls noch fremder geblieben, als die einhei-
mische Theologie der Rabbinen. Die leichteste Möglichkeit, nähere
und ausgiebigere Verbindungswege vorstellbar zu machen, läge auf dem
indirecten Wege der Vermittelung durch Alexandrinismus und Essäismus, falls nämlich der letztere der Berührung mit dem Griechenthum
seine Entstehung verdanken sollte (s. oben 1, 6 6). In der That wollte
eine viel ventilirte Hypothese des Deismus und älteren Rationalismus
die Erfolge Jesu aus seinen geheimen Verbindungen mit dem Essäer-
orden erklären. Aber so wahrscheinlich er in den Städten und Dörfern
seiner Heimath auch Essäer kennen lernen mochte, so wenig hat er
dem Orden je angehört. Als wahlverwandte Erscheinungen berühren
sich zwar vielleicht Christenthum und Essäismus auch geschichtlich;
dann aber erst im apost. Zeitalter. Aus christl. Schriften, die vielleicht
selbst hier oder dort einmal essäisch beeinflusst sind, wie Mt mit seinem
Eidverbot und Cölibatsprincip, oder aus den communistischen Ideen des
Lc [1] darf man nicht sofort auf die Stellung Jesu schliessen. Was aber
nach Abzug dieser Momente noch übrig bleibt, der Gedanke der religiösen Weihe des ganzen Daseins ohne die absolute Nothwendigkeit
eines Tempeldienstes und ohne wesentliches Bedürfniss blutiger Opfer,

---

[1] Letzlich geltend gemacht von FRIEDLÄNDER S. 123, dem überhaupt „das
Urchristenthum vom Essäismus durchtränkt war," S. 121, und von NESBIT, Christ,
Christians and Christianity, I Christus an Essene 1896.

die Ueberzeugung von der Ebenbürtigkeit und Gleichheit der Menschen im Dienste Gottes und die daraus abgeleitete Pflicht der gegenseitigen Dienstbereitschaft, überhaupt der sociale Grundzug der
Ethik: das Alles zeigt nur, dass die sittlichen Ideen, die auf Grund des
AT erwachsen waren, in ihrer allmählichen Ausbildung auf mehr als
einem Punkt des damaligen Volkslebens nach einem solchen Ausdruck strebten, wie ihn Jesus selbständig gefunden und der Welt in
durchschlagendster Form dargeboten hat [1]. Denn nur bei ihm ist zur
wahren sittlichen Freiheit gediehen, was bei den Essäern immer wieder
zum Rückfall in Peinlichkeit und Beschränktheit neigte; ihm ist es nie,
um eine, den Sinn und Umfang des Gebetes begrenzende, Formel, immer
nur um die gesunde Grundrichtung des Herzens zu thun, während die
Essäer in Waschungen und Reinigungen die Pharisäer noch überboten,
im Uebrigen aber von den Sündern sich ängstlich abschieden, ihr Licht
unter den Scheffel des Klosterlebens stellten und durchweg ein esoterisches und separatistisches Sektenthum [2] in Scene setzten, daran das
volksthümliche Auftreten Jesu in keiner Weise betheiligt erscheint.
Er kennt keinerlei Ordensgeist, also auch nicht denjenigen des Essäismus.

6. Pharisäismus.

An die Stelle des essäischen ist in den neueren Constructionen
des Lebens Jesu vielfach das pharisäische Bildungselement getreten [3].
Diese Hypothese hat vor der anderen jedenfalls voraus, dass dem Sohne
des Volkes der Pharisäismus am wenigsten fremd geblieben sein konnte.
In keiner anderen Form als in dieser lernte er in seiner näheren
und weiteren Umgebung das nationale Judenthum kennen. Unmöglich
konnte er auch nur gleichgültig bleiben gegenüber einer Richtung,
welche durch das ganze Land hin, zumal auch durch den, heidnischer
Ansteckung am meisten ausgesetzten, Nordbezirk, die Forderung einer
allgemeinen Volksheiligkeit trug und durch umfassende Organisation
der Werkthätigkeit zu verwirklichen suchte. Jesus muss dem Thun
und Treiben der Pharisäer, zumal der Schriftgelehrten, die gespann-

---

[1] HARNACK I, S. 68: „Der Hellenismus und auch der Essenismus erklären
nur die Möglichkeit, nicht die Wirklichkeit der Erscheinung.“
[2] KEIM I, S. 305: „jener geheimbündlerische Rückzug aus dem grösseren
Gemeinschaftsleben des Judenthums.“
[3] Schon SCHLEIERMACHER und HASE schliessen diese Möglichkeit nicht aus.
KEIM, Der geschichtliche Christus [3] 1866, S. 17f macht sie positiv geltend. Nach
BRANDT, Die evangel. Geschichte und der Ursprung des Christenthums 1893, S. 450f
kann es keinem Zweifel unterliegen, dass Jesus durch pharisäische Schulung gegangen. Besonders eifrig verfolgen Juden (A. GEIGER, GRÜNEWALD) und Judenchristen (CHWOLSON) diese Spur. Vgl. aber auch HARNACK, Dogmengeschichte I,
S. 66f.

teste Aufmerksamkeit gewidmet haben, um ihre ganze Praxis so genau
zu kennen, die Methoden ihrer Beweisführung sich selbst anzueignen,
dem verführerischen Eindruck ihrer Volksbelehrung mit so brennendem
Eifer zu begegnen. Steht er doch von Haus aus keineswegs im ausgesprochenen Gegensatz zu den Pharisäern. Da und dort erscheint
er als ihr Gast, und die Synagogen sind ihm während der längsten
Zeit seines galiläischen Aufenthaltes nicht verschlossen. Er führt Debatten auf dem Boden und mit den Mitteln der Schriftautorität gleich
den pharisäischen Schulhäuptern[1], und die Probleme, worauf es bei
aller Bethätigung der Religiosität im sittlichen Leben ankommt, erscheinen bei ihm in der gleichen Formulirung wie bei dem Pharisäismus: „Was soll ich thun, damit ich ewiges Leben ererbe?" Mc 10 17
= Lc 10 25 18 18, „welches ist das erste, das grosse Gebot?" Mc 12 28
= Mt 22 36. Darüber belehrt er die pharisäischen Schriftgelehrten,
und mit Einem unter ihnen berührt er sich noch zu Jerusalem ganz
nahe in der Beurtheilung des höchsten Gebotes; er giebt ihm Zeugniss, dass er „nicht fern sei vom Reiche Gottes" Mc 12 34. Aber auch
die Gedanken vom Reiche Gottes strömen ihm von dieser, keinesfalls
von essäischer Seite zu, und von noch grösserem Belang ist es, wenn
das stetige Losungswort der pharisäischen Partei, die „Gerechtigkeit",
gleich Anfangs als ein Mittelbegriff seiner sittlichen Weltanschauung, als der namentlich die Bergpredigt beherrschende Gedanke erscheint. Hat Jesus auch thatsächlich bald genug gegen jeden Schritt
und Tritt in der Richtung, in welcher die Pharisäer zu ihrem Ziele
zu gelangen lehrten, protestirt, so bekämpft er die Pharisäer doch
meist mit ihren eigenen Waffen, und von ihnen hat er die erste An-
regung dazu empfangen, wenn er über den Werth der Almosen, über
den Lohn im Himmel redet. Nicht minder ist es die Lehre von der
pflichtmässigen Ergebung in das göttliche Verhängniss, welche Jesus
mit der pharisäischen Auffassung des Verhältnisses von Gott und Welt
gemein hat, und in seinen Reden von der Auferstehung tritt er ganz
entschieden auf die Seite der Pharisäer gegenüber nicht bloss den Sadducäern, sondern auch den Essäern, man kann sogar sagen: auf die
Seite des Spätjudenthums im Gegensatze zu der älteren, prophetischen
Anschauung[2]. Nach jeder dieser Richtungen ist es von Bedeutung,
wenn auch die erfolgreichste Weiterführung der christl. Sache von
einem Manne ausgehen konnte, der selbst früher ein entschiedener
Pharisäer gewesen war. Wenn der Lehrbegriff des Pls die directe Um-

---

[1] JÜLICHER, Einleitung in das NT S. 275: „Principiell ist der Schrift gegenüber sein Standpunkt und der jedes Pharisäers der gleiche."
[2] WENDT II, S. 13.

kehr des pharisäischen Heilswegs bedeutet (II 1, 8 4), so stellten als
Vorbereitung darauf Jesu Bergpredigt, seine Aussprüche über levitische Reinigungen, Fasten, Almosen und Sabbathfeier das Widerspiel
zur pharisäischen Tugendübung dar. Lediglich Fortführung, Reinigung
und Vollendung der pharisäischen Ethik liegt also weder hier noch
dort vor. Wohl aber macht es einen tiefgreifenden Unterschied aus,
wenn Pls zu seinem späteren Standpunkte durch einen völligen Bruch
mit seiner Vergangenheit gelangt ist, während Jesus sich als ungebrochene Natur auch darin bewährt, dass sein innerer Gegensatz zur
pharisäischen Tugendschablone in demselben Grade bewusster und
stärker werden musste, als ein weiteres Fortschreiten auf den Anfangs
gemeinsamen Wegen ohne schwere Selbsttäuschung und sittlichen
Schaden nicht mehr möglich gewesen wäre. Hätte er sich jemals bewusster und ausgesprochener Maassen unter den Bann des pharisäischen Religionsmechanismus gestellt gehabt, so wäre ihm der Vorwurf
der Abtrünnigkeit so wenig erspart geblieben, als er dem Pls erspart
geblieben ist. Dann aber wäre es auch um diese edelste Naturwüchsig-
keit der Religiosität, welche keines Begriffsapparates palästinischer
oder alexandrinischer Schulung bedarf, um sich auszusprechen, geschehen gewesen.

Nur selbstverständlich ist es endlich, dass das gesammte Gebahren
des vornehmen und weltlichen Sadducäismus lediglich abstossend auf
den Mann von Nazaret einwirken, dass von den priesterlichen Führern des Volkes, die ohnehin in Galiläa keinen festen Fuss hatten und
kaum irgend welchen Einfluss übten, keinerlei positive Anregungen auf
ihn ausgehen konnten. Ihnen begegnete er als Prophet nirgends auf
seinen Wegen; als Messias aber trat er in Jerusalem sofort durch die
That der Tempelreinigung in offenen Gegensatz zu ihnen, und sobald
sie die Vollmacht ahnten, kraft welcher er solchen Schritt gewagt
hatte, war bei den Synedristen sein Untergang beschlossene Sache:
die einfache Consequenz ihrer rein opportunistischen Behandlung der
Wahrheitsfragen und der daran hängenden tragischen Conflictsfälle
des Lebens.

7. Der Täufer.

Wenn man früher in dem Essäismus das Bindeglied gefunden zu
haben meinte, welches zwischen Judenthum und Christenthum die Vermittelung übernehmen sollte, so schien insonderheit wieder Johannes der
Täufer zwischen den Essäern und Jesus die Brücke zu bilden [1]. Lebte
er doch in der Wüste von Heuschrecken und wildem Honig, wie auch

---

[1] So zuletzt noch FRIEDLÄNDER S. 126 f.

die Essäer sich mit der einfachsten Kost begnügten, und erinnert
doch seine Wassertaufe zumeist an die hl. Waschungen der Essäer.
Andererseits unterscheidet sie sich von diesen Lustrationen schon durch
ihre Einmaligkeit, und während die essäischen Exercitien doch nur
ceremonielle Reinigkeit nach levitischem oder nasiräischem Muster be-
zweckten, forderte der Täufer eine geistige That, eine sittliche Leistung
von dem Volke; er „kam auf dem Wege der Gerechtigkeit" Mt 21 32
und „verkündigte die Taufe der Busse" Mc 1 4 = Lc 3 3. Dagegen ist
bei ihm das „Reich" nur in der Stelle Mt 3 2 zu finden, was sich aus
4 17 erklärt (Gleichung zwischen dem Vorläufer und dem Nachfolger),
während es sich Mt 3 7—12 = Lc 3 7—9 16 17 im Allgemeinen darum
handelt, dass die Juden, statt etwa dem nahen „Tag des Herrn" entgegen zu jubeln, sich vielmehr mit Ernst bereiten sollen, in dem Gericht, welches jener Tag bringt, zu bestehen. Der Schilderung des
letzteren ist der grösste Theil der synopt. Johannespredigt gewidmet,
wobei aber, entsprechend dem gänzlichen Wegfalle des national-politischen Elementes der Zukunftserwartungen, aus dem Gerichte über die
Heiden eine Sichtung innerhalb des Volkes selbst geworden ist. Eben
diese Sichtung bildet das nähere Thema der Worte des Täufers, sofern sie nämlich vorgenommen werden soll, nicht etwa von diesem, sondern von einem Stärkeren, welcher nach ihm auftritt. Dieser Stärkere
könnte nach der vorschwebenden Prophetie Mal 3 1 recht wohl Jahve
selbst sein. Liegt dagegen die authentische Fassung in dem Wortlaute Mc 1 7 = Mt 3 11 = Lc 3 16 vor, so muss ein menschlicher Repräsentant Gottes gemeint sein und rückt die Predigt des Täufers in
ihrem messianischen Theil in die Reihen der Zeugen für das Wieder-
erwachen des persönlichen Messiasbildes in der unmittelbar vorneutest.
Zeit (vgl. oben 1, 5 3). Eine directe Beziehung auf die Person Jesu
vor dem Moment Mt 11 2 3 = Lc 7 18 19 schreiben dem Täufer erst die
synopt. Seitenreferenten zu, und in Joh ist dieses unhistorische Element allein noch auf dem Plane, die Busspredigt aber verschwunden.
Und doch ist nur als Illustration zu dieser die Taufe zu verstehen,
und hinwiederum die Taufe allein bezeichnet das Charakteristische am
„Täufer". Der „Wegzeiger auf Christus" dagegen macht seine Signatur
erst im christl. Bewusstsein aus.

Unbeeinträchtigt von diesen kritischen Zweifeln steht die Thatsache, dass zu den von Johannes Getauften auch Jesus von Nazaret
gehörte, ja dass dieser von jenem die letzten der Anregungen erhielt,
die vor seinem öffentlichen Auftreten nachweisbar sind[1]. Wie zuvor

---

[1] Hierüber herrscht unter den Biographen Jesu und den Erklärern der
Evglien weitgehende Uebereinstimmung. STAPFER S. 145 : „La seule influence

der Täufer, so tritt jetzt auch Jesus auf mit dem Rufe zur Busse und
Umkehr; und bei ihm erscheint diese bestimmt als ebenso unerlässliche wie ausreichende Vorbedingung für den Eintritt des Reiches Mc
1 15 = Mt 4 17. Wie zuvor der Täufer, so sammelt nun Jesus Jünger
und wird gleich jenem für sie ein Vorbild bezüglich des Gebetes Lc
11 1. Aber schon in Betreff des Fastens stehen seine Jünger anders
als die Johannesjünger Mc 2 18 = Mt 9 14 = Lc 5 33. Weit davon entfernt, etwa die Massenbewegung am Jordan fortzusetzen, eröffnet der
neue Meister in dem entlegenen Galiläa eine zunächst stille und zurück-
gezogene Wirksamkeit (Mt 4 13—16 entschuldigt und gerechtfertigt), die
gleichwohl auf noch Höheres abzielte. Denn eine Grösseres verheis-
sende und beanspruchende Stimme des eigenen Genius erwachte in
Jesus gerade in der Zeit, da für ihn die von aussen andringende, im-
ponirende Stimme des Täufers den unmittelbarsten Anknüpfungspunkt,
in einem gewissen Sinne die Gelegenheitsursache für die Eröffnung einer
eigenen Wirksamkeit bot.

8. Eigener Genius.

Wie unzureichend die beschriebenen, von aussen erfolgten Anregungen und Einwirkungen sich erweisen, wenn es gilt, das Werden
und die Errungenschaften einer in rastloser innerer Arbeit auf- und
auswachsenden Persönlichkeit zu begreifen, erhellt schon daraus, dass
sich Jesus allen jenen Bildungsfactoren gegenüber auch wieder ablehnend verhalten hat. Es gilt dies schon von der Stimme der Natur
und des Familiensinnes, der er Schweigen gebot, von der Autorität
der Schrift, der er sich überlegen vielleicht nicht wusste, aber thatsächlich erwies; es gilt dies namentlich von der Weltflucht der Essäer und
dem Methodismus der Pharisäer so gut, wie von dem trüben Büsser-
und Fastengeist des Täufers, darin Jesus die Schranke erkannte, welche
selbst den „Grössten unter allen Weibgeborenen" noch ausserhalb des
Reiches Gottes stellte Mt 11 11 13 = Lc 7 28 33. Allen diesen Einflüssen
begegnete bei ihm die ungebrochene Widerstandskraft eines seiner
selbst ganz mächtigen und sicheren Gemüthes, das sein Urbild in sich
selbst trägt und darum in seiner grossartigen Sorglosigkeit um das
Aeussere und Irdische, seiner von keinerlei krankhafter Gedankenblässe angehauchten Thatkraft und hellen Lebensfreudigkeit sich selbst
am schönsten zeichnet in dem Worte Mt 5 8 „Selig sind, die reines

---

qui s'exerça sur Jésus d'une façon durable fut celle de Jean-Baptiste." Neuestens
meint BRANDT S. 459 f, Jesus sei aus der Schule der Pharisäer unbefriedigt in diejenige des Täufers übergegangen. Diese müsste er freilich zeitig genug auch wieder
verlassen haben. Man hüte sich davor, zu viel Unruhe in das Lebensbild Jesu
zu bringen!

Herzens sind, denn sie werden Gott schauen"[1]. Sein Gottesglaube ist nirgends, wie bei so Vielen in seiner Nachfolge der Fall sein sollte, aus den Stürmen der Verzweiflung geboren; er ruht als Sonnenschein auf weiter und stiller See. Gelernt konnte solches nie und nirgends werden. Ein schulloser Autodidakt ist er für die Leute in Nazaret Mc 6 ₂ = Mt 13 ₅₄ = Lc 4 ₂₂, nichts weniger als ein zünftiger Schriftgelehrter für die in Kapernaum Mc 1 ₂₂ = Lc 4 ₃₂ (Mt 7 ₂₉). Zu dem, was als göttliche Geburtsgabe schon in die Wiege des Kindes gelegt war, gehörte zunächst eine feinfühlige, aufhorchende Hingebung an die Eindrücke der Aussenwelt, eine vielseitige Organisation des im Flug erhaschenden Wahrnehmungsvermögens, ein sympathisch aufgeschlossenes Verständniss für alle persönlichen Werthe des Lebens, eine Genialität der Liebe, die, weil sie „den Menschen im Menschen" suchte und meinte[2], dem Gesetz von Haus aus überlegen war (s. unten 2 ₅); fernerhin aber doch auch eine, von aller orientalischen Passivität weit abliegende, Stärke des Willens und Entschlusses, die gegebenen Falles selbst Regungen des Menschlichen zu verleugnen und unter die Füsse zu treten vermochte, wenn die Gegenwirkung des Gottesgefühles dahin drängte[3]. Hier vollends hört das „Hellenische" auf, das man wohl sonst hier und da entdecken wollte[4]. Denn alle die angedeuteten Grundfactoren haben ihren gemeinsamen Halt und ihr letztes Ziel in dem, diese Persönlichkeit ganz beherrschenden, Grundtriebe der Religion, in einer Geistesrichtung, welche noch voller und sehnsüchtiger, als sie nach der Natur und der Menschenwelt ausging, rückwärts in die Tiefen des eigenen Gemüthes sich versenkte, um das geheimnissvolle Quellen und Sprudeln

---

[1] KEIM S. 25. SCHENKEL, Das Charakterbild Jesu⁴ 1873, S. 38. STRAUSS I, S. 264: „In allen jenen erst durch Kampf und gewaltsamen Durchbruch geläuterten Naturen, man denke nur an einen Paulus, Augustin, bleiben die Narben davon für alle Zeit, und etwas Hartes, Herbes, Düsteres haftet ihnen lebenslänglich an, wovon sich bei Jesu keine Spur findet. Jesus erscheint als eine schöne Natur von Hause aus, die sich nur aus sich selbst heraus zu entfalten, sich ihrer selbst immer klarer bewusst, immer fester in sich zu werden, nicht aber umzukehren und ein anderes Leben zu beginnen brauchte." Ebenso TH. ZIEGLER, Geschichte der christl. Ethik S. 70 f, WELLHAUSEN S. 351: „Die historische Belastung, unter der die Juden erliegen, hat ihm nichts an."

[2] M. SCHULZE, Zur Frage nach der Bedeutung der hl. Schrift 1894, S. 43: „Eine tief innerliche Theilnahme für den Menschen als solchen, deren Geheimniss er uns selbst gedeutet hat, wenn er alle Forderungen in der einen zusammenfasst: Alles was ihr wollt, dass euch die Leute thun sollen, das thut ihr ihnen auch."

[3] Hierüber urtheilt immer noch am competentesten KEIM, Der geschichtliche Christus³, S. 24 f, 69 f, Geschichte Jesu I, S. 441 f, 445 f.

[4] STRAUSS I, S. 263: „Dieses Heitere, Ungebrochene, dieses Handeln aus der Lust und Freudigkeit eines schönen Gemüthes heraus, können wir das Hellenische in Jesu nennen." Vgl. dagegen HOLSTEN, ZwTh 1891, S. 387.

der göttlichen Offenbarung zu erlauschen. Für solche Intensität des religiösen Lebens schon im Kinde mag immerhin Lc 2 49 ein bezeichnender Zug erhalten sein. Aber auch später noch kennzeichnen Weltferne, ja Weltverschlossenheit dieses Lebens nicht minder, als ihre Kehrseite, die leichter nachweisbare Aufgeschlossenheit für die Welt[1]. Hinter allem energischen Vorgehen des Geistes und Willens in der Wirklichkeit liegt ein melancholisch-religiöser Drang, welcher den Propheten nicht bloss seinem Volke, sondern selbst den Jüngern stets wieder entführt. Mehr als einmal nimmt er in den Evglen seine Zuflucht zur Einsamkeit der Wüste, zur Stille des Gebirges, zum heil. Schweigen der Nacht, um dann wieder aus diesem nicht mit Händen gemachten Tempel, in welchem der Anbetende die Nähe einer anderen Creatur nicht mehr ertragen kann, hinauszutreten in die geschaffene Welt der Lebendigen, die er mit dem am ewigen Feuer angezündeten Lichte bald mild bestrahlt erfreut, bald scharf beleuchtet und richtet. An derartigen Stunden der Selbstbeschauung und Selbsterfassung hat es wohl auch vorher schon nicht gemangelt; sie waren die eigentlichen Geburtsstätten der hier zur Entfaltung kommenden Gedankenwelt. Durchweg lebt der religiöse Genius mehr vom Blicke in sich, als um sich.

9. Die Lehre Jesu.

Was ist nun aus den aufgewiesenen Elementen geworden? Welches ist das Product, wozu Eigenes und Angeeignetes sich im Bewusstsein Jesu zusammengeschlossen haben? Behufs der Beantwortung dieser Frage sah sich bereits die ältere Schultheologie veranlasst, innerhalb des „Wortes Gottes" die „Lehre Jesu" zu unterscheiden (s. oben S. 19, 21f).

Allerdings ist dieser Ausdruck missverständlich, sofern dadurch die Verkündigung Jesu auf das Niveau schulmässig überlieferbarer Weisheit gerückt scheint. Und doch ist bei ihm aus den nachgewiesenen Gründen von angelernter Methode, von abstracten Schulbegriffen, von doctrinärer Reflexion und Systematik nie und nirgends die Rede. Nicht einmal mit den apostol. Lehrbegriffen lässt sich seine Art, die Wahrheit mitzutheilen, vergleichen. Denn Pls und Joh sind schon mehr oder weniger Theologen. Hätte dagegen Jesus seine Sache auf einen Zusammenhang jüdisch-rabbinischer oder hellenistisch-metaphysischer, supernaturalistischer oder rationalistischer Lehrstücke gründen wollen, so wäre sein Auftreten, wie es die Evglsten erkennen lassen, einfach zweckwidrig gewesen[2]. Während beispielsweise der 1. Theil von Rm

---

[1] Vgl. EHRHARDT S. 81f, 94f und STAPFER S. 192f.
[2] RITSCHL II, S. 26f.

oder der Prolog von Joh es auf eine zusammenhängende Entwickelung
von Vorstellungsreihen abgesehen haben, die sich zu einer Weltanschauung zusammenschliessen, will jede seiner Reden nach der besonderen
Veranlassung oder Beziehung, welche die Umstände darbieten, be-
messen sein, und so kann er in verschiedenen Situationen buchstäblich
Widersprechendes sagen, wie Mt 12 30 = Lc 11 23 und Mc 9 40 = Lc
9 50. Nie ist es ihm überhaupt um Befriedigung des Wissenstriebes,
um Ordnung und Sichtung einer Gedankenwelt, immer nur um Lösung
practischer Aufgaben vermittelst des Glaubens an eine Welt göttlicher
Wahrheit zu thun. Nicht Durchsichtigkeit eines Lehrzusammenhangs,
sondern populäre Verständlichkeit und möglichst nachdrückliche Aussprache seiner Gedanken auf kürzestem Weg wird angestrebt[1]. Man
müsste im Grunde jedes einzelne Wort aus dem Zusammenhange des
Lebens Jesu heraus nach seiner concreten Motivirtheit kennen, um
richtig zu verstehen, was und wie er „antwortete und sprach". Solches
um so mehr, als es sich zeigen wird, dass die Grundanschauungen selbst,
durch welche alle einzelnen Worte zusammengehalten sind, ihr Verständniss nur aus der ihm aufgegangenen Lebensaufgabe gewinnen, diese
letztere aber ihre bestimmtere Fassung und Stellung erst im Verlaufe
seiner öffentlichen Wirksamkeit gefunden hat. Sieht man davon ab,
so verlieren seine Worte unvermeidlich an Originalität[2].

Bei solcher Sachlage ist es verständlich, wenn schon die ganze
Aufgabe einer Darstellung der Lehre Jesu, zumal einer vom „Leben
Jesu" abgetrennten, für falsch gestellt, wenn jedes Bestreben, die
Aussprüche Jesu als Momente eines Gedankenbaues aufzufassen, für
irreführend erklärt werden wollte, sofern damit die Einsicht in seine
eigenste Anschauungsweise und in die treibenden Motive seiner Thätigkeit principiell verspielt werde[3]. Zur Begründung dieser Behauptung

---

[1] WENDT II, S. 75f. HAUPT S. 100: „Man würde in diese Eigenart der Worte
Jesu sich viel besser finden, wenn man ihn nicht als einen systematischen Theologen dächte, der aus einem wohltemperirten System heraus redet und alle
einzelnen Sätze stets nur im Hinblick auf alle anderen ausspricht. In der That
aber zeigt ja jeder Blick auf die Reden Jesu, dass er immer nur einen einzigen
Gesichtspunkt in's Auge fasst und denselben mit rücksichtsloser Consequenz zur
Geltung bringt, es aber nicht für seine Aufgabe hält, die verschiedenen Gesichtspunkte auszugleichen und alle Posten sozusagen auf einen Generalnenner zu
bringen."
[2] A. HARNACK, Das Christenthum und die Geschichte 1895, S. 9 über die
Person des Religionsstifters: „Nicht was sie sagte, war das überraschend Neue —
sie kam, als die Zeit erfüllt war, und sie sprach das aus, was die Zeit bedurfte —
aber wie sie es sagte, wie es in ihr Kraft und die Macht eines neuen Lebens
wurde, wie sie es fortzeugte in ihren Jüngern, das war ihr Geheimniss und das war
das Neue."
[3] Z. B. WITTICHEN, Das Leben Jesu S. 61f, 64.

wird überdies schon die Form der Rede Jesu angerufen. Dieselbe bewegt sich in Spruch und Sprüchwort, Beispiel und Parabel, Bild und Sinnbild; sie weist fast durchweg malerisch anschaulichen Charakter auf und steht auf jenem Uebergange von Prosa zur Poesie, den wir aus der Rhetorik der alttest. Propheten kennen. Selbst der Parallelismus membrorum stellt sich nicht selten ein (z. B. Lc 11 9—11). Wo aber so wenig verstandesmässige Wahrheit entwickelt, wo lauter religiöse Gemüthsstimmung und Sturm und Drang des sittlichen Willens zum Ausdrucke kommen, da wird auch der Maassstab der Lehre und des theol. Denkens von vornherein ungeeignet erscheinen, ein wirkliches Verständniss zu vermitteln[1].

Das unmittelbar aus seinen Quellpunkten aufspringende Leben ist allerdings schwieriger fassbar, darstellbar, discutirbar, als die abgeleiteten, in ihren Entstehungs- und Mischungsverhältnissen leichter nachweisbaren Gedankenreihen. Immerhin vergegenwärtigt und fixirt sich doch jedweder Bewusstseinsinhalt seinem Träger in gewissen Ideen, die von ihm gegenwärtigen Ausgangspunkten auslaufen, in einem bestimmt gedachten Mittelpunkte sich zusammenfinden, um ebenso bestimmt gewollten Endzwecken zuzustreben. Seinen Zeitgenossen galt er darum immerhin als ein „Lehrer". „Was ist das für eine neue Lehre?" rufen die Zuhörer Mc 1 27, und oft genug heisst es, dass „er lehrte" bald das Volk, bald die Jünger, und um diese seine „Lehre" wird er noch Joh 18 19 befragt. Seine Lehre ist zwar nicht sein Lebenswerk selbst, wohl aber der unentbehrliche Commentar dazu[2]. Ein in sich zusammenstimmendes Bild seines sittlich-religiösen Charakters ist nicht zu gewinnen ohne Verständniss seiner leitenden Absichten, und diese wieder erhellen nur aus dem Ganzen seiner Gedanken über Gott und Welt, über Werth und Aufgabe des Daseins, über das, was ist, und das, was sein soll. Ist es gar irgendwie wirklich eine „neuere Weltanschauung", was er producirt[3], so muss dieselbe doch auch formulirbar, es muss ein wesentlicher und unauflöslicher Kern des Christenthums in bestimmten Grundanschauungen Jesu nachweisbar sein; es muss ein einheitliches, das Christenthum auch nach der Seite, nach welcher es lehrbar ist, bezeichnendes Fundament geben, und unsere erste und wichtigste Aufgabe wird in dem Versuche der Reproduction desselben nach wissenschaftlicher Methode bestehen[4].

---

[1] WITTICHEN S. 63.
[2] BEYSCHLAG I, S. 27: „Dasjenige, in seiner Erscheinung und Lebensthat, ohne welches dieselbe von uns schlechterdings nicht zu verstehen wäre."
[3] WITTICHEN S. 64. Auch dagegen protestirt freilich BOUSSET S. 90, 100.
[4] A. KRAUSS, Das protest. Dogma von der unsichtbaren Kirche 1876, S. 144:

10. Quellen.

Zu den enormen Schwierigkeiten, welche schon in der Thatsache beschlossen liegen, dass für die Reproduction dieser Gedankenwelt zuletzt Alles auf richtige Erfassung jenes dunkeln Kerns der Persönlichkeit ankommt, dessen Wesen sich der Natur der Sache nach nur fühlend und tastend erkennen, nicht aber messen und zergliedern lässt, tritt nun weiterhin die Beschaffenheit der zu Gebote stehenden Quellen. Es kann hier nicht erörtert'werden, wesshalb Alles, was ausserhalb der 3 synopt. Evglien liegt, nur von secundärem Belang ist[1]. Man müsste eigentlich sagen: nicht 2., sondern 3. Ranges. Denn 1. Ranges könnten nur die jenen zu Grunde liegenden 2 bis 3 Quellen sein, auf welche sie zurückzuführen sind: die Redensammlung des Mt, die ursprüngliche Mc-schrift und eine noch immer problematische Sonderquelle des Autor ad Theophilum (Lc)[2]. Unsere jetzigen Evglien sind in erster Linie Andachtsbücher; ihr Verhältniss zu dem darin enthaltenen Geschichtsinhalt ist ein sehr verwickeltes und complicirtes[3]. Besässen wir aber auch jene Quellen in natura, so würde sich vielleicht nur um so dringlicher die Frage erheben, ob sie sich nicht als zu enge und kümmerliche Rahmen für das Bild erweisen, welches sie fassen sollen. Man kann hier sicherlich allzu skeptisch urtheilen[4]. Auch wer

---

„Die Theologie hat nicht bloss die Aufgabe, die geschichtlichen Vorbereitungen und Anknüpfungspunkte zu erkunden; sie soll auch die systematischen Zusammenhänge der vom Stifter ausgesprochenen Ideen ergründen." OSCAR HOLTZMANN, Jesus Christus und das Gemeinschaftsleben der Menschen 1893, S. 22: „Es ist also gewissermaassen eine von Jesus selbst gestellte Aufgabe, aus seinem ganzen öffentlichen Wirken den neuen Lebensgrundsatz zu erkennen, durch welchen er sich wesentlich von seinen Zeitgenossen unterscheidet."

[1] Bezüglich des 4. Evglms sei hier ein für allemal verwiesen auf das Lehrbuch der historisch-kritischen Einleitung in das NT [8]1892, S. 127f, 138f, 453f. HC IV [2]1893, S. 19f.

[2] Vgl. das angeführte Lehrbuch S. 350, 354f, 358f, 362f, HC I [2]1892, S. 3f, 23f.

[3] Vgl. das angeführte Lehrbuch S. 82, 84f, HC I, S. 13f, 18f. Dazu H. v. SODEN, Das Interesse des apostol. Zeitalters an der evangel. Geschichte: Theol. Abhandlungen, C. v. WEIZSÄCKER gewidmet 1892, S. 111f, wo eingehend erörtert ist, wie und warum die Evglien „statt zu actenmässigen Berichten über das Leben Jesu zu erhabenen Erbauungsbüchern wurden", S. 168.

[4] P. DE LAGARDE, Deutsche Schriften 1886, S. 71: „Eingestehen, dass Jeder, der ihn sah, den Mann nur in Einzelnem richtig, in den meisten Punkten falsch oder gar nicht verstand, dass wir keine Photographie seines Wesens haben, heisst anerkennen, dass seine Persönlichkeit so gewaltig war, dass, wenn die Menschen sich auf ihn besannen, sie, ohne es zu wissen, schon durch ihn anders geworden waren und Theile seines Wesens in sich fanden und darum auch Theile ihres Wesens, die mit den Neubildungen in ihnen nahe zusammenhingen, in ihn versetzten, obwohl dort nie etwas diesen Kleinigkeiten Aehnliches vorhanden gewesen war. Aber alle diese Erwägungen helfen uns nicht über die Thatsachen hinweg,

über Composition und Redaction der matthäischen Bergrede denkt,
wie man nach der kritischen Sachlage denken muss, kann immer noch
in ihr und Allem, was sich an sie als an Form und Inhalt verwandt
anschliesst [1], das „Aechteste des Aechten“ erkennen. Nicht minder sind
die Gleichnisse von Bedeutung, so gewiss die wenigsten ihren ursprünglichen Zusammenhang noch erkennen lassen, so gewiss manche derselben in 2 Fassungen auf uns gekommen sind, so dass wir an den
Differenzen derselben das Profil späterer Zeiten wieder zu erkennen
vermögen, so gewiss endlich die eigentliche Pointe bald bei dem einen,
bald bei dem anderen Evglisten verwischt worden ist. Auch die Aecht-
heitsfrage liegt nicht durchweg klar. Gleichwohl bilden sie im Verein
eine Kategorie für sich, unerreicht von Allem, was in gleicher Richtung versucht werden wollte.

Und zu diesen Gleichnissen, welche bei Mc den 3. Theil, bei Mt
fast die Hälfte, bei Lc über die Hälfte alles Redestoffes ausmachen,
kommt noch eine stattliche Sammlung von Worten Jesu bald an
seine Jünger, bald an seine Widersacher, bald an das Volk gerichtet.
Bezeichnend und gewährleistend für den geschichtlichen Charakter
dieser Redestoffe ist der durchaus originelle Stil derselben, die überaus
glückliche Form, die Jesus für seine Anschauungen über Göttliches
und Weltliches zu finden weiss, der überraschende Griff, womit gleichzeitig ein gerade vorliegender Fall erledigt und eine grundsätzliche Entscheidung für alle Fälle getroffen wird. Mag auch, um nur einige Bedenken mannigfacher Art erregende Eigenthümlichkeiten des 1. Evglms
anzuführen, fraglich erscheinen, ob Christus so von der Ekklesia geredet haben kann, wie er Mt 16 18 18 17 thut; mögen schon der fixirtere
Lehrbegriff und die leicht bemerkbaren eigenthümlichen Redensarten
des Evglisten gegen die Ursprünglichkeit der Erklärung zeugen, die er
13 37—43 zu dem Gleichniss vom Acker mit dem Unkraut gibt; mag
es ferner eine wohl aufzuwerfende Frage bleiben, ob das Wort vom
Buchstaben und Jota des Gesetzes 5 18 nicht viel mehr als eine, von
Jesus bekämpfte, Satzung der Pharisäer, denn als Jesu eigene Behaupt-

---

dass von Jesu Person historisch nur sehr wenig gewusst wird, dass von seiner
Lehre nur ein Theil, und auch dieser erst nach gründlicher kritischer Arbeit bekannt heissen kann und dass seine Apostel unfähig gewesen sind, von ihm zu berichten.“ In vorsichtigeren Schranken hält sich das Urtheil WELLHAUSEN's S. 351f:
„In den drei ersten Evglien erscheint er als Thaumaturg; das hat er sicherlich
nicht sein wollen. Die Erinnerungen an ihn sind einseitig und dürftig, nur die
letzten sechs Tage seines Lebens sind unvergesslich geblieben.“

[1] KEIM, Der geschichtliche Christus S. 38. BAUR, Das Christenthum der drei
ersten Jahrhunderte [3], S. 25f: „Es ist die Sache selbst, die hier spricht, die innere,
unmittelbar an die Herzen der Menschen dringende Macht der Wahrheit, die sich
hier in ihrer weltgeschichtlichen Bedeutung ankündigt.“

ung aufzufassen sei; mag überhaupt schon die Eingliederung in einen
oft genug ersichtlich aufgezwungenen Zusammenhang es fraglich erscheinen lassen, ob wir von mehr als bloss relativer Authentie der überlieferten Worte Jesu reden dürfen: immerhin empfängt man vom Durchschnitt der synopt. Reden den überwältigenden Eindruck einzigartiger
Wirklichkeit. Was wir hier hören, das haben Apostel und Evglisten
weder aus sich, noch aus dem Bewusstsein der Gemeinde geredet, sondern sie haben damit den redenden Meister selbst in die Mitte eines
Zuhörerkreises gestellt, der sich aus allen Jahrhunderten der Christenheit zusammensetzt. Es ist somit der unnachahmliche rednerische
Schwung in der Form, es ist der eigenthümliche Zauber des Inhalts
dieser Reden, den Niemand wieder in's Leben rufen und in erster
Schrift verewigen konnte, der ihn nicht selbst gefühlt hatte. Insofern
tragen diese Reden, als Ganzes genommen, die Kraft der Selbstbeglau-
bigung, das Merkmal ihrer Aechtheit ein für allemal in sich selbst.

Aber freilich ist, um von anderweitigen Schwierigkeiten, welche
sich der genauen Ueberlieferung solcher Sprüche entgegenstemmen
mussten [1], zu schweigen, eine Schranke bis auf den heutigen Tag nicht
aufgehoben worden; sie macht sich vielmehr erst in der Gegenwart
recht fühlbar. Jesus sprach aramäisch. Die Umformung in ein griechi-
sches Sprachgewand konnte unmöglich so vor sich gehen, dass der
Inhalt in keinerlei Mitleidenschaft gezogen wurde. Trotz aller Uebertreibungen bleibt ein richtiger Kern in dem versuchten Nachweise
zahlreicher inner- und ausserkanonischer Uebersetzungsvarianten [2].
Erst müsste man hier ganz sichere Griffe zu thun vermögen, bevor
sich in Bezug auf Reproduction der Lehre Jesu ein durchweg metho-
disches Verfahren mit Erfolg einhalten liesse [3].

---

[1] Vgl. E. HAUPT S. 4 f, H. v. SODEN, Theol. Abhandlungen, C. v. WEIZSÄCKER
gewidmet, 1892, S. 153: „Einerseits suchte man die Aussprüche mehr oder weniger
umzusetzen in die Sprache der Gegenwart, um sie der Gemeinde mundgerecht
zu machen; andererseits konnte es nicht ausbleiben, dass Gleichnisse durch ihre
Verwerthung zur Gemeindeerbauung erweitert, in ihren Pointen verschoben, durch
Nebenpointen bereichert, durch Ausführung in Einzelheiten hinein zu Allegorien
entwickelt wurden, sowie dass Herrnworte an erst später auftauchende Fragen
und Verhältnisse angepasst, ja unter den veränderten Anschauungen selbst mit
umgestaltet wurden, und dass man manches mit der Zeit als Herrnwort betrachtete, was ursprünglich keines war, sondern nur eine glückliche Fassung irgend einer
Wahrheit, welche der Christenheit aufgegangen war.“

[2] A. RESCH, Agrapha. Ausserkanonische Evglienfragmente gesammelt und
untersucht 1889. Ausserkanonische Paralleltexte zu den Evglien gesammelt und
untersucht, 1. Textkritische und quellenkritische Grundlegungen 1893, 2. Paralleltexte zu Mt und Mc 1894, 3. Paralleltexte zu Lc 1895 (Texte und Untersuchungen
zur Geschichte der altchristl. Literatur, herausgegeben von O. v. GEBHARDT und
A. HARNACK, Bd. V Heft 4 und Bd. X Heft 1—3).

[3] WELLHAUSEN, Nachrichten der k. Gesellschaft der Wissenschaften zu Göt-

Einstweilen müssen wir uns mit relativen Resultaten begnügen, und wenn dieselben nicht selten nach zwei durchaus verschiedenen Himmelsrichtungen divergiren sollten, so ist es gerathener, sie vorläufig stehen zu lassen, wie sie stehen, als eine vorschnelle Combination auf dem Wege psychologischer Divination zu wagen. Möglicher Weise liegt gerade in dem unlösbaren Widerspruch der Resultate der belehrendste Hinweis auf die innerste Natur des Problems selbst (s. 7 ı).

2. Stellung zum Gesetz.

1. Ausgangspunkt.

Von welchem Ausgangspunkte soll die Reproduction des religiösen und sittlichen Selbstbewusstseins Jesu, die Darstellung seiner Lehre anheben? Die neueren Darsteller schwanken in der Regel zwischen den Begriffen des Reiches Gottes und Gottes als des Herrn dieses Reiches und Vaters der Reichsgenossen[1]. Aber beide Linien führen in den Mittelpunkt des Selbstbewusstseins Jesu zurück, sofern erstlich nur ein Reflex desselben im Glauben an den Vater-Gott erscheint, dem gegenüber es sich bestimmter als Sohnesbewusstsein gestaltet, zweitens aber Jesus auch das Reich Gottes nicht zu verkündigen vermocht hätte, wofern er, was dieses Reiches Kraft und Wesen werden sollte, nicht lebendig in sich gefühlt und getragen hätte. Das Selbst-

tingen: Philologisch-historische Klasse 1895, S. 11: „Wenn sich die neutest. Exegeten nicht, wie LACHMANN, mit der Herstellung des von der altkirchl. Kritik recensirten Textes begnügen wollen, so werden sie syrisch lernen müssen. Es ist indessen nicht bloss wegen der Textkritik nöthig. Wer die Reden Jesu wissenschaftlich erklären will, muss im Stande sein, sie nöthigenfalls in die Sprache zurückzuübersetzen, die Jesus gebraucht hat — was mit Hilfe der syrischen Uebersetzungen, einschliesslich der sog. jerusalemischen, nicht allzu schwierig ist." „Was nicht in's Aramäische retrovertirt werden kann, hat nicht in den Logien des Matthäus gestanden." Hier hat unsere bisherige theol. Behandlungsweise dieser Stoffe allerdings eine Grenze erreicht, angesichts welcher sie als, hoffentlich nicht ganz unbrauchbare, Vorarbeit für neu zu machende Ansätze erscheint. Ein solcher Versuch liegt vor bei ARNOLD MEYER, Jesu Muttersprache 1896, S. 5: „Will man den historischen Jesus aus seiner Zeit heraus verstehen . . ., so muss man ihn auch sprechen hören, wie er gesprochen hat." Wie wahr dieses ist, wird sich an einigen Stellen bewähren, wo unsere Forschung einstweilen Halt machen muss (s. unten 5 ₃).

[1] Mit dem Himmelreich als dem Centralbegriff der synopt. Verkündigung beginnt die Darstellung bei RENAN, IMMER, HAUSRATH, B. WEISS, v. OOSTERZEE, BEYSCHLAG, BOVON, COXE, ferner bei H. SCHULTZ, Die Lehre von der Gottheit Christi 1881, S. 372 f, bei TITIUS, Die neutest. Lehre von der Seligkeit I, 1895, S. 4 f 47, im Grunde auch bei WENDT, nur dass er von da sofort abbiegt zur Lehre von Gott als dem Vater, weil durch sie der überkommene jüd. Begriff vom Reiche Gottes eine eigenthümliche und neue Bestimmtheit gewonnen habe, II, S. 137 f, 638 f. Insonderheit findet BOUSSET S. 41 f, 123 f das Fundament der religiösen Gedankenwelt Jesu im Glauben an den Vater-Gott.

bewusstsein an sich aber, womit wir demnach zu beginnen hätten, ist überhaupt nicht zu erkennen oder zu beschreiben; es bleibt selbst bei gewöhnlichen Menschen hinter dem Vorhang und wird nur in seinen Aeusserungen fassbar. Zu Aeusserungen aber wird es veranlasst und gereizt durch die Berührung mit der Umgebung, mit der Aussenwelt. Diese ist nun in unserem Falle repräsentirt durch das zeitgenössische Judenthum. Der hier maassgebende Anschauungskreis hat aber sein Centrum weder im Begriffe Gottes, noch in dem Begriffe seines Reiches, sondern ganz unleugbar vielmehr im Gesetz. Das gesetzliche Judenthum bietet den positiven wie negativen Anknüpfungspunkt der Predigt Jesu[1]. Dieser Punkt ist es nämlich, auf welchem Jesus sich zunächst ganz eins weiss mit der hergebrachten Religionsform; dieser Punkt ist es aber zugleich, welcher alsbald eine abstossende Kraft offenbart, sofern sich Jesu religiöse und sittliche Eigenart durch die vorgefundene Gesetzesübung in ihrer Entfaltung gehemmt und zur Durchbrechung bestehender Schranken aufgerufen fühlt[2]. Nun setzt freilich die souveräne Art, womit er solche als Hemmnisse empfundenen Elemente der Gesetzesüberlieferung theils in ihrer Bedeutung einschränkt, theils geradezu bei Seite stellt, ein ausgebildetes Bewusstsein nicht bloss um die Eigenart des von ihm verkündigten Gottesreichs[3], sondern auch um die Ueberlegenheit der eigenen Person voraus, so dass wir in dieser Erkenntniss eines einzigartigen Berufes, einer durchaus eigenthümlichen Stellung zu Gott die eigentliche Keimzelle für sein ganzes messianisches Auftreten, also auch für die Verkündigung des Vater-Gottes und des Reiches Gottes zu erblicken, demnach eigentlich mit dem Selbstzeugniss Jesu anzufangen, mit der von hier aus sich ergebenden Kritik des Bestehenden als einem Ausdruck des ihm eigenthümlichen Geistes- und Kraftbesitzes eher zu schliessen hätten[4]. Andererseits entspräche ein mit seiner Würde als Gottessohn anhebender Gang der Betrachtung mehr einem dogmatischen Zweck, einer von oben herableitenden Darstellung. Die geschichtlich beschreibende Art, welche wir grundsätzlich verfolgen, bringt das Umgekehrte mit sich. Jede neue Religionsstiftung tritt anfangs als Reform auf, findet die Gelegenheitsursache ihrer Entstehung in der Kritik des Bestehenden. In unserem Falle ist es das Gesetz, die gesetzliche Form des religiösen Verhältnisses, was den Widerspruch hervorruft.

---

[1] Schürer, Die Predigt Jesu in ihrem Verhältniss zum AT 1882, S. 23.
[2] Vgl. Baldensperger ²S. 218 f.   [3] Wendt II, S. 329 f.
[4] Diesen Gang macht im Anschlusse an Keim geltend L. Jacob S. 12 f, 16. Vgl. S. 39: „In der allmählich heranwachsenden Kritik Jesu an den cultisch ceremoniellen, rechtlich nationalen Theilen des Gesetzes ist überall seine positive sittliche Anschauung als treibender Factor zu erkennen."

Lässt sich dieser Satz beweisen, so wird auch hier allein der Punkt zu finden sein, an welchem die Reconstruction einzusetzen hat[1], während die Stellung, welche Jesus selbst in der von ihm vertretenen Gedankenwelt einnimmt, naturgemässer Weise erst den Schluss- und Höhepunkt der Betrachtung bilden wird[2]. Eben damit schliesst sich die letztere auch nur dem Gang des Lebens Jesu an, soweit die Quellen selbst einen solchen erkennbar werden lassen. Denn dass er mit Aussagen über seine Person anfangs und sogar lange zurückgehalten hat, ist eines der sichersten Ergebnisse aller gesunden Evglienkritik[3].

2. Praktische Stellung des Problems.

Wenn man bei Behandlung der Frage, was Jesus gewollt, was er seinem Volke gebracht und von diesem gefordert hat, in erster Linie die Stellung zum Gesetze des Moses in's Auge fasst, lässt man sich gewöhnlich von der Thatsache bestimmen, dass davon gleich Mt 5 20—48, also auf den ersten Seiten des NT, gehandelt wird. Angesichts der inneren Antinomie dieser Stelle, deren Anfang 5 17—19 durch alles Folgende zum Räthsel gestempelt wird, scheint es aber zweckmässiger, ihrer Behandlung erst nahe zu treten, nachdem zuvor schon ein einigermaassen sicheres, in sich selbst möglichst einheitliches Material als Anhaltspunkt gewonnen ist. Wer etwa seine Lectüre, statt mit Mt, vielmehr mit Lc beginnen wollte, würde überhaupt eher einem anderen Punkte eine entscheidende und durchschlagende Bedeutung zugestehen müssen, nämlich dem Bewusstsein, vor ein ganz eigenartiges Publikum gestellt, ̣gesandt zu sein, um zu verkündigen eine frohe Botschaft den Armen, die zerstossenen Herzen zu heilen, den Gefangenen Erlösung und den Blinden das Gesicht zu predigen" Lc 4 18 19. Und es sind schliesslich beide Evglien, welche eine, noch von keinem zuständigen Forscher für ungeschichtlich erklärte, Selbstaussage Jesu bringen, derzufolge das Letzte und Höchste, was Jesus zu leisten vermag und verheisst, in das Wort gekleidet wird: „Den Armen wird das Evglm gepredigt" Mt 11 5 = Lc 7 22. Schon damit stellt sich Jesus dem Gesetz anders gegenüber, als die Gesetzesmacher und Gesetzeshüter unter den Zeitgenossen, die aus dem, was Schutz, Anleitung und Wohlthat hätte sein können, lauter an sich selbst Werth beanspruchenden Brauch, lauter Ceremonie und Uebung, ebendamit aber auch eine überaus be-

---

[1] So schon BAER S. 46 und STRAUSS, Das Leben Jesu für das deutsche Volk bearbeitet ⁸1895, I, S. 265 f.

[2] Gegen den Einsatz beim messianischen Bewusstsein Jesu vgl. OSCAR HOLTZMANN, Jesus Christus und das Gemeinschaftsleben der Menschen 1893, S. 52.

[3] Vgl. Lehrbuch der hist.-krit. Einleitung in das NT ³S. 359 f, Hand-Commentar zum NT I, ²S. 7 f.

schwerliche Last gemacht hatten, unter welcher, durch das ohnehin
schon schwere Leben keuchend, der Mensch sich den Himmel verdienen sollte (s. oben S. 31, 34). Diese „schweren und unerträglichen
Bürden" Mt 23₄ (φορτία) meint Jesus in erster Linie, wenn er den „Müh-
seligen und Beladenen" (πεφορτισμένοι) Erquickung spenden und ein
leichtes Joch auf ihre Schultern legen will Mt 11 ₂₈—₃₀ [1].

Sofern nun dieser Gesetzesdienst, in welchem die jüd. Religion
untergegangen war, erstlich einmal eine genaue Kenntniss, ein um-
fassendes Wissen von tausenderlei Einzelheiten voraussetzt, war damit ein Unterschied eingeführt, welchen das alte Israel nicht gekannt
hatte: nämlich der zwischen Wissenden und Unwissenden [2]. Je schwerer
derselbe gerade auf dem Gebiete der Religion empfunden wird, desto
verständlicher wird die Seligpreisung der „Armen im Geist" Mt 5 ₃
auch als Kampfwort, als Losung zu Gunsten des „Volkes, welches das
Gesetz nicht kennt" Joh 7 ₄₉ [3]. Wie man aber der Zeit und des Besitzes
bedarf, um das Gesetz überhaupt kennen zu lernen, so auch, und
mehr noch, um es zu üben und zu vollziehen. Nur Wohlhabende oder
Reiche sind zu solcher Leistung ohne Weiteres im Stande. Man denke
sich jene unendliche Folge von Opfern, Gebetsübungen, Waschungen
und Bädern, jene fortwährend aus den unberechenbaren Zufälligkeiten
des Lebens sich ergebenden Anlässe zu besonderen Leistungen und
Büssungen, jene aus den Bestimmungen über reine und unreine Speisen,
Gegenstände und Menschen auf Schritt und Tritt resultirenden Hemmungen des Verkehrs und Sperrungen des Handels und Wandels!
Nur ein Mensch, der frei und leicht über Zeit und Mittel verfügte,
ein Mensch, der volle Musse und ein auskömmliches Vermögen hatte,
vermochte diesem Gesetze wirklich nachzukommen, es dem Buchstaben
nach zu halten. Dagegen war eine grosse Menge von Menschen, die
zunächst dem Verdienst nachgehen und ihre Existenz täglich auf's Neue

---

[1] Die älteren Ausleger denken an die Last des Schuldbewusstseins, WENDT
II, S. 117, 178f, 314, 376, 433, 482, 514 an die Nöthe des Erdenlebens überhaupt. Gegen jenes spricht schon der Ausdruck κοπιῶντες (B. WEISS zu Mt 11 ₂₈),
gegen dieses die Entfernung aus der religiösen Sphäre, für welche das Wort
allein volle Geltung beanspruchen kann. Das Richtige haben BAUR S. 115 und
WITTICHEN S. 315, 323.

[2] WELLHAUSEN S. 194: „Die Bibel wurde die Fibel, die Gemeinde eine
Schule, die Religion Sache des Lehrens und des Lernens."

[3] WELLHAUSEN S. 345: „Von dieser Seite wird der Protest Jesu gegen den
Hochmuth der Pharisäer und Schriftgelehrten zu einem Protest gegen ihren
Bildungsdünkel, durch den sie sich über das gemeine Volk erheben und von demselben abscheiden." BRANDT S. 451, 466f: „Das Liberale in seiner Lehre war
nicht willkürliche Neuerung und keine Geringschätzung der gesetzlichen Praxis,
sondern nur ein Protest gegen die Ueberforderung, die dazu geführt hatte, dass
die Menge des Gottesvolkes ohne Gott lebte."

erkämpfen mussten, schlechterdings nicht in der Lage, daneben auch
noch ihren religiösen Pflichten zu genügen und das Gesetz zu halten[1].
Es war, um nur einen besonders auffallenden und auch in der evangel.
Geschichte zu Tage tretenden Punkt namhaft zu machen, selbst frommen Galiläern unmöglich, der gesetzlichen Pflicht gerecht zu werden,
welche sie alljährlich dreimal nach Jerusalem geführt hätte Dtn 16 16.
Nach Lc 2 41 begnügten sich Jesu Eltern mit der Reise zum Osterfeste.
Aehnliche Conflicte brachte freilich fast jeder Tag, zumal jeder Sabbath für die arbeitende Classe mit sich. Den zahlreichen Unbemit-
telten, welchen die Gesetzespflicht unerschwingliche Opfer auferlegte,
eröffnete sich, um sich mit den Anforderungen des Gesetzes abzufinden, eine doppelte Möglichkeit. Correcter Weise gaben sie dem
Gesetz als der für sie einmal unverbrüchlich feststehenden Forderung
Gottes, was ihm gebührte, selbst auf die Gefahr hin, gänzlich zu ver-
armen. So verschuldete Armuth galt dann, an dem sittlichen Schätz-
ungsmaassstabe der Pharisäer gemessen, als eine Tugend, und zwar als
eine religiöse, zugleich aber auch als eine nationale Tugend. Letzteres
darum, weil zu dem einen, allgemeinen Anlass zu solcher Schätzung noch
ein zweiter hinzutrat, welchen die besonders veranlagten Zeitverhältnisse
mit sich brachten. Schon die syr., späterhin aber auch insonderheit
die röm. Fremdherrschaft liess Armuth leicht zum Loose derjenigen
werden, die sich dem Machtgebot der Herrscher nicht fügen oder gar
in ihren Dienst begeben wollten. Gerade dies war ja ein Grund der
Verachtung, welcher die Zöllner anheimgefallen sind, dass sie ihre
eigenen Landsleute im Dienste und zu Gunsten der röm. Grossen, von
welchen sie die Zölle gepachtet hatten, ausbeuteten. Sich dagegen so
oder anderswie bedrücken und berauben zu lassen: das bildete auf der
Kehrseite das Kennzeichen eines ächten Juden, eines richtigen Dieners
des Gottes Israel's. In diesem Sinne waren die Begriffe „Arm" und
„Fromm" vielfach gleichbedeutend geworden und preisen zahlreiche
Kundgebungen des Spätjudenthums (s. oben S. 32) die „Armen" und
„Elenden" im Gegensatze zu den, mit der Ausländerei buhlenden, Reichen und Satten, Vornehmen und Gewaltigen[2].

Gleichwohl bildet eine solche Werthschätzung der Armuth nur eine
Seite an der Sache. Nur unter dem Druck gewisser unausweichlich
gewordener Erfahrungen, in einer bestimmten geschichtlichen Lage, in

---

[1] BRANDT S. 464: „Der kleine Mann, der Handwerker, der Tagelöhner,
namentlich der Bauer, der sich etwa beikommen liess, den Versuch zu machen,
musste sehr bald erfahren, dass Bestimmungen wie die über den Sabbath und die
Reinigkeit auch dem besten Willen Hohn sprachen."

[2] EHRHARDT S. 63f.

die man gerathen war, urtheilte man so. An sich aber musste in demselben Maasse, als allmählich neben der Landwirthschaft auch Handel und Geldgeschäfte in Aufnahme gekommen waren, der Sinn für Besitz und Wohlstand steigen[1]. Auch in pharisäischen Kreisen des Spätjudenthums galt die Armuth als eine schreckliche, alle ägyptischen Plagen übersteigende, Strafe Gottes, dagegen Reichthum als ein sichtbarer Beweis des göttlichen Segens und Wohlgefallens[2]. So und nicht anders musste man urtheilen gemäss dem ganzen Charakter einer Frömmigkeit, welche den Menschen seinem Gott gegenüber ganz auf den Fuss des Vertrags, der ausbedungenen Leistung und Gegenleistung stellte. Aber auch noch ein Anderes lag in demselben Geiste peinlicher Rechnungsführung begründet, welcher diese Religion kennzeichnet. Dies nämlich, dass der Reiche für die vielfach ganz selbstsüchtigen Beweggründe, die bei der Sammlung von Schätzen wirksam zu sein pflegen, für die grossen und kleinen Verletzungen von Recht und Liebe, die mit unterlaufen mögen, gleichsam eine Busse zu bezahlen, eine Taxe zu erlegen hat, mit welcher er die bewussten und unbewussten Schulden, die er bei seinen Geldgeschäften auf sich genommen hat, glimpflich wieder von sich ablöst. Diese Taxe aber heisst „Almosen", und verabreicht wird sie eben jenen „Armen", denen es so viel schwerer gemacht wird, Gottespflicht und Sorge für Lebensunterhalt zu vereinigen, als den Reichen. Daher die grosse Bedeutung des Almosengebens für die religiöse Praxis des pharisäischen Judenthums[3]. Weil es das Hauptkennzeichen des Gerechten, die Gerechtigkeitshandlung schlechthin ist, heisst es geradezu selbst „Gerechtigkeit" Mt 6 1 (daher die gleichbedeutenden Lesarten δικαιοσύνη und ἐλεημοσύνη = charité). Die sittlichen Betrachtungen des Buches Tob gipfeln in dem Satze „Almosen rettet vom Tode" 4 10 12 8 9; es „sühnet die Sünden" auch Dan 4 24 Sir 3 30, bzw. 33. Der Musterfromme stirbt mit den Worten: „Sehet, Kinder, was Almosen bewirkt und wie Gerechtigkeit errettet" Tob 14 11. Man gibt somit Almosen an die Opfer derselben Weltanschauung, deren glückverheissende Kehrseite man zum eigenen Vortheil erproben durfte. Ein höheres Gut, zugleich ein Geschenk edlerer Gnade, soll nun für solche Arme das Reich Gottes werden. Darum sind sie „selig" Mt 5 3 = Lc 6 20.

Aber Jesus wendet sich grundsätzlich auch noch an ein anderes,

---

[1] Osc. HOLTZMANN, Das Ende des jüd. Staatswesens S. 8, 82, 85.

[2] WÜNSCHE, Neue Beiträge zur Erläuterung der Evglien aus Talmud und Midrasch, 1878, S. 231, 464, 466. NOWACK, Die sozialen Probleme in Israel und deren Bedeutung für die religiöse Entwickelung dieses Volkes: Das Stiftungsfest der K. W.-Universität, Strassburg 1892, S. 38.

[3] LIGHTFOOT, Horae hebr. et talm. zu Mt 6 1. WEBER S. 273f.

vom bisher geschilderten scheinbar in jeder Beziehung geschiedenes,
Publikum. Es waren nämlich keineswegs Alle gewillt, sich zwar als
Arme gepriesen, thatsächlich aber zugleich als Bettler behandelt
zu sehen. Diese nun warfen einfach das Joch des Gesetzes ab,
welches sie an der freien Bewegung der Hände, auf deren Arbeit
sie sich gewiesen sahen, hinderte. Sie sprachen sich selbst vom Gesetz los, lebten ohne Gesetz. Ohne Gesetz leben war aber in der
Denk- und Redeweise des herrschenden, des pharisäischen Judenthums
so viel wie „ein Sünder sein". Von solcher Art also war die unheilige
Masse (profanum vulgus, das sog. ʿam haʾareṣ), von welchem Joh 7 49
die Pharisäer sagen: „Dieses Volk, das vom Gesetz nichts weiss, ist
verflucht." Wer zu diesem widerhaarigen Geschlecht gehört, kann
einem Ausspruche Hillel's zu Folge unmöglich fromm sein (Pirke abot
2 5). Darum eben heissen die Gesetzesfrommen ja Pharisäer, d. h. „die
Geschiedenen", weil sie sich von solchem verruchten und verfluchten
Pöbel strengstens schieden, jede Berührung mit demselben durchaus
mieden (s. oben S. 32). Daher der neutest. Gegensatz zwischen den
Pharisäern einerseits, den „Zöllnern und Sündern" andererseits.

Erwägt man diese, von Jesus vorgefundenen, socialen Spaltungen
und Trennungen, so versteht man die Tragweite der Thatsache, dass
der erste Anstoss, welchen die herrschende pharisäische Partei an
seinem Auftreten nimmt, theils der von ihm vorausgesetzten Vergeb-
barkeit von Sünden Mt 9 2—6 = Mc 2 5—11, theils der Sorglosigkeit gilt,
womit er sich dem Umgange mit „Zöllnern und Sündern" hingibt Mt
9 9—11 = Mc 2 14—16. In auffallendem Gegensatze zu den Pharisäern
entzieht er sich der Berührung mit der „unheiligen Masse" keineswegs.
Es wird Mt 12 20 mit Worten aus Jes 42 3 als charakteristisch hervorgehoben, dass er selbst schwache Reste des Guten nicht zu übersehen
vermochte. Dass er an einen guten Kern oder wenigstens an eine
Fähigkeit der Entwicklung zum Besseren glaubte in Menschen, die
nicht gesetzlich, aber vielleicht darum doch hilfsbereit und willig zum
Guten, nicht selten wohl auch redlich und aufrichtig waren[1], dass er
eben sie vor Allen aufsuchte und zu heben trachtete, war also das erste
Aergerniss, das den frommen Musterjuden bereitet wurde[2]. Nach

---

[1] Keim I, S. 444: „Das Feinste und Grösste dieser Beobachtungen ist immer
das gewesen, dass er im tiefen Grunde aller Verkommenheit, die er herrschen
sah, immer wieder eine Perle der Menschenwürde, im bösen Ich ein gutes fand,
fähig bei dem Einen zu einem Thatbeweis des Edelsinnes, fähig bei dem Anderen
zur Unruhe des Gewissens und zu Thränen der Busse." Vgl. auch Brandt S. 465.
[2] Oscar Holtzmann, Das Christusbild der Geschichte und das Christusbild
der Dogmatik 1890, S. 14, 29, ZThK 1891, S. 291, 298, 303, 367 f, Jesus Christus
und das Gemeinschaftsleben der Menschen 1893, S. 17 f, 26, 34 f. Vgl. S. 27:

ihrem Urtheil befindet er sich einfach in schlechter Gesellschaft Lc 5 30
7 37—39 19 1—10, ist „der Zöllner und Sünder Geselle" Mt 11 19 = Lc
7 34. Und in der That hat er im Gegensatze zu der gesetzlichen Phari-
säerreligion eine Religion der kleinen Leute, er hat das „Evangelium der
Armen" zugleich im Sinne eines „Evangeliums der Sünder" gepredigt
und das Programm aufgestellt: „Ich bin gekommen zu suchen und zu
retten, was verloren ist" Lc 19 10. Hier liegen die ersten Motive zu
jener Verkündigung der Sündenvergebung, die sich dann in die Zusammenhänge der Begriffe vom Reich Gottes (s. unten 4 3) und Messianismus (s. 5 1) eingliedert. Nicht an die Gesunden, sondern an die
Kranken richtet sich die Einladung zum Reiche Gottes Mt 9 12 = Mc
2 17 = Lc 5 31. Darum treten in dasselbe sogar Zöllner und Gefallene
ein, zuvorkommend den Mitgliedern des hohen Rathes Mt 21 31 32 und
den Pharisäern Lc 7 29 30 Joh 7 58—8 11, und im Gleichnisse vom Gottesreich Mt 22 1—14 = Lc 14 16—24 ergeht zwar die Einladung zunächst an
jene vornehmen Führer des Volks, aber wirklich herein kommen nur
Leute, an die Niemand zuvor gedacht hat, die Krüppel und Lahmen,
die Bettler an der Landstrasse, die Seitens der bestehenden Leitung
des Volkes aufgegebenen und verworfenen Schichten desselben. Auf
der Wage des Gesetzes gewogen waren sie zu leicht befunden[1]. Aber
die neue Religion war aus den Mächten des Erbarmens und Mitleidens
geboren, und stand eben damit von vornherein ausser Verhältniss zum
Gesetz (s. oben S. 123). Sie war nicht bloss „Juden ein Aergerniss", sondern im Voraus auch „Griechen eine Thorheit" I Kor 1 23.
Dieser Spruch, in welchem Pls seine Erfahrungen zusammenfasst, bezeichnet nur das erweiterte Erfahrungsgebiet Jesu. Denn was Jesus
will und fordert, steht im denkbar grössten, jedenfalls geradesten Widerspruch zu allen Bildungsidealen und Voraussetzungen der antiken Weisheit, ein Rettungsunternehmen zu Gunsten der Uebersehenen, der Aufgegebenen, der Geächteten, der Verkommenen, der Versinkenden, der
Untergegangenen (I Kor 1 28 τὰ μὴ ὄντα)[2]. Nicht sich von diesen ab-

---

„Nicht Absonderung von den Sündern thut Noth, sondern Gemeinschaft Aller im
Guten ist das Ziel, hinter dem jede sonstige Aufgabe des Lebens zurücktritt."
Bousset S. 59: „Dem System der Heiligkeit, der Abschliessung und Ausschliesslichkeit, das jahrhundertelang die Volksseele Israel's beherrscht, entnervt, ver-
giftet hatte, setzte Jesus den persönlichen, Zeit seines Lebens gepflegten Verkehr mit den Geächteten und Gefallenen entgegen." Stalker, Das Leben Jesu
1895, S. 84. Titius I, S. 124, 126 f.
[1] Nach M. Friedländer S. 56f sind die späteren Minäer (Judenchristen in
Palästina) aus dem 'am ha'areṣ hervorgegangen.
[2] Weygoldt, Die platonische Philosophie nach ihrem Wesen und ihren
Schicksalen 1885, S. 231: „So völlig abgestumpft gegen das Elend der Masse war
die antike Gesellschaft, dass sie trotz ihres geschulten Verstandes den socialen Kern

zusondern, eine ihnen unzugängliche Burg pharisäischer Tugend zu
gründen, sondern aus dieser Burg herauszutreten und unter dem „Volk
der Erde" zu leben, um eine Gemeinschaft aller im Guten zu bauen, ist
die Aufgabe der von Jesus zu Brüdern und Genossen berufenen „Söhne
Gottes", ist ein wahres und richtiges Heilandswerk, die grosse, die den
„Sohn Gottes" schlechthin kennzeichnende, rettende That [1].

Indem Jesus so seine Stellung auf einer Seite des Volkslebens
nahm, welche sich der gesetzlichen Regulirung unzugänglich oder
unfähig erwiesen hatte und daher für ausserhalb des Gesetzes liegend
galt, befand er sich von vornherein in einer schiefen Stellung zu den
tonangebenden Autoritäten und ermangelte sein berufliches Thun im
Grunde von Haus aus der gesetzlichen Sanction. Der Trieb des Gemüthes und Gewissens, dem er dabei folgte, hob ihn über jede bloss
gesetzlich normirte Frömmigkeit ganz von selbst hinaus, ohne dass es
dazu erst eines Bewusstseinsactes oder gar eines Willensentschlusses,
mit dem Gesetz zu brechen, bedurfte. Von einem solchen kann vielmehr gar nicht die Rede sein. Mit der ganzen Pietät eines frommen
Juden noch dem Gesetze zugethan und verpflichtet, entwächst er doch
gleichzeitig und stetig dem Banne der Gesetzlichkeit, gedeiht kampflos
von einer gefühlsmässigen Gewissheit der höheren Instanz, die er in
sich selbst trägt, zunächst jedenfalls zu einer praktischen Geltendmachung derselben. Man kann nur noch fragen, ob und inwieweit
sie sich nachgehends auch zu einer verstandesmässig objectiven Klarheit durchgearbeitet habe [2]. Etappen auf diesem Wege gibt es in der
That, und sie sollen im Folgenden nachgewiesen werden.

---

des Christenthums nicht einmal klar herausfand." S. 243: „Es verstösst gegen die
Sitte der Väter, sich um die Hebung einer Menschenclasse bemühen zu wollen,
welche die Götter selbst in ihrer hochweisen Erwägung für alle Zeiten als banau-
sisch, ungebildet und dienstbar gebrandmarkt haben."
    [1] Vgl. M. FRIEDLÄNER S. 159: „Er wurde zum wahren Erlöser des sog.
Landvolks (ʿam haʾareṣ)." Diesen entscheidenden Punkt hat der geschärfte Instinct
des Hasses wahrgenommen in NIETZSCHE's „Morgenröthe", „Götzen-Dämmerung"
und „Antichrist". Vgl. NIETZSCHE's Werke VIII, S. 221 über „die Religion des
Mitleidens" mit den „Ausschuss- und Abfall-Elementen" S. 268 und besonders
S. 106: „der Sieg der Tschandala-Werthe, das Evangelium der Armen, den
Niedrigen gepredigt, der Gesammt-Aufstand aller Niedergetretenen, Elenden,
Missrathenen, Schlechtweggekommenen gegen die Rasse — die unsterbliche
Tschandala-Rache als Religion der Liebe". Auch NATORP S. 22 erkennt hierin
„nicht Aussenwerk oder Anhängsel, sondern Kern und Mittelpunkt der altchrist-
lichen Anschauung", findet aber, gerechter als NIETZSCHE, das Christenthum habe
damit „thatsächlich nicht trennend, sondern einigend gewirkt", „zu einer Erhöhung des sittlichen Ideals der Menschheit nicht etwa bloss mitgewirkt, sondern
diese Erhöhung für einen grossen Theil der Menschheit vollbracht". Das Richtige
hierüber bei STALKER S. 84.
    [2] Das Gefühlsmässige in Jesu Stellungnahme zum Gesetz, überhaupt zur über-

3. Theoretische Lösung des Problems.

Mit einiger Deutlichkeit lassen sich etwa drei Momente unterscheiden, welche zu einem, in der angedeuteten Richtung liegenden, Gesammtergebnisse der Auseinandersetzung mit dem Nomismus hinführen mussten. Einen ersten und ganz sicher zu bezeichnenden Meilenstein auf dem Wege bildet die Loslösung vom Formalprincip des Pharisäismus[1]. Mit der zur klaren Formulirung dieses Gegensatzes führenden Scene Mc 7 1—23 = Mt 15 1—20 schliesst der galiläische Aufenthalt, die erste, unter verhältnissmässig noch heiterem Himmel verlaufende, Hälfte der öffentlichen Wirksamkeit Jesu ab, und beginnen zunächst die Rückzüge und Fluchtwege: ein hinlänglicher Fingerzeig, dass hier eine entscheidende Epoche in seinem Leben, ja, wie sich herausstellen wird, auch in seiner Lehrweise erreicht ist. Aber der Auftritt ist nicht ohne Vorspiele zu denken. Ein gewisser Gegensatz zur pharisäischen Durchschnittspraxis, wie er in Jesus ohne Zweifel schon vor seinem öffentlichen Auftreten als Lehrer erwacht war, bedingte an sich noch keine Isolirung des Opponenten im religiösen Volksleben überhaupt. Beispielsweise haben nicht bloss die Essäer den Eid verboten, sondern es lässt sich eine gewisse Abneigung gegen denselben, wie schon in dem Jesu bekannten Buche

kommenen Ethik, betont mit Vorliebe eine Gruppe neuerer Theologen, und zwar mindestens in Einem Falle (s. unten S. 141) mit vollem Recht. Nach BALDENSPERGER [2]S. 137, 242 „ist er sich einer inneren Trennung vom Gesetz nicht bewusst gewesen". Ebenso PAUL S. 34. BOUSSET S. 55: „Er hat — wohl nicht von Anfang, sondern hier durch die Erfahrungen seines Wirkens geleitet — wohl nicht in ausgesprochener, klarer Absichtlichkeit, denn das Grösste im Menschenleben liegt immer im Unbewussten — aber mit voller ganzer Kraft und mit Hingabe der ganzen Persönlichkeit in einer bestimmten Richtung gearbeitet." S. 59: „Es war eine instinctive, in ihren letzten Consequenzen sich kaum bewusste Auflehnung gegen die herrschende Frömmigkeit." S. 87: „Aeusserlich ganz im Rahmen des Judenthums sich haltend ist Jesus innerlich, im Unmittelbaren, Unbewussten viel freier von demselben, hat sich viel entschiedener losgelöst, als selbst sein grösster Schüler Pls, für den doch trotz des ausgesprochenen Universalismus immer noch die Menschheit in zwei Hälften zerfällt, Juden und Heiden." S. 124: „Es ist falsch, wenn man diesem Leben gegenüber nach klaren Motiven, nach einem bewusst erkannten Endzweck fragt. Man wird damit der Grösse desselben nicht gerecht; es gilt, dasselbe nicht so klar überlegt, reflectirt aufzufassen, sondern viel unmittelbarer, viel grösser." Die Polemik Osc. HOLTZMANN's gegen diese Auffassung S. 26, 45, 47, 50 stützt sich auf die bewusste Consequenz, womit Jesus sich dem Umgang mit Sündern hingibt S. 34. WELLHAUSEN S. 344 meint: „Seine Vorliebe für sie scheint manchmal etwas weit zu gehen." Um so weniger hatte sie dann ihren Grund in Princip und Taktik, stellte sich also auch die daraus resultirende Spannung gegenüber dem Gesetz ungerufen ein, gleichsam eine Ueberraschung für Jesus selbst.

[1] STALKER S. 85: „Jesus sah in diesen Gebräuchen das grosse Uebel seiner Zeit. Desshalb ignorirte er sie und ermunterte andere, es ihm nachzumachen."

JSir 23 9—11, so späterhin auch in der rabbinischen Literatur nachweisen [1]. Nach Mt 5 37 stammt er freilich geradezu „vom Argen“
(ἐκ τοῦ πονηροῦ, wohl masculinisch zu nehmen) und wird daher 5 34 =
Jak 5 12 überhaupt verboten. Aber auch wenn man eine so grundsätzliche Verdammung des Eides angesichts der Praxis des Apostels
Rm 1 9 Gal 1 20 Phl 1 18 II Kor 1 18 23 11 31 (Hbr 6 16) und sogar
Jesu selbst Mc 8 12 Mt 26 63 64 (anders Mc 14 61 62 = Lc 22 70) für
unwahrscheinlich halten und vielleicht auf essäische Beeinflussung des
1. Evglsten zurückführen möchte, bleibt als unanfechtbar das Mittel-
stück 5 34—37 = 23 16—22 zurück, eine Verwerfung der spitzfindigen
Unterscheidungen, welche die pharisäische Eidescasuistik erfunden
hatte (von Pls wohl anerkannt II Kor 1 17—19). Jesu Empörung gilt
hier wie überhaupt dem unbezähmbaren Hang zur Rhetorik des Schwurs,
so insonderheit den verschmitzten Versuchen, den Namen Gottes zu
umgehen in der Meinung, sich mit anderweitig ausgestatteten Schwur-
formeln dem Gericht des Wortes Ex 20 7 = Dtn 5 11 entziehen zu
können. Wenn übrigens das ursprüngliche Wort Jesu in der Form
Jak 5 12 (so Justin, Apol. I 16 5, Clem. Hom. 3 55 19 2) gefunden werden
durfte, so würde er sich dabei wörtlich mit den Bestrebungen des
besseren Pharisäismus berührt haben [2].

Einen directen Angriff auf die phärisäische Ethik bieten die Rede-
stücke vom Fasten. Beinahe das einzige asketische Element der gesetzlichen Frömmigkeit und wenigstens für den Versöhnungstag ausdrücklich vorgeschrieben, war es im Spätjudenthum zu einem verdienstlichen, auf Gott wirksamen Thun geworden und wurde als solches an
zahlreichen Fasttagen geübt. Die mit dem guten Werk getriebene
Ostentation wird Mt 6 16—18 gebrandmarkt. Aus Busse und Reue ist
kein Schauspiel zu machen; sie gehören als Vorgang zwischen Gott
und dem Einzelnen so gut wie das Gebet „in's Kämmerlein“ Mt 6 6.
Aber wie die religiöse Keuschheit, so will auch die sittliche Wahr-
haftigkeit gewahrt sein. Im Unterschiede von den Schülern des Täufers und der Pharisäer fastet Jesus nicht Mt 11 19 = Lc 7 34, und
seine Jünger sollen es ebenso wenig thun; denn ihr täglicher Verkehr
mit ihm macht ihre Tage zur Freudenzeit Mc 2 19 = Mt 9 15 = Lc 5 34,
schliesst somit jedes Ceremoniell der Busstrauer im Grundsatze aus.
Selbstgewählte Lebensverkürzung ist nicht die entsprechende Ant-

[1] WÜNSCHE S. 58. SPITTA II, S. 42 f. CHWOLSON, Das letzte Passamahl
Christi und der Tag seines Todes: Mémoires de l'académie des sciences de
St. Pétersbourg XLI, Nr. 1, 1892, S. 94.
[2] Vgl. WÜNSCHE S. 60, KEIM II, S. 257, FRIEDEMANN, Jüdische Moral und
christl. Staat 1894, S. 27.

wort auf geschenkweise empfangene Lebensbereicherung. War damit
ein erstes Loch in den Bestand der überlieferten Gerechtigkeit ge-
bohrt, so erfolgten weitere Durchlöcherungen derselben auf dem Gebiete der Sabbathpraxis, nur dass diese Fälle, so sehr sie auch nach
synopt. wie johann. Tradition Anlass zu pharisäischen Reclamationen
gaben, angesichts der complicirten Sabbathscasuistik, welche sich die
Gesetzeshüter selbst gestatteten, weniger fassbar erschienen[1]. Zwar
bringt noch das Jubiläenbuch die strengsten Bestimmungen über den
Sabbath[2]. Aber Jesus kann kühn behaupten, dass selbst unter den
Pharisäern Jeder, dem ein Kind oder auch nur ein Stück Vieh in
den Brunnen fällt, es unbedenklich auch am Sabbath herausziehen wird
Lc 14 ₅ = Mt 12 ₁₁. Der allgemein anerkannte Satz omne periculum
vitae pellit sabbatum (tr. Joma 8 ₆) war von uncontrolirbarer Tragweite, und die gesunde Vernunft macht auch gegen die rigoroseste
Sabbathruhe unverjährbare Rechte nirgends ganz erfolglos geltend.
Was die Selbstliebe sich erlaubt, darf auch der Nächstenliebe nicht
verboten sein Lc 13 ₁₅ ₁₆. So kamen trotz aller Scrupulosität doch
genug Ausnahmsfälle vor, die dann von den Schriftgelehrten sehr verschieden beurtheilt wurden. Jesu Sabbathheilungen gaben gewiss Anlass zu fortgesetzten Reizungen und Reibungen, aber ein eigentlicher
casus belli ergab sich von hier aus schwerlich. Um so schneidender
tritt der Bruch mit der pharisäischen Gesetzesfortbildung ein auf dem
Punkte der Reinigkeitsvorschriften. Und zwar wird hier ganz in der
Weise der, in der protest. Dogmatik üblichen, Entgegenstellung von
Schrift und Tradition das geschriebene Gesetz als Wort Gottes gegen
das es entwerthende, verkürzende, ja aufhebende mündliche, das doch
nur von Menschen herrührt, geschützt und verwahrt Mc 7 ₈ ₁₃ = Mt
15 ₃ ₆ (s. oben S. 38). Unmittelbar nach dieser Erklärung kann ein
Angriff auf irgend eine Bestimmung des geschriebenen Gesetzes unmöglich beabsichtigt gewesen sein. Und dennoch führt der weitere
Fortgang gerade dieser Stelle über den geschriebenen Buchstaben
hinaus und zeigt, wie der offene Gegensatz zur Gesetzespraxis einen
latenten Gegensatz zum Gesetzesbuchstaben in sich schloss, ja zu einem
Gegensatz zum Gesetze selbst auswachsen und als solcher in's Bewusstsein treten konnte. An sich handelt es sich nämlich gar nicht
um die mosaische Speisegesetzgebung, sondern nur darum, ob eine
mit ungewaschenen Händen angefasste und dann natürlich auch ge-
nossene Speise den Zustand der Gottgeweihtheit aufzuheben, d. h. zu
„verunreinigen" vermöge, wie die pharisäische Tradition lehrte. So-

---

[1] Schürer II, S. 393 f. Chwolson S. 91 f.   [2] Brandt S. 464.

mit dient der Grundsatz Mc 7 15 = Mt 15 11 direct nur zur Remedur
des pharisäischen Reinigungsfiebers. Indirect aber, d. h. auf dem Wege
der Consequenz, führt er auch zur Kritik der levitischen Reinigkeitsvorschriften, sofern das Wort Mc 7 18—23 = Mt 15 16—20, in seiner
vollen Tragweite erfasst, sämmtliche Lev 11—15 verzeichneten Gebote mit Einem Schlage ausser Geltung setzt und dafür den Begriff
der Reinheit aus der rituellen Sphäre ganz in die sittliche überträgt[1].
Damit ist ein den antiken Religionen unabkömmlicher Artikel im
Princip abgethan und unter Anwendung des Grundsatzes Mt 12 35 =
Lc 6 45 ersetzt durch das Moralprincip Mt 5 8 „Selig sind die reines
Herzens sind!" Nur als Begleiterscheinung des Strebens nach Herzens-
reinheit findet Mt 23 25 26 = Lc 11 39—41 die äussere Reinheit Würdigung. Nach diesem Princip wird die mania purifica (s. oben S. 34)
sehr volkstümlich Mc 7 19 = Mt 15 17, ebenso stark aber auch Mt 23 24
verhöhnt, sofern man, um kein Lev 11 42 verbotenes Geschmeiss zu ver-
schlucken, den Wein vor dem Genusse durchseihte.

Auf derselben Bahn thut noch einen Schritt vorwärts das Wort
von der Ehescheidung Mc 10 2—12 = Mt 19 3—9, wozu 5 31 32 als ante-
cipirtes Summarium der, in die letzten Zeiten des öffentlichen Wirkens
Jesu fallenden, Erklärung gehört. Da nämlich die Rücksicht auf die
persönliche Würde des Weibes eine Wiederentlassung der einmal angenommenen Gattin verbietet, kann die gesetzliche Bestimmung Dtn
24 1 nur als ein Zugeständniss an die, in der sinnlichen Menschennatur
begründeten, Schwächen und Härten betrachtet werden. Die merk-
würdigste Vereinigung von Gebundenheit und Freiheit, die ihr anders
geartetes und doch entsprechendes Nachbild in der paulin. Theologie
finden wird (II 1, 3 4), ist es aber, wenn nunmehr das 5. nach dem
1. Buch des Moses rectificirt und durch Rückgang auf die unverjährbare Naturordnung Gen 1 27 2 24 acta Mosis contra Mosen producirt
werden, ähnlich wie Jesus auch in der Mt 12 5—7 vorliegenden Form
des Sabbathspruches den Bruch des Gesetzes aus dem Gesetz selbst
rechtfertigt. Also in Dtn hypothetische, in Gen allgemein gültige
Wahrheit! Doch wohl ein Symptom gefühlsmässiger Unterscheidung
des allgemein menschlichen und des geschichtlich national bedingten
Factors der Sittlichkeit. Die national schulmässige Behandlung des
Punktes weiter führend, hat der 1. Evglst (durch den Zusatz Mt 19 3
κατὰ πᾶσαν αἰτίαν und die dadurch vorbereitete Clausel Mt 19 9 μὴ
ἐπὶ πορνείᾳ = Mt 5 32 παρεκτὸς λόγου πορνείας) das Versuchliche der
Frage nach der Ehescheidung auf den Streit der damaligen Schul-

---

[1] W. SANDAY, Inspiration 1893, S. 410: „Revoking in one sentence all the
eloborate distinctions of clean and unclean contain edin the book of Leviticus."

häupter bezogen (s. oben S. 41 f). Unter dieser Voraussetzung nur
lässt sich auch Jesus selbst auf die innerpharisäischen Händel ein und
entscheidet für Schammai (als wäre ʿerwat dabar Dtn 24 1 = debar
ʿerwah) gegen Hillel: zur Scheidung vom Weibe berechtigt nur ein
sittlicher Makel auf dem hier entscheidenden Gebiet (da derselbe auch
vor der Eheschliessung gelegen sein kann, steht der allgemeine Ausdruck πορνεία = fornicatio, nicht μοιχεία = adulterium). Aber auch
nach Lc 16 18 bricht die Ehe 1. wer sein Weib entlässt und eine andere
heirathet, 2. wer eine Entlassene heirathet. Und wie der 3. Evglst so
kennt auch Pls I Kor 7 10 11 (s. II 1, 9 4) den Herrnspruch über Ehescheidung nur in seiner absoluten Allgemeinheit (auch ignorirt die
paulin. Clausel der sog. desertio malitiosa I Kor 7 15 die matthäische
Clausel der fornicatio Mt 5 32 19 9). Unter allen Umständen bleibt es
bei der Antiquirung von Dtn 24 1. Diese Stelle selbst und nicht etwa
bloss eine pharisäische Folgerung aus derselben, eine Weiterung der
Tradition, ist also gemeint mit Mt 5 31 „Es ist (den Alten) gesagt" und
5 32 „Ich aber sage euch." Ganz ebenso würde, wenn die Erklärung
Jesu gegen den Eid Mt 5 31 geschichtlich und zugleich buchstäblich zu
nehmen wäre, verboten, was Ex 22 10 gefordert ist; was darüber 5 33
„zu den Alten gesagt ist", jetzt aber strenger regulirt werden soll, steht
jedenfalls buchstäblich Lev 19 12 und Num 30 3 = Dtn 23 22—24. Endlich wird Mt 5 38 das Wiedervergeltungsrecht (jus talionis: auch ein
alttest. Buchstabe, vgl. Ex 21 24 Lev 24 19 20 Dtn 19 21) zwar nicht als
Strafprincip des äusseren Lebens (vgl. vielmehr Mt 26 52), aber als sittliche Lebensregel in aller Form aufgehoben; es muss Mt 5 39—42 = Lc
6 29 30 Grundsätzen einer höheren Sittlichkeit weichen, welche jeden
Gedanken an Wiedervergeltung ausschliessen. Sofern nun aber die
mosaische Gesetzgebung Sittlichkeit nur in den Formen und Schranken
des mosaischen Rechts anerkennt, ist eben damit eine Grundeigen-
thümlichkeit des Mosaismus überwunden und an die Stelle des Princips der ausgleichenden Gerechtigkeit das freie Recht der Liebe gesetzt [1].

Die Ablehnung der pharisäischen Tradition war innerhalb des
zeitgenössischen Judenthums keine durchaus unerhörte Sache. Von
einem ganz anderen, ja entgegengesetzten Ausgangspunkte aus übten
sie auch die Sadducäer (s. oben S. 33). Nur bei Jesus macht sich die
innere Consequenz geltend, wornach von der Verneinung des mündlichen Gesetzes, welches doch nur den nomistischen Gedanken weiter-
spann, bis zur Ablehnung der schriftlich fixirten Ansätze dazu nur noch

---

[1] HAUPT, Die eschatologischen Aussagen Jesu in den synopt. Evglien 1895,
S. 51 f.

ein Schritt zu thun übrig blieb. Aber auch innerhalb des Pharisäismus selbst fehlte es nicht an Motiven, die über den gesetzlichen Standpunkt hinausdrängen konnten. Damit ist ein 2. Factor berührt, der auch für Jesu Stellung zur Gesetzesautorität nicht unwirksam bleiben konnte. Der jüd. Geist selbst war auf dem Wege, die statutarische Pflichtenlehre des Nomismus zu überwinden. Man sprach von grossen und kleinen Geboten Mt 5 19. Stellen uns doch die Evglien mitten in die Debatten hinein, welche darüber geführt wurden, wie im Collisionsfalle die Frage nach den „grossen" oder den „ersten" unter den 613 Geboten des Pentateuchs zu beantworten sei Mc 12 28 = Mt 22 36 (= Lc 10 25) [1]. Wie hier der Spruch Mt 7 12 = Lc 6 31 nur die positive Kehrseite zu der Forderung Hillel's darstellt (s. oben S. 41), so wird die von diesem Schulhaupt gezogene Linie auch Mc 12 29—31 = Mt 22 37—40 (= Lc 10 27 28) eingehalten. Jesus aber stellt neben den, Hillel's Gedanken ausdrückenden, Spruch von der Nächstenliebe Lev 19 18 als gleichwerthig die Forderung der Gottesliebe in der Form, wie sie Dtn 6 5 vorliegt und mit der monotheistischen Einleitung 6 4 = Mc 12 29 zusammen das sog. Schma Israel, das Glaubensbekenntniss Israel's bildet (s. unten 3 4). In der Befolgung dieses doppelseitigen Gebotes sieht er den Zweck des Menschen selbst; es ist darum „das grosse Gebot", während die kleinen Gebote den Menschen zum Zweck haben. So muss sich namentlich das Sabbathgebot in seiner Ausführung nach dem menschlichen Bedürfniss gestalten. Denn „der Mensch ist nicht um des Sabbaths, sondern der Sabbath um des Menschen willen da" Mc 2 27: ein Spruch, der in der Form „Euch ist der Sabbath, nicht ihr seid dem Sabbath gegeben" mehrfach in der Mischna vorkommt [2], aber nirgends mit der principiellen Folgerichtigkeit, wie ihn Jesus nicht bloss formulirt hat, sondern auch im Leben dafür eingestanden ist. Was aber vom Sabbath, das gilt überhaupt von allem Cultischen. Dieses also soll man Mt 23 23 (= Lc 11 42) „nicht lassen" (negative Formel: μὴ ἀφεῖναι), während vom „Schwereren am Gesetz" (τὰ βαρύτερα τοῦ νόμου), d. h. nach Jesu Sinn [3] von Allem, was nicht in der Weise des ausschliesslich religiösen, des cultischen Handelns abgethan werden kann, der positive Satz gilt: „Dieses musste man thun" (ταῦτα ἔδει ποιῆσαι). „Erstlich" (πρῶτον) und vor Allem wird Mt 5 24 Versöh-

---

[1] EHRHARDT S. 69: „Diese allem Anscheine nach sehr ernstlich erwogenen Probleme beweisen, dass in der Auslegung und Anwendung des Gesetzesbuchstabens der Geist nie aufgehört, gegen die Herrschaft der Form zu protestiren."
[2] CHWOLSON S. 92.
[3] Ueber die, im Talmud übrigens verworfene, Unterscheidung von schweren und leichten Geboten nach gemeinjüd. Urtheil vgl. WÜNSCHE, Neue Beiträge S. 267 f.

nung mit dem Bruder gefordert; dann kann hinterher (καὶ τότε) auch
der Altar, d. h. das sittlich leere, unfruchtbare, wenngleich religiöse,
Thun, zu seinem relativen Rechte kommen. Ueber die höchsten cultischen Pflichten hinaus wird Mc 12 32—34 das Gebot der Liebe gestellt
und zwar in einer dem Hebräerthum wie dem Judenthum unbekannten
Ausdehnung (s. unten 4 6). Den Zeit- und Volksgenossen bedeutete
Gottesliebe Vergötterung des Gesetzes in theoretischer, Erfüllung desselben in praktischer Hinsicht, Menschenliebe dagegen Bevorzugung
der Volksgenossen, höchstens ausserdem noch Entgegenkommen gegen
die im Lande wohnenden „Fremdlinge" (gerim)[1] und im Anschlusse
daran etwa auch Proselytenmacherei Mt 23 15.

Gleichwohl lässt sich in dem Bestreben nach Zusammenfassung
der Gesetzesvorschriften eine Spur davon entdecken, dass man auch
unter dem Druck des Nomismus der prophetischen Religion und Sittlichkeit wenigstens nicht ganz und gar vergessen hatte[2]. Eben damit ist ein 3. und sicherlich der mächtigste Impuls angedeutet, welcher über den Gesetzesstandpunkt hinaustrieb. Keine einzige Form
der Auseinandersetzung mit dem Gesetz wird berichtet, ohne dass zugleich auch von einem Rückgriff auf die prophetische Religion geredet
werden könnte. Die Kriegserklärung wider die traditionelle Observanz
bezüglich des Fastens bedeutet sachlich einen Rückzug auf den ursprünglichen Sinn der Uebung, zugleich aber auch auf die prophetische
Spur von Jes 58 3—7, vgl. Sach 7 5—10 8 19. Wenn die 1. Sabbathperikope
Mc 2 23—28 = Mt 12 1—8 = Lc 6 1—5 dem Werk der Noth (Mc 2 25
ὅτε χρείαν ἔσχεν), die 2. Mc 3 1—6 = Mt 12 9—14 = Lc 6 6—11 dem Werk
der Liebe die Kraft zuspricht, den Bann des Sabbaths zu brechen, so
ist damit nur zugleich die altprophetische Entwerthung des cultischen
neben dem sittlichen Thun Jes 1 13 14 Am 5 21—24 Hos 2 13 9 4 5 erneuert[3]. Den Hoseaspruch 6 6 „Barmherzigkeit will ich, nicht Opfer"
führt gerade der 1. Evglst zwei Mal als ein Wort von grundsätzlichem,
entscheidendem Werth an Mt 9 13 12 7. Mit der so begründeten
Ueberordnung der Ethik über den Cultus ist auch der Schriftgelehrte
Mc 12 34 „nicht ferne vom Reich Gottes". Noch einmal trifft Jesus
also hier zusammen mit besseren Regungen des Pharisäismus. Aber

---

[1] In der Behandlung dieser steckte das Judenthum erstmalig seine Grenzen
weiter. Vgl. KUENEN, Volksreligion und Weltreligion, Deutsche Ausgabe 1883,
S. 181 f. Auf die gerim beziehen sich die Stellen, womit E. FRIEDEMANN, Jüd.
Moral und christl. Staat 1894, S. 7 f. das Gebot der allgemeinen Menschenliebe
als altjüdisch darthun will. Vgl. auch COHEN, Die Nächstenliebe im Talmud 1888,
GÜDEMANN, Nächstenliebe 1890, CHWOLSON S. 73 f.
[2] JACOB S. 7: „Prophetische Unterströmung."
[3] So besonders BRANDT S. 453 f, 466, 468, 472.

doch erst nach Zerstörung des Tempels hat auch der Hillelschüler
Rabbi Jochanan gefunden, dass Werke der Liebe über Opfer und
Tempel stehen. Das von Jesus gebilligte Wort Mc 12 33 nimmt zunächst die von ihm selbst gefundene Combination von Dtn 6 5 mit Lev
19 18 auf und erinnert in seinem Abschlusse (περισσότερόν ἐστιν πάντων
τῶν ὁλοκαυτωμάτων καὶ θυσιῶν) direct an das Prophetenwort I Sam
15 22. womit Jer 6 19 20 7 21—23 Mch 6 6—8 zu vergleichen ist. Die Entwerthung des levitischen Reinheitsprincips leitet Jesus Mc 7 6 7 = Mt
15 7—9 mit Anrufung von Jes 29 13 ein, womit dem prophetischen Gedanken die führende Rolle bei allen Fragen nach der Tragweite gesetzlicher Verbindlichkeiten übertragen ist. Die levitische Reinheit
verschwindet wie Jes 1 16 64 5 hinter der sittlichen. Nach I Reg 8 27
Jes 66 1 wird Mt 5 34 23 22 das Verhältniss Gottes zum steinernen
Tempel in Jerusalem beurtheilt. Nach Jes 56 7, vgl. Jer 7 1—11, erscheint dieser als „Gebetshaus für alle Völker". Das Blutsühne ver-
langende Gesetz Lev 20 10 Dtn 22 22, dessen Ausführbarkeit freilich
trotz der lex Julia de adulterio schon an der veränderten politischen
und gesellschaftlichen Situation gescheitert war, wird Joh 8 3—11 (synopt.
Stelle) hinter dem prophetischen Grundsatze Ez 33 11 14—16 zurückgestellt,
wie derselbe dem Geiste und der Praxis Jesu Mc 2 5 17 = Mt 9 2 12
18 11 = Lc 5 20 31 19 10 entspricht. Die Erklärung gegen die Ehescheidung läuft auf der Spur von Mal 2 16 „Ich hasse die Scheidung,
spricht Jahve, der Gott Israel's". Und schliesslich geht auch die ganze
Unterscheidung von grossen und kleinen Geboten in der Richtung prophetischer Vereinfachung der gesetzlichen Vorschrift Mch 6 8: „Es ist
dir gesagt, Mensch, was gut ist und was Jahve von dir fordert: Recht
thun, Liebe üben, demüthig wandeln mit deinem Gott" (vgl. Mt 23 23
τὴν κρίσιν καὶ τὸ ἔλεος καὶ τὴν πίστιν = Lc 11 42 τὴν κρίσιν καὶ τὴν ἀγάπην
τοῦ θεοῦ) [1]. Angenommen, dass er mit der Bezeichnung seines Blutes
als Bundesblut Mc 14 24 = Mt 26 28 = Lc 22 20 den ganzen alten Bund
sammt seinen Sühnopfern beseitigt, so geschieht solches mit deutlicher
Anlehnung an Jer 31 31—34 (s. unten 5 7). Sogar auf dieser äussersten Spitze wäre die gesetzauflösende Richtung Jesu nicht ganz von
jüd. Analogien verlassen, da selbst im Judenthum auf Grund des
gleichen Prophetenwortes einzelne Stimmen, weil im messianischen

---

[1] Genau was nach WELLHAUSEN S. 131 „der Grundgedanke der Prophetie"
war: „dass Jahve nichts für sich haben wolle, sondern als Frömmigkeit ansehe
und verlange, dass der Mensch dem Menschen leiste was recht ist, dass sein
Wille nicht in unbekannter Höhe und Ferne liege, sondern in der Allen bekannten
und verständlichen sittlichen Sphäre." S. 351: „In Mch 6 6—8 Ps 73 23—28 steht
in der That das Evglm." Aecht prophetisch ist S. 111 auch „die Sympathie für
die niederen und rechtlosen Stände", vgl. oben 2 1.

Zeitalter ein heiliges Volk sein wird, welches Gottes Gesetz nicht mehr über, sondern in sich hat, von Erneuerung, ja Abschaffung des Gesetzes geredet haben [1]. Jedenfalls bleibt es Jesu That, eine Gesetzesfreiheit empfunden und erlebt zu haben, welche wesentlich Gesetzesinnerlichkeit nach dem Ideal Jer 31 33 32 40 Ez 11 19 20 36 26 27 war und darum gleichgültig gegen den äusseren Buchstaben sein konnte. In keinem anderen Sinne als in diesem konnte Jesus noch beinahe am Schlusse seiner Laufbahn den sich zur Jüngerschaft anmeldenden Reichen auf den Weg des Gesetzes verweisen Mc 10 19 = Mt 19 17—19 = Lc 18 20 (s. unten 3 4) [2].

4. Die Perspective auf das Ende des Gesetzes.

Wir sahen uns im Vorhergehenden auf die Annahme einer fortschreitenden Emancipation von dem Grundsatze der Gebundenheit au den autoritativen Gesetzesbuchstaben gewiesen. Hat man neuerdings dem Princip der Entwickelung unbedenklich Rechnung getragen bezüglich der Gedanken Jesu vom Reich, von der Gemeindegestaltung, von den Heilsmitteln, von der Bedeutung seiner Person und von der Nothwendigkeit des Todesopfers [3], so liegt kein Grund vor, es bezüglich seiner Stellung zum Gesetze auszuschliessen [4]. Anders ist nämlich sein Verhalten zu der priesterlichen Autorität, zum Opferdienst, zu der localen Heiligkeit des Tempels u. s. w. kaum zu begreifen. Als ächter und treuer Sohn seines Volkes konnte er von Haus aus nur einen conservativen Standpunkt einnehmen, d. h. sich in allen Stücken als „unter das Gesetz gethan" Gal 4 4 wissen und national-correct benehmen. Wir sehen ihn durchweg den Heiligthümern seines Volkes mit Achtung begegnen, auch wo das niemals ganz ausbleibende Gefühl eines inneren Missverhältnisses schon deutlich Geltung beansprucht. Als Gegensatz zum Formalprincip des Judenthums, zum System der gesetzlichen Gerechtigkeit selbst braucht dieses keineswegs sofort empfunden worden

---

[1] Gfrörer, Jahrhundert des Heils II, S. 341 f, 345. Baldensperger S. 120. Jacob S. 29. Paul, Die Verstellungen vom Messias S. 17. Friedländer S. 169 f.

[2] Dies das Recht des herkömmlichen Maassstabes, welchen noch Dillmann, Handbuch der alttest. Theologie 1895, S. 41 an die Lehre Jesu anlegt: „Zurückgreifend über die nachkanonische Gestaltung der alttest. Religion, den eigentlichen Judaismus, knüpft wie der Täufer, so Christus selbst da an, wo die alttest. Theologie geendet hatte (Mal 3 Dan 7)." Dass die Sache aber auch ihre Kehrseite hat, wird gerade auf den drei entscheidenden Hauptpunkten der Verkündigung Jesu (Gott, Himmelreich, Menschensohn) deutlich werden.

[3] So Beyschlag I, S. 46, 144, 147, 165, 282.

[4] Gleichwohl haben sich nur wenige Theologen dazu entschlossen. So Jacob S. 25, Clemen, StKr 1895, S. 345 f, Paul S. 32, 90 und Osiander, Die Stellung Jesu zum Gesetz: StKr 1890, S. 103 f.

zu sein. So zeigt gleich die Erzählung vom Aussätzigen Mc 1 40—45 = Mt 8 1—4 = Lc 5 12—16 (17 11—19), wie Jesus einerseits zwar sich für seine Person über das Bedenken wegen ritueller Unreinheit des Hülfsbedürftigen Lev 13 46 Num 5 2 3 hinwegsetzen, mit einer Souveränetätshandlung sogar in das priesterliche Vorrecht der Reinsprechung eingreifen kann, diesen Eingriff aber sofort wieder zurücknimmt, wo eine eigennützige Ausbeutung desselben zum Schaden der priesterlichen Autorität zu gewärtigen war. Aber die Weisung zu den Priestern Mc 1 44 = Mt 8 4 = Lc 5 14 (17 14), wie sie gemäss Lev 14 2 erfolgt'ist, wäre nach Lev 15 28—30 auch der Blutflüssigen gegenüber erforderlich gewesen; denn die Mc 5 27—34 = Mt 9 20—22 = Lc 8 44—48 berichtete Berührung Seitens derselben war nach Lev 15 25—27 nicht zu dulden. Gleichwohl wird davon wenigstens nichts berichtet. Wohl aber betritt Jesus nach dem Bruch mit den pharisäischen Autoritäten sofort Mc 7 24 ein heidnisches Haus, was nach Joh 18 28 directe Verunreinigung mit sich führen würde, wenn darin auch noch keine Ueberschreitung eines geschriebenen Gebotes lag.

Am Deutlichsten spricht sein Verhalten zum Tempeldienst. An sich wäre es nicht auffallend, wenn wir ihn von Anfang an auf einem Wege anträfen, darauf nicht bloss essäische, sondern auch vom Pharisäismus ausgegangene Männer vorangeschritten waren, die dem Tempel nur noch die herkömmliche Hochachtung bewiesen, während das innere Band mindestens gelockert war [1]. Schwer zu entscheiden ist gleich die Frage, ob er den Opfercult mitgemacht habe [2]. Derselbe wird nur Mt 5 23 24 und 23 18 19 vorausgesetzt; aber dort muss die Opferhandlung Unterbrechung erleiden, sobald die Liebespflicht sich geltend macht, und hier wird die Opfergabe erst durch den Altar geheiligt, wie sofort 23 21 der Tempel selbst durch den Gott, dessen eigentlicher Thron freilich der Himmel ist 5 34 = 23 22. Dadurch würde der Tempel auf die Bedeutung einer symbolischen Vergegenwärtigung des universalen Verhaltens Gottes über und in der Welt herabgesetzt: eine innerhalb des Judenthums immerhin mögliche Vorstellung; für Philo ist der Tempel sogar nur Bild der Welt. Gleichfalls nur der 1. Evglst bringt Mt 17 24—27 die Frage nach der Tempelsteuer. Hier zeigt das Verhalten des Pt klar, dass Jesus sich bisher der bestehenden Ordnung unterworfen, den gesetzlichen Pflichten gegen den Tempel unweigerlich Genüge gethan hat. Gleichwohl thut er es diesmal — es war im Monat Adar, wenige Wochen vor seinem Ende — nur „damit wir sie nicht ärgern" (vgl. Mt

---

[1] Baldensperger S. 54 f, 115 f.
[2] Noch Clemen S. 150 behauptet dies. Nach Wellhausen S. 345 „braucht Jesus nicht mehr gegen den Opferdienst zu polemisiren."

17 27, correspondirend der gleichfalls nur matthäischen Erklärung 3 15).
An sich kann er Sohnes- und Königsrecht im Hause Gottes in Anspruch
nehmen, und mit ihm die Seinigen (17 26 ἐλεύθεροι οἱ υἱοί, vgl. Mc 2 25 =
Mt 12 3 = Lc 6 3 Δαυείδ καὶ οἱ μετ' αὐτοῦ). Also ist er Haupt einer
neuen Gemeinde von Gotteskindern (Israel kennt nur Knechte), welche
trotz Ex 30 11—16 innerlich nicht gebunden sind an die gesetzliche
Cultussitte. Schenkungen an den Tempel werden Mc 7 11 12 = Mt 15 5,
wo sie mit dem Bruch vornehmster Sittengebote verbunden sind, z. B.
auf Kosten der Kindespflicht geschehen, verdammt. „Hier ist etwas
Grösseres als der Tempel" — erklärt er Mt 12 6 entweder mit Bezug
auf derartige, den Cultuspflichten überlegenen, Liebespflichten [1] oder
direct mit Bezug auf seine Person (daher die Lesart μείζων statt μεῖζον).
Gleichwohl eifert er noch Mc 11 15 16 = Mt 21 12 = Lc 19 45 = Joh
2 14—16 für das steinerne Heiligthum, welches durch den Tempelmarkt
sogar vor den Blicken der andächtigen Heiden schnöde entweiht war
Mc 11 17. Aber der Umschlag bleibt nicht aus. Schon Mc 13 2 = Mt
24 2 = Lc 21 6 wird in Nachfolge von Mch 3 12 = Jer 26 18 dem Tempel-
hause Untergang geweissagt, wahrscheinlich in der Mc 14 58 15 29 = Mt
26 61 27 40 = Act 6 14 = Joh 2 19 angedeuteten Form, welche Joh
4 21—23 zur Ahnung einer, an die Stelle der alten tretenden, neuen Gottesgemeinde geworden ist [2]. Dagegen scheint als das „Haus" Mt 23 38
= Lc 13 35, welches den Juden überlassen werden soll, so dass die
Gnadengegenwart Gottes aufhört, nicht sowohl der Tempel, als vielmehr die Stadt Jerusalem gedacht zu sein: also ein Widerruf des Prä-
dicats „nimmer verlassene Stadt" Jes 62 12. Wie früher Gott im Tempel
und Stadt, wie später die Schechina in der Synagoge (s. oben S. 57),
so will, gleichfalls wieder nach dem Sondergut Mt 18 20 28 20, Jesus
ständig inmitten seiner Gläubigen weilen; aber eben damit werden
die Juden, wie er ihnen zum langen Abschied sagt, „ihr Haus dahin
haben", vgl. Ez 11 23. Die Folge dieser Gottverlassenheit ist der, Lc
13 4 5 35 = Mt 23 38 unbestimmt, Lc 23 28—31 bestimmter, 19 41—44
sogar ex eventu und nach Jes 29 3 ausgemalte, Untergang der Stadt
und des jüd. Gemeinwesens. So wiederholt sich in dem Propheten der
röm. Zeit die Stellung, welche die Unglückspropheten Israel's in der
assyrischen und babylonischen Zeit bezüglich der Zukunft des Volkes,
der Stadt und des Tempels eingenommen haben [3]. Mit jener bezüglich

---

[1] NÖSGEN I, S. 268 f mit Beziehung auf Mt 12 7 im Sinne von „hier handelt
es sich um mehr als um Tempeldienst".
[2] Vgl. SCHÜRER, Die Predigt Jesu S. 28.
[3] WELLHAUSEN S. 343: „Die Juden ... trieben dem Zusammenstoss mit den
Römern entgegen; die Frage war, was das Ergebniss sein würde. Es war dieselbe Frage, die dem Amos und dem Jeremias vorgelegen hatte, als der Conflict

des Tempels wahrgenommenen, überraschenden Wendung läuft ganz
parallel die anscheinend widerspruchsvolle Art, wie Jesus in Jerusalem noch das volksthümliche Passah in gesetzlich gebotener Weise
mitfeiert, am letzten Abend auch durch die Jünger ein Passahlamm
schlachten und herrichten lässt Mc 14 12—16 = Mt 26 17—19 = Lc 22 7—13,
aber doch gerade beim Genusse desselben den alten Bund als solchen
und eben damit den gesammten Opferdienst antiquirt (s. unten 5 7).

Uebrigens verschwindet das scheinbar Plötzliche, das Unvermittelte und Ueberraschende dieser Schlusserklärung angesichts eines
Gedankens, wie ihn schon das Doppelgleichniss Mc 2 21 22 = Mt 9 16 17
= Lc 5 36—38 erkennen lässt. Dasselbe erbaut sich ganz auf den Gegensätzen von Theil und Ganzem (Flicken und Rock), von Form und Inhalt (Schläuche und Wein) und illustrirt nach beiden Richtungen die
selbstmörderisch wirkende Zweckwidrigkeit der Combination von Heterogenem, wie beispielsweise diejenigen sie befürworten und seinen Jüngern anempfehlen möchten, welche ihnen die Fastenobservanz des
Pharisäismus und der Johannesschule zumuthen. Sofern demnach
das neue Kleid mit alten Flicken zu verschonen, der neue Wein auch
in neue Schläuche zu giessen ist, tritt Abbruch der alten theokratischen Ordnung, Ueberwindung des Nomismus als ein Zielgedanke hervor, mit welchem sich Jesus wenn nicht von Anfang an, so doch jedenfalls vor der Leidenszeit getragen hat [1].

5. Die principielle Erklärung der Bergpredigt.

In ihrem ersten, dem richtigen Verständnisse des Gesetzes gewidmeten, Theil Mt 5 20—48 bringt die Bergpredigt nur eine Bestätigung
der schon gewonnenen Resultate. Die 5 20 angegriffene Gerechtigkeit
der Schriftgelehrten und Pharisäer ist so gedacht, dass man z. B. dem
Verbot des Tödtens wörtlich nachkommt, ohne desshalb die Nöthigung
zu empfinden, sich auch des Lästerns, Zürnens oder anderer Aeusserungen der Lieblosigkeit zu enthalten. Für Jesus dagegen sind Zürnen,
Lästern und Tödten drei Punkte, welche in derselben Ebene und in der
gleichen Richtung liegen, drei Aeusserungen eines und desselben, auf
die Verminderung oder Zerstörung einer anderen Existenz gerichteten

---

mit den Assyrern und mit den Chaldäern drohte; Johannes und Jesus beant-
worteten sie ebenso wie jene beiden alten Propheten. Sie empfanden die Nothwendigkeit des Untergangs der Theokratie voraus." Vgl. auch S. 347.

[1] So katholische Ausleger wie SCHANZ, Protestanten wie SCHLEIERMACHER,
HASE, SCHENKEL, OSIANDER, zuletzt noch PAUL S. 11, dem zufolge mindestens seit
den Tagen der Messiasproclamation Jesu Absicht darauf ging, „diese das gott-
kindliche Gemüth unbefriedigt lassende Ordnung selbst aufzuheben und eine neue
Gottesordnung an die Stelle der alten zu setzen".

Strebens, welches zu einem dauernden Gemüthszustande geworden sein kann. Die gröbste Aeusserlichkeit des einen Endpunktes dieser Linie ist für seine sittliche Beurtheilung nicht ablösbar von dem in das Inwendige reichenden anderen. Demselben kritischen Processe lässt sich aber auch das Verbot des Ehebruchs unterziehen. Auch hier wird die Linie im Sinne des Ideales Job 31 1 JSir 9 5 unmittelbar in die Gedankenwelt zurückgeführt, d. h. Ex 20 14 nach Maassgabe von 20 17 erklärt. Endlich ist auch das Gebot der Liebe nicht auf den Freund und Wohlthäter zu beschränken, dem gegenüber ihr nur die Bedeutung einer unvermeidlichen Reflexbewegung zukäme; sondern spontane, also auch allgemeine, Freund wie Feind in sich schliessende, Menschenliebe ist der Forderungen höchste; denn sie allein fliesst frei nur von innen. So führen von der Peripherie des äusserlich formulirten Gebotes alle Radien nach dem einen Centrum, nach dem Einheits- und Mittelpunkte des menschlichen Bewusstseins. Darin liegt das folgenreichste und fruchtbarste Ergebniss der sittlichen Arbeit Jesu vor: es ist die Entdeckung eines inneren Schauplatzes aller sittlichen Vorgänge, die Klarstellung einer in Gesinnung und Charakter wurzelnden, jede willkürliche Ausnahme und Beschränkung, jeden falschen heuchlerischen Schein, jede Halbheit und Getheiltheit ausschliessenden, Ernstes der Gesetzesbefolgung. Damit ist der Schwerpunkt der sittlichen Forderung von der Ordnung des Gemeinschaftslebens, wie das Gesetz sie bezweckt, in den Ausbau der inneren Welt verlegt und demgemäss eine gewisse Vergleichgültigung des Gesetzes schon im Grundsatze gegeben [1]. Mag also auch dem Talmud zufolge ein Ungerechter heissen nicht bloss, wer seinen Nächsten schlägt, sondern auch schon, wer nur die Hand gegen ihn aufhebt, oder schon der Zornige für vom Geist Gottes verlassen gelten [2]: wo bleibt die principielle Schärfe und Klarheit consequenter und allseitiger Durchführung des Principes, wie sie hier vorliegt?

Das stehende Bild für den Grundcharakter der von Jesus vertretenen Sittlichkeit liegt Mt 7 17 vor: „Ein guter Baum bringet gute Früchte." Die Sittlichkeit verlangt eine organische Entwickelung aus

---

[1] Vgl. EHRHARDT S. 58, 62 f, 85.

[2] WÜNSCHE S. 46. CHWOLSON S. 80 führt Rabbinensprüche an, die zum Gebet für Sünder und Beleidiger auffordern. „Freilich ist in der rabbinischen Literatur nirgends geboten, seine Feinde zu lieben; aber dies geschah nicht aus Eugherzigkeit, sondern in Folge des nüchternen Sinnes der Juden, welche dachten, dass man wohl dem Feinde Gutes thun, aber nicht auf Commando lieben könne." Um so gewisser sind mit der kategorischen Forderung Mt 5 43—47 = Lc 6 27 28 32—35 alle Regungen der Humanität im gleichzeitigen Judenthum überboten, auch die von FRIEDEMANN S. 50 angeführten Talmudsprüche. BOUSSET S. 50: „Auf dem Boden des Judenthums eine Unmöglichkeit." Vgl. HILGENFELD: Protestantische Kirchenzeitung 1891, S. 879 f, 1002, ZwTh 1893, II, S. 416 f.

einer von innen treibenden Kraft heraus; sowie der Baum von innen
wächst, nicht aber von aussen künstlich zusammengesetzt, gezogen und
gestaltet werden will. Damit aber ist die Schwäche der Gesetzesreligion anerkannt und darein verlegt, dass sie die Sittlichkeit von
aussen durch eine Summe von Geboten zu construiren versucht. Im
Gegensatze hierzu verlangt die ganze Bergpredigt vor Allem Innerlichkeit, dringt von allen Seiten auf einen inwendigen Herd des persönlichen Lebens, das „Herz" (mehr im modernen Sinne, als im althebräischen, wo Herz = Verstand). Ganz in diesem Tone der Bergpredigt
gehen ja auch noch spätere Sprüche, wie: „Dieses Volk ehret mich mit
den Lippen, ihr Herz aber hält sich ferne von mir" Mc 7 6 = Jes 29 13.
Dagegen „kommen aus dem Herzen arge Gedanken" Mc 7 21 = Mt
15 19, d. h. den Menschen verunreinigt nur, was er aus seinem Inneren
producirt, was er von innen aus sich macht. „Wo dein Schatz ist,
da ist dein Herz" Mt 6 21, „Ihr sollt euern Brüdern vergeben von
Herzen" Mt 18 35.

Kein schrofferer Gegensatz zu diesem Ideal lässt sich nun freilich
denken als der, die Form, die Aeusserlichkeit, den Buchstaben, ja das
Gleichgültigste selbst am Buchstaben, seine graphischen Elemente,
heilig sprechende und verewigende, Spruch Mt 5 18 = Lc 16 17. Alle
Versuche, denselben mit der durch ihn eingeleiteten Gesetzesauslegung
Mt 5 20—48 in Uebereinstimmung zu bringen, laufen auf das verzweifelte
Unternehmen hinaus, ihn das Gegentheil von dem sagen zu lassen, was
sein unmissverständlicher Wortsinn aussagt, meint und will [1]. Ist der

---

[1] Zu der Ausführung Mt 5 21—48 bildet Mt 5 20 eine vollkommen zutreffende
Ueberschrift. Schwierigkeiten macht nur das einleitende γάρ. Denn die aus-
giebige Darlegung des Capitalschadens der herrschenden Auffassung und Uebung
des Gesetzes kann unmöglich als Begründung von vorangehenden Sätzen gelten,
deren erster 5 18 jedwede theoretische Unterscheidung vom Geist und Buchstaben im Gesetz, deren zweiter 5 19 ebenso jedwede praktische Unterscheidung
wichtiger und minderwerthiger Bestandtheile des Gesetzes verwirft. Wohl aber
ist Alles in Ordnung, wenn man 5 20 direct an 5 17 anschliesst als Begründung
des ἦλθον πληρῶσαι, wie zuletzt noch KLÖPPER, Jesu Stellung gegenüber dem
mosaischen Gesetz: ZwTh 1896, S. 1 f gezeigt hat. Das πληρῶσαι wäre dann im
Sinne von Joh 3 29 15 11 II Kor 10 6 zu fassen: etwas noch Unvollkommenes oder
Unvollständiges voll machen, auf das Vollmaass bringen, etwa so, wie I Reg
1 14 Nathan Bathseba's Worte „erfüllt" (LXX πληρώσω), d. h. zum Ziele führt, was
sie begonnen hat. In unserem Falle also würde etwa gedacht sein an Vollendung
durch Entwicklung des ideellen Gehaltes aus einer positiven, aber zeitlich bedingten und inadäquaten, Form. Vgl. WELLHAUSEN S. 349: „Jesus wollte nicht auf-
lösen, sondern erfüllen, d. h. den Intentionen zum vollen Ausdruck verhelfen."
Darauf könnte auch die Spur des Worts führen, die sich im Talmud erhalten hat.
Vgl. A. MEYER S. 79f. Erklärt man dagegen πληρῶσαι τὸν νόμον aus dem nächsten
Zusammenhange mit 5 18 19, so kann es, da hier die unverbrüchliche Geltung des
Gesetzes behauptet wird, nur nach 3 15 Rm 13 8 bedeuten legi satisfacere, aus-

Spruch ächt, so bleibt nichts übrig, als das geschichtliche Bild Jesu auch sonst nach Mt und dessen Sondergut (vgl. 23 3 und 24 20 μηδὲ

führen, in vollem Umfange vollstrecken, das Gesetz als Rechtsordnung praktisch anerkennen. Der Gegensatz ist dann unterlassen, das Gesetz thatsächlich nicht anerkennen, also καταλῦσαι τὸν νόμον. Da dieser Gegensatz wirklich 5 17 ausgedrückt wird, ist die 2. Auslegung die strenger contextmässige. Dann ist aber zu sagen, dass schon 5 17 wenigstens in der Fassung des Gedankens matthäisches Eigenthum sein muss. Denn 1. der gleichfalls ausschliesslich matthäische Spruch 10 34 ist nach demselben Schema gebildet; 2. die Worte πληροῦν τὸν νόμον (sonst nur noch Rm 8 4 13 8 10 Gal 5 14) und καταλύειν τὸν νόμον (nur noch Gal 2 18) sind aus der Lehrsprache des Pls angeeignet; 3. eine Anklage auf καταλῦσαι (τὸν ναόν) erfolgt geschichtlich erst Mc 14 68 = Mt 26 61 und ist an einem so frühen Orte des Auftretens Jesu noch gar nicht möglich. Denn freiere Auffassungen und Auslegungen der Gesetzespflicht kamen auch sonst im Judenthum vor, ohne dass darin ein Attentat auf die Gesetzesautorität als solche gesehen worden wäre. Ist 5 17 matthäisch, so kann auch 5 18 auf keinen Fall ein ächtes λόγιον darstellen. Die durchsichtigere Form Lc 16 17 gibt zwar den gleichen Sinn, aber doch nur, nachdem durch Lc 16 16 = Mt 11 12 13 jeder Missverstand zu Gunsten des Judenthums ausgeschlossen war. Also. 16 17 Wahrung des conservativen Princips gegenüber dem antinomistisch klingenden Wort 16 16, aber sofort auch Beschränkung des absolut hingestellten Satzes durch das exemplificirend beigefügte Wort 16 18 = Mt 5 32 19 9: Verschärfung und Vertiefung statt Abschaffung! Wie letztere Bestimmung = I Kor 7 10 11, so steht Lc 16 17 = νόμος πίστεως Rm 3 27, νόμον ἱστάνομεν Rm 3 31, τήρησις ἐντολῶν θεοῦ I Kor 7 19, ἔννομος Χριστοῦ I Kor 9 21. Im Zusammenhang und Sinn des Lc wird dem judaistischen Stichwort der Gedanke der nova lex, ein Programm der werdenden katholischen Kirche, untergeschoben, während die Zeit der alttest. Autorität (ὁ νόμος καὶ οἱ προφῆται) Lc 16 16 bereits als abgelaufen erscheint. Ursprünglich ist aber jedenfalls der mosaische νόμος gemeint gewesen, da von Jota und Keraia nur in einem geschriebenen, positiven Gesetz, nicht in einem ungeschriebenen, idealen (so WENDT II, S. 340 f) die Rede sein kann (BALDENSPERGER S. 135). Dann aber trifft der Inhalt des Spruches genau zusammen mit der Bar 4 1, Jos. Ap. 2 38, Philo, Vita Mosis 2 3 und in der rabbinischen Theologie aufgestellten These von der Endlosigkeit des Gesetzes, wie auch schon Mt 5 17 genau besehen nur „der richtige Ausdruck ist für das, was die Juden vom Messias in Beziehung auf das Gesetz erwarteten" (BALDENSPERGER S. 134). Ein so pharisäisch correcter Satz wie 5 18 eignet sich aber am allerwenigsten zur Begründung des höheren Rechtes einer δικαιοσύνη, welche über den Buchstaben hinausgeht, ja denselben sogar gegen sich hat. Gerade im Respect vor der Minutie bewährte sich die pharisäische Gerechtigkeit. Will Jesus 5 20 eine bessere einführen, so kann er sie grundsatzmässig unmöglich auf der gleichen Basis unbedingter Autorität des Buchstabens aufrichten. In dieser Beziehung leisteten ja die Pharisäer Mt 23 23 = Lc 11 42 Unübertreffliches. Ganz unmöglich kann endlich Jota und Keraia auf den unvergänglichen Kern des Gesetzes bezogen und als durch die Auslegung 5 21—48 illustrirt gedacht werden. Eine solche, überall den Buchstaben überspringende Auslegung sollte zum Erweis des Satzes dienen, dass es bei der Gesetzeserfüllung auf das Strichlein und Häkchen ankomme! Gleichwohl bemüht sich um die Quadratur des Cirkels die heutige Theologie noch immer; so insonderheit BEYSCHLAG, indem er I 2 S. 38 f, 108 f, 111 f, Leben Jesu 3 I, S. 352 f II, S. 205 f aus 5 19 zu beweisen sucht, dass „nicht ein buchstäbliches, sondern nur ein geistliches Thun der kleinsten Gebote gemeint sein kann", also auch 5 19 „den Aeusserlichkeiten und Kleinigkeiten im Gesetz ein innerer Gehalt zuerkannt" werde; Jesus verstehe zwar das Sittengebot wörtlich, fasse dagegen die Ritualgebote sinnbildlich, die Beschneidung als Symbol

σαββάτῳ) zu zeichnen, die widersprechenden Stellen bei Mc und Lc aber auf Rechnung des paulin. Mediums zu bringen, durch welches diese Evglien, jedes in seiner Weise, hindurchgegangen sind. Dann enthält Mt 5 18 = Lc 16 17 die Directive für Beurtheilung des gesammten synopt. Thatbestandes; d. h. für Jesus bildet die bindende Autorität des Gesetzes, der Grundsatz, dass vor Allem die vorhandene Rechtsordnung aufrecht erhalten werden muss, die stehende Prämisse für sein ganzes Denken, Lehren und Thun, und er kann auch seine Jünger grundsätzlich nur an dieser gemeinverbindlichen Norm festgehalten haben. Damit wäre noch nicht ausgeschlossen, dass für die, innerhalb der jüd. Volksgemeinschaft bestehenden, Kreise der Jüngergemeinde, für den geschlossenen Bund der Messiasgläubigen, gleichzeitig Moralgrundsätze gelten, welche der Intention des Gesetzgebers noch genauer entsprechen und aus deren Befolgung demgemäss eine noch höher stehende Gerechtigkeit erwachsen müsste, als dies der pharisäischen Durchschnittspraxis erschwinglich war (s. unten 3 4). Die ganze Auseinandersetzung Mt 5 21—48 kann dann eben nur dieser schlechten Durchschnittspraxis

von Herzensbeschneidung etc. Aber gerade das πάντα schliesst jede Unterscheidung von rituellen und sittlichen Geboten aus, und der Satz ἕως ἂν πάντα γένηται entspricht wohl nur dem ersten Satze ἕως ἂν παρέλθῃ ὁ οὐρανὸς καὶ ἡ γῆ, (doppelte Protasis: die zuerst zeitlich ausgedrückte Unvergänglichkeit wird nachträglich noch aus der inneren Nothwendigkeit, aus dem Begriff des Gesetzes, Erfüllung zu verlangen, begründet). Lässt man dagegen, was auch möglich erscheint, das spätere ἕως dem früheren subordinirt sein, so gibt ἕως ἂν παρέλθῃ die Zeitdauer an, für welche das statuirte Verhältniss, die bis zur Erfüllung der kleinsten Forderungen reichende Verbindlichkeit des Gesetzes, fortdauern soll. Weder unter dieser noch unter jener Voraussetzung sieht man ein, wie „das Jota und Häkchen immerhin hinfallen mag" (S. 113), gleich der Knospe, welche zerspringen muss, damit die Blüthe hervorbreche (S. 38, 109). Die Knospe sollte vielmehr ewig knospen! Im Uebrigen läuft die in Rede stehende Erklärung auf eine Anweisung hinaus, wo Buchstaben steht, Geist zu verstehen. Aber selbst wenn man z. B. Lev 11—15 auf Reinlichkeit und Sauberkeit, auf Milde und Menschenfreundlichkeit umdeuten wollte (Aristeasbrief), könnte doch im Ernste nicht behauptet werden, dass damit auch das Jota der Verse, die von Nachteulen, Pelikanen, Rohrdommeln handeln, und die Keraia in der Anweisung zur diätetischen Behandlung von Blattern, Grind, Flechten conservirt erscheinen. Zu einer solchen Auslegung des Gesetzes sollte Jesus Anweisung gegeben haben! Den zu solchen Leistungen befähigenden Witz und Aberwitz sollte er für das Kennzeichen eines „Grossen im Gottesreich" erklärt haben! Letzteres nämlich wäre Mt 5 19 der Fall, wo als Folgerung aus der Heiligsprechung von Jota und Keraia der Satz sich ergibt, dass, wer kleine Gebote etwa ausser Kraft setzt, im Himmelreich nur minimale Geltung finden werde und umgekehrt. Der ἐλάχιστος ἐν τῇ βασιλείᾳ τῶν οὐρανῶν ist in Wahrheit der ἐλάχιστος τῶν ἀποστόλων I Kor 15 9, dessen Opposition gegen das Gesetzeschristenthum hier auf die Aussenseite des Gesetzes bezogen, dagegen aber zugestanden wird, dass er die grossen Gebote Mt 22 37—40 = Rm 13 8—10 aufrecht erhalten habe. Sonach dürfte die ganze Stelle ein judenchristliches Programm bilden im Gegensatz zu Gal 2 14—21 und besonders zu II Kor 5 17. Vgl. PFLEIDERER, Urchristenthum, S. 492 f, PAUL S. 27 f.

und der ihr zu Grunde liegenden pharisäischen Gesetzesauslegung[1], nicht aber dem geschriebenen Gesetz selbst gelten[2], das vielmehr bis auf jedes Strichlein und Häkchen Kanonisirung erfährt. Da nun aber der, bezüglich der Stellung Jesu zum Gesetz aus den Quellen zu erhebende, Thatbestand, wie gezeigt wurde, das geschriebene Gesetz selbst keineswegs unangetastet belässt[3], begegnen wir bei denjenigen Theologen, welche diesen Standpunkt einnehmen, den mannigfachsten Clauseln, durch welche die absolute Geltung des Princips Mt 5 18 = Lc 16 17 eine mit seinem Wortlaut durchaus unverträgliche Einschränkung erfährt[4], oder es stellt sich, wo das exegetische Gewissen gegen die Zu-

---

[1] LUTHER und der ältere Protestantismus, neuerdings HOFFMANN, HARLESS, KEIM, MEYER, WEISS, KEIL, NÖSGEN, WICHELHAUS, WEIZSÄCKER, Ev. Geschichte, S. 347 f, Apost. Zeitalter S. 380.

[2] Patristische und katholische Auslegung; unter den Protestanten BAUR, NE-ANDER, BLEEK, ACHELIS, WÜNSCHE, IMMER S. 157, 159, BEYSCHLAG, LJ II, S. 205, SCHÜRER, Die Predigt Jesu, S. 25 f, EHRHARDT S. 66 f, TITIUS S. 84 f, 130, 173.

[3] Sollten sich die Antithesen der Bergpredigt nicht direct auf Stellen des AT beziehen, sondern auf „eine Art von Volkskatechismus, der in seinen Bestimmungen wohl alttest. Worte verwerthet, aber recht frei damit schaltet (A. MEYER S. 55), so würde doch auch in dieser Umhüllung der mosaische Buchstabe selbst von der Kritik Jesu getroffen werden.

[4] B. WEISS setzt den einfachen Widerspruch § 24: „Einen Unterschied zwischen Ceremonial- und Sittengesetz hat Jesus nirgends gemacht; seine Anerkennung bezieht sich auf das Gesetz als Ganzes. Doch ist damit nicht gesagt, dass er eine unvergängliche Dauer der israelitischen Cultusordnung in Aussicht genommen hat." Und doch „war der Wille Gottes im AT in der Form einer Cultusordnung für die noch unvollkommene Entwicklungsstufe der Theokratie offenbart" § 24d, und „Jesus polemisirt desshalb nicht bloss gegen pharisäische Zusätze oder Ausdeutungen. Aber er will auch nicht das Gesetz ergänzen oder verbessern" § 24b. Eine solche Gültigkeit des Gesetzes soll Jesus vertreten haben, „welche durch den Wegfall einzelner gesetzlicher Ordnungen nicht tangirt wurde" (Das Mt-Evglm S. 40). Nach HILGENFELD kennt Jesus im geschriebenen Gesetz auch zeitliche, hinfällige Elemente; aber selbst diese habe er nicht vorzeitig aufheben wollen (zuletzt ZwTh 1894, S. 508f). Mit dem Wort Mt 5 18 ist nach NÖS-GEN I, S. 260 nur „das Gesetz als ein Ganzes" gemeint. Nach SCHÜRER, Die Predigt Jesu, S. 26 f, gilt die Erklärung über die Unverbrüchlichkeit des Gesetzes doch nur dem, von den einzelnen Geboten unterschiedenen, Kern desselben. Nach BRANDT S. 455 hat sich Jesus von den freier gerichteten unter den damaligen Schriftgelehrten immer noch dadurch unterschieden, dass er unter Umständen selbst vor dem geschriebenen Buchstaben keinen Halt machte. In BEYSCHLAG's Weise redet HAUPT S. 51: „Jesus hat in jedem alttest. Gebot einen Punkt gefunden, in welchem er sich mit ihm in Uebereinstimmung fühlen konnte, eine ewige sittliche Idee. Diese hat er nicht nur festgehalten, sondern ihr zu voller Verwirklichung helfen wollen, und das geschieht ebenso, wo er den Wortlaut des AT festhält und nur die sittliche Idee über die nächste Tragweite ausdehnt, wie da, wo er den Wortlaut zerbricht, um der Idee zu adäquaterem Ausdruck zu verhelfen." Nach IMMER S. 161 „betrachtet er seine auf die Gesinnung zurückgeführte Auffassung des Gesetzes als dessen wahre Erfüllung und dagegen die äusserliche, buchstäbliche und casuistische Gesetzesbeobachtung der Pharisäer als Nicht-Erfüllung. Zwischen Sittengesetz und Ceremonialgesetz unterscheidet er nicht, betrach-

lässigkeit solcher Clauseln reagirt, die Neigung ein, zwischen Anfang
und Ende der Laufbahn Jesu eine Unterscheidung zu treffen: eine
kritische sei seine Stellung erst dadurch geworden, dass Forderungen
an ihn herantraten, welche sein religiöses Gefühl verletzten[1]. Damit
war man ja an sich auf dem ganz richtigen Wege. Nur ist sehr fraglich, ob Mt 5 17—19 sich als Ausgangspunkt für einen Weg eignet,
auf dessen Endpunkt das Ende des Gesetzes in Sicht tritt. Alsdann
nämlich bestünde zwischen beiden Punkten der directeste Widerspruch; die Entwickelung, welche solcher Gestalt Jesus während seines
öffentlichen Auftretens durchgemacht hätte, würde von der entschiedensten These im Wort zur entschiedensten Antithese in der That
fortgeschritten sein. Um nichts besser wird die Sache dadurch, dass
man den zweiten Endpol nicht mehr innerhalb, sondern nach der
Lebenszeit Jesu ansetzt[2]. Die Weissagung, dass kein Jota am Gesetz
hinfallen solle, wäre dann schnell genug zu Schanden geworden. Die
Aufgabe, welche Jesus seinen Nachfolgern überlassen hätte, wäre
nichts Geringeres als die Zerstörung eines von ihm selbst anerkannten
Palladiums. Aber auch falls die Proclamirung eines solchen nur dem
1. Evglsten zur Last fiele, hat es seine bleibenden Bedenken, den
Ausgleich zwischen verschieden gearteten und auseinanderlaufenden
Aussprüchen vermittelst der Annahme eines pädagogischen Verfahrens
Jesu zu treffen, als hätte seine Taktik es den Nachfolgern überlassen,
durchzuführen, was er selbst nur von ferne anbahnen konnte[3]. Wie
aber, wenn er an eine weitere Zukunft gar nicht gedacht, von einer

---

tet dieses vielmehr als fortbestehend, beobachtet es auch wohl selbst, aber in freier
Weise und zieht im Collisionsfall den ethischen Gehalt des Gesetzes der ceremoniellen Form vor."
    [1] So BALDENSPERGER S. 242 und JACOB S. 23, 25: „Wird der Feuerstein ge-
schlagen so sprüht er verzehrende Funken" — in unserem Falle also verzehrend
selbst für das, was in der Theorie als absolute Autorität hingestellt wäre. Nach
M. SCHWALB, Unsere vier Evglien erklärt und kritisch geprüft 1885, S. 30 hätte
sich Jesus, als er die Bergpredigt hielt, die Tragweite seiner Tendenzen wohl kürzer
vorgestellt, als sie wirklich war.
    [2] BOVON I, S. 390f, 398f, II, S. 22. Im Grunde auch WEISS § 24d, Leben
Jesu I³, S. 526 f.
    [3] BAUR S. 58: „Nimmt man alle diese zum Theil sehr verschieden lautenden
Erklärungen zusammen, so kann man aus ihnen nur den Schluss ziehen, dass er
zwar in einzelne seiner Aussprüche genug hineinlegen wollte, was einen principiellen Gegensatz nicht bloss gegen die Satzungen der Pharisäer, sondern auch
gegen die fortdauernde absolute Geltung des Gesetzes begründen konnte, dass er
aber, statt es zu einem offenen Bruche kommen zu lassen, die weitere Entwicklung des an sich und thatsächlich schon vorhandenen Gegensatzes dem Geist seiner
Lehre überliess, der von selbst dazu führen musste." Aehnlich seither Viele bis
herab auf DODS, Expositor X, 1894, S. 82, ORELLO COXE S. 88 f, CLEMEN, Die
Chronologie der paulin. Briefe 1893, S. 150.

Entwickelung darum auch nicht gesprochen haben könnte? Zu viel Reserve, Reflexion und Accommodation in Jesu Gedankenwelt hineintragen heisst immer ihrer grossen Eigenart zu nahe treten [1]. Soll einerseits Mt 5 18 = Lc 16 17 durchaus festgehalten werden, und zwar ohne dem vom Buchstaben handelnden Wort einen gegen den Buchstaben lautenden Sinn aufzudrängen, soll andererseits aber auch die Auffassung Jesu als eines im Banne des Gesetzes verbliebenen Juden [2] abgelehnt werden, so bleibt überhaupt nur noch eine Möglichkeit übrig. Man muss den Widerspruch in Jesu Bewusstsein einfach anerkennen, gleichsam als den Schatten, welchen der religiöse Genius warf und werfen musste. Auf diesem Standpunkte [3] hat man sich in eine grossartige Unbefangenheit hineinzudenken, womit der göttliche Werth des mosaischen Gesetzes als des reinen Ausdruckes wahrhaftigster Sittlichkeit mit der gleichen Energie anerkannt und behauptet, wie seiner äusseren Form nach vernachlässigt, ja gelegentlich gesprengt werden konnte. Man denkt sich die Stellung Jesu gegenüber dem Gesetz als eine Verbindung von unbedingter Verehrung und bedingender Beurtheilung, vermöge welcher es ihm so hoch und hehr erscheinen mochte, dass alles „Kleine" doch von der richtig darin wahrgenommenen Grösse des Ganzen gedeckt wurde. Die Unvollkommenheit wäre in solchem Falle Jesu unter dem Gesichtspunkt des noch nicht Vollkommenen, nicht aber des Widerspruches zur Vollkommenheit erschienen. Kein Ausdruck anerkennender und hochhaltender Bejahung kann dann an sich unwahrscheinlich klingen, auch das hyperbolische Wort vom Strichlein und Jota nicht, sofern auch die unscheinbarste und äusserlichste Bestimmung, im Zusammenhang mit dem grossen Gebot betrachtet, erst zu ihrem vollen Rechte gelangt, während auf der anderen Seite er selbst wieder mit der Absicht des Gesetzes eben auf jenem höchsten Punkte sich so sehr eins, sie in sich selbst so

---

[1] Dies gilt auch von GLOCK, Die Gesetzesfrage im Leben Jesu und in der Lehre des Pls 1885, S. 11 f, 131 f: Jesus habe im Privatleben das Gesetz beobachtet, nicht aber in seinem öffentlichen Auftreten als messianische Autorität.

[2] So Juden wie GRÜNEBAUM, Die Sittenlehre des Judenthums 1878, S. 247 f und Judenchristen wie CHWOLSON S. 89. Vgl. S. 96: „Christus hat nichts gesagt und nichts gelehrt, was die ächten Pharisäer nicht hätten unterschreiben können, und nichts gethan, was dieselben hätten missbilligen müssen." Aehnlich auch der von E. v. HARTMANN, WALTER CASSELS u. A. vertretene Radicalismus.

[3] Vorzüglich vertreten durch KEIM, Der geschichtliche Christus S. 48 f, 86 f, Geschichte Jesu II, S. 263 f, 267, Dritte Bearbeitung[2], S. 184. Aehnlich noch JÜLICHER, Einleitung S. 275, TITIUS S. 83 und WELLHAUSEN S. 350: „Er fand überall für seine Seele Raum und fühlte sich durch das Kleine nicht beengt, so sehr er den Werth des Grossen hervorhob." Erheblich spitzer M. SCHWALB, Christus und die Evangelien[2] 1885, S. 55: „Die Stellung Jesu zum AT lässt sich durch drei Worte bezeichnen: Pietät, Skepsis und Kritik."

vollkommen verwirklicht weiss, dass die zeitlich beschränkten Erscheinungsformen des höchsten sittlichen Begriffes, wie sie in den mosaischen Verordnungen über Sabbathruhe und Opferdienst, über levitische Reinigkeit und Ehescheidung zu erkennen sind, weit hinter ihm liegen und er, getrost und ohne sich einer Inconsequenz bewusst zu sein, ihnen allen Absage und Opposition bieten konnte. Eine derartige Stellung zum Gesetz entspräche einigermaassen seiner Behandlung der alttest. Schriftautorität überhaupt (s. oben S. 116)[1]. Für eine solche Zurechtlegung des fraglichen Verhältnisses scheint namentlich der Rückschluss aus dem gesetzestreuen Verhalten der ersten Gemeinde auf das entsprechende Verhalten des Stifters zu sprechen. Allerdings wäre jene Thatsache unerklärlich, wenn Jesus als radicaler Reformer aufgetreten wäre, Umsturz gepredigt und den antimosaischen Zündstoff in die Masse geworfen hätte. Auch die Quellen lassen ihn niemals direct den Abgang des Mosaismus proclamiren. Nirgends setzt er sich namentlich mit der Beschneidungsfrage auseinander, wie dann Pls thut; niemals lässt er seinen Jüngern den Glauben an die Heiligkeit und Unumstösslichkeit der alttest. Schriftoffenbarung in einem grundsatzmässig fraglichen Lichte erscheinen. Mindestens seine Handlungsweise blieb zumeist innerhalb der Schranken der Gesetzlichkeit, auch wo seine Denkweise darüber hinausstrebte und hinausreichte. Selbst die entschiedenen Worte, welche die letzten Tage brachten, Tempelsturz und neuer Bund, vermochten in dem Bewusstsein der Urgemeinde den Eindruck der viel längeren Zeit nicht aufzuheben, welche vorangegangen war[2].

Wäre aber auch die Stellung der Urgemeinde unter Voraussetzung der Geschichtlichkeit von Mt 5 18 begreiflich genug, so dafür um so weniger diejenige des Pls, so gewiss auch er, schon wegen Gal 4 4 II Kor 5 16, in Jesus den gesetzestreuen Israeliten anerkennt[3]. Zu einem Bruche mit der Gesetzlichkeit konnte Pls, wenn er doch Apostel Jesu

---

[1] Dies vergisst bei seiner Vertheidigung von Mt 5 18 STUCKERT, Theologische Zeitschrift aus der Schweiz 1893, S. 183: Jesus wolle das Gesetz bis auf Jota und Keraia erfüllt wissen, „wie z. B. eine Rechnungsaufgabe erfüllt ist, wenn das Resultat ausgerechnet vor uns steht. Zur gewonnenen Summe hat jeder noch so kleine Posten seinen Beitrag geleistet. Keine einzige Zahl war unnütz, jede hat in der Summe ihre Erfüllung gefunden. Aber ist das Facit gezogen, so stehen die Hülfsmittel nur noch in zweiter Linie oder können nun unbeachtet bleiben." Aber thatsächlich haben keineswegs alle kleinen und kleinsten Posten der alttest. Rechnung zum Facit mitgewirkt, sondern ganze weite Strecken des Kanons bleiben unbeachtet liegen, weil sie für Jesus unfruchtbar waren und er nur das in Rechnung zieht, was sich ihm als congenial erweist.

[2] CLEMEN, StKr 1895, S. 346.

[3] VOLKMAR, Jesus Nazarenus 1882, S. 100 f.

sein wollte und thatsächlich unter dem Anhauche seines Geistes gelebt
hat, schon vorschreiten, sobald das ein Geist der Gesetzesinnerlichkeit
und damit auch der Gesetzesfreiheit gewesen ist [1]. War dagegen der
Stifter des Christenthums dem Banne der Gesetzesreligion für seine eigene
Person nicht entwachsen, so wäre ihm in der grossen That des Pls nur
widerfahren, was das fast tragische Verhängniss nicht weniger Reli-
gions-, Kirchen- und Ordensstifter bildet, dass sie nämlich zu ihrer
Stiftung sich fast nur wie eine Gelegenheitsursache verhalten und angesichts ihrer eigensten, als authentisch zu constatirenden, Aeusserungen für das, was unter ihrem Namen durch die Geschichte läuft, kaum
verantwortlich gemacht werden können [2]. Jedenfalls beweist die Geschichte des apost. und nachapost. Zeitalters, dass sich die Entwöh-
nung seiner Anhänger vom väterlichen Gottes- und Gesetzesdienst
schwer genug auf dem Wege und mit der Allmählichkeit eines, harte
Gegensätze verarbeitenden, Processes verwirklicht hat. Aber sie hat
sich doch verwirklicht, und ein eigentlicher Rückfall zur Gesetzlichkeit
fand in der Urgemeinde erst in der Form einer Reaction statt, als im
Paulinismus aus der Gesetzesfreiheit des Gedankens eine Gesetzesfreiheit des Thuns zu werden anfing. Sofern der paulin. Fortschritt
zur förmlichen Abrogation des mosaischen Gesetzes sich mit gedanken-
mässiger Folgerichtigkeit aus dem religiösen Princip des Christenthums
ergibt, gehört es immer zu den geschichtlich gegebenen Schranken der
individuellen Leistung Jesu, eine solche Consequenz nicht als Programm aufgestellt und vertheidigt zu haben. Hat er darum auch kein
Bewusstsein von dieser Consequenz selbst gehabt? Führte bloss die
Logik der Thatsachen weiter, als er beabsichtigte? Ist der Neubau,
welcher über seinem Grabe sich erhob, vielleicht sogar in irgend welchem Umfange ein Widerspiel zu demjenigen Ausbau gewesen, welchen
er selbst in Aussicht genommen hatte? Falls etwa der hier in Anwendung gebrachte Schlüssel nicht hinreichen sollte, diese Fragen
endgültig zu beantworten, so würde eine solche Beantwortung vielleicht überhaupt jenseits der Competenz historischer Forschung liegen,
und müsste diese sich damit begnügen, die Gegensätze der apost. Zeit

---

[1] So selbst unter den für Mt günstigsten Voraussetzungen Holsten, demzufolge Jesus gebrochen hat, zwar nicht mit dem Gesetz, aber mit dem Gerech-
tigkeitsideale des Judenthums, indem er an die Stelle der gesetzlichen Gerechtigkeit die Gerechtigkeit des Innenmenschen, an Stelle der Frömmigkeit des Juden
die Frömmigkeit des Menschen setzte. Spricht doch Holsten, Die synopt. Evglien
1885, S. 170, sogar von „verneinender Stellung Jesu zum Gesetz und zum Judenthum".

[2] E. v. Hartmann, Die Krisis des Christenthums und der modernen Theologie 1880, S. 64, constatirt, „dass die christl. Religion etwas ganz anderes ist,
als was Jesus gelehrt und beabsichtigt hatte."

begreiflich gemacht zu haben aus der hohen Personalunion, welche national Jüdisches und universal Menschliches in dem religiös-sittlichen Bewusstsein Jesu gefunden haben (s. unten 7 ı).

3. Gott und Mensch.
1. Der König und der Vater.

Die Pietät Jesu gegen das Gesetz hat ihren einfachen Grund darin, dass für ihn hinter dem Gesetz Gott steht, und das Bewusstsein der Ueberlegenheit über den Buchstaben des Gesetzes hat seinen ebenso einfachen Grund darin, dass für ihn Gott zugleich unendlich hoch über demselben Buchstaben steht. Auch hier gilt es zunächst den Ausgangspunkt der Gedankengänge Jesu als auf der gleichen Linie mit dem Gottesbewusstsein der Zeitgenossen, mit der Theologie des Spätjudenthums gelegen kenntlich zu machen. Dafür wird sich der Endpunkt gerade so, wie dies bei der Anschauung vom Gesetz der Fall war, als auf ein um so höheres Niveau gerückt herausstellen.

Es sind die Vorstellungen von Gott als König und als Vater, welche den gegebenen Ausgangspunkt bilden (s. oben S. 47). Von einer neuen Entdeckung kann also wenigstens in Bezug auf die Ausdrücke, zumal auch auf den Vaternamen, nicht die Rede sein [1]. Höchstens könnte man solches von dem „Vater im Himmel" oder „himmlischen Vater" behaupten, würde der Ausdruck nur nicht allzu sichtlich matthäisches Sprachgut darstellen [2]. Thatsache ist, dass Jesus sich zum „Gott Abraham's, Isaak's und Jakob's" Mc 12 26 = Mt 22 42 = Lc 20 37 und eben damit zum „Gott Israel's" Mt 15 31 bekennt Mc 12 29 [3],

---

[1] Vgl. Nachweise bei Spitta, Zur Geschichte und Litteratur des Urchristenthums II, S. 41, 58, 103, 358.

[2] Holsten's biblisch-theologische Studien über die Bedeutung der Ausdrücke ὁ πατήρ ὑμῶν, bzw. ὁ πατήρ μου ὁ ἐν τοῖς οὐρανοῖς im Bewusstsein Jesu, ZwTh 1890, S. 129 f, 167 f, bringen reiches Material zur Erklärung, laufen aber auf die unannehmbare Hypothese hinaus, Jesus wolle mit dieser seiner ureigensten Redeweise einem Missverständnisse der schwachen Jünger wehren und darauf hinweisen, dass er das Wort Vater nicht in seiner sinnlichen Bedeutung meine. In Wahrheit trägt der, sonst im NT nur einmal (Mc 11 25 eingesprengt) vorkommende, Ausdruck denselben Stempel, wie auch das gleichfalls matthäische „Himmelreich". Derselbe Evglst bringt überhaupt das Wort „Himmel" öfter, als alle übrigen Evglsten zusammen. Auch Titius S. 28 sieht in dem Ausdruck „Vater im Himmel" eine Schöpfung Jesu, wohl im Anschlusse an B. Weiss § 20 b, zu Mt S. 45, der sogar reinlich theilt zwischen ὁ πατήρ ὁ ἐν τοῖς οὐρανοῖς, was der „apostolischen Quelle", und ὁ πατήρ ὁ οὐράνιος, was dem Mt angehören soll.

[3] Daher B. Weiss, wie er es überhaupt nicht für denkbar hält, dass Jesus „in irgend einem Sinn seinem Volke auf religiösem oder sittlichem Gebiete neue Erkenntnisse" zu bringen gehabt habe, LJ I, S. 274, auch hier nur einfachen Anschluss an das AT constatirt II, S. 152, Neutest. Theol. § 20 c, während Beyschlag I, S. 82 f und Bousset S. 41 f hier Jesu allereigenste That finden — zumal an-

überhaupt seinen Standpunkt ganz und voll auf dem, im AT [1] und im daran sich anschliessenden Spätjudenthum erreichten, Niveau nicht etwa erst nimmt, sondern von vornherein hat. Die absolute Einheit, wie sie Mc 12 29 (in den späteren Evglien schon weggefallen), dem sog. Schma Israel entsprechend, besonders nachdrücklich betont ist, und die schlechthinige Erhabenheit Gottes, wie sie der 1. Bitte des Herrngebets zufolge in der Menschenwelt vor allem Anderen zur Anerkennung und Geltung gelangen soll, bilden die obersten Merkmale dieser Gottesidee [2]. So gewiss Jesus ein Reich Gottes im herkömmlichen Sinne kennt (s. unten 4 1), so gewiss ist auch ihm Gott vor Allem König (der ἄνθρωπος βασιλεύς der Gleichnisse Mt 18 23 22 2) und Jerusalem seine irdische Residenz, Centralstätte seines geschichtlichen Wirkens (5 35 πόλις τοῦ μεγάλου βασιλέως). Aber zugleich und vorher und auch nachher (Jerusalem wird ja fallen, s. S. 149) ist „der Himmel sein Thron und die Erde seiner Füsse Schemel" Jes 66 1 = Mt 5 34 35 23 22. „Der Herr des Himmels und der Erde" Mt 11 25 = Lc 10 21 überragt alle in menschliche Erfahrung fallende Kraftleistung durch unvergleichliche, schrankenlose Allmacht Mc 10 27 = Mt 19 26 = Lc 18 27 Mc 12 24 = Mt 22 29 Mc 14 36. Der Abstand zwischen Gott und der Creatur wird mindestens so stark wie im Spätjudenthum betont [3], jedoch ohne allen metaphysischen Beigeschmack, ohne jeden Versuch einer abstracten Bestimmung im Sinne des absoluten Hinaus über jegliche endliche Beschränkung (kein alexandrinischer Anflug). Alles weicht einfach zurück hinter dem Gottesgedanken; namentlich alle Menschenfurcht verschwindet vor der Furcht dessen, der Leib und Seele verderben kann Mt 10 28 = Lc 12 4 5.

Die Vaterschaft Gottes wird deutlicher, als sein Königthum, über die bereits erreichte Linie hinausgeführt; diese Seite an der Sache ist daher weniger bestritten. Während nämlich im AT meist das Volk in

---

gesichts des transcendent gewordenen, abstract-verblassten Gottesbegriffs des Judenthums.

[1] H. SCHULTZ, Die Gottheit Christi, S. 348: „Jesus, der sich von Herzen demüthig nennt und das Prädicat gut von sich abgewiesen hat (Mt 11 29 19 16 f), der als ein Frommer ein Gebetsleben geführt und die Seinigen gelehrt hat, sich vor dem Gott zu fürchten, der Leib und Seele in der Hölle zu Grunde richten kann (Mt 10 28), der die Lehre von der Einheit Gottes in dem Worte miterwähnt hat, mit welchem er den ganzen Inhalt der wahren Frömmigkeit zusammenfassen will (Mt 4 4—10 22 37 Lc 10 27 Mc 12 29) — er hat ohne irgend einen Zweifel in diesem Punkte sich und die anderen Menschen ganz nach der alttest. Ansicht beurtheilt."

[2] TITIUS S. 105: „In diesem Gedanken berührt sich Jesus mit dem Pharisäismus." S. 106: „Mit Energie, ja mit Schroffheit wird so die Unnahbarkeit und Einzigartigkeit Gottes gegenüber der Welt und Allem, was ihr angehört, festgehalten." Richtig leitet TITIUS daraus Jesu Beurtheilung des Eides ab Mt 5 34—37 23 16—22. [3] TITIUS S. 104, 106, 183.

Holtzmann, Neutestamentl. Theologie. I.

Correlation zum Vater-Gott steht, tritt hier sowohl eine Verengerung
als auch eine Erweiterung ein. Denn auf der einen Seite ist es doch
zunächst Jesu neue Familie Mc 3 ₃₄ ₃₅, seine Jüngergemeinde, welche
geheissen wird, im Herrngebet Gott als Vater anzurufen Mt 6 ₉ = Lc
11 ₂. Das Recht, welches die Jünger als angehende Genossen des
Reichs üben, besteht thatsächlich im Kindesrecht (s. unten 4 ₄). Wenn
auch in der Gegenwart nur antecipando [1], sind sie doch schon „Söhne
Gottes", und zwar angesichts von Stellen wie Mt 6 ₆ 7 ₁₁ = Lc 11 ₁₃
(20 ₃₆) in einem viel unmittelbareren und individuelleren Sinne, als es je
in der alttest. Theokratie vorkommen konnte [2]. Im Kindesverhältnisse
gipfeln die Beziehungen des Einzelnen zu Gott Mt 6 ₂—₄ ₆ ₇ ₁₈ ebenso,
wie die des Ganzen im Gottesreich. So rückt der Schwerpunkt im
Gottesbegriff von der Vorstellung des, seinen Willen durchsetzenden,
sein Reich herstellenden, Königs auf die des, in seinem Hause gütig
und liebreich waltenden, Vaters weiter, ohne dass darum der Begriff
des Reiches zurücktritt (um das Kommen seines Reiches bitten ja
sofort diejenigen, welche Gott zuvor als ihren gemeinsamen Vater angerufen haben) und ohne dass irgendwie ein Gegensatz zwischen der
Väterlichkeit hier und dem Königthum dort entsteht (Gott gibt der
„kleinen Heerde" Lc 12 ₃₂ vielmehr das Reich in seiner Eigenschaft als
„ihr Vater"). Beide Bilder schieben sich ineinander, wie sie sich auch
in genauer Continuität mit der alttest. Entwickelung halten: Gott als
König die Alles beherrschende Macht, der Alles in Abhängigkeit
setzende Wille; Gott als Vater die Güte, von welcher dieser Allmachts-
wille bestimmt und bewegt ist. Das also ist das Vorrecht der Reichsgenossen, dass sie nicht bloss das königliche Regiment ihres Gottes
erfahren, sondern auch seiner väterlichen Liebe gewiss sein dürfen [3].
Die nationale Grundlage des Gottesbegriffes ist sonach gewahrt, gleichwohl aber mit einer, freilich auch schon prophetisch angedeuteten (Jes
40—60, aber auch Jon 4 ₁₀ ₁₁ Mal 1 ₁₁ ₁₄), universalistischen Perspective
versehen, sofern die Jesu eigene Zusammenschau des Jüdischen und
des Menschlichen auch wieder eine Erweiterung des Gottesbegriffs bedingt [4]: Gott ist Vater aller, die seine Kinder werden wollen. Wird

---

[1] Tittus S. 117, 120, 190.   [2] Cremer zu πατήρ. Ehrhardt S. 78.
[3] Tittus S. 191: „Die beiden Gedanken von Gott schädigen einander nicht
nur nicht, sondern bedingen und fordern sich gegenseitig. Der Gedanke der väterlichen Liebe vollendet sich erst in diesem Verhältniss, in dem der Allmächtige
unter voller Wahrung seiner übergeordneten Stellung den Menschen in freier,
zuvorkommender, unverdienter Liebe zu sich emporhebt, und die Allmacht findet
erst die höchste und schwierigste, wahrhaft ihrer würdige Aufgabe in dem thatsächlichen Erweis der väterlichen Liebe gegen die Menschen, in ihrer Begabung
mit dem Reiche Gottes."
[4] Tittus S. 114: „Aber sein einzigartiges Erleben führte Jesum zu der Er-

diese Consequenz auch nicht ausdrücklich ausgesprochen, so ist sie doch unvermeidlich mit dem Gedanken des Reiches Gottes gegeben (s. unten 4 c).

2. Das Weltregiment.

Wesentlich im Kreise derselben schon alttest. Combination von allwaltender Macht und wohlthuender Güte halten sich auch die Vorstellungen vom göttlichen Weltregiment. „Vorsehung", wie man das herkömmlicher Weise nennt (als πρόνοια, nicht als πρόγνωσις gedacht), ist an sich kein biblischer, sondern ein auf die entsprechenden Vorstellungsreihen angewandter Schulbegriff der Stoa, mit der praktischen Abzweckung auf unbedingtes Vertrauen gegenüber der, auch alles Einzelne richtig besorgenden, Logik des Weltverlaufes, daher identisch mit dem Schicksal, der Nothwendigkeit (εἱμαρμένη). Beide Begriffe hatten sich im Hellenismus eingebürgert (s. oben S. 90), während in der populären Auffassung des Spätjudenthums die despotische Reichsverwaltung mit ihrem complicirten Apparat von Executivmächten vorherrschte. Neben einzelnen Zügen, die von diesem Anschauungsbilde entlehnt sind (s. oben S. 51), schlägt in der Regel unbekümmert die alttest. Anschauung von der Natur durch als von einem unmittelbaren Objecte göttlichen Thuns und Waltens. Von hier aus kommt es bis zu einem gewissen Grade sogar zu einer Gegenwirkung gegen den absoluten Transcendentalismus und Supernaturalismus der spätjüd. Weltanschauung, wie solche im Allgemeinen den Ausgangspunkt für Jesu Gedankengänge bildet. Die Natur ist für ihn ganz direct von göttlichen Vaterarmen umfasst und getragen, ja sie kommt überhaupt als eine Personification oder gar selbständige Grösse neben Gott gar nicht vor; sie fällt ganz aus. Der Naturmechanismus, zu dem es kein persönliches Verhältniss gibt, ist einfach nicht da, und damit entfallen alle Voraussetzungen, unter welchen für spätere Geschlechter eine Wunderfrage überhaupt erst sich stellen konnte. Jegliche Erörterung des Verhältnisses Gottes zur Natur wird sinnlos, wo jener an den Vorgängen in dieser so ganz unmittelbar betheiligt ist, dass das Gesetz der Schwere selbst im geringsten Fall, da es zur Anwendung kommt, einen Willensausdruck und zwar im Sinne seiner Heilsgedanken (s. unten S. 164 f) bedeutet Mt 10 29 = Lc 12 6: eine Eintracht, der schon bei Pls durch anderweitige Reflexionen Eintrag geschieht. Nach I Kor 9 9 sind die Rinder ein zu geringfügiger Gegenstand für Gottes Fürsorge, nach jener Stelle nicht einmal die Sperlinge [1]. Eben unter dieser Voraussetzung wird

---

kenntniss, die dann von ihm weithin verbreitet wurde, dass Gott nicht nur sein eigener Vater, sondern der Vater schlechthin war (Mc 13 32 Mt 11 27)." Ebenso S. 190.

[1] Hier schliesst Osc. HOLTZMANN, Neutest. Zeitgeschichte, S. 229 auf eine

ein Vertrauen auf Gott gefordert, dem die an den Vögeln des Himmels und an den Blumen des Feldes zu machenden Erfahrungen mit schlagender Evidenz zu Hülfe kommen Mt 6 25—34 = Lc 12 22—31. Wie sehr auch gerade diese Reden locale Färbung tragen mögen (s. oben 111f), der Sinn ist doch, dass ein Gedanke an den weiten Haushalt der Schöpfung Gottes über die Tagessorge um Essen, Trinken und Kleidung hinausheben müsse, und bezüglich dieser Grundanschauung einer die Natur durchwaltenden, väterlichen Fürsorge kann wieder kein Zweifel sein, dass darin nur vielfache Keime ächt alttest. Frömmigkeit zu harmonischem Blüthenstand herangediehen sind. Man denke an Stellen, welche die Sorge Gottes für sein Volk ausdrücken, wie Jdc 5 4 5 23 31 6 11—24 Jes 1 16—20 Lev 26 3—45, oder an Aussagen, welche die Führung des Menschen durch Gott als eine bis in das Einzelne seiner Lebensbewegungen sich erstreckende darstellen, wie Ps 8 5 104 14 139 15 16 Jer 31 28 32 19.

Aber eben mit der Reproduction gerade dieser, dem spätjüd. Individualismus sich nähernden, Elemente der alttest. Religiosität ist dem allgemeinen Gedanken der Weltregierung auch schon eine bestimmtere Richtung gegeben. Es hat nämlich die Mitbeziehung auf die Naturwelt nur statt, weil sich auf ihrem Grunde die sittliche Welt, also auch das höchste Gut, um dessen Sicherstellung es sich zuletzt handelt, erbaut. Darum zielt Alles, was von der Natur überhaupt gelten soll, auf die persönliche Creatur und weiter auf die zu Genossen des Reiches heranwachsenden Menschen ab: eine Präformation des dogmatischen Schemas providentia generalis, specialis, specialissima, Naturordnung, sittliche Weltordnung, Reichs- oder Heilsordnung. „Fürchtet euch nicht; ihr seid ja mehr werth als viele Sperlinge" Mt 10 31 = Lc 12 7: eine Litotes, die den Werth des persönlichen Lebens relativ zum Ausdrucke bringt, wie ihn das bekanntere Wort Mc 8 36 37 = Mt 16 26 = Lc 9 25 absolut hinstellt [1]. Am wenigsten aber kann Gott seinen

---

gewisse Betheiligung griechischer, zumal stoischer Anschauungen, durch welche die althebräische Voraussetzung, wornach Gott sich um sein Volk, aber um nichts Einzelnes, auch nicht um den Einzelnen kümmert, schon im Judenthum Abwandlung und Weiterbildung erfahren hätten. S. unten S. 173.

[1] Seinem nächsten Zusammenhange nach besagt das Wort freilich nur, dass die ganze Welt, als Inbegriff aller Genüsse gedacht, sofort werthlos wird, wenn kein Nutzniesser da ist; kein Object ohne Subject. Vgl. Runze, ZwTh 1889, S.172f. Der in Ritschl's Schule üblichen Erhebung eines gelegentlich ausgesprochenen Hülfssatzes zum Rang eines beherrschenden Princips wird damit ihre methodische Berechtigung in der systematischen Theologie nicht aberkannt, zumal da Sätze wie Mt 18 6—9 die Gleichförmigkeit mit dem Gedanken Jesu indirect sicher stellen. Vgl. Titius S. 99: „Die Seele eines jeden einzelnen Menschen gewinnt also einen unvergleichlichen Werth, der grösser als der der Welt ist, aus dem Grunde, weil

Reichsgenossen versagen, was er schon den vernunftlosen Geschöpfen
ohne ihr Zuthun spendet [1]. Und er gibt ihnen auf ihr vertrauensvolles
Bitten Mt 7 7—11 = Lc 11 5—13 18 1—8 viel mehr, als er den Vögeln
geben kann. Nicht bloss um die Gegenstände der heidnischen Sorge
Mt 6 7 8 25—34 = Lc 12 22—31 brauchen sie sich nicht zu bemühen, sondern auch nicht darum, was sie reden sollen im kritischen Moment des
Lebens, weil Gottes Geist ihre Vertretung vor Gericht übernehmen wird
Mt 10 19 20 = Lc 12 11 12. In diesem lebendigsten, auf Realisirung des
göttlichen Zweckes gerichteten, Handeln ist nach dem religiösen Prag-
matimus des AT [2] Gott selbst mit auf dem Plan, erwacht und handelt
sein Geist im Menschengeist: ein positives Thun, während für das
Leben und Hinsterben der Sperlinge der negative Ausdruck gilt: „nicht
ohne euern Vater" Mt 10 29. Dagegen „bei euch sind auch die Haare
auf dem Haupte alle gezählt" Mt 10 30. Auch die unvermeidlichen
Uebel, welche mit den naturhaft wirkenden Leidenschaften der Einzelnen und der Massen gegeben sind, begründen kein Verzagen. Die
Menschen können zwar ohne alle Frage den Leib tödten und werden
es eventuell unbehindert thun. Aber zu fürchten ist dennoch nur die
auch diesem Können noch überlegene, über zeitliches Lc 12 20 und
ewiges Leben Mt 10 28 letztentscheidende Macht. Um dieser selben
Macht willen, die man allein fürchten soll, darf die „kleine Heerde"
Lc 12 32 aller weiteren Furcht entsagen, da es einmal Gottes Wohlgefallen ist, ihr doch das Reich zu geben. Die letzten Zwecke, aus
deren Vergegenständlichung die werdenden Reichsgenossen Sinn und
Werth des Daseins religiös verstehen, sind ihrer Durchführung sicher:
in diesem Gedanken gipfelt hier also die Fortführung von Linien, deren
Anfänge sogar bis in den Kernpunkt der altisraelitischen Religiosität,
den Glauben an das Volk Gottes und Gottes ausschliessliche Sorge
um es, zurückreichen.

Eine verwandte Beobachtung knüpft sich an den im vorliegenden
Zusammenhang so viel behandelten Spruch: „Er lässet seine Sonne
aufgehen über Böse und Gute und lässet regnen über Gerechte und
Ungerechte" Mt 5 45. Sicherlich ist damit die thatsächliche Gleichgültigkeit der Naturordnung gegen die sittlichen Unterschiede in der
persönlichen Welt an sich bestätigt. Aber thatsächlich ebenso begründet wäre ja auch der Ausdruck für die Kehrseite: seine Wasser

---

auf jeder Seele die Entscheidung für eine ganze Ewigkeit lastet." Damit hängt
dann der S. 98 f, 177, 196 behauptete „Individualismus" der Religion Jesu zusammen, welchen auch WELLHAUSEN S. 345 f, 356 so stark betont.
[1] B. WEISS II. S. 164.
[2] Vgl. H. HOLTZMANN, SCHENKEL's Bibel-Lexikon V, S. 623.

ertränken die Bösen und die Guten und seine Feuer versengen Gerechte und Ungerechte. Die 18 Personen, auf welche der Thurm von
Siloah fiel, müssen darum keineswegs als absonderliche Sünder gedacht
werden Lc 13 4. Zunächst stellt jener Spruch eine Ueberbietung von
Am 4 7 dar, wornach Gott über die eine Stadt, den einen Acker regnen, über die andere Stadt, den anderen Acker nicht regnen lässt.
Damit war in ächt alttest. Sinne ein grossartiges Spiel Jahve's mit der
Natur, die ausser und neben ihm ist, gezeichnet [1]. Auf dem Standpunkte Jesu kommt nicht bloss das Zufällige und Ungleichmässige
in dieser Vorstellung in Wegfall, sondern wird auch die zu Grunde
liegende Beobachtung nur in bonam partem verwerthet, nur diejenige
von beiden Kehrseiten des Naturverhältnisses aufgegriffen, welche das
tertium comparationis für die Folgerung bietet, dass man auch Feinde
lieben, auch Hassern wohl thun solle. Der Gott, der sich in seiner
Naturordnung allen Menschen auf gleiche Weise darbietet, ist ein Vorbild für ganz uninteressirte, von Gegenliebe unabhängige Liebe Mt 5 46
= Lc 6 32, nicht aber etwa für eine der Indifferenz der Natur entsprechende Gleichgültigkeit des Menschen gegen den Menschen. Nur
die optimistische Betrachtung der Naturvorgänge wird als eine religiöse
anerkannt: ein deutlicher Hinweis darauf, dass trotz der nicht kurzweg abgeschnittenen Zusammenhänge mit der Naturform der Religion
hier Gott doch nicht sowohl die Macht überhaupt, als vielmehr insonderheit die Macht des Guten vertritt. Wenn freilich der kräftige Optimismus der Weltanschauung, wie er als Sonnenglanz auf den Reden
Jesu ruht [2], den hellsten Lebenstag der alttest. Religiosität durchaus
wiederholt, so fallen doch schon in die Neige dieses weltgeschichtlichen
Tages bekanntlich die dunkleren Stunden des Propheten Jeremias, das
Ringen Hiob's mit der unbegreiflichen, willkürlichen Macht seines, auch
die Schrecken der Natur mit umfassenden, Gottesbildes, endlich die
nagenden Zweifel an Gottes Gericht bei Koh. Auch im neutest.
Gegenbilde fehlt es neben den hellen nicht ganz an dunkeln Tönen,
nur dass sie sich zusammendrängen auf die letzten Tage Jesu, welche
von Seiten des Volks wie der Jünger gesteigerte Enttäuschungen ein-
tragen und auslaufen in die zitternde Anfrage an Gottes Allmacht in
Gethsemane und in die Mc 15 34 = Mt 27 46 vorliegende Wiederholung von Ps 22 2.

Fasst sich demgemäss ein vorausgegangener langer Verlauf religiösen Erlebens in dem Zeugnisse Jesu von Gott gleichsam compen-

[1] Vgl. Lotze, Mikrokosmos [2]III, S. 352.
[2] Vgl. Gass, Optimismus und Pessimismus 1876, S. 15 f, Bousset S. 44, Titius
S. 62, 86, 129.

diarisch zusammen, so ist davon auch die Zwischenstation der spätjüd. Gottes- und Weltanschauung keineswegs völlig auszuschliessen. Wenn hier das Doppelgesicht der Natur (μήτηρ δυσμήτηρ) einfach vertheilt wird auf die Gottesvorstellung einerseits, die Dämonen andererseits, auf deren Rechnung kommt, was die Naturordnung von Qual, Zerstörung und Verderben mit sich führt, so liegt ein gleiches Schema doch auch der Apologie Jesu gegen die Anklage auf dämonische Allianz zu Grunde. Nach Mt 12 28 = Lc 11 20 bedeutet jede Verminderung des Satansreiches eine Mehrung des Gottesreiches (s. unten 4 5). Insonderheit sind Mc 3 27 = Mt 12 29 = Lc 11 21 22 die Besessenen als im Machtbereich des Satans befindlich gedacht. In ihr gestörtes und getrübtes Seelenleben haben sich Mt 12 43—45 = Lc 11 24—26 Dämonen eingenistet, und der Satan selbst hat Lc 13 16 die gekrümmte Frau 18 Jahre lang gebunden. Das Interesse an solchen Vorstellungsformen steht mit der Religion keineswegs etwa nur in einem geschichtlichen Zusammenhange. Denn jedweder Anflug von Dualismus erleichtert den Vollzug des Begriffes göttlicher Weltregierung und Vorschung [1]. Andererseits muss man gestehen, dass die paar Stellen, welche von der Annahme einer dämonischen Verpfuschung der Gotteswerke Gebrauch machen, doch nur die Peripherie des Gesammtbildes berühren und fast nur als Ausnahmen in Betracht kommen, welche eine schon oben (S. 112) aufgestellte Regel bestätigen [2].

3. Gott als sittliche Macht.

Einen vollen und befriedigenden Abschluss des Räthsels gewinnen wir freilich von den bisher benutzten Ausgangs- und Angriffspunkten aus noch nicht. Der verborgene Gott wird zu einem offenbaren erst, wenn die persönliche Stellung Jesu zu seiner Lebensaufgabe, sein eigenthümliches Berufsbewusstsein als die Prämissen zu den Folgerungen betrachtet werden, welche in seinen überlieferten Worten vorliegen.

Ist nämlich Jesus durch den unwiderstehlichen Zug erbarmender Liebe zu den Ausgestossenen und Geächteten in Israel, zu den „Schafen, die keinen Hirten haben", dazu geführt worden, die Schranken der gesetzlichen Lebensführung und gesetzlichen Lebensbeurtheilung

---

[1] SCHOPENHAUER, Sämmtliche Werke von Frauenstädt VI, 1874, S. 395. Diesen Punkt macht jedoch EHRHARDT S. 79 f mit Unrecht gegen die weltfreudige Stimmung Jesu geltend. Letztere konnte sich durchaus behaupten, so lange die Sache Gottes in stetigem, ununterbrochenem Fortschritt begriffen erschien. Die endliche Niederlage des Satans stand ohnehin fest.
[2] Vgl. NIPPOLD, Zur geschichtlichen Würdigung der Religion Jesu, Heft 9: Engels- und Satansidee Jesu 1891. Etwas modernisirend G. LÄNGIN, Die bibl. Vorstellungen vom Teufel und ihr religiöser Werth 1890, S. 53 f, 64 f, 72 f, 93 f.

zu durchbrechen, so bedeutete auf der Seite des Volks jener freudige,
jubelnde Zulauf, den er im Allgemeinen, die dankbare Hingebung, die
er bei Einzelnen fand, auch als sein Stern bereits im Sinken begriffen,
die Begeisterung der Menge erloschen war, doch mehr als etwa nur
Bedürfniss nach Aufregung und Freude über den Besitz eines Propheten und Wundermannes. Nein, es war Liebe, eingegeben von der
sich unwiderstehlich aufdrängenden Erkenntniss, dass Jesu Beruf, unter
das Volk zu gehen und ihm Frohbotschaft zu predigen, auch ihm von
der Liebe dictirt worden war[1]. Als ganz und gar religiöse Natur
nimmt er aber die ihm gewidmete Liebe nicht etwa an, um sich damit
zu bereichern und die Naturkraft seines Genius zu steigern; vielmehr
formulirt sich der nachwirkende Eindruck seines geschichtlichen Auftretens dahin: „Christus hatte kein Gefallen an sich selbst" Rm 15 3.
Die ihm gewidmete Verehrung gebührt allein Gott, auf den er dieselbe
überträgt Mc 10 18 = Lc 18 19. Die Liebeskraft im eigenen Herzen,
darauf der Eindruck „gut" zu sein zurückzuführen war, empfindet er
nur als Gotteswirkung, Gottesgabe, daraus zurückzuschliessen ist auf
den allein Guten, auf das Wesen Gottes als Liebe, als väterlich vom
Himmel den Menschenkindern sich zuneigende Liebe: Gott ist Vater[2].
Die Liebe ist das höchste Erfahrbare im Menschenleben, die göttliche
Function des Menschengeistes.

Mit diesem einen Motiv ist unmittelbar noch ein anderes gegeben.
Seine Freude und Seligkeit findet Jesus in der Rettung des Verlorenen;
darum ist er als „Heiland" begrüsst worden. Der gleiche Rückschluss
religiösen Erkennens führt ihn selbst darauf, dass vorher auch Gottes
Freude letztlich nur im Begnadigen liegt, dass auch er ein Retter und
Heiland ist. Wie sich Jesus dann den schmählich vernachlässigten
und herzlos misshandelten Schafen (ἐσκυλμένοι καὶ ἐριμμένοι Mt 9 36, ὡς
πρόβατα μὴ ἔχοντα ποιμένα Mc 6 34) gegenüber als der Eine Hirte David
Ez 34 23 37 24 weiss, so erscheint ihm auch Gott selbst als Hirte, sein
Motiv als barmherzige Hirtenliebe. Und wie Jesus dagegen wenig
Erfreuliches an und von den sich selbst zur Seligkeit promovirenden
Pharisäern erlebt hat Mt 9 13 12 7 15 6, so auch Gott. Daher die
Gleichnisse Mt 18 12—14 = Lc 15 1—10, fortgeführt im Gleichniss vom

---

[1] BRANDT S. 462: „Hier ist ohne das Motiv der Liebe nicht auszukommen;
jene Liebe, die Jesus erfahren hat, ist Gegenliebe gewesen."

[2] SCHULZE, Zur Frage nach der Bedeutung der hl. Schrift 1894, S. 43: „Entsprechend dieser auf dem Wege tiefer Selbstbesinnung gewonnenen Erkenntniss
des reinen edlen Menschenthums hat sich ihm das göttliche Wesen, auf welches
ja doch jene sittlichen Triebe und Gefühle als auf den Urheber zurückweisen,
enthüllt als die den Menschen, auch denen, die es nicht verdienen, zugewandte
und auf ihre Seligkeit bedachte Liebe."

verlorenen Sohn 15 11—32. Der Vater-Gott ist somit eo ipso der barmherzige Vater Lc 6 36; seine eigenste Function ist Begnadigung [1]. In
der Combination dieses ihm rein von innen erblühten Bildes mit dem
schon überkommenen einer alle menschlichen Gedanken zum Stillstand
bringenden Ueberweltlichkeit liegt die Originalität der Verkündigung
Jesu, ihr Offenbarungscharakter. Und doch ist das Alles zugleich
Reproduction von Jes 57 15 „In der Höhe und im Heiligthum wohne
ich, aber dem Verzagten und Muthlosen bin ich nahe, den gesunkenen
Muth zu beleben, zu beleben das verzagte Herz." Der Sache nach
liegt eben dieser Gedanke in dem Jubelruf Mt 11 25 = Lc 10 21 vor:
der Gott Himmels und der Erde gibt sich den Unmündigen und Kleinen
zu erkennen.

Das Urtheil „Gott ist Vater", in welchem Jesus sein Innerstes
zum Ausdruck brachte, war somit zwar in dem überkommenen und
übernommenen Gottesbegriff schon gegeben, nämlich als ein analytisches (s. oben S. 48); als ein synthetisches aber hat er es nicht von
der Tradition, sondern von sich selbst, von dem, was ihm Gott in das
Herz gelegt hatte [2], aus vorschreitend gebildet und somit recht eigentlich „aus seinem Schatze Altes und Neues herausgeholt" Mt 13 52, ein
Altes ausgesprochen, ein Neues gedacht. Nach dem Gesetze der
Wechselwirkung wird aber der, dessen reines Herz Spiegel für eine
vollkommene Gottesschau ist, auch der göttlichen Vollkommenheit
sich nicht bewusst werden können, ohne in ihr ein allmächtig an-
ziehendes Strebeziel, ein Ideal zu finden oder vielmehr, sofern dasselbe
thatsächlich über eigenes Unvermögen hinaushebt, recht eigentlich zu
erleben. Die Einheit des Religiösen und des Sittlichen, wie Jesus
sie geltend macht (s. unten 3 4), bewährt sich sonach vor Allem darin,
dass der religiöse Mensch einen aufsteigenden sittlichen Werdegang
durchläuft, dessen Gesetz gleichsam als Schlussstein des ersten Theiles
der Bergpredigt erscheint, in die kategorische Forderung Mt 5 48 gekleidet: „Ihr sollt vollkommen (τέλειοι nach Dtn 18 13, dagegen Lc 6 36
dem nächsten Zusammenhang entsprechender οἰκτίρμονες) sein (Mt

---

[1] Osc. HOLTZMANN, Jesus Christus und das Gemeinschaftsleben S. 30: „Die
Gemeinschaft mit den Geretteten muss ihm mehr werth sein, als die Strafe des
Verlorenen." „Das betont Jesus in immer neuen Bildern, weil ein grosser Theil
seines Volkes glaubt, Gottes Heiligkeit wolle eben so wenig von dem Sünder
wissen, als sich der fromme Israelit durch Verkehr mit den Sündern beflecken
dürfe."
[2] BRANDT S. 469f: „In dem Bewusstsein eines religiös veranlagten, nicht
nur so erzogenen Menschen — man kann sagen: bei einem religiösen Genie —
deckt sich das, was er von Gott erkannt zu haben glaubt, mit dem, was ihm
selber als das Beste und Edelste erscheint, der Inhalt des Gottesbewusstseins
mit dem Inbegriff der mächtigsten und edelsten Regungen im eigenen Gemüth."

ἔσεσθε) oder vielmehr werden (Lc γίνεσθε), wie euer Vater im Himmel vollkommen ist" [1].

Wie das Wort auch ursprünglich gelautet haben mag [2], formulirt ist es jedenfalls nach Lev 11 44 45 "Ihr sollt heilig sein, denn ich bin heilig". Aber nur ganz beiläufig war dieser Satz ausgesprochen als Begründung des zu beobachtenden Unterschiedes zwischen reinen und unreinen Thieren, und wenn der gleiche Gedanke auch Ex 19 6 Lev 19 2 20 7 Dtn 7 6 14 2 wiederkehrt, so geschieht es doch immer mit Beziehung entweder auf levitische Reinigkeit oder auf nationale Absonderung [3]. Jesus dagegen streift gemäss seiner Beurtheilung des Reinigkeitsprincips (s. S. 142, 146) dem Grundsatze zunächst seine Beziehung auf die einzelne, lediglich negative, Eigenschaft der Heiligkeit ab, setzt an die Stelle derselben die positive sittliche Vollkommenheit, d. h. die Väterlichkeit im entwickelten Sinne des Ideales der barmherzigen Güte, nicht etwa bloss des schöpferischen Verhältnisses zum Geschöpf [4]. Die fast schon lehrhafte Form des zusammenfassenden Wortes zeigt, dass wir hier vor Allem die synopt. sedes doctrinae de Deo vor uns haben, wie etwa die johanneische in I Joh 4 8 16 "Gott ist Liebe", ein Satz, welcher dem Gesagten zufolge gleichwerthig ist mit dem Bekenntnisse zum Vater-Gott.

Hier erst befinden wir uns im Mittelpunkt einer neuen religiösethischen Weltanschauung. Das Gottesbild kennzeichnet sich nirgends durch metaphysische Merkmale, wohl aber durch ethische Beziehungen

---

[1] Nach STRAUSS I, S. 262 bedeutet Mt 5 48, "dass er sich Gott in moralischer Hinsicht so dachte, wie er selbst in den höchsten Augenblicken seines religiösen Lebens gestimmt war, und an diesem Ideale hinwiederum sein religiöses Leben kräftigte". Mit Bezug auf dasselbe Wort schreibt NATORP S. 77: "Gott vertritt vor Allem selbst das Ideal sittlicher Vollkommenheit . . . Sofern Gott der Name ist für das sittliche Ideal selbst, wird das Gebot der Sittlichkeit ganz natürlich zum Gebot Gottes."

[2] Es ist allerdings zu beachten, dass der Gebrauch von τέλειος von LXX her nahe lag. Vgl. auch SPITTA II, S. 158.

[3] Osc. HOLTZMANN S. 31: "Die Forderung an Israel, heilig zu sein, wie Gott heilig ist, fordert nur die Absonderung Israel's von den anderen Völkern entsprechend der Absonderung seines Gottes von der Welt, nicht aber ein Gleichwerden mit Gott in dessen positiven Eigenschaften." Vgl. auch dessen Neutest. Zeitgeschichte 1895, S. 225 f.

[4] WENDT II, S. 146: "Gott wird nicht zum Vater, sondern ist der himmlische Vater, auch für diejenigen, welche seine Söhne erst werden. Diese Anschauung wäre dann unbegreiflich, wenn beim Vatersein und Sohnsein nur an das Verhältniss des Erzeugers und des Erzeugten zu einander gedacht wäre; denn da setzt selbstverständlich das Vatersein des Einen auch den Bestand des Sohnseins des Anderen voraus. Aber für das Bewusstsein Jesu ist durch den Vaternamen Gottes in erster Linie nicht sein Schöpferverhältniss zu den Menschen, sondern sein zuvorkommend mittheilendes und vergebendes Liebesverhalten ihnen gegenüber in Betracht gezogen."

zur Menschenwelt [1]. Denn je reiner die Vateridee durchgeführt wird,
desto nachdrücklicher wird das ganze religiöse Verhältniss unter den
Gesichtspunkt einer sittlichen Aufgabe gestellt, die dadurch gelöst
werden kann, dass der Mensch in der Kräftigkeit dieses von ihm an-
und aufgenommenen Gottesbewusstseins zur Vollkommenheit heran-
wächst, sowie es die Aufgabe der Kinder ist, am Vater heranzuwachsen.
Es darf ja nicht ausser Augen gesetzt werden, dass die Bergpredigt
diesen Gottesbegriff im Zusammenhang mit lauter sittlichen Fragen
und Forderungen aufstellt Mt 5 43—47 = Lc 6 32—35 [2]. Nicht etwa in
das Bekenntniss der Würdestellung, die Jesus im Gottesreiche einnimmt, wird die Entscheidung für den Werth der Bürger desselben
verlegt Mt 7 21—23, sondern darein, dass sie Friede stiftend Mt 5 9,
Feinde segnend und Unrecht duldend zu „Söhnen Gottes", „Söhnen
des Höchsten" werden, an selbstlos mittheilender Liebe ihm ähnlich
Mt 5 45 = Lc 6 35. In diesem Sinne, d. h. so, dass damit die Vorbild-
lichkeit Gottes betont, die Nachahmung Gottes gefordert wird, tönt
es durch die Bergpredigt „euer Vater", „dein Vater", „unser Vater",
und ist im Munde Jesu der Vatername, der den ältesten Gemeinden
unvergesslich im Ohr haften gebliebene Laut „Abba" (Mc 14 36 Rm
8 15 Gal 4 6), allerdings der begriffsbestimmende, der durchschlagende
Ausdruck zur Bezeichnung Gottes, der erste aller Gottesnamen, welchen
durch ein entsprechendes Verhalten zu heiligen Mt 6 9 = Lc 11 2 erstes
Anliegen aller Kinder Gottes sein wird. Eben diesen „Vater-Gott
unseres Herrn Jesus Christus" (so ist die Formel ὁ θεὸς καὶ πατὴρ τοῦ
κορίου ἡμῶν Ἰησοῦ Χριστοῦ zu verstehen), verkündigt daher auch Pls
seinen Gemeinden, um den Zusammenhang seines Evglms mit der Verkündigung Jesu zu bewähren (s. II 1, 6 5).

4. Religiosität und Sittlichkeit.

Mit der beschriebenen Wendung der Gottesanschauung ist ein
Höhepunkt erreicht, welcher selbst noch über die prophetischen Spitzen
des AT hinausragt. Denn während das Gottesbild, so weit es auf
der Personification von Naturkräften beruht, vor dem die Wirklich-

---

[1] Grundgedanke von FRANCKEN, Jezus' getuigenis omtrent God 1892, S. 38f,
61f, 181f.
[2] Osc. HOLTZMANN, Neutest. Zeitgeschichte S. 227 über Mt 5 43, „was gemäss
den vorangehenden Versen 45 47 dahin verstanden werden muss, dass die Jünger
nicht bloss das thun sollen, was Sitte und Herkommen auch von Zöllnern und
Heiden verlangt, sondern dass sie immer die denkbar höchste Aufgabe auf dem
Gebiet des Sittlich-Guten sich zur Pflicht machen sollen. Dabei gilt Gott als der,
welcher nach diesen höchsten Gesichtspunkten und Maassstäben immerdar handelt". TITIUS S. 89, 194: „Norm der Gerechtigkeit ist nämlich die unveränder-
liche Vollkommenheit des himmlischen Vaters."

keit der Dinge nüchterner und schärfer erfassenden Blick je länger
je mehr zum schwebenden und verschwebenden Fernbilde wird und
zuletzt gar nicht mehr erkennbar bleibt, gewinnt es dafür an Wider-
standsfähigkeit und Consistenz in demselben Maasse, als es eine feste
Stellung im Zusammenhang der Ansprüche und Bedürfnisse des persönlichen Geistes einnimmt und zum unentrathsamen Coëfficienten des
Vollzugs sittlicher Vorgänge im Selbstbewusstsein wird. So sehr nun
auch die Propheten die Versittlichung und damit die Vertiefung und
Verfestigung des Gottesbegriffes angebahnt und gefördert haben, aus
dem Hintergrunde ist das Naturbild nie völlig verdrängt und von
Zeit zu Zeit regt es die Schwingen noch vernehmlich genug[1]. Mit
unvergleichlich grösserer Entschiedenheit vollzieht sich in der Gottesanschauung Jesu die Wendung von der personificirten Naturkraft,
der Macht über das Seiende, zur personbildenden Kraft, der Obmacht über das Seinsollende.

Wo möglich noch handgreiflicher wird der Contrast mit dem
Gottesbegriff der späteren, der nomistischen Periode. Ein solcher ist
schon mit der Erhebung über jene Begriffe von levitischer Reinheit und
Reinigung gegeben, welche für den gesetzlichen Juden von constitu-
tiver Bedeutung waren, wenn er an seinem Gotte etwas haben sollte[2].
Aus demselben Grunde liegt aber auch das antike, überall national
und cultisch eingeengte, Religionswesen überhaupt dahinten, sofern
seine Götterlehre nirgends als Hebel für die Lösung allgemein menschlicher Aufgaben, als erste und letzte Prämisse aller sittlichen Leistung
erscheint[3]. Wie insonderheit im Griechenthum aller wirkliche Fort-

---

[1] H. Delff, Philosophie des Gemüths 1893, S. 272. Bousset S. 42: „Zwischen Jesus und jener Zeit liegen Jahrhunderte, liegt der ganze lange Process der
allmählichen Vergeistigung der Gottesidee, durch den aus dem stark realistisch
aufgefassten Gott Israel's der allmächtige Schöpfer Himmels und der Erden, aus
der machtvollen leidenschaftlichen Heldengestalt, die zur Rache an Israel's Feinden
daherstürmt, der erhabene Weltenrichter, der Richter der Lebendigen und Todten
wurde. Jesus hat diesen Process nicht rückgängig gemacht, ja in seiner Gottesanschauung vollendet er sich . . . In seinem Gottesbewusstsein ist alles Naturhafte, Irdische, Leidenschaftliche verschwunden."
[2] B. Weiss, LJ I, S. 511: „An die Stelle des in seiner Heiligkeit von dem
unreinen Volk geschiedenen Gottes, dem das Volk nur durch die peinlichste Enthaltung von allem Verunreinigenden und durch die im Gesetz vorgeschriebenen
Ordnungen der Reinigung zu nahen sich würdig machen kann, tritt auf Grund
der neuen Gottesoffenbarung der Vater im Himmel, der sich in Liebe zu seinen
Kindern herabneigt und dadurch bewirkt, dass diese ihm ähnlich werden müssen
und können."
[3] Wittichen, LJ, S. 125: „Dass mit der Vater- und Sohnesidee Jesu eine
tiefgreifende Reform des alten Religionsbegriffes gegeben war, leuchtet ein, wenn
man sich das antike Religionswesen mit seinem nationalen, rituellen und statutarischen Charakter vergegenwärtigt, welcher die Religion nicht zu einem all-

schritt nicht auf dem Boden der Religion, sondern auf dem der Philosophie statt hatte, so kann man allerdings eine Analogie zu der
nachgewiesenen Uebersiedelung der Religion aus der metaphysischen
in die sittliche Sphäre als ihre eigentliche Heimath finden in der
Herabholung der Philosophie vom Himmel auf die Erde durch Sokrates
oder in dem kühnen Griff, womit Plato die Idee des sittlich Guten
zum Maassstab der Gottesidee erhob und die sittliche Aufgabe des
Menschen in die Verähnlichung mit Gott setzte. Auch die pythagoreische und die stoische Schule haben diesen, den Juden unerschwinglichen, Gedanken einer in Nachahmung der Gottheit bestehenden Sittlichkeit wiederholt [1]. Aber auch unsere modernen
Denker sind thatsächlich weniger einer philosophischen Nöthigung
(hier geht es gegentheils nicht ohne Missverständnisse und Selbsttäuschungen ab), als ihren theologischen Reminiscenzen gefolgt, so
oft sie das Verhältniss von Religion und Sittlichkeit in einer Weise
zu bestimmen unternahmen, wozu der Grundton erstmals angeschlagen
worden ist, als die übernommene Combination von Macht und Güte
im Gottesbegriff in einer Weise verarbeitet wurde, welche durchaus
dem einheitlichen Begriff der Obmacht des Guten zustrebt. Denn
Beides liegt darin [2]: Urbild des Sittlichen und sittliche Macht, aber
Beides in der Personalunion des alttest. Gottesbildes zusammengelegt.

Kein Vater ohne Kinder, kein Gott ohne Menschen, keine Religion ohne Sittlichkeit! Wie bei einer so grundsatzmässigen Zusammenlegung und Zusammenschau beider Factoren alles sittliche Streben
durchaus auf religiösen Motiven beruht, so fliesst andererseits aus
der Vergegenwärtigung Gottes als des Ideales der Vollkommenheit,

---

gemein menschlichen, das Innere des Menschen ergreifenden und zu freier sittlicher Thätigkeit erweckenden Princip werden lässt, sondern die religiöse Function an das particulare Staatswesen, die cultische Satzung und die Privilegien
der Priesterschaft bindet."

[1] Oscar Holtzmann S. 31 bemerkt zu Mc 10 18: „Dieser Gedanke konnte
erst erreicht werden, als im Anschluss an den Platonismus der Gottesbegriff mit
dem Ideal des Guten identificirt wurde." Eine solche Berührung mit griech.
Gedanken könnte nach dem oben S. 117 Gesagten aber doch nur als „eine kaum
in's Bewusstsein getretene Anleihe" (Neutest. Zeitgeschichte S. 227) „mehr zufällig" (Das Ende des jüd. Staatswesens und die Entstehung des Christenthums
1888, S. 276) erfolgt sein. Uebrigens läge dann der bei Stoikern, auch bei
Epiktet vorkommende, Gedanke der Gotteskindschaft schon wegen Act 17 28 noch
näher.

[2] Nach Delff S. 239f ist Jesus der „Exeget Gottes" als der „lebendigen
Macht des Idealen". S. 135: „In ihm ist Gott als Vater, d. h. als die innere
personificirende, personbildende Lebensmacht." Auch Natorp S. 77: „Ganz besonders aber vertritt der Name Gott die Zuversicht, dass das sittliche Ideal nicht
illusorisch ist, dass es eine Macht bedeutet, die die Welt und die Herzen der
Menschen besiegt und schliesslich zum Guten lenken muss." Vgl. damit S. 33.

des Urbildes der Güte, insonderheit auch ein Bewusstsein des Abstandes zwischen der eigenen sittlichen Zuständlichkeit und dem, was
sein soll. Damit aber ist eine innere Situation der Geister geschaffen,
welche Vorausbedingung eines wahrhaft brüderlichen Zusammenwirkens,
aller fruchtbaren Gemeinarbeit unter Menschen ist. Kennzeichen desjenigen, welcher Gott als seinen Vater anruft und in sein Reich eingehen
will, ist darum grundsatzmässige, unüberwindliche, allezeit sieghafte
Milde, Versöhnlichkeit und Nachsicht gegen den Nächsten im Bewusstsein eigenen Zurückbleibens hinter der Hoheit der Forderung[1]. Durch
Hinweis auf die vergebende Gottesliebe wird diese Stimmung Mt 6 14 15
18 35 = Mc 11 25 Mt 18 21 22 = Lc 17 4 motivirt, und ihren vollendet-
sten Ausdruck findet sie in der Bitte: Vergib uns unsere Schuld,
wie wir unseren Schuldigern vergeben Mt 6 12 = Lc 11 4. Wer nicht
gerichtet sein will, soll auch selbst nicht richten Mt 7 1 2 = Lc 6 37 38.
Auf dem Wege zum Richter ist es räthlich, sich mit dem Gegner
zu versöhnen Mt 5 25 26 = Lc 12 58 59, und selbst die Cultuspflicht
verschwindet vor der inneren Unmöglichkeit, unversöhnten Herzens
vor Gottes Angesicht zu treten Mt 5 23 24. Der Gott, welchem der
feiernde Mensch sich zu nahen wünscht, behandelt ja diesen Menschen nicht nach dem Maassstab seines auf Gott gerichteten Thuns
(ein solches gibt es nicht, wie sich sofort zeigen wird), sondern nach
demjenigen, welchen der Mensch selbst an seinen Nebenmenschen anzulegen gewohnt ist[2].

Seinen sprechendsten und bleibendsten, gleichsam symbolischen
Ausdruck hat das so hergestellte Verhältniss von Religion und Sittlichkeit in jenem Doppelgebot der Liebe gefunden, auf welchen schon
die Erörterung über des Verhältniss Jesu zum Gesetz hingeführt hat
(s. S. 144). Dem Urbild des Guten kommt allverpflichtende Kraft,
absolute Geltung zu. Wer an seinem Gott etwas hat, der hat Dtn 6 5
Alles an ihm, widmet ihm unbedingte und ausschliessliche, ganze und
ungetheilte Liebe. In dieser Liebeshingabe von Allem, was unrein
ist, loskommen: das ist die ganze Erlösung. An die Stelle des ato-
mistischen und casuistischen Vielerleies der Gottespflicht, darin sich
die religiöse Praxis des Judenthums verlor, tritt hier also ein grosses
Eins Lc 10 42, daneben die 613 Forderungen der pharisäischen Ethik

---

[1] Titius S. 89: „Die Begriffe von der Gerechtigkeit der Jünger Jesu und
von der vollkommenen Güte des himmlischen Vaters gehören also ihrer Natur
nach auf's Engste zusammen. Das neue Gesetz, die Forderung der Liebe ist
ewig, weil es an einem ewig unveränderlichen Maassstabe, der Vollkommenheit
Gottes, orientirt ist."

[2] Osc. Holtzmann, Neutest. Zeitgeschichte S. 227.

belanglos werden[1]. Die Gottesliebe bildet auf der Wagschale der
menschlichen Willensentscheidungen ein Gewicht von so entscheidender Stärke, dass daneben die ganze Summe von relativen, endlichen
Werthen, darüber das Gesetz verfügt, verschwindet.

Aber nicht bloss die Form, auch der Inhalt des mit der Religion ganz geeinten sittlichen Handelns ist ein anderer. Gott selbst
kann nämlich nicht unmittelbarer Gegenstand einer Handlung des
Menschen, sei es auch einer noch so guten, ja der besten, sein[2]. Am
allerwenigsten ist ihm gedient mit bloss cultischem Handeln (s. oben
S. 145 f). So erschien das Sabbathgebot Ex 31 13—17 als Regelung
menschlicher Leistungen gegenüber dem Bundesgott und darum als
Gottesdienst. Jesus sieht darin, indem er auf die Idee des Ruhe-
tages Ex 20 10 zurückgreift, vielmehr eine göttliche Gnade, welche als
väterliche Wohlthat, nicht als Zwang empfunden werden soll. Diesem Charakter des Feiertags muss auch das Handeln an solchem Tag
entsprechen: das ihn zierende Thun muss ein „Gutes Thun" (ἀγαθὸν
ποιῆσαι Mc 3 4, ἀγαθοποιῆσαι Lc 6 9) sein, welches aber, wie das göttliche, nur dem Menschen zu Gute kommen kann. An die Stelle des
unmöglichen Guthandelns gegen Gott tritt das Guthandeln gegen die
Menschen[3], welches aber als vollwerthige Kehrseite der Gottespflicht
nur gelten kann, wenn es, positiv betrachtet, ebenso unbedingt und
ausnahmslos geleistet wird. Negativ betrachtet ist es ja auch eine und
dieselbe Schranke, welche durchbrochen, dieselbe gegnerische Position, welche beidemal zerstört werden soll: jene Befestigung und Abgeschlossenheit in sich selbst, wodurch das Ich lediglich sich selbst
behaupten, sich selbst zum Leben verhelfen möchte, während es damit
in Wahrheit nur das Absterben desselben in Vereinsamung und Oede
herbeiführt. „Wer sein Leben zu gewinnen sucht, wird es verlieren,
und wer es verliert, wird es lebendig machen" Lc 17 33. Aus der
in der Gemeinschaft mit Anderen geübten und erfahrenen Liebe quillt
innere Ausfüllung und Kräftigung, dasselbe Leben, welches sich andererseits aus der Gemeinschaft mit Gott herleitet. Die Frucht der geforderten Liebe ist demnach auf beiden Seiten die gleiche, darum
ist auch „das andere Gebot dem ersten gleich" Mt 22 38 39. Wie
aber das „Du sollst deinen Nächsten lieben wie dich selbst" Lev

---

[1] JACOB S. 18 f, 39 f.   [2] NATORP S. 56.
[3] WELLHAUSEN S. 344: „Er weiss einen besseren Gottesdienst als die unfruchtbare Selbstheiligung: den Dienst des Nächsten. Er verwirft die sublime
Güte, welche der Wittwen Häuser frisst und lange Gebete vorwendet, welche zu
Vater und Mutter spricht: Ich werfe in den Gotteskasten, was ich euch etwa
geben könnte." S. 345: „Was den Nächsten angethan wird, sieht Gott an, als
sei es ihm gethan."

19 is verstanden sein will, hat Jesus selbst erklärt Mt 7 12 = Lc 6 31:
„Alles, was ihr wollt, dass euch die Leute thun, das thut ihr ihnen."
Liebt man jeden Einzelnen wie sich selbst, so heisst dies eben, dass
man die Vielheit der Nebenmenschen, das Aeusserliche und Zufällige,
wodurch das Verhalten ihnen gegenüber bedingt ist, zurücktreten
lässt hinter der sittlichen Grundforderung, welche dahin geht, dass in
jedem Du das eigene Ich gefunden und anerkannt werde. Nur auf
diesem Wege können die Ansprüche und Bedürfnisse des persönlichen
Daseins erfahren und in ihrem überlegenen Werth geschätzt werden.
Daher gibt es für das Band, welches die vom Geiste Jesu berührte
Menschheit verknüpft, kein sprechenderes Bild, als das Verhältniss von
Brüdern. „Einer ist euer Meister, Christus, ihr aber seid Alle Brüder" Mt 23 8. Sonach trägt diese Bruderliebe denselben Charakter
schranken- und rückhaltlosester Unbedingtheit an sich, welcher die
Forderung der Gottesliebe auszeichnet Mt 5 43—47 = Lc 6 27 28 31—35
(= Lc 10 29—37). Auch hier ist das Gebot Jesu absolut und seines
alleinigen und souveränen Rechtes so unzweifelhaft gewiss, dass es
keinerlei Bedingtheit durch Empfänglichkeit, Dankbarkeit und Gegenliebe bestehen lässt, sondern selbst die Voraussetzung der verhärtet-
sten Selbstsucht auf der Gegenseite nicht scheut, vielmehr gerade
nach dieser Seite seine kühnsten Folgerungen zieht (s. oben S. 145).
Thatsache ist, dass die im Doppelgebot der Liebe fixirte Einheit des
Sittlichen mit dem Religiösen ebenso den wahrsten Ahnungen alt-
prophetischer Begeisterung entspricht[1], wie sie andererseits die Gal
5 14 Rm 13 8—10 und Jak 2 8 gleich anerkannte, also auch die apost.
Lehre bestimmende Errungenschaft Jesu bildet.

Unter diesen Forderungen haben besonders diejenigen eine herbe
Kritik erfahren, welche in der für Jesus, dem der denkbar äusserste Fall
stets der nächstliegende, weil drastisch wirksamste ist, charakteristischen Redeform gestellt sind und darum thatsächlich von Niemanden
consequent und buchstäblich befolgt werden, es sei denn von anerkannten
Sonderlingen[2]. Am bekanntesten ist die nach Thr 3 30 formulirte Zu-

---

[1] Bousset S. 50: „Wenn man vergleichen will, so kann man sagen, dass
Jesu Predigt in dieser Hinsicht eine Erneuerung der alten prophetischen Predigt
bedeutet. Bei ihm zuerst treten Gottesdienst und Nächstenliebe wieder in die
unmittelbarste engste, durch nichts gestörte Verbindung, er hat wieder die lautere,
reine und tiefe Frömmigkeit in der einfachsten, durchsichtigsten, einem Jeden
verständlichen Weise mit den unmittelbarsten, elementarsten Forderungen der
Sittlichkeit verbunden."
[2] Joh. Weiss, Die Nachfolge Christi S. 161: „Bei dem besten Willen, die
Gebote Jesu zur Richtschnur des christl. Lebens für den Einzelnen wie für die
Gesammtheit zu machen, bleibt es eine unlösbare Aufgabe, die Forderungen des
Evglms in ihrem ganzen Umfange und in ihren Einzelheiten für unsere Zeit zu

muthung, für den Fall, dass die eine Wange geschlagen wird, auch die andere darzureichen Mt 5 39 = Lc 6 29 [1], wogegen schon Joh 18 22 23 eine Remedur bringt. Hier und in ähnlichen Fällen ist man allerdings versucht, die grosse Antrittspredigt von der Voraussetzung aus zu verstehen, dass die hier entwickelten Lebensregeln zunächst in einem engeren Bruderkreise geübt werden sollen, der sich in eine Gesellschaft hineingestellt sieht, wo eine weitgehende Rechtsunsicherheit die Regel bildet (s. oben S. 154) [2]. Ausdrücklich wird Mc 10 42 = Mt 20 25 = Lc 22 25 das in den Weltreichen geltende Recht als ein Recht der Gewalt gekennzeichnet, dem gegenüber die Socialethik des Reiches Gottes auf den Satz gebaut ist, dass Derjenige am meisten herrscht, welcher am meisten dient und durch Umfang und Gehalt seiner Dienstleistung Allen unentbehrlich wird [3]. Alle Werthung des Einzelnen erfolgt Mc 9 35 = Mt 23 11 12 nur nach dem Maassstabe seiner selbstlosen und opferfreudigen Dienstleistung. Daher Mc 10 43 44 = Mt 20 26 27 = Lc 22 26 wer am höchsten hinaufsteigen will, am tiefsten herabsteigen muss. Damit ist jegliche Rechtssphäre überhaupt überschritten [4]. So weit dagegen die äussere Gesellschaft Rechtsordnungen aufweist, als da sind Richter und Erbschichter Lc 12 13 14, erfahren dieselben die negative Anerkennung, dass Jesus nicht in ihr Amt einzugreifen gedenkt. Diejenigen dagegen, welche im Kreise der Seinigen den Vollendungs-

---

verwirklichen. Denn eine Reihe von Geboten des Herrn sind derartig gefasst, dass sie heute auf's Schwerste mit allgemein anerkannten und zweifellos christl. sittlichen Pflichten kollidiren würden. Ja noch mehr: die Ethik Jesu im Ganzen ist von einer Stimmung der Welt gegenüber durchtränkt, welche mit der unsrigen, die wir seit der Reformation haben, in einen schwer empfundenen Widerspruch tritt."

[1] IMMER S. 82: „Ein alter, von Julian bis auf Stuart Mill herab hervorgehobener Anstoss", wegen Verletzung des Ehrgefühls, Aufhebung aller Rechtsordnung. „Den Sinn unserer Stelle hat am treffendsten Pls Rm 12 21 mit den Worten ausgedrückt: μὴ νικῶ ὑπὸ τοῦ κακοῦ, ἀλλὰ νίκα ἐν τῷ ἀγαθῷ τὸ κακόν."

[2] Vgl. HC I, S. 105 und WEIZSÄCKER, Apost. Zeitalter S. 29 f. Das ist immerhin noch etwas Anderes, als wenn er eine esoterische Sittlichkeit von der im Allgemeinen geforderten unterscheiden würde. Vgl. JOH.WEISS, Die Nachfolge S. 24 f. Im Uebrigen vgl. STRAUSS, Der alte und der neue Glaube I, 25: „Nun müssen wir aber billig sein und die damalige Lage des Volks, dem Jesus angehörte, in Rechnung nehmen. Es war etwa die Lage der heutigen Polen unter Russland." Was hier weiter in dieser Richtung gesagt wird, entspricht der Wirklichkeit besser, als die mancher Orts Mode gewordene Verhimmelung der röm. Provincialverwaltung.

[3] Richtig betont diesen Gegensatz der Regierungsmethoden TITIUS S. 21, 42, 132.

[4] Für den Gedanken Jesu vom Reiche Gottes gilt vollkommen, was SOHM, Kirchenrecht I, S. 2 in der Theorie auch für die Kirche geltend macht: „Wie Rechtsordnung mit dem Wesen des Staates im Einklang, so steht Rechtsordnung mit dem innersten Wesen der Kirche im Widerspruch."

zustand vorwegnehmen, führen keine Processe um Mein und Dein
Mt 5 40 42 = Lc 6 30, ohne aber desshalb etwa essäischen Ordensbrüdern
gleich die Gemeinschaft mit denjenigen, welche „draussen" sind (οἱ
ἔξω Mc 4 11 = οἱ λοιποί Lc 8 10), abzubrechen. Weil sie dagegen ihre
höchste Norm an einem Gott haben, welcher zu hoch ist, um Beleidigungen zu erfahren, und zu gütig, um sie zu vergelten, erwidern auch
sie ihrerseits ihnen von der Welt her widerfahrende Unbill nicht etwa
durch Feindseligkeit, um dafür nur gesteigerte Beleidigungen einernten
zu müssen, sondern erweisen die Ueberlegenheit der Kraft selbstver-
gessener, opferbereiter, duldender Liebe über alle Erfolge der Recht-
haberei, indem sie, angeleitet von ihrem Gottesglauben[1], die Erfahrung
des Beleidigt-, Verfolgt- und Verfluchtwerdens mit Liebe, Segnung
und Wohlthat beantworten Mt 5 43—45 = Lc 6 27 28. Darin also soll
die geforderte Menschenliebe ihre höchste Probe bestehen, dass sie
gegebenen Falles auf das Recht zu verzichten vermag, unter allen Umständen aber Unrecht lieber leiden als erwidern will. Diese duldende
Leidenswilligkeit einerseits, die Feindesliebe, in uneingeschränktem
Umfang als höchste Leistung der Menschenliebe gefordert, andererseits
Mt 5 46 47 = Lc 6 32—35, sind die beiden Themata, um welche sich die
Inaugurationsrede Jesu bei Lc fast ausschliesslich bewegt. Dagegen
ist in der Fassung, welche die Bergrede des Mt dem sittlichen Programm Jesu gegeben hat, die justitia im Gegensatze zum jus das beherrschende Schlagwort. Ihr Thema ist die „bessere Gerechtigkeit"
5 20 als Ideal Jesu. Diese Gerechtigkeit ist aber nichts anderes als die
an der Vollkommenheit Gottes als dem höchsten Maassstabe normirte
Handlungsweise, wie sie dem einzigen im Reiche Gottes bestehenden
sittlichen Motive entspricht, nämlich dem Gehorsam gegen Gottes als
väterlich erkannten und anerkannten Liebeswillen[2]. Wenn Jesus die
nach solcher Gerechtigkeit Hungernden und Dürstenden selig preist
Mt 5 6, so empfängt damit Israel's tiefstes Herzensgeheimniss, der
religiöse Hunger, das Dürsten nach dem lebendigen Gott Ps 42 2 3,
eine Deutung im Sinne der sittlichen Aufgabe: ein Aufruf zur Verwirklichung des höchsten Lebensideales[3].

---

[1] Die Feindesliebe, von welcher Jesus redet, ist rein religiös motivirt, nicht
socialistisch. Gut EHRHARDT S. 79: „Feindesliebe ist zunächst ein Beweis von
Erhabenheit über die irdischen Interessen, kann aber allerdings im socialen Sinne
verwerthet werden."   [2] JACOB S. 20, 43.

[3] BAUR S. 64f, Das Christenthum der drei ersten Jahrhunderte S. 35:
„Dieses sittliche Element, wie es in den einfachen Sätzen der Bergrede als der
reinste und lauterste Inhalt der Lehre Jesu sich kundgibt, ist der eigentlich sub-
stanzielle Kern des Christenthums, zu welchem alles Andere, so grosse Bedeutung es haben mag, in einem mehr oder minder secundären und zufälligen Verhältniss steht, die Grundlage, auf welche erst alles Andere gebaut werden kann,

5. Optimismus und Pessimismus.

Der Begriff des Vater-Gottes verknüpft nicht bloss an sich Religion und Sittlichkeit in unlösbarer Weise, sondern zieht auch noch, was Beurtheilung der Natur und des Lebens, der Menschen und des eigenen Selbsts betrifft, Rückwirkungen nach sich, die alle von hervorragendem Belang für die Ethik Jesu sind. Der Grundzug derselben kann entsprechend den Consequenzen des Gottesbegriffes nur optimistischer Natur sein.

Die Stoffe der bekanntesten Gleichnisse zeigen, dass die Schöpfung durchaus auf das Gottesreich angelegt sein muss, während sie nach dem jüd. Durchschnittsbewusstsein den Dämonen verfallen und reif zum Gericht erscheint. Aus der Vorstellung des schon in seiner Naturordnung gütig über den Menschen waltenden Gottes ergibt sich eine positive Stellung zu dieser Natur, unbefangene Freude an ihren Wundern, harmloser Gebrauch ihrer Gaben und Segnungen. Auch das Wort „Welt" hat kaum Mt 18 7 einmal die, der paulin. und johann. Lehrsprache eignende, Beziehung auf den Schauplatz der Ungerechtigkeit, das Reich des Satans (vgl. jedoch Lc 12 30 τὰ ἔθνη τοῦ κόσμου), sondern wird Mc 8 36 = Mt 16 26 = Lc 9 25 indifferent von der Gesammtheit alles Geschaffenen gebraucht (vgl. auch Mt 24 21 ἀπ' ἀρχῆς κόσμου und Mt 25 34 Lc 11 50 ἀπὸ καταβολῆς κόσμου). Dem in der Welt seinen Kindern liebend begegnenden Gott entspricht die Weltoffenheit und Lebensfreudigkeit, welche das Thun und Wirken Jesu selbst bis auf seine Höhepunkte begleitet und charakterisirt hat [1]. In scharfem Contrast stehen sich im Urtheil der Zeitgenossen gegenüber der Täufer, der nicht isst und trinkt, und der Menschensohn, welcher isst und trinkt Mt 11 19 = Lc 7 34 (φάγος καὶ οἰνοπότης) [2]. So betrachtet bedeutet

die, so wenig sie auch noch die Form und Farbe des geschichtlich gewordenen Christenthums hat, doch an sich schon das ganze Christenthum ist. Mag es auch bald genug von dem, aus dem christl. Bewusstsein sich entwickelnden, Dogmatismus zurückgedrängt und in Schatten gestellt, überbaut und überwuchert worden, ja sogar in vielen Beziehungen in einen unversöhnlichen Widerstreit zu demselben gekommen sein, es blieb doch immer der feste und unwandelbare Punkt, auf welchen man aus allen Verirrungen im Dogma und Leben immer wieder zurückkommen musste, als auf dasjenige, worin sich das wahrhaft christl. Bewusstsein in seiner unmittelbarsten Ursprünglichkeit und in seiner einfachsten, über alle Selbsttäuschungen des Dogmatismus unendlich erhabenen Wahrheit ausspricht."

[1] Vgl. A. WÜNSCHE, Der lebensfreudige Jesus der synopt. Evglien im Gegensatze zum leidenden Messias der Kirche 1876. Aehnlich TITIUS S. 30 f, 58 f, 66 f, 188 f, 195. Selbst EHRHARDT S. 89 f, trotz S. 79 f, und vornehmlich P. W. SCHMIDT, Christenthum und Weltverneinung 1888, S. 33: „An seinem endlichen Siege kann Jesus nicht zweifeln. Die Welt ist aus Gott, und desshalb hat er Vertrauen zu ihr."

[2] HARNACK, Lehrbuch der Dogmengeschichte I, ³S. 65: „Nicht als ein neues

der Glaube an den Vater ein Gefühl dauernder Gottesnähe, die nicht
erst sehnsüchtig von der Zukunft zu erwarten braucht, was ihr täglich
in den Schoos geschüttet wird[1]. Aber gerade weil auf solche Weise
irdische Sorge wegfällt Mt 6 8 25—34 = Lc 12 22—31, kann mit um so
unbezweifelbarerem Recht und Ernst gefordert werden, dass das Gottes-
kind sich der unwürdigen Bande entledige, welche den Durchschnitts-
menschen zum Tagelöhner herabsetzen, der dasjenige erst ersorgen und
erschaffen zu müssen glaubt, was Gottes Schöpfermacht und Weltregiment im Voraus gewährt hat und für jede Zukunft gewährleistet[2].
Das Alles lässt sich auf einem Standpunkt, dem die Religion Eins
und Alles ist, gar nicht anders erwarten. Für Fragen der bürgerlichen Gesellschaft, für wirthschaftliche Angelegenheiten, für die Socialethik in unserem modernen Sinne ist hier von vornherein kein Interesse zu erwarten[3]. Nur so weit der im AT geoffenbarte Wille Gottes
oder das subjective Heilsbedürfniss dabei betheiligt sind, werden solche
Dinge für Jesus zu Gegenständen. In jener Beziehung kommen die
Familienverhältnisse, in dieser die Stellung zum Besitz in Betracht.
Letzteren Punkt behandeln wir mit Beziehung auf die oben (S. 135) beschriebene landläufige Beurtheilung von Reichthum und Armuth Mt
6 1—4. Jesus beginnt mit einer einschneidenden Verurtheilung jener
effectsüchtigen Wohlthätigkeitsmethode, die einem Versteckspiel des
Menschen mit sich selbst gleichkommt, sofern dieser einer Religions-
und Liebespflicht gerecht zu werden meint und scheint, während er in

Gesetz hat Jesus asketische Gebote auferlegt, noch weniger in der Askese als
solcher — er selbst lebte nicht als Asket: hat man ihn doch einen Weinsäufer
gescholten — eine Heiligung gesehen, sondern eine vollkommene Einfalt und
Reinheit der Gesinnung und eine Ungetheiltheit des Herzens vorgestellt, die in
Verzicht und Trübsal, im Besitz und Gebrauch irdischer Güter wandellos dieselbe bleibt."

[1] Vgl. Bousset S. 43, 45, 69 und besonders S. 49: „Die Welt ist ihm noch
nicht so alt und faul geworden, dass sie doch nicht eine Stätte freudevollen
Schaffens und Wirkens geworden wäre. Wir können uns dem Eindruck nicht
verschliessen, dass, so sehr auch in dieses Leben der Gedanke an's Jenseits hinein-
ragt, hier auch mit einer Frische und Unmittelbarkeit ohne Gleichen in der Gegenwart gelebt wird, dass hier eine Gestalt gegeben, wie wir sie im ganzen Judenthum vergeblich suchen, eine Gestalt, die Boden unter den Füssen hat." Aut
gänzlicher Verkennung des Thatsächlichen beruht das Urtheil Schopenhauer's,
das Christenthum habe den jüd. Optimismus in indischen Pessimismus verkehrt,
müsse „irgendwie indischer Abstammung sein" (Werke VI, 1874, S. 405 f). Was
etwa von wirklichem Pessimismus in Jesu Reden nachweisbar wäre, würde einen
viel näher liegenden Anhaltspunkt an der Apokalyptik des Spätjudenthums haben,
deren Voraussetzungen und Grundstimmung pessimistischer Natur sind.

[2] Immer S. 86: „Das tertium comparationis zwischen den Vögeln und Blumen
und den Jüngern des Himmelreichs ist nicht das Nicht-Arbeiten, sondern das
Versorgtwerden, und der Beweis ist ein argumentum a minori ad majus."

[3] So selbst Rogers, The life and teaching of Jesus 1894, S. 266.

Wirklichkeit seiner Eitelkeit Genüge thut, seine Grossmuth öffentlich
zur Schau stellt und dafür, dass er sich in solcher Weise selbst belohnt, überdies noch auf himmlischen Lohn spekulirt. Wird nun dagegen Mt 6 3 die Forderung gestellt, es solle von der mit der Rechten
dargereichten Wohlthat nicht einmal die linke Schwesterhand etwas
erfahren, so tritt damit nur am einzelnen Ort jener allgemeine Grundsatz der Innerlichkeit, Freiwilligkeit und Wahrheit in Geltung, nach
welchem Jesus auch bei anderen Gelegenheiten die zeitgenössische und
landesübliche Weise, das Gesetz auszulegen und zu erfüllen, richtet
und regelt. Die Liebe soll thun, was sie muss, und dabei möglichst
unbelauscht bleiben, selbst vom eigenen Sehen und Wissen. Der Feinheit des ethischen Gefühles thut der Umstand keinen Abbruch, dass
auch in diesem Spruche wie sonst so oft als gottwohlgefällige Verwendung des Geldes eben nur die Almosenspende auftritt. Es kennzeichnet aber allerdings die ganze Verschiedenheit der Beurtheilung
wirthschaftlicher Verhältnisse, wenn heutzutage das Geben von Almosen
als eine sehr minderwerthige Hülfeleistung erscheint im Vergleich mit
Geben von Arbeit und Ermöglichung von Verdienst.

Jesus hält sich in seinen Sprüchen an das Almosen und bringt
sie damit im Allgemeinen unter eine stehende Rubrik der pharisäischen
Ethik. Treten wir aber der Sache näher, so ergeben sich sofort drei
Punkte, auf welchen er sich von der pharisäischen Beurtheilung der
Besitzverhältnisse trennt, sich geradezu davon lossagt, in Opposition
dazu setzt. Erstlich verwirft er im Grundsatze eine Frömmigkeit, die
in vollem Maasse nur üben kann, wer reich ist. Nun und nimmer
darf irdischem Wohlstand der Vorzug eignen, dass er, wie dies in der
Consequenz einer damals weitverbreiteten Beurtheilung lag, seinen
Besitzer Gott näher bringt. Wer dieser Welt Güter hat, mag immerhin viel leichter als der Arme in der Lage sein, dem Gesetze des
Moses und den Satzungen und Ueberlieferungen der Synagoge Genüge
zu leisten. Sein Werth vor Gott, sein persönlicher Werth bleibt davon
ganz unberührt; er ist darum nicht „reich in Gott" Lc 12 21, genauer
übersetzt „reich für Gott". Damit wäre die Religion wenigstens in
ein völlig gleichgültiges Verhältniss zum äusseren Besitzstand gesetzt,
ganz unabhängig von dem Gegensatz von Arm und Reich gemacht,
wenn nicht ein Zweites hinzuträte, worin sich Jesus geradezu auf die
Seite der Armen stellt, sofern dieselben das religiös lebendigere Element des Spätjudenthums überhaupt vertreten (s. oben S. 134). Die Seligpreisung der Armen Mt 5 3 = Lc 6 20 bedeutet ihre günstigere Disposition für Erlangung der wahren Güter. In directem Widerspruch
mit dem Katechismus des Mammonsdienstes bekämpft er nicht bloss

eine Frömmigkeit, welche dem Reichen leichter zu erreichen ist, als
dem Armen, sondern auch den damit zusammenhängenden Grundsatz,
dass Reichthum, äussere Glückslage, wenigstens im Durchschnitt der
Fälle ohne Weiteres als Kennzeichen des göttlichen Wohlgefallens zu
gelten habe. An die Stelle dieses naiven Schlusses aus einem derb
und handfest geformten Gottesbegriff stellt das Gleichniss vom reichen
Mann und vom armen Lazarus vielmehr die erfahrungsmässige Ungerechtigkeit irdischer Loosvertheilung in jener deutlichsten, ja grellsten Beleuchtung dar, welche die energisch zugreifende und packende
Redeweise Jesu überhaupt charakterisirt. Am reichen Mann exempli-
ficirt sich in drastischer Form der „Betrug des Reichthums“ Mc 4 19
= Mt 13 22, den Jesus als eine Erfahrungsthatsache behandelt, sofern
Sorge um das Eigenthum, Jagen nach irdischem Gut, Freude an Gewinn und Besitzmehrung den Menschen innerlich aushöhlen. Zer-
stören sie schon das wahrhaft Menschliche in ihm und machen ihn
zum blöden Ignoranten bezüglich geistiger Werthe und persönlicher
Errungenschaften, so stehen sie vollends in diametralem Gegensatz zu
der heissen Sehnsucht nach Vollendung und ewiger Genüge, welche
die Seele der Religiösität Jesu ausmacht. Wer durch Streben nach
Erwerb und Sicherstellung weltlicher Reichthümer hin- und hergezogen
wird, der kann sich dabei unmöglich „Schätze im Himmel sammeln“
Mt 6 20 = Lc 12 33. Man kann nicht Gott dienen und dem Mammon
Mt 6 24 = Lc 16 13. Keinerlei Halbheit und Getheiltheit wird geduldet.
Das Herz kann noch viel weniger als die Dinge der körperlichen Erscheinungswelt an zwei Orten zugleich, es kann nur da sein, wo sein
Schatz ist Mt 6 21 = Lc 12 34. Aehnlich wie diese zeichnen sich auch
noch andere Aussprüche, in welchen Jesus die Seinigen einem Schicksale gegenüber, das ihnen kein wesenhaftes Gut nehmen kann, unabhängig gemacht, ihnen allen irdischen Sorgen gegenüber eine selbst-
herrliche Stellung angewiesen hatte, wie Mt 5 42 = Lc 6 30 34 35 Mt
6 25—34 = Lc 12 22—31 Mt 10 9 10 = Mc 6 8 = Lc 9 3 10 4, durch die
rücksichtslose Kühnheit aus, womit hier alle Dinge in ihren äussersten
Möglichkeiten, in ihren entlegensten Spitzen sich entgegentreten. Dies
bewährt sich vollends auf einem dritten und letzten Punkt, der die
Stellung Jesu zu den Besitzfragen beleuchtet. Die von ihm bekämpfte
Frömmigkeit der Schriftgelehrten beruht, wie wir schon sahen (S. 63f),
ganz und gar auf den Begriffen des Vertrags, des Rechtsverhältnisses,
des Paktes. Der Mensch ist in der Lage, sich mit Gott abzufinden.
Beispielsweise spendet er reichliches Almosen und erkauft sich da-
durch eine, gegen alle Gewissensbedrängniss gefestigte und verschanzte,
Freistätte für entsprechend reichlichen Genuss. Er schränkt den

selbstsüchtigen Trieb auf einem Punkte ein, um ihm auf anderen um so freieren Raum zur Bethätigung zu lassen. Die grosse Leidenschaft der Reden Jesu richtet sich gerade gegen jedes derartige Abkommen, gegen Alles, was auf religiösem Gebiete Abrechnen und Markten, Vorbehalt und Bedingung, Concession und Compromiss heissen kann. Was irgend gefordert werden kann, soll geleistet werden „von ganzem Herzen, von ganzer Seele und von ganzem Gemüthe" Mt 22 37. Aecht rabbinisch war es, wenn die Schriftgelehrsamkeit aus gewissen mosaischen Gesetzesbestimmungen den Schluss zog, man dürfe keinesfalls sein ganzes Vermögen, sondern höchstens den fünften Theil desselben opfern[1]. Solchen Tendenzen gegenüber zeichnet Jesus kühn das Ideal des Opfersinnes im Bilde jener Wittwe, welche zwar nur zwei Heller, in ihnen aber, wie ausdrücklich hervorgehoben wird, ihren ganzen Besitz dahin gibt Mc 12 44 = Lc 21 4. Dieser Auftritt fällt freilich in den letzten Aufenthalt zu Jerusalem, gerade vor die Entscheidung des Kampfes, welchen er aus unmittelbarster Nähe gegen die Wächter des Heiligthums aufnahm. Damals galt es allerdings, Alles zu wagen, nicht bloss in unbedingter Opferwilligkeit, sondern auch mit Darangabe von Leben und Besitz (s. unten 6 6). Demgemäss hat er auch schon beim Aufzug nach Jerusalem an Einen, der sich ihm jetzt noch, da es sich eben um den todesmuthigen Sturm auf die Festung des herrschenden Religionssystems handelte[2], anschliessen wollte, die Forderung gestellt: „Verkaufe Alles, was du hast, und gib es den Armen" Mc 10 21 = Mt 19 21 = Lc 18 22. Und erst als daraufhin der Angeredete versagt, fasst Jesus seine diesbezüglichen Erfahrungen zusammen in das scheinbar gänzlich hoffnungslose und doch gegen diesen Schein gleichzeitig protestirende Wort vom Kameel, das leichter durch ein Nadelöhr gehen wird, als ein Reicher in das Himmelreich eingeht Mt 19 23 24 = Mc 10 23—25 = Lc 18 24 25. „Bei den Menschen ist es unmöglich, aber nicht bei Gott" Mt 19 26 = Mc 10 27 = Lc 18 27 [3].

---

[1] WÜNSCHE S. 230.

[2] Eine solche Begründung des betreffenden Herrnwortes leugnet Osc. HOLTZMANN 1893, S. 42. Das Richtige bei BOUSSET S. 72: „Augenblickswort." Auch P. W. SCHMIDT, Christenthum und Weltverneinung 1888, S. 33 f. Sonst hat Jesus äusseren Anschluss und directe Nachfolge keineswegs Jedem auferlegt, zuweilen nicht einmal gewünscht Mc 5 18 19 = Lc 8 38 39. Vgl. HARNACK I, S. 65.

[3] Vgl. über diese Stelle die Untersuchung RUNZE's, JpTh 1888, S. 358 f (παρὰ ἀνθρώποις logische, παρὰ θεῷ reale Möglichkeit) und die Verhandlungen zwischen Joh. WEISS S. 44 f und TITIUS S. 73 f, der zu dem Schlusse kommt: „Unzweifelhaft steht Jesus dem Reichthum kühl bis an's Herz gegenüber, aber seine Forderungen sind religiös gemeint." Er warnt vor der „Vergötterung des Reichthums", dagegen nach JOH. WEISS vor dem Reichthum selbst als einer „Fessel, die den Menschen an eine vom Teufel beherrschte und verdorbene Welt kettet". „Die Christenheit hat diese Anschauungen Jesu stillschweigend ausser

Was von der abfälligen Beurtheilung des Besitzes gilt, darf wenigstens nicht in derselben Schärfe auch auf Jesu Anschauungen von der Ehe übertragen werden. Vielmehr hat er, wenn er die Unauflöslichkeit derselben verkündigt (s. oben S. 142), eine ganz positive Stellung dazu eingenommen, und selbst mit der berühmten und verhängnissvollen Erklärung über die Eunuchen Mt 19 11 12 hätte er, falls darin nicht etwa ein essäischer Anflug des 1. Evglms wahrzunehmen wäre[1], nur seine individuelle Ausnahmsstellung (zugleich auch die seines Vorgängers, des Täufers, und seines Nachfolgers Pls I Kor 7 1), zum Ausdrucke gebracht, den Verzicht auf die Ehe um des Himmelreiches willen aber Niemanden aufgedrängt[2].

Nicht minder ist Mc 7 10—13 = Mt 15 4—6 die Unverbrüchlichkeit der Kindespflicht anerkannt, aber auch wieder ebenso entschieden in Forderung Lc 9 59 60 14 26 und Beispiel Mc 3 31—35 = Mt 12 46—50 = Lc 8 19—21 ausser Kraft gesetzt, wo höhere Ansprüche entgegenwirken[3]. Vollends umstritten und bestreitbar ist seine Stellung zum Werth des irdischen Berufes, zum Segen und zur Pflicht gemeinnütziger Arbeitsleistung[4]. Man hat sich darauf berufen, dass er diese Dinge so wenig

---

Curs gesetzt.“ Und nicht bloss das, sondern sie hat auch Worte von fast beleidigender Deutlichkeit dahin umzudeuten verstanden, dass Jesus ein wohlhabender Mann gewesen sei und über Geld und Gut Begriffe gehegt habe, welche den unsrigen vollkommen entsprechen. So zuletzt G. WIESEN, Die Stellung Jesu zum irdischen Gut mit besonderer Rücksicht auf das Gleichniss vom ungerechten Haushalter 1895.

[1] Man kann hier Vermuthungen wagen ähnlich, wie bei dem absoluten Verbote des Eides Mt 5 34 (s. oben S. 140). Denn die αἰτία τοῦ ἀνθρώπου μετὰ τῆς γυναικός Mt 19 10 knüpft an die αἰτία 19 3 an, welche ihr Dasein nur der Redaction des Mt verdankt. Thatsache ist, dass zwei Hauptstücke der essäischen Ethik (s. oben S. 101 f) gerade nur in diesem Evglm Vertretung finden.

[2] TITUS S. 70 f. Vielleicht zu absolut P. W. SCHMIDT S. 34: „Ueberhaupt verlangt das Evglm keinerlei Art von asketischem Weltverzicht. Es begründet die unbedingte Hegemonie der religiös-sittlichen Interessen, und gegen den Ruin der Seele wiegen alle sonstigen Weltwerthe nichts.“

[3] Mildere und schärfere Fassungen dieser Worte bei WENDT II, S. 380 f, JOH. WEISS, Die Predigt Jesu vom Reiche Gottes S. 47, TITUS S. 68 f, 72: „In der Zeit der grössten Spannung mit dem Volke hat er von den Seinen zwar nicht den Verzicht auf die äussere häusliche Gemeinschaft, wohl aber auf das gegenseitige geistige Einverständniss fordern müssen.“

[4] Nach Osc. HOLTZMANN S. 14 f, 17 f, 25 f wendet Jesus den Maassstab der gemeinnützigen Arbeit an. Nach ERHARDT S. 107 „verurtheilt Jesus alles quietistische und gegen die unerlässlichen Bedingungen des socialen Lebens, als Arbeit, Besitz, Rechtsordnung, gleichgültige Christenthum“. Auch nach BOUSSET S. 73 hat Jesus zwar gelehrt, „dass der Mensch fromm sein kann nicht in der Isolirtheit, sondern nur in der Gemeinschaft der Liebe“, gleichwohl aber S. 71 „die irdische Arbeit, den irdischen Beruf nicht gekannt“. War ein solcher Rückstand bedingt durch den Zeithintergrund, so wird man freilich den Schluss ziehen, „dass wenn eben Jesu Predigt in dieser Weise durch die gegebenen Verhältnisse, in denen er lebte, bedingt ist, dann eben auch seine Predigt mit diesen Verhält-

wie das irdische Gut an sich zum Reiche des Bösen geschlagen haben
kann, da er sonst schwerlich in der Lage gewesen wäre, die Pflicht-
treue in der Verwaltung des Geldes, bzw. das Gegentheil davon, so
wie Mt 25 14—30 und Lc 16 1—12 geschieht, zum Maassstab für die Be-
fähigung zu entsprechenden Leistungen auf einem höheren Lebens-
gebiete zu erheben[1]. Aber der Schluss ist doch recht unsicher[2]. Denn
gerade das hierher gehörige Gleichniss vom ungetreuen Haushalter,
sowie das vom Schatz im Acker beweisen, dass Jesus bei der Wahl
seiner Gleichnissstoffe auf die sittliche Beurtheilung weiter nicht eingeht, sondern bloss den zutreffenden Vergleichungspunkt in's Auge fasst.

Neben der einen Hauptfrage, wie weit die Anschauungen und Verhältnisse der Zeit bedingend und beschränkend gewirkt haben, steht
heutzutage noch die andere zur Debatte, inwiefern der Ausblick auf
das nahe Ziel und Ende der Welt betheiligt gewesen. Wie sich dieses,
hier noch nicht anfassbare, Problem auch lösen mag (s. unten 6 6), auf
keinen Fall lässt sich eine, durch die tragische Wendung der Geschicke
Jesu bedingte, dunkle Färbung gewisser Regionen seiner Gedankenwelt
dahin ausbeuten, dieser Gedankenwelt selbst einen wesentlich pessimistischen Charakter, der Ethik Jesu insonderheit einen asketischen
Grundzug von Haus aus zuzuerkennen. Mag auch der spätere Ton,
welcher im Ohre der Gemeinde fest haften blieb, in der Ueberlieferung
der Herrnworte da und dort nachgedunkelt haben, so leuchtet doch
schon aus der am Gesetz geübten Kritik eine positive Beurtheilung der
natürlichen Lebensgüter hervor, welche lediglich durch die religiöse
Grundanschauung Jesu, durch seinen Gottesgedanken motivirt ist, somit auf einem ganz andern Blatte steht als die Eschatologie[3].

Will man von einem pessimistischen Anfluge sprechen, so kommt
derselbe noch vor der eschatologischen Wendung des Messianismus
von einer ganz anderen Seite her: nämlich vom Blick auf den thatsäch-

---

nissen steht und fällt, dass sie dann zum Mindesten nach der besprochenen Seite
hin einer wesentlichen Ergänzung und Erweiterung bedarf", S. 73. Selbst nach
Titius S. 79 „hat er den Segen der irdischen Arbeit nicht so gepriesen, wie es
uns billig erscheinen möchte". Noch deutlicher Wrede, ThLZ 1896, S. 78.

[1] B. Weiss, LJ II, S. 66 f.

[2] Ehrhardt S. 57: „Im Gleichnisse von den Talenten ist der dominirende
Gedanke doch nicht die Empfehlung der irdischen Berufstreue an sich, sondern
die Motivirung derselben mit dem Hinweis auf den zu erwartenden Tag der
Rechenschaft." S. 111: „Die Parabel von den anvertrauten Pfunden involvirt den
Gedanken, dass der Blick auf die messianische Vergeltung der Antrieb zur rück-
haltlosen Einsetzung unserer Kraft werden soll."

[3] Titius S. 72, 75, 81, 86, 180. Ehrhardt S. 82, 90: „Jesus tritt auf als
Organisator des sittlichen Gemeinschaftslebens durch eine positive Kritik der
gesetzlichen Ordnungen, er schafft in seinem Jüngerkreise selbst den Kern eines
neuen sittlichen Organismus."

lichen Befund derselben Menschen, deren ideale Aufgabe am Gottesbegriff orientirt war. Hier lässt sich die Frage nach einer düsteren
Kehrseite des principiell feststehenden Optimismus mindestens mit
grösserer Aussicht auf Erfolg erheben. Jedenfalls wird Mc 2 17 = Mt
9 12 = Lc 5 31 ein Zustand der Erkrankung vorausgesetzt (οἱ κακῶς ἔχον-
τες). Die Existenz von Gesunden erscheint hier, wie auch die von „Gerechten" im Gegensatze zu den Sündern, lediglich als eine Möglichkeit,
die dahin gestellt bleibt. Im Allgemeinen aber ist die sittliche Lage der
Menschen schon dadurch bestimmt, dass die Heilspredigt Jesu Mc 1 15
und seiner Jünger 6 12 mit einem Bussruf beginnt. Selbst Jesu Jünger
gelten keineswegs als normal, eher als das Gegentheil davon Mt 7 11
= Lc 11 13 (πονηροὶ ὄντες, vgl. Lc 13 4 ὀφειλέται, ἁμαρτωλοί Lc 13 2 15 7 10
18 13, νεκροί Lc 15 24 32). Und das gilt gewiss irgendwie auch von den
Erdensöhnen überhaupt, aus deren Herzen fortwährend Alles hervor-
geht, was den Menschen nur verunreinigen kann Mc 7 21—23 = Mt
15 18—20. Ihrer nicht wenige sind geradezu unter der Obmacht der sie
bewältigenden Dämonen verhaftet und gebunden (s. oben S. 167).

Andererseits erscheinen alle diese Urtheile durchaus nur als Ausdruck einer gemachten Durchschnittserfahrung; nicht einmal wird die
Möglichkeit sündloser Menschen irgendwo ausdrücklich verneint. Es
gibt gute Menschen und böse Menschen Mt 12 35 = Lc 6 45, wie es Mt
7 17 18 12 33 = Lc 6 43 gute Bäume und faule Bäume gibt. Einerseits
scheint des festgetretenen, steinigen und dornigen Ackerbodens mehr
zu sein als des guten Landes; andererseits setzen aber doch auch die
Makarismen der Bergpredigt das Vorhandensein einer dem Reich Gottes congenialen Gesinnung bei denen voraus, welchen sie gelten[1] —
gleichviel wie es um ihre Zahl steht. Nirgends die Spur einer doctri-
nären Behandlung des Räthsels der Bösen, keine „Lehre von der
Sünde"[2]. Als Correlat der in Aussicht gestellten göttlichen Vergebung der Sünden wird nirgends eine Erbsünde oder ein sündiger
Gesammtzustand bezeichnet, sondern Mc 2 5—10 3 28 11 25 26 Lc 7 47 48
lediglich eine Mehrheit von einzelnen Thatsünden[3], „Vergehungen"
(Mt 6 14 15 παραπτώματα) oder „Verschuldungen" (Mt 6 12 ὀφειλήματα).
Als eine bestimmte Thatsünde, speciell Zungensünde, erscheint selbst
jene „Lästerung des Geistes", welche Mc 3 28—30 = Mt 12 31 32 = Lc
12 10, während für alle anderen Sünden unter der Bedingung der Busse
Vergebung zu finden ist, die Möglichkeit der Vergebung und also wohl

---

[1] Ritschl II, S. 32f. Nach Titius S. 102 erscheinen die Betreffenden so nur
„im besten Fall".
[2] So richtig Immer S. 164f und Harnack I, S. 60.
[3] Ritschl II, S. 37.

auch vorher schon der Busse ausschliesst. Dem Zusammenhang nach ist der Fall gemeint, dass bewusste und absichtliche Abweisung der sich offenbarenden und mächtig aufdrängenden Gottesmacht einen entschlossenen Ausdruck gewonnen, zum ausgesprochenen Programm erhoben worden ist.

Der Ernst der Beurtheilung, welche die Sünde erfährt, ruht lediglich auf religiösen Prämissen. Bei dem engen Wechselverhältniss nämlich, welches, wie gezeigt (s. S. 173f) zwischen Religion und Sittlichkeit besteht, kann auch die sittliche Abnormität durchaus unter religiösem Gesichtspunkt betrachtet werden. An sich würden Verfehlungen gegen das Sittengesetz vielleicht kaum anderen Beurtheilungen unterliegen, als etwa auch Verstösse gegen die Gesetze des Denkens oder der Schönheit; alle solche Verstösse rächen sich durch naturgemäss ihnen entsprechende Uebel als Folgen. Nun tritt aber die grosse Differenz ein, dass das sittliche Ideal in das Gottesbewusstsein hereingezogen, dieses in jenes verlegt wurde. Damit nimmt die Verletzung des Sittengesetzes den Charakter der Sünde, das im Gefolge sich einstellende Uebel den Charakter der Strafe an, und das den Zusammenhang von Sünde und Strafe anerkennende Bewusstsein wird zum Bewusstsein der Schuld. Man sündigt nie bloss gegen Menschen, sondern immer auch gegen Gott: „in den Himmel und vor dir" Lc 15 18 21. In diesem Sinne ist die Sünde eine aus dem eigensten Vermögen des Menschen fliessende Auflösung des Zusammenhangs mit Gott, ein Herausfallen aus der Gottesgemeinschaft und insofern ein „Verlorengehen" Mt 18 11—14 Lc 15 4—10. Aber ein förmlicher Umschlag in pessimistischen Rigorismus der Lebensbeurtheilung ist auch durch die Anerkennung nicht bedingt, welche damit der Thatsache des Bösen, der Sünde widerfährt, und ebensowenig erfahren die natürlichen Lebensgüter schon um ihrer mannigfachen Verflechtung mit der Sünde willen Entwerthung. Vielmehr nimmt Jesus gerade von dem wahrgenommenen allgemeinen Deficit Anlass, Milde und Nachsicht zu empfehlen (s. unten 4 3), und stellt als grosses, allverpflichtendes Vorbild in dieser Richtung eben Gott selbst hin, welcher kein höheres Interesse hat, als das Verlorene, Verirrte, Gefallene wieder in den Kreis der Tragweite seiner Rettungsthat hereinzuziehen (s. oben S. 168f). Daher das Bild der göttlichen Einladung zum messianischen Mahl Mt 22 1—14 = Lc 14 16—24. Aber mit der Erinnerung an dieses Gleichniss vom Himmelreich (Mt 22 2 = Lc 14 15) betreten wir einen ganz neuen Gedankenkreis.

4. Das Reich Gottes.

1. Gottesreich und Himmelreich.

Zu den Ausgangspunkten der Verkündigung Jesu bei Mt und bei
Lc (s. oben S. 132) findet sich ein neuer Mc 1 15 (ἤγγικεν ἡ βασιλεία τοῦ
θεοῦ oder Mt 4 17 τῶν οὐρανῶν): zum Evangelium von der „besseren
Gerechtigkeit“ und zum „Evangelium der Armen“ tritt das „Evangelium vom Reich“, wie es Mt 4 23 9 35 als erstes und allgemeinstes Thema
der Predigt Jesu erscheint. Auch Lc 8 1 16 16 wird „die Frohbotschaft
vom Reiche Gottes verkündigt“, und Jesus bezeichnet solches 4 43 geradezu als seinen und 9 2 10 9 seiner Jünger Beruf. Es handelt sich
für ihn und sie darum, die Generation auf das Eintreten des Reiches
vorzubereiten. Der Zusammenhang der drei Losungsworte ist leicht
zu erkennen. Die „bessere Gerechtigkeit“ Mt 5 20 bringt zunächst den
unter dem Knechtsdienst des Gesetzes Seufzenden ein des Einsatzes
aller Kraft würdigeres Ziel und im Vergleich mit dem bisher getragenen ein „sanftes Joch“, eine „leichte Last“ Mt 11 28. Indem die
Reichspredigt andererseits auch an die moralisch Herabgekommenen,
Verlorenen, Aufgegebenen ergeht, wird sie doppelt zur Freudenbot-
schaft. Eine solche (εὐαγγέλιον = beśora) ist die Verkündigung vom
Reiche nämlich schon von Haus aus, weil sie die Hoffnungsgedanken
Israel's zum Ausdrucke bringt, angenehme Zeit und reichen Gottes-
segen dem ganzen Volke in Aussicht stellt. Sie hört sich an als eine
„holdselige Rede“ Lc 4 22, findet allenthalben ein ganz freiwilliges,
helles und jubelndes Echo. Durchaus behandelt daher Jesus den
Reichsgedanken als etwas seinen Zeitgenossen Bekanntes und Geläufiges. Er spricht zu solchen, die das Reich Gottes Mc 15 43, den
Trost Lc 2 25 oder die Erlösung Israel's Lc 2 38 erwarten, die darin
den Inbegriff alles Heils sehen. Nirgends sagt er darum, was es um
dieses Reich sei. Das Verständniss soll und wird sich von selbst ergeben; es ist ja ererbtes Gemeingut Aller (s. oben S. 77 f)[1].

Auf alle Fälle sind wir Heutigen nicht mehr in gleich günstiger
Lage und müssen uns daher zunächst nach einem richtigen Wortver-
ständnisse umsehen, um von da zum Verständnisse des, uns nicht mehr
unmittelbar geläufigen, Sinnes vorzuschreiten. Zunächst scheint das
statt des „Gottesreichs“ bei Mt und im Hbrevglm begegnende „Himmelreich“ dem gemeinten Gegenstande seine Stelle entweder im örtlichen[2] oder doch wenigstens im zeitlichen Jenseits anzuweisen. Wenn

---

[1] Schürer, Die Predigt Jesu Christi S. 16: „Jesus verkündigt zunächst gar
nichts Anderes, als was jeder gläubige Israelit hoffte und ersehnte: den nahen
Anbruch des Gottesreiches.“

[2] B. Weiss, der § 14 keineswegs den rein eschatologischen Begriff vertritt,

Dan 2 ₄₄ zuletzt „der Gott des Himmels ein Reich aufrichten wird, welches nimmermehr zerstört werden soll", so folgt daraus für den Begriff des Himmelreiches, dass es aus dem Gegensatz zu den bei Dan vorangehenden Weltreichen, eben darum aber auch in Analogie mit ihnen verstanden und demgemäss unter die allgemeine Vorstellung eines localen Herrschaftsgebietes befasst sein will [1]. Während jetzt noch irdische Mächte die Welt beherrschen, wird in der Zeit der Vollendung die himmlische Macht Alles regieren. So wird zunächst einmal die landläufige, gemeinverständliche Auffassung des Himmels als der Wohnung Gottes und der Stätte aller wahrhaftigen Güter dem Gedanken dienstbar, dass die in Aussicht stehende Neuordnung der Dinge, die messianische Aera, nicht aus der bisherigen Gestaltung des menschlichen oder auch nur des jüd. Lebens hervorwachsen, sondern ihren Ursprung in der übergreifenden Geistesmacht Gottes haben, also ein Reich himmlischer Kräfte und Ordnungen darstellen werde [2]. Hinter dieser populär-räumlichen Auffassung steht allerdings noch eine andere, derzufolge der Himmel die ideale Welt im Gegensatze zu der empirischen bezeichnet [3]. Aber wenigstens in allen dem jüd. Vorstellungskreise näher stehenden Schriften des NT sind dabei die Ideale als real präexistirende Güter der Zukunft gedacht, welche einstweilen im Himmel aufbehalten werden, bis sie auf die Erde herabsteigen oder herabgesenkt werden (s. oben S. 61 und unten S. 193). So setzt die rabbinische Theologie statt des geläufigen Begriffes der „Tage des Messias" denjenigen des Himmelreichs (malkut haššamajim), um ein Reich zu bezeichnen, welches zwar im Himmel seine Heimath hat, aber dann auf Erden Fuss fasst [4]. Auch Hen 11 ₁ wird Gott im zukünftigen Weltalter die

denkt doch die vollkommene Realisirung, die zukünftige Vollendung des Gottesreiches § 15a als eine himmlische, sofern der wiederkehrende Messias die Erde in ihrem gegenwärtigen Bestande nicht mehr vorfindet § 34a. Im Hinblick darauf habe § 138c, Einleitung in das NT ²S. 537 Mt, weil mit dem Falle Jerusalems die Hoffnung auf eine irdische Vollendung der Theokratie in Israel geschwunden war, den Ausdruck Himmelreich gewählt: „sofern es dort seine specifische Stätte hat" (zu MEYER Mt 3 ₂). Vgl. dagegen TITIUS I, S. 26.

[1] HILGENFELD, ZwTh 1863 S.336,1894 S.17. CREMER zu βασιλεία. TITIUS S.19f,29.
[2] So KEIL zu Mt 3 ₂: im Gegensatze zu den Reichen dieser Welt werde es mit Kräften des Himmels gegründet, bringe die himmlischen Güter, um die Erde dadurch zu verklären. E. HAUPT, Die eschatologischen Weissagungen S. 82: „wo die höhere Welt des Himmels die Herrschaft hat, wo die überweltlichen Güter in der Gottesgemeinschaft verwirklicht sind."
[3] WITTICHEN, Beiträge zur bibl. Theologie I, S. 65, Leben Jesu S. 125f sieht darin sogar geradezu den Sinn der Reden Jesu vom Himmel. Jedenfalls ist der Himmel die Stätte vollkommener Freude gegenüber den Trübungen der Zeitlichkeit Lc 15 ₇ ₁₀ und unerschöpflichen, dauernden Besitzstandes gegenüber der Unsicherheit irdischer Schätze Mt 6 ₁₉ ₂₀ = Lc 12 ₃₃.
[4] WEBER, Die Lehren des Talmud S. 260.

Vorrathskammern des Himmels aufthun, um ihren Segen über die
Arbeit der Menschen auszuschütten. Demgemäss wäre das Himmelreich als ein Reich, das im Himmel ist, dieser Himmel zugleich aber
als Ursitz alles von Gott ausgehenden Segens, als eine Art von überirdischem Haushalt Gottes zu denken, daraus er den unten auf der
Erdfläche weilenden Menschen das Beste spendet, was sie erbitten und
erlangen können[1]. In diesem Sinne bedeutet es die himmlische Herkunft und Art, welche das erwartete Gottesreich an sich hat[2], wenn
ihm der Name Himmelreich gegeben wird (also βασιλεία τῶν οὐρανῶν =
ἐξ οὐρανοῦ, wie I Kor 15 47 ὁ δεύτερος ἄνθρωπος ἐξ οὐρανοῦ).

Dass mit der Vorstellung des Reiches nicht sowohl seine, übrigens
durchaus feststehende[3], himmlische Existenz an und für sich, als vielmehr seine himmlische Art und Herkunft verbunden ist, zeigt überdies
Mt 6 10 die dritte Bitte des Herrngebets (γενηθήτω τὸ θέλημά σου ὡς
ἐν οὐρανῷ καὶ ἐπὶ γῆς), welche nur den Inhalt der vorangegangenen
Bitte um das Kommen des Reiches erklären soll, daher in der kürzeren
Fassung Lc 11 3 fehlt. Was von Seiten der Engel, welche Gott näher
stehen und ihm angehören Ps 103 20 21, im Himmel geschieht, soll
ebenso auch auf Erden geschehen. Daher die Theilnahme der Engel
Gottes an den Fortschritten des Reiches auf Erden, ihre Freude an
den Sündern, die durch Busse in dasselbe eintreten Lc 15 7 10. Das
Himmelreich ist also darum Gottesreich, weil darin Gott durchaus die
ihm gebührende Stellung einnimmt[4], sein Wille die entscheidende
Macht bildet[5], indem dieser nämlich theils, wie im Himmel, schon vollkommen verwirklicht ist, theils, wie auf Erden, seiner Verwirklichung
entgegengeführt wird: hier das kommende, dort das vollendete Reich,
also eine Himmel und Erde umspannende Machtsphäre, darin Gottes
Königsherrschaft verwirklicht ist, beziehungsweise zur fortschreitenden
Verwirklichung gelangt[6]. Nur vom Standpunkt der Erde aus kann
daher von einem Kommen des Himmelreiches gesprochen werden, und

---

[1] Beck, Christliche Ethik I, 1882, S. 78f und Lemme, Neue JdTh 1892, S. 20f,
30f reden von überirdischem Lebenssystem, transcendentem Lebensgebiet u. s. w.
als etwas Fertigem, das aber nunmehr auf Erden Platz greifen soll. L. Paul
S. 16, 21f: Himmelreich, weil es als Gut der Zukunft vom Himmel, wo es einstweilen aufbehalten wird, herabkommt. Wellhausen S. 217: „das zukünftige Reich,
das gegenwärtig noch im Himmel verborgen ist."
[2] Beyschlag I, S. 41. Vgl. auch Haupt S. 74f.
[3] Titius S. 28, 158, 186.   [4] Schnedermann I, S. 191.
[5] Lütgert, Das Reich Gottes nach den synopt. Evglien 1895, S. 38, 128.
Schwartzkopff, Die Weissagungen Jesu Christi von seinem Tode, seiner Auferstehung und Wiederkunft und ihre Erfüllung 1895, S. 107, 110: „das verwirk-
lichte Ideal der nationalen Theokratie."
[6] Lemme S. 18.

zwar in dem Sinne, dass Gott vom Himmel her sich aufmachen will, um die Herrschaft hienieden zu ergreifen, sein Weltregiment allseitig durchzuführen. Der Ort also, wo solches geschieht, ist nicht der Himmel (da ist es schon geschehen), sondern die Erde [1], welche daher Mt 5 3 4 nicht bloss bildlich als Gegenstand des Erwerbs der Himmelreichs-genossen erscheint (κληρονομήσουσιν τὴν γῆν, wie Ps 25 13 37 3—11) [2]. Das Himmelreich im Sinne der Verkündigung Jesu ist daher die vom Himmel her in die gegenwärtige Wirklichkeit eintretende, diesseitig werdende, göttliche Ordnung der Dinge [3].

Sachlich verwandt mit der gegebenen Erklärung des Ausdrucks ist diejenige, welche einfach auf die Thatsache verweist, dass im Spät-judenthum das Wort „Himmel" eine Begriffsvertretung für Gott bildet (s. oben S. 50). Man sagt „Himmel" und meint den, welcher im Himmel thront Mt 5 34 23 22. Dann wäre Himmelreich ganz und gar syno-nym mit Gottesreich [4]. Durch Verbindung mit dem schon entwickel-ten Begriff ergibt sich also der allgemeine Gedanke, dass Gott darin herrscht, mit Hinzutritt der besonderen Vorstellung, dass er diese Herrschaft vom Himmel aus übt, das Reich vom Himmel aus leitet. In demselben Maasse als der Gen. subjecti in den Gen. originis über-geht, fügt sich die eine Erklärung in die andere ein.

Wäre übrigens der Ausdruck „Reich der Himmel" (die Mehr-zahl mit Beziehung auf die volksthümliche Vorstellung von 7 Himmeln II Kor 12 2) der von Jesus selbst gebrauchte gewesen [5], so wäre er in

---

[1] KEIM II, S. 44: „So ist nach allen Spuren sein Himmelreich ein Erdreich." SCHMOLLER, Die Lehre vom Reiche Gottes in den Schriften des NT 1891, S. 96: „Wenn nicht die βασιλεία als auf Erden kommend gedacht wäre ... so brauchte sie überhaupt nicht zu kommen. Gerade darum kommt sie (man beachte: sie selbst, nicht bloss der Menschensohn), damit sie da sei, wo sie noch nicht ist und wo man sie doch vermisst und ersehnt." Richtig weist KEIM II, S. 40, Dritte Bearb., S. 156 f darauf hin, dass gerade bei Mt, der doch den Ausdruck „Himmelreich" hat, durchweg die Erde als Stätte desselben gedacht ist. Vgl. SCHÜRER, JpTh 1876, S. 184, HAUPT S. 74: „Es gibt keine einzige Stelle in den Evglien, welche den Himmel als Ort des Gottesreiches nennt, sofern Menschen hineinkommen sollen; vielmehr kommt das Himmelreich zu den Menschen." Das macht gegen ihn selbst geltend TITIUS S. 23, 143 f, 185.

[2] Mit dieser Stelle macht besonders PAUL S. 31, 35 f, 116 Ernst. Aber auch SCHWARTZKOPFF S. 144, 147 f, 197 f. TITIUS S. 21: „Dies muss aber so gedacht werden, dass das Weltreich in seinem Geltungsbereich überwunden und beseitigt wird. Es muss für das gleiche Gebiet die neue Ordnung in Kraft treten."

[3] So auch SCHMOLLER S. 153 f, 184 f und TITIUS S. 27 f.

[4] So DE WETTE, WENDT, WITTICHEN, besonders SCHÜRER, JpTh 1876, S. 166 f, 181 f, ThLZ 1883, S. 581, Geschichte des jüd. Volkes II, S. 453 f. Auch LIPSIUS, Dogmatik [3] S. 818.

[5] So SCHÜRER, JpTh 1876, S. 182 f, KEIM II, S. 33 f, 40 f, WEIZSÄCKER, Apost. Zeitalter S. 105, BEYSCHLAG I, S. 40, BALDENSPERGER S. 197, HAUPT S. 73 f, SCHWARTZ-KOPFF S. 132 f, L. PAUL S. 21 f, auch A. K. ROGERS, The life and teaching of Jesus

den übrigen apostolischen Schriften schwerlich spurlos verschwunden,
und Mt selbst würde sich nicht gelegentlich auch des Ausdrucks
„Gottesreich" bedienen, wo seine Quellen diesen bieten (6 33 12 28 und
wahrscheinlich auch 19 24, sonst noch 21 31 43) [1]. Immerhin steht
weder der gewählte Ausdruck, noch der in denselben gelegte Sinn
absolut fest, und die folgende sachliche Erklärung wird ebenso wenig
zu einem durchaus einheitlichen Begriff führen, dessen Momente nur
mit logischer Nöthigung aus gewissen Prämissen abzuleiten wären,
sondern uns vor ein Bild stellen, welches der Betrachtung wechselnde
Seiten darbietet [2].

2. Das Reich Gottes und die Gerechtigkeit.

Die matthäische Bergpredigt lässt keinen Zweifel darüber bestehen, dass in der Leistung der Gerechtigkeit als der positiven Kehrseite zu der Mc 1 15 = Mt 4 17 geforderten Busse die Bedingung für
den Eintritt in das Reich gegeben sei. Die Mt 5 16 genannten „gute
Werke" (καλὰ ἔργα, einzig in der Synopse) machen fragelos das Wesen
derjenigen „besseren Gerechtigkeit" aus, ohne welche 5 20 Niemand
in das Himmelreich eingehen kann. Damit, dass dieselbe eine andere,
nämlich eine bessere sein müsse, als die durch das Schriftverständ-
niss der Pharisäer und Schriftgelehrten bedingte, entwächst die ganze
Auffassung noch nicht dem allgemeinen Schema der gleichzeitigen
jüd. Theologie, und es ist auch nur ein formaler Unterschied, wenn
dieser zufolge das Eintreten des Reiches in die irdische Wirklichkeit,
nach der Lehre Jesu dagegen der Eintritt der Einzelnen in das
Reich von Busse und nachfolgender Gerechtigkeitsleistung abhängig ist.
Jedenfalls gehen nur „Gerechte" Mt 13 43 25 46 in das Himmelreich
ein; auch die 21 31 genannten Sünder nur, weil sie sich zuvor bekehrt
haben, andere Menschen geworden sind.

1894, S. 218f. Vgl. Titius S. 25f, 29: „gelegentlich". Für ursprüngliche Doppelheit besonders Schmoller S. 6f, 9 und Ehrhardt S. 47f, für die Priorität des
„Reiches Gottes" Weiss zu Mt 3 2, Wendt II, S. 298f, Wittichen, Beiträge III,
S. 175, LJ S. 85, Brandt S. 466, Joh. Weiss, Die Predigt Jesu S. 10: Himmelreich
eine „Specialität des 1. Evglsten."

[1] Titius S. 26 macht diese Beobachtung im entgegengesetzten Sinne geltend.
Aber Inconsequenzen begegnen dem 1. Evglsten ja auch sonst bei seiner Reproduction der Quellen gerade genug, und mit dem „Himmelreich" verhält es sich
genau wie mit dem „himmlischen Vater" (s. oben S. 160).

[2] Auch nach Titius S. 8f, 175, 177, 179 fehlt ein einheitlicher Begriff vom
Gottesreich. Lütgert spricht lieber von einer „Anschauung". Darum ist auch
nicht viel damit gewonnen, wenn Grass, Das von Jesus geforderte Verhalten zum
Reiche Gottes nach den Herrnworten der drei ersten Evglien 1895 statt „Reich"
mit steifer Consequenz den Ausdruck „Königsherrschaft" setzt. Gerade dieser ursprüngliche Begriff ist nach Bousset S. 80f Jesu kaum mehr gegenwärtig gewesen.

Dass diese Auffassung des Verhältnisses[1] volle Anerkennung verlangt, geht zu allermeist aus denjenigen Stellen hervor, darin das Reich
Gottes unter dem Gesichtspunkte eines Lohnes erscheint, welcher der
Gerechtigkeitsleistung zu Theil wird. Auf diesem Punkte erhellt in
besonders handgreiflicher Weise der Anschluss Jesu an zeitgenössische Anschauungen, sofern diese letzteren wie auf den Begriff des
himmlischen Reiches, so auch auf den dadurch bedingten religiösen
Begriff des Lohnes führen[2]. Mit Beidem trat Jesus nur ein Erbe
jüd. Frömmigkeit an. Gerade so wie das Reich ein im Himmel auf-
bewahrtes ist, so ist auch der „grosse Lohn" der in Kampf und Ver-
folgung bewährten Jünger Mt 5 12 = Lc 6 23 in einem örtlichen wie
zeitlichen Jenseits einstweilen hinterlegt, und erscheint überhaupt das
Gottesreich als ein im Himmel deponirtes Kapital[3], als „Schatz im
Himmel" Mc 10 21 = Mt 19 21 = Lc 18 22, vgl. Mt 6 20 = Lc 12 33,
welchen sich die künftigen Genossen des Reiches durch treue Ausdauer in der Gerechtigkeitsübung Mt 6 20 sammt entsprechenden
Opferleistungen anhäufen Mt 6 4 6 18 Lc 6 35.

Wenn die spätjüd. Religiosität überhaupt ganz auf der Voraussetzung eines, zwischen Gott und den Menschen bestehenden, Rechts-
vertrages beruht (s. S. 63), so die Lohnvorstellung[4] insbesondere auf

---

[1] Vertreten von den Eschatologen Schmoller S. 61 und Joh. Weiss S. 42 f,
49, aber auch von Issel S. 83 und Titius S. 38 f.

[2] Ehrhardt S. 30 vom Spätjudenthum. „Nicht mehr Frucht soll das Gesetz
bringen, sondern nur noch Lohn erwerben helfen." Schürer, Die Predigt Jesu
Christi, S. 6: „Der verheissene Lohn und die geforderte Leistung, das sind die zwei
Pole, um die sich Alles bewegt."

[3] Belegstellen aus der sonstigen jüd. Literatur für diese Vorstellung bietet
Spitta II, S. 63 f.

[4] Der im NT begegnende Lohnbegriff bildet eine crux interpretum, sofern er
an sich ganz der alten Religionssphäre angehört und doch überall die neuen Ideen
durchschimmern lässt. Vgl. B. Weiss, Die Lehre Christi vom Lohn: Deutsche
Ztschr. für christl. Wiss. und christl. Leben 1853, Nr. 40—42, Mehlhorn, Der
Lohnbegriff Jesu, JpTh 1876, S. 721 f, Naumann, Die neutest. Lehre vom Lohn
1881, Umfried, Die Lehre Jesu vom Lohn nach den Synoptikern: Theol. Studien
aus Württemberg 1886, S. 163 f, Neveling, Die neutest. Lehre vom Lohn: Theol.
Arbeiten des rhein. wissensch. Predigervereins VII, 1886, S. 57 f. Mehlhorn sieht
im Lohn die Beseligung durch den erreichten Erfolg und hält insofern den Begriff für ablösbar von dem Boden des eschatologischen Supernaturalismus, darauf er gewachsen ist. Umfried führt aus, dass mit der Leistung des im Streben
nach der Gerechtigkeit begriffenen Subjects eine Analogie zum Rechtsverhältniss
gegeben sei. Während also Mehlhorn, wie auch Naumann, das rechtliche Verhältniss ganz aus dem neutest. Lohnbegriff verbannt, lässt Umfried es als relativ berechtigt auf der subjectiven Seite bestehen, ergänzt es aber durch den auf der
objectiven Seite sich ergebenden Begriff des Gnadenlohnes, welcher der freien
Verfügungsgewalt Gottes entspricht. Sofern bei der Machtthat Gottes, welche
die sittliche Vollendung herbeiführt, die göttliche Gnade in Rechnung kommt, ist
nach Neveling von χάρισμα, sofern die Gerechtigkeit, von μισθός die Rede; aber

dem Anschauungsbilde des Herrn im Verhältnisse zu seinen gedungenen Feldarbeitern, welchen ihr Tagewerk einen bestimmten Lohn einträgt (die Begriffe κοπιᾶν und μισθός entsprechen sich Joh 4 36 38). „Der Arbeiter ist seines Lohnes werth" Lc 10 7, hat, wo dieser contractmässig festgesetzt ist, geradezu Anspruch darauf Mt 20 1—7. Im Einklange damit erscheint auch das Leben derer, welche sich auf das kommende Gottesreich einrichten, sich ihm zur Verfügung stellen, für es wirken und leiden, unter dem Bilde der Arbeit (im Weinberg, im Hause, am Pflug, bei der Ernte); man wird aufgefordert zu einer Arbeit, welche im Dienste Gottes und mit Aussicht auf Lohn verrichtet wird Mt 20 3 24 45—51.25 14—28 Mc 9 41. Was als das die pharisäische Pflichterfüllung entwerthende bezeichnet wird, ist nicht sowohl das Motiv des Lohngedankens an sich, als vielmehr nur dies, dass die heuchlerische Ostentation, womit sie betrieben wird, ihren Lohn schon vorwegnimmt Mt 5 46 6 1 2 5 16. Gott belohnt also nur denjenigen, der sich nicht durch, über dem guten Werk gesteigertes, Selbstgefühl selbst belohnt. Und zwar wird in solchen Aussprüchen entweder einfach die Gleichwerthigkeit des verheissenen Lohnes mit der zu belohnenden Leistung hervorgehoben, um mit solcher Aequivalenz die Gerechtigkeit der Lohnesertheilung anzudeuten Mt 5 7 6 14 10 32 25 29, oder es tritt die Compensation als gerechte Umkehrung des Geschicks auf, in welcher man zurückempfängt, was man aufgegeben, oder reichlich erlangt, was man sich versagt hatte Mt 5 5 10 30 Lc 14 8—11. Wie aber solche Opfer und Leistungen, so wird dann auch der Lohn ein verschieden abgestufter sein. Daher resultirt, je nach der Eigenthümlichkeit der subjectiven, wenn schon sogar nur indirecten, Antheilnahme an den Interessen des Reiches Gottes, eines Propheten, eines Gerechten, eines Jüngers Lohn Mt 10 41 42 = Mc 9 41. Liegt demnach auf der subjectiven Seite die Differenz (vgl. auch Mt 5 19 19 28 = Lc 22 30 Mc 10 40 = Mt 20 23), so dafür auf der objectiven die Gleichheit des Lohnes: letztere ist qualitativ, jene quantitativ. Objectiv genommen bildet immer das Gottesreich selbst den Lohn. Daher im Gleichniss von den Arbeitern im Weinberg Mt 20 1—16 die längere Dienstzeit nicht mehr Lohn erwirbt, als die kürzere. Weil man aber dem Herrn auf jeden Fall die ganze Dienstzeit schuldet, sei sie lang

---

das Schwergewicht liegt auf jener Seite. Ebenso tritt bei WENDT II, S. 148f die Rechtsordnung hinter die Gnadenordnung zurück, während noch HILGENFELD, ZwTh 1894, S. 497f die Rechtsordnung im religiösen Verhältniss mit Bezug auf Mt 20 1—6 vertheidigt. Nach B. WEISS (vgl. auch neutest. Theol. § 32) besteht der Lohn in der Heilsvollendung, welche zu erwarten der Jünger Jesu in Anbetracht des von ihm eingegangenen Dienstverhältnisses ebenso berechtigt ist, wie er darin andererseits das kräftigste Motiv für seine Leistung findet.

oder kurz, und weil die menschliche Leistung von vornherein nur
unter Voraussetzung göttlicher Ausstattung und gottgesetzter Kräfte
möglich wird Mt 25 14 15 = Lc 19 13, bleibt Lc 17 7—10 kein Raum
mehr für Verdienste, die nach Billigkeit belohnt werden könnten[1].
Die meisten dieser Sprüche gliedern sich einfach dem alttest.
Schema ein, wornach das Verhältniss von Thätigkeit und Erfolg
nach Analogie des Verhältnisses von Leistung und Gegenleistung gedacht ist[2], so dass also das Bild des Lohnes den Begriff einer mit Erfolg gekrönten Arbeit, eines erreichten Zieles vertritt. Insofern heisst
mit Aussicht auf Lohn arbeiten der Erreichbarkeit seines Zieles sicher
sein[3]. Verbürgt kann aber die Erreichbarkeit des Zieles aller gottgewollten Arbeitsleistung nur durch Gott selbst sein Mt 6 4 6 18[4]. Zumal der gleiche Lohn Aller, die Vollendung des Gottesreiches, steht
in seiner Hand allein, wächst als rein supernaturales Factum den
Menschen ohne ihr Verdienst zu, fällt, wie es im Begriff des Himmelreiches liegt, den „Gesegneten des Vaters" Mt 25 34 von oben her
in den Schooss. Dies rückt aber den Lohn aus der Vergleichbarkeit
mit einem Erwerb heraus und macht ihn zum Gnadenlohn. Der Begriff eines solchen kommt überall da zum Ausdruck, wo das Verhältniss der Aequivalenz von Leistung und Lohn in dem unverhältniss-
mässigen Uebergewicht des Letzteren untergeht, wie wenn der um des
Trachtens nach dem Reiche Gottes willen Geschädigte vielfachen Mt
19 29 = Lc 18 30, ja hundertfachen Mc 10 30 Ersatz finden, ein volles,
ja überfliessendes Maass Lc 6 38 in den Schooss geschüttet erhalten
soll. Die Erhöhung, welche Mt 23 12 = Lc 14 11 der Selbsterniedri-
gung verheissen wird, reicht nicht etwa bloss an dasjenige Niveau
heran, worauf Verzicht geleistet wurde, sondern übersteigt dasselbe
bis zum Höhenmaasse des vollendeten Gottesreiches. So überschwäng-
lich ist der Lohn, dass der über Geringem treu gebliebene Knecht
über Vieles Mt 25 21—23 = Lc 19 16—18, ja über Alles Mt 24 46 47 = Lc
12 43 44 gesetzt wird und sogar — was die Spitze aller Paradoxie heissen
kann — Lc 12 37 der Herr selbst ihm dienen und damit seine Dienste
vergelten wird. So wird der Lohn zur Gnade, die Gnade zum Lohn.
Mit dem auf das Vertragsverhältniss zurückgehenden Lohnbegriff

---

[1] RITSCHL II, S. 33 f.   [2] WITTICHEN, LJ S. 282.
[3] Vgl. WEISS, Leben Jesu II, S. 167, 314, 317.
[4] Unter diesen Sprüchen bietet den meisten Anstoss derjenige, welcher
sogar auf das Gebet einen Lohn setzt Mt 6 6. Nach P. CHRIST, Die Lehre vom
Gebet nach dem NT 1886, S. 126 hätten wir „hier eine judenchristl. Umgestaltung, ja Trübung des ursprünglich christl. Grundgedankens über das Gebet vor
uns". Dafür wirft ihm König, La prière dans l'enseignement de Jésus 1886, S. 9 f
Rationalismus vor, ohne jedoch den schwierigen Punkt selbst zu berühren.

13*

des Judenthums haben die einschlägigen Aussprüche Jesu somit zwar
von Haus aus das allgemeine Schema gemein [1], unterscheiden sich
von demselben aber bald genug schon durch die Wendung nach dem
Individuellen, welche in der Vorstellung der stufenartigen Verschiedenheit erlangter Befriedigung [2], der ja andererseits auch eine Verschiedenheit der Stufen der Unseligkeit entspricht [3], überhaupt in der
inneren qualitativen Proportion der Leistung zum Acquivalent gegeben ist [4]. Sofern weiterhin dieses Letztere auch quantitativ der Leistung weit überlegen, die Leistung dagegen, als Leistung eines Knechtes
gedacht, eines über seinen täglichen Unterhalt hinausgehenden Lohnes
gar nicht gewärtig sein darf, wird der ihm gleichwohl gewährte Lohn,
gerade so wie der über das Maass der Verabredung hinausgehende
Lohn des gedungenen Arbeiters Mt 20 13—15, zum reinen Thatbeweis
des gütigen Wohlwollens [5]. Dieses merkwürdige Gleichniss tödtet den
Lohnbegriff, indem es ihn anwendet, erschüttert überhaupt das logische
Verhältniss von Verdienst und Recht, von Leistung und Lohn gründlich [6]. Alle diese Begriffe versinken unter dem Uebergewicht eines
religiösen Idealismus, welchem jeder Lohn nur als Gnadenlohn, als
Geschenk, als überfliessende Gnade erscheint [7]. Der logische Widerspruch zwischen diesem Endpunkt (Lc 17 10 wird der Lohngedanke
einfach abgelehnt und 6 32—34 tritt χάρις geradezu an Stelle von
μισθός 6 35 Mt 5 46) und dem vom Dienstverhältniss ausgehenden An-

---

[1] B. Weiss § 32a: „In der vollendeten Theokratie erneuert sich nur das
Dienstverhältniss, in welchem die Genossen der alttest. zu Gott standen." „Ausdrücklich aber wird dies Verhältniss 20 1—7 als ein bedungenes Contractverhält-
niss aufgefasst und involvirt daher die Vorstellung eines Lohnes."

[2] Wendt II, S. 373. Krauss S. 199. Ehrhardt S. 110.

[3] Haupt S. 98 mit Bezug auf Mt 10 15 11 22 24 12 41 42 Lc 12 47 48.

[4] Jacob S. 42: „Auch sind Leistung und Lohn nie ohne innere Beziehung
zu einander wie im Judenthum. Selig sind die reines Herzens sind, denn sie
werden Gott schauen."

[5] Titius I, S. 107: „dass er trotz der Anwendung des Lohngedankens auf
das Verhältniss zwischen Gott und Menschen, ja gerade in diesem Schema es
aussprechen konnte, dass Gott den Lohn des Gottesreiches nicht nur nach Maassgabe des Rechts, sondern auch aus blosser Gnade vertheilt, ohne dass Jemand
mit ihm über deren Grösse rechten könnte."

[6] Wellhausen S. 343: „Er weist den Gedanken des Lohnes zurück."
Vgl. H. Schultz, Der sittliche Begriff des Verdienstes und seine Anwendung auf
das Verständniss des Werkes Christi: StKr 1894, S. 7f, 14.

[7] Harnack, Dogmengeschichte I, S. 61: „Die Güter werden von Jesus nicht
selten als Lohn für eine Leistung vorgestellt. Aber diese populäre Anschauung
wird wiederum durchbrochen durch den Hinweis darauf, dass aller Lohn freies
Geschenk der Gnade Gottes ist." Bousset S. 48: „Für den, der auf dieser Höhe
steht, ist der Gedanke eines äusserlichen Lohnes nicht mehr vorhanden; denn
dieser verschwindet allemal da, wo das Leben eine innere Einheit, einen Sinn
gewinnt, wo es ein Ideal hat." Vgl. auch Schürer, S. 30f.

fangspunkt der entwickelten Gedankenkette liegt freilich zu Tage[1], wie ein gleicher Widerspruch das zur Constatirung des Verhältnisses Jesu zum Gesetz dienende Material durchzogen hat (s. S. 157 f). Aber die religiöse Grundanschauung hält zusammen, was, wenn eine philosophische Sittenlehre beabsichtigt wäre, sich fliehen und die Nachfolger zur Correctur und Fortbildung im Sinne der logischen Consequenz aufrufen müsste[2].

Von Belang sind diese am sog. Lohnbegriff Jesu gemachten Beobachtungen darum, weil sich die gleiche Zwiespältigkeit von da auch auf den Begriff der Gerechtigkeit und des Gottesreiches selbst überträgt. In der gewohnten Weise als Vorbedingung des Gottesreiches gedacht, lässt die Gerechtigkeit Letzteres als Ereigniss der Zukunft erscheinen, und stellen demnach beide Begriffe verschiedene Grössen dar. Andererseits fällt das Reich mit der Gerechtigkeit zusammen, sofern was, als Zuständlichkeit des Einen gedacht, Gerechtigkeit heisst, als Zuständlichkeit einer Gesammtheit gedacht das Reich Gottes darstellt, welches damit zugleich irgendwie aus der Zukunft in die Gegenwart vorrückt[3]. Indem man das Eine erringt, erringt man auch das

---

[1] H. Schultz S. 10: „Wenn Jesus die Seinen gelehrt hat, das wahre Verständniss ihres Verhältnisses zu Gott in dem Bilde des Kindes und Vaters zu sehen, so ist mit diesem Bilde der Gedanke an Verdienst und Lohn im Sinne des Rechts überhaupt innerlich vollkommen unvereinbar. So steht bei Jesus die Vorstellung von dem Lohne der Werke als eine gegebene Voraussetzung da, über deren ursprüngliche Absicht seine eigenen Gedanken eigentlich überall hinausgewachsen sind, obwohl sie als Ausdruck des Glaubens an Gottes vergeltende Gerechtigkeit in seinem Gedankenkreise bleiben konnte." Das ist eine gründlichere Erledigung der viel behandelten neutest. Lohnfrage, als wenn Dods, Expositor IX, 1894, S. 326f sich aus Mt 19 28 29 den Trost der bildlichen Redeweise holt. Gut dagegen Ehrhardt S. 112: „In Wahrheit verheisst jedoch Jesus nur solchen Handlungen Lohn, in denen eine permanente und dem ganzen sittlichen Leben Richtung gebende Gesinnung zum Ausdruck kommt. Dadurch erhebt sich der Lohnbegriff Jesu über den pharisäischen. Immerhin bleibt diese ganze Lohnvorstellung eine dem innersten Wesen der Ethik Jesu widerstrebende."

[2] Ueber die quellenmässig nachweisbare Tragweite der Gedanken Jesu geht es hinaus, wenn ihm Reuss I³, S. 203 den Gedanken eines Lohnes zuschreibt, welchen die gute That in sich selbst findet. Vgl. auch Strauss I, S. 260: „Das innere übersinnliche Glück, das in der Empfänglichkeit für das Höhere von selbst schon liegt, erscheint als ein künftiger Lohn." Sobald allerdings die Religion alles Naturhafte abgestreift hat, „verspricht sie die Seligkeit nicht anders als unter der Bedingung des Guten, ja sie erhebt sich zu der klareren Auffassung, dass allein im reinen Wollen des Guten die wahre Glückseligkeit gesucht werden darf" (Natorp S. 79). Aber nur auf dem Umwege über die sofort nachzuweisende Gleichung der Begriffe Lohn, Gottesreich und Gerechtigkeit lässt sich dies als Strebeziel der synopt. Gedanken erweisen; ihren Ausgang aber nehmen diese entschieden in dem Satze, dass dem reinen Wollen des Guten auch schon die Erfüllung seiner Wünsche als Lohn verbürgt sei.

[3] Auf diesen einen Punkt concentrirt und reducirt Rogers S. 210f die

Andere; daher das Streben nach dem Einen wie nach dem Anderen das Leben mit gleicher Ausschliesslichkeit beherrschen soll[1], wie ja auch die Aufforderung ergeht: „Trachtet nach seinem Reich" Lc 12 31 mit dem Zusatze „und nach seiner Gerechtigkeit" Mt 6 33[2], wobei Letztere eher als Frucht Mt 21 43, denn als Vorbedingung des ersteren gedacht scheint[3]. Denn die im Reiche Gottes zu geniessende Gemeinschaft mit Gott (repräsentirt namentlich in dem Begriff der Kindschaft, s. oben S. 171) wird in dem gleichen Maasse erlebt, wie Gerechtigkeit geübt wird. Gerechtigkeit und Gottesgemeinschaft — beide Begriffe machen, jener von der ethischen, dieser von der religiösen Seite her, erst das volle Wesen des Gottesreiches aus[4], ja sie gehen in einander über, da die Gerechtigkeit für das, auch hierin national bestimmte, Bewusstsein Jesu ein Verhalten nicht bloss zu den Menschen, sondern auch zu Gott in sich schliesst[5]. Jedenfalls tritt Jesus mit seiner Gerechtigkeitsforderung völlig aus dem Anschauungskreise des Spätjudenthums (s. oben S. 34f) heraus und berührt sich dafür um so fühlbarer mit der altprophetischen Predigt, indem er sie zugleich in originellster Weise fortführt[6].

Ist die Gerechtigkeit als höchstes Strebeziel gesteckt, so versteht sich von selbst, dass sich Jesus mit dieser seiner Forderung so gut wie zuvor die Propheten bis zum Täufer herab (Lc 16 16 ὁ νόμος καὶ οἱ προφῆται μέχρι Ἰωάννου) an den Willen der Menschen gewandt hat. Der Täufer war gekommen „auf dem Wege der Gerechtigkeit" Mt 21 32 (ἦλθεν γὰρ ὁ Ἰωάννης πρὸς ὑμᾶς ἐν ὁδῷ δικαιοσύνης), d. h. so, dass er die Verwirklichung des Gerechtigkeitsideales auf Seiten des Volkes als Vorbedingung für die Verwirklichung des Reiches von Seiten Gottes erkennen lehrte[7]. Seit diesen Tagen des Täufers, mit welchen die Nähe des Reiches an dem erregten Geiste des Volkes spürbar geworden war, ist darum auch die Bewegung in der Richtung nach dem

---

ganze Reichspredigt Jesu. Vgl. S. 213: „Of one were to put it in a single sentence it would be something like this — the kingdom of heaven is the rule of righteousness in human life." Was darüber hinausgeht, ist vom Uebel, also unächt!

[1] Nachweis bei TITIUS S. 90f. Aehnlich LÜTGERT S. 99.

[2] BOUSSET S. 89: „Das Trachten nach dem Reich Gottes und nach seiner Gerechtigkeit sind Correlatbegriffe; denn die Gerechtigkeit ist der wesentliche Inhalt des Reiches."

[3] TITIUS S. 91f, 199.   [4] TITIUS S. 67, 87f.

[5] IMMER S. 79. TITIUS S. 89.

[6] BOUSSET S. 99 behauptet, „dass er in der Weise der Propheten als Hauptinhalt des Reiches eine wunderbare, neue Gerechtigkeit erwartete, dass für ihn das diesseitige Leben in der Gerechtigkeit mehr als eine blosse Vorbedingung zum Eintritt in ein Reich überweltlicher Herrlichkeit war."

[7] HOLSTEN, ZwTh 1891, S. 426.

Gottesreich mit Sturmesgewalt hereingebrochen, und herzhaft Zugreifende, „Gewaltthätige reissen es an sich" Mt 11 12 = Lc 16 16 [1].
Gemeint ist wohl der energische Ernst der „Umsinnung" als einer
Arbeit an und gegen sich selbst [2]. Die Gewaltthätigen, die es wie
eine Beute erraffen, es erstürmen und an sich reissen, sind diejenigen,
welche den Mt 5 29 30 6 24 10 37—39 18 8 9 Lc 13 24 vorgeschriebenen
Kampf bis auf's Blut führen, den auf diesem Punkt je länger, desto
schroffer und ausschliesslicher lautenden Forderungen Jesu nachkommen, die ungeheuersten Entsagungen leisten und durch die That
beweisen, dass er nicht umsonst auf eine Willensleistung der Menschen gerechnet, ein letztes Aufgebot sittlicher Kraft in denselben
gewagt hat [3].

Gleichwohl kann damit Jesu Gedanke nicht zu vollständigem Ausdruck gekommen sein. Bei der übergreifenden Bedeutung, welche der
Gottesgedanke in der durchaus religiös gerichteten Weltanschauung
Jesu überall bewährt, versteht es sich nur einfach von selbst, dass wie
die Reichen nicht ihrem Reichthum Mc 10 23—25 = Mt 19 23 24 = Lc
18 24 25, die Verständigen nicht ihrem Verstand Mt 11 25 = Lc 10 21,
so auch die Gerechten nicht ihrer Gerechtigkeit (daher die Ironie Mc
2 17 = Mt 9 13 = Lc 5 32 15 7) es zuzuschreiben haben, wenn sie in das
Reich Gottes gelangen sollten [4]. Aber es ist nun einmal in Gottes
Wille beschlossen gewesen Mt 11 26 = Lc 10 21 (ὅτι οὕτως ἐγένετο εὐδοκία ἔμπροσθέν σου), den Ungebildeten, aber auch Unverbildeten, zu
schenken, was den Weisen und Klugen verborgen bleiben sollte: auch
das bedeutet wieder Rückgang auf Jesu erste Erfahrung (s. oben
S. 135f), das allentscheidende Grundereigniss. Daher Lc 12 32 „Fürchte
dich nicht, du kleine Heerde, denn es war eures Vaters Wohlgefallen,
euch das Reich zu geben", vgl. 22 29. Es gibt „Söhne des Heils" Lc
10 6, deren Namen 10 20 im Himmel geschrieben sind, Auserwählte

---

[1] Also lobend und auffordernd zu fassen mit EWALD, DE WETTE, BLEEK,
MEYER, KRAUSS, Unsichtbare Kirche S. 148, 194, WENDT I, S. 76, II, S. 301,
368f, 383, 602 und MÜNSCHER, JpTh 1875, S. 741f. Auf das Gleiche laufen die
neueren Versuche hinaus, das Wort aus dem Hebräischen (RESCH, Ausserkanonische Paralleltexte 3, S. 439f) oder Aramäischen (A. MEYER S. 87f) verständlich zu machen. Dagegen lassen es B. und J. WEISS zu Lc 16 16 gegen solche
gerichtet sein, welche die Erfüllung der Verheissung auf gewaltsamem Wege
herbeizwingen wollen, also etwa Zeloten. Vgl. dagegen HAUPT S. 68f. PFLEIDERER,
Urchristenthum S. 461, 508 deutet Lc 16 16 im lobenden, Mt 11 12 im tadelnden
Sinne gegen die gewaltthätige Stürmerei und Ueberstürzung der Antinomisten,
PAUL S. 54f beide Parallelen auf die Schriftgelehrten, welche den Leuten wehren,
in das Himmelreich einzugehen.   [2] Vgl. KEIL zu Mt 11 12.
[3] Mit kräftiger Einseitigkeit bringt diese Seite an der Sache zur Geltung
J. WATSON, The Expositor IX, 1894, S. 211f.
[4] TITIUS S. 106.

Mc 13 20 = Mt 24 22, vgl. 25 34, wenn auch nur in der Minderzahl Mt
22 14 [1]. Die bekannte Antinomie zwischen allwirkender Gnade und
freier Willensthätigkeit des Menschen macht sich bei Pls nur aufdring-
licher geltend (s. II 1, 9 5) [2], liegt aber auch im Gedankenkreise Jesu,
ja fast aller neutest. Schriftsteller in wesentlich gleicher Schärfe vor
(vgl. den Contrast mit obiger Stelle in Mt 23 37 26 24). Sie stehen in
der Schicksalsfrage grundsätzlich auf pharisäischer, nicht auf saddu-
cäischer Seite (s. oben S. 33, 56), wenn auch freilich gemäss der veränderten Gottesanschauung aus dem Verhängniss ein Liebesrathschluss
geworden ist. Demgemäss wird auch in unserem Falle, wie sich der
Lohn schliesslich in ein Geschenk verwandelt hat, so auch die Gerechtigkeit und mit ihr das Reich selbst zu einer Gabe Gottes [3]. Im Sinne
der synopt. Jesusworte lässt sich die in Rede stehende Antinomie auf
die Formel bringen: das Reich Gottes ist ebenso sehr Gabe wie Aufgabe [4]; jenes für das still empfängliche, nur seiner Abhängigkeit bewusste Gemüth, dieses für den auf's Schlachtfeld gerufenen Willen;
dort unter dem religiösen, hier unter dem sittlichen Gesichtswinkel
betrachtet.

3. Das Reich Gottes als Gut.

Der Vater, welcher seinen Kindern das Reich gibt Lc 12 32, kann
ihnen überhaupt nur gute Gaben zukommen lassen Mt 7 11. Eine gute
Gabe und schon insofern ein Gut ist mithin auch das Gottesreich.
Man muss im Sinne Jesu sogar mehr sagen. Es ist ihm die Gabe aller
Gaben, der Güter Höchstes, weil Gott selbst Mt 25 34 in weitester
Ferne der Ewigkeit seinen Kindern das Reich bereitet hat, welches er
ihnen jetzt, in der nächsten Zukunft Mc 9 1 = Lc 9 27, schenken wird.
Damit ist das erhoffte Reich als höchstes Heilsgut [5], weil als umfas-

---

[1] Abschwächung des Begriffes der ἐκλογή bei INNER S. 165 f, der aber der
Frage nach der Stellung Jesu zur pharisäischen εἱμαρμένη wenigstens ihr Recht
belässt.

[2] Nach Anleitung des paulin. Determinismus hat zuerst der 2. Evglst Mc
4 10—12 (= Mt 13 10—15 = Lc 8 9 10) den naturgemässen Zweck der Gleichnissreden Jesu in sein Gegentheil umgesetzt. Vgl. HC I, [2]S. 142 f.

[3] E. ISSEL, Die Lehre vom Reiche Gottes im NT 1891, S. 60, 73 verwirft jede
Fassung des Begriffes vom Reich als von etwas durch Entschluss und Thätigkeit
der Menschen zu Stande kommendem. Vorzugsweise Gabe ist es auch für LÜTGERT
S. 26, 115, 129.

[4] Nach LIPSIUS, Dogmatik [3]S. 460, 819 f, 823 f ist das Reich Gottes in erster
Linie Gabe (religiöser Begriff), in zweiter Aufgabe (ethischer Begriff). Nach
JACOB S. 43 wird die Gabe empfangen als Aufgabe. WELLHAUSEN S. 348: „Jesus
dagegen stellt das Reich Gottes als Ziel des Strebens auf; vollendet wird es aller-
dings erst in der Zukunft durch Gott, aber empfangen wird es schon in der
Gegenwart."

[5] TITIUS S. 39 f, 197.

sendster Zweck und letzter Zielgedanke Gottes bezeichnet[1]. „Reich Gottes" ist der einheitliche Ausdruck für die endgültige, allbefriedigende Erfüllung dessen, worauf Gott es mit der Welt abgesehen hat[2]. Der Stelle Mt 6 33 = Lc 12 31 zufolge müssen darum alle anderen Güter dem, welcher mit Erfolg nach dem Reiche Gottes trachtet, von selbst zufallen (ταῦτα προστεθήσεται ὑμῖν) und werden nur als Zu- und Beigaben gewürdigt. Wie aber diese Güter in ihrer Besonderheit nicht erstrebenswerth sind, so erscheint gegentheils das Reich als allein würdiges Ziel alles menschlichen Strebens (ζητεῖτε auch Lc 6 31). Einerseits also ist es das Gut aller Güter[3], durch dessen entsprechende Würdigung die richtige Auffassung anderer Werthe erst bedingt ist. Andererseits erscheint es als Aufgabe für menschliches Wollen und Streben, Arbeiten und Schaffen. Auf Beides deuten die Bilder Mt 13 44—46 vom Schatz im Acker, den man findet und an dessen Besitz man Alles setzt, und von der köstlichen Perle, die man sucht und für welche man ein ganzes Vermögen mit Einem Anlauf dahingibt[4]. „Um des Reiches Gottes" Lc 18 29 oder „um des Evglms willen" Mc 10 29 kann man getrost Alles verlassen, muss man sogar alle Güter von nur relativem Werthe auf's Spiel setzen Mc 9 43—47 Mt 19 12. Denn der Besitz des höchsten Gutes gewährleistet Befriedigung aller berechtigten Bedürfnisse, das energische Ringen darnach aber schliesst eben desshalb auch eine entschiedene Entwerthung der gegenwärtigen Güter in sich[5]. So soll das sonst nach tausend Endpunkten zerflatternde und zerfahrende Dasein Zusammenhang, die Lebensarbeit positiven Werth gewinnen, das Leben selbst der Mühe werth erscheinen. Nach allen diesen Richtungen begegnet im Begriffe des Reiches Gottes ein christl. Seitenstück zu dem, von der antiken Philosophie gefundenen

---

[1] Osc. HOLTZMANN, Jesus Christus und das Gemeinschaftsleben der Menschen S. 49: „Die Gottesherrschaft auf Erden bildet nach allgemein jüd. Anschauung den Abschluss der Weltgeschichte, Jesus sieht in dem ihn beseligenden Ideal das Ziel der Menschheit erreicht."

[2] KRAUSS, Unsichtbare Kirche S. 182: „Der umfassendste Begriff zur Bezeichnung der Absichten Gottes mit der Menschheit."

[3] Im Gefolge der Ethik SCHLEIERMACHER's stellte sich der modernen Theologie der Gedanke eines Inbegriffs aller, durch sittliche Thätigkeit erzeugten, Güter ein, welchen sie dann mit dem Reichgottesgedanken zusammenlegte. KRAUSS S. 152: „der Inbegriff aller dem Menschen zugänglichen wahren Güter." KAFTAN, Das Wesen der christl. Religion[2] 1888, S. 236 f, 239. EHRHARDT S. 47, 60, 84. SCHMOLLER S. 21 f, 24, 32 f, 64 f, 151. OSCAR HOLTZMANN S. 44 f. E. HAUPT, ZThK 1892, S. 6 f, 9 f, Die eschatologischen Aussagen Jesu S. 155. LEMME, Neue JdTh 1892, S. 18, 21 f, 27. SCHWARTZKOPFF S. 110 f. TITIUS S. 192 f. JOH. WEISS S. 64: „nicht sittliches Ideal, sondern ganz allein höchstes religiöses Gut, ein Gut, welches Gott auf gewisse Bedingungen hin schenkt."

[4] STRAUSS II, S. 323 fasst das Gleichnisspaar als bildliche Ausführung von Mt 6 33.   [5] TITIUS S. 62 f, 187 f.

und theilweise noch von der modernen (KANT) in den Mittelpunkt gestellten, Begriff eines höchsten Gutes[1]. Aber der verschiedene Boden,
auf welchem die ähnlichen Pflanzen gewachsen sind, gibt sich sofort zu
erkennen.

Als negative Kehrseite am Gute, gleichsam als erster Vorschmack
positiven Besitzes des Lebens darf nach Lc 1 77 24 47 Mt 12 31 32 26 28
die Sündenvergebung gelten. Geschichtlich versteht sich dies unmittelbar aus dem Verkehr, in welchen Jesus mit Zöllnern und Sündern
tritt (s. oben S. 137)[2]. Theologisch führt der Gedanke des Gottesreiches darauf[3], sofern Sündenvergebung ja schon im prophetischen
Entwurfe als die specifische Gabe der messianischen Zeit, als directe
Einleitung zur Aera der Gottesherrschaft erscheint Mch 7 18 19 Jes 1 18
33 24 43 25 44 22 Jer 31 34 33 8 Sach 3 9 13 1 Dan 9 24. Das befriedigte
Bewusstsein, in einer auf die Erreichung der letzten Zwecke Gottes
zielenden Richtung begriffen zu sein, verträgt sich nicht mit dem
Drucke des Gedankens an Versäumnisse und Uebertretungen, hat vielmehr nothwendig ein Gefühl der Entlastung oder Bewusstsein der
Begnadigung in seinem Gefolge. In diesem Sinne ist die Rede vom
Frieden Mc 5 34 Lc 7 50 (Worte zu geheilten oder begnadigten Wei-
bern gesprochen) 19 42 (hypothetisch den bekehrten Jerusalemiten
geltend), von Ruhe und Erquickung der Seelen Mt 11 28 29. Je
tiefer das Schuldgefühl, desto gewisser die Vergebung, und je mehr
Vergebung, desto grössere Dankbarkeit gegen Gott, desto mildere,
duldsamere Stimmung gegen die fehlenden Brüder. Dies verbürgen zahl-

---

[1] A. RITSCHL, welcher II, S. 27f den Begriff des Reiches Gottes an die
Spitze seiner Theologie gestellt hat, fasst dasselbe ebenso sehr als das von Gott
gewährleistete höchste Gut, S. 40, wie als eine damit gesetzte sittliche Aufgabe; diese besteht in der Ausübung der Gerechtigkeit, jenes in dem dadurch
hergestellten gemeinschaftlichen Frieden, S. 293f, Unterricht in der christl.
Religion § 5. Auch ISSEL beschreibt das Reich unter den Gesichtspunkten des
höchsten Gutes S. 52f und der höchsten Aufgabe S. 67f, 83. Dagegen ist das
Reich Gottes nach SCHMOLLER S. 22, BOUSSET S. 101, JOH. WEISS S. 64, LÜTGERT
S. 26 nie eine Aufgabe, wohl aber eine Gabe, die man empfangen, ein Gut, wel-
ches man suchen soll und finden kann. In der Praxis handelt es sich bei dieser
Controverse um die Berechtigung der landläufigen Phraseologie: am Reiche
Gottes, für das Reich Gottes arbeiten, das Reich Gottes fördern, bauen helfen.

[2] JOH. WEISS, Die Nachfolge Christi S. 22: „Wie der grossen Sünderin die
gestattete Annäherung ein Beweis der Vergebung ihrer Schuld ist, so bedeutet
den Zöllnern und Sündern der Verkehr mit ihm die Ueberbrückung nicht nur
der socialen Kluft zwischen Gerechten und Ungerechten, sondern auch die Aufhebung des religiösen Bannes."

[3] TITIUS S. 128: „Die Sündenvergebung und Errettung ist nicht nur eine
nothwendige Vorbedingung des Reiches Gottes, sondern die Begabung mit den
Gütern des Gottesreiches selbst." S. 125: „Wie alle anderen Gottesgaben der
Gegenwart ist auch sie gleichsam ein Angeld auf die Theilnahme am Himmelreich."

reiche Sentenzen Mt 6 14 15 = Mc 11 25 und Gleichnisse Mt 18 21—35
(hier ist die Beziehung auf das Himmelreich 18 23 ausdrücklich ver-
merkt) Lc 7 40—43 47, und im Herrngebete folgt auf die Bitten um das
Kommen des Reiches Gottes und um das Geschehen seines Willens
„Vergib uns unsere Schulden, wie auch wir (selbstverständlich) unseren
Schuldigern vergeben" Mt 6 12 = Lc 11 4 mit der nicht minder charakteristischen, weiteren Bitte um Bewahrung vor neuer Schuld. Wo der
in solchem Gebete zum Ausdruck gelangende religiös-sittliche Gesammtzustand vorhanden ist, da ist dann aber auch mehr als eine den
Eintritt in das Reich Gottes innerlich ermöglichende Vorbedingung
gegeben, sondern da ist Letzteres als Gesinnung und Kraft, also eben
innerlich, bereits da: man zehrt thatsächlich von gegenwärtigen Gütern.
„Dir sind deine Sünden vergeben" sagt Jesus zu dem Gichtbrüchigen
Mc 2 5 = Mt 9 2 = Lc 5 20 wie zu der Sünderin Lc 7 48: also gelegentliche Zusicherungen der Betheiligung an einem bereits vorhandenen,
disponibeln Gute. Sofern sie von den Zuhörenden Mc 2 6 7 = Mt 9 3
= Lc 5 21 7 49 als ein Ertheilen der Sündenvergebung verstanden werden, beschäftigen sie uns noch weiter (5 1). Hier ist nur zu constatiren,
dass ohne irgend welchen Vorbehalt, der etwa bezüglich eines erst
noch nachfolgenden Sühneleidens als einer objectiven causa meritoria
remissionis peccatorum gemacht würde (s. unten 5 7), Vergebung zu-
gesichert, dann auch Mt 6 12 = Lc 11 4 15 20—24 18 13 14 Mt 18 22 von
einer, eingestandener Sündhaftigkeit und nachgesuchter Verzeihung zu
Theil werdenden, Vergebung gesprochen wird. Die ganz einfache Regel
lautet vielmehr Lc 6 37 „Sprechet los, so werdet ihr losgesprochen werden" (s. oben S. 174). Der hiermit ausgesprochene Befehl ist, sofern
er das Gegentheil von der üblichen Praxis fordert, gleichbedeutend
mit dem Ruf zur Busse. Die dem Gebot entsprechende Verheissung
knüpft also unmittelbar an die ernstlich bereute Sünde auch die Vergebung, wie ja in denjenigen prophetischen Stellen, die auch sonst
leitende Gesichtspunkte der Verkündigung Jesu liefern (Hos 6 6 Mch
6 6—8 I Sam 15 22), die Vergebung gleichfalls nicht an Opferleistungen,
sondern an die Bedingung der sittlichen Umkehr, Herzensreinigung und
Gehorsamsleistung geknüpft erscheint.

Aber erst die positive Seite an der Sache [1] stellt den Charakter
des Reiches als Gut vollkommen in's Licht. Wie der Inbegriff aller
Güter im AT und im Spätjudenthum Leben heisst [2], so bildet auch in

---

[1] Auch TITIUS S. 128 behandelt Sündenvergebung, Errettung, Erlösung als
rein negative Ausdrücke, welche aber die positiven Güter der Gnade und Gottesgemeinschaft zur notwendigen Kehrseite haben.
[2] HAUPT S. 83, 85: „Jesu und dem Judenthum ist also gemeinsam, unter

der Verkündigung Jesu Leben oder, da die Unmöglichkeit der Auflösung zum Vollbegriff des Lebens gehört, „ewiges Leben" (ζωὴ αἰώνιος
Mc 10 17 30 = Mt 19 16 29 25 46 = Lc 10 25 18 18 30) den zusammenfassenden Ausdruck für das im Gottesreich gebotene Gut[1]. Erst dadurch
gewinnt der Begriff des Reiches seinen concreten und unterscheidenden
Inhalt[2]. Daher neben den Ausdrücken „das Leben haben" Mt 19 16
„das Leben ererben" Mc 10 17 = Lc 18 18 = Mt 19 29 auch die Rede
ist vom „Eingehen (εἰσελθεῖν Mc 9 43 45 = Mt 18 8 9 19 17 oder Mt
25 46 ἀπελθεῖν) in das Leben", ganz synonym mit „das Reich ererben"
Mt 25 34 oder „in das Reich eingehen" Mc 9 47 10 23—25 = Mt 18 3
19 23 24 = Lc 18 24 25. „Den Weg zum Leben finden" Mt 7 14 heisst 7 21
„in das Himmelreich eingehen"[3].

Dass als Bedingung für solches Eingehen das Halten der Gebote,
also die Leistung der Gerechtigkeit gefordert wird (s. S. 198 f), wird
sachgemäss, d. h. dem Geiste der Gesetzesinnerlichkeit entsprechend
(s. oben S. 159), nur dann verstanden, wenn jene Leistung in erster
Linie als eine That des Innenmenschen gefasst wird. Das richtige
Schätzungsvermögen für den unbedingten Werth des Gottesreiches
bewährt sich demnach in innerer Unabhängigkeit vom irdischen Gut
Mc 10 23—25 = Mt 19 23 24 = Lc 18 24 25. Daher den von Sorgen um
die Güter dieser Welt noch weniger berührten, dagegen Werthe des
persönlichen Gemeinschaftslebens unbewusst und froh geniessenden
Kinderherzen das Reich Gottes in erster Linie zugesprochen wird Mc
10 14 15 = Mt 19 14 = Lc 18 16 17. So besonders auch in der, auf Antecipation dieser Stelle in einer verwandten Perikope (Mc 9 36 37 = Lc
9 47 48) beruhenden, Redaction Mt 18 3 „Wenn ihr nicht umkehret und
werdet wie die Kinder, so werdet ihr nicht in das Himmelreich ein-

---

ζωή den Complex alles dessen zu verstehen, was das Leben in seinem Vollsinn,
das wahre Leben ausmacht."

[1] Titius S. 34: „Dies Attribut liegt schon im Wesen der ζωή eingeschlossen",
dient nur „zur Sicherung des Verständnisses, zur plerophorischen Hervorhebung
dessen, was damit besagt wird." So bei aller Zurückstellung dieser Seite an der
Sache doch auch Haupt S. 85 f, 88.

[2] Titius S. 30: „Der Natur der Sache nach ist das ewige Leben ein Gut,
das nur im ewigen Gottesreiche genossen werden kann, so dass das Leben den
wesentlichen individuellen Antheil an den allgemeinen Segnungen des Reiches
Gottes bezeichnet." S. 35: „Nicht das Gottesreich an und für sich kann das
höchste Gut der Menschen oder gar des Einzelnen sein, sondern selbstverständlich nur die Existenz in diesem Reiche ... d. i. das ewige Leben. Das Reich
Gottes ist, streng genommen, nur der locale Bereich der Seligkeit."

[3] Titius S. 30: „Diese locale Beziehung, die an und für sich in dem Begriff des Lebens nicht liegt, kann derselbe nur erhalten, sofern die Voraussetzung
besteht, dass man, um Leben zu erlangen, zuvor in einen bestimmten Bereich
eingetreten sein müsse."

gehen". Nur dem einfältig, unbefangen und anspruchslos sich verhaltenden und dabei nach Liebe verlangenden, für Liebeserfahrung
noch voll empfänglichen Kindessinn wird Congenialität mit dem Reiche
Gottes zuerkannt [1], gerade wie im Anfang der Bergpredigt die „Armen
im Geist" Mt 5 3, ja die „Armen" überhaupt Lc 6 20 zu Herrschern in
diesem Reiche ausersehen werden. Das aber ist für den Geist der
Religion Jesu maassgebender, als alle gelegentlichen Reproductionen
der Seligkeitsbedürfnisse und Ewigkeitsforderungen des gleichzeitigen
Judenthums [2]. Wenn hier die Nichtshabenden gepriesen werden, weil
ihre Armuth zugleich ihr Reichthum ist, die sich in Geduld Fassenden,
weil sie sicher zum Ziele gelangen [3], die nach Gerechtigkeit Hungernden und Dürstenden, weil sie allein zum Genusse der Sättigung befähigt
sind, die reinen Herzen, weil sie den Spiegel Gottes in sich tragen, die
Friedensstifter, weil man ihnen das Wesen Gottes absehen kann, so
tritt uns in solcher Charakterisirung der inneren Disposition für das
Himmelreich die Grundform der Religion in einer, zuvor weder Juden
noch Griechen aufgegangenen, Reinheit entgegen [4]. Die Seligkeits-
sprüche gelten dem, aus allem angethanen, wie aus allem selbstver-

---

[1] TITUS, S. 122: „Hier wird der Zusammenhang zwischen Gotteskindschaft und Gottes Reich mit aller wünschenswerthen Deutlichkeit ausgesprochen."
[2] STRAUSS I, S. 260: „Hatte er gefunden, dass das höhere Bedürfniss unter
den reicheren Volksclassen ebenso gewöhnlich im sinnlichen Behagen erstickt
war, als unter den Armen durch das sinnliche Missbehagen wach erhalten wurde,
so konnte er, unter den gedrückten Volkshaufen Galiläas auftretend, sie um einer
Lage willen selig preisen, unter der er die entsprechende Gemüthsverfassung
mitverstand."
[3] Es scheint, dass οἱ πραεῖς = ʻanawim einen religiösen, οἱ πτωχοί = ʻanijim
oder ʼebionim einen socialen Begriff vertreten; vgl. KLÖPPER, ZwTh 1894, S. 182.
Mit dem Zusatze τῷ πνεύματι gibt Mt 5 3 aber auch dem 2. Begriff eine Wendung
von der äusseren zur inneren Zuständlichkeit: Armuth ist Sache dessen, dem
es arm zu Muthe ist; vgl. WENDT II, S. 120.
[4] HEGEL, Vorlesungen über die Philosophie der Religion 1832, II, S. 214:
„Solche Worte sind vom Grössten, was je ausgesprochen ist." BAUR S. 62 f: „In
allen diesen Seligsprechungen spricht sich ein vom tiefsten Druck der Endlichkeit und aller Widersprüche der Gegenwart durchdrungenes, aber in diesem Gefühl über alles Endliche und Beschränkte weit übergreifendes, religiöses Bewusstsein aus." S. 63 f: „Alle jene Makarismen, so verschieden sie lauten, sind immer
nur ein anderer Ausdruck für dieselbe Grundanschauung des christl. Bewusstseins.
Es ist das den Gegensatz von Sünde und Gnade an sich schon in sich enthaltende,
aber von dem Bewusstsein desselben noch völlig unberührt gebliebene, reine Gefühl der Erlösungsbedürftigkeit, das als solches auch schon alle Realität der Erlösung in sich hat." STRAUSS I, S. 259: „Der alten Welt gegenüber ist dies eine
verkehrte Welt, in welcher nicht wie dort vom Aeusseren und von der Voraussetzung seiner Uebereinstimmung mit dem Inneren ausgegangen, sondern das
Innere so sehr als das einzig Wesentliche betrachtet wird, dass es auch ein entgegengesetztes Aeussere aufzuwiegen im Stande, ja mit einem solchen am liebsten
verbunden sei."

schuldeten Leid an das Herz Gottes sich werfenden, damit auch erst sich selbst wieder findenden, des so gewonnenen inneren Gleichgewichtes inmitten der grellsten Contraste äusserer Geschicke sicheren und freudigen, dem von sittlichen Regungen und Nöthigungen mobil gemachten, suchenden, arbeitenden und ringenden, Menschengeist, dessen kräftiger Herzschlag über keinem irdischen Verlust erlahmen, dessen Sehnsucht in keinem zeitlichen Genuss erlöschen kann, dessen unaustilgbare Empfindung für das Ungenügende aller Hülfsquellen und Beruhigungsmittel, worüber die Welt verfügt, für ihn selbst zum Thatbeweis höherer Anwartschaften und damit zum Besitz, zum Reichthum und zum wahren Lohn wird.

Eine derartige, über den Zwiespalt von Soll und Haben hinausführende, Religiosität verzichtet gründlich und endgültig auf jedes Rechtsverhältniss Gott gegenüber und verleugnet zugleich mit diesem schleichenden Erbübel des Spätjudenthums (s. oben S. 62 f) auch Alles, was in der eigenen Vergangenheit des religiösen Subjects im Gegensatze zu dem Zukunftsideal des Reiches Gottes steht. Sie ist somit völlig einerlei mit jener Busse, welche Mc 1 15 6 12 Lc 13 3 5 Grundvoraussetzung alles Eingehens in das Reich Gottes oder Kommens des Letzteren ist. Eine ähnliche Stellung als conditio sine qua non nahm zwar schon im Judenthum die „Umkehr" (s. oben S. 65 über tešuba, woran στραφῆτε Mt 18 3 erinnert) ein. Aber die neutest. „Umsinnung" (μετάνοια — ein neugeprägtes Wort) erschöpft sich keineswegs in Reuegefühlen und entsprechenden Kasteiungen, sondern umfasst auch eine positive Leistung des Willens, ein Streben nach dem, den egoistischen Zwecken des natürlichen Menschenlebens entgegengesetzten, Zielpunkte des Reiches Gottes, ein thatsächliches Einlenken in die Wege Gottes, also Gerechtigkeit. Und zwar auf die Innenseite fällt das Schwergewicht bei solcher „besseren Gerechtigkeit", und auf die Innenseite fällt nicht minder auch die erste subjective Empfindung für das im Gottesreich dargebotene Gut, der erste Genuss der oben beschriebenen Entlastung und Befreiung, der Friedens- und Freudengefühle, kurz der Seligkeit der Gotteskindschaft (s. oben S. 174) [1]. Ihren hün-

---

[1] TITIUS S. 120 f, 137 f, 177, 193: „In einer Summe von innerlich zusammenhängenden Gütern, die im Worte geistig dargeboten und im Glauben innerlich angeeignet werden können, ist der geistige, innerlich der persönlichen Aneignung fähige Inhalt des Reiches Gottes schon gegenwärtig da." Auch nach BALDENSPERGER S. 132 gestaltet sich der Begriff des Reiches Gottes im Geiste Jesu dahin um, dass er „nicht mehr so sehr dem ursprünglichen, concreten Sinne gemäss ein eigentliches Reich, als vielmehr ein Gut, und zwar ein unsichtbares, geistiges bedeutet". Dagegen JOH. WEISS S. 65: „Das Reich Gottes ist überhaupt im Sinne Jesu nie etwas Subjectives, Innerliches, Geistiges, sondern stets das objective messianische Reich, welches meist als ein Gebiet, in welches man ein-

digsten Ausdruck würde diese originellste Seite am Reichsgottes-
gedanken Jesu in dem Satze Lc 17 21 „Das Reich Gottes ist inwendig
in euch“ (ἐντὸς ὑμῶν ἐστιν) finden, wenn derselbe dem Gegensatze zufolge, in welchem er auftritt (οὐδὲ ἐροῦσιν· ἰδοὺ ὧδε ἢ ἐκεῖ), besagen
sollte, dass das Gottesreich nicht localer Art sei, sondern seine Stätte im
Herzen des Menschen habe (nach Ephraem Syrus = in corde vestro)[1].
Bei der Unsicherheit der Auslegung wird man der Stelle freilich keine
entscheidende Kraft beimessen können.

4. Das Reich Gottes als Gemeinschaft.

Ist das Reich Gottes da, wo Gottes Wille auf Erden so wie im
Himmel geschieht, so deckt es sich mit der Gesammtheit derjenigen,
von welchen und durch welche der Wille Gottes zum Vollzug gelangt,
d. h. es ist Gemeinschaft, so gut wie die alttest. Theokratie, welcher es
zur Vollendung helfen soll, gleichfalls einen Inbegriff von Ordnungen
und Formen des gesellschaftlichen Lebens dargestellt hat. Ist es
ferner im Gegensatze zu dieser zunächst eine innere Sache, angelegt in
Geistesverfassung, Gemüthsstimmung und Willensrichtung, so vereinigt
es eben eine Anzahl gleichartig gestimmter Personen und ist darum
wiederum Gemeinschaft, zumal wenn jene Grundrichtung dem Motiv
der Liebe entspringt und selbst die, als Bedingung des Eintrittes in das
Reich vom Einzelnen geforderte, Selbstverleugnung immer den Brüdern
zu Gute kommen soll (s. oben S. 175 f). Bedeutet vollends das Gottesreich
nach jüd. apokalyptischem Zuschnitt als ein von Gott zu verwirklichen-
des Ideal den Gegensatz zu den von den Menschen verwirklichten Weltreichen, so ist es auch auf einem, im Vergleich mit diesen höher gelegenen, Niveau zu Stande kommende Gemeinschaft, nämlich die
Gemeinschaft solcher, unter welchen Mc 9 35 = Lc 9 48 derjenige der
Grösste ist, der durch allseitigen Dienst der Unentbehrlichste geworden
ist, in welcher folglich Mt 20 26 = Mc 10 42, vgl. Lc 22 26, der Dienende

---

tritt, oder als ein Land, an welchem man Theil hat, oder als ein Schatz, welcher
vom Himmel herabkommt, geschildert wird.“
[1] Vgl. Resch S. 469 f. So Wellhausen S. 348 und E. Haupt S. 12 f, 67,
78, 81, indem er die Erklärung von Joh. Weiss, StKr 1892, S. 247 f, Predigt
Jesu S. 17, 30 f, Zu Mc und Lc S. 555 f (παρατήρησις astronomisch von der
Beobachtung der Himmelszeichen; also gegen vorausgehende Berechnung astro-
nomischer Vorzeichen) verwirft. Vgl. dagegen auch Osc. Holtzmann, ZwTh 1893,
I, S. 119. Daneben besteht noch die Erklärung intra vos, zuletzt bei Titius
S. 7, 138 und Grass S. 27, und wird die eschatologische Deutung erneuert von
A. Meyer S. 87. Ueber ältere Erklärungen vgl. HC S. 260 f. Paul S. 84 meint
sogar: „Das Reich Gottes ist hier die Gemeinschaft der Heiligen, die bereits zu
sichtbaren Gemeinden geworden ist. Darum können auch die Worte nicht von Jesus
stammen.“

ebenso obenan steht, wie im Weltreich der gewaltthätig herrschende
(s. oben S. 177). Besteht es endlich eben darum in der Gerechtigkeit,
so ist es, da solche nur in Gemeinschaft zu üben ist, eben wiederum Gemeinschaft, „die Gemeinde der Gerechten“ Hen 38 ı. Von jeder Seite
der Betrachtung sieht man sich demgemäss zu diesem Endresultat geführt, wenn auch eben darum zugestanden werden muss, dass dieses
Merkmal der Gemeinschaft nicht unmittelbar im Begriffe selbst schon
zum Ausdruck kommt, sofern nach hebr. wie spätjüd., überhaupt nach
antiker Anschauungsweise der Charakter eines Königreiches weniger
nach dem bürgerlichen Gemeinleben, welches darin angetroffen wird,
als vielmehr nach der Macht und Pracht des Herrschers und nach dem
Umfange des Herrschaftsgebietes beurtheilt wird [1].

---

[1] So erledigt sich die bezügliche Controverse der Neuern. Nachdem nämlich der persönliche Heilsbesitz zuerst durch die protest. Orthodoxie und dann
mit noch grösserer Ausschliesslichkeit durch den Pietismus („Nur selig!“) zum
obersten Zielgedanken der Religion erhoben worden war, machte man die Beobachtung, dass in Jesu Reden neben dem, schon der spätjüd. Religiosität nicht
fremden (s. oben S. 64], Individualismus auch das altprophetische und noch im
Judenthum überwiegende Collectivheil vertreten ist, woran dann die moderne
Socialethik, zumal die theologisch orientirte, mit Vorliebe anknüpfte, so dass
die Idee des Reiches Gottes bald als der überhaupt für die systematische Theologie fruchtbarste und weittragendste Leitbegriff der urchristl. Gedankenwelt,
ja in einem vorzugsweise social gerichteten Zeitalter bald als der vornehmste
Punkt galt, von welchem aus der menschlichen Gesellschaft Verständniss für das
Christenthum und Geschmack dafür mit einiger Aussicht auf Erfolg zugemuthet
werden könne. In grundlegender Weise hat KANT (Religion innerhalb der Grenzen
der reinen Vernunft 1793, III 3) das Reich Gottes unter den Gesichtspunkt einer
sittlichen Gemeinschaft gerückt. „Das durch die Gerechtigkeit, d. h. durch die
Uebereinstimmung mit dem göttlichen Willen, deren Princip die vollkommene
Gottes- und Menschenliebe ist, beherrschte menschliche Gemeinleben“ fand darin
WITTICHEN, Beiträge II, S. 90 f, III, S. 185 f, Leben Jesu S. 86. Vgl. LIPSIUS
S. 819: „das vollkommene, vom Willen Gottes völlig durchwaltete, von der Idee
der Liebe beherrschte Gemeinwesen.“ RITSCHL, Unterricht in der christl. Reli-
gion § 7: „die Gesammtheit der durch gerechtes Handeln verbundenen Unter-
thanen“ (Gottes). Rechtfertigung und Versöhnung II, S. 294, 378: „sittliche
Organisation des Menschengeschlechts.“ SCHÜRER, Die Predigt Jesu Christi S. 16:
„organisirtes Gemeinwesen, das unter der unbedingten und ausschliesslichen
Leitung Gottes steht.“ WENDT II, S. 132: „Gemeinschaft von Menschen, die
ihrerseits in wahrer Gerechtigkeit den Willen Gottes erfüllten.“ WELLHAUSEN
S. 349: „Gemeinschaft der nach der Gerechtigkeit Gottes trachtenden Seelen.“
S. 350: „Gemeinschaft der Geister in der göttlichen Gesinnung.“ TITIUS S. 46 f,
97, 196: „organisirte Gemeinschaft, die den Abschluss aller Menschheitsent-
wicklung darstellt.“ Gegen den maassgebenden Gesichtspunkt einer Gemein-
schaft von Reichsgenossen verwahren sich freilich im Interesse eines geschicht-
lich treuen Bildes von den Gedanken Jesu mehr oder weniger KRAUSS S. 153,
ISSEL S. 64 f, SCHMOLLER S. 127 f, 150 f, JOH. WEISS S. 14, Osc. HOLTZMANN 1893,
S. 47 f, LÜTGERT S. 26, BEYSCHLAG I, S. 42 f, SCHWARTZKOPFF S. 107, GUNKEL,
ThLZ 1893, S. 42 und ganz besonders EHRHARDT S. 55 f, welchem zufolge Jesu
Reich Gottes im Gegensatz zum jüd. Begriff nur den Einzelnen angeht S. 46 f, 52.

Am geschichtlichen Beweis fehlt es nicht, da doch Jesus zu keinem anderen Zwecke Jünger sammelt, als dazu, dass sie, wenn Gott sein Reich kommen lassen wird, selbst Genossen desselben werden können, nachdem sie zuvor schon auch Andere zur Theilnahme an dem Reich und seinem Glück eingeladen haben Mt 10 7 = Lc 9 2 10 9. Aber indem sie solcher Gestalt zunächst nur eine, auf das Reich vorbereitende, ihm möglichst viel Volk zuführende, Thätigkeit entfalten[1], stehen sie, subjectiv betrachtet, auch schon selbst im Gottesreiche[2], haben von der Freude, die im messianischen Hochzeitssaal herrschen wird, jetzt schon den Vorgenuss Mc 2 19 = Mt 9 15 = Lc 5 34; sie sehen, was Propheten und Könige vergeblich zu sehen begehrten Mt 13 16 17 = Lc 10 23 24; sie nehmen jetzt schon Theil an der Freiheit von Sabbath- und Tempelpflicht, die dem Herrn des Reiches selbst eignet Mc 2 26 = Lc 6 4 = Mt 12 4 17 25—27[3], und im zukünftigen Weltalter werden sie das eigentliche Herrengeschlecht darstellen Mt 19 28 24 45—47 25 21 23[4]. Für jetzt aber sendet er sie nicht etwa als Kirchenstifter aus, sondern als Gehülfen und Fortsetzer seiner Frohbotschaft[5]. Die Aufgabe lautete ja auf Regeneration des jüd. Volkslebens selbst: sie sollen zum Salz des Landes Mt 5 13, zum Sauerteig werden, welcher die Masse des Volks durchdringen wird Mt 13 33 = Lc 13 20 21. In diesem Sinne hat er eine kleine Gemeinde von Jüngern innerhalb der grossen Volksgemeinschaft um sich gesammelt, und nur dahin stellte sich die Frage, wie weit dieser Ansatz zum Gottesreich in der kurz bemessenen Frist, die dem diesseitigen Weltalter gesetzt war, noch herangedeihen werde[6].

---

[1] Auf solche vorbereitende Thätigkeit beschränkt SCHMOLLER S. 127 die geschichtliche That Jesu bezüglich des Gottesreiches. TITIUS S. 17, 99: „Die Jesusjüngerschaft ist die werdende Reichsgenossenschaft, diese die zu ihrem Ziel geführte, vollendete Jesusjüngerschaft."

[2] SCHMOLLER S. 128. TITIUS S. 171: „Es steckt also in dieser Jüngerschaft, die vorerst nur eine Schule neben anderen zu bilden scheint, in Wahrheit eine neue Religionsgemeinde oder, richtiger gesagt, die eine Gott wirklich wohlgefällige Religionsgemeinde."

[3] JOH. WEISS, Die Nachfolge Christi S. 27: „In dem Gleichniss von den Brautführern, welche nicht traurig sein können, weil sie den Bräutigam bei sich haben (Mc 2 19), hat Jesus jedenfalls die Seinen mit einer Sicherheit als die bezeichnet, welche das Heil schon besitzen, dass hier die sonst vorwaltende Spannung überwunden scheint."

[4] SCHWARTZKOPFF S. 125: „Dann musste er also das Gottesreich nicht nur in sich selbst, sondern auch im Kreise seiner Jünger, wenigstens principiell und anfangsweise, vorhanden wissen." S. 126: „So konnte er ihren auserwählten Kreis nur als den primitiven Bereich der Gottesherrschaft ansehen."

[5] KRAUSS S. 155: „Für seine religionsbegründende Thätigkeit gesellt er sich die zwölf Apostel und die siebenzig Jünger zu; mit der Synagoge jedoch bricht er nicht."

[6] TITIUS S. 170: „Die Uebergänge von der Jüngerschaft zur indifferenten

Dass aus ·der kleinen Gemeinde, welche von Haus aus die Bestimmung hatte, die schon vorhandene grosse Gemeinde des Volkes
Gottes neu zu beseelen, ihr zur Gesundkraft zu werden, eine mit der
alten concurrirende, eine neue Gemeinschaft, und zwar eine eigens
organisirte, in erster Linie religiösen Lebenszwecken dienende, mit
Einem Worte eine Kirche wurde, war das nothwendige Ergebniss
theils der nachgehenden Grenzerweiterung durch die Heidenmission
des Pls, theils der Auseinandersetzung, die zwischen dem nationalen
Judenthum und der messiasgläubigen Minderheit wie in Palästina, so
in der Diaspora statt hatte und, zumal nach der Zerstörung Jerusalems [1], zum vollständigen Bruch führte. Aus dieser Zeit (der flavischen
Kaiser) stammt unser 1. kanonisches Evglm, welches auf der einen
Seite noch deutlicher als die anderen Evglsten die Zusammenhänge
des Neuen mit dem Alten erkennen lässt, auf der anderen aber vermöge des eigenen Gesichtswinkels, unter welchen die ganze Thätigkeit
Jesu gestellt ist, die Christenheit schon in der rüstigen Arbeit am
Ausbau der Kirche begriffen zeigt, ja diese Kirche dem Christenthum
geradezu eingestiftet sein lässt.

Die Bedeutung des Mt für Kirchenbildung und Kirchenbegriff
erhellt schon aus der Thatsache, dass er allein unter allen Evglien
den Ausdruck „Kirche“ hat und ihn Jesu zweimal 16 ı8 18 ı7 in den
Mund legt [2]. Ueberhaupt aber kommen die ihm eigenthümlichen Stel-

---

Volksmasse mussten durchaus fliessend und unbestimmt sein, weil eben seine
Jüngerschaft sich zum Volksganzen erweitern sollte.“
   [1] B. WEISS zu Mt, S. 39 findet in dem Interesse des Mt für die Entwickelung des Kirchenbegriffs die irdische Kehrseite zur Auffassung des Reiches als
Himmelreich (s. S. 189). d. h. er erklärt beides aus der Lage, in welche die
Christenheit durch die Auflösung des jüd. Staates und der nationalen Theokratie
gerathen war. Daran ist etwas. Die jüd. Hoffnungen lagen im Staube; dafür wies
das Evglm immer überraschendere Erfolge auf heidnischem Boden auf. Daher es
am Platze war, wenn nunmehr an die Stelle der alten eine neue, erweiterte Ausgabe des alttheokratischen Programms trat.
   [2] Dass der Ausdruck ἐκκλησία (und vollends erst recht ἡ ἐκκλησία μου,
während doch Pls nur eine „Kirche Gottes“ kennt) im Munde Jesu nur eine
Antecipation sein kann. haben schon WEISSE, Die evangel. Geschichte 1838, II,
S. 94f und BLEEK, Synopt. Erklärung der 3 ersten Evglien 1862, II, S. 46, 91
gemerkt. Seither hat eine Rückbewegung stattgefunden und noch Theologen wie
RITSCHL II, [3]S. 299f, BEYSCHLAG I, [2]S. 164f, Die christl. Gemeindeverfassung im
Zeitalter des NT 1874, S. 7f, 102, KÖSTLIN, Der Glaube S. 187f finden nicht die
mindeste Schwierigkeit in der Sache. Vorsichtiger ist schon TITIUS, der S. 172
(im Wesentlichen nach B. WEISS § 31b) es „unwahrscheinlich“ findet, dass Jesus
„irgendwelche positive Vorschriften gegeben habe, welche auf eine äussere
Trennung von der jüd. Volksgemeinde oder die förmliche, statutarische Constitu-
tion einer neuen Gemeinde abgezielt hätten“, dagegen „sehr wahrscheinlich“,
dass er zwar nicht „ursprünglich“ S. 197, wohl aber S. 170 nach dem Misslingen
seines Versuches, das ganze Volk für seine Sache zu gewinnen, S. 172 „den Be-

len 16 16—18 (Petrus als Kirchenfels), 18 15—18 (von der Kirchenzucht
und der Binde- und Lösegewalt der Apostel) 28 19 20 (Taufbefehl und
Missionsinstruction) in Betracht. Das griech. Wort (ἐκκλησία in LXX
und Act 7 38 Hbr 2 12 Aequivalent für ḳahal und ʿeda) bezeichnet bekanntlich die in den öffentlichen Angelegenheiten eines Freistaates tagende
Versammlung der durch den Herold entbotenen Gesammtheit der
freien Bürger (ἔκκλητοι, daher ἐκκλησία Act 19 32 39 41). Wenn nun
Jesus inmitten der jüd. Volksgemeinde, für deren Allgemeinheit er
bisher gewirkt hatte, die Gründung einer, ihm als dem Messias im
besonderen Sinne gehörigen, Gemeinde unternommen hätte, so wäre
solches gleichbedeutend gewesen mit einer Verzichtleistung auf die Ge-
winnung des Volkes im Ganzen [1]. Als unausweichliche Folgerung ergibt sich dann, dass der Jesus, welcher nur eben darum nach Jerusalem zieht, weil er jenen Verzicht nicht geleistet hat, zuvor unmöglich
das Wort von der Kirchengründung geredet haben kann [2]. Klarer
noch liegt die Antecipation Mt 18 17 zu Tage, wo er, noch ehe seine
Jüngerschaar sich von der jüd. Gemeinschaft gelöst hat, von der Gemeinde redet, welcher in Disciplinarfällen die Entscheidung zukommen soll, so dass die Ausleger sich beständig streiten, ob die jüd.
oder die christl. Gemeinde zu verstehen sei. In Wahrheit ist es die
christl. Gemeinde, aber nicht diejenige der Gegenwart Jesu, sondern

stand einer auf seinem Namen beruhenden Gemeinde in's Auge gefasst habe" (wie
nahe berührt sich doch das „sehr Wahrscheinliche" mit dem „Unwahrscheinlichen"),
im Uebrigen S. 173 kein Bedenken hegt gegen 16 18, wohl aber gegen 16 19 („sieht
wie eine dogmatische Interpretation des Bildwortes Jesu aus") und S. 169 gegen das
Wort von der „Versammlung auf seinen Namen", welches „schon durch den Zusammenhang mit der hinsichtlich ihrer Authenthie doch mindestens sehr fragwürdigen Regelung der Disciplin in der Gemeinde unsicher werde". Das ist
S. 173 freilich wieder vergessen, und so bleibt demnach das in diesen Zusammenhang fallende Wort von der Kirche 18 17 unbesprochen. Vgl. HARNACK I,
S. 76: „Die Herrnworte Mt 16 18 18 17 gehören erst einer späteren Zeit an." Erwiesen hat das auf dem Wege einer Vergleichung der ausserkanonischen Parallelstellen RESCH, Ausserkanonische Paralleltexte 2, S. 187 f, 224 f, 226.

[1] So richtig B. WEISS zu Mt, S. 393. Vgl. auch Neutest. Theol. § 136 b.
„Insbesondere aber zeigt 16 18 f, wie Jesus die thatsächliche Verwirklichung des
Gottesreiches in der unter der Leitung des Pt zu gründenden ἐκκλησία in Aussicht genommen und die wichtigsten Ordnungen für dieselbe festgestellt hat
(17 24—27 18 15—20)." Dem ursprünglichen Zusammenhange nach sei freilich § 31 c
„die Tendenz der Rede keineswegs, Vorschriften über Kirchenzucht zu geben,
sondern es soll gezeigt werden, wie nichts unversucht gelassen werden soll, um
den sündigenden Bruder zur Umkehr zu bewegen und ihn so für das Gottesreich
zu gewinnen." Dies erfordert aber Anerkenntniss, dass Mt dem Gottesreich die
ἐκκλησία substituirt hat, gerade so wie er auch 16 18 19 thut.

[2] BOUSSET S. 55: „Es war dabei jedenfalls nicht seine Absicht, eine organisirte Gemeinde, eine Secte im Gegensatz zum übrigen Volke zu gründen. Sein
Sinn bleibt doch auf das grosse Ganze gerichtet, mit heissem Sehnen hat er bis
zuletzt am Volke gearbeitet."

die der Zukunft, deren Sitten und Rechte der Evglst ebenso auf Jesus
zurückführt, wie der Deuteronomist die spätere Königsverfassung Israel's auf Moses. Und zwar ist an die Gemeindeversammlung oder eine
Repräsentation verschiedener Gemeinden zu denken, da nur vor diese
ein Streitfall zur Entscheidung gebracht werden kann [1]. Ebenso kann
aber auch Mt 16 18 nur an diejenige Gesammtheit von Gemeinden gedacht werden, welcher der Apostel Petrus wirklich als Fels gedient
hat [2], d. h. eben an die Kirche, soweit sie der universalistisch, aber nicht
paulinisch gesinnte Evglst als correct anerkannt hat. Dies um so mehr,
als Mt 18 18 sich auch wieder mit Mt 16 19 berührt, indem die hier
dem Pt als dem Repräsentanten der Gemeinde übertragene Gewalt zu
binden und zu lösen dort der Gemeinde selbst, den Aposteln bloss,
sofern die Gemeinde in ihnen vertreten ist, übertragen wird [3]. Die
vorangehende Stelle 16 18 wurde nicht etwa bloss Anlass für die Pri-
matsideen Roms, sondern auch für die Erhebung des Kirchenbegriffes
unter die Glaubensartikel im apost. Symbol: also in jeder Beziehung
eine sedes doctrinae für die hier im ersten, embryonischen Stadium sich
ankündigende kathol. Kirche [4]. Die Behandlung, welche in Mt Taufe
und Abendmahl erfahren, wird Gelegenheit bieten, darauf zurück-
zukommen.

Hier erübrigt noch ein Wort über das Licht, welches unter dem
gewonnenen Gesichtspunkte auf das Gleichnisspaar Mt 13 24—30 47—50

---

[1] Vgl. DE WETTE, MEYER, KRAUSS S. 130. E. HAUPT, Zum Verständniss des
Apostolats im NT 1896, S. 20f bemüht sich, den rechtlichen Charakter der Anordnung Mt 18 17 zu verdecken, weil sonst „die Authentie dieser Sätze im höchsten
Grade bedenklich" erschiene.
[2] KRAUSS S. 126. J. RÉVILLE, Les origines de l'épiscopat 1894, S. 81 f.
[3] AHRENS, Das Amt der Schlüssel 1863, S. 22f, 31. STEITZ, StKr 1866,
S. 465. B. WEISS § 31 a und c, zu Mt, S. 421 f. Die Analogie jüd. Gemeindeordnungen macht WITTICHEN, LJ S. 258 geltend.
[4] Ein Blick auf den durch Mt 16 17—19 durchbrochenen Zusammenhang der
beiden Seitenreferenten und auf die durchaus eigenthümliche Sprachfarbe der
matthäischen Enclave (vgl. HC S. 191) macht den Einschub offenbar. Wenn 16 18
ein geschichtliches Wort Jesu ist, so hat, da es sich fragelos auf die Person des
Pt, nicht auf sein Glaubensbekenntniss oder sonst etwas Abstractes bezieht, die
kathol. Auslegung mindestens Oberwasser. Und wenn diesem Pt die Schlüssel
des Himmelreichs 16 19 vor der Gemeinde 18 18 verliehen sind, so ist jene Auslegung doppelt im Vortheil. Dreifach Recht hat sie vollends, wenn die durch
den Zusammenhang von 16 18 und 19 gebotene Identificirung der βασιλεία τῶν
οὐρανῶν mit der ἐκκλησία den Sinn Jesu ausdrückt; denn eben dies ist der richtige Kirchenbegriff des Katholicismus. Dass Mt über Pls hinaus eine ἐκκλησία
τοῦ Χριστοῦ kennt, steht auf der gleichen Linie damit, dass er über die synopt.
Seitenreferenten hinaus allein auch die βασιλεία τοῦ Χριστοῦ hat 13 41 16 28. Wo
man das Heil im Halbiren sieht, wird man mit B. WEISS § 31a, zu Mt, S. 397
16 19 für einen Zusatz des 18 18 auf Pt beziehenden Evglsten halten, dagegen
16 17 18 aus der „apostol. Quelle" ableiten.

fällt[1]. Das erste Gleichniss ersetzt bekanntlich die einfache Parabel
Mc 4 26—29. Aber das helle Bild der selbstwachsenden Saat erleidet
unter der neuen Vertheilung der Lichter eine sehr wesentliche Veränderung, in deren Folge es von finstern Schatten, die darüber hin-
laufen, verdüstert erscheint. Wenn Mc 4 27 über Nacht die Erde den
Weizen zeitigt, kommt Mt 13 25, während die Leute schlafen, der Feind
und sät Afterweizen. Gleichzeitig mit der guten Frucht steigt das
Unkraut aus dem Schooss der Erde. Die Erntearbeit aber wird nunmehr eine zwiefältige, sofern das Unkraut in Bündel gesammelt und
verbrannt, der Weizen aber in die Scheunen eingeheimst wird. Die
vorangegangene Geschichte wird zu einem Gährungsprocess, in Folge
dessen das Himmelreich seinen ursprünglichen Charakter zeitweilig
eingebüsst hat. Es stösst zusammen mit der Sprödigkeit des Irdischen
und verliert in diesem Conflict seine ideale Reinheit; es wird gleich
einem Acker, darauf Weizen und Unkraut miteinander wachsen, oder
auch, wie im Parallelgleichnisse Mt 13 47—50, einem Netze, darin gute
und faule Fische sich beisammen finden.

Beiden Gleichnissen liegt zweifelsohne eine Ahnung dessen zu
Grunde, was wir jetzt im Unterschiede vom Reich Gottes Kirche
nennen. Rühren sie in der vorliegenden Fassung und mit der Ueberschrift Mt 13 24 47 von Jesus her, so wäre ihm neben dem Ideal des
Gottesreiches auch ein, mit Rücksicht auf die „schlechte Wirklichkeit"
modificirter, Begriff desselben zuzuerkennen und der letztere, d. h. eben
derjenige, welchen das Wort Kirche ausdrückt, etwa auf eine Form
oder Phase zurückzuführen, wie sie das Reich in einer längeren, dem
Eindringen unlauterer Elemente Raum lassenden, Zwischenzeit zwischen Aussaat und Ernte, zwischen Jesu Abschied und Wiederkunft
annehmen soll[2].

Aber sofort stellt sich die Frage, ob Jesu Blick in die Zukunft
eine irdische Entwickelung seiner Sache durch eine längere Folgezeit
oder gar durch die Jahrhunderte der Weltgeschichte umfasst haben
könne (s. unten S. 222)[3]. Schwerlich gehören beide Gleichnisse nur
zufällig zum Sondereigenthum desjenigen Evglsten, welcher Wort und

---

[1] B. WEISS zu Mt, S. 357.
[2] BEYSCHLAG, Die christl. Gemeindeverfassung im Zeitalter des NT 1874,
S. 9 f, Neutest. Theologie[2] I, S. 189: „Es ist wie eine Verantwortung über die Existenz
eines Judas im Apostelkreise und wiederum wie ein prophetischer Protest gegen
gewisse furchtbare und widerchristliche Erscheinungen der Kirchengeschichte,
dass das Gleichniss die Frage aufwirft: Hast du nicht guten Samen auf deinen
Acker gesät, woher hat er nun Lolch?"
[3] JOH. WEISS S. 31. TITIUS S. 18: „Nur so viel wird man für sicher halten
dürfen, dass er die Hoffnung hatte, an eben der Generation, an welcher er arbeitete, auch das Ende zu erleben."

Begriff der „Kirche" kennt und die Letztere dem „Reich Gottes" substituirt [1]. In derselben Richtung erscheint auch das Gleichniss vom königlichen Mahle sowohl bei Mt als bei Lc weiter ausgeführt, sofern Mt 22 9 10 = Lc 14 21 23 die Knechte auf die Heerstrasse ausgehen und Mt 22 10 „Gute und Böse" (dieselbe gemischte Gesellschaft wie 13 48 „schöne und faule Fische") hereinbringen, ja „hereinnöthigen" sollen, „damit mein Haus voll werde" Lc 14 23. Das ist in der That bereits eine Weissagung auf das Coge intrare, die Arche mit reinen und unreinen Thieren, das corpus Christi permixtum des Calixtus und Augustinus, auf die ecclesia visibilis der protest. Dogmatik [2]. In Wahrheit befinden wir uns hier bereits in der Nähe des Hermas, bei welchem ein ähnliches Nebeneinander von idealer und empirischer Kirche begegnet [3]. Mag nun aber eine solche Trübung noch so selbstverständlich erscheinen [4], Jesus selbst hat eine, durch den spröden, widerstrebenden Stoff veranlasste, unreine Ausprägung seiner Idee schwerlich in Sicht gehabt. Im Reiche Gottes gibt es keine unlauteren Elemente, sonst wäre es eben nicht Reich Gottes, d. h. der Ort, da nur Gottes Wille zur Durchführung kommt. Sünder stehen als solche schon darum nicht in diesem Reiche (anders freilich Mt 13 41: das liegt in συλλέξουσιν ἐκ τῆς βασιλείας αὐτοῦ πάντα τὰ σκάνδαλα καὶ τοὺς ποιοῦντας τὴν ἀνομίαν), weil sie erst in dasselbe hineingezogen werden sollen und ohne Busse nicht eintreten können [5]. Die beiden Gleichnisse des Mt entsprechen somit dem ursprünglichen Entwurfe vom Reiche Gottes nicht mehr; mit der obigen Auslegung von Lc 17 21 (s. S. 207) vertragen sie sich in keiner Weise. Auch die Thatsache, dass Jesus die Vollendung des Gottesreiches erst von der Zukunft erwartet, berechtigt nicht zu einer Zurechtlegung der obwaltenden Schwierigkeit in dem Sinne, als ob die

---

[1] L. Paul S. 64. Die spätere Zeit des Gleichnisspaares erkannte schon Strauss I, S. 323, unter den Neueren Joh. Weiss S. 8, 16. Unter dem oben entwickelten Gesichtspunkte betrachten auch Bousset S. 95 und Rogers S. 281f das Gleichniss Mt 13 24—30 36—43 in seinem Verhältniss zu dem Original Mc 4 26—29. Titius S. 179 findet nicht bloss im Gleichniss vom Acker mit dem Unkraut, sondern auch Mt 5 19 13 52 16 19 Ansätze zu der folgenschweren Gleichsetzung von Reich Gottes und Kirche.

[2] Vgl. L. Paul S. 63f, welcher übrigens S. 68f auch die Gleichnisse vom Senfkorn und Sauerteig, vom Schatz im Acker und von der Perle und S. 86f die vom königlichen Mahle und den Talenten auf die Kirche bezieht und Jesu abspricht.

[3] Spitta II, S. 282, 351, 354f.

[4] K. Hackenschmidt, Die Anfänge des kathol. Kirchenbegriffes 1874, S. 9: „der unvermeidliche, obwohl unbeabsichtigte Erfolg der evangel. Verkündigung."

[5] Lediglich um der Mt-Stücke willen unterscheidet Bovon I, S. 385f ein Reich Gottes im weiteren und ein solches im engeren Sinne — ganz scholastisch, während Haupt S. 72 im gleichen Interesse den Satz rechtfertigen muss: „Das Gottesreich umfasst manche, die innerlich nicht dazu gehören."

darauf vorbereitende Periode eine Durchbrechung des geradlinigen Ganges durch die Sünde bringe, die eingedrungenen unreinen Elemente
aber erst am Abschlusse des ganzen Verlaufes ausgestossen und das
Gottesreich zu seiner Reinheit zurückkehren würde [1]. Sofern nämlich
ein Ausscheidungsprocess statt hat, betrifft derselbe nicht das Gottesreich, sondern die Welt, als die Sphäre, in welcher der Wille Gottes
nicht (Mt 18 7) oder noch nicht (5 14) zum Vollzuge kommt. „Der
Acker ist die Welt" (hier im Sinne von Menschenwelt wie 26 13 = Mc
14 9 16 15) und nur „der gute Same bedeutet die Söhne des Reichs" 13 38.

Sobald man im Anschlusse an diese authentische Erklärung des
Evglsten das Gleichniss vom Acker mit dem Unkraut aus der falschen
Beleuchtung, in welche es die Ueberschrift 13 24 gestellt hat, heraus-
rückt, bietet es einen ächten und kostbaren Gedanken, sofern ja Jesus
durchweg für die Gegenwart Aufrechterhaltung der Gemeinschaft mit
den Sündern fordert, eine Scheidung von Gerechten und Ungerechten
dem Gerichte Gottes vorbehält (s. oben S. 136 f und unten 6 3). „Alle
Pflanzen, die mein himmlischer Vater nicht gepflanzt hat, müssen ausgerottet werden" Mt 15 13. Ein solches richterliches Thun wird Mt
25 31—46 sogar ihm selbst bei seiner Zukunft zugeschrieben, wie schon
für den Täufer Mt 3 10—12 die Ausscheidung der Unwürdigen aus dem
Gottesvolk das erste Geschäft des kommenden Messias gewesen war.
Aber eben dieses lehnt Jesus ab [2], indem er alle letzten Entscheidungen
der Zukunft und dem Eingreifen Gottes anheimstellt.

5. Das gegenwärtige und das zukünftige Reich.

Von mehr als einer Seite sind wir bereits auf eine ähnliche Antinomie in der Lehre Jesu vom Reiche Gottes gestossen, wie die Untersuchung über das Verhältniss zum Gesetz eine solche geboten hatte.
Nachdem schon frühere Forscher die Formeln „das Reich ist nahe"
und „das Reich ist da" unterschieden hatten [3], sind die beiden der
Gegenwart und der Zukunft zugewandten Kehrseiten neuerdings in ausschliessenden Gegensatz zu einander gebracht worden [4]. Und zwar legen

---

[1] So B. WEISS zu Mt, S. 347 f, welcher übrigens die matthäische Mache wenigstens darin anerkennt, dass das ganz naturgemässe Vorhandensein vom Afterweizen im Getreidefeld als eine besondere Veranstaltung des Teufels erscheint.

[2] B. WEISS § 14 d.

[3] So noch WEIZSÄCKER, Evangel. Geschichte S. 337 und KEIM, Der geschichtliche Christus [3] S. 41 f, Geschichte Jesu II, S. 51 f, 62 f.

[4] An die Stelle des früheren Streites darüber, ob Jesus ein sinnlich wahr-
nehmbares oder ein rein geistiges Reich in Aussicht genommen habe (vgl. darüber KEIM II, S. 46 f), ist besonders seit 1891 durch die beiden Concurrenz-
schriften von O. SCHMOLLER, Die Lehre vom Reiche Gottes in den Schriften des NT
und E. ISSEL, Die Lehre vom Reiche Gottes im NT die gegenwärtige Fragestellung

immer noch die Meisten das Hauptgewicht auf das seiner Vollendung
erst entgegenreifende, irgendwie in der Gegenwart schon vorhandene,
wachsende und in allmählicher Umgestaltung und Ueberwindung der
Welt sich geltend machende Reich, während eine jüngere Schule
meist im historischen Interesse den engen Anschluss Jesu an die Vorstellungswelt des eschatologisch gerichteten Spätjudenthums betont
(„Historicismus", womit sich zuweilen auch Liebhabereien in der Richtung des „biblischen Realismus" verbinden) [1].

Zur Eröffnung der Controverse ist festzustellen, dass beiden Aufgetreten. Dort ein ausschliesslich zukünftiges, hier vorher schon ein allmählich
und verborgen nahendes Reich; dort ein im Himmel fertiges, hier ein auf Erden
wachsendes Reich; dort ein ausschliesslich religiöser, hier auch ein ethischer Begriff.

[1] Auf dieser Bahn bewegen sich schon französische Forscher wie MAURICE
VERNES, Histoire des idées messianiques 1874, S. 198 f, A. WABNITZ, L'idéal messianique de Jésus 1878. In Deutschland schlossen sich an SCHMOLLER, JOHANNES
WEISS, Die Predigt Jesu vom Reiche Gottes 1892, Die Nachfolge Christi und
die Predigt der Gegenwart 1895, S. 168 f, GUNKEL, ThLZ 1893, S. 39 f, WREDE,
ebend. 1896, S. 77 f, JACOB S. 15, M. SCHULZE, ZwTh 1894, S. 367 f. Dahin gehört
auch EHRHARDT, Der Grundcharakter der Ethik Jesu 1895, S. 49 f, 55 f, 77, welcher
S. 103, 110 dem Gedanken des Reiches Gottes sogar den Werth eines Centralbegriffes
abspricht und S. 92, 108 darin nur ein Mittel sieht, die Seelen zu erschüttern
und eine der erwarteten Weltkatastrophe entsprechende, innere Katastrophe
herbeizuführen. Nach SCHNEDERMANN I, S. 61 f, 75, 85, 183 f, 188 f, 191 f soll das
Zukunftsreich wenigstens den Ausgangspunkt aller Gedanken Jesu gebildet haben,
welcher freilich durch die weitere Entwicklung vollständig neutralisirt worden wäre.
Dagegen vgl. BOUSSET, ThLZ 1894, S. 106 f und HAUPT S. 63 f. Gänzlich beseitigt
hat auf kritisch-exegetischem Wege die eschatologische Seite der Verkündigung
Jesu COLANI, Jésus-Christ et les croyances messianiques de son temps [2]1864,
S. 94 f, 169 f. Das Gleichgewicht suchte BALDENSPERGER S. 119 f herzustellen, wogegen noch BEYSCHLAG I, S. 55, 159, LJ [3] I, S. XXXVI f gegen jede Verlegung
des Schwerpunktes in das zukünftige Reich protestirt. Umgekehrt macht bei im
Allgemeinen eschatologischer Auffassung des Reichsbegriffs JULIUS KÖSTLIN, Religion und Reich Gottes 1894, S. 193 f, Der Glaube und seine Bedeutung 1895,
S. 180 f sehr bestimmt die Verwirklichung des Reiches, welches einen „durch
himmlische Güter und Kräfte hergestellten Lebenstand" bedeute, von dem Verhalten der Menschen und der sich mehrenden Zahl solcher, welche jenen „Lebensstand" erreicht haben, abhängig. Ganz insonderheit hat RITSCHL das Reich Gottes
als „gegenwärtiges Erzeugniss des Handelns aus dem Beweggrunde der Liebe"
(Unterricht in der christl. Religion § 8) zu einem leitenden Gedanken seiner Darstellung des Christenthums erhoben. Darauf fällt auch bei WENDT II, S. 297 f der
Hauptnachdruck; Jesus hat S. 298 das Reich nur „auch als ein zukünftiges, himmlisches Reich gedacht"; diese Seite bildet S. 303 wenigstens das Ergänzungsstück
zur anderen. Aber auch von andersgearteten Auffassungen des Begriffes aus
nähern sich LÜTGERT S. 64 f, 98 f, 121 f und selbst TITIUS S. 137 f, 193, 195 dem
Resultate, „dass im letzten Grunde der Schwerpunkt nicht in der Zukunft, sondern in der Gegenwart, nicht in der supranaturalistischen, sondern in der geistigen
Erfassung des Reiches Gottes ruht". Dagegen hat S. 120 Jesu Predigt wie eine
Ellipse geradezu zwei Brennpunkte. Unter Anerkennung der Existenz einer
eschatologischen Seite betonen sehr energisch das gegenwärtige Reich SCHÜRER,
Die Predigt Jesu Christi S. 18 f, Osc. HOLTZMANN S. 48, 50, 53 f und SCHWARTZKOPFF
S. 113 f, 195.

fassungsweisen feste und unangreifbare Stützpunkte zu Gebote stehen.
Das Recht der eschatologischen Deutung ist zwar keineswegs schon
mit dem Inhalte des Begriffs „Himmelreich" gegeben [1], um so sicherer
aber mit der Thatsache, dass der Reichsgedanke in denselben nahen
Beziehungen steht zu der nachexilischen Prophetie und Apokalyptik,
wie der ganze Transcendentalismus der synopt. Vorstellungswelt überhaupt [2]. Längst schon war das Reich aus seiner altprophetischen Gegenwart in einen Zukunftsartikel umgewandelt worden [3], so dass sich
auch auf diesem Gebiete, wie in der Gotteslehre der Fall ist (s. oben
S.166 f), in Jesu Anschauungen eine lange, gegensatzvolle Entwicklungs-
geschichte der religiösen Idee compendiarisch wiederholt. Directer
Anschluss findet jedenfalls zunächst an das apokalyptische Bild statt [4].
Wie sich auch immer die Frage nach einer etwaigen irdischen Entwickelung des Gottesreiches lösen mag: die eschatologische Perspective
Jesu (s. unten 6 2) kennt durchweg als letzten Act eine gewaltsam von
oben eingreifende, den gesammten Weltverlauf plötzlich abbrechende, All-
machtsthat Gottes, wobei menschliche Mitthätigkeit ganz ausgeschlossen, jegliche Brücke zwischen Gegenwart und Zukunft abgebrochen,
das Künftige vom Gegenwärtigen durch einen tiefen Schnitt getrennt
erscheint [5]. So entspricht es nicht bloss objectiv der Zeitatmosphäre,
sondern auch subjectiv der Hegemonie, welche in der ganzen Verkündigung Jesu dem religiösen Factor zukommt [6], der Energie seines Alles
allein erfüllenden und allein bewegenden Gottesgedankens [7].

Andererseits steht ebenso unentfernbar der exegetische Befund,
wornach Jesus, nachdem einmal der Vorfall bei seinem erstmaligen
öffentlichen Auftreten in der Synagoge von Kapernaum Mc 1 21—28 =
Lc 4 31—37 ihn zum Bewusstsein seiner persönlichen Macht gegenüber

[1] Vgl. HAUPT S. 76.
[2] SCHNEDERMANN I, S. 184, Neun Thesen über Jesu Gedanken vom Reiche
Gottes 1895; vgl. These 4.
[3] Vgl. SCHÜRER JpTh 1876, S. 177, LIPSIUS, ebend. 1878, S. 191. Richtig
bezeichnet EHRHARDT S. 48 den Begriff des Gottesreiches im Sinne der damaligen
Theologie als „das Heil der Endzeit, die Gesammtheit der Heilsgüter, welche
Israel erhoffte", „die mit einem allgemeinen Gericht verbundene Völker- und
Weltkatastrophe, mit deren Eintritt die himmlische Welt gleichsam auf Erden
herabsteigen sollte".
[4] TITIUS S. 5, 39 f, 45 f.
[5] JOH.WEISS, Predigt Jesu, S. 24, 62. EHRHARDT S. 52. TITIUS S. 39 f, 58 f, 176.
[6] TITIUS S. 103 f, 193.
[7] TITIUS S. 104: „Der Gottesgedanke Jesu entscheidet für den supranatu-
ralen und Zukunftscharakter des Gottesreiches." S. 112: „Jene supranaturale,
gegen diese Welt in einer gewissen Sprödigkeit verbleibende Art des Reiches
Gottes, jener Gegensatz zwischen Jetzt und Einst, jener nothwendige Bruch in
der Entwicklung von diesem zum zukünftigen Leben kann nur in seiner Anschauung von Gott begründet sein."

gebundenen und gestörten Seelenzuständen gebracht hat, in jedem derartigen Erfolg einen Sieg über das Satansreich gesehen und sich zur
Beurtheilung solcher Vorkommnisse des Kanons bedient hat: jeder
Schritt rückwärts auf der Seite des Bösen bedeutet einen Schritt vorwärts auf der Seite des Guten, des Gottesreiches[1]. Gottes Wille
kommt genau in demselben Maasse zum Vollzug, als der satanische
Wille gebrochen wird; daher Mt 12 28 = Lc 11 19 „Wenn ich durch
den Geist (oder Finger) Gottes die Dämonen austreibe, so ist ja das
Reich Gottes zu euch gekommen" (ἔφθασεν ἐφ᾽ ὑμᾶς). Mit diesem, für
sich schon im Sinne thatsächlicher Gegenwart des Reiches Gottes
entscheidenden, Wort[2] steht im Zusammenhang ein allein Lc 10 18
überliefertes, wo Jesus angesichts der erfolgreichen Wirksamkeit seiner
Jünger den Satan vom Himmel gefallen, d. h. die Macht desselben im
Grundsatze gebrochen sieht. Nach der obigen Denkregel wäre also
eben damit auch der Anbruch des Gottesreiches bestätigt. Als ein
Beweismittel zweiten Ranges darf gelten Mt 11 11 = Lc 7 28 das Vorhandensein von Menschen, welche bereits im Gottesreich sind[3] oder
Mc 10 15 = Lc 18 17 dasselbe jetzt schon empfangen oder Mt 23 13 in
dasselbe eingehen wollen, ja 21 31 (vor Anderen wenigstens) wirklich
eingehen. Einen solchen Schritt thut nämlich eo ipso ein Jeder, der
aus dem erbrochenen Haus des Bösen Mc 3 27 = Mt 12 29 = Lc 11 22
als ein Befreiter heraustritt.

---

[1] KRAUSS S. 164: „An diesem Zeichen, dass die Macht Gottes wirksam ist
und sich in der Ueberwindnng der bösen Geister bethätigt, kann die Ankunft des
Reiches, d. h. der Machtherrlichkeit Gottes erkannt werden." Vgl. HAUPT S. 68,
77, TITIUS S. 49 f, 184: „Diese Machtthaten sind das Morgenroth des aufsteigenden
Tages seiner Herrlichkeit, ja sie sind Beweise für die Gegenwart des Reiches Gottes."
[2] Die ganze Verhandlung über die satanische Allianz, wie sie Mc 3 20—30 =
Mt 12 24—32 = Lc 11 15—23 nach beiden, von einander unabhängigen, Quellen-
berichten sachlich übereinstimmend berichtet wird, gehört zu dem fraglos geschichtlichen Bestand des Lebens Jesu und eben darum auch das in Rede stehende
Wort zu seiner zuverlässigsten Hinterlassenschaft. Es geht aber durchaus nicht
an, ἡ βασιλεία ἔφθασεν mit JOH. WEISS S. 12f, 21, PAUL S. 48f = ἤγγικεν zu
nehmen oder mit SCHMOLLER S. 141 auf ein „hat ihr Vorspiel gefunden", „sich
selbst antecipirt" herabzuschrauben. Trotz Uebereinstimmung in der Sache verwirft dies auch GUNKEL S. 42. Das Richtige haben ferner BEYSCHLAG II, S. 56f,
LEMME S. 20, BOUSSET S. 91, HAUPT S. 67f, LÜTGERT S. 47f, TITIUS S. 7, 109,
125, 163, 176f. GRASS S. 72 und SCHWARTZKOPFF S. 118 übersetzen sogar mit
Pressung des Sinnes von φθάνειν: es ist überraschend schnell, eher, als ihr ver-
muthet, gekommen. Aber φθάνειν gehört zu den Wörtern, die im neutest. Idiom
einen abgeschwächten Sinn angenommen haben. Desshalb darf es aber natürlich
nicht in das Gegentheil seines Begriffs umgebogen werden.
[3] Vgl. BOUSSET S. 92. Dazu kommt Mt 11 12 = Lc 16 16. S. oben S. 199.
Ueber die Beweiskraft von Mt 11 11 12 vgl. HAUPT S. 70f. Ebendaselbst S. 67f, 76
über die nur relative Beweiskraft mancher unter den eben und sonst gewöhnlich
für Gegenwart des Reiches aufgebotenen Stellen.

Die Controverse knüpft sich zu allermeist an die Himmelreichsgleichnisse. Während die längste Zeit über schon die Bilder vom Säemann und von der wachsenden Saat, besonders aber die vom Senfkorn und vom Sauerteig für entscheidend galten, um den Gedanken des gegenwärtigen, innerweltlichen, wachsenden und sich ausbreitenden Reiches festzulegen [1], gab die an sich ansprechende und wenigstens bezüglich Mt 13 24 unbestreitbare Hypothese, dass die Eingangsformeln (ὡμοιώϑη ἡ βασιλεία oder ὁμοία ἐστίν) dem Evglsten angehören, Anlass zu der Behauptung, jene Formeln seien als nur lose angeklebte Etiketten, die mit ihnen eingeführten Gleichnisse als dadurch mehr oder weniger in einen neuen Rahmen, unter eine ihrem ursprünglichen Sinne fremde Ueberschrift gebracht zu behandeln [2]. Freilich zeigt gerade die individuell geartete Einleitung zu dem Gleichnisspaar Mc 4 30 = Lc 13 18 20 (gegen Mt 13 31 33), dass wenigstens im einzelnen Fall schon die Quelle direct auf das Gottesreich gewiesen hat, und ebenso deutlich wird nicht etwa bloss Mt 13 10 11 = Lc 8 9 10, sondern mehr noch Mc 4 10 11 13 (πάσας τὰς παραβολάς) das „Geheimniss des Reiches Gottes“ als Inhalt der Gleichnissreden namhaft gemacht [3]. Der so als „Geheimniss“ angekündigte, also doch wohl über die landläufigen und herkömmlichen, über die apokalyptischen Anschauungen vom Gottesreich hinausgreifende [4], gemeinsame Gedanke der Gleichnisse ist aber, mag man nun das Gleichnisspaar vom verschiedenerlei Samen und vom Fischnetz mit einrechnen oder ausschliessen, der, dass das Gottesreich nicht mit einem, in unmittelbarer Nähe bevorstehenden, Schlage fertig da stehen wird, sondern dass es auf dem Wege eines zeitlichen Verlaufes zu Stande kommt, dass es also Zeit braucht [5]. Damit ist un

---

[1] So z. B. noch KRAUSS S. 148 und LIPSIUS S. 819.

[2] JOH. WEISS S. 10 f, 14, 16 f, StKr 1891, S. 289 f. Vgl. dagegen BOUSSET S. 94 f, TITIUS S. 7 und selbst EHRHARDT S. 50, demzufolge Jesus S. 54, „einen man kann sagen proleptischen, inneren Besitz des Gottesreiches kennt“.

[3] HAUPT S. 71. TITIUS S. 87 f.

[4] SCHNEDERMANN, These 7: „Hingegen galt seine von der Verkündigung des Kommens dieses Reiches zu unterscheidende und diese voraussetzende Lehre von den Geheimnissen des Reiches der zunehmenden Vertiefung der Vorstellung seiner Volksgenossen.“ — Beiläufig gesagt reducirt sich auf diesen Gegensatz und das oben S. 180 Bemerkte fast Alles, was man neuerdings beibringt, um in Jesu Lehre einen esoterischen und einen exoterischen Kreis zu unterscheiden. Dazu vgl. noch H. HOLTZMANN, Theologische Abhandlungen, C. v. WEIZSÄCKER gewidmet S. 63.

[5] TITIUS S. 17, indem er die betreffenden Parabeln, anstatt auf das Reich Gottes, auf die Verkündigung deutet: „Er weiss, dass seine Verkündigung Zeit braucht, um nach allen Seiten hin sich auszuwirken, und so lange diese Entwicklung dauert, so lange kann, ja darf das Reich Gottes noch nicht kommen.“ Dagegen zeigt HAUPT S. 72, „dass für den Herrn Entwicklung des Evglms gleich Entwicklung des Gottesreiches ist“, und S. 73, dass im ganzen Gleichnisskapitel „von den Gesetzen die Rede ist, nach welchen das Himmelreich sich entwickelt.“ TITIUS

lengbar ein Ansatz zum Gedanken der Entwickelung gegeben [1]; es ist mindestens ausgesprochen, dass das Reich Gottes allerdings angebahnt wird durch Jesu Lehrwirksamkeit. Indem sie den Erfolg der letzteren behandeln, bewegen sich gerade die unbedingt ächten, die grundlegenden Gleichnisse meist nur um den Gedanken der Einführung des Reiches Gottes in die Welt [2]. So ist es der Fall schon mit dem Doppelgleichniss vom Sauerteig und vom Senfkorn Mc 4 30—32 = Mt 13 31—33 = Lc 13 18—21, dessen hier wie dort leicht nuancirte Pointe im Gegensatz von kleinsten Anfängen und grössten Enderrungenschaften besteht. Diese, wie überhaupt die dem Gebiet des vegetativen Lebens entnommenen, die eigentlichen Normalgleichnisse, also voran dasjenige vom verschiedenen Ackerboden Mc 4 3—9 14—20 = Mt 13 3—9 18—23 = Lc 8 5—8 11—15, bringen den Gedanken zum Ausdruck, dass das Reich Gottes nicht etwa als directe Wirkung einer, ihres unfehlbaren Erfolges sicheren, göttlichen Machtthat zu denken, sondern in seinem Werden und Kommen analogen Gesetzen unterworfen sein wird, wie sie im Naturleben zu beobachten sind, also namentlich von der Beschaffenheit der menschlichen Herzen abhängig ist, so wie der Erfolg der Arbeit des Säemanns durch die Beschaffenheit des Bodens bedingt bleibt. Wie in Folge dessen der Säemann sich nur auf theilweise Erfüllung seiner Erwartungen Hoffnung machen darf, so geht auch die Predigt vom Reich, weil ihr Erfolg durch die sehr verschieden geartete Empfänglichkeit des Volkes bedingt ist, an Vielen verloren. Jesus konnte die Bedingungen für das Kommen des Gottesreiches schaffen, nicht aber die Menschen zwingen, darauf einzugehen [3]. Die Evglsten gefallen sich dann bekanntlich darin, diese einheitliche Pointe des Gleichnisses hinter einer farbenreichen, aber doch schon allegorisirenden Ausmalung der Verschiedenartigkeit der Hindernisse, welche die theilweise Erfolglosigkeit der Säemannsarbeit bedingen, als da sind Stumpfsinn, Leichtsinn, Weltsinn, zurücktreten zu lassen [4].

S. 88 schreibt vom μυστήριον τῆς βασιλείας Mc 4 11: „Dies Geheimniss besteht darin, dass keine urplötzliche, gewaltige Gottesthat, die wie der Blitz vom Aufgang bis zum Untergange gesehen wird, die Gottesherrschaft errichtet, sondern ein stilles, unscheinbares Wirken, dem eines Säemanns gleich." Anders A. MEYER S. 82f.

[1] TITIUS S. 176: „Es fehlt nicht ganz an Anhaltspunkten für diese Entwicklungstheorie„.
[2] KRAUSS S. 146.
[3] B. WEISS, LJ I, S. 427, zu Mc, S. 141, zu Mt, S. 348: „so ist damit eine allmähliche Entwicklung des Gottesreiches eingeleitet, bis zu deren Abschluss das messianische Gericht vertagt bleiben muss."
[4] B. WEISS § 14 b, zu Mc, S. 141f, 146f, zu Mt, S. 337f, 342f, Leben Jesu II, S. 17f. JÜLICHER, Die Gleichnissreden Jesu 1888, S. 115f, 185, 190f. TITIUS S. 88, 107. Dagegen stellt PAUL S. 60f die Beziehung auch dieses Gleichnisses auf das Gottesreich ganz in Abrede.

Aber auch damit bewegen sie sich nur in der Grundrichtung des Gleichnisses selbst, welches statt einer physischen Machtwirkung einen sittlichen Hergang veranschaulichen will.

Noch bezeichnender fast ist das Gleichniss von der langsam wachsenden Saat Mc 4 26—29, welches man gleichfalls in allegorisirender Richtung missverstehen würde, wenn man in dem Menschen, der am Anfang Samen hinwirft und am Ende die Sichel aussendet, eine Hindeutung auf die begründende Initiative und vollendende Intervention Gottes suchen wollte [1]. Vielmehr erscheint gerade der Antheil des Säemanns bei dem Vorgang als ein minimaler; das volle Gewicht der Vergleichung dagegen fällt auf das allmähliche Sprossen und Gedeihen der Saat, die Zeit braucht, um zu wachsen [2]. Wie der Erdboden das eingesäete Korn in der Stille unmerklich (während der Säemann schläft und wieder aufsteht, um seinen Tagesgeschäften nachzugeben) emportreibt und das Sonnenlicht ihn zeitigt, ohne alles menschliche Machen, ohne alles Zuthun eines Treibhauskünstlers, so erhebt sich das einmal gepflanzte Gottesreich allmählich, aber sicher zu immer reicherer Ausgestaltung und kommt zur Reife bloss durch die ihm innewohnende Gotteskraft [3]. Inmitten des Mechanismus der spätjüd. Apokalyptik überrascht dieser Gedanke mächtig, liegt jedenfalls weit hinaus über Alles, was die religiöse Weltanschauung der Zeitgenossen zu erschwingen vermochte. Die Form ist zugleich so in sich geschlossen, klar und durchsichtig, wie eine morgenhelle Landschaft unter wolkenlosem Himmel. Aber freilich „wie er es nicht weiss" Mc 4 27 gedeiht des Säemanns Aussaat

---

[1] Dann würde das Gleichniss in die entgegengesetzte Reihe von Aussprüchen gehören und etwa den Satz von B. WEISS, LJ II, S. 279 illustriren: „Wie das Gottesreich nur begründet wurde durch die Gottesthat der Sendung seines Messias, wie die Förderung seiner Entwickelung ermöglicht wurde durch die Gottesthat der Auferweckung und Erhöhung Jesu, so kann es auch nur zur Vollendung kommen durch eine neue Gottesthat, welche sich in der Wiederkunft des Messias vollzieht." In Wirklichkeit entspricht das Gleichniss dem ganz ähnlich gebildeten, aber mit gegentheiligem Inhalt versehenen, Satze von B. WEISS zu Mc S. 159: „Wie es nicht durch eine in das äussere Volksleben eingreifende Machtthat begründet wird, so vollendet es sich auch nicht durch eine solche, sondern durch die allmähliche Entwickelung der mit der Reichsgründung gegebenen lebenskräftigen Anfänge, welche die Kraft der Fortentwicklung in sich selbst tragen."

[2] PFLEIDERER S. 370.

[3] Nach B. WEISS zu Mc, S. 158f, Leben Jesu II, S. 22 f, 277 f wäre das Gleichniss „nicht einmal eine originale Bildung", sondern Umformung des Gleichnisses vom Acker mit dem Unkraut (s. aber oben S. 213). Nach ihm und HAUPT S. 81 f soll das Gleichniss eine Entwicklung, aber keine „immanente" lehren, weil nicht eigene Triebkraft, sondern göttliche Causalität den Samen zur Ausbildung gelangen lasse; also sei „Wachsthümlichkeit" beim Reiche Gottes nicht die Hauptsache. Dagegen findet BEYSCHLAG, LJ [3] II, S. 226 hier „die ganze Werdenatur des Reiches Gottes . . . abgebildet".

heran, still und unmerklich. Was da kommen soll, das wird und ist
irgendwie schon da. Dies bewährt sich unter Berücksichtigung des
Umstandes, dass in den Reden Jesu wie in der volksthümlichen Vor-
stellungswelt „Reich Gottes" und „Leben" Wechselbegriffe sind (s. oben
S. 203 f). Nun ist Leben, zumal ewiges Leben, sicherlich als Gabe und
Gut des zukünftigen Weltlaufes gedacht[1]. Aber doch nicht als blosse
Formbestimmtheit, die mit beliebigem Phantasiegehalt auszufüllen
wäre, sondern als ein bereits bekannter, in die Ewigkeit projicirter
Besitz der Gegenwart. Höchstes, intensivstes, unvergleichlich kraft-
und gehaltvolles Daseinsgefühl, ohne irgend welches Hereinspielen von
Dämmerung und Absterben, von dumpfer, hohler Endlichkeit — das
ist Jesu Begriff von Leben und Seligkeit. Denken konnte diesen nur
ein Solcher, der die Sache selbst hatte. In diesem Sinne (s. unten 5 1)
muss er also auch das Reich Gottes als ein inneres Gut in sich getragen, d. h. um seiner selbst willen auch das Reich als schon gegenwärtig
gewusst haben[2]. Aber auch wo sein Evglm gepredigt wird in der Welt,
wo Gottes Geist in Kraftwirkungen ersichtlich oder in Menschenherzen
spürbar wird, wo im Sinne der Gleichnisse Saaten aufgehen und Früchte
heranreifen, da ist mit der Gerechtigkeit, die den Inhalt des Reiches
bildet (s. 197 f), auch dieses Reich selbst schon vorhanden[3]. Man kann
dann, wie nicht von einem Hier und Dort Lc 17 21, so auch nicht von
einem Dann und Wann des Reiches sprechen. Nur das Eine ist bezüglich der Zeitfrage immer zu beachten, dass es sich zwar für unsere
Analyse der Reichspredigt Jesu um ein langes Stück Weltgeschichte
handelt, welches sich zwischen sein gegenwärtiges und sein zukünftiges
Reich mitten einschiebt, für ihn selbst aber nur um seine eigene Lebenszeit oder wenigstens, seitdem der Todesgedanke feststand, um die ihn
überlebende Generation (s. unten 6 2). Damit aber rücken beide Momente so nahe zusammen, dass das Heute schon zum Morgen gehören[4],
die Jetztzeit als Endzeit betrachtet werden konnte[5]. Wenn es also

[1] Titius S. 149.

[2] So Baldensperger S. 132, 233, Lütgert S. 112, 120f, Ehrhardt S. 90,
trotz S. 50, Schwartzkopff S. 123 f, 185, 195.

[3] Vgl. Titius S. 37f, 137f, 176f: „Nur in gewissen Beziehungen kann von
einer Gegenwart des Reiches geredet werden, insofern nämlich, als die Kräfte,
die im Reiche Gottes wirksam sind und ihm sein Wesen geben, bereits in der
Gegenwart sich geltend machen."

[4] Schmoller S. 74: „Die Jetztzeit gehört ... schon zur Endzeit, wie die
Morgendämmerung schon zum Morgen, der den Sonnenaufgang bringt, gehört."
Ebenso Gunkel, ThLZ 1893, S. 42.

[5] Titius S. 12: „Es leuchtet ein, dass diese aus Jesu eigenartiger geschichtlicher Stellung sich ergebende Combination von Gegenwart und Zukunft zur Erklärung der eigenthümlichen Schwebe mit beiträgt, in welcher bei ihm der Gedanke des Reiches Gottes gehalten wird."

in der Geschichte der Exegese eine alte und neue Streitfrage ausmacht, ob z. B. die 2. Bitte des Herrngebets mit der abendländischen Kirche rein eschatologisch [1] oder mit der griechischen als eine Art Missionsgebet zu fassen sei [2], so fällt eine solche Unterscheidung vielleicht gar nicht in das Bewusstsein derjenigen, die erstmalig so gebetet haben [3].

Und so fehlt es auch sonst nicht an Aussprüchen Jesu, in welchen das Reich Gottes, wenn auch nicht gerade als eine direct der Gegenwart angehörige, so doch als eine gegen die Zeitunterschiede gleichgültig sich verhaltende Grösse erscheint [4].

Gleichwohl bleibt, unter der soeben angebrachten Einschränkung, in Jesu Reden der Gegensatz des gegenwärtigen und des zukünftigen Reiches als exegetischer Befund bestehen [5]; wie eine Art von Wiederholung des Gegensatzes der altprophetischen und der jüdisch-apokalyptischen Conception des Gottesreiches [6]. Die Lösung des Räthsels eines

---

[1] Von Tertullian bis auf Joh. Weiss, Predigt Jesu S. 17 f.

[2] Von Origenes bis auf B. Weiss zu Mt 6 10 und Beyschlag I, S. 122.

[3] Versuch einer Combination bei Kamphausen, Das Gebet des Herrn 1866, S. 57 f.

[4] Titius S. 7 f: „Eigenthümlich und beachtenswerth bleibt unter allen Umständen, dass bereits die Gegenwart nach den im Reiche Gottes geltenden Grössenverhältnissen und Bedingungen beurtheilt werden kann. Die gleiche Beobachtung bestätigt sich in zahlreichen anderen Stellen. Wenn einem Schriftgelehrten, der Jesu Auffassung der Gerechtigkeit anerkennt, die Antwort wird, er sei nicht fern vom Reiche Gottes (Mc 12 34), wenn Jesus die Segnung von Kindern damit motivirt, dass solchen das Reich Gottes gehöre (Mc 10 14), wenn er den Armen und den um Gerechtigkeit willen Verfolgten das Gottesreich zuspricht (Mt 5 3 10), wenn er die Pharisäer verwirft, weil sie selbst nicht in das Reich Gottes kommen und, die hinein wollen, hindern hineinzukommen (Mt 23 13), wenn er den unentschlossenen Jünger als untüchtig für das Reich Gottes zurückweist (Lc 9 62) und solche kennt, die um des Himmelreichs willen sich selbst entmannt haben (Mt 19 12), so wird in diesen Worten freilich nicht ohne Weiteres das Reich Gottes als eine bereits gegenwärtige Grösse vorausgesetzt, aber unzweifelhaft erscheint hier der Reichsgedanke in einer gewissen Indifferenz gegen die herkömmliche Vorstellung vom Reiche der Herrlichkeit, als etwas, an dem man gegenwärtig arbeiten, für das man Opfer bringen, dem man nahe sein, ja selbst angehören kann."

[5] Strauss I, S. 305 f stellt Beides nebeneinander, das hier sich allmählich entwickelnde und das übernatürlich herbeizuführende Reich, wobei „Eins das Andere nicht geradezu ausschliesst". Aehnlich A. Harnack Lehrbuch der Dogmengeschichte I, 2S. 56: „Jesus verkündigte das Reich Gottes als ein zukünftiges und doch gegenwärtiges, als ein unsichtbares und doch sichtbares." Eine Lösung der Antinomie wird an der entsprechenden Stelle I, 3S. 60 angedeutet: „Jesus verkündigte das Reich Gottes, welches dem Reich des Teufels und desshalb auch dem Reiche der Welt gegenübersteht, als ein zukünftiges — und es stellte sich doch in seiner Predigt als ein gegenwärtiges dar —, als ein unsichtbares — und es war doch sichtbar; denn man sah ihn."

[6] Ehrhardt, Revue chrétienne 1895, S. 8: „En nous plaçant au point de vue purement métaphysique, nous pouvons dire, que les contemporains de Jésus connaissaient parfaitement la conception de l'au delà qui manquait aux prophètes."

gleichzeitigen Bestehens zweier in verschiedenartige Zeitrahmen gefassten Bilder ist bald auf begrifflichem Weg durch Argumentation aus
dem Wesen des gesunden Ideals[1] oder aus dem Gegensatz von Idee
und Wirklichkeit, von Aeusserem und Innerem, von Wesen und Erscheinung, Inhalt und Form[2], bald auf geschichtlichem Wege versucht
worden, indem man den Höhepunkt des Lebens Jesu, die Zeit der Erfolge und Triumphe von den Zeiten des Kampfes und Unterganges
unterschied. Letztere Lösung wird sich an einem späteren Orte (6 2)
als die richtige herausstellen. Aber nicht etwa, als ob das zukünftige
Herrlichkeitsreich den Anfang, das gegenwärtige, das geistige Reich
den krönenden Abschluss der Verkündigung Jesu gebildet hätte[3].
Zwar scheint für ein lediglich zukünftiges Reich die summarische Ankündigung der Predigt sowohl Jesu Mc 1 15 = Mt 4 17 als auch seiner
Jünger Mt 10 7 = Lc 10 9 11 zu sprechen: „Das Reich Gottes ist nahe
gekommen." Aber ein Reich, welches sich jedenfalls erst in Folge
seines Auftretens verwirklichen sollte, konnte er zu Beginn dieses seines
Auftretens selbstverständlich nur erst in Aussicht stellen, mag er es
im Uebrigen als innerweltlich oder als endgeschichtlich gedacht haben[4].
Sobald aber einmal gewisse Erfolge errungen sind, versteht es sich auch
von selbst, dass sein Beruf nicht wieder, wie derjenige des Täufers,
bloss auf die Zukunft weist. Das „angenehme Jahr des Herrn" Jes
61 2 = Lc 4 19 ist selbst da, nicht etwa erst die Vorbereitung dazu[5].
Daher das an die Jünger gerichtete, beglückwünschende Wort: „Selig
die Augen, welche sehen, was ihr sehet" Mt 13 16 = Lc 10 23. Sehen
heisst erfahrungsmässig kennen lernen Lc 2 26, erleben Joh 8 56. Was
die Beglückten erleben, kann nur das mit der Wirksamkeit Jesu an-
hebende Rauschen und Regen der Geister, das noch unsichtbar, aber
fühlbar anbrechende Reich Gottes sein. Der Gegenwart gehört das
Reich an, in welches jetzt schon Sünder eingehen, wenn sie die Leistungen
der Bekehrung und des Glaubens erschwingen können. Ebenso gewiss
gehört dagegen das Reich, wovon die futurischen Makarismen Mt 5 4—9
= Lc 6 21 reden, das Reich, in welchem alle Unbill und Härte der

---

[1] HASE, Leben Jesu [3]S. 201: „Dass das Reich bald als nahe, bald als gekommen und doch immerdar kommend verkündigt wird, entspricht seiner Natur
als einem Ideal." BEYSCHLAG I, S. 49f, 54: „Alles Werdende ist zugleich gegenwärtig und zukünftig; es ist und ist noch nicht."
[2] HASE, Geschichte Jesu [2]S. 520. HAUPT S. 78f, 82.
[3] So etwa meint es SCHNEDERMANN I, S. 2, 52f, 60f, 74f, demzufolge das
Neue in Jesu Predigt zunächst nur darin bestand, dass er der Sehnsucht des
Volkes eine baldige Erfüllung verhiess. Vgl. auch WELLHAUSEN S. 347. Nach JOH.
WEISS S. 26f, 62 hat Jesus wenigstens die Reichserrichtung früher näher gedacht
als später.
[4] HAUPT S. 77, 82.   [5] HAUPT S. 70. LÜTGERT S. 56.

Gegenwart ausgeglichen und eine totale Umkehr der gegenwärtigen Lage bewerkstelligt wird, der Zukunft an [1]. In diesem Sinne ist und bleibt es zugleich ein eschatologischer Artikel; von seiner Realität werden sich erst diejenigen Jünger überzeugen können, welche Mt 16 28 dereinst den Menschensohn und mit ihm sein Reich werden kommen sehen. Wenn übrigens in dieser Stelle Person und Sache verbunden erscheinen (ἴδωσιν τὸν υἱὸν τοῦ ἀνθρώπου ἐρχόμενον ἐν τῇ βασιλείᾳ αὐτοῦ), so ist bei den Seitenreferenten letztere noch allein vertreten (Lc 9 27 ἴδωσιν τὴν βασιλείαν τοῦ θεοῦ), und zwar Mc 9 1 mit einem charakteristischen Zusatze (ἐληλυθυῖαν ἐν δυνάμει), welcher ohne Zweifel im Gegensatze zu einem früheren, latenten Zustande des Reiches Gottes zu verstehen ist [2], ähnlich wie Christus Rm 1 4 erst mit der Auferstehung als „Sohn Gottes in Kraft gekennzeichnet" erscheint (s. II 1, 6 1) [3]. Immerhin ist damit ein maassgebender Gesichtspunkt sowohl für Unterscheidung wie für Vereinbarung beider Anschauungsbilder vom Reiche Gottes gegeben, wenn auch das Doppelbild selbst schliesslich stehen bleibt (s. unten 7 1).

6. Jüdisches und menschheitliches Reich.

Einige Stücke der synopt. Literatur, zumal Mt und die Vorgeschichte bei Lc, aber auch die Ptreden in Act, stellen das Reich Gottes mit Vorliebe als Erfüllung der alttest. Reichshoffnungen, der jüd. Reichsträume dar, wie es sich auch Mc 11 10 wenigstens für das jerusalemische Volk um „das kommende Reich unseres Vaters David" handelt. Selbst Act 1 6 noch fragen die Jünger den Auferstandenen, ob er gedenke, „für Israel das Reich herzustellen". Ein so starkes Nachwirken des national-politischen Factors in der ältesten Ueberlieferung stellt uns vor die Frage, ob und inwieweit auch der geschichtliche Jesus jenen Factor mit in sein Reichsprogramm aufgenommen habe.

Die politische Spitze bezeichnet Anfang wie Ende der Entwickelung des messianischen Gedankens (s. oben S. 85). Hat Jesus sie abgebrochen? Die Thatsache, dass er in dem nationalen Vorstellungsbilde die Voraussetzung und den Anknüpfungspunkt für seine Reichspredigt

---

[1] Gegen Paul S. 35 und Lütgert S. 98, 115, 132.

[2] So Issel S. 117f und selbst Ehrhardt S. 51. Hier hat ihren Anhaltspunkt die Unterscheidung von Lütgert S. 149f: gegenwärtiges und verborgenes, künftiges und sichtbares Reich.

[3] Joh. Weiss S. 14. Wie übrigens das ἐν δυνάμει Rm 1 4 auf die bestimmte Thatsache der Auferstehung zu beziehen ist, nicht aber etwa ein allmähliches Erstarken bezeichnen kann, so ist es auch Mc 9 1 nicht mit Haupt S. 145 von der „Erstarkung" zu verstehen, sondern zielt auf eine bestimmte Thatsache ab, welche die Parallelstelle Mt 16 28 ganz richtig in der Parusie finden lehrt.

gefunden und anerkannt hat (s. oben 3 1), scheint dagegen zu sprechen. Demgemäss glaubt man es der Consequenz schuldig zu sein, selbst der Befreiung des Volkes Gottes von der Fremdherrschaft eine Stelle in seinem Reichsprogramm anzuweisen, nur dass er dieselbe als Erfolg einer Gottesthat, nicht als Frucht der jüd. Auflehnung erwartet hätte. In Wahrheit aber steht Jesu Gottesreich auf dem Kriegsfuss nicht sowohl zu den danielischen Weltreichen (hier wird nur ein Gegensatz der ethischen Principien documentirt, s. oben S. 177), wohl aber Mt 12 25—28 = Lc 11 17—20 zum Satansreich 1, und er findet letzteres keineswegs, wie etwa Apk 13 2, im röm. Imperium, sondern „von dem Bösen erlöst" Mt 6 13 wird, wen Gott vor Versuchungen bewahrt. Der Lc 11 21 22 (vgl. Mc 3 27 = Mt 12 29) erwähnte „starke Gewaffnete", welchen Jesus in der eigenen Versuchung bezwungen hat, steht in keinerlei Verhältniss zur röm. Staatsmacht. Mit unserem bisherigen Befunde stimmt es, wenn unter dem Drucke von Zumuthungen, wie sie die Zeitgenossen an jeden, der als prophetischer Reformator oder gar als Messias gelten wollte, in erster Linie stellten, Mc 12 13—17 = Mt 22 15—22 = Lc 20 20—26 die Versuchung zu einer tapferen Erklärung bezüglich des, als begriffswidrig geltenden, röm. Census abgelehnt und wenn dabei überdies noch ausgesprochen wird, dass die Erfüllbarkeit der Gottespflicht durch Bekenntniss und Thatleistung politischer Unterthänigkeit in keiner Weise beeinträchtigt oder verkümmert werde. Darin liegt noch lange keine Sympathie mit dem röm. Weltstaat. In diesem sieht Jesus einfach ein Vorkommniss der von Gott geleiteten Geschichte, einen Theil der natürlichen Weltordnung, eine vollendete Thatsache, darin man sich zu fügen hat, wie man auch Naturvorgänge einfach nimmt und belässt, wohl oder übel, wie sie einmal sind. Der Schwerpunkt des Gedankens aber ruht, weil Motive und Interessen Jesu immer religiöser Natur sind, weniger auf dem Vordersatze „Gebet dem Kaiser, was des Kaisers ist" (so ernsthaft dies gewiss zu nehmen ist, s. 5 2), als auf dem Schlusssatze: „Gebet Gott, was Gottes ist"; ihm stellet es auch anheim, sein Reich herbeizuführen, nicht aber erwartet solchen Erfolg von der Revolution 2. Sofern nun aber das praktische Verhalten der Pharisäer in der Letzteren seinen Abschluss fand, so sagt sich Jesus eben damit unzweideutig von jeder Betheiligung an der Actionspartei los und hält sich auf der Linie der Unterwerfung predigenden Hillelschule (s. oben S. 35). In ethischer Beziehung ist daraus nicht sowohl die positive Pflicht zur Betheiligung am bürgerlichen Leben, als vielmehr der negative Gedanke abzuleiten, dass Münze und

---

1 GUNKEL, ThLZ 1893, S. 43f. HAUPT S. 68, 75.
2 JOH. WEISS S. 24, 40, 49.

Steuer einem vom religiösen grundsätzlich und himmelweit verschiedenen Gebiete angehören [1]. Aber eben damit hat Jesus den Grundzug
aller jüd. Zukunftsgedanken, der populären wie der esoterisch-apo-
kalyptischen, aus seinem Reichsideal gestrichen [2]. Die politische Erd-
farbe des nationalen Bildes ist ausgelöscht, eben damit aber auch die
Tragweite seines Einflusses auf einem entscheidenden Punkte zurückgedrängt (s. unten 5 2). Was Jesus erwartet, ist nicht Restitution
Israel's, nicht Triumph der jüd. Theokratie, sondern Herstellung einer
Gemeinschaft, in welcher Gottes Wille zum unverkürzten Vollzug gelange, Gottes Macht die Alleinherrschaft führe. Demgemäss fehlt
den Zukunftsbildern, die Jesus entwirft, regelmässig das politisch-
nationale Element [3]. Aber so unpolitisch, so ausschliesslich religiös
gedacht dieses Ideal auch ist, er hat es doch unter dem Bilde einer
staatlichen Organisation, eines, nach Analogie der Weltreiche und unter
den Formen eines Staatswesens zu denkenden, Reiches vorgestellt
(s. unten 6 4), und auch insofern kann man sagen, dass er dem Staats-
gedanken mindestens nicht den Krieg erklärt habe [4].

Aber man ist auch schon weitergegangen und hat in dem Spruche,
welcher die antike Verflochtenheit der Religion in die Staatsordnung
grundsätzlich aufhebt, ein Symptom davon erblickt, dass eine Aera
internationaler Religiosität im Anbruche sei [5]. Es fragt sich also, ob
dem Gedanken vom Reiche Gottes eine solche Tragweite zukommt, ob
dem national-particularistisch gehaltenen Entwurfe ein universalisti-
scher Hintergrund, ein menschheitlicher Kern eignet [6]. Nun sind die
Juden allerdings „die Söhne des Reiches" Mt 8 12, die geborenen Erben

---

[1] Joh. Weiss zu Lc 20 23—25. Titius S. 45 f.

[2] Gunkel S. 44 f. Titius S. 46: „Ist es aber mit den Pflichten gegen Gott
nicht unvereinbar, an den Kaiser die Steuer zu bezahlen, so wird dies selbst
zur Pflicht. Denn sollen die Jünger selbst unberechtigte und willkürliche Forderungen zu erfüllen verpflichtet sein, wie viel weniger werden sie geordneten und
regelmässigen Verpflichtungen sich entziehen dürfen!"

[3] Bousset S. 82 f. Ueber die scheinbare Ausnahme Mt 19 28 = Lc 22 30 vgl.
Haupt S. 93, 98 f.

[4] Titius S. 20 f, 44, 48 f, 81.

[5] L. v. Ranke, Weltgeschichte III, S. 161, 164 f.

[6] H. Schultz S. 373: „Auch Jesus hat das Reich Gottes zunächst als einen
eschatologischen Begriff aufgefasst, wie die Propheten, — als die endgültige und
vollkommene Gemeinschaft der verklärten Menschheit auf Erden, hergestellt durch
göttliche Allmachtsthaten und bedingt durch die Umwandlung der natürlichen
Verhältnisse, — als eine Gemeinschaft der Gerechtigkeit und Seligkeit, in welcher
Gott sich als König erweist, indem aller Widerstand gottfeindlicher Mächte gebrochen ist, — als eine Gemeinschaft, welcher die Welt dient, statt sie zu hemmen." „Auch nach dieser Seite hin hat Jesus den Gedanken des Gottesreiches
über das alttest. Maass hinausgeführt. Er hat ihn völlig von seiner national-
politischen Grundlage abgelöst."

desselben; aber hinter ihnen stehen schon nach Jes 66 23 Sach 14 16 die
von allen Weltgegenden herzudrängenden Heiden als Anwärter Lc
13 29, und wenigstens die Evglsten tragen kein Bedenken, ein Wort
Jesu, welches sich ursprünglich auf das Verhältniss derjenigen, welche
in der gegenwärtigen Wirklichkeit als beati possidentes obenan stehen,
und solcher, die hier Alles aufgeben und verlassen mussten Mc 10 31 =
Mt 19 30, auf das Verhältniss von Juden und Heiden anzuwenden Lc
13 30 (ἰδοὺ εἰσὶν ἔσχατοι οἳ ἔσονται πρῶτοι καὶ εἰσὶν πρῶτοι οἳ ἔσονται ἔσχατοι,
noch anders Mt 20 16). Nicht minder liegt die particularistisch begrenzte Aufgabe der Reichsprediger schon in ihrer Zwölfzahl Mt 19 28 [1]
und wird 10 5 6 in aller Form ausgesprochen [2]. Aber derselbe Evglst
ersetzt den national beschränkten Missionsbefehl schon 24 14 (= Mc
13 10), besonders aber in seinem Schlusswort 28 19 (= Mc 16 15 = Lc
24 47), mit einem universal-menschheitlichen: geschichtlich angesichts der
Verhandlungen des Apostelconventes mit mindestens zweifelhaftem [3],
sachlich dagegen wenigstens dann mit vollem Recht, wenn die Idee
des Reiches, wie Mt sie ja mit aller Bestimmtheit vertritt, nämlich eines
universalistischen Reiches in theokratischen Formen, Jesu selbst angehören sollte [4].

Zu unterscheiden sind hier zwei Fragen: die nach dem „Dass"
und nach dem „Wie". Nur auf der Grundlage der israelitischen und
der jüd. Volksgeschichte konnte der Gedanke des Gottesreiches erstmalig erwachsen. Wenn auch aus göttlichem Geist gezeugt, war er
doch aus dem Fleisch nationaler Abgeschlossenheit und particularistischer Ausschliesslichkeit geboren. Aber der Hintergrund des Universalismus, der nothwendige Begleiter des ethischen Monotheismus der
Propheten [5], konnte im Bewusstsein dessen nicht in dauerndem Dunkel
verharren, der auch sonst überall vom Spätjudenthum, so sehr es die
Wiege seiner Gedankenbildung gewesen ist, zur prophetischen Religion
nicht sowohl zurück-, als vielmehr hinaufgegriffen hat (s. oben S. 145 f).
Mehr aber als ein Prophet Mt 11 9 = Lc 7 26 war jener Täufer, in
dessen Nachfolge (s. oben S. 121 f) auch Jesus an die Stelle des zur Antheilnahme am Reich befähigenden Stammbaumes („Abraham's Kin-

---

[1] TITIUS S. 83 findet in I Kor 6 2 eine Verallgemeinerung dieses Spruches
und die in diesem liegende „Beschränkung auf Israel durchaus contextgemäss".
[2] PAUL S. 87: „Die Vorschrift an seine Jünger, nur zu den verlorenen
Schafen des Hauses Israel zu gehen Mt 10 6, würde doch in einem Evglm, wie das
Mt-evglm, das die Heidenwelt nicht im Entferntesten auszuschliessen gedenkt,
schwerlich Jesu in den Mund gelegt worden sein, wenn sie nicht von ihm wäre."
[3] So auch TITIUS S. 83 und SCHWARTZKOPFF S. 140, 142, 155, 197.
[4] Mit der obigen Formel umschreibt SCHWARTZKOPFF S. 137 f, 142 den Reichsgedanken Jesu.
[5] KUENEN, Volksreligion und Weltreligion S. 111 f.

der") die religiös-sittliche Qualification setzte. Aber auch auf dieser
Stufe ist Jesus so wenig stehen geblieben, dass ihm vielmehr gerade
der Täufer Johannes, wiewohl ein Superlativ unter allen Sterblichen
Mt 11 ₁₁ = Lc 7 ₂₈, doch unter dem einfachen Positiv der im Reiche
Gottes zu erreichenden Vollkommenheit steht. Gerade das wahrhaft
Erlösende konnte im theokratisch bedingten Gesichtskreis des Täufers
noch nicht gegeben sein. Auf der höchsten Sprosse der Mt 11 ₅ = Lc
7 ₂₂ gebauten Himmelsleiter steht wieder „das Evangelium der Armen",
und eben daran sich zu stossen liegt Mt 11 ₆ = Lc 7 ₂₃ dem Täufer offenbar nahe. Für ein Reich, darin der Grösste an dem Maasse demüthiger
Dienstleistung erkannt wird (s. oben S. 177), hat er keinen Maassstab
der Werthung, wie ein solches Reich auch in der That nur noch dem
Namen nach verwandt ist mit der Zukunftshoffnung Israel's[1]. Wenn
wirklich nur Arme am Geist, Sanftmüthige, Friedfertige, schuldlose
Märtyrer Jesu Gottesreich füllen, so eignet diesem seinem Reiche auch
ein allgemein menschlicher Charakter. Nirgends hängen die oben (4 ₃)
erörterten Forderungen und Bedingungen des Reiches, nirgends auch
die in der Gerechtigkeitsidee sich zusammenschliessenden Ordnungen
desselben mit irgend welcher Nothwendigkeit gerade an der jüd.
Nationalität[2]. Umkehren und werden wie ein Kind — das bedeutet
eine Wendung im Leben des Menschen, nicht des Juden. Mit Aufstellung solcher rein sittlichen Voraussetzungen für den Eintritt in das
Reich hat Jesus seinem Gedanken stillschweigend einen allgemein
menschlichen Inhalt gegeben, die Bestimmung des Menschen als solchen für das Reich Gottes zum leitenden Gedanken erhoben[3]. Bringt
es auch der geschichtliche Begriff des Gottesreiches mit sich, dass es
zunächst sauerteigartig das Leben des jüd. Volkes durchdringe[4], so
wäre solches doch nur eine geographische Beschränkung, die dem zufälligen Standort entspricht, nicht aber eine grundsätzlich nationale.
Vielmehr haben die Gleichnisse vom Sauerteig und vom Senfkorn das
Ziel der Entwickelung in einer Allgemeinheit hingestellt, welche für
Begrenzung desselben durch die Schranke einer einzelnen Volksgemeinschaft kaum mehr Raum lässt.

---

[1] BOUSSET S. 80 f, 95.　　　　[2] KRAUSS S. 148.
[3] Vgl. KRAUSS S. 150, 153, 156 f, PAUL S. 89, SCHULTZ, Staat und Kirche in
der Religionsgeschichte 1895, S. 9: „Was im Herzen erlebt wird, das gilt jedem
Menschen, der als Mensch denken und fühlen kann. Und was sich als unwidersprechlich Wahres und Gutes dem Gewissen aufdrängt, das kann nicht mehr als
die Stimme eines einzelnen Volksgottes gelten, neben dem andere Götter auch
Anderes wollen können." WELLHAUSEN S. 348: „Der nationale Gegensatz zwischen
Jüdisch und Heidnisch verbleicht, und der moralische tritt an die Stelle."
[4] Geltend gemacht von B. WEISS, LJ II, S. 341 f.

Der Begriff des Reiches Gottes hat den Gottesbegriff selbst zur Voraussetzung. Schon der strengen Einzigkeit, welche das weithin sichtbare Kennzeichen desselben bildet, entspricht logisch ein gleichmässiges Verhalten aller Menschen zu Gott. Monotheismus und Universalismus sind Correlatbegriffe. Freilich hatte bisher das Judenthum kraft der alttest. Gottes- und Reichsgedanken meist nur sein exclusives Nationalbewusstsein auf Kosten der Heiden zu befriedigen gewusst. Wenn dagegen Jesus seine Jünger anwies, ihr Ideal nicht in einem Volkstypus, in Abraham so wenig wie in einem griech. Heros, zu finden, sondern im Vater-Gott (s. oben S. 170f), so ging dies eben auch in erster Linie den Menschen an, den Juden nicht anders wie auch den Griechen [1]. Nicht auf den Auszug aus Aegypten, sondern auf Thatsachen der täglichen Erfahrung, wie jedes menschliche Gemüth sie zu erleben und zu deuten vermag, wird verwiesen, um Gottes Vaterliebe zu veranschaulichen, die beglückende Güter des Lebens über Böse und Gute ausschüttet Mt 5 45. Mit jenem in Stillschweigen versunkenen geschichtlichen Hintergrunde der Ausführung aus dem Knechtshause Aegyptens (s. auch unten 5 7 über die von den Passaherinnerungen gelöste Form des Herrnmahles) ist die nationale Beschränkung im Wesen des Vater-Gottes verschwunden und der Universalismus zwar nicht proclamirt, aber zur unausweichlichen Consequenz erhoben [2]. Letzteres um so mehr, als gleichzeitig auch die an die Reichsgenossen gestellte Forderung der allgemeinen Menschenliebe, sofern sie unter Ablehnung aller Motive der Blutsverwandtschaft auch Feindesliebe umschliesst, über jedweden nationalen Egoismus und Particularismus hinausheben musste [3]. So gewiss der Wille Gottes, der in seinem Reiche zum Vollzuge gelangt, ein einheitlicher ist, so gewiss können nur Einigkeit und Friede auf Erden das vollendete Gottesreich kennzeichnen [4]. Der Religion des Gottesreiches eignet mithin von Haus aus die Tendenz, Weltreligion zu werden [5].

Wie aber von Gottes wegen das Reich ein menschheitliches werden musste, so auch um Jesu selbst willen. Die Begegnung mit ihm war ein Erlebniss, welches dem Menschen, nicht dem Juden galt.

---

[1] Krauss S. 186, 189f.
[2] Holsten, ZwTh 1899, S. 162f. Vgl. Ehrhardt S. 76: „Sein Gott ist nicht der in die Geschichte durchaus eingeschlossene Gott Israel's, sondern ein wahrhaft zeitloser Gott." Das ist aber doch nur der letzte Endpol, welchem ein anderer als Ausgangspunkt gegenübersteht. S. oben S. 160f.
[3] Titius S. 43f.
[4] Wittichen S. 205. Vgl. LImmer S. 164: „Die Consequenz des Princips hat Jesus nicht gezogen. Sie zu ziehen war dem Apostel Pls vorbehalten."
[5] Lemme S. 30f.

Davon machte er selbst gegenüber der Kananäerin die gleichsam unfreiwillige Erfahrung. Direct der Mensch im Juden fand sich angesprochen, aufgerufen und in Bewegung gesetzt, noch ehe sich der Jude zur Entscheidung bezüglich der, erst spät geltend gemachten, Messianität aufgefordert sah, und schon diese Thatsache konnte dazu beitragen, dem Recht des Menschen auf das Gottesreich zur Existenz in Jesu eigenem Bewusstsein zu verhelfen [1]. Ob und wiefern auch der Name „Menschensohn", der ihm wohl als der zur Bezeichnung seiner Messiasschaft dienlichste erschien, auf ein menschheitliches Reich hinweist, kann hier noch nicht erörtert werden (s. unten 5 3). Jedenfalls hätte er mit diesem wie mit anderen Titeln versehen, selbst als „Gottessohn", doch ein „bornirter Jude" sein und bleiben können, wenn er nicht vorher schon gewesen und nachher geblieben wäre der religiöse Heros, dessen Ohr so feinhörig, dessen Herz so empfänglich war für jede, auch noch so leise vernehmbare, Gottesstimme in der Menschenwelt, dessen Geist die Anziehungskraft, die er auf alle nach Heil und Leben schmachtenden und begierigen Seelen übte, seinerseits als Drang, Trieb und Lust zu helfen und zu retten empfand.

So wirkte Alles zusammen, um den Reichsgedanken, ohne dass sein Träger je gesonnen gewesen wäre, den jüd. Geburtsschein zu verleugnen, über die Schranken der Nationalität hinauszudrängen. Die Natur zeigte einen Gott, der für Heiden und Juden Sonnenschein und Regen besitzt; die Schrift lieferte einen universalistischen Hintergrund der prophetischen Zukunftsreden; die Menschenwelt, ja gerade die Heidenwelt, schloss Exemplare des Glaubens in sich, wie den Centurio von Kapernaum Mt 8 5—13 = Lc 7 1—10 und das syrophönicische Weib Mt 15 21—28 = Mc 7 24—30. Jener glaubt einfach an den Retter, ohne ihn am Maassstab jüd. Messiasgedanken messen zu können, und auch diesem legt nur Mt 15 22 gegen Mc 7 26 den „Davidssohn" in den Mund.

Mit der Erinnerung an solche Erfahrungen ist bereits die Frage nach dem Hergang berührt. Nicht auf dem Wege eines Schlusses aus den Consequenzen des Gottesbegriffes oder aus dem Inhalte des Reichsbegriffes hat sich der universalistische Gedanke aus seinem latenten Dasein hervorgearbeitet, ist er aus den unbewussten, dunkeln Regionen dem Lichte entgegengewachsen. Sondern ganz ebenso wie der Grundsatz der Gesetzesinnerlichkeit im Kampf mit der pharisäischen Praxis errungen worden ist, so ist auch der Universalismus, soweit er innerhalb der kurzen Lebensbahn Jesu herangedeihen konnte, durch-

---

[1] Krauss S. 151.

weg aus den Erfahrungen erwachsen, welche Jesus auf den Höhepunkten seiner Wirksamkeit, ja schon mitten in der Krisis mit seinem
Volk einerseits, mit einzelnen Heiden andererseits gemacht hat[1] —
Erfahrungen, welche freilich nur auf der Fortsetzung derselben Linie
liegen, deren Anfangspunkt ihn als „der Zöllner und Sünder Geselle"
erscheinen lässt (s. oben S. 136f).

Zur Zeit der Aussaat, als Jesus die Gleichnisse vom Werden und
Wachsen des Himmelreiches sprach, ja auch noch, als er im Vollgefühl
fruchtreichen, wenn schon an einzelnen Punkten bereits gescheiterten
Wirkens seine Jünger in die galiläischen Städte und Dörfer sandte,
hatte er selbst noch keine Aussicht auf einen vorzeitig abgebrochenen
Lebenstag, wohl aber Grund genug zu der Hoffnung auf Verwirklichung
der sittlichen Vorbedingungen, an welche das Erscheinen des Gottesreiches geknüpft war, innerhalb des Volksganzen Israel's[2]. Bald aber
drängte sich stärker und zuletzt unabwendbar die Ueberzeugung auf,
dass die Volksgenossen, direct vor die Wahl der Entscheidung zwischen
ihren bisherigen Führern und dem Propheten des Gottesreiches gestellt,
unvermögend waren, den Bruch mit jenen zu wagen und dafür diesem
ein Vertrauen zu schenken, welches zum Verzicht auf alle gewohnten
Seligkeitsgarantien führen musste, ohne den ewigen Hunger und Durst
des Volksgemüthes nach Handgreiflichkeiten zu befriedigen[3]. In dieser
Beziehung waren die „Armen" nicht besser als die „Sünder" und diese
nicht bescheidener als die „Gerechten". So änderte sich die Sachlage zu
Jesu Ungunsten. Der sonnenhelle Himmel, welcher über seinem ersten
Auftreten geleuchtet hatte, verfinsterte sich zusehends. Das Volk liess
in dem Maasse an Entschiedenheit für den neuen Propheten nach, als
diesem die Machthaber, d. h. zuächst die Pharisäer und Schriftgelehrten,
erst Anerkennung versagten, dann im Verein mit Sadducäern und Hero-
dianern offene Feindschaft entgegentrugen. Eine Zeit lang schwankte die
Wage, dann neigte sie sich zu Ungunsten des neuen Propheten. Dieser
Moment war gekommen, als Jesus in Folge des unheilbaren Conflictes,
in welchen ihn seine Stellung zur pharisäischen Tradition und zur mosaischen Reinigungsordnung gebracht hatte, Galiläa verliess und auf
heidnisches Gebiet flüchtete Mc 7 24 31 8 27. Die Krisis, welche damit über

---

[1] Den Gedanken einer fortschreitenden Entwickelung auf diesem Punkte vertritt besonders Paul S. 87f. Uebrigens ist auch, was vom Universalismus in der
alttest. Theologie steckt, in gleicher Weise als eine durch Erfahrung gezeitigte
Frucht zu begreifen. Vgl. Kuenen S. 183.
[2] Pünjer, ZwTh 1878, S. 201.
[3] Brandt S. 467: „Jeder merkt, dass dieser Mann gegen die hochmüthigen
Gelehrten und Reichen Partei nimmt; was er aber eigentlich zu sagen hat, wird
von den Wenigsten ernst zu Herzen genommen."

sein Werk hereingebrochen war, führt drei Erträgnisse mit sich. Das erste ist das jetzt endlich wenigstens angesichts des engeren Jünger-kreises aufgepflanzte Kampfzeichen der Messianität (s. 5 3), das zweite eine Erweiterung des Umfanges des messianischen Programms, in Folge deren, wenn nicht die Heidenwelt, so doch einzelne Heiden mit herein-gezogen erscheinen, das dritte, die Aufnahme des Leidensgedankens in den Inhalt dieses Programms (s. unten 5 5). Das ganze Verständ-niss nicht bloss des Lebens, sondern auch der Lehre Jesu hängt an der richtigen Erfassung dieser grossen Wendung.

Nur mit dem mittleren Moment haben wir es jetzt zu thun. Hier liegt die Sache in der That anders am Anfang, anders gegen Ende der Laufbahn Jesu. Aus früheren Zeiten finden sich besonders bei Mt bestimmte, scharf ausschliessende Worte gegen das Heidenthum — Worte, deren schroffe Kanten bereits in unserem Mc vermieden (Zu-satz von πρῶτον Mc 7 27), bei Lc, der die Kananäerin mit Stillschweigen übergeht, geradezu abgestossen sind. Jesus ist dort der ächte Sohn seines Volkes; die im Munde des Letzteren gebräuchlichen Bezeich-nungen der Heiden sind auch ihm selbst nicht fremd geblieben (Mt 7 6 können neben den Schweinen die Hunde Heiden sein, 15 26 = Mc 7 27 sind es die „Hündlein", weil den Kindern entsprechend als Hausthiere gedacht, gewiss). Das Reich ist von vornherein nicht anders denn als Domäne Israel's gedacht. Sowohl er selbst Mt 15 24 wie seine Jünger 10 5 6 sind ausschliesslich gesandt zu den „verlorenen Schafen des Hauses Israel". Aber erfahrungsmässig stellt sich die überwiegende Wahrscheinlichkeit, wenn nicht Gewissheit ein, dass das jüd. Volk, statt die meisten und vorzüglichsten „Söhne des Reichs" zu liefern, in diesem Reiche die geringste Rolle spielen werde. In demselben Maasse wuchsen die Aussichten für die Heidenwelt. Nachdem er in Nazareth zurück-gewiesen, bald darauf sogar auf heidnischen Boden hinausgedrängt war, wurden in seinem Geiste prophetische Worte licht, die ihm einen Beruf antrugen, welcher die Heiden nach Jerusalem führen sollte (Jes 19 18—25 49 6 7 23 56 1—8 60 12 66 19), während zugleich der thatsächlich sich steigernde Unglauben des, lauter Enttäuschungen bereitenden, jüd. Volkes gleichfalls in alten Geschichtsbildern derselben hl. Schrift seine Erklärung fand, wie in den Erzählungen von Ninive und der Königin von Saba Mt 12 41 42 = Lc 11 31 32, von Naëman und von der Wittwe zu Sarepta Lc 4 25—27. Dem Unglauben von Chorazin und Bethsaida trat verheissend das religiöse Bedürfniss und manche erfahrene Em-pfänglichkeit der Heidenwelt gegenüber Mt 11 20—24 = Lc 10 13—15; Samariter erwiesen mehr sittlichen Gehalt, als Juden Lc 10 30—36 17 11—19; der Hauptmann von Kapernaum zeigte Glauben, mehr als in Israel je gesehen ward Mt 8 10 = Lc 7 9 [1], und über dem muthigen Demuthswort der Syrophönicierin stand Jesus still und staunte Mt 15 28 = Mc 7 29, neue Wege Gottes ahnend und unfähig, sich etwa in das Gewebe des nationalen Egoismus zurückzuspinnen. Einen Moment hat er den Conflict mit dem eigenen Programm empfunden.

Seither aber weiss er Mt 11 21 = Lc 10 13, dass selbst in Tyrus und Sidon Gläubige aufgestanden wären, wenn diese Städte eine Einladung in's Reich Gottes empfangen hätten. Jetzt spricht er je länger desto unmissverständlicher von dem Reiche, welches den ersten Erben genommen werden und den Heiden in den Schoss fallen soll Mt 21 43 22 7—10 = Lc 14 22—24 [2]. Der universalistische Kern des Gedankens vom Reiche Gottes sprengt die geschichtlich bedingte Schale, in welcher ihn Jesus erfasst hatte, ohne dass jedoch auf das Verhältniss, in welches Juden und Heiden im vollendeten Gottesreiche zu einander treten werden, weiter reflectirt wird [3]. Auch in dieser Beziehung, wie in der entsprechenden Gesetzesfrage, blieb Jesu Tagewerk unfertig liegen [4].

5. Das messianische Bewusstsein Jesu.

1. Jesu Person als Gegenstand seiner Lehre.

Die bisherigen Betrachtungen liessen uns das, was Jesus der Welt brachte, unter den Gesichtspunkten einer Sittenlehre, einer Gottesverkündigung, einer Reichspredigt erfassen. Und zwar erschien dabei Alles ebenso alt, wenn man Ausgangs- und Anknüpfungspunkte, literarische Parallelen und zeitgeschichtliche Analogien in's Auge fasste, wie auch wieder neu, sobald die Schlussergebnisse in den Rahmen der eigenthümlichen Lebensaufgabe Jesu eingefügt und nach ihrem eigenen Gesetze geordnet werden konnten. Absolut nothwendig war der Bruch mit dem Judenthum auf keinem der angegebenen Punkte geworden, zumal da das Auftreten Jesu kein revolutionäres gewesen und demgemäss der Anhang, welchen er gefunden hatte, niemals im Ernst zu einer bedrohlichen Macht für das Bestehende herangewachsen war. Nun aber der Messianismus! Dieser brachte die Katastrophe und

---

[1] Ueber die chronologische Stellung der Perikope vgl. Paul S. 88 f.

[2] Unter Voraussetzung der Ursprünglichkeit der Beziehung auf das Verhältniss von Juden und Heiden wären überhaupt die Gleichnisse von den bösen Weingärtnern und vom grossen Hochzeitsmahl als Belege anzuführen. Vgl. hierüber Schwartzkopff S. 141.

[3] So Haupt S. 100 f und Schwartzkopff S. 143.

[4] Vgl. Hilgenfeld, Jesus und Paulus: ZwTh 1894, S. 481 f, wornach auf der einen Seite Jesus sich streng an die nationalen Begriffe anschliesst, auf der anderen doch das Lebenswerk des Pls als folgerichtige Ausführung des Vermächtnisses Jesu erscheint.

durch die Krisis derselben hindurch eine neue Religion, als deren
springender und quellender Punkt sich zunächst die Christologie geltend machte. Wie ist es zu einer Lehre von der Person Jesu gekommen? War er überhaupt und wodurch war er veranlasst, nicht bloss
wie bisher, vom Reich und vom Vater, sondern auch von sich selbst zu
reden? Der ausreichende Grund hiefür liegt in dem immer kräftiger heran-
gewachsenen Bewusstsein um das Neue, das er bringt. Eine grosse Entdeckung zunächst auf sittlichem Gebiete war gemacht (s. oben S. 151).
Den gerechtesten Lohn bildet in solchem Falle das unabweisbar
freudige Selbstgefühl des Entdeckers. Im Doppelgleichniss Mc 2 21 22
= Mt 9 16 17 = Lc 5 36—38 verräth sich das klare Bewusstsein, ein Neues
schaffen zu können, das mit ursprünglicher Kraft wirken soll. Ihm entspricht das nicht minder stolze Tempelwort, welches im Process eine
Rolle spielt (s. oben S. 149). Vorher noch wirksam war die paradoxe
Irrationalität des Grundgedankens seiner ganzen Verkündigung, der
alles bisher Dagewesene und Geltende auf den Kopf stellende, allen
Zwang und Bann der bisher geläufigen Begriffe von Gottes Verhalten
zu den Menschen umstürzende Charakter der Frohbotschaft, wie wir
deren Werdegang und inneren Gehalt bisher kennen gelernt haben.
Kein Vertrags-, kein Rechtsverhältniss, keinen Pact und keinen Calcul,
also im letzten Grunde auch keinen Gesetzesbund, bedeutet das religiöse Verhältniss, sondern das directe Gegentheil davon: Gnade gerade
für die, welche sich ihrer vollkommen unwürdig wissen und auch allgemein für unwürdig gehalten sind, Gnade für den in Scham vergehen
den, an seine Brust schlagenden Zöllner, Erhörung seines Verzweif-
lungsrufes Lc 18 9—14. Dieses erbarmenden Liebeswillens ist Jesus
ganz von sich selbst aus als eines innersten und letzten Motives Gottes
so unbedingt sicher, dass er in angezeigten Fällen nicht zögert, auch
einzelnen Personen in praktischer Anwendung jenes Wissens um Gottes
Absichten Vergebung ihrer Sünden zuzusprechen (s. oben S. 202 f), sie
der sittlichen Welt, der Welt Gottes wiederzugeben. Jesus hat für
dieses sein eigenthümlichstes Berufswirken den Ausdruck „retten", der
in seiner griech. Wiedergabe (σώζειν, schon im Classischen häufig Gegensatz zu ἀπολλύναι) aus der bekannten Bedeutung einer nationalen Befreiung von Anarchie, Tyrannei oder Fremdherrschaft Umsetzung in
den neuen Sinn einer geistigen Befreiung vermittelst sittlicher Erhebung
erfährt [1]. Daher jene Selbstbekenntnisse zu seiner Lebensaufgabe, wie
sie, mit solchem Ernst berufsmässiger Selbstgewissheit gesprochen, in

---

[1] STANTON, The Jewish and the Christian Messiah 1886, S. 149 f.

keines Anderen Munde mehr verständlich sein würden: „Ich bin gekommen, die Sünder zur Umkehr zu rufen“ Mc 2 17 = Mt 9 13 = Lc 5 32, „zu suchen und zu retten, was verloren ist“ Mt 18 11 = Lc 19 10. Dies Alles im sprechenden Gegensatz gegen die Mission der bisherigen und der gegenwärtigen Volksführer, die vielmehr darauf gelautet zu haben schien: Die Gerechten sollen gesammelt, die Sünder ausgeschieden (s. oben S. 215), jenen Lohn und Glück, diesen Strafe und Verderben angekündigt und zugewendet werden. Gelangt hier jeder durch sein eigenes Thun und durch die ihm zur Verfügung stehenden Sühnmittel zu der Gerechtigkeit, welche ihm Antheil am Gottesreich verbürgt (s. oben S. 64f), so geht in dem neuen Heilsprogramm allem solchen Thun vielmehr die That dessen voraus, welcher das grosse Rettungswerk an den „Verlorenen“ unternommen hat.

Eine so totale Umdrehung der Pole, um welche sich das ganze herkömmliche Gottesbewusstsein, die populäre jüd. Religiosität bewegt hatte, war allerdings eine rein unfassliche Sache, ein weder mit allgemein menschlicher, noch mit speciell jüd. Logik zu rechtfertigendes Unternehmen. Aber in solchen Tönen hatte er nur einmal das Herz Gottes an sein Herz schlagen gefühlt; als eine Offenbarung, als ein Wort vom Leben, das man nicht fassen, das man nur glauben kann, hatte er selbst empfunden, was er Anderen verkündigen sollte. Zu der einen, uns schon bekannten, Bedingung für den Eintritt in das Reich Gottes, die „Umsinnung“, gesellt sich daher sofort in positiver Ergänzung derselben eine zweite, der Glaube (vgl. die Formulirung der Summe aller Verküudigung Jesu Mc 1 15 μετανοεῖτε καὶ πιστεύετε ἐν τῷ εὐαγγελίῳ). Worin kann dieser Glaube demnach nur bestehen? Darin, dass der Mensch, wie er Gott als rettende Liebe erfährt, so auch die entsprechende Idee des Vater-Gottes zum bestimmenden, ordnenden und belebenden Motiv seiner religiösen und sittlichen Functionen werden lässt [1]. Dies der schon vorpaulin. Zusammenhang von „Glaube“ und „Rettung“ oder „Heil“ (σωτηρία). Die Person Jesu aber ist bei diesem Glauben insofern betheiligt, als sein eigenes Verhalten die Gewähr für das entsprechende Verhalten Gottes bietet (s. oben S. 168f) [2].

---

[1] WITTICHEN, LJ S. 87: „Der Glaube im Sinne Jesu besteht nämlich darin, dass der Mensch die Idee Gottes, seiner Weltordnung und seiner Wirksamkeit in der Schöpfung, concreter bestimmt, die Idee Gottes als des Vaters, die Idee der Gerechtigkeit und des Königthums Gottes auf Grund innerer und äusserer Erfahrung in sich aufnimmt und zum bestimmenden Inhalte seines Bewusstseins werden lässt.“

[2] Osc. HOLTZMANN, Das Christusbild der Geschichte und das Christusbild der Dogmatik 1890, S. 29: „Die natürliche Scheu des Sünders, an diese Liebe Gottes zu glauben, hat Jesus im Leben durch seinen eigenen, den Pharisäern so

Mit dem eben Gesagten ist einfach das prophetische Bewusstsein
Jesu umschrieben. Prophet sein bedeutet persönlichste Betheiligung
bei der Reinigung und Vertiefung des Gottesbewusstseins, schöpferische
Thätigkeit im Centrum der Religion. Als ein Prophet weiss sich Jesus
Mc 6 ₁ = Mt 13 ₅₇ = Lc 4 ₂₄, als ein Prophet gilt er Mc 6 ₁₅ 8 ₂₈ = Mt
16 ₁₄ = Lc 9 ₈ ₁₉ Mt 21 ₁₁ ₄₆ Lc 7 ₁₆, vgl. ₃₉ 24 ₁₉, vor falschen Propheten warnt er Mt 7 ₁₅ 24 ₁₁ ₂₄ = Mc 13 ₂₂ Lc 6 ₂₆ ¹. Ist aber schon
der Täufer grösser als alle Propheten Mt 11 ₉ = Lc 7 ₂₆, so hat es
aus demselben Grunde mit Jesu eigenem Prophetenthum vollends eine
besondere Bewandniss, deren Erörterung einstweilen noch ausgesetzt
bleiben muss (s. 5 ₃—₆). Der gewöhnliche Prophet würde sagen: „So
spricht der Herr." Dagegen Mt 5 ₂₂ ₂₈ ₃₂ ₃₄ ₃₉ ₄₄ steht: „Ich aber sage
euch." Die Zumuthung, den Glauben mit obigem Inhalte zu leisten,
stützt sich einfach auf sein maassgebendes religiöses Erlebniss.

Wäre er dagegen einer der Schriftgelehrten seiner Zeit gewesen,
so hätte er gesagt: „So und so hat schon Rabbi NN gelehrt." Man
muss sich, um das Postament zu würdigen, von welchem aus Jesus
redet, der entscheidenden Macht erinnern, womit für das damalige
Judenthum die Autoritäts- und Traditionsgedanken in alle Wahrheitsfragen eingreifen mussten (s. oben S. 37 f). Eine bezeichnende Anek-
dote lässt den grossen Hillel einen ganzen Tag lang vor seinen Schülern Beweise entwickeln; für diese aber ist die Sache erst fertig und
ausgemacht, als er hinzufügt: „So habe ich es gehört von Schemaja
und Abtaljon". Jesus hatte keine derartigen Namen zur Verfügung,
um auf sie zu pochen; er predigte gleichsam auf eigene Hand (daher
Mc 1 ₂₂ = Mt 7 ₂₇ ὡς ἐξουσίαν ἔχων καὶ οὐχ ὡς οἱ γραμματεῖς). „Einer
ist euer Lehrer, Einer euer Führer; ihr sollt sonst Niemanden Lehrer
oder Führer nennen" Mt 23 ₈ ₁₀, oder in johann. Sprache „Ihr nennet
mich Meister und Herr und saget recht daran, denn ich bin es" Joh
13 ₁₃: in diesen Worten klingt trotz beiderseits erkennbarster Redaction noch die Vorsorge nach gegenüber der Wiederkehr eines ähnlichen Traditionalismus; aber freilich zugleich auch eine beanspruchte
Autorität, mindestens derjenigen des Moses gleich. Wie im jüd. Volksglauben einst dieser, so kommt für die Seinigen nur Jesus selbst in
Betracht als Zeuge und Bürge für die Realität des von ihm geltend
gemachten Gottesglaubens und die aus ihm abgeleiteten sittlichen

---

anstössigen Verkehr mit den Sündern zu heben gesucht, indem er überall durch
das Vertrauen zu seiner Person zu dem Vertrauen auf den sündenvergebenden
Gott hinführt."

¹ Jesus ist, noch ehe er Messias ist, Prophet für STRAUSS I, S. 250 f, WEIZ-
SÄCKER, Evangel. Geschichte S. 430, L. PAUL S. 426 f, SCHWARTZKOPFF S. 7 f.

Forderungen. Auch die souveräne Stellung gegenüber dem Gesetz versteht sich nur von dem Punkte aus, welcher ebenso Wurzel wie Spitze des vorliegenden Gedankencomplexes ist (s. oben S. 131). An wen aber glaubt man, an Gott oder an ihn oder an beide zugleich? Es ist nicht überflüssig, sämmtliche synopt. Verse zusammenzustellen, in welchen vom Glauben (πίστις und πιστεύειν; nur Mt 23 23 steht jenes = Zuverlässigkeit und nur Lc 16 11 dieses = Anvertrauen) die Rede ist. Direct bezieht sich aller Glaube entweder auf die Sache Gottes (Mc 1 15 πιστεύειν ἐν τῷ εὐαγγελίῳ) oder auf Gott selbst (Mc 11 22 ἔχετε πίστιν θεοῦ). Ueberall wo vom „Glauben" schlechthin gesprochen wird, als gleichsam dem Rückgrat des religiösen Charakters, wie Lc 17 5 (πρόσθες ἡμῖν πίστιν) 22 32 (μὴ ἐκλείπῃ ἡ πίστις σου), da wird diese Richtung eingehalten (Gegensatz ἄπιστος Mc 9 19 = Mt 17 17 = Lc 9 41 12 46, dagegen ist πιστός bei den Snptkrn = treu). Nur in einem solchen Glauben erreicht der Mensch jene Unabhängigkeit von der Welt, die, weil es hier im Grunde keine Natur gibt (s. oben S. 163), zugleich als unumschränkte Herrschaft über die Natur vorstellbar wird Lc 17 6 = Mt 17 20 21 21 und erfolgreiche Anrufungen Gottes auch in dieser Richtung schlechthin frei stellt Mc 11 23 24 = Mt 21 21 22 [1]. Solchem Glauben naht sich dann Gott als Helfer in Jesu Heilthaten. Daher Jesus bei den durch Naturgewalt Gefährdeten den Mangel an Glauben Mc 4 40 = Lc 8 25 (vgl. Mc 16 14) rügt (ὀλιγόπιστος Lc 12 28 = = Mt 6 30 8 26 14 31 16 8) und Mc 6 6 gänzlichem Unglauben (ἀπιστία) gegenüber machtlos wird (charakteristisch verdünnt Mt 13 58) [2], wie seine Jünger Mt 17 20 diese Erfahrung gleichfalls machen. Auch der zunächst seiner Person geltende Glaube der Hülfesuchenden Mc 2 5 = Mt 9 2 = Lc 5 20, über dessen Leistungsfähigkeit sich Jesus gelegentlich selbst wundert Lc 7 9 = Mt 8 10 15 28, wird von ihm nur angenommen und anerkannt, als der Wundermacht Gottes geltend. Dem Worte „Alles ist möglich den Gläubigen" Mc 9 23 entspricht in einem Falle die Antwort „Ich glaube, hilf meinem Unglauben" Mc 9 24; der Frage „Glaubet ihr, dass ich es kann?" im anderen die Antwort „Ja" Mt 9 28, worauf die Versicherung erfolgt: „Nach euerm Glauben geschehe

---

[1] Hoffnungslose Fragen, was in den Aussprüchen vom Berg, der sich in das Meer wirft, von der Sykomore, die sich eben dahin verpflanzt, Bild und was Sache ist! Gut WELLHAUSEN S. 345: „Er hat Glauben, d. h. Muth und Vertrauen: von diesem überirdischen Standpunkte aus kann er Berge versetzen und die Welt aus den Angeln heben." PAUL S. 52: „Bis zu welcher Grenze aber jener Glaube, den Jesus bergeversetzend nennt, nicht bloss das Kraftbewusstsein, sondern auch die Kraftäusserung dessen, dem die Hingebung gilt, herausfordern kann und bis zu welchem Grade das bei Jesus geschehen ist, das wird immer eine bestrittene Sache bleiben."

[2] Beides anerkannt selbst von SCHLATTER S. 70, 89.

euch" Mt 8 13 9 29. Nicht etwa „ich habe", sondern „dein Glaube hat
dir geholfen" Mt 9 22 = Mc 5 34 10 52 = Lc 7 50 8 48 17 19 18 42. Wiederum in derselben Allgemeinheit wird ganz im alttest. Prophetenton
Jes 7 4 9 die Grundforderung gestellt Mc 5 36 = Lc 8 50 „Fürchte dich
nicht, glaube nur!"

Auf Grund dieses Thatbestandes ist zu behaupten: man glaubt
an Gott, aber man glaubt Jesu, traut ihm und seinem Worte, ganz wie
man auch den Weissagungen Lc 24 25, den Worten des Täufers Mt
21 25 32 = Mc 11 31 = Lc 20 5, in der evang. Vorgeschichte den Worten
der Engel Lc 1 20 45, in den Nachgeschichten dem Zeugniss der Weiber,
die vom Grabe kommen Mc 16 13 14, glaubt, bzw. nicht glaubt Lc
24 11 41 Mc 16 11 16 (ἀπιστεῖν). Glaube ist also in erster Linie Vertrauen
auf Gott, in zweiter Linie Zutrauen zu Jesus mit Bezug auf seine
Worte und seine Macht. Dagegen „Glaube an Jesus" liegt nicht einmal vor in der einzigartigen Stelle Lc 18 8 (ὁ υἱὸς τοῦ ἀνθρώπου ἐλθὼν
ἄρα εὑρήσει τὴν πίστιν ἐπὶ τῆς γῆς; auch das Zeitwort gebraucht Lc
absolut und zwar im Sinne der paulin. Lehrsprache 8 12 13 22 67, wie
auch Mt 16 16 17 geschieht; statt πιστεύειν steht Lc 16 31 πείθεσθαι) und
gehört in dem bei Joh stehend gewordenen Begriff erst den synopt.
An- und Auswüchsen an (selbst Mc 9 42 ist εἰς ἐμέ hinter τῶν πιστευόν-
των aus der secundären Stelle Mt 18 6 eingetragen, wie auch Mt 27 42
πιστεύσωμεν ἐπ᾽ αὐτόν, ἐπ᾽ αὐτῷ oder einfach αὐτῷ Zusatz zu Mc 15 32
πιστεύσωμεν ist). Was Jesus somit fordert, ist einfach ein specifisches
Vertrauen, wie man es zu keinem Anderen, insonderheit nicht mehr
zu den bisherigen Führern und Autoritäten des Volks, haben soll
Mc 13 21 = Mt 24 23 [1].

Es hat sich die Frage gestellt, ob und inwieweit das geforderte
Vertrauen ein blindes, d. h. jeder Controle der Erfahrung sich ent-
ziehendes, zu sein beanspruche. Sofern gerade die Spitzen seiner
Lehre, z. B. Mt 7 12 = Lc 6 31 Mc 2 27, die Probe der Allgemeingültig-

---

[1] Wenn demnach LEMME S. 27f den Glauben an Jesus als Bedingung zum
Eintritt in das Gottesreich geltend macht, so entspricht das wenigstens nicht der
synopt. Verkündigung. Ebenso wenig, wenn C. BÖTTICHER, Das Wesen des religiösen
Glaubens im NT 1895, S. 3f das Vertrauen auf Jesu Wunderkraft an die Spitze
stellt, „in letzter Linie aber Gott" als Gegenstand des von den Jüngern geforderten Glaubens geltend macht S. 5, 9. SCHLATTER S. 94 ignorirt die oben gegebenen textkritischen Verhältnisse, um auf Grund von Mc 15 32 = Mt 27 42 die
Phrase zu wagen: „Die Passion zieht den Glaubensbegriff herbei." Jede Unterscheidung des Glaubens an Gott und an Jesus lehnt er S. 77f ab. Dagegen findet
TITIUS S. 131 „beachtenswerth, dass dies weltbeherrschende Gottvertrauen nach
Jesu Intentionen nicht durch seine Person vermittelt sein, sondern sich unmittelbar
auf Gott richten soll". „Er wollte also wirklich seine Jünger in das gleiche
Sohnesverhältniss zu Gott und in die gleiche Weltherrschaft einführen, die er
selbst ausübte (vgl. Joh 16 26f)."

keit bestehen oder wenigstens wie Mt 6 33 = Lc 12 31 zum Versuch reizen, die Wahrheit des Satzes experimentell festzustellen[1], gibt es keine treffendere Kennzeichnung der Meinung des synopt. Jesus als das Wort Joh 7 17. Wenn es zum Gewerbe eines religiösen Goëten gehören würde, lediglich auf seinen Kopf hin schlechterdings uncontrolirbare, abenteuerliche Behauptungen über absolut unzugängliche Regionen aufzustellen, so ist es umgekehrt das Kennzeichen des Propheten der Religion, des Heroen der sittlichen Welt, für die religiöse Wahrheit, die er verkündigt, auch selbst, ganz und allein, einzustehen, dabei aber nur eine solche Wahrheit zu vertreten, welche in sittlichen Erfahrungen und Erhebungen, wie sie in seiner Nachfolge zu machen sind, ihre Probe besteht.

Diese religiös-sittliche Autoritätsstellung, welche somit Jesus innerhalb seiner Gemeinde ohne Zweifel beansprucht, wird schliesslich auch schon vom Begriffe des Reiches Gottes aus gefordert. An dem Kommen, ja an dem Vorhandensein eines solchen, kann Jesus eben darum nicht zweifeln, weil er selbst sich als den festen Punkt weiss, um welchen sich die übrigen Elemente ansetzen und zu einem wachsenden Ganzen gestalten sollen. Denn als Herrschaft der Ordnungen Gottes in der persönlichen Welt setzt das Reich Gottes das Dasein einer centralen Persönlichkeit voraus, in welcher schöpferisch vorhanden ist, was im Reiche erst im Werden begriffen, mit welcher die Gründung dieses Reiches ebenso gegeben, wie seine Vollendung gewährleistet ist. Beides vollzieht sich in Jesu Geist mit Einem Schlage: das Postulat eines solchen Brennpunktes und die Gewissheit, dass er selbst ihn darstellt[2]. Auch hier ist also nicht von einer logischen Operation die Rede. Der Treffer der genialen Intuition besorgt die ideelle und reelle Setzung des fraglichen Punktes zugleich. So gewiss die Jünger die werdenden Reichsgenossen sind (s. oben S. 209), so gewiss ist er selbst der Organisationspunkt für die Verwirklichung dieser Gemeinschaft. Erst dieses persönliche Kraftbewusstsein sichert neben dem zukünftigen Reich auch dem gegenwärtigen seine Stellung

---

[1] Vgl. Chr. Schrempf, Die Wahrheit III, 1894, S. 35f: Was Jesus „mit höchst gesteigertem Selbstbewusstsein" den Menschen verkündigt, sei „gar nicht dazu angethan, als seine autoritative Meinung einfach hingenommen, geglaubt und befolgt zu werden". Wellhausen S. 316: „Er gibt nur dem Ausdruck, was jede aufrichtige Seele fühlen muss." Stalker, Das Leben Jesu 1895, S. 6f: „Jesu Worte ... wenden sich immer und überall an den tiefsten Kern der menschlichen Natur, heutzutage genau so, wie das der Fall war zur Zeit, da sie zum ersten Male ausgesprochen wurden."

[2] Nach Haupt S. 155 „sind Reich Gottes und Jesus Wechselbegriffe, deren keiner ohne den anderen zu denken ist". Titius S. 47: „Seine messianische Herrschaft und sein Bild vom Reiche Gottes sind Correlatbegriffe."

im Ganzen der Gedankenwelt Jesu. Wusste er einmal in sich selbst den Quellpunkt gegeben, daraus die verdorrenden Pflanzungen Gottes wieder frisch getränkt werden sollten, so sah er demgemäss auch schon das Feld grünen, den Garten blühen, wenn auch die Früchte noch ausstanden, und umgekehrt leitet er Mt 11 2—6 = Lc 7 18—23 den Täufer an, aus dem Erfolg seines Auftretens, der Heilung so vieler Gebrechen, der Hebung des gesunkenen Lebensgefühls, dem Labsal, welches die gebeugten und suchenden Seelen in der Verkündigung des Reiches fanden, die Frage „Bist du, der da kommen soll" selbst zu beantworten[1]. Gerade im Gegensatze zum Täufer, welcher Mt 11 11—15 17 11—13 = Mc 9 11—13 = Lc 7 28 eine bloss propädeutische Stellung eingenommen und auch nie verlassen hatte, trägt ihm der Blick auf eine sich immer mehr vertiefende Wirksamkeit, welcher auch verstärkte Erfolge zur Seite gehen, das Bewusstsein ein, das Reich Gottes, soweit es zunächst ein innerer Besitz ist, auch schon in sich zu tragen, seine Gaben, Sündenvergebung, Frieden, Ruhe und Erquickung der Seelen, ausspenden zu können[2]. Aber aus der gleichen Quelle, wie das „Kommt her zu mir" Mt 11 28, fliessen auch Souveränitätssprüche, wie das, absolutes Vertrauen voraussetzende, „Folge mir nach" Mc 10 21 = Mt 19 21 = Lc 18 22 [3]

---

[1] Wellhausen S. 348: „Die neue Zeit bricht mit ihm bereits an: die Blinden sehen und die Tauben hören, es rauscht in den morschen Gebeinen, die Todten stehen auf. Diese Anschauung liegt den Gleichnissen vom Samenkorn und vom Sauerteig zu Grunde."

[2] Baldensperger S. 132: „Wenn nämlich Jesus die Realisation seiner frommen Wünsche und Gedanken im Reiche Gottes fand, so bezeichnete dieser Terminus auch das, was er für seine Person schon besass, in seiner Seele fühlte." Bousset S. 100: „Für Jesus war der Gedanke, dass mit seinem Wirken, und zwar dem Wirken nach seiner rein menschlichen, persönlichen, sittlichen Seite hin das Reich Gottes gekommen sei, die wunderbare Herrschaft Gottes sich zu verwirklichen begonnen hat, nicht unerreichbar." Schnedermann I, S. 193: „Vielleicht hat er als Einziger für sich selbst in sich selbst die Gewissheit gehabt, dass es schon da sei, da es in ihm grundsätzlich gesetzt war; aber die feierliche Errichtung fehlte auch für ihn noch, und die Jünger wie sein Volk hat er doch im Wesentlichen in die Zukunft gewiesen." Positiver Oscar Holtzmann, Das Christusbild der Geschichte und das Christusbild der Dogmatik S. 15: „Das Gottesreich ist in den heiligenden und damit auch beseligenden Wirkungen der Predigt Jesu schon vorhanden." Jesus Christus und das Gemeinschaftsleben der Menschen S. 48: „Es ist ein Merkmal der beseligenden Kraft, mit der das in Jesus lebendig gewordene Ideal ihn erfüllte, dass er darin das Reich Gottes gekommen sah." Haupt S. 79: „Nicht nur für die Zukunft stellt er etwas in Aussicht, sondern in der Gegenwart vermittelt er den Armen, Belasteten, Sündern das grösste aller Güter, Gemeinschaft mit Gott." S. 80: „Wo er ist, da ist das Himmelreich." Derselbe Theologe beseitigt S. 80f die Einwendungen von Joh. Weiss S. 65. Endlich Lütgert S. 64: „Das Wirken Jesu, in dem das Reich gegenwärtig ist", und Titius S. 193: „Das Reich ist schon da, sofern jene Kräfte in der Person Jesu wirksam sind."

[3] Lütgert S. 83. Dagegen viel Bizarres und meist Unbrauchbares über Be-

und „Lass die Todten ihre Todten begraben" Mt 8 22 = Lc 9 60, und
wird geradezu das künftige Geschick der Menschen an die Macht und
Stärke des Eindruckes geknüpft, welchen sie von seiner Person empfangen haben (s. unten 6 3). Wenigstens in unseren Evglien liegt die
Sache zuletzt sogar so, dass genau an die Stelle, welche im ersten Entwurfe das Reich Gottes als der Güter höchstes einnahm, späterhin er
selbst tritt[1]. „Der ist meiner nicht werth" heisst es von Jedem, der
leibliche Angehörige mehr liebt oder seiner Nachfolge sich entzieht
Mt 10 37 38. Person und Sache sind noch nebeneinander genannt Mc
8 35 (ὃς δ'ἂν ἀπολέσει τὴν ψυχὴν αὐτοῦ ἕνεκεν ἐμοῦ καὶ τοῦ εὐαγγελίου, σώσει
αὐτήν), während schon die Parallelen Mt 10 39 16 25 = Lc 9 24 dahin
lauten: „Wer sein Leben um meinetwillen verlieret, der wird es erretten (finden)." Das sind die Stellen, an welche sich nächst den
Parusieweissagungen (s. unten 6 7) der Verdacht oder Vorwurf eines bis
zum Uebermaass gesteigerten Vollgefühles vom eigenen Werthe zumeist
angeheftet hat[2]. Ein Verständniss derselben setzt aber eine Verständigung über Jesu Messianismus voraus (s. unten 5 5).

2. Der Davidssohn.

Die evang. Geschichte setzt die beschriebene Höhenlage des Bewusstseins Jesu um in den Anspruch, Messias zu sein, welcher gleichsam die benannte Grösse dazu bildet. Der Messianismus aber hat sich
uns als ein durchaus nationales Gewächs dargestellt, das, aus der
„Wurzel Jesse" entsprossen, ein Reich der Herrlichkeit und des
Triumphes nach Muster der Herrschaft David's bedeutet (s. oben
S. 82 f). Weiterhin hat sich bereits herausgestellt, dass gerade der
politische Gedanke, welcher mit dem davidischen Messiasbilde un-
trennbar verbunden war, von Jesus grundsätzlich verleugnet worden
ist. „Gebet dem Kaiser, was des Kaisers und Gott, was Gottes ist" —
dieses Wort trägt seinen Aechtheitsstempel (s. oben S. 226) darin, dass
es zunächst einen bestimmt vorliegenden Fall genau erledigt, dabei
aber doch Verallgemeinerung im Sinne einer grundsätzlichen Entscheidung fordert oder wenigstens verträgt. Die Erledigung des
Einzelfalles liegt darin, dass dem Fragesteller, welcher das kaiser-
liche Geld aus der Tasche zieht, gesagt wird, sein Gewissen fange

---

griff und Sache der Nachfolge bei F. Bosse, Prolegomena zu einer Geschichte
des Begriffes „Nachfolge Christi" 1895, S. 83 f.

[1] Daher auch im Leben Jesu der Gegensatz einer ersten Hälfte, wo nur
von der Sache die Rede ist, und einer zweiten, wo sich die Person geltend macht.
Vgl. Wendt II, S. 130 f, 137, 427 f, 645.

[2] Grundgedanke von A. Dulk, Der Irrgang des Lebens Jesu 1884—1885,
besonders I, S. 289 f, 329 f, II, S. 97 f, 149 f, 160, 259 f, 282 f, 294 f.

jedenfalls zu spät an sich zu rühren; die delicate Frage sei, nicht ob er das Kaisergeld wieder hergeben solle, sondern ob er es zuvor einstecken durfte, sofern es doch, nach populärer Anschauung, als Vertretung der anerkannten Regierungsgewalt gilt, mithin den augenscheinlichen Thatbeweis der Pflichtigkeit darstellt. Denn soweit des Kaisers Arm langte, so weit stand seine Münze in Curs und Geltung, und wer die Münze in Empfang nahm, empfing sie gleichsam aus seiner Hand. Indem Jesus seinen Volksgenossen diese Thatsache vorhält, ohne dieselbe irgendwelcher Kritik zu unterziehen, verleugnet er das populäre, das allein verständliche Messiasprogramm (s. oben S. 84). Ein neuer David, welcher an der Spitze des Volksheeres die Heiden in ihre Schranken zurückweist, ein Volksfürst, welcher die Ideale der Apokalyptik verwirklicht: das war die fixe Idee derer, mit welchen Jesus sich verständigen oder überwerfen musste [1]. Auch darin erweist sich demnach der national-jüd. Untergrund des Mt, dass der Volksruf „Davidssohn", der populärste und verständlichste aller Messiastitel, hier eine so entscheidende Rolle spielt. Aber auch abgesehen von dem Sondergut der Stellen Mt 9 27 12 23 15 22 21 15 weist die gemeinsame synopt. Ueberlieferung drei Thatsachen auf, welche das Auftreten Jesu in ein Verhältniss zur Davidssohnschaft des Messias zu bringen scheinen.

Charakteristisch für die geschichtliche Erinnerung, die hier durchschlägt, ist schon, dass alle drei Stellen in die Zeit der letzten 8 Tage gehören. Der Zug nach Jerusalem gestaltet sich zu einem Messiaszug, seitdem der Blinde von Jericho Mc 10 47 48 = Mt 20 31 32 = Lc 18 38 39 den Führer dieser Karawane als Davidssohn angerufen hat [2]. Nicht minder legt einfach für das Phantasiebild im Bewusstsein des Volks, aber auch nur dafür, Zeugniss ab die feierliche Begrüssung beim Einzuge in die Hauptstadt, wo indessen das Hosianna wiederum nur Mt 21 9 direct dem Sohne David's, dagegen Mc 11 10 dem „kommenden Reiche unseres Vaters David" gilt (Lc 19 38 fehlt David überhaupt). Das würde, da Jesus die Huldigung immerhin annimmt, freilich nichts beweisen, wenn Jesus, wie die herkömmliche Auffassung

---

[1] Vgl. bei HOLSTEN, ZwTh 1891, S. 57, 435 f, 445 f den Nachweis, dass der Bruch mit dem, durch die Zeloten compromittirten und von Gott selbst thatsächlich preisgegebenen, davidischen Reichsideal auch den Bruch mit dem davidischen Messiasideal nach sich ziehen musste.

[2] Bezüglich dieser vox populi bemerkt BALDENSPERGER S. 83 richtig, es bedürfe schon einer Art kritischen Hellsehens, um darin eine Pointe des Berichterstatters zu finden. So hat man von ORIGENES, Tom. in Mt XVI, 12 bis auf VOLKMAR, Religion Jesu S. 235, 250, Jesus Nazarenus S. 33, 266 zur Blindheit des Bettlers von Jericho gerade dies schlagen wollen, dass er in Jesus nichts Höheres als eben nur den Davidssohn finden wollte.

16*

will, gleich darauf wirklich den Pharisäern gegenüber selbst zugegeben hätte, er sei und wolle sein ein Sohn David's Mc 12 35—37 = Mt 22 41—46 = Lc 20 41—44. Indessen geht aus der richtig verstandenen Stelle das Gegentheil hervor. Konnte Jesus auch nicht wehren, wenn man ihn, wo immer die messianische Bedeutung seiner Person Anerkennung fand, als den Sohn David's begrüsste, so hat er doch vor den Ohren der Schriftgelehrten den Davididen geradezu verleugnet, indem er aus dem bestehenden Schriftglauben selbst, also mit denselben Mitteln, deren sich die Schriftgelehrten zur Restauration des davidischen Messiasbildes bedienten, die Unhaltbarkeit desselben bewies. Die Stelle Ps 110 1, darin der Sänger von seinem „Herrn" spricht, galt allgemein als Aussage David's über den Messias. Es ist somit ein Widerspruch, den Messias für David's Sohn zu halten. „Wie sagen die Schriftgelehrten, Christus sei David's Sohn? David selbst sprach im hl. Geiste: Der Herr hat gesagt zu meinem Herrn, Setze dich zu meiner Rechten, bis dass ich lege deine Feinde unter deine Füsse. David selbst heisset ihn ja seinen Herrn; woher ist er denn sein Sohn?" Mt hat in seiner Manier aus der einfachen Frage Jesu, die keiner Antwort bedarf, ein Gespräch gemacht, wobei er von der Voraussetzung ausging, dass Jesus eine Auskunft im Rückhalt hatte, welche das Verhältniss der Unterordnung, wie es in dem Ausdrucke Davidssohn liegt, mit dem Verhältniss der Ueberordnung, das die Bezeichnung eines Herren David's in sich schloss, auszugleichen schien (s. unten S. 257 f). Jesu eigene Absicht ist aber offenbar die, theils einen Anstoss zu beseitigen, welchen man an seinem Messiasthum nehmen konnte, theils die Unfähigkeit der Schriftgelehrten auf dem eigensten Gebiete der Schriftauslegung zu beweisen. Sonst steht doch der Ahnherr über den Nachkommen, Abraham über dem Volke, das von ihm abstammt. Wird der Name des Vaters genannt, so geschieht es, um den Sohn damit zu legitimiren. Indem sich Jesus also auf die Seite des Psalmes stellt, erklärt er den Messias für einen Höheren als David, wie er Mt 12 41 42 auch sagt, er sei mehr als Salomo oder Jona. Er setzt also der Wissenschaft der Pharisäer das Zeugniss des David selbst entgegen, der doch in der Lage war, den besten Bescheid zu ertheilen. Wenn er selbst den Messias so hoch über sich stehen sieht, wie der Herr über dem Knechte steht, wie sollte es für die Würdestellung des Messias den richtigen Ausdruck bilden, dass man ihn den Sohn David's nenne? Daraus erhellt die geschichtliche Stellung Jesu mit unzweideutiger Klarheit [1].

---

[1] Richtig haben WEISSE, SCHENKEL, FREYTAG, STRAUSS, COLANI, SCHOLTEN, VOLKMAR, HOLSTEN, W. BRÜCKNER, JpTh 1886, S. 265 f, M. SCHULZE, ZwTh 1894,

Gleichwohl hält sich die urchristl. Vorstellung und Lehre auf der falschen Bahn des jüd. Messiasdogmas. Um Jesu Messiasschaft als eine alttestamentlich correcte zu erweisen, schiebt man ihm Rm 1 ₃ Hbr 7 ₁₄ Apk 5 ₅ 22 ₁₆ II Tim 2 ₈ Mt 1 ₁ Lc 1 ₃₂ Act 2 ₃₀ 13 ₂₃ Davidssohnschaft zu ¹ und erfindet Stammbäume, deren Unmöglichkeit schon aus den zwischen Mt 1 ₁—₁₇ und Lc 3 ₂₃—₃₈ bestehenden, unausgleichbaren Differenzen genugsam erhellt ². Und doch wird sonst der genealogische Betrieb seit dem Exil nur noch als bei Priestern und Leviten bestehend vorausgesetzt ³. Bei dem übrigen Volk war er in Verfall gerathen, und nur vermuthungsweise liess sich ein unter so vielen Katastrophen des Volkes verlorener Stammbaum, zumal auf die Zeit eines Jahrtausends, wiederherstellen. Dass man noch lange da und dort Davididen witterte oder Leute antraf, die sich königliche Abkunft zuschrieben, thut natürlich nichts zur Sache ⁴. Geschlechtsregister und

---

S. 340 f, BALDENSPERGER S. 169 f, PAUL S. 99 in dem vorliegenden Ausspruche Jesu eine directe Opposition gegen das wieder in's Leben gerufene davidische Element in der Messiasvorstellung erblickt. So wenig als die Juden darum, dass sie Abrahamskinder sind, in dem Reiche Gottes, wie Jesus es predigt, zur Herrschaft berufen werden, so wenig ist er darum Messias, weil er David's Sohn ist. Nach SCHLEIERMACHER, RENAN, DULK, v. SODEN und WITTICHEN, Beiträge III, S. 180 und den oben Genannten ist die Davidssohnschaft daher nur eine Folgerung, welche die Christenheit aus der Messianität Jesu gezogen hat. Eine Mittelstellung nehmen ein JOH. WEISS S. 51 (Jesus habe sich den Titel Davidssohn gefallen lassen; „jedoch als treffende Charakteristik des Messias hat er ihn verworfen") und LIPSIUS, Dogmatik S. 461 (er habe den Titel zwar nicht abgelehnt, aber auch nicht beansprucht).

¹ H. v. SODEN, Theol. Abhandlungen, C. v. Weizsäcker gewidmet 1892, S. 120: „Messiasdogma, nicht Geschichtsnotiz." ² HC I, S. 39 f. ³ REUSS, Geschichte der hl. Schriften AT ² S. 504. ⁴ Zu den letzten Gläubigen an Davidssohnschaft gehört KEIM, Geschichtlicher Christus S. 82, Geschichte Jesu I, S. 326 f, Dritte Bearbeitung ² S. 95 f. Doch belässt auch er es bei blosser „Familien- und sogar Landes-Tradition". Ueber angebliche Davididen zur Zeit der Hasmonäer vgl. KEIM I, S. 209, 242, 248, 327 f. Die Annahme stützt sich auf die Phrase Pseudo-Philo's Breviarium temporum: mox secuti Asmonaei simul cum pontificatu etiam ducatum a domo David subripuerunt. Ueber einen später angeblich in Babel als „Haupt des Exils" lebenden Davididen vgl. KEIM I, S. 248, 328. Davidische Abkunft wird ferner dem grossen Hillel (WEBER S. 34) und dem hl. Rabbi Juda (vgl. GELBHAUS, Rabbi Jehuda S. 82 f) nachgesagt, weil man sich im Rabbineuthum wie die prophetischen und priesterlichen, so auch die königlichen Ehren des alten Israel vereinigt dachte. Daher heisst Juda „der Fürst" (hannaśi’) des Sanhedrin, „das Scepter Juda's". WEBER S. 122: „Bei jedem Schulhaupte vermuthete man fürstliche Abkunft." Nach WELLHAUSEN S. 375 wollten die späteren Ethnarchen von David abstammen und die Dynastie weiterführen. Ein Stück rabbinischen Schulschwarms! Die Nachricht des Eusebius, KG III 12 19 20, dass flavische Kaiser Nachfrage nach den Davididen in Palästina anstellen liessen, setzt bereits den Glauben der Christenheit an die Davidssohnschaft voraus, und man kann ihr die ungefähr gleichwerthige, übrigens auf Julius Africanus zurückgeführte, Nachricht desselben Eusebius I 7 ₁₃ entgegenstellen, dass Herodes die öffentlich aufbewahrten Geschlechtsregister der Juden habe verbrennen lassen. Nach WEBER S. 337 sah

Stammbäume, die einen sittlichen oder gar religiösen Werth begründen wollen, sind in der christl. Welt gründlich ausser Geltung gesetzt worden, und wie schon zur Zeit Jesu theilweise der Glaube an ein unvermitteltes Hereintreten des Messias in die Geschichte bestand Joh 7 27, wie der Autor ad Hebraeos trotz 7 14 den abstammungslosen Melchisedek 7 3 (ἀπάτωρ, ἀμήτωρ, ἀγενεαλόγητος) als Urbild des Christus proclamirt, so protestirt auch Joh 7 28 41 42 gegen jede Begründung seiner geistigen Autorität auf leibliche Abstammungsverhältnisse, und der geschichtliche Jesus nennt sich nicht David's Sohn, nicht Sprössling irgend einer erlauchten Familie, irgend eines adeligen Menschenzweiges, sondern — mit dem allgemeinsten Stammbaum den erhabensten Adel verbindend — „des Menschen Sohn".

3. Der Menschensohn.

Mit dem heutzutage fast allgemein getheilten Urtheile, dass Jesus den Namen Davidssohn bewusst und absichtlich hinter der Selbstbezeichnung als Menschensohn (über 80 mal legen sie ihm die Evglien in den Mund) zurückgestellt habe, ist freilich noch gar nichts über den Inhalt dieses Ausdrucks, ja nicht einmal darüber etwas ausgesagt, ob derselbe ebenfalls Messiastitel oder nicht etwas ganz Anderes sein wolle. Die Frage gehört zu den verwickeltsten, ja verfahrensten der ganzen neutest. Theologie. Die Literatur darüber ist so unabsehbar[1], wie das Gewirre der Meinungen dicht und undurchdringlich, und über das Alles hat sich in der unmittelbaren Gegenwart ein Bewusstsein darum eingestellt, dass die Frage schief gestellt war, so lange sie mehr auf dem griech., bzw. hellenistischen, als auf dem orientalischen Sprachgebiet verhandelt wurde. Wie jetzt die Dinge liegen, muss nämlich unterschieden werden, was die griech. schreibenden Evglsten mit dem Ausdrucke gemeint haben konnten und was der aramäisch redende Jesus, wenn er sich seiner bediente, bzw. bedient haben soll, dabei gedacht und darunter verstanden haben mochte[2].

---

darum die rabbinische Dogmatik das Hauptgeschäft des wiederkehrenden Elias in der Wiederherstellung der Genealogie und Aufklärung der Familien über ihre Abstammung.

[1] Frühere Literatur bei dem älteren SCHOLTEN, Specimen hermeneutico-criticum de appellatione τοῦ υἱοῦ τοῦ ἀνθρώπου, qua Jesus se Messiam professus est 1809, BÖHME, Versuch das Geheimniss des Menschensohnes zu enthüllen 1839, JOACHIM CHRISTIAN GASS, De utroque Jesu Christi nomine in NT obvio, Dei filii et hominis 1840. Damit beginnt zugleich die neuere Untersuchung, deren Geschichte H. L. OORT, De uitdrukking ὁ υἱὸς τοῦ ἀνθρώπου in het NT 1893, S. 5 f und H. LIETZMANN, Der Menschensohn. Ein Beitrag zur neutest. Theologie 1896, S. 1 f geben. Speciell Holländisches verzeichnet W. C. VAN MANEN, JpTh 1884, S. 571 f.

[2] So auch HOLSTEN S. 13 in der gehaltvollen Abhandlung über „die Be-

Einen sicheren Ausgangspunkt bietet die Thatsache, dass der synopt. Jesus sich zu dem zukünftigen Reiche im Sinne der danielischen Apokalyptik bekennt (s. oben S. 217). Genau neben dem Reich Dan 7 14 fand er Dan 7 13 (10 16) „Einen, wie eines Menschen Sohn" (kebar ᵓenaš), welchem von Gott jenes Reich übermacht wird. In dieser Figur die Stellung, welche Jesus selbst im Plane Gottes einnimmt, vorgezeichnet zu finden, lag nahe, sobald einmal die Lehre von seinem Reiche auch zu einer Lehre von seiner Person ausgewachsen war. In solcher innerer Situation mochte sie ihm wie ein, im Voraus mit der Stempelmarke seines Eigenthums versehenes, Schlagwort entgegengetreten sein, das ihm wie gerufen kam, um die glücklichste und treffendste Bezeichnung seiner Stellung im Plane der Werke Gottes zu liefern. War beim Propheten die Gestalt des Menschensohnes nur das einstweilen sichtbare Sinnbild jenes Gottesreiches gewesen, so meldete sich zu demselben Titel jetzt die Persönlichkeit an, welche dieses letzte und unvergängliche Reich aufrichten sollte. Indem daher Jesus sich des Ausdruckes „Menschensohn" mit Vorliebe bediente, gab er zunächst die Erklärung ab, dass das Reich Gottes nicht etwas sei, das etwa nach ihm, überhaupt ohne ihn kommen werde. Im „Menschensohne" sah er überdies gerade diejenige Messianität vorgebildet, welche eben er meinte und für sich in Anspruch nahm, den charakteristischen Ausdruck, welcher seinem inneren Darstellungstriebe entsprach und zugleich nach aussen nicht zu viel und nicht zu wenig sagte. Der „Vater im Himmel", das „Reich Gottes" und der „Sohn des Menschen" bilden eine Dreizahl engverbundener, dem innersten Mittelpunkte des schöpferischen religiösen Bewusstseins Jesu organisch entwachsener Ideen, in welchen sich seine Lehre in ihren höchsten Spitzen zusammenfasst.

Von dem auf alle Fälle feststehenden Ausgangspunkte Dan 7 13 [1]

---

deutung der Ausdrucksform ὁ υἱὸς τοῦ ἀνθρώπου im Bewusstsein Jesu": ZwTh 1891, S. 1f, als deren Ergänzung die weitere Abhandlung zu beachten ist „zur Entstehung und Entwicklung des Messiasbewusstseins Jesu", ebend. S. 385f.

[1] Die Zurückführung des terminus auf Dan 7 13 (schon versucht von Auslegern der Reformationszeit, wie CHEMNITZ, empfohlen von EWALD und HITZIG) ist heute das jedenfalls allgemeinst anerkannte und gesichertste Resultat der so vielfach auseinandergehenden Erörterungen über den „Menschensohn". Ueber die Versuche, noch weitere Ausgangspunkte im AT ausfindig zu machen, s. unten S. 254f. Gegen die absurde Beziehung auf das Protevglm (CREMER unter υἱός und GRAU, Das Selbstbewusstsein Jesu 1887, S. 186f) s. BEYSCHLAG I, S. 64. TITIUS S. 135: „Die Thatsache liegt vor Augen, dass dieselbe Stelle des in Jesu Tagen vielgelesenen und hochgehaltenen Dan-buches den Begriff des Himmelreiches, des in des Himmels Wolken von Gott zu empfangenden ewigen Königreiches und den Begriff des Menschensohnes als des Empfängers und Trägers dieses Reiches hergab, dass also die Wechselbeziehung, welche wir in allen Aussagen Jesu zwi-

aus liesse sich aber auch eine andere Ansicht vom neutest. Sachverhalt
gewinnen. Sofern der Ausdruck nämlich zunächst unpersönlich vom
zukünftigen Reiche der Heiligen verstanden werden muss (s. oben
S. 71), läge es nahe, auch dem Schlagworte der Evglien einfach die
ursprüngliche danielische Bedeutung eines Symbols für das zukünftige
Reich der Herrlichkeit zuzuerkennen, die Beziehung auf die Person
Jesu als des gegenwärtigen oder zukünftigen Messias für ein fast un-
vermeidliches Missverständniss des geweissagten Triumphes der Sache
Gottes zu nehmen [1].

Von hier aus ergibt sich demnach eine Möglichkeit, den fraglichen
terminus und eben damit vielleicht auch den ganzen Messianismus aus
dem Lebensbilde Jesu zu entfernen (s. unten 5 6). Da der „Menschensohn“ nämlich nie bei Pls, welcher den Menschensohn, falls er ihn
überhaupt gekannt hätte, eher mit dem „Himmelsmenschen“ zusammengelegt, als kurzweg fallen gelassen hätte, überhaupt, von den Evglien
abgesehen, im NT nur noch Act 7 56 (hier aus Anlass von Lc 22 69, übrigens „stehend“ im Unterschiede von dem mit Ps 110 1 sich berühren-
den Sitzen zur Rechten Gottes Mc 14 62 = Mt 26 64 = Lc 22 69) und
ausserdem unartikulirt, aber eben darum mit um so deutlicherer Beziehung auf Dan 7 13, noch Apk 1 13 14 14 vorkommt, könnte man darin
ein Sondereigenthum der apokalypt. und der synopt. Literatur in dem
Sinne finden wollen, dass erst in dieser das Bild des Lebens Jesu unter
das Zeichen des Menschensohnes getreten wäre. Und zwar spitzt sich
diese Hypothese angesichts der Wahrscheinlichkeit, dass die messianische Auffassung des Menschensohnes aus der jüd. Apokalyptik stammt
(s. oben S. 75 f), und der Thatsache, dass auch die Snptkr ihn im eschatologischen Zusammenhang bringen (Mc 13 26 = Mt 24 27 30 37 39 44 = Lc
21 27 36, auch Mc 14 62 = Mt 26 64 = Lc 22 69), dahin zu, dass Jesus,
wie er sich nicht als Messias gewusst, so auch nicht als Menschensohn
bezeichnet habe, diese ganze Combination vielmehr einen Import aus
der Apokalyptik darstellen dürfte [2]. Insonderheit würde die Zu-

---

schen seinem Charakter als Menschensohn und seinem Beruf als Bringer des
Himmelreichs gewahren, in Dan urbildlich vorliegt.“
    [1] So HOEKSTRA, De benaming „de Zoon des Menschen“ 1866 und CARPENTER,
The first three gospels 1890, S. 220 f, 244 f, 372 f. Die Stellen, da Jesus von sich
als Menschensohn in der 3. Person spricht, würden auf diesem Wege ein sehr einfaches Verständniss finden; um so räthselhafter würden Stellen wie Mt 11 19 =
Lc 7 34. Vgl. dagegen SANDAY, Expositor XIII 1891, S. 18 f.
    [2] So VOLKMAR, Die Evglien 1870, S. 199, JACOBSEN, Die Joh-Apk und die
synopt. Evglien: Protestant. Kirchenzeitung 1886, S. 563 f, 583 f, 606 f, 630 f,
BRANDT S. 566 und OORT S. 75 f: Jesus habe möglicherweise den Menschensohn als ein Bild des Gottesreiches, auf keinen Fall als eine Selbstbezeichnung
gefasst. Aus einem Bild ist er zu einem Namen erst geworden, seitdem die

sammenlegung der geschichtlichen Person Jesu mit dem danielischen
Symbol als eine Folge des Auferstehungsglaubens zu betrachten sein [1].
Unter diesen Voraussetzungen wäre dann freilich zu erwarten,
dass die Evglien den Ausdruck Menschensohn nur in apokalyptischem
Zusammenhang bringen würden als den Zeitvorstellungen entsprechendes Anschauungsbild transcendenter Herrlichkeit. Nun ist aber als
weitere Thatsache zu verzeichnen, dass nicht bloss der triumphirende,
sondern auch schon der zuvor leidende und scheinbar unterliegende
Messias (der Χριστὸς παθητός Act 26 23) als Menschensohn eingeführt
wird [2]. Und zwar geschieht solches fast durchweg mit der erkennbaren
Absicht starker Contrastwirkung, also nicht ausser Zusammenhang
mit der Verwendung des Ausdrucks im apokalyptischen Sinne. So in
den eigentlichen Passionsprogrammen Mc 8 31 = Lc 9 22, Mc 9 12 =
Mt 17 12, Mc 9 31 = Mt 17 22 = Lc 9 44, Mc 10 33 = Mt 20 18 = Lc
18 31. Hier und in ähnlichen Stellen heist Menschensohn der, welcher nach Schriftweissagung und göttlichem Verhängniss eben als
Messias verworfen werden und in den Tod, aber freilich durch den
Tod auch zur Herrlichkeit gehen muss.

Von höchstem Belang ist ferner, dass mit nur 2 (bei Mc) oder 4
(bei Lc) noch zu besprechenden Ausnahmen alle Stellen, darin der
Menschensohn bei Mc und Lc vorkommt (es sind etwa 40), erst mit
diesen Leidensweissagungen anheben, diese letzteren selbst aber Mc
8 31 = Lc 9 22 erstmalig unmittelbar nach der Mc 8 29 = Mt 16 16 =
Lc 9 20 erfolgten Selbstoffenbarung als Messias eintreten. Es fällt

Evglsten ihn aus der jüd. und christl. Apokalyptik übernommen und Jesu in den
Mund gelegt haben. Als Beweise gelten die mangelnde Einheitlichkeit des
Begriffes in den evangel. Stellen, deren etliche den Messias als Bringer und Herrn
des apokalyptischen Reiches, andere wieder als den Menschen unter Menschen so
nennen; ferner die vaticinia ex eventu, die ihn Jesu in den Mund legen u. A.
Im Zusammenhange einer ganz anders gearteten sprachlichen Begründung kommt
auf ähnliche Resultate auch LIETZMANN S. 25f, 85, 92f.
[1] VOLKMAR, Jesus Nazarenus 1882, S. 150, 153f gewinnt das Resultat, „dass
Jesus erst nach seinem Kreuz als der Christus gefeiert worden ist, niemals in
seinem irdischen Leben". Die Evglien 1870 (Anhang: Die kanonischen Synoptiker
iu Uebersicht 1876), S. 736: „In dem zur Herrlichkeit Gottes erhobenen Jesus
war nun taghell erschienen der zum Throne des Weltenrichters erhobene Menschensohn (Dan 7)." Vgl. dagegen USTERI S. 21f.
[2] Vgl. JOH. WEISS S. 57 und TITIUS S. 136f. Letzterer findet S. 137 „in der
Weissagung vom Leiden des Menschensohnes zunächst den Contrast zwischen der
Bestimmung zum Herrscher des Himmelreichs und dem Leidenswege Jesu ausgesprochen". Aehnlich JONKER, ThT 1895 S. 256f, welcher die Vereinigung beider von
OORT in Gegensatz gebrachten Reihen im Bilde des in Niedrigkeit erschienenen,
aber durch Leiden zu seiner Herrlichkeit eingehenden Messias fordert. Nach
BALDENSPERGER S. 261 ist das Neue, was Jesus hinzubringt, d. h. der Leidensgedanke, auf keinen Fall der himmlischen Herrlichkeit coordinirt, sondern nur
als „Durchgangsstufe" dazu gedacht.

somit Beides zeitlich zusammen, die Messiasproclamation und die
Gleichsetzung dieses Messiastitels mit dem Ausdruck Menschensohn[1].
Weiterhin ist zu beachten, dass gleich in der 1. der Passions-
stellen Mc 8 31 = Lc 9 22 Jesus vom Menschensohn ganz gegenständlich
spricht, ohne anzudeuten, dass diese 3. Person für ihn mit der 1. Person zusammenfällt; sofort treten in einem und demselben Satze beide
Personen Mc 8 38 = Lc 9 26 auseinander. Sein eigenes Ich und der
Menschensohn stehen als subjectiver und objectiver Ausdruck zur Bezeichnung seiner selbst dicht neben einander: „Wer sich meiner und
meiner Worte schämt, dessen wird sich auch des Menschen Sohn
schämen." Ebenso Mt 10 23 (λέγω . . . ἕως ἔλθῃ ὁ υἱὸς τοῦ ἀνθρώπου)
16 28 17 12 19 28. Jesus wird sich in seiner Stellung als Messias gleichsam selbst gegenständlich in diesem Berufszeichen „Menschensohn".
Er legt in diese Selbstbezeichnung die ganze Eigenthümlichkeit seiner
Mission, seines berufsmässigen Wirkens hinein[2]. Man kann gewissermaassen den Uebergang verfolgen von der allgemeinen Bedeutung des
Wortes, welche als bereits gegebene Grösse vorausgesetzt wird, in die
ausschliessliche Bezeichnung der Person, welche den mit dem Ausdrucke gegebenen Begriff vertreten und verwirklichen wird. Auch wo
ihn Jesus ohne Weiteres als blosse Selbstbezeichnung gebraucht,
geschieht es irgendwie im Hinblick auf seinen einzigartigen Beruf,
Bringer des Gottesreichs zu werden. Eben weil er sich, wie sich zeigen
wird, bewusst ist, dass dieser Beruf auch im Leiden und Sterben zu voll-
führen sei (s. unten 5 c), wird der Menschensohn Subject nicht bloss
der Herrlichkeits-, sondern zugleich auch der Leidensweissagungen[3].
Auch der Verfolgte, welcher nicht hat, wo er sein Haupt hinlege (Mt

---

[1] Grundgedanke bei WILHELM BRÜCKNER, Jesus „des Menschen Sohn": JpTh
1886, S. 254 f, welcher übrigens im Menschensohn das Menschheitsideal findet.

[2] Nach HOLSTEN, ZwTh 1891, S. 32 f, 49, 68 f braucht Jesus den Ausdruck
immer nur da, wo das Ausgesagte nicht in seiner Individualität, sondern in seiner
Messianität begründet ist. Auch USTERI, Die Selbstbezeichnung Jesu als des
Menschen Sohn 1886 (Abdruck aus der Theol. Zeitschrift für die Schweiz S. 1 f)
bezieht den terminus mit Recht auf den „Amtsbegriff", weiss aber die jüdisch-
messianische Färbung des Ausdrucks nicht zu würdigen und vergisst, dass es für
Jesus, nachdem der Titel eines Propheten schon an einen Geringeren vergeben
war Mt 11 9 = Lc 7 28, keine andere Vorstellung von seinem eigenen Amt und
Beruf mehr geben konnte, als diejenige der Messianität.

[3] W. BRÜCKNER S. 269: „Nur so gehen die Aussprüche über des Menschen
Sohn, sofern sie sowohl seine Niedrigkeit, als seine Erhabenheit ausdrücken, nicht
in zwei parallel laufende Reihen ohne gegenseitige Beziehung nebeneinander.
Das Leidensgeschick des Menschensohnes, seine Stellung den Gewalten seines
Volkes gegenüber, sein Loos, mitten in seinem Volk die Wege des Flüchtlings
zu wandeln, seine dienende Demuth, erhalten aus dieser Herleitung ebenso gut
ihre Erklärung wie die Aussprüche, welche direct die Macht, die Hoheit, die
Siegesherrlichkeit des Menschensohnes kundzugeben die Aufgabe haben."

8 20 = Lc 9 58) [1], der Märtyrer, welcher nicht gekommen ist, um sich
dienen zu lassen, sondern um selbst zu dienen und in solchem Dienste
sein Leben in den Tod zu geben Mc 10 45 = Mt 20 28, heisst daher des
Menschen Sohn.

Wie in dieser Stelle der Menschensohn „gekommen ist, um zu
dienen", so ist er Mt 18 11 = Lc (9 56) 19 10 „gekommen, um zu retten."
Neben solche, direct die Mission Jesu anzeigenden Worte vom Menschensohn treten allerdings andere, welche ihn, ganz abgesehen von den
beiden Kehrseiten seines Messiasbildes, dem Leiden und dem Triumph,
in Allem, was überhaupt das Charakteristische seines Berufswirkens
bildet, als Menschensohn aufweisen. So wenn im Gegensatz zum
messianischen Vorläufer (dieselbe Beziehung der beiden Grössen kehrt
mit dem Namen „Menschensohn" auch Mc 9 12 = Mt 17 12 wieder)
„des Menschen Sohn isset und trinkt" Mt 11 19 = Lc 7 34 [2]. Dies zugleich eine Stelle, nach welcher Jesus den Ausdruck schon zu einer
Zeit gebrauchen würde, die nicht, wie sofort Lc 9 58, in die 9 51 (ἐν τῷ
συμπληροῦσθαι τὰς ἡμέρας τῆς ἀναλήψεως αὐτοῦ) gekennzeichnete Endzeit
fällt. Mit der Möglichkeit, dass nur die Erwähnung des Täufers eine
Einführung der messianischen Selbstbezeichnung veranlasst hat, muss
jedenfalls gerechnet werden [3]. Die gleiche Möglichkeit besteht bezüglich
der Redaction, welche Mt 5 11 in der Stelle Lc 6 22 gefunden hat: der
Menschensohn (ἕνεκα τοῦ υἱοῦ τοῦ ἀνθρώπου statt des matthäischen ἕνεκεν
ἐμοῦ) mag dem 3. Evglsten angehören, welcher ja auch Lc 12 8 den
Menschensohn in die Stelle Mt 10 32 einsetzt. Für die umgekehrte
Annahme, dass vielmehr Mt für den Menschensohn das einfache „Ich"
setzte, kann man sich freilich auf Mt 16 21 berufen, wo aus einer
Belehrung über die Bestimmung des Menschensohnes Mc 8 31 =
Lc 9 22 eine Weissagung des eigenen Geschickes geworden ist. Jedenfalls erlauben solche nachweisbare Vertauschungen die Annahme,
dass die Evglsten auch sonst gelegentlich das Pronomen mit der geläufigen Selbstbezeichnung oder diese mit jenem ersetzen [4].

---

[1] Vgl. zu der Stelle Joh. Weiss, Predigt Jesu S. 53: „Dem Schriftgelehrten, der
sich ihm anschliessen will, sagt er: Du glaubst immer den Messias, den Menschensohn zu finden. Du erwartest also jedenfalls Glanz und Ehre in meiner Nachfolge. Aber mache dich auf etwas Anderes gefasst." Die Stelle fällt bei Lc in
den Moment des Aufbruches nach Jerusalem, während sie bei Mt und damit im
NT überhaupt, zufällig die erste ist, welche den Namen „Menschensohn" bietet,
was überall da, wo man sich an Mt halten zu müssen glaubt, Anlass zu unsäg-
lichen Missverständnissen geboten hat.

[2] Auf Grund dieser Stelle unterscheidet Bruce, The kingdom of God S. 172 f
im Menschensohn neben dem Mann der Sorgen und Mühen Mt 8 20 und dem künftigen König Mt 25 31 noch den mit den Menschen sympathisirenden Menschen.

[3] So Joh. Weiss S. 56 und Lietzmann S. 91.

[4] Vgl. Haupt S. 112 f und Lietzmann S. 54, 86 f.

Neben Lc 6 22 7 34 kommen als Stellen, da Jesus sich vor der feierlichen Messiaserklärung bei Cäsarea Philippi Menschensohn nennt, nur noch Mc 2 10 = Mt 9 6 = Lc 5 24 und Mc 2 28 = Mt 12 8 = Lc 6 5, eventuell, d. h. unter gewissen Voraussetzungen exegetischer Art, auch Mc 3 28 = Mt 12 31 32 = Lc 12 10 in Betracht. Einer Eingliederung in das bisher festgestellte Schema entziehen auch sie sich keineswegs, wenngleich hier, wie sich zeigen wird, zugleich eine ganz andere Auffassung ihre festen Anhaltspunkte sucht. Vieldeutig an sich ist Mc 3 28. Die erst bei den Seitenreferenten erscheinende Beziehung auf den Menschensohn ruft den Verdacht wach, aus der, in der Grundstelle vorkommenden, Bezeichnung derjenigen, welchen die betreffenden Sünden vergeben oder nicht vergeben werden sollen, als „die Menschenkinder" (οἱ υἱοὶ τῶν ἀνθρώπων, wie auch Eph 3 5) herausgesponnen zu sein [1]. An sich könnten freilich ebenso gut die „Menschenkinder" ein Nachklang des in der Urgestalt des Spruches vorkommenden „Menschensohnes" sein [2]. Dann würde die Lästerung gegen seine Person darum zu den schwersten unter den überhaupt noch vergebbaren Sünden zählen, weil jene Person als „Menschensohn" in messianischer Würde gedacht ist [3]. Die beiden anderen Stellen, wo auch Mc den Menschensohn hat, erweisen ihn gleichfalls als denjenigen, welcher als Träger des messianischen Berufes Stellvertreter Gottes in Sachen des Heils ist, also das eine Mal, das, was Gott im Himmel thut, „Vollmacht (ἐξουσία = übertragene Machtbefugniss, wie Mt 10 1 Mc 6 7 16 17 18 Lc 9 1 10 17 Act 8 13 17 19 19 6) hat auf Erden" [4] zu thun, nämlich „Sünden zu vergeben", das andere Mal als „Herr des Sabbaths" befugt ist, die Sabbathheiligung in einer neuen, der väterlichen Liebe Gottes entsprechenden, Weise zu ordnen und solchergestalt die „bessere Gerechtigkeit" Mt 5 20 auch an diesem Stücke des Gesetzes durchzuführen [5]. Nun gehören sowohl Sündenvergebung (s. oben 4 3) wie Gerechtigkeit (s. oben 4 2) zu den Gütern des Reiches Gottes. Wo daher die Verwirklichung des Reiches Gottes zu nothwendig in die That übergehenden Folgerungen aufruft, da ist es der Menschensohn, welcher solche Folgerungen vollzieht. Im einen Falle ist er das aus-

---

[1] So PFLEIDERER, Das Urchristenthum S. 367. 511. Vgl. auch OORT S. 50 f, 83 f und LIETZMANN S. 87 f.   [2] So B. WEISS zu Mc, S. 130.

[3] KRAUSS, Die Lehre von der unsichtbaren Kirche S. 151, 164.

[4] USTERI S. 9: „Auf Erden — dieser bedeutungsvolle Zusatz bezeichnet die volle geschichtliche Wirklichkeit göttlicher Machtbefugniss in dem Menschensohn. dem Vertreter Gottes."

[5] So B. WEISS § 16 b und USTERI S. 10: „Jesus misst sich eine für die Menschen ihm zustehende Befugniss bei, die Sabbathsheiligung nach dem Sinn der Einsetzung zum Dienst der Menschen neu zu ordnen."

erwählte Organ, wo es sich um Sündenvergebung, also um die religiöse
Erneuerung und sittliche Wiedergeburt des Volkes handelt, welchem
das messianische Heil bestimmt war, im anderen Fall ist er der Reprä=
sentant Gottes, welcher die authentische Interpretation des göttlichen
Sabbathgebotes gibt, das Verhältniss der Menschen zum Ruhetag regelt.
Bei dieser Fassung der zuletzt betrachteten Stellen, die im Grunde
allein Schwierigkeiten bereiten, liesse sich demnach sagen: Menschensohn ist und heisst Jesus einestheils allenthalben, wo er das Reich
Gottes vergebend und heilend, lehrend und leidend verkündet, verbreitet, vertritt, anderentheils aber und vor Allem dort, wo er es,
auf den Wolken des Himmels kommend, vollendet [1]. Keine Stelle
entzieht sich gänzlich dieser Auslegung. Jede einzelne bietet an ihrem
Theil die Probe darauf. Genau wie das Gottesreich selbst sowohl
ein gegenwärtiges wie ein zukünftiges ist, so begreift auch die mit
Beziehung auf den, dem Gottesreich gewidmeten, Beruf Jesu gewählte
Selbstbezeichnung neben dem, was die Zukunft bringen wird, doch
schon das Wirken in der Gegenwart [2].

Die zuletzt betrachteten Stellen lassen nun aber den Eindruck zurück, dass ihre Deutung im Sinne der Messianität nicht ohne Vermittelung theologischer Reflexion und dogmatisirender Zurechtlegung erfolgt sei, während sie an sich selbst, ausser Zusammenhang mit den
übrigen betrachtet, viel eher Anleitung zu bieten scheinen, in dem Menschensohn, welcher Mc 2 28 das menschliche Bedürfen, die grundsatzmässige Ueberlegenheit des Menschen über den Sabbath gegen die be-
einträchtigende Satzung wahrt, den Vertreter ächter Menschenwürde
und unverjährbarer Menschenrechte zu finden und ebenso auch seine
Qualification zur Sündenvergebung Mc 2 10 aus seiner Beziehung zu
den Menschen zu erklären. Während er der anderen Auffassung zufolge Gott gegenüber der Menschheit zu vertreten hätte, würde er hier
die Menschheit Gott gegenüber vertreten. Diese Auffassung datirt
aber aus einer Zeit, da man im Menschensohn nicht sowohl einfach
einen geschichtlich gegebenen Namen für den Messias, als vielmehr ein
Stück der dogmatischen Christologie vor sich zu haben glaubte, so-

---

[1] USTERI S. 13: „Als Menschensohn ist Jesus Begründer des Himmelreichs
n der Welt, neuer Gesetzgeber im Geist desselben, Spender der Gnade dieses
Reiches, Missionar für dasselbe unter den Menschen, den verirrten und verlorenen,
Aller Diener, der sein Leben sogar zum Lösegeld gibt, dann von Gott wieder
auferweckt wird und endlich zur herrlichen Aufrichtung seines Reiches und zum
Gericht wiederkommt.“
[2] Auf die Correlation zwischen dem gegenwärtigen Reich und den gleichfalls schon für die Gegenwart bestehenden Rechten und Pflichten des Menschensohnes weisen BALDENSPERGER S. 173 und BOUSSET S. 111 f, 116 f, 126 f hin.

fern darin. zuerst die Orthodoxie in der Nachfolge der Kirchenväter
(seit Irenaeus und Tertullian) die menschliche Natur im Gegensatze
zur göttlichen (eines der sog. concreta naturae humanae), dann die
moderne Theologie die ideale Menschheit im Gegensatze zur empirischen finden wollte [1]. So sah man in ihm den Menschen, welcher
die Hoheitsrechte der gottebenbildlichen Menschheit in sich vereinigt,
von hier aus seine Messianität versteht und namentlich die oben erwähnten messianischen Functionen übt. Dem gegenüber wurde zwar
schon geltend gemacht, dass Jesu Befugniss, den Zweck des Sabbaths
im Menschen zu finden, ihm vielmehr aus seinem Verständnisse des
väterlichen Willens Gottes zugeflossen ist und er aus derselben Quelle
auch die Vollmacht, Sünden zu vergeben Mc 2 10, bezogen hat. Aber
auch dies schliesst die Möglichkeit keineswegs aus, dass die Vorstellung des Messias ihre Wurzeln im Begriff des Menschen zu suchen
habe [2] und Jesus, indem er statt anderer zu Gebote stehender Ausdrücke gerade diesen aufgriff, damit seine Zugehörigkeit zur Menschheit ausdrücken wollte [3]. Je nachdem man dann den Menschensohn
mit Dan (und Apk 1 13 14 14, wo υἱὸς ἀνθρώπου einfach = Mensch steht)
im Gegensatze entweder zu den Thierbildern der Weltreiche oder aber,
nach der stehenden Anrede Gottes an die Propheten (Dan 8 17 und
89 mal in Ez, z. B. 2 1 3 7 2 8 5 12 2 13 2) in kräftigster Betonung des
Contrastes zwischen Auftraggeber und Beauftragten, zu Gott fasste [4],
konnte man eine emphatisch hohe oder eine emphatisch niedere Fas-

---

[1] HERDER, SCHLEIERMACHER, BÖHME, NEANDER, OLSHAUSEN, LUTZ, LANGE,
REUSS, WEISSE, KLING, HOFMANN, EBRARD, THOMASIUS, M. BAUMGARTEN, GODET,
W. BRÜCKNER, MANGOLD, Theol. Arbeiten aus dem rhein.wissenschaftlichen Pre-
digerverein III 1877, S. 1 f. Gerade die Idealmenschheit findet BEYSCHLAG I, S. 65 f,
69 schon in der Grundstelle Dan 7 13 ausgedrückt. In diese Linie gehört auch
H. HOLTZMANN, Ueber den neutest. Ausdruck Menschensohn: ZwTh 1865, S. 212 f.
Vgl. dagegen namentlich HOLSTEN, ZwTh 1891, S. 3 f, 37, 45, 59 f.
[2] KEIM II, S. 73 f, Dritte Bearbeitung [3] S. 163. VOLKMAR, Jesus Nazarenus
S. 191: „Herr und Haupt aller Menschheit.“
[3] HEGEL II, S. 245: „der Mensch wesentlich.“ „Christus gehört dem menschlichen Geschlecht an; dieses ist sein Stamm.“ Vgl. SCHOLTEN, Das Evglm nach Joh
S. 236, HOLSTEN, ZwTh 1891, S. 47: „das Gattungswesen des Menschen“, S. 53
„im bestimmten Wesensgegensatz zu einem Wesen anderer Art, zu Gott.“ In der
That sind a limine jedenfalls abzuweisen alle Erklärungen, die auf einen Menschen
führen, der gerade als „Menschsohn“ kein Mensch mehr wäre, sofern ein Mensch-
sein nicht seine ursprüngliche Existenzform (MEYER), er vielmehr himmlischen
Ursprungs (KEIL), „der durch seine göttliche Natur einzigartige Mensch“ (L. SCHULZE,
Vom Menschensohn und vom Logos 1867, S. 26 f, 215 und GESS, Christi Person
und Werk I 1870, S. 185 f, 208 f, 212) sein soll und was dergleichen dogmatisirende Velleitäten mehr sind. Vgl. dagegen BEYSCHLAG I, S. 63.
[4] An Ez halten sich wenigstens nebenher STRAUSS, HAUSRATH, VERNES, NAN-
DRÈS, Jésus-Christ le fils de l'homme 1867, S. 34 f, und besonders WEIZSÄCKER,
Evangel. Geschichte, S. 426 f.

sung des Begriffes „Mensch“ in dem terminus finden [1]. Im ersteren
Falle sah man sich auf die schon berührte Idealmenschheit gewiesen,
womit sich dann leicht (s. oben S. 71) auch die Idee eines Sinnbildes
des Humanitätsgedankens verband [2]. Im letzteren hielt man sich meist
an die Stelle, wo der Ausdruck im NT zufällig erstmalig begegnet, Mt
8 20 (s. aber oben S. 251), und sprach etwa von dem homo, qui nil
humani a se alienum putat [3].

In diese Richtung weist aber auch der hebr. Sprachgeist, unter
dessen Einfluss der Ausdruck „Menschensohn“, welcher der classischen Gräcität fehlt, Entstehung gefunden hat. Nach biblischer
Redeweise ist „der Sohn des Menschen“ zunächst ja nur so viel
wie „Mensch“, da der attributive Genetiv bei dem Worte „Sohn“ ein
die Eigenart des betreffenden Individuums ausdrückendes Wesens-
verhältniss, mindestens die Zugehörigkeit desselben zu dem betreffenden Begriffe sagen will. „Sohn der Magd“ Gal 4 30 ist so viel als
„Knecht“, sogar noch ein bezeichnenderer Ausdruck für das Knecht-
schaftsverhältniss. So ist „Sohn der Hölle“ Mt 23 15 Einer, der auf
die Hölle, „Söhne des Reiches“ Mt 8 12 13 38 sind Solche, die auf das
Reich Anwartschaft haben; ebenso die „Söhne des Brautgemaches“
Mc 2 19 = Mt 9 15 = Lc 5 34 die Freunde des Bräutigams I Mak 9 39.
Aehnlich verhalten sich die Begriffe „Mensch“ und „Menschensohn“,
z. B. Num 23 19 Job 16 21 25 6. Besonders belehrend ist Ps 8 5, sofern

---

[1] BRANDT S. 563f: „Ein Menschenkind ist eben ein Wesen, dem das Menschliche mit seinen Vorzügen und Mängeln, seiner Grösse und seiner Kleinheit an-
haftet, und es hängt von den Prämissen im Gedankengang ab, in welchem Sinne
das Menschliche im Menschenkind gewerthet werden soll.“

[2] So WITTICHEN, Beiträge II, S. 96f, 137, LJ S. 111, 140f und BRÜCKNER
S. 263f.

[3] So nach GROTIUS schon Exegeten wie DE WETTE, BLEEK, A. MAIER, WILKE,
Urevangelist 1838, S. 633, EWALD, Geschichte Christus [3]S. 304, dann insonderheit
BAUR S. 75f, 81, Die Bedeutung des Ausdruckes ὁ υἱὸς τοῦ ἀνθρώπου: ZwTh 1860,
S. 274f, STRAUSS I, [4]S. 289; im Wesentlichen auch HILGENFELD, ZwTh 1863,
S. 327f, 334, 1892, S. 445f, 1894, S. 16f (Jesus habe sich an Dan 7 13 gehalten und
mit der fraglichen Selbstbezeichnung die äussere Niedrigkeit und innere Demuth
in die Messiashoheit einschliessen wollen), FEINE, JpTh 1887, S. 60 („der in ir-
discher Niedrigkeit den Beruf des Messias ausübt“). Eben dahin gehören auch
SCHENKEL, Charakterbild Jesu [4] 1873, S. 78, 394f, Bibel-Lexikon IV 1872, S. 170f
(ein rang- und titelloser Mensch, aber doch der wahre Mensch, der die Religion
der Menschheit stiftet) und MARTINEAU, The seat of authority in religion 1890,
S. 535f („simple humanity“ ohne jüd.-messianische Ansprüche). Vgl. dagegen
B. WEISS § 16b. War schon damit theilweise die Bahn der Combination beschritten, so sind darauf R. STIER, Die Reden Jesu I, S. 287 (danielischer Menschensohn, Knechtsgestalt, zweiter Adam), NÖSGEN, Christus der Menschen- und
Gottessohn 1869, Geschichte der neutest. Offenbarung I, S. 158, 408 (danielisch
und messianisch, aber doch Hinfälligkeit und Schwachheit) und SCHNEDERMANN II,
S. 206f (Dan, Ez, verhüllter Messias und Idealmensch) noch viel weiter gegangen.

hier die Ausdrücke „Mensch" und „Menschensohn" im parallelismus membrorum stehen. Da zugleich der, sonst im Psalmbuche herrschende, emphatisch niedere Sinn vermöge eines rhetorisch wirksamen Contrastes sofort 8 6—8 in den emphatisch hohen umschlägt, schien diese, überdies auch 1 Kor 15 27 = Eph 1 22 Hbr 2 6—8, vgl. Mt 21 15 16, christologisch verwerthete, Stelle Vielen besonders geeignet zur Erklärung der Selbstbezeichnung Jesu [1].

Dazu kommt nun aber, als in einem gewissen Sinne Ausschlag gebend, die Entdeckung, dass in Jesu Muttersprache „Menschensohn" (barnaš, artikulirt barnaša') der einzige zu Gebot stehende Ausdruck für „Mensch" ist [2], so dass syr. Uebersetzer durch die Aufgabe, einen adäquaten Ausdruck für die, im solennen Sinne der Evglsten verstandene, Selbstbezeichnung Jesu zu finden, sich in grosse Noth versetzt sehen (man setzt z. B. „Sohn des Menschensohnes" dafür ein) [3]. Hiernach ergibt sich für die Sabbathstelle, zumal angesichts des Sondergutes Mc 2 28, ein Sinn, der insofern allein allen Regeln der Logik entspricht, als das Subject der Aussage im Folgesatz wirklich dasselbe ist wie im Vordersatze [4]. Die Stelle von den verschiedenen Graden der Lästerung unterscheidet dann einfach zwischen Worten, die gegen den Menschen an sich, und solchen, die gegen die in ihm wirksame Gotteskraft gerichtet sind [5]. Die von der Sündenvergebung endlich wird durch die Schluss-

---

[1] Auf Ps 8 5 recurriren SCHMID, A. SCHWEIZER, DELITZSCH, KAHNIS, SCHULZE, COLANI S. 115 f, theilweise, d. h. neben Rückgang auf Dan 7 13, auch KEIM II, S. 67, 71 f, Der geschichtliche Christus S. 104 f und HASE, Geschichte Jesu S. 514. IMMER S. 106 f gibt gleichfalls Anlehnung an Dan 7 13 zu, findet aber den Sinn, in welchem Jesus sich den terminus aneignete, am meisten in Uebereinstimmung mit Ps 8 6—8. Was darin liegen soll, ist S. 108 „der Contrast zwischen seiner Niedrigkeit und seiner Hoheit, in der Weise nämlich, dass bald die Niedrigkeit das Vorausgesetzte ist, von welchem dann die Hoheit prädicirt wird, bald die Hoheit im Subject liegt und im Prädicat die contrastirende Niedrigkeit". Das ist auch der Sinn der nach WENDT II, S. 448 im Namen liegenden Paradoxie. Dagegen USTERI S. 2 f, 19.

[2] Die ältere Geschichte der, den Menschensohn auf den Menschen in genere beziehenden, Auslegung (Erzbischof GÉNÉBRARD von Aix 1569, HUGO GROTIUS zu Mt 12 8 32, H. E. PAULUS, Philologisch-kritischer und historischer Commentar über das NT I, 1800, S. 340, ²1812, S. 470; daneben vertritt den unbestimmten Sprachgebrauch = Man, Jemand J. A. BOLTEN, Bericht des Mt von Jesu dem Messias, 1795) gibt ARNOLD MEYER, Jesu Muttersprache 1896, S. 140 f. Philologisch haltbar ist allein die Uebersetzung von barnaša' mit „der Mensch", vertreten von ULOTH, De beteekenis van de uitdrukking Zoon des Menschen: Godgeleerde Bijdragen 1862, S. 467 f, P. DE LAGARDE, Gesammelte Abhandlungen S. 26, Deutsche Schriften 1878, S. 230, 1886, S. 292, WELLHAUSEN S. 346, EERDMANS, ThT 1894, S. 153 f und LIETZMANN S. 38 f. [3] LIETZMANN S. 32 f.

[4] So nach HUGO GROTIUS, WELLHAUSEN, PFLEIDERER, A. MEYER, JOH. WEISS S. 58, MEINHOLD, Jesus und das AT S. 75.

[5] Nach GÉNÉBRARD auch EERDMANS S. 12, 32 und A. MEYER S. 94, 142 mit Hinweis auf I Sam 2 25.

bemerkung Mt 9 8 (ἐδόξασαν τὸν θεὸν τὸν δόντα ἐξουσίαν τοιαύτην τοῖς ἀνθρώποις) ganz unmissverständlich in demselben Sinne aufgefasst, wie ihn
auch Volk und Jüngerschaft, zumal in einem Momente, da noch Niemand in Jesus den Messias sah, verstehen mussten [1]. Und sind denn
jene Jünger nicht auch Menschensöhne, welchen Mt 18 18 (abermals
Sondereigenthum des Mt) dieselbe doppelseitige Machtbefugniss, Sünden auf Erden zu erlassen oder zu behalten (nach der Auslegung Joh
20 23), beigelegt wird [2], welche der Menschensohn selbst übt, wenn er
bald Sünden vergibt, bald den Fall bestimmt, da eine unvergebbare
Sünde vorliegt?

Noch deutlicher legt der 1. Evglst seine Auffassung vom Menschensohn da nieder, wo er 16 13 die einfache Frage des Grundberichts
Mc 8 27 = Lc 9 18 nach dem, was die Leute von Jesus und dem Sinn
und Zweck seines Auftretens halten (τίνα με λέγουσιν οἱ ἄνθρωποι εἶναι),
in eine complicirtere umsetzt, die irgendwie dem Problem des Menschensohnes gilt: für wen sehen die Leute mich an, der ich mich als
den Menschensohn zu bezeichnen pflege? oder: für wen halten sie
den Menschensohn? (τίνα λέγουσιν οἱ ἄνθρωποι εἶναι τὸν υἱὸν τοῦ ἀνθρώπου, wobei die Meisten hinter τίνα aus den Parallelen noch με
einschieben). Denn die Annahme, dass der Menschensohn hier nur
ebenso unbefangen für das Pronomen der 1. Person gesetzt sei, wie
gleich darauf 16 21 das Umgekehrte der Fall ist, scheitert doch wohl
daran, dass als Correlat zu der Frage 16 16 eine gleichfalls, nämlich
durch ein Bekenntniss zum Gottessohn (ὁ υἱὸς τοῦ θεοῦ τοῦ ζῶντος),
erweiterte Antwort des Pt eingeführt wird [3]. Als gleichartiges Seitenstück dazu bot sich bereits die Umbildung, welche die verwandte Perikope Mc 12 35—37 = Lc 20 41—44 („Was dünket euch von Christus?")
dadurch erfahren hat, dass Jesus nach Mt 22 41—45 bei seiner Frage
eine dogmatische Finesse, nämlich eine das Verhältniss der Unterordnung (David's Sohn) mit dem Verhältniss der Ueberordnung (Da-

---

[1] So Joh. Weiss S. 57 f und Lietzmann S. 89. Dagegen bemerken Usteri
S. 9 f, Bousset S. 111, dass aus der Zugehörigkeit zur Menschheit nicht die Fähigkeit folge, Sünden zu vergeben.

[2] Colani S. 118: „Le fils de l'homme a le pouvoir de pardonner. Pour en
saisir la portée, il faut se rappeler que Jésus a reconnu le même pouvoir à tous
les disciples, à toute l'humanité régénérée."

[3] Wäre eine solche Correlation aber nicht beabsichtigt, so würde die Ersetzung des „Ich" durch den „Menschensohn", der schon zuvor 9 Mal im Munde
Jesu vorgekommen war, erst recht widersinnig sein. Vgl. Biedermann, Dogmatik
II, S. 84: „Den Evglsten, denen ja Jesus von vornherein der Christus, der Menschensohn ist, war es so zum Darstellungsstil geworden, Jesus mit dieser objectiven Selbstbezeichnung von sich reden zu lassen, dass Mt es auch da thut, wo
es für die Situation ungeschickt herauskommt, indem es die Antwort auf die
Frage in der Form der Frage selbst schon vorausnimmt."

vid's Herr) ausgleichende Auskunft im Rückhalt gehabt hätte (s. oben
S. 244). Beiderorts erscheint der 1. Evglst als der Theologe, welcher
im Menschensohn die Kehrseite des Gottessohnes sieht und damit die
Lehre von den zwei Naturen anbahnt[1]. Daher Ausleger, welche ihren
hermeneutischen Kanon in der Dogmatik finden, sich mit Vorliebe an
die Fassung des Mt halten, wo sie im Gottessohn nicht bloss den theokratischen Messiasnamen, sondern irgendwie eine Ueberbietung des
Menschensohnes finden[2]. Dass eine solche Deutung schon ganz im
Geiste der älteren Christenheit lag, erklärt auch das rasche Zurücktreten dieser Messiasbezeichnung. Dem Zuge der Zeit entsprach
die Verherrlichung, die Vergöttlichung des Auferstandenen und Erhöhten; den Menschensohn empfand man dabei eher als ein Hemmniss[3].
Die soeben besprochene Massnahme des 1. Evglsten hat ihren
tieferen Hintergrund. Denn so, wie hier geschieht, bei den Jüngern
sich erkundigen, was die öffentliche Meinung hinter dem Menschensohn suche, konnte Jesus allerdings nur, wenn er sich, wie ihn Mt
thun lässt, zuvor sowohl diesen Jüngern 8 20 10 23 13 41, wie den Pharisäern 9 6 12 8 32 40, ja allem Volk gegenüber 11 19 bereits als den Menschensohn eingeführt hatte. Unter diesen Stellen sind aber neben
solchen, welche die Deutung auf die Menschheit zulassen, auch solche,
welche, wie gerade das matthäische Sondergut 10 23 und 13 41, schon
ganz in demselben Sinne des (als allgemein bekannt vorausgesetzten)
eschatologischen Messianismus gehen, wie nach dem Moment 16 13
auch 16 28 19 28 (in beiden Stellen steht der Menschensohn nicht in
den Parallelen), von 24 30 26 64 ganz abgesehen (s. oben S. 248). Der
1. Evglst liegt hier also im Kriege mit sich selbst, und seine ganze
Darstellung ist in sich haltlos[4]. Zu demselben Resultate führt wie der

---

[1] Paul S. 94 erklärt den υἱὸς τοῦ θεοῦ τοῦ ζῶντος für „eine christologische
Steigerung, die schon auf metaphysische Speculation hinweist".
[2] So Tholuck, Meyer, Keil, Nebe, Ueber den Begriff des Namens ὁ υἱὸς
τοῦ ἀνθρώπου 1860, S. 47 f, L. Schulze S. 24, Gess I, S. 87, 212, Nösgen I, S. 393.
[3] Usteri S. 22: „Da man einmal den Gottessohn hatte, vernachlässigte man
den Menschensohn." Lietzmann S. 56 f, 86 zeigt, dass der Ausdruck der paulin.
und nachpaulin Literatur fremd ist und erst bei Marcion, den Ophiten und Valen-
tinianern, bei Justin und Ignatius wieder auftaucht.
[4] Holsten S. 30 hat dafür nur den Trost, Mt sei „nun einmal das Evglm
der Widersprüche". Vgl. Usteri S. 4: „Hat Jesus sich schon dutzend Male Menschensohn genannt und war dieser Name als Messiasbezeichnung bekannt, so
waren nicht solche schwankende, tastende Meinungen, wie sie ihm mitgetheilt
wurden, als Antwort zu erwarten, sondern eine bestimmte Stellungnahme zu jenem
Messiasanspruch, sei's zustimmend, sei's ablehnend." Die ausschliessliche Orientirung an Mt hat es verschuldet, wenn Paul S. 5 f, 10, 40 f, 93 meint, der Titel
Menschensohn falle weder für Jesus, noch für das Volk mit dem Messiastitel zusammen; Jesus habe in diese elastische, zwischen dem Propheten und dem Messias

Menschensohn, so der Gottessohn. Denn wenn das Ptbekenntniss
zur Gottessohnschaft 16 ₁₆ überraschend wirken, ja als eine unmittelbare Gottesoffenbarung gelten soll, so durften nicht schon kurz zuvor
14 ₃₃ alle Jünger ihren Meister als Gottessohn (ἀληθῶς θεοῦ υἱὸς εἶ)
erkannt und begrüsst haben [1]. Jene in der matthäischen Redaction
von 16 ₁₃—₁₆ beabsichtigte Pointe, wornach der oft genannte Menschensohn zugleich als Gottessohn erkannt und bekannt wird, zeigt sich aber
auch sonst als haltlos in einem Evglm, welches gleich mit der wunderbaren Erzeugung aus dem Geist Gottes beginnt und dann Stellen bringt,
wie 7 ₂₂ ₂₃ 9 ₂₇ 10 ₁₈ ₃₂ ₃₃ ₄₀ 11 ₃—₆ 12 ₆ 15 ₂₂ [2], in welchen Jesus zwar
weder als Menschensohn, noch als Gottessohn bezeichnet wird, wohl
aber ganz zweifellos als Messias redet, handelt und angesprochen wird.
Gerade soweit aber dieses der Fall ist, gehören obige Stellen wieder
ausschliesslich dem Mt an und sind, mindestens in ihrer Stellung
vor dem Ptbekenntniss, ohne Parallelen bei Mc und Lc.

Die gemachte Beobachtung ist nur ein Moment in der grossen
Kette einer zunächst auf gehäufte Thatsachen des Sprachgebrauchs,
des Stiles und der Darstellungsmanier gestützten, Argumentation,
deren sicherstes und heutzutage fast auf der ganzen Linie der methodisch verfahrenden Forschung anerkanntes Resultat ist, dass Jesu
Verkündigung zwar von Anfang an Reichspredigt war, keineswegs
aber ein Selbstbekenntniss zur Messianität in sich schloss [3]. Durchaus kam bei ihm erst die Sache, dann die Person (s. oben 5 ₁). Unter
den synopt. Evglien hat Mt am wenigsten mehr ein Bewusstsein von
dem ächt geschichtsmässigen Zusammenhang und Fortgang der reifen-
den Geschicke, welche allmählich zur Entfaltung der messianischen
Fahne geführt haben. Selbst die Mc 6 ₇ ₁₂ ₁₃ = Mt 10 ₁ ₇ = Lc 9 ₁ ₂ ₆
10 ₁ ₉ ₁₁ ausgesandten Jünger haben noch keineswegs den Auftrag,

---

schwebende, Selbstbezeichnung seine einzigartige religiöse Stellung gefasst. Ein
anderes, gleichfalls durch die Stelle Mt 16 ₁₃—₂₀ veranlasstes, Missverständniss ist
es, wenn nach OORT S. 57f, 84f beide Seitenreferenten im Unrecht sein sollen, da
Jesus keineswegs habe wissen wollen, ob ihn die Jünger für den Messias hielten,
sondern sich nur nach der Art seiner, für sie längst feststehenden, Messianität erkundigen. Das Richtige hat BRÜCKNER S. 270.

[1] Aushülfe bei HOLSTEN S. 30, Die synopt. Evglien S. 40: es sei vielleicht
οἱ δὲ ἐν τῷ πλοίῳ ἐλθόντες zu lesen mit Bezug auf die Mitgekommenen, nicht auf
die Jünger. Aber gesichert ist vielmehr οἱ δὲ ἐν τῷ πλοίῳ, und dieses kann sich
natürlich nur auf die Jünger beziehen, welche 14 ₂₂ eingestiegen waren, während
ὁ ὄχλος draussen blieb. Ausserdem soll das jüd. Bewusstsein zwischen υἱὸς θεοῦ
und ὁ υἱὸς τοῦ θεοῦ = ὁ Χριστός unterscheiden. Aber wer ἀληθῶς υἱὸς θεοῦ ist,
ist jedenfalls vorher auch ὁ υἱὸς und ὁ Χριστός.

[2] B. WEISS, LJ II, S. 247f.

[3] Vgl. die Zusammenstellung der entscheidenden geschichtlichen Angaben
im Lehrbuch der Einleitung ³S. 358f und im IIC I, ²S. 7f, 190f.

ihn als Messias zu verkündigen, sondern sollen Dämonen austreiben und die Nähe des Gottesreiches predigen. Weder für die Jünger, noch für irgend eine Partei im Volke, war er in der Zeitnähe von Mc 6 14 = Mt 14 1 2 = Lc 9 7 der Messias. Vor dem ersten Aufleuchten der messianischen Erkenntniss im engeren Jüngerkreise (Ptbekenntniss bei Cäsarea Philippi) hielt man ihn im besten Falle für einen Propheten Mc 6 14 15 8 28 = Mt 16 14 = Lc 9 8 19 [1]. Wenn daher in dem Berichte Mc = Lc, der diesen Pragmatismus der Geschichte des öffentlichen Auftretens Jesu noch allein vollkommen deutlich erkennen lässt, der Name Menschensohn mit Ausnahme der schon mehrfach besprochenen, das Räthsel schliesslich erst recht lösenden, Stellen, nur nach der Messiaserklärung (gleich Mc 8 31, dann noch 11 mal; bei Lc nach 9 22 noch 21 mal) vorkommt, so ist damit allerdings bewiesen, dass Jesus den Menschensohn wirklich im Sinne der Messianität gemeint haben muss. Insofern besteht also unverkümmert das Recht der ersten Deutung und erweisen sich die, auf eine andere Bahn leitenden, Stellen Mt 9 8 16 13 als Producte bewusster, und zwar dogmatisch-tendenziöser, Redaction.

Mag man also in den Verhandlungen über das Leben Jesu die Frage erörtern, ob Jesus vom Moment der Taufe an sich als „Menschensohn" wusste oder ob solches Bewusstsein ihm unter dem Eindrucke wachsenden Erfolges erwachsen ist [2]: der Gebrauch, welchen er von dem Namen „Menschensohn" macht, lässt jedenfalls erkennen, dass er die Anerkennung seiner messianischen Würde nicht auf lehr-

---

[1] Wenn noch die Darstellungen des Lebens Jesu von BEYSCHLAG und B. WEISS dieses Sicherste, was wir vom äusseren Lebensgang Jesu während seiner öffentlichen Wirksamkeit wissen, unter den Tisch fallen lassen, so hängt dies einfach an der, für diese theol. Richtung bestehenden, Unmöglichkeit, auf die johann. Neuerungen zu verzichten und dem ältesten Bericht consequent zu folgen. Auch JOH. WEISS, Die Nachfolge Christi und die Predigt der Gegenwart 1895, S. 31 kann sich in die Quellenverhältnisse unserer Evglien noch so wenig finden, dass er für einfach undenkbar erklärt, was vielmehr allein und ausschliesslich denkbar ist, schon aus dem einfachen Grunde, welchen ein amerikanisches Leben Jesu vollauf zu würdigen weiss. Vgl. ROGERS, The life and teachings of Jesus 1894, S. 230: „It is idle to suppose that any man could have been the centre of messianic hopes for so long a time and still have aroused no sort of opposition from the watchful Roman authorities." Die wenigen, aber bestimmt erkennbaren Epochen in der öffentlichen Wirksamkeit Jesu erkennt und zeichnet richtig CHIAPPELLI, Nuova Antologia CXVII, 33, S. 251f.

[2] Nach NANDRÈS S. 41f hat Jesus erst vor dem Synedrium sich im messianischen Sinne Menschensohn genannt. Nach BOUSSET S. 114, 117f hat das einmal an- und aufgenommene Wort vom Menschensohn auf seine eigene Stimmung zurückgewirkt und er in Folge dessen sich je länger, desto mehr in das „Messias- und Menschensohnbewusstsein" hineingelebt, S. 126f. Vgl. dagegen BRANDT S. 565f.

hafte Weise durchsetzt, sondern im gegebenen Moment als reife Frucht pflückt[1].

Die nächste Frage, welche sich erhebt, ist nun die nach der Originalität dieses Fundes. Da Jesus mindestens seit dem Tage von Cäsarea Philippi das Wort immer unter der Voraussetzung im Munde zu führen scheint, dass man es sofort auch in seinem Sinne, also im Sinne der Messianität, fassen und verstehen werde, so liegt die Annahme nahe, der „Menschensohn" sei in Folge von Hen 37—71 bereits zuvor zu einem Titel für den (apokalyptischen, himmlischen) Messias erhoben und als solcher in irgend welchem Maasse verständlich gewesen (s. oben S. 75). Diese erste Seite an der hier sich eröffnenden Alternative, wornach Jesus sich, ähnlich wie bezüglich des Gottesreichs, an einen bereits bestehenden Sprachgebrauch angeschlossen hätte, erscheint bald in reiner Gestalt[2], bald dahin abgewandelt und ermässigt, dass der Titel zwar den Schriftgelehrten und Schulmännern, nicht aber der grossen Masse geläufig und verständlich gewesen wäre[3], wobei dann freilich erst noch schwer begreiflich zu machen sein würde, wie Jesus zum Mitwisser des Schul-

---

[1] Schon nach BAUR, ZwTh 1860, S. 280 schloss die Selbstbezeichnung als Menschensohn „den stillen Vorbehalt in sich, die Messiasidee für sich in Anspruch zu nehmen und, sobald sie in ihrer höheren Bedeutung hinlänglich vorbereitet und begründet war, mit ihr hervorzutreten". Aehnlich C. HASE, Geschichte Jesu [2]S. 514: „Dieses Wort ist von Jesus ergriffen worden, um zu gelegener Zeit das Messiasthum ausschliesslich hineinzulegen." KEIM, Dritte Bearbeitung S. 162: „eine durchsichtige Verhüllung des über die Vorbereitungszeit bis zum Tage der Erfüllung aufgeschobenen Messiasthums." Nach J. P. LANGE, Das Leben Jesu II, 1, S. 237 war der Titel Menschensohn dazu bestimmt, „sein Incognito in seinem Volk in dem Maasse, als es nöthig geworden war, sowohl zu schirmen als zu verrathen". RITSCHL II, S. 32: „da er aber diese Anerkennung seiner persönlichen Würde nicht in doctrinärer Weise hervorrief, sondern durch die Erfahrung seiner Jünger in dem engeren Umgang mit ihm sich allmählich entwickeln liess." HARNACK I, S. 62: „Dass sie an ihn als Messias glauben sollten, ohne ihm doch das gewöhnliche Messiasideal unterzulegen, war das Ziel, zu dem er sie erzog." Dass dieses Ziel erst spät erreicht wurde, erklärt sich aus dem Contrast seiner Eigenart mit der landläufigen Messiasidee. Dieses erzieherische Moment betonen auch EHLERS Des Menschen Sohn, Christus, Gottes Sohn 1892, S. 6f, SCHWARTZKOPFF S. 34f. Gegen BOUSSET, der S. 120 es in Abrede stellt, vgl. SCHÜRER, ThLZ 1893, S. 446.

[2] So bei L. SCHULZE, W. BRÜCKNER, EWALD, Geschichte Christus [3]S. 304f, BIEDERMANN II, S. 38, BALDENSPERGER [2]S. 173f, 184f. Dagegen nach S. 90 „war es kein für die Volksmassen geläufiger Titel"; dieser hat S. 95 „nur eine Art Stillleben gefristet".

[3] So BAUR, HILGENFELD, WEIZSÄCKER, Evangel. Geschichte S. 428f, Apost. Zeitalter S. 105, 121, BEYSCHLAG I, S. 67, RENAN, Vie de Jésus [13]S. 136 und WENDT II, S. 441f. Vgl. auch BOUSSET S. 110f, 126f, der aber S. 122 die Modification anbringt, Jesus habe „in jenes dunkle unverständliche Wort die dunkeln geheimnissvollen, erst allmählich zur Deutlichkeit sich herausarbeitenden Ahnungen seines Selbstbewusstseins hineingelegt".

geheimnisses herangediehen sein sollte [1]. In beiden Fällen aber hat er
unter den ihm zu Gebote stehenden Messiastiteln mit Bedacht denjenigen ausgewählt, mit welchem die Idee eines nationalen Königs am
wenigsten verbunden war [2]. Aber jene beschränkten Ideale, welche
die Schriftgelehrten aus den Königspsalmen und Propheten construirt
hatten, sind auch auf der anderen Seite der Alternative verleugnet:
dann nämlich, wenn Jesus selbst die Combination des danielischen
Menschensohnes mit dem Messias erstmalig vollzogen haben sollte, weil
für ihn der Menschensohn mehr bedeutete als der Davidssohn [3]. Denn
unter allen Umständen bleibt, was er in diesen Ausdruck hineinlegt,
seine eigenste Schöpfung [4]. Aber seinen Jüngern und dem Volke hat
er seine Messiasgewissheit, wenn der Menschensohn ein bekannter Titel
war, enthüllen, wenn dessen Sinn dagegen zunächst nur dem Redner
selbst durchsichtig war, vielmehr verhüllen wollen [5].

Sofort aber legt sich in dieses Entweder-Oder ein zweites hinein,

---

[1] B.Weiss § 16 a. Wellhausen S. 346: „Der Menschensohn im Buch Henoch
muss aus dem Spiel gelassen werden, so lange nicht feststeht, dass die betreffende
Partie des Buches Jesu bekannt war und bekannt sein konnte."
[2] Schürer, ThLZ 1877, S. 132, 1886, S. 100. Nach Ewald S. 305 bevorzugte er diesen Messiasnamen wegen seines menschlichen Klanges.
[3] So Gess, Oehler, Weisse, Die Evglienfrage S. 210f, Lipsius [3]S. 459 und
namentlich Usteri, demzufolge S. 6, 16 der „Menschensohn" durch Dan höchstens
„mit veranlasst" war, weil Jesu Originalität mehr nicht zulässt. S. 14: „Als den
Messias, wie ihn die Juden erwarteten, wollte Jesus sich gerade nicht angesehen
wissen. Und damit man ihn nicht so betrachte, sondern seinem Selbstzeugniss
und dem Eindruck seiner Persönlichkeit unbefangen sich hingab, wählte er wohl
den ungewöhnlichen Namen." Einen durchschlagenden Grund, gerade nach ihm
und keinem anderen zu greifen, erkennt man hier freilich nicht. Gleichfalls im
Interesse der Originalität Jesu haben sich schon Schleiermacher, Olshausen,
Kling, Dorner, Neander und Weisse S. 104, Evangel. Geschichte II, S. 319f,
Reden über die Zukunft der Kirche S. 238f, Philosophische Dogmatik I, S. 396f,
III, S. 17f nicht in die Herleitung aus Dan finden wollen. Nach Colani S. 120f
hat Jesus den Ausdruck einfach geschaffen.
[4] Mit Ausnahme von B. Weiss, Oort, Baldensperger, Brandt und Lietzmann S. 14f, 24f behandeln alle Neuern die Gleichung Menschensohn = Messias
als ein analytisches Urtheil, d. h. sie suchen aus dem Sinn der Formel die
Messiasbedeutung, die ihr Jesus gibt, zu ermitteln.
[5] Schon Weisse, Wittichen, Weizsäcker, Colani, Hausrath, Hilgenfeld,
Keil, B. Weiss, Ritschl wollten in der Selbstbezeichnung Jesu als Menschensohn
eine verhüllende Absichtlichkeit finden; der Menschensohn sei ein Räthselwort
gewesen, an dessen Deutung Jünger und Volk erst allmählich zur Erkenntniss
der Messianität, und zwar gleich auch der eigenthümlichen Form, in welcher Jesus
dieselbe in Anspruch nimmt, heranreifen sollten. So namentlich Mangold S. 17 und
B. Weiss, LJ I, S. 429: „Er hat einen Weg gefunden, um das Bewusstsein seines
einzigartigen Berufes auch vor dem Volke nicht zu verläugnen, ohne doch die an
den Namen des Messias sich unmittelbar knüpfenden Hoffnungen irgendwie zu
ermuthigen." Hiermit wäre immerhin denkbar gemacht, wie Jesus die in Rede
stehende Selbstbezeichnung brauchen, die Hauptfrage, die sich daran knüpfte,
aber zunächst noch unerledigt im Hintergrunde bleiben konnte.

sofern die 3 mehrgenannten Stellen, welche den Menschensohn vor der
Messiaserklärung bringen, wenn sie chronologisch am rechten Platze
stehen, die Annahme, es habe jeder Jude den in Rede stehenden
terminus als eine Messiasbezeichnung verstehen müssen, schlechthin zur
Unmöglichkeit stempeln. Dann würde also nicht bloss Jesus der Urheber der betreffenden Selbstbezeichnung sein, sondern es würde auch
als weitere Consequenz die Annahme resultiren, dass der gänzlich ungewohnte Name zunächst und auf so lange zur Verhüllung seiner
Messiasansprüche gedient habe, bis es Jesu gefiel, durch die seinen
Jüngern vorgelegte Entscheidungsfrage dieselben in beide Geheimnisse
zugleich einzuweihen, in dasjenige seiner messianischen Person und in
das andere, die in Rede stehende Terminologie betreffende [1].

Nun wäre zwar an sich möglich, dass namentlich die Stellen Mc
2 10 28, weil im Zusammenhang einer Sachordnung auftretend, auf
Antecipation und Verschiebung beruhen. Wahrscheinlich ist es aber
nicht [2], und 3 28 gehört sicher der früheren galiläischen Zeit an. Dann
aber bleibt nur noch die Wahl, entweder von den früheren Stellen aus
die späteren ausser Kraft zu setzen [3] oder zwischen beiden Linien zu
unterscheiden und für jene die, sich gerade für sie und nur für sie so
sehr empfehlende, Gleichung „Menschensohn" = „Mensch" zur Geltung zu bringen [4]. Die Einheit beider Linien müsste dann aber im aramäischen Sprachgebiet aufzufinden sein. Sie entzieht sich den Blicken
schon in der griech. Uebersetzung. Hier also setzt die orientalische
Philologie ein, welcher die neutest. Theologie überhaupt zunächst in
die Hände arbeitet (s. oben S. 130) [5]. Einstweilen stehen wir mitten in

---

[1] So HOLSTEN S. 28f, um die Fassung Mt 16 13 zu rechtfertigen. Auch LÜT-
GERT S. 75f erklärt den Menschensohn im Sinne des Mt, neben welchem Evglsten
es für diesen Theologen andere und abweichende Darstellungen gar nicht mehr gibt,
für den „verborgenen Messias". Aehnlich steht PAUL S. 11, demzufolge Mt 16 13
den „entscheidenden Vorgang" beschreibt, „wo Jesus aus der Verhüllung des
Menschensohnes in die klare Stellung des Messias-Christus hineintritt." Dagegen
wurde schon oben S. 257f gezeigt, dass Mt selbst gegen eine solche Zurechtlegung
seiner Worte protestirt und dafür ebenso bestimmt eine ganz anders geartete
provocirt. [2] Vgl. HC I, S. 9f, 82.
[3] O. COXE, Jesus' self-designation in the synoptic gospels: New World 1893,
S. 492f bekämpft von den für ihn maassgebenden Stellen Mc 2 10 28 aus die apokalyptische Deutung sowohl des Menschensohnes als auch des Reiches Gottes.
ROGERS S. 232f hält sich an 5 andere Stellen als maassgebende, um S. 283f zu
demselben Resultat zu gelangen. [4] Nach PFLEIDERER, Urchristenthum S. 366, 384f nimmt der Ausdruck
Menschensohn (ursprünglich = Mensch) messianische Bedeutung erst seit dem
Messiasbekenntniss an. Aehnlich JOH.WEISS, Predigt S. 57f, Die Nachfolge Christi
S. 33f. Dagegen BOUSSET S. 111, 116 und HAUPT S. 113f.
[5] BEYSCHLAG I, [2]S. 67 meint, der Artikel vor dem Gen. sei nirgends erklärt,
ist aber doch bezüglich der Herkunft desselben von HUPFELD richtig belehrt wor-

der Krisis. Entweder folgt aus den gehäuften sachlichen und sprachlichen Schwierigkeiten [1] die Ungeschichtlichkeit des terminus „Menschensohn" im Munde Jesu, oder es kann ein Weg nachgewiesen werden, auf welchem aus dem „Menschensohn" nicht etwa erst innerhalb der sich entwickelnden Evglienliteratur, sondern schon in der
Verkündigung Jesu der „Messias" erwachsen und das anfänglich in
seiner landläufigen Bedeutung „Mensch" Allen Selbstverständliche
durch den eigenthümlichen, gesteigerten Nachdruck, womit Jesus es
je länger je mehr geltend machte, zu einem Räthselworte für die
Jünger werden konnte, das sie in ihrem Meister zunächst einen
Menschen nicht wie die anderen, die auch so heissen, sondern einen
bestimmten Menschen mit einem, ihn von allen unterscheidenden, Beruf [2] und endlich, sobald sie über diesen Beruf Licht empfangen hatten,
den Messias selbst finden liess [3].

---

den. Eben desshalb erklärt ja BRANDT S. 564 diesen 2. Artikel für einen Ueber-
setzungsfehler. Sonach ist freilich, wie B. WEISS § 16b mittheilt, der Artikel vor
dem Nominativ wichtiger. Auch HOLSTEN S. 12f, 41f bringt sprachliche und
logische Untersuchungen, welche sich doch erst bei Anwendung der syr. Sprach-
wissenschaft auf die Exegese der Evglien erledigen lassen werden. Bezüglich des
Ausdruckes aber hat er S. 52f, 60, 75, 446f Recht mit der Annahme, dass der
1. Artikel auf die bestimmte Persönlichkeit weist, die sich mit der Dan 7 13 gezeichneten, ungenannten Figur (ὡς υἱὸς ἀνθρώπου) identificirt, wobei er jedoch
S. 53 die Ueberzeugung ausspricht, gerade der doppelt artikulirte terminus ent-
spreche dem aramäischen barnaša'. Aber auch BETSCHLAG hat Recht, wenn er die
Umprägung der artikellosen in die artikulirte Form für unumgänglich geboten hält,
„sobald man die Dan-stelle auf den persönlichen Messias bezog ... oder sobald
eine bestimmte Persönlichkeit sich selbst und ihren persönlichen Beruf in jenem
danielischen Bilde erkannte".

[1] LIETZMANN, S. 38 f, 81 f hält es für unmöglich, dass „die farbloseste,
unbestimmteste Bezeichnung des menschlichen Individuums", ein „so alltägliches,
abgeschliffenes Wort" wie barnaša' Ausdruck des vollen Menschenbewusstseins
Jesu oder gar Bezeichnung des Messias werden konnte; eine solche soll es S. 41f
nicht einmal in der jüd. Apokalyptik sein.

[2] Auf eine solche Uebergangsstufe deutet die Definition von B. WEISS § 16:
nicht ein, sondern der durch seinen einzigartigen Beruf vor Allen ausgezeichnete
Menschensohn. Jesus hätte demgemäss nach B. WEISS bei MEYER zu Mt 8 S. 171
„durch diese Selbstbezeichnung wohl darauf hingedeutet, dass er einen Beruf
habe, wie ihn keiner vor ihm gehabt, und keiner nach ihm haben konnte, aber
seinen Zuhörern überlassen, ob sie denselben auf den messianischen deuten wollten". Eine ähnliche Construction gibt PAUL S. 42f, nur dass nach ihm die Bezeichnung „Menschensohn" auch in Jesu eigenem Bewusstsein erst allmählich in
das Messianische hinübergewachsen erscheint.

[3] Im Wesentlichen würde damit HOLSTEN's Construction bestätigt, wiewohl
sie auf die nicht zum Ziele führenden Wege einer Untersuchung des griech. Ausdrucks gewonnen ist. Denn unter obiger Voraussetzung konnte wirklich S. 21f,
31f, 54, 70 trotz fortgesetzter Selbstbezeichnung als Menschensohn Jesu Messias-
geheimniss lange auch seiner nächsten Umgebung verborgen bleiben; man verstand S. 20, 41f den „Menschensohn" als Mensch, bis Jesus selbst S. 30f den
Jüngern jenes Geheimniss löste, dem Volke gegenüber aber noch fortbestehen liess.

4. Der „Gottessohn".

Wie der synopt. Begriff des „Reiches Gottes" unbeschadet seiner
Eigenschaft als Neuschöpfung an sich nur die Weiterführung und Verklärung der alttest. Grundvorstellung einer von Gott über sein auserwähltes Volk geübten Königsherrschaft darstellt, so ist auch der
synopt. Gottessohn der an's Licht gehobene Schatz des National-
gefühles Israel's, welches sich selbst als den erstgeborenen Sohn
Gottes weiss (s. oben S. 48). Eine erste Abwandelung des Collectiv-
begriffes bedeutet es, wenn weiterhin der das Volk vertretende König
als solcher auch als Sohn Gottes, als stellvertretender Herrscher in
Gottes Königreich erscheint. Das ist die II Sam 7 14 Ps 2 7 (82 6)
89 27 28 und in der Apokalyptik (s. oben S. 69f) auf den ideellen
Zukunftskönig übertragene Idee des theokratischen Herrschers, wie
sie nur noch den entsprechenden Process der Versittlichung zu durch-
laufen braucht, um alsbald die Stellung zu kennzeichnen, die Jesus
sich selbst und den Seinigen vorbehalten hat. Alle Menschen als
Gottes Geschöpfe seine Kinder, Israel als bevorzugter Erbe und Erstgeborener unter den Völkern, die theokratischen Könige als die Söhne
Gottes im besonderen Sinne, der Messias als der eigentliche Sohn und
Mittelpunkt eines Reiches, in welchem der Begriff der Sohnschaft
schliesslich wieder Alle umfasst und auf einem höheren Niveau seine
ursprünglichste Allgemeinheit gewinnt: das sind die Stadien der
allmählichen Verengerung und rückschlagenden Erweiterung, welche
diese Kette von Vorstellungen in ihren bald theokratisch-nationalen,
bald menschheitlich-sittlichen Wendungen durchläuft.

Welche Rolle spielt nun der Sohn Gottes in der synopt. Geschichte Jesu? Indem wir von der Ueberschrift Mc 1 1 und den
specifisch matthäischen Stellen 14 33 16 16 27 40 43 absehen, bleibt die
Mt 8 29 = Mc 5 7 = Lc 8 28 berichtete, überdies Mc 3 11 generalisirte
Thatsache, dass Jesu der Titel zunächst aus dem Munde Dämonischer entgegengetragen wurde. Hier konnte er freilich nichts mehr
bedeuten, als auch im Namen Christus schon lag. Aber auch der
Hohepriester stellt Mt 26 63 = Mc 14 61 = Lc 22 70 in demselben rein
theokratischen Sinne an den Gefangenen die Frage, ob er Gottes
Sohn sein wolle. Das bedeutet nämlich mit nichten, dass die Richter
etwa in seiner Gottessohnschaft nach Anleitung von Joh 5 18 10 33 [1]

---

[1] Gegen die Gleichstellung der Begriffe Messias und Gottessohn protestiren
noch Lütgert S. 68 und Grass S. 83f. Grund der Verurtheilung war nach Nösgen
I, S. 604f: „Selbsterhebung über das menschliche Niveau". Zur Beschämung dieser
und anderer protest. Exegeten schreibt Schanz zu Mt, S. 530: „Eine Gottes-

eine Anmassung göttlicher Ehre und Herrlichkeit erblickt und verurtheilt hätten, sondern darin allein konnte die „Gotteslästerung"
gefunden werden, dass ein Mann aus dem niederen Volk, ein augen-
scheinlich von Gott Verlassener, ein dem schimpflichen Tod Entgegen-
schender sich als Gegenstand und Erfüllung aller dem Volk gegebenen
göttlichen Verheissungen darzustellen wagte. Solches schlug allen Voraussetzungen und allen Folgerungen des jüd. Gottesglaubens in's Gesicht, indem zugleich die nationale Empfindlichkeit der Juden auf's
Aeusserste gereizt wurde. In der gleichen Richtung verhöhnt daher
auch Pilatus das Volk mit dessen angeblichem König. Jesus aber
bekennt sich mit den letzten Worten, die er an Menschen richtet,
ebenso dem Pilatus gegenüber als „König der Juden" Mt 27 11 =
Mc 15 2 = Lc 23 3, wie dem Hohepriester gegenüber als Gottessohn
(sei es mit σὺ εἶπας Mt 26 64, sei es mit ἐγώ εἰμι Mc 14 62), jedenfalls
um gleich weiter in einer Weise vom „Menschensohn" zu reden, welche
darüber keinen Zweifel bestehen lässt, dass sich in seinem Geiste beide
Ausdrücke, der Gottes- wie der Menschensohn, im Begriff der Messianität begegnen. Zu dieser Messianität hat er sich also in den
letzten Stunden seines Lebens bekannt, ohne allen Rückhalt, aber
auch ohne einen Versuch zu machen, das Wie dieser Messianität
solchen gegenüber, die dafür kein Verständniss besassen, näher dar-
zuthun. Hatte doch zuvor auch schon der messianische Einzug in
Jerusalem bewiesen, dass Jesus der vom Volk erwartete Messias sein
wollte, auch wenn er auf anderen Wegen, als den ihm von der populären Theologie vorgezeichneten, einherging [1].

In welcher Richtung diese anderen Wege lagen, dafür spricht
auch der Ausdruck „Gottessohn" trotz seiner Anlehnung an volksthümliche Vorstellungskreise. Letzteren zufolge bedeuten „Söhne des
Reichs" (Mt 8 12 13 38 υἱοὶ τῆς βασιλείας) die zum Herrschen bestimmten
Personen, Prinzen, also der „Sohn" schlechthin den Kronprinzen, der
eine einzigartige Stellung im Reiche einnimmt [2]. Aber schon diese
einzigartige Würde als Stellvertreter Gottes führt auf eine specifisch
religiöse Bedeutung. Namentlich geht aus dem, im Gleichnisszusam-
menhang [3] vorkommenden, Bekenntnisse zur Gottessohnschaft (Mc 12 6
ἔτι ἕνα εἶχεν υἱὸν ἀγαπητόν, vgl. Lc 20 13, anders Mt 21 37) hervor, dass
Jesus in dem „Sohne Gottes" den Gegenstand des göttlichen Liebes-

---

lästerung lag für die Synedristen schon vor, wenn Jesus den Messiastitel beanspruchte Dtn 18 20."
    [1] B. Weiss, LJ II, S. 417.   [2] Gunkel, ThLZ 1893, S. 44.
      [3] Biedermann II, S. 84f: „So in allen Gleichnissen, wo der Christus als
Sohn des Königs vorkommt, vom Hochzeitsmahl, von den Weingärtnern."

rathschlusses gesehen hat. Auf sich, als den Erwählten der göttlichen Liebe, hat er den „Sohn Gottes" bezogen, so dass Gott als Vater den Correlatbegriff dazu bildete. Während ihm der „Menschensohn" im Zusammenhange mit dem Gedanken des Gottesreiches erwuchs, bildet der „Sohn" das Ergänzungsstück zu dem neugewonnenen Gottesbegriff, wie dieser sich im Vaternamen darstellt. Andererseits kann auch diese Selbstbezeichnung nur im Zusammenhang derselben Sohnschaft zu verstehen sein, mit welcher in der Bergpredigt die normale Stellung des Menschen zu Gott überhaupt bezeichnet war (s. S. 171). Ist Gott „Vater", sind die Menschen, wo sie in der Richtung auf das Gottesreich leben und handeln, „Söhne", so bezeichnen beide Ausdrücke in ihrer Wechselbeziehung das religiöse Verhältniss, wie es zugleich die höchste sittliche Aufgabe der Menschen umfasst. Und so ist auch für die Selbstbezeichnung Jesu als „Sohn" nicht bloss der religiöse, sondern auch der sittliche Gesichtspunkt maassgebend [1].

Also zunächst der religiöse! Was in dem unmittelbaren Lebensgefühl mit Einem Schlage gesetzt ist, die ungehemmte Lebensgemeinschaft mit Gott, die unverkümmerte Berührung mit dem Göttlichen, das legt für die sondernde Betrachtung und Sprache sich vermittelst des Bildes von Vater und Sohn in eine Zweiheit von religiösen Vorstellungen auseinander, welche sich gegenseitig bedingen und halten (vgl. ὁ πατήρ und ὁ υἱός neben einander Mt 16 16 17 11 27 = Lc 10 22 Mc 13 32 = Mt 24 36). Für jene lebendigste Gegenwart Gottes im Gemüthe, wie Jesus sie erlebte, hat nun einmal die Sprache keinen absolut zutreffenden, vor Allem keinen bildlosen Ausdruck. Desselben Veranschaulichungsmittels bedient er sich ja auch, wenn er Mc 3 35 die den Willen Gottes thun seine Verwandten, Mt 28 10 die Jünger seine Brüder nennt. Was aber wir auf dem langen Wege der Reflexion nachzubilden versuchen, das taucht für den religiösen Genius als unvermittelte und ungebrochene Offenbarung aus den Tiefen seines Gemüthslebens auf. Und zwar Letzteres so, dass das Sohnesbewusst-

---

[1] Auch diese Gedankenverknüpfung wird wesentlich durch die Beobachtung erleichtert, dass im Aramäischen kein Unterschied zwischen „Kindern" und „Söhnen" gemacht wird und „Abba" ebenso gut „der Vater" wie „mein Vater" heissen kann. Vgl. WELLHAUSEN S. 340, Nachrichten der königl. Gesellschaft der Wissenschaften zu Göttingen 1895, S. 12. Damit ist die Gottessohnschaft über ihren bloss historisch-theokratischen Sinn hinausgehoben, ohne darum sei es zu einer physischen, sei es zu einer metaphysischen Grösse zu werden. Auch nach LOBSTEIN, Préexistence S. 100 bezeichnet die Benennung „Sohn Gottes" im Munde Jesu weder seine übernatürliche Geburt im Schoosse der Jungfrau, noch seine ewige Zeugung aus dem Wesen Gottes; sie hat ihre Wurzeln weder in der judenchristl. Tradition, welche Mt und Lc aufbewahrt haben, noch in der alexandrinischen Speculation, welche Hbr und Joh eingeführt haben.

sein sich entsprechend der sittlichen Ausfüllung der Gottesidee, die
in dem Vaternamen liegt, auch durchaus sittlich bestimmt und bedingt fand. Der religiöse Genius war zugleich ein sittlicher Genius.
Die Frage, inwieweit Jesus die dem Gottesbegriff Mt 5 48 entsprechende Vollkommenheit, die ja für erst noch werdende, wenn auch
ausreifende „Gottessöhne“ immer nur Ideal bleibt, in sich selbst als
dem „Gottessohn“ verwirklicht fand, begegnet in den synopt. Evglien
einer doppelseitigen Beantwortung. Auf der einen Seite lassen sie
ihn ohne Rückhalt in Lehre und Gebet von seinen Versuchungen
und Anfechtungen Lc 22 28, von des Geistes Willigkeit, des Fleisches
Schwachheit Mc 14 38 reden. Wenn auf der letzten Reise ein
Jüngling ihm entgegeneilt, vor ihm niederfällt und die Ueberschwäng-
lichkeit seiner Empfindung in das vorschnelle Wort kleidet „Guter
Meister“, so sehen wir den so Angeredeten zurücktreten, nach oben
weisen und im Bewusstsein eigenen Werdens, in Erinnerung lebhaf-
tester sittlicher Kämpfe und Anfechtungen, in Voraussicht der nahenden Sturmfluth einer letzten mächtigsten Versuchung das demüthig
grosse Wort sprechen: „Was nennest du mich gut? Niemand ist
gut, denn der einige Gott“ (Mc 10 17 18 = Lc 18 18 19, vgl. daneben
die auch dem blöden Auge erkennbare tendenziöse Umbiegung Mt
19 16 17). Nur Einer steht über der Welt ohne Wandelbarkeit und
sittliches Werdebedürfniss, der ewig sich selbst gleiche Gott [1]. Damit
bestätigt Jesus den unaufhebbaren und unverrückbaren Abstand, welcher Gottheit und Menschheit in sittlicher Beziehung scheidet, wie er
Mc 13 32 = Mt 24 36 [2] denselben Strich zwischen beiden Gebieten in in-
tellectueller Beziehung zieht. Beide Male kommt dabei Jesus einfach
auf die Seite der Menschheit zu stehen. Nur so ist auch das Herrngebet zu verstehen, wenn nämlich Jesus es seinen Jüngern nicht bloss
vorgesagt, sondern mit ihnen gebetet hat. Letzteres kann zwar nicht
die Meinung von Lc 11 4 (weil die sicher ursprünglichen ὀφειλήματα
durch ἁμαρτίαι ersetzt sind), wohl aber von Mt 6 12 sein, sofern, so
lange das Ziel nicht erreicht ist, eben darum auch vom Zurückbleiben
und von Rückständen, als unvermeidlich im menschlichen Dasein gegeben, die Rede sein darf und muss. Jede noch nicht erledigte Aufgabe ist eine noch nicht bezahlte Schuld (genau dieses ist der Begriff
von ὀφείλημα nach Dtn 24 10; ein solches besteht Rm 4 4 in hypothesi

---

[1] WEISS, LJ I, S. 325: „Der Mensch kann nur gut werden, weil sich auch
nach der vollkommensten Lösung seiner sittlichen Aufgabe ihm neue Aufgaben
stellen, bis er, an's Ziel gelangt, als der Gute bewährt ist.“
[2] Dies die einzige Stelle, wo „der Sohn“, weil mit „den Engeln“ dem Vater
entgegengestellt, eine metaphysische Grösse zu werden scheint. Vgl. LIPSIUS,
Dogmatik S. 460.

sogar auf Seiten Gottes; daher ἀφιέναι ὀφείλημα I Mak 15 8), für
welche der Mensch eben als Mensch Nachsicht beansprucht und erfährt. Mindestens aber schliesst die Bitte um Schuldenerlass die Möglichkeit solcher Schulden für die Zukunft ein[1], ja es wird in dieser
Richtung geradezu Abwehr von Versuchungen erfleht, die zum Fall
führen könnten. So weiss von schweren, satanischen Versuchungen,
die in der Vergangenheit liegen, nicht bloss die Legende, sondern
auch die Spruchsammlung Mt 12 29 = Lc 11 22. Kaum ist der Todesweg beschritten, so wird selbst ein Apostel zum Versucher Mc 8 33 =
Mt 16 23, und im Hinblick auf die Gethsemanestunde bemerkt sogar
der 3. Evglst, der Teufel sei nur auf eine gewisse Frist (Lc 4 13 ἄχρι
καιροῦ) von Jesus gewichen.

Die Kehrseite zu solchen Betrachtungen ist es, wenn er sich in
der Mt 5 48 vorgezeichneten Lebenslinie mit so grundsatzmässiger, ziel-
sicherer Entschiedenheit begriffen weiss, dass ihm der erfahrungsmässige Zustand der Menschheit als im Contrast dazu stehend erscheint
(s. S. 185f.). Die oben beschriebene, eigenthümliche Gehobenheit des
Selbstbewusstseins (s. 5 1) schliesst den Vorbehalt einer mustergültigen
Stellung in Bezug auf Lösung der Lebensaufgabe in sich[2]. In diesem
Sinne findet nur der allgemeine Eindruck Bestätigung, dass hier von
einer langsamen, tiefgreifenden Umwandlung so wenig die Rede sein kann,
wie von einer plötzlich eingetretenen Bekehrung (s. oben S. 123). Hat
ihm die apostolische Gemeinde Sündlosigkeit zugeschrieben (II Kor 5 21
I Pt 2 22 3 18 Hbr 4 15 Joh 8 46 I Joh 2 29 3 7), so lag Anlass dazu in
Sprüchen, darin er vor dem Richten Anderer warnt Mt 7 1 2 = Lc 6 37,
während er sich selbst der Qualification zur Betheiligung am zukünftigen Gericht bewusst ist Mc 8 38 13 27, wie er auch in der Gegenwart
schon Alle zur Busse ruft Mc 1 15 = Mt 4 17. Positiv ausgedrückt bedeutet dies nichts anderes, als dass er die grundsatzmässig erfasste
Gottinnigkeit, wie sie ihn als wachsendes Gefühl eines Vollbesitzes
innerer Harmonie und Glückseligkeit auf allen seinen Wegen begleitet,
auch denen anbietet, die ihm auf diesen Wegen begegnen, auf dass
auch sie gleich ihm „Söhne" des himmlischen Vaters werden möchten.
Hat schon die Bergpredigt einen solchen Zustand der Kindschaft
als allgemein gültiges Ideal hingestellt, so liegt in den Aussagen, die
ihn als Sohn schlechthin erscheinen lassen, eben nicht mehr und nicht
weniger als der Anspruch, dass jenes, zuvor in seiner Anwendbarkeit
auf die ganze Menschheit gesetzte, Verhältniss in Bezug auf ihn selbst
in besonderem Grade gelte; dass dieselben Thatsachen der äusseren

---

[1] RITSCHL II, S. 42.
[2] WITTICHEN, Beiträge II, S. 147f, LJ S. 84.

und inneren Erfahrung, an welchen er in Anderen wenigstens sprühende Funken der Gotteskindschaft entzündet hatte, für ihn selbst zum Brennstoff einer hellen und reinen, zuweilen vom Sturm bewegten und zertheilten, aber nicht ausgelöschten Flamme der Gottinnigkeit geworden seien. Das Bewusstsein, Sohn Gottes zu sein, ist der einfachste und reinste Ausdruck einer erreichten religiösen Vollendung.

Die Ansätze zu einer Entwicklung, die über diesen zunächst theokratisch-messianisch, dann religiös-sittlich zu verstehenden Begriff der Gottessohnschaft hinausweisen, haben wir bei Mt schon kennen gelernt (s. oben S. 257). Von der physischen Gottessohnschaft, wie sie die Geburtsgeschichten bringen, wird noch weiterhin zu sprechen sein. Dagegen ist an diesem Orte noch eine gesonderte Betrachtung dem Vorkommen des Namens in den, über die geschichtliche Wirklichkeit hinausführenden, Stellen Mc 1 11 = Mt 3 17 = Lc 3 22 (Taufstimme), Mt 4 3 6 = Lc 4 3 9 (Versuchung) und Mc 9 7 = Mt 17 5 = Lc 9 35 (Verklärung) zu widmen. Der Taufgeschichte zufolge wird Jesus durch eine göttliche Ansprache nicht als Davidssohn und nicht als Menschensohn, sondern als Gottessohn bezeichnet, was nach zahlreichen alten Texten durch Ps 2 7 „Heute habe ich dich gezeugt" erläutert, also im theokratischen Sinn zu verstehen ist, gleichzeitig aber auch durch den Zusatz aus Jes 42 1, d. h. die Charakterisirung des Angesprochenen als Gegenstand des göttlichen Wohlgefallens, auf die Höhe des eigensten Verständnisses Jesu gehoben wird.

Sofern in der Versuchungsgeschichte der „Sohn Gottes" eine Rolle spielt, schliesst sich diese Bezeichnung einfach an die Ansprache in der Taufe an, indem sie das Gotteswort „Du bist mein Sohn" nach dem Vorbilde der Sündenfallsgeschichte Gen 3 1 in die Frage umsetzt: „Wenn du Gottes Sohn bist". Um so bedeutungsvoller ist die Wiederholung der Taufstimme im Moment der Verklärung, sofern zu den Stellen Ps 2 7 Jes 42 1 noch Dtn 18 15 (mosaische Christologie) hinzutritt und überdies Lc 9 35 anstatt des „Geliebten" der „Auserwählte" (ὁ ἐκλελεγμένος = bahir, wie bei Hen, s. oben S. 75) erscheint[1]. Je nachdem man der 1. oder der 2. Taufstimme die Priorität zuschreibt, wird man die Taufe als Geburtsmoment des messianischen Bewusstseins betrachten, denselben aber zugleich mit dem Durchbruch des Sohnesbewusstseins zusammenfallen lassen[2] oder aber einer Construction zugetrieben werden, derzufolge, was in Wirklichkeit eine lange, stille Arbeit des Gedankens war, welche zu einem solchen Moment hindrängte und

---

[1] Nach Usener, Religionsgeschichtliche Studien I, S. 38f wäre die Stimme bei der Taufe ein Reflex der Verklärungsscene, also Antecipation.

[2] Dies die herkömmliche Auffassung, vgl. z. B. Wendt II, S. 66f.

auch nachher noch durch mancherlei Schwankungen hindurch zu reifen
Erträgnissen herangedeihen musste, in der Taufgeschichte in einen Moment concentrirt, bzw. antecipirt erschiene [1]. Darauf könnte eben die
Thatsache weisen, dass die evang. Ueberlieferung selbst der Taufe die
Verklärung wie einen Schlussmoment des in jener anhebenden Verlaufes gegenüberzustellen scheint. Die durchschlagende Voraussetzung
ist dagegen, dass das Verhältniss zum Geist in der Taufe Mc 1 10 =
Mt 3 16 = Lc 3 22 eingeleitet und hergestellt wurde, um seither ein
stetiges, ein habituelles zu bleiben, so dass Jesus beispielsweise „vermöge des Geistes Gottes" Mt 12 28 Dämonen austreiben kann (Lc 4 1
πλήρης πνεύματος ἁγίου, 14 ἐν τῇ δυνάμει τοῦ πνεύματος, 18 πνεῦμα κυρίου
ἐπ' ἐμέ = Mt 12 18 θήσω τὸ πνεῦμά μου ἐπ' αὐτόν). Andererseits ist
dieses Verhältniss zum Geist doch auch nicht etwa im Widerspruch
mit allen Analogien der jüd. Vorstellungswelt (s. S. 60) als ein so
gleichmässig jeden Moment ausfüllendes gedacht, dass nicht das Bedürfniss, die göttliche Luft näher und kräftiger zu athmen, sich zeitweilig einstellen sollte, und eben diese Mc 1 35 6 46 14 35 Lc 3 21
6 12 9 18 28 11 1 hervorgehobenen Gebetsacte können sich vorübergehend auch zu Ekstasen und Visionen steigern, womit dann die Linie
der alttest. und jüd. Vorstellung vom Geist erst recht festgehalten
erscheint [2].

Der dargelegte Thatbestand zeigt zur Genüge, dass es im Grunde
nur noch das Wort „Sohn Gottes" ist, was zwischen dem theokratischen Messiastitel und dem religiösen Selbstbewusstsein Jesu eine
Vermittelung herstellt [3]. Auf diesem Punkte bleibt in der That nur
noch eine formale Gleichheit des Alten und des Neuen bestehen. Der
„Sohn Gottes" = Messias ist lediglich ein Titel, welchen Jesus ver-

---

[1] So namentlich Holsten, ZwTh 1891, S. 56f, 71, 391f, 394f, 412f, 439f,
Bousset S. 114, 117f, 128. Auch Paul S. 3, 26f, 116f müsste auf diesen Weg
einlenken, um an die Stelle des herkömmlichen, durch die Messiaserklärung in
Cäsarea Philippi gekennzeichneten, Doppelstadiums einen dreifachen Fortschritt
(Prophet, Menschensohn, Gottessohn) setzen zu können.

[2] So ist jedenfalls der Taufmoment ursprünglich vorgestellt; daher Mc 1 11
= Lc 3 22 σὺ εἶ (gegen die Objectivirung Mt 3 17 οὗτός ἐστιν) ὁ υἱός μου. Daher
auch Mc 1 10 εἶδεν σχιζομένους τοὺς οὐρανούς nach Ez 1 1. An dem visionären Er-
lebnis (vgl. auch Lc 9 29 31 10 18 22 43) nehmen keinen Anstoss z. B. Weisse, Weizsäcker, Schenkel, Charakterbild S. 46, während Keim, B. Weiss und selbst
Schramm, Die bleibende Bedeutung Jesu 1873, S. 9 darin eine Durchbrechung
der im schönen Gleichmaasse dahinfliessenden Gottinnigkeit des Lebens Jesu erkennen wollen.

[3] Nach Biedermann II, S. 85 „redet Jesu so von sich und seinem Verhältniss zu Gott, dass dadurch die Bezeichnung Sohn Gottes, wenn sie auch als theokratische für den Christus schon in Gebrauch und Geltung war, doch in seinem
Munde die specifische Bedeutung eines persönlichen Verhältnisses bekam, Kraft
dessen er als der Christus auftrat".

meidet, indem er dafür die einfache Bezeichnung „der Sohn", wie sie
als Ergänzungsbegriff denjenigen des „Vaters" fordert, zum Ausdruck
für die inneren Bedingungen erhebt, die ihn zur Gewissheit, der
Erwählte und Verheissene zu sein, geführt hatten [1].

„Der Sohn" — „der Vater": ein solches vis-à-vis von Mensch und
Gott bietet in der That eine classische Stelle, deren Kern bei Mt und
Lc gleichmässig vertreten ist, während den Eingang zu dem gemein-
samen Stück nur dieser (Lc 10 17—20), den Schluss nur jener Evglst
(Mt 11 28—30) erhalten hat. Die Jünger sind von ihrer galiläischen
Mission zurückgekehrt und berichten befriedigt von Erfolgen, die
ihnen geworden. Jesus verweist sie als auf einen reelleren Grund
zur Freude darauf, dass „ihre Namen im Himmel geschrieben sind".
Der sichere Besitz eines unverwüstlichen Heilsgutes übersteigt den
Werth momentaner Siege und selbst wunderbarer Erfahrungen (vgl.
das ἄγραφον bei Macarius, Hom. 12 17 τί θαυμάζετε τὰ σημεῖα; κληρονομίαν μεγάλην δίδωμι ὑμῖν ἣν οὐκ ἔχει ὁ κόσμος ὅλος). Andererseits
überkömmt auch ihn ein triumphirendes Selbstgefühl, in dessen Wiedergabe beide Evglsten sachlich ganz zusammentreffen (die sog. ἀγαλλίασις Ἰησοῦ). Die betreffende Aussage zerfällt in 2 Hälften, deren
erste Mt 11 25 26 = Lc 10 21 offenbar zurückgreift auf die, für das ganze
Auftreten und Wirken Jesu maassgebende, Erfahrung, welche er an
den niederen Schichten der Bevölkerung, an jenen schlichten und
ungebildeten Leuten gemacht hat, die den berufsmässigen Führern
und Lehrern des Volkes nicht eben ein würdiger und lohnender Gegenstand der Bearbeitung zu sein schienen (s. oben S. 136). Das Wort ist ein
Dank dafür, dass sein erstes Gefühl, welches ihn an die Armen und
Unmündigen wies, nicht betrogen, dass vielmehr der von Gott ge-
schenkte Erfolg ihm Recht gegeben hat. Im glücklichen Besitze
dieses Fundes verzichtet er gern und leicht auf Gunst und Beifall
der ebenso weltklugen wie schriftgelehrten Autoritäten, welche sich
gegen seine Verkündigung je länger je mehr abgeschlossen haben.
Und wenn der Gott, der sich also väterlich der Unmündigen annimmt,
zugleich der unnahbar hohe und gewaltige ist (πάτερ, κύριε τοῦ οὐρανοῦ
καὶ τῆς γῆς), so liegt ja gerade in dieser Combination wieder der äch-
teste Stempel des Gottesbewusstseins Jesu vor (s. oben S. 169). Grössere

---

[1] Vgl. Schramm S. 10: „Das religiöse Leben mit dem ganzen Geheimniss eines
menschlichen Ich und eines göttlichen Du, dieser volle Herzensverkehr zwischen
Gott und Mensch, in ihm ist es urkräftig und mächtig gewesen bis zur religiösen
Vollkommenheit und Vollendung." „Alles, was er sagt, athmet eine tief ge-
sättigte und befriedigte Gottinnigkeit und Gottseligkeit. Hoch über allem Wechsel
des Irdischen, hoch über allem Streit mit den Menschen führt er ein verborgenes
seliges Leben ungetrübter Gemeinschaft mit Gott."

Schwierigkeiten macht die 2. Hälfte Mt 11 27 = Lc 10 22, in welcher
Jesus die volle Erkenntniss dieses Gottes ausschliesslich an seine Vermittelung bindet und weiterhin diese Ausschliesslichkeit der Vermittelung mit einem einzigartigen religiösen Erlebniss begründet, davon
er reden darf. Aber wie es sich auch mit der Redaction verhalten
mag, in welcher dieses Wort auf uns gekommen ist [1], sein wesentlicher
Inhalt kann nach dem, was sich uns über den Weg ergeben hat (s. oben
S. 168f), auf welchem Jesus zu dem originellsten Moment seines Gottesbewusstseins gelangt ist, nicht eben überraschen. Aus dem, was
ihn selbst mit unwiderstehlicher Macht bewegte, auf eine entsprechende
Bewegung im Herzen Gottes schliessen, von dem, was seines eigenen
Lebens allbestimmender Zweckgedanke war, aus direct den letzten
·Zweck Gottes selbst festlegen, heisst eben das eigenste Lebensgefühl
aus Gott ableiten und eben darum zur Quelle der Gotteserkenntniss
machen [2]. Jesus schöpfte mithin den Gottesglauben zwar zunächst,
wie jeder Andere, aus der, Bildung und Ausfüllung des eigenen Be-

---

[1] Eine vielfach bezeugte Lesart schon des 2. Jahrh. lässt unmittelbar nach
παρεδόθη ὑπὸ τοῦ πατρός μου folgen καὶ οὐδεὶς ἔγνω τὸν πατέρα εἰ μὴ ὁ υἱός, so
dass als Folge der παράδοσις göttlicher Offenbarung an Jesus eine durch ihn erstmalig vollzogene Erkenntniss Gottes als des Vaters (nämlich im sittlich begründeten Sinne, wie oben S. 170f) ausgesagt ist. Vielleicht gab erst das Streben, den
Sohn in die ewige göttliche Gegenwart zu versetzen, Anlass zur Vertauschung des
Aorists mit (ἐπι)γινώσκει. Unter der Voraussetzung dieser, wie der in den Handschriften vorliegenden Lesart ist er ausschliessliches Organ der Vermittelung aller
wahren Gotteserkenntniss: darauf bezieht sich bei der jetzigen Stellung der Sätze
καὶ ᾧ ἐὰν βούληται ὁ υἱὸς ἀποκαλύψαι scil. τὸν πατέρα, während die ältere dafür bot:
καὶ (oder οὐδὲ) τὸν υἱὸν εἰ μὴ ὁ πατὴρ καὶ οἷς (ᾧ) ἂν ὁ υἱὸς ἀποκαλύψῃ (βούληται
ἀποκαλύψαι). Jetzt steht diese Kehrseite als 1. Satz in der Form καὶ οὐδεὶς (ἐπι-)
γινώσκει τὸν υἱὸν εἰ μὴ ὁ πατήρ: nur wer das Verhältniss, in welchem er zum
Vater steht, sein normales Verhältniss zum Vater-Gott, d. h. Sohnesbewusstsein,
in sich nacherleben könnte, dem wäre das Geheimniss der religiösen Persönlichkeit Jesu offenbar und erschlossen. Dann müsste ein Solcher auch selbst der
Erwählte (Lc 9 35) der ewigen Liebe Gottes (Mc 1 11 9 7 = Mt 3 17 17 5 = Lc 3 22),
der Verheissene, sein. Das aber kann nur Einer sein Mt 11 3 = Lc 7 19, folglich
ist Jesu Verhältniss zu Gott wie zuvor nicht dagewesen, so nachher unwieder-
holbar, also schlechthin einzigartig. Das sieht aus wie ein Ansatz zum christologischen Dogma. Aber über den Begriff eines „Mittlers", eines allerdings ausschliesslichen Vermittlers der letzten und höchsten Gottesoffenbarung geht auch diese
Spitze aller synopt. Christologie nicht hinaus; vgl. KRAUSS S. 165.

[2] HAUPT S. 53 erklärt die Stelle nach dem Kanon: „Nur das Gleiche wird
vom Gleichen erkannt." Nach RITSCHL III ³S. 418, der hier seine Christologie
anschliesst, ist Jesu persönlicher Selbstzweck in den, von ihm erkannten und gewollten, Selbstzweck Gottes eingeschlossen, „so dass er als der Träger des göttlichen Selbstzweckes im Voraus auch von Gott erkannt und geliebt ist." Die als
letzter Zweck Gottes mit der Menschheit erkannte Herstellung des Reiches Gottes
ist für ihn einziger und ganzer, alle Sonderzwecke entweder verdrängender oder
in Dienst nehmender, aber auch alle Lebenskraft beanspruchender und aufzehren-
der Berufszweck geworden.

wusstseins allenthalben bedingenden, Umgebung und Ueberlieferung und lernte demgemäss die Natur als einen Spiegel und die Schrift als ein Zeugniss Gottes betrachten. Im letzten Grunde aber glaubte er an Gott um seiner, des Glaubenden, selbst willen. Insofern bedingt der „Sohn" den „Vater", wie der Letztere den Ersteren. Daher ein wechselseitiges Erkennen behauptet wird. Also hier erst erreicht die Lehre Jesu von Gott ihre Vollendung; hier erst kann im vollen Sinne des Wortes von einer „Religion Jesu" geredet werden. Denn wie er um seiner selbst willen an Gott glaubte, so sollen auf diesem neu eröffneten Wege, also im Grunde wiederum um seiner selbst willen, auch seine Jünger an Gott glauben. „Niemand kennt den Sohn als der Vater, und Niemand kennt den Vater als der Sohn und der, welchem der Sohn (den Vater) offenbaren will." So sprach weder Jesaja' vorher noch Pls nachher. Sonst (s. oben S. 271) erschien der ihm bei der Taufe mitgetheilte Geist Gottes als die Quelle seiner Machtthaten, also wohl auch seines höheren Wissens; daher die Einleitung unserer Stelle Lc 11 21 (ἐν αὐτῇ τῇ ὥρᾳ ἠγαλλιάσατο ἐν τῷ πνεύματι τῷ ἁγίῳ καὶ εἶπεν). Der abschliessende Charakter unserer Aussage selbst aber ist eben durch diesen Zug bedingt, dass jetzt keine weitere Vermittelung mehr stattfindet, sondern die Strömung des göttlichen Lebens stark genug geworden ist, um sein eigentliches Selbst zu bilden. Direct er selbst „erkennt" Gott (intuitiv, wie Mt 5 8), aber auf Grund dessen, was ihm Gott in's Herz gegeben („übergeben") hat. Aus der vorliegenden Fassung der Worte (πάντα μοι παρεδόθη ὑπὸ τοῦ πατρός μου) ist man freilich versucht, eine contextwidrige Beziehung auf das Weltregiment herauszulesen[1].

Aber selbst wenn der Nachklang dieses Wortes in Mt 28 18 vielmehr umgekehrt als Auslegungskanon unserer Stelle zu betrachten

---

[1] Nachdem Gott soeben als „Herr Himmels und der Erde" bezeichnet war, kann sich πάντα μοι παρεδόθη schwerlich auf die Uebergabe des Weltregimentes an Jesus beziehen (so die herkömmliche Auslegung, vgl. selbst RITSCHL III, S. 425). Da im Folgenden von der offenbarenden Thätigkeit Gottes die Rede ist, bezieht B. WEISS, LJ II, S. 144f das πάντα auf Alles, was zur Ausführung des göttlichen Heilsrathschlusses nothwendig ist: beides ist ihm übergeben vom Vater, „dieses selige Kundmachen der Wahrheit wie jenes verhängnissvolle Verbergen derselben vor denen, die sie nicht aufnehmen wollten, wie sie aufgenommen werden musste". Aus Erfolg wie Misserfolg liest Jesus eine höhere göttliche Ordnung heraus, der er sich dankbar unterwirft, und die er freudig zur Execution bringt. Sofern aber im Folgenden von γινώσκειν die Rede ist, dürfte wohl ursprünglich das παρεδόθη ὑπὸ τοῦ πατρός μου im Sinne der Lehrüberlieferung (παράδοσις) und im Gegensatze zu der menschlichen Tradition der Pharisäer gemeint sein (SEYDEL, JpTh. 1881, S. 761), so dass von der göttlichen Quelle der Lehroffenbarung Jesu die Rede wäre; so GROTIUS, KUINÖL, HOFMANN, JOH. WEISS bei MEYER-WEISS I 2, " zu Lc 10 22.

(d. h. παραδόναι an beiden Stellen gleichbedeutend zu nehmen) wäre, so müsste kraft des Zusammenhanges Alles, was ihm der Vater übergeben hat, zunächst Alles bedeuten, was zur Ausführung des göttlichen Heilsrathschlusses (der εὐδοκία), also zur Verwirklichung des Reiches Gottes dient. In diesem seinem Bewusstsein als Bringer und Herr des Gottesreiches weiss er sich mit dem Vater Eins, als das nur vom göttlichen Willen bewegte Organ Gottes. Ein Schauen Gottes ist ihm verliehen, welches sich dem gemeinen menschlichen Verständnisse entzieht. Er steht im Genusse einer Reinheit und Höhe der religiösen Atmosphäre, in der zuvor noch kein menschlicher Odem zu verspüren gewesen war. Er ist sich der Vollkommenheit Gottes in einem Umfange bewusst, wie keiner neben ihm, weiss sich aber auch eingeweiht in Gottes erste Absichten und letzte Zwecke. Nach jeder Seite hin bringt die Stelle den Begriff eines ausschliesslichen Offenbarungsträgers, eines abschliessenden Religionsstifters zum classischen Ausdruck.

So originell aber auch der Gedanke ist und so sicher er einen unveräusserlichen Eigenbesitz Jesu selbst darstellt, so unverkennbar sind die Berührungen fast jeder Zeile theils mit JSir 6 24—29 51 23—27, theils mit I Kor 1 19—3 1 15 27, theils mit Joh 3 35 10 15 17 2—7 10 26. Am wenigsten Bedenken erregt die 1. Classe von Parallelen (s. oben S. 115)[1], und die 3. erledigt sich gemäss der für das Verhältniss des 4. Evglsten zu den Synoptikern überhaupt maassgebenden Erkenntnisse[2]. Dagegen

---

[1] STRAUSS II, S. 60: „Zufällig kann ein solches Zusammentreffen nicht wohl sein, doch liesse sich hier möglicher Weise denken, dass Jesu selbst die Stelle des ursprünglich hebr. geschriebenen Buches Sirach vorgeschwebt hätte." Vgl. auch SPITTA II, S. 180.

[2] STRAUSS I, S. 258, gibt eine ganz richtige Umschreibung des οὐδεὶς ἐπιγινώσκει τὸν πατέρα (man könne sich gar wohl vorstellen, wie Jesu eine neue Gottesvorstellung „aufgegangen war in Folge einer Gemüthsverfassung, in der sich jeder Widerspruch des persönlichen Bewusstseins mit dem Gottesbewusstsein gehoben hatte"), hält dagegen das οὐδεὶς ἐπιγινώσκει τὸν υἱόν nur für auf johann. Grundlage erklärbar. Undenkbar wäre nun das Eindringen johann. Elemente in das erst spät zum kanonischen Abschluss gelangte 1. Evglm keineswegs. Aber von derselben Voraussetzung aus lässt Mt 16 17 den Meister auch zu dem ihn als Gottessohn erkennenden Jünger sprechen: „Selig bist du, denn nicht Fleisch und Blut hat dir das geoffenbaret, sondern mein Vater im Himmel." Das aber ist eher paulinisch (s. HC I, S. 191), als johanneisch. Allerdings wird man beim ganzen Spruch an die Redeweise des johann. Christus erinnert, welcher zum Vater sagt·Joh 17 6 10: „Alles das Meine ist dein, und das Deine ist mein," oder auch 10 15: „Der Vater kennet mich, und ich kenne den Vater." Diese und ähnliche Aussprüche des 4. Evglms (vgl. auch 3 35 17 2 3 7 26) erklären sich schon daraus, dass dem Joh Christus das fleischgewordene Schöpferwort ist, ohne welches nichts geworden ist, was existirt 1 3, so dass ihm überhaupt Alles mit dem Vater gemein ist, und die theilweise Abwandlung, welche der metaphysische Gedanke in jenen Sprüchen nach der Seite eines ethisch-religiösen Verhältnisses hin erfährt, lässt sich recht wohl daraus ableiten, dass, wie an

18*

bleibt in Bezug auf die mittlere Reihe (man vgl. mit dem Wortvorrath
der ἀγαλλίασις. zumal bei Lc, die paulin. Ausdrücke σοφοί, συνετοί,
μωρός. νήπιοι, σοφία ἐν μυστηρίῳ ἡ ἀποκεκρυμμένη, ἀπεκάλυψεν, εὐδόκησεν,
οὐκ ἔγνω. οὐδεὶς ἔγνωκεν τίς κτλ.) nur übrig, entweder die ganze Stelle
aus dem Paulinismus abzuleiten[1] oder eine besonders intensive Wirkung derselben auf den Apostel anzunehmen[2], welcher namentlich
I Kor 1 21 26—29 eine directe Nachbildung von Mt 11 25 26 = Lc 10 21
liefern würde. Aber auch wer Letzteres für unbestreitbar hält, wird
gleichwohl den synopt. Spruch angesichts seiner vorliegenden Fassung
für durch ein Medium hindurch gegangen erachten müssen, welchem
er seinen symmetrischen Strophenbau verdankt, der besonders bei
Hinzunahme des Schlusses Mt 12 28—30 eine geradezu überraschende
Gestalt gewinnt[3].

---

zahlreichen anderen Stellen, so auch dort Variationen zu synopt. Themata vorliegen.

[1] PFLEIDERER, Urchristenthum, S. 445 f betont die Abhängigkeit von I Kor
1 19—3 1, BRANDT S. 557, 562 f, 576 f sieht darin einen Reflex von I Kor 15 27 πάντα
γὰρ ὑπέταξεν ὑπὸ τοὺς πόδας αὐτοῦ. Auffälliger noch ist, dass παραδιδόναι I Kor
15 24 das Gegenstück zu dem παραδιδόναι unserer Stelle nach dem gewöhnlichen
und bei der Redaction auch wohl beabsichtigten Verständnisse des Wortes bildet.
Selbst LIPSIUS, Dogmatik[3] S. 197, 460 sieht in Mt 11 27 = Lc 10 22 „eine spätere
Umbildung".

[2] RESCH, Das Formalprincip des Protestantismus, S. 99 f, 104.

[3] Darauf hat BRANDT S. 562, 576 f aufmerksam gemacht, indem er folgenden
Hymnus construirt, dessen einzelnen Zeilen wir die oben verzeichneten Parallelen
beigeben:

JSir51 1 ἐξομολογήσο-μαί σοι, κύριε κτλ., vgl. auch 10—12 17.	Ich danke dir Vater, Herr des Himmels und der Erde,
I Kor 1 19 20 2 1—6 7 θεοῦ σοφίαν ἐν μυστη-ρίῳ τὴν ἀποκεκρυμ-μένην, vgl. auch 14.	dass du dieses verborgen hast vor Weisen und Ver-ständigen,
I Kor 1 22—23 2 6—10. 3 1 ὡς νηπίοις.	und hast es Unmündigen geoffenbart:
I Kor 1 21 εὐδόκησεν ὁ θεός κτλ.	Ja Vater, denn so ist es wohlgefällig gewesen vor dir!
Mt 28 18 I Kor 15 27. Joh 3 35 13 3 17 2 7.	Alles ward mir übergeben von meinem Vater,
I Kor 2 8 οὐδεὶς τῶν etc. ἔγνωκεν	und Niemand kennt den Sohn, ausser der Vater,
11 τὰ τοῦ θεοῦ οὐδεὶς ἔγνωκεν	und Niemand kennt den Vater, ausser der Sohn
13 τίς γὰρ ἔγνω νοῦν κυρίου.	
Joh 17 3 6 26.	und der, welchem der Sohn (der Vater) offenbaren will.

Mit den beiden letzten Strophen der Stelle[1] ist nicht bloss der volle Ton der Makarismen wieder angeschlagen (vgl. Mt 5 3 5 6), sondern zugleich, entsprechend der neu eröffneten Quelle der Gotteserkenntniss, der einzige Weg eröffnet, auf welchem eine Uebertragung religiöser Errungenschaften von dem, welcher sie gemacht hat, auf Andere möglich ist: die innere Aneignung des Gehaltes eines persönlichen Lebens, von dessen bildenden und bestimmenden Wirkungen

Jes 55 1 3 Joh 7 37. JSir δ 1 23 ἐγγίσατε πρός με ἀπαίδευτοι καὶ αὐλίσθητε κτλ.	Kommt her zu mir Alle, die ihr mühselig und beladen seid:
JSir 24 19 21 22.	so will ich euch erquicken;
JSir 6 24 25 51 26 τὸν τράχηλον ὑμῶν ὑπόθετε ὑπὸ ζυγόν κτλ.	nehmet mein Joch auf euch und lernet von mir!
Mt 21 5.	Denn ich bin sanftmüthig und demüthig von Herzen:
Jes 14 3 28 12 55 2 Jer 31 2 25 und 6 16 wörtlich, nicht LXX, dafür aber JSir 6 28 51 24 26 27.	so werdet ihr Erquickung finden für euere Seelen;
JSir 6 29.	denn mein Joch ist sanft und meine Last ist leicht.

Wir haben also eine strophisch gegliederte Stelle, ähnlich wie Lc 1 46—55 68—79, nur dass zu den vierzeiligen Strophen hier zwei dreizeilige treten; eine gewisse zwischen den einzelnen Zeilen der Strophen bestehende Correspondenz tritt sogar noch deutlicher hervor, als in jenen Stücken und ist oben angedeutet.

[1] Hier fällt, wie die Tafel ausweist, die Berührung mit JSir besonders stark auf. Aber während bei dem jüd. Spruchdichter doch immer nur von dem Joche der „Bildung" die Rede ist, welches man auf sich nehmen, und von der Ruhe, die man in einer praktischen Philosophie, wie die dort gebotene, gewinnen soll, kann die Mühsal und die Last, davon Jesus Befreiung verheisst, sich nur auf die Mt 23 4 = Lc 11 46 genannten Bürden (s. oben S. 133) beziehen. Auch KEIM II, S. 383 f, Dritte Bearb. S. 208 spricht vom Pharisäerjoch, SCHENKEL S. 178 vom Joche der Priester und Schriftgelehrten; ebenso HILGENFELD S. 476 und die Meisten. Zu dem ächt rabbinischen Ausdruck „Joch" vgl. WÜNSCHE, Neue Beiträge S. 147, 272, 430, WEBER S. 32, BRANDT S. 466. Zunächst geschieht es wieder nach JSir 6 24 29 51 26, Pirke abot 3 5, wenn Jesus auch seine Leitung so benennt. Aber wie verschieden ist doch hier der Erfolg, mit welchem das eine und das andere sich trägt! Jenes bringt es mit sich, dass die Menschen, trotzdem dass sie sich unaufhörlich abarbeiten, doch stets belastet (πεφορτισμένοι) bleiben. Auf den Dienst des Gesetzes selbst, noch über die pharisäischen Satzungen hinaus, bezieht den Ausspruch B. WEISS, indem er zu Mt, S. 307 darauf aufmerksam macht, dass Jesus den Abgemüheten und Belasteten Erleichterung keinesfalls etwa durch Wegschaffung jener Satzungen oder durch seine Lehre von der rechten Gesetzeserfüllung verschaffen will, „da ja, je tiefer man die Forderung des ursprünglichen Gottesgesetzes fasst, dieselbe nur um so schwerer wird. Vielmehr ist die Erquickung nur möglich, wenn das Ziel des bisherigen vergeblichen Mühens erreicht und die Last der unerfüllten Pflicht abgewälzt wird".

eine entscheidende Erfahrung gewonnen werden kann. „Lernet von
mir": diese Worte stehen im ganzen Zusammenhang fast allein ohne
alttest. Parallelen da; in einem gewissen Sinne sogar überhaupt ohne
Parallele. „Glaubet an mich" — so lautet wohl die bekanntere paulin.-
johann. Formel, die charakteristisch synopt. „Lernet von mir" steht
dagegen nur einmal geschrieben (etwas Anderes ist Eph 4 20 ἐμάθετε τὸν
Χριστόν), aber an der hervorragendsten Stelle. Die Voraussetzung für
solches Lernen ist in dem Verhältniss der Gleichheit gegeben, in welchem der „Sanftmüthige" (Mt 11 29 = 21 5) und „Demüthige" (die
'anawim im Sinne von Mt 5 4, bzw. 5) mit denen steht, welchen er den
Dienst seines Lebens widmet. Also nicht mehr einen Gesetzesbuchstaben gilt es in erzwungenen Lebensstellungen zu copiren, sondern
zu lernen von ihm, nicht bloss von seinen Worten, sondern von seiner
Person[1]; und leicht genug soll das denen gemacht werden, die seiner
Einladung folgen[2]. Hier liegt Alles dahinten, was noch an Naturreligion erinnert; wohl aber ahnt man das in der Religion verborgene
Geheimniss des persönlichen Lebens.

6. Der Messianismus.

An die Messianität Jesu knüpfen sich den Evglien zufolge zunächst Wunderberichte, und zwar theils solche, deren allgemeiner
Charakter in momentaner oder dauernder Beseitigung von Lebens-
hemmungen und Lebensstörungen besteht, theils solche, die Lebens-
steigerungen über das, von jedweder sonstigen Wirklichkeit bestätigte
und gestattete, Maass zum Inhalte haben. In jenen sieht er, der als
Messias sich mit dem Gottesgeist ausgerüstet wissen musste, die Be-
währung dieses, in ihm waltenden und in der Richtung auf Herstellung
des Gottesreiches arbeitenden, Geistes (s. oben S. 218)[3], ohne einen
generellen Unterschied zu setzen zwischen den von ihm gewirkten Ban-
nungen von Krankheitsgeistern und solchen Exorcismen, die in seinem
Auftrage auch seine Jünger Mc 6 7 = Mt 10 1 = Lc 9 1 10 17—20, ja

---

[1] WELLHAUSEN S. 352: „Es ist das grösste Beispiel von der zeugenden Macht
der Seele. Vorschreiben, Mahnen, Schelten thut es nicht auf diesem Gebiet;
Vorleben ist die Sache. Was das Gesetz nicht bewirkt, bewirkt der individuelle
Typus."

[2] B. WEISS zu Mt, S. 308: ζυγός == „sinnbildlicher Ausdruck für die Leitung Jesu, der nicht fordernd und drohend, sondern verheissend und segnend
seinen Jüngern entgegenkommt und, indem er ihnen keine andere Pflicht auferlegt, als die, in deren Erfüllung er selbst vorangeht, das Lernen von ihm leicht
macht."

[3] HOLSTEN, ZwTh 1891, S. 391: „Diese Aeusserungen des Gottesgeistes im
Werk sind daher σημεῖα, Zeichen, dass der Gottesgeist und nicht Menschengeist
an irgend einem Punkte der Welt wirksam geworden ist."

ganz unabhängig von ihm Fremde Mc 9 38 39 = Lc 9 49 50, unter Umständen auch Pharisäer Mt 12 27 = Lc 11 19, mit Erfolg vollbringen.
Das eigentliche Siegel für seine göttliche Sendung sieht er aber doch
weniger in Leistungen, zu welchen er sich Anfangs nur hatte drängen
lassen [1] und deren bestimmte Schranken er Mc 6 6 zu erfahren bekam [2],
als in der Leben und Heil schaffenden Wirksamkeit des Wortes.
Auf der obersten Staffel seiner Werke steht, dass „den Armen die
Frohbotschaft verkündigt" (s. S. 132) und auf solche Weise „das angenehme Jahr des Herrn" proclamirt wird Lc 4 18 19. „Zeichen vom
Himmel" dagegen, Wunder im Sinne und nach dem Herzen der un-
sterblichen Phantasiereligion, werden in denkbar strengster Form, unter
Anwendung einer alttest. Schwurformel Mc 8 12, abgelehnt. „Kein Zeichen soll diesem Geschlechte gegeben werden, ausser dem Zeichen des
Propheten Jonas" Mt 12 39 16 4 = Lc 11 29, des Propheten Gottes inmitten der heidnischen Weltstadt. „Denn wie Jonas den Niniviten
ein Zeichen geworden ist, so auch des Menschen Sohn für seine Zeitgenossenschaft" Lc 11 30, so dass jene, weil sie das Zeichen erkannt
und sich bekehrt haben, diese, die ungläubig gebliebene, verdammen
werden Lc 11 32 = Mt 12 41. So klar der Sinn dieser Worte ist, so
unmöglich die gewaltsame Beziehung des Jonaszeichens auf das, der
Busspredigt vorangehende und die Niniviten gar nicht berührende,
Fischwunder, in welchem nachträglich der übel angebrachte Scharfsinn eines judenchristl. Rabbinismus Mt 12 40 eine Weissagung auf den
„drei Tage und drei Nächte im Herzen der Erde weilenden Menschensohn" gefunden hat [3]. Von ungleich höherer Feinfühligkeit zeugen einige,
aus lehrhaften Zwecken, unter erkennbarster Mitwirkung ästhetischer
Motive, hervorgegangene, grossartige Naturwunder, in welchen die
Kritik zum Theil Folgerungen erblickt hat, gezogen nach Anleitung
der Formel: was von Moses, von Elias u. s. w. gilt, dahinter kann
der Messias nicht zurückbleiben [4]. Ganz besonders aber knüpfen sich
an die Thatsache, dass Jesus die Gewissheit seiner Messianität in sich
trug, angesichts des paradoxen Geschickes, dem er gerade als Messias
erlag, dasselbe neutralisirende Zukunftserwartungen von enormster
Tragweite, zumal die Weissagungen nicht bloss einer Auferstehung
für die Jünger, sondern auch eines glorreichen Wiederkommens für

---

[1] Vgl. HC I, S. 77.
[2] Auch nach TITUS, der S. 48 f die Wundergabe sehr in den Vordergrund
rückt, wurde sie von Jesus „doch im Allgemeinen als eine bestimmt begrenzte
Kraft empfunden, mit der er haushalten müsse". So wohl nach WEISSE, Evangel.
Geschichte I, S. 363, der auch S. 431 von einem Gefühl versiegender Heilkraft
in der letzten Zeit redet. Verständig spricht PAUL S. 51 f über die ganze Sache.
[3] Vgl. HC I, S. 137 f.   [4] Vgl. HC I, S. 18 f.

die Welt. Der Eindruck, als wehe aus diesen transcendenten Regionen
über die frischen Gefilde einer gesunden Welt sittlicher Neuschöpfung
plötzlich ein heisser, versengender Gluthwind orientalischer Phantastik, ist Anlass zu mannigfachen Versuchen geworden, den Messianismus ganz aus dem Lebensbilde Jesu und damit auch aus dem Rahmen
seiner Verkündigung auszutilgen [1]. Demgemäss hätten wir dieses ganze
Kapitel, sowie auch das folgende an gegenwärtigem Ort zu streichen,
um den Inhalt beider in die Darstellung des apostol. und urchristl.
Glaubens zu versetzen. So verlockend dieser Weg, der ja zugleich in
vieler Beziehung ein Ausweg wäre, auch scheinen mag: er ist ungang-
bar. Wenn irgendwie zu Recht besteht, was sich oben bezüglich
der unvermeidlichen Nöthigung, die an Jesus herantrat, sich selbst

---

[1] Einen tapferen und rücksichtslosen Vorfechter hat diese, im Grunde schon
von J. H. SCHOLTEN, Das Evglm nach Joh, deutsch S. 232 f, 354, Das älteste Evglm,
deutsch S. 69 vertretene, Auffassung gefunden in dem sog. „Veteranen", Bibel-
glaube und Christenthum im Zusammenhang des NT mit dem AT 1883, Der geschichtliche Christus in seiner Idealität 1884, Ein Vermächtnuiss Straussen's an
den deutschen Liberalismus 1885. Gleichzeitig lenkten auf solche Wege ein HAVET,
Le christianisme et ses origines IV, 1884 S. 15 f und A. LOMAN, Gids 1888 II,
S. 118. Nach P. DE LAGARDE, Deutsche Schriften, S. 69 „ist es Jesu nicht eingefallen, sich für den Messias auszugeben". S. 291: „Im NT gehen zwei sich
aufhebende Berichtreihen neben einander her, die eine, nach welcher Jesus sich
für den Messias gehalten, die andere, nach welcher er der Messias zu sein abgelehnt hat." Unter den Darstellern der Geschichte Jesu gehört hierher VOLKMAR
(s. oben S. 248 f). BRANDT S. 473 f lässt ihn wenigstens zu keiner unbedingten
Gewissheit bezüglich seiner Messianität gelangen; erst in dem Wiederkommenden
haben S. 478 die Jünger mit Bestimmtheit den Messias erwartet. WELLHAUSEN
S. 349: „Das Ausinnen, als Messias aufzutreten, weist er entschieden zurück; das
ist eine Versuchung, die er gleich zu Beginn seiner Laufbahn ein für allemal
überwunden hat." „Dennoch hat er sich bei seiner letzten Wallfahrt seinen
Jüngern als Messias kundgegeben und bei seinem Einzuge in Jerusalem die
jauchzenden Huldigungsrufe des Volks angenommen. Daran kann man nicht
zweifeln, denn er hat es mit dem Tode büssen müssen." Nur die politischen
Hoffnungen des Volkes hat er also dauernd zurückgewiesen, indem er die dahin-
gehende Sehnsucht „auf ein anderes Ideal, höherer Ordnung, richtete". Ebenso
wird der Messianismus bei ROGERS S. 228 f, MACKINTOSH, The natural history of
the christian religion 1894, zwar nicht geleugnet, aber doch zu Gunsten einer
spiritualistischen und universalistischen Auffassung der Lehre Jesu entwerthet.
Selbst bei EHRHARDT S. 103 ist die Messianität im Grunde doch „etwas nur An-
genommenes", wobei er S. 96 f weniger einem eigenen Bedürfnisse Rechnung trug,
als dem Liebesdrange folgte, der ihn zu seinem Volke zog. So schon SCHRAMM,
Die bleibende Bedeutung Jesu 1873, S. 12: „Sein Messiasentschluss entstammt
einerseits dem Bewusstsein, selbst im Besitze des Heils und des Friedens zu sein,
andererseits der erbarmenden Liebe, welcher das Herz bricht über dem geistigen
Elend und der Verwahrlosung des Volkes." Ersteres muss man durchaus mit in
Anschlag bringen, um jenen Entschluss gegen den Verdacht einer blossen Accommodation der Liebe sicher zu stellen und überhaupt zu erklären, wie er sich
so tief festsetzen konnte, dass Jesus so zu sagen ganz im Menschensohn aufging.
Neueste Instanzen gegen Jesu Messianismus bei MEINHOLD S. 89f, 101.

seinen Platz im Kreise der Verkündigung vom Reiche anzuweisen, herausgestellt hat (s. oben S. 235 f), so liegt klar genug zu Tage, was ihn behufs Durchführung seines reformatorischen Berufes zur Messias-idee greifen hiess. Es war der Gehorsam gegen ein Ideal, welchem auch der Grösste und Letzte aller Propheten lange nicht genügt hatte (s. oben S. 121 f), so dass in ihm Jesus nur einen Vorgänger und Weg-bereiter für das eigene Evglm erblicken konnte. Ohne Messianismus verliert die evangel. Geschichte ihr widerstandsfähigstes Rückgrat[1].

Es ist nicht abzusehen, unter welch' anderer Flagge das Lebens-schiff Jesu segeln sollte[2]. Der für diesen Fall befürchtete Verdacht maassloser Selbstüberhebung ist unbegründet schon Angesichts von Thatsachen, wie dass Sünden wider den Menschensohn für vergebbar erachtet werden im Vergleich mit Sünden wider den Geist Gottes Mt 12 32 = Lc 12 10, und dass er als die Seinigen nicht schon solche an-erkennen wird, die ihn als Herrn anrufen, sondern nur die, welche den Willen seines Vaters thun Mt 7 21—23 = Lc 6 46 Mc 3 35 = Mt 12 50 = Lc 8 21. Ein Messianismus, der seinem Inhaber Fittige ver-leiht, die ihn über die Sphäre der Menschheit erheben, ist Attribut weder des Menschensohnes, noch des Gottessohnes. Nicht also auf Beseitigung des Messianismus, sondern auf die richtige Bestimmung seines Verhältnisses zu den, an diese beiden Ausdrücke anknüpfenden, Gedankenreihen kommt es an. Es hat sich gezeigt, dass der Begriff des Menschensohnes von Haus aus ebenso in nächster Beziehung zum Gedanken des Gottesreiches steht, wie der Begriff des Gottessohnes zum unmittelbaren Erleben Gottes im Gemüthsgrunde. Derselbe, der sich, vom Gedanken des Reiches ausgehend, als das zur Verwirklichung desselben erwählte Organ wusste, fand, vom Gedanken Gottes aus-gehend, das ergänzende Gegenstück zu diesem Gedanken im eigenen Sohnesbewusstsein; und eben dies Beides, der Menschensohn und der Gottessohn, schloss sich zusammen im Bewusstsein, Messias zu sein. Was bei jedem Anderen ein rasch vorüberfliegender Traum, ein bitter genug gebüsster Messiasrausch gewesen wäre, das hat im vorliegenden Falle darum so nachhaltige Wirkungen nach sich gezogen, weil der Messiasname vom Menschensohn her zu einer sittlichen, vom Gottes-sohn her zu einer religiösen Macht herangedeihen und den Träger dieser Messiasidee zum classischen Vertreter einer durchaus originellen,

[1] A. Harnack I, S. 62: „Dieses Stück der evang. Ueberlieferung scheint mir auch die schärfste Prüfung auszuhalten."

[2] L. Paul S. 96: „Ohne die sichere Ueberzeugung, eine geschichtliche Mis-sion zu haben, hat kein Grosser im Reiche der Geister seine Kampfesbahn be-treten, auch Jesus nicht. Und für diese geschichtliche Mission war bei ihm und seinen Zeitgenossen der eine Name: Messias."

zuvor nicht dagewesenen und nachher unwiederholbaren, Einheit beider
Grundfactoren erheben konnte. Denn wie auf jener Seite der Menschensohn nach seiner danielischen Signatur den edleren, den menschen-
würdigen Charakter des Gottesreiches im Gegensatze zu dem bestiali-
schen Wesen der Weltreiche vertritt[1], so auf dieser der Gottessohn
die Idee Gottes gerade als Ideal persönlicher Vollendung, als sittlich
waltende Obmacht. Denn nicht dem Naturgott entspricht das Sohnesbewusstsein, sondern dem Vater-Gott[2]. Von hier aus versteht sich
daher die Erscheinung, dass die Mehrzahl der Stellen, in welchen
Jesus Gott als seinen Vater bezeichnet, solche sind, die ihn selbst in
seiner messianischen Würdestellung erkennbar machen wie Mt 7 21
16 17 27 18 19 20 23 25 31 26 29 53 (nur in dieser Fassung) und Lc 22 29
23 31 46 24 49 (specifisch lucanische Stellen). Wie es die Tugend seiner
Selbstbezeichnung als Menschensohn ist, dass sich darin der Mensch
und der Messias begegnen, so tritt auch hier der glückliche Fall ein,
dass der religiöse Begriff des Sohnes und der theokratisch-messianische
Titel an einem und demselben Punkte sich treffen und dadurch beide
Linien im Zusammenhang erhalten werden[3].

Nur darum, weil der Messianismus Jesu nicht das Primäre, sondern bloss Anwendung einer vorher gemachten Errungenschaft war,
konnte ihm Jesus auch mit grosser innerer Freiheit gegenüber stehen[4].

---

[1] Auf diesem Umwege gewinnt die, an sich unannehmbare, Deutung des
Menschensohnes auf die Idealmenschheit (s. oben S. 254) eine indirecte und nachträgliche Bedeutung. So meinte auch O. Holtzmann 1893, S. 55, dass bei einfacher Ersetzung des Namens Menschensohn durch den Namen Messias die tiefere
Einsicht in das Bild eines das Menschheitsideal verwirklichenden Messias verloren gehe.

[2] Wundt, Ethik[2] 1892, S. 82: „Wie das Heroenthum ein nothwendiges Entwickelungsproduct der polytheistischen Naturmythologie, so ist das in der Einheit einer machtvollen Persönlichkeit verwirklicht gedachte sittliche Menschheitsideal das Correlat eines ethisch geläuterten Monotheismus."

[3] Jesu Messiasanspruch fassen als historische Einkleidung seines Sohnes-
bewusstseins Holsten, ZwTh 1891, S. 69, B. Weiss I, S. 280, Baldensperger
S. 275, Bousset S. 125, Schürer, Die Predigt Jesu Christi S. 21 f, Haupt S. 111,
Wendt, ZThK 1893, S. 40, Harnack I[3], S. 62.

[4] Schleiermacher hat den Kanon aufgestellt, nicht von den messianischen
Weissagungen aus habe sich das eigenthümliche Selbstbewusstsein Jesu gebildet,
sondern umgekehrt von seinem Selbstbewusstsein aus sei Jesus zu der Ueberzeugung gelangt, der Verheissene zu sein. Indem Strauss I, S. 251 f, 290 dieses
„gute Wort" aufnahm, versuchte er, ohne den Umweg über die Messiasidee zu
machen, vor Allem das sittliche und religiöse Selbstbewusstsein Jesu aus sich
selbst zu bestimmen, und auch er hat in dieser Richtung manches gute Wort
gesprochen (s. oben S. 112 f). Nimmermehr hätte Jesus das Beengende und
Niedrige der theokratischen Messiasidee überwunden, wenn er nicht eine religiöse
Grundanschauung schon mitgebracht hätte, durch welche jene Idee von vornherein gleichsam unschädlich gemacht werden musste, insofern sie, statt an der

Der jüd. Messias, das Sinnbild aller nationalen Ansprüche an das Geschick, ist im Grunde gar keine religiöse Grösse, der christl. ist gegentheils nur dies; und nichts Anderes, als was ihn auf eine solche Bahn wies, hat Jesus aus dem AT herausgelesen. Seine Stellung zur Schrift, wie sie sich überall als Gebundenheit und Freiheit zugleich kundgibt (s. S. 116, 157 f), lässt es ebenso begreiflich erscheinen, wenn er ein Bild von sich als dem Messias mit alttest., zumal deuterojesajanischen Farben zeichnet Lc 4 18 19 7 22 = Mt 11 5, wie dass er nirgends ängstlich, kleinlich, tendenziös darauf ausgeht, das alttest. Muster zu copiren, ihm vielmehr allenthalben vorauseilt, indem er mit den Bestandtheilen desselben in selbstherrlicher Weise schaltet und waltet[1]. Nie scheint er sich um das Unerfülltbleiben einer Weissagung Sorge gemacht zu haben. Wenn sich die Evglsten beeilen, theils das Verständniss der alttest. Weissagungen, theils die Kunde vom Leben Jesu so einzurichten, dass beide Grössen sich durchaus

---

täuschenden Hülle, in ihrem dauernden Kern erfasst wurde. Wenn er die theokratische Messiasidee auf sich angewandt hätte in einem Zeitpunkt, da er ihr ein ausgebildetes religiöses und sittliches Bewusstsein noch nicht entgegenzustellen hatte, so wäre dieselbe allerdings so „übermächtig" über ihn gekommen, dass er sich schwerlich der Versuchungen, die in ihren national-politischen Voraussetzungen und Folgerungen lagen, hätte erwehren können. Hier liegt der Vorzug dieses Christusbildes vor demjenigen, welches RENAN in einem Sinne entworfen hat, als habe Jesus bei aller Geistesfreiheit und Geistesgrösse doch durchweg in Abhängigkeit von dem messianischen Zukunftsglauben des Volks gestanden. Er übernimmt hier ohne Weiteres die Messiasrolle, welche, als die glänzendste, worüber man auf der Bühne des öffentlichen Lebens zu verfügen hat, ihm vom Volke angeboten wird. In wohlthuendem und sachlich richtigem Gegensatze dazu steht das Christusbild bei A. SABATIER, Encyclopédie des sciences religieuses VII, 1880, S. 367, 395. Das Richtige auch bei LOBSTEIN (La notion de la préexistence du fils de Dieu 1889, S. 105: „Du sentiment de sa filialité divine naît et se dégage la certitude de la vocation messianique), OSCAR HOLTZMANN, Jesus Christus und das Gemeinschaftsleben der Menschen 1893, S. 52 (der Messiasanspruch sei nicht „der lebendige Quell seines ganzen Denkens", sondern nur „die besondere Form seines Gottvertrauens"), PAUL S. 41, 51 (der Messianismus bedeute die nationale Schranke, innerhalb welcher Jesus sich seiner sittlichen und religiösen Stellung bewusst wird) und BOUSSET S. 115 f (vom Ausgangspunkt des messianischen Selbstbewusstseins aus lasse sich die Wahrheit und Wirklichkeit der Gestalt Jesu, Zweck und Bedeutung seines Lebens nicht verstehen). Kurz und treffend sagt BIEDERMANN II, S. 85: „Das Gotteskindschaftsbewusstsein ist in Jesus der Grund für sein Christusbewusstsein, nicht umgekehrt." Dagegen behauptet BALDENSPERGER S. 221 f vollkommene Gleichzeitigkeit beider Bewusstseinsacte: „Allerdings ist Jesus von jeher im innigen Verhältniss zu Gott gestanden, aber sein Gottesbewusstsein lag noch immer in der Schwebe, so lange er nicht zur Messiasgewissheit als zum Angelpunkt durchgedrungen war; erst in dieser hat er sich selbst ganz gefunden, vorher war er eben noch nicht der Sohn Gottes."

[1] H. SCHMIDT, JdTh 1870, S. 488: „Christus ist so wenig der Sclave der Propheten, als des Gesetzes; der Menschensohn ist ein Herr wie des Letzteren, so der Ersteren."

compatibel zu einander verhalten, so thun sie das ganz auf ihre Hand.
Und die Sache wird dadurch nicht anders oder besser, dass sie den
Helden ihrer Geschichte an solchem Pedantismus sich betheiligen lassen
und sogar dem Auferstandenen Lc 24 27 44 45 messianische Bibelcurse
zuschieben. Nachweisbar hat dagegen er selbst die prophetischen
Stellen, in welchen die damalige Schriftgelehrsamkeit den Messias
fand (s. oben S. 82 f), bald durch Zurückstellung der realistischen Züge
hinter den idealistischen, der religiösen hinter den nationalen neu geordnet, bald durch Ausmerzung der politischen (s. oben S. 242 f) und
durch Hereinziehung ganz neuer Momente wesentlich verändert. Ge-
hörten nun etwa zu letzteren auch die Leidenszüge aus dem Bilde der
alttest. Gerechten? Diese Frage fordert eine gesonderte Behandlung.

7. Der Leidensgedanke.

Die Epoche der Messiaserklärung ist von noch bedeutenderer
Tragweite, als bisher dargethan werden konnte. Zwar kommt es selbst
im Jüngerkreise erst in Folge einer förmlichen Provocation zu der
messianischen Begrüssung; aber solches geschieht nicht etwa, wie ein
siegreicher Feldherr sich von seinen Soldaten im Lager zum Imperator
ausrufen lässt, um sodann auf die Hauptstadt des Reiches loszugehen,
sondern umgekehrt bereits auf dem Rückzug, auf dem Fluchtwege,
fern vom jüd. Lande, das er in Folge der acut gewordenen Krisis,
welche seine Opposition hervorrief, hatte räumen müssen. Die Scene
vor Cäsarea Philippi gehört auf die grosse Nordreise über Tyrus und
Sidon nach der Dekapolis und dem Osten des galiläischen Sees. Seither betritt er Galiläa, den Schauplatz einer früheren glücklichen Wirksamkeit, nur auf der Durchreise noch einmal flüchtig und fast incognito
Mc 9 30. Von da aber geht der Zug alsbald weiter nach Jerusalem.
Wenn er gerade zu dieser Zeit und in solcher Situation den Jüngern
die Zunge löst und wenigstens in ihrem engeren Kreise (nach aussen
hin soll noch nichts verlauten Mc 8 30 = Mt 16 20 = Lc 9 21) als Messias gelten will, so ist diese Art von Messianität eine so singuläre
und paradoxe, dass vom alttest. Ideal zunächst nur das reine Gegentheil zu Tage tritt: ein Messias, der sich zum Leiden und Sterben
anschickt. Als solcher gibt er sich daher sofort zu erkennen, und
zwar mit aller Bestimmtheit, so sehr auch die 3 rasch aufeinander
folgenden Leidensweissagungen Mc 8 31 = Mt 16 21 = Lc 9 22, Mc 9 31
= Mt 17 22 23 = Lc 9 44, Mc 10 33 34 = Mt 20 18 19 = Lc 17 25 18 32 33
nach Maassgabe des schliesslichen Erfolges zu einem förmlichen Pas-
sionsprogramm herangewachsen sein mögen (insonderheit gilt das von
der 3. mit Gefangennehmung, Synedrialgericht, Todessentenz, Ueber-

antwortung an Pilatus, Verspottung, Geisselung, Kreuzigung). Auch
hier liegt der Pragmatismus des Lebens Jesu auf einem entscheidenden Punkte so klar als möglich zu Tage. Die Dinge hatten sich nämlich dahin zugespitzt, dass er entweder den Misserfolg, womit sein,
unter so günstigen Auspicien eröffnetes, galiläisches Wirken geendet
hatte, anerkennen und auf Fortführung seines reformatorischen, d. h.
messianischen Berufes verzichten oder aber alle Consequenzen einer
solchen Fortsetzung des begonnenen Werkes, jetzt auch unter feindlich dareinschauenden Himmelszeichen, auf sich nehmen musste. Das
Erstere hätte nicht bloss ein Strich durch das Leben, sondern mit dem
ergo erravi auch einen innerlichen Zusammenbruch bedeutet. Vor
dem drohenden Geschick, das er heraufbeschwor, hätte der Messias
abgedankt, noch bevor er mit seinem Anspruche hervorgetreten war.
Nur das Zweite blieb dem übrig, welcher sich selbst und dem Gott,
der zu ihm gesprochen hatte und noch sprach, treu zu bleiben gedachte[1]. Daher fällt in dem Haupteinschnitt der evangel. Geschichte
Mc 8 27—33 = Mt 16 13—23 = Lc 9 18—22 Beides zusammen, die Enthüllung des Messiasprogrammes und die Enthüllung des Leidens-
programmes: ein ungerufen sich einstellendes Resultat jeder ernsthaft
zu nehmenden Evglienkritik und zugleich der feste Orientirungspunkt
für alle Differenzirungen, dazu die Beurtheilung von Jesu Leben und
Lehre Anlass findet[2]. Nicht früher und nicht später gibt er den

---

[1] PAUL S. 10: „Er geht weiter, als er je gegangen ist, bis in die Gegend
der Stadt Cäsarea Philippi, an der Grenze des alten Israel, jetzt heidnisches
Gebiet. Aber sich hier halten konnte er nur unter der Bedingung, dass er seine
Sache in nichts verlaufen liess. Damit würde er sich und seinem Gott untreu
geworden sein. Er musste umkehren, so verlangte es sein Beruf, für den ein
Verständniss nur im alten Bundesvolke war."

[2] Mit der gegebenen Auskunft über die Art und Weise, wie sich der Todesgedanke in den Pragmatismus des Messiaslebens und in die Entwickelung des
Messiasgedankens einfügt, ist eine der entscheidendsten Errungenschaften berührt,
welche die Wissenschaft um das Leben Jesu während des letzten Menschenalters
gemacht hat. Schon STRAUSS, LJ I, S. 297 findet wenigstens wahrscheinlich,
dass die Leidensweissagung erst kurz vor dem verhängnissvollen Zug nach Jerusalem anzusetzen sei. Von dem Tag von Cäsarea Philippi an folgen sich die Ereignisse, welche zur Katastrophe treiben, in rapidem Gang. Vgl. P. W. SCHMIDT,
Weltverneinung und Christenthum, S. 33: „Vorausgeschaut und vorausgesagt hatte
er sein gewaltsames Ende schon an demselben Tag, da er die Messiaskrone sich
auf's Haupt setzte und seinen Gegensatz gegen die äusserlich verstandenen nationalen Volkseiligthümer damit zum unversöhnlichen machte." Beweise bei LOB-
STEIN, La doctrine de la sainte cène, S. 67 f. Was man heute sagen kann, fasst
TITIUS S. 11, 18 trotz eigener Incousequenz S. 16 f gut zusammen. Was von
einem angeblichen Wissen einer schon früher und sogar jederzeit bestandenen
Einsicht in die Nothwendigkeit des Todes zu halten sei, wird sich sofort zeigen.
Andererseits ist man geneigt, noch weiter herabzugehen und die Aussicht auf das
Kreuz erst während der jerusalemischen Tage in das Bewusstsein Jesu eintreten

Seinen den Messias zu erkennen, als bis er ihnen damit zugleich eine todbringende Wahrheit anvertrauen musste. Wenigstens in Jesu Sinn

zu lassen. So Holsten, Protest. Kirchenzeitung 1889, S. 367, ZwTh 1891, S. 78, Brandt S. 477. Aber weder der Zug nach Jerusalem, noch der Kampf in Gethsemane können mit durchschlagendem Erfolg dafür aufgeboten werden, dass Jesus nicht schon vor dem Aufbruch zur Reise mit sich im Reinen darüber war, dass er dem Tode entgegenging. Es entspricht ganz der oben (S. 198f) gezeichneten Zusammenschau göttlicher Verursachung und menschlicher Freiheit, wenn Jesus die Hauptstadt aufsucht, um auch ihr einen solchen „Tag" Lc 19 42 zu gewähren, wie er einst den galiläischen Städten — freilich umsonst — geleuchtet hatte, und damit „dem Volke zum letztenmal die Entscheidungsfrage zu stellen, ob es sein friedvolles Messiasthum wolle oder nicht" (Weiss II, S. 414), wenn er dabei aber gleichwohl sich auch des Vorrechts Jerusalems, die Propheten Gottes umzubringen, bewusst bleibt Lc 13 33. Die Reise hatte nicht den Zweck, sich tödten zu lassen (dagegen vgl. namentlich Weizsäcker, Apost. Zeitalter², S. 15 und Brandt S. 291, 472), wohl aber den nicht unschwer vorauszusehenden und auch thatsächlich vorausgesehenen Erfolg, dass er getödtet wurde. So richtig Schultzen, Das Abendmahl, S. 71. Wenigstens als logische Möglichkeit stand allerdings ein Sieg am Mittelpunkt der Hierarchie noch da; vgl. Pünjer, ZwTh 1878, S. 207. Aber neben und über der logischen Möglichkeit stand ihm schon längst die religiöse Nothwendigkeit. Beide Quellen berichten das Wort von der Taufe, Lc 12 50 als vereinzelten Ausdruck menschlichen Bangens vor dem zu erwartenden Geschick, Mc 10 38 39 (= Mt 26 22 23?) im Zusammenhang mit der Aufrage der Zebedaiden, die auf den Zug nach Jerusalem verlegt und hier auch vollkommen begreiflich ist. Nach seiner Ankunft daselbst zeigen das Gleichniss von den ungetreuen Weingärtnern, welche Mc 12 6—8 = Mt 21 37—39 = Lc 20 13—15 den Sohn des Weinbergbesitzers tödten, und, falls dieser Zug, als durchsichtige Allegorie auf den Mord des Messias, mit B. Weiss zu Mt, S. 464 und Brandt S. 481 f als eingetragen zu betrachten sein sollte, die Salbung in Bethanien und die Abendmahlsstiftung, wie fast ausschliesslich Todesbilder ihn umgeben und beschäftigen; vgl. Baldensperger S. 152 f. Aber selbst Spitta I, S. 284 f macht Gethsemane geltend, wie zuvor Holsten, Zum Evglm des Pls und des Pt S. 174 f, 176 f, 195 f. Auch Pünjer, S. 204, 206 meint, Jesus habe hinsichtlich seines letzten Schicksals einen ungelösten Widerstreit von Erwartungen in sich getragen, es aber in demüthiger Unterordnung dem Vater im Himmel anheimgestellt, wie er Eines zum Anderen ordnen und fügen werde; gegen die Annahme eines definitiv feststehenden Todesentschlusses macht er aber sowohl die Furcht vor dem Tode, der dann doch nur Durchgang zu himmlischer Macht und Herrlichkeit war, wie auch den vorübergehend auftauchenden Gedanken geltend, dass der Tod vielleicht noch zu vermeiden sei. Indessen besteht ein Unterschied zwischen dem sittlichen Willensentschluss selbst und der Aneignung aller seiner Consequenzen, wie sie die äussere Wirklichkeit eine nach der anderen bietet. Vgl. Wendt II, S. 527: „Nur wenn man das Seelenleben Jesu ganz ausser Analogie zu dem anderer Menschen stehend denkt, kann man urtheilen, dass die Klarheit der von ihm vorher schon geäusserten Erkenntniss von dem Heilswerthe und der Nothwendigkeit seines Todes ihn vor diesen schweren Anfechtungen in Gethsemane hätte schützen müssen." Das unmittelbare Bevorstehen einer Katastrophe wirkt erschütternd für Mark und Bein, Seele und Leib. B. Weiss II, S. 498: „Denn allerdings erst jetzt, wo die Stunde der Entscheidung nahte, überfiel ihn wie jäher Schrecken der Gedanke an das Entsetzliche, das ihm bevorstand." Nach Schwartzkopff S. 29 handelt es sich um „Gemüthserschütterungen .... so qualvoll, dass sie sich weder an Logik noch logischen Ausdruck kehrten". Nach Beyschlag, LJ², I, S. 375, II, S. 452 f bedeutet Gethsemane nichts Anderes, als dass

war der entscheidende Schritt zum Bekenntnisse der Messianität nur
ein ebenso entscheidender Fehltritt, wenn er nicht zugleich begleitet
war von einem fernern Fortschritte, zu dem Jesus fast gewaltsam die
Seinigen gerade in diesem Augenblicke hintreibt, sofern er nach Mt
16 21 = Mc 8 31 „seit dieser Zeit anfing, den Jüngern zu zeigen, dass
des Menschen Sohn viele Leiden erdulden müsse". Nur durch Aufnahme dieses Zuges in das Messiasbild, welches so plötzlich vor ihrem
Geiste aufgestrahlt war, konnte dasselbe auch für die Jünger jene vom
pharisäischen Sauerteig gereinigte, rein religiöse Gestalt annehmen,
in welcher es in ihm selbst lebte. Dieses Messiasbild war seiner selbst
erst dann sicher, wenn der Gegensatz gegen die Farbengluth der nationalen Erwartung soweit durchgekämpft war, dass der Träger des
neuen Messiasthums, anstatt über die Höhen der Erde im Sturmschritt
überwältigender Erfolge zu wandeln, vielmehr entschlossen war, die
Folgen seiner Lebensthat ganz auf sich zu nehmen und abseits von
den populären Reichsgedanken den Leidensweg zu wandeln. Höchstens erste, wie ein Gewölk vorüberschwebende, Ahnungen eines solchen Geschickes mochten ihn schon bei früheren Regungen der Opposition beschleichen und sich allmählich unter weiteren, von dieser
Seite herkommenden, Eindrücken zum deutlichen Gefühl eines göttlichen Verhängnisses steigern [1]. Aber seit dem dunkeln und in seiner
geschichtlichen Stellung unsicheren [2], zudem in allegorisirender Redaction überlieferten [3] Wort vom scheidenden Bräutigam Mc 2 20 = Mt
9 15 = Lc 5 35, das zwar zukünftige Trennung, aber noch kein gewaltsames Ende ankündigt [4], musste er noch manche Stufen in seinen Erwartungen herabsteigen, bis der Leidensgedanke und damit auch der
Bruch mit dem ganzen System jüd. Volksmeinung vollzogen war. Mit

der Kampf, den Jesus bereits beim ersten Sichaufdrängen des Todesgedankens
siegreich durchgerungen hatte, sich ihm auf der Schwelle des Erlebnisses selbst
noch einmal mit ungeahnter Macht erneuerte. GRAFE, ZThK 1895, S. 134 f:
„Jesus müsste kein ächter Mensch gewesen sein, wenn ihn der Schrecken des
unmittelbar nahenden Todes nicht wenigstens für Augenblicke erschüttert und
ihm das Gebet erpresst hätten, ob nicht allen widersprechenden Mächten zum
Trotz Gott ihm die bangste Stunde ersparen könnte." In den umnachteten
Augenblicken, da jene erkannte und anerkannte Nothwendigkeit auch Wirklichkeit werden sollte, trat die Möglichkeit, dass es auch anders sein könne, noch
einmal in den Vordergrund des Bewusstseins und verursachte einen letzten Sturm
und Aufruhr des Seelenlebens. Richtig bemerkt dazu WEISS II, S. 501: „Hier
scheitert doch unrettbar die Vorstellung, als ob Jesus von Anfang, an seinen
Erlösungstod als den eigentlichen letzten Zweck seines Erdenlebens in Aussicht
genommen habe."

[1] WITTICHEN S. 65.   [2] RITSCHL II, S. 42.
[3] Vgl. B. und J. WEISS bei MEYER zu Mc und Lc °, S. 41, 378. Aber selbst
HAUPT S. 108 f; anders TITIUS S. 16 f und SCHWARTZKOPFF S. 16.
[4] WITTICHEN S. 106.

Recht hat man in der affectvollen Festhaltung des Gedankens gegen
die menschlichen Einwendungen des Jüngers eine Andeutung davon
gefunden, dass es sich um einen eben erst völlig eroberten Besitz
handelt [1]. „Hinweg von mir, Satan, dein Sinn steht nicht nach dem,
was Gottes, sondern nach dem, was des Menschen ist" Mc 8 33 =
Mt 16 23. Aber was hier als Gottes Wille in eine unzugängliche Höhe
gestellt wird, das ist jetzt auch Jesu Wille, es ist von ihm so ergriffen,
dass alle menschlichen Gedanken darüber für ihn aufgehört haben.
Falsch, d. h. durchaus ungeschichtlich ist demnach die ältere, auf
Uebertragung paulin. und johann. Gedankenreihen in das Bewusstsein
Jesu beruhende, Anschauung, welche die Nothwendigkeit des Todes
einfach aus dem messianischen Beruf selbst ableitete und daher auch
zu einem, von vornherein feststehenden, identischen Moment in der
messianischen Ueberzeugung Jesu erhob, welcher dann freilich keinen
Augenblick darüber hätte zweifelhaft sein können [2]. Man täuschte sich
dabei einerseits über den Inhalt des AT, welches einen leidenden
Messias so wenig kennt [3], wie die zeitgenössische jüd. Theologie (s.
oben S. 85), andererseits über die Meinung der synopt. Evglien, welche
deutlich erkennen lassen, wie sich für Jesus die Nothwendigkeit des
Unterganges zunächst auf rein erfahrungsmässigem Wege ergab, d. h.
aus dem ablehnenden und je länger desto feindlicheren Verhalten, das
die leitenden Kreise gegen ihn und seine Predigt einnahmen, aus der
Unfähigkeit des Volkes, sich aus dem Bann dieser Leitung zu lösen,
aus der Todfeindschaft der pharisäischen Partei, mit welcher sich auf
diesem Punkte bald auch Sadducäer und Herodianer eins wussten.
Eine göttliche Nothwendigkeit ergab sich für ihn nicht unmittelbar
aus dem gottgewollten Messiasberuf, sondern nur mittelbar aus den
Umständen, unter welchen er diesen Beruf übernahm, festhielt und
durchführte, sofern ja alles irdische Ergehen und menschliche Handeln
von Gott als letztem Herrn aller Dinge geleitet und geordnet ist [4].
     Sind es demgemäss auch nur nachgehends gemachte Erfahrungen,
welche den Tod zum Verhängniss werden liessen [5], so gehörte doch
dieser Tod um so gewisser zur Durchführung des Berufes, ja er war

---

[1] KEIM, Geschichte Jesu, Dritte Bearbeitung [2], S. 240.
[2] Vgl. dagegen SCHWARTZKOPFF, Die Weissagungen Jesu Christi von seinem
Tode, seiner Auferstehung und Wiederkunft, S. 13 f, welcher übrigens den Todesgedanken, den er gut motivirt, doch zu früh auftauchen lässt, „volle Gewissheit"
S. 18, 22, 35 aber auch erst seit dem Tage von Cäsarea ab annimmt.
[3] Vgl. STANTON S. 122 f, SCHÜRER II, S. 464 f.
[4] PÜNJER, ZwTh 1878, S. 205.
[5] WEISS, LJ II, S. 261: „Erst die Entwickelung der geschichtlichen Verhältnisse lehrte ihn die Nothwendigkeit seines Todes erkennen, nicht weil er sich
bisher dagegen verblendet hätte, sondern weil sie dieselbe erst herbeiführten."

zur conditio sine qua non hiefür geworden[1]. Und war es für ihn auch keine von Ewigkeit her feststehende, sondern nur eine relative, gleichsam per accidens eingetretene Nothwendigkeit[2], die zu sterben befahl, so versteht es sich doch von selbst, dass auch sie nur als eine göttliche Nothwendigkeit Unterwerfung fordern konnte, als ein wesentliches Stück göttlichen Willens und Rathschlusses begriffen werden musste. Hätte etwa Jesus das Leben beurtheilt wie ein Sadducäer (s. oben S. 33 f), so wäre er überhaupt gar nicht in die Lage gekommen, sich von einer solchen Nothwendigkeit bedroht zu sehen, sich mit ihr befreunden zu müssen[3].

Wie es nun aber bei der gleichfalls erfahrungsmässig bedingten Erweiterung des Gedankens vom Reiche Gottes (s. S. 232) der Fall war, so konnten nachgehends, d. h. nachdem der Todesentschluss gefasst war, auch alttest. Erinnerungen auftauchen und zur Festigung des gemachten Erwerbes beitragen[4]. Fraglich bleibt freilich, ob solches auf dem Wege geschehen ist, welchen dann die erste Gemeinde einschlug, indem sie den Knecht Gottes Jes 52 13—53 12 — und zwar wohl erstmalig[5] — einfach in das alttest. Messiasbild eintrug[6]. Die Sondertradition Lc 22 37 (= Jes 53 12 „er ist unter die Uebel-

---

[1] Auch nach der Prämisse von HOLSTEN, Zum Evglm des Pls und des Pt, S. 176 f bleibt der Tod Jesu, wie RITSCHL II[3], S. 46 f zeigt, doch immer „die That des vollständigen Berufsgehorsams gegen Gott" und „eine in seinem Schicksal relativ nothwendige Thatsache", nach P. W. SCHMIDT, Christenthum und Weltverneinung S. 38 „das letzte Stück seiner Pflichterfüllung in der Treue gegen den ihm gewordenen Beruf".

[2] RITSCHL III, S. 534: „das Accidens seiner positiven Treue im Berufe."

[3] HOLSTEN, ZwTh 1891, S. 78: „Jesus war eine religiöse Persönlichkeit, die aus einer theistisch-teleologischen Weltbetrachtung, der Weltanschauung der Transcendenz, den Weltgang religiös beurtheilte. Für eine solche religiöse Persönlichkeit, die an Jahve, den lebendigen Gott, glaubte, gab es keine Todesnothwendigkeit aus natürlicher und verständiger Beurtheilung der Weltverhältnisse und ihrer causalen Verkettung, sondern nur aus der inneren Gewissheit des Gemüthes, dass der Tod Jahve's Wille sei, weil Jahve's Allmacht in den Weltgang nicht eingreift, um die todbringenden Mächte zu vernichten." Zur Ergänzung dieses Urtheils wären nur noch die Folgerungen in Rechnung zu bringen, die aus der Umsetzung des alttest. (nicht einmal mehr ganz spätjüdischen) Jahvebildes in das Vaterbild sich ergaben. Vgl. R. A. HOFFMANN, Die Abendmahlsgedanken Jesu Christi 1896, S. 53 f.

[4] B. WEISS, LJ II, S. 266: „Eine Weissagung auf seinen Tod konnte er in dem Allen erst finden, als ihm die Heilsnothwendigkeit seines Todes aus der geschichtlichen Situation heraus innerlich gewiss geworden war und darum die Schrift, die von ihm zeugte, auch sie irgendwie vorandeuten musste."

[5] Jüdischer Seits findet der Knecht Jahve's erst im Targum des Jonathan und in einzelnen Midraschen und Talmudstücken messianische Deutung. Vgl. BALDENSPERGER S. 143 f.

[6] Für die herkömmliche Auffassung tritt noch SCHWARTZKOPFF S. 21, 26, 38 ein, während schon RITSCHL II, S. 61 f, 67 Zurückhaltung anempfahl.

thäter gerechnet⁻) beweist angesichts des in beiden Lc-Schriften durchgehends herrschenden Scripturarismus nicht viel. Ohnedies wird man dem seit der Taufe in öffentlicher Action, je länger je mehr geradezu in Sturm und Kampf stehenden Messias nicht ein nachgehendes eigentliches Schriftstudium ad hoc zutrauen wollen, vermöge dessen er sich nach der Methode der Schriftgelehrten seiner Aufgabe und seines Geschickes vergewissert, bzw. mit letzterem versöhnt hätte. Sofern aber der büssende Gottesknecht doch auch schwerlich in seiner Erinnerung ausgelöscht war, liessen sich Reminiscenzen davon am ehesten in dem, sofort noch einer besonderen Betrachtung zu unterziehenden, Wort Mc 10 45 = Mt 20 28 entdecken. Sowohl die Auffassung des Berufes als „Dienen" könnte auf das Vorbild des Knechtes Jahve's zurückweisen, als auch speciell die „Dahingabe des Lebens" im Dienste des Volkes oder vielmehr „Vieler" an Jes 53 10—12 erinnern. Auch mochte der leidende und büssende Gottesknecht jenes Bild vom Prophetenloos vervollständigen helfen, wie es für Jesus in den Tagen der Leidensweissagungen feste Consistenz gewann. Er stellte, was ihm bevorstand, in Parallele mit den alttest. Helden Gottes und fand so das Mt 5 11 12 antecipirte [1], 23 29—34 37 = Lc 11 47—49 13 33 34 formulirte Gesetz ihres Schicksals. Insonderheit war es der Grösste unter den Propheten, der Täufer, an dessen Geschick er das eigene ablas Mc 9 11—13 = Mt 17 10—12: der Messias wird enden, wie sein Vorgänger. Aber so wenig liegt dies unwiderruflich schon in dem ursprünglichen Gedanken und Plan, dass vielmehr der Widerstand, den die Böswilligkeit der Menschen beiden Heroen bereitet (nach Mc 9 13 = Mt 17 12 thaten sie an dem Vorläufer ὅσα ἤθελον, nicht aber was Gott wollte), es zu verantworten hat, wenn weder der Vorläufer zu Stande bringt, was er programmmässig sollte (die ἀποκατάστασις Mc 9 12 = Mt 17 11, vgl. Lc 1 16 17), noch der Messias selbst, nachdem schon die Aufgabe des Vorläufers gescheitert war, nunmehr die seinige auf directem Wege wird lösen können[2]. Aber es gibt auch einen indirecten Weg zum Ziele, und auf diesen sieht sich Jesus seither um so mehr gewiesen, als auf ihm, und nur auf ihm, noch eine besondere Errungenschaft zu machen war, über welche freilich nur zwei in die letzten Zeiten fallende Aussprüche einige Auskunft geben.

Soweit wir den Leidensgedanken bisher verfolgen konnten, erschien er als zum Bewusstsein gediehene Consequenz des, einmal erhobenen und selbst einer abmahnenden Schicksalswendung gegenüber aufrecht erhaltenen, Anspruches auf Messianität. Das damit heraus-

---

[1] Trotz Tittis S. 16, der doch auch den starken Ausdruck ἀώκειν auffallend findet.   [2] Schwartzkopff S. 14 f.

geforderte und freiwillig hingenommene Geschick mit dem Gottesglauben auszugleichen, war die Aufgabe, ja die Lebensfrage der ersten
Christenheit; der Schlüssel zu solchem Verständnisse ist im Zusammenhang der christl. Dogmatik noch heutigen Tages identisch mit dem
Schlüssel zur Lösung des Welträthsels überhaupt. Freilich scheint
es, als müsste, um eine so einzigartige Verknüpfung der Grundfrage
des Daseins, der Frage nach Gott, mit der Frage nach der Compli-
cation eines einzelnen Menschengeschicks vollauf würdigen und tiefer
empfinden zu können, es ferner stehenden Geschlechtern gegeben sein,
erst wieder die jüd. Messiasfrage zur lebendigsten, gegenwärtigen
Actualität zu erwecken, gleichsam zum Rang einer brennenden Tages-
frage zu erheben. Die allgemeinen Voraussetzungen zum Verständnisse
des religiösen Verhältnisses, wie Jesus es fasste, sind immer gegeben,
wo persönliches Dasein dem stummen Welträthsel gegenübersteht; die
specielle Situation dagegen, in welcher gerade Jesus dazu kam, sich
als den Messias zu erkennen und sich eben in dieser seiner Eigenschaft auf den Todesweg gewiesen zu sehen, war nur einmal da und
kann nie wiederkehren. Was uns die ganze Sache gleichwohl schon
viel näher rückt, ist die Ueberlegung, dass die Messianität die zeitlich
bedingte Form für einen auf höherem, dauerhafterem Niveau gelegenen
Anspruch persönlicher Ueberlegenheit gebildet hat. Es handelt sich
also darum, auch den persönlichen Untergang auf die gleiche Höhe
eines Vorganges in der sittlichen Welt, in der Welt Gottes zu bringen.
Mit diesem Gedanken sehen wir noch vor der apostol. Gemeinde schon
deren Stifter und Meister selbst ringen. Die Tragik eines Geschicks,
welches, geschichtlich betrachtet, bedingt war durch lauter Factoren, die
einfach der Vergangenheit angehören, gewann auf solchem Wege die
Bedeutung einer versöhnenden Macht erster Grösse im Sinne der religiösen Deutung des Daseins. Derselbe Leidenszug, welcher dem alttest.
Messiasbilde auf's Aeusserste widerstrebte, vermochte jetzt sich harmonisch abschliessend in jenes andersartige Bild einzufügen, wie es
dem neutest. Messias selbst als Reflex des eigenen Personlebens vor-
schwebte. Sein Untergang wird dem Druck der äusseren Nothwendigkeit entzogen und tritt, statt nur als Naturwirkung der das menschliche Gesellschaftsleben bedingenden Kräfte zu erscheinen, in eine
innerliche Beziehung zu dem grossen Gedanken des ganzen Lebenswerkes. Diente er mit seiner Berufsleistung allenthalben seinen Brüdern, die für das Gottesreich geschickt gemacht werden sollten, so
ward nunmehr auch die in der Treue gegen den Beruf übernommene
Todesleistung in dieselbe grosse Dienstleistung eingerechnet. Dies ist
der einfache Sinn der Erklärung Mc 10 42—45 = Mt 20 25—28 im ge-

meinsamen synopt. Bericht und in der davon unabhängigen Parallele
Lc 22 25—27, welcher (abgesehen von der lucanischen Eingliederung in
die Darstellung des letzten Mahles) wohl die grössere Ursprünglichkeit zuerkannt werden muss [1]. Nach beiden Fassungen entwickelt Jesus
seinen Gedanken im Gegensatz zu der naturalistischen Weltanschauung
alter und neuer Herrenmoral, welche die Menschen nicht sowohl wie
selbständige Personwerthe behandelt, als vielmehr zum brauchbaren
Material für Zwecke eines, rücksichtlose Durchführung fordernden,
Herrscherwillens herabsetzt. Das gegenübergestellte Princip der
Socialethik des Gottesreiches Lc 22 26 Mc 10 43 44 = Mt 20 26 27 (s. oben
S. 177) gewinnt nun aber eine eigenartige Zugkraft für die Jünger dadurch, dass Jesus es nicht bloss lehrt, sondern auch persönlich darstellt und den Seinigen vorlebt. Bei diesem Gedanken bleibt Lc 22 27
stehen: in der Welt gilt der am Tische Liegende als der Grössere,
weil er sich bedienen lässt; Jesus aber, obwohl in Wahrheit der Grössere, hat sich, entsprechend seinem Mt 11 29 21 5 (πραΰς) dargelegten
Charakter, das Dienen zur Lebensaufgabe gemacht. Darüber geht Mc
10 45 = Mt 20 28 nur noch hinaus in Kenntlichmachung des End-
terminus: bis zum Tod, sofern dieser als Schluss- und Höhepunkt
jenes, ausdrücklich als Bestandtheil seines messianischen Berufsbewusst-
seins geltend gemachten, Dienens und somit als der denkbar schroffste
Gegensatz zu jeder, auf Beugung, Unterdrückung und Ausbeutung
der Menschen zum eigenen Vortheil beruhenden, Herrscherpraxis (κατα-
κυριεύειν, κατεξουσιάζειν) erscheint.

So weit ist der Gedanke Jesu jedenfalls mit Sicherheit zu verfolgen [2], und auch das Weitere gehört mindestens als selbstverständliche Ergänzung dazu, dass dieses bis zur Darangabe des Lebens
fortgesetzte Dienen nicht folgelos und vergeblich gewesen sein kann.
Wird nun aber solcher Erfolg überdies noch dahin bestimmt, dass das in
den Tod gegebene Leben als „Lösegeld für Viele" (λύτρον ἀντὶ πολλῶν)
in Betracht komme, so kann wohl im Zusammenhang mit dem Wort
vom Dienen nur an eine Loskaufung aus dem Dienststande, also an
ein Lösegeld gedacht sein, wie man es bezahlt, um einem Sclaven
die Freiheit zu verschaffen [3]. Dann wäre als solche Freiheit eben das

---

[1] B. Weiss zu Mc, S. 356, LJ II, S. 312. Runze, JpTh 1889, S. 152 f, 159 f.

[2] Harnack I, S. 63 f: „Er ist nicht Prophet, sondern Meister und Herr.
Diese Herrschaft erweist er während seines irdischen Wirkens in der Ausführung
der ihm gegebenen Machtthaten und — nach dem Gesetze des Gottesreiches —
eben desshalb in dem Dienst, den er leistet. In diesen Dienst hat Jesus auch
die Aufopferung seines Lebens eingerechnet."

[3] So Wendt II, S. 511 f, welcher daraufhin S. 513 f an die Vertauschung
des schweren mit dem leichten Joche Mt 11 28—30 denkt.

Leben im Reiche Gottes zu denken[1], dabei aber das Bild vom Lösegeld entweder nicht weiter nach Herkunft, Sinn und Voraussetzungen
zu befragen[2] oder sammt der verwandten Stelle Mc 8 35—37 = Mt
16 25 26 auf die gemeinsame Gedankensphäre von Ps 49 8—10 zurückzuführen[3]. Fasst man dagegen das Lösegeld als Tauschmittel (= ἀντί-

---

[1] H. v. Soden, Theol. Abhandlungen, C. v. Weizsäcker gewidmet, S. 144:
„Erlösung aus dem gegenwärtigen Lebensstand in den des Reiches Gottes."
[2] Bornemann, Unterricht im Christenthum[2] 1891, S. 79: Der Messias wendet
sein Leben daran, Anderen zu dienen, ist sogar entschlossen, es in solchem
Dienst zu lassen, um sie von der Knechtschaft der Sünde, Schuld und Uebel zu
befreien. „Abgesehen davon ist das Bild völlig in seiner Allgemeinheit zu belassen und nicht darauf hin zu pressen, dass man eine ausgeführte Erlösungs-
theorie daraus entwickeln kann."
[3] So Ritschl II[3], S. 68 f, 83 f: Nach Ps 49 8—10 kann kein Mensch Gott
eine so werthvolle Gabe entrichten, dass er einem Anderen, sei es auch dem
Nächststehenden, damit den Tod zu ersparen vermöchte. Diesen Gedanken hat
Jesus schon in einem früheren, mit der ersten Leidensweissagung zusammenhängenden, Ausspruche theils dahin ergänzt, dass selbst der Besitz der ganzen
Welt den Menschen nicht in die Lage setzen würde, an Gott eine Werthgabe
zu entrichten, welche ihm selbst das Sterben ersparen oder den schon eingetretenen Verlust des Lebens rückgängig machen, die dem Verderben verfallene Seele
wieder einlösen könnte Mc 8 36 37 (der Mensch besitzt kein ἀντάλλαγμα τῆς ψυχῆς),
theils aber auch positiv weitergeführt in der Aussage, dass der Anschluss an
ihn, möge selbst Verlust des zeitlichen Lebens damit verbunden sein, das Mittel
sei, sich des ewigen Lebens zu versichern, während selbstsüchtiger Lebensgewinn
in Wahrheit Lebensverlust ist Mc 8 35. Die offenen Stellen, welche die darauf
gebaute Erklärung von Mc 10 45 bietet, hat Runze, JpTh 1889, S. 148 f in einer nicht
minder scharfsinnigen Untersuchung nachzuweisen und auszufüllen versucht. Dass
freilich so minutiöse und subtile Untersuchungen, wie die über die Bedeutung der
Präposition ἀντί, über die Abhängigkeitsverhältnisse derselben, über den Begriff
kopher = λύτρον, doch nicht viel Gewinn abwerfen, wo es sich darum handelt,
mit ihrer Hülfe den authentischen Gedanken Jesu festzuhalten, braucht dem nicht
erst gesagt zu werden, welcher die Ungewissheit darüber, ob Jesus einen hebräischen oder aramäischen Ausdruck gebraucht hat, und die Gewissheit darüber, dass
von scharfer gegenseitiger Abgrenzung der in Betracht kommenden Begriffe und
Vorstellungsgruppen auf keinen Fall die Rede sein kann, in Betracht zieht. In
einfacheren Linien hat Titius S. 147 f die Erklärung von Mc 10 45 aus Mc 8 35—37
erneuert. Allerdings stehen beide Stellen in Beziehung zu einander. Beiderorts
schillert der Begriff ζωή zwischen der Anschauung des leiblichen, sinnlichen und
des geistigen, ewigen Lebens. Jenes gibt Jesus hin und sollen die Seinen verlieren, dieses dagegen gewinnen. Oder es findet Amphibolie statt zwischen den
Begriffen Leben und Person, vgl. Runze S. 172 f, 180, 203, 219, 229. Sogar
könnte der Ausdruck „seine Seele" nach aramäischer Sprechweise geradezu die
Bedeutung des Reflexivpronomens besitzen; daher Lc 9 25 ἑαυτόν statt τὴν ψυχὴν
αὐτοῦ. Die Verwandtschaft beider Stellen wird eine noch directere durch die
enge Berührung der Ausdrücke λύτρον und ἀντάλλαγμα. Nun heisst es Ps 49 9:
„Theuer ist das pidjon (Befreiungsmittel, Ex 21 30 λύτρον) für ihre Seele", was
mit kopher Ps 49 8 alternirt. In LXX steht λύτρον zwar auch für go'ulla und
andere, eine Loskaufsumme bedeutende, Ausdrücke, meist aber für kopher.
Gerade letzteren Ausdruck will nun statt des durchaus gangbaren Sinnes von
„Lösegeld" Ritschl II[3], S. 70 f, 80 f, 95 f vielmehr speciell von „schützender
Deckung" verstanden wissen. Durch Jesu freiwillige Aufopferung im Beruf werde

λύτρον I Tim 2 ϭ, vgl. ἀντάλλαγμα Mc 8 37 = Mt 16 26), so kann die alsdann unvermeidlich sich ergebende Frage, inwiefern denn Jesu Leben

die Todeserfahrung, die er macht, den Seinigen erspart, so dass λύτρον die Bedeutung eines Schutzmittels wider den Tod gewinne. Gott wende das über den Menschen schwebende Todesverhängniss ab, weil Christus sich ihm unterzieht, begabe dagegen jene mit ewigem Leben. Solches ist nämlich, wie Tïtïus S. 148 f ergänzend den Gedanken weiterführt, nur im Reiche Gottes, nicht in der Gegenwart zu finden; ausserhalb desselben herrschen Tod und Verdammniss. Ewiges Leben ist auf Erden zum erstenmal Wirklichkeit geworden durch Jesu Tod. „Wie er aber selbst in den Zustand himmlischer Herrlichkeit und ewigen Lebens erhoben wird, so schlägt sein Sieg über den Tod auch zur Erlösung der Seinen aus der Gewalt des Todes aus. Denn durch seinen Heimgang zum Vater wird er zugleich zur vollen Herrlichkeit des Menschensohnes erhöht, der Gottes Reich in Kraft herbeiführt" (S. 149). Gegen diese predigtartige Ausführung bemerkt R. A. Hoffmann, Die Abendmahlsgedanken Jesu Christi 1896, S. 59 sehr richtig, „dass das Mittel des Loskaufs vom Tode nicht die Erhöhung zur Rechten Gottes, sondern eben die in den Tod gegebene Seele selbst bildet". Das Wort vom Lösegeld ist einfach und ungekünstelt nur zu verstehen in dem oben angedeuteten, paulinisirenden Sinn, wobei dann die Loskaufung von der Todeshaft näher dahin zu präcisiren ist, dass letztere als durch die Sünde verschuldet gilt (Hoffmann S. 59 f). Im Uebrigen harren bezüglich der durch Ritschl angeregten Erklärung in den Kreisen, wo dieselbe zur Verhandlung gekommen ist, noch folgende Fragen ihrer Erledigung: 1. Ob ἀντὶ πολλῶν mit dem Objecte des Gebens, also mit λύτρον (so heisst der goldene Balken, welchen Crassus als Abschlagszahlung erhält, damit er den Tempel nicht plündere, Joseph. Ant. XIV, 7 1 λύτρον ἀντὶ πάντω voder ist bei Lucian, D. Deor. 4 2 von λύτρον ὑπὲρ ἐμοῦ die Rede), oder wie Mt 17 27 mit ἦλθεν δοῦναι, also dem Subjecte des Gebens in Beziehung zu setzen sei. Jenes bei Hilgenfeld, ZwTh 1875, S. 359 f, 1894, S. 527 f und Wendt S. 503, dieses bei Ritschl II, S. 85 und Weiss § 22 c. In letzterem Falle gibt Jesus das λύτρον anstatt Vieler, welche es geben müssten, wenn sie vom Verderben errettet sein wollten, und doch nach Mt 16 26 ein solches ἀντάλλαγμα nicht aufbringen können. Dagegen würde der Begriff des Lösegeldes die Beziehung auf eine Person oder Sache, für deren Befreiung dasselbe bezahlt wird, erfordern. 2. Ob die πολλοί (nach Runze S. 188 f = Hiob 33 23 tausend Engelmittler, gewöhnlich mit Ritschl II, S. 61 f = Jes 53 11 12) als solche, die vermöge des bezahlten Lösegeldes aus dem Dienststande befreit werden (Wendt S. 513), oder als solche, welche ohne Jesu Eintreten ihr Leben verwirkt hätten, gedacht sind, in welchem Falle sie ihm in der Weise gegenübertreten würden, dass dadurch er selbst als dem Todesgeschick keineswegs eo ipso verfallen gilt, vielmehr mit dem δοῦναι τὴν ψυχήν gleichsam auf ein Privilegium (posse non mori) verzichtet: so Ritschl, gegen welchen vgl. Runze S. 193 f. Gemeint sind unter πολλοί jedenfalls die Genossen des neuen Bundes, welchen das Opfer seines Lebens zu Gut kommt (Titius S. 148: die Gesammtheit seiner Gemeinde, nicht jeder Einzelne), so dass also Jesus „sich von vornherein die Beziehung seines Todesleidens auf seine an ihn glaubende Gemeinde als eine schon vorhandene Gemeinschaft vergegenwärtigt" (Ritschl II, S. 86). Dann sind πολλοί dieselben wie Mc 14 24 = Mt 26 28 (Hbr 9 28). Dies läuft auf eine unten II, S. 107 f verhandelte Controverse hinaus. 3. Ob das ein Tauschverhältniss bezeichnende ἀντὶ = tachat nur „für" oder „gegen" wie Hbr 12 2 ἀντὶ τῆς προκειμένης χαρᾶς, oder, was in letzter Stelle sogar sinnlos wäre, geradezu „anstatt" pro, vice, loco, wie Mt 2 22 ἀντὶ τοῦ πατρὸς αὐτοῦ bedeutet. Im Sinne des Lösegeldes liegt nur Ersteres, Consequenz des „Schutzmittels" ist auch Letzteres. Indessen gehen beide Bedeutungen leicht ineinander über, sofern eine Leistung, die kein Anderer hätte übernehmen können, ein Ein-

als demjenigen der Vielen gleichwerthig betrachtet werden und demgemäss als Lösegeld gelten dürfe, ihre Beantwortung nur aus dem
Kreise jener Stellvertretungsgedanken finden, für deren Tragweite
die ganze jüd. Theologie der Zeit Zeugniss ablegt (s. oben S. 64 f).
So ist auch bisher erklärt, d. h. es ist die paulin. Lehre als Auslegungskanon gebraucht worden [1]. Sofern der Tod Rm 6 23 der Sünde
Sold ist, gibt Jesus sein dem Tod nicht verfallenes, weil sündloses
Leben II Kor 5 21 in den Tod hin und erspart so der Menschenseele
das Verderben, welches ihr sonst aus ihrer Schuld- und Strafverhaftung
entsprungen wäre Gal 3 13 (die Vorstellung des λύτρον hängt dann zusammen mit ἀγοράζειν I Kor 6 20 7 23 30 und ἐξαγοράζειν Gal 3 13 4 5).
Damit aber stehen wir im weiten Bannkreis der Antipsychie (s. oben
S. 68), jenseit des erkennbaren Gedankens Jesu [2]. Dieser reicht gerade
noch so weit, um die Todesleistung mit zu dem göttlichen Schicksalswillen (das δεῖ der Leidensweissagungen Mc 8 31 = Lc 9 22 17 25) zu
schlagen: es muss sein, also voran! „Der Menschensohn muss leiden“,
wenn er nämlich seiner Aufgabe treu bleiben, den Menschen Messias,
Heiland, Retter werden, aber auch das Recht behalten will, auf Grund
solcher persönlichen, in der Aufopferung des Lebens gipfelnden Leistung von ihnen gleich aufopferndem Dienst der Bruderliebe als Grundgesetz des anbrechenden Gottesreiches zu fordern. So wandelt er die
eiserne Nothwendigkeit des Untergangs in einen freiwilligen Liebes-
dienst vermöge des zuversichtlich aufgestellten Ideals einer, bisher unbekannten, nirgends noch geübten, Sittlichkeit, wie sie gleichwohl
künftighin von denjenigen geleistet werden wird, welchen sein Tod die
Pforten des Himmelreichs öffnen soll, weil sie, was Jesus zu bieten
hatte, besser zu würdigen verstehen werden, als „das ehebrecherische
und sündige Geschlecht“ in den Synagogen und Tempelhallen Mt 12 39
16 4 Mc 8 38. Die Form aber, in welcher dieser Gedanke Mc 10 45
geboten wird, gehört, stilistisch genommen, dem 2. Evglsten [3], sachlich
dem Pls an [4].

<hr>

treten zu Gunsten dieser Anderen und insofern auch eine Stellvertretung in sich
schliesst.

[1] Vgl. z. B. Hofmann, Schriftbeweis[2] II, 1, S. 299 gibt als Sinn der Stelle
Folgendes an: „als ein um sie zu zahlendes Lösegeld werde er sein Leben dargeben,
damit sie um diesen Preis frei kommen, während sie sonst der Strafe ihrer Sünde
verfallen blieben.“

[2] Hilgenfeld, ZwTh 1894, S. 528 f. Das Gegentheil sucht zu erweisen Ernst,
is het woord λύτρον Mt 20 28 in juridischen of ethischen zin te verstaan? Theol.
Studiën 1894, S. 324 f. Aehnlich auch W. H. Ward, The New Testament doctrine of the relation of Christ's death to the Old Testament sacrificial system:
Biblotheca sacra 1894, S. 246 f.

[3] Vgl. zur Antithese οὐ διακονηθῆναι, ἀλλὰ διακονῆσαι Runze S. 160 f.

[4] Vgl. Baur S. 99 f, Brandt S. 292, 572, Volkmar S. 501, Pfleiderer,

7. Der neue Bund.

Die zweite der synopt. Stellen, die dem Tode des Messias Heilswerth beilegt, liegt vor in der Stiftung des sog. Herrnmahles[1]. Was
von der so schwierig gewordenen Erörterung hierüber[2] in das „Leben
Jesu" gehört, bleibt hier unberührt. Geschichtliche Voraussetzung und
übereinstimmendes Resultat der letzten Forschungen ist, dass Jesus
seinen Jüngern Brot und Wein zum Genusse dargereicht und dabei
mit Beziehung auf das gebrochene Brot von seinem Leib, mit Beziehung auf den ausgegossenen Wein von seinem Blut gesprochen[3],
letzteres insonderheit zugleich als Bundesblut bezeichnet hat Mc 14 24
= Mt 26 28. Das ist, so Vieles auch sonst problematisch bleibt, doch
wohl ein fester Punkt[4]. Denn ein solches Blut (dam habberit Sach 9 11)

Urchristenthum, S. 395. HOLSTEN, Zum Evglm, S. 172 f, 183 f ist im Recht mit
der Unterscheidung einer historisch-religiösen Reflexion auf den Märtyrertod
(Sache Jesu) und einer dogmatisch-religiösen auf den Sühnopfertod (Sache des
paulinisirenden Evglsten). Gegen B. WEISS § 22 c.

[1] Unter der neuesten Literatur (was die 10 letzten Jahre geliefert haben,
füllt Bände) ragen hervor H. SCHULTZ, Zur Lehre vom hl. Abendmahl 1886,
ALEX. BRANDT, Die Einsetzungsworte des hl. Abendmahls: ZwTh 1888, S. 30 f, SEYER-
LEN, Das Abendmahl im Sinne des Stifters: Zeitschrift für praktische Theologie
1889, S. 136 f, LOBSTEIN, La doctrine de la sainte cène 1889, WEIZSÄCKER[2]
S. 574 f, HARNACK, Texte und Untersuchungen VII 2, 1891, S. 117 f, ThLz 1892,
S. 376 f, Dogmengeschichte I, 1894, S. 64 f, ZAHN, Brot und Wein im Abendmahl
der alten Kirche 1892, JÜLICHER, Theologische Abhandlungen, C. v. Weizsäcker
gewidmet 1892, S. 217 f, SPITTA, Zur Geschichte und Literatur des Urchristenthums I, 1893, S. 207 f, MENSINGA, Zur Geschichte des Abendmahls: ZwTh 1893
II, S. 267 f, GARDNER, The origin of the Lord's supper 1893, W. BRANDT S. 259 f,
290 f, 294 f, 300 f, 487, 548, E. HAUPT, Ueber die ursprüngliche Form und Bedeutung der Abendmahlsworte 1894, TITIUS, Die neutest. Lehre von der Seligkeit I,
S. 150 f, E. GRAFE, Die neuesten Forschungen über die urchristliche Abendmahls-
feier: ZThK 1895, S. 101 f, SCHULTZEN, Das Abendmahl im NT 1895, F. KATTEN-
BUSCH, Das hl. Abendmahl: Christliche Welt 1895, S. 295, 315 f, 339 f, O. ZÖCKLER,
Moderne Abendmahlscontroversen: Evangelische Kirchenzeitung 1895, S. 108 f,
118 f, 128 f, R. A. HOFFMANN, Die Abendmahlsgedanken Jesu Christi 1896, H. CREMER,
Abendmahl: Real-Encyklopädie für prot. Theologie und Kirche [3]I, S. 32 f.

[2] Ebenso die Textfrage, bezüglich welcher nur die Ursprünglichkeit von
Lc 22 19 (von τὸ ὑπὲρ ὑμῶν an) 20 (ganz) Schwierigkeiten macht. Was gegen die
Aechtheit gesagt werden kann, steht am vollständigsten bei HAUPT S. 5 f, was dafür
bei SPITTA S. 295 f, HOFFMANN S. 9 f und SCHULTZEN S. 15 f, wo S. 38 f, 100 die
Procedur, die sich Lc hier gestattet, gut beleuchtet ist. Vgl. auch GRÄFE, StKr
1896, S. 250 f und SCHMIEDEL, Protest. Kirchenzeitung 1896, S. 101 f.

[3] SCHULTZEN S. 25: „Die Stellung beider Acte zu einander ist natürlich
gleichgültig, da Jesus kein Pedant war."

[4] Analog der wahrscheinlich gegen Schluss paulinisirenden Redaction der
Stelle Mc 10 45 = Mt 20 28 hat man versucht, auch den „Bund" in Jesu Munde,
weil er bei Justin, Apol. I 66 fehlt, aus I Kor 11 25 II Kor 3 6—14 Gal 4 24 ab-
zuleiten. So BAUR S. 102 f, VOLKMAR, Die Evglien, S. 566 f, Jesus Nazarenus
S. 117 f, BRANDT S. 289 f, BOUSSET, Die Evgliencitate Justin's des Märtyrers 1891,
S. 112 f. Vgl. dagegen SCHULTZEN S. 65 f, 68 f, SCHWARTZKOPFF S. 23 f, HOFFMANN
S. 48 f. STRAUSS I, S. 358 sagt: „In den Gedanken seines nahen Todes vertieft,

kommt bei der mosaischen Religionsstiftung, beim Abschluss des sinai-
tischen Bundes vor, wo Moses nach Darbringung eines Brand- und
Dankopfers Ex 24 5, sowie nach Sprengung der einen Hälfte des Opfer-
blutes an den Altar 24 6 mit der anderen Hälfte das Volk besprengt.
Die Erläuterung dazu geben 24 8 (= Hbr 9 20) die Worte: „Dieses ist
das Bundesblut", d. h. das Bindemittel zwischen den beim Bundes-
schluss thätigen Parteien. Vorangegangen ist daher dem Blutacte
Ex 24 3 7 eine wiederholte Verpflichtung des Volkes auf das Gesetz des
Bundesgottes, und 24 11 folgt eine Opfermahlzeit nach. Nur an diesen
Vorgang konnte Jesus denken, wenn ihm das Vergiessen des eigenen
Blutes im gewaltsamen Tode gleichfalls als Inaugurationsact eines
Bundes (Mc 14 24 = Mt 26 28 τὸ αἷμά μου τῆς διαθήκης . . . ἐκχυννόμενον)
erschien. Da mindestens beim Brot die Aufforderung an die Jünger
bezeugt ist (Mc 14 22 = Mt 26 26 λάβετε), beabsichtigte er zugleich
nach Analogie jenes Opfermahls einen Speisegenuss, wobei das Trinken
des rothen Weines als ein freigewähltes, aber sehr viel significanteres
Ersatzbild für die Besprengung mit Blut eintrat (Wein ist den Orientalen überhaupt stehendes Symbol des Blutes, vgl. „Traubenblut" Gen
49 11 Dtn 32 14 Jes 63 3 6 JSir 39 26 50 15 I Makk 6 34) [1]. Wenn also
in der Sinaiscene die Besprengung mit Opferblut und das Essen des
Opferfleisches die subjective Antheilnahme am Bundesschlusse sym-
bolisiren, so wird auch das Verständniss für die Aufforderung zum
Genusse in der gleichen Richtung zu suchen sein. Da nun aber andererseits gerade so, wie Jesus kurz vorher Mc 14 8 = Mt 26 12 in der
auf ihn gegossenen Salbe bereits die bald zu erweisende Todtenehre
gesehen hat, jetzt auch das zum Zweck des Genusses in Stücke gebrochene Brot die Zerstörung des Leibes darstellt und in Parallele damit der zum Zweck des Trinkens in den Becher gegossene Wein das
blutige Ende, so haben wir eine im Stil des Prophetenthums gehaltene
symbolische Handlung (vgl. namentlich den als Weissagung auf die Zerstörung von Volk und Stadt zerbrochenen Krug Jer 19 10 11), ein in Scene
gesetztes Doppelgleichniss vor uns [2], welches den bevorstehenden Tod

---

mochte er diesen zugleich aus dem Gesichtspunkt eines Opfertodes, sein Blut als
die Weihe eines neuen Bundes zwischen Gott und der Menschheit betrachten."
Dazu stimme auch I Kor 11 23—25, aber man könne nicht wissen, was in diesem
Bericht geschichtliche Ueberlieferung, was der Gemeindesitte entsprechende Zuthat sei. Vgl. darüber die Untersuchung von HOFFMANN S. 33 f. Jedenfalls treffen
die beiden Relationen (Mc = Mt und Pls = Lc) in dem einen Punkt zusammen,
dass Jesu Tod einen Bund vermittele. A. BRANDT S. 33 hält sogar für geschichtlich sicher nur die Worte: „Das ist mein Bundesblut. Trinket Alle daraus!"
[1] Wie nahe es lag, Blutbesprengung mit Weingenuss zu ersetzen, zeigt
SCHULTZEN S. 51 f, 96.
[2] So LOBSTEIN S. 39 f, 45, KEIM III, S. 272: „Jesu letzte Parabel." WEIZ-

unter den Gesichtspunkt eines Bundesopfers, zugleich aber auch die gegenwärtige Vorfeier desselben unter denjenigen einer Opfermahlzeit rückt [1].

SÄCKER, Evangel. Geschichte, S. 559: „Indem er sein ganzes Evglm in diese sinnbildliche Handlung legt, hat er das Parabellehren seines Lebens abgeschlossen und im höchsten Bilde zugleich das Räthsel gelöst." Apost. Zeitalter [2] S. 576: „eine Parabel, deren Auflösung er aber nicht mehr gegeben hat." Dagegen JÜLICHER S. 240, welcher aber doch gleichfalls die Linie der Gleichnissrede einhält. S. 244: „Das tertium comparationis, darauf es dem Herrn ankam, ist ohne Zweifel beim Brot durch ἐκλασεν, nachher beim Wein durch ἐκχυννόμενον angedeutet." Da sich aber daneben die Symbolik des Essens und Trinkens ebenso wenig mit JÜLICHER S. 242 f ganz beseitigen, als mit HOFFMANN S. 95 allein beibehalten lässt, erhalten wir nicht bloss ein „Gleichnisspaar" (JÜLICHER S. 243, TITIUS S. 155), sondern darüber hinaus eine Doppelsymbolik (SCHULTZEN S. 27 f), und das tertium comparationis stellt sich nach SCHULTZEN S. 29 so: „Wie das Brot gebrochen wird, den Menschen zu gut (um von ihnen genossen zu werden), so wird auch Jesu Leib gebrochen, den Seinen zu gut (um ihnen Segen zu bringen)." SPITTA S. 284 f, welcher in dieser ganzen Symbolik ein „unglückliches Missverständniss" (S. 286) sieht, hat einen Nachfolger in HOFFMANN S. 89 f, einen Gegner in HAUPT S. 18 f gefunden. Was aber SCHULTZEN S. 30 f, 41 f und CREMER S. 35 f gegen die Annahme einer, zur Erhebung des vollen Sinnes der Einsetzungsworte ausreichenden, Kraft der Symbolik bemerken, reicht nur unter Voraussetzung des paulin. Berichtes aus zum Beweis, trägt überhaupt paulin. Theologie in die Gedankenwelt Jesu ein (s. unten II, S. 182 f). Angesichts des synopt. Berichtes lässt sich höchstens daran erinnern, dass dem in Bildern denkenden Orientalen Darstellendes und Dargestelltes viel leichter zur Einheit zusammenfliessen, als das scheidende occidentale und moderne Denken zulässt (HOLSTEN, SCHULTZEN S. 47). Dass aber die hier vertretene Symbolik den Jüngern absolut unverständlich geblieben sein musste, so lange Jesus „noch in voller Lebenskraft mit ihnen zu Tische lag" (SPITTA S. 286) — ein Einwand, dessen Nerv sich leicht auch gegen die Geschichtlichkeit jener Scene in Bethanien umformen liesse —, wäre doch nur bei der katholisch-lutherischen Auslegung der Einsetzungsworte vorauszusetzen, nicht aber, wenn die Worte besagen, was sie, unter Sehenden und Hörenden, überhaupt unter Wachenden gesprochen, allein besagen können: „Dies mein Leib: so wird er gebrochen werden. Dies mein Blut: so wird es vergossen werden" (VOLKMAR, Jesus Nazarenus S. 117). Selbst wenn solches den Jüngern „in jener Stunde des letzten Mahles Jesu ein ganz fern liegender Gedanke" gewesen wäre (SPITTA S. 287, vgl. BRANDT S. 290 f), so mindestens nicht ihm selbst, und seiner eigenen Gemüthsergriffenheit hat er doch wohl zunächst Ausdruck und Genugthuung geleistet (JÜLICHER S. 245); die Jünger aber haben ihn jedenfalls „nachmals verstanden" Joh 13 7 (HAUPT S. 17 f).

[1] Das Bundesopfer betont LOBSTEIN S. 62 f, das damit zusammenhängende Opfermahl SCHULTZEN S. 53 f, 73 f, 95 f, der zugleich zeigt, wie von hier aus alle von Jesus angewandten Formen den Jüngern allerdings unmittelbar verständlich gewesen sein mussten, dann aber freilich S. 54 f aus dem Opfermahlcharakter den Schluss zieht, Jesus habe in, cum et sub pane seinen Leib dargereicht. Unter einer solchen Voraussetzung würde man freilich den, gegen die ganze hier vertretene Auffassung gerichteten, Bemerkungen SPITTA's S. 285 f beitreten müssen: der Gedanke an das Essen eines getödteten Leibes sei so schaurig, der an das Trinken von Blut, ja von Menschenblut, für einen Juden so greuelhaft, dass ein Todesgedächtniss im Abendmahl schlechthin abzuweisen sei. Zugegeben wird gleichwohl, „dass diese Art der Deutung schon in der apostol. Zeit sich zeigt" S. 284. Offenkundig wird sie I Kor 11 23 eingeführt mit: „Ich habe es vom Herrn

Hiernach bleibt der Sinn der Handlung auch gänzlich unberührt von der weiteren Frage, ob dieselbe aus dem Verlaufe eines Passahmahles zu begreifen[1] oder unabhängig von der, zuvor abgeschlossenen, Passahfeier[2], ja geradezu ohne jedwede äussere oder innere Beziehung zu ihr vorstellbar sei[3]. Gegen die erstere Möglichkeit wird nicht ohne Schein bemerkt, dass bei der synopt. Chronologie das geschlachtete Lamm als Typus und Symbol näher gelegen hätte, als das Brot[4]. Aber nicht bloss hätte gerade eine solche Bildersprache dem widrigen Schattenbilde anthropophagischer Vorstellungen gerufen, während dagegen Brot und Wein, bzw. Wasser, allgemein zulässige und herkömmliche Symbole sind, sondern nur in dieser Form konnte auch Jesus seine Stiftung von den specifisch-nationalen Erinnerungen an die Erlösung aus Aegypten lösen in consequenter Weiterführung eines schon leise angesponnenen Fadens (s. oben S. 230). Von der Parallele mit dem Passah bleibt also nur der allgemeine Gedanke der Erlösung, von der Erinnerung an die Ausführung aus Aegypten nur die Feier der Geburtsstunde eines neuen Bundesvolkes Gottes übrig, wie auch die Scene am Sinai nur das Modell für eine neue Bundesstiftung geliefert hat[5].

---

empfangen." Nur die Unumgänglichkeit der symbolischen Fassung der Worte vom Leib und Blut folgt aus der leibhaftigen Anwesenheit Jesu, wie überhaupt dem gesunden menschlichen, insbesondere aber auch dem jüd. Gefühl nichts ferner liegen kann, als jeder Gedanke an einen irgendwie beschaffenen Genuss seines Leibes und Blutes. Desswegen ist aber auch nicht sowohl vom Essen des Leibes, vom Trinken des Blutes, als vielmehr vom Essen des Brotes, vom Trinken des Weines die Rede; was sie essen, was sie trinken sollten, das sahen die Jünger mit leiblichen Augen vor sich. Die Beziehung auf Leib und Blut aber wird nur in die Acte des Brechens und des Vergiessens gelegt, die man nicht essen und trinken, aber in ihrer pointirten Bedeutung erkennen und beherzigen soll. Wäre wirklich schon die reine symbolische Vorstellung vom Essen eines Leibes, Trinken eines Blutes unzulässig, so würde sich auch Spitta S. 277 nicht zu Gunsten seiner neuen Auffassung auf das rabbinische Messias edere berufen; vgl. Haupt S. 18. Vollends gilt dies von der Deutung, die ihr Spitta gibt; vgl. Schultzen S. 89.

[1] So noch Volkmar, Jesus Nazarenus, S. 117 f, 293 und Cremer S. 34.

[2] Schultzen S. 39 f.

[3] So Haller, Das hl. Abendmahl und das Passamahl: Theolog. Studien aus Württemberg 1887, S. 65 f, Spitta S. 237 f, Grafe S. 135, Haupt S. 20 f, Hoffmann S. 69 f 75, Sulze, Protestantische Kirchenzeitung 1895, S. 697 f.

[4] So Spitta S. 238 und Brandt S. 294. Dagegen erklärt Holsten, Pls I, S. 357 wenigstens das paulinisch-lucanische Wort vom σῶμα τὸ ὑπὲρ ὑμῶν aus dem Gegensatze zum Passahlamm, sofern letzteres nicht „für euch" gegeben ist, sondern für Andere. Aehnlich A. Brandt S. 30 f, dem zufolge Jesus den Passahleib, welchen er gebe, im Unterschiede vom Leibe des Passahlammes gemeint habe. Vgl. dagegen Hoffmann S. 76.

[5] Nach Spitta S. 268 f handelt es sich im Herrnmahl um den, dem mosaischen entgegengesetzten, neuen, „davidisch-messianischen Bund" mit Beziehung darauf, dass sein Vollzug sich in zahlreichen alttest., auch im NT wiederklingenden Stellen (z. B. Jes 25 6—8) im Bild eines grossen Mahles darstellt. Jesus versetzt

Bei dieser Fassung der Einsetzungsworte widerstreiten dieselben,
in ihrem Kern gefasst, nirgends der von Jesus früher durchgehends in
Wort und That vertretenen Annahme einer freien, keiner dazwischen
tretenden Sühneleistung, keines vorangehenden Ersatzes bedürftigen,
Bereitschaft Gottes, dem heilsbegehrenden, reuigen und gläubigen Sünder zu vergeben, ihm den Eintritt in sein Reich zu gewähren[1]. Würde
die vergebende Gnade Gottes jetzt nachträglich in ihrer Bethätigung
an ein zuvor zu leistendes Lebensopfer geknüpft, so wäre allerdings
schon die synopt. Relation für paulinisch bedingt zu erachten. Sie ist
es auch, sofern Mt 26 28 das Blut vergossen wird „zur Vergebung
der Sünden" (εἰς ἄφεσιν ἁμαρτιῶν): ein nach Jer 31 33 (neuer Bund) 34
(Sündenvergebung) Hbr 9 22 (χωρὶς αἱματεκχυσίας οὐ γίνεται ἄφεσις) zu
verstehender Zusatz[2] aus Mc 1 4, wo die 3 Worte dafür in der Mt-
Parallele fehlen. Die völlig ausreichende Bedingung für die Begnadigung des Sünders liegt nach wie vor in dem Vaterwillen Gottes. Eine
nachträgliche Einschränkung dieses leitenden Grundgedankens Jesu,
bzw. Vorwegnahme späterer Sühnegedanken[3], braucht in den Einsetz-

sich in diesen zukünftigen Moment und feiert den ihm und den Seinigen be-
schiedenen Sieg, die Vollendung des Reiches: also eine prophetische Antecipation
des messianischen Mahles. Essen und Trinken sei die symbolische Darstellung
der Erfüllung der Gläubigen mit den in Jesu Person gegebenen Kräften und
Heilsgütern des messianischen Reiches. Dann wäre nicht die naturgemässe und
nachweisbare, trübe und tragische Stimmung des Endes, sondern der ekstatisch
vorweggenommene Triumph als Motiv der geheimnissvollen Worte zu betrachten.
Aber jene Stimmung schlägt auch schon vorher und nachher durch (s. oben S. 286),
und gerade der Unterschied zwischen diesem jetzigen Mahle und dem zukünftigen
wird ja hervorgehoben in dem Einen Worte, worauf diese geistreiche Erklärung
(man kann sie die eschatologische nennen) im Grunde allein sich stützen kann, Mc
14 25 = Mt 26 29 = Lc 22 15—18. Denn Lc 22 30 gehört als Parallele zu Mt 19 28
in einen anderen Zusammenhang. Vgl. HAUPT S. 19: „Er feiert nicht im Geiste,
wie es bei SPITTA herauskommt, in dieser Mahlzeit schon das Mahl der Vollendung, sondern er blickt von jener aus auf dieses hin", „unterscheidet zwischen
beiden scharf". Vgl. gegen SPITTA HAUPT S. 16 f, JOH. WEISS, ThLz 1893, S. 398,
C. H. VAN RHIJN, Theol. Studiën 1894, S. 380 f, GRAFE S. 129 f, 133 f, TITIUS S. 151 f,
155, ZÖCKLER S. 118 f, SCHULTZEN S. 88 f, HOFFMANN S. 77 f, CREMER S. 34, für
ihn mit Reserve v. SODEN, Deutsche Literaturzeitung 1894, S. 611 f und HARNACK
I², S. 64 f.

[1] WENDT II, S. 517 f, ZThK 1894, S. 54 f. Nach BORNEMANN S. 79 bezeichnet
Jesus sein Leben und Sterben als den „zureichenden Grund und zweckmässigen
Weg für die Verwirklichung und Verbürgung der angebotenen und zugesicherten
göttlichen Sündenvergebung, aber nicht als juristische conditio sine qua non für
ihre Möglichkeit".

[2] So auch nach SPITTA S. 306, JÜLICHER S. 241, HAUPT S. 23, GRAFE S. 126,
SCHULTZEN S. 45 f, 99, TITIUS S. 151.

[3] Die allgemeine Möglichkeit, dass gelegentlich (zumal in Jerusalem) für
Jesus selbst sein Tod in eine Beleuchtung rückte, welche durch die herrschenden
Opfer- und Sühnegedanken bedingt war, kann nicht geleugnet werden, und in-
sonderheit konnte der deuterojesaianische Knecht Gottes, wenn er überhaupt in

ungsworten um so weniger zu liegen, als das, was nach Ausscheidung
der Sündenvergebung etwa noch in diese Richtung weisen könnte (ἐκχυν-

Wirksamkeit trat (s. oben S. 289 f), dies eben in der fraglichen Richtung thun
(s. oben S. 66). Eine derartige Hypothese wagt mit Bezug auf das „Für euch"
der Abendmahlsstiftung KEIM III, S. 276 f, Der geschichtliche Christus ³S. 36, 92,
Dritte Bearb. S. 302: „ein Rückschritt von der neuen Religion Jesu und selbst
von den Propheten zur alten mosaischen Anschauungsweise", d. h. vielmehr zur
spätjüd. Werthung der Blutsühne. Aehnlich HILGENFELD, zuletzt ZwTh 1894,
S. 529 f, 538. Das ist wenigstens nicht so modern theologisch, wie wenn B. WEISS,
LJ II, S. 500 f ihn ein „Geheimniss des göttlichen Liebesrathschlusses" ahnen lässt,
„das letzte Mittel zur Rettung des Volkes, ja der ganzen Menschheit," vermöge
dessen „dies Gottesgericht über die Sünde zur Sühne aller Weltsünde umschlagen
sollte", oder wenn er ihm S. 462 ein Wissen darum beilegt, „dass sein Todes-
opfer das letzte Mittel zur Errettung seines Volkes war, welches er durch sein
Lebenswerk zu retten nicht vermocht hatte." S. 267: „Er hatte ja noch etwas einzusetzen, sein Leben selbst; was das heisseste Liebeswerben nicht gewinnt, gewinnt vielleicht das grösseste Liebesopfer. Forderte Gott dies Opfer von ihm, so
musste es das letzte Mittel sein zu retten, was noch zu retten war." S. 269: „Eine
andere Sühne der Sünde aber gibt es nicht, als dass sie, die den Vollzug des göttlichen Willens hindert, das Mittel wird zu seiner Verwirklichung. Durch die freiwillige Selbsthingabe Jesu in den Tod, den die Sünder ihm bereiteten, war die
Sünde auf ihrem Gipfelpunkt gesühnt, weil ihre endliche Ueberwindung gesichert
war; Gott konnte noch einmal dem schuldbeladenen Volke Gnade und Vergebung
anbieten." „Liess Gott nach seiner Gnade, die in der Sendung des Messias kund
geworden war, diese Sünde geschehen, so konnte er es nur thun, damit auf diesem
Wege die Sühne beschafft werde, die für die Sünden der ganzen Welt genügte."
S. 481: „Mit der sündigen Menschheit, die soeben noch seine höchste Gnadenoffen-
barung zurückgewiessen hatte, konnte Gott den neuen Bund des Gottesreiches nicht
schliessen, wenn es nicht ein Mittel der Sühne gab, kraft dessen die Sünde vergeben
werden konnte, weil in ihm zugleich die Bürgschaft für ihre Ueberwindung lag." —
Das Alles ist Theologie, und zwar modernste Vermittelungstheologie, zu deren
Schlüssen es innerhalb der Gedankenkreise, die wir hier auf historischem Wege
zu ermitteln haben, an allen Voraussetzungen gebricht. Der abschüssige Weg,
der damit betreten war, und auf dem ihm z. B. HOFFMANN S. 63 f und SCHWARTZ-
KOPFF S. 25 f, 35 noch mit Bedacht folgen, hat zu „biblisch-theologischen Untersuchungen" abschreckendster Art geführt, wie die von E. CREMER, Die Vergebung
der Sünden durch Jesus 1895. Hier wird S. 41 die Thatsache, dass dem ursprünglichen Entwurf der Predigt vom Reiche Gottes überhaupt jede Beziehung
auf den Messiastod, also auch eine Geltendmachung dieses Todes als conditio
sine qua non für Sündenvergebung abgeht, zwar halb zugestanden, aber durch
die verrufene Accommodationstheorie unschädlich gemacht: „er konnte keinen
Anlass haben, sich über einen Gegenstand eingehender zu äussern, der überall
nur ein Gegenstand des Anstosses war", in Wahrheit freilich überhaupt nirgends
ein Gegenstand war, ehe das paradoxe Ereigniss des Messiastodes eingetreten
war. Die fernere Thatsache, dass den evang. Quellen zufolge die Aussicht auf
Leiden und Tod erst als erfahrungsgemäss erworbenes Ergebniss der Reflexion
auf den, in Folge wachsender Opposition der Stimmführer eingetretenen, Misserfolg erscheint, wird S. 42 mit Mc 2 19 20 und mit johanneischen Worten neutralisirt. Die 2 einzigen Stellen, welche in Betracht kommen, Mt 20 28 und 26 28
werden S. 42, 48 f nur ganz beiläufig und ohne die mindeste Berücksichtigung der
Schwierigkeiten, die ihre Auslegung mit sich führt, besprochen. Ohne uns auf
schwindelhafte Wege zu begeben, können wir, so lange es sich um die synopt.
Evglien handelt, nur sagen, dass für die Resignation Jesu auf das Leben irgend-

νόμενον περί oder ὑπὲρ πολλῶν), auffällig an die andere Stelle vom Heilswerth des Todes (Mc 10 45 = Mt 20 28 λύτρον ἀντὶ πολλῶν) und im
Verein mit dieser an Jes 53 11 12 erinnert, so dass beiderorts dieselbe
Möglichkeit einer redactionellen Zuspitzung im paulin. Sinne vorliegt[1].
Das somit allein im Recht bleibende Bild vom Bundesblut aber weist,
wie wir sahen, zwar auf ein Bundesopfer, nicht aber nothwendig auch
auf ein Sühnopfer hin[2], mit welchem allein sich die späteren Aus-
tausch- und Stellvertretungsgedanken verbunden haben[3]. Dem Stif-
tungsmahle des neuen Bundes dürfte demnach von Haus aus so wenig
eine Beziehung auf Sünden und Sündenvergebung anhaften[4], wie eine
solche in dem Bericht von den Brand- und Dankopfern am Sinai Ex
24 5—8 zu entdecken ist[5].

Merkwürdiger Weise sind es im Gegensatz zu den Opfertheorien
des Judenthums (s. oben S. 66f) gerade die althebräischen und überhaupt antiken Opferbegriffe, welche den allgemeinen Hintergrund der
Stiftungsworte des Herrnmahls bilden, wenngleich in religiös gereinigter
und vertiefter Gestalt. Erscheint nämlich das Opfer ursprünglich entweder mehr unter dem Gesichtspunkt eines Tributes an die Gottheit
oder mehr als ein, sacramentale Gemeinschaft zwischen den Opfernden sowohl unter sich als mit der Gottheit bewirkender, Act, so lässt
sich unter Berücksichtigung beider Möglichkeiten in unserem Falle
sagen: wie das sinaitische Bundesopfer eine Gabe an Gott darstellte,
welche auf der einen Seite zum Ausdrucke der dankbaren Stimmung
des Volkes diente, auf der anderen Gott gewissermaassen verpflichten
sollte, nun auch seinerseits den geschlossenen Bund zu achten und zu
schützen, so betrachtete Jesus seinen Tod als eine Gehorsams- und
Dienstleistung (Mc 10 45 = Mt 20 28), deren vorbildliche und nach-

---

welche Reflexion auf Sühne und Schuldtilgung schwerlich maassgebend gewesen
sind.

[1] BAUR S. 102. VOLKMAR hat die von Jesus gesprochenen Worte auf die
oben S. 298 erwähnten zwei Sätze zurückgeführt, ist also von seinen früheren
Zweifeln (Die Evglien S. 570) zurückgekommen. Auch BRANDT S. 292 und JOH.
WEISS, ThLz 1893, S. 398, Die Nachfolge Christi S. 16, 39 nehmen bei Mc paulin.
Beeinflussung an. Dagegen beschränkt HOLSTEN, Die drei Evglien S. 28f, Die
synopt. Evglien S. 116 an dieser Stelle den paulin. Einfluss auf die Weglassung
der Worte εἰς ἄφεσιν ἁμαρτιῶν. Schwankend äussert sich PFLEIDERER S. 408.

[2] Auch das Passahfest hatte damals seinen ursprünglichen Charakter als Sühn-
feier längst mit dem eines Bundesmahles vertauscht. Vgl. NOWACK II, S. 148 f, 174.
Nach CHWOLSON, ZwTh 1895, S. 362 f wäre es als Privatopfer zu betrachten.

[3] Gegen BAUR S. 101, 103 und HILGENFELD, ZwTh 1894, S. 530.

[4] Soweit ist TITIUS S. 151 im Recht, aber die weitere Ausdeutung auf Lebens-
mittheilung S. 156 f (vgl. auch A. MEYER, Jesu Muttersprache S. 91) geht im Geiste
moderner Systematik weit über den erkennbaren Sinn der Herrnworte hinaus.

[5] WENDT II, S. 519, 522 f.

wirkende Kraft die Genossen eines neuen Bundes künftig unter einander in Liebe, dem Stifter aber in Dankbarkeit verbinden sollte,
während — dies darf man ja wohl als selbstverständlich ansehen —
zugleich von Gottes Gnade und Treue überreiche Vergeltung zunächst
für den in den Tod gehenden Meister, dann auch für seine Getreuen
zu erwarten steht[1]. Das Blut dessen, der mit seinem Tod so Grosses
erreicht, ist dann in der That das richtige Bindemittel zwischen Gott
und der neuen Gemeinde, wie Pls es gedeutet hat (s. unten II, S. 184).
So wirken in dieser Stiftung die elementaren Grundbegriffe jeder geschichtlichen Religion, ohne alle mühsame Vermittelung durch Reflexion und Absicht, wie mit innerer Nothwendigkeit zu einem, das
Leben Jesu selbst wie auch seine Gedankenwelt abschliessenden, ebenso einfachen wie tiefsinnigen Ausdruck zusammen. Das Gleiche gilt
nicht minder auch speciell von den Grundbegriffen der alttest. Religion, sofern das Herrnmahl in Gegenbildlichkeit tritt theils schon zum
national gesetzlichen Passahmahl, noch viel mehr freilich zum sinaiti-
schen Bundesschluss, welcher seinerseits selbst wieder die Voraussetzung für den prophetischen Gedanken eines neuen Bundes geworden
ist Jes 54 10 55 3 Ps 89 4 5 29 35 40 132 11 12 Ez 34 25 37 26, besonders
aber Jer 31 33—34. Hieran aber knüpft unmittelbar die paulin. Abendmahlsformel an Lc 22 20 = I Kor 11 25 (ἡ καινὴ διαθήκη ἐν τῷ αἵματί μου)
in richtiger Auffassung des ursprünglichen Wortlautes. Das Herrnmahl ist die verklärte Erneuerung jener, von Moses am Sinai zur Weihe
des alten Bundes veranstalteten, Opferfeier, ja geradezu der, den Abschluss der Weltperiode kennzeichnende, Ersatz derselben, so dass,
wenn ein von der augenblicklichen Situation eingegebenes Wort für
die volle Tragweite seiner Consequenzen verantwortlich gemacht werden darf, mit diesem feierlichen Vermächtniss thatsächlich das alte
Bundesmahl und mit ihm der alte Bund selbst, der ganze Mosaismus,
die Religion des Gesetzes ausser Kraft gesetzt, die Stiftung Jesu als
neuer ewiger Bund proclamirt ist. Sich selbst, nicht in erster Linie
die Jünger[2], tröstet er damit in einer herben Scheidestunde, da alles
Alte hinter ihm zusammenbricht und ihn mit in den Untergang hinab-
zieht. Weil er schliesslich doch immer als Messias stirbt, sein Beruf
es ist, der ihm den Tod einträgt, umfängt ihn auch der Gedanke des
Todes nicht mit den eisernen Armen eines unabwendbaren Geschicks-

---

[1] WENDT II, S. 519 f, 525 f. Nach KATTENBUSCH S. 341 f bezeichnet Jesus
seinen Tod als ein Opfer, d. h. als eine Gott angenehme Gabe, sofern Gott eben
diesen Tod als Berufsleistung verlangt.
[2] Auch HOFFMANN S. 115 f findet in der Tröstung der Jünger für die Zeit
seiner Entfernung doch nur einen Nebengedanken. Vgl. SCHULTZEN S. 50 f.

verhängnisses, sondern er stirbt mit dem versöhnenden Bewusstsein,
dass sein Blut nicht vergeblich fliessen, vielmehr als heilstiftendes
Bundesopferblut zum Besten Vieler vergossen werde, die erst in seiner
Gemeinschaft und Nachfolge werden sollen, was sie als Jünger des
Moses und Diener des Gesetzes nie geworden wären, Kinder Gottes [1].
Insofern steht das Wort aber auch im Zusammenhang mit allen jenen
Aussagen, welche ihm eine beherrschende und dauernde Stellung im
Reiche Gottes zuerkennen [2]. Es war eine unbeabsichtigte, vielleicht eine
momentaner, aber unwiderstehlicher Eingebung entflossene That der
Selbsterhaltung, wenn Jesus, um auch im Tod nicht von seiner Jüngergemeinde lassen zu müssen, diese durch den Stempel der Unvergess-
lichkeit, welchen er seiner letzten Handlung aufzudrücken wusste,
dauernd an sich band. Die Worte „Das thut zu meinem Gedächtniss"
(erst Lc 22 19 = I Kor 11 24 25) sind vielleicht nicht ausgesprochen
worden; um so gewisser sprechen sie selbst aus, was im Moment lag
und sich mit unbezwinglicher Folgerichtigkeit geltend machte [3].

---

[1] Zu diesen „Vielen" gehören in allererster Linie doch wohl die Jünger
selbst, welche zum Trinken eines solchen Kelches aufgefordert werden; daher
statt πολλῶν Lc 22 20 = I Kor 11 25 ὑμῶν. Gegen Joh. Weiss, Die Nachfolge Christi
S. 28: „Opfer für die Vielen, welche zu ihren Sünden noch die der Ablehnung
seiner Busspredigt gefügt haben." Vgl. auch S. 86. Letztere, auch von Hoffmann
S. 61 f, 67 f, 86, 119, 122 f getheilte, Auffassung ist die folgerechte Zuspitzung der
Theorie von B. Weiss § 22 c, obgleich dieser richtig die „Vielen" = „alle Reichsgenossen" setzt.
[2] Auch dies verbindet die Einsetzungsworte mit den anderen sedes doctrinae
vom Heilswerth des messianischen Sterbens Mc 10 45 = Mt 20 28 = Lc 22 27, dass
nur im Andenken an ihn, im Rückblick auf ihn, in der Vergegenwärtigung seines,
dem Dienst der Brüder gewidmeten und durch den Tod gekrönten, Lebens die
Seinigen auf der Bahn, auf die er sie geführt, bleiben und darum auch das Ziel
erreichen können. Vgl. Harnack I, S. 59: „Damit hat er sich aus der Reihe
aller Uebrigen herausgestellt, ob sie schon seine Brüder werden sollen; er hat
eine einzigartige und bleibende Bedeutung in Anspruch genommen als der Erlöser und der Richter."
[3] Den Gedanken an eine beabsichtigte Wiederholung schliessen nach dem
Vorgange von Paulus und Kaiser aus Rückert, Das Abendmahl 1856, S. 123f,
Baur S. 102, Strauss I, S. 358 f, Wittichen, Beiträge II, S. 175, Leben Jesu S. 356,
Immer, Theologie des NT, S. 329, Pfleiderer, Das Urchristenthum S. 407, Grafe
S. 118, 132 f, 136 f, Mensinga S. 271 f, Gardner S. 14, Titius S. 153 f, B. Weiss
§ 31b, LJ II, S. 588f, Jülicher S. 238, 244 f, Spitta S. 228 f, 287: „Wie jene
Worte nicht von lange her vorbereitet gewesen, sondern unwillkürlich aus den
Tiefen seines Messiasbewusstseins hervorgebrochen sind, so haben sie auch nicht die
Absicht gehabt, eine Stiftung einzuführen, die Jesus seiner Gemeinde vermachen
wollte." Schultzen S. 21 f, 44 f, 99 zeigt, dass die Worte „Das thut zu meinem Gedächtniss" zwar von Pls hinzugefügt sind, indem dieser die als εἰς τὴν ἀνάμνησιν τοῦ
κυρίου überkommene Feier auf einen ausdrücklichen Befehl des Herrn zurückführen
zu müssen glaubte, dass er aber damit die Intention Jesu keineswegs verkannt hat.
Denn S. 74: „In dem Begriff des Opfermahles war seine Wiederholung unmittelbar
gegeben und ebenso der stetige Empfang der in ihm gespendeten Gabe." Treffend

6. Eschatologie.

1. Die Auferstehung des Messias.

Die gesammte synopt. Eschatologie hängt am Messianismus. Sie hat keinen anderen Inhalt als den geweissagten Triumph des Messias. Da ein solcher Triumph unerlässlich war, um die Incongruenzen des Lebensausganges mit der Messiaserwartung auszugleichen, haben wir in solchen Weissagungen zunächst nur die unabkömmliche Kehrseite zur Leidensweissagung vor uns. Daher gleichzeitig mit dieser in unmittelbarem Anschlusse an die Messiasproclamation die Worte gehört werden vom Auferstehen des Getödteten am dritten Tage[1]. Ein solcher Abschluss der Perspective in die Leidensnacht beweist nur nochmals, dass und wie Jesus bei aller Ergebung in das Todesgeschick sein messianisches Programm nicht aufgegeben, vielmehr gerade, um Letzteres nicht thun zu müssen, den Entschluss, dem Tod nicht auszuweichen, gefasst hat (s. oben S. 285). Mit der Geschichtlichkeit der Todesweissagung ist die Geschichtlichkeit der Auferstehungsweissagung gegeben. Sollte der Tod ein Messiastod sein, so durfte er kein Tod bleiben; und ruhte sein Messiasbewusstsein auf dem religiösen Grunde seines Sohnesbewusstseins, so war jede dauernde Erfahrung von Tod und Untergang vollends ausgeschlossen[2]. Eine Todesweissagung ohne diesen lichten Hintergrund wäre ein pessimistischer Verzweiflungsact gewesen, und es hätte dann näher gelegen, einen solchen Act gleich in Form des einfachen Rücktritts vom Messiasberuf in unschädlicher Weise zu vollziehen. Constant und sicher wird daher von der evangel. Ueberlieferung mit der Nachtseite eine entsprechende Lichtseite verbunden, welche zunächst eine, ihm selbst wiederfahrende, glänzende

---

TITUS S. 154: „Nothwendig müssen die Jünger, wenn auch keinen Befehl zur Wiederholung, so doch einen unmittelbaren Eindruck von der Einzigartigkeit und fortdauernden Bedeutung der That Jesu erhalten haben, den sie dann durch Wiederholung des letzten Mahles zu erneuern und fortzupflanzen suchten." Das Momentane betont selbst HAUPT S. 24. LOBSTEIN S. 80 hält für möglich, dass Jesus nur an eine Wiederholung bei der Jahresfeier gedacht habe.

[1] Nach HAUPT, Die eschatologischen Aussagen Jesu in den synopt. Evglien 1895, S. 112 wären die betreffenden Weissagungen Jesu „ganz unabhängig gewesen von der Einsicht in die Form seines Scheidens, den gewaltsamen Tod". Die Quellen dagegen bringen den Gedanken der Auferstehung und Erhöhung gleich, wo er erstmalig auftritt, im unmittelbaren Gefolge des Leidensgedankens.

[2] SCHWARTZKOPFF S. 37: „Verbürgt doch die Zugehörigkeit der Frommen zu dem allmächtigen und sie liebenden Gott des Lebens ihnen die Auferstehung und das ewige Leben (Mc 12 26 f). Um so mehr musste der Gottessohn, welcher die unbegrenzte Liebe des Vaters in ungetrübter Stetigkeit erlebte und damit seine Zugehörigkeit in untrüglichem Gefühle erfuhr, den Werth seines persönlichen Daseins und Wirkens für Gott selber in Ewigkeit gesichert wissen." Vgl. auch S. 92.

Genugthuung, eine Restitution seiner Person bedeuten musste. Nur
solche, den niederschlagenden Eindruck alsbald aufhebenden, Triumph-
worte machen es verständlich, dass die Jünger jener ersten Kehrseite
so gut wie gar keine Aufmerksamkeit schenken, sondern sie nur im
Zusammenhang mit der darauf folgenden Herrlichkeit als die schwer-
verständliche, mehr oder weniger auch gleichgültige, Einleitung dazu
betrachten konnten. Wie nun aber hinterher die Todesweissagungen
in ihrem Detail Bereicherung ex eventu erfuhren, so scheint in par-
alleler Weise auch der triumphirende Schluss nach Maassgabe dessen,
was nachher wirklich erlebt wurde, modificirt und specialisirt worden
zu sein. Denn auf einen sofortigen Umschwung, wie ihn die „Auferstehung am dritten Tag" in Aussicht stellt, ist man nach dem Tode
Jesu in keiner Weise vorbereitet. Wie konnten die Jünger sonst aus-
einanderstieben, wie konnten die Frauen den Leichnam einbalsamiren
wollen, wie Joseph einen schweren Stein vor das Grab wälzen, wie
Alle, die vom leergefundenen Grab hören, zunächst rathlos stehen,
ohne sich die Neuigkeit irgendwie deuten zu können, wenn Jesus
ihnen zu dreien Malen in fast schulmässig stereotypen Worten, gleichsam ganz im historischen Stil, in Aussicht gestellt hätte, dass er schon
am ersten Tag der folgenden Woche wieder aus dem Grabe hervorgehen werde? Auch setzt die Einkleidung, welche der Auferstehungsglaube in der christl. Ueberlieferung gefunden hat, keineswegs voraus,
dass solche Worte gesprochen waren. Vielmehr ist Mt 28 17 Lc 24 11
37 41 Joh 20 25 von bangen Zweifeln die Rede, welche die Jünger der
Kunde vom Auferstandenen entgegensetzen, was kaum denkbar wäre,
wenn diese Kunde nur einer bereits in der Stille genährten, auf Weissagungen des Meisters gestützten, Hoffnung entsprochen hätte. Ueberdies schilt Lc 24 25 27 Jesus selbst die Jünger nur darum, dass sie sich
der prophetischen Weissagung nicht erinnert hätten, keineswegs aber
berührt er das viel näher Liegende, dass er selbst solche Weissagungen
in noch viel handgreiflicherer Deutlichkeit vor ihnen ausgesprochen
habe. Wer die Dinge erstmalig so dargestellt hat, stand noch unter
dem Eindrucke einer Sachlage, die sich mit derjenigen, welche die
Weissagung schaffen sollte, keineswegs einfach deckte [1].

---

[1] Schon WEISSE, Die evang. Geschichte 1838 I, S. 568, II, S. 311 f, 317 f
führt die Auferstehungsweissagung zurück auf ein „Vorgefühl des Hinausreichens
auch seiner persönlichen Thätigkeit über die Schranken, welche durch die Natur
.... gezogen sind", S. 319. Von Ahnung eines künftigen Sieges seiner Sache
sprechen STRAUSS I, S. 298 f und SCHENKEL, Charakterbild S. 153 f, von unbestimmten Triumphworten BAUR S. 97 f, nach dem Vorgange von MEYER,
NEANDER, BLEEK auch BEYSCHLAG, LJ [3] II, S. 311 f von Ahnung, Vorgefühl, hell-
dunkeln Grössen. Bestimmt hat WITTICHEN LJ S. 199 f den Inhalt der Weis-

Andererseits treffen alle diese Instanzen doch nur den in nächste Nähe gestellten Termin der Auferstehung, nicht aber diese selbst. Mindestens dass er „auferstehen wird bei der Auferstehung am letzten Tage", mussten die Jünger von ihrem Herrn, wofern sie nicht ganz an ihm irre geworden waren, so gut glauben, als Joh 11 24 Martha von ihrem Bruder. Auferstehung war nun einmal die von der jüd. Eschatologie ebenso ausschliesslich wie unumgänglich gelieferte Voraussetzung für jedwede Vorstellung einer den Tod überdauernden Existenz, auch einer über das irdische Lebensziel hinausreichenden Bedeutung persönlicher Leistungen. Stand weiterhin die Lehre von der Auferstehung schon von Haus aus im Dienste des Messianismus (s. oben S. 76 f), so leuchtet unmittelbar ein, dass vor Allem der Mes-

sagungen Jesu auf eine Erhebung in den Himmel zurückgeführt, und KEIM II, S. 563 f hat die Auferstehung aus dem Grabe auch desswegen aus Jesu Zukunftsprogramm gestrichen, weil sie die unmögliche Vorstellung eines zeitweiligen Herabsinkens in das Reich des Todes voraussetze, wogegen „die Wiederkunftshoffnung Jesu zeigt, dass er seine Zukunft im Himmel suchte und nicht in den Tiefen der Erde", S. 566. Und doch war die Kritik mit diesen so scheinbaren Instanzen nicht ganz auf dem richtigen Wege. Zunächst besteht noch sehr die Frage, ob innerhalb des hier in Betracht kommenden Vorstellungskreises die Bewohner der Unterwelt als leiblos existirend zu denken sind (s. oben S. 80); die des Himmels gewiss nicht. Oder sollte erst der vom Himmel Wiederkommende zu diesem Zweck nachträglich noch einen Leib annehmen? Das hiesse die Auferstehung hinter die Himmelfahrt verlegen. Schwerlich gab es innerhalb des damaligen jüd. Bewusstseins eine andere Vorstellungsform für jenes „Vorgefühl des Hinausreichens", als eben die der Auferstehung; diese aber wird, wo nicht ausdrückliche Vorkehrungen dagegen getroffen sind, immer am einfachsten als Auferstehung aus dem Grabe gedacht werden. Richtig gesehen haben hier schon M. SCHWALD, Unsere vier Evglien 1885, S. 117 f und BALDENSPERGER S. 193 f. Neuerdings betont besonders P. SCHWARTZKOPFF, dass Jesus „nicht umhin konnte, die pharisäische Anschauung von der Auferstehung, welche auch dem gesammten frommen Volke eignete, im Wesentlichen zu theilen" (S. 40), daher auch, „wie er fast alle eschatologischen Vorstellungen von den Pharisäern übernommen hat" (S. 44), die eigene „Neubelebung in wesentlicher Uebereinstimmung mit der geistigeren Form der maassgeblichen pharisäischen Anschauung (vgl. WEBER S. 353) als eine Verwandlung des Leibes oder seiner Ueberreste in die Form der Verklärungsleiblichkeit angesehen haben wird (Mc 12 25, vgl. Mt 13 43). Diese war ja nöthig für das Leben auf der verklärten Erde" (S. 48). Die „Geistleiblichkeit" ist in dieser Form aus Pls eingetragen, das Uebrige aber trotz des vergeblichen Versuches, Ordnung und halbwegs Einheit in die Vorstellungen des Spätjudenthums und der Evglien über die Jenseitigkeitsfragen zu bringen (S. 41 f, 67 f, 93), richtig gedacht. Auch nach B. WEISS § 34 b kennt Jesus, wie die Schrift überhaupt, kein wahrhaftes Leben ohne Leiblichkeit, da er aus dem Ex 3 6 vorausgesetzten Leben der Erzväter für die Auferstehung argumentirt Mc 12 26 27 = Mt 22 31 32 = Lc 20 37 38. Eine gewisse Handgreiflichkeit durfte der Weissagung nicht abgehen, wenn sie haften bleiben und schliesslich, wie ja geschehen ist, ihres Erfolges sicher sein sollte. Darüber, wie sich Jesus die neubelebte Leiblichkeit vorgestellt haben mag, s. unten 7 4. „Im Uebrigen lag diese Frage an sich seinem Interesse, daher aber auch seinem selbständigen Nachdenken fern" — sagt selbst SCHWARTZKOPFF S. 51.

sias selbst, wenn er doch einmal sterben sollte, nur um so sicherer
auferstehen wird, und man hat in Kreisen, für welche alle Weissagung
zugleich messianische Weissagung ist, gar nicht erst nöthig, einen
Schriftbeweis für Jesu Auferstehung aus der exegetischen Zurechtlegung einzelner Stellen zu erzwingen.

Sobald dann aber die erste Gemeinde sich auf die Suche nach
einzelnen Orakeln begeben hatte, konnte es nicht fehlen, dass dieselben Stellen, aus welchen das Messiasbild nach der Leidensseite
hin Ergänzung gefunden hatte, als freiwillige Zugabe auch Belege für
die Auferstehung lieferten, wie wenn der Leidende, der Gestorbene
„seine Tage mehren" Jes 53 10 und dann „des Herrn Namen verkündigen" Ps 22 23, „nicht sterben, sondern leben und des Herrn Werke
erzählen" wird Ps 118 17 [1]. Wenn sich derartiger, in allgemeiner Licht-
färbung gehaltener, Wendungen Jesus selbst möglicher Weise schon
bedient haben mochte, so hat sich dann die Gemeinde mit Vorliebe
dreier Stellen mit bestimmterem Colorit bemächtigt, deren Verwendung bereits bestimmte Stufen der, handgreiflichere Formen anstreben-
den, Weiterentwicklung des Auferstehungsbildes selbst bezeichnen. Auf
der Grenze noch steht Ps 110 1. Hat sich daran Jesus bezüglich seiner
Stellung zu David orientirt (s. oben S. 244f), so kann möglicher Weise
schon er selbst auch das „Sitzen zur Rechten" wörtlich genommen haben;
vgl. Mc 14 62 = Mt 26 64 = Lc 23 69. Jedenfalls gab die Stelle nach
Act 2 34—36 der Gemeinde Anlass, die geweissagte Erhöhung des Messias zur Rechten Gottes als in der Auferweckung erfüllt zu betrachten.
Weiterhin berufen sich dem Bericht von Act zufolge Pt 2 25—31 und
Pls 13 35—37 auf Ps 16 8—11. Freilich setzt die Argumentation bereits
den Gebrauch von LXX voraus (der Heilige Gottes sieht keine φθορά,
wo der Grundtext šahat = Grube hat) und gehört die ganze Vorstellung, dass Jesu Leib nicht der Verwesung anheimfallen könne,
schon einem, wenigstens über die paulin. Linie (s. II, S. 78) hinausge-
schrittenen, Stadium des angedeuteten Processes an, wie er erst Lc
24 39—43 50 Act 1 3 4 (gegen I Kor 15 4—8) Vertretung und Durchbil-
dung gefunden hat. Ebenso beruht die Herbeiziehung von Jon 1 15
2 1 4 auf einer Mt 12 40 nachgehends erfolgten Umdeutung von Mt
12 39 16 4 = Lc 11 29 30. Nur nebensächliche Bedeutung kann auch
Act 13 34 die Stelle Jes 55 3 (zuverlässige Heilsgüter des messiani-

---

[1] Auf diese Stelle aus einem nachweisbar, auch Mc 12 10 = Mt 21 42 = Lc 20 17
von Jesus selbst, messianisch gefassten Psalm hat besonders KEIM II, S. 557,
Dritte Bearbeitung[2], S. 248 hingewiesen. Sie hat die Tugend, auch für den von
Manchen in Rechnung gezogenen Fall zu passen, dass Jesus selbst erwartet
hätte, dem Todesleiden noch in letzter Stunde entrückt zu werden.

schen Reiches) beanspruchen. Um so nachhaltiger wirkte Hos 6 2:
„Er wird uns nach zweien Tagen (μετὰ δύο ἡμέρας) wieder beleben,
am dritten Tage (ἐν τῇ ἡμέρᾳ τῇ τρίτῃ) uns aufrichten.“ Eine Zusammenfassung beider Parallelausdrücke ist schon das „nach dreien
Tagen“ (μετὰ τρεῖς ἡμέρας) der Leidensweissagungen Mc 8 31 9 31 10 34
Mt 27 63, wogegen der spätere Bericht geradezu „am dritten Tage“
bietet Mt 16 21 17 23 20 19 Lc 9 22 18 33 (vgl. damit auch II Reg 20 5
τῇ ἡμέρᾳ τῇ τρίτῃ ἀναβήσῃ εἰς οἶκον κυρίου). Während aber 3 Tage und
3 Nächte Jon 2 1 I Sam 30 12 ursprünglich eine conventionelle Zahl sind
und auch die Weissagung einer Auferstehung nach dreien Tagen im
Munde Jesu einen proverbiellen Ausdruck dafür dargestellt haben
würde, dass Gottes Hand nach einer kurz bemessenen Frist (vgl. Lc
13 32) das Todesgeschick aufheben werde,[1] leistete wohl das nach dem
Ostersabbath leer befundene Grab einen letzten Beitrag zur festen
Formulirung der Auferstehung am dritten Tage, wie Pls eine solche
bereits als Glaubenssatz der jerusalemischen Gemeinde vorgefunden
hat (I Kor 15 4 ὅτι ἐγήγερται τῇ ἡμέρᾳ τῇ τρίτῃ κατὰ τὰς γραφάς).

2. Die Wiederkunft des Messias.

Ebenso selbstverständlich, wie dass Jesus seine persönliche Restitution, und zwar wahrscheinlich gleich in der Form der Auferstehung,
vorhersagte, ist es aber auch, dass seine Zukunftsweissagung sich nicht
auf sein persönliches Geschick beschränken konnte, sondern sich zu einer
prophetischen Gesammtanschauung über den Fortgang seiner Sache,
über die Vollendung seines Reiches ausweiten musste. Demgemäss
umfasst die Weissagung nicht bloss die Auferstehung, sondern auch
die Wiederkunft zum Zweck der Reichserrichtung. Auf dieser Seite
an der Sache liegt sogar so sehr der Nachdruck der ganzen Zukunfts-
schau, dass die Auferstehung, bzw. Erhöhung nur als unerlässliche
Vorbedingung dafür in Betracht kommt[2]. Erst die dem Jünger-
kreis eingepflanzte Hoffnung, dereinst ihren Meister mit Macht und
Herrlichkeit angethan wieder erscheinen zu sehen, verlieh auch dem
Auferstehungsglauben inneren Halt und Zusammenhang, mochten nun
die geschichtlichen Motive desselben beschaffen sein, wie sie wollten.
Es versteht sich sonach, wie man versuchen konnte, die Wiederkunft
mit der Auferstehung zusammenfallen zu lassen, als habe Jesus mit
dieser, wie mit jener einfach sein persönliches Wiedererscheinen behufs

---

[1] SCHWARTZKOPFF S. 40: „Ein Grund, die Bestimmung der drei Tage als
unprophetisch anzufechten, läge nur vor, wenn Jesus sie wirklich gemeint hätte.“
Vgl. S. 47, 93 den Nachweis, dass dies nicht der Fall war.
[2] TITIUS S. 186 f.

siegreicher Vollendung seiner Sache gemeint und wäre erst nachträglich
dieses einheitliche Zukunftsbild für die Vorstellung der Gemeinde in jene
beiden unterscheidbaren Momente auseinandergetreten [1]. Es würde also
wohl seine Wiederkunft ursprünglich als eine Wiederbelebung, als ein
siegreiches Hervorgehen aus dem Todtenreich gedacht gewesen und erst
das Ostererlebniss Anlass geworden sein, die Auferstehung als einen
vorbereitenden Act mit selbständiger Bedeutung von dem Schlussact
der Wiederkunft zu trennen [2]. Die evangel. Ueberlieferung lädt uns
übrigens ein, noch weiter zu gehen. Wenigstens nach Mc 13 26 = Mt 24 30
= Lc 21 27 hat Jesus seinen Jüngern, oder, sofern diese Worte als der
„kleinen Apk" angehörig zu betrachten wären, doch nach Mc 14 62
(= Mt 26 64 = Lc 22 69) seinen Richtern eine Aussicht eröffnet, derzufolge
diese den von ihnen dem Tod Ueberlieferten nicht etwa lebend und
siegreich aus der Unterwelt hervorgehen, sondern „sehen werden zur
Rechten der Kraft sitzen und kommen mit den Wolken des Himmels".
Dieser, durch Jesu sonstige messianische Aussagen doch wohl hinlänglich verbürgten, Schlusserklärung [3] zufolge kommt er nicht sowohl
von unten herauf, als vielmehr von oben herab, fallen also Auferstehung
und Wiederkunft nicht unmittelbar zusammen. Letzteres wäre nur

---

[1] So nach SCHLEIERMACHER, WEISSE u. A. besonders WEIFFENBACH, Der
Wiederkunftsgedanke Jesu 1873, S. 373 f. Vgl. dazu PÜNJER, Die Wiederkunftsreden Jesu: ZwTh 1878, S. 202 f. Eine bündige Widerlegung findet sich noch bei
SCHWARTZKOPFF S. 186 f, welcher jene These geradezu umdreht und behauptet, Jesus
habe seine Auferstehung im Sinne der Wiederkunft geweissagt.

[2] BEYSCHLAG I, S. 210 f. Vgl. LIPSIUS [3] S. 460: „Die Erwartung seines wunderbaren Kommens nach dem Vorbilde des danielischen Menschensohnes auf den
Wolken des Himmels, die im Hinblicke auf seinen bevorstehenden Tod zur Erwartung seiner Wiederkunft wird, wird sich, ohne alle Ueberlieferung unsicher
zu machen, nicht wegdeuten lassen, so wenig wie die Verkündigung seiner Auferstehung, die ihm aber nach der wahrscheinlichsten Annahme mit der Wiederkunft zusammenfiel." Auch SCHULTZEN S. 70 verknüpft die Weissagung der Auferstehung mit dem Glauben an seine Parusie, „an dem sich um so weniger
zweifeln lässt, als er kaum über die jüd. Messiaserwartungen weit hinausgeht.
Eine Parusie war nach jüd. Vorstellungen ohne Auferstehung nicht möglich, da
man von einer Unsterblichkeit der Seele in Palästina wenig wusste, den Zustand
des bewussten Lebens und der Seligkeit nach dem Tode vielmehr durch eine
Auferweckung vermittelt dachte."

[3] Gegen den über STRAUSS I, S. 360, II, S. 304 f, 308, weit hinausgehenden
Skepticismus, womit BRANDT S. 62 f, 66, 82 f dieser Scene gegenübersteht (noch
weiter geht der Verf. von The four gospels as historical records 1895, S. 412 f),
vgl. HILGENFELD, ZwTh 1894, S. 25 f und F. STEUDEL, Der religiöse Jugendunter-
richt I 2, 1896, S. 93: „Dieses Wort ist natürlich von keinem der damaligen
Anhänger Jesu selbst gehört worden und darum geschichtlich nicht gesichert.
Aber es konnte doch Jesu in diesem Zusammenhang nicht in den Mund gelegt
werden, wenn es nicht ganz der Glaubenswelt entsprach, die er, wie seine Jünger
wussten, jetzt auch offen zu vertreten entschlossen war. Uebrigens sass ja auch
Joseph von Arimathia im Rathe (Mc 15 43)."

möglich gewesen, wenn Jesu Messianität nicht an Dan 7 13 orientirt gewesen wäre. Statt dessen ist aber nichts wahrscheinlicher, als dass
eine Stelle, welche sich im Geiste Jesu fruchtbar erwiesen hatte, sofern
er ihr die Selbstbezeichnung als Menschensohn entnahm, auch den mit
den Wolken des Himmels kommenden, das Reich bringenden Messias
lieferte (s. oben S. 247).

Freilich bedurfte es hierzu erst einer eigenthümlichen Zurechtlegung und Ausdeutung dieser Stelle, und zwar nicht bloss insofern,
als aus dem Sinnbild des Reiches der Herr und Bringer desselben
werden musste. Während nämlich der ursprüngliche Sinn von Dan 7 13
dahin geht, dass der Menschensohn aus irgend einer entlegenen Him-
melsgegend, wo er bisher mit den übrigen präexistenten Artikeln der
jüd. Theologie ein latentes Dasein geführt hatte, von den Wolken des
Himmels in die Gegenwart Gottes getragen wird, um daselbst sofort
in Action zu treten[1], ist daraus im NT bald, wie Act 1 9 I Th 4 17
Apk 11 12 12 5 (vgl. IV Esr 13 3), eine Entrückung von der Erde auf
„Wolken des Himmels“, bald aber auch, wie in der hier zu behandelnden Stelle, ein Kommen in Himmelswolken (μετὰ oder ἐπὶ τῶν νεφελῶν
τοῦ οὐρανοῦ) geworden, also ein Wiederkommen vom Himmel zur Erde
Mc 8 38 = Mt 16 27 = Lc 9 26. Die irdische Daseinsform des messianischen Menschensohnes erscheint demnach nur als die Voraussetzung
einer himmlischen, in welcher seine Daseinsweise sich erst mit dem
danielischen Bilde decken, er also, was er sein soll, geworden sein
wird. Dies das matthäische Zukunftsideal der „Neugeburt“ Mt 19 28,
„wenn sich des Menschen Sohn auf den Thron seiner Herrlichkeit
gesetzt haben wird“ nach Dan 7 13 22[2]. Dieselbe rein eschatologische
Beziehung ergibt sich aus zwei anderen Stellen, die zum Sondereigenthum des Mt gehören: Mt 10 23 (wornach der Wiederkommende seine
Jünger noch bei der Arbeit in Israel antreffen wird) und 16 28 (wornach
wenigstens Einige aus seiner Umgebung dann noch leben werden)[3].

---

[1] BRANDT S. 567. Dagegen denkt HOLSTEN S. 65 f an eine Bewegung von
der Erde zum Himmel, die gewöhnliche Auffassung umgekehrt an eine Bewegung
vom Himmel nach der Erde.

[2] Ueber die Geschichtlichkeit und den Sinn dieses Wortes vgl. SCHWARTZ-
KOPFF S. 137 f und PAUL S. 101 f.

[3] Die eschatologische Fassung des Begriffes macht HOLSTEN, Zum Evglm
des Pls und des Pt, S. 177 f, 181 f in der Form geltend, dass Jesus in „diesem
Weltalter“ als „Menschensohn“ nur den Vorbehalt kund thut, in „jenem Weltalter“ Messiaskönig, „Sohn Gottes“ zu werden. Vgl. ZwTh 1891, S. 68: „Für
Jesus hatte Dan nur Einen Moment im Leben des Messias erfasst, den Augenblick der Peripetie im Lebensschicksale des Messias.“ Auch nach M. VERNES,
Histoire des idées religieuses, S. 187 f, 192 f, 198, 221, 232, SCHMOLLER S. 97 f, 172,
JOH. WEISS, Die Predigt Jesu S. 24, 53 f, 95 f und BOUSSET S. 114 f bezeichnet der
terminus den Messias nur im Sinne eines Anspruches, einer Anwartschaft. Der

Das danielische Kommen mit oder auf Wolken des Himmels, d. h. aus dem Himmel weist sonach so wenig wie das Kommen „in der Herrlichkeit seines Vaters mit den Engeln" Mc 8 38 = Mt 16 27 25 31 = Lc 9 26 oder seine Stellung bei und vor den Engeln Mc 13 27 = Mt 24 31 13 41 Lc 12 8 9 auf irgendwelche Präexistenz [1], wohl aber auf Postexistenz, speciell auf die sog. Parusie. Jesus spricht immer, wo seine Worte sich mit Dan 7 13 berühren, von seinem zukünftigen Kommen, nie von seinem Gekommensein. Und ebensowenig hat er oder haben auch nur die Evglsten etwa aus Mal 3 1 oder aus Mich 5 1 einen Schluss auf Vorherdagewesensein gezogen. Durchweg ist die Meinung vielmehr die, dass den der Erde Entrückten, in den Himmel Aufgenommenen, eine göttliche Machtoffenbarung demnächst der Menschheit und insonderheit seinen Feinden offenbar werden lassen wird, nachdem die Auferstehung ihn vorläufig seinen Freunden, aber auch nur diesen, als lebend erwiesen hatte [2]. Es bleibt also dabei, dass Jesus unmittelbar mit der Eröffnung eines Einblickes in sein paradoxes Messiasgeschick seinen Jüngern Auferstehung und im Zusammenhang damit Mc 8 38 = Mt 16 27 = Lc 9 26 auch Wiederkunft, seinen Feinden und Richtern jedenfalls die letztere geweissagt und dass er beide Ereignisse zwar als wechselseitig sich bedingend, nicht aber als einfach identisch gefasst hat.

Nicht minder fest als der Gedanke der Wiederkunft selbst steht auch die Nähe derselben [3]. Gleich nach der erstmaligen Ankündigung werden Mc 9 1 = Mt 16 28 = Lc 9 27 Etliche aus der unmittelbaren Umgebung Jesu das grosse Zukunftsereigniss noch erleben. Welch eine zähe Widerstandskraft muss der sicheren Erinnerung hieran beigewohnt haben, um seine Erhaltung trotz allen es widerlegenden Erfahrungen begreiflich erscheinen zu lassen! Und doch steht Mc 13 30 = Mt 24 34 = Lc 21 32 ein noch weitergehendes Wort, wornach das Geschlecht der Zeitgenossen nicht vergehen wird, ehe die Weissagung

---

Menschensohn wäre das im künftigen Reich zum Messias bestimmte Subject, gleichsam der Prätendent. Vgl. auch Jacob S. 14 und M. Schulze, ZwTh 1894, S. 366 f. Die psychologische Unmöglichkeit thun dar Titius S. 10 und Ehrhardt, Revue de théologie et de philosophie 1895, S. 18, 28.

[1] So den johann. Präexistenzaussagen zu lieb Meyer, Keil, B. Weiss § 16 d, zu Mc S. 83 f, 105, zu Mt S. 235 f, 312, 324, LJ I, S. 281 f, 431 f, II, S. 283 f und nach ihm A. H. Franke, StKr 1887, S. 323 f, Paul Ewald, Das Hauptproblem der Evglienfrage 1890, S. 43 f und selbst Titius S. 118 f, 136. Das Richtige haben Beyschlag I², S. 75, 81, 260, Usteri S. 19, Holsten S. 61: „Nur hätte Jesus dann wissen müssen, dass sein Schein als Mensch nur Hülle sei für einen Uebermenschen und hätte nicht ὁ υἱὸς τοῦ ἀνθρώπου sich nennen können."

[2] Titius S. 182 f.

[3] Baldensperger S. 204: „Die Nähe der Parusie ist gewissermaassen nur ein anderer Ausdruck für die absolute Gewissheit derselben."

sich erfüllt hat. Je nachdem Mc 13 ₃₀ dem Apokalyptiker oder Jesu selbst zugehört, haben wir hier entweder eine richtige Abstraction aus jenem ersten Wort vor uns oder umgekehrt in diesem eine, von der Thatsache nur weniger Ueberlebender zeugende, Modification des Ursprünglichen vor uns. Mit der Möglichkeit, dass die Jünger vorher sterben werden, wird niemals gerechnet [1]. Wenn aber Mc 9 ₁ nur noch „Einige" übrig bleiben, so sind eben diejenigen gemeint, welche zur Zeit, als diese Worte erstmalig redigirt wurden, wirklich noch übrig waren. Später gibt es daher auch eine Zeit, da nur noch Ein Jünger vorhanden ist, welcher „nicht stirbt" Joh 21 ₂₃. Auch wenn die oben angeführten Herrnworte alle selbst zweifelhaft erschienen, würde immer noch die, trotz aller Enttäuschungen zäh und allseitig festgehaltene, Hoffnung des apostol. Zeitalters auf baldige Parusie beweisen, dass Jesus derartige Verheissungen gegeben haben muss [2]. Die endlos angestrengten Versuche, diese einfachste aller exegetischen Thatsachen zu entfernen, der Vorstellung der Wiederkunft den Charakter kosmisch handgreiflicher Thatsächlichkeit zu benehmen, sie in Processe und geistige Vorgänge umzudenken und umzudeuten, haben, soweit sie nicht rein sophistischer Natur sind [3], in den vorliegenden Texten keinen anderen Anhalt als den, dass die Evglsten, wie sie mehr oder weniger schon alle an der Arbeit sind, die Gleichnisse in Allegorien umzusetzen, so auch Sorge dafür tragen, durch allerhand beiläufige Zusätze (im Anschlusse an das χρονίζει Mt 24 ₄₈ = Lc 12 ₄₅ steht Mt 25 ₅ χρονίζοντος τοῦ νυμφίου) [4], die aber in schreiendem Widerspruche mit gleichzeitig aus der Apokalyptik aufgenommenen und gegentheils auf Verkürzung der Frist deutenden Zügen stehen (Mc 13 ₂₀ = Mt 24 ₂₂) [5], eine längere Zwischenzeit einzuschieben (Mt 25 ₁₉ μετὰ πολὺν χρόνον, Lc 19 ₁₂ εἰς χώραν μακράν). Ebenso würde das Gleichniss Mc 4 ₂₆—₂₉ zu beurtheilen sein, wenn es unter denselben Gesichtspunkt einer Polemik gegen ungeduldige Erwartung der Reichserrichtung gebracht werden

---

[1] So HAUPT S. 138.

[2] Vgl. SCHWARTZKOPFF S. 99 f.

[3] Dahin gehören noch die letzten Versuche, den Begriff des „Kommens" auf den eines „innerweltlichen Ausdrucks für etwas Ueberweltliches" (HAUPT S. 116, 148), auf die Bedeutung eines „dunkeln, schwankenden Metallspiegelbildes", das auch den Satz „die Weltgeschichte ist das Weltgericht" mit umfassen könne (BEYSCHLAG S. 211), zurückzuführen. Vgl. dagegen TITIUS S. 141 f, 185. Gegen das ganze Unternehmen, der „Zeitfrage" ihre Existenz im Bewusstsein Jesu abzustreiten (HAUPT S. 141 f), vgl. SCHWARTZKOPFF S. 174 f.

[4] IMMER S. 154: „Diese Züge von dem χρονίζειν des erwarteten Herrn, welche bei Mc fehlen, scheinen ex eventu in die Reden Jesu hineingekommen zu sein." Vgl. PAUL S. 74 f.

[5] Indem sie Beides vereinigen wollen, bringen B. WEISS § 33 a und TITIUS S. 182 ein unerträgliches Schwanken in die Zukunftsperspective Jesu.

dürfte [1], unter welchem Lc 19 ₁₁ das Gleichniss von den wuchernden Knechten erscheint (ὅτι παραχρῆμα μέλλει ἡ βασιλεία τοῦ θεοῦ ἀναφαίνεσθαι).

Nur vorübergehende Schwankungen in der richtigen Erfassung des exegetischen Thatbestandes konnte auch die Wahrnehmung hervorbringen, dass Jesu Zukunftsblick irgendwie die nationale Katastrophe mitumfasst hat, welche etwa 40 Jahre nach seinem Tode eingetreten ist. Den Conflict mit der röm. Weltmacht, welchem das Volk zutrieb, falls es seinen bisherigen Führern nicht die Gefolgschaft aufzukündigen vermochte, konnte und musste er voraussahnen. Die Frage, was dann aus dem Volke werden würde, hat er wie ein zweiter Jeremias beantwortet, d. h. den Untergang des Tempels und der Stadt geweissagt (s. oben S. 149). Damit ist ein neues und selbständiges eschatologischesMoment gegeben, mit dessen Hülfe man sich der unerfüllten Weissagung entledigen zu können meint, indem man, was die Generation erleben soll, eben auf diese Zerstörung von Stadt und Tempel bezieht [2]. Im Zusammenhang mit dieser, aber nicht als unmittelbare Folge davon, würde Jesus dann den Anbruch des Reiches Gottes geweissagt, ja er würde diesen Anbruch wohl gar nicht als ein einmaliges Ereigniss, sondern als eine Kette von solchen, vielleicht geradezu als eine grosse, die nächsten Jahrhunderte füllende, Umwälzung gedacht haben, deren erstes, erschütterndstes Symptom in dem Ereigniss des Jahres 70 zu erkennen gewesen wäre [3]. Das ist eine geschickte Anweisung, an die bibl. Escha-

[1] So KLÖPPER, JdTh 1864, S. 161 f, unter Voraussetzung einer späteren Redaction auch WEIZSÄCKER, Evang. Geschichte S. 118.

[2] So BEYSCHLAG I [2], S. 193 f, 204 f. Vgl. LJ [3] I, S. 378, 381, 387 f. Nach A. BROWN, The great day of the Lord [2] 1894 wären mit der Zerstörung Jerusalems so ziemlich alle neutest. Weissagungen erfüllt gewesen. Auch nach HAUPT S. 36 f, 137, 157 hat sich durch Combination der Parusie mit der Katastrophe in Judäa ein gewisser Schein der Nähe jenes Ereignisses ergeben, während Jesus selbst überhaupt alle Zukunft Gott anheimgestellt habe. Vgl. dagegen BALDENS-PERGER S. 206 und SCHWARTZKOPFF S. 165 f.

[3] Nach Vorgang von NEANDER, MEYER, SCHENKEL, WEIFFENBACH, GASS, KEIL operiren noch BEYSCHLAG I, S. 207 f, HAUPT S. 106, 146 und NÖSGEN I, S. 604, vor Allem mit dem Mt 26 ₆₄ eingesetzten ἀπ' ἄρτι (ebenso setzt Mt es ja auch 23 ₃₉ 26 ₂₉ ein, hat ausserdem ἄρτι noch 4 mal, Mc und Lc dagegen nie). Wenn es sich um Exegese des Mt oder auch des Lc, der 22 ₆₉ dafür ἀπὸ τοῦ νῦν setzt, handelte, so wäre darüber zu reden. Aber gerade hier erweist sich wieder Mc als der intransigente Berichterstatter des Factums. Gar nichts zu geben ist dagegen auf die Beweiskraft der, in den geschlossenen Zusammenhang des Gleichnisses vom königlichen Hochzeitsmahle störend eingesprengten, Verse Mt 22 ₆ ₇. BEYSCHLAG S. 206 schreibt sogar: „Hiernach hat Jesus mit klarem Geistesblick hinter dem nahen Gottesgericht über das Judenthum nicht das sofortige Weltende, sondern eine weitere fortschreitende Welt- und Kirchengeschichte geschaut, deren wesentlicher Inhalt nun erst recht die Berufung der Völkerwelt zum Reiche Gottes sein sollte." Letzteres hält er nach Mc 13 ₁₀ = Mt 24 ₁₄ für einen Haupt-

tologie Gedankengänge zu knüpfen, die unserem heutigen Horizonte
entsprechen, aber als Befund wissenschaftlicher Exegese durchaus unan-
nehmbar sind[1]. Dass überhaupt der Fall des Tempels in den Zukunftshorizont Jesu eintreten konnte, gehört erst zum Ertrag der letzten, in
Jerusalem zugebrachten, Tage, stellt gleichsam eine aus den dort gemachten Erfahrungen gezogene Moral, also ein neben den schon früher eröffneten Aussichten auf Auferstehung und Wiederkunft durchaus selbst-
ständig erwachsenes Moment der Weissagung dar. Die Verquickung
mit dem Weltende rührt nur daher, dass die Evglsten die Fragen der
Jünger nach dem Wann der geweissagten Zerstörung Mc 13 1—4 = Mt
24 1—3 = Lc 21 5—7 als passende Gelegenheit ersehen haben, ein dem
nächsten Zusammenhang fremdes, apokalyptisches Stück einzuschalten
(s. unten S. 326 f)[2]. Die Parusie aber als weltgeschichtlichen Process zu
fassen, ist ein Unternehmen, dem jedes, auf die Beobachtung zeitlicher
Unterschiede eingeübte, Auge den modernen Aufputz auf meilenweite
Entfernung absieht, ein sehr begreiflicher, bzw. sogar glücklicher Einfall,
welcher nur leider dem ganzen Stil des Aufbaues bibl. Zukunftsbilder so
fremd als möglich ist und nicht aufkommen kann neben so gut bezeugten
Stellen wie Mt 24 26 27 = Lc 17 23—25 (Parusie gleich einem Blitz, der
mit Einem plötzlichen Schlag den ganzen Horizont erhellt), den Wieder-
kunftsgleichnissen Mt 24 37—41 = Lc 17 26—35 und dem classischen Wort
vom Dieb in der Nacht Mt 24 43 = Lc 12 39 (nachwirkend I Th 5 2 4
Apk 3 3 16 15 II Pt 3 10, vgl. auch den Fallstrick Lc 21 35). Solche
Worte repräsentiren das Urgestein der synopt. Eschatologie, das sich
deutlichst genug von secundären Schichten und angeschwemmten Bildungen unterscheidet, wie letztere sich allenthalben durch Beziehungen
auf spätere Zeitereignisse, durch einlenkende und anpassende Modificationen u. dgl. kennbar machen. An der rückhaltlosen Anerkennung solcher Thatsachen hat die protest. Exegese die Probe strenger
Aufrichtigkeit, überhaupt ihrer wissenschaftlichen Competenz zu bestehen[3].

---

beweis gegen die herkömmliche Einschränkung. Aber gerade dieser Spruch fällt
ja aus dem Zusammenhang heraus; vgl. B. Weiss § 31 a, 33 a, Weiffenbach S. 134,
136 f; er ist überhaupt schwerlich Jesu Eigenthum; vgl. Pfleiderer, Urchristenthum, S. 145 f, Schwartzkopff S. 140 f, 158, Titius S. 83.
[1] Vgl. dagegen zuletzt noch Schwartzkopff S. 155 f, der zugleich die Modification dieser Theorie bei Haupt („Wachsthum der christl. Gemeinde", ähnlich
Bruston, La vie future d'après l'enseignement de Jésus-Christ 1891) mit berücksichtigt.   [2] Vgl. Schwartzkopff S. 159 f, 165 f.
[3] Zurückgenommen ist hiermit die ganze Ausführung über die synopt. Eschatologie bei H. Holtzmann, Die synopt. Evglien 1863, S. 404 f, die einem vorüber-
gegangenen Stadium der Forschung entsprach, sofern in der Nachfolge Schleiermacher's, LJ, S. 312 f Theologen wie C. Hase, Weisse, Bleek, Meyer, Ewald

Schliesslich dient unser Ergebniss zur Bestätigung und Ergänzung einer früher (s. oben S. 217, 224 f) über den Gegensatz des gegenwärtigen und des zukünftigen Reiches geführten Untersuchung: jenes gehört einer Zeit an, da Jesus noch eine irdische Zukunft, ein weites Feld der Lebensarbeit vor sich sah; dieses der Periode, da er sich mit dem Gedanken vertraut hatte machen müssen, dass sein Leben lange vor der natürlichen Grenze gewaltsamen Abbruch erleiden werde. Die tiefe Durchschütterung des gesamten Seelenlebens, ohne welche eine derartige Krisis an keinem Menschen von Fleisch und Blut vorübergehen kann, macht sich auch in dem Gefüge seiner Gedankenwelt geltend, und was irgendwie innerhalb desselben von einem Gegensatze zwischen Früher

aber auch kritischer gestimmte Geister wie COLANI[2] S. 147 f, SCHENKEL, Charakterbild[4] S. 269 f. 425 f, Christenthum und Kirche II, S. 20 f, 53 f, ja selbst BAUR S. 105 f, 311 f sich in dem Bestreben zusammen fanden, die der Endzeit zugewandten Weissagungen als bloss übernommenes, fremdes Gut von Jesu wirklichem Eigenthum zu trennen, sie als unorganisches, lediglich darüber hingeworfenes Laubgewinde von dem auf dem eigenen Stamm Gewachsenen, eben damit aber auch den religiösen Genius Jesu ganz von dem Zeithintergrund der phantastischen Apokalyptik des Spätjudenthums abzulösen, wie denn auch in der liberalen Richtung der holländischen Theologie (SCHOLTEN, Das Evangelium nach Joh, S. 352 f) und heute noch in Nordamerika geschieht (ROGERS S. 278 f, 294 f, O. COXE S. 118 f, 130 f). Besonders wirkten zu Zürich in dieser Richtung zusammen ALEXANDER SCHWEIZER, Christl. Glaubenslehre II 2, S. 388 f, A. BIEDERMANN, welcher II, S. 158 f den Gegenstand der Hoffnungen Jesu für unbestimmbar hält (vielleicht habe er von einem Weltabschluss geredet, aber Parusie und Chiliasmus seien erst in Folge der Auferstehung hinzugewachsen), und G. VOLKMAR, Die Evangelien 1870, S. 550 f, wo in animoser Weise die „brutale Entehrung" gebrandmarkt wird, die Jesu widerfährt, wenn man ihm irgendwelche Parusiegedanken, zumal danielische, zutraut. Aber in demselben Zürich erfolgte auch der Umschlag, seitdem TH. KEIM klärend und befreiend in die Entwickelung des Problemes eingriff, indem er die specifisch „liberale" Hypothese als vom Thatbestand verlassen bezeichnete. „Mit der Annahme eines so totalen Missverständnisses der ersten Kirche kommt man nur dahin, dass am Ende das ganze Leben Jesu Missverständniss ist." So Dritte Bearbeitung[2] S. 286 f. Es war von Bedeutung, dass HEINRICH LANG in den sehr wirkungskräftigen „Zeitstimmen aus der reformirten Kirche der Schweiz" (1859—1871) sich auf diese Seite schlug. Mehr noch aber machte sich seit 1863 der Einfluss RENAN's geltend, der auf diesem Punkte den von STRAUSS ausgehenden Impulsen überlegen war; vgl. namentlich S. 284 f. In derselben Richtung gingen seither HAUSRATH I[2], S. 432, LIPSIUS[3] S. 460, WEIZSÄCKER, Ap. Zeitalter[2] S. 14. Selbst C. HASE, dessen „Leben Jesu" auf diesem Punkte etwa die Stellung der gleichnamigen Hinterlassenschaften von SCHLEIERMACHER und BUNSEN theilte, ist in der „Geschichte Jesu"[2] S. 677 f davon zurückgekommen so gewaltigen Worten im Lapidarstil wie Mt 16 28 19 29 24 29—36 26 29 64 sei das Gepräge der Ursprünglichkeit nicht abzusprechen. So dann auch die neueren „Leben Jesu" von STRAUSS, WITTICHEN und B. WEISS, die Untersuchungen von J. WEISS S. 32, GRASS S. 97, TITIUS S. 141, 144 und vor Allen SCHWARTZKOPFF S. 152 f, 161 f, 196 f. Auch SCHOPENHAUER, Sämmtliche Werke VI 1874, S. 411 schliesst aus der Vorhersagung einer baldigen Wiederkunft auf einen geschichtlichen Kern und verbessert schon damit seine S. 413 gemachte Behauptung, dass Alles, was man von Christus wisse, bei Tacitus, Ann. 15 44 zu lesen sei.

und Später, Einst und Jetzt wahrgenommen werden kann, hängt Alles mit dieser einen grossen Wendung zusammen. So lange die Einladung zum Reiche Gottes noch Gehör und Erfolg gefunden hatte, standen die Aussichten in die Zukunft anders, als in den Tagen, da Unverstand, Gleichgültigkeit und böser Wille wachsende Hemmnisse bereiteten. Damals konnte man das Kommen des Reiches auch als ein Nahesein, ja als ein Dasein verspüren. Jetzt dagegen war die Kluft zwischen dem, was ist, und dem, was sein soll, für Jesus selbst wieder so gross geworden, wie sie nur je für die Urheber des ganzen apokalyptischen Gedankens selbst gewesen war (s. oben S. 70 f) [1]. Folgerichtiger Weise kehrt daher in diesem Moment der Reichsgedanke abermals seine apokalyptische Kehrseite hervor in dem, die eschatologischen Sprüche Jesu durchziehenden, Appell an die Macht Gottes, welcher, was er selbst durch seinen Messias eingeleitet hat, nun auch durch neues und kräftigeres Ausstrecken seiner Hand zur Vollendung bringen soll [2].

---

[1] Die apokalyptischen Eruptionen haben jederzeit identische Ursachen gehabt. Vgl. EURHARDT S. 31 f: „Weil der Verlauf der Geschichte das gehoffte Gut nicht brachte, griff man hinüber in's Jenseits und liess dadurch eine ganz neue Gedankenwelt in den Gesichtskreis der Frommen treten."

[2] B. WEISS, LJ II, S. 279: „Erst als die geschichtliche Nothwendigkeit seines Todesgeschickes sich vorbereitete, war in ihr die Voraussetzung gegeben für die Nothwendigkeit jener zweiten Gottesthat, welche das durch die Schuld des Volkes unvollendet Gebliebene nun in neuer Weise und auf neuen Wegen zur Vollendung brachte." Seitdem man in den Evglien nicht mehr Sammelorte von wahren oder fabelhaften Wundergeschichten und hl. Anekdoten sieht, sondern Dank einer sprachlich und logisch durchgearbeiteten Quellenkritik Augen für den historischen Fortschritt im Lebensgange Jesu gewonnen hat, welchen sie erkennen lassen (s. oben S. 139, 232, 259 f, 272, 287 f), hat auch mit der grossen Wendung des Tages von Cäsarea Philippi, ja z. Th. unabhängig von ihr, die verhältnissmässig späte Stellung Anerkennung gefunden, welche im Zusammenhang mit den Leidensweissagungen (s. oben S. 284 f) auch den Wiederkunftsweissagungen zukommt. Dieselben stammen nach PÜNJER, ZwTh 1878, S. 197 „erst aus der Zeit, als die Volksgenossen sich ungläubig abwandten, Priester und Pharisäer den Verführer des Volkes immer heftiger anfeindeten, Jesus also voraussetzen konnte, dass er sein Wirken werde mit dem Tode büssen und besiegeln müssen." So alle neueren Darstellungen des Lebens Jesu, auch HARNACK I³, S. 65, OSC. HOLTZMANN S. 52 f, TITIUS S. 182 f; dessgleichen in seiner Weise BOUSSET (S. 126 „am Ende seines Lebens"). Dabei zeigt übrigens die radicalere Richtung Neigung, wie den Leidensgedanken so auch die Zukunftsweissagungen erst in die letzten jerusalemischen Tage anzusetzen, in deren Sturm und Drang man eine Art von Eruption der apokalyptischen Gedankenwelt verlegt. So mehr oder weniger schon RENAN, H. LANG, M. SCHWALB, neuerdings besonders L. PAUL S. 53: „Erst am Ende seiner Tage, als die Ungeheuerlichkeit seines Kampfes und die schwere Last des Messiasnamens das schöne Gleichgewicht seines Geistes gestört hatte, hat das verhängnissvolle apokalyptische Bild bis zu einem gewissen Grade auch seine Seele gepackt." Vgl. S. 72, 106, 112: „Jetzt ist der Augenblick, jetzt, wo er weiss, dass seine irdische Existenz zusammenbrechen muss, insofern weder daran zu denken war, dass ihm die Hierarchie jemals sein messianisches Gebahren mit dem Tempel-

Wie Jesu Unterliegen, falls seine Messiasschaft aufrecht stehen bleiben
soll, ihr Gegengewicht in der Auferstehung und Wiederkunft finden
muss [1], so auch das gegenwärtige Reich, wenn es nicht zu einer un-
widerbringlichen Vergangenheit werden soll, in einem zukünftigen, durch
den Wiederkommenden herzustellenden [2]. Der apokalyptischen Wendung des Messiasbildes entspricht die eschatologische Wendung des
Reichsgedankens. So gewiss Jesus in seinem prophetischen Wirken
das Reich Gottes schon irgendwie hatte anbrechen sehen, so schlug
er doch, was davon bereits vorhanden war, je länger desto geringer an
gegenüber einem erst noch bevorstehenden Wachsthum in's Grosse,
seinem „Kommen mit Macht". Die sich steigernden Conflicte nöthig-
ten ihn je länger je mehr dazu, sein bestrittenes und angefochtenes Ideal
in eine wunderbare Zukunft zu flüchten und von einem vom Himmel
her geoffenbarten Reich und seiner Herrlichkeit zu reden. Hier liegt
demgemäss die Sache so, dass das jüd., näher apokalyptische Moment
an der Sache, der transcendente Reichsgedanke, sich am Ende der Verkündigung Jesu viel kräftiger geltend macht, als am Anfang [3], wenn
man desshalb auch keineswegs etwa meinen darf, er hätte den einen
Gedanken ganz fallen gelassen und mit dem anderen vertauscht [4]. Aber
es liegt in der Natur der Sache, dass der stärker hervortretende Messianismus die Gluth der Erwartungen, die Ansprüche auf Gottes Intervention zum Behufe der Reichserrichtung steigern musste. Gott sollte
mit seiner Wunderkraft herstellen, was Jesu menschliche Leistung im
Reste beliess. Das war nachweisbarer Glaube der Jüngergemeinde,

---

sturm verzeihen werde, noch er eine solche Verzeihung hätte annehmen können,
jetzt ist der Augenblick, wo das danielische Messiasbild von einem, der in des
Himmels Wolken kommt (Dan 7 13), in ihm aufsteigt." Wenigstens in Bezug auf
den geweissagten Fall des Tempels scheint eine so rapide Entwickelung allerdings angenommen werden zu müssen (s. oben S. 149 f).
    [1] Paul S. 72: „Gewiss ist nun richtig, dass Jesus selbst schliesslich an
seinem Messiasthum nur so festhält und festhalten konnte, dass er den Glauben
an seine eigene herrliche Wiederkunft in seine Seele aufnahm."
    [2] In dieser Richtung lösen die Antinomie des gegenwärtigen und des kom-
menden Reiches Keim, Der geschichtliche Christus 1866, S. 41 f, 84 f, Weizsäcker,
Evang. Geschichte, S. 337 f, 411 f, 479 f, Münscher, JpTh 1875, S. 734 f, Lipsius,
ebend. 1878, S. 192, Baldensperger S. 257: „Das Kommen des Reiches präcisirte
und specialisirte sich zu einem Wiederkommen des Messias oder, genauer ausgedrückt, zu einem Erscheinen des Menschensohnes zum Gericht."
    [3] Richtig Wendt II, S. 309, trotz der Verwunderung Jacob's darüber S. 15.
    [4] Renan S. 283: „Les deux parties de son système ou, pour mieux dire, ses
deux conceptions du royaume de Dieu se sont appuyées l'une l'autre, et cet ap-
pui réciproque a fait son incomparable succès." Keim, Der geschichtliche Christus
S. 43: „Mitten in der Gegenwart des Reiches hat Jesus immer noch ein zukünftiges
geglaubt, und auch in seiner Katastrophe mitten im Glauben an das zukünftige das
gegenwärtige nicht verloren."

und das muss schon darum in irgendwelchem Maasse auch der Gedanke des in den Tod gehenden Messias gewesen sein.

3. Das messianische Gericht.

Weiterhin ist es einfach schon durch den bestehenden und überkommenen eschatologischen Anschauungskreis bedingt, wenn die Reichserrichtung, der nächste Zweck der Parusie, zugleich mit einem Gerichts-
act eingeleitet erscheint. Und zwar vollzieht sich in der christl. Eschatologie derselbe Uebergang vom Gottesgericht zu einem, durch den
Messias gehaltenen, Gerichte, wie zuvor in der jüd. (s. oben S. 76).
Aber des Messias eigener Gerichtsgedanke reicht diesmal bis zur Vorstellung einer entscheidenden Rolle, welche er beim Gericht übernimmt,
indem er vor dem Angesichte Gottes und in Gegenwart der Engel
Einige unter denen, die gerichtet werden, als die Seinen anerkennt,
Andere dagegen verleugnet Mc 8 38 = Mt 10 32 33 = Lc 9 26 12 8 9 [1].
Aber schon in der Parallelstelle Mt 16 27 ist aus dieser hervor-
ragenden Betheiligung beim Gericht ein selbständiges Gericht des
Sohnes geworden. Sache der urchristl. Apokalyptik insonderheit ist es,
wenn der alttest. grosse „Tag des Herrn“ mit der in seinem Gefolge
gehenden Weltkatastrophe Mt 24 29 = Mc 13 24 25 (= Lc 21 25 26) zum
„Tag“ (im Sinne eines gerichtlichen Termins) wird, an welchem der
Menschensohn kommen soll, um das Gericht zu halten, d. h. Mc 13 26 27
= Mt 24 30 31 (= Lc 21 27) die Auserwählten dem allgemeinen Verderben
zu entreissen, die Gottlosen aber dem Tode zu überantworten [2]. Der
Unterschied dieser apokalyptischen und der ursprünglich synopt. Eschatologie springt in die Augen [3]. Hier ist immer Gott der Weltrichter,
bald vergebend und belohnend, bald vergeltend und bestrafend thätig,
Mt 6 4 6 11 15 18 18 35 10 28 = Lc 12 5. Zwar scheint Jesus selbst den
Richterstuhl einzunehmen Mt 7 21—23 = Lc 13 26 27 („Ich habe euch
noch nie erkannt, weichet von mir, ihr Uebelthäter“). Aber aus Mt
25 11 12 = Lc 13 25 erhellt, dass zunächst vielmehr das Bild des Haus-
wirthes vorschwebt, welcher mit solchen verhandelt, die vor der Thür
stehen und sich auf ihre Bekanntschaft mit ihm berufen. Die grossen
Gerichtsgemälde Mt 13 36—43 25 31—46 gehören in dieser Form dem
1. Evglsten an (matthäisch ist z. B. der Ausdruck συντέλεια τοῦ αἰῶνος,
der 13 39 40 49 als Moment der Scheidung von Bösen und Guten er-

---

[1] Pünjer, JpTh 1878, S. 179. Bousset S. 126: „Jesus hat sich kaum mehr
als einen entscheidenden Einfluss am Weltgericht zugesprochen.“
[2] Besser als Baldensperger S. 200f, 209f sieht hier Holsten S. 74f, dass
die Erhebung Jesu zum Weltrichter Sache des Mt ist.
[3] Richtig hervorgehoben von Weiffenbach S. 325f, verdunkelt von E. Haupt
S. 151f und Schwartzkopff S. 150f.

scheint, sonst noch 24 3 28 20 und Hbr 9 26). Seine Sache ist es, wenn
des Menschen Sohn seine Engel sendet, um alle Aergernisse und Uebelthäter aus seinem Reiche zu bannen 13 41, ja sie in den Feuerofen zu
werfen 13 30 42 25 46, wenn er die Völker vor sich versammelt und sie
scheidet wie ein Hirte Schafe von Böcken scheidet 25 32, wenn er die
Verfluchten zur Hölle weist und die Gesegneten in das Reich des Vaters
einführt 25 34 41 [1]. Aber so gewiss diese älteste Vorlage für alle Bilder
vom „jüngsten Gericht" von der Hand des Evglsten entworfen ist, so
gewiss entspricht der sittliche Gehalt der Stelle einem nachweisbaren
Gedanken Jesu. Keine, einem der Seinen bezeugte, Liebeserweisung
soll Mt 10 42 = Mc 9 41 unbelohnt bleiben [2]. Darüber geht Mt 25 31—46
nur insofern hinaus, als die Gesegneten des Vaters solcher Handlungen
wegen gepriesen werden, die sie dem Messias erwiesen haben, ohne zu
wissen, dass er es war, welchem sie das Alles thaten [3]. Hätten sie es
mit dem Bewusstsein gethan, dass er, der ihr Schicksal entscheidende
Richter, es ist, dem ihr Wohlthun gilt, so wäre das Motiv ihres Handelns ein egoistisches gewesen. Thaten sie es aber, ohne zu wissen, wem
sie es thun, ohne alle Rücksicht auf die Person, so thaten sie es nur, wie
wir heute sagen, um des an sich Guten willen. Die Voraussetzung, die
dem Allen zu Grunde liegt, lässt sich also dahin formuliren, dass was man
um der reinen Idee des Guten willen thut, so viel ist, als was man an
Jesus selbst thut [4]. Erinnert der letztere Zug einigermaassen an die eigenthümliche Stellung, welche die Mt 19 16 17 vorliegende Redaction Jesu
der Idee des Guten gegenüber zuweist, und ist überhaupt die Erhebung
Jesu zum Richter nur die Consequenz der von dem gleichen Evglsten
vorgenommenen Erhebung zum König (s. oben S. 212, 215) [5], so findet
die Rolle, die Jesus bei diesem dramatischen Vorgange übernimmt, doch
auch wieder ihren Anschluss an denjenigen ächten Herrnworten, welche
die Stellungnahme der Menschen zu seinem einladenden Rufe zum Maassstab für die Werthung ihres gesammten übrigen Thuns und Lassens,
und vorher noch ihres inneren Sinnens und Trachtens erheben [6]. Im

---

[1] RITSCHL II, S. 37f findet darin eine „dramatische Ausführung" der Ge-
richtsgedanken Jesu. Vgl. auch PÜNJER S. 194 f.
[2] BEYSCHLAG I, S. 216 und HAUPT S. 152 erklären Mt 25 31—46 für „eine
besonders prächtige Ausführung des Mt 10 41 einfacher ausgesprochenen Gedankens".
[3] WENDT II, S. 553: „Direct hat ihr freundliches oder unfreundliches Verhalten nur seinen Jüngern gegolten aber indirect haben sie dadurch, zwar ohne
sich dessen klar bewusst zu sein, zu ihm selbst Stellung genommen."
[4] BAUR S. 110 f.
[5] TITIUS S. 20: „Bekanntlich ist nach morgenländischen Begriffen das Ab-
halten des Gerichts eine specifische Function des Königs, ein politischer Act."
[6] In solcher Scheidung fand schon E. SCHERER, Beiträge zu den theologi-

Besitze eines solchen Maassstabes übt er, wie als Einleitung zu dem
künftigen grossen Gericht, Einzelnen gegenüber jetzt schon Sündenvergebung nach der einen Seite (s. oben S. 203, 235)[1], während nach der
anderen seine Weherufe ungläubige Städte Mt 11 21—24 (23 37 38) = Lc
10 13—15 (13 34 35 19 41—44) treffen. Er ist gekommen, eine bis in die
intimsten Kreise des gesellschaftlichen Lebens hineinreichende Scheidung durchzuführen (Mt 10 34—36 38 διχάσαι ἄνθρωπον κατά τοῦ πατρός κτλ.,
Lc 12 51—53 διαμερισμός, πέντε ἐν ἑνὶ οἴκῳ διαμεμερισμένοι). Entferntere
Nachwirkungen davon geben sich kund, wo irgend die Menschen in zwei
Classen zerfallen, je nachdem sie ihr Haus auf den richtigen oder auf
den falschen Grund bauen Mt 7 24—27 = Lc 6 47—49, oder je nachdem
ihnen das vernommene Wort zur Förderung oder zum Rückgang gereicht Mc 4 11 12. Daher die beiden sich ergänzenden Aussprüche über
die Position pro oder contra Mt 12 30 Mc 9 40. Derartige Vorstellungen
liefern, in die Zukunft projicirt, das Bild eines abschliessenden richterlichen Actes, wofür wieder Dan 7 9 10 22 26 die Anschauungsformen liefert. Aber auch hier, Dan 7 9 10, ist es Gott selbst, welcher das Gericht
hält, und nicht anders kann Jesus, wenn er sich in dem Dan 7 13 gezeichneten Menschensohn wiederfindet, gedacht haben[2].

Ein letzter Zug, welcher dem Gerichtsbild der synopt. Reden seine
Eigenart sichert, gehört zu dem individualistischen Gepräge der Religion Jesu, sofern in den Gleichnissen, welche einen mit seinen Knechten rechnenden Hausherrn vorführen Mt 18 23—35 25 14—30 Lc 16 1—8
19 11—27, die Rechenschaftsablegung jedes Einzelnen vor dem Richter
so sehr in den Mittelpunkt rückt, dass aus dem matthäischen Bilde
vom Welttribunal ein Vorgang unter vier Augen zu werden scheint[3].

---

schen Wissenschaften II, 1851, S. 83 f den eigentlichen Sinn der synopt. Gerichts-
weissagungen. Vgl. WITTICHEN, Beiträge III, S. 171 und HAUPT S. 153: „Alle
Stellen kommen auf dasselbe hinaus, dass er der Maassstab des Gerichts ist, sofern einerseits das Verhältniss der Menschen zu ihm entscheidend für ihr Geschick ist, andererseits die überweltliche Gemeinschaft, in die er mit den Menschen
dann tritt oder nicht tritt, den Inhalt ihres Geschicks bildet." Im matthäischen
Gerichtstableau findet er „den emblematischen Ausdruck für ein uns unfassbares
überweltliches Ereigniss".
[1] RITSCHL II, S. 36 f. TITIUS S. 125.
[2] Einem letzten Worte von WEISSE, Protestantische Kirchenzeitung 1865,
S. 450 f zur Frage nach dem Menschensohn zufolge, wäre dieser Menschensohn
Mc 8 38 ursprünglich als der ideale Weltrichter gedacht gewesen und erst hinterher
persönliche Bezeichnung desjenigen geworden, in welchem die Idee sich verwirklicht hatte.
[3] WELLHAUSEN S. 348: „Auf die moralische Verantwortlichkeit fällt der
höchste Nachdruck; das Gericht gewinnt dadurch einen ganz anderen Sinn und
eine ganz andere Wirkung, dass es die persönliche Rechenschaftsablage vor Gott
bedeutet."

4. Die Reichsherrlichkeit.

War in den Zukunftshoffnungen Jesu das Moment der Auferstehung einfach durch die jüd. Weltanschauung, das Moment der Erhöhung zu Gott wahrscheinlich durch Ps 110 1, das Moment der Wiederkunft speciell durch das danielische, das Moment des Gerichts durch das allgemein-alttest. Messiasbild an die Hand gegeben, so steht von vornherein zu vermuthen, dass auch das Leben in dem Reiche, in welches die gerecht Befundenen eingehen werden, gleichfalls theils allgemein-alttest., theils speciell-apokalyptische Farben aufweisen werde [1]. In der That liegt hier die Sache einfach genug. Ganz wie im Spätjudenthum überhaupt tritt einerseits zwischen Jetzt und Einst ein vollkommener Abbruch der Continuität alles geschichtlichen Werdens ein (s. oben S. 217), während andererseits doch auch das zukünftige Leben wieder nur nach Analogie diesseitiger und gegenwärtiger Weltverhältnisse vorgestellt wird [2]. Mag der Gedanke an sich vielleicht etwas durchaus Neues, ein Hinaus über alle erfahrbare Wirklichkeit verlangen: Thatsache ist, dass der ihn illustrirend begleitenden Phantasie der Athem ausgeht in so hohen Regionen; nur die Töne, die hier auf Erden gehört, die Farben, die hier gesehen, die Stoffe, welche hier gefühlt werden, liefern ihr die Mittel, um ihren Geschöpfen überhaupt den Eindruck der Realität zu sichern [3]. Zwar die Väter, Mütter und

---

[1] So unter den Neueren z. B. PAUL S. 38, 101: „Er hat dieses Reich der Liebesgemeinschaft mit allen sinnlichen Farben bestehen lassen, mit denen die Messiasidee im Glauben seines Volkes ausgestattet war."

[2] TITIUS S. 24, 33: „Das ewige Leben wird nicht aus einem neuen Begriff, etwa dem des Geistes construirt, auch nicht in ausdrücklichem und allgemeinem Gegensatz gegen das irdische Leben gedacht, sondern es wird als Sublimirung der Idee des irdischen Lebens verstanden." S. 34: „Bereicherung und Erhöhung des Lebenszustandes." S. 58: „Höchste Steigerung der natürlichen Lebensfreude." Vgl. S. 61, 66 f, 149, 188 f.

[3] Weil „die überweltlichen Dinge sich überhaupt nicht adäquat ausdrücken lassen", glaubt sich HAUPT S. 118, 163 um so mehr zur durchgängigen Umsetzung der apokalyptischen Sprache in religiöse Gedanken berechtigt. Damit ist die Sache vom historischen auf das Gebiet der religiösen Erkenntniss- und Principien-lehre hinübergespielt, wo das Recht der betreffenden Behauptung unbestreitbar, ebenso gewiss aber auch das Recht der Consequenz ist, welches Ausdehnung auf alle Gebiete der religiösen Vorstellungswelt, also z. B. auch auf die Aussagen Jesu von Gott und göttlichem Weltregiment, verlangt. Von dem ganzen Gebiete gilt, was HAUPT S. 92 f, 97 gelegentlich richtig bezüglich der Frage, ob die Tische und Polster im Himmelreich eigentlich oder bildlich zu fassen sein, bemerkt: Solche und alle analogen Fragen hat sich Jesus gar nicht gestellt, und sie sind auch an ihn nicht zu stellen. Vgl. SCHWARTZKOPFF S. 147: „Wie das Alles im Einzelnen beschaffen sein wird, ist demnach weder ein Gegenstand seines Wissens oder Bedenkens, noch seines Interesses. Dass man z. B. im Vollendungs-reiche wirklich Wein trinken werde, hat er weder gewusst, noch wissen oder sagen wollen." Wir treiben hier keine Religionsphilosophie. Sonst wäre daran

Kinder, die Felder und Häuser, welche Mt 19 29 den Jüngern Jesu als
Ersatz verheissen werden für das, was sie aufgegeben haben, gehören
nach Mc 10 29 30 = Lc 18 29 30 noch dem diesseitigen Weltlauf an [1]. Im
zukünftigen Reiche werden die Bande irdischer Familienbeziehungen
hinfällig Mc 12 25 = Mt 22 30 = Lc 20 35. Dessungeachtet ist und bleibt
auch das vollendete Reich Gottes eben doch immer noch ein Reich, das
an einem bestimmten Ort auf dieser Erde (s. S. 191) aufgerichtet werden
soll, wohin Mt 24 31 = Mc 13 27 die Auserwählten aus allen vier Weltgegenden zusammengebracht werden (vgl. Hen 45 4 „Ich werde den
Himmel und die Erde umgestalten und meine Auserwählten auf ihr
wohnen lassen"). Die endlose Jubelfeier des Bestandes dieses Reiches
wird gefeiert bei einem Freudenmahl; eben zu diesem versammelt
man sich ja von allen Weltenden Mt 8 11 = Lc 13 29. Das Bild vom
Reiche schlägt durch, wenn Mt 19 28 den 12 Aposteln eine leitende
Stellung über dem zukünftigen Gottesvolk zuerkannt wird und von
Richterstühlen die Rede ist, die freilich Lc 22 30 vielmehr an den Ehren-
tisch Jesu gerückt erscheinen. Auch Mc 10 40 = Mt 20 23 (vgl. dazu
die Regierungsbezirke Lc 19 17 19) gibt es Ehrenplätze im Reiche Gottes (das ἡτοίμασται stammt aus dem Schema der Präexistenz) [2]. Weitaus
überwiegt jedoch die Beschreibung der messianischen Herrlichkeit vermittelst der aus Jes 25 6 IV Esr 6 52 Apk Bar 29 4 stammenden Vorstellung eines grossen Mahles Mt 8 11 = Lc 13 29 14 16—24, einer königlichen
Hochzeit Mt 22 1—14, wozu auch die 10 Jungfrauen gehören Mt 25 1—13.
Demgemäss ist Lc 22 30 die Rede vom Essen und Trinken, 14 15 vom

---

zu erinnern, dass den Theologen, welche es unternehmen, die neutest. Apokalyptik
auf ihren religiösen Wahrheitsgehalt zurückzuführen, zur Definition des letzteren
doch wieder nur der via eminentiae von der Wirklichkeit aus gewonnene Begriff der „Ueberweltlichkeit" zu Gebote steht, der an sich ganz ebenso leer an
wirklichem Gehalt ist, als der, von denselben Theologen um seiner negativen
Dünne willen gemiedene, Begriff des Absoluten, wo es sich um einen bezeichnenden
Ausdruck für die Gottesidee handelt. Bild und Sache in den Reden Jesu zu
unterscheiden, ist schon ziemlich unthunlich, wo es sich um constatirbare Dies-
seitigkeiten handelt, wie den Berge versetzenden Glauben (s. oben S. 238). Es wird
zur völligen Unmöglichkeit, wo die uncontrolirbaren Jenseitigkeiten zur Sprache
kommen sollen. Hier ist durchaus gerathen, diese ätherischen Gestaltungen stehen
zu lassen, wie sie stehen, ihre lichte, duftige Existenz nicht durch Berührung
und experimentirende Maassnahmen zu gefährden, überhaupt die Grenze zu respec-
tiren, wo fernsichtiges, aber traumartiges Ahnen auch den sittlich gefestigsten Bewusstseinsinhalt umfliesst.
[1] Darin sieht Paul S. 37, 112 f mit Unrecht Anzeichen späterer Redaction.
Vgl. HC I, S. 219 f.
[2] Gegen Brandt S. 476, welcher bemerkt, dass unter der gewöhnlichen Voraussetzung Jesus „den beiden Jüngern doch gewiss nicht so geantwortet, sondern
sie belehrt haben würde, dass in seinem Reiche von einem Thron und Ehren-
sesseln gar nicht die Rede sein könne".

Brotessen, 22 16 vom Passahgenuss und Mc 14 25 = Mt 26 29 = Lc
22 18 vom Weintrinken im Reiche Gottes. Gewiss thut, wer das grob
fleischlich fasst, dem Seherblick desjenigen schweres Unrecht, der zum
letzten Mal mit den Seinigen vom Gewächse des Weinstocks trinkt und
dabei, den Abschiedsschmerz überwindend, aufschaut zu einer lichten
Höhe, da er es neu trinken wird im Hause des Vaters. Aber nicht
minder bedenklich steht es um das Vermögen, zu vernehmen und zu
verstehen, was hier vernommen und verstanden sein will, bei denjenigen, welche es ihrer theologischen Bildung und dem kraft derselben concipirten Christusbild schuldig zu sein glauben, diese gesammte Wunderwelt, wie sie sich auf einem, nur über der Wirklichkeit,
aber nicht ausserhalb der Welt gelegenen, Niveau auferbaut, Stück für
Stück zur Auswanderung in die „Ueberweltlichkeit" zu zwingen [1].

---

[1] Ganz besonders wetteifern E. Haupt und W. Beyschlag, denen sich aber
diesmal auch B. Weiss § 34a zugesellt, mit einander in der Kunst, den synopt.
Begriffsapparat vom Boden der nationalen Anschauung, welchem er angehört, zu
lösen und in Formen unseres modernen Denkens umzusetzen. Der Erstere gibt zu,
dass Jesus „den überweltlichen Inhalt nur in diesen, ihm durch die religiöse Tradition des Judenthums gegebenen Formen besessen hat" (S. 118). Aber zugleich
sollen doch diese Bilder für ihn „nicht selbständigen Werth gehabt haben", sondern nur die Form gewesen sein, „unter der er sittlich-religiöse Realitäten dachte"
(S. 131), die sich durchweg in dem Begriff der „Ueberweltlichkeit", „Gemeinschaft mit Gott, Theilnahme an seinem unauflöslichen Wesen" (S. 87, 118, 163
u. s. w.) zusammenfassen sollen. „Alle scheinbaren Details sind nur die plasti-
schen Ausdrucksformen für diesen, ihm allein wichtigen Gedanken" (S. 96). Aber
jener moderne Begriff (das au delà der französischen Religionsphilosophen und
Theologen) wird mit Unrecht in eine Bewusstseinssphäre zurückgeschoben (vgl.
darüber Titius S. 142 f, 185), welche nur den Gegensatz von „dieser" und „jener
Welt" kennt und beide in ein Verhältniss der Vergleichbarkeit setzt. Der synopt.
Jesus kennt, wie seine ganze Umgebung, im Grunde auch das ganze Alterthum,
eine andere Welt neben dieser, nach dieser, über dieser; immer aber ist es eben
auch wieder eine Welt, nicht das absolute Hinaus über alle diesen Begriff con-
stituirenden Momente. Der Maassstab für die Construction des oberen Bildes
ist, wie die obige Ausführung zeigt, durchweg der unteren Wirklichkeit entlehnt.
Beyschlag, demzufolge alle diese Vorstellungen im Sinne Jesu nur „unzuläng-
liche Sinnbilder" S. 223 sind, ereifert sich S. 190 gegen den „exegetischen Unfug",
denjenigen im Ernst an ein Neutrinken der Weinstocksfrucht in seines Vaters
Reich denken zu lassen, der „von den Auferstehungssöhnen gesagt hat, sie würden
nicht freien, noch sich freien lassen, indem sie einer ganz anderen Naturordnung als
der irdischen angehörten". Als ob nicht gerade diese eine Ausnahme, die bezüglich
des Geschlechtsverhältnisses statuirt wird, den um so sprechenderen Beweis dafür
lieferte, dass die Rechnungsaufgabe selbst, die gestellt ist, lauter bekannte Grössen
voraussetzt, d. h. ein zwischen „dieser" und der „zukünftigen Welt" bestehendes Verhältniss der Analogie als selbstverständlich fasst. Dem Thatbestand entsprechender als Beyschlag, der nur zugeben will, dass manche Wendungen der Prophetie
Jesu sich mit der Sprache der zeitgenössischen Apokalyptik berühren (S. 195),
erkennt Haupt die durchgängige Verwandtschaft der eschatologischen Reden Jesu
mit den apokalyptischen Producten des Spätjudenthums an (S. 47 f), erklärt sie
aber daraus, dass Jesus und die Apokalyptik „mit demselben Vorstellungsmaterial

5. Apokalyptische Weiterungen.

Unter den synopt. Redestoffen bieten die eschatologischen Weissagungen der Exegese zwar noch immer eine Fülle von wirklichen
Räthseln zur Lösung dar. Die meisten und grössten Schwierigkeiten
aber hat sich auf diesem Gebiete die Forschung erst selbst geschaffen,
indem nicht bloss die traditionell gebundenen, sondern vielfach auch
die frei forschenden unter ihren Vertretern hier in einer Weise vor-
gingen, als handle es sich um berufsmässige Lösung einer Preisfrage,
gestellt auf möglichst prompt und elegant ausgeführte Beseitigung aller
eschatologischen Momente, welche über den johann. Gedanken einer
unauflöslichen Geistesgemeinschaft Jesu mit den Seinigen in der Richtung eines kräftigen Realismus hinausgehen [1]. Alle diese Bemühungen
finden ihr Verständniss in dem Interesse, einer Consequenzmacherei, die
den Helden der evang. Geschichte im Banne des angestammten jüd.
Weltbildes mit seinen materialistischen Zukunftshoffnungen festzuhalten
sucht, den scheinbarsten Anhaltspunkt zu entziehen [2]. Erst allmählich
brach sich die Einsicht Bahn, dass, um mit allen derartigen, dem
modernen Bewusstsein weniger zusagenden, Elementen aufzuräumen,
die Axt durchaus tiefer an die Wurzeln des Baumes gelegt und der
ganze Messianismus aus Jesu Lebensbild ausgebrochen werden müsste [3].

---

arbeiten" (S. 157 f), so dass sich bei Jesus zwar „die Formen der Apokalyptik"
finden sollen, „aber nicht ihr Wesen" (S. 159). Vgl. dazu EHRHARDT, Revue de
théologie et de philosophie 1893, S. 30: „Quelle singulière façon c'eût été d'ap-
pliquer le précepte qu'il donne Mt 9 17, de ne pas mettre le vin nouveau dans
de vieux vaisseaux." Das ganz Richtige gibt hier TITIUS S. 37: „Manche sinnliche Functionen, die wir aus dem Begriff eines himmlischen Lebens ausschliessen,
sind nicht auch von Jesu ausgeschlossen. Er selbst hat nur eine Fortsetzung
des ehelichen Lebens ausdrücklich abgewiesen (Mc 12 25). Dass die Auferstandenen keine Ehe eingehen, wird Lc 20 36, ganz dem originalen Sinn entsprechend,
damit begründet, dass sie nicht mehr sterben können, also die Erhaltung des
Geschlechts durch die Ehe überflüssig wird. In der That ist dies eine weit-
reichende Folgerung. Aber schon eine entsprechende Veränderung der leiblichen
Organisation ist nicht nothwendig in jenem Gedanken enthalten, wovon man sich
durch Vergleichung mit Gen 6 2—4 nach der zu jener Zeit gebräuchlichen Auslegung
überführen kann." Vgl. auch S. 31 f, 39 f, 70, 141 f. Ebenso PAUL S. 102. Gegen
HAUPT's Umdeutungen erklären sich ferner JOH. WEISS, ThLz 1855, S. 642 f,
H. HOLTZMANN, Göttinger Gelehrten Anzeigen 1895, S. 329 f, P. W. SCHMIDT,
Deutsche Literaturzeitung 1895, S. 385 f, VAN MANEN, ThT 1895, S. 250 f, SCHWARTZ-
KOPFF S. 148 f, 203 f.

[1] Bei HAUPT S. 147 läuft Alles hinaus auf den allgemeinen Sinn von Worten
wie Mt 18 20 28 20, und das 4. Evglm gilt S. 160 als „der authentische Commentar"
dazu.

[2] HAUPT S. 164 schliesst mit dem Triumphwort: „Wir brauchen den Herrn
Christus wegen seiner Eschatologie nicht zu entschuldigen, weil auch er in die
Schranken seiner Zeit gebannt gewesen sei."

[3] Wenn heute noch z. B. WELLHAUSEN S. 348 der Eschatologie Jesu statt
eines nationalen einen allgemein menschlichen Charakter zuschreibt, so steht

Denn von dem Messianismus ist das glänzende Zukunftsbild durchaus
unablösbar. Bleibt jener bestehen, so ist auch dieses, die Zukunfts-
glorie des Menschensohnes, im Grossen und Ganzen nicht anzutasten.
Ernsthaft wird man demgemäss fernerhin zwar vielleicht weitere Versuche, das Lebensbild Jesu vom Messianismus zu befreien, nicht mehr
aber den Wunsch nehmen, den Messiasgedanken aus seiner congeni-
talen eschatologischen Strahlenhülle herauszulösen und unter gemäs-
sigter Beleuchtung für moderne Augen wahrnehmbar, bzw. entschuld-
bar zu machen. Wohl aber kann es sich auch bei geschichtlich treuer
Darstellung noch um ein Mehr oder Weniger handeln. Keine methodische Analyse der synopt. Zukunftsreden darf an der Thatsache
vorbeigehen, dass sie in sich selbst zwiespältiger Natur sind, sofern
der ihnen gemeinsame apokalyptische Gedanke in zweierlei, sich gegenseitig ausschliessenden, Formen zum Ausdrucke kommt. Einerseits
nämlich besteht die Voraussetzung, der vom Himmel her erscheinende
Messias werde die Welt ganz unvorbereitet mitten in der Sicherheit
ihres alltäglichen Treibens überraschen. So vor Allem das Gleichniss von den wartenden Knechten in allen seinen Variationen Mc
13 33—36 Mt 24 42—44 = Lc 12 35—40 und sein weibliches Seitenstück
von den 10 Jungfrauen Mt 25 1—12 zufolge seiner Schlusspointe 25 13;
nicht minder aber auch die eschatologische Rede von den Tagen
Noah's und Lot's Mt 24 37—41 = Lc 17 26—30 mit dem Anhang 21 34—36.
Ebendahin gehört auch das Mt 24 26 27 in fremdem Zusammenhang ein-
gesprengte Stück Lc 17 23—25. An Analogien in den jüd. Apokalypsen
fehlt es auch für solche Züge nicht [1]. Aber es ist doch nur ein einziges besonders zugkräftiges Motiv, was hier ausgesponnen wird. Davon durchaus verschieden ist die streng nach dem Schema der immer
dringlicher werdenden Monitorien und immer fühlbarer sich geltend
machenden Vorzeichen angelegte eschatologische Rede Mc 13 5—32 =
Mt 24 4—25 29—36 = Lc 21 8—33. Nach Mt 24 44 50 = Lc 12 40 46 wird der
Herr zu einer Stunde kommen, da Niemand an sein Kommen denkt,
und nach Lc 17 20 (οὐκ ἔρχεται μετὰ παρατηρήσεως) ist das Eintreten des
Reiches Gottes keine Sache der Beobachtungen, also wird seine Nähe
beispielsweise nicht an Neuerungen und Umwälzungen in der menschlichen Gesellschaft erkannt [2]. Nach Mc 13 7 8 = Mt 24 6 7 = Lc 21 9—11

---

solches im Zusammenhang mit einer Auffassung von Jesu Messianität, derzufolge
S. 352 f wie die messianische, so auch die eschatologische Rolle, in welcher der
synopt. Jesus auftritt, erst als eine Schöpfung des Gemeindeglaubens zu betrachten
wäre. Das ist wesentlich der Standpunkt Scholten's und Volkmar's, worüber
s. oben S. 280.   [1] Vgl. Baldensperger S. 203.

[2] B. Weiss § 14 b: „augenfällige Ereignisse, welche die Aufmerksamkeit auf
sich ziehen."

dagegen wird sein Kommen, wie die Errichtung jedes Weltreiches, durch grosse Katastrophen in der Völkerwelt voraus angekündigt[1], zu welchen sich auch schwere Naturübel hinzufinden werden — Alles nach stehendem apokalyptischen Schema; vgl. Apk 6 3—8 12 IV Esr 5 5 9 6 24 Apk Bar 48 34 70 3. Dann wird Mc 13 9 = Mt 24 8 der erste Act des apokalyptischen Dramas Mc 13 5—8 = Mt 24 4—7 = Lc 21 8—11 abgeschlossen mit den Worten „Dies der Anfang der Wehen" (s. oben S. 83), welchen schon Mc 13 7 = Mt 24 6 = Lc 21 9 das „Noch nicht das Ende" präludirt hatte. Der zweite Act Mc 13 14—20 = Mt 24 15—22 = Lc 21 20—24 bringt die Hauptsache, die grosse Noth, welche über das jüd. Land einbrechen und für die Getreuen das Signal zur Flucht nach Ez 7 15 16 werden wird. Hier wird die Entlehnung aus Dan 9 27 11 31 12 11 (Greuel der Verwüstung) und 12 1 (alles Dagewesene hinter sich lassende Drangsal), aber auch die Parallele mit Barn 4 3 (Henoch) Apk Bar 20 1 (verkürzte Frist) handgreiflich[2], während zugleich der Appell an den Leser Mc 13 14 = Mt 24 15 (ὁ ἀναγινώσκων νοείτω) deutlich zeigt, dass die Weissagung ursprünglich geschrieben, nicht geredet aufgetreten sein muss. Dieser Umstand, dazu die Nachweisbarkeit des herkömmlichen Apparates, der gewohnten Scenerie und der bekannten Leitmotive der eschatologischen Literatur des Spätjudenthums in den kunstvoll aufgebauten 3 Acten des Stückes (der letzte Mc 13 24—27 = Mt 24 29—31 = Lc 21 25—28 bringt die Weltkatastrophe), welche durch dazwischen tretende eschatologische Sprüche Jesu von einander getrennt sind, und endlich die nirgends bereits an die Ereignisse des Jahres 70 selbst heranreichende Ausmalung des Details (erst Lc 21 20—24 hat dies nachträglich herein gezeichnet) verleihen der Hypothese, dass wir hier ein vielleicht ursprünglich jüdisches, jedenfalls von der Christenheit angeeignetes, apokalyptisches Stück vor uns haben, die höchste Wahrscheinlichkeit[3]. An irgendwelche Zurechtlegung der

---

[1] TITIUS S. 22 f.   [2] Zugestanden auch von HAUPT S. 47 f, 122.

[3] Die sog. „kleine Apokalypse" ist in irgend einer Form vertreten durch COLANI, PFLEIDERER, MANGOLD, SCHOLTEN, WEIFFENBACH, KEIM, HAUSRATH, PÜNJER, WEIZSÄCKER, RENAN, SIMONS, WENDT, SPITTA, JOH. WEISS (vgl. hierüber den Nachweis im Lehrbuch der Einleitung[3], S. 373 f), neuerdings noch durch BALDENSPERGER S. 201, L. PAUL S. 73 f, SCHWARTZKOPFF S. 160, ROGERS S. 291 f, P. W. SCHMIDT, Deutsche Literaturzeitung 1895, S. 387 f. Es gibt wenig Hypothesen, die sich in den Grundzügen ihres Bestandes so unausweichbar erwiesen und so einleuchtende Begründung erfahren haben, wie diese. Nach BEYSCHLAG I, S. 191, freilich ist sie „ein Erzeugnis kritischer Phantasie", aber die Rede selbst hält auch er S. 193 für ein „musivisches Erzeugniss der Ueberlieferung", welches Sprüche in sich vereinigt, die „von Jesus unmöglich im selben Zusammenhang geredet sein können". Eine Begründung dieses Urtheils versucht HAUPT S. 21 f, 33, 121 f, 125 f. Soweit aber seine Behauptung S. 136 f, die Rede beabsichtige keineswegs, „irgendwelche Ereignisse der Zukunft in sozusagen historischem Inter-

einzelnen Momente, so dass sie sämmtlich als integrirende Theile eines einheitlichen, überschaubaren Bildes erschienen, ist so wenig zu denken, wie bei irgend einer anderen Apk. Zum Beweise dessen genügt der Hinweis darauf, dass nach Mc 13 32 = Mt 24 36 Niemand, auch der Sohn nicht, den Termin der Wiederkunft wissen kann, während nach Mc 13 30 = Mt 24 34 = Lc 21 32 der Sohn gerade das mit Bestimmtheit weiss, jene werde noch im Laufe dieser Generation eintreten [1]. Dass unsere jetzige eschatologische Rede beide sich ausschliessenden Worte fast direct nebeneinander stellt und die Brücke vom einen zum

---

esse vorauszuverkündigen", sondern stehe im „Dienst religiös-sittlicher Mahnung", Grund hat, betrifft sie gerade nur jene Zwischenstücke, in welchen meist wohl ächte Weisungen Jesu an seine Jünger bezüglich der ihnen bevorstehenden Drangsale zusammengestellt sind, während die drei wirklich apokalyptischen Redegänge nur vermöge ungeheuerlicher Vergewaltigung in lauter Erbaulichkeiten und moralische Gemeinplätze umgesetzt werden. Vgl. H. HOLTZMANN, Göttinger Gelehrten Anzeigen 1895, S. 329 f. Uebrigens gibt HAUPT S. 125 f, 129 selbst zu, dass die eschatologische Rede sich schon bei Mt in ein Tableau einzelner Vorzeichen der Parusie, d. h. eben in ein apokalyptisches Stück (so etwas bemerkt auch ein anderer Feind der „kleinen Apk", B. WEISS, LJ II, S. 445), verwandle, und vollends in Lc 17 20—18 8 findet er S. 12 selbst eine „kleine Apokalypse". Der Preis, um welchen der apokalyptische Charakter des Hauptstückes verleugnet wird, besteht in der Errungenschaft, dass die Mahnung zur Flucht Mc 13 14—18 = Mt 24 16—20 = Lc 21 21—23 nur eine symbolische Einkleidung der Forderung „rücksichtsloser Verleugnung aller Lebensgüter" sei. So HAUPT S. 134, während BEYSCHLAG S. 192 denselben Sinn wenigstens Lc 17 31 32 ausgedrückt, in obigen Stellen dagegen ein Missverständniss findet. Die reine Phantasietheologie (v. HOFMANN und Gefolge) entgeht der zeitgeschichtlichen Deutung durch Beziehung auf die Flucht vor den Versuchungen des Antichrists. Lauter Täuschungen, die an die grosse Krankengeschichte der Auslegung von Apk Joh erinnern!

[1] Welch eine Quelle von Verlegenheiten für alle Ausleger, die hier eine einheitliche Rede Jesu finden! B. WEISS § 33 abstrahirt daraus das sich selbst aufhebende Urtheil: „Nach der ältesten Ueberlieferung hat Jesus seine Wiederkunft noch für das laufende Menschenalter in Aussicht gestellt, wenn auch der Zeitpunkt zuletzt immer unbestimmbar blieb." Nach LJ II, S. 286, 448 f liegt in Mc 13 30 eine nur hypothetische, in Mt 13 32 eine absolute Aussage vor, wogegen BEYSCHLAG, LJ³ I, S. 378, mit Recht die feierliche Einführung gerade des ersten Zukunftswortes mit „Wahrlich, ich sage euch" geltend macht. Nach Neutest. Theol. I², S. 193 „können die beiden Sprüche unmöglich so hintereinander geredet sein", soll überhaupt der 1. auf das Ende Jerusalems, der 2. dagegen auf das Ende der Welt zu beziehen sein. Die Vermischung beider Enden kommt S. 194 auf Rechnung des Missverstandes der Jünger, was doch wieder nach B. WEISS § 33 b „eine seltsame Vorstellung von der pädagogischen Weisheit Jesu voraussetzt". H. GEBHARDT, Die Zukunft des Menschensohnes nach den Synoptikern: Zeitschrift für christl. Wissenschaft und christl. Leben 1885, S. 449 f, unterscheidet die Zeit vor Cäsarea Philippi, in welcher Jesus noch keinerlei bestimmte Anschauungen kund gebe, von der Periode bis zum Einzug in Jerusalem: da habe er gesprochen wie Mc 13 30, in den letzten jerusalemischen Tagen aber wie Mc 13 32. Den annehmbarsten Ausgleich vertritt SCHWARTZKOPFF S. 178: innerhalb einer mit Sicherheit abgesteckten Grenze bleibe die Entfernung des fraglichen Punktes vom Endtermin immer noch ungewiss.

anderen mit einem, die gleichzeitige Ewigkeit beider verbürgenden,
dritten Wort bildet, zeugt nicht bloss für den Compositionscharakter
der Rede, sondern auch für den Zwang, unter welchem die Redaction
angesichts einer autoritativen Ueberlieferung stattgehabt hat[1].

Uebrigens finden sich auch abgesehen von der kleinen Apk verwandte Elemente noch da und dort in der Redaction, welche die
eschatologischen Reden Jesu gefunden haben. An die „Wehen des Messias" Mc 13 9 = Mt 24 8 erinnert Lc 17 22, wornach die Jünger sich
sehnen werden nach einem der „Tage des Menschensohnes" (der Plural
entspricht den „Tagen des Noah" und „Tagen des Lot" 17 26 28), da
sie nach der Errichtung des Reiches für die überstandene Noth sollen
getröstet werden (= Act 3 20 καιροὶ ἀναψύξεως)[2]. Vornehmlich entsprechen Lc 18 7 die Tag und Nacht zu Gott um Rache schreienden
Erwählten den Apk 6 9—11 rufenden Seelen, und nicht minder beachtenswerth ist es, wenn Lc 18 8 Gott sie erretten wird „in Bälde" (ἐν τάχει,
Schlagwort Apk 1 1 22 6), wobei zweifelhaft bleibt, ob der Menschensohn bei seiner Wiederkunft überhaupt noch Glauben finden wird[3].
Aehnlich wird der Wiederkommende auch Mt 10 23 die Seinigen inmitten von Verfolgungen antreffen. Ein besonders sprechendes Beispiel bietet der, auf die Sonderform der Frage Mt 24 3 gestimmte,
Einschub 24 30: das der Parusie voranleuchtende „Zeichen des Menschensohnes", welches am Himmel (wie Apk 12 1 3 15 1) erscheinen
wird, worauf „alle Stämme der Erde" in Wehklage ausbrechen und
des Menschen Sohn kommen sehen werden auf den Wolken des Himmels (wie in der Grundstelle Apk 1 7 Combination von Sach 12 10 12—14
mit Dan 7 13)[4].

Ist nun aber die Eschatologie Jesu auf diesem einen Punkte mit
fremdartigem Material versetzt worden, so kann sie in derselben Richtung allerdings auch sonst Modificationen erfahren haben. So sicher
man berechtigt ist, jede systematische Umdeutung dieser Aussagen
abzuweisen, so wenig kann man der Frage aus dem Wege gehen, wie es

---

[1] Einer ansprechenden Vermuthung von WENDT I, S. 11 f, 14, II, S. 623
zufolge würde Mc 13 28 29 32 = Mt 24 32 33 36 = Lc 21 29—31 den Zusammenhang der
Jesusworte, die zwischen hineintretenden Verse dagegen den volltönenden Abschluss der kleinen Apk darstellen.

[2] Unächt nach WEIFFENBACH S. 220 f, PÜNJER S. 188, PAUL S. 83.

[3] Unächt nach WEIFFENBACH S. 287, PÜNJER S. 192, PAUL S. 83. Ueberhaupt
hat die Parabel ihre jetzige Fassung mit der eschatologischen Pointe erst spät
erhalten nach DE WETTE, KEIM, WEIZSÄCKER, WEIFFENBACH S. 283 f.

[4] Was unter diesem Signal gemeint ist, lässt sich nicht mehr sagen. Aber
auf keinen Fall ist mit FRITZSCHE, EWALD, HENGSTENBERG, R. HOFMANN, KLIEFOTH,
NÖSGEN, B. WEISS, HAUPT S. 127 f das Zeichen des Menschensohnes mit diesem
selbst zu vereinerleien.

mit der Authentie im einzelnen Falle stehe. Nur von hier aus können
die bisher gewonnenen Resultate, so gut sie im Allgemeinen begründet
erscheinen, in ihrem Detail in Frage gezogen werden. So gewiss die
urchristl. Apokalyptik sich in der grossen eschatologischen Rede der
Zukunftsweissagungen Jesu bemächtigt und denselben nicht bloss eine
glänzendere Färbung, sondern auch reicheren Inhalt, ja sogar einen
wesentlich neuen Charakter verliehen hat, so wahrscheinlich weist auch
manches anderweitig überlieferte Wort bereits Erweiterung und Fortführung seines Inhalts im Geist der zukunftsdürstenden Gemeinde
auf [1]. Alles was die Auferstehung schon darum, weil sie nur für die
Jünger Realität hatte, von Ansprüchen an die Zukunft noch im Reste
belassen musste, das spann sich in den eschatologischen Aussichten
der Gemeinde um so emsiger weiter und gab denselben jene üppige
Vollkraft, von der die ganze Literatur des Urchristenthums Zeugniss
ablegt. Wie es aber auf dem einen Punkte dieser Fortpflanzungslinie,
der mit einiger Sicherheit zu bestimmen ist, der Fall war, so werden
auch sonst die Zukunftsvisionen Jesu da abbrechen und dafür die
ruhelosen Erwartungen der Gemeinde ihr Werk beginnen, wo der einfache Grundgedanke der Restitution über seine danielische Fassung
weitergeführt, mit arabeskenhaften Zusätzen und Ausläufern, die in die
Zeitgeschichte weisen, versehen wird. An demjenigen Ausgangspunkte
der Linie, wo ächte Jesusworte liegen, vollzieht sich die Umsetzung
der Zukunftsbilder in eigentliche Sinnbildlichkeit durchgängig leichter,
als an dem anderen, wo die Gemeinde ihren, durch gröbere Sinnlichkeit und groteske Handgreiflichkeit gekennzeichneten, Apparat für die
Inscenirung des Gottesreiches aufgestellt hat.

Jedenfalls ist durch Unterscheidung der einfachen Apokalyptik,
die ihren charakteristischen Ausdruck im Bild vom Dieb in der Nacht
Lc 12 39 = Mt 24 43 gewonnen hat und ihre Abzweckung nicht sowohl
in Mittheilung irgendwelches eschatologischen Wissens, als vielmehr
in der Mahnung zur Treue und Wachsamkeit sucht [2], von der zum
Behufe der Befriedigung des Wissensbedürfnisses technisch organi-

---

[1] HERMANN SCHMIDT, JdTh 1870, S. 490: „Die Schwierigkeiten, welche die
eigentlich eschatologischen Reden Jesu der Exegese darbieten, werden kaum zu
lösen sein, ohne dass man einen Einfluss dieser Anschauungen der Urgemeinde
auf die Redaction dieser Reden zugibt." HARNACK I³, S. 65: „In Bezug auf die
Eschatologie vermag im Einzelnen Niemand zu sagen, was von Christus und was
von den Jüngern herrührt."
[2] Soweit hat HAUPT S. 42, 123 f Recht. Doch nicht minder auch B. WEISS
§ 33a: „Indirect setzen aber alle Wiederkunftsreden, insbesondere die Ermah-
nungen zur Wachsamkeit, voraus, dass die Angeredeten von ihm bei seiner
Wiederkehr noch lebend würden angetroffen werden." Ebenso SCHWARTZKOPFF
S. 167 f, 176 f.

sirten und stilisirten ein scheidendes und rettendes Princip in das, auf
den ersten Anblick unentwirrbar scheinende, Chaos der synopt. Eschatologie gebracht. Man wird die Elemente letzterer Art in eine Classe
mit II Th (s. II 1, 11 s) und der johann. Apk zu stellen, nur um so bestimmter aber für die Stoffe der ersten Ordnung geschichtlichen Werth
zu beanspruchen haben. Auch so freilich wird das Gebiet der exegetischen Verlegenheiten nur eingeengt, nicht aber aus der Welt geschafft. Die Geschichte der Auslegung weist hier in der That fast
die gleiche pathologische Färbung auf, wie in Bezug auf jene paulin.
und johann. Seitenstücke. Ja es erwies sich hier das religiöse Bedürfniss nach Illusionen eher noch nervöser, unruhiger und thatsächlich rath- und zielloser. Denn bei der Zurechtlegung der eschatologischen Rede Jesu schien sofort der religiöse Charakter des Redners
selbst, sein Credit als Prophet und Offenbarungsträger, wesentlich
mitbetheiligt. Daher die unausgesetzten Bemühungen der kirchlichen,
der biblicistischen und der rationalistischen Theologen um Aufhellung
des synopt. Zukunftshorizontes. Aber weder den Orthodoxen mit ihren
kirchen- und endgeschichtlichen Constructionen, noch dem bibl. Realismus der mystischen und theosophischen Exegeten ist es gelungen,
aus so zerstreutem und heterogenem Material einen geordneten Zusammenhang herauszulesen [1], und nachdem auch die rationalistische

---

[1] B. Weiss, LJ II, S. 284, 447 f thut zwar die frühere kirchengeschicht-
liche Deutung der Orthodoxen und die spätere Zurechtlegung der Reden nach
einem eigens darauf zugeschnittenen Gesetze der prophetischen Perspective gründlich ab, aber nur, um selbst in der gleichen Richtung einen letzten Versuch zu
unternehmen, dessen einziger Zweck darin liegt, einen Irrthum Jesu bezüglich
des Zeitpunktes seiner Wiederkunft auszuschliessen. Der Kern der Weissagungen
Jesu soll § 33 b in der Combination der Wiederkunft mit der, über das gott-
verlassene Volk hereinbrechenden, grossen Trübsal liegen, womit er nach LJ II,
S. 449 ganz das Richtige gesehen hätte, „soweit bis dahin der göttliche Rathschluss offenbar war". Die göttlichen Rathschlüsse sind aber modificabel § 33a,
„weil die Erfüllung aller bibl. Weissagung abhängig bleibt von der geschichtlichen Entwickelung, welche Gott allein lenkt nach dem unberechenbaren Verhalten der Menschen". Daher ist es hinterher doch anders gekommen, als Mc 9 1
= Mt 16 28 mit ἀμήν oder Lc 9 27 mit ἀληθῶς λέγω ὑμῖν und Mc 13 30 == Mt 24 34
= Lc 21 32 noch einmal mit ἀμήν λέγω ὑμῖν vorausgesagt wird. Angesichts dieser
Worte vermag B. Weiss sich zu überreden, wegen jenes von ihm formulirten
und verclausulirten Gesetzes der Weltregierung sei für Jesus „jede kategorische
Gewissheit über den Zeitraum überhaupt, innerhalb dessen seine Wiederkunft
eintreten müsse, definitiv ausgeschlossen" gewesen, LJ II, S. 287. Vgl. dazu
Schwartzkopff S. 189: „Ist denn aber nicht jene von Weiss festgestellte Gewissheit Jesu, dass die Heilsvollendung in seiner Generation eintreten werde, gerade
nach ihm selber, so kategorisch als möglich?" Wer sich durch die aus lauter
Auskünften, Hinterhalten und verdeckten Widersprüchen zusammengesetzte Dialektik dieses „Lebens Jesu" durcharbeiten muss, ruht gern aus bei der herz-
erfreuenden Offenheit, womit ein Theologe, dessen Supernaturalismus sonst vor
keinerlei. an seinen Glauben gestellten, Zumuthungen zurückschreckt, den Irrthum

Annahme, Jesu Seherblick habe sich den Vorurtheilen seines Volkes
und seiner Zeit anzubequemen gehabt, aufgegeben und verschollen war,
bemühte sich selbst die freie Theologie noch eine Zeit lang vergebens
um eine Theorie des den Jüngern oder der Gemeinde zur Last fallenden Missverständnisses, bis man endlich, weil kein anderer Ausweg
mehr möglich war, sich entschloss, einen im Grunde sehr einfachen
Thatbestand anzuerkennen und stehen zu lassen.

6. Rückwirkung auf die Ethik.

Was den beschriebenen Process noch erschwerte, war die auf-
dämmernde Ahnung, dass von der grossen Wendung nach der Zukunft auch die Beurtheilung berührt werde, welche die Gegenwart mit
ihren sittlichen Werthen und Aufgaben findet. Liess schon der bereits
entwickelte ethische Gedankencomplex die selbständige Bedeutung inner-
weltlicher Ideale in fragwürdigem Lichte erscheinen (s. oben S. 180 f),
so treten letztere naturgemäss in demselben Maasse noch weiter zurück,
als der eschatologische Messianismus den ganzen Vordergrund auszufüllen beginnt. Auch was hier zu beobachten sein wird, hat im apoka-
lyptisch gestimmten Spätjudenthum Analogien und Präformationen
aufzuweisen[1]. Unter Wiederaufnahme des schon früher angesponnenen
Themas (s. oben S. 185) wird daher der schärferen Betonung des mes-
sianisch-eschatologischen Momentes die weitere Folge zu geben sein, dass
sie auch den individualistisch religiösen Zug der Ethik Jesu nur steigern,
gegen die socialen Aufgaben und Gemeinschaftswerthe nur gleichgültiger
stimmen konnte[2]. Manche Anzeichen legen die Annahme nahe, dass

---

der auf die Lebenszeit der Generation beschränkten Parusieweissagung immer
wieder als unabweisbar constatirt. Vgl. Schwartzkopff S. 182 f, 193,‚201f, daneben auch Baldensperger S. 202, 205. Der sonst im Geleise der oben charakterisirten Vermittelungstheologie einhergehende Bovon II, S. 453 f bescheidet sich,
die Undurchsichtigkeit der synopt. Eschatologie zuzugeben, S. 473 f bei der schlechthinigen Undurchsichtigkeit des Zeitpunktes der συντέλεια stehen zu bleiben und
S. 464 über die entgegengesetzten Zeichen rasch zur Tagesordnung überzugehen.

[1] Ehrhardt, Der Grundcharakter der Ethik Jesu 1895, S. 29: „Es charakterisirt ja die messianische Ethik, dass sie unmittelbar auf Herstellung des höchsten Gutes gerichtet ist. Bei den Propheten war dasselbe so aufgefasst, dass in
der That das sittliche Thun der Menschen es, wenn nicht allein, so doch mit
herstellen konnte und musste. In der Apokalyptik steht es anders. Das Heil
der Endzeit bricht plötzlich als eine himmlische Realität an, der gegenüber alle
irdischen Zustände, an denen die Menschen mitarbeiten können, werthlos erscheinen müssen. Es liegt auf der Hand, wie solche Erwartungen überhaupt das,
was das sittliche Thun der Menschen leisten kann, in seinem Werthe völlig herabsetzen mussten. Die Gegenwart, die gegenwärtige Gestalt des politischen Gemeinwesens Israel's und seines socialen Lebens, musste den Frommen in dem Maasse
gleichgültiger werden, als die messianische Hoffnung sie lebendiger bewegte."

[2] W. Wrede, ThLz 1896, S. 79: „Weltabgewandt erscheint Jesu Ethik

sich die positiven Forderungen Jesu an den Einzelnen unter dem Einflusse des Messianismus[1] und der Eschatologie[2] im Sinne der vollkommenen Entsagung und durchgeführten Weltflucht verschärft haben. Hier
hat seinen Anhalt und Kern, was irgend weltverneinend oder geradezu
pessimistisch scheinen könnte in dieser Ethik. Die ganze Gegenwart
entfärbt sich vor dem überstrahlenden Himmelslicht, das aus der Zukunft winkt. Die ohnehin schon messerscharf zugespitzten Forderungen
der Selbst- und Weltverleugnung gewinnen einen gesteigerten, schroffe-

gerade insofern, als sie ausschliesslich individualistisch religiösen Charakter hat,
nicht aber weil sein Blick am Elende der Welt haftet oder weil er sehnsüchtig
oder furchtsam gen Himmel schaut. Ist die völlige Hingabe an den Dienst Gottes
Alles, so ist jedes weltliche Verhältniss ein bloss neutraler Stoff für die Bewäh-
rung der sittlichen Gesinnung, eine gleichgültige Hülse, wenn es nicht gar die
Freiheit der Seele für Gott beeinträchtigt."

[1] So besonders Ehrhardt S. 61 f, unter Betonung der Thatsache, dass Jesus,
vom Gedanken an die nahe Krisis beherrscht, die menschlichen Gemeinschafts-
formen, auf deren Regulirung es das Gesetz vor Allem abgesehen hat, mehr oder
weniger ignorirt S. 63, womit der Widerspruch gesetzt ist S. 71, „dass er zugleich
eine ideale Ordnung des irdischen Gemeinschaftslebens will und doch wiederum
die Güter negirt, die eine solche Ordnung schützt, deren Besitz und Gebrauch
sie zu regeln hat". Er erklärt den Conflict S. 86 f aus dem Zusammentreffen
eines, aus Jesu gegenwärtiger Gotteserfahrung geflossenen, Interesses für ideale
Ordnung mit den messianischen Erwartungen, die eine weltflüchtige Stimmung
erzeugen mussten und ihn veranlassten S. 93, „Gebote zu geben, die jede Werthung
des menschlichen Gemeinschaftslebens und seiner nothwendigen Grundlagen, Besitz, Rechtsordnung, auszuschliessen scheinen". Vgl. besonders S. 108 f, 113.
Auch Titius S. 60 verspürt eine Versuchung, die im Schatten der Todesgedanken
gesprochenen Worte anders zu beurtheilen, als die früheren. „Gerade dieser letzten
Zeit gehören die schärfsten Worte über die Selbstverleugnung und über die ernste
Bereitschaft zu den letzten Drangsalen und zum letzten Gericht an, und man
wird fragen müssen, ob mit dieser furchtbaren geistigen Spannung jene Stimmung unmittelbarer Lebensfreude noch vereinbar sei, welche uns im Uebrigen
in seiner Gestalt entgegentritt." Sicherlich hängen manche schroffe Urtheile über
Dinge dieser Welt, wie sie Titius S. 67 f, 97 möglichst abschwächen oder wenigstens
S. 110 nur aus Jesu übergreifendem Gottesbewusstsein ableiten möchte, sogar
nach seinen eigenen Andeutungen S. 81 f, 180 f mit eschatologischen Anschauungen
zusammen. Recht hat er aber darin, dass er aus den eschatologischen Gleichnissen
von den harrenden Knechten u. s. w. S. 80 den Schluss zieht: „Durch den Gedanken an das nahe Ende wird also der Ernst der Pflichterfüllung in diesem Leben
nicht gemindert, sondern eben diese gewinnt einen höheren Werth."

[2] J. Baumann, Die Grundfrage der Religion 1895, S. 65: „Man muss sich
erinnern, wen Jesus vor sich hatte: ein Volk, überaus erwerbeeifrig und dabei
im Ceremoniellen fast aufgehend, selbst Almosen und Aehnliches war gleichsam
ceremoniell geworden: ein Volk, das gegen wirkliches und vermeintliches Unrecht sich gleich aufbäumt (das Banditenwesen stammte mit von daher). Durch
die Erwartung baldigen wunderbaren Weltendes war überdies in Jesu gerade
der Sinn für die dauernden Grundlagen einer bestehenden menschlichen Gesellschaft (Erwerb, Rechtsschutz und Vertretung seiner Rechte) gering. Es fehlt in
der Bergpredigt Wissenschaft, Kunst, technische Kultur, staatsbildende Kraft,
während dies Alles in der griech.-röm. Welt da war und in seiner Wichtigkeit
und Bedeutung für den Menschen erkannt."

ren Ausdruck. Geht z. B. das Wort „Wer Vater oder Mutter mehr liebt,
als mich, der ist meiner nicht werth" Mt 10 37 noch aus der früheren
Tonart, so würde dagegen die Fassung Lc 14 26 „Wer Vater oder
Mutter nicht hasset" der späteren entsprechen. In diese letzte Zeit
gehört sicher wenigstens die Aufforderung zu jener heroischen Absage allem und jedem weltlichen Besitze gegenüber, wie sie derselbe
Lc zum allgemeingültigen Kanon erhoben hat. Selbst vor die letzte
Entscheidung gestellt, stellt Jesus auch die Seinigen vor ein äusserstes
Entweder-Oder, verlangt sofortige Thatbeweise für eine die ganze
Welt für nichts achtende, Alles dem höheren Zug aufopfernde, Gesinnung. Hat sein religiöser Idealismus im Grunde zu keiner Zeit sich
auf „Wenn und Aber" eingelassen (s. oben S. 175 f), so beseitigt die
eschatologisch umgestimmte Färbung seines Gesichtskreises vollends
jedwedes Gleichgewicht in dem Sinne, dass jetzt auf der Zukunftswag-
schale nur noch Gewinne, auf der Vergangenheitsseite nur noch Verluste
liegen [1]. Der ganze sinnliche, im Weltgetriebe sich verlierende, Lebens-
trieb muss preisgegeben werden, damit die Seele im höheren Sinne
gewonnen, die Persönlichkeit für Gott, dem sie gehört, gerettet werde
Mc 8 35 = Mt 10 39 16 25 = Lc 9 24 17 33 = Joh 12 25. Ein solcher Ansatz der Lebensaufgabe, die allen Sinn verliert, wenn es nicht mehr
gilt, aus dem natürlichen Getriebe der Seele persönlichen Geist heraus-
zuarbeiten und zu gestalten, lässt noch den Zusammenhang auch der
Ausläufer dieser Ethik mit ihrem Herzpunkte verspüren.

7. Die Eschatologie und die religiös-sittliche Originalität Jesu.

Thatsache ist, dass die wesentlichen Momente der jüd. Eschatologie in dem Zukunftshorizont der synopt. Reden wiederkehren. Auch
hier bedeutet das zukünftige Weltalter (s. S. 79 f) die rein supernatural
eingeleitete Weltvollendung, das durch Gottes Wundermacht hergestellte Reich, hat daher zu seiner Vorausbedingung Mt 10 15 11 22 24 =
Lc 10 12 14 die Auferstehung (S. 77 f), wobei jedoch die Unterscheidung einer Auferstehung der Gerechten Lc 14 14 und einer Auf-

---

[1] Joh. Weiss, Die Predigt Jesu, S. 48: „Eine halbe Vorbereitung, ein
Hinken auf zwei Seiten, ein Dienen zweier Herren, das ist unmöglich. Wie will
man diese heroischen Worte, durch die unzählige zarte Gemüthsbande zerrissen
werden sollen, wie will man sie anders verstehen, als von dem Standpunkt aus,
dass die Dinge dieser Welt, wie hoch und göttlich sie an sich sein mögen, jetzt
wo die Welt reif ist zum Untergang, allen Werth verloren haben. Jetzt können
sie nur hindern und hemmen. Werft sie von Euch und greift mit beiden Händen
nach dem, was von oben kommt." Auf die Spitze treibt das Renouvier, Étude
philosophique sur la doctrine de Jésus-Christ: Année philosophique 1893.

erstehung von Gerechten und Ungerechten Act 24 15 speciell lucanisch zu sein scheint [1], wie die entsprechende Setzung eines endgültigen, ewigen Doppelzustandes von Seligkeit und Qual Mt 25 34 41 46 Mc 9 44 46 48 vorzugsweise dem 1. und 2. Evglsten eignet [2]. Eben dahin gehört Alles, was oben (S. 322 f.) über die Farben gesagt ist, die zur Ausmalung der Reichsherrlichkeit dienen; sie stammen durchweg aus dem eschatologischen Farbentopf des Spätjudenthums [3]. Andere Mittel,

---

[1] BEYSCHLAG S. 221 f, WEISS § 34 d und HAUPT S. 91 finden in der ἀνά-στασις τῶν δικαίων Lc 14 14 die Lehre Jesu selbst. Unrichtig ist es dabei auf jeden Fall, wenn der Letztgenannte sogar die sichtlich auf Nacharbeit zu Mc 12 18—27 beruhende Perikope Lc 20 27—38 aus einer besonderen und besseren Quelle ableitet. Gerade die S. 86 f betonten Ausdrücke καταξιωθέντες (ausser 20 35 kommt das Verbum nur noch, und zwar in ganz ähnlichen Verbindungen, 21 36 Act 5 41 II Th 1 5 vor) τοῦ αἰῶνος ἐκείνου τυχεῖν (τυγχάνειν nur in paulinischen und deutero-paulinischen, namentlich in den lucanischen Schriften) verrathen die Redaction, und die S. 89 mit Recht als Genossen der ersten Auferstehung aufgefassten υἱοὶ θεοῦ, τῆς ἀναστάσεως υἱοὶ ὄντες entsprechen dem Vollendungszustand der paulin. Gläubigen Rm 8 19—23. Endlich wird Lc 20 38 geradezu IV Mak 16 25 citirt, welche Stelle sich der paulinisirende Evglst im Sinne von Rm 14 8 aneignen konnte.

[2] Weiteres und Richtiges hierüber bei TITIUS S. 34 f.

[3] Dem entgeht HAUPT S. 157 nur mit der ungeheuerlichen Behauptung „dass Jesus nirgends die Seligkeit ausmalt — denn es gibt dafür keine Farben." Es ist allerdings nirgends gesagt, ob sie roth oder blau sei; aber grosses Mahl-Brotessen, Weintrinken, Gerichtsstühle sind auch „Farben". Weiterhin wagt HAUPT S. 82 den Satz: „Die Eschatologie Jesu zeichnet sich vor der des Judenthums dadurch aus, dass sie auf alle diejenigen Punkte, welche diesem im Mittelpunkt standen, gar kein Gewicht legt, sondern entweder ganz darüber schweigt oder ganz nebenbei davon redet." Eine schwere Selbsttäuschung, zumal für einen Theologen, der sich nicht für ermächtigt hält, die stärkeren apokalyptischen Züge einfach aus dem Concept des Redners zu streichen, vielmehr von dem überlieferten Redegehalt keinen Fuss breit aufgeben will und die Rettung nur darin findet, dass er die ganze Ordnung und Verbindung, in welcher die eschatologischen Herrnworte jetzt erscheinen, auf Rechnung der Redaction und Composition unserer Evglien setzt. In Wahrheit gibt es nur einen, übrigens ganz selbstverständlich und unwidersprechlich erscheinenden, Punkt, auf welchem eine durchgreifende Modification der volksthümlichen Eschatologie statt hat. B. WEISS, LJ II, S. 281 berührt ihn mit den Worten: „Eine glorreiche Wiederkehr des Messias war weder in der Prophetie, noch in der Volkserwartung gegeben und konnte es nicht sein, weil ihr die Vorstellung einer unvollendet bleibenden, durch seinen Tod unterbrochenen, irdischen Wirksamkeit durchaus fremd war." Jesus hat daher nach LIPSIUS S. 460 sein vorbereitendes Wirken als Messias-Prophet von seinem bevorstehenden Kommen als Messias-König unterschieden. Insofern kann HAUPT S. 115 auch den Ausdruck, „Wiederkunft" überhaupt ablehnen. Ein eigentlich messianisches Kommen steht erst noch bevor, gerade wie auch die wirkliche Reichserrichtung erst noch bevorsteht. Vgl. BALDENSPERGER S. 198 f, SCHWARTZKOPFF S. 134, 196. Sehr richtig hebt B. WEISS S. 280, 284 f hervor, wie dieser Umstand, dass der geradlinige Zusammenhang zwischen Begründung und Vollendung des Reiches abgebrochen war, das Motiv dafür bildete, dass alle Ansätze zu einem, in der Gegenwart erwachsenden, Reich immer wieder der Umsetzung in die Zukunftsgedanken erliegen. Und HOLSTEN S. 27 f, 40, 68 f, 448 f zeigt, wie Jesus dem schemenhaften Gegenstande der danielischen

unerfahrene und unerfahrbare Zukunft vorstellbar, aussprechbar und
mittheilbar zu machen, standen unter den geschichtlichen Bedingungen,
unter welchen Jesu Bewusstseinsinhalt sich gestaltet hat, nicht zu
Gebote. Was sich aber in diese Formen gekleidet, was in ihnen einen
sinnlich kräftigen und darum auch lebensfähigen Ausdruck gefunden
hat, das war das stolze Bewusstsein um die Unabhängigkeit ewig gül-
tiger Wahrheit von dem irdischen Geschick der sie vertretenden Person. Der sachliche Gehalt des Wortes Mc 14 62 = Mt 26 64 = Lc
22 69 ist kein anderer, als der: „Jetzt verurtheilt ihr mich; ihr könnt
es und müsst es; aber Geduld — ihr werdet meiner noch gedenken:
wir sehen uns wieder." Das kann ruhig gesprochen sein, ohne den
Ton gekränkten Selbstgefühls und vorläufig vertagter Kampfeswuth[1].
Der Grösse eines solchen Abschiedes thut die danielische Wunderwelt, die dahinter aufleuchten will, keinen Eintrag[2]. Der Charakter,
welcher in einem solchen Moment allem Grauen der Wirklichkeit
gegenüber Ansprüche, die er sich selbst schuldig ist, aufrecht erhält,
verliert darum nichts an Originalität, dass die Phantasie sich auf An-
lehen gewiesen sieht, wo der ihr zu Gebote stehende Horizont das
räumliche und zeitliche Jenseits berührt. Eine eminent religiöse Natur
ist ohne solche, wie aus dem Ewigkeitsgrund ihres Daseins aufsteigende,
Hebungen nicht denkbar; dieselben gleichen furchtbar empfundene
Senkungen aus, wie von solchen Gethsemane und Golgatha reden.

Hier aber, wo es sich nicht um Charakteristik des Redners, sondern um den Vorstellungsgehalt der Reden handelt, kann nur die
Gleichartigkeit desselben mit dem durchaus supernaturalen Schema
constatirt werden, in welches sich die nationalen Zukunftshoffnungen
des Judenthums unter dem Druck der syr. und der röm. Herrschaft
gekleidet hatten. Daraus aber folgt, dass die Originalität der Gedankenwelt Jesu nicht auf demjenigen Endpol zu suchen ist, wo das

Vision dadurch Leben eingehaucht hat, dass er es aus seinen irdischen Erfahrungen heraus ergänzte und so zu einer doppelten Daseinsform des Menschensohnes gelangte: die erste in „diesem Weltalter" ohne die sichtbaren Attribute
der Messiasherrlichkeit, die andere im Glanze der Wiederkunft (vgl. übrigens
Apk Bar. 30 1 redibit in gloria).

[1] P. W. Schmidt, Weltverneinung und Christenthum, S. 28: „Die grossen geschichtlichen Charaktere wollen an den unzweifelhaften Worten erkannt sein, welche
der Geist ihnen in den Stunden der grossen Entscheidung eingibt, um ihr Werk
gleichsam typisch zu bezeichnen."

[2] Viel mehr schädigt die Umsetzung des kühnen Wortes in Gedankenblässe
bei Harpt S. 106: „der Gedanke des überweltlichen Königthums Christi, das
sich vor den eigenen Augen der Juden entwickeln werde." Auch hier hält er
sich S. 141 lieber an die abschwächende Redaction des Lc, die doch theils nur
die Fortsetzung eines bereits 9 27 beobachteten Verfahrens, theils durch 22 27
schon im Voraus ausgeglichen ist.

Bild des vollendeten Reiches Gottes mit Erdfarben aus der apokalyptischen Bilderwelt gezeichnet wird[1], sondern nur auf jenem anderen, wo ein schon gegenwärtiges, aber verborgenes, wachsthümlich
der Vollendung entgegenreifendes Reich erkennbar wird (s. oben
S. 221f). Wer über der Musterung jener Erdfarben die welthisto-
rischen Entdeckungen und dauernden Errungenschaften, welche mit
dem Gedanken vom „Reiche Gottes" und seiner „besseren Gerechtigkeit" verbunden sind, nicht ganz aus dem Auge verloren hat, dem
wird es auch nicht so gar schwer fallen, die von prophetischer Phantasie hervorgezauberten Lichtbilder, in welchen die zukunftsfrohe Naturkraft eines überlegenen Geistes sich noch im Moment des Untergangs kund thut, von den dissolving views einer rein müssigen Schwärmerei zu unterscheiden[2].

[1] Gut hierüber BALDENSPERGER S. 199.

[2] Auch die Frage nach der „Schwärmerei" der synopt. Eschatologie gehört
zu den durch Stimmungen bedingten Partien in der Geschichte der Auslegung. Auf
der einen Seite constatirt MORITZ SCHWALB, Christus und die Evglien 1872, S. 96f
nicht nur kräftige Erwartung künftiger Herrlichkeiten in Jesu Reden, sondern
erklärt auch, gerade um ihretwillen liebe und verehre er ihn „mit seinen jüd.
Vorurtheilen und Irrthümern, mit seinen göttlichen, von Wahrheit überströmen-
den Träumen", S. 99. Ganz anders gestimmt ist auf der anderen Seite D. F. STRAUSS.
Der alte und der neue Glaube I 30: „Entweder ist auf unsere Evglien überall
nichts Geschichtliches zu begründen, oder Jesus hat erwartet, zur Eröffnung des
von ihm verkündigten Messiasreichs in allernächster Zeit in den Wolken des Himmels zu erscheinen. War er nun der Sohn Gottes oder sonstwie ein höheres
übermenschliches Wesen, so ist dagegen nichts einzuwenden, ausser dass es nicht
eingetroffen ist, dass mithin, der es vorhersagte, ein göttliches Wesen nicht gewesen sein kann. War er aber dies nicht, sondern ein blosser Mensch und hegte
doch jene Erwartung, so können wir uns und ihm nicht helfen, so war er nach
unseren Begriffen ein Schwärmer. Das Wort hat längst aufgehört, was es im
vorigen Jahrhundert war, ein Schimpf- und Spottname zu sein. Wir wissen: es
hat edle, hat geistvolle Schwärmer gegeben, ein Schwärmer kann anregend, er-
hebend, kann auch historisch sehr nachhaltig wirken; aber zum Seelenführer
werden wir ihn nicht wählen wollen." Einen „apokalyptischen Schwärmer", „phantastischen Zukunftsschwärmer" würde auch BEYSCHLAG I, S. 55, 195 unbedenklich
in Jesus erkennen, falls STRAUSS Recht hätte mit seiner geschichtlichen Auffassung. Und das hiess noch gelinde sprechen im Vergleich mit VOLKMAR, welcher
S. 550, wenn die Parusieweissagungen historisch wären, nicht auf Schwärmerei
erkennen würde, sondern „einfach auf Verrücktheit". PAUL S. 109 findet die
Schwärmerei nicht in dem Entschluss, Messias zu sein, aber in der mangelnden
Berechnung der Mittel zur Durchführung, in der Unterschätzung der gegneri-
schen Macht u. s. w. Die mittlere Stimmung vertritt RENAN S. 289 mit dem viel
citirten und variirten Wort: „Par une illusion commune à tous les grands réfor-
mateurs, Jésus se figurait le but beaucoup plus proche qu'il n'était; il ne tenait
pas compte de la lenteur des mouvements de l'humanité; il s'imaginait réaliser en
un jour ce qui, dix-huit cents ans plus tard, ne devait pas encore être achevé."
Eine Variation dazu gab 1864 STRAUSS ³I, S. 300: „Hohe Geistesgaben und Herzens-
vorzüge mit einer Dosis Schwärmerei versetzt zu sehen, ist keine ungewöhnliche
Erscheinung, und von den grossen Männern der Geschichte liesse sich sogar be-

7. Die Antinomien und ihre Lösung.

1. Zwiespältigkeit und Einheit.

Bei aller Einheitlichkeit des Gesammteindrucks scheint die Verkündigung Jesu mit einem inneren Zwiespalt behaftet, welcher auf haupten, dass keiner von ihnen ganz ohne Schwärmerei gewesen." Das lautet wie Erinnerung an Cicero, De natura deorum II 66: „Nemo vir magnus sine aliquo afflatu divino (= afflatu furoris) unquam fuit" und ist, so gefasst, mindestens annehmbarer als die bedenkliche Auskunft von B. Weiss und P. Ewald (s. oben S. 312): der Anklage auf Schwärmerei könne nur dadurch gesteuert werden, dass man im Wiederkunftsgedanken einen, auf die Zukunft gerichteten, Ausdruck desselben übermenschlichen Bewusstseins erkenne, welches, rückwärts schauend, sich selbst auch Vordasein beilegt. „Es wäre doch wenigstens ein einheitlicher Wahn" — meint P. Ewald S. 47. In Wahrheit sind das ganz verschiedene Dinge, wie schon Strauss I, S. 299 f bemerkt hat. Bezüglich der Zukunftsweissagungen Jesu erinnern Wittichen, LJ S. 61, 199 f, C. Hase, Geschichte Jesu S. 679 f, Schenkel S. 269, Beyschlag I, ² S. 192 f theils überhaupt an die kühne Bildersprache des Morgenlandes, theils speciell an das Wesen der prophetischen Phantasie, welche die Zukunft erfasst, nicht wie ein abstracter Denker, sondern wie ein gottbegeisterter Dichter. Ebenso Holsten S. 60: „Man hüte sich, was für uns Schwärmerei wäre, in Jesus Schwärmerei zu nennen. Den Weltgesetzen des jüd. Bewusstseins widersprach nichts in dieser Erwartung." Wohl aber würde die Meinung, vor der Geburt schon einmal da gewesen zu sein, weil sie auf eigener Erinnerung unmöglich beruhen kann, doctrinäre Anwendung eines phantastischen Weltbildes auf die eigene Person voraussetzen und den Verdacht der Idiosynkrasie oder doch krankhafter Verschrobenheit des Selbstbewusstseins mindestens in viel dringlicherer Weise herausfordern, als die Voraussetzung der Geschichtlichkeit der Parusiereden. Retrospective Betrachtungen über die eigene Vergangenheit und kühne Vorblicke in die eigene Zukunft liegen weit auseinander, und mitten durch beide Gebiete hindurch zieht der Strich, welcher im gemeinsamen Gegensatz zu nüchtern erfahrungsmässigem Welterkennen das ungesund schwärmende Bewusstsein von dem gesund ahnenden und glaubenden scheidet. Dort müssen erst unausweichlich sich aufdrängende Erfahrungen beharrlich verleugnet, es müssen Schanzen und Befestigungswerke von uneinnehmbarer Art erst von einer erhitzten Phantasie überflogen, es muss eine deutlich redende Gegenwart zu Gunsten einer eingebildeten, erträumten Vergangenheit ausgelöscht werden. Hier dagegen handelt es sich bloss um dichterische Vorausdarstellung dessen, was einstweilen nur geahnt, geglaubt, vorgestellt, nicht aber im strengen Sinne des Wortes gedacht, gewusst, erkannt worden war, ja was sich, weil im Zwielicht von Zeit und Ewigkeit schwebend, allem Welterkennen einfach entzieht. Die Aussage der Präexistenz aber wäre fast nur als Product einer grübelnden Reflexion zu begreifen, welche von Prämissen einer metaphysischen Weltanschauung aus die eigene Lebenslinie rückwärts über die Geburt hinaus zu verlängern unternimmt. Unvermeidlich ist damit immer eine Entwerthung des wirklichen Lebens neben dem, alle Realität aufsaugenden, Vordasein verbunden. Solches aber stimmt am wenigsten zu der, jedwedem schulmässigen oder gar müssigen Denken abgeneigten, Geistesart Jesu, welcher bei aller hochfliegenden Zukunftserwartung, ja bei aller Jenseitigkeit des Schwerpunktes seiner Religiosität doch der Ernst der diesseitigen Lebensaufgaben und die Schaffensfreude nicht abhanden gekommen sind. Vgl. Bousset S. 68: „Jesus wurzelte mit einem starken Theil seines Lebens im Jenseits, er lebte der Ueberzeugung, dass nur noch eine kurze Weile diese Welt weiter ihren Lauf nehmen werde, dass bald der Vorhang sich aufrollen werde, der diese Zeit von der Ewigkeit trenne. Nur muss man sich auch daran gewöhnen, diese überweltliche Stim-

jeder einzelnen ihrer Stationen mehr oder weniger fühlbar wird. Sein sittliches Bewusstsein ist am alttest. Gesetz herangewachsen, und er hat diese Voraussetzung alles seines Denkens und Strebens auch dann nicht verleugnet, ja sie wenigstens nach Mt 5 18 = Lc 16 17 sogar ausdrücklich als absolut verbindlich anerkannt, als er ihr allenthalben zu entwachsen im Begriff war. Nicht minder hat er seine Idee vom Reiche Gottes an dem Muster des alttest. Königthums Gottes herangezogen, ja gerade die spätjüd. eschatologische Wendung dieses Begriffes sich zu eigen gemacht, obwohl sich ihm mittlerweile der Begriff der Theokratie zu dem einer, schon in der Gegenwart still aufblühenden, sittlichen Gemeinschaft ausgeweitet hatte, die alle Volksgrenzen sprengen musste. Speciell hat er sich auch des im AT maassgebenden, die jüd. Religiosität charakterisirenden Lohnbegriffes fortdauernd bedient, trotzdem dass die Vertiefung seines Gottesbegriffes, seine ganze Fassung des religiösen Verhältnisses denselben nicht mehr recht vertrug. Endlich hat er nicht bloss den gegebenen Messiasbegriff aufgenommen, sondern wahrscheinlich auch speciell in die apokalyptische Wolkenhöhe, seine volle Entfaltung und Verwirklichung aber damit in eine wunderbare Zukunft gestellt, obwohl er das Beste und Grösste schon damit geleistet hatte, dass er sein Auftreten als Menschensohn zu einem, Leben und Sterben umfassenden, grossen Werk des Dienstes gestaltete, in dessen nachwirkender Kraft das menschliche Gesellschaftsleben zu einer religiös begründeten Organisation wechselseitigen Liebesdienstes werden sollte.

Nachdem die längste Zeit über selbst die Sachverständigen ihre Aufgabe in der friedlichen Beilegung des Zwiespaltes, in der Beseitigung des beschriebenen Hiatus um jeden Preis gefunden haben, kündigt sich neuerdings ein immer deutlicher werdendes Bewusstsein davon an, dass eine solche Aufgabe gar nicht zu Recht besteht, dass vielmehr die unversöhnte Antinomie die Wirklichkeit selbst ist, dass die

mung Jesu nicht zu verwechseln mit jener weltmüden Stimmung des Judenthums, jenem Herausbangen aus dieser Welt, jener Ueberzeugung von der völligen Unfruchtbarkeit aller diesseitigen Arbeit, jener Herabwürdigung des diesseitigen Lebens zu einem Schattendasein." BALDENSPERGER ²S. 213 (gegen ¹S. 153 f) zwar schreibt mit Bezug auf die Präexistenz, Jesus habe schwerlich gerade nur diese eine der Prärogativen des jüd. Messias nicht in Anspruch nehmen wollen. Aber LOBSTEIN S. 96, 99 f, 103, 113 dürfte hier doch wohl mit Recht den Umweg über die rabbinische Theologie ablehnen. Das Spätjudenthum konnte sich seiner ganzen Situation nach leichter mit dem Präexistenzgedanken befreunden (s. oben S. 61), als Jesus, dessen that- und lebenskräftigem Auftreten man deutlich abmerkt, dass die Arbeit in der Gegenwart nicht der blosse Ausläufer einer vorweltlichen Wirksamkeit war. Für eine grosse Zukunft kann man schwärmen unter voller Entfaltung lebens- und todesmuthiger Thatkraft; anders aber wird Alles, wo man von einer Vergangenheit träumt, die nur am blauen Himmel der Metaphysik hängt.

Verzweiflung der Wissenschaft die unerreichbare Grösse der Thatsache
bedeutet[1]. Der einfache Ausbau eines einzigen Grundgedankens oder
das erfinderische Ausbilden einiger weniger leitenden Motive, worin
das Merkmal des antiken Menschen im Gegensatze zum modernen
Seelenlabyrinth gesucht wird, verleugnet sich freilich im eminent und
rein religiösen Genius am wenigsten. Andererseits liegt die Hauptur-
sache von Complicationen und Widersprüchen gerade in der Thatsache, dass die Religion ebenso sehr als eine allgemein menschliche,
wie als eine speciell und specifisch jüd. Angelegenheit in Betracht
kommt. Wenn jenes antik Einheitliche hier gerade in der Gravitation
aller Geistesfunctionen zur Religion besteht (s. oben S. 123f), so bewährt sich Jesus damit ebenso sehr als ächtester Sohn seines Volkes,
als concentrirter Typus Israel's, wie er zugleich eine allgegenwärtige
und constante Erscheinung des menschlichen Geisteslebens überhaupt
in classischer Weise vertritt. Hat man aus solchem Privilegium der
originalen, das Entlegenste zur Einheit bringenden, Geisteshoheit zunächst logisch entgegengesetzte Aussagen über die Geltung des mosaischen Buchstabens zu begreifen gesucht (s. oben S. 157f), so sieht
man sich doch auch so ziemlich von jedem anderen Punkte des hier
umschriebenen Kreises aus einem ähnlichen Schlussresultate zugetrieben. Einerseits durchweg nationale, örtliche und zeitliche Bedingtheit dieser Gedankenwelt, überall Verwandtschaft und Berührung mit
schon Vorhandenem, daher eine überraschende Menge von Parallelen,
andererseits lauter über diese Schranken übergreifendes Neues,
Schöpferisches; denn Alles ist persönliche Leistung geworden und
wirkt unmittelbar personbildend. Wer will hier sagen, bis wohin das
specifisch Jüdische reicht, wo das allgemein Menschliche beginnt?
Wir haben Beides immer nur in der Zusammenschau gegenwärtig.
Und eben darin lag der singuläre Zauber, welchen die Persönlichkeit
ohne Frage ausgeübt hat, begründet. Hier ist Alles jüdisch und
Alles zugleich so vollkommen und ganz menschlich, dass jegliche
nationale Begrenztheit schon in den Reflexen, welche Jesu Bild im
Bewusstsein des Pls geworfen hat, schwinden konnte vor dem äther-

---

[1] JACOB S. 45: „Es entsteht so streng genommen ein doppeltes Bild Jesu.
Aber ist nicht das Bild eines jeden bedeutenden Mannes so beschaffen?" Wir
machen eine ähnliche Beobachtung bei Betrachtung des paulin. Lehrbegriffes
(s. II, S. 206), nur dass die disparaten Elemente hier sich anders von einander ab-
heben. BOUSSET S. 87: „Aeusserlich sich ganz im Rahmen des Judenthums haltend
ist Jesus innerlich im Unmittelbaren, Unbewussten, viel freier von demselben, hat
sich viel entschiedener losgelöst, als selbst sein grösster Schüler Pls." S. 69: „Diese
harten Gegensätze haben wir ineinander zu denken, ja noch mehr, ihre innere Einheit und gegenseitige Ergänzung zu verstehen." Er verweist S. 66 mit Recht auf
die „vorzügliche und wirklich grosse Betrachtung" bei KEIM I, S. 445, II, S. 99 f.

klaren Glanze, der wie ein Strahl aus Gottes Auge, vor dem belebenden Hauch, der wie aus Gottes Mund selbst kam (s. II, S. 57, 217). Wo man das Alte mit Händen greifen kann, da wandelt es sich plötzlich um zu etwas so noch niemals Dagewesenem, und wo man andächtig, aber scharf dem Neuen auf den Grund sieht, da schwebt dasselbe allmählich wieder in schon bekannte Züge über: ein Krystall, welcher bald die schweren und dunkeln Substanzen, daran er angewachsen ist, die Farbe der Erde, welcher er angehört, durchscheinen lässt, bald das volle Sonnengold im reinsten Aetherglanz wiederspiegelt, je nachdem man ihn hält und wendet. Dies aber entspricht nicht bloss einer allgemeinen anthropologischen Beobachtung[1], sondern ist namentlich auch die Art aller führenden Geister, aller Pfadfinder der Menschheit auf ihren höchsten Aufstiegen. Diejenigen, welche, der so gewonnenen Spur entschlossen folgend, jegliches Dickicht durchbrechen, stehen dann alle wie unter dem Bann des Eindruckes einer neuen Sternbildung. Uralte Weltnebel und junges Licht haben dazu ihren Beitrag geliefert, und das aus so verschiedenartiger Mischung hervorspringende, zu persönlichem Leben erwachte Wunder übt auf die ungezählte Menge derjenigen, die vom Nachbilden, Nachempfinden, Nachdenken, überhaupt aus zweiter Hand leben, eine Art von sanftem, aber unentrinnbarem Zwang aus; sie müssen sich alle an die Aufgabe machen, dieselben Elemente wohl oder übel zur Einheit in sich zu verarbeiten, deren in müheloser Seligkeit erlebte Harmonie das überraschende Ereigniss der Geburtsstunde einer Weltreligion ausgemacht hat.

2. Centrum und Peripherie.

Während frühere Gelehrte Analogien zu Jesu Lehren bei den Classikern gesucht und von hier aus zuweilen auch die Originalität des Christenthums bestritten haben, scheint sich heute ein derartiger Effect eher als Resultat fortgesetzter Vergleichung der rabbinischen Literatur einstellen zu wollen. Christl.[2] und judenchristl.[3] Forscher

---

[1] HAUPT S. 49: „Das geistige Leben jedes Menschen wird durch zwei Factoren bestimmt: einerseits bietet die Aussenwelt ihm unausgesetzt einen Inhalt zur Aneignung dar, andererseits bringt er in seiner angeborenen geistigen Ausstattung einen eigenartigen Resonanzboden mit."

[2] So in Wiederaufnahme der früheren Studien von LIGHTFOOT, SCHÖTTGEN, MEUSCHEN und WETTSTEIN neuerdings A. WÜNSCHE, Neue Beiträge zur Erläuterung der Evglien aus Talmud und Midrasch 1878, BENNET, The Mishna illustrating the gospels 1884, F. WEBER, System der altsynagogalen Theologie 1880[2], Die Lehren des Talmud 1886.

[3] Neuerdings besonders EDERSHEIM, The life and times of Jesus the Messiah 1884, [5]1890 und CHWOLSON, Das letzte Passamahl Christi und der Tag seines Todes nach den in Uebereinstimmung gebrachten Berichten der Synoptiker und

stehen dafür ein, dass Midrasch und Talmud mindestens zu zahlreichen
synopt. Herrnworten Parallelen in Fülle darbieten. Wir haben dies an
den betreffenden Orten anerkannt, und heute hat es den Anschein, als
ob in demselben Maasse, wie die neutest. Forschung die schon oben
(S. 129f) angedeutete, philologische Metamorphose erfahren wird, auf
diesem Gebiete noch manche, vielleicht sehr erhebliche, neue Errungenschaften zu verzeichnen sein werden. Nur ein Bewusstsein, welches nachweisbar seine Nahrung und Ausfüllung aus dem fruchtbaren Mutterboden des zeitgenössischen Judenthums bezogen hat, wird auf die
Dauer des vollen Eindrucks geschichtlicher Realität sicher sein [1]. Wer
das Eingehen auf diese Dinge ablehnt [2], verschliesst sich ein wirklich
geschichtliches Verständniss nicht bloss des Urchristenthums, sondern,
bei consequenter Fortsetzung eines solchen Verfahrens, auch alles
dessen, was sich als Weltanschauung und hl. wie profane Praxis, als
„Christenthum" im weiteren Sinne des Wortes, an Jesu Auftreten angeschlossen hat, aber darum keineswegs ausschliesslich dadurch bedingt
ist. Der noch grössere Schaden aber liegt darin, dass er im Centrum

---

des Evglms Johannis, nebst einem Anhang: Das Verhältniss der Pharisäer, Sadducäer und der Juden überhaupt zu Jesus Christus nach den mit Hilfe rabbinischer Quellen erläuterten Berichten der Synoptiker (Mémoires de l'Académie
impériale des sciences de St. Pétersbourg, Ser. 7. Tom. 41, Nr. 1) 1892, S. 87f:
„Wenn ein nach den moralischen Grundsätzen der agadischen Literatur streng
religiös erzogener Jude, der zugleich mit der letzteren vertraut ist, ohne Vor-
eingenommenheit in den Evglien die Sprüche und Lehren Jesu liest, fühlt er sich
von denselben, so zu sagen, angeheimelt. Nirgends findet er Unbekanntes, dagegen sehr oft wirklich Analoges, häufig wenigstens Aehnliches oder Geistes-
verwandtes mit dem, was er früher in jener Literatur gelesen hat." Aber vgl. dazu
BALDENSPERGER [2] S. 147: „An seiner principiellen, gefühlten, inneren Freiheit vom
Gesetz ist die Originalität Jesu und also auch des Christenthums zu ermessen.
Nicht seine einzelnen Gedanken sind als einzigartig nachzuweisen, wofür Parallelen sowohl in den Classikern als auch im Judenthum zu finden sind." A. HAR-
NACK, Dogmengeschichte I, [3] S. 71: „Es ist nicht schwer, jedem einzelnen Stück
aus der Verkündigung Jesu eine Beobachtung entgegenzusetzen, die ihm seine
Originalität benimmt. Es ist die Person, es ist die That seines Lebens, die neu
sind und ein Neues schaffen." WELLHAUSEN S. 317: „Die jüd. Gelehrten meinen,
Alles, was Jesus gesagt habe, stehe auch im Talmud. Ja, Alles und noch viel
mehr. Wie hat er es nur angefangen, das Wahre und Ewige aus diesem Wust
der Gesetzesgelehrsamkeit herauszufinden? Warum hat es Niemand anders gethan?"

[1] Die im letzten Vierteljahrhundert entworfenen Bilder vom „Leben Jesu"
können davon Jeden überzeugen, der überhaupt solches, was von selbst leben
kann, zu unterscheiden vermag von dem mühsam erzielten Scheindasein, hinter
dem man fortwährend die Häude des nach wohlbekannten, aber immer mehr oder
weniger fragewürdigen, Voraussetzungen dogmatischer oder kritischer, bzw. unkriti-
scher Art arbeitenden Regisseurs der Aufführung thätig sieht.

[2] HAUPT S. 158 meint: „Es muss gebrochen werden mit dem Aberglauben,
es sei die historische Betrachtungsweise, Jesu Aussagen aus denen des gleichzeitigen Judenthums begreifen zu wollen." Das ist wahr und falsch, wie man es
nimmt.

des Christenthums selbst das wirklich Originale, Schöpferische von einer dem zeitgeschichtlichen Milieu angehörigen Vorstellungswelt mit keinerlei Sicherheit zu unterscheiden vermag. Und doch kann der allgemeine und dauernde Ertrag aller bibl.-theol. Studien für Wissenschaft und Leben schliesslich nur darin bestehen, dass man sich der Unabhängigkeit dessen, was Jesus als reines Feuer auf den Altar gebracht hat, das auch seither nicht erloschen ist, sondern unter denkbar grösstem Wechsel der es nährenden Stoffe fortgeglüht hat und auf solche Weise zum nachhaltig wirksamen Princip eines neuen religiösen Lebens der Völker werden konnte, von den national, örtlich, zeitlich bedingten Momenten der jüd. Theologie, der messianischen Legende und der eschatologischen Perspective bewusst werde. Eine solche Scheidung des Centralen und des Peripherischen wird je länger je mehr in der unabweisbaren Consequenz jeder Behandlung der bibl.-theol. Probleme vom geschichtlichen Standpunkte aus liegen; sie wird insonderheit zur Anerkennung einer Bedingtheit der gesammten neutest. Gedankenwelt durch vorangehende und gleichzeitige Vorstellungsreihen zwingen [1].

Im Hinblick auf diese Unterscheidung gewinnt nun aber, was oben (S. 124 f) über das Missliche des Unternehmens, aus der Verkündigung Jesu einen Lehrbegriff herausgestalten zu wollen, gesagt wurde, reichliche Bestätigung, und zwar in einer recht überraschenden Weise. Denn man muss sich gestehen, dass, was noch am Meisten aussieht wie Doctrin und Dogma, eben gerade das aus dem Judenthum Uebernommene, also das Peripherische ist. Gerade so weit jüd. Theologie und Weltanschauung aus den synopt. Reden wieder zu erkennen sind, so weit ist der Inhalt derselben lehrhaft im gewöhnlichen Sinne des Wortes, und eben darum hat ihn unsere Darstellung auch im Voraus dort vorweggenommen, wo von dem System der Synagoge, insonderheit von Schrift und Gesetz (S. 41, 46, 60), von Gott und Welt (S. 48, 50), von Engeln (S. 51 f) und Teufeln (S. 54, 56), vom Wesen des Menschen (S. 55 f) und von den eschatologischen Dingen (S. 72, 79 f) die Rede war. Was dagegen von centraler Bedeutung für die Stellungnahme Jesu zu den religiösen und sittlichen Fragen war, das erwies sich, wie auch schon von vornherein zu vermuthen war (s. S. 125), als im unmittelbareren Zusammenhang mit dem Gang seiner Geschicke stehend und aus den grossen Wendungen seines Lebens erwachsen (s. namentlich S. 317). Die Systeme eines Thomas von Aquino oder eines Calvin lassen sich isolirt darstellen; den Inhalt der Verkündigung Jesu versteht man nur in dem Maasse, als man zugleich in der

---

[1] Vgl. M. Schulze, Zur Frage nach der Bedeutung der hl. Schrift 1894, S. 34 f, 36, 38, 44 f.

Hauptsache über den Gang seines Lebens orientirt ist, und diesen wieder versteht man nur soweit, wie man mit der Eigenart seines persönlichen Wesens vertraut wird[1].

3. Zeitliches und Ewiges.

Durch die unberechenbare, unconstruirbare Macht des persönlichen Genius zusammengehalten, sind hier zwei Factoren unterscheidbar, die sich wie Wesen und Erscheinung, Inhalt und Form, Ewiges und Gewordenes, Neues und Altes zu einander verhalten[2]. Auf der einen Seite liegt eine intensive Vollendung des religiösen Verhältnisses vor in Gestalt dessen, was sich als „Sohnesbewusstsein" schlechthin bezeichnen, weiterhin aber nicht erklären oder ableiten lässt (s. oben S. 269 f). Es bildet die treibende Kraft einer geradlinig fortschreitenden Entwickelung des religiös-sittlichen Charakters. Letzterer leistet hier eine so scharf theilende Arbeit, dass sich an diesem einen Punkte der Zeitgeschichte aus den theol. Zänkereien der Parteien und dem Schulstreit der Gesetzeslehrer ein reicher Ertrag dauernder sittlicher Güter und religiöser Errungenschaften von unabsehbarer Tragweite heraushebt[3]. In dieser, von allem Unreinen und Karikirten geläuterten, jeder Vermittelung durch cultische Weitläufigkeiten und Schwierigkeiten sich entschlagenden, niemals willkürlich erfundene und ausgeklügelte, überall dagegen unmittelbar sittliche Aufgaben stellenden, Auffassung des Verhältnisses zwischen Gottheit und Menschheit liegt der Grund für die nachhaltige Kraft seines Auftretens, der wirksamste Impuls zu den weltgeschichtlichen Leistungen des Christenthums. Sollte es zu solchen kommen, so musste freilich, was in dem Sohnesbewusstsein Jesu als Quellpunkt gegeben war, auch in das Bewusstsein der Anderen eingehen. Alle sollen „Söhne Gottes" werden, wie er „der Sohn" ist (s. S. 171). Das aber kann nur geschehen, wenn jener ideale Inhalt eine ihm irgend entsprechende geschichtliche Form findet, in der er sowohl dem Bahnbrecher der neuen Menschheitswege

---

[1] Sonach lässt sich die „Lehre Jesu" eigentlich auf keine, der Fassung anderweitiger Lehrbegriffe entsprechende, Formel bringen; man kann sie, wie HARNACK I, S. 69 treffend bemerkt, „nicht aussagen", weil ihr ganzer Inhalt „an der Person Jesu empfunden sein will". Die Dogmengeschichte fängt also doch anderswo an, worüber s. II, S. 208.

[2] Erstmalig klar hingestellt durch BAUR, Die Tübinger Schule und ihre Stellung zur Gegenwart 1859, [2]1860, S. 30 f, Das Christenthum der drei ersten Jahrhunderte S. 35 f.

[3] WELLHAUSEN S. 351: „Er stösst das Zufällige, Karikirte, Abgestorbene ab und sammelt das Ewiggiltige, das Menschlich-Göttliche in dem Brennspiegel seiner Individualität." Um Durchführung obiger Unterscheidung bemüht sich auch SCHWARTZKOPFF S. 7.

selbst sich darbietet, als auch für die Zeitgenossen greifbar und fasslich wird. Jede ewige Wahrheit, die gleichsam Fleisch werden, geschichtlich wirken soll, bedarf hierzu zugkräftiger Losungs- und Schlagwörter. Nur so kann sie auf der Bahn einer geschichtlichen Entwickelung, eines sittlichen Werdens, eintreten in das allgemeine Bewusstsein. Diese Vorstellungsform nun, in welcher Jesus sein Sohnesbewusstsein als Kind seiner Zeit besass, war der jüd. Messiasbegriff[1]. Nicht also, als hätte sich Jesus, während der Schwerpunkt seiner persönlichen Ueberzeugung auf der anderen Seite lag, in diesen Rahmen des Messiasbildes irgendwie hineingezwängt[2]. Ohne alles eigene Zuthun sah er sich vielmehr in denselben hineingestellt, und zwar in gleichem Maasse, wie er sich seiner persönlichen Kraftausrüstung, seiner religiösen Ueberlegenheit und der darin begründeten Mission bewusst wurde (s. S. 241f). Wenn Jesus sich zur Verwirklichung des Messiasideals gesandt wusste, so musste dieses Ideal selbst bei der geistigsten Auffassung doch sicherlich immer noch ein greifbares Maass von volksthümlicher Bestimmtheit an sich tragen. Hier zumeist liegt das national und zeitlich bedingte Moment im Selbstbewusstsein Jesu. Mit der Frage, wie Jesus dazu kommt, sich gerade als Messias zu bezeichnen, verhält es sich demnach nicht viel anders, als wie wenn man frägt, warum der Hellenist Pls, um seiner eigensten Anschauung vom Wesen Jesu zu genügen, nach der Idee vom zweiten Adam greift, oder warum das ephesinische Evglm die Logosidee herbeizieht, um einem gleichen Bedürfnisse zu genügen. So einzig geartet das Selbstbewusstsein Jesu war, so bedurfte es gleichwohl einer geschichtlichen Form, eines kurz aussprechbaren Namens, um sich darin sowohl selbst zu erkennen und gegenständlich zu werden, als auch für die Umgebung erkennbar, ein Gegenstand ihres Wahrnehmens zu werden[3]. Sein Messiasthum war demnach die geschichtlich gebotene, die unvermeidliche Anschauungsform, in welche sich für

---

[1] MARIANO, Gli evangelii sinottici 1896, S. 151: „Ci fu qui una profonda necessità, la necessità del nesso e della continuazione storica, alla quale il Cristo stesso, in quanto appare nel mondo e in quanto vuol parlare ad uomini ed agire su di loro, non sa nè può non sottomettersi."
[2] Mit vollem Recht sagt STRAUSS I, S. 290, „dass bei einer Persönlichkeit von so unermesslicher geschichtlicher Wirkung, wie sie bei Jesus vor Augen liegt, von Anbequemung, von Rollespielen, gleichsam von irgend einem leeren, nicht mit der treibenden Idee ausgefüllten, Raume im Bewusstsein nicht die Rede sein kann, dass bei einer solchen Persönlichkeit jeder Zoll Ueberzeugung gewesen sein muss". Aehnlich HAUPT S. 55f, JOH. WEISS, Die Nachfolge Christi und die Predigt der Gegenwart S. 38.
[3] Auch nach HARNACK I, S. 58 hat Jesus, wenn er vor seinen Jüngern, dann auch vor weiteren Kreisen als Messias auftritt, „damit seiner bleibenden Bedeutung für sie und für sein Volk einen verständlichen Ausdruck gegeben".

seine Vorstellung der Erfahrungsgehalt seines religiösen Lebens, also
sein Sohnesbewusstsein gekleidet hat[1].

Wie das messianische Moment, unter dessen Voraussetzung die
Gestalt des nazarenischen Propheten zunächst verstanden sein will,
dem jüd. Vordergrund der evangel. Geschichte angehört, so entspricht
das menschheitliche, höhere dem internationalen Weltbewusstsein des
Imperiums und der röm.-griech. Philosophie, welche den universalen
geistigen Hintergrund dazu bildet[2]. In der That steht der „Menschensohn“ schon seit Dan in einer gewissen Parallele zur griech. Menschheits-
idee (s. oben S. 282), und die Verähnlichung mit Gott berührt sich mit
platonischen Motiven (s. oben S. 173). Aber direct nachweisbaren Einfluss hat doch weder röm. Staatsleben, noch griech. Wissenschaft auf
Jesus ausgeübt, und die weltbürgerlichen Gedanken, welche damals
durch die Volksgeister hinziehen (Arrian-Epiktet II 10 9)[3], machen kein
quellenmässig bezeugtes Moment seines Geisteslebens aus. Aber zur
„Fülle der Zeiten“ Gal 4 4 gehört ohne Zweifel auch diese, auf dem
allgemein ökumenischen Boden sich vollziehende und wenigstens den
jüd. Hellenismus berührende, Vorbereitung. Jesu „Sohnesbewusstsein“
reifte unter den gleichen Constellationen und in der gleichen Atmosphäre mit den Welt- und Menschheitsgedanken der Stoa und den
übrigen Erkennungszeichen, welche die auf griech.-röm. Culturboden
und bald auch im einheitlichen Weltreich sich zusammenfindenden Völker sich gegenseitig gaben[4]. Nur was von diesem grossen Strom der
Weltgeschichte aufgenommen werden konnte, wurde weitergeschwemmt
und vielfach als fruchtbares Erdreich auf den entferntesten Gestaden
abgelagert.

---

[1] LIPSIUS [3]S. 458: „Der in die geschichtliche Form der jüd. Messiasidee
hineingelegte Gehalt des persönlichen Selbstbewusstseins Jesu ist das Bewusstsein seiner Gottessohnschaft in rein religiösem, aber zugleich einzigartigem Sinne
des Wortes.“
[2] Vgl. W. DILTHEY, Archiv für Geschichte der Philosophie VI, 1893,
S. 370 f; dazu HC IV, [2]S. 149. P. DE LAGARDE, Deutsche Schriften 1886, S. 298:
„Vierzehn Jahrhunderte haben an der christl. Religion gebaut. Sie ist nicht das
Werk einer einzigen Person, nicht das alleinige Werk Jesu, sondern das Ergebniss vieler Bemühungen vieler Menschen und Völker. Sie ist in gewissem Sinne
positiv vorbereitet durch den Israelitismus, negativ ganz sicher vorbereitet durch
das Judenthum, sie ist veranlasst durch die einzige Persönlichkeit Jesu von Nazareth, weiter gebildet durch die Auffassung, welche diesem Jesus, sowohl seiner
Person wie seinem Geschicke, in den Gemüthern der Menschen wurde: sie ist
wesentlich eine That des röm. Kaiserreiches und der in ihm vereinten Nationen.“
[3] Vgl. auch RITSCHL, Unterricht in der christl. Religion § 10.
[4] Daher man jetzt auch von jüd. Seite hören kann, das Christenthum habe
gar keine Verwandtschaft mit Pharisäismus und Rabbinismus. Vgl. FRIEDLÄNDER
S. 160: „Der wahre Geist der Sekte kam ganz wo anders her“, „er kam von der
jüd. Diaspora herbeigeweht“.

Die erste Christenheit siedelte sich ganz in jenen Regionen an, wo
die Gedankenwelt Jesu sich von der alten, überkommenen, aus der sie
herausgewachsen ist, nur in unvermerkten Uebergängen abzuheben beginnt. Aber alle reformatorischen Geister suchen ihre Unsterblichkeit
nicht auf den Punkten, wo sie freiwillig oder unfreiwillig ihre Herkunft,
ihre Vergangenheit, ihre Abhängigkeit bekennen, sondern allein da, wo
ihrer schaffenden Werdelust Eigenes und Eigenstes, darum auch Neues
und Belebendes, vor Allem auch wirklich Aneigenbares für alle diejenigen entspriesst, welche, anstatt bloss die auf dem Erdboden hinterlassenen Fussstapfen weiter auszutreten, von dem überirdischen Flügel-
schlag des Genius berührt sind. Hier liegt also beispielsweise die
Berechtigung, das gegenwärtige, das den Gesetzen alles sittlichen
Werdens und Wachsens sich fügende Reich als den die Mitte der Gedankenwelt und der Lebensarbeit Jesu füllenden Gedanken abzulösen
vom endgeschichtlichen Reich, welches den Ausgangs- und Schlusspunkt des Ganges bildet, den die geschichtlich bedingte Vorstellung
vom Himmelreich genommen hat[1]. Die Geschichte der Religion wie
diejenige der Ethik werden in gleicher Weise die Synthese beider
Mächte, wie Jesus sie geschaffen hat (s. oben S. 173f), als die Epoche
aller Epochen verzeichnen. Auch schon rein culturgeschichtlich betrachtet, liegt die Haupterrungenschaft in der Umsetzung des Gottes-
dienstes in Menschheitsdienst, in der Vergleichgültigung der religiösen
Praxis neben dem sittlich gehaltvollen, wenn auch stets religiös motivirten, Handeln (s. oben S. 175). In dieser Richtung bildet die reformatorische Lehre von dem irdischen Beruf, d. h. die grundsatzmässige Einführung des Christenthums in die Welt, die geradlinige Fortsetzung des
Evglms Jesu, und Manches, was in der Neuzeit rein weltliche Sorge
zu sein scheint, liegt auf derselben Linie. Ihre eigentliche Unsterblichkeit schäumt aber der Gedankenwelt, welche Jesus erzeugt und
der Menschheit geschenkt hat, nicht aus dem ruhelosen Wogenschlag

[1] Vgl. Joh. WEISS, Die Predigt Jesu S. 61f, Die Nachfolge Christi S. 38:
„Indem er bei seinen Jüngern die Ueberzeugung durchsetzte, dass die Busse und
Gerechtigkeit und die Gotteskindschaft nicht nur zeitlich, sondern auch dem
inneren Werthe nach vorangehen müssen, hat er die zeitgeschichtlichen Ideen,
an welche auch sein Denken gebunden war, entwerthet und als Schalen eines unvergleichlich edleren Kernes erwiesen. Das erkennen wir jetzt nachträglich. Dem
Historiker aber ist es nicht erlaubt, zu sagen, dass es auch für Jesus nur gleichgültige Schalen gewesen seien." P. W. SCHMIDT, Christenthum und Weltverneinung
1888, S. 30f: „In diesem Reiche also, welches eine religiöse Gottesgemeinschaft
mit sittlicher Abzweckung ist, gilt keine Andacht, die nicht in sich selbst den
Trieb hätte, fruchtbar zu werden für die Heiligung unseres Weltlebens; gilt kein
frommes Gefühl, das nicht unmittelbar rückwirken wollte auf die sittliche Ausgestaltung der irdischen Wirklichkeit; gilt keine Liebe zu Gott, die sich nicht
bewährte als Liebe zu den Brüdern."

des Welt- und Culturlebens, sondern aus dem Kelche eines Geisterreiches, darin, ohne directe Betheiligung der Cultur und vielfach im
harten Kampfe mit der Natur, volles persönliches Dasein unmittelbar
aus dem tiefsten Grunde aller schöpferischen und erhaltenden Kräfte
aufquillt [1].

Eben darum steht als constanteste Grösse unter den tausenderlei verschiedenartigen Elementen, welche den Bestand dessen bedingen,
was jeweils Christenthum hiess, die Persönlichkeit Jesu selbst. Was
an dieser die unmittelbaren Zeitgenossen hatten, deckt sich zwar
keineswegs sofort und einfach mit dem Gegenstande der apostol. Predigt oder gar mit dem auf der Kirchenfahne im Triumph durch die
Weltgeschichte getragenen Christusbild. Die ersten und grundlegenden Eroberungen machte offenbar die unwiderstehlich hinreissende
Einfachheit des sittlichen Genius, welcher in ebenso königlichem wie
kindlichem Gefühl seiner Ueberlegenheit aller herkömmlichen Kunst-
stücke und Kraftproben der gleichzeitigen Virtuosen der Frömmigkeit
spottet, die Religion des gottseligen Exercitiums mit dem Odem seines
Mundes, welchem auch niemals das rechte Wort mangelt, über den
Haufen weht, mit dem Hauch seines Geistes reflexions- und mühelos
einen Flor sittlicher Schöpfungen hervorruft, der selbst bei sehr frag-
mentarischer und missverständlicher Ueberlieferung noch heute strahlt,
wie am ersten Tage [2]. Aber so, wie diese Persönlichkeit auf alle weiteren Kreise und nachfolgenden Generationen wirkte, wie sie zum Gegenstande der Verkündigung schon im apostol., ja des Cultus schon
im nachapostol. Zeitalter geworden ist, wie sie der christl. Glaubenslehre als Mittelpunkt einer Geschichte, die nicht mehr bloss im jüd.
Lande, sondern im Himmel und auf Erden und zwischen Himmel und

---

[1] TROELTSCH, ZThK 1896, S. 202: „Die Seele wird hier überall zunächst
entzweit mit der Welt, wie sie ihr ohne Weiteres vorliegt, und mit ihrer eigenen
Natur, wie sie in sich sie vorfindet. Sie muss ihren eigentlichsten Kern erst gewinnen und herausarbeiten, indem sie aus ihrem alten natürlichen Zustande sich
zu Gott leiten lässt. Einmal aber fest in Gott begründet, erlangt sie eine Widerstandskraft und Ueberlegenheit gegenüber der Natur, welche ihr die Kraft gibt,
aus diesem neuen Kerne heraus Welt und Leben zu gestalten, wie es dem höheren,
neuen Ideal gemäss ist. Man hat nicht mit Unrecht gesagt, dass hier erst im
Gegensatz zur blossen sich selbst geniessenden Individualität und zur schrankenlos
begehrlichen und beweglichen Subjectivität die Persönlichkeit entstanden sei, als
das Bewusstsein um einen besonderen ewigen Halt der Seele im Weltgrund, der
erst in tiefster und eigenster Anstrengung gefunden wird, der ihr aber zugleich
eine unaufhebbare Unterscheidung von aller Natur und eine eigenthümliche sittliche Ueberlegenheit gegen sie gewährt. Das ist vielleicht der tiefste Unterschied,
der uns von der Welt des Alterthums trennt.“
[2] Vgl. die trefflichen Ausführungen WELLHAUSEN's S. 345, 348f, 351: „Der
Geist steht ihm zu Gebote, die Empfindungen und die Worte stellen sich ungesucht ein, und in jeder Aeusserung steckt der ganze Mensch.“

Erde spielt, erscheint, wird sie aus den synopt. Evglien allein keineswegs schon begreiflich [1]. Dazu bedarf es eines neuen Zuwachses, wie ihn erst die Kenntnissnahme von der weiteren Literatur des NT an die Hand gibt. Wir wenden uns daher zunächst hinüber zu einem zweiten Werke des Autor ad Theophilum, zugleich aber auch zu den synopt. Evglien, sofern sie nicht bloss als Geschichtsquellen, sondern auch als Andachts- und Lehrbücher in Betracht kommen.

Drittes Kapitel: Die theologischen Probleme des Urchristenthums.

1. Primitives Christenthum.

Ueber den Anfängen der christl. Gemeinschaftsbildung, wie über den ersten Ansätzen zu einer gemeinchristl. Gedankenwelt liegt ein dichter Schleier, welcher nur wenige Punkte deutlich unterscheidbar werden lässt. Im Vergleich mit dem dargestellten Inhalte des Selbstbewusstseins des Stifters und dessen folgerecht fortschreitender Entfaltung bietet sich, wo jener Schleier einigermaassen durchsichtig wird, das Bild einer von hinten, d. h. von den letzten Ausläufern jener Linie anhebenden, die Gedanken des Meisters gleichsam regressiv aufwickelnden Nachwirkung. Den Ausgangspunkt bildet demnach unter den beiden unterschiedenen Factoren des Bewusstseins Jesu (S. 344f) fast ausschliesslich der jüdisch-nationale (s. oben S. 347). In dieser Erkenntniss, wornach die erste Jüngergemeinde hinter dem vorgeschobenen Standpunkte, den Jesus selbst erreicht hatte, zunächst zurückgeblieben ist, fasst sich fast alles Sichere zusammen, was über

---

[1] M. KÄHLER, Der sog. historische Jesus und der geschichtliche bibl. Christus 1892, [2]1896, der S. 55 aus den Evglien den Eindruck empfängt, „als bewegte man sich in der geschichtslosen Zeit der Patriarchen", ist der gesammten Literatur über das „Leben Jesu" gründlich abhold und meint, der wirkliche Christus sei der gepredigte Christus, d. h. der in der apostol. Gesammtverkündigung, in der kirchlichen Ueberlieferung und Glaubenslehre, der Andacht der Christenheit ausgewachsene Christus, wie ihn die lückenhafte und widerspruchsvolle Art der Geschichtsquellen keineswegs allein zu verbürgen vermöge. Damit ist eine an die Theologie überhaupt herangetretene Schicksalsfrage berührt, zu deren Beschwörung schwerlich genügen wird, was ja an sich nicht ohne guten Grund B. WEISS, Das Evglm und die Evglien 1894, S. 17 versichert: „Wenn es Gott gefallen hätte, uns keine anderen Urkunden über den Anbruch der Heilszeit zu hinterlassen, als die apostol. Briefe, unser Glaube wäre darum kein anderer geworden, als er heute ist." Als Gegengewicht dazu vgl. E. HAUPT, Zum Verständniss des Apostolats im NT 1896, S. 141: „Wir sind gar nicht mehr im Stande, uns vorstellig zu machen, wie verkümmert und verkrüppelt unsere christl. Anschauung sein würde, wenn wir die Evglien nicht hätten."

urgemeindliches, primitives, speciell jerusalemisches Christenthum gesagt werden kann [1]. Wie die Dinge einmal liegen, kann vorpaulin.
Christenthum nur construirt werden theils auf dem Wege von Rück-
schlüssen aus Evglien und Pls-briefen, theils auf Grund einer an Act
geübten Quellenkritik, wie eine solche zwar in regen Fluss gekommen,
aber noch keineswegs zu fassbaren und einigermaassen anerkannten
Resultaten herangediehen ist [2]. Halten wir uns aber an letzteres Werk
auch nur, wie es jetzt vorliegt, so gewinnen wir von der ersten Jüngerschaft Jesu keine andere Auffassung, als die, dass sie die Einheit mit
der alten Gottesgemeinde durchaus gewahrt, sich im Rahmen des
Judenthums und seiner rechtlichen Ordnungen gehalten und kein Bewusstsein davon gehabt hat, etwas grundsatzmässig Verschiedenes,
etwas Neues zu sein. Die ersten Gläubigen betrachten sich einfach
als Juden, beobachten die jüd. Gebetsstunden 2 46 3 1 5 42 10 9, die
pharisäischen Fastengebote 10 30 (?) 13 2 3, die Speisegesetze 10 14, die
Nasiräatsordnung 21 23, selbstverständlich auch das Gesetz der Beschneidung 15 5; sie nehmen am nationalen Gottesdienste Theil 19 21
20 6 16 und bringen sogar levitische Opfer 21 26. Wie es scheint, gewöhnte
man sich in Jerusalem allmählich daran, dass neben so manchen anderen
Sonderrichtungen, die schon bestanden, eine kleine Anzahl von Volksgenossen sich mit dem Gedanken trug, die messianischen Weissagungen
seien zum Theil schon erfüllt, zum Theil ihrer Erfüllung ganz nahe [3].

---

[1] STRAUSS I, S. 275 bemerkt im Anschlusse an die Erwähnung der Verurtheilung Jesu: „Der Schrecken über diese bewirkte dann, dass seine Anhänger
die gefährliche Stellung, die ihr Meister eingenommen hatte, verliessen und um
mehrere Schritte zurückwichen, was um so leichter anging, als von den Aposteln
keiner, selbst nach unseren jetzigen Berichten, den Sinn Jesu ganz erreicht hatte.“
„Um so mehr hielten sich fortan die Judenapostel und Judenchristen in Jerusalem und dem übrigen Palästina auf jener Linie, die nicht nur geschützter, sondern auch ihrer Fassungskraft angemessener war.“ SCHÜRER, Die ältesten Christengemeinden im röm. Reich 1894, S. 4 f: „Daraus erklärt es sich, dass schon die älteste
Gemeinde bald wieder von jener idealen Höhe der sittlichen Anschauung herab-
geglitten ist. Die Gläubigen, die nicht mehr unter dem unmittelbaren Eindruck
des Meisters gestanden hatten, vermochten nicht den Geist seiner Verkündigung festzuhalten.“ TITIUS S. 172: „Es ist von vornherein durchaus nicht unwahrscheinlich, dass die Urgemeinde sich auf der Höhe seiner geistigen Freiheit
nicht hat erhalten können.“
[2] Vgl. Lehrbuch der Einleitung, [3]S. 394 f. Seither besonders noch C. CLEMEN,
Die Chronologie der paulin. Briefe 1893, S. 58 f, 97 f, StKr 1895, S. 297 f und
J. JÜNGST, Die Quellen der Apostelgeschichte 1859, welcher darin S. 198 f, 206 f,
212 f in biblisch-theologischer Beziehung drei Standpunkte unterscheiden will.
[3] BAUR, Pls I, S. 40 f. E. ZELLER, Vorträge und Abhandlungen I[2], 1875,
S. 238: „Diese ältesten Christen wollten nichts Anderes sein, als messiasgläubige
Juden: der Satz, dass Jesus der Messias sei, war der einzige Lehrsatz, durch
den sie sich von ihren Volksgenossen aus der pharisäischen oder essenischen Sekte
unterschieden.“ SCHÜRER S. 4: „Die ersten Gemeinden in Palästina waren nur

Im Uebrigen kam ihnen, nachdem erste Verfolgungsstürme sich ver-
zogen hatten, auf die Dauer zu Gute, dass man sie für fromme und
gesetzeseifrige Leute halten musste (z. B. Ananias Act 22 12). Nannte
man doch ihren späteren Führer geradezu den „Gerechten" (Hegesippus bei Euseb. KG II 23 7), und traten doch, als dieser dem Hasse
der Sadducäer (feindlich auch Act 4 1 5 17 34 23 6) zum Opfer gefallen
war, gerade die „milde Denkenden und streng Gesetzlichen" unter den
Juden (Jos. Ant. XX 9 1, auch bei Euseb. KG II 23 21—24), also die
Pharisäer (Jos. Ant. XIII 10 6 XVII 2 4), als seine Rächer auf. Insofern kann man den Charakter der Urgemeinde, wenigstens nach dem
Bilde, welches sie um die Mitte des 1. Jahrh. gewährt, als einen
pharisäisch-judenchristlichen kennzeichnen (Act 15 5 τινὲς τῶν ἀπὸ τῆς
αἱρέσεως τῶν Φαρισαίων πεπιστευκότες, 21 20 πάντες ζηλωταὶ τοῦ νόμου)[1].
Im Uebrigen war es die Gemeinde des erfüllten, bzw. sich erfüllenden
Messianismus. Die eschatologische Wendung des Messianismus, wie
sie sich am Schlusse der Verkündigung Jesu stärker als zuvor geltend
gemacht hat, musste dem davidisch-nationalen Charakter der erhofften
Reichsherrlichkeit wieder lebhaftere Färbung und neue Zugkraft verleihen. Darüber vergass man, dass Jesu Lebenswerk, als Ganzes und
auf seiner Spitze aufgefasst, geradezu einen Bruch mit jenen populären Idealen darstellte.

Gleichwohl fehlte es nicht an latenten Kräften, welche im Unter-
grunde dieses primitiven Gemeindebewusstseins einer anderen Richtung zutrieben. Jedenfalls lässt die vermittelnde und schwankende
Haltung, welche Gal 2 9—12 Pt noch etwa 20 Jahre nach Jesu Tod
zwischen Jerusalem und Antiochia einnahm, erkennen, wie man am
Ursitze des Christenthums keinesweg ganz verlassen war von dem Gefühle, als ob alle jene rituellen und asketischen Forderungen, an welche
sich der Rest pharisäischer Heuchelei angesetzt hatte, für die höhere
Gerechtigkeit des Himmelreichs belanglos sein müssten. Das stimmt
zu der Voraussetzung, dass Jesus den Seinigen zwar den Geist der
Gesetzesinnerlichkeit hinterlassen, sie demgemäss mehr prophetisch, als

---

kleine Sonderkreise innerhalb des Judenthums. Was sie von den übrigen Juden
unterschied, war der Glaube, dass in Jesus von Nazareth der verheissene messianische König erschienen sei, der die Herrschaft Gottes in seinem Volke zur Wahrheit und Wirklichkeit machen, aber damit die Sünde und das Uebel aufheben und
einen Zustand innerer und äusserer Seligkeit herbeiführen werde." Auch C. CLEMEN
StKr 1895, S. 346 weist der Urgemeinde „die Stellung einer innerjüdischen αἵρεσις"
zu. Eine nicht ausser Auge zu lassende Ergänzung dazu bietet das oben weiter
Bemerkte; vgl. auch HAUSRATH II, S. 314, MARIANO S. 156.

[1] REUSS, Geschichte der hl. Schriften AT, [2]S. 715f. Anders WEIZSÄCKER
S. 23, 59, 344.

nomistisch erzogen[1], gleichwohl aber mit keinerlei Mahn- oder gar
Befehlswort von dem väterlichen Brauch und der gesetzlichen Cultussitte losgerissen hatte (s. oben S. 151, 158).

In allem Uebrigen lässt sich ein sehr erkennbares Zurücktreten,
ja zeitweiliges Verlorengehen wesentlicher Grundgedanken der Verkündigung Jesu kaum in Abrede stellen. Der Name „Vater" kommt
Act 1 4 7 2 33 von Gott mit Beziehung auf die Sohnschaft Jesu, nirgends im Sinne von Mt 5 48 = Lc 6 36, überhaupt abgesehen von jenen
3 Stellen im Eingang von Act später gar nicht mehr, der Menschensohn nur einmal 7 56 (s. oben S. 248) vor. Das Reich Gottes endlich
wird nur als allgemeiner Inhalt aller christl. Verkündigung genannt
(diese betrifft 1 3 8 12 19 8 τὰ περὶ τῆς βασιλείας τοῦ θεοῦ, dazu 20 25
28 23 31, auch das synopt. εἰσελθεῖν εἰς τὴν βασιλείαν 14 22)[2], überdies 1 6
unter dem Gesichtspunkt nicht bloss eines eschatologischen, sondern
auch speciell eines nationalen Interesses (s. oben S. 225 und im Gegensatze dazu S. 227). Jedenfalls wären wir ohne die Evglien über die
durchschlagende und weittragende Bedeutung, welche diesem Begriffe
für die richtige Erfassung des urchristl. Evglms zukommt, kaum noch
unterrichtet[3]. Allen Anzeichen nach ist das Reich für die apostol. Gemeinde einerseits zu einer geschichtlichen Erinnerung an das Leben
Jesu, andererseits zu einem rein eschatologischen Artikel, zum zusammenfassenden Ausdruck für alle unabkömmliche Zukunftsordnung
im Sinne zeitlicher, mehr und mehr aber auch örtlicher Jenseitigkeit
(s. II, S. 281) geworden.

2. Die Anfänge der Christologie.

1. Anknüpfung an das Selbstzeugniss.

Liegt in dem Verluste des nicht mehr erschwinglichen, gegenwärtigen Reichsgedankens eine unleugbare Einbusse an religiösem
und sittlichem Werthgehalte vor, so entschädigte man sich durch ge-

---

[1] Nach HOLSTEN, Die drei ursprünglichen, noch ungeschriebenen Evglien
1883, S. 42 „hatte der Messias in der ursprünglichen Messiasgemeinde den Geist
der Gesetzesinnerlichkeit und der Gleichgültigkeit gegen alle äusseren Gesetzes-
formen geweckt", welchem S. 24, 46 namentlich Pt etwa 20 Jahre lang auch treu
geblieben ist. Die synopt. Evglien nach der Form ihres Inhaltes 1885, S. 162:
„Es lebte in diesem ursprünglichen Evglm des anfänglichen Führers der Urapostel
wohl etwas vom Geiste Jesu, seiner Innerlichkeit und Freiheit; aber der Geist
Jesu lebte hier nur als Thatsache fort, nicht als Kraft, er lebte gebunden durch
das noch jüd. Bewusstsein." Protest. Kirchenzeitung 1889, S. 368: „In den Gemüthern dieser Judenchristen lebte mit einem Ausstrahl aus dem Geiste Jesu
das ideale Judenthum der Propheten, der Psalmsänger, des Deuteronomiums
innerhalb der Lebensformen des geschichtlichen Judenthums."
[2] TITIUS S. 179.
[3] Vgl. KRAUSS S. 163, 170, 172, 184 und WENDT II, S. 577.

steigerte Anschauungen von der persönlichen Würde und Macht dessen, welcher nur zu dem Zweck von den Seinigen geschieden war, um ihnen das Reich vom Himmel her zu bringen und sich zugleich selbst als dessen Herrn und König zu offenbaren [1]. War nämlich in der Verkündigung Jesu noch Gott selbst der König (s. oben S. 161), das Reich demnach wirklich ein Gottesreich gewesen, so wurde nunmehr aus Letzterem ein Christusreich Mt 13 41 16 28 20 21 Lc 23 42, Christus selbst also der auf dem Thron der Herrlichkeit sitzende König Mt 25 31 34 40 [2]. Auf dem Uebergang zwischen beiden Anschauungsweisen steht das Wort Lc 22 29 30, wornach er den Jüngern das Reich „vermacht", wie der Vater es ihm „vermacht", d. h. ihm die Anwartschaft darauf gegeben hat, so dass also sein Reich in einer gleichen Antheilnahme an Gottes Regiment besteht, wie andererseits die Jüngergemeinde an seiner Herrschaft theilnehmen wird Mt 19 28 [3]. Während endlich bei den Snptkern sein Königthum überhaupt noch mit seiner künftigen Herrlichkeitserscheinung begründet wird, ist er Joh 18 36 schon jetzt ein König und 18 37 die übersinnliche, ewige Wahrheit sein Reich. So ist das „Evglm vom Reich" zum „Evglm von Christus" geworden und will Letzteres wieder zur christologischen Dogmatik werden.

Keineswegs waren dies übrigens rein willkürliche Verschiebungen im Gesichtsfelde der Phantasie, sondern es entsprach eine derartige, schon auf dem Wege zur Vergottung befindliche, Werthung der Person des Stifters als eine, unter den gegenwärtigen Verhältnissen unausbleibliche, Leistung des religiösen Erkennens dem sittlichen Impulse, welcher mit und in den unverlierbaren Erinnerungen an die geschichtliche Grösse Jesu gegeben war. Was in seiner Verkündigung erst in zweiter Linie auftritt, die Hinweisung auf eine eigenartige Wiederherstellung seiner Person, das ist jetzt das Erste, ist Ausgangspunkt für alle weiteren, zuletzt in den grossen Gang der

---

[1] A. Harnack I³, S. 42: „Die Entstehung einer messianischen Hoffnungslehre, innerhalb welcher der Messias kein Unbekannter mehr war, sondern Jesus von Nazareth, ist neben der neuen Gesinnung und Stimmung der Gläubigen ein unmittelbarer Erfolg des Eindrucks der Person Jesu gewesen." S. 77: „Was man wirklich besass, war das Bild Jesu und die Kraft, die von ihm ausgegangen war; was man erwartete, erwartete man nur von Jesus, dem Erlösten und Wiederkehrenden. So musste die Predigt, dass das Himmelreich nahe herbeigekommen, zu der Predigt werden, dass Jesus der Christ sei und dass alle Offenbarungen Gottes in ihm ihren Abschluss gefunden haben."

[2] B. Weiss zu Mt, S. 447.

[3] H. Schultz, Gottheit Christi S. 385 f bezeichnet dies als eschatologische Auffassung der Gottheit des Christus, S. 388 bestehend in „Theilnahme an Gottes weltregierender Allmacht."

Dogmengeschichte einmündenden, Gedankenreihen geworden[1]. Der Eindruck seiner Person in ihrer Geistesmacht erwies sich als das Entscheidende[2].

Der kostbarste Schatz, welchen Jesus den Seinigen hinterlassen hatte, stellte ihn in ein Licht, welches das im pharisäischen Rahmen gebotene Bild eines Gottes, dessen höchste Leistung der Pentateuch mit seinen 613 Geboten gewesen sein sollte, thatsächlich weit überstrahlen musste[3]. Mit der durch seinen Tod in Frage gestellten Leistung seines Lebens war für eine so entschlossen an seinem unbedingten persönlichen Werth festhaltende Gemeinde Gott selbst in Frage gestellt, mit seiner Auferstehung das zuvor verdunkelte Angesicht Gottes selbst wieder hell geworden. Der Weg war geebnet, welcher zum Himmelsthron führte.

2. Anknüpfung an die Weissagung.

I. Tod.

Zu Lehrbildungen, welche die Person Jesu zum Gegenstande haben, ist es gekommen, weil an die Gemeinde die Aufgabe herantrat, die Auseinandersetzung mit dem Judenthum, in welcher Jesu Leben verlaufen und zu einem tragischen Endabschluss gekommen war, wieder aufzunehmen und zur Erledigung zu bringen. Der Widerspruch, in welchen Lehre und Wirksamkeit, Leben und Tod dieses Messias mit dem überkommenen Messiasideal getreten war, musste früher oder später zur Ablösung der Messiasgemeinde vom theokratischen Verbande führen. Indem er selbst diesen Widerspruch gegen das jüd. Ideal stark betonte und dennoch den messianischen Anspruch festhielt, hat er seine Jüngerschaft genöthigt, entweder diesen Anspruch auch ihrerseits nachträglich aufzugeben und damit ihre eigene Sache zu verlassen oder aber das Messiasprogramm in seinem Sinne

---

[1] HARNACK I, S. 79: „Endlich forderte das Selbstzeugniss Jesu dazu auf, sein Verhältniss zu Gott dem Vater und die Voraussetzungen desselben zu erwägen und sie in fasslichen Sätzen zum Ausdruck zu bringen."

[2] HAUSRATH II, S. 298. O. PFLEIDERER, Religionsphilosophie auf geschichtlicher Grundlage[3], S. 258. WELLHAUSEN S. 350: „Thatsächlich ging der Eindruck seiner Person über den Eindruck seiner Lehre hinaus."

[3] BAUR, Christenthum der drei ersten Jahrhunderte S. 86: „Wie bald wäre Alles, was das Christenthum Wahres und Bedeutungsvolles lehrte, auch nur in die Reihe der längst verklungenen Aussprüche der edlen Menschenfreunde und der denkenden Weisen des Alterthums zurückgestellt worden, wenn seine Lehren nicht im Munde seines Stifters zu Worten des ewigen Lebens geworden wären." HARNACK I, S. 73: „Es gab keine Hoffnung, die nicht in ihm versichert, keinen hohen Gedanken, der nicht in ihm zu lebendiger Wirklichkeit geworden schien. So wurde ihm Alles dargebracht, was man besass; er war alles Hohe, was man sich erdenken konnte."

umzugestalten und darüber mit dem Judenthum zu zerfallen[1]. Von selbst wären sie auf diesen letzteren Weg nicht gerathen. Umgekehrt wären sie vielmehr, wofern es nur möglich gewesen wäre, das officielle Verwerfungsurtheil über ihren Messias rückgängig zu machen, um so bereitwilliger zur völligen Rückkehr in die alte Gemeinde gewesen, als sie dieselbe mit Wissen und Willen eigentlich noch gar nicht verlassen hatten. Demgemäss wurden sie jetzt auch nur wider Wissen und Willen zum Bruch mit derselben getrieben.

Der Gedankenprocess, durch welchen eine solche Bewegung bereits im Bewusstsein der Urgemeinde eingeleitet wurde, nahm also seinen Ausgangspunkt vom „Aergerniss des Kreuzes" Gal 5 11 I Kor 1 23, als dem denkbar stärksten Anstoss für die rechtgläubige Messiasidee und für die einfachsten Forderungen des jüd. Gottesglaubens. Noch im 2. Jahrh. wird jüdischerseits einfach das Kreuz geltend gemacht als die unüberwindliche Widerlegung der Messiasschaft Jesu. Wenn dessen Jünger nach wie vor daran festhielten, so vertraten sie damit einen Satz, welcher für das ganze Judenthum und sogar für den Standpunkt, den sie mit ihrer Art zu fühlen und zu hoffen selbst noch einnahmen, zunächst nur der vollendetste Widerspruch, der offenste Widersinn war[2]. Denn ein Messias, darüber war man einig, wird nur dazu in die Mitte des Volkes hineingestellt, um dessen gesunkene Lebenshoffnung auf die Höhe des Triumphs zu heben. Wozu überhaupt ein Messias, wenn nicht um das Gottesreich herbeizuführen, in welchem endlich, endlich einmal, Gottes Gerechtigkeit sich erweisen und die lang vermisste Ausgleichung zwischen innerem Vorzug und äusserem Geschick der Auserwählten und Heiligen Gottes eintreten wird? Im grellen Contraste damit stand nun aber, was alle Welt wusste,

---

[1] E. ZELLER S. 241 f.: „Dass die Erwartung eines zukünftigen Messias dem Glauben an den erschienenen weichen musste, dass seine Erscheinung und sein Schicksal mit der jüd. Messiasidee in diesem durchgreifenden Widerspruch stand, und, was die Hauptsache ist, dass er selbst diese hohe, reine, gotterfüllte Persönlichkeit war, dass er dieser Held war, dessen sittliche Grösse den Glauben an seine Sendung allen jüd. Vorurtheilen und allem äussern Augenschein zum Trotz über seinen Tod hinaus in voller Lebendigkeit zu erhalten die Kraft hatte — dies ist es in der That, was der christlichen Kirche ihr Dasein gegeben hat."

[2] THOMA, Die Genesis des Joh-Evglms 1882, S. 71: „Das neue erste christl. Dogma war also für jüd. Denken eine in sich unvereinbare Vorstellung, ein sich selbst widersprechendes Urtheil." HOLSTEN, Protest. Kirchenzeitung 1889, S. 363: „Durch die Widersprüche in Lehre und Wirksamkeit, in Leben und Tod dieses Messias mit dem geschichtlich-religiösen Bewusstsein, dem alttestamentlichen, des jüd. Volks war die Einheit des religiösen Bewusstseins auch der jüd. Messiasgläubigen zerrissen und eine Reihe von Räthselfragen waren aufgeworfen, die ihre lösende Antwort forderten."

das Einzige fast, was selbst gleichzeitige heidnische Schriftsteller von
demjenigen berichten, welchen die neue Gemeinde als ihren Messias
begrüsste, sein Kreuzestod mit seinen blutigen Schrecken und seiner
Gottverlassenheit. Ehe diese erste brennende Frage innerhalb des
Christenthums gelöst war, war auch von einem Bestande der messianischen Gemeinde gar nicht zu reden. In der That wurde sie gelöst. Bald genug setzte die älteste Christenheit dem ihre Lebens-
wurzeln zerschneidenden Hinweise auf das Kreuz den Glaubenssatz entgegen, dass jener entsetzliche Untergang des Messias kein unerwarteter
Strich durch Gottes Rechnung, sondern irgendwie nothwendig begründet
gewesen sei in seinem ganzen Heilsplane. Was die Sache auf diesem
ersten Punkte fest machte, war die Erinnerung daran, dass Jesus selbst
seinen Tod vorausgesagt und denselben als eine letzte, für das Heil der
Seinen unumgängliche, Berufsleistung betrachten gelehrt hatte (s. oben
S. 287, 291 f).

Aber diese bereits dogmatisirende Deutung des Messiastodes ist
doch nur das Zweite und kann demgemäss erst hinterher zur Darstellung kommen. Sie selbst hat bereits zur Voraussetzung, dass der
Tod kein Tod, sondern Durchgang zum Leben, dass seine Kehrseite
jene glänzende Restitution des Getödteten war, welche Jesus selbst
als letzte, entscheidende Wendung seines Geschickes gleichfalls vorausgesagt hatte (s. oben S. 305 f). Der Tod bedeutete dann nur noch eine
acute Krisis, welche sofort zunächst für seine Gläubigen, weiterhin auch
für die ungläubig Gebliebenen zu seinen Gunsten umschlagen sollte.
Jenes leistete als Factum der Vergangenheit die Auferstehung, dieses
als Factum der Zukunft das Wiedererscheinen zum Gericht über die
Welt, wofür es gleichfalls nicht an überlieferten Herrnworten fehlte,
die solches in bestimmte Aussicht stellten (S. 310, 319). In die Mitte
zwischen Auferstehung und Wiederkunft kam ein, die Gegenwart
füllender, Zustand der Erhöhung zur Rechten Gottes S. 308) zu liegen.
Hiermit hatte sich die einfache und einheitliche Idee der von Gott
aus erfolgenden Wiederherstellung des getödteten Messias in einen
dramatisch gegliederten Reichthum einzelner Acte auseinandergelegt.

2. Auferstehung.

Den Anstoss zu einer so raschen und reichen Entfaltung der in
den Abschiedsweissagungen Jesu gegebenen Keime bot ein Erlebniss,
dessen Gedächtniss sich an die schon frühe begegnende Formel des
„dritten Tages" I Kor 15 4 anschliesst (s. oben S. 309), mag nun auf
diesen Tag bloss die negative Kehrseite des Osterereignisses, das von
den Frauen bereits leer gefundene Grab, oder auch schon die positive

Ergänzung dazu, die zunächst dem Pt zu Theil gewordene und für alle weiteren Erfahrungen ähnlicher Art maassgebend gebliebene Christus-erscheinung I Kor 15 5 = Lc 24 34 fallen. Zur Reconstruction der psycho-logischen Vermittelung dieses Erlebnisses fehlt es in den Quellen an erforderlichen Mittelgliedern. Jedenfalls wirkte es mit der Uebermacht eines plötzlichen Impulses und ermöglichte geradlinige Fortsetzung der Zukunftsweissagungen des Meisters im Zukunftsglauben der Jünger. Den wesenhaften Gehalt aber dieser im Einzelnen unconstruirbaren Vorgänge bildet eben jene oben (S. 353f) festgestellte Ueberlegenheit eines inneren Besitzes über allen Widerstand und Protest äusserer Thatsächlichkeit[1], nach streng theistischen Voraussetzungen gedeutet und zurechtgelegt: unmöglich konnte ihn Gott im Tode belassen. Sobald dies feststand, trat der Inhalt der eschatologischen Reden Jesu wieder in eine bereits erfüllte und eine ihrer Erfüllung erst noch harrende Hälfte auseinander, d. h. man unterschied darin Ver-gangenheit und Zukunft noch bestimmter, als Auferstehung und Wieder-kunft schon in der Vorstellung Jesu selbst auseinandergetreten sein mochten (s. oben S. 312).

Die Auferstehung umfasst ausser dem rein historischen auch ein religionsgeschichtliches Problem. So betrachtet, erscheint der all-gemein gefasste Auferstehungsglaube zunächst als ein, gewisser-maassen zu anticipirter Anwendung gelangtes, Stück einer aus dem Judenthum herüberragenden Eschatologie, speciell als unentrathsame Voraussetzung für die messianische Vollendung des Volkes (s. oben S. 307f). Das Urtheil lautet: wem diese sein soll, so muss auch jene sein. Wesentlich anders stellt sich die Sache nach dem oben Gesagten bezüglich der Anwendung auf die Person Jesu seitens der Jünger. Auch hier verläuft zwar die Urtheilsbildung der obigen ana-log: wenn er der Messias ist, so kann er nicht im Tode bleiben[2]. Aber diesem Urtheil liegt jetzt nicht mehr das Axiom von der Unabkömm-lichkeit des jüd. Volkes für die Erreichung des Weltzwecks zu Grunde, sondern das, aus machtvollster Nachwirkung eines unvergleichlichen Lebenswerkes sich ergebende, Postulat der Ueberlegenheit des per-sönlichen Geistes über die Natur und ihren sonst Alles zerreibenden, zerstörenden, zermalmenden Mechanismus. Dabei handelt es sich also nicht um eine theoretische Erkenntniss, um geschichtliche oder naturwissenschaftliche Nachweise, sondern es kann, wenn überhaupt

---

[1] WELLHAUSEN S. 352: „Er liess die Seinen nicht los." „Die einfachste Deutung lag in der Richtung des Job . . ., dass der Glaube gegen alle irdische Erfahrung Recht behalte."
[2] Vgl. SCHOLTEN, Evglm nach Joh S. 324 f.

irgendwo, so hier von „Werthurtheil" gesprochen werden, sofern es
nur der gläubigen Gemeinde erschwinglich war, nur für sie, die das
innere Ringen mit dem Geschick durchgemacht hatte, Geltung beanspruchte[1]. Darum will sich der Auferstandene „nicht allem Volk"
Act 10 41, „nicht der Welt" Joh 14 22 offenbaren, sondern ausschliesslich den Seinigen. Für die Welt und ihre Maassstäbe einer auf sinn-
licher Erfahrung gründenden Urtheilsbildung, für jegliches Welterkennen
ist er gerade so todt Act 25 19, wie die sämmtlichen übrigen Zeitgenossen des Augustus und des Tiberius. Die Auferstehung ist also
kein Ende, etwa des Lebens Jesu, sondern ein Anfang, nämlich der
christl. Aera und der in ihr zur Geltung gekommenen Weltanschauung
und Lebensbeurtheilung: das entscheidendste aller Werthurtheile, die
sich jemals in offenem Widerstreit zur gemeingiltigen Erfahrung durchgesetzt haben. Denn während im alten Naturmythus das Wiederaufleben, die Verjüngung, die Neugeburt des allgemeinen Lebens gefeiert wird, bringt die Idee der Auferstehung, nachdem sie schon im
Spätjudenthum dem Gedanken der Vollendung des Gottesvolkes dienstbar geworden war, im Christenthum, also zunächst auf Jesus angewendet, ebenso bestimmt die Ueberzeugung von der Obmacht des
persönlichen Lebens gegenüber dem tödtenden Zwang der Natur
zum Ausdruck[2], wie sie in den antiken Religionen umgekehrt die
das Individuum verschlingende, vom Tode des Einzelnen lebende
Gattung, die aus jedem Winterschlaf zu neuem Leben sich auf-
ringende Natur dargestellt hatte. So betrachtet, gehört der Auf-
erstehungsgedanke zur ursprünglichen und unabkömmlichen Signatur
einer Religion, deren Geheimnisse alle dem Problem der Persönlichkeit gelten, das hier mächtiger als je empfunden, ja zum erstenmal
in entscheidender Weise zur Sprache gebracht ist. Das will über

---

[1] Vgl. HARNACK I, S. 82 darüber, dass „überhaupt die Frage, ob Jesus
auferstanden ist, für Niemanden existiren kann, der von dem Inhalte und Werth der
Person Jesu absieht; denn das blosse Factum, dass Anhänger und Freunde Jesu
überzeugt gewesen sind, ihn gesehen zu haben, zumal wenn sie dabei selbst erklären, er sei ihnen in himmlischer Glorie erschienen, bietet doch für den, dem
es mit der Feststellung geschichtlicher Thatsachen Ernst ist, auch nicht den geringsten Anlass zu der Annahme, Jesus sei nicht im Grabe geblieben". Vgl.
C. HASE, Geschichte Jesu[2], S. 747 f.

[2] P. DE LAGARDE, Deutsche Schriften, S. 293: „In ihm war eine Kraft erschienen, deren Aeusserungen wenige waren, welche aber alles Vorhandene so
weit überragte, dass die ihm nahe Gekommenen das Ende dieses Lebens nicht ab-
sahen. Erlosch es gleichwohl, so wollte es nur anderen Welten leuchten." „Er
war zu gross, um sterben zu können." WELLHAUSEN S. 352: „Es schien mit ihm
und seinem Werke aus zu sein. Aber in kürzester Frist überzeugten sie sich,
dass der Messias lebe; so ausserordentlich war der Eindruck, den er auf sie gemacht hatte, so real die Gemeinschaft, in der sie mit ihm standen."

der uns Heutigen reichlich zu Gebote stehenden Einsicht in die Zeitvorstellungen, welche am Zustandekommen des Auferstehungsbildes
betheiligt sind[1], nicht vergessen sein.

[1] In Bezug auf die Zeitvorstellungen kommt nicht bloss die compacte Festig-
keit, welche der Auferstehungsglaube selbst schon erreicht hatte, in Betracht,
sondern auch die Combination desselben mit dem Brauch des Begräbnisses. Das
„am 3. Tag" leer befundene Grab bildet den Schlusspunkt jenes bis Mc 16 s
langenden Berichtes der Frauen, deren Zeugniss für Alles, was nach der Flucht der
Jünger noch erzählt wird, zumal für Golgatha, allein in Betracht kommt. Weder
sie, noch die Jünger sind in die Gedanken und Absichten derjenigen eingeweiht,
welche den Leichnam noch rasch vor Anbruch des Sabbaths in der nächsten Grab-
höhle. die zur Verfügung stand, bergen. Der Befund des Grabes nach Abfluss
des Sabbaths und der auf ihn folgenden Nacht verlieh jedenfalls dem Auf-
erstehungsbilde jene concretere, volksthümliche und handgreiflichere Gestalt, in
welcher es in der nachpaulin. Ueberlieferung begegnet. Es wurde dadurch örtlich (Hervorgang aus dem Grab) und zeitlich (Sonntagmorgen) näher bestimmt.
Erscheinungen eines Verstorbenen waren als Thatbeweise für dessen Auferweckung erst im Hinblick auf sein leeres Grab mit voller Sicherheit zu deuten. Wie
sehr die Seele durch das Begräbniss an den Leib gebannt war (vgl. NOWACK,
Hebr. Archäologie I, S. 189), erhellt aus dem Glauben, dass sie nur langsam und
ungern von ihm definitiven Abschied nehme (WEBER S. 322 f). „Das paläistinen-
sische Judenthum der vorchristl. Zeit ist niemals dazu gekommen, Leib und
Seele reinlich zu scheiden" (SCHWALLY, Das Leben nach dem Tode 1892, S. 167).
Der Tod hat darum schwerere Arbeit, als anderswo; er wird nicht so rasch damit fertig. Der Geist der Verstorbenen umschwebt noch einige Zeit nach dem
Tode die Erde (EWALD, Geschichte des Volkes Israel VI³, S. 80). Zu Joh
11 39 bemerkt EDERSHEIM, Life and times of Jesus II, S. 324 f, dass die Zersetzung
nach jüd. Meinung am 4. Tage beginne. Als ein um so schicklicherer Termin
für Auferstehung konnte der prophetisch signalisirte 3. Tag erscheinen. So
gelangte man zu einer Gesammtanschauung, welche für eine, unter den gegebenen
Voraussetzungen denkende, Gemeinde nichts irgend Widersprechendes mehr hatte.
Ein blosses Fortleben des Gestorbenen bei Gott, wobei sich in ähnlichem Con-
flictsfalle ein modern gläubiges Bewusstsein beruhigt hätte, ergab für den Juden
keine haltbare Vorstellung. Auch die Auskunft einer Entrückung von der Erde
in das himmlische Leben, wozu das Vorbild des Henoch oder des Elias (der ja
überdies auch wiederkommen sollte, wie später der christl. Messias) anleiten
mochten, war hier durch die, jede derartige Analogie aufhebende, Thatsache des
Kreuzestodes versperrt. Es wurde oben (S. 307) gezeigt, dass auch den Weissagungen Jesu selbst die Annahme einer antecipirten Herausführung aus dem
Hades zu Grunde lag; vgl. Hbr 13 20 ὁ ἀναγαγὼν ἐκ νεκρῶν τὸν ποιμένα κτλ. Dies
ist um so wahrscheinlicher, als dem Spätjudenthum der Hades minder fest verschlossen war, wie uns Heutigen das Grab. Dieses bildete ja nur das Eingangsthor
zu jenem, also auch wohl die Möglichkeit zum Ausgang und zur Rückkehr in
das Land der Lebendigen. Demgemäss lockerte schon die Erwartung einer allgemeinen Auferstehung die Riegel der Pforten der Unterwelt. Zudem gab es auch
einzelne Fälle antecipirter Eröffnung derselben (HAUSRATH II², 302f). Wiewohl der
Täufer von seinen Jüngern begraben war Mc 6 29 = Mt 14 12, fürchtet doch der
Tetrarch Antipas, derselbe möchte — und zwar nicht etwa in eines Andern Gestalt, sondern in eigenster Person (SCHWALLY S. 168f) — von den Todten erstanden sein Mc 6 14 = Mt 14 2, welche Meinung auch das Volk theilt Mc 8 28
= Mt 16 14. Im Zusammenhang mit der Hadesfahrt Jesu lässt die Legende Mt
27 52 die Gräber sich öffnen und die Leiber der Heiligen daraus hervorgehen.

Die nähere Untersuchung des Thatsächlichen in der Auferstehung [1] gehört in die Geschichte nicht sowohl des Lebens Jesu, als des apostolischen Zeitalters [2], die Entwickelung des Auferstehungsglaubens dagegen in die biblische Theologie. Entscheidend für die Richtung, welche er genommen hat, war der Umschwung, der sich in Pt vollzog. Dieser aber kann wegen I Kor 15 4—8 (viermaliges ὤφθη) der Art nach nur den gleichen Charakter getragen haben, wie das spätere Erlebniss des Pls (s. II, S. 54, 57). Sehr verschieden war dagegen die vorstellungsmässige Deutung, welche das Ereigniss fand. Insofern fangen die theologischen Probleme gleich mit dem Auferstehungsglauben an. Noch bei Pls ist bloss der Gesichtssinn betheiligt (I Kor 15 8 ὤφθη κἀμοί, ganz wie Act 16 9 Παύλῳ ὤφθη); aber schon die Darstellung der Apostelgeschichte schwankt zwischen der Annahme eines inneren (Gal 1 16 ἀποκαλύψαι ἐν ἐμοί) und der eines Schauens mit leiblichen Augen und schlägt jedenfalls auch den Gehörsinn dazu, wozu Lc 24 39 noch der Tastsinn tritt. So liegt beim 3. Evglsten das Interesse an der verklärten Leiblichkeit des paulin.

Hiernach ist als unberechtigt die Polemik von B. WEISS II, S. 560 gegen „die durchaus irrige Vorstellung" zu bezeichnen, „als ob die Jünger die Schwierigkeit, welche der Tod Jesu ihrem Glauben bereitete, sich nur durch das Postulat seiner leibhaften Auferstehung lösen konnten", ebenso S. 562 gegen „eine durchaus irrige und allen geschichtlichen Thatsachen widersprechende Behauptung, dass die Jünger sich ein himmlisches Fortleben nur in verklärter Leiblichkeit denken konnten, welche dann allerdings ein Hervorgehen aus dem Grabe voraussetzte." In Wahrheit konnten sie sich eine Wiederbelebung gar nicht anders, als eben in dieser, im Zeithorizont mit festen Umrissen dargebotenen, Form denken, und mit der Thatsache des leer angetroffenen Grabes wies überdies auch die äussere Wirklichkeit gerade dasjenige Vacuum auf, zu dessen Ausfüllung die jüd. Auferstehungsgedanken und die Anwendung, welche ihnen durch Jesu Weissagungen zu Theil geworden war, einluden. Nur unter Voraussetzung der Wiederbelebung und Auferweckung des Leichnams war ein Hervorgehen aus dem Grabe, nur unter Voraussetzung eines solchen Hervorgehens war der Inhalt der Erscheinungen, die an sich ein himmlisches Lichtbild ergaben, denkbar und verständlich zu machen. Die Auferstehungsworte bildeten in der oben (S. 305f) festgestellten Form ein festliegendes Capital, das, um flüssig zu werden, nur der bewegenden Kräfte bedurfte, welche in den beiden, geschichtlich von einander unabhängigen, aber logisch einander gegenseitig fordernden, Thatsachen des leeren Grabes und der petrin. Christophanie gegeben waren.

[1] Beste und knappste Zusammenstellung und Beurtheilung des gesammten Materials bei SCHMIEDEL, HC II 188f. Wie nahe man sich hier übrigens gekommen ist, erhellt gerade aus den letzten und sachlich belaugreichsten apologetischen Leistungen von STEUDE, Die Auferstehung Jesu Christi 1888, [2]1893 und SCHWARTZKOPFF, Die Weissagungen Jesu Christi von seinem Tode, seiner Auferstehung und Wiederkunft und ihre Erfüllung 1875, S. 50f.

[2] So HAUSRATH II, S. 299f, WEIZSÄCKER S. 5: „Alle diese Erscheinungen des Auferstandenen ... haben ihre Bedeutung und ihren Charakter als geschichtliche Anfänge der Gemeinde. Das war die älteste Vorstellung, die apostolische Erinnerung von denselben."

Ideenkreises in unentschiedenem Widerstreit mit seinem, auch sonst (Lc 3 ₂₂ τὸ πνεῦμα τὸ ἅγιον σωματικῷ εἴδει ὡς περιστεράν) bezeugten, Geschmack für handgreifliche Wirklichkeit: kommt es doch Lc 24 ₄₂ Act (1 ₄?) 10 ₄₁ schon dahin, dass der leibhaftig (Lc 24 ₃₉ Fleisch, Knochen) aus dem Grab 13 ₂₉ ₃₀ Auferstandene Nahrung zu sich nimmt[1] und sich im Widerspruch sogar mit Act 10 ₄₁ (Joh 14 ₂₂) öffentlich auf den Strassen Jerusalems zeigt Lc 24 ₅₀ (s. oben S. 308). Aus den flüchtigen Augenblicken, welche den ersten Jüngern ein Geheimniss der Ewigkeit zugerauscht hatten, ist hier eine Kette regelmässigen und fortlaufenden Verkehrs geworden, in welcher sogar hermeneutische Lectionen über die Prophetie Platz haben, wie sie, nach den Resultaten zu schliessen, freilich nur dem Niveau der Schriftwissenschaft und des Geschmackes der Zeit entsprochen hätten (s. oben S. 284)[2].

Erst durch die Auferstehung ist der messianische Prophet zum messianischen König, zum vollen und ganzen Messias, Jesus zum Herrn und Christus (Act 2 ₃₆ ὅτι καὶ κύριον αὐτὸν καὶ Χριστὸν ἐποίησεν ὁ θεός)[3], die geschichtliche Persönlichkeit zum eigentlichen Glaubensgegenstand geworden[4]. Was der Kreuzestod so schmerzlich vermissen liess, das war jetzt beigebracht, ersetzt, ausgeglichen, das „Aergerniss des Kreuzes" nicht bloss theoretisch, sondern auch praktisch durch eine, seinen Eindruck aufwiegende, zugleich alle früheren Wunder und Zeichen überbietende, Kraftthat Gottes überwunden. Von jetzt an gehört der Messias-Jesus ganz der oberen Welt an. So kostbar auch die Erinnerungen waren, die in der unteren haften geblieben waren,

---

[1] WEIZSÄCKER S. 8 f: „eine Vorstellung, die nach der Auffassung des Pls so unmöglich ist, als sie dem Bedürfnisse der Menge nach greifbaren Thatsachen entsprechen mochte."

[2] In diese Form kleidet sich Lc 24 ₂₆ ₂₇ ₃₂ ₄₅ ₄₆ (vgl. auch Joh 2 ₁₉—₂₂ 20 ₉) das Ergebniss der hermeneutischen Thätigkeit der ersten Gemeinde. Dieselbe hat aber den Auferstehungsglauben nicht zur Folge, sondern zur Voraussetzung gehabt, da der Raum der drei Tage zu eng begrenzt ist, um derartige Bemühungen in sich aufzunehmen, und das Resultat derselben zu gewaltig und gewaltsam in den Verlauf der Dinge eingegriffen hat, um lediglich einer reflexionsmässigen Beschäftigung mit Buchrollen und Buchstaben entstammt sein zu können. Hier liegt die schwache Seite der Deduction theilweise schon bei STRAUSS I, S. 386 f, Der alte und der neue Glaube § 27, mehr noch bei BRANDT S. 496 f, wo Alles aus der Annahme abgeleitet werden soll, „dass die Jünger über ihren Psalter zu träumen angefangen hatten", S. 503. In diesem Interesse zieht er S. 502 f noch Ps 16 ₁₃ (Errettung der Seele aus der Unterwelt) herbei, lässt aber doch den entscheidenden Stoss von Ps 110 ₁ ausgehen. Auf II Reg 20 ₅ haben erst KREXKEL, Beiträge 1890, S. 386 f und VOLLMER S. 53 f hingewiesen. S. oben S. 308 f.

[3] JOH. WEISS, Die Nachfolge Christi S. 60: „Dieses merkwürdige Wort kann nicht genug beachtet werden."

[4] STEUDE S. 13: „der Ausgangspunkt der apostolischen Christologie."

erst seitdem die Gestalt des in der Auferstehungsglorie Geschauten
ihre Strahlen auch auf den irdischen, geschichtlichen Jesus zurück-
warf, wurde auch dieser ganz Glaubensgegenstand, und erzeugten
sich hier Lichtbilder, wie das in der Verklärungsgeschichte vorliegende, gleichsam eine Antecipation der Auferstehung [1]. Wie schon
hier die sinnliche Erscheinung der Wirklichkeit in rein idealer Darstellung überboten und aufgehoben ist, so sind auch die Erscheinungen
des Auferstandenen je länger je mehr an keinerlei Oertlichkeit, weder
an das Grab in Jerusalem, noch an die Stätte der galiläischen Wirksamkeit, mehr gebunden, sondern gewinnen eine Art von überirdischer
Allgegenwart, so dass Christus von der Himmelshöhe aus auch bei
Damaskus dem Pls, in Patmos dem Apokalyptiker entgegentritt. Zuletzt aber weicht das erregte Schauen Einzelner dem ruhigen Gefühl
seiner Gegenwart überall, wo man in seinem Namen zusammengetreten
ist Mt 18 20, 28 20.

3. Wiederkunft.

Der Glaube an den auferstandenen, in die Herrlichkeit Gottes
aufgenommenen Herrn erscheint I Kor 15 11 als urchristl. Gemeingut.
Die Differenzen der Lehrbildung beginnen erst da, wo entweder mehr
der Versöhner der sündigen Menschen oder der Spender erneuernder
und heiligender Lebenskräfte oder der Offenbarer des wahren Gottes
in den Vordergrund gestellt wird. Nach diesen und anderen Richtungen sehen wir die Christologie bei Pls, in den nachpaulin. und
kathol. Briefen, endlich in der johann. Lehre weitergebildet. Aber
gemeinsam ist als urchristl. Erbe allen diesen Variationen noch ein
Gedanke geblieben, der das unentbehrliche Ergänzungsstück zum Auferstehungsglauben bildet, der Glaube an den Wiederkommenden. In
die Vergangenheit des Ostermorgens war der Blick des urchristl.
Glaubens zwar fest genug, aber doch immer nur so gerichtet, dass
er von diesem Punkt auch sofort umgelenkt wurde in der Richtung der
Zukunft. Der Auferstandene war zugleich der Wiederkommende;
die Auferstehung machte einerseits die Parusie ebenso sehr erst überhaupt denkbar, wie sie dieselbe zugleich verbürgte und sicherte. Andererseits wäre sie, ohne diese Wiederkunft im Hintergrund, ein Ereigniss
ohne dauernde Bedeutung geblieben. Was die Jünger an dem ihnen in
der Auferstehungsglorie Erscheinenden haben wollten, war doch zunächst nichts Anderes, als ein sicherer Anhalt, eine feste Bürgschaft dafür, dass er kommen und seine Sache zum Siege führen
werde — jetzt sogar dem eingetretenen Tode zum Trotz [2]. Nicht die

---

[1] Weizsäcker S. 13, 16 f.
[2] Weizsäcker S. 14 f.

Auferstehung für sich, erst die Wiederkunft konnte und sollte Alles einbringen, was die Gegenwart versagt hatte; sie allein konnte und sollte sogar jeglichen fühlbar werdenden Mangel mit Ueberschuss ausfüllen. Die Wiederkunft bildet erst den concreten Schlusspunkt aller, aus den Erinnerungen an das irdische Leben Jesu hervorwachsenden, Erwartungen und Hoffnungen des Urchristenthums. Auch hier lag ja ein vom Meister selbst herrührender Complex von Gedanken vor, als deren geradlinige, mit ihnen vielfach sich vermischende, Fortsetzung die apokalyptische Vorstellungswelt der Gemeinde gelten darf (s. oben S. 309 f, 329 f). Wie aber schon bei Jesus zuletzt ein stärkeres Hervortreten des Zukunftsreiches zu beobachten war (s. oben S. 316 f), so gilt er jetzt für den Glauben der Seinigen sozusagen nur als sein eigener Vorläufer. Denn von dem grossen Phantasiegebilde des messianischen Königs abgezogen, liess die auf dem religiös-sittlichen Gebiete gelegene Leistung Jesu jenes zum grössten Theile im Reste befindlich erscheinen. Die ganze eudämonistische Seite an der alttest.-jüd. Reichserwartung war im Ausstande geblieben. Um diesen Mangel auszufüllen, wird Jesus wiederkehren und erst mit dieser seiner Wiederkunft wird er eigentlich als Messias auftreten, richten und herrschen[1]. Die „Wiederkunft" ist darum, was z. B. aus Stellen wie Act 3 20 (ἀποστείλῃ τὸν προκεχειρισμένον ὑμῖν Χριστόν) erhellt und auch schon in dem dafür gebrauchten Ausdrucke liegt (παρουσία), erst seine wirkliche Ankunft[2]. Vorher aber war er im Himmel aufgehoben Act 3 21, ganz so, wie es der apokalypt. Messias vor seinem Erscheinen auf Erden auch gewesen war (s. oben S. 76, 311). Die Busse des Volks, welche im ursprünglichen jüd. Entwurfe die Ankunft des Messias herbeiziehen sollte (s. oben S. 82), wurde jetzt Act 3 19 5 31 Aufgabe für die Zwischenzeit zwischen seiner ersten und zweiten Erscheinung[3]. Galt aber auch erst die Wiederkunft als das eigentlich messianische Kommen, als der Moment, da Lc 17 30 „der Menschensohn offenbar wird", so blieb es doch immerhin eine folgenreiche Differenz der urchristl. von der spätjüd. Messiaslehre, dass jener zufolge der Messias thatsächlich zweimal aufgetreten ist, wenn auch

---

[1] WELLHAUSEN S. 353: „so dass seine eigentliche Wirksamkeit nicht hinter ihm, sondern vor ihm lag."

[2] Man könnte im Anschluss an die philosophische Bedeutung, welche dem Wort παρουσία seit Plato und Aristoteles eignet, sogar sagen: die Verwirklichung seiner eigenen Idee. Vgl. G. TEICHMÜLLER, Geschichte des Begriffs der Parusie 1873.

[3] JOH. WEISS, Die Nachfolge S. 61: „Zwischen der Erhebung Jesu zum ἀρχηγός καὶ σωτήρ (5 31) und der Herstellung der βασιλεία für Israel (1 6) hat Gott eine Epoche des Wartens eingeschoben." „Diese Zwischenzeit zu nutzen, fordert Pt seine Hörer auf."

das erstemal gleichsam nur sich selbst antecipirend (s. oben S. 335 f).
Mit dieser doppelten Erscheinung lässt sich der frühere prophetische
Glaube an einen David redivivus nicht vergleichen [1]. Denn der messianische Davidide ist nur die gleichartige Steigerung des ersten David
(s. oben S. 69 f). Von den beiden Erscheinungen des christl. Messias
war die erste um gerade so Vieles unter dem Niveau des überkommenen
Messiasbildes geblieben, wie die zweite noch darüber hinausgehen,
es durch Aufnahme des Zuwachses an religiöser und sittlicher Idealität überbieten sollte.

Es ist nur die Probe auf die Resultate, welche die Untersuchung
über die Weissagungen Jesu abgeworfen hat, wenn anerkanntermaassen nicht etwa bloss die apokalyptischen (s. unten 3, 10), sondern
alle neutest. Schriftsteller den Glauben an die Wiederkunft und die
damit verbundene Voraussetzung einer in schnellen Strömungen
abfliessenden Zukunft bestätigen; vgl. Hbr 10 37 I Pt 4 7 Jak 5 8 I Joh
2 18. Auf Grund eines Herrnspruchs I Th 4 15 hofft Pls I Th 4 15 17
5 23 I Kor 15 51 mit der grossen Mehrzahl seiner Glaubensgenossen
das unvergleichliche Ereigniss zu erleben. In der unmittelbaren Nähe
der Parusie lag der praktische Werth des Glaubens an dieselbe. Die
kurze Perspective I Kor 7 29 (s. II, S. 188) wäre nicht erklärlich ohne
feste Anhaltspunkte in Aussprüchen wie die oben (S. 311 f) betrachteten
Mc 9 1 13 30 (eine γενεά umfasst etwa 30 Jahre, höchstens ein Jahrhundert), eventuell auch Mt 10 23. Es müssen starke Erinnerungen
gewesen sein, die so mächtig nachwirkten, dass auch die späteren neutest. Schriften nur durch Verlängerung der Fristen nachhalfen (s.
oben S. 313 f), aber erst II Pt 3 3—13 eine Theodicee wegen zu langen
Ausbleibens der Verheissungen nöthig befunden wird (s. unten II,
S. 323 f). Es lässt sich auch nicht behaupten, dass die Heidenchristen auf diesem Punkte grundsätzlich anders gestellt gewesen
seien, dass für sie die Parusie etwa nur die Bedeutung eines Accidens gehabt hätte, mit dem man sich, wie mit andern Ueberkommnissen
aus dem Judenthum wohl oder übel hätte abfinden müssen. Denn
die korinthischen Auferstehungsleugner, die auf die Parusie kaum
grosse Stücke gehalten haben werden, kennzeichnen keineswegs die
Stellungnahme des Heidenthums überhaupt. Wohl aber zeigen Worte

---

[1] Noch weniger lässt es sich als Analogie verwerthen, wenn bei WEBER
S. 348 einem Midrasch zufolge der Messias sich nach seinem ersten Auftreten
45 Tage lang verbirgt, um erst bei seinem Wiedererscheinen sein Werk zu voll-
enden. Für die Zeit Jesu kommt ebensowenig in Betracht, was VISCHER, Die
Offenbarung Joh, eine jüd. Apk in christl. Bearbeitung 1886, S. 27 aus dem
Talmud und BOUSSET bei MEYER XVI 5 1896, S. 406 aus dem Targum des Jonathan
von Ansätzen zur Lehre von einem doppelten Erscheinen des Messias beibringen.

wie I Th 4 13—5 11 I Kor 4 8 6 2 3 Phl 3 20 21 4 5, wie bedeutungsvoll
und unenträthsam der Glaube an den Wiederkommenden inmitten
des Vorstellungskreises der heidenchristl. Gemeinden dasteht. Wie
für das Judenthum ein bloss auf sittliche Wiedergeburt hinwirkender
Messias eben kein Messias, sondern höchstens ein Prophet gewesen
wäre, so für das Heidenthum höchstens ein Philosoph, ein Weiser,
ein Seher[1]. Gemeinsame Ueberzeugung des gesammten Urchristenthums war und blieb es, dass an die Stelle der gegenwärtigen, zum
Untergang reifen Welt durch ein unmittelbares Eingreifen Gottes, der
zu diesem Zwecke seinen Sohn vom Himmel zur Erde senden soll,
eine neue Welt treten wird, in welcher Uebel und Sünde überwunden
sein werden. Die Gläubigen aber gehören idealiter schon dieser
neuen Welt an, sind in der alten nur noch Fremdlinge und kennen
im Grunde nur Einen allbewegenden Gedanken, Eine Grundstimmung,
die stürmische Sehnsucht nach dem „Tag", der ihren Glauben vor
aller Welt rechtfertigen, der erstaunten Welt den von ihr verworfenen Judenkönig als Herrn und König in Macht und Herrlichkeit
zeigen, seinen Gläubigen aber das verheissene Reich bringen wird[2].
Einigen Ausgleich für die nicht bloss enthusiastische, sondern
auch recht eigentlich phantastische Färbung, die auf solche Weise der
urchristl. Gemeindeglaube aufweist, bietet die Erwägung, dass sowohl
für Judenchristen wie für Heidenchristen die treibende Kraft ihres
Christenthums schliesslich nicht in der eschatologischen Erhitzung,
sondern in dem grossen geistigen Impulse gegeben war, welchen sie von
der Person Jesu empfangen hatten. Auch was sich als apokalyptische
Schwärmerei kundgab und Luft machte, war im Grunde nur das
warme Gefühl für die entscheidungsvolle Stellung ihres Meisters in
der Welt Gottes. In dieser ist er nun einmal Richter der Menschen,
aber weil nur in engeren Kreisen, wo die johann. Weltanschauung

---

[1] Paul, Die Vorstellungen vom Messias und vom Gottesreich bei den
Snptkern 1893, S. 71: „Sollte die neue Religion in Israel Wurzel schlagen, so
konnte sie es nur als Messiasthum. Aber auch die heidnische Welt, diese Welt,
der der Boden unter den Füssen wankte, ohne dass sie in gegebenen feststehenden sittlichen Anschauungen einen für ihr Denken und Wollen nothwendigen
Halt gehabt hätte, konnte diesen zunächst nicht durch Einpflanzung sittlicher
Grundsätze, die ohne einen religiösen Boden nicht möglich war, sondern nur
dadurch gewinnen, dass der Glaube an das bevorstehende Gericht ihr in die Seele
gelegt wurde. Erst im Gefolge dieses Glaubens zog auch die christl. Sittlichkeit
in eine Menschheit ein, die durch sie unter Furcht und Zittern zu einem neuen
Leben berufen ward. Das Gericht aber war nicht zu denken ohne den zum Gericht kommenden Menschensohn."

[2] Harnack I, S. 56: „Das Evglm ist als eine apokalyptisch-eschatologische
Botschaft in die Welt getreten; das Apokalyptisch-Eschatologische gehörte nicht
nur zur Form des Evglms, sondern auch zu seinem Inhalte."

Platz greifen sollte, Sinn und Gefühl für die innere Krisis, die sich im Herzen der Menschheit anbahnte, vorhanden war (s. II, S. 514f), sah man ihn am nahen Rande des diesseitigen Horizontes schon als Weltrichter aus den Wolken herabsteigen. Empfunden und erfahren war er als der Befreier von Sünde und Elend; aber weil man für die inwendige Entlastung, für die zunächst im frommen Gemüthsleben begründete Versöhnung des tiefen Zwiespaltes, an dem die Menschheit krankte, kein deutlich redendes Unterpfand in Händen hatte, sah man in nächster Bälde der grossen Katastrophe entgegen, aus welcher die Elenden und Zerschlagenen dieses Weltalters als die Begnadigten und Gesegneten des zukünftigen hervorgehen sollten. Mehr als Einer auf dem Throne oder in den Schulen war er ein König, aber weil für seine im Innern der Menschen aufzuerbauende Reichsverfassung die Unterscheidungsgabe noch fehlte, sah man dafür den wahren Gottesstaat in Gestalt einer Stadt mit Mauern und Zinnen vom Himmel herabfahren. So wurde der christl. Messiasglaube zum Glauben an die sichtbare und leibliche, an die in allernächster Zukunft erfolgende Wiederkunft des Messias. In ihm hatte man die Form gefunden, in welcher das Bewusstsein um den schroffen Contrast zwischen innerem Besitz und äusserem Nothstand sich fassen und beruhigen konnte.

3. Ansätze zur Dogmatisirung des Messiastodes.

Zum Sichersten, was wir wissen, gehört, dass nach I Kor 15 ₃ (παρέλαβον ὅτι Χριστὸς ἀπέθανεν ὑπὲρ τῶν ἁμαρτιῶν ἡμῶν κατὰ τὰς γραφάς) schon die Urgemeinde den Tod Jesu in Beziehung zur Sünde gesetzt hat (s. II, S. 97 f)[1]. Von Act aus würden wir darauf nicht mit derselben Bestimmtheit geführt werden, da hier vielmehr die Anschauung der synopt. Evglien nachwirkt (s. oben S. 202f, 235, 300), nur dass jetzt 5 ₃₁ 10 ₄₃ Christus als Erhöhter erst recht das geeignete Subject der Sündenvergebung geworden ist[2]. Nur an einer Stelle

---

[1] EVERETT, The gospel of Paul S. 220f, 226 leugnet das auf Grund einer falschen Exegese von I Kor 15 ₃ (παρέλαβον soll wegen Gal 1 ₁₁—₁₇ auf eine Mittheilung des Herrn weisen, wogegen alle Commentare sprechen) und im Hinblick auf das Fehlen dieses Lehrstückes bei Jak (worüber s. oben S. 332). Theilweise stimmt mit ihm BEYSCHLAG I, S. 323 überein, wenn er meint, Pls habe bei ὃ καὶ παρέλαβον lediglich an die Ueberlieferung der Thatsache gedacht, das ὑπὲρ τῶν ἁμαρτιῶν aber ex suis hinzugesetzt. Aber die nackte Thatsache, dass Χριστὸς ἀπέθανεν, brauchte sich Pls nicht erst von den jerusalemischen Christen sagen zu lassen.

[2] E. HAUPT, Zum Verständniss des Apostolats im NT 1896, S. 73: „In der Apostelgeschichte wird die Sündenvergebung nicht speciell an den Tod Jesu, sondern im Allgemeinen an seine Person geknüpft. 10 ₄₃, wo Pt auf alle Propheten sich beruft, dass im Namen Christi Vergebung der Sünden vorhanden sei, ist im Vorigen nicht von dem Tode, sondern von der Auferstehung Christi

könnte es scheinen, als sollte von der geschichtlich-religiösen bereits zur dogmatisch-religiösen Reflexion auf den Tod Jesu fortgeschritten werden, sofern 3 18 die Aufforderung zur Bekehrung 3 19 mit dem speciellen Zweck der Auslöschung der Sünden verbunden erscheint (πρὸς τὸ ἐξαλειφθῆναι ὑμῶν τὰς ἁμαρτίας). Aber unmittelbar wird diese Sündenvergebung doch nur als Folge der Busse und als Ermunterungsgrund zu Letzterer wieder die Erfüllung der alttest. Weissagung hingestellt[1]. Andererseits erinnert freilich das Bild vom Auslöschen an die Handschrift Kol 2 14, und die vorangehende Erwähnung des prophetisch geweissagten Messiasleidens dürfte um so gewisser der Jes 53 12 vorliegenden Beziehung des Todes des Gerechten auf die Vergebung der Sünden Vieler gelten, als auch sonst in diesen apostelgeschichtlichen Reden die Zusammenlegung des Messiasbildes mit dem Bilde des leidenden und büssenden Knechts Gottes offenkundig vorliegt. Jesus trägt 3 13 26 4 27 30 geradezu diesen Namen (ὁ ἅγιος παῖς Ἰησοῦς)[2], und zwar geschieht solches immer in Verbindung mit dem Leidensgedanken. In diesem Zusammenhang wird die paulin. Formel, dass Christus „gestorben sei für unsere Sünden", zugleich aber auch der Weg verständlich, auf welchem man dazu gelangt ist, das Leiden des Messias zunächst als gottgeordnet und gottgefällig, dann auch als heilvoll und sühnend zu betrachten[3].

Man muss sich nämlich des durchaus literarischen und schulmässigen Charakters erinnern, welcher die Messiasidee jener Tage überhaupt kennzeichnet. Zumeist auf dem Wege des Schriftstudiums und der Schrifterklärung war der dem Bewusstsein des nachexilischen

die Rede gewesen. 5 31 heisst es, Gott habe den Gekreuzigten erhöht, damit er Israel Busse und Vergebung verleihe. Diese wird also nicht direct aus dem Tode, sondern aus der Erhöhung Jesu abgeleitet; der Tod kommt höchstens als mitbetheiligt bei ihrer Erwartung in Betracht." Auch nach BEYSCHLAG II, S. 322, SCHARFE, Die petrin. Strömung S. 170, C. CLEMEN, StKr 1895, S. 349 ist von Sühnung keine Rede.

[1] HAUPT S. 73.

[2] C. CLEMEN, StKr 1895 S. 347: „Knecht, nicht Kind Gottes zu übersetzen — die Bezeichnung υἱὸς θεοῦ kommt in Act überhaupt erst 9 20 vor." Dagegen steht der παῖς sonst nur noch Mt 12 18, auf welche Stelle sich HOLSTEN, Drei ungeschriebene Evglien S. 20, 32 beruft und allein berufen kann für die Behauptung, nicht Jes 53, sondern Jes 42 liege der fraglichen Bezeichnung Jesu zu Grunde.

[3] WEIZSÄCKER S. 109: „Die Urgemeinde lehrte schon eine heilsame Wirkung des Todes Christi zur Sündenvergebung und sie bewies diese Lehre aus der Schrift." JOH. WEISS, Die Nachfolge Christi und die Predigt der Gegenwart S. 85f: „Für die Urgemeinde genügte es, wenn sie durch den Schriftbeweis zeigen konnte, dass das schreckliche Ereigniss nicht aus dem Rahmen des Heilsgedankens Gottes herausfiel. Das höchste Positive, welches in ihrer Gedankenbildung erreichbar gewesen zu sein scheint, war der Glaube, dass dieser Tod als ein Sündopfer für die fluchwürdige Sünde des Volkes gelten sollte."

Judenthums fast abhanden gekommene, persönliche Messias wieder hergestellt worden (s. oben S. 82). So allmächtig war die Herrschaft des
Schriftglaubens, dass jetzt auch für die jüd.-christl. Gemeinschaft kein
dringlicheres Interesse bestand als dies, ihren Messiasglauben im Einklang mit den hl. Offenbarungsurkunden zu wissen. Die praktische
Hebung des „Aergernisses des Kreuzes" für die Erfahrung der Jünger
durch die Auferstehung bedurfte einer theoretischen Ergänzung von
Seiten des Schriftstudiums. Zwischen altgläubigen und messiasgläubigen Juden war daher zunächst einfach der Schriftbeweis für Jesu
Messianität Gegenstand der Controverse (auch nach Act 17 Ⅺ 18 ₂₈ 26
₂₂ ₂₇ 28 ₂₃). Der ganze Gegensatz trägt in dieser Frühzeit vorherrschend
den Charakter einer synagogalen Debatte über den das Messiasbild betreffenden Schriftinhalt, genauer über die Abgrenzung des dazu gehörigen
Materials. Nicht bloss aus Mt (s. unten S. 436), sondern auch aus
den Lc-Schriften ergibt sich, wenn man den betreffenden Erzählungen
das legendenhafte Gepräge abstreift, die Sachlage noch mit vollkommener Durchsichtigkeit. Die Hauptfrage, welche nach der Katastrophe Jesu seine Messiasgemeinde bewegte, war die nach der Nothwendigkeit eines zur Herrlichkeit führenden Leidens (Act 26 ₂₃ εἰ παθη-
τὸς ὁ Χριστός und Lc 24 ₂₆ οὐχὶ ταῦτα ἔδει παθεῖν τὸν Χριστὸν καὶ εἰσελθεῖν
εἰς τὴν δόξαν αὐτοῦ). Es handelte sich um die nachträglich zu erbrin-
gende Rechtfertigung dessen, was wider alles Vermuthen der Jünger,
wider alle gerechte Erwartung der Messiasgläubigen eingetreten schien,
um Bändigung der räthselhaften und gegen die messianische Theorie
rebellischen Thatsache des Kreuzes (vgl. I Pt 4 ₁₂ vom Leiden überhaupt ὡς ξένου συμβαίνοντος). Dieses Ziel wurde erreicht auf dem Wege
einer erneuten, im Hinblick auf die vollendete Thatsache vorgenommenen Durchforschung der Schrift. Man las das AT mit anderen Augen,
und schon das vorpaulin. Christenthum fertigte zum Gebrauche und
Verständnisse desselben einen neuen hermeneutischen Schlüssel, indem
es das Messiasbild zu dem Bilde der idealen Frömmigkeit, wie sie
namentlich in den Psalmen geschildert war, erweiterte und auf diesem
Wege in den hl. Büchern nicht bloss die Idee des leidenden Gerechten,
sondern geradezu die eines sterbenden Messias ausgesprochen fand —
eine Entdeckung, welche bisher noch kein Jude gemacht hatte. Dies
wird Lc 24 ₂₇ als die nächste That des erhöhten Christus an seiner
hinterlassenen Gemeinde hingestellt (ἀρξάμενος ἀπὸ Μωυσέως καὶ ἀπὸ
πάντων τῶν προφητῶν διερμήνευσεν αὐτοῖς ἐν πάσαις ταῖς γραφαῖς τὰ περὶ
αὐτοῦ) und dabei zunächst allerdings nur daran gedacht, dass Christus durch sein Leiden sich das Eingehen zur Herrlichkeit verdienen
musste. Für ihn war es eine Prüfung der Geduld und des Gehorsams.

In diesem Sinne behandeln die ersten Reden der Apostel an die Menge zu Jerusalem alle gewisse Schrifttexte. War auch der Tod des Messias unter den Händen der Heiden durch die Bosheit der gottlosen Volksoberen herbeigeführt Act 2 36 3 13—15 4 10 5 30 10 39, so ist doch solches keineswegs wider Gottes Rath und Vorsehung geschehen; es lag vielmehr im ewigen Schicksalswillen Gottes beschlossen. Denn der rein teleologisch gerichtete Theismus des jüd. Denkens kann das jedesmalige Ende einer geschichtlichen Bewegung sich immer nur als Verwirklichung einer von Anfang an bestehenden Absicht vorstellig machen. Gottes Offenbarung besteht nun aber in der Kundmachung dieser seiner Absichten in Form inspirirter Schriften. Daher beginnen nun in der christl. Gemeinde die Reden von dem vorbedachten Rathschlusse (Act 2 23 ὡρισμένη βουλὴ καὶ πρόγνωσις τοῦ θεοῦ), wornach der Messias den Händen der Gottlosen überliefert worden war, so dass also 3 18 Gott damit lediglich seine eigenen Weissagungen mit Erfüllung gekrönt hat (ἃ προκατήγγειλεν διὰ στόματος πάντων τῶν προφητῶν παθεῖν τὸν Χριστὸν αὐτοῦ ἐπλήρωσεν οὕτως).

Ebenso ist die, Aussage 4 28, dass Herodes und Pilatus den „Knecht Gottes" umgebracht hätten, um zu erfüllen, was durch Gottes Rathschluss im Voraus unumgänglich gemacht worden war (ὅσα ἡ χείρ σου καὶ ἡ βουλή σου προώρισεν γενέσθαι) zu verstehen. Was somit den ersten Christen vor Allem Aussicht auf Lösung des quälenden Widerspruches bot und ein „brennendes Herz" (Lc 24 32 ἡ καρδία ἡμῶν καιομένη ἦν . . . ὡς διήνοιγεν ἡμῖν τὰς γραφάς) in ihnen schuf, war der grosse, in Jes 52 13—53 12 gewonnene Fund, dass ein Gerechter in der Kraft seiner Jahre aus dem Lande der Lebendigen weggerissen werden solle, damit sein Leben dem Volke zum Schuldopfer gereiche[1]. Diese Combination des Leidens des Knechtes

---

[1] LIPSIUS in SCHENKEL's Bibel-Lexikon II, S. 493: „Das 53. Cap. Jesaja's erschien der gläubigen Gemeinde mit einem Mal in einem ganz neuen Licht und erschloss ihr die verborgensten Mysterien des göttlichen Rathschlusses." In der gleichzeitigen jüd. Theologie gibt es hiefür keine Anhaltspunkte, obgleich in das Messiasbild ein ihm ursprünglich fremder Zug der Tragik schon im 2. Jahrh. eingedrungen ist (s. oben S. 85, 289). Erstmalig vertritt die Beziehung von Jes 53 auf den Χριστὸς παθητός Act 26 23 der Jude Trypho bei Justin, Dial. 68, 89, 90, indem er namentlich 53 7 (vom πρόβατον) auf den Messias deutbar erachtet. Auch 53 4—6 scheint etwa zu derselben Zeit in jüd. Kreisen schon auf den Messias bezogen worden zu sein (SCHÜRER II, S. 465), und das Targum des Jonathan lehrt auf Grund dieser Stelle zwar kein stellvertretendes Leiden und Sterben des Messias zur Sühnung der Sünden seines Volks (die Leidenszüge des Bildes werden vielmehr ganz umgedeutet), wohl aber versöhnende Fürbitte und eine Art von Martyrium des Messias (WEBER S. 344 f). Andererseits hat noch Origenes, Cels. 1 55 von einem Juden eine Deutung von Jes 53 vernommen, wornach die Weissagung sich auf das ganze Volk beziehe, welches zerstreut und zerschlagen worden

Gottes mit dem Tode Jesu liegt in classischer Form in der Predigt des Philippus Act 8 32—35 vor. Daher wird auch noch Hebr 9 28 I Pt 2 21—25 I Joh 3 5 von Jes 53 Gebrauch gemacht, und die Evglsten tragen diese spätere Errungenschaft in das Leben Jesu über Mt 8 16 17 (Mc 15 28) Lc 22 37 Joh 1 29 36 [1]. Derselbe Deuterojesajas, welcher so den edelsten Theil von Israel für die grosse Menge dahingegeben erachtet 53 4 5, stellt 43 3 auch wieder das babylonische Reich als durch die Unterwerfung anderer Völker für die Befreiung Israel's entschädigt dar. Also auch die populären Austauschund Aequivalentsgedanken schlossen sich hier mit Leichtigkeit an. Erwägt man endlich, dass das Opferritual gleichfalls den Sühnegedanken anregen konnte, ja musste, so wird die Entstehung einer dogmatischen Reflexion auf den Tod Jesu als einen Opfer- und Sühnetod begreiflich, selbst wenn die beiden synopt. sedes doctrinae Mc 10 45 14 24 dieselbe ursprünglich wirklich nicht dargeboten haben, sondern in den betreffenden Pointen (ἀντί oder ὑπὲρ πολλῶν) bloss von Jes 53 10—12 beeinflusst sein sollten (s. oben S. 289 f).

Auf diesem ihrem Anfangspunkte erscheint die jüd.-christl. Controverse dem draussen Stehenden Act 18 15 als Streit über Worte, Namen und Schriftstellen (ζητήματα περὶ λόγου καὶ ὀνομάτων καὶ νόμου). Während die Juden, weil sie ihren hl. Schriften nicht auf den Grund

---

sei, damit recht viele Proselyten gewonnen werden möchten. Dies scheint die hellenistische, das Obige die palästinische Deutung gewesen zu sein; vgl. Brandt S. 444 f, 586. Das Alles ist auf dem Boden des damaligen Judenthums recht wohl begreiflich. da dasselbe überhaupt die Leiden der Gerechten als Mittel zur Sühnung der Sünden Anderer betrachtete (s. oben S. 65, Weber S. 313 f, Schürer S. 466, Brandt S. 518). Hat der Messias auch zunächst wie jeder Mensch für seine eigenen Sünden zu büssen (Weber S. 343), so wird er doch dadurch geläutert und geheiligt, und erscheint darum zuletzt sein Tod ebenso sehr wider die Regel, wie der anderer Gerechter (S. 241), welcher, wenn sie keine eigenen Sünden mehr abzubüssen haben, sühnende Kraft für die Sünden Anderer erlangt (S. 315). Sühnt überhaupt jeder Tod (S. 311), warum nicht der des Messias ganz insonderheit, und bewirkt schon das Leben des Messias durch sein Verdienst und seine Fürbitte einen Zustand beständiger Vergebung und steten Friedens für das Volk (S. 362), warum nicht mehr noch sein Tod, wofern ein solcher überhaupt in Aussicht genommen wird? Nur das ist nämlich dieser ganzen Argumentation entgegenzuhalten, dass im messianischen Zeitalter der Tod insgemein als aufgehoben gilt (S. 238, 240, 363 f). Die Verlegenheit, in die man durch die Collision dieses Hauptdogmas mit Jes 53 gerieth, führte dann zu der in Targum, Midrasch und Mischna bezeugten Unterscheidung eines geringerwerthigen Messias aus dem Stamme Joseph, welcher wie Bar Kochba im Kriege fallen oder sonstwie durch seinen Tod die Sünden Israel's büssen muss, von dem ewig lebenden Hauptmessias aus dem Hause David (S. 346 f). Dagegen kam dem Christenthum, dem der Tod des Messias als zu rechtfertigende Thatsache schon gegeben war, die herrschende Sühne-, Stellvertretungs- und Anrechnungstheorie gerade wie gerufen, und ihre Anwendung auf den Messiastod war einfach unvermeidlich.

[1] Ritschl, Lehre von der Rechtfertigung und Versöhnung II, S. 65 f.

zu sehen vermochten, in der Verwerfung und Kreuzigung ihres Messias eine Unwissenheitssünde begangen haben sollten 3 17, löste sich für die messianische Gemeinde ein Räthsel um das andere. Man wusste jetzt, wer der zum Eckstein gewordene Stein sei, welchen die Bauleute verwarfen Ps 118 22 23 = Mt 21 42 Act 4 11 I Pt 2 7 Eph 2 20, der Stein des Anstosses, der zum Fall gereichende Fels Jes 8 14 = Rm 9 33 I Pt 2 7, der kostbare, auserwählte Stein, den Jesus als Grundstein in Zion gelegt hatte Jes 28 16 = I Pt 2 6. Demgemäss formte man wie die übrige Lebensgeschichte, so insonderheit die Leidensgeschichte nach dem Mt 26 54 (πῶς οὖν πληρωθῶσιν αἱ γραφαὶ ὅτι οὕτως δεῖ γενέσθαι) bezeugten Interesse am Schriftbeweis [1]. Man fand den Verrath Sach 11 12 13 = Mt 26 15 27 9 10, die Zerstreuung der Jünger Sach 13 7 = Mt 26 31, den Tod am Kreuze Num 21 8 9 = Joh 3 14, das Grab bei den Reichen (im Urtext freilich Ausdruck grösserer Schmach) Jes 53 9 = Mt 27 57 (πλούσιος), die Kleidervertheilung Ps 22 19 = Joh 19 24, die Tränkung mit Galle Ps 69 22 = Mt 27 34, das Köpfeschütteln der Vorübergehenden Ps 22 8 = Mt 27 39, den Wortlaut ihrer Spottrede Ps 22 9 = Mt 27 43, den Schmerzensruf des Dürstenden Ps 69 22 = Joh 19 28, den Lanzenstich Sach 12 10 = Joh 19 37, vielleicht auch den Ruf Ps 22 2 = Mt 27 46 (doch s. oben S. 166).

Mag uns Heutigen die exegetische Berechtigung zu solchem Vorgehen noch so zweifelhaft erscheinen: die That selbst war von entscheidender Bedeutung. Dasselbe Schriftwort, welches in der Synagoge ganz zum Gesetz geworden war (s. oben S. 46, 60 f), ist damit für die messiasgläubige, für die christl. Gemeinde ebenso ganz zur Prophetie geworden. Selbst der Buchstabe des Gesetzes hatte seine Bedeutung darin, dass er auf Christus bezogen werden konnte Joh 1 45 5 46. Von hier aus begreift man die Möglichkeit der Abzweigung paulin. Gedankengänge von dem gemeinsamen Urstamme (s. II, S. 33 f). Andererseits war aber mit dem bisher Erreichten der Widerspruch des Kreuzestodes mit dem alttest. und jüd. Messiasprogramm doch nur zu einer vorläufigen Lösung gebracht, und wie auf dem uns bekanntesten Punkte des Gesichtsfeldes Pls die vorgefundenen Ansätze zu einer fester gefügten Begriffswelt verarbeitet hat [2], so mochte sich auf

---

[1] A. Harnack I, S. 78: „Der Nachweis, dass das ganze AT auf ihn abzielt, dass seine Person, seine Thaten und Geschicke die wirkliche und pünktliche Erfüllung der alttest. Weissagungen seien, war das vornehmste Interesse der Gläubigen, soweit man überhaupt rückwärts blickte."

[2] Holsten, Drei ungeschriebene Evglien S. 52 formulirt den Unterschied der petrin. und der paulin. Lehre dahin, dass der Kreuzestod des Messias zwar beiderseits als Ausdruck des göttlichen Heilswillens gegolten habe, aber dort als Moment, hier als Princip, S. 55 dort nur den Erlass der Sündenschuld, hier das Geschenk der Gerechtigkeit vermittelnd.

anderen Punkten Anderes herausgestalten, ein einheitliches Gesammt-
resultat aber ist während der hier in Betracht kommenden Epoche
und bekanntlich auch noch lange nachher nicht erreicht worden[1].

4. Glaubenskreis und Gemeindebrauch.

1. Der Glaube.

Abgesehen von dem Satze „Jesus ist der Messias, der Christus,
der Sohn Gottes" verblieb das religiöse Bewusstsein der Urgemeinde
innerhalb der nationalen Schranken, d. h. es war von der Voraussetzung einer offenbarungsgeschichtlichen Vergangenheit aus einerseits
durchweg supernatural, andererseits gesetzlich bestimmt. Auf dem
zweiten Punkt, d. h. bezüglich der Frage, wie man mit dem Gesetz
und der aus seiner Erfüllung hervorgehenden Gerechtigkeit daran sei,
setzte mit dem Auftreten des Pls eine Bewegung ein, welche zur Ablösung des Neuen vom Alten führte. Auf dem ersten blieb einstweilen
Alles beim Alten. Der Nachweis der Continuität und des Einklanges
der messianischen Predigt mit der alttest. Offenbarungsgeschichte war

---

[1] Nach A. Harnack I, S. 80 „sind die Auffassungen über den besonderen
Werth des Todes für die Beschaffung des Heiles noch mannigfach verschieden
gewesen" unbeschadet der im ganzen NT. gemeinsamen Grundzüge. Den Differenzen
ist P.W. Schmiedel, Theol. Zeitschrift aus der Schweiz 1893, S. 227f nach-
gegangen: „Ein Christenthum ohne jede Reflexion auf eine Heilsbedeutung des
Todes Christi zeigt der Jak-brief; als vermeidbare Schickung Gottes erscheint Jesu
selbst sein Tod bis kurz vor seinem Eintritt, als eine wenn auch unwissentliche
Sünde der Juden gilt er Act 3 13—15 17 5 30, als Folge einer göttlichen Bestimmung
des Messias zum Leiden ohne Heilszweck 3 18; der Erhebung Jesu selbst zur himmlischen Herrlichkeit dient er Joh 12 23f 17 1, seinem Gehorsamlernen Hbr 5 7f,
seiner eigenen Heiligung mit dem weiteren Zweck der Heiligung der Gemeinde
Joh 17 19—26; ein Reinigungsopfer für diese ist er Eph 5 25f 2, ein Verschonungs-
und zugleich Bundesstiftungsopfer nach Jesu letzter Deutung Mc 14 22—24, ein
nach der ächten Idee von Jes 53 zu fassendes, aber für die Dauer nicht ge-
nügendes und desshalb der Ergänzung durch das Leiden des Pls (und im Princip
auch anderer) bedürftiges Verschonungsopfer nach Kol 1 24, ein Bundesopfer mit
einseitiger Rücksicht auf das Ceremonialgesetz Hbr 9 15—20 10 29; der Aussöhnung
zwischen Juden und Heiden dient er als eine Art Friedensopfer Eph 2 13—16, der
Versöhnung der Engelmächte mit Gott Kol 1 20; als Sühnopfer für Sünde ohne
alle nähere Bestimmung erscheint er I Kor 15 3 Mt 26 28 Eph 1 7 Joh 1 29 und
öfter, mit einseitiger Rücksicht auf das Ceremonialgesetz, ohne stellvertretendes
Tragen der Strafe Hbr 5 3 7 27 9 26 28, gerade als solches gegenüber der sittlichen Strafgerechtigkeit Rm 3 25f, als Loskaufung aus dem Fluch des Gesetzes
Gal 3 13 Rm 3 24 I Kor 6 20 7 23, als Vernichtung der schreckenden Macht des
Teufels Hbr 2 14f, als Vernichtung der im Fleische liegenden, zur Sünde zwingenden Macht Rm 8 3f, als Ueberwindung der zur Sünde führenden Gesinnung I Pt
4 1 1 18 2 24; der Sendung des hl. Geistes als Beistandes dient er Joh 15 26 16 7
(wegen 7 39), der ceremonialgesetzlich motivirten Einweihung des himmlischen
Tempels mit steter Fürbitte bei Gott Hbr 9 21—24 10 19 7 25, der Bereitung der
Stätte des ewigen Lebens im Himmel Joh 14 2f 12 32 17 24. Dabei sind überall
nur die charakteristischen Stellen herausgehoben."

das erste Erforderniss, wenn die Einen ihren Glauben an Jesus festhalten, die Anderen ihm mit voller Ueberzeugung zufallen sollten; ihn zu
führen, ist für die Redner in Jerusalem Act 7 2—53 wie in der Heidenwelt
13 17—23 erste Pflicht und Aufgabe, vgl. auch IV Esr 3. Alles kommt
darauf an, Jesu persönliche Geschicke nicht bloss als aus dem offen-
barungsgeschichtlich im Voraus festgestellten Rahmen des Messianismus nicht herausfallend, sondern als ihn gegentheils erst recht
ausfüllend, das in demselben bisher bloss Angedeutete kräftig aus-
malend, die leeren Stellen des Bildes ergänzend erscheinen zu lassen.
Wer sich von dieser prästabilirten Harmonie des Alten und des Neuen
überzeugt hatte, der war ein „Gläubiger" nach ältestem Stil; er glaubte,
„dass dieser ist der Christ" 9 22 17 3 oder „der Sohn Gottes" 9 20
(vgl. 18 5 28) [1], nicht bloss in dem Sinne einer persönlichen Entscheidung für das ihn berührende und überwältigende Göttliche, sondern
zugleich auch in dem Sinne eines Urtheils über Geschichtsgang und
Weltzusammenhang. So war „Glauben" und „Glauben" von Anfang an
zweierlei, der Begriff ein von Haus aus amphibolischer, entsprechend
der Combination eines historischen und eines idealen Factors im Glaubensgegenstand (s. oben S. 344f). Man wird an Jesus als den Christus
Gottes gläubig, indem und dadurch, dass man „den Propheten glaubt"
Act 26 27, ein bestimmtes, nach den Normen des geschichtlichen Wissens der Zeit und ihrer damit gegebenen Beurtheilung des Thatsächlichen geformtes, Schema des Weltverlaufes in den Kopf aufnimmt und
darin dem Sohne Gottes, wie ihn das Herz meint, seinen programm-
mässigen Platz anweist.

Nun wird es sich zwar zeigen (s. II, S. 122f), dass die eben angedeutete Unterscheidung des persönlichen Momentes wenigstens dem
paulin. Glaubensbegriffe einigermaassen entspricht. Aber auch nur
vom Kern dieses Glaubensbegriffes gilt das, sofern doch derselbe Pls
I Kor 15 17 den Glauben auf die Anerkennung der Auferstehung als
eines geschichtlichen Ereignisses gründet, wenn dasselbe auch für ihn
erst durch sein eigenes Erlebniss bei Damaskus religiösen Werth und
die Bedeutung eines, seine neugewonnene Weltanschauung beherrschenden, Gedankens erlangt hatte. Auch sein „Glaubensgehorsam" (s. II,
S. 126) ist Gehorsam gegen eine überlieferte Lehre, wenigstens Rm
6 17; vgl. 16 17 19. An diese (vgl. Act 6 7 ὑπήκουον τῇ πίστει) Ansätze
zur Erfassung des Glaubensbegriffes im Sinne des Fürwahrhaltens von
Thatsächlichem oder von Lehren knüpft die weitere Entwickelung an,

---

[1] In diesem Sinne beherrscht das ὄνομα Ἰησοῦ Χριστοῦ die ganze Composition in Act 1—5 und 9. Vgl. v. SODEN, Theologische Abhandlungen, C. v. WEIZ-
SÄCKER gewidmet, S. 123.

die insofern nur als Rückbildung in der Richtung nach dem Judenthum bezeichnet werden kann [1].

Der weitere Vorstellungskreis, in welchem dieser Glaube sich
bewegte, erhellt dem Durchschnittsurtheil der heutigen Theologie
gemäss aus den Pt-Reden in Act. **Lässt sich aus den hier gebotenen
Materialien auch mit keinerlei Sicherheit ein Gebäude urchristl.
Glaubenslehre herstellen**[2], so machen die zu verzeichnenden Grundanschauungen doch vielfach den Eindruck eines theologisch noch un-
geschulten Gemeindebewusstseins und können bei mangelnder Möglichkeit einer directen Kenntnissnahme vom Glaubenskreis der Urgemeinde gleichsam Ersatzdienste leisten[3].

Jesus von Nazaret 3 6 4 10 6 14 10 38 22 8 26 9 ist ein Mann 2 22 aus
dem Samen David's 2 30 13 23, vom heil. Geist nicht sowohl gezeugt[4],

[1] Vgl. hierüber Joh. BLEEK, Glaubensgehorsam: ChristlicheWelt 1895, S. 1163 f.
[2] Die Kritik des Buches ist theils noch im Allgemeinen darüber im Unklaren, ob dem Autor ad Theophilum für seine Eingangscapitel überhaupt
Quellen (dann wohl judenchristl. Abkunft) vorgelegen oder ob er jene Partien,
die mancherlei Aehnlichkeit mit den Eingangs- und Schlusscapiteln des 3. Evglms
aufweisen, gleich diesen nach allgemeinen, in der Gemeindeüberlieferung gegebenen, Anhaltspunkten frei gestaltet habe, theils aber auch, wo eine eingehende
Quellenkritik gewagt worden ist, über Zahl und Art der benutzten Schriften.
Während VAN MANEN, Pls I, De handelingen der Apostelen 1890, S. 23, 125 f,
144 f die Pt-Reden als freie Bildungen des Verf. behandelt, gehören sie nach
SPITTA, Die Apostelgeschichte, ihre Quellen und deren geschichtlicher Werth 1891
zumeist der durchaus glaubwürdigen Hauptquelle an, so jedoch, dass einzelne
Stücke darin theils einem judenchristl. Quellenschriftsteller, theils dem Redactor
zur Last fallen (S. 294). FEINE, Eine vorkanonische Ueberlieferung des Lc in
Evglm und Apostelgeschichte 1891 führt Act 1—12 auf eine judenchristl. Quelle
zurück, darin die Anschauungen der Urgemeinde zu freiem, aber treuem Ausdruck gelangt sind. Aehnlich stehen JOH. WEISS, Das Judenchristenthum in der
Apostelgeschichte: StKr 1893, S. 480f und A. HILGENFELD, ZwTh 1895, S. 65f,
dessen alte Quellenschrift ihren Ursprung namentlich auch darin zu erkennen
gibt, dass die Schuld der Juden am Tode des Messias möglichst herabgemindert
erscheint. Auch nach JÜNGST S. 25, 35f, 40f, 97f, 137f hat der Redactor die
Pt-Reden meist aus seiner Hauptquelle reproducirt, zugleich aber auch mit Fragmenten aus einer andern, der sog. ebjonitischen Quelle des Lc und mit nicht un-
erheblichen eigenen Zuthaten durchflochten. Dagegen durchziehen bei C. CLEMEN
judaistische und antijudaistische Redactionen das ganze Werk. Vgl. Die Zusammensetzung von Apg 1—5: StKr 1895, S. 297f, wornach sich eine alte gute Darstellung der Geschichte des Pt bis in die Anfangscapitel hinauf erstreckt.
[3] HOLSTEN, Drei ungeschriebene Evglien S. 8 „hat immer behauptet, dass
auch dem ersten Theil der Apostelgeschichte uralte Quellen zu Grunde liegen,
in denen Urlaute des christl. Bewusstseins zum Ausdruck gebracht sind. Aber
für den Grad der geschichtlichen Sicherheit dieser Quellen fehlt uns durch die
Bearbeitung des Lc jeder Maassstab.“
[4] Nach JOH. WEISS zu Mc und Lc², S. 303, 305, 330 hat erst der 3. Evglst
die übernatürliche Zeugung, also namentlich 1 35, in den Zusammenhang einer
Quelle hereingebracht, welche nur von Joseph als Vater Jesu wusste. Anders
freilich LÜTGERT, Das Reich Gottes S. 70.

als vielmehr gesalbt 4 27 10 38 [1] und dadurch zu dem von Moses und allen Propheten 3 22—24 (vgl. Lc 24 27) verheissenen Propheten 3 22 23 7 37 52 (vgl. auch die Bezeichnung als Prophet oben S. 237) geworden. Zum Herrn und Christus hat diesen „Heiligen und Gerechten" Gott vorher bestimmt und dann auch factisch durch die Auferweckung und Erlösung „gemacht" 2 36. Als dieser gotterwählte Messias ist er durch Wunder und Zeichen dem Volke Israel ausgewiesen 2 22 und hat gelebt, wohlthuend und Heilung bringend Allen, die in der Gewalt des Teufels waren 10 38. Wie wenig hier und in den gleichartigen Eingangskapiteln des Lc der Vorstellungskreis des Judenthums verlassen ist, erhellt daraus, dass in diesem Messias, der Israel erlösen Lc 24 21, das Volk von seinen Feinden erretten Lc 1 71, das Reich Israel wiederaufbauen und auf David's Stuhle sitzen soll Lc 1 32, der Segen des Bundes verwirklicht ist, welchen Gott mit den Erzvätern geschlossen hat Lc 1 72 Act 3 25. So ist er von Gott auferweckt 2 24 31 32 3 15 26 4 2 10 5 30 10 40, zu seiner Rechten erhöht 2 33 5 31, hat von dem Vater den Geist empfangen und über seine Gemeinde ausgeschüttet 2 33 [2] und weilt nunmehr im Himmel 3 21 [3] als ein „Anführer des Lebens" 3 15 (ἀρχηγὸς τῆς ζωῆς) und „Retter" (σωτήρ) zunächst für Israel 5 31, dann auch für alle Andern 2 39 (πᾶσι τοῖς εἰς μακράν, vgl. 22 21 εἰς ἔθνη μακράν, Eph 2 13 οἱ ὄντες μακράν) 3 25 (Abraham's Segen erstreckt sich auf πᾶσαι αἱ πατριαὶ τῆς γῆς von Gal 3 8) 26 (πρῶτον in Rm 1 16 2 10), wie denn auch, was anstatt der Messiasschaft besonders Heiden gegenüber betont wird [4], der vom Himmel Wiederkehrende 3 20 zum Herrn 11 20 über Alle 10 36 und zum Richter über Lebende und Todte bestimmt ist 10 42 17 31. Zu dieser Christologie stimmt es, wenn schon die ersten Christgläubigen so gut wie später die Glieder paulinischer Gemeinden (I Kor 1 2 Rm 10 12) als solche gekennzeichnet werden, welche „den Namen des Herrn anrufen" Act 9 14 21 22 16, d. h. in Jesus ihren Herrn, zunächst im Sinne der Messianität, anerkennen und bekennen. Wer dann zugleich mit Jesus selbst Gott als Vater anruft und auf Grund rechtschaffener Umkehr und Busse nach den Geboten Jesu lebte, ohne

---

[1] v. Soden, Theologische Abhandlungen S. 123: „im Grunde nur eine Deutung des Namens Χριστός."

[2] Beyschlag I, S. 318: „Durchaus wird Christus unterschieden von Gott und zu demselben in ein durchaus menschliches Abhängigkeitsverhältniss gesetzt. Was Jesus ist, das ist er durch Gottes Willen und freie That."

[3] Weil δέξασθαι und nicht δέχεσθαι steht, meint C. Clemen S. 349 die Stelle erst auf die Rückkehr des Christus nach seiner zweiten Erscheinung in den Himmel beziehen zu sollen.

[4] Joh. Weiss, Nachfolge Christi S. 62.

dabei das Gesetz zu missachten, der galt als „Bruder", als Genosse
der Gemeinde Gottes.

Aber auch wenn die Eingangskapitel von Act sammt den späteren Pt-Reden als Geschichtsquelle nicht in Betracht kommen,
sondern sich darin nur das Durchschnittsbewusstsein des späteren Heidenchristenthums[1] und speciell die an LXX genährte Vorstellung
des archaistisch schreibenden Verf. von dem urchristl. Anschauungskreis abspiegeln, und wenn ferner die Hbr 6 1 2 angedeuteten Gegenstände eines Elementarunterrichtes im Christenthum (ὁ τῆς ἀρχῆς τοῦ
Χριστοῦ λόγος) nicht unmittelbar für die Urgemeinde von Belang sein
sollten (s. II, S. 282), so bliebe immer noch der Weg eines Rückschlusses aus den Pls-briefen offen, der wenigstens in negativer Beziehung volle Sicherheit gewährt, weil er Abwesenheit aller derjenigen
Elemente beweist, welche später den Paulinismus als eine Judenthum und primitives Christenthum zugleich bedrohende Macht des
Umsturzes erscheinen liessen (s. II, S. 28 f, 133 f).

Wichtiger aber als alle Einzelheiten, die sich etwa auf diesem
oder jenem Wege constatiren liessen, ist eine Thatsache von allgemeiner Bedeutung, die durch alle Quellen gleichmässige Bestätigung
empfängt. Mochte die erste Gemeinde sich noch so sehr einrechnen in
die Volksgemeinschaft Israel, sie betrachtete sich doch innerhalb derselben wieder in ähnlicher Weise privilegirt, wie Israel sich privilegirt wusste inmitten der Völkerwelt. Ausdruck dieses Bewusstseins
ist namentlich der Glaube an den Geist mit seinen mannigfachen
Manifestationen. Die Urchristenheit war eine Inspirationsgemeinde[2].
Mit dem Auftreten Jesu, des mit dem Geiste Gottes gesalbten Propheten, war die prophetenlose, die geistverlassene Zeit Israels (s.
S. 72) zum Abschlusse gediehen. In diesem Sinne fasst der evangel.
Grundbericht die Taufe Jesu als Quellpunkt seines messianischen
Bewusstseins. Der Geist geht in ihn ein (Mc 1 10 εἰς αὐτόν gegen
das spätere ἐπ’ αὐτόν Mt 3 16 = Lc 3 22 = Joh 1 32) und treibt ihn von
nun an (Mc 1 12 = Mt 4 1 = Lc 4 1). Aber diesen Geist, mit welchem
er selbst gesalbt worden war Act 10 38[3], hatte er den Seinen hinter-

[1] Jüngst S. 200 findet in seiner Hauptquelle „etwa ein Durchschnittschristenthum, wie es die paulin. Predigt im Verein mit der Herrnwortstradition in
heidenchristl. Gemeinden erzeugen mochte."
[2] Gunkel S. 30 f. Schürer, Die ältesten Christengemeinden im röm. Reich
1894, S. 17: „Alle Gläubigen sind inspirirt und damit in irgend einer Beziehung
mit übernatürlichen Kräften ausgerüstet."
[3] Joh Bornemann, Die Taufe Christi durch Johannes 1896, S. 18. Nach
Lütgert S. 68 f, Greifswalder Studien S. 224 f ist dem urchristl. Gemeindeglauben
Christus einfach der Träger des Geistes Gottes.

lassen, nicht etwa bloss in den johann. Abschiedsreden, sondern auch
in Aussprüchen wie Mt 10 20. So stellt sich in Act 2 1—41 der erste
Lebenstag der Gemeinde dar als Tag allgemeiner, wenn auch vielfach abgestufter, Geistbegabung nach Joel 3 1—5, und finden sich
ausser den Aposteln auch andere Männer, wie Stephanus 7 55 „voll
Geistes" (πλήρης πνεύματος Act 6 3), Propheten wie Barnabas 4 36 11 24,
Judas und Silas 15 32 und Agabus 11 27 28. Nur dass wenigstens
der Darstellung von Act zufolge dieser Geist sich mehr stossweise
zu erkennen gab, besonders bei der ersten Erweckung, bzw. Aufnahme in die christl. Gemeinschaft als ekstatische Glossolalie 2 4
10 44—46 19 6 oder Gebetsrede 4 31 (8 17) und bei den Zusammenkünften
als göttliche Ansprache 9 31 13 2 21 11. In solcherlei Darstellungen
spiegelt sich noch die volksthümliche Freude an sinnenfälligen, gleichsam mit der Hand erhaschbaren, Machtwirkungen des Geistes[1], während dann der Begriff desselben in den Schriften des Pls und Joh
ethisch vertieft wurde, ohne darum jenes Untergrundes verlustig zu
gehen[2]. Eben darum aber beginnt auch die christl. Theologie erst
in der paulin. und johann. Literatur. Vorher gab es nur einen
Gemeindeglauben, und dieser war nur in sehr allgemeinen Formeln fassbar. Je seltener aber im damaligen Judenthum pneuma-
tische Erscheinungen vorkamen, desto eindrucksvoller musste ihr ge-
häuftes Auftreten innerhalb der messianischen Gemeinde sich gestalten[3]. In demselben Maasse aber fiel auch auf das gemeinsame
Lehrstück vom Geist der Ton in der urchristl. Weltanschauung und
Verkündigung. Insofern lässt sich sagen, dass schon hier das Glau-
bensbewusstsein einer trinitarischen Entfaltung zustrebte: zu der Anrufung Gottes als des Vaters und zum Bekenntnisse Jesu als des
Messias trat die Gewissheit, im Besitze des prophetischen Geistes
zu sein, welcher die Erfüllung aller noch ausstehenden Hoffnungen
verbürgte[4].

Als geistbegabte Elite des Bundesvolks war die Gemeinde der
Gläubigen zugleich eine Gemeinde von „Heiligen". Mit diesem, auf
Grund von Dtn 33 3 Ps 16 3 5 34 10 gebildeten, Dan 7 21 8 24 für das

---

[1] So GUNKEL S. 6 f, 13 f, 20 f, 51 f, HARNACK I, S. 76. Den Gegensatz zu sittlichen Wirkungen des Geistes betont besonders BEVERSLUIS S. 97 f, 249 f, 259.
[2] HARNACK I, S. 49. Vgl. S. 52 über das „enthusiastische Element" im Urchristenthum, „das Bewusstsein, mit Gott durch den Geist in einer unmittelbaren
Verbindung zu·stehen und direct aus der Hand Gottes wunderbare Gaben, Kräfte
und Erkenntnisse zu erhalten."
[3] GUNKEL S. 55 f, 58.   [4] HARNACK I, S. 77.
[5] Dieses τοῖς ἁγίοις τοῖς ἐν τῇ γῇ hat vielleicht wurzelhafte Bedeutung, sofern der Ausdruck nach Act 9 13 32 41 26 10 I Kor 16 1 II Kor 8 4 9 1 12 zunächst

auserwählte Volk in Anspruch genommenen (s. oben S. 71) Terminus technicus sind die Messiasgläubigen keineswegs direct nach ihrer sittlichen Qualität, sondern zunächst nur nach ihrem religiösen Verhältniss charakterisirt. Sie sind als Genossen des „Heiligen (Gottes)" Mc 1 24 = Lc 4 31 Joh 6 69 10 36 I Joh 2 20 Apk 3 7 das in Wahrheit, was das ganze Volk Lev 11 44 = I Pt 1 16 sein sollte [1]. Gott hat „den Heiligen" und in ihm die ihm gehörige Gemeinde erwählt und sich zum Eigenthum geweiht. Diese aus der Welt Ausgesonderten sind „die Heiligen" [2].

2. Taufe und Herrnmahl.

Den Anschluss an diese Gemeinde vermittelte die Taufe [3], ein Initiationsact, der seine Analogien in den jüd. Lustrationen, in den essäischen und heidnisch-mysteriösen Reinigungsbädern, eine gewisse Präformation in der Proselytentaufe, d. h. dem Tauchbade, wodurch der förmlich zum Judenthum übertretende Heide seine levitische Unreinheit verlor [4], sein nächstes Vorbild in der Taufe des Johannes sucht. Schon diese hat eine Beziehung zur messianischen Zeit, welche ja nach den Sprüchen der Propheten mit einer Reinigung durch Wasser, mit Sündenvergebung und mit Ausgiessung des Geistes Gottes eingeleitet werden soll. So gewiss es ist, dass Jesus sich dieser Johannestaufe unterzogen hat, so zweifelhaft bleibt es, ob er selbst seinen Jüngern einen Taufbefehl ertheilt hat. Denn Mc 16 16 ist apokryph und Mt 28 19 gehört wie 16 16—18 18 15—18 in die Reihe der, dem 1. Evglm eigenthümlichen, die dogmatischen, verfassungsmässigen und

---

an den Gläubigen auf hl. Boden, den palästinischen Christen, zu haften scheint. So Wieseler, Hofmann, Godet zu Rm 15 26 I Kor 16 1. Erst Pls, bei welchem „die Heiligen in Jerusalem" Rm 15 25 26 auch 15 31 noch einmal als „die Heiligen" schlechthin erscheinen, dehnt den Begriff auf alle, auch auf die aus den Heiden hervorgegangenen Gläubigen aus. So in der grossen Mehrzahl der in den Pls-briefen begegnenden Stellen (s. II, S. 152f), aber auch Hbr 3 1 6 10 13 24 Jud 3 und oft in Apk. Daher das neutest. Bundesvolk ein Volk von Heiligen I Pt 2 5 9. In diesem Sinn steht das Wort 66 mal im NT absolut und substantivisch. Auf Ps 16 10 = Act 2 27 13 34 35 geht übrigens auch der neutest. Gebrauch des Synonyms ὅσιος zurück; vgl Meinke, Der platonische und neutest. Begriff der ὁσιότης: StKr 1884, S. 743f.

[1] E. Issel, Der Begriff der Heiligkeit im NT 1887, S. 78f, 88, 120.

[2] Nochmals den Begriff verengernd findet Manchot, Die Heiligen 1887 darin den Grundstock der Christenheit selbst, eine priesterliche Bruderschaft innerhalb der Gemeinde.

[3] Vgl. Kremer, De oorsprong van den doop in de christelijke kerk: ThT 1869, S. 19f, Caspari, Der Taufbegriff des NT 1877, H. Holtzmann, Die Taufe im NT: ZwTh 1879, S. 401f, J. H. Scholten, Die Taufformel 1885 (= De doopsformule 1869), A. Hilgenfeld, Die urchristl. Taufe: ZwTh 1885, S. 448f, Bossert, Die Bedeutung der Taufe im NT: Zeitschrift für kirchl. Wissenschaft und kirchl. Leben 1888, S. 339f, R. Ehlers, Das NT und die Taufe 1890.

[4] Schürer II, S. 569f. Anrich S. 117f.

liturgischen Verhältnisse der judenchristl. Kreise, für welche er schrieb, kanonisirenden, Stücke (s. S. 228). Dieselben enthalten nicht sowohl Herrnworte, als vielmehr auf den Herrn zurückgeführte Gemeindeordnungen. Bei Lc fehlt eine Taufeinsetzung überhaupt. Befolgt wäre die Weisung Mt 28 19 erst im 2. Jahrh. worden, da ja zuvor die Taufe einfach auf den Namen Jesu als des Christus verrichtet wurde I Kor 1 13 15 (6 11) Gal 3 27 Rm 6 3 Act 2 38 8 16 10 48 19 5, während dort die, sonst erst Didache 7 1 3 und Justin, Apol. I, 61 begegnende, trinitarisch erweiterte Taufformel auf Jesus zurückgeführt wird [1]. Bezüglich geschichtlicher Werthung ist mit dem Worte Mt 28 19 gleichzustellen das Wort Act 1 5 (Ἰωάννης μὲν ἐβάπτισεν ὕδατι, ὑμεῖς δὲ ἐν πνεύματι βαπτισθήσεσθε ἁγίῳ), welches, wenn ihm wirklich ein Ausspruch Jesu zu Grunde liegen sollte, ganz ähnlich wie das andere Mc 10 38 39 nur beweisen würde, dass Jesus die von Johannes her bekannte Handlung des Taufens als ein geläufiges Anschauungsmittel zur Einführung neuer, über die Sphäre des Täufers hinausgreifender, Ideen — dort der Geistestaufe, hier der Bluttaufe — benutzte. Aber auch alle Versuche, einen eigentlichen Taufbefehl zu gewinnen, indem man einen solchen früher

---

[1] Die Ungeschichtlichkeit des matthäischen Taufbefehles erwiesen DE WETTE, Bibl. Dogmatik § 210, WITTICHEN, Beiträge I, S. 62f, Leben Jesu S. 73, ZpTh 1879, S. 171f, SCHOLTEN S. 6f, HILGENFELD S. 456f, VOLKMAR, Jesus Nazarenus S. 163f, USENER, Religionsgeschichtliche Untersuchungen I, S. 155f, 176f, LIPSIUS, Dogmatik S. 707, WEIZSÄCKER, Apostol. Zeitalter S. 551, 553, PFLEIDERER, Urchristenthum S. 538, BRANDT S. 353, 359, JÜLICHER, Einleitung S. 192, HARNACK I², S. 76. Die formale Authentie der Einsetzungsworte, zumal der trinitarischen Formel, stellen auch BOSSERT S. 346, BEYSCHLAG I, S. 70, 311, 325, II, S. 488 und in vorsichtiger verclausulirtem Ausdruck B. WEISS, § 31b, 41a, 139d, zu Mt S. 42, 582, Leben Jesu II, S. 587 in Abrede. Nicht so gar weit entfernt von dieser Position ist aber der sie bekämpfende E. HAUPT, Zum Verständniss des Apostolats im NT 1896, S. 38f, demzufolge es sich S. 41f Mt 28 19 gar nicht um eine „Taufformel" handelt, sondern bloss gleichsam um eine, mündlicher Tradition entstammte, „compresse Zusammenfassung" der letzten Worte des Auferstandenen, in welchen dieser Lc 24 49 den Geist als „die Verheissung meines Vaters" zu senden verspricht und dies Act 1 5 als ein Getauftwerden mit Geist bezeichnet. Aus dieser bildlichen Ausdrucksweise und aus jener Combination der 3 Namen sei der matthäische Ausdruck erwachsen. Derselbe stelle sich als „sachlich authentisch" heraus, sofern er das enthalte, „was Jesus den Jüngern über die Bedeutung der Taufe gesagt hat, nämlich dass durch sie ein Verhältniss zu Vater, Sohn und Geist hergestellt werde." Wollte man sich alle diese auf der Hand liegenden Eintragungen gefallen lassen, so bliebe die Hauptsache erst noch unerledigt: ein ausdrücklicher Befehl, zu taufen und einer solchen Taufe die gesammte Völkerwelt zu unterziehen. Immerhin heisst das noch zur Sache reden, während RESCH, Ausserkanonische Paralleltexte zu den Evglien 2, S. 413f die oben begründete Auffassung von Mt 28 19 von der Höhe eines papierenen Thurmes aus bekämpft, zu dessen Erbauung er alle, in der alten Kirche und bei den Häretikern begegnenden, trinitarischen Formeln verwendet, um uns schliesslich S. 424 mit der Behauptung zu überraschen, die geschichtlich zuerst begegnende Taufformel sei nur eine „christologische Abbreviatur."

ansetzt, etwa in die Zeit von Mc 10 ss[1] oder gar auf den letzten Ab-
schiedsabend[2], wo das Abendmahl ebenso am Platze ist, wie die noch
hinzutretende Taufinstitution Ueberladung des Momentes mit äusser-
lichem Apparat wäre, sind als willkürliche Constructionen zu bezeichnen gegenüber der Thatsache, dass Pls keinen den Aposteln geltenden Auftrag, alle Menschen durch die Taufe zu Jüngern Jesu zu
machen (μαθητεύσατε πάντα τὰ ἔθνη βαπτίσαντες αὐτούς), kennt, wenn
er I Kor 1 18 sich freut, dass er in Korinth so wenige Gläubige selbst
getauft hat, und letztere Praxis 1 17 mit dem allgemeinen Satze rechtfertigt, einen Taufauftrag überhaupt nicht empfangen zu haben (οὐ
γὰρ ἀπέστειλέν με ὁ Χριστὸς βαπτίζειν, ἀλλὰ εὐαγγελίζεσθαι). Diese Stelle
schwebt überdies auch dem, überall unter paulin. Voraussetzungen
arbeitenden, 4. Evglsten vor, wenn nach Joh 3 22 4 2 Jesus von vornherein zwar tauft, aber nicht eigenhändig, sondern durch seine Jünger[3],
ähnlich wie auch Act 10 48 Pt zwar taufen lässt, selbst aber nicht
tauft. Offenbar tritt die Persönlichkeit dessen, welcher tauft, so ganz
in den Hintergrund, weil man die Taufe zunächst als eine Bekennt-
nisshandlung, also mehr als eine That des Täuflings denn des Täufers
fasste. In der, freilich Späteres gern in die christl. Urzeit zurück-
versetzenden, Apostelgeschichte werden 2 41 zwar schon am Pfingsttage
Tausende getauft. Aber das erste ganz sichere Datum bieten die paulin.
Gemeinden. Namentlich zu Korinth wurde gerade dieser Ritus so beifällig
aufgenommen, dass hier die Judaisten gar nicht wagten, mit der Forderung der Beschneidung herauszurücken, während die Korinther an-
fingen, sogar im Namen solcher Christen, die tauflos verstorben waren,
einen nachträglichen Baptismus vicarius einzuführen I Kor 15 29. Die
Erwähnung letzterer Sitte (s. II, S. 181) bedeutet den unwiderspro-
chenen Sieg des Taufritus in Korinth, der 12 13 (ἡμεῖς πάντες εἰς ἓν
σῶμα ἐβαπτίσθημεν) als eigentlicher Aufnahmeact in die Gemeinschaft
gefeiert wird, während weder aus dieser Stelle, noch aus 10 2—4 folgt,
dass Pls die Taufe als Institution Jesu gekannt habe. Von Kinder-
taufe vollends ist weder 7 14, noch sonst irgendwo im NT die Rede.
    Dagegen fragt es sich, ob Apk die Taufe schon adoptirt habe.

---

[1] So SCHENKEL, Charakterbild [4]S. 206f, Bibel-Lexikon V, S. 465f.
[2] So KEIM III, S. 286f, Dritte Bearbeitung [2]S. 304f. Vgl. gegen beide
Hypothesen E. HAUPT S. 39f.
[3] E HAUPT S. 40f, der die johann. Angaben für geschichtlich hält und auf
eine anfängliche, bald fallen gelassene Praxis Jesu bezieht, sieht darin eine Erklärung für die spätere Praxis der Gemeinde nur insofern, als S. 43 die Jünger
hinterher durch Weisungen des Auferstandenen veranlasst worden seien, „auch
den äusseren Taufritus, wie sie ihn von der früheren Zeit her kannten, wieder
aufzunehmen."

So nahe ihre Erwähnung oft gelegen wäre (vgl. 7 1—4 14 14 1), so wenig geschieht es [1]. Ebenfalls ignorirt wird die Taufe bei Jak und Jud. Dagegen setzt Hbr Leser voraus, die bereits durch die Taufe in das Christenthum eingetreten sind (10 22 λελουμένοι τὸ σῶμα ὕδατι καθαρῷ). Die Lehre von der allgemeinen Kategorie, worunter die Taufe fällt, erscheint 6 2 (Unterscheidung von der Johannestaufe) schon als zu den Grundlagen des Christenthums gehörig. Da ungefähr gleichzeitig auch Mt die Taufe aufnimmt, kann die „Eine Taufe" Eph 4 5 als äusseres Symbol jener Ausgleichung und Vereinigung der kirchlichen Richtungen genannt werden, welche Eph sowohl voraussetzt, als auch befördert. Gehört sonach die christl. Taufsitte zu dem ursprünglichen Besitzstand der gesammten Christenheit, ohne dass eine eigentliche Einsetzung durch den geschichtlichen Jesus nachzuweisen wäre, so bleibt nur übrig, sie auf die Taufe am Jordan zurückzuführen, so dass sich darin die urchristl. Anschauung ein Denkmal gesetzt hat, wornach Jesus im Act der Taufe den Aufgaben und Zielen des gewöhnlichen Menschenlebens entnommen und zum „Geweihten Gottes", zum Christus, geworden ist. Es hat daher seinen guten Sinn, wenn derselbe Act als Bundeszeichen der Messiasgemeinde gilt, den einzelnen Herzutretenden in dieselbe aufnimmt, zum Christen macht. Die Taufe fixirt in symbolischer Handlung den Anfang des messianischen Lebens Jesu, sowie das Abendmahl die Endstation. Wie dieses das Vermächtniss, so stellt jene den Geburtsact des Sohnes Gottes dar. Die Taufe wäre dann, wenn auch nicht durch ein sicher überliefertes Wort Jesu, so doch durch sein eigenes Vorbild und durch den guten Sinn, welchen sie gerade vermöge ihrer Beziehung auf seine Taufe gewinnt, der Kirche an's Herz gelegt [2].

Ihr Grundcharakter bleibt zunächst noch der johanneische [3], sie ist „Taufe der Busse zur Vergebung der Sünden" Mc 1 4 (d. h. die Reinigung von Sünden ist zunächst die Frucht der Busse, aber indirect, da diese durch die Taufe versinnbildlicht wird, Wirkung der Taufe); ebenso Act 2 38 22 16 (hier schon modificirt nach I Kor 6 11), darüber hinaus aber, als „Taufe auf den Namen des Christus" auch schon

---

[1] Nach KRENKEL, Der Apostel Johannes S. 98 wäre die Taufe Apk 7 2 9 4 unter dem „Siegel Gottes" (σφραγίς später technische Bezeichnung der Taufe, vgl. ANRICH S. 122 f) zu verstehen. Vgl. dagegen HC IV, S. 331.

[2] Eine schon altkirchl. (vgl. BORNEMANN S. 16 f, 59 f, 64, 85) Tradition formulirt der Catechismus Romanus IV de baptismo, cp. 4, 261: tunc a Domino hoc sacramentum institutum esse suscipitur, cum ipse a Johanne baptizatus sanctificandi virtutem aquae tribuit. Nachwirkungen davon auch im älteren Protestantismus verzeichnet BOSSERT S. 345 f.

[3] Vgl. HILGENFELD S. 450 f, ANRICH S. 115 f, C. CLEMEN, StKr 1895, S. 346.

ein Act des Bekenntnisses zur Messianität (Gottessohnschaft) Jesu,
wobei die negative Wirkung der Sündenvergebung ihre positive Ergänzung in der Anwartschaft auf die Güter des zukünftigen messianischen Reiches findet[1], dessen Pforten sie aufschliesst[2]. Da nun aber
die in diesem Reich Stehenden nach den Prophetensprüchen auch im
Besitze des Geistes sind, wird bald auch die Geistbegabung direct zu
den Wirkungen der Taufe geschlagen[3], und so, als Geistestaufe 1 5
10 45—48 11 16, tritt sie dann der Johannestaufe als das Höhere gegenüber. Jetzt bedürfen diejenigen, welche nur die Johannestaufe kennen,
noch einer volleren Unterweisung 18 25 26 mit nachfolgender Taufe auf
den Namen des Herrn 19 2—7. Zur Zeit, als der Verf. von Act schrieb,
galt es sogar schon als Privilegium einzelner Personen, diesen Geist
durch Handauflegung mittheilen zu können, und zwar sind das für die
Frühzeit des Christenthums die Apostel (Pt und Joh Act 8 14—19,
Pls 19 2—6). Da diese Geistbegabung als Vollendung der Taufe galt,
haben wir hier die Ansätze zum späteren Sacramentum confirma-
tionis, wie in der verwandten Anschauung, wornach Apostel und
Apostelgehülfen durch Handauflegung die Amtsgnade übertragen (s.
II, S. 268), die Keime des Sacramentum ordinationis[4]. Hand in Hand
mit der Ausbildung solcher Theurgie ging wohl auch der Glaube an
die Unentbehrlichkeit und Kraft der allmählich sich einstellenden
Formel mit den drei Namen[5]. Das Aufkommen derselben hängt ganz
an der Verpflanzung auf den heidenchristl. Boden. Das primitive
Christenthum kennt bloss solche Heidenchristen, die schon vorher zum
Judenthum in ein näheres Verhältniss getreten waren. Indem diese
„Gottesfürchtigen" (s. oben S. 86) sich taufen liessen, traten sie in
ihrem eigenen und im Bewusstsein der Urgemeinde zugleich auch in

---

[1] PFLEIDERER, Urchristenthum S. 258, Paulinismus [2]S. 198f.
[2] ANRICH S. 116: „So konnte sich — zumal in einer Zeit, wo der Enthusiasmus und die Unmittelbarkeit des religiösen Erlebens eine begriffsmässige Unterscheidung in den Hintergrund drängte — der Gedanke, dass der Eintritt in die
Messiasgemeinde auch an ihren Heilsgütern Antheil gewähre, unversehens in den
andern umwandeln, dass sich der Neueintretende dieselbe mittelst der Taufe
aneigne." Vgl. E. TEICHMANN, ZThK 1896, S. 366f.
[3] ANRICH S. 117.
[4] H. HOLTZMANN, Die Pastoralbriefe S. 200, 229f, 384f, HC I[2], S. 345, 354,
J. JÜNGST S. 213: „Substruction der später auftauchenden Lehre von der bischöf-
lichen Nachfolge."
[5] Schon Act 3 6 13 4 7 10 scheint das Aussprechen des Namens Jesu als
wunderkräftig gedacht zu sein, daher βαπτίζεσθαι ἐν τῷ ὀνόματι Ἰησοῦ 2 39 10 48.
Es erinnert das an die Zeitvorstellung, dass, wer den Namen kennt, über die
demselben innewohnende Kraft verfügt. Daher aus dem ursprünglichen in nomen
patris, filii et spiritus sancti mit der Zeit ein in nomine etc. wurde: im dreimal
heiligen Namen.

das Judenthum ein. Sie glaubten erstens an das messianische Ideal des AT und zweitens auch an dessen Erfüllung in der christl. Gegenwart. So lange noch ein Jude einfach durch gläubige Annahme der Messianität Jesu zum Christen wurde, bedurfte die Taufe keiner langen Vorbereitung. Der Kämmerer aus Aethiopien wird unterwegs bekehrt, Cornelius nach einigen Reden getauft; zur jerusalemischen Gemeinde treten bald drei-, bald zweitausend Menschen an Einem Tage hinzu. Pls wird Act 9 18 sogar getauft ohne allen vorherigen Unterricht und setzt solches Gal 1 16 17 auch selbst voraus. Ihm selbst gilt I Kor 12 3 als vollbürtiger Bruder in Christus, wer diesen als den „Herrn" bekennt, was im paulin. Sinn freilich über den jüd. Messias schon hinausgreift (s. unten II, S. 88). Aber auch dabei konnte es auf heidnischem Boden sein Bewenden nicht haben. Wie für die monotheistischen Juden um die Messianität Jesu, so handelte es sich für die polytheistischen Heiden zuvor schon um den Gottesglauben selbst. Demgemäss wird das christl. Bekenntniss zunächst Joh 17 3 I Tim 2 5 (s. II, S. 279) zweigliedrig und bald auch, sofern der Geistbesitz der gläubigen Gemeinde ihr ganzes Existenzrecht (s. oben S. 59), insonderheit auch den Besitz der Wahrheit gegenüber den Irrgeistern verbürgt, dreigliedrig, in welcher Form es demgemäss zwar den Schlusspunkt, nicht aber den Ausgangspunkt des ganzen Verlaufs darstellen kann[1]. Mit den 3 Namen war auch die, schon bei heidnischen Lustrationen gewöhnliche[2], dreimalige Untertauchung gegeben (Didache 7 3).

Für die lehrhafte Ausbildung war besonders die Parallelisirung der Taufe mit der Beschneidung von Belang. Dieselbe begegnet auf paulin. Grunde, aber durch das Medium der Typologie von Hbr betrachtet, Kol 2 11 12 = Eph 2 11 (nur hier in der späteren Briefliteratur des N T), wo die christliche Taufe geradezu Antityp der Beschneidung ist (s. II, S. 232). Im Uebrigen vertritt der, an das Mysterienwesen der Zeit so vielfach erinnernde, Autor ad Ephesios, eine Anschauung, welche für die allmähliche Umsetzung urchristl. Bildersprache in mysteriöse Theurgie vielleicht am bezeichnendsten ist. Das Wort von dem Gegensatze der Wassertaufe und der Geistestaufe, wie es bald dem Täufer Mc 1 8, bald Jesu selbst Act 1 5 in den Mund

---

[1] HAUSSLEITER, Zur Vorgeschichte des apostol. Glaubensbekenntnisses 1893 weist zutreffend nach, wie aus dem ursprünglichen, einheitlichen Bekenntniss zur Messianität Jesu erst die zwei-, dann die dreigliedrige Formel hervorgehen musste, entgeht aber der unvermeidlichen Schlussfolgerung S. 30 (vgl. jedoch S. 32) durch eine künstlich ad hoc hergestellte Unterscheidung von Taufbekenntniss und Taufvollzug.

[2] ANRICH S. 108.

gelegt worden ist, zeigt, wie bewusst ursprünglich Bild und Sache
auseinandertraten. Jetzt aber ist der Vermittelungsprocess beider
schon bis dahin gediehen, dass die Wirksamkeit des Geistes im
Worte mit dem Act der Wassertaufe in einer mystischen Einheit
steht, eines dem anderen immanent ist, wie Wesen und Erscheinung.
Daher Eph 5 26 das „Wasserbad mit dem Wort" die Gemeinde zur
reinen Braut Christi „reinigt und weiht"[1]. So ward die Beschneidungs-
typologie Anlass dazu, dass man die Taufe je länger je weniger als eine
symbolische Handlung des Täuflings, dass man sie vielmehr als eine
an ihm vollzogene That auffasste. Andererseits empfahlen auch die
Initiationsacte der griech. Mysterien die christliche Analogie eines
Actes, durch welchen der Täufling aus der Welt in das Reich Gottes
versetzt wird. Insofern also mit dem Täufling etwas geschieht, heisst
die Taufe Tit 3 5 „Bad der Wiedergeburt" (λουτρὸν παλιγγενεσίας), womit
ihr positiv heilbeschaffender Charakter nur noch klarer ausgedrückt
ist (s. II, S. 268), als mit dem bloss negativen Ausdruck II Pt 1 9
„Reinigung seiner früheren Sünden" (καθαρισμὸς τῶν πάλαι αὐτοῦ ἁμαρ-
τημάτων). Der damit erreichte sacramentale Charakter der Taufe,
welcher sich an die ursprünglich rein symbolische Handlung angeheftet und dieselbe bald genug in eine Art von theurgischer Handlung umgewandelt hat, hängt somit letztlich an der Combination, in
welche die ursprüngliche „Abwaschung" theils mit der alttest. Beschneidung, theils mit den mysteriösen Weihen und Lustrationen der
griechischen Cultvereine gebracht worden ist.

Doch geht neben dieser Linie eine andere einher, welche im Interesse des Moralismus den Zusammenhang mit dem ursprünglichen
Sinne und mit dem Genius der hebr. Religion und Sittlichkeit besser
wahrt. Erfolgt durch die Beschneidung die Aufnahme in die alte
Bundesgemeinde, so die in die neue durch die Taufe. Dieselbe wird
daher I Pt 3 21 als freie That des Täuflings gegenüber Gott betrachtet (s. II, S. 318)[2]. Auch in der Apostelgeschichte verhalten

---

[1] PFLEIDERER, Paulinismus S. 456.

[2] Der schwierige Ausdruck συνειδήσεως ἀγαθῆς ἐπερώτημα εἰς θεόν scheint
zunächst auf einen sonderlichen Sprachgebrauch der Zeit zu weisen. Nun bieten
Inschriften aus der Zeit der Antonine die Formel κατὰ τὸ ἐπερώτημα τῆς σε-
μνοτάτης βουλῆς, was nach CREMER = ex senatus consulto, nach ZEZSCHWITZ und
W. GRIMM zu übersetzen wäre: nach geschehener Anfrage beim Senat. Das würde
aber auf einen gen. subjecti führen (Anfrage eines guten Gewissens an Gott), der
nicht bloss sachlich (da man ein gutes Gewissen erst in Folge der Taufe hat),
sondern vor Allem durch den Gegensatz zu σαρκὸς ἀπόθεσις ῥύπου ausgeschlossen
ist. Im forensischen Sprachgebrauch des byzantinischen Zeitalters bedeutet ἐπερώτημα die den Abschluss eines Vertrags einleitende Frage (spondesne). Das
würde auf die sponsorische Seite im Taufact, aber auch auf erheblich spätere Ver-

sich Geistesmittheilung und Taufe noch so zu einander, dass bald jene 10 ₄₄—₄₆, bald diese 8 ₁₆ ₁₇ vorangeht. In einander gedacht sind beide Momente dagegen Joh 3 ₅, vgl. I Joh 5 ₆. Doch das 4. Evglm verlangt als eine neue Phase der Lehrbildung eine gesonderte Betrachtung (s. II, S. 496f).

Wie in der Taufe der Anschluss an die Gemeinde, so vollzog sich der dauernde Zusammenschluss der Gemeinde in sich selbst in gemeinsamen Mahlzeiten, die allmählich cultische Bedeutung gewannen, entsprechend der Sitte des Alterthums, die brüderliche Gemeinschaft der Cultusgenossen zu einem solennen Ausdruck in solcher Form zu bringen. Dieses a potiore sogenannte „Brotbrechen" Lc 24 ₃₀ ₃₅ Act 2 ₄₂ ₄₆ 20 ₇ ₁₁ 27 ₃₅ darf nicht in zu ausschliessende Beziehung zum Herrnmahl gesetzt werden, wiewohl Letzteres in der Regel seinen Schlusspunkt gebildet haben wird ¹. Zunächst steht diese urälteste Gemeindesitte in erkennbarster Analogie zu anderen im Judenthum vorkommenden, religiös geweihten Mahlzeiten (s. oben S. 31, 103)². Den allgemeinen Typus derselben bildete das Passahmahl, welches seinerseits nach synopt. Bericht auch schon die Gelegenheitsursache zur Stiftung des Herrnmahls geboten hat (s. oben S. 299). Es ist aber in hohem Maasse wahrscheinlich, dass die apostol. Gemeinde beim „Brotbrechen" nicht bloss an Vorgänge am letzten Abend, da Jesus mit wenigen Getreuen gegessen und getrunken hat, sondern auch an jene andere Mahlzeit gedacht hat, die er einst auf dem Höhepunkt seiner galiläischen Wirksamkeit inmitten von Tausenden begeisterter Anhänger gehalten hatte, nachdem dieselben den ganzen Tag über, von seinen Worten im Banne gehalten, an seinem Munde gehangen hatten. Die in lehrhafter Tendenz erfolgte Uebermalung dieses unvergesslichen Bildes setzt die Erinnerung an eine grossartige Entfaltung hülfreicher und gastfreundlicher Nächstenliebe, zu welcher damals Jesu Wort und Beispiel Veranlassung geboten zu

hältnisse weisen (stipulatio, sponsio). Und hier wäre doch eigentlich erst das gemeint, was auf die Frage folgt, das Gelöbniss, „der Bund eines guten Gewissens mit Gott." Dagegen erfordert die Congruenz der negativen und der positiven Aussage, dass auch mit letzterer ein Act des Täuflings (nicht eben bloss eine Wirkung der Taufe an ihm) gemeint sei. Das aber führt auf die, durch v. SODEN HC ², S. 150 näher begründete, Erklärung, und fraglich könnte nur noch bleiben, ob εἰς θεόν mit ἐπερώτημα („Bitthandlung um Gewährung eines guten Gewissens", um das Bewusstsein einer richtigen Lebensführung nach 3 ₁₄) oder nach Act 24 ₁₆ mit συνείδησις zu verbinden wäre. BEYSCHLAG I, S. 412: „Immer bleibt die Taufe nur von ihrer subjectiven Seite betrachtet, und es ergibt sich keine sacramentale Lehre von ihr."
¹ So GRAFE, ZThK 1895, S. 137, SCHULTZEN, Das Abendmahl im NT, S. 103f.
² Vgl. LOBSTEIN, La doctrine de la sainte cène, S. 88f.

haben scheint (vgl. etwa Neh 8 10—12), in so nahe Beziehung zu dem
nicht minder hl. Andenken des letzten Mahles, dass mit jedem Gedanken an das Eine auch der Gedanke an das Andere ausgelöst
und wachgerufen werden musste, und der technische Name des „Brot-
brechens" fasst beide Bilder in einem hervorstechenden Zug des gemeinsamen Ritus zusammen [1]. Daher die, von den ältesten bildlichen
Darstellungen des christl. Gräberschmuckes bestätigte, gewohnheits-
mässige Zusammenschau beider Scenen [2]. Auch die Unterscheidung von
Agape (Jud 12 = II Pt 2 13, vgl. auch Act 20 7) und eigentlichem
Herrnmahl, welche allmählich in's Bewusstsein trat und zur Abtrennung der Ersteren von Letzterem führte, weist auf diese Doppel-
wurzel des Gemeindebrauches zurück (s. II, S. 503)[3], und selbst bei Pls
ist davon etwas noch übrig geblieben, sofern jenes Princip der Ausgleichung (s. unten S. 389f), welches I Kor 11 20—22 33 die socialen

---

[1] Vgl. über die Speisungsgeschichte HC I, S. 185 und H. v. SODEN, Theol.
Abhandlungen, C. v. WEIZSÄCKER gewidmet, S. 149: „Zwar wirken auch hier zweifellos alttest. Motive mit, so neben dem Manna, das Joh 6 ausdrücklich beigezogen
ist und in dem schon Pls I Kor 10 3 einen Typus sieht, II Reg 4 41—44. Aber das
Interesse, welches diese Berichte ausgestaltet hat, ist ein actuelles Gemeinde-
interesse, nämlich die Gemeindefeier des Herrnmahls. Die Beziehung auf den
Abendmahlsbericht ist ja dadurch unverkennbar, dass die Benedictionsformel bei
der Speisung der Fünftausend 6 41 mit der Abendmahlserzählung des Mc überein-
stimmt (14 22 λαβὼν ἄρτον εὐλογήσας ἔκλασεν καὶ ἔδωκεν αὐτοῖς, 6 41 λαβὼν τοὺς πέντε
ἄρτους . . . εὐλόγησεν καὶ κατέκλασεν . . . καὶ ἐδίδου τοῖς μαθηταῖς), diejenige bei den
Viertausend 8 6 mit der Abendmahlsformel des Pls = Lc (Lc 22 19 καὶ λαβὼν ἄρτον εὐχαριστήσας ἔκλασεν καὶ ἔδωκεν αὐτοῖς, Mc 8 6 καὶ λαβὼν τοὺς ἑπτὰ ἄρτους εὐχαριστήσας
ἔκλασεν καὶ ἐδίδου τοῖς μαθηταῖς). Diese Beziehung hat Joh 6 vollends deutlich
ausgeführt. Vielleicht wirkte daneben die Sitte der Agapen, an welche die συμ-
πόσια Mc 6 39 erinnern könnten und bei denen jeder zum gemeinen Besten das Seine
darbot, auf die Ausgestaltung der Ueberlieferung ein."

[2] Zu den längst bekannten Katakombenbildern, welche Todesmahlzeiten mit
2 Fischen und 5, 7 oder 12 Brotkörben darstellen, ist als grösstes unter allen sog. eu-
charistischen Bildern das 1894 in der Capella greca im Coemeterium der Priscilla
entdeckte Gemälde getreten, darauf an dem Ende des Tisches ein bärtiger Mann ein
rundes Brot bricht; daneben stehen ein Kelch (dieser findet sich auf keinem der
entsprechenden Bilder), 2 Teller mit 2 Fischen in einem, 5 Broten im anderen;
an der Langseite des Tisches sitzen 6 Personen, deren einige ihre Hände nach
den Speisen ausstrecken; unten eine Reihe von 7 mit Brot überfüllten Körben.

[3] Pls setzt noch ein Herrnmahl in Gestalt einer eigentlichen Mahlzeit voraus.
Vgl. SPITTA, Zur Geschichte und Literatur des Urchristenthums I, S. 246 f,
JÜLICHER, Theolog. Abhandlungen S. 232f, HOFFMANN, Die Abendmahlsgedanken
Jesu Christi, S. 135. SPITTA S. 262f behauptet mit Recht die ursprüngliche Identität von Herrnmahl und Agape. Darüber, dass er S. 260 bezüglich der Abend-
mahlsgebete der Didache 7 und 10 den völligen Mangel aller Beziehungen auf das
Todesmahl hervorhebt, vgl. SCHULTZEN S. 74f. Uebrigens bildet die Kehrseite
dazu die Wahrnehmung, dass im Anschlusse an den Dank für die irdische Speise
die gespendete Geistesnahrung erwähnt wird. Dieselbe Combination liegt auch
in der Tragweite der Motive, auf welche das Bild von der wunderbaren Speisung
zurückzuführen ist.

Unterschiede beim Herrenmahle verschwinden machen soll, seine erste
Verwirklichung schon eben in jenem Ereignisse gefunden hatte, darin
der Kern der lehrhaften Wundergeschichte Mc 6 31—44 8 1—9 = Mt 14
13—21 15 32—39 = Lc 9 10—17 = Joh 6 1—13 steckt.

Im Uebrigen war für die weitere Ausgestaltung und Dogma-
tisirung des Herrnmahles von entscheidender Bedeutung zunächst
das jüd. Passahmahl, in welchem man ebenso den alttest. Typus erblicken musste, wie die Beschneidung einen solchen zur Taufe dargeboten hatte. Wenn nach Ex 12 43—45 48 am Passahmahl nur die Be-
schnittenen Theil nehmen dürfen, so am Herrnmahl nur die Getauften, wie solches aus Did. 9 5 und Justin, Apol. I, 66 erhellt [1],
übrigens auch im NT durchweg vorausgesetzt ist. Aber erst seitdem in der paulin. Theologie die Analogie nicht bloss der jüd.,
sondern auch der heidnischen Opfermahlzeiten einen maassgebenden
Gesichtspunkt bildet (s. II, S. 182 f), nistet sich das Mysterium in
den Gemeindegebrauch ein und wird in einer bald anstössig ge-
gewordenen Form selbst von dem 4. Evglsten, so wenig derselbe mit
dem „Fleisch" im Abendmahl etwas anzufangen weiss, formell gewahrt (s. II, S. 506).

3. Sociales.

Neben dem Bekenntnisse zur Messianität Jesu bildete einen
weiteren, freilich schwerer fass- und nachweisbaren Unterscheidungs-
punkt der neuen Gemeinde vom altgläubigen Judenthum die Vertiefung der sittlichen Antriebe und Forderungen durch Abstreifung
der Aeusserlichkeiten pharisäischer Gesetzeserfüllung, das Streben,
bei aller Wahrung der gesetzlichen Lebensformen zugleich jenem
höheren Ideale gerecht zu werden, welches Jesus in sittlicher wie
socialer Beziehung dem Bunde der Seinigen als maassgebend hinterlassen hatte (s. oben S. 154, 177). Unter diesen Forderungen konnte
für ein Gemeindeleben die Vergleichgültigung des Trachtens nach Erwerb und Besitz (s. oben S. 181 f) leicht von besonderer Tragweite
werden. Als erkennbarste Nachwirkung davon wäre zu verzeichnen,
was Act 2 44 4 32 über die in Jerusalem eingeführte Gütergemeinschaft
erzählt ist, wenn wir nämlich die fraglichen Berichte buchstäblich verstehen müssten. Auffällig bliebe das freilich im höchsten Maasse,
wenn doch trotz des tonangebenden Ansehens der Kirche in Jerusalem keine andere Gemeinde es sich hätte angelegen sein lassen,
das dort aufgestellte socialistische Ideal zu verwirklichen. Finden
wir doch schon in der ältesten Zeit Privateigenthum in judenchristl.

---

[1] Anrich S. 127.

Gemeinden wie Joppe 9 ɜₒ, in heidenchristl. wie Antiochia 11 ₂₉ und
auch anderswo (s. II, S. 156). In Jerusalem selbst ist dem gar nicht
anders. Längst schon [1] hat man aus 5 ₄ (Ananias hätte seinen Acker
oder den daraus gelösten Betrag ruhig behalten können) und 12 ₁₂
(die Mutter des Johannes Marcus hat ein Haus in Jerusalem) geschlossen, dass jene Gütergemeinschaft, wenn und soweit sie überhaupt der Geschichte angehört, mindestens nicht als gesetzliche Einrichtung gegolten haben und demgemäss streng oder gar zwangs-
weise durchgeführt sein konnte. Die Ananiasgeschichte schliesst
selbst eine nur moralische Nöthigung aus [2]. Einfach zu streichen ist
die berühmte Schilderung aber desshalb keineswegs. Ihr liegt die
geschichtliche und sachliche Wahrheit zu Grunde, dass das Christenthum in das Dasein getreten ist nicht als eine neue Synagoge neben
der alten, so dass hier unter Gott unter anderen Formen angerufen und
verehrt werden müsste als dort; auch nicht als eine neue Schule
neben den bestehenden, so dass hier über göttliche und menschliche
Dinge bisher unerhörte Aufschlüsse zu holen gewesen wären; wohl
aber als eine neue Gesellschaft innerhalb der alten, als eine Genossenschaft, deren Mitglieder sich gegenseitig zu weitgehendsten Verpflichtungen verbunden fühlten. Scheint doch eine gewisse Gemein-
samkeit des Besitzes schon in Jesu Jüngerkreise und nächstem An-
hange gewaltet zu haben. Wohlhabende Frauen füllen die gemeinsame Kasse Lc 8 ₃, welche Judas verwaltet Joh 12 ₆ 13 ₂₉. Dann
aber ist es bei der Stärke des Gemeinschaftsgefühles und der socialen
Strebeziele, welche den urchristl. Bruderbund auszeichnen, begreiflich
genug, wenn im Drang der Begeisterung und vor Allem auch in Erwartung sowohl des nahenden Endes des ganzen Weltalters [3], wie
auch der Errichtung des Himmelreichs und einer damit verbundenen
Umkehr aller gesellschaftlichen Verhältnisse schon jetzt Viele ihr
Hab und Gut der Gemeinschaft zur Verfügung stellten oder an die
Armen verschenkten 2 ₄₅ 4 ₃₄ ₃₅. Einer der Ersten, welcher so that,
war, wie eine ohne Zweifel richtige Ueberlieferung berichtet, der
später so bekannt gewordene Barnabas 4 ₃₆ ₃₇. Aber als charak-
teristisches Merkzeichen des Christenthums kann Gütergemeinschaft
auch nicht einmal in der jerusalemischen Urkirche bestanden haben,

[1] Zuletzt HALLER, StKr 1891, S. 553f.
[2] In ihr und dem Bericht über Barnabas sieht Osc. HOLTZMANN, Zeitschrift
für Kirchengeschichte XIV, 1893, S. 327f den festen Punkt für seine Auffassung
der Gütergemeinschaft als geschichtlicher Thatsache.
[3] Auf die eschatologische Stimmung recurrirt nach RENAN, PFLEIDERER und
Osc. HOLTZMANN auch C. CLEMEN, StKr 1895, S. 352f, um die wesentliche Geschichtlichkeit des Berichts zu behaupten.

sondern was so heisst, beläuft sich in Wirklichkeit auf die „tägliche Dienstleistung" 6 1, d. h. auf regelmässige Unterstützung der Dürftigen, in deren Vollzug man nach Act 4 34 („Es war auch keiner unter ihnen, der Mangel hatte") die Losung Dtn 15 4 („Es soll kein Bettler unter Euch sein") erfüllt sehen konnte; so wie auch Pls II Kor 8 13 in seiner „Ausgleichung" (ἰσότης) das Wort Ex 16 17 18 erfüllt sah: „Die Kinder Israel sammelten, der eine viel, der andere wenig; aber da man es mit dem Gomer mass, so hatte nicht mehr, der viel gesammelt hatte, und nicht weniger, der wenig gesammelt hatte." Während aber der asketische Halbpauliner Lc bei dem Ideal „kein Armer, kein Bettler" anlangt, erhebt Pls entsprechend seinen gesunderen Begriffen vom Eigenthum vielmehr die Forderung: „Es soll kein Fauler unter Euch gefunden werden" (s. II, S. 157).

Vollends zweifellos wird die Sache, wenn wir hier die später (s. unten 3, 9 1) zu machende Beobachtung vorwegnehmen, dass derselbe Schriftsteller, welcher in der Apostelgeschichte eine die Wirklichkeit überbietende, also idealisierende Beleuchtung der für ihn mustergiltigen Gemeindezustände in Jerusalem bringt und die Gütergemeinschaft als die Gott wohlgefälligere Lebensweise aufstellt, in unserem 3. Evglm gerade bezüglich der wirthschaftlichen und gesellschaftlichen Fragen eine eigene, den geschichtlichen Thatbestand genau in der gleichen Richtung überbietende, Stellung eingenommen hat. So durchweg steht er unter dem Einflusse einer socialistischen Zeitströmung, für deren Vorhandensein gerade die ersten Jahrhunderte unserer Zeitrechnung gleichmässig heidnische wie christliche Zeugnisse in Fülle darbieten (s. oben S. 108)[1].

Im Christenthum war eine wirkliche, vereinsgesetzlich durchgeführte Gütergemeinschaft schon desshalb unmöglich, weil es die Ehe hochhielt und um Vater und Mutter Kinder sich schaaren liess. Hier aber liegt der wirksamste Grund für die Unentrathsamkeit des Privatbesitzes. Mögen noch so viele altchristl. Schriftsteller den Grundsatz aufstellen: „Nichts sollst du dein eigen nennen" (Did. 4 8, Barn. 19 8, Justin. Apol. I 14, 61, Tertull. Apol. 39, Const. Apost. 7 12), Communisten sind sie nicht; denn sie vertheidigen gleichzeitig Ehe und Familie. Das apostelgeschichtliche Bild selbst ist entworfen unter dem Gesichtspunkt einer erweiterten Hausgemeinschaft, darin alle „mit Freuden und einfältigem Herzen" zusammenlebten 2 46. Dem abblühenden und verdorrenden Lebensgefühl der damaligen griechisch-römischen Welt sagte aber ungleich mehr die trübe, auf Ehe- und Besitzlosig-

---

[1] Vgl. dazu Nowack, Die socialen Probleme in Israel S. 38, E. v. Dobschütz, Kerygma Petri S. 112 f.

keit abzielende Lebensweise der essäischen und verwandter Vereine zu, und davon ist auch der Autor ad Theophilum mehr oder weniger berührt.

Noch ein letztes Mal sehen wir auf diesen Punkt der Betrachtung zurück, auf das „Evglm der Armen", welches den Ausgangspunkt gebildet hat (s. oben S. 132 f, 137). Im Gegensatze zu der Beurtheilung, welcher die „unheilige Masse" im Geist und Mund der Schriftgelehrten und Pharisäer unterlag, fand Jesus gerade in diesen Schichten der Bevölkerung das geeignete bildsame Material für Erreichung seiner Zwecke. Es ist ein ächt urchristlicher Ton, der noch aus dem Bekenntnisse I Kor 1 28 an unser Ohr schlägt: „Das Unedle vor der Welt und das Verachtete hat Gott erwählt und das da nichts ist, dass er zunichte mache, was etwas ist." Aber nicht bloss den Juden war Jesus damit unverständlich. Er dachte und unternahm etwas, was in der alten Welt überhaupt unerhört war. Die Reformversuche ihrer grossen Denker und Weltweisen gehen zumeist von der Voraussetzung aus, dass nicht der Mensch überhaupt, sondern eine Auswahl von Freien und Edeln, von Gebildeten und Würdigen die Krone der Schöpfung sei, auf deren unverkümmerte Erhaltung und freieste Entfaltung Alles ankomme. Die grosse Masse der Sclaven und Arbeiter, der sogenannte gemeine Mann, in der Regel auch das Weib, blieben dabei grundsätzlich ausser Rechnung. Sie waren nur dazu da, den rohen, materiellen Unterbau herzustellen, auf welchem jene geistige Auslese ihren Culturgarten anlegen und zur Blüthe bringen sollte. Dagegen hat das neue Heilswerk seine letzten Motive in einer gleichfalls neuen Werthung der menschlichen Persönlichkeit. Der griech.-röm. Weltweisheit ist die Bedeutung der einzelnen Menschenseele doch fast unerschwinglich geblieben. Mindestens wurde dieselbe nicht im Zusammenhang mit der Religion entwickelt, wodurch sie doch allein Consistenz gewinnt. Hier dagegen handelt es sich wirklich um Gleichheit der Menschen vor Gott, und nur in dieser Gleichheit liegt die letzte Voraussetzung auch für jene „Ausgleichung", welche Pls II Kor 8 13 14 bezüglich der äusseren Glückslage als der christl. Bruderliebe und Opferwilligkeit erreichbares Strebeziel hinstellt [1]. Dieser grosse Gedanke, welcher dem Christenthum in die Wiege gelegt war, findet sein Spiegelbild sofort auch in der Zusammensetzung der christl. Gemeinden schon in Palästina, nicht minder aber auch in der späteren apostol. Zeit. Denn hier begegneten sich erstmalig Menschen aus dem Kaiserpalast und

---

[1] HARNACK I, S. 68: „In diesem Sinne ist das Evglm im Tiefsten individualistisch und socialistisch zugleich."

aus Handwerksstuben, Beamte und Sclaven, Gelehrte und Bauern. Somit konnte auch der durchschlagende Eindruck, welchen der Beobachter davontrug, nur derjenige der Ausgleichung aller Unterschiede sein, welche Beschäftigung und Rangverhältnisse, Geburt und Besitz unter den Menschen aufgerichtet hatten. Was man hier zu sehen und zu hören bekam, das ging aus dem neuen Ton: „Der Bruder, der niedrig ist, rühme sich seiner Höhe, und der da reich ist, rühme sich seiner Niedrigkeit" Jak 1 9 10. „Wer ein Knecht berufen ist in dem Herrn, der ist ein Befreiter des Herrn; desselben gleichen wer ein Freier berufen ist, der ist ein Knecht des Christus" I Kor 7 22. „Hier ist kein Jude noch Grieche, hier ist kein Knecht noch Freier, hier ist kein Mann noch Weib; denn ihr seid allzumal Einer in Christus Jesus" Gal 3 28. Die Religion, welche solche Erfolge herbeiführt, erscheint naturgemäss wie eine besondere Botschaft Gottes an die Armen. Eine in diesem Maasse und in dieser Dringlichkeit der alten Welt unbekannte Sorge und Rücksicht für die nothleidenden Theile der Menschheit, also keineswegs etwa bloss die Geltendmachung von Aussichten auf jenseitigen Lohn und Ausgleich, wird das untrügliche Erkennungszeichen für das Wirken und Umsichgreifen des neuen Geistes. In diesem weiteren Sinne des Wortes ist das Christenthum allerdings eine sociale Bewegung ohne Gleichen gewesen; ein Sturm des Geistes, welcher die alte Welt ergriffen, aber auch zerrissen hat, indem er die im röm. Recht verfestigten und erstarrten Begriffe von Mein und Dein umstürzte; dies aber nur aus dem Grunde, weil er zuvor schon ihre Begriffe von Mensch und Mensch als verschiedenartigen Wesen zerstört und die Kluft zwischen Gottheit und Menschheit ausgefüllt hatte.

5. Weitertreibende Factoren und innere Gegensätze.

1. Der Hellenismus.

Darum, dass das menschheitliche, das universale Princip in der Verkündigung Jesu zunächst hinter dem national-beschränkten Factor zurücktrat, ist es doch schon in der Urgemeinde nicht geradezu unwirksam geblieben. Wohl aber bedurfte es des Hinzutritts neuer Elemente zum alten Grundstock, um in Bewegung zu gerathen und aus seinem ursprünglichen Latenzzustande herauszutreten.

Die Geschichtserzählung in Act, welche Kap. 1—5 den Charakter einer idealen Darstellung trägt, wie grossgewordene Gemeinschaften ihre heroische Urzeit zu schildern pflegen, nimmt eine merklich andere Färbung mit dem Auftreten der Hellenisten 6 1 an. Diese stellen das erste neu hinzutretende Element dar, und sofort macht dasselbe sich auch bemerklich in einer theilweise veränderten, auf einem bestimmten Punkt aggressiver werdenden Stellungnahme gegenüber der officiellen Religion und populären Praxis der Frömmigkeit. Der selbst in Jerusalem zahlreich vertretene Hellenismus Act 6 9 drang auch in das messiasgläubige Judenthum ein. Insonderheit stellt Stephanus als ein vorgeschobener Posten desselben Hellenismus, welcher dann später 11 20 (mag nun gelesen werden Ἑλληνιστάς oder Ἕλληνας) in Antiochia sein Lager aufschlug, eine Präformation weniger des Paulinismus, als vielmehr des christl. Alexandrinismus dar. Mindestens erscheint seine Rede durch die Wendung 7 44—50 [1] als eine Kundgebung jener auf Entwerthung des Tempels gerichteten Bewegung (vgl. die Anklage 6 14 mit der Vertheidigung 7 48), welche seit den Tagen der syr. Religionsnoth eine Unterströmung im Gegensatze zu dem herrschenden Ritualismus gebildet hatte (s. oben S. 30 f, 37, 104, 148). Der Angriff auf den Tempel, mit dessen Erbauung die Juden den allgegenwärtigen Gott gleichsam in ein Gefängniss zu bannen gedachten, während er doch nur ein Symbol der Gnadengegenwart dieses Gottes unter seinem Volk sein sollte, erinnert theils an die Vergeistigung und Allegorisirung des Ceremonialgesetzes bei den Alexandrinern (s. oben S. 92 f), theils an die Zurückhaltung der Essäer von Tempel und Opferwesen (s. oben S. 102, 109) und erscheint vor Allem als directe Weiterführung einer Linie, die bis in die Schlusstage des Lebens Jesu zurückreicht (s. oben S. 149 f). Später hat das hellenistische Christenthum einen Hauptmittelpunkt dort gewonnen, wo zuvor schon das hellenistische Judenthum ihn besass, in Alexandria. In der Zeitgrenze, innerhalb welcher sich die neutest. Theologie bewegt, ist davon noch nichts nachweisbar. Wohl aber gehören dem alexandrinischen Christenthum in einem weiteren Sinne Schriftstücke an wie Hbr und Joh, sofern sowohl jener Brief mit seiner eigenthümlichen Lehre von der Schrift, seiner Hermeneutik und seiner Christologie, wie dieses Evglm mit seiner Logosspeculation Ausläufer von Gedankengängen darstellen, die ihren wirksamsten Repräsentanten und Producenten in Philo haben.

2. Das pharisäische Judenchristenthum.

Der Mittelpunkt des christl. Hellenismus der apostol. Zeit war nicht Alexandria, sondern Antiochia. Mehr noch als der jerusalemische, hat der Hellenismus der Diaspora seinen eigenen, öku-

---

[1] Vgl. HC I, S. 347 f, 353 f. C. Clemen, StKr 1895, S. 346 bemerkt übrigens mit Recht, dass nicht bloss 7 39 53 das Gesetz, sondern auch 7 42 speciell der Opfercult anerkannt ist.

menisch und kosmopolitisch gerichteten Charakter auch dem Christenthum mitgetheilt und dasselbe auf diesem Wege in's Freie geführt. Ohne Beschneidung und Gesetzespflicht zu übernehmen, waren wohl schon bisher einzelne „Gottesfürchtige" der Messiasgemeinde beigetreten (s. oben S. 382). Jetzt aber schien aus dem Ausnahmsfall die Regel werden zu sollen. Wenigstens in Antiochia traten gläubig gewordene Heiden in grösserer Anzahl, ohne zuvor irgendwie Proselyten des Judenthums zu werden, zu Einer Gemeinde mit geborenen Juden zusammen, welche sich ihrerseits grundsätzlich noch an das Gesetz gebunden wussten. Damit war der Anstoss dazu gegeben, dass sich das Christenthum neben Heidenthum und Judenthum als eine Art von genus tertium fühlen lernen musste. In dieser Richtung wirkte daselbst namentlich der Hellenist Pls, welcher seine jüd. Volksgenossen bestimmte, sich auch im äusseren Verkehr über die Schranken, welche die jüd. Lebensweise setzte, hinwegzusetzen und mit den Heidenchristen Tischgenossenschaft zu halten, da ja für die Stellung zu Gott heidnische wie jüd. Lebensformen gleichgültig seien. Damit war aber ein folgenreicher Schritt geschehen; es war nicht bloss die positive Kraft, sondern auch die negative Tragweite des Messiasglaubens in das Bewusstsein seiner Vertreter getreten; es war seine Bedeutung wie für die innere Glaubenserfahrung, so auch für die äussere Lebensgestaltung zu Tage gekommen. Die zwischen Heidenthum und Christenthum bestehende Zwischenstation erschien jetzt förmlich aufgehoben, nicht mehr bloss stillschweigend übergangen. Eben damit war aber auch der erste Keil in die christl. Glaubensgenossenschaft getrieben; latente Gegensätze, wie sie bisher schon bestanden hatten, waren offenbar geworden[1]. Hatte man in Jerusalem bisher dem Hinzutritt unbeschnittener Heiden zugesehen und sie nach Analogie jenes Judenthums zweiter Ordnung behandelt, welches besonders in der Diaspora um die Synagoge sich zu sammeln pflegte[2], so stellte sich jetzt eine principielle

---

[1] WEIZSÄCKER S. 60: „Es gibt eine innere Freiheit, welche bei aller Gebundenheit durch Geburt, Gewohnheit, Vorurtheil und Pietät heranwachsen kann. Aber in das Bewusstsein pflegt dieselbe erst zu treten, wenn ihr eine Anforderung gestellt wird, die sie verletzt, oder wenn sie angegriffen wird wegen einer Folgerung, welche bis jetzt einer der Gegner, aber eben nicht das eigene Bewusstsein gezogen hat." HARNACK I, S. 84: „Die überraschenden Erfolge der directen Heidenmission haben diese Controversen, wie es scheint, erst hervorgerufen."

[2] SCHÜRER, Die ältesten Christengemeinden im röm. Reich 1894, S. 9: „Wenn wir aus manchen Spuren allgemeine Schlüsse ziehen dürfen, werden wir diesen Kreisen eine erhebliche Bedeutung für den Erfolg des Werkes Pauli beizumessen haben. Hier waren ja alle Vorbedingungen für die Annahme des christl. Glaubens gegeben, der jüd. Monotheismus, die jüd. Sittlichkeit, die jüd. Seligkeitshoffnung,

Frage, angesichts welcher jene, das Verhältniss von Altem und Neuem
im Dunkel des Unbewussten vermittelnde, Schwebestellung, wie sie
bisher in Jerusalem beobachtet worden war, auf die Dauer unhaltbar
werden musste. Da Christus das Gesetz ein für allemal erfüllt hat,
ist er auch „des Gesetzes Ende zur Gerechtigkeit für Jeden, welcher
glaubt" Rm 10 ₃ geworden. Der darauf gegründeten Lehre, wornach
das AT selbst nur eine zeitliche Geltung des Gesetzes im Auge habe,
jetzt aber, nach Abrogation des Gesetzes, die Gerechtigkeit aus dem
Glauben an Christus fliessen solle, und der Zumuthung, diese neue
Fassung des religiösen Verhältnisses sofort auch durch vollkommene
Gleichstellung der geborenen Juden und der geborenen Heiden in
der neuen Glaubensgemeinschaft praktisch zu machen, konnte und
wollte sich die grosse Mehrheit der palästinischen Messiasgläubigen
nicht mehr fügen. Das Evglm mitten in der Heidenwelt, ohne dass
zuvor Israel bekehrt war, die Kinder Abraham's nicht mehr die geborenen Söhne im Hause Gottes, die Heiden Vollbürger des Gottesreiches, ohne dass sie zuvor dem auserwählten Volke einverleibt worden
wären, vielmehr lediglich durch Glaube und Taufe: das war mehr,
als man sich im Interesse der Glaubensgemeinschaft mit dem heidnischen Anhang bieten lassen zu können meinte. An diesem Punkte
zeigte es sich also jetzt, wie die Entstehung einer Weltreligion nicht
bloss Kämpfe zwischen ihren Gegnern und ihren Anhängern, sondern
auch Reibungen unter den Letzteren selbst hervorruft, sofern diese
ihren Ausgangspunkt bald grundsätzlich auf der Seite des Alten
nehmen und sich von da nur langsam, vielleicht widerwillig vorwärts
schieben lassen, bald des neuen Princips bewusster werden und das
alte von da aus kritisiren, corrigiren, negiren. Seitdem Pls, sein Werk
vollendend, sich nicht etwa damit begnügte, den Heiden den Zugang
zum Reiche Gottes zu eröffnen, sondern dazu fortschritt, die geborenen Juden ihrer gesetzlichen Verpflichtungen zu entbinden, Glaube
und Gesetz für unvereinbare Gegensätze zu erklären, zwischen denen
man nur die Wahl habe, erschien der Compromiss, welchen man
auf dem sog. Apostelconcil geschlossen hatte, von Seiten des
Pls selbst als gebrochen. Mit diesem Schritte erst war der Gedanke
vollzogen, dass das Christenthum eine neue Religion, eine Religion
ist, die alles bisher Dagewesene zur Voraussetzung, aber nichts mehr

---

daneben allerdings auch gewisse gesetzliche Formen, aber in freier und elemen-
tarer Weise." Diesen das Nationalitätsprincip verflüchtigenden Factor denkt neben
dem, dasselbe gegentheils verstärkenden, pharisäischen besonders HARNACK I,
S. 103 f als bei der Herausgestaltung des Christenthums aus dem Judenthum mächtig
betheiligt.

hinter oder über sich hat. Das Christenthum kann nicht bloss ein vollendetes Judenthum sein, wenn selbst für die geborenen Juden durch den Eintritt in das Christenthum die Gültigkeit des jüd. Religionsgesetzes aufhört. Wie Pls diese seine Auffassung des Christenthums selbständig ausgebildet hat, so betreibt er auch seinen apostol. Beruf vollkommen unabhängig von den Uraposteln. Denn sein ausschliessliches Eigenthum ist die grosse Wahrheit, dass durch das Christenthum ein wesentlich neuer religiöser Inhalt in die Welt eingeführt wird. Von da an datirt ein relativ neuer Anfang des Christenthums. Daraus erklärt sich aber auch zur Genüge die Frontveränderung in den conservativen Kreisen. Man fürchtet Ueberstürzung und betreibt jetzt das Werk des Zurückschraubens, Hemmens und Bremsens methodisch. Es erwacht gegenüber der nicht mehr bloss theoretischen, sondern auch praktischen Vergleichgültigung der gesetzlichen Lebensformen, wie sie im Gefolge der paulin. Heidenpredigt einherging, der Eifergeist des jerusalemischen Christenthums, und wird jetzt jene Mosesgerechtigkeit zur Parteilosung gemacht, gegen welche die paulin. Hauptbriefe ankämpfen (s. II, S. 29). Als das Heilsprincip des Gesetzes direct in Frage gestellt war, wurde selbst Pt kopfscheu, und „die übrigen Juden heuchelten mit ihm", Barnabas mit eingeschlossen Gal 2 13. Jetzt nahm das jerusalemische Christenthum vollends jene, das Gesetzes- und Nationalitätsprincip wahrende, ja verewigende Gestalt an, in welcher es erst wirklich zum richtigen Judenchristenthum oder, wenn man die antipaulin. Zuspitzung betonen will, zum eigentlichen „Judaismus" wurde[1]. Von dieser Seite wurde nun an die Gläubigen aus den Heiden die Forderung eines vollkommenen Uebertrittes in die jüd. Volksgemeinschaft und Gesetzlichkeit erhoben. Aber nicht mehr dem Pt, in dessen Herzen einst freiere Regungen Platz gehabt hatten, fiel die Leitung dieser gesetzeseifrigen Gemeinde zu, sondern jenem Jakobus, in dessen Zeiten es zu der oben (S. 351) berührten weitgehenden Annäherung des jerusalemischen Christenthums an den

---

[1] Holsten, Protestantische Kirchenzeitung 1889, S. 505: „Die Männer der anderen Strömung, offenbar geschaart um Jakobus, den Bruder des Herrn, der während des Lebens Jesu unter dem Einflusse des Geistes des Bruders nicht gestanden hatte, sahen in dem heidnischen Leben der jüd. Messiasgläubigen, in diesem Bruche mit den Lebensformen Mosis einen irreligiösen Bruch mit dem Gesetze Gottes, der seinem Volk das mosaische als ein ewiges Gesetz gegeben, um es aus der Sündigkeit des heidnischen Lebens zu der Gerechtigkeit der Juden zu führen." Ueber die Rückbildung des „Judenchristenthums" in den „Judaismus" vgl. die classische Darstellung Holsten's, Die 3 ursprünglichen, noch ungeschriebenen Evglien 1883, S. 20f, 42f, 47f, 52f, im Wesentlichen auch vertreten von Lemme, Neue JdTh 1892, S. 331f über die Stellung der Urapostel speciell Haupt, Zum Verständniss des Apostolats im NT 1896, S. 83f, 87f.

nationalen Pharisäismus angesichts der, der Theokratie von Seiten der Römerherrschaft drohenden, Gefahr gekommen ist. Von diesem Mittelpunkte aus bezogen jene Emissäre ihre Empfehlungsbriefe II Kor 3 ₁, welche die paulin. Heidengemeinden in die gesetzliche Bahn zurückzuführen und in Abhängigkeit von der Muttergemeinde zu bringen bestrebt waren. Wollte das Heidenchristenthum in Jerusalem anerkannt sein, so sollte es den versäumten Uebertritt zum Judenthum nachträglich vollziehen, sich kurzweg der Beschneidung unterwerfen, von Pls aber sich lossagen, dessen apostolische Mission man für eine Usurpation erklärte.

Diesen Höhepunkt, wo man sich Heuchelei und Rückfälligkeit von der einen, Umsturz und Abfall von der anderen Seite vorwarf, hatte der Streit gerade in den Jahren erreicht, auf welche im Contrast mit der sonstigen Dunkelheit der ganzen Periode ein heller Streifen geschichtlichen Lichtes aus den paulin. Hauptbriefen, zumal aus Gal und II Kor fällt. Macht sich auch bereits in Rm ein versöhnlicherer Ton vernehmbar, dessen Nachklang man noch Phl 1 ₁₅—₁₈ finden kann, so lässt dafür Phl 3 ₂ ₃ ₁₈ ₁₉ über eine dauernde Verstimmung auf Seiten des Apostels keinen Zweifel, und wenn man darüber streiten mag, ob und in welcher Stärke antipaulin. Laute in Apk, Mt, Jak vernehmbar werden, so zeigt die spätere ebjonitische Literatur dafür um so deutlicher, wie fest der Bodensatz des Widerwillens und Hasses gegen den als Gesetzesstörer, Apostat und Nationalfeind verschrieenen Heidenapostel den intransigenten Parteien des Judenchristenthums im Gemüthe sass. Die Darstellung des Streites selbst in seinen verschiedenen Phasen, die Erörterung des Vertrages in Jerusalem und der Ursachen, welche das sofortige Brüchigwerden des Compromisses herbeiführen mussten, gehört in die Geschichte des apostol. Zeitalters. Hier muss bloss noch constatirt werden, dass neben demjenigen Judenchristenthum, dessen Merkmale in der Behauptung einer dauernden Prärogative des auserwählten Volkes, in Gesetzlichkeit und Werkgerechtigkeit bestehen, und das sich mit der Zeit in der judaistischen Opposition zum Paulinismus zugespitzt hat (s. II, S. 349 f, 362), sich noch eine andere Form bereits im NT bemerklich macht, in welcher das nationale Moment verhältnissmässig zurücktritt, wogegen ein fremdartiger Zug modificirend auf Gesetzlichkeit und Werkgerechtigkeit einwirkt, dafür aber der Gegensatz zum Paulinismus bald eine gleiche Schärfe gewinnt. Diese Spielart hat ihre jüd. Parallele im Essäismus, wie jene im Pharisäismus.

3. Das essäische Judenchristenthum.

Erst in den letzten Jahren der paulin. Wirksamkeit und mehr noch in der nachpaulin. Periode erscheint auf dem Plane ein Juden-christenthum, welches man nach seinem allgemeinen Charakter als essäisch gefärbt bezeichnen kann (s. oben S. 100, 109), ohne damit gerade über seinen geschichtlichen Ursprung aus dem Essäismus etwas bestimmen zu wollen[1]. Es soll damit nur das gemeinsame Merkmal einer Ablenkung von der genuin-jüd. Linie in gnostisirend-asketi-scher Richtung unter Beeinflussung von Seiten des Alexandrinismus angedeutet werden[2]. Im Bereich der Möglichkeit liegt es immerhin, dass die Kol 2 8 16—23 gezeichneten Gegner (s. II, S. 226), wie sie den Heidenchristen zur Vervollständigung ihres Heilsstandes eine theils auf das jüd. Gesetz, theils auf naturphilosophische und theosophische, in-sonderheit nach angelologische (s. oben S. 110 und II, S. 238) Lehr-meinungen gegründete, Heiligung des Fleisches zumutheten (s. II, S. 247f), von Haus aus dem essäischen Judenthum angehört haben[3]. Darf in dem Kol-brief zwischen einer paulin. Grundlage und der jetzigen, dem Anschauungskreis von Eph genäherten, Form unter-schieden werden (s. II, S. 226f), so stellt sich eine im Wesentlichen gleiche Gegnerschaft in dem paulin. Briefe auf dem früheren, im interpolirten Briefe dagegen auf dem späteren Stadium ihrer Ent-wickelung dar. Dort haben wir wesentlich noch die aus Rm 14 be-kannten „Schwachen" vor uns, deren Charakterzüge, namentlich Scheu vor Fleisch- und Weingenuss, die späteren Ebjoniten beibehalten haben (Clement. Hom. 14 1 und Epiphanius, Haer. 30 15 16), gleichwie auch die Werthschätzung des jüd. Kalenders (Epiph. 30 2 16 17). Hier da-gegen hat sich aus der essäischen Engellehre (Josephus, Bell. II 8 7) ein reicherer Hintergrund speculativer Phantastik entwickelt, wie er

---

[1] HAUSRATH III, S. 393 erkennt in den Röm 14 geschilderten ἀσθενοῦντες „Büsser, die, wenn sie nicht Christen wären, einfach Essäer heissen würden", und unterscheidet IV, S. 109 von der „nüchtern gesetzlichen Richtung" des Juden-christenthums „eine zweite essäisch-theosophische Form".

[2] Vgl. H. HOLTZMANN, Kritik der Eph- und Kol-Briefe S. 286f, Die Pastoral-briefe S. 142f, 150f,

[3] Irgendwie mit dem Essäismus brachten sie zusammen schon STORR, FLATT RHEINWALD, CREDNER, MEYER, EWALD, THIERSCH, RITSCHL, WITTICHEN, F. NITZSCH und ZÖCKLER, Askese und Mönchthum ²I, S. 125. Nach LIPSIUS in SCHENKEL's Bibel-Lexikon II, S. 498 ist bei den kolossischen Irrlehrern „mindestens der christl. Essäismus bereits im vollen Uebergang zum Gnosticismus", während Rm 14 noch einfach „essäische Ebjouiten" gezeichnet sind. „Die Grundzüge essäischer Frömmig-keit" findet hier auch JÜLICHER S. 88, während PFLEIDERER, Paulinismus ²S. 377 (gegen ¹S. 366f) auf heidenchristl. Charakter erkennt. Aber die Stellen Kol 1 13 21 2 13 beweisen nur die heidnische Geburt der Leser.

bereits die Zeiten der werdenden Gnosis ankündigt und zur charakteristischen Ausstattung des späteren Ebjonitismus gehört. Ein Theil desselben stellte Christus als primus inter pares ganz in die Reihe der Engel (Epiph. 30 16). Ueber diese essäische Engellehre nimmt dann die gnostische Aeonenlehre ihren Weg. Den Irrlehrern der eigenen Gegenwart stellt daher Pls nur die aus Gal 4 3—5 9 10 bekannten Grundsätze, den Ebjoniten der späteren Zeit stellt der Autor ad Ephesios seine höhere Christuslehre entgegen. Mit der Anschauung von Christus als dem, das All zusammenfassenden, Centralwesen ist jedwede andere Vermittelung des Menschen mit Gott unvereinbar, und erscheinen somit die Aufstellungen der Irrlehrer als eine Beeinträchtigung des absoluten Charakters des Christenthums[1]. Im Uebrigen sind solche essäische Elemente im eigentlichen apostol. Zeitalter nur ganz sporadische Erscheinungen gewesen. Der Apostel bekämpft sie zuerst von Korinth aus in Rom, dann von Rom aus, wo er persönliche Bekanntschaft mit ihnen gemacht, in Kolossä. Dass sich Essäisches in unserem Mt-Evglm findet, ist eine Möglichkeit, mit welcher gerechnet werden muss (s. oben S. 184)[2]. Nun stellen die Clementinen schon den Pt, Clemens von Alexandria, Paed. 2 1 auch den traditionellen Verf. jenes Evglms, den Apostel Mt, als Asketen dar, welche nur von Pflanzennahrung gelebt hätten, und auch der Apostel Joh gilt bekanntlich späterhin als Urbild eines „Eunuchen um des Himmelreiches willen" Mt 19 12. Ja selbst das langjährige, hoch verehrte Oberhaupt der jerusalemischen Mutterkirche, Jakobus der Gerechte gilt schon dem Hegesippus nach Eusebius, KG II, 23 5 6 als ein solcher praktischer Asket, obwohl er in Wahrheit vielmehr Typus und Patron des pharisäischen Judaismus gewesen ist. Dass aber nachapostol. Männer auf solche Weise durch das Medium der essäisch-judenchristl. Vorstellung hindurchgehen und zu essäischen Heiligen werden konnten, ist ein starker Beweis für die nachwirkende Bedeutung, welche diese Richtung wenigstens vorübergehend erlangt haben musste. Schliesslich ist mit ihr und dem Judenchristenthum überhaupt auch die ebjonitische Christologie verdrängt worden, deren Hauptmerkmal jedenfalls in der ausschliesslichen oder vorzugsweisen Beziehung des Christus und seines Werkes auf Israel zu suchen ist. Sobald einmal in der Heidenkirche die Unabhängigkeit des Christenstandes vom jüd. Methodismus, sei derselbe nun einfach gesetzlicher oder speciell ascetischer Art, zur Anerkennung gediehen war, konnte auch die Absicht des Wirkens

---

[1] Vgl. Kritik der Eph- und Kol-Briefe S. 290f.
[2] Näheres bei Resch, Formalprincip S. 51, JdTh 1877, S. 172, Hausrath S. 123f 130.

Jesu nur noch direct der ganzen Menschheit gelten und musste, dem
Universalismus des Evglms entsprechend, auch in der Person des
Heilandes „der Herr Aller" Act 10 ₃₆ angeschaut werden. Dies aber
ist der Kern der paulin. Christologie.

6. Die Lehrerzählung.

1. Die evangelische Geschichte.

Das NT umfasst eine Reihe von „Lehrbriefen", und diese kommen
bei der Darstellung des theol. Gehaltes der urchristl. Literatur zuerst
in Betracht. Es umfasst aber andererseits auch „Lehrerzählungen".
Unsere Evglien — von Joh ist dabei vorläufig abgesehen — enthalten nicht bloss den Niederschlag der mündlichen Ueberlieferung
und bieten uns in dieser ihrer Eigenschaft als Geschichtsquellen das
Material für unser Wissen um das Leben und die Lehre Jesu, sondern
sie sind auch selbständige Lehrbücher, geschrieben zu dem Zwecke,
den christl. Gemeinden zu sagen, was sie von Gott und seinem Regiment, was sie vom Zweck der Welt und des Daseins, was sie von
der Aufgabe des Lebens und dem Geheimniss des Todes zu halten
haben, sofern allein die Offenbarung in Christus darüber vollgenügen-
den Aufschluss ertheilt[1]. Ebenso sind auch die aus Act 21 ₈ Eph 4 ₁₁
II Tim 4 ₅ bekannten „Evangelisten" weniger die bestellten Träger
der Erinnerungen an die Geschichte und die Worte Jesu, als vielmehr
christl. Sendboten und Wanderprediger gewesen[2], und jene „Lehre"
(διδασκαλία), deren Pls neben Weissagung und Offenbarung, Zungenrede und Auslegung als einer der regelmässigen Formen der gemeinsamen Erbauung Erwähnung thut I Kor 14 ₆ ₂₆ Rm 12 ₇, hat neben
der nöthigen Unterweisung bezüglich der geschichtlichen Grundlagen
des Christenthums sicher auch die Orientirung bezüglich der Weltanschauung, die Ausdeutung und Anwendung der Erzählungsstoffe
für Glaube und Sitte umfasst. Nicht bloss wurde sorgsamst überliefert, was sich von „Worten des Herrn" erhalten hatte — diese
bildeten für die Gemeinde geradezu eine Art von Grundgesetz, eine
höchste Autorität und letzte Instanz —, sondern es wurden auch die

---

[1] Die Evglien sind nach Heinrici, Das Urchristenthum in der Kirchengeschichte
des Eusebius 1874, S. 50 „Niederschriften aus der Missionsverkündigung und dienen
der Erbauung und Unterrichtszwecken". Vgl. zum Folgenden namentlich H. v.
Soden, Das Interesse des apostol. Zeitalters an der evangel. Geschichte: Theol. Abhandlungen, C. v. Weizsäcker gewidmet 1892, S. 111 f.
[2] Nach Heinrici, Theologische Abhandlung 1892, S. 341 sind sie der Gross-
kirche angehörige „Wanderlehrer", aber zugleich „die zuverlässigen und be-
glaubigten Träger der evangel. Ueberlieferung und ihrer erbaulichen Auslegung".
Vgl. H. Holtzmann, Lehrbuch der Einleitung in das NT ³, S. 341.

veranlassenden Ereignisse, die Auftritte und Zwischenfälle, welche zu
entscheidenden Erklärungen Jesu geführt hatten, für das Gedächtniss fixirt. Im Einzelnen ist dabei Reflexion auf lehrhafte Gesichtspunkte und dadurch bedingte Gruppirung erkennbar. So war bezüglich der beiden Sabbathsprüche Mc 2 23—3 6 = Mt 12 1—14 = Lc 6 1—11
nicht bloss die Gleichartigkeit des Inhalts bedingend für die Zusammenstellung, sondern es handelte sich dabei auch um die Coordi-
nation der beiden Gesichtspunkte, des unabweisbar sich aufdrängenden Nothwerks und des pflichtmässig geübten Liebeswerks (s. oben
S. 145). Man darf am Sabbath sich selbst, aber auch Andern helfen:
jenes lehrt der 1., dieser der 2. Spruch [1]. Sachliche Gliederung liegt
jedenfalls dem Gleichnisscapitel Mc 4 1—34 = Mt 13 1—15 18—35 = Lc
8 4—18 13 18—21 und vielleicht auch der Anweisung Mc 10 2—31 =
Mt 19 3—30 = Lc 18 15—20 nach den Gesichtspunkten Ehe Mc 10 2—10,
Kinder 13—16 und Eigenthum 17—31 zu Grunde. Einem lehrhaften Zwecke
dient auch Alles, was Pls von Beiträgen zur evangel. Geschichte bietet.
So gehört das, übrigens sonst nicht nachweisbare, Herrnwort I Th
4 15 zur Eschatologie, I Kor 7 10 12 25 in das Capitel von der Ehe,
9 14 zur Lehre vom Lohn, und auch in dem I Kor 11 23—25 gegebenen
Abendmahlsbericht ist es dem Apostel in erster Linie nicht um die
Geschichte, sondern um den Sinn der Stiftung zu thun. Im Uebrigen
aber zeigen gerade die paulin. Briefe, wie sehr das Glaubensinteresse
das maassgebende, das dogmatische Element das überwiegende gewesen
ist, sofern eben auch die Rückgriffe auf geschichtliche Erinnerungen
sich fast ausschliesslich um das Factum der Katastrophe Jesu, d. h.
um Tod und Auferstehung, bewegen. Es begreift sich aber auch, wie
gerade von der Leidensgeschichte aus ein allmählich erwachendes, wenn
freilich noch immer im Dienste der Andacht und der Lehre verharrendes,
geschichtliches Interesse seinen Ausgangspunkt nahm. Dass Letzteres
nicht unwirksam geblieben ist, erhellt gerade aus dem berührten Bericht
über die Abendmahlsstiftung, sofern Pls ihn I Kor 11 23 einleitet mit
den Worten: „Unser Herr Jesus, in der Nacht, da er verrathen ward."
Während nämlich im Zusammenhang seiner den Korinthern gegebenen
Belehrungen nichts auf diese Bemerkung führt, ersehen wir auch noch
aus unsern Evglien, dass die Erzählung von der Bezeichnung des Ver-
räthers dem Bericht vom Abendmahl entweder unmittelbar voraus-
ging Mc 14 18—21 = Mt 26 21—25 oder nachfolgte Lc 22 21—23. Das
vorangehende dogmatische Interesse hat sich uns schon aus den zahlreichen Hinweisen auf die Erfüllung der Weissagungen ergeben, welche

---

[1] VOLKMAR, Evglien S. 193 f, 205 f, 665, Jesus Nazarenus S. 196 f.

die Leidensgeschichte durchziehen (s. oben S. 371). Und so waltet der
Lehrzweck auch noch da vor, wo die grosse Menge von circulirenden
Erinnerungen, Ueberlieferungen und Einzelbildern sich gruppenweise
zu sammeln und ihre ursprüngliche Beweglichkeit im Rahmen einer
fortschreitenden Darstellung zu verlieren anfängt. Dass wenigstens
bei der verhältnissmässig ältesten Zusammenstellung, welche die einzelnen Geschichtsbilder erfahren haben, noch eine im Grossen und
Ganzen richtig orientirte Anschauung bezüglich der Zeitstellung
der wichtigsten Reden nachwirkte, erhellt schon daraus, dass man
Bergpredigt, Parabeln, Aussendungsrede der früheren, eingehende
Jüngerbelehrungen und schärfere Streitreden, Weissagungen des Untergangs und des Triumphes der späteren Zeit von Jesu Wirksamkeit
zuwies, vor Allem aus dem, noch bei Mc vorhandenen, auch bei Lc
noch nicht so ganz, wie bei Mt, verloren gegangenen, Bewusstsein um
die Peripetie des Lebens Jesu (s. oben S. 284f). So bildete sich allmählich ein geschlossener, in der Hauptsache auch wohl abgerundeter
Zusammenhang von Lebens- und Sterbensgeschichten Jesu, eine
„evangel. Geschichte", welche aber keineswegs etwa bloss die geschichtliche Erinnerung an Jesus von Nazaret, sondern zugleich auch
den gesammten Ertrag des fortgesetzten, von religiösen Interessen
bedingten Nachdenkens der Gemeinde über dasjenige zur Darstellung
brachte, was der Glaube an ihm hatte. Die Evglien sind demnach nicht bloss Urkunden für das, was Jesus an sich war, sondern
auch für das, was er als Christus für die Gemeinde war und wurde[1].
Die durch solche lehrhafte Gesichtspunkte bedingte Umgestaltung
der Stoffe ging naturgemäss am leichtesten von statten, so lange die
Ueberlieferung eine bloss mündliche war. Aber noch im Stadium
ihrer schriftlichen Feststellung selbst erfuhr die Tradition eine, in
der schon angebahnten Richtung weiter laufende, folgerichtig fortgesetzte Steigerung und Ausdeutung ihrer einzelnen Elemente zu Lehrzwecken. Der Werth einer einzelnen Geschichte stieg in dem Maasse,
als sie beziehungsreicher war, d. h. als die redactionelle Umformung
derselben sich erkennbarer in den Dienst der Lehre gestellt und dazu
mitgewirkt hatte, das als Geschichte Erzählte zugleich zum durch-
sichtigen Gewande idealer Wahrheit werden zu lassen. So versteht
sich beispielsweise die Ersetzung von Mc 1 16—20 = Mt 4 18—22 durch
Lc 5 1—11 oder von Mc 6 1—6 = Mt 13 53—58 durch Lc 4 16—30 oder

---

[1] v. SODEN, S. 140 gibt reichliche Belege für die Behauptung: „Ein histori-
sches Interesse hat Lc und Mt bei Verarbeitung der Erzählungen aus dem Leben
Jesu nicht geleitet ... Man fragte nicht nach der geschichtlichen Wirklichkeit,
sondern nur nach dem lehrhaften Sinn einer Erzählung."

von Mc 14 3—9 = Mt 26 6—13 durch Lc 7 36—50. Begonnen hatte dieses
dogmatische Interesse am Messiasbild damit, dass dasselbe die Züge des
leidenden Gerechten in den Psalmen, des büssenden Knechtes Gottes
bei Deuterojesajas in sich aufnahm. Erst in einer zum Bilde des idealen
Frommen, des leidenden Gerechten erweiterten Gestalt deckte es sich
mit dem Sterben und weiterhin auch mit dem Leben Jesu. War aber
erst einmal der Tod Jesu als Opfertod begriffen und „nach der
Schrift" zurechtgelegt I Kor 15 3, so war damit der Ansatz dazu
gegeben, auch das ganze vorangegangene Leben Jesu nach Anleitung
des AT unter ähnliche ideale Gesichtspunkte zu bringen und zum
Gegenstande dogmatisch-religiöser Reflexion zu machen, bis die
Reihe schliesslich selbst an seine Geburt und Erzeugung kam.

Das Problem der geschichtlichen Forschung liegt ganz in diesem
fast unauflöslichen Ineinander von überlieferungsmässiger Treue und
religiös reflectirender Gedankenarbeit. Zunächst ist von einem fast unwillkürlich sich geltend machenden Einflusse solcher Stellen zu reden,
welche bereits im Munde Jesu selbst eine bedeutsame Rolle gespielt
hatten und nun auf die Berichte von Jesu Wunderthätigkeit, mehr
oder weniger im Sinne buchstäblicher Realisirung und vergröbern-
der Handgreiflichkeit, einwirkten. So namentlich Jes 29 18 19 35 5 6
42 7 61 1. Dazu war bald directe Nachahmung der alttest. Geschichtsbücher getreten, welche für die Verfasser unserer Evglien Muster und
Vorbild ihrer Schriftstellerei geworden sind. Zweifellos bewegen sich
unsere Evglsten in den Formen der griech. Bibel, ähnlich wie mittel-
alterliche Geschichtsquellen sich in den Formen lat. Schriftsteller, des
Sallust, Sueton, Justin u. A. bewegen. Wie kein Volk so leicht vergisst, die Geschichte seiner Ahnen zu pflegen, so lebten und webten
ganz insonderheit die Juden jener Spätlingszeit ganz in den Geschich-
ten und Bildern einer imponirenden Vergangenheit. Alles, was sie sich
vorstellten, malten sie mit den aus den hl. Büchern bekannten Farben
aus. Speciell in unserem Falle, da es sich um Darstellungen handelt.
die nicht auf den Weltverstand berechnet, sondern das religiöse Gefühl zu befriedigen bestimmt waren, machte sich überdies das Postulat
geltend, dass im Messias erfüllt, ja überboten sein müsse, was das
AT von seinen ersten Gottesmännern, vorab von Moses und Elias,
zu erzählen weiss. Es ist geradezu ein Artikel der messianischen
Dogmatik, dass der Messias wegen Dtn 18 15 dieselben Wunder thun
muss, welche einst Moses verrichtet hat (Midrasch Koh 1 9). Daher
als Gegenbild zu der Mannaspeisung die evangel. Speisungsgeschichte,
die sich überdies gerade so, wie jener Bericht Ex 16 2—36 Num 11 4—9
in doppelter Form erhalten hat: Mc 6 31—44 = Mt 14 13—21 = Lc 9 10—17

und Mc 8 1—9 = Mt 15 32—39. Erscheinen Ex 16 8 13 als Zugabe
Wachteln anstatt der Fische, so diese dafür Num 11 21 22. Eine poetische Ausführung hat die Sättigung der in der Wüste Hungernden
schon Ps 107 4—9 gefunden. Daran schliessen sich aber ferner auch
analoge Speisungswunder der Propheten Elias I Reg 17 7—16 und
Elisa II Reg 4 38—41 42—44. Besonders aus der letzteren Geschichte
sind die Farben entnommen, womit jenes Mahl, welches für den späteren
Brauch der Gemeinde nachwirkende Bedeutung erlangen sollte, ausgemalt worden ist. Schon in dem Auftrag „Gebt ihr ihnen zu essen"
Mc 6 37 = Mt 14 16 = Lc 9 13 wiederholen sich ähnliche Befehle des
Elisa an seinen Diener II Reg 4 41 43. Aber die That dieses Propheten
wird weit überboten, sofern er nur 100 Männer mit 20 Gerstenbroten
speist. Auch auf des Elisa Wort „Gebt dem Volk, dass sie essen"
erfolgt 4 42 der zweifelnde Hinweis des Dieners auf die grosse Anzahl der Gäste (vgl. Joh 6 9); hierauf 43 der wiederholte Befehl mit
zugefügter Verheissung, dass noch übrig bleiben wird, schliesslich 44
die thatsächliche Erfüllung des Wortes. Und doch darf man bei so
offenbarer Nachbildung nicht etwa an künstliche Geschichtsmacherei
denken. Prophetische und inspirirte Persönlichkeiten, an welchen es
in den urchristl. Gemeinden nirgends fehlte, schauen nicht bloss in
die Zukunft, sondern beleben und bereichern auch die Vergangenheit
mit neuen, die Verheissungen alter Propheten mit Erfüllung krönenden Bildern [1]. In dieser enthusiastischen Verkleidung bemächtigte
sich das dogmatisch-religiöse Interesse der überlieferten Stoffe. Wahlverwandte und entsprechende Stücke der alttest. Geschichte wurden so
im höheren Stil der christl. Erfüllung erneuert und Reden und Wirken
Jesu in den Anschauungsformen des AT ausgemünzt. Es wiederholt
sich noch vor des Moses wunderbarer Brotspendung schon seine
wunderbare Errettung als Kind; es wiederholen sich die Todten-
erweckungen des Elias und Elisa. Nicht minder suchen aber auch
die beiden Seewunder theils in den Erzählungen von Moses Ex 14 16 21
und Elias II Reg 2 8 14, theils in der Bildersprache von Ps 77 20 106 9
107 25 28—30 121 4 Job 9 8 Jes 43 16 Nah1 4 Hab 3 8 Jon 1 3—14 die
Wurzeln ihrer Existenz. Darstellungen von der letzteren Art gehören offenbar schon einer späteren, bewusst allegorisirenden Schicht
an, während eine frühere Ablagerung den Heiland mehr in seiner
persönlichen Thätigkeit zur Darstellung bringt.

---

[1] HARNACK I, S. 101 erinnert daran, „dass die ältesten Gemeinden enthusi-
astisch waren und dazu noch Propheten und ekstatische Personen in ihrer Mitte
hatten. Unter solchen Bedingungen werden stets in der Geschichte Thatsachen
geradezu producirt."

In der Art, wie so die bisher nur sagenhaft angehauchten Erinnerungen besonders in den grossen Naturwundern ihre poetische Vollendung fanden, lassen sich 3 wirksame Motive unterscheiden. Das erste ist ein eigentlich dogmatisches, sofern die Erzählung des Lebens Jesu je länger je mehr theils eine durchaus messianische Färbung, theils aber auch das alttest. Messiasideal selbst eine ihm entgegenkommende Haltung gewinnen, also Beide sich näher gebracht werden mussten. Jedenfalls war durch das jüd. Messiasideal die allgemeine Form gegeben, nach welcher das Bild Jesu als des Bringers des Heils zu gestalten war und die Farben, womit es ausgemalt war, gesteigert werden konnten. In dieses selbe Kapitel gehören auch manche mehr nur arabeskenhaft um die grossen Gemälde sich schlingenden Züge, welche auf bewusst polemische oder apologetische Tendenz zurückgeführt werden müssen [1]. So z. B. die zum Behufe der Ueberwindung jedes Zweifels immer realistischer, ja bald recht materialistisch ausgestalteten Vorstellungen vom Modus der Auferstehung (vgl. namentlich Mt 28 2—4 mit den Seitenreferenten), ferner die im Interesse der kirchlichen Praxis erfolgte Zurückführung des Befehls zur Heidenmission und Völkertaufe auf den Auferstandenen (s. oben S. 378 f) u. s. w. Das zweite Motiv ist ästhetischer Natur. Schon die alttest. Sagen, Sprüche und Lieder, auf die man zurückgriff, waren zum guten Theil Producte des poetisch thätigen Volksgemüthes. Indem man sie wieder aufnahm, konnte so manches allmählich verblassende Bild der älteren Ueberlieferung aufgefrischt und durch jenen wundervollen Zauber der Poesie verklärt werden, der die evangel. Erzählung auf einzelnen Höhepunkten auszeichnet. Der religiöse Gedanke, welcher die eigentlichen Gegenstände seiner Anschauung im Uebersinnlichen hat, kann nun einmal gar nicht anders thätig sein, arbeiten und sich Ausdruck verschaffen, als mit den Mitteln der Phantasie; eine poesielose Religion wäre eine lebensunfähige Missgeburt. Wer diesen Factor nicht zu würdigen versteht, der müht sich vergeblich ab, wie an der Erklärung der eschatologischen Rede Jesu (S. 323), so auch an den soeben charakterisirten Naturwundern, welchen meist schon in poetischen Stücken des AT präludirt ist. Man denke nur an die Seewunder! Instinctiv findet der, in den poetischen Stücken des Lc und der Apk sattsam documentirte, künstlerische Geist des Urchristenthums heraus, was ihm von Haus aus verwandt ist, und bildet es in der gleichen

---

[1] Vgl. BRANDT, Die evangel. Geschichte und der Ursprung des Christenthums 1893, S. 545 f. Auch v. SODEN, S. 142 zeigt an einer Reihe von Mc-Erzählungen, dass sie „zugleich lehrhafte Ausführungen Jesu über Fragen, welche auch die apostol. Zeit bewegten, enthalten".

Richtung weiter. Endlich tritt zu den beiden besprochenen noch ein drittes Motiv. Die Bekanntschaft damit verdanken wir der grösseren Vertrautheit unserer Zeit mit dem, die ganze Bibel durchwehenden, Geist des Morgenlandes, wie das 1. von der Mythentheologie, das 2. von der Religionsphilosophie entdeckt worden ist. Jenem Geiste entspricht nichts so sehr als der überall bemerkbare und oft in entscheidender Weise durchschlagende Trieb unserer Evglsten, die Geschichte zum Typus zu machen, die Erzählung zum Sinnbild und Träger höherer religiöser und sittlicher Wahrheit umzugestalten, die irdische Wirklichkeit als durchsichtiges Transparent einer himmlischen Welt zu behandeln und dadurch auf die Stufe idealer Wahrheit zu erheben. Auf diesem Wege werden nicht selten wirkliche Erinnerungen zu Sinnbildern dessen erhoben, was in irgend einem Sinne überall da, wo in Jesu Nachfolge geglaubt und gehofft, gehandelt und gelitten wird, sich wiederholen muss. Zumal die Strahlen des glanzumflossenen Herrlichkeitsbildes, wie die paulin. (vgl. II Kor 3 17—4 6) und die apokalyptische Theologie (vgl. Apk 1 13—17) es gezeichnet hat, werfen jetzt schon ihren Widerschein vorwärts in die Erdentage des Propheten und Messias von Nazaret hinein, wo die Verklärungsscene ihr bezeichnendstes und vollendetstes Product darstellt (s. S. 362). Aber auch in auf allegorisches Verständniss angelegten Stücken, wie das Fischwunder des Pt oder die Verfluchung des Feigenbaumes, begegnet sich der kirchenbildende Instinct mit der andächtigen Verehrung des Christusbildes, wie die paulin. und die johann. Schule es gezeichnet hatten. Dieses erfährt jetzt jenes schon oben (S. 348, 353 f, 361 f) angedeutete Wachsthum in's Grosse und Weite, welches im Zusammenhang der paulin. und der johann. Lehre zur Sprache kommen wird (s. II, S. 65 f, 85 f, 215 f, 244 f, 411 f).

2. Mythologisirende und dogmatisirende, speculative und mystische Ausläufer.

I. Präexistenz.

Gemeinsam ist allen diesen Fortbildungen, dass die Gestalt des Christus aus ihrem irdisch-geschichtlichen Rahmen zwar nicht herausgehoben, dieser Rahmen selbst aber, entsprechend der Erhebung des theokratischen Begriffes vom Gottessohn auf das Niveau einer metaphysischen Grösse, eine Himmel und Erde, bzw. auch Unterwelt umspannende Ausweitung erfährt, in deren Folge der Held der evangel. Geschichte zum Mittelpunkt einer universalen religiösen Weltanschauung (s. II, S. 85), seine Wirksamkeit auf Erden aber zur Episode in einer Geschichte wird, die nach Anfang und Ende in die Ewigkeit ausläuft. Der göttliche Zweck und Inhalt, welcher im Menschenleben offenbar geworden ist, erhebt nachträglich den Menschen, der es gelebt hat, auf einem in der antiken Welt durchaus gangbaren Wege (s. II, S. 431) in die überweltliche Sphäre der Gottheit[1]. Sein Vorwie sein Nachleben entspricht einer, über alles zeitlich Bedingte hinausstrebenden, nach dem schlechthin Ueberweltlichen hinaufgreifenden Werthung, welche anders als in dieser Vorstellungsform, d. h. in Zeitmünze umgesetzt, kaum ausgesprochen und zum Gemeingut erhoben werden konnte.

Der Weg, auf welchem die Vorstellung eines Vorlebens in himmlischer Sphäre erreicht worden ist, kann unschwer nachgewiesen werden[2]. Schon bisher liess sich darin eine metaphysische These erkennen, welche zwar nicht der religiösen Gedankenwelt Jesu (s. S. 312, 338f), um so gewisser aber der theol. Speculation des Zeitalters, nicht zum Wenigsten derjenigen des Spätjudenthums, angehört (s. oben S. 61)[3]. Die Lehre von dem vorweltlichen Dasein des Messias ist überhaupt nichts das Christenthum original und eigenthümlich Kennzeichnendes, sondern sie beruht auf einer, von dem speculirenden Geiste des Alterthums, zumal auch des orientalischen, gewohnheitsmässig geübten, gleichsam rhetorischen Manipulation, durch welche gewissen Elementen der theol. Vorstellungswelt, die gleich allen übrigen ihre letzten Wurzeln in einem rein erfahrungsmässigen Gebiet haben, um des hervorragenden Werthes willen, der ihnen beigelegt wird, aus jenem unteren Gefängniss ein Ausweg nach oben, in die göttliche Sphäre, in eine ewige himmlische Existenz, gebahnt werden soll. Sie beruht auf der, einem mit der Phantasie noch auf freundlicherem Fusse stehenden Denken leicht nahenden, Nöthigung, das letzte Ziel einer Entwickelung als deren erste Ursache zu betrachten (Identität der causa finalis mit der causa efficiens)[4]. Wenn demnach Christus die Entwickelung

---

[1] H. Schultz S. 466: „Zuerst muss das irdische Dasein Christi gegenüber dem wahren Werthe dieser Persönlichkeit als eine unangemessene Daseinsform empfunden werden. Das Urtheil des Glaubens über Christus, das auch als Urtheil Gottes über ihn angesehen werden muss, kann nur in dem geistigen, die Welt beherrschenden und über ihre Schranken erhobenen Zustande des Verklärten eine dem Inhalte dieses Lebens entsprechende Existenz erkennen. Also in Gottes ewigem Rathe wird die Person des Christus von Ewigkeit her mit der ganzen Herrlichkeit ausgestattet gedacht, welche sie geschichtlich nur auf dem Wege des Werdens, des Kampfes und des Leidens empfangen hat. Dieses Erdenleben erscheint somit als eine um des Christuswerkes, nicht um der Christusperson selbst willen nöthige demüthige und entsagungsvolle Art des Daseins für Christus.“

[2] Vgl. Lobstein, La notion de la préexistence du fils de Dieu 1883, Monhaupt, Historische Entwickelung und dogmatische Darstellung der Lehre von der Präexistenz Christi: JpTh 1888, S. 161f, Harnack I, [3]S. 98f, 755 f.

[3] Vgl. Lobstein S. 117.   [4] Lobstein S. 17, 119f.

des Weltdramas entscheidet, so muss er auch seine Verwickelung eingeleitet haben. Wenn er das O ist, so ist er auch das A nach Apk
1 8 17 2 8 21 6 22 13 [1]. Die allgemein geübte Logik des Zeitalters, die
religiöse Metaphysik des Judenthums insonderheit, erklärt somit die
Unvermeidlichkeit, womit jener Gedanke, wie auf anderen Punkten
der religiösen Vorstellungswelt, so zumeist und vor Allem auf dem
hier in Frage befindlichen, die Messiaspersönlichkeit betreffenden, sich
einstellen musste. Letzteres um so mehr, als im Grunde zwei Ideen-
reihen, von verschiedenen Ausgangspunkten her sich bewegend, in
dem entwickelten Zielgedanken zusammentreffen. Bisher hatten wir
es zu thun mit einer vom Gegebenen, dem auf Grund der prophetischen Schriften im jüd. Bewusstsein sich fixirenden Messiasbilde, anhebenden, regressiv von Statten gehenden Speculation, mit einem
Schluss, der vom menschlichen und irdischen Gebiete in das himmlische und göttliche zurücklief. Dies die palästinisch-rabbinische,
bzw. apokalyptische Form der Präexistenzvorstellung (s. oben S. 75),
welche selbst noch in der paulin. Lehre nachwirkt (s. II, S. 81 f). Eine
kühnere Form der Speculation hat aber von jeher umgekehrt das Absolute selbst zum Ausgangspunkte gemacht und von hier aus die crea-
türlichen und menschlichen Verhältnisse zu construiren unternommen.
Dieselbe Speculation hat weiterhin, um zwischen den Begriffen Gottes
und der Welt, des Unendlichen und des Endlichen einen Uebergang zu ermöglichen, in Gott selbst den verborgenen, ewig unergründ-
lichen, schlechthin negativ zu allem Endlichen sich verhaltenden unterschieden von dem offenbaren, dem Endlichen sich erschliessenden und
mittheilenden Gott (s. II, S. 391 f). Auf diesem Wege ist die jüd.-
alexandrinische Religionsphilosophie zu dem Theologumen vom Logos
gelangt, dem „zweiten Gott", durch dessen Vermittelung Gott die
Welt schafft, und der Substrat, wie aller Theophanien, so auch der
Erscheinung des Messias ist (s. oben S. 96 f). Der abstracte Gedanke
des Logos verdichtet sich in seiner christl. Verwerthung zur Vorstellung einer geschichtlich aufgetretenen Persönlichkeit, und die Vorstellung des in der Geschichte erschienenen Messias erweitert sich und
gewinnt eine metaphysische Perspective in dem Anschauungsbilde eines
präexistenten Wesens. Alsbald aber sehen wir zwischen jenem alexandrinischen und diesem palästinischen Product der Speculation eine
Art von Austausch der Eigenschaften (communicatio idiomatum) eintreten, so dass nicht bloss der philonische Logos mit Prädicaten be-
gabt wird, die dem Erdboden der jüd. Messiasanschauung entstammen

---

[1] Lobstein S. 19 f, 47.

(Joh-Evglm, s. II, S. 370 f, 401 f, 434), sondern auch der in die Sphäre der Präexistenz entrückte jüd. Messias die Functionen des alexandrinischen Logos übernimmt und als Vermittler aller auf die Welt gerichteten Thätigkeit Gottes auftritt (Hbr, s. II, S. 294 f, 298).

Neben diesem metaphysischen Ursprung kommt übrigens der Präexistenz, zumal im NT, auch eine religiöse Bedeutung zu, in welcher sie freilich mit grösserem Recht eine lediglich ideale genannt werden kann und auch nicht auf die Person Jesu beschränkt bleibt. Vielmehr konnte schon das Himmelreich selbst, wie es den letzten Zweck der ganzen Heilsveranstaltung Gottes bildet, auch als deren ursächlicher Grund vorgestellt werden[1]. Daher ist es allen Frommen beschieden „von Anbeginn der Welt" Mt 25 34, und sogar „vor Anbeginn der Welt" Eph 1 4, „von Anfang an" II Th 2 13 sind die Gläubigen vorherersehen; „vor den Aeonen" ist ihnen I Kor 2 7 die Herrlichkeit beschieden[2]. Wie Ps 139 16 sogar die Tage, „die erst gebildet werden sollten, noch als keiner davon da war, auf dein Buch alle geschrieben waren", so stehen Apk 13 8 17 8 (vgl. Act 13 48) die Namen Aller, die der Verdammniss entgehen, im Lebensbuch. Die Stellen, aus welchen man die Prädestinationslehre construirt hat, bieten sammt und sonders derartige Anschauungen und Vorstellungen, welchen der Begriff eines den gesammten Zeitverlauf ewig präsent vor sich habenden Gottes zu Grunde liegt, dessen bewusste Absicht und Veranstaltung ist, was jener als Ergebnisse menschlicher Selbstentscheidungen abwirft. Nach Act 15 18 steht all' sein zeitliches Thun ewig vor Gott. In keinem anderen Sinne ist II Tim 1 9 die Rede von einer „Gnade,

---

[1] Lobstein S. 106 f.

[2] Vgl. F. Delitzsch, System der biblischen Psychologie S. 26 mit Bezugnahme auf Jer 1 5 (schon im Mutterleib zukünftiger Prophet): „Was dort von Jer in Bezug auf dessen Amt gesagt ist, das gilt von allen Gläubigen in Bezug auf ihren Gnadenstand." S. 27: „Sowohl der Menschheit, als den Menschen, als dem Menschen Jesu Christo kommt eine gewisse Präexistenz zu, welche, obwohl eine ideale, doch eine so wahrhaftige ist, dass die Schrift alles zeitliche Geschehen im Ganzen und Einzelnen auf jene ewigen Wurzeln zurückführt." So bemerkt auch Lobstein S. 123, dass wenigstens ideale Präexistenz gleichsam als ein christl. Gemeingut erscheine. Sein Beweisgang zielt S. 115 f, 120 f darauf ab, in der These der Präexistenz des Christus nur das metaphysische Seitenstück zu dem religiösen Gedanken des ewigen Erwählungsactes zu finden, welcher die Person Jesu von Nazaret zum Christus und Herrn des Gottesreiches erhoben hat. Es handelt sich demnach um das synthetische Urtheil „Jesus hat präexistirt", worein sich der Glaube an seinen einzigen Werth vor Gott kleidete. Nur hat der geschichtliche Verlauf zu seinem Ausgangspunkt offenbar das analytische Urtheil: „Der Messias präexistirt." Dazu trat als Untersatz die Gewissheit: „Jesus ist der Messias", also ist er präexistent.

[3] Volkmar, Religion Jesu S. 292, Commentar zur Offenbarung Johannes S. 186, Evglien S. 257 f.

uns gegeben in Christus Jesus vor ewigen Zeiten", und eben dahin
weisen Stellen wie Rm 16 25 und Kol 1 26. Wie die Menschheit Gott
ewig präsent ist, diese Präsenz aber vom menschlich-zeitlichen Standpunkte aus als eine Präexistenz erscheint, so auch das Werk der Erlösung, so auch die Person des Erlösers.

2. Wunderbare Geburt.

Motive von einem erheblich geringeren religiösen Gehalt sind bei
einem anders gearteten Vorspiel der evangel. Geschichte betheiligt,
welches eine mehr auf dem Gebiete der mythologisirenden Phantasie
liegende Parallele zu der Speculation vom präexistenten Logos bildet
(s. II, S. 419): es ist die Vorstellung von der nicht theokratischen
und nicht metaphysischen, wohl aber einfach physischen Gottessohnschaft Jesu, d. h. von seiner übernatürlichen Erzeugung durch den
hl. Geist und von der wunderbaren Geburt aus der Jungfrau. Mutter
Jesu ist im ursprünglichen Berichte, welcher seine Gottessohnschaft
erst mit der Taufe anheben lässt Mc 1 11, eine jüd. Frau, von der man
zu Nazaret 6 3, wie zu Kapernaum 3 32 nicht anders weiss, als dass sie
als Ehefrau diesen Sohn, sowie noch vier andere und einige Töchter
geboren hat, vgl. auch Mt 13 55 56. Nicht anders weiss sie auch
selbst, wesshalb sie sich in das prophetische Auftreten Jesu nicht
schicken kann Mc 3 21 (s. unten II, S. 421) und seine Hausgenossen
ihm Glauben und Anerkennung verweigern 6 4 Joh 7 5. Wie er für
Pls „dem Fleische nach" Sprosse der „Väter" Rm 9 5, speciell David's
Rm 1 3 ist (Weiteres hierüber s. II, S. 90 f), so erscheint er Apk 5 5 22 16
als Mensch aus Juda's und David's Stamm, 12 2 als Kind der Theokratie. Von Act ist schon gesprochen worden (s. oben S. 374) und
von Joh, der nicht anders steht, wird noch die Rede sein (s. II, S. 417 f)[1].

Diesem ursprünglichen Datum stehen nun zunächst die beiden
späteren unter den synopt. Evglien theils zur Seite, theils direct gegenüber. Jenes, insofern sie sich genealogische Versuche einverleiben, um
das Geschlecht Jesu oder vielmehr seines Vaters Joseph auf David
zurückzuführen[2]; dieses, insofern sie die Vaterschaft desselben Joseph

---

[1] Kecke Leugnung des ganzen exegetischen Befundes bei den Dutzendapolo-
geten und bei TH. ZAHN, Das apostol. Symbolum 1893, S. 571. Vorsichtige und
gewissenhafte Anerkennung des thatsächlichen Bestandes bei LOBSTEIN, Die Lehre
von der übernatürlichen Geburt Christi 1896, S. 7 f. Zum Ganzen vgl. HILLMANN,
Die Kindheitsgeschichte Jesu nach Lc: JpTh 1891, S. 192 f.

[2] Dass B. WEISS, LJ I, S. 202 f. (bei Phantasietheologen, wie GODET u. A.
ist das ja begreiflich) noch heute darauf beharrt, Lc 3 23 werde nicht Joseph's,
sondern Maria's Stammbaum angekündigt, wirft ein seltsames Licht auf die vor-
nehme Verachtung, womit dieses LJ sonst von den „Apologeten" zu reden liebt.
Vgl. dagegen E. HAUPT, StKr 1884, S. 56 f, BEYSCHLAG, LJ I, S. 152 f, LOBSTEIN S. 9 f.

zugleich wieder ausschliessen und den Messias als das directe Erzeugniss des hl. Geistes darstellen. Besonders Lc 3 23 ist Joseph nur scheinbar Jesu Vater (ὡς ἐνομίζετο) und weiss es auch selbst nicht anders
(2 5, wenn hier γυναικί fehlt). Die Mutter, welche das selige Bewusstsein in sich trägt, diesen Sohn vom Geist Gottes zu haben, kann später
niemals mehr irre an ihm werden [1]. Noch über ihn hinausgehend, hat
Marcion jede Spur von irdischer oder jüd. Abkunft Jesu beseitigt[2].
Aber auch Mt 1 16 ist durch einen, die Symmetrie der genealogischen
Schablone zerstörenden, Zusatz von hinreichender Deutlichkeit ('Ιωσὴφ
τὸν ἄνδρα Μαρίας, ἐξ ἧς ἐγεννήθη 'Ιησοῦς) die Genealogie um ihren allein
möglichen Sinn gebracht, nämlich zu zeigen, wie „Jesus eine Frucht
der Lenden David's" Act 2 30 gewesen, „aus seinem Samen" hervorgegangen sei 13 23[3].

---

[1] VOLKMAR, Evglien S. 258 f.

[2] Vgl. VOLKMAR, Evangelium Marcion's S. 160, Evglien S. 263 f, ZAHN, Geschichte des neutest. Kanon II, S. 455 f.

[3] Nur anhangsweise sei hier die Unterstützung erwähnt, welche die geschichtliche Ansicht von der Sache neuerdings durch die, wie es scheint, älteste
syrische Uebersetzung der Evglien (Syrus Sinaiticus) gefunden hat, sofern dieselbe
Mt 1 16 liest: „Jakob zeugte Joseph, Joseph, dem die Jungfrau Maria verlobt
war, zeugte Jesus, der genannt ist Christus." Geltend gemacht ist dieser Punkt besonders von P(AUL) R(OHRBACH), Geboren von der Jungfrau [2]1894, S. 12 f. Etwas
absolut Neues, eine „unerhörte Lesart", ist das nicht, da auch altlateinische
Uebersetzungen, mit welchen sogar eine griech. Minuskel stimmt, lesen: Joseph
cui desponsata erat virgo Maria genuit Jesum. Wenigstens das cui desponsata
erat virgo Maria hat sich neben dem traditionellen Text auch in der armenischen
Uebersetzung erhalten. Wie es scheint, stellen diese Lesart und die kanonische
τὸν ἄνδρα Μαρίας, ἐξ ἧς ἐγεννήθη 'Ιησοῦς zwei Versuche zur Ausgleichung der
Mythologie mit der Genealogie dar, die ursprünglich, wenn sie einen Sinn haben
sollte, nur mit 'Ιωσὴφ δὲ ἐγέννησε τὸν 'Ιησοῦν abgeschlossen haben kann. Aber
schon Syrus Sinaiticus hat mit diesem ursprünglichen Schlusse die erste Form
des Ausgleiches zu einem sinnlosen Satze vermengt und ist daher orthodox und
heterodox zugleich. So lauten auch die Nachrichten über die Stellung des He-
bräerevglm zu der Frage nach der übernatürlichen Geburt widerspruchsvoll.
Vgl. HANDMANN, Das Hebr-Evglm 1888, S. 38 f, 118 f, ZAHN, Geschichte des
Kanons II, S. 686 f. Nach Epiphanius, Haer 30 14 sollen Kerinth und Karpokrates
dasselbe Evglm, wie die Ebjoniten (dieses war nach Haer. 29 9 ein vollständiger
hebr. Mt), gebraucht, aber von der Genealogie aus versucht haben, die mensch-
liche Entstehungsweise Jesu zu erweisen. Das setzt einen Text voraus, der ähn-
liche Widersprüche aufwies, wie der Syrus Sinaiticus. Bei diesem denkt an
Einfluss einer ebjonitischen Vorlage noch HOLZHEY, Der neuentdeckte Codex
Syrus Sinaiticus 1896, S. 56 f. Wahrscheinlich hatte die griech. Vorlage des
Syrus auch keine Genealogie, wie noch mehrere lateinische Handschriften hinter
Mt 1 17 die Notiz bringen: Incipit evangelium secundum Matthaeum, bzw. die
Stelle 1 18 Christi autem generatio sic erat mit grossen oder rothen Anfangs-
buchstaben ausstatten. Der Syrus wollte die Genealogie ergänzen, fand aber
eine solche nur in der ursprünglichen Form vor und verknüpfte damit, so gut
es angehen wollte, seine, im Uebrigen ganz correct nach Mt erzählte, Geburtsgeschichte.

In jeder Beziehung charakterisiren sich die Vorgeschichten als
Anwüchse, welche dem, erst mit dem Bericht über den Täufer be-
ginnenden, Grundstamme der evangel. Geschichte von Haus aus fremd
sind. Erst an der äussersten Grenze des christologischen Processes,
soweit er hier verfolgt werden kann[1], stellt sich somit das Bedürfniss ein, die Gottessohnschaft Jesu durch die Vorstellung einer sinn-
lich-übersinnlichen Entstehung seines menschlichen Daseins sicher zu
stellen und auf solche Weise die enge Beziehung, in welche der Geist
Gottes seit dem Moment der Taufe zu Jesus getreten ist, bis auf den
Anfang seines Lebens selbst zurückzuführen (s. oben S. 407). Wie
man auch das Verhältniss der beiden Reihen von Selbstzeugnissen bezüglich der erreichten Höhenlage des sittlichen Charakters beurtheilen
mag, eine mitgebrachte Naturheiligkeit ist unbedingt ausgeschlossen
(s. S. 186 f). Ebensowenig dürfen freilich Urtheilsbildungen, wie sie
das spätere Denken der Kirche beherrscht haben, auf vorangegangene
Thatsachen in dem Sinne rückwirken, dass etwa das rigorose Dogma
von der Erbsünde und Erbschuld mit allen seinen physiologischen
Voraussetzungen, zusammengehalten mit der Thatsache seiner Abstammung von Joseph und Maria, irgend welchen Schatten auf seine
Gottessohnschaft zu werfen vermöchte (s. oben S. 268 f)[2]. Der ganze
Geist der hebr. Religiosität widerstrebt derartigen Voraussetzungen.
Nichts desto weniger sehen wir innerhalb frommer Kreise des Spätjudenthums, zumal im Essäismus, eine gewisse Scheu vor Geschlechts-
verbindung, Zeugung und Geburt auftauchen (s. oben S. 101 f), welche
vielleicht in erster Linie dabei betheiligt gewesen ist, wenn der Messias dem natürlichen Generationsprocess ganz entnommen werden
sollte[3]. Wahrscheinlich sind solche, in der ganzen Zeitstimmung begründete, asketische Strömungen auch in der haggadischen Aus-
schmückung der Kindheitsgeschichte des Moses wieder zu erkennen,

---

[1] H. Schultz S. 391: „Die Erzählungen von der wunderbaren Geburt Jesu
sind ausserordentlich jung und liegen den apokryphischen Schriften ganz nahe."
Vgl. Lobstein S. 26 f, 36 f. Dagegen construirt der phantasiereiche A. Resch,
Paralleltexte zu den Evglien 5: Das Kindschaftsevglm nach Mt und Lc 1897
eine schon um die Mitte des 1. Jahrhunderts entstandene Quellenschrift, durch
welche die anfangs als Geheimniss behandelte παρθενογένεια mit der Zeit publici
juris geworden sei; vorher habe man sich an die Volksmeinung gehalten, Jesus
sei der Sohn Joseph's.

[2] Von dieser Seite begründet Haussleiter, Zur Vorgeschichte des apostol.
Glaubensbekenntnisses 1893, S. 79 f das Postulat der übernatürlichen Geburt ganz
in der Weise des vulgären Dogmatismus, während B. Weiss, LJ ³I, S. 213
richtig bemerkt: „Nirgends wird im NT die Sündlosigkeit Jesu mit der Art
seiner Erzeugung in Beziehung gesetzt." Vgl. Lobstein S. 40 f.

[3] Vgl. Keim I, S. 354, Hausrath IV, S. 109, 123 f, Baldensperger S. 109,
Jüngst, StKr 1896, S. 237 f.

die sogar dazu geführt haben, dass von einer jungfräulichen Mutter
des Moses die Rede ging (Sota 12, Jalkut 1 51)[1].

Weiterhin konnte bezüglich des Messias directe Vaterschaft aus
Ps 2 7 II Sam 7 14[2] gefolgert werden und ist jungfräuliche Geburt sogar sicher wenigstens Mt 1 22 23 aus der Stelle Jes 7 14 erschlossen
worden. Nur kann aus letzterer Quelle nicht der ganze Fluss abgeleitet
werden[3], da vielmehr umgekehrt der 1. Evglst., wenn er hier die jungfräuliche Geburt des Messias gefunden hat, davon ebenso schon im Voraus überzeugt gewesen sein musste, wie er vom Wohnsitz desselben in
Nazaret, von seinem Wirken in Galiläa, von seiner parabolischen Lehrweise u. s. f. ein bestimmtes Wissen besessen haben musste, ehe er in den
2 23 4 15 16 13 35 citirten Stellen des AT eine prophetische Bestätigung
dieser Stücke ausfindig machen konnte[4]. Neben Mt kommt aber auch
Lc in Betracht, der seine Vorgeschichte fast durchweg nach alttest.
Vorbildern gestaltet. Nun war nach dem AT schon der Hergang bei
der Geburt eines Isaak, Simson, Samuel ein ungewöhnlicher gewesen,
und was von diesen alten Gottesmännern erzählt wird, wiederholt sich
in der wunderbaren Entstehung des Vorläufers Jesu Lc 1 7 (= Gen
18 11) 12 (= Jdc 13 6 Gen 16 11 17 19) 15 (= Jdc 13 4 7 14 I Sam 1 11)
18 (= Gen 15 8 17 17 18 12) 19 (= Jdc 13 6 8) 25 (= Gen 16 4 I Sam 1 6)
46—55 (= I Sam 1 11 2 2—5) 59 (= Gen 17 12 21 3 4), die sich daher
durchaus wunderbar gestaltet 1 13 18 24 36 37. War in Folge dessen
dieser Täufer „von Mutterleib an" voll hl. Geists 1 15 41 44, so wird „der
Heilige Gottes" Mc 1 24 als eine Schöpfung des Geistes schon im Mutter-
leibe gedacht (1 35 τὸ γεννώμενον ἅγιον = das erzeugt werdende Heilige,
wie Mt 1 20 τὸ γὰρ ἐν αὐτῇ γεννηθέν vom Embryo), womit er auf
deutlichst erkennbare Weise über alle anderen Geistbegabten hinaus-
gestellt erscheint[5]. Eine förmliche Theorie der übernatürlichen Entstehung wird 1 34 35 vorgetragen, und zwar, nachdem unmittelbar zuvor
31—33 der „Sohn Gottes" noch als rein theokratische Grösse erschienen

---

[1] BALDENSPERGER S. 142.

[2] In einem allgemeinen Sinne konnte sich die Vorstellung einer physischen
Vaterschaft Gottes auch an Gen 1 2 (NESTLE, JpTh 1892, S. 641) 6 1 (HILLMANN,
JpTh 1891, S. 233) anschliessen.

[3] Gegen HARNACK I, S. 96, 100 und LOBSTEIN S. 31 f.

[4] R. SEEBERG, Glaube und Glaube 1894, S. 28 f. Vgl. auch HERING, ZThK
1895, S. 60: „Es handelt sich um ein Stück Weissagungsbeweis" — gerade wie
in den oben angeführten Fällen.

[5] GUNKEL, Die Wirkungen des hl. Geistes S. 6: „Das soll bedeuten, dass bei
Jesus nicht, wie bei gewöhnlichen Menschen, welche von Gott zu Propheten
auserwählt wurden, der hl. Geist etwas zu seiner ursprünglichen Natur Hinzu-
kommendes, ein donum superadditum war, sondern dass bei ihm der hl. Geist der
Factor war, welcher sein Leben dauernd völlig erfüllte, wie er es auch ursprünglich setzte."

war, so dass es, da Lc 2 27 33 41 43 48 4 22 von Eltern, Vater und
Mutter gesprochen wird (vgl. noch 2 50 οὐ συνῆκαν)[1], scheint, als hätte
dieser Evglst 1 34 35 eine vorliegende (ebjonitische?) Quelle, welche
noch den geschichtlichen Sachverhalt voraussetzte, mit seiner christologischen Metaphysik durchkreuzt[2].

Aber auch von der paulin. Theologie aus war im Widerspruch
mit ihrem Urheber der Gedanke einer übernatürlichen Geburt des
Sohnes Gottes erreichbar. Wenn nämlich schon bei der Spätgeburt
Isaak's Rm 4 17—20 Gal 4 23 29 die göttliche Schöpferkraft das Beste
gethan hatte, so thut sie bei der Geburt des Messias selbst schliesslich geradezu Alles[3]. „Nicht die Kinder des Fleisches, sondern die
Kinder der Verheissung" Rm 9 8 bilden ein göttliches Geschlecht
unter den Menschen. Und wie von jedem Menschen, der „in Christus"
ist, gesagt werden kann, er sei „neu geschaffen" (II Kor 5 17 εἴ τις
ἐν Χριστῷ, καινὴ κτίσις), so ist Christus selbst als „letzter Adam"
I Kor 15 45 so gut unmittelbar Gottes Werk, wie das Lc 3 38 vom
„ersten Adam" gesagt ist, und es liegt nahe, den „Heiligkeitsgeist"
Rm 1 4, der das Princip seines Personlebens bildet (s. II, S. 67 f),
auch zum Urheber seines physischen Lebens zu erheben.

Aber der Ausreifung solcher Gedankenkeime stand auf jüd. Boden
ein gewaltiges Hinderniss im Wege: der abstract-transcendente Gottesbegriff der damaligen Theologie. Von hier aus war ein wirkliches
Vaterverhältniss ebenso wenig vollziehbar, wie die Rolle, welche dabei
dem zeugenden Gottesgeist als dem, Gottes Einwirkungen auf die
Welt ermöglichenden, Mittelwesen (s. oben S. 59 f) zugedacht werden
müsste. Eine solche Function hätte innerhalb des jüd. Bewusstseins
der Geist schon wegen weiblichen Geschlechtes des Wortes ruaḥ nicht
üben können, wie er denn auch in judenchristl. Evglien bald als
Mutter, bald als Schwester Jesu erscheint[4]. Durchschlagen konnte

[1] Nach FEINE, Eine vorkanonische Ueberlieferung des Lc S. 23 wäre das
nur „landläufige Ausdrucksweise".
[2] So HILLMANN, S. 213f, aber auch JOH. WEISS bei MEYER I 2⁸, S. 303,
wogegen FEINE, S. 29f polemisirt, indem er S. 25f die ganze Vorgeschichte auf die
judenchristl. Quelle zurückführt, an deren Glaubwürdigkeit er so wenig zweifelt,
wie RESCH S. 321 an der von ihm erfundenen Quellenschrift, welche S. 323:
„so ganz Maria's Geist athmet", dass dieser ihr „erst recht den unauslöschlichen
Stempel unverfälschter Geschichtlichkeit aufdrückt".
[3] STRAUSS, LJ I⁴, S. 36f.
[4] Verschiedenartige Ausreden: FEINE S. 28: das Geschlecht sei gleichgültig,
da Lc 1 35 πνεῦμα und δύναμις unarticulirte nomina sind. B. WEISS bei MEYER
I 1⁸, S. 8: der specifisch geschlechtliche Sinn bleibe bei dieser Erzeugung ausser
Betracht. JÜNGST StKr 1896, S. 238: es sei gar nicht an einen Zeugungsact,
sondern an die über den Menschen kommende Wunderkraft Gottes gedacht. Aber
die vom Geiste ausgesagten Thätigkeiten ἐπέρχεσθαι und ἐπισκιάζειν sind anerkannter-

demgemäss die in Rede stehende Vorstellung erst, als die Kunde vom
Sohne Gottes auf dem heidnischen Boden der griech.-röm. Welt
gehört wurde, wo ihr ein solches Verständniss nach den bestehenden
Prädispositionen der Geister unvermeidlich abgewonnen werden musste,
ja von vornherein entgegenkam [1]. Hier gab es „Götterkinder" in
einem viel handgreiflicherem Sinne als im Judenthum. Unter diesem
Gesichtspunkt erschien die Sache schon dem ersten Vertreter der
evangel. Geburtsgeschichte, dem Justin, Apol. I 21: „Wir bringen im
Vergleich mit euren Zeussöhnen nichts Unerhörtes vor. Denn ihr
wisset ja, wie viele Zeussöhne die bei euch hochgehaltenen Schrift-
steller anführen". Genannt werden dann Hermes (als λόγος έρμηνευτικός),
Asklepius, Dionysus, Herakles, die Dioskuren, Perseus und Bellero-
phontes [2]. Andererseits fand sich der Heide Celsus bei Origenes,
Cels 1 37 erinnert an Danaë, Melanippe, Auge und Antiope. Als
Göttersöhne gelten den Nachgeborenen Weise wie Pythagoras und
Plato, Weltherrscher wie Alexander und Augustus: warum nicht auch
der Prophet und König, der sich selbst als Sohn Gottes wusste?
Vgl. schon Mc 15 39 Joh 19 8 9. Die überkommenen Vorstellungen von
der Herkunft der Grossen von oben her durften nur die grob sinnlichen Formen abstreifen, um auf den von Osten her die Welt erobern-
den Gottessohn übertragen zu werden. Ueberdies muss hier geradezu
von einem feststehenden Gesetz religionsgeschichtlicher Art geredet
werden, da der auch sonst zur Vergleichung am nächsten liegende
Buddhismus gleichfalls über einen von der Jungfrau geborenen Stifter
verfügt [3].

---

maassen Correlate zu γινώσκειν 1 34, und solches ist thatsächlich auf hebr. und
jüd. Boden nie vom Geist Gottes ausgesagt worden und konnte nie von ihm ausgesagt werden. Vgl. HILLMANN S. 243.

[1] Vgl. die reichen Belege bei USENER, Religionsgeschichtliche Untersuchungen I 1888, S. 69 f, 187, HILLMANN S. 231 f, JOH. WEISS bei MEYER S. 305.

[2] Ebenso auch wieder die neueste Apologetik bei WOHLENBERG, Empfangen
vom hl. Geist, geboren von der Jungfrau Maria 1893, S. 37 f.

[3] Der Streit über die Abhängigkeit des christl. Mythus ist gegenstandslos,
wenn doch nach PFLEIDERER, Genetisch-speculative Religionsphilosophie 1884,
S. 460 „die thatsächlich vorhandene Verwandtschaft der beiderseitigen Sagen-
gruppen darauf hinweist, dass der wesentliche Grund derselben in psychologischen Motiven zu suchen ist, welche, unabhängig von äusseren Ereignissen, im
religiösen Bewusstsein überhaupt und insbesondere in dem Boden der Erlösungs-
religionen wurzeln, nämlich in dem ihnen vorzüglich naheliegenden Bedürfniss,
im Ganzen eines menschlichen Personenlebens die urbildliche Offenbarung der
erlösenden göttlichen Kraft anzuschauen und darum schon den Ursprung der
idealen Heilandspersönlichkeit in geheimnissvollem Zusammenhang mit dem Göttlichen zu denken." Bezüglich der Specialität der Jungfraugeburt aber genügt
es, auf Philo, Cherubim 14 zu verweisen: ἀμίαντῳ γὰρ καὶ ἀψαύστῳ καὶ καθαρᾷ
φύσει, τῇ πρὸς ἀλήθειαν παρθένῳ, διαλέγεσθαι πρεπῶδες θεόν, ἐναντίως ἡμῖν. Vgl.
FRIEDLÄNDER, Zur Entstehungsgeschichte des Christenthums 1894, S. 87.

Dass wir es in den Geburtsgeschichten nicht lediglich mit Volks-
phantasie[1] und Mythus[2], sondern auch mit einer dogmatischen Construction zu thun haben, erhellt zur Genüge aus dem Umstande,
dass beide Geburtsgeschichten sich zwar gegenseitig durchaus spröde
verhalten und aller Vereinbarungsversuche spotten, gerade aber nur
auf den beiden Punkten zusammentreffen, welche lediglich aus theoretisch feststehenden Prämissen erschlossen sind: Erzeugung durch
den hl. Geist und Geburt in Bethlehem. Wie der letztere Punkt ein
Stück schon der jüd. (s. oben S. 82), so stellt der erstere das charakteristische Product der, unter dem Druck einer heidnischen Atmosphäre
fortwuchernden, christl. Messiasdogmatik dar[3].

3. Höllen- und Himmelfahrt.

Eine gleiche Mischung von poetischer Phantasie und dogmatischer
Reflexion, wie sie das Material zur Eingangspforte der evangel. Geschichte liefert, bildet auch ihr Ausgangsthor. Selbstverständlich ist die
Auferstehung am dritten Tage Voraussetzung wie Anknüpfungspunkt
für diese letzten sagenhaften Ausläufer der evangel. Geschichte. Sobald das Bild des Auferstandenen eine Handgreiflichkeit gewonnen
hatte, wie es sich ihrer besonders bei Lc erfreut, wollten auch Fragen
beantwortet sein, wie die nach Aufenthalt, Verbleib und Thätigkeits-
kreis seines persönlichen Geistes während der Grabesruhe des Leibes
und nach dem Endpunkte seiner, zu einem dauernden Verkehr mit
den Jüngern verdichteten, Erscheinungen. In den Vorstellungen von
der Höllenfahrt und von der Himmelfahrt liegen die Ergebnisse der
in Fluss gekommenen Nachfrage vor[4]. Zu jener existiren einige eben
noch erkennbare Ansätze im NT (s. II, S. 318); diese wird von
Lc 24 51 (wo das ἀνεφέρετο εἰς τὸν οὐρανόν aber im abendländischen
Text fehlt) = Act 1 9—11 und hiernach im apokryphischen Mc-
Schluss 16 19 in aller Form vorgetragen (da nach Lc Jesus leibhaftig
aus dem Grabe erstanden ist, muss er auch leibhaftig in den Himmel
gefahren sein) und I Pt 3 22 Joh 3 13 6 62 20 17 (s. II, S. 427) wenigstens
vorausgesetzt, während sonst noch die ältere Vorstellung herrscht,
welche Auferstehung und Erhöhung zusammenfallen lässt oder die
Himmelfahrt mindestens noch auf den Auferstehungstag selbst ansetzt.

---

[1] Lobstein S. 31.
[2] Lutz, Bibl. Dogmatik, S. 351. Lobstein S. 33.
[3] Vgl. HC I[2], S. 52f.
[4] Nach Harnack I, S. 102 sind diese Vorstellungen „aus kurzen, eine Antithese enthaltenden Formeln entstanden (Tod und Auferstehung — erste Ankunft
in Niedrigkeit, zweite Ankunft in Herrlichkeit — descensus de coelo: ascensus
in coelum — ascensus in coelum: descensus ad inferna)."

Aber nur wenn man das Leben des Auferstandenen als einen
Zwischenzustand zwischen irdischer und himmlischer Existenzweise
betrachtet, bedurfte man eines so glänzenden Abschlusses desselben,
welcher ihn von derselben Wolke des Himmels, die den Wiederkommenden herabführte, hinaufgehoben werden liess. Dagegen als unsterb-
liches Leben in Gott gedacht, konnte es überhaupt kein Ende nehmen.
Pls erkennt 1 Kor 15 8 die Grenzscheide der 40 Tage Act 1 3 nicht
an. „Was er lebt, lebt er für Gott" nach Rm 6 10, aber auch für
die Seinigen auf Erden, in deren Mitte er Mt 18 20 sein wird, wo ihrer
zwei oder drei auf seinen Namen hin zusammentreten, und bei welchen er Mt 28 20 bleiben will alle Tage bis an der Welt Ende. Mit
beiden, durchaus zu dem Sondergut des Mt gehörigen Worten (s. oben
S. 149 und unten S. 432, 434) ist also gerade die Zeit, die Christus
vor seiner Wiederkunft im Himmel zubringt Act 3 21, zur Zeit seines
unsichtbaren Daseins und Wirkens auf Erden geworden, und tritt
dieser Glaube an den gegenwärtigen Christus als werthvollste religiöse
Errungenschaft aus dem Wolkennebel der Phantasie hervor (s. S. 362).
Hierüber wenigstens wird daher noch ein Wort zu reden sein [1].

4. Christus in der Gemeinde.

Ursprüngliche Lehre Jesu war, dass er die Saat zwar ausge-
streut, nach seinem Heimgange dieselbe aber von selbst auf dem
Wege natürlicher Entwickelung zur Reife gedeihen und am Ende
vom Vater im Himmel eingeheimst werden solle Mc 4 26—29. Jesus
hat das Senfkorn gesät, welches später zum hohen Baume ward
Mt 13 31 = Lc 13 19. Gott selbst aber ist der Herr des Weinberges
und des Saatfeldes, darauf die Früchte des Himmelreichs erwachsen
Mt 9 37 38 20 1—15 21 33—41. Gleichwohl bieten Mt und Lc gewisse
Reden, welchen zufolge Jesus nach seinem Abscheiden noch in irgend
welcher Weise persönlich Theil nehmen wird an dem äusseren Geschicke, wie an der innerlichen Entwickelung der Seinen. Aehnliches
wie Mt (in den oben angeführten Stellen) gibt auch Lc, wenn er
das „Es wird euch gegeben werden" Mt 10 19 wenigstens an der
2. Stelle, wo er sich darauf bezieht (vorher 12 12), 21 15 umwandelt
in „Ich werde euch geben". Ebenso wird Lc 24 49 die Sendung des
Geistes auf den persönlichen Willen Jesu zurückgeführt, und in

---

[1] Ueber die Genesis des Himmelfahrtsbildes an sich ist seit STRAUSS II,
S. 370f nichts wesentlich Neues mehr gesagt worden. SPITTA, Die Apostelgeschichte, ihre Quellen und deren geschichtlicher Werth 1891, S. 292, 354 verweist den ganzen Abschnitt Act 1 1—14 um seines legendarischen Inhaltes willen
in die Quelle B. Dagegen für das Folgende vgl. SCHOLTEN, Das Evglm nach Joh
S. 345f.

Act 2 ₃₃ ₄₇ 4 ₁₀ 9 ₃—₇ ₁₀—₁₆ ₃₄ 10 ₁₃ ₁₄ 16 ₇ 22 ₁₇—₂₁ ist es der erhöhte
Herr, der selbstthätig die Geschichte seiner Gemeinde bestimmt.
Ganz beherrscht ist von derselben Anschauung die Apk, wo der verklärte Herr am Leben seiner Gemeinden Theil nimmt und ihre
Feinde zu Boden wirft 2 ₂ ₅ ₉ ₁₃ ₁₉ ₂₃ 3 ₁ ₈ ₁₂ ₁₅ ₂₀ ₂₁ 19 ₁₅ ₁₆.
Ihren Höhepunkt erreicht diese Entwickelung in den paulin. und
johann. Schriften. Der Christus, mit welchem Pls auch noch nach
dem Tage von Damaskus in unmittelbarem Verkehr steht II Kor
12 ₈ ₉, ist der erhöhte König des Gottesreiches I Kor 15 ₂₇ ₂₈, dessen
friedeschaffendes Kommen Eph 2 ₁₇ sich in der Gestaltung der Völker-
kirche ankündigt. Er ist das Haupt der Gemeinde Eph 1 ₂₂ 4 ₁₁,
mit welchem die Gläubigen in organischer Verbindung stehen, wie die
Glieder mit dem Haupte I Kor 6 ₁₅ 12 ₁₂—₂₇ Eph 2 ₁₆ 4 ₃ ₁₂ ₁₆ 5 ₂₃ ₃₀ ₃₂,
und in dessen Collectivpersönlichkeit sie gleichsam aufgehen, wie hinwiederum er in dieser von ihm angegliederten Gesammtheit (s. II,
S. 57 f, 79 f, 95 f, 177, 180, 218). In dem Maasse aber, als so sein
Verhältniss zu den Seinigen Gal 2 ₂₀ 4 ₁₉ Rm 6 ₅ Eph 3 ₁₇ unter der
Kategorie der Immanenz aufgefasst ist[1], verliert der eschatologische
Apparat seine Kraft und Bedeutung (s. II, S. 223, 257). Und das
Gleiche findet, nur noch in verstärktem Maasse, im johann. Lehrbegriff statt, wo sich Himmel und Erde berühren in der Idee eines
völligen Einswerdens der Gläubigen mit Christus, welches sein Vorbild
in dessen eigener Einheit mit dem Vater hat (s. II, S. 441f, 517 f.). Wie
also gleich bei dem jüd. Gottesbegriff der Fall war (s. oben S. 49f),
so zieht sich durch die ganze urchristl. Theologie der Antagonismus
eines von der Phantasie belebten, dramatischen Aufbaues der Weltanschauung und einer speculativ angelegten Construction, die in den aus-
gebildetsten Lehrbegriffen des NT eine Wendung zur mystischen
Verinnerlichung nimmt[2]. Jene schliesst ab mit einer Reihenfolge
glänzender, aber doch irgendwie alttestamentlich bedingter oder prä-

---

[1] Joh. Weiss, StKr 1896, S. 10: „Durch die Verbindung mit der πνεῦμα-
Vorstellung erhält der Gedanke des erhöhten κύριος eine pantheistische Nuance."
[2] Einigermaassen analog verhält sich dazu die von Harnack I, S. 123 wahr-
genommene doppelte Auffassung vom Zweck der Erscheinung des Christus oder
vom religiösen Heilsgute. „Noch ruhten freilich die beiden Auffassungen in einander und waren auf das Engste verflochten, wie sie in solcher Verflechtung in
der Predigt Jesu selbst sich darstellen; aber sie beginnen sich doch schon zu
differenziren." S. 124: „Das einemal gilt der letzte Effect als das Ziel und alles
Andere als Vorbereitung, das anderemal gilt die Vorbereitung, die bereits durch
Christus vollzogenen Thatsachen und die innere Umwandlung der Menschen als
die Hauptsache und alles Weitere als der selbstverständliche Erfolg." „Die
duale Entwickelung der Auffassungen vom Christenthum, die sich daraus ergab,
beherrscht die ganze Geschichte des Evglms bis auf den heutigen Tag."

formirter, Schlussbilder, wie Verklärung und Himmelfahrt, Erhöhung und Wiederkunft; diese strebt den, über alle spätjüd., überhaupt semitische Leistungsfähigkeit hinausliegenden, Gedanken eines nach eigenstem Gesetz gleichmässig fortschreitenden und sich durchsetzenden Heilsprocesses an, in welchem Christus so lebt, wie im allgemeinen einmüthigen Weltprocess Gott lebt (s. II, S. 203, 208, 243, 250, 362, 464 f).

5. Praeformation des Dogmas.

Das Ziel der im NT eingeleiteten christologischen Bewegung lässt sich, wenn auch nur aus weiter Entfernung, doch schon erkennen. Auf der von Pls zu Joh führenden Linie ist Jesus als der Christus nicht mehr bloss das letzte Glied in der Entwickelung der alttest. Offenbarung, sondern etwas absolut Neues, nur einmal Dagewesenes und Denkbares, das Maass des Menschlichen durchaus Ueberragendes. Die Lehre von Christus hat aufgehört, Messiaslehre zu sein, sie will ein Stück Gotteslehre werden. War er aber einmal ein Wesen, dessen Daseinskreis irgendwie mit dem göttlichen selbst sich deckte oder doch in denselben hineinfiel, eine ewige und göttliche Persönlichkeit, so ist der streng und schlechthin einheitliche Gottesbegriff aufgehoben. Andererseits kann aber von zwei Göttern im Entferntesten nicht die Rede sein. Denn das wäre Heidenthum, nicht Christenthum. Es erfolgte daher eine Ausgleichung beider Seiten, eine Lösung des geschlungenen Räthsels in doppelter Weise. In der Nachfolge des Pls nämlich so, dass der Sohn Gottes, die höchste Himmelsgestalt, doch zum Vater in ein Verhältniss entschiedener Abhängigkeit tritt, im ursprünglichen Entwurfe sogar die Herrschaft nur bis zum völligen Sieg über Satan, Welt und Tod inne hat; in der Nachfolge des Joh dagegen so, dass ein eigenthümlich einheitliches Verhältniss zwischen Gott und seinem Logos gesetzt, die geschichtliche Erscheinung Jesu aber nur als Verleiblichung dieses Logos aufgefasst wurde. Sowohl an die paulin., als auch an die johann. Lehrform schlossen sich dann in den folgenden Jahrhunderten auseinandergehende Ansichten über das Verhältniss des Vaters zum Sohne an. Die schliessliche Verständigung hatte zur Voraussetzung, dass einstweilen im Bewusstsein der Kirche zu den beiden mit einander auszugleichenden, göttlichen Grössen noch eine dritte, der hl. Geist, getreten war, die zu den andern gleichfalls in ein bestimmtes Verhältniss gesetzt werden musste (s. oben S. 377). Die Zweizahl ist zwar die Aufhebung aller Einheit; aber die Dreizahl erschien wie eine Ueberwindung der Zweizahl, als eine neue, reichere Wiederherstellung zwar nicht der Einzahl, aber der

Einheit. Daher sie schon seit Pls und Mt im Hintergrunde der Gotteslehre erscheint. In dem Maasse, als die Grundlinien zu dem Bilde der kirchlichen Dreieinigkeitslehre deutlicher hervortreten, hat sich auch das Christenthum vollkommener und für immer vom Judenthum und von der abstracten Transcendenz seiner Gotteslehre abgelöst. Das trinitarische Christenthum hat seine Analogien nicht mehr in Palästina; es hat aufgehört, eine semitische Religion zu sein.

7. Marcus.

Die hervorragende Bedeutung, welche dieses Evglm im Laufe des letzten Jahrhunderts gewonnen hat und heute fast unbestritten besitzt, findet ihre negative Kehrseite und sachliche Bestätigung darin, dass es, auf seinen eigenen biblisch-theologischen Gehalt angesehen, hinter allen anderen Evglien in demselben Maasse zurücksteht, wie es sie in Bezug auf Erhaltung einer guten Erinnerung an gewisse, die Möglichkeit eines allgemeinen Aufrisses des Lebens Jesu bedingende, Hauptstationen desselben, sowie an mancherlei Detail erheblich übertrifft. Die Erzählungsweise des Evglsten ist von keiner anderen dogmatischen Reflexion begleitet, als von derjenigen, welche wir, als für die ganze evangel. Geschichtserzählung, für alle Evglien gemeinsam gültig, geschildert haben (s. oben S. 401 f)[1]. Und wie alle Evglien irgendwie Zeugniss für das zeitliche Prius des Paulinismus ablegen, so thut es auch Mc, nur dass er zu demselben, im Gegensatze zu Mt und in relativem Unterschiede von Lc, eine positive Stellung einnimmt.

Dies das einfache Resultat, zu welchem die verschiedenartigsten Versuche, das 2. Evglm in Beziehung zu den bekannten urchristl. Controversen oder zu den Interessen der Kirchenbildung zu bringen, immer wieder zurückgeführt haben. Beachtenswerth ist in dieser Beziehung zunächst die altkirchl. Tradition, in welcher die ersten Experimente der Tendenzkritik ihren Anschluss suchten.

Als constanter Inhalt der Ueberlieferung ist jedenfalls die An-

---

[1] Vgl. B. WEISS, Das Mc-Evglm S. 23 f, Einleitung in das NT § 46 a, bei MEYER I 2, ¹1892, S. 8, LJ ³I, S. 47 f. Zwar macht auch er ein specielles Motiv für das Hervortreten dieser Evglienschrift ausfindig, nämlich die verzögerte Wiederkunft Jesu; um so mehr habe man schon im irdischen Leben Jesu den Momenten nachgespürt, welche eine Gewähr für sein Heilsmittlerthum boten (der Urheber dieser fragwürdigen Hypothese ist VOLKMAR, Evglien S. VIII, 3 f). Aber Mc soll diesen „lehrhaften, erbaulichen Zweck" auf dem Wege einer objectiven Darstellung erweisen und sich aller Beziehungen auf Lehrdifferenzen des apostol. Zeitalters entschlagen. Nach v. SODEN S. 151 dominirt in Mc „der Wunsch, der Gemeinde, den verklärten Christus im Rahmen des irdischen Lebens Jesu zu zeichnen."

nahme einer Verbindung des historischen Mc mit Pt zu betrachten. Damit suchte man nämlich das Werk direct ebenso auf den ersten, wie indirect auf den zweiten zurückzuführen. Voran geht in dieser Richtung schon das Zeugniss des Papias, welches, ganz ähnlich wie hinsichtlich des Mt, von den meisten Späteren wiederholt und in einer Weise erweitert wird, die den Eindruck hinterlässt, als hätte man in demselben Maasse, als man wegen der zunehmenden zeitlichen Entfernung über die Entstehungsverhältnisse unseres Evglms weniger wissen konnte, mehr darüber zu wissen geglaubt. Namentlich wird der Einfluss des Pt aus nahe liegenden Gründen ein immer grösserer[1].

Das von Eusebius KG III, 39 15 aufbewahrte Fragment des Papias, das in seinem Anfang Reproduction eines noch älteren Zeugnisses des Presbyters Johannes ist, besagt bloss: Mc habe als Dolmetscher des Pt sorgfältig aufgezeichnet, was ihm im Gedächtniss geblieben war, jedoch nicht in der Ordnung, wie es vom Herrn geredet oder gethan war; weder habe nämlich Mc einst selbst den Herrn gehört, noch sei er ihm nachgefolgt, wohl aber sei er in einem solchen Verhältnisse zu Pt gestanden; dieser nun habe seinen Unterricht nach dem Bedürfniss eingerichtet und keine Ordnung der Reden des Herrn beabsichtigt, wesshalb auch Mc, wenn er bei seiner Schriftstellerei zuweilen lediglich seinen Reminiscenzen folgte, nicht einen eigentlichen Fehler begangen habe; nur darauf sei seine Vorsorge gerichtet gewesen, nichts zu übergehen und nichts zu entstellen. Etwa gleichzeitig führt Justin, Dial. 106 die nur Mc 3 16 17 erfindliche Erzählung auf die „Denkwürdigkeiten des Pt" zurück (falls nämlich Justin's αὐτοῦ auf Pt zu beziehen und nicht αὐτῶν oder τῶν ἀποστόλων αὐτοῦ zu lesen ist). Den die Weiterbildung der Tradition leitenden Gedanken spricht Tertullian (Adv. Marc. 4 5 Marcus quod edidit Petri affirmatur, cuius interpres Marcus) dahin aus, das von Mc herausgegebene Werk gehöre eigentlich dem Apostel Pt an. Zuerst — dies ist noch die Vorstellung des Muratorischen Kanons und des Irenäus III, 1 1 — hat Mc bloss die Lehrvorträge und Erzählungen des Pt nach dem Tode des Letztern aus dem Gedächtniss aufgeschrieben. Aber nicht lange dauert es, so hat der Apostel die Abfassung des Evglms noch erlebt und wird überhaupt die ganze Nachricht in Zusammenhang mit dem Sagenkreis vom röm. Aufenthalt des Apostels gebracht, den man dann mit der alexandrinischen Legende etwa so auszugleichen sucht,

---

[1] Daher das Misstrauen gegen die traditionelle Entstehungsgeschichte bei Eichhorn, Einleitung I 1804, S. 554 bis auf Pfleiderer, Urchristenthum S. 414 und Brandt S. 536. Badham, The formation of the gospels [2] 1892 sucht die Erinnerungen des Pt lieber in dem Sondereigenthum des Lc!

wie Epiphanius, Haer 51 6 erzählt, Mc habe zuerst mit Erlaubniss des
Pt sein Evglm geschrieben und sei dann von diesem nach Aegypten
geschickt worden. Aber schon 200 Jahre früher brachten die Hy-
potyposen des Clemens von Alexandria (in den Adumbrationes zu
I Pt 5 13 und bei Eusebius, KG VI, 14 5—7) eine Nachricht, wornach
Pt in Rom gepredigt, die Zuhörer aber, mit seinen mündlichen Vorträgen nicht zufrieden, den Mc um Aufzeichnung derselben gebeten
hätten; dies sei geschehen, ohne dass Pt ihn verhindert oder er-
muntert habe. Derselbe Clemens soll auch von alten Presbytern
erfahren haben, dass vor dem Mc-werk die beiden Evglien mit Genealo-
gien geschrieben worden seien. Noch specieller erzählt Eusebius
selbst, irrthümlich auf Clemens sich berufend, die Sache KG II, 15 2:
Pt habe das Vorhaben des Mc durch eine Offenbarung erfahren und
hierauf das fertige Werk desselben zum kirchl. Gebrauch bestätigt.
Dieser Bericht enthält eine offenbare Weiterbildung der Sage; denn
jetzt hat Pt das fertige Werk wenigstens gelesen und bestätigt. Von
da ist nur noch ein Schritt zu der, schon durch Origenes (bei Euseb,
KG VI, 25 5 ὡς Πέτρος ὑφηγήσατο αὐτῷ) präformirten Nachricht des
Hieronymus (Epistola 120 ad Hedib. 11 Petro narrante et illo scri-
bente), wornach das 2. Evglm geradezu dictatweise entstanden ist.
Diese ganze Tradition könnte lediglich so erklärt werden, dass man
sich für das Werk nach einer apostol. Autorität umsah und zu
einer solchen zuerst durch die Combination von I Pt 5 13 (Babylon =
Rom) mit dem angeblichen Aufenthalt des Apostels in Rom (Prolog
der Vulgata, Eusebius und Hieronymus), dann durch ein immer enger
gesetztes Verhältniss des directen Verfassers zum indirecten gelangte.
Dasselbe Ziel der versicherten Glaubwürdigkeit suchte auf einem
andern Wege eine spätere Tradition (Epiphanius, Haer. 51 6) zu erreichen, die, wie den Lc, so auch den Mc zu einem Jünger aus der
Zahl der Siebzig machte — dem Zeugniss des Papias direct entgegen.

Flösst nun freilich diese Tradition wenigstens in allen ihren
über das einfache Zeugniss des Presbyters Johannes hinausgehenden
Weiterungen wenig Zutrauen ein, so fragt sich jetzt, ob etwa auch
aus inneren Gründen die Darstellung einem Apostelschüler zugeschrieben werden müsse, und ob die Hand desjenigen Apostels,
mit welchem der geschichtliche Mc in genauester Verbindung stand,
im Evglm wiederzuerkennen ist. An sich lässt sich ja nichts ein-
wenden gegen die Wahrscheinlichkeit, dass ein Apostelschüler, wenn
er als Schriftsteller auftritt, sich an einen der Hauptapostel halten
und nach dessen Mittheilungen und Auffassungsweise schreiben werde.
In irgend welchem Umfange ist diese Frage da, wo man in Mc die

gemeinsame Wurzel des synopt. Textes anerkannte, fast durchweg
bejaht worden. Schon das in unserm Evglm hervortretende Interesse
an den Jüngern [1], besonders den 3 oder 4 Vertrauten 1 16—20 3 16 17
(Sondereigenthum) 5 37 13 3 14 33 lässt auf einen Gewährsmann, auf eine
Autorität aus diesem Kreise schliessen. Mehr noch der Umstand,
dass die eigentliche Erzählung, soweit sie auf augenzeugenschaftliche
Kunde zurückweisen könnte, gerade mit der Berufung des Pt 1 16—18 und
der Heilung seiner Schwiegermutter 1 29—31 beginnt, ja es sogar sehr
wahrscheinlich wird, dass das Haus dieses Jüngers in Kapernaum als der
eigentliche Ausgangspunkt für die im weitern Verlaufe berichteten
Züge und Wanderungen Jesu zu betrachten ist, wie überhaupt ein
grosser Theil der Erzählungen sich um Kapernaum dreht. Gleich
darauf 1 36 werden die Jünger auch bloss bezeichnet als „Simon und
die mit ihm waren". Hier dürften in der That Erinnerungen des
Pt und des Andreas über die ersten denkwürdigen Vorfälle aus ihrer
Schülergemeinschaft mit Jesus nachklingen. Auch die genaue Sorg-
falt, womit die Namen Simon und Petrus bis zu der Grenzscheide 3 16
(mit der einzigen wohl motivirten Ausnahme 14 37) auseinandergehalten
werden, sowie die hier so stark hervortretende Epoche des Pt-
bekenntnisses 8 29 ist dieser Hypothese günstig. Auch ist 11 21 13 3
16 7 sein Name wieder allein im 2. Evglm hervorgehoben, und
Stellen wie 1 35—38 3 13—35 5 37 40—43 7 24 31 8 22—26 9 21—26 10 28 14 13
29—31 66—72 können ungezwungen auf Mittheilungen des Pt zurückgeführt
werden. Bleibt das Verhältniss, in welchem diese petrin. Erzählungs-
gruppen zu unserem heutigen Mc-Evglm stehen, im Dunkel[2], so besteht doch mindestens die Wahrscheinlichkeit, dass Pt der eigentliche Gewährsmann wenigstens für die untersten Grundlagen alles
synopt. Geschichtsmateriales sei[3].

Hatte die Kritik einst unter Rückgriff auf die Tradition im
2. Evglm eine petrinische Tendenz wahrzunehmen geglaubt[4] oder

---

[1] Vgl. SCHANZ zu Mc 1881, S. 43.

[2] An die Stelle der Ur-Mc sind jetzt vielfach „Mc-Gruppen" (v. SODEN,
Theol. Abhandlungen S. 114f) oder „Pt-Gruppen" (BRANDT S. 534f) getreten.

[3] Also nicht etwa bloss für die wenigen Züge, welche über den mit Mt
gemeinsamen Inhalt hinausgehen, wie KLOSTERMANN, LUTTEROTH, KEIL, irgendwie
auch SCHANZ und GRAU meinen.

[4] So HILGENFELD, Das Mc-Evglm 1850, Die Evglien 1854, S. 146f, indem
er ein, auf Grundlage des Mt entstandenes, Pt-Evglm als nächste Vorlage des
Mc in die Mitte schob, welches freilich noch geringeres Glück gemacht hat als
jenes Hbr-Evglm, darin man den Ur-Mt, oder jenes marcionitische Evglm, darin
man den Ur-Lc hatte finden wollen, und sich auch bald wieder im allgemeinen Element der petrin. Ueberlieferung verloren hat. Vgl. seine Einleitung in das NT
1873, S. 497f. Auch K. R. KÖSTLIN, Der Ursprung und die Composition der
synopt. Evglien 1853, S. 261f hat ein Pt-Evglm zwischen den Ur-Mc und den

es mit Hinweis auf die Stellung des geschichtlichen Mc als Mittelsmann zwischen Pls, den er begleitet, und Pt, den er verdolmetscht[1], als ein Document farbloser Neutralitäts- und Unionsbestrebungen gefasst, so versuchte man es letztlich auch noch mit der paulin. Tendenz[3]. Letztere Annahme verfügt über ein discutirbares Beweismaterial wenigstens dann, wenn man die Unbefangenheit und relative Geschichtlichkeit der Erzählung an sich zwar anerkennt, aber die paulin. Begriffswelt als das Medium betrachtet, durch welches gewisse, die Wirklichkeit übersteigende, aus dogmatischen oder ästhetischen Motiven zu begreifende Elemente hindurchgegangen sind. So

---

kanonischen Mc eingeschoben. Von diesen Phantomen sind wir freilich, seitdem das wirkliche Pt-Evglm wenigstens theilweise bekannt geworden ist, für immer befreit. Dafür findet in Mc nach dem Vorgange von CHR. F. SCHMID und VAN OOSTERZEE jetzt SCHARFE, Die petrin. Strömung der neutest. Literatur 1893, S. 173f wieder ein Seitenstück zu I Pt und Elemente des Lehrbegriffes des geschichlichen Pt.

[1] Dass der ἑρμηνευτής nur in diesem Sinne verstanden werden darf, hat LINK, StKr 1896, S. 414f gezeigt.

[2] So BAUR, Das Mc-Evglm 1851 und seine Nachfolger bis auf DAVIDSON, Introduction to the study of the NT ²1882, I S. 56: „The gospel is catholic, undoctrinal and neutral." In demselben Geleise geht noch L. PAUL, Die Abfassungszeit der synopt. Evglien S. 28, Die Vorstellungen vom Messias und vom Gottesreich bei den Suptkern 1895, S. 119f, nur dass er dasselbe Werk, welches sich nach alttübingischer Construction als so gut wie tendenzlos erweisen sollte, darum, dass es darauf abhebt, die zwischen den früheren Evglsten statthabenden Gegensätze zu verdecken, das tendenziöseste von allen nannte. Später als Mc fällt nach ihm bloss die letzte, die kanonische Form des Mt. Die Tübinger Kritik sah darum in Mc bekanntlich einfach einen Auszug aus Mt und Lc. So BAUR ZELLER, SCHWEGLER, K. R. KÖSTLIN (wenigstens mit Bezug auf den kanonischen Mc), namentlich noch STRAUSS im LJ von 1864, vgl. ⁴1895, S. 161f und KEIM I, S. 85f, während sogar die beiden Vertreter der Priorität des Mt, welche heute noch zur Sache sprechen, HILGENFELD und HOLSTEN, das 2. Evglm nicht mehr als einen Auszug aus den beiden andern betrachten, sondern die alte kathol. Reihenfolge Mt Mc Lc herstellen. Neben den Parteigängern der petrin. oder paulin. oder kathol.-unirenden Tendenz gibt es noch „Wilde" wie HOEKSTRA, ThT 1871, S. 129f (vgl. dagegen B. WEISS zu Mc S. 7f, 24) und M. SCHULZE, ZwTh 1894, S. 332f, welche dem 2. Evglm eine bestimmt ausgeprägte, durch die Dämonologie bedingte, Christologie aufdrängen. Zur Widerlegung genügen die Bemerkungen v. SODEN's S. 143.

[3] VOLKMAR, Die Evglien oder Mc und die Synopsis 1870, S. 643f und M. H. SCHULZE, Evglientafel 1861 und 1886 stehen noch unter dem Einflusse von WILKE, Der Urevglst 1838 und BRUNO BAUER, Kritik der evangel. Geschichte der Snptker 1841—42, ²1846, Kritik der Evglien 1850—52 und suchen in Mc einen tendenz- und schablonenmässig durchgeführten Schematismus nachzuweisen (dagegen vgl. HILGENFELD, Einleitung S. 518). Wie einst HASERT bei Lc, so fand ASSMANN, Das Evglm des Apostels Mt 1874, III S. 32, 42 bei Mc Verbitterung gegen die Urapostel. Isolirt geblieben ist aber auch die scharfsinnige Ableitung der Eigenart des Mc aus Principien der paulin. Theologie bei HOLSTEN, Die drei ursprünglichen, noch ungeschriebenen Evglien 1883, S. 66f, Die synopt. Evglien nach der Form ihres Inhaltes 1885, S. 179f, 205.

namentlich die Verklärungsgeschichte 9 2—8, welche nicht dasein würde
ohne den Midrasch vom Erglänzen des vom Sinai herabkommenden
Moses II Kor 3 7—4 6[1]. Man kann sogar weitergehen und eine Erzählung,
deren Höhe- und Wendepunkt in der Erfassung des Leidensgedankens,
im Todesentschluss zu finden ist, für die richtige geschichtliche Illustration zu der paulin. Predigt vom gekreuzigten Christus und ihrem
Losungswort „Durch Tod zum Leben" (s. II, S. 64) finden. Das
Evglm zeigt, wie, was göttlich nothwendig war, menschlich so gekommen ist[2]. Schon die summarische Inhaltsangabe der Predigt Jesu
1 15 ist in ihrem Anfang (πεπλήρωται ὁ καιρός) nach Gal 4 4 gebildet
und entspricht in der Schlussforderung des Glaubens (πιστεύετε ἐν τῷ
εὐαγγελίῳ) paulin. Formeln (entweder der πίστις ἐν Χριστῷ Ἰησοῦ Gal 3 26
oder, falls „auf Grund des Evglms" zu übersetzen ist, dem absoluten
Gebrauch von πιστεύειν bei Pls; auch εὐαγγέλιον, das paulin. Wort,
hat Lc nie, Mt immer nur in Parallelstellen mit Mc gemein). Auch
die deterministische Teleologie, welche Mc 4 10—12 zur Erklärung der
Parabelrede Jesu angewandt wird, versteht sich aus Rm 9 18—29 10 16—21
11 8 (= Jes 29 10) 10 (= Ps 69 24) und hat ihre formale Parallele an
I Kor 14 21 22 (= Jes 28 11 12). Wie hier Pls aus der Prophetenstelle
schliesst, dass „die Zungen nicht für die Gläubigen, sondern für die
Ungläubigen" (als Zeichen des göttlichen Gerichts) bestimmt sind,
so dort der Evglst, dass die Gleichnissrede für „die, welche draussen
sind" (οἱ ἔξω wie I Kor 5 12 13 Kol 4 5 I Th 4 12 I Tim 3 7), bestimmt,
den Jüngern dagegen „das Geheimniss des Reiches" gegeben sei.
Dies darum, weil ihnen Mc 4 34 neben dem Gleichniss auch dessen
„Auflösung" (ἐπίλυσις) zu Theil wird, gerade wie die Zungenrede, wiewohl an sich ein Zeichen der Verstockung der dem Gericht Verfallen-
den, doch I Kor 14 12 13 27 der Gemeinde zur Erbauung dienen kann,

---

[1] Im Wesentlichen richtig schon HERDER, Vom Erlöser der Menschen 3, 19,
neuerdings VOLKMAR, Evglien S. 455 f, PFLEIDERER, Urchristenthum S. 387 f,
WEIZSÄCKER, Evangel. Geschichte S. 480f, Apostol. Zeitalter S. 13f, v. SODEN,
Theol. Abhandlungen S. 146f; vgl. HC I, S. 196f.

[2] So W. BRÜCKNER, Protestantische Kirchenzeitung 1883, S. 426, v. SODEN
S. 143. Dagegen will HOLSTEN S. 67f in 1 21—28 ein Messiasprogramm entdecken,
bezieht die διδαχὴ καινή 1 27, weil sie Staunen und Schrecken verbreitet, auf die
Todesweissagung 9 30—32, um darauf weiter die Behauptung zu gründen, Mc wolle
die paulin. Lehre vom Heilswerth dieses Todes als ein Moment schon der Verkündigung Jesu darstellen, den Grund davon aber, dass die Urapostel davon geschwiegen haben, in ihrem schuldvollen Nichtverständnisse finden lehren; das
ἠγνόουν 9 32 sei das ἀγνοεῖν Rm 10 3 u. s. w. Ebenso soll S. 71 der Taufgeist Mc
1 10 das πνεῦμα II Kor 3 17 sein und der leidende Menschensohn Mc 8 31 9 31 die
νέκρωσις τοῦ Ἰησοῦ II Kor 4 10 repräsentiren. Eine solche Kenntniss der Finessen
des Paulinismus, wie sie HOLSTEN bei seiner Erklärung des 2. Evglms durchweg
dem Mc zutraut, besass kein Mann des apostol. und nachapostol. Zeitalters.

wenn die „Auslegung" (διερμηνεία) sie begleitet (vgl. auch Mc 4 ₃₃
mit I Kor 14 ₂). Das Abba Mc 14 ₃₆ kommt noch Rm 8 ₁₅ Gal 4 ₆
vor, das Zerreissen des Vorhangs 15 ₃₈ symbolisirt den Gedanken
Rm 5 ₂ und das „Lösegeld für Viele" Mc 10 ₄₅ stellte sich uns bereits
als paulinisirende Zuspitzung des Gedankens Jesu dar (s. oben S. 302,
auch II S. 108)[1]. Demnach erklärt sich auch die Ueberschrift des
Ganzen „Anfang des Evglms von Jesus Christus" (ἀρχή εὐαγγελίου
Ἰησοῦ Χριστοῦ) einfach aus der paulin. Ausdrucksweise, und wenn
der hinzugefügte „Gottessohn" (υἱοῦ θεοῦ) textkritisch bestehen bleibt,
so ist dies eben wiederum der paulin. Begriff[2].

8. Matthäus.

Zur Beantwortung der Frage nach dem dogmatischen Charakter
des Mt sieht man sich angesichts der Schwierigkeiten, welche das
synopt. Verwandtschaftsverhältniss bietet[3], zunächst auf solche Stellen,
wo dasselbe keine Parallelen bei den Seitengängern hat, verwiesen.
Die methodische Richtigkeit dieses Verfahrens erhellt schon daraus,

---

[1] Dieses und Anderes bringen bei W. BRÜCKNER, Das Verhältniss von Geschichte und Mythus in den 3 synopt. Evglien 1877, S. 44, 50, v. SODEN S. 144,
147 f. Die hier aufgeführte paulin. Phraseologie ist äusserst belehrend, merkwürdig aber auch, dass ein Hauptschlagwort wie δίκαιος sich nur Mc 2 ₁₇ (halb
ironisch) 6 ₂₀ (im rein populären Sinn), δικαιοσύνη, δικαιοῦν, δικαίωμα gar nicht
findet.

[2] Richtig v. SODEN S. 150. WOHLENBERG S. 25 findet freilich in dem υἱὸς
θεοῦ den physischen Gottessohn der matthäischen und lucanischen Vorgeschichten.
Das Stärkste aber, was — diesmal nicht apologetische, sondern hyperkritische
— Scharfseherei leisten konnte, ist, dass man sogar hinter dem Ausdruck ὁ υἱὸς
τῆς Μαρίας Mc 6 ₃ einen göttlichen Vater verborgen wähnte — in möglichst wider-
sinniger Verkennung des Motivs, aus welchem hier, wo Jesu gemein-menschliche Abstammung den Stein des Anstosses für die Leute von Nazaret bildet,
diese seine Abkunfts- und Verwandtschaftsverhältnisse zur Sprache bringen.

[3] B. WEISS, LJ ³I, S. 57 f beschränkt, freilich unter Voraussetzung der
Richtigkeit seiner Quellentheorie (Mc und „apostolische Quelle"), dasjenige
Material, welches Mt nicht seinen Quellen, sondern mündlicher Ueberlieferung
verdankt, auf die Stücke 17 ₂₄—₂₇ 27 ₃—₈ ₆₂—₆₆ 28 ₁₁—₁₅ und einige Detailzüge, wie
21 ₄₃ 22 ₇ 27 ₂₄ ₂₅. „Die Ausscheidung dieser Stücke gelingt um so leichter," als
sich in ihnen der scharf ausgeprägte Sprachgebrauch des Evglsten zeigt." „Dazu
kommen einige Gleichnissdeutungen und eine Reihe pragmatisirender Reflexionen,
mit denen die Darstellung durchflochten ist und die uns vor Allem die Gesichtspunkte zeigen, aus welchen der Evglst selbst die von ihm erzählte Geschichte
betrachtet." Aber auch seine selbständigen Erzählungsstücke erweisen sich S. 62
als den Lehrzwecken des Evglsten dienstbar. Vgl. v. SODEN, Theol. Abhandlungen
S. 136: „Alle diese Zugaben lassen ohne Mühe erkennen, dass wir sie nicht dem
Interesse für die Ereignisse des Lebens Jesu, sondern ganz ausschliesslich Interessen des apostol. Zeitalters an Fragen, die dort lebendig waren, verdanken,
und bezeugen uns zunächst, dass zur Erbauung der Gemeindeglieder auch Epi-
soden aus dem Leben Jesu benützt wurden."

dass gerade solche Stellen durch die Dichtigkeit der darin zu Tage
tretenden matthäischen Sprachelemente sich als Eigenthum des Evglsten
erweisen[1].

Dahin gehören ausser kleineren Enclaven wie 3 14 15 16 17—19 besonders längere Stücke aus den Kapiteln 5 und 23, welche in überein-
stimmender Weise ebenso sehr die Einheit des Alttestamentlichen mit
dem Christlichen betonen, wie sie die alttest. Forderung über sich
selbst hinausführen, das Neue als Fortsetzung und Vollendung des
Alten erscheinen lassen. Vorschriften über das Verhalten der Jünger
in Bezug auf Tempel und Altar finden sich in den Evglien nur 5 23 24
und 23 16 21 (s. oben S. 148). Nirgends in der evangel. Literatur wird
die Gesetzesfrage so principiell aufgeworfen und so unmissverständlich im Sinne der Unverbrüchlichkeit des Gesetzes beantwortet, wie
5 17 18, nirgends wird so unmissverständlich wie 5 19 die Geltung des
Menschen im Himmelreich von dem Lehren und Thun des Gesetzes
abhängig gemacht. Mit dem letzterwähnten Zuge geht diese, für die
positive Stellung des matthäischen Christus zum Gesetz entscheidende
Stelle auch über ihre Lc 16 17 vorliegende Reproduction hinaus. Bringt
dann die Bergrede 5 21—48 eine, über den Buchstaben der gesetzlichen
Forderung übergreifende, Auslegung, so dient ja solche Heraus-
stellung seines idealen Gehaltes nur zur grösseren Ehre und höheren
Werthung des Gesetzes, welches darum nur um so gewisser als Heilsweg erscheint. Nur Jesus selbst steht nach zwei sich correspon-
direnden, dem Mt eigenen, Stellen über dem Gesetz, welchem er sich
jedoch für jetzt 3 15, um kein unnöthiges Aergerniss zu geben 17 27,
unterwirft. Seinen Jüngern aber gibt er 23 3 das in seiner absoluten
Ausdrucksform höchst auffällige Gebot bezüglich der Autorität der
Schriftgelehrten und Pharisäer, man solle zwar nicht ihrem Wandel,
aber ihren Worten folgen (πάντα οὖν ὅσα ἐὰν εἴπωσιν ὑμῖν ποιήσατε).
Der formale Widerspruch mit 15 3—14 16 12 wird nicht beseitigt durch
verallgemeinernde Reduction auf das Sprüchwort „Thut nach ihren
Worten, nicht nach ihren Werken"[2] oder durch die verengernde Beziehung auf dasjenige, was jene als Nachfolger des Moses und Ausleger seines Gesetzes, nicht als selbstthätige Producenten der lästigen
Tradition lehren[3], wie ja auch 23 23 selbst die pünktlichste und peinlichste Erfüllung der Zehntvorschrift nur dann getadelt werde, wenn
sie zur Beschönigung unpünktlicher und gewissenloser Behandlung der
schweren Gebote dient[4]. Letztere Stelle ist übrigens durch Lc 11 42

[1] Resch, JdTh 1877, S. 171f.
[2] Beyschlag I, S. 102f, LJ I, S. 354, II, S. 85.
[3] B. Weiss zu Mt, S. 484.   [4] B. Weiss S. 492.

als Eigenthum schon einer Quelle des Evglsten erwiesen, soll also nur beiläufig hier erwähnt sein. Wohl aber gehört wieder zum Sondereigenthum das Wort Mt 15 13, welches in solchem Zusammenhang zu besagen scheint, dass die pharisäischen Ueberlieferungen ausgerottet, das Gesetz selbst als göttliche Pflanzung erhalten werden solle (eine andere Möglichkeit der Deutung s. S. 215). Nicht minder dient eine ganze Reihe von anderweitigen Beobachtungen zur Vervollständigung des Eindruckes, als setze unser Evglm ein, aus der nationalen und religiösen Einheit mit dem Judenthum noch nicht definitiv herausgetretenes, ein noch innerhalb des Rahmens specifisch theokratischer Grundanschauungen sich bewegendes, Bewusstsein und zugleich Zustände der christl. Gemeinschaft voraus, die ein dem entsprechendes Gepräge tragen[1]. So wenn Jesus Mt 12 5—7 sogar seine Ueberlegenheit über das Gesetz aus dem Gesetz rechtfertigt (s. oben S. 142) oder wenn Mt 24 20 gegen Mc 13 18 die Flucht am Sabbath für bedenklich gilt (s. oben S. 153 f). Gleichwohl fällt der daraus gezogene Schluss, dass unser Werk geradezu für das palästinische Judenchristenthum bestimmt gewesen sei, schon mit dem Glauben an ein hebr. Original dahin und lässt sich auch aus anderen Gründen nicht mehr halten[2]. Wozu sollten denn sonst Dolmetschungen hebr. Namen 27 33 = Mc 15 22 und Sätze Mt 27 46 = Mc 15 34 beibehalten, ja selbständige Uebersetzungen hebr. Worte wie 1 23 unternommen sein? Einen Brauch, welchen die Einheimischen kennen mussten, reproducirt Mt 27 15 aus Mc 15 6, nicht aber Mt 15 2 aus Mc 7 3 4, was von den jüd. Reinigungsgebräuchen sämmtlichen, auch den Diaspora-Juden hinlänglich bekannt war; ebensowenig braucht er 26 17 aus Mc 14 12 zu wiederholen, dass man zu Beginn des Osterfestes das Passah zu schlachten pflegte, oder 27 57 nach Mc 15 42 die Bedeutung des Vorsabbaths zu erklären. Mit Ausnahme der Mc 12 18 entsprechenden, aber doch wieder eigenthümlich gewendeten, Stelle Mt 22 23[3] werden die Tendenzen der verschiedenen Secten nicht weiter beschrieben. Offenbar rechnet der Evglst auf Leser, welche mit diesen Dingen hinlänglich vertraut sind[4].

Durchweg wird, besonders in den Reden Jesu, Alles hervor-

---

[1] Eine eigenthümliche Verwerthung findet diese Thatsache bei KARL LECHLER, Die Confessionen in ihrem Verhältnisse zu Christus 1877, S. 48 f, 88 f. Geradezu judenchristl. Tendenzcharakter schreibt dem Mt noch zu RESCH, Das Formalprincip des Protestantismus 1876, S. 49 f; vgl. Ausserkanonische Paralleltexte 2, S. 26 f.

[2] B. WEISS zu Mt, S. 43 f, Leben Jesu I, S. 64 f, bei Meyer I 1, S. 17.

[3] Vgl. B. WEISS S. 43, 476.

[4] B. WEISS zu Mt, S. 63 f.

gehoben, was eine bestimmte Beziehung auf die Juden als Volk Gottes, auf ihr Verhältniss zum väterlichen Gesetz und zum messianischen Heil hat. Gott heisst 15 31 der „Gott Israel's", weil er durch seinen Messias dem auserwählten Volke Heilung der Krankheiten spenden lässt. Jerusalem ist seine Stadt 5 35, ja die hl. Stadt schlechthin 4 5 27 53. Der Messias selbst stammt 1 1—16 über David von Abraham ab und wird gefeiert als Davidssohn (s. oben S. 243), als König (s. S. 353), und Richter (s. oben S. 319 f.). Die grossen Gerichtsgemälde 13 36—43 49 50 25 31—46 ruhen auf der durchgängigen Voraussetzung, dass lediglich des Menschen Thun und Lassen es ist, was über sein Endschicksal entscheidet 7 19—23 12 36 37 19 17 21 34 41 22 11—13 (gut alttest. Norm, vgl. Jes 65 5 6 Jer 38 16 Thr 3 64 Ps 62 13 Prv 24 12). „Er wird geben einem Jeglichen nach seiner Handlungsweise" lautet 16 27 der matthäische Zusatz, „Was wird uns dafür?" 19 27 das matthäische Anliegen der Jünger. Alles ist auf das Verhältniss von Leistung und Lohn gestellt, und schliesslich finden die so eng an das Jüdische streifenden Gedankengänge ihren entsprechenden Zielpunkt in dem 16 28 kräftiger als Mc 9 1 = Lc 9 27 ausgemalten Bilde der Parusie, in der 24 3 29 deutlicher als Mc 13 4 24 gezeichneten Vorstellung, wornach die Katastrophe in Palästina die Einleitung zum letzten Ende des gegenwärtigen Zeitlaufs bilden wird[1], überhaupt in den, zumal 10 23 19 28 hervortretenden, Eigenthümlichkeiten der Eschatologie (s. oben S. 311). Schliesslich beweist selbst der Werth, welcher gelegentlich auf Zahlenverhältnisse und Zahlenspiele gelegt wird[2], für das positive Verhältniss unseres Werkes zu einem jüd. gearteten Gemeindebewusstsein.

Demnach ist es schon patristische Tradition gewesen, das 1. Evglm (wie es im Kanon voransteht, so wird auch die zeitliche Priorität als selbstverständlich behandelt) sei für die gläubig gewordenen Volksgenossen des ehemaligen Zöllners, späteren Apostels, bestimmt gewesen (Origenes bei Euseb, KG, VI 25 6 und dieser selbst III, 24 4, nach ihm auch Hieronymus, Catal. 3, Praefatio in Mt und Viele). Diese Ansicht von der Sache gründet sich zwar theilweise auf die durchaus unmögliche Annahme, unser Evglm sei eine Uebersetzung aus dem Hebräischen, wozu die dem Papias gewordene Kunde von einer, die Herrnsprüche (τὰ λόγια) betreffenden, hebr. Schriftstellerei des Apostels Mt Veranlassung gegeben hatte. Daneben sind es doch aber auch eigene Beobachtungen, welchen folgend Irenäus, Fragm. 29 den Zweck des Werkes dahin bestimmt hat, es solle darin geborenen

---

[1] B. Weiss zu Mt, S. 505, 514 f,
[2] B. Weiss zu Mt, S. 49, 60, 551.

Juden (darunter sind, wie unter den Hebräern der Parallelstelle III 1 1,
wohl Judenchristen verstanden) der Beweis geliefert werden, Jesus sei
wirklich der ihnen von den Propheten verheissene Messias aus dem
Stamme David's.

Fällt somit aber auch zunächst in die Augen, was in Mt an die
Vorstellungs- und Begriffswelt des Judenthums erinnert, so macht sich
daneben doch sofort auch ein kaum minder stark ausgesprochenes Interesse an Gemeinde- und Kirchenthum geltend, und zwar wie dem
Worte, so der Sache nach (s. oben S. 210f). Da das Reich Gottes
einmal, trotzdem, dass die eschatologische Fassung der synopt. Grundlage beibehalten ist, zugleich wie hier als Kirche (s. oben S. 213f),
als von Christus gegründete Institution gedacht ist, stellt sich sofort
auch die Frage nach Gesetz und Verfassung, nach Gemeindebrauch
und Cultus ein. Daran also hängt es, wenn, den letzterwähnten Punkt
anlangend, 28 19 die Stiftung der Taufe, und zwar bereits mit dem drei-
gliedrigen Bekenntniss, auf Jesus selbst zurückgeführt wird (s. oben
S. 379), wenn 26 26 27 (anders Mc 14 22—24) die Worte der Einsetzung
des Abendmahls bereits in der liturgisch festgewordenen Gestalt
auftreten (φάγετε ist Zusatz, πίετε ἐξ αὐτοῦ πάντες Umsetzung des
ἔπιον ἐξ αὐτοῦ πάντες), mit dem dogmatischen Zusatz „zur Vergebung der
Sünden" 26 28 versehen (s. oben S. 300). Die Anfänge des späteren
Kirchenrechts aber liegen nicht bloss speciell in den Anweisungen für
Missionare bezüglich des Gelderwerbs 10 8—10 und in der Gemeindeordnung 18 15—18 (s. oben S. 211f)[1], womit auch der im Gleichnisse
13 24—30 36—43 enthaltene Protest gegen eine Kirchenzucht von schäd-
licher Rigorosität zusammenhängt (s. oben S. 215), sondern mehr noch
in dem Auftreten des matthäischen Christus selbst Mt 5 20 22 28 32 34 39 44
als neuer Gesetzgeber, in der Conception der Bergpredigt unter dem
Gesichtspunkt einer Magna charta des Reiches Gottes[2], ja in der
ganzen Anlage des Werkes als Gesetzbuch (vgl. das Schlusswort 28 20
und dazu unten II, S. 389) für die Gemeinde[3].

---

[1] Vgl. v. SODEN S. 164f. HAUPT, Zum Verständniss des Apostolats 1896,
S. 19f möchte, falls hier von rechtlichen Formen des Ausschlusses aus der Gemeinde die Rede wäre, an der Authentie der Worte irre werden; sie sollen
daher nur besagen, „wie ich mich zu den Betreffenden zu stellen habe", wenn
die angegebenen Mittel erschöpft sind. Aber die Thatsache des Instanzenzugs
wird durch Erörterungen über den Gesichtspunkt, unter welchem er geordnet
erscheint, nicht beseitigt. Vgl. das Richtige bei v. SODEN S. 163: „Gesetz der
christl. Bruderschaft."
[2] B. WEISS, LJ I, S. 61, 494.
[3] Schon nach KÖSTLIN, Der Ursprung und die Composition der syn. Ev.
S. 28 sollte das erste Evangelium „ein die wichtigsten Seiten des Lebens und
Thuns vollständiger umfassender Codex der christlichen Gesetzgebung" sein, und

Von besonderem Interesse ist ferner die Stellung, welche unser Evglm zu den Aposteln Pt und Pls einnimmt. Schon dass es fast lauter selbständige Zusätze sind, die hier in Betracht kommen, ist bezeichnend. Bezüglich des Pls finden wir auffälliger Weise einen ebenso totalen Mangel an Berührung mit seiner Theologie (es sei denn da und dort einmal eine Antithese dazu), als umgekehrt durchgängige Spuren von Bekanntschaft mit seiner Terminologie[1]. In Betreff des Pt aber weist gleich der Umstand, dass er 10 2 ausdrücklich als „Erster“ bezeichnet ist, auf seine durchaus hervorragende Stellung im Apostelkreise hin[2] und entspricht zugleich der entgegengesetzten Würdigung des antinomistischen „Kleinsten im Himmelreiche“ 5 19. Die erste Einschaltung eines Pt-stückes begegnet 14 28—31, wo die durchgängige Analogie mit der Verleugnungsgeschichte, nach welcher jene Episode Schritt für Schritt gebildet ist, auf der Hand liegt[3]. Bald darauf ist es 15 15 wieder Pt, welcher als der von Jesus bestimmte Führer der Gemeinde die für die letztere so wichtige Bestimmung Jesu über die rechte Anwendung der alttest. Reinigkeitsgesetze veranlassen muss[4], ähnlich wie er später auch bezüglich der Stellung zur Tempelsteuer 17 24—27 und 18 21 bezüglich eines Stückes der Gemeindeordnung thut. Die berühmte Felsenrede 16 17 18[5] ist trotz aller alt- und neuprotest. Tendenzexegese auf die Person des Apostels zu beziehen, durch welche nach 7 24 25 menschlicherseits der Bestand der Ekklesia gesichert erscheint, wie denn auch demselben Pt 16 19 sofort die Vollmacht zu binden und zu lösen übertragen wird[6]. Was sonach „der

---

so sieht auch WEISS zu Mt, S. 36 in der matthäischen Bergrede eine „umfassende Gesetzgebung für das von dem Messias zu gründende Reich“, auf welche selbst 28 16 19 noch einmal zurückverwiesen wird, S. 583. Auch nach v. SODEN S. 161 beabsichtigt Mt „eine möglichst umfassende Gesetzgebung für die Christenheit“. Hat doch REDSLOB, Die kanonischen Evglien als geheime Gesetzgebung, in Form von Denkwürdigkeiten aus dem Leben Jesu dargestellt 1869 diesen Gesichtspunkt auf alle Evglien anwenden zu sollen geglaubt.

[1] Vollständiger Nachweis dafür bei v. SODEN Theolog. Abhandlungen, C. v. WEIZSÄCKER gewidmet, S. 156 f.

[2] B. WEISS zu Mt, S. 260.

[3] B. WEISS S. 37, 42, 373. Dass dieses Stück bei Mc fehlt, soll nach HILGENFELD, Evglien S. 136, Einleitung S. 516 ein Symptom seines Petrinismus sein (s. oben S. 422), während HASERT, Die Evglien, ihre Verfasser und ihr Verhältniss zu einander 1845, S. 8 f, 11 umgekehrt wegen des Vorhandenseins jener Perikope das eigentliche Pt-Evglm vielmehr in Mt finden wollte.

[4] B. WEISS S. 379.

[5] Darin will WEISS zu Mt, S. 395 ein Stück der apostol. Quelle entdecken, welches zwischen Lc 12 48 und 49 ausgefallen sei. Dagegen genügt das oben S. 212 Bemerkte.

[6] Das Richtige bei B. WEISS S. 37, 393 f. Uebrigens hat, wer in Mc das Pt-Evglm sieht und zugleich die Priorität des Mt verficht, hier zu erklären, warum der Pt-Evglst gerade an diesem, seinen Patron über Alles ehrenden, Stück vorbei

Kleinste im Himmelreich" 5 19 (s. oben S. 154) für sich geltend machen will, findet in vollem Maasse vielmehr bei dem Oberapostel Pt statt, welcher sein Bekenntniss zur messianischen Herrlichkeit Jesu in der That nicht einer Zuratheziehung von Fleisch und Blut, sondern einer unmittelbaren Offenbarung vom Himmel verdankt, vgl. Gal 1 16 I Kor 12 3 [1]. Immerhin taucht der matthäische Gegensatz zu der Person des Heidenapostels nur gelegentlich auf und ist so gehalten, dass ihn findet, wer da kann, während der Gegensatz zur Sache, nämlich zu dem ultrapaulin. Antinomismus, der „Gesetzlosigkeit" 7 23, ganz direct ausgesprochen wird [2]. Weil dieselbe Gesetzlosigkeit überhand nimmt, wird nach dem gleichfalls specifisch matthäischen Wort 24 12 die Liebe der Mehrzahl erkalten [3]. Von hier aus fällt auch noch einmal ein

---

geht. HILGENFELD, Evglien S. 139 tröstet sich mit dem schwachen Ersatz Mc 3 16. Die traditionelle kathol. Auslegung erinnert sich der Bescheidenheit und Demuth des Apostelfürsten, welcher über seine Auszeichnung geschwiegen hat, so dass auch sein Dolmetscher Mc nichts darüber berichten konnte. Vgl. SCHANZ zu Mc, 18f.

[1] Die letzterwähnten Beziehungen entdeckte A. BLOM, ThT 1875, S. 17. Die schon von K. R. KÖSTLIN, Synopt. Evglien S. 55 eingeführte Deutung des ἐλάχιστος nach Anleitung von I Kor 15 9 gewinnt erst in solchem Gegensatze zu Pt volle Consistenz, und die von KEIM II, S. 264 und B. WEISS zu Mt, S. 151 und bei MEYER S. 106 erhobene Einsprache, Pls habe nie um Stücke des Gesetzes gemarktet, noch sich um Auflösung einzelner und kleinster Gebote bemüht, erledigt sich durch die Beobachtung, dass der 1. Evglst die Stellung des Pls eben darum nicht so radical auffasste, weil er die Opposition desselben nur auf die Aussenseite des Gesetzes bezog, den inneren Gehalt des letzteren dagegen in den zahlreichen paränetischen Stellen und Abschnitten der Gal- und Kor-Briefe, die er gelesen hat, festgehalten und bestätigt fand (s. oben S. 154). Auch B. WEISS zu Mt, S. 40 lässt ja den Evglsten darauf reflectiren, dass Pls ebenso, wie 22 35—40 geschieht, die Liebe für die Summe des Gesetzes erklärt habe.

[2] HILGENFELD, Einleitung S. 470, 489 bezieht hierauf die ganze Stelle 7 15—23 vom „Herr, Herr"-Sagen (vgl. I Kor 12 3) derjenigen, die sich am Gerichtstage vergeblich auf ihre grossartigen Erfolge berufen werden, und auch B. WEISS zu Mt, S. 214 findet wenigstens in 7 23 οἱ ἐργαζόμενοι τὴν ἀνομίαν den „technischen Ausdruck für die principielle Lossagung von dem göttlichen Gesetz, wie sie der antinomistische Libertinismus im groben Missverständnisse der paulin. Lehre von der Christenfreiheit predigte". Dagegen erscheint dasselbe Wort in der Parallele Lc 13 27 an galiläische Landsleute gerichtet, welche sich darauf berufen, dass Jesus, der sie jetzt nicht mehr kennen will, doch einst vor ihnen gegessen und getrunken und in ihren Strassen gelehrt habe. Abermals findet B. WEISS S. 220 den Stempel der Ursprünglichkeit richtig in der lucanischen Fassung (ἐργάται ἀδικίας) bewahrt, so dass man also am Verhältnisse von Mt 7 21—23 zu Lc 13 26 27 einen sprechenden Beleg für die eigenthümliche Färbung und Erweiterung besitzt, in welcher der Stoff der Spruchsammlung bei Mt erscheint.

[3] Auch dieses Wort bezieht B. WEISS S. 44, 354, 507 richtig auf den, 13 41 überdies mit dem Gericht bedrohten, Antinomismus, so dass also klar ist, wie für den Evglsten die Gesetzesfrage eine Spaltung in die christl. Gemeinde gebracht hat. Wenn das WEISS S. 40 nicht zugeben will, sofern ja auf der einen Seite auch Pls das Hauptgebot der Liebe vertrete, auf der anderen unser Evglst 7 21 der ἀνομία nicht die Befolgung des Gesetzes, sondern die Erfüllung des gött-

Licht auf die beiden, dem Mt eigenen Gleichnisse vom Acker mit dem
Unkraut 13 24—30 und vom Fischnetz 13 47—50. Wenn das sachlich
nicht verschiedene Parallelbilder sein sollen, so muss der Feind 13 25
28 39 Zuthat des Evglsten sein (s. oben S. 215), da ja die Mischung von
guten und schlechten Fischen in einem Netze ebenso naturgemäss und
unvermeidlich ist, wie das Vorkommen von Afterweizen im Getreidefeld, eben darum aber auch nicht auf ein Thun des Teufels zurückgeführt werden kann. Ganz unzweifelhaft gehört jedenfalls die Deutung 13 37—43 dem Evglsten an, und sind demgemäss diejenigen,
welche die Gesetzlosigkeit verüben (ποιοῦντες τὴν ἀνομίαν) und mit welchen 41 aufgeräumt wird, wiederum die Vertreter desselben Antinomismus [1]. Dann liegt es aber auch nahe, in dem Feind, welcher in die
gute Saat den bösen Samen säete, der ursprünglich vom Weizen gar
nicht zu unterscheiden war und erst allmählich seine betäubende Frucht
zur Reife brachte, zwar keineswegs nach Anleitung der clementinischen
Epistola Petri ad Jacobum 2 (ὁ ἄνθρωπος ἐχθρός mit der ἄνομος καὶ
φλυαρώδης διδασκαλία) etwa den Apostel Pls zu finden (denn ὁ ἐχθρός
ἐστιν ὁ διάβολος 13 39), wohl aber die ursprünglichsten Motive eines
solchen fremden Zuges in antipaulin. Tendenzen zu suchen [2]. Allem
Gefundenen entspricht endlich auch die Stellung, welche der Evglst zu
dem Lebenswerke des Pls einnimmt, indem er zwar 24 14 die Heidenmission als ein dem „Ende" vorangehendes Ereigniss in sein eschato-
logisches Programm aufnimmt, damit aber doch 28 19 keineswegs den
Pls, sondern die Zwölfe beauftragt werden lässt [3], wie er auch nicht

lichen Willens entgegenstelle, so fällt theils dieses Beides eben völlig zusammen
für denjenigen, welcher dem θέλημα τοῦ θεοῦ den „technischen Ausdruck" der
ἀνομία entgegensetzt, theils aber bestätigt jene Instanz unsere obige Bemerkung,
dass Pls dem Evglsten keineswegs in dem gehässigen Lichte des principiellen
Antinomisten erscheint, wohl aber galt er ihm, wie allen Gesetzesfreunden, wenigstens als der bis zu einem gewissen Grade verantwortliche Urheber aller der
Missstände, welche in Folge der durch ihn brennend gewordenen Gesetzesfrage,
und ohne Zweifel auch solcher, welche ganz ohne diese in Folge der Schwachheit der menschlichen Natur überhaupt allmählich in der Christenheit fühlbar
wurden. Die Entdeckung von Gfrörer, Köstlin u. A. ist also doch nicht so
gegenstandslos. Auch Hausrath, Neutest. Zeitgeschichte IV, S. 129 hält die Beziehung auf Pls, Hilgenfeld S. 469, 496, Scholten, Bijdragen S. 75f und Pfleiderer, Urchristenthum S. 499, 539 wenigstens eine solche auf paulin. Christen fort-
geschrittener Art, gnostisirende Antinomisten u. dgl. fest. Jülicher S. 193 wendet
ein: „Hat nicht Pls selber II Th 2 8 die Offenbarung des Gesetzlosen mit Grauen
angekündigt?" Nach II, S. 190f keineswegs. Und wenn er es gethan hätte, könnte
sein schwankender Sprachgebrauch (ἄνομοι heissen I Kor 9 21 auch einfach
Heiden im Gegensatz zu Juden) keinen Auslegungskanon für den einheitlichen,
gewissermaassen technischen Sinn bilden, in welchem Mt 7 23 13 41 23 28 24 12
ἀνομία steht.

[1] B. Weiss zu Mt, S. 354.   [2] Scholten, Bijdragen S. 73f.
[3] Unhistorisch auch nach B. Weiss S. 41, 274.

müde wird, die ursprüngliche Beziehung des messianischen Auftretens
auf das jüd. Volk zu betonen, und in Festhaltung der nationalen Prärogative Israel's 10 23 sogar die Parusie auf einen Moment ansetzt,
noch bevor die Mission der Jünger nur innerhalb Palästinas ganz zu
Ende geführt sein wird [1]. So Vieles daher auch für die Geschichtlichkeit der Worte von „Hunden" 7 6 und „Hündlein" 15 26 einerseits, von
Schafen 10 6 15 24 andererseits [2] sprechen mag (s. oben S. 233), so
besteht doch immer noch ein gewisser Verdacht angesichts der Ge-
flissentlichkeit, womit der längere Aufenthalt Jesu auf heidnischem Gebiete, wie er Mc 7 24 31 bezeugt ist, Mt 15 22 verleugnet wird [3].

Das Alles steht aber doch nur auf der einen Blattseite. Unser
Werk ist die auswendig und inwendig beschriebene Rolle Ez 2 9 10,
nur dass Frohbotschaft und Heilspredigt darin die Kehrseite zum
Ach und Wehe bilden [4]. Letzteres aber gilt gerade dem Volke, dessen

---

[1] SCHOLTEN S. 77.

[2] Unhistorisch nach RESCH, Formalprincip des Protestantismus S. 52 f.

[3] B. WEISS S. 382, 384.

[4] Die Zeiten, da man ein einheitlich durchgeführtes Parteiprogramm in
unserem Mt fand, sind vorüber, seitdem es überhaupt eine Evglien-Kritik gibt.
Sprach doch schon SCHWEGLER, Nachapostolisches Zeitalter I, 1846, S. 248 von
einer ungleichartigen Composition desselben: es enthalte verschiedenartige
Schichten und sei ein zufälliges Aggregat successiver Entwicklungsformationen
der evangel. Geschichte auf Grundlage des Hbr-Evglms. Wesentlich ebenso dachte
BAUR, Evglien 1847, S. 578 f, 612 f, nur dass er die Unbefangenheit der matthäischen Darstellung im Grossen und Ganzen noch bestimmter anerkannte und dem
judaistischen Kern als Ausgleichung eine Ueberarbeitung entgegenstellte. Aehnlich beurtheilte auch K. R. KÖSTLIN, Syn. Evglien 1853, S. 44 f das Verhältniss
des kathol. Redactors zum judenchristl. Urheber der Grundschrift. HILGENFELD,
welcher schon früher ein strengeres und ein milderes Judenchristenthum im Mt
unterschieden hatte, schritt später zu der, auch in der „Einleitung" 1875, S. 460 f,
493 f vertretenen Annahme von drei Begriffswelten fort, welche darin durch-
einanderfluthen, von drei Schichten, welche sich übereinander lagern sollen: ein
aramäisches Hbr-Evglm mit particularistischer Tendenz, dann eine griech., der
Zerstörung Jerusalems schon vorhergehende Bearbeitung desselben, endlich eine
letzte Redaction, noch besorgt von einem Judenchristen, aber von einem solchen,
welcher bereits einer universalistischen Richtung zugethan war. Umgekehrt fand
VOLKMAR, Evglien S. 653 bei Mt Verarbeitung paulin. Grundlagen in universalistisch
judenchristl. Sinne und führte WITTICHEN, Leben Jesu in urkundlicher Darstellung
1876, S. 44 f, 48 die jetzige Redaction auf ausgesprochen judenchristl. Tendenzen
zurück. HAUSRATH IV, S. 119, 130 findet in Mt einen judaistischen Grundstock, in
welchen paulin. Zuthaten eingesprengt worden sind. Von einem „häuslichen
Streit" innerhalb des Evglms weiss selbst KEIM I, S. 55 zu berichten, und HOL-
STEN, Drei ungeschriebene Evglien 1883, S. 58 f, 65 f, Die synopt. Evglien 1885,
S. 175 f spricht geradezu von zwei Seelen, die in der Brust dieses Evglsten leben,
sofern die Unterlage antipaulin. Judaismus, die Redaction aber antijudaistischen
Petrinismus erkennen lasse. Daher auch hier S. 176 der kanonische Mt, nicht
aber Mc, als dasjenige Werk erscheint, welches von Haus aus als Pt-Evglm ge-
dacht sei (s. oben S. 430). Sonach sieht sich die literarische Kritik nur noch

bevorzugte Eigenart den Charakterzug des ganzen Werkes bestimmt. Alles, was in der Mitte particularistisch lautet, wird übertönt von dem Schlussruf „Gehet hin in alle Welt und machet alle Völker zu (meinen) Jüngern" 28 19. So contrastirte auch schon in jener Geschichte von der Kananäerin mit dem härteren Worte 15 26 (vgl. mit Mc 7 27) die um so grössere Anerkennung 15 28 (vgl. mit Mc 7 29). Bei Heiden findet Jesus hier und 8 10 (= Lc 7 9) einen Glauben, wie er ihn in Israel vergeblich gesucht hat. Von Juden wird 28 15 schon einfach wie von Nicht-Christen gesprochen[1]. Von 8 11 12 und andern Stellen, die Mt mit Mc oder Lc theilt[2], abgesehen, sei noch erinnert an den ausdrücklichen Hinweis auf das Strafgericht über Jerusalem 22 7 und an das heidenfreundliche Citat 12 21. Ja in letzterer Richtung enthalten gerade die späteren Theile des Mt eine Reihe von Andeutungen des Uebergangs des Evglms zu den Heiden; er allein berichtet von dem Fluch, den das Volk über sich herabgerufen 27 24 25; er allein theilt in einem, dem ursprünglichen Sinne des Gleichnisses zu nahe tretenden[3], Zusatze die Drohung Jesu an die Juden mit, dass das Reich Gottes von ihnen genommen und den Heiden übergeben werden solle 21 43; was hierüber schon der Täufer 3 9 angedeutet hatte, wird in den Parabeln 20 1—16 21 28—32 22 1—10 (mit schärferen Pointen gegen das Judenthum als die Parallele Lc 14 16—24) wiederholt und ausführlich dargelegt[4]. Dazu kommt, dass noch deutlicher, als selbst bei Lc, der Werth des Gesetzes in das religiöse und moralische Element gesetzt wird an Stellen, wie 7 12 (vgl. Lc 6 31) 22 40 (vgl. Lc 10 26) 23 23 (vgl. Lc 11 42). Auch Heiden, die das Gebot der Liebe erfüllt haben, heissen 25 37 46 „Gerechte" und werden 25 34 das Reich ererben, vgl. 11 22 12 41 42. Ja selbst in der Vorgeschichte sind es nicht (wie Lc 2 11) Juden, sondern Heiden, die zuerst in Jesus den Christus anerkennen 2 11 12 und dadurch die Aussicht auf eine gläubige Heidenwelt eröffnen[5].

Stellt somit unser Werk als Ganzes allerdings eine Sammelschrift dar, welche aus den zu Gebote stehenden Quellen das Material der Geschichte fleissig zusammenliest[6], so macht sich doch gerade

---

vor die Frage gestellt, ob und inwieweit die heterogenen Elemente des 1. Evglms etwa auf eine successive Entstehung hinweisen.

[1] HILGENFELD, Einleitung S. 463, 496.
[2] HILGENFELD S. 462 f, 471, 473.
[3] Vgl. WEISS zu Mt, S. 465, LJ I, S. 62.
[4] v. SODEN S. 160 f.
[5] HILGENFELD S. 465.
[6] So REUSS, Geschichte der hl. Schriften NT[6], S. 193, HAUSRATH IV, S. 119, RENAN, Les évangiles 1877, S. 175, 178: „Il veut avant tout être complet."

auch in der anscheinenden Zwiespältigkeit des zusammengetragenen
Materials eine Anschauungsweise des Verf. geltend, welche einigermaassen an das friedliche Nebeneinander und Ineinander von Gesetzes-
äusserlichkeit (s. S. 153 f) und Gesetzesinnerlichkeit (s. S. 159 f)[1], von
nationalen und menschheitlichen Elementen erinnert, das wir früher
(s. oben S. 157 f, 223 f, 339) im Bewusstsein Jesu selbst wahrgenommen
haben[2]. Neben den Eigenthümlichkeiten in 5 17—19 24 20 steht das gemeinsame synopt. Gut 9 16 17 12 8, neben dem Sondereigenthum 5 23 24
das Sondereigenthum in 9 13 12 7. Mehr noch, denn als Nachwirkung
des christl. Urdatums selbst, will dieses logisch widerspruchsvolle,
thatsächlich aber ganz harmonisch empfundene Zusammenleben verschiedener Geister als eine Vorauswirkung der im Entstehen begriffenen
Kircheneinheit verstanden sein. Es ist der kathol. Zielpunkt, welcher
hier vom judenchristl. Ausgangspunkte aus angestrebt und im Wesentlichen auch erreicht wird. Katholisch: das ist der Schlussstempel,
den unser Werk immer wieder deutlichst hervorkehrt, mögen wir es
nun auf seine Lehre von der Kirche (s. oben S. 429)[3] oder auf seine
petrin. Primatsidee (s. S. 212, 430)[4], auf seine, bereits die spätere Richtung der Dogmatik anbahnende, Christologie (s. S. 239, 244, 257) und
göttliche Dreieinigkeit (s. S. 379, 418 f) oder endlich auf seine Ethik ansehen, welche 19 17—21 in der tendenziösen Umformung des Dialogs Mc
10 18—21 = Lc 18 19—22 (Unterscheidung der durch Halten der allgemein
verbindlichen Gebote bedingten Seligkeit von einer besonderen, durch
Leistung vollkommener Armuth zu erlangenden τελειότης) direct zu
den überverdienstlichen Werken des Hermas überleitet und die con-
silia evangelica der kathol. Kirche vorbereitet. Wie sich an letzterer
Stelle der jüd. Gesichtspunkt mit dem kirchlichen berührt, so kann

---

[1] JÜLICHER S. 194: „Mt hat, seinen Quellen folgend, stark conservativ
klingende Sätze aufgenommen, ohne Bedenken, weil ihm selbstverständlich war,
dass, richtig ausgelegt, jedes dieser Worte mit seinem Christenthum auf's Beste
übereinstimme." Auch KEIM I, S. 55 führt aus, wie die Geschichtserzählung des Mt
„einen erhabenen und doch menschlichen, einen gesetzlichen und übergesetzlichen,
einen jüd. und überjüd. Christus zeigt".

[2] HAUSRATH IV, S. 130: „Im Wesentlichen also haben wir hier die Heils-
botschaft nach den Auffassungen, die innerhalb des Judenchristenthums her-
kömmlich waren. Freilich schlägt überall wieder der grossartige Geist Jesu
selbst durch die engen Einschränkungen hindurch, da es unmöglich war, die
Reden Jesu zu reproduciren, ohne damit auch die Weltbestimmung des Christenthums anzuerkennen."

[3] JÜLICHER S. 194: „Nicht den Standpunkt des Pls, nicht den des Pt, nicht
den des Apollos oder der Christiner von Korinth vertritt er, sondern den der
Kirche, deren Bau bloss er in 16 18 triumphirend ankündigt" — aber zugleich
mit einer Hervorhebung des Hauptapostels, die mit diesem Accent einzig dasteht.

[4] L. PAUL S. 94 bezeichnet Mt 16 17 als die „praktisch wichtigste Stelle im
ganzen NT, auf der das Papstthum sich erbaut hat."

auch manches Andere, was zunächst den Eindruck der alttest. und
jüd. Bedingtheit des Denkens macht, ebenso gut aus den Bedürfnissen
der Kirche erklärt werden, welche von Anfang an gewöhnt war, ihre
Vorgeschichte im AT zu suchen, und ihr vornehmstes Lebensinteresse
in die Erfolge eines Weissagungsbeweises verlegte, kraft dessen das
AT einfach für das Christenthum annectirt werden sollte [1]. In dieser
Beziehung steht das scheinbar judaistische 1. Evglm kaum anders als
das universalistische 4. (s. II, S. 354 f). Es führt recht eigentlich Buch
über die alttest. Besitzthümer der neuen Religion. Was im AT vom
Messias unter Soll steht, das muss in der evangel. Geschichte unter
Haben aufzufinden sein, und für Alles, was von Thaten und Geschicken
des Messias im Gemeindeglauben feststand, müssen alttest. Belege beigebracht werden. Ueberall geht Mt solchem Zusammenhang zwischen
Altem und Neuem nach [2]. Nicht bloss die 21 Citate des Mc kehren
wieder; es wird überhaupt häufiger und ausführlicher citirt, als in
irgend einem anderen Evglm. Am bezeichnendsten sind die 13 dem
Mt eigenen und mit einer stehenden Formel (sie fehlt nur 27 43) angeführten „Reflexions- oder Beweiscitate“, überhaupt das, die ganze
Geschichtserzählung beherrschende, Interesse an dem Vorhandensein
der messianischen Merkmale in der Erscheinung Jesu. Dieses erste
und am meisten hervortretende aller Symptome tendenzmässiger Bearbeitung eines vorliegenden Stoffes ist heute allgemein anerkannt und
z. Th. sogar zu dem Zweck verwerthet, die gesammte Erzählung unseres
Evglms als eine Parallele zur alttest. Geschichte erscheinen zu lassen [3].
In der That erscheint nicht bloss das ganze Leben Jesu als durch
die Weissagungen des AT normirt, wie das mehr oder weniger überhaupt der Fall ist in der synopt. Darstellung, sondern die gemeinsamen
Stoffe haben auch mannigfaltige Erweiterung nach Maassgabe der
alttest. Geschichtsbücher, sie haben geradezu Alterationen zu dem
Behufe erfahren, alttest. Reminiscenzen in grösserer Menge zu er-

---

[1] HARNACK I, S. 85: „In der Ueberzeugung, das wahre Israel zu sein, nahm
sie die ganze geschichtliche Entwicklung, von welcher das AT erzählte, für sich
in Anspruch, überzeugt, dass alle Gotteswirkungen daselbst auf sie abzielten.“

[2] KEIM I, S. 51 spricht von einer „literarischen Leidenschaft“, allerdings
der einzigen, welche die ruhige Darstellung des Mt verräth.

[3] So F. DELITZSCH, Neue Untersuchungen über Entstehung und Anlage der
kanonischen Evglien 1853, S. 59 f, IBBEKEN, Das Leben Jesu nach der Darstellung des Mt 1867, Die Bergpredigt Jesu 1888, ²1890, S. 8, wornach „Mt die
Lebensgeschichte Jesu als das Spiegelbild der Geschichte des israelitischen
Volkes auffasste“. daher S. 182, 201 namentlich die Bergpredigt als Gegenbild
zur mosaischen Gesetzgebung erscheint. Auf diesem Punkte hören dann aber
auch bei DELITZSCH, wie bei IBBEKEN alle wissenschaftlich discutirbaren Parallelen schon auf.

wecken, Erfüllung alttest. Typen noch über das gemeinsame Maass
hinaus, d. h. auch jenseits der Leidensgeschichte (s. oben S. 371) nachzuweisen [1].

Ganz ebenso gut katholisch ist nun aber auch auf der Kehrseite
die Thatsache, dass gerade in Mt auch Jesu Gegensatz zur pharisäischen
Schriftauslegung und Gesetzesüberlieferung hervorgehoben wird, dagegen die Hüter des Gesetzes als seine geschworenen Feinde erscheinen [2].
Denn eben dieses gehörte jetzt zur Vollständigkeit des Nachweises seiner
Messianität, dass gezeigt wurde, wie es nicht an ihm, sondern lediglich am
Unglauben des Volkes und seiner Oberen gelegen war, wenn das Heil
von denjenigen, welchen es zunächst bestimmt und zuerst auch allein angeboten war, auf die Heiden überging, und so der göttliche Rathschluss der Welterlösung auf eine überraschende Weise zur Verwirklichung gelangte [3]. Wie unser Evglst dem Paulinismus gegenüber noch
die nationalen Prärogativen Israel's in Erinnerung bringt und das Gesetzesprincip betont, so dem Judenthum und Judaismus gegenüber die
Verinnerlichung des Gesetzes und den historischen Uebergang des Heils
von den Juden zu den Heiden. Jedenfalls hat er die früheren Formen
des Judenchristenthums, zumal die pharisäische [4], längst hinter sich.
Es kommt ihm nicht in den Sinn, etwa noch die Forderung der Beschneidung neben der so energisch geltend gemachten Taufe zu vertreten. Vielmehr will er die fortgeschrittene und universalistische
Gestalt des Judenchristenthums vertreten, schützen, im Bewusstsein
ihres Rechtes stärken, das Judenthum selbst aber angreifen, und so

---

[1] Vgl. den detaillirten Beleg dazu im Lehrbuch der hist.-krit. Einleitung
S. 379 f.

[2] VOLKMAR S. 653 lässt unser Werk gegen antimessianisches Rabbinenthum
und ebjonitische Einseitigkeit gerichtet sein; ähnlich auch GRAU, KEIL und
namentlich H. LUTTEROTH, Essai d'interprétation de quelques parties de l'évangile selon Saint Matthieu 1860—76, wornach in Mt aus der Geschichte Jesu
nur solche Stücke behandelt würden, die sich zur Widerlegung der rabbinischen
Messias- und Reichshoffnungen gebrauchen liessen.

[3] Schon innerhalb der Tübinger Schule erfuhr die Tendenzkritik des Irenäus
die richtige Modification: das 1. Evglm liefere den Nachweis, „dass Jesus wirk-
lich der dem jüd. Volk verheissene und zur Erlösung des jüd. Volkes gekom-
mene Messias sei, obwohl das Judenthum ihn nicht als solchen anerkennen will"
(KÖSTLIN S. 8). Daran schliessen sich auf Seiten der traditionellen Theologie
TH. ZAHN, Zeitschrift für kirchl. Wissenschaft und kirchl. Leben 1888, S. 589 und
P. EWALD, Das Hauptproblem der Evglienfrage 1890, S. 247, indem sie das
Thema des Mt auf die Formel bringen: Jesus ist dennoch der Messias. Vgl.
A. RÉVILLE, Études critiques sur l'évangile de Saint Matthieu 1862, S. 15: „Son
apologétique est à la fois judéo-chrétienne et antijudaïque". GUSTAV MEYER, La
question synoptique 1878, S. 15 f: „Le but qu'il poursuit est tout ensemble apolo-
gétique et polémique." MEYER-WEISS S. 15.

[4] Ueber etwaige Berührungen mit dem Essäismus s. oben S. 398.

betrachtet wahrt sein Werk allerdings schliesslich einen über den
extremen Parteien stehenden Charakter. Darum wurde es das Lieb-
lingsbuch der im Anzuge begriffenen Katholicität. Und nur um so
lieber und rascher sammelten sich in der werdenden Kirche die Ge-
müther um dieses Geschichtsbild, als dem gediegenen, durch sich selbst
redenden, Inhalte eine meisterhaft gewählte, ächt künstlerisch durchgeführte, durch Symmetrie im Grossen und im Kleinen wirkende Form
entspricht.

9. Lucas.

1. Das dritte Evangelium.

Auch das 3. Evglm bleibt immer in erster Linie ein Sammelwerk,
und die auf Abfassung eines solchen gehende Tendenz wird daher auch
1 3 (κἀμοὶ παρηκολουθηκότι ἄνωθεν πᾶσιν ἀκριβῶς καθεξῆς σοι γράψαι)
dem 1 4 erfolgenden Bekenntnisse einer lehrhaften Abzweckung (ἵνα
ἐπιγνῷς περὶ ὧν κατηχήθης λόγων τὴν ἀσφάλειαν) vorangestellt. Denn nicht
sowohl von der Sicherheit der evangel. Geschichtsdarstellung, welche
durch die Abweichungen der Vorgänger des Mc von der richtigen
Reihenfolge der Erzählungsstücke gefährdet erschien[1], oder von
der Sicherstellung zweifelhafter Thatsachen[2] ist hier die Rede, sondern den christl. Lehrstücken, in welchen Theophilus unterwiesen
war[3], soll durch eine Darstellung dessen, was Jesus gethan und gesprochen hat, ein solider geschichtlicher Unterbau geschaffen werden[4].
Wie mehr oder weniger jedes Geschichtswerk des Alterthums, so tritt
auch dieses Evglm in den Dienst einer bestimmten, es beherrschenden Anschauung. Wollte es nichts lehren, so wäre es ungeschrieben
geblieben.

Für eine solchergestalt bestimmter ausgeprägte Gesinnung,
womit demnach der Autor ad Theophilum an seine Arbeit ging, hat
es seit den ältesten Zeiten nie an Verständniss gefehlt. Zumal seit
dem Muratorischen Fragmentisten lässt die kirchl. Ueberlieferung das
3. Evglm in ganz ähnlicher Weise unter dem bestimmenden Einflusse
des Pls geschrieben sein, wie Mc den Inhalt seiner Schrift aus der
Verkündigung des Pt geschöpft haben sollte[5]. Auch die neuere

---

[1] So HOLSTEN, Drei ungeschriebene Evglien S. 74, Die synopt. Evglien
S. 207. Vgl. HILGENFELD, ZwTh 1883, S. 377.

[2] W. GRIMM, JdTh 1871, S. 52 f.

[3] Die λόγοι sind nicht hebraistisch = πράγματα, sondern mit EUTHYMIUS als
λόγοι τῆς πίστεως zu fassen.

[4] So HILGENFELD, Einleitung S. 555, SCHOLTEN, Das paulin. Evglm S. 248,
Bijdragen 1862, S. 63. Aber auch GODET, Commentaire sur l'évangile de St. Lc
I³, 1808, S. 72, 91 f, MEYER-J. WEISS zu Mc und Lc⁸, S. 283, 291.

[5] Vorher schon wird Marcion derselben Ansicht gewesen sein. Jedenfalls
haben spätere Marcioniten ihr Evglm von Christus abgeleitet und von Pls redi-

Theologie hat mindestens ein halbes Jahrhundert lang den dogmatischen Charakter des 3. Evglms in der gleichen Richtung beurtheilt[1]. Doch konnte man dabei nicht übersehen, dass der Evglst
girt sein lassen (Pseudo-Origenes, Dial. c. Marcionit. Opera, ed. DELARUE I, S. 808).
Nach Irenäus (III, 1 ɪ 14 ɪ und bei Euseb. KG V, 8 ₃ καὶ Λουκᾶς δέ, ὁ ἀκόλουθος
Παύλου, τὸ ὑπ᾽ ἐκείνου κηρυσσόμενον εὐαγγέλιον ἐν βίβλῳ κατέθετο) hat Lc unter
der Autorität, nach Origenes unter der Approbation des Pls geschrieben, und
zwar für gläubige Heiden als 3. Evglst (bei Euseb. KG VI, 25 ₆ τὸ τρίτον τὸ
κατὰ Λουκᾶν τὸ ὑπὸ Παύλου ἐπαινούμενον εὐαγγέλιον τοῖς ἀπὸ τῶν ἐθνῶν πεποιηκότα)
und Eusebius, KG III, 4 ₇ meint geradezu, die paulin. Redensart τὸ εὐαγγέλιόν
μου Rm 2 ₁₆ 16 ₂₅ II Tim 2 ₈ beziehe sich auf unser Werk. Wenigstens als Vermuthung Einiger berichtet das auch Hieronymus, Catal. 7. Dass man den
3. und den 2. Evglsten in dieser Beziehung so gleichstellte, erweckt freilich
gerechte Bedenken, ob man sich selbst bei einer so constanten Ueberlieferung noch
auf historischem Boden befinde, oder ob dieselbe nicht vielmehr auf das Interesse zurückzuführen sei, den, den beiden Apostelschülern zugeschriebenen, Evglien
eine höhere Autorität zu vindiciren. Jedenfalls gibt Tertullian den leitenden Gedanken der Tradition an, Adv. Marc. 4 ₅: Lucae digestum Paulo adscribere solent.
Chrysostomus, Hom. in Act 1 ɪ meint einfach, dass man das Werk des Lc dem
Pls zuschreiben könne, und die Synopsis scripturae sacrae des Pseudo-Athanasius
lässt es geradezu von Pls dictirt sein (ὑπηγορεύθη μὲν ὑπὸ Παύλου τοῦ ἀπο-
στόλου, συνεγράφη δὲ καὶ ἐξεδόθη ὑπὸ Λουκᾶ). Immerhin verhält es sich hier-
bei mit dem 3. Evglsten theils günstiger, theils ungünstiger als hinsichtlich des 2.
Das Letztere insofern, als 1. jene patristische Deutung des Terminus τὸ εὐαγγέλιόν μου anerkanntermaassen haltlos ist; 2. aus Lc 1 ₁₋₄, wie schon Hieronymus
Catal. 7 bemerkte, erhellt, Lucam non solo ab apostolo Paulo didicisse evangelium qui cum domino in carne non fuerit, sed et a ceteris apostolis (so ist wohl
auch der seltsame Ausdruck im alten Prolog der Vulgata zu verstehen: disci-
pulus apostolorum, postea Paulum secutus), so dass SCHLEIERMACHER, K. R. KÖST-
LIN u. A. aus dem Prolog, weil derselbe auf die Urapostel zurückgeht und von
Pls schweigt, sogar gegen die Urheberschaft des biblischen Lc argumentirt haben;
3. bei Lc jedenfalls ein anderes Verhältniss angenommen werden muss als bei
Mc, da Pls für die Thatsachen des Lebens Jesu nicht in derselben Weise Gewährsmann sein konnte, wie etwa Pt, sondern seine Kenntniss von denselben aus
den Mittheilungen des Letztgenannten und der Urgemeinde schöpfen musste,
daher er auch 4. in seiner Predigt nur diejenigen Thatsachen betonte, an welche
sich ein Heilswerth knüpfte, wie Taufe und Abendmahl, vornehmlich aber Tod
und Auferstehung, während es ihm ferne lag, einen ausführlich historischen Bericht zu geben. Gleichwohl fehlt es auch unter den Neueren nicht an Einfällen,
als habe Pls dem Lc Auftrag zur Abfassung des Evglms ertheilt (GODET) oder,
wofür II Tim 4 ₁₃ aufgeboten wird, schriftliches Quellenmaterial dazu besorgt
(THIERSCH, Die Kirche im apostol. Zeitalter [3]S. 155, 173) oder gar selbst bei
Abfassung desselben sich betheiligt (ABERLE, Einleitung S. 82) ja am Ende dasselbe geradezu abgefasst (so einst HASERT, der „sächsische Anonymus", Die
Evglien, ihr Geist, ihre Verfasser und ihr Verhältniss zu einander S. 161, 291f;
neuerdings H. H. EVANS, St. Paul, the author of the acts of Apostles and the
third Gospel 1884—86).

[1] Seit GIESELER, Historisch-kritischer Versuch über die Entstehung und
die frühesten Schicksale der schriftlichen Evglien 1818, S. 126f war die theologische Kritik in dieser Beziehung wenigstens im Grossen und Ganzen einig.
Am übertriebensten hat HASERT diese Gedanken ausgebeutet, wenn er in Lc
nichts als bittere Judenfeindschaft, Satire auf Pt, Persiflage des Mt u. s. w.
wahrnahm. Zunächst rücken an ihn heran VOLKMAR, Die Evglien S. 647, Jesus

zu einer Zeit schreibt, da die Grundstoffe der evangel. Geschichte
bereits einen festen Halt im Bewusstsein der Gemeinde gewonnen
hatten, sodass die Umformung, welche diese Geschichte unter seiner
Hand erfuhr, in Wirklichkeit nur einen mehr negativen Charakter besessen, d. h. nur darin bestanden haben konnte, dass unter Betonung des Paulinischen das auffälligst Judaistische der älteren Tradition ausgemerzt, aber auch das Principielle im Paulinismus umgangen oder abgeflacht wurde. Die spätere Phase der Tendenzkritik
kennzeichnet sich daher durch die Losung „Unionspaulinismus" [1].
Und so bedeuten die noch bestehenden Differenzen nur noch ein
Mehr oder Weniger des behaupteten paulin., bzw. antijudaistischen
Geistes [2].

Nazarenus S. 19, welcher das Lc-Evglm beschreibt als „die organische Erneuerung der ursprünglichen evangelischen Lehrschrift in entschieden paulin. Sinne
gegen die judenchristliche Reaction, welche Christum als Sohn Joseph's zu einem
Messias Israel's beschränkt, den Apostel der Heiden verworfen hatte", und
Scholten, Das paulin. Evglm S. 242, Bijdragen S. 61 f, für welchen „der Lehrbegriff" des Lc einen reinen, bisweilen sogar übertriebenen Paulinismus aufweist,
der, in die Form der Geschichte gekleidet, als das wahre Evglm, welches schon
Jesus mit Wort und That gepredigt hatte, dargestellt wird" (Paulin. Evglm
S. 256, 271 f), so dass ihm zufolge das 3. Evglm „eine unergiebige Quelle" sein
soll, in welcher die geschichtliche Ueberlieferung ganz nach dem paulin. Lehr-
typus umgewandelt erscheint, S. 249.   Freilich konnte dieser Kritiker seine Behauptung einer schroff antijudaistischen Pointe des Werks nur so aufrecht erhalten, dass er zugleich eine ganze Reihe von Stellen, z. B. die Judenfreundschaft
des Hauptmanns von Kapernaum 7 s, einem späteren, mehr conciliatorisch gesinnten Verfasser beilegte, S. 293 f, 303, und bei Wittichen, Die Composition
des Lc-Evglms: ZwTh 1873, S. 499 f arbeitet dieser Redactor sogar in judenchristl. Interesse.   Die breite Mitte unserer Theologie sieht demgemäss mit Recht
in Lc nur eine durch paulin. Traditionen und Gesichtspunkte bedingte Modification des gemeinsamen Geschichtsstoffs.   Bestimmter hat die durch Baur,
Schwegler, Zeller, K. R. Köstlin, Strauss, Keim, Hilgenfeld, Overbeck,
Hausrath, Pfleiderer vertretene kritische Schule darin divergirende Elemente
wahrgenommen und den Satz vertheidigt, es seien Elemente sowohl paulin. als
judenchristl. Art in conciliatorischer Weise und allerdings wesentlich im Interesse eines ermässigten Paulinismus vereinigt.

[1] Holsten, Die drei ursprünglichen, noch ungeschriebenen Evglien 1883,
S. 73 f, Die synopt. Evglien 1885, S. 17, 184, 207 f.
[2] Man wurde sogar so conservativ, dass zwar die Beziehungen des Evglms
zum Lehrbegriffe des Pls zugegeben, gleichzeitig aber doch alle daraus etwa
abzuleitenden Verdachtsgründe unhistorischer Darstellung abgewehrt werden
konnten. So der Katholik Josef Grimm, Die Einheit des Lc-Evglms 1868, S. 103,
107, 346. Den directen Gegensatz zu dem Ausgangspunkt der Tendenzkritik bezeichnet es endlich, wenn Ritschl II [3], S. 216 von dem „Petriner Lucas" spricht,
Schwanbeck, Quellen der Schriften des Lc 1847, S. 127, Reuss, Geschichte
S. 212 f und Jülicher S. 204 einen eigentlichen theol. Charakter in dem Sammelwerk so gut wie ganz vermissen, Godet S. 36 den Paulinismus des Lc auf die
Lehre Jesu reducirt, van de Sande Bakhuyzen, Het dogmatisch karakter dat
aan het evangelie van Lucas word toegekend 1888 (vgl. dagegen Meijboom, ThT
1889, S. 366) und J. Jüngst, Hat das Lc-Evglm paulin. Charakter? StKr 1896,

Wie die Dinge heute liegen, ist man mit ganz wenigen Ausnahmen von jeder Beurtheilung des Lc zurückgekommen, welche ihren Maassstab in erster Linie der Vergleichung mit Mt entnimmt [1]. Nicht einmal die Priorität des Mt vor Lc steht ganz unbedingt fest; sicher aber ist, dass jener auf keinen Fall die Hauptquelle für diesen gebildet haben kann. Wie wenig man aber überhaupt mit diesem Kanon der Beurtheilung ausrichtet, erhellt schon aus dem Ausfall von Mt 16 22 23 = Mc 8 32 33. Wie sollte der „Antipetriner" denn gerade an der Bezeichnung des Pt als Satan Anstoss genommen haben? Hieraus, sowie aus der Verherrlichung der Berufungsgeschichte Lc 5 1—11 erhellt im Gegentheil nur der gesteigerte Respect, womit wie in Act, so auch in Lc die, hier vorzugsweise mit dem Ehrennamen der Apostel begabten [2], zwölf Jünger, voran ihr Haupt und Sprecher, behandelt sind. Wenn unter den drei grossen Papstsprüchen der vom Primat Mt 16 17—19 bei Lc fehlt, so geht der 3. Evglst eben auch hier bloss wieder an einer Einschaltung des 1. vorüber, wie er gewöhnlich thut. Dafür bietet er allein 22 31 32 einen 2. derartigen Spruch, in welchem das Papstthum die dogmatische Grundlage der Infallibilität gefunden hat. Zur gesteigerten Vorstellung von der Person des Apostelfürsten gehört es auch, dass derselbe 24 34 durch eine, ihm vor den Uebrigen zu Theil gewordene, Erscheinung des Auferstandenen ausgezeichnet ist. Und andererseits — wie sollte der „Antijudaist" dazu kommen, gerade die grossen Redegänge des 1. Evglsten gegen das Volk und seine Führer, die Verfluchung des Feigenbaums, die Drohungen und Wehe, die Exsecration des ganzen Volkes Mt 27 25 theils ganz zu übergehen, theils durch mildere Parallelen zu ersetzen, theils, wie die antipharisäische Philippica [3], auseinanderzusprengen und ihres Effectes zu berauben?

S. 215f den Paulinismus des Lc ganz aus der Welt schaffen wollten. Am Schlusse dieser Entwicklung stehen G. L. HAHN zu Lc I, 1892, S. 35f, der jede Spur von Paulinismus leugnet und S. 41 das Evglm einfach eine „Biographie Jesu" nennt, und A. RESCH, Ausserkanonische Paralleltexte zu den Evglien 3, S. 1f, 833f, 847: „Lc ist der tendenzlose, lediglich und treulich auf seine Quellen sich stützende Historiograph des NT." Unter denjenigen, welche auf diesem Gebiete das richtige Maass gefunden haben, steht voran B. WEISS § 139a, LJ I [3], S. 66f, Einleitung in das NT § 48 a.

[1] Wenn nach BAUR, Evglien S. 428, 455 „der eigentliche Charakter des Lc nur im Contrast zu Mt hervortritt und darin der allein sichere Maassstab zur Beurtheilung des Eigenthümlichen im 3. Evglm gefunden werden kann" (ähnlich denkt auf dem Boden der Mc-Hypothese SCHOLTEN S. 79f, 184f), so setzt dies voraus, dass das 1. Evglm für das 3. die Hauptvorlage ist, während doch höchstens nebenhergehende Benützung zu erweisen ist.

[2] Nachweis bei HAUPT S. 107 und JÜNGST S. 217.

[3] SCHANZ S. 26: „Mt hat das ganze Sündenregister zu einer die Pharisäer

Und dies trotzdem, dass er 23 1 4 14 die Schuld der Ueberantwortung Jesu an Pilatus ausdrücklich dem Volk aufbürdet und sich, auch in Act zwar nicht den Judenaposteln, aber den Juden recht abgeneigt erweist.

Nur vermöge eines Systems von Selbsttäuschungen konnte man bei Lc eine Herabsetzung der 22 30 = Mt 19 28 hochgefeierten Zwölfapostel wahrnehmen. Bemerkungen über ihren Mangel an Verständniss wie 9 45 [1] theilt Lc meist mit den beiden anderen [2]; die ohne Parallele stehende Hervorhebung des Nichtverstehens 18 34 aber war nach der grossen Unterbrechung durch den Reisebericht gefordert und bereitet das in der Auferstehungsgeschichte 24 11 25 31 37—43 45 so stark betonte Bedürfniss der Belehrung und Erleuchtung vor. Der Rangstreit 22 24—27 entspricht sachlich der Perikope Mc 10 35—45 = Mt 20 20—28, welche im Uebrigen ausfallen konnte, weil schon das übereifrige Benehmen der Zebedaiden Lc 9 49 54 die Fehlbitte ihres Ehrgeizes Mt 20 20—23 = Mc 10 35—40 und das Herrnwort Lc 12 49 50 die Erklärung Jesu Mc 10 38 39 = Mt 20 22 23 ersetzten. Während der Evglst über, für die Zwölfe wenig schmeichelhafte, Erinnerungen wie Mc 14 26—28 31 50 71 = Mt 26 30—32 35 56 72 74 stillschweigend hinweggeht (ein zeitweiliger Abfall der Jünger ist nur in ἐπιστρέψας 22 32 angedeutet), lässt er sie 23 49 dem Sterben ihres Meisters wenigstens von Ferne beiwohnen. Und wie sollte er denn überhaupt dazu kommen, diejenigen methodisch zu discreditiren, die er gleich 1 2 als seine Gewährsmänner (οἱ ἀπ' ἀρχῆς αὐτόπται) bezeichnet hatte? Nur Ein Punkt ist von wirklichem Belang: die Aussendung der 70 oder nach anderer Lesart 72 Jünger, von welcher die früheren Snptker, welche nur die Zwölfapostel kennen, schweigen. Hier pflegte die Tendenzkritik die Aussendungsrede Mt 10 mit den Lc 9 1—6 an die Zwölf, Lc 10 1—16 an die Siebzig gerichteten Worten zu vergleichen, um zu dem Resultate zu gelangen, der 3. Evglst habe eine ganze Reihe von Bestandtheilen der, ursprünglich an die Zwölf gerichteten, langen Instructionsrede seines Vorgängers in der für die Zwölf empfindlichsten, für die Siebzig aber

---

erdrückenden Last zusammengehäuft, Lc hat einen guten Theil übergangen, den andern anders vertheilt und gefasst.".

[1] Wo indessen Lc wenigstens auf Gottes Rathschluss zurückführt, was Mc 9 32 einfach den Jüngern zur Unehre gereicht. Vgl. v. SODEN S. 138: „Den thörichten Vorhalt der Jünger Mc 5 31 mildert Lc 8 45 durch Correctur der Situation und der Form, während bei Mt die ganze Episode fehlt", wie auch „Lc 18 16 und Mt 19 14 wenigstens ausfällt, dass Jesus sich über die Jünger geärgert habe Mc 10 14".

[2] JÜNGST S. 217 widerlegt die Behauptung, dass bei Lc das mangelhafte Verständniss der Jünger gegenüber der Lehre, zumal den Leidensweissagungen Jesu, stärker betont werde.

ehrenvollsten Weise an diese adressirt[1] oder doch wenigstens der
matthäischen Rede, indem er ihre Elemente neu ordnete, zugleich
einen nichtjüd. oder widerjüd. Charakter aufgedrückt[2]. Eine richtige
Beurtheilung der Quellenverhältnisse lehrt freilich, dass Mt, wie immer,
so auch hier zusammenarbeitet was seine beiden Quellen, die geschichtliche (Mc 6 7—11 = Lc 9 1—6) und die Spruchsammlung, sachlich Uebereinstimmendes boten, während Lc eine und dieselbe Rede,
welche ihm in doppelter Redaction entgegentrat (die Identität der
Angeredeten erhellt aus 10 4 = 22 35), zweimal bringt. Ganz ebenso
findet die antipharisäische Rede Mc 12 38—40 = Lc 20 45—47 ihre
Parallele aus der Spruchsammlung Lc 11 39—52, während in der grossen
Rede Mt 23 4 6 7 13 23—27 29—36 diese Stoffe zusammengearbeitet sind.
Aber wie Lc seine beiden Pharisäerreden in verschiedener Weise in-
scenirt, so sucht er auch für seine beiden Aussendungsreden zwei
verschiedene Auditorien auf, oder benützt vielmehr die ihm zugekom-
mene Sondertradition von einem weiteren Jüngerkreise, um diesem
die neue, dem engeren die andere Form der Instructionsrede zuzuwenden. Nun ist es gewiss richtig, dass die Zahl 70 nach Gen 10
auf die Heiden- und Völkerwelt weist, wie denn auch die Stellung
der Rede 10 1—12 16 im Beginn des Samariterabschnittes, welcher überhaupt den paulin. Gedankenreichthum des Evglsten zur volleren Entfaltung bringt, von Belang ist. Aber im Gegensatze zu der Zahl 12
steht die Zahl 70 hier so wenig, als die 70 Palmbäume zu den
12 Wasserbrunnen in der Beschreibung der Station Elim Ex 15 27.
Ist die kleinere Zahl nach den 12 Stämmen bestimmt, so die grössere
nach der Zahl der 70 Gehülfen des Moses Ex 24 1 9 Num 11 16—25
Ez 8 11 (vgl. Recogn. Clem. 1 40 ut recognita imagine Moysis crederet
multitudo) oder der Zahl der Synedristen. Da aber die Lc 10 1 17
erwähnten 70 im weiteren Zusammenhang wieder gänzlich verschwinden, dafür Lc 24 47 die Zwölf auch gerade mit der Heidenmission
betraut werden, kann die Letztere Privilegium der 70 nur in dem
Sinne sein, als es in der Natur der Sache liegt, dass auf dem verhältnissmässig grösseren Arbeitsfeld auch die verhältnissmässig grössere
Zahl der Arbeiter steht: wird das Verhältniss der Heidenvölker zu Israel
mit den Zahlen 70, bzw. 72 (6×12) und 12 ausgedrückt, so auch dasjenige des weiteren Kreises von Arbeitern, welcher in den Zeiten der
paulin. Wirksamkeit aufgetreten ist, zu dem ursprünglichen Apostel-

---

[1] STRAUSS, DE WETTE, GFRÖRER, THEILE, AMMON, HASERT, SCHWEGLER,
BAUR, VOLKMAR, SCHERER, ZELLER, K. R. KÖSTLIN, HILGENFELD, SCHOLTEN S. 60,
228, 258, 260 f, Bijdragen S. 63.
[2] SCHANZ zu Lc, S. 29, 296.

chor. In diesem Sinne liegt hier allerdings ein Symptom von Tendenz vor. Die Aufnahme dieser Erzählung entspricht dem späteren Standpunkt der apostol. Zeit und setzt die paulin. Wirksamkeit unter den Heiden voraus [1]. Ebenso deutlich wird eine gewisse Anlehnung an paulin. Literatur aus den Anklängen 10 7 8 an I Kor 9 5—14 10 27 (πᾶν τὸ παρατιθέμενον ὑμῖν ἐσθίετε: daraus wird ἐσθίετε τὰ παρατιθέμενα ὑμῖν, weil der Vertreter des Aposteldecrets das πᾶν nicht mit übernehmen kann) [2] oder der Vergleichung der Relation über die Abendmahlsstiftung Lc 22 19 20 (s. übrigens S. 296) mit I Kor 11 23—25. Die Sprache des 3. Evglsten hat sich theilweise geradezu an derjenigen des Apostels gebildet [3]. Auch die dem Pt nach I Kor 15 5 erstmalig zu Theil gewordene Erscheinung des Auferstandenen ist 24 34 in den Auferstehungsbericht aufgenommen worden.

Eigentliche paulin. Dogmatik wird im 3. Evglm von vornherein gar nicht suchen, wer dessen Charakter als Geschichtswerk nicht ausser Augen verliert. Maria und Martha 10 38—42 vergegenwärtigen nicht sowohl den Gegensatz von Glauben und Werken, als vielmehr denjenigen von beschaulichem und thätigem Leben, und selbst die Rede von den unnützen Knechten 17 7—10 berührt sich mit Rm 4 2—5 nur, sofern die Selbstverständlichkeit des dem Herrn zu leistenden Gehorsams dem Sclaven alles Pochen auf den Werth eigener Leistungen zur Unmöglichkeit macht (s. oben S. 194f) [4]. Für die nur äusser-

---

[1] Holsten S. 77.

[2] Vgl. Lindenmann, Theol. Zeitschrift aus der Schweiz 1891, S. 107f. Auch Joh. Weiss bei Meyer I [8] constatirt im Gegensatze zu seinem „vielleicht" S. 283 schon S. 451 „deutlichen Anklang an I Kor 10 27".

[3] Vgl. H. Holtzmann, Die synopt. Evglien S. 316f. Das hier auf 10 Seiten zusammengestellte Material, woraus das Lehrbuch der Einleitung [3] S. 389 nur einige Beispiele mittheilt, beweist immerhin nach Jüngst S. 243 wenigstens, „dass das kanonische Lc-Evglm in seiner Sprache den Paulinismus voraussetzt", „beweist gar nichts" nach Joh. Weiss bei Meyer [8], S. 283. Sorgfältig haben dagegen Schanz S. 22f und besonders v. Soden, Theol. Abhandlungen S. 153f die weitgehende Bedingtheit der lucan. Darstellung, zumal in den ihr eigenen Partien, durch den paulin. Sprachgeist dargethan. Gegen mannigfache Entstellungen der Behauptungen des Verf. sei hier verwiesen auf die Anzeige des Buches von van de Sande Bakhuyzen im Theol. Jahresbericht 1888, S. 80: „Daneben (Bekanntschaft mit paulin. Briefen) besteht die Thatsache zu Recht, dass vom genuinen Paulinismus kaum mehr ein deutliches Echo bei Lc zu finden ist. Wer daraus gegen die Möglichkeit paulin. Nachklänge und Reminiscenzen argumentiren wollte, müsste dieselbe Behandlung auch fast der ganzen urchristl. Literatur zu Theil werden lassen und schliesslich die Loman'sche Hypothese zu Hülfe rufen." Vgl. ebendaselbst auch S. 100. A. Resch, Das Kindheitsevglm 1897, S. 264f hebt aus diesem Material die auf Lc 1 und 2 fallenden Elemente heraus und verwendet sie zur Charakterisirung des von ihm erfundenen Kindheitsevglms.

[4] Jüngst S. 230: „Das ist nicht paulinisch, sondern derselbe antipharisäische, nur durch das angewendete Bild juristisch ausgedrückte Gedanke, den wir

liche Art, wie paulin. Ideen von der lucanischen Darstellung zuweilen
gestreift werden, charakteristisch ist der, den rettenden Glauben be-
tonende Zusatz 8 12 (ἵνα μὴ πιστεύσαντες σωθῶσιν nach I Kor 1 21)
oder die Fassung von 11 46 (φορτία δυσβάστακτα nach Gal 6 5) oder
die Gleichsetzung von Sündenvergebung 7 48 und Rettung durch den
Glauben 7 50. Um so deutlicher setzt das Evglm den Paulinismus
voraus in seiner universalistischen Grundtendenz. Gleich von vornherein ist das Leben Jesu in einen erweiterten Rahmen gespannt.
Schon die sonst rein alttest., ja jüd. Charakter tragende Vorgeschichte
bringt den Universalismus des Heils im Munde Simeon's 2 31 32, und
der Hinweis auf das Zeichen, dem widersprochen wird 2 34, wie auch
die Betonung der Erlösung von den Sünden 1 77 beweisen, dass eine
geläuterte, geistige Auffassung des Messiasheils zu Grunde liegt [1].
Jesu öffentliche Wirksamkeit aber ist auch nicht einmal theilweise
und von Haus aus (s. oben S. 233f) an ein particularistisches Programm gebunden. Nicht etwa bloss Stellen wie Mt 7 6 10 5 6 15 24, was
unmittelbar vor Lc 9 52 10 1 gar nicht anders sein konnte [2], sondern
die ganze Perikope vom kananäischen Weibe fällt bezeichnender Weise
aus, und die Scene in Nazaret wird nicht bloss aus ihrem späteren
Zusammenhang herausgehoben und an die Spitze gestellt, sondern erfährt
auch 4 16—30 eine solche Erweiterung, dass sie nunmehr als deutlich
redendes Messiasprogramm der Wirksamkeit Jesu, wie Lc sie fasst,
erscheint [3]. Denn so wie Jesu nazarenische Predigt hier lautet, zerstört
sie gleich von vornherein alle theokratischen Illusionen der Juden und
bildet den Uebergang des Heils zu den Heiden als den gottgewollten
und schon im AT typisch ausgedrückten Erfolg des Auftretens Jesu
vor, welches 4 18 Aufrichtung aller Zerschlagenen und Leidenden in
umfassendster Allgemeinheit erzweckt. Der heidenfreundlichen Predigt
Jesu 21—27 folgt 28—30 auf dem Fuss die Ausstossung des Propheten
seitens seiner Landsleute (vgl. Rm 11 11 τῷ αὐτῶν παραπτώματι ἡ
σωτηρία τοῖς ἔθνεσιν). Dreimal wird die Zerstörung Jerusalems geweissagt 19 41—44 21 20—24 23 29—31. Daher denn auch die oft und gern
hervorgehobene Empfänglichkeit der, als Repräsentanten der Heiden-

---

auch Mt 5 40—48 finden." Mit Recht wird S. 231 die Frage verneint, „ob sich
die eigenartige paulin. Prägung und Verbindung der Begriffe χάρις, ἀπολύτρωσις
Ἰησοῦ Χριστοῦ, πίστις, δικαιοσύνη, δικαιοῦσθαι in bewusstem, stetem Gegensatz zu
μισθός, ὀφείλημα, ἔργα νόμου etc. auch bei Lc nachweisen lässt". Um so mehr
ist auf den häufigen Gebrauch, den jene Ausdrücke bei Lc finden, und auch
darauf zu achten, dass z. B. ἀπολύτρωσις 21 28 ganz in dem eschatologischen Sinn
von Rm 8 23 Eph 4 30 steht.

[1] Schanz S. 60.
[2] B. Weiss zu Mt, S. 263.
[3] Holsten S. 56, 61, 73, 76.

welt geltenden, Samariter, von welchen trotz anfänglichen Wider-
strebens 9 52 53 bald die Juden beschämt werden 10 30—37 17 11—19,
die abschreckende Charakterisirung der heuchlerischen Selbstgerechten
15 2 16 15 20 20, die Anwendung des Spruches von den Ersten und
Letzten 13 30 auf das Verhältniss der Juden und Heiden, überhaupt
die in der Lehre von Jesu Sünderliebe und Heidenberufung, von der
Gnade, Barmherzigkeit und Verzeihung vorliegende Grundrichtung des
Evglms[1]. Dahin gehören die Erzählungen von der Sünderin 7 36—50, vom
Pharisäer und Zöllner 18 10—14, von Zacchäus 19 1—10, vom reumüthigen
Schächer 23 39—43 und die Parabel vom verlorenen Sohn 15 11—32[2].
Sicherlich sind diese Stücke, so gewiss sie im Grossen und Ganzen dem
Gesichtskreise Jesu entsprechen, nicht paulinisch im Sinne des Antino-
mismus. Pharisäer und Zöllner sehen sich auf den Weg des Gesetzes
verwiesen, wie bei Mt und Mc, so auch bei Lc (s. S. 147, 204), und das
„Gott sei mir, dem Sünder, gnädig" 18 13 ist ein Schrei um Vergebung,
der keinen paulin. Katechismus, keine juridisch oder ethisch begründete
Doctrin von der Versöhnung voraussetzt, um verstanden zu werden[3].
Andererseits aber ist das Schlussurtheil zu beachten: „er ging hinab
gerechtfertigt vor jenem" und zwar in materialer Beziehung, sofern
keine die innere Busse ergänzende Leistung, kein gutes Werk, nicht
einmal ein Gelübde zwischeneintritt, die Rechtfertigung also, paulinisch ausgedrückt, „umsonst" Rm 3 24 erfolgt (s. II, S. 125); in
formaler Beziehung aber, sofern der paulin. Terminus technicus geradezu ausgesprochen wird, und zwar nicht etwa wie 7 35 = Mt 11 19 mit
Beziehung auf die Weisheit Gottes oder Lc 7 29 mit Beziehung auf

---

[1] Schanz S. 31. Holsten, Drei Evglien S. 74. Brandt S. 378f, 539. Vgl.
besonders Renan, Vie de Jésus[17] S. 194, Les évangiles 1877, S. 265f.

[2] Vgl. v. Soden S. 137 über „die Reihe der dem Lc eigenthümlichen Erzählungen, deren Tendenz es ist, die Rettung der Sünder zu garantiren." S. 156:
„Die Rechtfertigung der Heidenmission . . . ist wohl schon der eigentliche Anlass für die vielen Erzählungen von der Sünderliebe."

[3] Die Polemik von Jüngst S. 234f gegen HC S. 238 (viel zutreffender beurtheilt die Stellung des Verf. zu der hier behandelten Frage Godet S. 22, 32)
! ätte nur Sinn, wenn hierorts behauptet werden wollte, Lc habe das Gleichniss
erfunden und dabei eine Illustration zu Rm 3 24 beabsichtigt. Was behauptet
werden soll und muss, gibt er S. 233 im Grunde selbst zu: „Gewiss, der Schächer
23 29—34 und der verlorene Sohn 15 11—24 werden δωρεάν begnadigt; allein der
Nachdruck liegt nicht auf der Thatsache des δωρεάν, sondern auf der frohen Thatsache der Begnadigung selbst." Vgl. S. 235f: „dass dieser Gedankenkreis an den
Kern des Paulinismus heranstreift; doch stellt sich das Verhältniss so, dass Pls
erst durch seine christocentrische Kreuzestheologie Gal 2 21 solchen ethischen,
gemeinchristl. Anschauungen die religiös-antinomistische Wendung ermöglicht und
gegeben hat." Aber nicht zufällig ist es eben gerade Lc, welcher solche Anknüpfungspunkte reichlich bietet. Die Auswahl und die Formulirung verräth den
Pauliner ungleich mehr, als der Stoff selbst.

Gott selbst (hier fängt schon die paulin. Redeweise au, vgl. Rm 3 4
I Tim 3 16), sondern mit richtig paulin. Beziehung auf den Sünder.
Von geringerem Belang ist dagegen manches Weitere, was noch in
paulin. Richtung geltend gemacht werden wollte, wie die 3 Worte
am Kreuz 23 34 (anstatt des Eli Eli) 43 46 (vergebende und rettende
Liebe), die Ersetzung des „vollkommenen Vaters" Mt 5 48 durch den
„barmherzigen" Lc 6 36 oder des „Lohnes" Mt 5 46 = Lc 6 35 durch
den „Dank" ($\chi \acute{\alpha} \rho \iota \varsigma$) Lc 6 32—34 (s. S. 196)[1].

Endlich gehört hierher die gesteigerte Christologie des Lc, sofern dieselbe nicht bloss den irdischen Ursprüngen so gut wie diejenige des Mt entwachsen ist[2], sondern die Höhenlinie dieses Evglsten
bereits überragt und überhaupt auf dem Uebergang von der synopt.
zur johann. Auffassung steht. Christus ist nicht bloss der vom hl. Geist
Erzeugte, von der Jungfrau Geborene 1 35, sondern die Geburtsgeschichte ist reicher ausgebildet und beschliesst auch die Anfänge der
Mariologie in sich (vgl. die benedicta 1 28 42). Wie bei Pls und Joh
heisst Christus bereits „der Herr" 5 17 7 13 10 1 39 41 11 39 12 42 13 15
17 5 6 18 6 19 8 22 61 24 3 34. Das Uebermenschliche an seiner Person
wird geflissentlich hervorgehoben; er ist der Wundermann, welcher
„durch den Finger Gottes" (11 20 nach Ex 8 15)[3] Allmachtsthaten verrichtet 5 1—11 7 11—17, mit Engeln verkehrt 22 43, Teufel besiegt 11 22
(anders als Mc 3 27 = Mt 12 29) und entthront 10 17 18, wunderbar ent-
flieht 4 30 und am Kreuze statt bangen Schmerzensrufes seinen Geist
Gott befiehlt 23 46[4]. Länger und deutlicher als bei den übrigen
Snptkern stellt sich der Auferstandene seinen Jüngern dar und fährt

---

[1] SCHOLTEN S. 47. Vgl. dagegen JÜNGST S. 231 f.

[2] Schon nach CHRYSOSTOMUS und LUTHER kündigt sich die heidenchristl.-
universelle Tendenz in einer Genealogie an, welche nicht mehr, wie bei Mt, auf
Abraham, den Stammvater des jüd. Volkes, sondern auf Adam, den Stammvater
des Menschengeschlechts, zurückgeht 3 23—38. Erklärte man das früher als Nachwirkung von Rm 5 14 I Kor 15 22 44—49, was A. RESCH S. 202, 270 sogar umkehrt,
so will man jetzt freilich höchstens etwa das Χριστὸς δὲ θεοῦ I Kor 3 23 darin
illustrirt finden. Gegen jede Ausdeutung in paulin. Sinne verwahrt sich JÜNGST
S. 225f, 236. Bezeugt freilich dieselbe Genealogie, dass zur Zeit ihrer Entstehung Jesus noch als wirklicher Sohn Joseph's galt, so sucht der Evglst 3 23
diese ursprüngliche Auffassung durch Einschiebung von ὡς ἐνομίζετο zwischen
υἱὸς Ἰωσήφ zu verbessern.

[3] Dass der „Finger Gottes" an die Stelle des „Geistes Gottes" Mt 12 28
tritt, ist natürlich nicht zu Ungunsten des Letzteren zu deuten. Vielmehr
zeigt LÜTGERT S. 71 richtig, wie „Lc häufiger als die anderen Evglsten daran
erinnert, dass Jesu Wirken im Geiste begründet ist". Aber bezüglich der
Auffassung des hl. Geistes vertritt Lc meist noch den urchristl. Standpunkt, d. h.
die Theorie von der prophetisch-charismatischen Wunderkraft. Höchstens streift
11 13 (statt „Güter" Mt 7 11) an die paulin. Fassung an.

[4] KEIM I, S. 79.

endlich sichtbar gen Himmel, um von da aus den hl. Geist zu senden
24 49. Denn „von jetzt ab wird des Menschen Sohn sitzen zur
Rechten der Kraft Gottes“ 22 69, wo ihn dann Stephanus stehen gesehen hat Act 7 55. Während das Wiederkommen aus den Wolken
Mt 16 64 = Mc 14 62 wegbleibt, lässt Lc 22 70 sofort die Synedristen
selbst aus jener dauernden Stellung den richtigen Schluss auf Jesu
Gottessohnschaft ziehen (σὺ οὖν εἶ ὁ υἱὸς τοῦ θεοῦ, nämlich im Sinne
von 1 35). So ist das irdische Christusleben hier bestimmter noch als
bei den anderen Snptkern zwischen einen wunderbaren Anfang und
ein wunderbares Ende (9 51 ἀνάληψις) eingerahmt, das geschichtliche
Christusbild bereits eingetreten unter die Einflüsse jener metaphysischen Behandlung, kraft welcher es zuletzt zur Logoslehre werden
sollte.

Nun aber die Kehrseite! Getreu seiner Versicherung, Allem
nachzugehen, was er als zur Geschichte Jesu gehörig aufzutreiben
vermag 1 3, hat Lc es nicht verschmäht, auch aus der judenchristl.
Ueberlieferung vieles Eigenartige aufzunehmen. Dahin gehören die
im Tempel zu Jerusalem spielenden Theile der Vorgeschichte, die
alttest. Frömmigkeit der dort auftretenden Personen, zumal auch der
Eltern Jesu 2 22—24 27 39 (doch vgl. Gal 4 4), das national-theokratische
Gepräge der messianischen Hoffnung sowohl in den lyrischen Stücken,
als in späteren Stellen wie 13 16 19 9 22 30 24 21. Vornehmlich aber findet
die paulin. Färbung mancher Partien des 3. Evglms ein bedeutendes
Gegengewicht in gewissen Redestücken, welche einer judaisirenden
Tradition anzugehören scheinen[1]. Längst schon spricht die Evglien-
Kritik von sog. ebjonitischen Stücken, welche gerade in dem am deutlichsten heidenfreundlichen Evglm begegnen. Man versteht darunter
zumeist solche Stellen, in welchen der zeitliche Wohlstand oder Reichthum als solcher eine abgünstige Beurtheilung erfährt oder geradezu die
Unterschiede des irdischen Besitzes in ein umgekehrtes Verhältniss
zu den Gegensätzen der für die Ewigkeit zu machenden Errungenschaften versetzt werden. Der 3. Evglst bietet ein ganzes, fast in
jedem Verse ihm eigenthümlich angehöriges, Kapitel, darin der Geld-
punkt den Mittelbegriff bildet, welcher die beiden es eröffnenden und
beschliessenden Gleichnisse verbindet[2]. Das 1. derselben, das vom
ungerechten Haushalter 16 1—12, lässt wenigstens in dem Zusammen-

---

[1] So Baur, Schwegler, Zeller, Strauss, K. R. Köstlin, Hausrath,
Keim I, S. 72 f, Weizsäcker, Untersuchungen, S. 210 f, Pfleiderer, Paulinismus
S. 505, K. Stockmeyer, Ueber die Quellen des Lc-Evglms: Theol. Zeitschrift
aus der Schweiz 1884, S. 117 f.
[2] Vgl. Holtzmann, JpTh 1878, S. 557 f, Strassburger Abhandlungen zur
Philosophie, E. Zeller zu seinem 70. Geburtstag 1884, S. 36 f.

hang, darin dieser Schriftsteller es mittheilt, keinen Zweifel daran, dass
der „ungerechte Mammon", d. h. der seinem Wesen, seinem Erwerb
und seinem Gebrauch nach unsaubere, irgendwie auf verwerflicher
Grundlage beruhende, Wohlstand, nur demjenigen Besitzer nicht direct
schadet, der aus der Noth eine Tugend macht, indem er sich desselben zu Gunsten der weniger glücklich Situirten entäussert. Das
2., das vom reichen Mann und dem armen Lazarus 16 19—31, hat die
Erfindsamkeit der praktischen Theologie von jeher herausgefordert,
sofern es gilt, die in ihrer Schroffheit unzweideutige Erklärung
Abraham's 25 „Du hast in deinem Leben Gutes empfangen, Lazarus
Böses, dafür wird dieser jetzt getröstet, du aber gepeinigt" so ein-
zuballen, dass der Stoss, den eine zu irdischem Besitzstande fortgeschrittene Christenheit dadurch im Genick empfängt, nicht geradezu
tödtlich empfunden wird. Das aber ist keineswegs etwa ein vereinzeltes Factum. Der reiche Mann Lc 16 19—31 ist derselbe wie der
reiche Mann Lc 12 16—21. Keiner der beiden Seitenreferenten hat
diese Gleichnisse; was sie aber Aehnliches bieten, das geht doch aus
einem anderen Tone. Dem Unterschiede entspricht die beiderseitige
Wiedergabe der Seligpreisungen. Schon die Auswahl ist charakteristisch,
sofern der 3. Evglst nur die Armen, Hungernden, Weinenden, Verfolgten, nicht aber, wie der 1., noch die Herzensreinen, Friedfertigen,
Sanftmüthigen, Barmherzigen nennt, also nur für die sociale Lage
der selig Gepriesenen Interesse zeigt[1]. Dort heisst es Mt 5 3 4 „Selig
die Armen im Geiste, selig die Traurigen" im Sinne jener, den jüd.
Eudämonismus umkehrenden, religiösen Weltanschauung Jesu, welcher das Bewusstsein unbedingter Bedürftigkeit die Voraussetzung
für allseitige Empfänglichkeit und diese wieder die Bedingung für
vollständige Befriedigung ist. Hier dagegen Lc 6 20 21 lesen wir: „Selig
ihr Armen, selig ihr jetzt Hungernden, ihr jetzt Weinenden, denn
ihr werdet gesättigt, werdet lachen"; und dazu tritt 24 25 die im Hinblick auf eine blasirte Gesellschaft[2] zu selbständigem Ausdruck gebrachte Kehrseite: „Wehe euch, ihr Reichen, die ihr jetzt voll seid,
denn ihr werdet hungern! Wehe euch, die ihr jetzt lachet, denn ihr
werdet trauern und wehklagen." Zweifellos sind bei Lc die Armen
wie bei Jak (s. II, S. 349f) als die social Besitzlosen gedacht[3]. Keine
Rede mehr von den auf das geistige Leben bezüglichen Zusätzen:

---

[1] Vgl. SCHANZ S. 220. Derselbe ist hier durchaus im Rechte gegenüber
SCHOLTEN S. 43f, 46. Das Richtige haben auch JOH. WEISS bei MEYER I 2⁸, S. 388
und TITIUS, Die neutest. Lehre von der Seligkeit I, S. 77.
[2] SCHANZ S. 223.
[3] KLÖPPER, ZwTh 1894, S. 184f.

arm im Geiste, hungrig nach Gerechtigkeit Mt 5 3 6. Auch wer etwa
geneigt sein sollte, darin Zusätze im Sinne mildernder Zurechtlegung
zu finden, wird wohl einräumen müssen, dass wir mindestens in dem,
der Seligpreisung so peinlich conformirten, Weheruf eine schriftstellerische Ausführung des, auch sonst einer asketischen Weltbetrachtung huldigenden, Evglsten vor uns haben [1]; dass dabei aber auch in
den sonstigen Abweichungen desselben eine Berücksichtigung der
Situation der gleichzeitigen Christengemeinden zu erkennen sei, die
eben aus den Armen dieser Welt gewonnen waren [2]. Ganz in derselben Richtung geht es, wenn in dem Spruche „Trachtet am ersten
(πρῶτον) nach dem Reiche Gottes" Mt 6 33 das „am ersten" Lc
12 31 weggelassen [3] und wenn aus der negativen Forderung „Schaffet
euch nicht Schätze auf Erden" Mt 6 19 die positive Anweisung wird
„Verkaufet, was ihr habt, und gebt es als Almosen" Lc 12 33, womit
eine Forderung, die Jesus in einem einzigen, wohl motivirten Falle
stellt, zur allgemeinen Sittenregel erhoben wird (s. oben S. 183, 334).
Daher nunmehr auch den erstberufenen Jüngern, welche in den älteren Evglien bald die Netze, bald Schiff und Vater verlassen haben,
5 11 vielmehr nachgerühmt wird, dass sie „Alles verlassen" haben,
was sofort 5 28 bezüglich des Levi ohne allen Anhalt bei Mt oder
Mc wiederholt wird. Hier gilt eben die Regel 14 33: „Wer nicht ab-
sagt Allem, was er hat, kann nicht mein Jünger sein." Jetzt also
gewinnt man den himmlischen Schatz, indem man das Seinige weg-
gibt, wie es auch nur bei demselben Evglsten noch in der anti-
pharisäischen Rede heisst 11 41: „Gebt, was darin (in den Schüsseln
und Bechern) ist, als Almosen" [4]. Dementsprechend erscheint auch
3 11 6 27 30 34 das Almosengeben als eine Art Generalcur für alle
sittlichen Schäden [5], insonderheit auch 19 8 als Sühne für über der

---

[1] B. Weiss zu Mt, S. 135 und Schanz S. 222f.
[2] Auch hier gewinnt Scholten S. 45f wieder lauter Beziehungen auf die
Pauliner, welche von den Judenchristen verachtet und geschmäht worden seien.
Solche Extravaganzen haben den Rückschlag auf Seiten derer hervorgerufen,
welche gar nichts Paulinisches mehr in Lc finden können.
[3] Vgl. B. Weiss zu Mt, S. 201. Scholten, S. 48 will auch die fehlende
δικαιοσύνη daraus erklären, dass ein Trachten nach derselben für einen Pauliner
eine Unmöglichkeit wäre. In Wahrheit hat der 1. Evglst wegen seines Themas
5 20 die nach Jak 1 20 zu verstehende δικαιοσύνη hinzugesetzt.
[4] So B. Weiss zu Mt, S. 193 und Schanz zu Lc, S. 352.
[5] Schanz S. 333: „Universalmittel zur Reinigung von Leib und Seele."
Auch nach B. Weiss, LJ [3]II, S. 57 ist es „kaum zu leugnen, dass Lc bereits
eine asketische Weltbetrachtung zeigt, welche in dem Reichthum an sich etwas
Sündhaftes sieht (vgl. 6 24f) und darum das Aufgeben desselben und seine Hingabe als Almosen für den einzigen Weg hält, sich davon zu reinigen (11 41
12 33)."

Bereicherung begangene Sünden. Ebenso ist die Mahnung Lc 17 31 nur Mc 13 15 16 = Mt 24 17 18, wo es sich um Flucht handelt, wirklich an der Stelle, während sie Lc in die nur bei ihm stehende Erinnerung an Lot's Geschichte 17 28—30 32 einschiebt, um gegenüber einem weltlichen Genussleben noch einmal das Aufgeben alles irdischen Besitzes als das allein Zeitgemässe zu empfehlen. Die gleiche Gegenüberstellung eines jetzigen und eines zukünftigen Besitzstandes, dieselbe Verheissung einer radicalen Beseitigung der socialen Missstände der Gegenwart bringen auch Stellen wie 1 51—53 3 5 4 18 6 20—25 14 12—14 21 [1]. Wie sehr überhaupt dem Evglsten die Vorstellung von der Umkehr aller irdischen Vermögens- und Standesverhältnisse geläufig war, ersieht man aus dem, von ihm allein vertretenen, in der gesammten nachfolgenden Theorie und Praxis fast todt geschwiegenen, kühnen Bilde, wornach im zukünftigen Weltalter sogar der Messias selbst an den Seinigen, nachdem sie ihm treu gedient, ausgleichende Sclavendienste verrichten, sich umgürten und wie ein Tischdiener ihnen aufwarten wird Lc 12 37. Der Standpunkt Jesu also ist in jenem Spruche fixirt von der Gefahr des Reichthums, der das Herz so leicht dem Evglm verschliesst Mc 10 23 24 = Mt 19 23. Der Standpunkt des 3. Evglsten ist durch den daraus gezogenen Schluss bezeichnet, dass der Reichthum an und für sich verderblich, die Armuth an und für sich heilfördernd sei.

Es ist nicht leicht zu entscheiden, ob sich in solchen charakteristischen Zügen dieses Schriftstücks, in so häufig wiederkehrenden Anwandlungen seines Verfassers von Schwärmerei für Armuth und Weltflucht seine eigene Stimmung verräth, die er in die Quellen einträgt [2], oder ob die ganze Sache auf Rechnung seiner ebjonitischen Vorlage zu setzen sei, während er selbst, wo er aus dem Eigenen schöpft, ganz anders gerichtet erscheint [3]. Den Methodismus jener Quelle werden dann wohl auch die, gleichfalls daraus abgeleiteten Worte bezeichnen, in welchen ein unablässig geübtes Bittgebet 11 5—8 18 1—8 und andere gute Werke (6 35 ἀγαθοποιεῖν) als Tugendmittel empfohlen werden. Mindestens die jetzige Fassung dieser „ebjonitischen Stücke" dürfte nach Analogie jener Tafelordnung 14 7—14 zu beurtheilen sein, worin ursprünglich rein sittliche Anweisungen in den Rahmen der beschriebenen socialen Anschauungen eingezwängt werden.

---

[1] Titius S. 77 f.

[2] Bousset, Jesu Predigt S. 47 spricht geradezu von lucanischer Fälschung.

[3] Weizsäcker, Ap. Zeitalter [2], S. 379, 398. In anderer Weise führen Lipsius, Joh. Weiss, Jüngst die betreffenden Stoffe auf die „judenchristl. Quelle" zurück, in welcher speciell nach Feine S. 142f, 144f Jesu Armenevglm eine Vereinseitigung erfahren hat.

Ebenso erscheint 19 11—27 das Gleichniss von den anvertrauten Pfunden (= Mt 25 14—30) in einer Fassung, die in Bezug auf die völlige
Abhängigkeit, in welcher die Lohnquantität zur Leistung gesetzt wird,
eher judenchristlich als paulinisch (vgl. die Lohnverhältnisse I Kor
3 8—15) zu nennen ist[1]. Merkwürdig immerhin, dass man es für diese
wie für jene Richtung in Anspruch nehmen konnte, was in ähnlicher
Weise auch von dem lucan. Ideal der Ausgleichung der socialen Unterschiede gilt (ebjonitisch s. oben S. 388, paulinisch s. oben S. 389f).
Wir haben hier die Quellenfrage nicht zu entscheiden, betonen aber
angesichts solcher Vorkommnisse um so mehr die Verträglichkeit der
asketischen Weltanschauung des Evglsten mit seinen paulin. Gepflogen-
heiten und Liebhabereien.   Es mangelt bei ihm nicht an Gesichtspunkten, unter welchen die beiden, von der Kritik gewöhnlich als
heterogen betrachteten, Elemente des Evglms sich zusammenfinden
dürften[2].

Gerecht wird man dem 3. Evglm weder damit, dass man ausschliesslich den Paulinismus, noch damit, dass man nur die weltflüch-
tigen, sog. ebjonitisirenden Züge in's Auge fasst. Jenes war früher,
dieses ist heute an der Tagesordnung[3]. Von ersterer Seite droht die
Gefahr einer einseitigen Beurtheilung des Ganzen desshalb heute
weniger mehr, weil man fast allgemein dazu fortgeschritten ist, das
Paulinische hauptsächlich in jenem Universalismus zu finden, welcher
den Zeitgenossen am verständlichsten geworden ist (s. II, S. 209).

Demnach haben wir in Lc eine Richtung auf das Katholische an-

---

[1] So FEINE, Vorkanonische Ueberlieferung des Lc S. 109, JOH. WEISS zu
Mc und Lc, S. 575, JÜNGST S. 242f gegen SCHOLTEN S. 77f.

[2] SCHANZ S. 34: „Wie in den paulin. Stellen die Barmherzigkeit und Gnade
in den Vordergrund gestellt wurden, so wird in den ebjonitischen Partien dem
Elend, der Noth mit der Hoffnung auf die Belohnung im Jenseits ein Balsam
in die Wunde geträufelt, welcher die Grundbedingung für die Heilung des
menschlichen Elends, für den Frieden des grösseren, zeitlich schlecht situirten
Theils der Menschheit bildet. Von allen Seiten kommt man also wieder auf denselben Grundgedanken zurück. Die Armen, Unglücklichen, Sünder finden Barmherzigkeit bei dem aus Liebe zu den Menschen Mensch gewordenen und am
Kreuz gestorbenen Sohne Gottes, wenn sie in Reue und Liebe zu ihm zurückkehren und bei ihm bleiben". Unter einem ganz anderen Gesichtspunkte versuchte
CAMPBELL, Critical studies in St. Luke's gospel, its demonology and Ebionitism
1891 den Ebjonitismus des Lc vielmehr mit seiner Dämonologie in Verbindung
zu setzen und Beides aus einer dualistischen Wurzel abzuleiten: die Welt stehe
jetzt unter der Herrschaft des Satans und solle durch Entsagung und Abtödtung
unter die Herrschaft Gottes zurückgebracht werden.

[3] Alles Universalistische und Heidenfreundliche vielmehr in's Judenchristliche umzudeuten, bestrebt sich FEINE, Eine vorkanonische Ueberlieferung des
Lc in Evglm und Apostelgeschichte 1891 unter dem Beifall von JOH. WEISS
bei MEYER I 2, [6]S. 279f und JÜNGST S. 244, demzufolge Lc „ein ziemlich farbloser Bearbeiter seiner (wesentlich judenchristl.) Quellen" wäre.

zuerkennen, welche ebenso vom Paulinismus herkommt, diesen noch
im dunklen Hintergrund stehen hat [1], wie der Katholicismus des Mt eine
judenchristl. Vergangenheit aufweist. Es lag daher auch nichts näher
als der lange innerhalb der kritischen Schule herrschend gewesene Gedanke, in den sog. ebjonitisirenden Stücken ein, gleichfalls im kathol.
Interesse herbeigezogenes, Ausgleichsmittel zu finden [2]. Andererseits
ist es aber auch keineswegs unmöglich, dass für das sog. ebjonitische
Element nicht sowohl die specifisch religiöse Werthung der Armuth
im Spätjudenthum [3], als vielmehr die social-asketischen Liebhabereien
der Zeit aufzukommen haben [4]. Auch sonst hat jener sehr abgeschlif-
fene Paulinismus, welchen man dem Lc zuschreiben darf, mancherlei
Motive in sich aufgenommen, welche in der Vorgeschichte der Heidenchristen gegeben waren, dieselben aber so verarbeitet und geformt,
dass sie sich mit den umgedeuteten jüd. Elementen des Urchristenthums vertragen konnten. Von hier aus versteht sich vor Allem seine
Stellung zum Begriff des Gesetzes. Was von der Gesetzeslehre Jesu
in den Quellen nur für Juden verständlich und interessant war, wie
Mc 7 1—23 10 2—12, das übergeht Lc [5]; was dagegen den Dispositionen
und Intentionen der Heidenkirche entsprach, das reproducirt er [6].

---

[1] So z. B. BRANDT S. 539 f.

[2] Eine Ausgleichung beider Elemente auf kritischem Wege versuchten die
Hypothesen von WITTICHEN und SCHOLTEN, wornach das 3. Evglm eine judai-
sirende oder wenigstens ausgleichende, vom Verfasser von Act herrührende, End-
redaction erfahren haben sollte. In Wahrheit eignet die anerkannte petropaulin.,
kathol. Tendenz des 2. Werkes des Lc auch dem 1., dessen Verfasser nach
SIMONS, Hat der 3. Evglst den kanon. Mt benutzt? 1880, S. 18 „auf die christl.
Vergangenheit schaut von jener Mittelstellung zwischen ächtem Paulinismus und
Judenchristenthum aus, wie wir sie im Eph-, im 1. Clemens-, im 1. Pt-brief ein-
genommen finden; ... d. h. er kann auch das Urchristenthum, auch das Leben
Jesu sich nur vorstellen und nur darstellen auf dem Hintergrund des freund-
schaftlichen Nebeneinander der beiden Richtungen." Er selbst ist nach KEIM I,
S. 79 „kein schroffer oder auch nur strenger, sondern ein vermittelnder Pauliner.
Die Verträglichkeit seines Meisters ist hier im Geist nachapostol. Zeit bis zur
Nachgiebigkeit in der Theorie und bis zu Compromissen in der Kirchenbildung
erweitert." HOLSTEN, Drei ungeschriebene Evglien S. 74: „Das Evglm vertritt
daher eine Einigung der ursprünglichen Gegensätze des judenchristl. und paulin.
Evglms, welche die Schärfe dieser Gegensätze abgeschliffen und das Abgeschlif-
fene aneinandergerückt hat."

[3] EHRHARDT, Die Ethik Jesu S. 63.

[4] H. HOLTZMANN, Strassburger Abhandlungen zur Philosophie 1884, S. 36 f,
JÜLICHER, Einleitung S. 206: „Diese weltflüchtige und genussfeindliche Haltung,
die ebenso leicht auf die cynische Philosophie wie auf gewisse Erscheinungen
des späteren Judenthums zurückgeführt werden kann, ist in der ganzen nachapostol. Kirche verbreitet."

[5] WITTICHEN S. 115, 181, 252. Nur theilweise können EWALD, WEIZSÄCKER,
JOH. WEISS, JÜNGST S. 228 diese Erscheinung aus dem Wegfalle des ganzen
Stückes Mt 6 45—8 23 erklären.

[6] SIMONS, Hat der 3. Evglst den kanon. Mt benutzt? 1880, S. 19: „Da

Letzteres ist aber aus der ganzen Erörterung Mt 5 21—48 nur der Fall
bezüglich 5 18 32 = Lc 16 17 18, und zwar in einer äusserst bezeichnenden
Weise, die aus dem mosaischen Gesetz das neue Gesetz der Christenheit werden lässt (s. oben S. 153)[1]. Dem entsprechend wird auch
fast der ganze Inhalt der Bergpredigt 6 20—49 auf das Gebot der
Feindesliebe reducirt. Das 3. Evglm zeigt einfach, wie das Heidenchristenthum, welches eben zur kathol. Kirche auswachsen sollte, die
urchristl. Ueberlieferung verstanden und sich mit ihr abgefunden hat.

2. Die Apostelgeschichte.

Nicht anders ist es aber auch mit dem 2. Werk des Autor ad
Theophilum bestellt, der sog. Apostelgeschichte, der wir zwar mancherlei
Werthvolles über die Ereignisse der apostol. Zeit zumal da verdanken,
wo die sog. Wirquelle zum Wort kommt, die aber im Grossen und
Ganzen uns mehr darüber aufklärt, wie sich um die Wende der Jahr-
hunderte die werdende Heidenkirche ihre Vergangenheit vorstellig
machte, als wie diese, im Lichte einer apostol. Heroenzeit erscheinende,
Jugend in Wirklichkeit ausgesehen hat[2]. Das Buch gibt uns nämlich

musste dann nicht nur Alles fehlen, wofür heidenchristl. Leser des 2. Jahrh.
kein Verständniss und darum kein Interesse mehr hatten, oder was sie unsym-
pathisch berührte, sondern es war auch dem Universalismus der werdenden
Kirche in umfassender Weise Rechnung zu tragen; und dies Ziel war ohne directe
Polemik durch eine andere Verarbeitung der Quellen, durch Umbiegungen, Ver-
setzungen, Auslassungen, Einfügungen neuen Materials oder eigener Bildungen
zu erreichen."
  [1] Richtiges hierüber bei HILGENFELD, SCHOLTEN und besonders bei PFLEI-
DERER, Paulinismus S. 505, theilweise auch bei MEYER-WEISS I 2, [3]S. 537f.
JÜNGST S. 228f adoptirt den HC S. 222 nachgewiesenen, von Lc nur künstlich
hergestellten Zusammenhang, um aus diesem Grunde dann seinen oben festgestellten Inhalt zu bestreiten.
  [2] Den Ausgangs- und Orientirungspunkt für die heutige Lage der Kritik
bildet zwar immer noch die Annahme einer vermittelnden Tendenz des Werkes,
wie sie besonders in dem Werk von ZELLER, Die Apostelgeschichte nach ihrem
Inhalt und Ursprung kritisch untersucht 1854 Ausführung, eine gewisse Ermässi-
gung dann bei HILGENFELD, ZwTh 1858, S. 593f, 1860, S. 101f, 205f, 1871,
S. 153f, 1872, S. 495f, Einleitung S. 574f gefunden hat, nach welchem es leitende
Absicht des Verfassers gewesen wäre, die Anerkennung des Judenchristenthums
für den Paulinismus durch wesentliche Zugeständnisse zu gewinnen, so dass immer
noch die Unionstendenz vorherrscht. Statt der Losung „hie Pls, hie Pt" will der
Verfasser nach HAUSRATH IV, S. 243f der Christenheit die Losung geben „Pls
und Pt"; sein Hauptinteresse gilt der Rechtfertigung des Pls, obwohl gerade
dieser über der durchgeführten Parität mit Pt nicht zu seinem Recht kommt.
Aehnlich urtheilt S. DAVIDSON, Introduction to the study of the NT 1882, II,
S. 74: der Zweck sei conciliatorisch, das Mittel bestehe in der durchgeführten
Parallele zwischen Pt und Pls, während dagegen W. CASSELS, Supernatural religion III 1877 und 1879, sich auf die Frage, ob apologetisch, ob conciliatorisch,
nicht einlässt, dafür aber mit den schärfsten Gründen die Unmöglichkeit dar-
thut, das Buch auf einen apostol. Mann und Reisegefährten des Pls zurück-

ein Bild urchristl. Zustände vom Standpunkte der eigenen Gegenwart des Verf. aus. Voraussetzung ist dabei, dass diese Gegenwart das unmittelbare Product einer göttlichen Stiftung, nicht aber erst ein durch mannigfache Vermittelungen und Abwandlungen hindurchgegangenes, entfernteres Resultat der grundlegenden Thätigkeit Jesu und der Apostel sei. Die Heidenkirche, wie sie etwa zu Anfang des 2. Jahrh. beschaffen war, wird als die directe Schöpfung der Apostel, diese Letzteren mit Einschluss des Pls als ein stets einmüthig handeln-

zuführen. Erst F. OVERBECK in DE WETTE's Commentar I 4 (Kurze Erklärung der Apostelgeschichte) ⁴1870, S. XXXf, ZwTh 1872, S. 305f liess das Conciliatorische in der Tendenz der Act ganz fallen, um mit Berufung auf 2 23 7 1—53 18 12—17 nur das Heidenchristenthum in dem Werke vertreten zu finden. Obwohl er bekennt, ohne BAUR und ZELLER würde sein Commentar gar nicht existiren, wird doch gegen die Tübinger Schule die Unmöglichkeit dargethan, Act als ein Werk zu begreifen, welches sich noch zwischen die urchristl. Parteien stellen will. Da in demselben vielmehr das jüd. Christenthum als solches bereits preisgegeben, das Heidenchristenthum als das vorherrschende Element in der Kirche betrachtet wird, kann es nur als ein Versuch des Heidenchristenthums gewerthet werden, sich mit seiner eigenen Entstehung und seinem ersten Begründer Pls auseinanderzusetzen. Das Judaistische aber, welches Act der Betrachtung darbietet, muss bereits einen Bestandtheil desselben Heidenchristenthums gebildet haben, als dessen Programm Act überhaupt gelten darf. Allerdings hält dieses Werk, wie im Grunde auch die Tübinger behauptet hatten, vom ursprünglichen Paulinismus kaum etwas mehr fest als den Universalismus, aber es macht damit nicht etwa der judenchristl. Partei, sondern nur der natürlichen Unfähigkeit des Heidenchristenthums, die Probleme des ursprünglichen Paulinismus zu verstehen, eine Concession. Auf solchem Wege sucht OVERBECK die Geschichtserzählung unseres Werkes weniger aus praktischen Zwecken abzuleiten, als vielmehr innerlich im Standpunkte des Verfassers selbst zu begründen, indem er zugleich als Nebenzweck die Tendenz namhaft macht, den Christen die Gunst der röm. Staatsbehörden zuzuwenden durch consequente Betonung des guten Einvernehmens, in welchem die Personen der apostol. Zeit, namentlich Pls, mit dem röm. Staate und mit dessen Beamten gestanden haben. Während diese Auffassung meist die Grundlage für die neuere kritische Erörterung von Act bildet, stellt STECK, Der Gal-Brief 1888 eine merkwürdige Verbindung apologetischer Gesichtspunkte und alttübingischer Grundsätze dar. Jenes, sofern der Pls in Act sehr viel geschichtstreuer sei, als derjenige, dessen Bild die Kritik aus den Briefen gewonnen hat; dieses, weil Act „auch keineswegs ohne Tendenz ist", S. 119, sofern das Buch nämlich „Judenchristenthum und Paulinismus in wesentliche Uebereinstimmung mit einander bringt, die Gegensätze mildert und Altes mit Neuem zu verbinden sucht, überhaupt dem kirchlichen Frieden dient", S. 80 — lauter Sätze, welche direct aus der Rüstkammer der kritischen Schule, und zwar in ihrer älteren Gestalt, entnommen sind, dort aber doch nur die Resultate einer kritischen Vergleichung dieses Werkes mit den Pls-Briefen als den verhältnissmässig zuverlässigeren Quellen bilden. In der That ist nicht abzusehen, wie man auf einem anderen Wege zu dem vorgetragenen Urtheil über den apologetisch-unionistischen Zweck des Werkes gelangen sollte, während die heutige Kritik eben darin über die ältere hinausgeht, dass sie ihre Maassstäbe nicht bloss durch Vergleichung der Pls-Briefe, sondern auch durch Erwägung der mitgebrachten Dispositionen des Heidenthums und der die Heidenkirche beherrschenden Stimmungen und Bedürfnisse gewonnen hat.

des Collegium, Pls insonderheit in seiner Missionsthätigkeit als der
Fortführer einer schon von Pt gebahnten Linie, die ganze Entwickelung des Christenthums in dem ersten Menschenalter seines Bestehens als eine durchaus einheitliche und geradlinige gedacht. Von
Belang für die Probleme, an welchen sich das Urchristenthum zerarbeitete, sind eigentlich bloss die Reden der beiden Hauptapostel, sofern in denjenigen des Pt noch Erinnerungen an den primitiven Glaubensstand nachklingen (s. oben S. 374), woran sich die Rede des Stephanus
als Denkstein einer ersten Weiterbildung anschliesst (s. S. 392). Mit
irgend welcher Sicherheit ist mit dem hier gebotenen Material freilich nicht zu operiren, da nicht bloss die Pt-Rede 15 7—11 dem geschichtlichen Paulinismus näher kommt (z. B. das Gesetz als Joch 15 10
wie Gal 5 1), als irgend welche anderweitigen Apostelworte, deren das
Werk gedenkt, sondern auch die pisidische Rede des Pls sich einerseits
mit der Stephanusrede berührt (13 15—22 bringt denselben Rückblick auf
die göttliche Leitung der Geschichte des auserwählten Volkes, dieselbe
Verherrlichung der jüd. Ahnen zu dem gleichen Zweck und theilweise
auch mit gleichen Ausdrücken), andererseits eine Recapitulation aller
früheren Pt-Reden (vgl. besonders 13 27 28 = 3 13—17 u. 13 32—36 = 2 24—32)
bietet[1]. Dass aber hinter den Reden des einen wie des andern Apostels

---

[1] Vgl. Baur, Zeller, Hilgenfeld, F. Overbeck S. 196 f, B. Weiss, Petrin.
Lehrbegriff S. 110, Einleitung in das NT § 50 3, W. Cassels S. 82 f, Wendt bei
Meyer III[7], S. 22, 291. Uebrigens vollzog sich in Bezug auf die Reden in Act
schon seit etwa einem Menschenalter ein bemerklicher und bemerkenswerther Auf-
weichungsprocess der traditionellen Voraussetzungen und Gewohnheiten. Bisher
hatten nur einzelne Gelehrte wie Eichhorn, Mayerhof, Schneckenburger, dann
die Tübinger Schule, auch Renan die Reden mindestens als formelles Eigenthum
des Autor ad Theophilum betrachtet. Jetzt schrieb der Lutheraner August
Köhler, Zeitschrift für die gesammte lutherische Theologie und Kirche 1870,
S. 409 f über die Pt Pfingstrede einen Commentar, welcher in gefährliche Nähe des
von der Kritik erhobenen Befundes heranrückt. Während Ps 16 8—11 von einer
Befreiung aus Todesnoth redet, setze Act 2 29—31 einen schon eingetretenen Todes-
zustand voraus. Aber nur der griech. Text lasse möglicher Weise, der hebr. auf
keinen Fall den Gedanken an Auferweckung vom Tode zu. Da nun Pt seine Anrede
an die Bewohner Jerusalems jedenfalls in aramäischer Sprache gehalten hat, so
konnte er höchstens die allgemeine Frage aufwerfen, ob David oder ob Christus
derjenige sei, welcher keine Beute des Todes werden soll; nur der griech. schreibende
Berichterstatter ist es also, welcher die Frage specieller dahin stellt, ob David oder
Christus auferstehen werde. S. 432: „Wir besitzen daher an unserer Stelle einen
Beweis dafür, dass der Verfasser der Act die Reden der Apostel nur in freier Weise
nach ihrem allgemeinen Inhalte wiedergibt." Gleichzeitig behauptete Hofmann
„Das Geschichtswerk des Lc": Zeitschrift für Protestantismus und Kirche, Bd. 59,
1870, S. 335 f, D. h. Schrift IX, 1881, S. 240 f, 257, 267 f, theils dass die beiden
in Act eingerückten Briefe das Gepräge lucanischer Schreibart tragen, theils dass
„nach der Weise der alten Geschichtsschreibung in der Form directer Rede, statt
bloss den Inhalt anzugeben, nicht nur längere Vorträge, sondern auch das ge-
sprächsweise Gesprochene" mitgetheilt werde. S. 337: „Urkundliches also im

schliesslich die Theologie des Autor ad Theophilum selbst steht[1], er-
hellt wieder aus der weitgehenden Selbigkeit des Begriffsapparats und
Beweismaterials. Zu diesem gehört die gleiche Verwendung der Stelle
Ps 16 8—11 (s. oben S. 308), zu jener die in Unwissenheit geschehende
Erfüllung des Rathschlusses durch die jüd. Obern 3 17 = 13 27, die
Sendung des Wortes zu den Kindern Israel 10 36 = 13 26, die Apostel
als Zeugen der Auferstehung 10 41 = 13 31.

Gleichwohl lässt sich, wie in den Pt-Reden noch etwas vom Glauben der Urgemeinde nachklingt, auch eine charakteristische Verschiedenheit des Untergrundes der Pls-Reden nicht in Abrede stellen.
Es sind freilich dünn gesäte Punkte, auf welchen dieses der Fall
ist. Aber angedeutet wenigstens wird doch die Gerechtigkeit aus

strengen Sinne des Worts, das sich als solches gäbe, bietet das Werk nicht."
S. 362: „Ein solches Geschichtswerk zu schreiben, ist unmöglich ohne grosse
Freiheit in der Verwendung des schriftlich oder mündlich Ueberlieferten oder
auch des Selbsterlebten. Der Verfasser konnte weder das Ueberlieferte wörtlich
so brauchen, wie er es überkam, noch das Selbsterlebte lediglich aus der nackten
Wirklichkeit abschreiben. Beides musste diejenige Gestalt annehmen und diejenige
Verbindung eingehen, in der es ihm zur Durchführung seines geschichtlichen
Gedankens diente. Sein Werk ist nirgends Photographie, sondern durchweg freie
Exposition. Er konnte sich diese Freiheit nehmen, weil sein Stoff ihm nicht
äusserlich war, sondern in ihm lebte." Nach diesem Vorgang war es begreiflich,
wenn selbst Karl Schmidt, Die Apostelgeschichte 1882, S. 343 bezüglich des
Briefes des Lysias 23 26—30 und der Mittheilung des Festus an Agrippa 25 14—21 es für
selbstverständlich hielt, dass „alles Formelle, und zwar dies in möglichst weitem
Sinne genommen, nicht auf Reproduction aus der Erinnerung beruht, sondern
auf der freien Erwägung, wie der Redende nach Stellung und Umständen wohl
gesprochen haben werde." Seither kann die Sache als im Grundsatze erledigt
betrachtet werden, da selbst der von Bethge, Die paulin. Reden der Apostelgeschichte 1887 unternommene Rettungsversuch zu dem Ergebnisse führte S. 17,
Lc verfahre „nicht als einfacher Referent, sondern als Reproductor, als gestaltungs-
mächtiger Künstler. Wenn er auch im Ganzen und Grossen nicht unabhängig
von der paulin. Reihenfolge der Gedanken ist, so zeigt doch der wundervolle
Aufbau des Ganzen wie die Durchführung des Einzelnen entschieden die rheto-
rische Begabung und Farbe des Lc, der in verhältnissmässig wenigen Versen ohne
alle paulin. Abschweifung rabbinischer Gelehrsamkeit und dialektischer Entwickelung eine in sich vollendete Missionsrede aufbaut". S. 23: „Lc hat der Wahrheit die Schönheit der Entwickelung und die Anmuth der Form beigesellt."
Da stehen wir doch wieder dicht vor jener rhetorischen Composition, davon die
Kritik zu reden weiss. Beispielsweise sind die paulin. Vertheidigungsreden nach
Pfleiderer, Urchristenthum S. 604 nur „der vereinfachte Niederschlag des
Paulinismus im Bewusstsein der heidenchristl. Kirche, welche sich natürlich auf
die Subtilitäten der paulin. Dialektik nicht verstand, freilich auch für die tiefere
Mystik der Apostel weniger Sinn hatte".

[1] Jülicher S. 263: „Nicht Pls wird judaisirt, nicht Pt paulinisirt, sondern
Pls und Pt lucanisirt, d. h. katholisirt." v. Soden S. 133 zeigt, dass in diesen
Reden aus dem synopt. Redestoff bloss die Begriffe μετάνοια, ἄφεσις ἁμαρτιῶν und
die gelegentliche Bezeichnung des Gegenstandes der Predigt mit βασιλεία τῶν
οὐρανῶν wiederkehren.

dem Glauben 16 31 (πιστεύσον ἐπὶ τὸν κύριον Ἰησοῦν καὶ σωθήσῃ σὺ καὶ ὁ οἶκός σου) 20 21 (διαμαρτυρόμενος τὴν εἰς θεὸν μετάνοιαν καὶ πίστιν εἰς τὸν κύριον Ἰησοῦν) und besonders 13 38 (διὰ τούτου, nämlich den Auferstandenen wie Rm 4 25 6 10 11 I Kor 15 16 17 II Kor 5 15, ὑμῖν ἄφεσις ἁμαρτιῶν καταγγέλλεται) 39 (καὶ ἀπὸ πάντων, ὧν οὐκ ἠδυνήθητε ἐν νόμῳ Μωυσέως δικαιωθῆναι, ἐν τούτῳ πᾶς ὁ πιστεύων δικαιοῦται). Das ist nicht voller Paulinismus etwa im Sinne von Rm 1 17 8 3, sondern der Begriff der Rechtfertigung ist hier bloss negativ, als Absolution (nach Rm 6 7 δικαιοῦσθαι ἀπό τινος) gefasst, wobei gerade wie Lc 18 14 (κατέβη οὗτος δεδικαιωμένος παρ' ἐκεῖνον) vorausgesetzt ist, dass ein gewisses, wenn auch keineswegs vollgenügendes, Maass von Rechtfertigung auch durch das Gesetz des Moses (nach Gal 3 11 δικαιοῦσθαι ἐν νόμῳ) zu finden ist, nämlich Entlastung von Schwachheitssünden durch Opfer, gute Werke u. s. w.[1]. Erkennbar ist auch eine Beziehung auf die paulin. Versöhnungslehre 20 28 (τὴν ἐκκλησίαν τοῦ θεοῦ, ἣν περιεποιήσατο διὰ τοῦ αἵματος τοῦ ἰδίου), wozu freilich die nächsten Parallelen vom Deuteropaulinismus geboten werden Eph 1 14 Tit 2 14 I Pt 2 9 und darum auch die Rechtfertigung ähnlich wie Eph 5 25 (s. II, S. 256) auf die ganze Kirche bezogen wird[2]. Ebenso klingt 20 32 (δοῦναι τὴν κληρονομίαν ἐν τοῖς ἡγιασμένοις πᾶσιν) und 26 18 (λαβεῖν ἄφεσιν ἁμαρτιῶν καὶ κλῆρον ἐν τοῖς ἡγιασμένοις) die Vorstellungs- und Ausdrucksweise von Eph 1 18 = Kol 1 12 an. Die Scheidewand, deren Fall Eph 2 14 gefeiert wird, reisst Act 15 11 schon Pt nieder (διὰ τῆς χάριτος τοῦ κυρίου Ἰησοῦ πιστεύομεν σωθῆναι καθ' ὃν τρόπον κἀκεῖνοι). Wird durch Parallelen letzterer Art die Stelle im Entwickelungsgang der nachpaulin. Theologie bestimmt, auf welcher der Autor ad Theophilum sein geschichtliches Verständniss findet, so lassen dafür andere dasselbe, nicht eben sehr weitgehende, Maass der Nachwirkung ächt paulin. Briefe erkennen, welches auch schon bezüglich des 3. Evglms zu constatiren war[3]. Es ist richtig, dass der Verf.

---

[1] So richtig Schwegler II, S. 96, Zeller, Die Apostelgeschichte S. 299, Pfleiderer, Urchristenthum S. 577f, Overbeck S. 205, B. Weiss § 139a, Die Apostelgeschichte 1893, S. 175f. Dagegen finden die Meisten, zuletzt Schäder S. 35f hier den vollen Paulinismus.

[2] Nach Weiffenbach, Gemeinderechtfertigung oder Individualrechtfertigung? S. 85 ist das „eine auf das letzte Ziel vorauseilende, abgekürzte Betrachtungs- und Redeweise", sofern die Mittelglieder der Berufung und Rechtfertigung der Individuen dabei übersprungen werden. Vgl. Sohm, Kirchenrecht I, S. 102f, 348.

[3] Herkömmlicher und z. B. von Güder, Real-Encyclopädie ²IX 1881, S. 20, K. Schmidt S. 137f, A. Sabatier, L'auteur du livre des Actes des apôtres a-t-il connu et utilisé dans son récit les épitres de Saint Paul? (Bibliothèque de l'école des hautes études. Sciences religieuses I, 1889, S 202f), A. Harnack, Die Chronologie der altchristl. Literatur bis Eusebius I, 1897, S. 249 vertretener Brauch ist es, in Act jedwede Spur einer Bekanntschaft mit paulin. Briefen zu ver-

von Act gar nicht daran gedacht hat, seine Pls-Reden auf den Ton von Rm, Kor, Gal zu stimmen [1]. Aber ohne dass dabei schriftstellerische Kunstgriffe beabsichtigt wären, steht doch seine Darstellung 10 34 35 unter dem Zeichen von Rm 2 10 11 (παντὶ τῷ ἐργαζομένῳ τὸ ἀγαθόν, Ἰουδαίῳ τε πρῶτον καὶ Ἕλληνι, οὐ γάρ ἐστι προσωπολημψία παρὰ τῷ θεῷ) [2] und wäre 3 25 die Stelle Gen 22 18 ohne Vorgang von Gal 3 8 nicht in dieser Form citirt (εὐλογηθήσονται gegen den Grundtext passivisch) und ohne die Anweisung Gal 3 16 nicht auf Christus bezogen worden (ἐν τῷ σπέρματί σου). Nicht minder steht Erinnerung an die Naturoffenbarung Rm 1 19 20 im Hintergrunde der Redebildungen Act 14 16 17 17 26—28. Auch geschieht es wohl im Anschlusse an die paulin. Lehre Rm 1 4, wenn 13 32 die Gottessohnschaft nach Ps 2 7

missen, da anderenfalls der gegebene Bericht sich mit der Hinterlassenschaft des Pls besser vertragen müsste und nicht Anlass zu so vielen Streitigkeiten und Räthselaufgaben bieten dürfte. Mit Beziehung auf den Conflict von Act 15 mit Gal 2 stellt in der That VOLKMAR, Theol. Zeitschrift aus der Schweiz 1884, S. 153 die Frage: „Ist es nicht, als hätte der Verfasser dieser Apostelgeschichte (gleichviel welchen Namens) überhaupt keinen aller Briefe unter Pls' Namen, aber auch keine andere nach einem Apostel genannte Epistel jemals auch nur gesehen?" Gleichwohl kommt auch er S. 151, 155f, 158 zu dem Resultate, der Apostelgeschichtschreiber habe bei aller factischen Verleugnung des Gal-Briefes und directer Verschweigung der von ihm erzählten Data gerade diesen Brief bei seinem Vermittlerwerk mit vor Augen gehabt, z. B. bei „Syrien und Cilicien" 15 23 41 die Stelle Gal 1 21 und bei der unbestimmten Darstellung des Aufenthaltes in Damaskus 9 23 die Stelle Gal 1 17—10. Des Weiteren haben BAUR, ZELLER, HILGENFELD, WEIZSÄCKER, CASSELS und OVERBECK in Gal 2 die Voraussetzung von Act 15 erblickt. Dem fügte HAUSRATH IV, S. 238f noch bei die Behandlung der Collectenfrage II Kor 8 und 9 in Act 11 29 20, des Accommodationsgrundsatzes I Kor 9 21 in Act 21 20, die Ausführung der Vorgänge zu Philippi I Th 2 2 in Act 16 22. Von grösserem Belange scheint nur die Berufung auf Nachklänge des Rm-Briefes in 2 21 (= Rm 10 13) 5 9 (= Rm 3 15 10 15) 7 42 (= Rm 1 24 26 28) 51 (= Rm 2 29), wozu noch 14 10 17 (= Rm 1 19 20 24) 17 31 (= Rm 1 4) beizufügen wären. Auch seine Terminologie (Entschlafen 7 60 == I Kor 11 30 15 18 I Th 4 13) und Anschauungen wie von den gesetzvermittelnden Engeln (7 53 = Gal 3 10) verdankt er vielleicht dem Studium der paulin. Briefe, wenigstens der älteren und ächten unter ihnen. Greift doch WENDT zu Act [7], S. 213 sogar zur richtigen Deutung von 8 33 auf Phl 2 s—10 zurück. Wäre dem anders, so müsste man fast an der Identität des Apostelgeschichtschreibers mit dem 3. Evglsten, angesichts der Praxis aller mit dem Paulinismus irgendwie verwandten Schriftsteller des nachapostol. Zeitalters an seiner Zugehörigkeit zu dieser Classe, angesichts seiner sonstigen Belesenheit am Ende sogar an der Priorität der paul. Briefe irre werden.

[1] JÜLICHER S. 269: „Eine Ausnützung der Briefe Pauli zwar hat er sich entgehen lassen; diese Möglichkeit ist ihm wohl gar nicht eingefallen." Reservirter WENDT bei MEYER III [7] 1888, S. 24: „Dass der Verf. der Apostelgeschichte Briefe des Pls gekannt hat, braucht nicht beanstandet zu werden; dass er sie aber zu seinem schriftstellerischen Zwecke benutzt hat, dafür haben wir keinerlei sichere Anzeichen."

[2] Selbst nach FEINE S. 202.

mit der Erhöhung beginnt [1]. Im Uebrigen würde der Umstand, dass
Pls in Act wie ein Missionar spricht, nicht aber wie ein Theologe
schreibt, der geschichtlichen Richtigkeit des betreffenden Redegehaltes
keinen Eintrag thun (s. II, S. 207). Wohl aber ist längst und oft
bemerkt worden, dass der Pls von Act das kühne, reformatorische
Vorgehen des Pls der Geschichte jedenfalls nur in sehr abgeschwäch-
tem Maasse wieder erkennen lässt, dass er dieselben jüd. Lebensformen,
deren Beobachtung er Gal 2 14 (ἰουδαϊκῶς ζῆν, ἰουδαΐζειν) dem Pt zum
Vorwurfe macht, selbst einhält, so dass man dieser Darstellung zufolge
in der That Eines nicht mehr begreifen kann, wie nämlich Jemand,
der nicht bloss 24 14 dem Gott seiner Väter und dem Glauben an
Moses und die Propheten stets treu, sondern auch 23 1 6 24 15 26 5—7
nach wie vor ein Pharisäer im Glauben und Wandel bis zu dem
Grade geblieben ist, dass er 21 24 vollen Anspruch auf allgemeine
Anerkennung seines gesetzlichen Wandels erheben (στοιχεῖς καὶ αὐτὸς
φυλάσσων τὸν νόμον) und 21 21 die Nachrede, als wolle er den Juden
die Beschneidung ihrer Kinder ausreden, als eine schnöde Verdächti-
gung abweisen, ja 21 23 26 durch Uebernahme eines Nasiräates thatsächlich widerlegen kann, überhaupt jemals in einen derartigen Verdacht gerathen mochte. Die Nachricht, dass Pls die Beschneidung
des Timotheus veranlasst habe 16 3, bildet immer einen merkwürdigen
Contrast zu dem gesunden und einfachen Verständnisse von Gal 2 3, wornach er sich der Beschneidung des Titus mit Erfolg widersetzt hat;
und wenn Pls in jenem Falle den Umstand berücksichtigt hätte, dass
Timotheus, anders als Titus, doch schon von Geburt Halbjude gewesen war, so hätte er eben doch immerhin seinem eigenen Grundsatze I Kor 7 18 (ἐν ἀκροβυστίᾳ κέκληταί τις; μὴ περιτεμνέσθω) entgegen-
gehandelt. Und wenn er in dem in Rede stehenden Falle nur nach
dem Grundsatze I Kor 9 20 gehandelt hätte, „den Juden ein Jude zu
werden, um Juden zu gewinnen", so hätte er andererseits die Gal
5 2—4 ausgesprochene Ueberzeugung, wornach aus der Beschneidung
unweigerlich die Verpflichtung auf das ganze Gesetz folgt und darum
als Kehrseite der vollzogenen Beschneidung der Abfall von Christus
gilt, entweder nie gehabt oder sie gänzlich verläugnet. Dafür gilt seine
Predigt in Act, ähnlich der eines philosophirenden Wanderlehrers,
vor Allem dem Rechte des Monotheismus und einer reinen Sittlich-
lichkeit gegenüber dem Heidenthum [2]. In jener Beziehung steht der
allmächtige Lenker der Völkergeschichte 14 15 16 17 26, der keines
Menschendienstes bedarf 17 24 25, da er allein der Welt ihren Lebens-

---

[1] Vgl. Jüngst S. 199, Clemen, StKr 1895, S. 347.
[2] Hausrath IV, S. 246.

odem spendet, so dass hinwiederum 17 28 die Creatur in ihm lebt und webt[1], allerdings in einem ausserordentlich wirksamen Contrast zu dem in den Reden des 1. Theils gefeierten Gott Israel's, dessen Wille und Gedanken im Gesetz des Moses und in den Weissagungen der Propheten gleichsam zur Schrift erstarrt sind[2]. Aber irgend welcher Differenz ist sich Lc so wenig bewusst, als etwa die grosse Heidengemeinde jener Zeit eine Schwierigkeit in dem Unternehmen gefunden hat, ihre überkommenen Gottesbegriffe, soweit dieselben bereits philosophisch geläutert waren, mit dem alttest. Gottesbilde zusammenzulegen. Im Uebrigen behandeln die Pls-Reden selbstverständlich noch das Thema von Jesu Messianität, Auferstehung und Wiederkunft zum Gericht, um von letzterem Punkte aus dann den Ernst der Forderungen einer strengeren und tieferen Sittlichkeit zu begründen. Er spricht 24 25 „von der Gerechtigkeit und Keuschheit und von dem zukünftigen Gericht".

Aber bei aller Verschiedenheit des Colorits ihrer Reden vertreten doch beide Heidenapostel überall dieselbe Sache, und kann von Differenzen und Spannungen, wie die Wirklichkeit des apostol. Zeitalters sie zweifellos aufwies, in einer Darstellung, die schon von der Voraussetzung wesentlicher Kircheneinheit ausgeht, im Ernst nicht mehr die Rede sein. Nicht um die innere Einheit und Verträglichkeit des urapostol. Judenchristenthums und des paulin. Heidenchristenthums etwa erst zu erweisen, hat der Autor ad Theophilum die Feder ergriffen, sondern er weiss gar nicht anders, als dass eine solche Einheit besteht, bestehen muss und darum auch von jeher bestanden hat. So beurtheilt er im Allgemeinen bona fide die Vergangenheit vom Standpunkte der Gegenwart aus, welche beider Apostelnamen in gleicher Weise froh geworden ist[3], wie sie denn hier auch in irgend

---

[1] PFLEIDERER S. 590: „In allem dem verräth sich eine Anschauungsweise des Verfassers der Rede, welche den Apologeten des 2. Jahrh. ungleich näher steht als dem ächten Paulinismus. Wir sehen da also den interessanten Fall, dass der geschichtliche Pls von seinem Biographen hier ebenso mit einem Stich in's Heidnische verzeichnet ist, wie sonst mit einem Stich in's Jüdische."

[2] Vgl. JÜXOST S. 212 trotzdem, dass S. 198f die späteren Theile von Act im Allgemeinen denselben Glaubenskreis vertreten wie die früheren.

[3] In dieser Richtung hat THEODOR KEIM, Protest. Kirchenzeitung 1872, S. 90f, 148f, Aus dem Urchristenthum 1878, S. 46f, 64f geltend gemacht: die scheinbare Bevorzugung des Pls habe ihren Grund nur in der persönlichen Stellung des Verfassers auf der paulin. Linie, während ihm bei seiner Absicht, die Welteroberung des Christenthums durch die beiden Apostelheroen zu schildern, Pt ein ebenso theurer Besitztitel sei, auf welchen er nimmermehr verzichten, ohne den er eine Kirche sich nicht denken könne. Von diesem Gesichtspunkt aus wurde KEIM dazu geführt, das Maass geschichtlicher Glaubwürdigkeit so weit auszudehnen, dass auch die Entscheidung des jerusalemischen Concils, die Be-

welchem Maasse auf ein Parallelitätsverhältniss gebracht sind. Dass
diese Namen niemals ganz dasselbe, zeitweise sogar Entgegengesetztes
bedeutet haben, war bei Mt noch zu merken, beim 3. Evglst und
Apostelgeschichtschreiber nicht mehr. Höchstens ein einziger Fall
lässt sich nachweisen, wo er das Bedürfniss empfindet, einem Eindruck
von Disharmonie zu begegnen, welchen der Leser etwa von den Pls-
briefen her mit zur Lectüre des Werkes bringen mochte, sofern er
nämlich Act 15 ı—33 an Stelle von Gal 2 ı 2 5—10, Act 16 3 4 an Stelle
von Gal 2 3 4 und Act 15 35—41 an Stelle von Gal 2 11—19 setzt[1].
Eine solche Metamorphose war nun einmal schlechterdings geboten,
wenn die Voraussetzung bestehen bleiben sollte, dass das Heidenchristenthum nicht etwa erst mit der Zeit und in Folge eines heftigen
Kampfes die Schranken der Urgemeinde durchbrochen hatte, sondern der Universalismus dem Christenthum von vornherein eingestiftet
war, wie solches 1 8 2 6—11 erzählt und schon 2 39 3 25 26 den Juden
eröffnet wird. Daher auch gleich Pt die Heidenmission eröffnet
10 ı—11 18, und Pls auch in dieser Beziehung nur in schon gebahnte
Wege eintritt, zu deren Beschreitung ihn 15 ı—34 die Urgemeinde
selbst ausdrücklich bevollmächtigt. Ganz nach dem kathol. Schema
wird die alttest. Religion an sich als identisch mit dem Christenthum
vorgestellt, während das Judenthum als Nation gerade um seines

schneidung des Timotheus und andere, selbst einem so treuen Nachfolger, wie
H. ZIEGLER, Protest. Kirchenzeitung 1878, S. 971f verdächtig erscheinenden,
Punkte dadurch gedeckt werden. Aehnlich steht auch OTTO PFLEIDERER, Der
Paulinismus 1873, S. 495 f, [2]1890, S. 500 f, JpTh 1883, S. 78 f, Das Urchristenthum
1887, S. 544 f, 548, 569, 601, welchem zufolge Act eine parallele Darstellung der
Hauptapostel geben will, um die innere kirchliche Einigung und Verträglichkeit
der beiden von ihm ausgegangenen Richtungen am Beispiele der beiderseitigen
Patrone zu erläutern und gerechtfertigt erscheinen zu lassen. So gewiss durch
solche Tendenz aber Auswahl und Anordnung des Stoffes bedingt erscheinen, so
wenig dürfe daraus ein Vorurtheil gegen die Geschichtlichkeit des Details erwachsen, zumal da der Verfasser die Verhältnisse der apostol. Zeit offenbar
harmlos aus dem Bewusstsein seiner eigenen Gegenwart aus beurtheile und daher
nur gewissermaassen unfreiwillige Verstösse begangen habe, indem er eben die
Ereignisse so, wie sie sich in seinem und seiner Zeitgenossen Geiste ausnahmen
und wie sie dem erbaulichen und apologetischen Zwecke des Werkes entsprachen,
zur Darstellung bringt. Aber auch auf diesem neu gewonnenen Standpunkte bestehen noch zu Recht die alten Fragen nach dem Verhältnisse des theol. Vorstellungskreises des Lc einerseits zum judenchristl., andererseits zum paulin.,
nach dem Maass und Umfang der Geschichtlichkeit des Bildes, welches er sich
von der apostol. Zeit macht, und sogar auch nach dem Reste von bewusster
Absichtlichkeit, welcher neben mangelnder Kenntniss bei seinen Abweichungen
von der wirklichen Geschichte etwa noch mitspielt.

[1] So im Gegensatze zu KEIM, PFLEIDERER, SABATIER, die in Act keine Spur
von Gal wahrnehmen, und gegen STECK, welcher das schriftstellerische Verhältniss
umdreht, OVERBECK S. 216, H. HOLTZMANN, ZwTh 1883, S. 164f und WEIZSÄCKER
S. 175 f.

Widerspruches mit dem Christenthum willen als in sich unmöglich
preisgegeben wird. Es ist eine von ihrem nationalen Boden abgelöste
Religion, welche hier als Einheit des altprophetischen wie des neu-
apostol. Glaubens erscheint. Und auf diesem Wege haben sich neben
dem, ganz im Universalismus aufgegangenen, Paulinismus auch gewisse Grundgedanken der jüd. Gesetzesreligion erhalten, welche sich
durch ihre praktische Handgreiflichkeit sowohl als durch ihre Verwandtschaft mit dem Wesen der antiken Religion überhaupt selbst
dem heidenchristl. Verständnisse besser empfahlen, als die für keinerlei
Massenchristenthum zugänglich gewesenen, tieferen Ideen des Paulinismus. Wir sind mithin, wie bei Mt, so auch bei den beiden Büchern des
Lc, schliesslich auf der Schwelle des Katholicismus angelangt[1].

10. Die Apokalypse.

Die Grundstimmung des Urchristenthums war nach dem oben
(S. 365) Gesagten eine apokalyptische. Je drückender die Lage der
Messiasgläubigen sich anliess, desto mehr wuchs der Geschmack an
dieser aus dem Judenthum überkommenen Erbschaft. Ueberall begegnen Prophetenstimmen und Geisteskundgebungen, Gesichte und
Offenbarungen, Uebernahme jüd. Eschatologie und Erneuerung apokalyptischer Ueberlieferungen bald in Ausführung einzelner Lehrstücke
wie II Th 2 1—12 (s. II, S. 190f), bald in ganzen Zukunftsprogrammen,
wie die kleine Apokalypse, welche die Snptker unmittelbar vor die
Leidensgeschichte gestellt haben (s. oben S. 326f). In theilweise
künstlerische Fassung gebracht, stellen sich diese Stoffe dar in der
johann. Apk, welche sich direct an die, in die gleiche Literatur-
gattung gehörigen, Producte des Spätjudenthums anreiht (s. S. 42f).

Von einem „Lehrbegriff" des Buches[2] könnte eigentlich erst
dann geredet werden, wenn die literarkritische Controverse ein einigermaassen gesichertes Ergebniss abgeworfen hätte und mit einiger Zuversicht zu sagen wäre, was lediglich übernommenes oder eingeschal-
tetes Gut, was Grundeigenthum des Verf. ist. Insonderheit müsste
die Frage nach dem jüd. Charakter, sei es des Grundstockes, sei es
grosser Enclaven des Buches, erst zum Austrag gebracht sein. So
wie die Dinge liegen, mangelt es dem Werk in Bezug auf theol. Charakter sehr an Einheitlichkeit[3]. Unverfälschtes Judenthum und aus-

---

[1] P. W. SCHMIEDEL, Allgemeine Encyklopädie der Wissenschaften und
Künste, 2. Section, Bd. 32, 1883, S. 326 beurtheilt Act als „ausgezeichnete Hin-
überleitung aus den Wirren der apostol. Zeit in die kathol. Einheit".
[2] GEBHARDT, Der Lehrbegriff der Apk 1873, HOEKSTRA, De Christologie
der Apocalypse: ThT 1869, S. 363f.
[3] So VISCHER, Die Offenbarung Joh, eine jüd. Apk in christl. Bearbeitung
1886, S. 3f, BOUSSET zu Apk, bei MEYER XVI 5 1896, S. 160f.

gereiftes Christenthum liegen unvermittelt nebeneinander: durchweg
zwei sich ausschliessende Gedankencomplexe. Indessen muss von vornherein unterschieden werden zwischen einer jüd. Grundlage[1] der apokalyptischen Gedankenwelt und einer jüd. Grundlage von Apk als
literarischem Product. An jener kann gar kein Zweifel bestehen. Sie
erhellt fast Zeile für Zeile aus der Fülle alttest. Reminiscenzen, der
angehäuften Reproduction prophetischer Bilder, dem stehenden Gebrauch apokalyptischer Darstellungsmittel[2]. Das trotz seiner Sünde
11 13 nur mit einer verhältnissmässig leichten Heimsuchung bedrohte
Jerusalem ist die „heilige" und „geliebte Stadt" 11 2 20 9, die „Stadt"
schlechthin 14 20, und als Mutter des Messias erscheint 12 1 2 5 die
Theokratie. Im letzten Hintergrunde steht 11 15 12 10 eine „Herrschaft Gottes und seines Christus" mit jerusalemischem Mittelpunkte
20 9. Die Erde also ist der nächste Schauplatz der gehofften
Seligkeit, und, wenn sie vergangen, werden 21 1 zum deutlichen Beweis
der ächt jüd. Materialität dieser Weltanschauung eine neue Erde und
ein neuer Himmel geschaffen. Auch damit geht Apk nur gradweise
über die synopt. Evglien und selbst über die paulin. Vorstellungswelt
hinaus[3]. Wie sonst in der jüd. Theologie ist der Himmel auch hier
idealisirtes Urbild der Erde; dort oben ist der wahre Tempel mit der
Bundeslade 11 19 und das himmlische Jerusalem 3 12 21 2 10. Aber
auch das ist z. B. in Hbr gerade so (s. II, S. 292). In jenem ur-
bildlichen Heiligthum sitzt auf seinem himmlischen Throne Gott als
der in Donner und Blitz sich offenbarende „Allherrscher" (παντοκράτωρ
1 8 4 8 11 17 15 3 16 7 14 19 6 15 21 22), sonst nur noch II Kor 6 18, vgl.
auch βασιλεύς 15 3 und δεσπότης 6 10), dessen Haupteigenschaft die
strafende Gerechtigkeit ist. Rache und Vergeltung gehen von ihm
aus[4]. Einen gut jüd. Ton schlagen der Rachepsalm 6 9—11 und Worte
von ein-, zwei- und dreifacher Vergeltung, von verzehrendem Zorn
und Vernichtungsgericht Gottes 6 16 14 10 11 19 20 16 1 18 6—8 19 2 15
17—21 an[5]. Die ganze Zukunftshoffnung des Buches ist getragen von
Hass und Sehnsucht nach Bestrafung des feindlichen Heidenthums,
welches wie als religiöse, so auch als politische Macht durchaus das
Reich des Teufels bildet und in der Erscheinung eines persönlichen
Feindes Gottes und seiner Heiligen gipfelt. Die endliche Vernich-

---

[1] REUSS, Geschichte der hl. Schriften NT [6]S. 149: „Thatsache ist, dass das
Buch ohne jüd. Unterlage gar nicht zu verstehen wäre."
[2] VÖLTER, Die Entstehung der Apk [2]1885, S. 109 f, 138 f, 160 f, 167.
[3] BAUR S. 211.
[4] BAUR S. 227.
[5] Ausreden bei GEBHARDT S. 30 und WIESELER, Zur Geschichte der neutest.
Schrift 1880, S. 126.

tung der heidnischen Weltmacht wird 19 17—21 unter dem Bilde eines den Vögeln bereiteten Frasses vorgestellt. Das Alles ist, so gut wie der himmlische Apparat der Cherube und Engelschaaren, aus dem Judenthum übernommen. Nur die 24 Aeltesten sind, vielleicht als symbolische Repräsentanten des erlösten Gottesvolkes [1], wohl eine originelle Schöpfung des christl. Geistes. Weiterhin ist auch das Wesen der Religion durchaus im Geiste des AT gefasst als Furcht Gottes 11 18 14 7 15 4 19 5 [2], die sich bewährt im praktischen Verhalten. Daher die grosse Bedeutung der Werke 2 2 5 19 23 26 3 1 2 8 15 14 13 18 6 20 12 13 22 12 [3], die 2 23 den Maassstab der Vergeltung bilden gerade wie bei Mt (s. oben S. 428) [4]. Diese Werke müssen vollkommen sein „vor Gott" 3 2, d. h. seinen Geboten durchaus entsprechen. Damit sind hier aber keineswegs etwa die durch Moses gegebenen Gebote gemeint [5], sondern die Werke sind 2 26 Jesu Werke, und das Halten der Gebote Gottes (τηρεῖν τὰς ἐντολὰς τοῦ θεοῦ 12 17 14 12) ist gleich dem Halten des Wortes Jesu (τηρεῖν τὸν λόγον τοῦ Ἰησοῦ 3 8) [6]. Demgemäss tritt dem Worte Gottes 1 2 9 20 4 coordinirt zur Seite das Zeugniss Jesu (ἡ μαρτυρία Ἰησοῦ), und subjectiv entspricht dem der „Glaube an Jesus" (ἡ πίστις Ἰησοῦ 14 12). Im Uebrigen beziehen sich die Ausdrücke Glaube (2 13 19 13 10) und gläubig (πιστός 1 5 2 10 13 3 14 17 14 19 11 21 5 22 6), ohne die gemein biblische Bedeutung Glauben zu verleugnen, vorwiegend auf Zuverlässigkeit, wo es gilt, treu auszuharren und Stand zu halten [7]; daher die nahe Verwandtschaft des Glaubens mit der Ausdauer (ὑπομονή 13 10, aber auch 2 19, wo ἔργα, ἀγαπή, πίστις, διακονία und ὑπομονή coordinirt erscheinen). Sind schon damit die Werke hinlänglich gegen den Verdacht der jüd. Gesetzlichkeit gesichert, so wird auch 2 24 ausdrücklich den Gemeinden „keine andere Last" auferlegt ausser Enthaltung von Götzenopfer und Hurerei 2 14 20, vgl. Act 15 28 29 [8]. Aber wenn auch der Mosaismus als

---

[1] GEBHARDT S. 50.   [2] BAUR S. 224. HOEKSTRA S. 390.

[3] Vgl. HILGENFELD, Urchristenthum S. 69, K. R. KÖSTLIN, Lehrbegriff S. 490 f, HOEKSTRA S. 387, WEIZSÄCKER [2]S. 507. Abschwächungen bei GEBHARDT S. 173f.

[4] Ueber die Berührungen mit Mt überhaupt vgl. v. SODEN, S. 158f, über die mit Lc S. 132f.

[5] B. WEISS § 135 a.

[6] WEIZSÄCKER S. 508: „Seine Lehre wird nicht mehr an dem Gesetz gemessen, sondern umgekehrt das ganze Gebot Gottes an seinem Worte."

[7] Vgl. KRENKEL, Der Apostel Joh 1871, S. 103, BAUR S. 224, GERHARDT S. 158f, JÜLICHER, Einleitung S. 174. Dagegen B. WEISS § 135 b.

[8] Aus Vergleichung von Apk 2 6 14 20 24 3 11 mit Act 15 28 29 geht hervor, dass man sich zur Zeit von Apk heidenchristlicherseits bereits auf dem Wege zu dem, im sog. Aposteldecret formulirten und in die Zeit der Apostel zurückdatirten, Compromiss in Bezug auf äussere Lebensführung befand. Vgl. H. HOLTZMANN, ZwTh 1883, S. 160, auch RITSCHL, Altkathol. Kirche [2]S. 134f und B. WEISS § 135 a

nationale Form des gesetzlichen Princips dahinten liegt, so bezeichnet
es doch das Niveau der gesetzlichen Sittlichkeit überhaupt, wenn
19 8 die „Rechtthaten der Heiligen“ von den sittlichen Subjecten, die
sie hervorbringen, ablösbar, als etwas Selbständiges, nämlich als glän-
zendes Linnenkleid der Braut auftreten [1]. Die Seligkeit endlich erscheint einfach unter dem Gesichtspunkte des Lohnes 11 18 22 12.

Entsprechend dem Hauptzweck der Schrift, das Hoffen und
Harren der leidenden Gemeinde auf das nahe Kommen des Herrn
und die Errichtung seines Reiches der Herrlichkeit neu zu beleben,
bringt dieselbe vor Allem in die bevorstehende Endzeit eine anschau-
lichere Perspective, als dies in den übrigen prophetischen Fragmenten
des NT's der Fall ist. Die gottfeindliche Weltmacht wird unterliegen und
an ihre Stelle ein irdisches Reich der Herrlichkeit treten, aufgerichtet
durch den Herrn, dessen glanzvolle, sieghafte Wiederkunft 19 11—16
mit dem Auftreten der beiden Zeugen 11 3—12 eingeleitet wird. Dass
dieses schon von Pls angenommene Zwischenreich (s. II, S. 202) eine
Friedens- und Ruheperiode von tausendjährigem Bestand sein wird
20 2 3 7, ist im Grunde die einzige Bereicherung, welche der bibl.
Theologie aus dem Vorstellungsgehalte unseres Buches zufliesst. Begegnet uns in einem solchen Abschlusse der irdischen Entwickelung
nur ein wohlbekanntes Erbstück der jüd. Apokalyptik (s. S. 77f), so
erscheinen jetzt anstatt der jüd. Heiligen natürlich die Messiasgläubigen,
die zuvor „in dem Herrn gestorben sind“ 14 13, vor Allem die Märtyrer
20 4, als an dieser ersten Auferstehung betheiligt und werden demgemäss als „Priester Gottes und seines Christus“ 20 6 an der Weltregierung des Letzteren Theil nehmen 5 10. Nach Vollendung der 1000 Jahre
wird der Satan aus seinem Gefängniss im Abgrunde los und läuft
im Verein mit den barbarischen Völkern am äussersten Nordrande der
Erdscheibe, Gog und Magog, noch einmal, allerdings auch ein letztes
mal, Sturm gegen „das Lager der Heiligen und die geliebte Stadt“.
Aber das Feuer vom Himmel verzehrt die tobenden Feinde, und
das Thier sammt allen seinen Anhängern, darunter auch der falsche
Prophet, werden in den Feuerofen geworfen. Dann erst treten als
Schlussacte, die allgemeine Auferstehung, das grosse Weltgericht und
die ewige Scheidung in Selige und Verdammte ein; jene im Himmel,
diese in der Hölle. Der Mittelschauplatz dieser Erde ist verschwunden. Es folgt nur noch das Schlusstableau des im Himmelsglanze
strahlenden, oberen Jerusalems, das, mit lauter jüd. Farbenstoffen

---

[1] Vgl. BAUR S. 225f, KRENKEL S. 104. Ausflüchte bei GEBHARDT S. 176,
Falsches bei B. WEISS § 132d, 135a.

ausgemalt[1], freilich nur dem Geschmack an orientalische Pracht genügt, nicht etwa den griech. Sinn für Maass und Schönheit aufweist[2]. Wenigstens dem Gesetz der Symmetrie ist mit einer kubusförmigen Stadt 21 16 nicht gedient.

Die grossartigen Erwartungen, welche an die Erscheinung des Messias geknüpft werden, führen naturgemäss gesteigerte Anschauungen von der Person dessen mit, welcher auf solche Weise Gottes Sache zum Siege führt[3]. Auf die Wirksamkeit dieses Motives ist es zurückzuführen, wenn die alttest. und jüd. Messiasbegriffe zwar die unterste Grundlage der Christologie bilden, zugleich aber allseitig überboten und überwunden werden, so dass ein solches Beisammensein aller bibl., wohl auch jüd., Lehrstufen im NT durchaus beispiellos dasteht[4] und ein Hauptanlass zu den, die Einheitlichkeit der Composition aufgebenden, Hypothesen der Gegenwart geworden ist. Abgesehen vom Eingang (mit seinem paul. Ἰησοῦς Χριστός) und Schluss (das gleichfalls paul. ὁ κύριος Ἰησοῦς 22 20 21), steht als Eigenname nur Jesus (1 9 12 17 17 6 19 10 20 4 22 16), während „der Christus (Gottes)" noch Amtsname ist 11 15 12 10 20 4 6. Wie sehr aber die alttest. Merkmale des theokratischen Königs maassgebend sind für die Christologie[5], zeigt der Heidenbeherrscher 2 26, der die Völker mit eisernem Stabe weidet 2 27 12 5 19 15 (Bild gewaltsam geübter Herrschaft nach Ps 2 9, messianisches Signalement auch Ps Salom. 17 26), ein Schwert im Munde hat 1 16 2 12 16 19 15 nach Jes 11 4 (nachwirkend auch Ps Salom. 17 27), während der danielische Menschensohn 1 7 13

---

[1] WEBER S. 357 f, 381 f, 386.

[2] HAWEIS, Christ and Christianity 1886, S. 196.

[3] BAUR S. 214. HOEKSTRA S. 363 f.

[4] Vgl. schon BAUR S. 218 f, neuerdings BOUSSET S. 161: „ein wirres Conglomerat verschiedenster Vorstellungen." S. 280: „Die Christologie der Briefe zeigt in vielen Punkten noch die realistischen und kräftigen Züge der jüd.-messianischen Gedankenwelt," S. 299: „einige naturwüchsige, ungewohnte Züge eines national orientirten Judenchristenthums." Andererseits ist sie S. 280 „die scheinbar fortgeschrittenste im ganzen NT." „Wir haben in ihnen einen von aller theol. Reflexion unberührten Laienglauben, der mit unbekümmerter Naivetät Christus in seinen Prädicaten und Attributen mit Gott einfach identificirt und auf der anderen Seite auch ganz archaistische Elemente ruhig übernimmt." Vgl. auch S. 325. Diese heterogenen Factoren der apokalyptischen Christologie konnten natürlich bei den neueren Versuchen, das Werk in seine Elemente zu zerlegen, gute Dienste thun. So ist bei VÖLTER, Das Problem der Apk 1893, S. 453 f der Standpunkt des Urapokalyptikers ein durchaus particularistischer; Universalismus, metaphysische Christologie mit Präexistenz und Logosgedanken sind S. 502 f, 515 f später hinzugewachsen. Auch WEYLAND, Omwerkings- en compilatie-hypothesen toegepast op de Apk von Joh 1888, S. 84 f erklärt aus seiner Quellentheorie die unausgeglichenen Contraste des apokalyptischen Christusbildes.

[5] HOEKSTRA S. 400 f. v. SODEN, JdTh 1884, S. 634 f.

14 14, ja auch der danielische „Alte der Tage" 1 14 durchblicken. Der nur 2 18 vorkommende Gottessohn wird 27 ausdrücklich auf Ps 2 8 9 zurückgeführt. In diesem Sinne also nennt er Gott nicht bloss (2 7) 3 2 12 seinen Gott, sondern auch 2 27 3 5 21, vgl. 1 6 14 1, seinen Vater, während an den Vater der Menschen oder der Christen nur 21 7 erinnert. Der Welt und ihren Königen gegenüber ist Christus Oberkönig 1 5, heisst „König der Könige" und „Herr der Herren" 17 14 19 16, wie Gott im AT; den Gläubigen gegenüber steht er da als Herr 11 8 14 13 22 20 21, sie sind seine Knechte 1 1 2 20. Sehr unsicher scheinen die Versuche, die Person des Christus nach sonstigen apokalyptischen Analogien in die Reihe der Engelwesen einzugliedern, wozu bald in 14 14 [1], bald in 22 6 [2] ein Anlass gefunden werden konnte.

---

[1] Nachdem von BEDA über CALOV bis herab auf HENGSTENBERG viele Ausleger in dem Engel 7 2 8 3 (nur hier versagt HENGSTENBERG) 10 1 (hier findet sich auch LÜHR, Die Offenbarung Joh 1890, S. 25 hinzu) und 18 1 20 1 (CALOV und HENGSTENBERG) Christus gefunden hatten, lag es nahe, den apokalyptischen Messias als ein präexistirendes Wesen unter die Engel zu versetzen. So HOEKSTRA S. 373f, 397f, HILGENFELD, Einleitung S. 438, 443, 450f, ZwTh 1870, S. 288, 1882, S. 398, 1890, S. 453, weil dem 14 1 erwähnten ἀρνίον 14 6 8 9 3 „andere Engel" und dem 14 14 erwähnten ὅμοιος υἱῷ ἀνθρώπου (vgl. 1 13) 14 15 17 18 abermals 3 „andere Engel" zur Seite treten, wie denn auch ein Engel geeignet sei, den „Anfang der Schöpfung Gottes" 3 14 zu bilden. Auch nach Anderen soll jener Menschensohn ein Engel und darum entweder gerade nicht der Messias sein (VÖLTER [2] S. 13, 21, 86, 106, Das Problem der Apk S. 235f) oder diesen nur vertreten und vorstellen (GROTIUS, EWALD, DE WETTE), oder es soll der ursprünglich gemeinte Messias nachträglich als Engel verstanden worden sein (WEIZSÄCKER [2] S. 512), falls nicht das ἄλλος 14 15 geradezu dem christl. Redactor zugeschoben und angenommen wird, der 14 6 vorausgesetzte Engel sei bei der Redaction getilgt worden (SPITTA S. 144f, 155f). Da übrigens der „Menschensohn" unartikulirt, ohne die Zuspitzung in der bekannten Selbstbezeichnung Jesu steht, darf auf keinen Fall an letztere, viel eher aber an Hen 46 1 erinnert werden, wo der Messias gleich einem Menschen ist mit dem Angesicht eines Engels; vgl. SPITTA S. 155.

[2] Der 22 6 redende Engel 8 9 scheint 7 12 13 geradezu als Jesus selbst zu sprechen (HILGENFELD S. 446), zur grossen Verlegenheit der Ausleger, welche bald den Engel 1 1 22 6 16 als die Personification der ganzen Offenbarungsthätigkeit fassen (GEBHARDT S. 40f), bald den Engel 22 6 wenigstens im Namen Jesu reden lassen (DÜSTERDIECK und B. WEISS zu Apk 1891, S. 223), den 22 16 auftretenden Engel aber im Unterschiede von dem 1 1 22 6 genannten auf den Johannes selbst beziehen (B. WEISS S. 224), bald den Engel 22 8 durch Streichung von τοῦ ἀγγέλου in Christus verwandeln (SPITTA S. 222f, 226f). In Wahrheit ist der Engel 1 1 mit dem 22 6 16 erwähnten, dieser aber mit dem Schalenengel 17 1 21 9 identisch, während 22 7 10—16 Christus selbst unvermittelt das Wort nimmt (vgl. BOUSSET S. 211, 523f). Uebrigens ist nicht zu übersehen, dass den Engeln überhaupt in unserem Buche als Ueberbringern göttlicher Befehle, Beherrschern der Elemente und Ausrichtern der Strafgerichte eine bedeutende Rolle zugewiesen ist, und nicht ohne Grund findet WEIZSÄCKER S. 511f in dem zweimaligen Verbot der Anbetung eines Engels 19 10 22 9 eine nothwendig gewordene Polemik gegen Engeldienst. Dieser aber würde den Auswuchs einer essäisch-christl. Rich-

Bleibt aber der Messias hiernach auch Mensch aus Juda's und David's Stamm 5 5 22 16, so tritt er doch andererseits schon in die Sphäre der Gottheit ein [1]. Das Kind der Theokratie 12 2 wird 12 4 5 den Nachstellungen des Teufels entzogen und auf den göttlichen Stuhl entrückt, d. h. zu göttlichem Rang erhoben, wobei die Art, wie 12 5 Geburt und Tod in den Rahmen Eines Augenblickes zusammengefasst werden, nur zeigt, wie wenig der irdisch erschienene Jesus in der Gedankenwelt des Verf. bedeutet [2]. Im Vordergrunde steht für ihn vielmehr derjenige, der sich als „Erstgeborener der Todten" 1 5 (18 2 8) in den Himmel erhoben und auf seines Vaters Stuhl gesetzt hat 3 21 7 17, welcher nunmehr auch zum Throne des Lammes geworden ist 22 1 3. Eben damit hat er den Teufel, welcher bisher noch im Himmel wohnte, aus demselben verdrängt 12 7—10 [3], ist Sieger geworden 3 21 5 5 und hat die Schlüssel wie zum Hause Gottes 3 7, so zu Tod und Unterwelt 1 18 [4].

Die Apotheose des apokalyptischen Christus erhellt aus der Uebertragung alttest. Aussagen von Gott auf Christus (wie z. B. Rm 14 11 vgl. mit Phl 2 10 11). So kommt ihm das 1 4 8 4 8 (11 17) umschriebene Tetragrammaton (ὁ ὢν καὶ ὁ ἦν καὶ ὁ ἐρχόμενος) zwar nicht direct zu, aber wenigstens der zukünftige Gott ist nicht ohne ihn zu denken (das an die Stelle von ὁ ἐσόμενος tretende ὁ ἐρχόμενος enthält eine Beziehung auf Christus, von welchem das ἔρχεσθαι sonst in Apk immer ausgesagt wird): nur in und mit seinem Messias kommt Gott. Verwandte Gottesbezeichnungen wie der Erste und der Letzte (ὁ πρῶτος καὶ ὁ ἔσχατος und ἡ ἀρχή καὶ τὸ τέλος = τὸ Ἀ καὶ τὸ Ω 1 8 21 6 nach Jes 44 6) finden sich 1 17 2 8 22 13 ebenso als Selbstbezeichnungen im Munde des Christus [5]. Irgendwie weist auf den Gottesnamen auch der neue Name 3 12, der unbekannte Name 19 12 zurück [6]. Daher ist er 1 18 „der Lebendige", wie Gott 4 9 10; er „lebt von Ewigkeit zu Ewigkeit", wie Gott 10 6; er theilt mit Gott die

---

tung bilden können, zu deren Annahme ausser der Verwandtschaft des Messiasbildes mit der Engelvorstellung der jungfräuliche Charakter der Auserwählten 14 4 5 und die weissen Gewänder und Waschungen 1 5 7 14 22 14 Anlass gegeben haben. So Hilgenfeld, Einleitung S. 438f, 446, 449f, Hausrath III, S. 487, Resch Formalprincip S. 56.

[1] Reuss, Histoire I, S. 460f. Beyschlag II, S. 389. Bousset S. 218: „Speculative Gedanken und jüd.-messianische Vorstellungen liegen hier nebeneinander."

[2] v. Soden S. 636.

[3] Gegen Gebhardt S. 58f.

[4] In der rabbinischen Literatur ist Gott der Besitzer dieser Schlüssel. Vgl. Bousset S. 230.

[5] Bousset, S. 280: „Das geht über die Theologie des Pls hinaus."

[6] Baur, Neutest. Theol. S. 215.

Eigenschaft der Allwissenheit 1 14 2 18 19 12 (Augen wie Feuerflammen) 2 23 (prüft Herzen und Nieren). Wie 22 6 Gott selbst „der Gott der Geister, der Propheten" (vgl. 1 4 4 5) heisst, so ist Christus Träger des siebenfältigen Gottesgeistes 3 1 5 6 [1]. Auf ihn beziehen sich die Doxologien 1 6 (vgl. auch 7 10), nnd es wird ihm 5 8 12—14 eine ähnliche Anbetung zu Theil, wie 7 12 19 10 22 9 Gott [2]. So wenig wie diesen, kann jenen 1 17 ein Sterblicher ohne Gefahr erblicken, und wie Gott, so wird 20 6 auch ihm gedient im tausendjährigen Reich [3].

Geht Solches sicherlich über die primitive Christologie in paulin. Richtung hinaus, so entspricht es auch auf der Kehrseite genau dem paulin. Lehrbegriff, wenn eine übertragene Würde keine im strengen Sinn göttliche sein kann, vielmehr der Abstand zwischen Gott und Christus immer wieder durchblickt [4]. Vom Vater hat der Sohn seine Herrschaft empfangen 2 27. Ihn nennt Christus nicht bloss gelegentlich, wie Joh 20 17, sondern in den Eingangsbriefen durchweg 2 7 3 2 12 seinen Gott.

Liegt das Alles durchaus nicht unter der paulin. Höhenlinie, so scheinen geradezu Uebertragungen aus Kol 1 15 18 vorzuliegen, wenn Christus 3 14 „der Anfang der Schöpfung Gottes" ($\dot{\eta}$ $\dot{\alpha}\rho\chi\dot{\eta}$ $\tau\tilde{\eta}\varsigma$ $\varkappa\tau\dot{\iota}\sigma\epsilon\omega\varsigma$ $\tau o\tilde{\upsilon}$ $\vartheta\epsilon o\tilde{\upsilon}$) und 1 5 „der Erstgeborene der Todten" ($\dot{o}$ $\pi\rho\omega$$\tau\dot{o}\tau o\varkappa o\varsigma$ $\tau\tilde{\omega}\nu$ $\nu\epsilon\varkappa\rho\tilde{\omega}\nu$) heisst [5]. Letzteres hat an Ps 88 28 ($\varkappa\dot{\alpha}\gamma\dot{\omega}$ $\pi\rho\omega$$\tau\dot{o}\tau o\varkappa o\nu$ $\vartheta\dot{\eta}\sigma o\mu\alpha\iota$ $\alpha\dot{\upsilon}\tau\dot{o}\nu$) doch keine ausreichende Parallele [6], sondern will nach I Kor 15 20, wie darum auch 3 14 das „Amen" nach II Kor 1 20 verstanden sein. Ersteres aber hat wohl in Prv 8 22 seine sachlichen [7], wie in Gen 49 3 Dtn 21 17 ($\pi\rho\omega\tau\dot{o}\tau o\varkappa o\varsigma$ = $\dot{\alpha}\rho\chi\dot{\eta}$ $\tau\dot{\epsilon}\varkappa\nu\omega\nu$) seine formalen Parallelen. So gewiss in diesen Stellen oder auch in den Formeln 21 6 22 13 ($\dot{\eta}$ $\dot{\alpha}\rho\chi\dot{\eta}$ $\varkappa\alpha\dot{\iota}$ $\tau\dot{o}$ $\tau\dot{\epsilon}\lambda o\varsigma$) der Begriff „Anfang" festgehalten werden muss, so gut auch dort. Dass das einemal Gott, das anderemal Christus so heisst, beweist noch keineswegs, dass das Prädicat „Anfang der Schöpfung Gottes" ihn Gott gleich stellen wolle und im Sinne von Urgrund oder Princip zu nehmen wäre [8].

---

[1] Vgl. Bousset zu Apk S. 215f. Sind die 7 Geister 1 4 = 7 Engel 8 2, so haben wir 1 4 eine trinitarische Formel, die höchstens in Lc, Past und Justin Parallelen findet (s. II, S. 265).

[2] Nach Vischer S. 56 sind die dem Lamm dargebrachten Lobpreisungen sogar reichlicher als die Gott erwiesenen.

[3] Weiss § 134c.

[4] So Hoekstra S. 375f, Scholten, Bijdragen S. 92, Schenkel, Christusbild der Apostel S. 311. Ausflüchte bei Weiss § 134 d.

[5] Nach Weyland S. 87 böte Kol 1 18 die Zusammenfassung von Apk 1 5 und 3 14.

[6] Gegen Bousset S. 218.   [7] Baur S. 218. B. Weiss § 134 d.

[8] So Düsterdieck, Gess, Nösgen, Gebhardt S. 97, Klöpper, zu Kol 1882. S. 245, Spitta S. 43, 271.

Er kann damit recht wohl noch in die Reihe der Geschöpfe gestellt erscheinen[1], dann aber immer doch auch die Function eines schöpferischen Organs üben[2]. Wie der Apokalyptiker diesen Namen aus fremdem Gedankenkreis angenommen und in seiner Weise verstanden hat, so scheint ebenfalls mehr nur aus dem, was die Umgebung bot (s. II, S. 372) 19 13 der Name „Wort Gottes" aufgegriffen zu sein. Zwar besteht die Möglichkeit, denselben aus der genuin-jüd. Theologie zu erklären[3]. Wahrscheinlicher aber ragt an diesem Punkte bereits die alexandrinische Schulsprache in die apokalyptische Sphäre herein[4]. Wie Hbr 4 12 das „Wort Gottes" (ὁ λόγος τοῦ θεοῦ) lebendig und kräftig heisst, weil unmittelbar vollstreckend, was es verkündigt, daher auch mit einem scharfen Schwert verglichen wird (s. II, S. 295), so führt auch Christus diesen Namen in demselben Augenblicke, da er mit einem, aus seinem Munde ragenden, scharfen Schwert Apk 19 15 zum Gericht kommt. Bei Philo (De mutatione nominum 3) heisst Gottes Name überhaupt sein Logos, und eben daran schliesst sich der 4. Evglst an. Das plötzliche Auftreten des Schlagwortes einer neuen Theologie überrascht, kann aber doch nicht wirklich befremden, weil ein frühes

---

[1] So EWALD, ZÜLLIG, HOEKSTRA S. 376f, SCHENKEL S. 312, JÜLICHER S. 174, HILGENFELD, ZwTh 1882, S. 398: „Der apokalyptische Christus ist der Zeit wie dem Range nach das erste von allen Geschöpfen."

[2] BEYSCHLAG II, S. 387.

[3] Schon Hen 90 38 ist der erste unter den weissen Farren „das Wort, und selbiges Wort ward ein grosses Thier". Sofern der ganzen Schilderung des Reiters Sap 18 4—25 zu Grunde liegt (VÖLTER [2]S. 135), erinnert man auch an den παντοδύναμός σου λόγος (K. R. KÖSTLIN S. 484 f, VÖLTER, Problem der Apk S. 329, 485), welcher Sap 18 15 ἀπ᾽ οὐρανῶν ἐκ θρόνων βασιλειῶν ἀπότομος πολεμιστὴς εἰς μέσον τῆς ὀλεθρίας ἥλατο γῆς (FRANKE, Das AT bei Joh, S. 128f), wie überhaupt auch das AT (THOMA S. 95) und die spätere jüd. Theologie über den Begriff des „Wortes" verfügen. Will man hier nicht geradezu den ma'amar finden (HAVET, Origines III, S. 399, IV, S. 324), so bestimmt man als Grundbegriff des fraglichen Namens entweder den des Vollstreckers des richterlichen Willens Gottes, des Werkzeuges des weltrichtenden Gottes (BAUR, Neutest. Theologie S. 216f, VOLKMAR zu Apk, S. 283 und WEISS § 134d) oder die, reell in den λόγια κυριακά wirksame, Autorität der christl. Gemeinde (DÜSTERDIECK, bei MEYER XVI [1], 1887, S. 78f, 534).

[4] An die johann. Logoslehre knüpfen daher auch unsere Stelle an LÜCKE, NEANDER, SCHMID, HASE, LUTHARDT I, S. 258, PFLEIDERER S. 346, 696, HILGENFELD, Einleitung S. 443f, ZwTh 1890, S. 460, GEBHARDT S. 96, 100f, BEYSCHLAG II, S. 388, WEIZSÄCKER S. 505, BOUSSET zu Apk, S. 495. Dann aber sind die Worte καὶ κέκληται κτλ. entweder als Zusatz eines Bearbeiters zu betrachten (seit VÖLTER fast alle Neueren, jetzt auch HILGENFELD, ZwTh 1890, S. 460), oder der bisher unbekannt gebliebene Logosname soll eben jetzt, da ihn der wiederkehrende Messias an der Stirn trägt, der Welt offenbar gemacht werden. Auf jeden Fall liegt darin auch die Vorweltlichkeit (GEBHARDT S. 90f, 101), wogegen die Berufung darauf, dass Christus hier den Namen erst bei seiner Wiederkunft führt (WIESELER S. 123), nicht aufkommen kann.

Eindringen alexandrinischer Denk- und Ausdrucksweise durch die ephesinische Wirksamkeit des Apollos und das Datum von Hbr zu constatiren ist[1].

Von der Lehre von der Person führt zur Lehre vom Werk des Christus schon die Doxologie 5 12 über, sofern hier der siebenfältige Preis „dem geschlachteten Lamme" gilt, also als Erwerb und Lohn des auf Erden siegreich hinausgeführten Werkes erscheint. Denn Christus ist zugleich der siegende Löwe 5 5 und das geschlachtete Lamm 5 6 12. Dieses 29 mal erscheinende Lamm, die eigenste, christologische Vorstellung des Apokalyptikers (s. II, S. 478)[2], weist mit grösserer Wahrscheinlichkeit zurück auf Jes 53 7[3], als auf das Passahlamm[4], sei es nun, dass man dieses mit dem leidenden Knecht Gottes[5], sei es, dass man es mit dem Bundesopfer combinirt[6]. Wohl aber lehnt sich die Anschauung des Apokalyptikers vom Heilswerth des Todes Jesu an die paulin. Erlösungs- und Versöhnungslehre an, ohne dass dieselbe jedoch innerlich vermittelt und angeeignet wäre. Daher ist von Loskaufung 5 9 14 3 4 (ἀγοράζεσθαι wie I Kor 6 20 7 23) die Rede[7] und verbindet sich mit letzterem Bild dasjenige des Lammes wie I Pt 1 18[8]. Wenigstens die paulin. Terminologie färbt hier ab[9], wenn

---

[1] WEIZSÄCKER S. 484 f, 532.

[2] Nach HAVET, Le christianisme et ses origines IV, S. 324 f stammt das Lamm aus dem orientalischen Sonnencultus und hat astronomischen Ursprung.

[3] So BAUR S. 222 f, B. WEISS § 134 a, WIESELER S. 124, v. SODEN S. 637.

[4] RITSCHL, Altkatholische Kirche [2]S. 121, REUSS I, S. 476 f, HOFMANN, Schriftbeweis[2] I 1, S. 296, SEEBERG, Der Tod Christi in seiner Bedeutung für die Erlösung 1895, S. 162, 176.

[5] GEBHARDT S. 118 f.

[6] RITSCHL, Rechtfertigung und Versöhnung[3] II, S. 163, 180 f, 242.

[7] WEIFFENBACH, Gemeinde-Rechtfertigung und Individual-Rechtfertigung S. 81 f. SEEBERG S. 177 leugnet das, weil Pls selbst keine Opfertheorie kenne, und führt S. 162 f die Lehre der Apk auf die Ideen zurück, dass der erhöhte Christus auf Grund seines Todes die Menschen von der Gefangenschaft der Sündenschuld befreie und in die Gemeinde Gottes einführe.

[8] BOUSSET S. 304, 326.

[9] VISCHER S. 55. Sehr merkwürdig sind 1 5 die Lesarten λύσαντι ἡμᾶς ἐκ und λούσαντι ἡμᾶς ἀπὸ (τῶν ἁμαρτιῶν), sofern darin 2 Strömungen, die das Buch durchziehen, sich bekämpfen. BOUSSET S. 219: „Die Vorstellung der Loslösung, des Loskaufs beherrscht im Wesentlichen die paulin. und von Pls abhängige Literatur, die Vorstellung des Reinigens, Abwaschens die späteren neutest. Schriften." Mit der 2. Vorstellung hängt zusammen 7 14 ἔπλυναν τὰς στολὰς αὐτῶν (diese Worte sind an Stelle von ποιοῦντες τὰς ἐντολὰς αὐτοῦ auch 22 14 eingedrungen) καὶ ἐλεύκαναν αὐτὰς ἐν τῷ αἵματι τοῦ ἀρνίου, womit doch nur Sündenvergebung (B. WEISS u. SEEBERG S. 170 f) oder sittliche Erneuerung (SPITTA), schwerlich aber das Martyrium (BOUSSET S. 334 f) gemeint sein kann. Denn nicht 12 11 ἐνίκησαν αὐτὸν διὰ τὸ αἷμα τοῦ ἀρνίου, sondern Gen 49 11 πλυνεῖ ἐν οἴνῳ τὴν στολὴν αὐτοῦ καὶ ἐν αἵματι σταφυλῆς τὴν περιβολὴν αὐτοῦ (messianisch ausgelegt, vgl. SEEBERG

auch die Apk von einem stellvertretenden Strafleiden nichts weiss[1], sondern 12 11 den Messiastod vielmehr an die Spitze aller durch Blutzeugenschaft errungenen Siege stellt[2].

Die Erklärung 5 9, wornach durch das Blut des Lammes Menschen aus allen Nationen, Stämmen und Zungen erkauft wurden, führt noch auf die Frage nach der Stellung der Juden zu den Heiden im Gottesreich. Wie der Universalismus schon in dem erwähnten Lobgesang als maassgebender Gesichtspunkt erscheint, so sind dafür die Juden als Volk, indem sie den Messias verwarfen, zur Satanssynagoge 2 9 3 9, ihre Stadt als Schauplatz jener Verwerfung zu Sodom und Aegypten geworden 11 8. Andererseits wird doch 11 13 selbst für den Rest Jerusalems (9 Zehntheile des Ganzen Rm 11 26) eine schliessliche Bekehrung in Aussicht genommen, während das Heidenthum im Grossen und Ganzen durch keinerlei Strafgerichte zur Busse zu bewegen ist und unaufhaltsam dem Gerichte entgegenreift 9 21. Nur von jüd. Seite konnte sich eine Stimmung der Christenheit so tief in's Blut setzen, wie wir sie auf diesem Punkte in Apk wahrnehmen. Principielle und unversöhnliche Feindschaft wird dem röm. Imperium geboten, dessen Grundzug 13 5 in offen geübter Menschenvergötterung besteht. Wie der heidnische Weltstaat bei den Rabbinen Edom heisst, so Rom Apk 17 5 Babel. Die Residenzen der Kaiser und ihrer Statthalter sind „Sitze des Satans" 2 13 13 2 16 10, die kaiserlichen Titulaturen (divus Julius, Augustus = Σεβαστός) sind, weil eine übermenschliche Würde bezeichnend, „Namen der Lästerung" 13 1. Das Thier selbst, auf dessen 7 Häuptern sie geschrieben stehen, ist die Weltmacht und vereinigt 13 2 in sich die danielischen Thiergestalten. Was aber von ihm ausgesagt wird, steht in einem denkwürdigen Gegensatze zu den Sätzen Rm 13 1—7, wozu innerhalb des NT höchstens die bekannten paulin.-jakob. Antithesen eine Parallele bieten[3]. Bei Pls sehen wir die Idee der Obrigkeit als des ordnungsmässigen Organs der göttlichen Weltregierung behufs Vollstreckung des Rechtsgesetzes so entschieden vorwalten, dass die Reflexion auf die Qualität der zeitweiligen Repräsentanten dieser Idee darüber bedeutungslos

---

S. 169) ist zu vergleichen. Das Blut des Christus ist somit als Opferblut gedacht, welches dem Sünder diejenige Weihe ertheilt, vermöge welcher er als Versöhnter Gott nahen darf. Vgl. Ritschl II[3], S. 162f. Und sollte schon Apk die unendliche Zahl von Märtyrern gekannt haben, von welchen dann die kirchliche Tradition fabelte?

[1] v. Soden S. 638.   [2] Hoekstra S. 387 f, 394.

[3] Vgl. Baur, Christenthum der 3 ersten Jahrhunderte S. 486, Volkmar zu Apk, S. 26f, 206f, Weizsäcker S. 464f, H. Holtzmann, Das AT und der röm. Staat 1892, S. 24f.

wird (s. II, S. 157). Der Apokalyptiker fasst nur die Letzteren in's Auge, und die religiös bedingte Empörung über ihr Gebahren verschlingt das Interesse für den sittlichen Werth der Institution an sich. Demgemäss erscheint dort die röm. Staatsmacht als eine göttliche, hier das röm. Imperium als eine satanische Stiftung. Denn 13 2 „der Drache gab dem Thiere seine Kraft und seinen Thron und grosse Gewalt". Dort bedeutet Widerstand gegen jegliche Obrigkeit Auflehnung wider Gott selbst; hier steht umgekehrt 13 4 8, wer dem Thiere huldigt, nicht im Buche des Lebens. Dort trägt die Staatsgewalt das Schwert der Rache über die Uebelthäter, hier 13 7 15 zum blutigen Kampfe wider die Heiligen Gottes selbst. Dort gipfelt alle Belehrung in der Ermahnung, Steuer zu entrichten dem, welchem die Steuer gebührt; hier spielt die Kaisermünze auch ihre Rolle, aber nur sofern Bild und Inschrift Lästerungen bedeuten. Denn eben dies erregt des Apokalyptikers Unmuth ganz besonders, dass kein täglicher Verkehr, kein Handel und Wandel möglich ist ohne Berührung mit dem heillosen Gelde, darauf Roma und andere Gottheiten oder vergötterte Menschen das Gewissen der Diener Gottes beleidigen und schweres Aergerniss bereiten. „Niemand kann kaufen und verkaufen, er hätte denn das Malzeichen, den Namen des Thieres oder die Zahl seines Namens" 13 17, und diese Zahl bedeutet bekanntlich denselben Kaiser, unter dessen Regierung Pls an die Römer geschrieben hat.

Und nun die Kehrseite! Auf dieser bildet 7 4 14 1 das „zwölfstämmige Israel" den Kern der neutest. Gemeinde, der auf eine Zahl gebracht werden kann, mithin kanonische Bedeutung hat gegenüber der unzählbaren Schaar der Heiden 7 9, welche gleichsam eine Bürgerschaft zweiter Ordnung repräsentiren. Vertritt Apk demnach in der Heidenfrage keineswegs mehr ein engherziges Judenchristenthum, so darum doch nicht etwa einen Universalismus im Sinne von Gal 3 28. Vielmehr ist der Unterschied zwischen Juden und Heiden sogar ein unauslöschlicher, noch im himmlischen Jerusalem bestehender: die Israeliten wohnen im neuen Jerusalem, die Heiden wandeln in dem davon ausgehenden Lichte und ihre Reichthümer schmücken die Stadt 21 24 26; die Bewohner der Stadt geniessen die Früchte des Lebensbaumes, die Heiden werden durch seine Blätter geheilt 22 2 1. Demgemäss sind 21 12 nur die Namen der 12 Stämme an die Pforte des neuen Jerusalems und 21 14 nur die Namen der 12 Apostel auf die

---

¹ So Baur S. 212, Schenkel S. 104, 311. Den Character indelebilis des Heidenthums leugnen Gebhardt S. 70 f, 199 f und B. Weiss § 132 c. Vgl. aber die Bestätigung der Vorstellung bei Weber S. 76, 282, 367.

Grundsteine der Stadtmauer geschrieben[1]. Wenn 14 1 3 eine Auswahl von Erstlingen in der Zahl von 144 000 erscheint, so liegt für
den Fall, dass sie mit den 7 4—8 erwähnten 144 000 identisch sein
sollten, eben schon im Ausdruck „Erstlingschaft" (ἀπαρχή) 4 die Aussicht
auf Nachfolge und Anschluss Vieler. Darin eben sind Juden und
Heiden als Gläubige Eins, dass sie selbst Könige (1 6 5 10 βασιλεία)[2]
und zugleich (wie I Pt 2 9 nach Ex 19 6) Priester geworden sind und
keiner priesterlichen Vermittelung ihres religiösen Verhältnisses mehr
bedürfen[3]. Ganz ebenso geht auch die Anschauung von dem Weibe
mit den 12 Sternen 12 1 von der Identität des alten und des neuen
Israel aus[4]. Christus ist 12 17 der erstgeborene Bruder der wahren
Israeliten. Auf keinen Fall nämlich sind „die Uebrigen ihres Samens"
(οἱ λοιποί τοῦ σπέρματος αὐτῆς) gerade nur Heidenchristen[5], eher die
Christen im röm. Reich[6], wenn nicht gläubige Individuen überhaupt
ohne Reflexion auf ihre Abstammung, dem Wortlaute nach freilich identisch mit dem „Rest seiner Brüder" Mch 5 2, was auf Judenchristen[7] oder gar Juden weisen würde[8]. Jedenfalls bilden wahres
Judenthum und Christenthum so sehr zusammen die „Synagoge Gottes", dass 2 17 3 9 11 19 15 5 21 3 12 nur Ein Bund Gottes mit seinem
Volk vorausgesetzt ist[9].

---

[1] Die Frage nach dem Verbleib des Pls ist ungefähr so berechtigt wie zu
Mt 19 28. Daraus haben schon BAUR und HILGENFELD, mehr noch VOLKMAR
S. 28, 323, KRENKEL S. 99 f und SOLGER, Das Urevglm 1890, S. 98 auf schroffen
Antipaulinismus geschlossen. Vgl. JÜLICHER S. 173: „Aber wenn er ignorirt, den
Zwölfen nicht gleich geachtet wird, braucht er noch nicht als Antichrist verfehmt
zu werden." Von derartigen Uebertreibungen ist heute auch nicht mehr die Rede.
S. jedoch unten S. 484.
[2] Das 5 10 folgende βασιλεύσουσιν oder βασιλεύσουσιν nöthigt, mit BLEEK,
ZÜLLIG, KLIEFOTH, EWALD, KÜBEL, BOUSSET, SEEBERG S. 165 an ein Königthum
zu denken, dessen Träger die Christen sind, gegen BURGER, DÜSTERDIECK, FÜLLER,
B. WEISS, SPITTA, welche an ein Gemeinwesen unter der Herrschaft Gottes denken.
[3] WIESELER S. 124. B. WEISS § 130 c, 132 a c.
[4] WEIZSÄCKER S. 506, 671 f.
[5] So HOFMANN, EBRARD, B. WEISS, GEBHARDT S. 167.
[6] So BLEEK, VOLKMAR, HILGENFELD, ZwTh 1890, S. 448, VÖLTER, Problem
S. 165 f, 491.
[7] HAWEIS S. 185.
[8] So VISCHER S. 31, SPITTA S. 362, WEYLAND S. 115, ERBES S. 8 f.
[9] HILGENFELD, ZwTh 1890, S. 409, 427, 439 f. Unter Hinweis auf 3 9 protestirt HARNACK I, S. 279 gegen die Bezeichnung der Apk als „judenchristl. Buch."
Vgl. WEIZSÄCKER S. 507: „Dieses Judenchristenthum ist universalistisch und ge-
setzesfrei geworden, nicht auf paul., sondern auf seinem eigenen Wege". S. 508:
„Geschichtlich kann man darin nur eine Fortbildung des Glaubens der Urkirche
sehen. Die Fortbildung liegt einerseits in der Anerkennung der heidenchristl.
Kirche und andererseits in dem vertieften Glauben an die Person des Christus,
in welchem gleichsam das Ansehen von Gesetz und Schrift aufgesogen ist",
Ebenso JÜLICHER S. 174 f.

Das letztberührte Gesicht vom Sonnenweib und vom Himmels-
drachen hat, da sich innerhalb des A und NT keine deutlichen Parallelen dazu finden, Anlass dazu gegeben, sich nach solchen ausserhalb der bibl. Religion umzusehen. Wie schon die Idee der Welt-
perioden aus Indien und Persien durch die Stoiker zu den Griechen
und Römern gedrungen war und bei den Juden unter dem Einflusse
des Pythagoreismus ein nach dem Muster des Hexaëmeron mit seinem
Sabbathschluss vorgestelltes Zahlensystem der Geschichte hervorgerufen hatte, so scheinen hier griechische (die vor dem Drachen Python
fliehende, von Boreas getragene Leto, die den Apollo zur Welt bringt,
welcher dann den Drachen tödtet)[1], ägyptische (die Göttermutter
Hathor, ihr Kind Horus und der Wasserdrache Typhon), oder alt-
babylonische Mythologumene (die siebenköpfige Wasserschlange Tiamat
in ihrer Empörung gegen den Himmel)[2] eine christl. Umdeutung erfahren
zu haben[3]. Aus der jüd. Literatur konnte nichts aufgebracht werden, was diesen Analogien gleich käme[4]. Und so scheint denn in der
That uraltes Heidenthum auf dem angedeuteten Wege eine Invasion
zuerst von Osten durchgesetzt zu haben, ehe es in Hülle und Fülle
auch von der anderen Weltgegend her seinen Einzug hielt. Zunächst
war es die von orientalischer Mythologie und griech. Philosophie zugleich zehrende Gnosis, welche etwas höher gerichteten Geistern einen
ähnlichen Genuss versprach, wie ihn die niederen Schichten in der
apokryphischen Phantasiewelt fanden.

11. Die Gnosis im NT.

Das unverkennbarste Symptom des Uebertritts des jungen Christenthums auf heidnisches Gebiet, seine Verpflanzung auf den Fruchtboden
der Cultur des griech.-röm. Weltreiches war es, wenn nunmehr ein,
dem Evglm Jesu und dem ersten Glaubenskreise fremdes, intellectua-
listisches Interesse die Oberhand gewann, wenn der Gegenstand des
religiösen Glaubens zum Probleme der Reflexion, zum Inhalt eines

---

[1] DIETERICH, Abraxas, Studien zur Religionsgeschichte des späteren Alterthums 1891, S. 117f, VÖLTER S. 168f.
[2] GUNKEL, Schöpfung und Chaos in Urzeit und Endzeit 1894. Vgl. dagegen
BOUSSET S. 408, Der Antichrist S. 169f.
[3] BOUSSET S. 411: „Die alte hl. Erzählung von dem Sieg des jungen er-
wachenden Lichtgottes über die bösen Mächte der Finsterniss hat man verwandt,
in ihr symbolisch den Sieg Jesu über den Satan und den glorreichen Ausgang
seines Lebens darzustellen."
[4] VISCHER S. 27 erinnert an tract. Berachot 5, wo ein Messias in Bethlehem
geboren, aber von Winden und Stürmen entführt wird. Vgl. darüber VÖLTER,
Die Offenbarung Joh keine ursprünglich jüd. Apk S. 16, Das Problem der Apk
S. 137f, 170f, WEYLAND S. 94f, SPITTA S. 127, 355f, BOUSSET S. 405f.

Wissens um das werden wollte, „was die Welt im Innersten zusammen-
hält". Schon das hellenistische Judenthum war, besonders zu Alexandria, in einen solchen theosophischen Dunstkreis eingetreten und
hatte die hier gemachten Entdeckungen in den, die spätere Gnosis
vorbildenden, Begriff der Weisheit hineingelegt. Auch einen relativen
Gegensatz von Glauben (πίστις) und Erkenntniss (γνῶσις) kennt bereits
die urchristl. Zeit. Aehnlich wie die mythendeutende Religionsphilosophie des griech.-röm. Heidenthums verfuhr in dieser Beziehung das
alexandrinische Judenthum, sofern es die durch Anwendung der allegorischen Interpretation gewonnene Gnosis als ein esoterisches Be-
sitzthum werthete. Und zwar bildet den Inhalt dieses Wissens der im
Momente der Begeisterung erfasste tiefere Schriftsinn (s. oben S. 90f,
95). Aehnlich scheidet Pls zwischen Buchstaben und Geist der Schrift
(I Kor 10 3 4 πνευματικόν, Gal 4 29 κατὰ σάρκα und κατὰ πνεῦμα) und
stellt seine Einsicht in den verborgenen Schriftsinn unter den Gesichtspunkt der Gnosis, schätzt sie als wesentliches Merkmal des Vollkommenen, des Geistesmenschen, der zugleich der wahre Gnostiker, der
Eingeweihte der christl. Mysterien ist (s. II, S. 36, 144)[1]. Kennen doch
sogar die synopt. Evglien ein, den Messiasgläubigen vom jüd. Volksglauben unterscheidendes, Wissen (Mt 13 11 γνῶναι) um die „Geheimnisse
des Himmels", und besteht demgemäss ihre Gnosis im Besitze des
Schlüssels (ἡ κλεὶς τῆς γνώσεως Lc 11 52) zu einem Schriftverständnisse,
welches den Gegensatz des nationalen Messiasbildes zu der in Jesus
eingetretenen Wirklichkeit ausglich und verschwinden liess. Aber erst
Pls hat das „Aergerniss des Kreuzes" grundsätzlich beseitigt durch
seinen Nachweis einer göttlichen Nothwendigkeit desselben. Folgt
er dabei auch in der Hauptsache religiösen und ethischen Motiven
(καταλλαγή, καινότης τῆς ζωῆς), so hat er doch selbst sein Evglm als
höheres Wissen (γνῶσις τοῦ θεοῦ II Kor 2 14 10 5, speciell γνῶσις
τῆς δόξης τοῦ θεοῦ ἐν προσώπῳ Χριστοῦ 4 6) eingeführt. Er kennt sogar eine „Gnadengabe der Erkenntniss" (χάρισμα γνώσεως I Kor 12 8
13 2 8 14 6) und unterscheidet im richtigen Gefühle, mit seinem theol.
System und seiner pneumatischen Schriftauslegung über das Gebiet
des populären Heilsglaubens hinauszugehen (s. II, S. 207, 236) 1 Kor
2 14 15 3 1 3, unter den Christen selbst Unmündige und Vollkommene
(νήπιοι, ψυχικοί und τέλειοι πνευματικοί); nur für die Letzteren ist die
höhere „Weisheit" bestimmt I Kor 2 6 und „nicht in Allen ist die
Gnosis" 8 7.

In materieller Beziehung kommen als Anbahnungen einer gnosti-

---

[1] Vgl. VOLLMER, Die ältest. Citate bei Pls S. 69, 95.

schen Gedankenwelt bei Pls in Betracht der metaphysische Gegensatz von Fleisch und Geist, welcher die natürliche und allgemeinste Unterlage aller gnostischen Speculation bildet (s. II, S. 19f); dann aber auch die Unterscheidung dessen, was wie Verheissung und Sendung des Messias von Gott selbst und unmittelbar ausgegangen ist, von dem durch untergeordnete Engel vermittelten Gesetz (s. II, S. 30f), womit auch der Begriff der „Elemente dieser Welt" zusammenhängt (s. II, S. 32, 228); weiterhin die Stellung des Christus nicht bloss als Begründer des Reiches Gottes im sittlich-religiösen Sinn, sondern auch als Princip der Weltschöpfung und der Offenbarungsgeschichte (s. II, S. 83); endlich die Dämonologie (οἱ ἄρχοντες τοῦ αἰῶνος τούτου I Kor 2 8, ὁ θεὸς τοῦ αἰῶνος τούτου II Kor 4 4).

Formell identisch mit der paulin. Gnosis ist diejenige in Hbr. Nicht bloss begegnen wir derselben Unterscheidung zwischen elementarem und vollem Christenthum (στοιχεῖα τῆς ἀρχῆς τῶν λογίων τοῦ θεοῦ 5 12 und τελειότης 6 1), sondern es wird auch dem durch Engel vermittelten Gesetze 2 2 3 die directe Offenbarung durch den Sohn gegenüber gestellt. Materiell neu ist freilich, dass an die Stelle der Heilsökonomie, welche noch bei Pls vornehmstes Object der Gnosis war, hier die transcendenten Sphären der idealen Welt, des Himmels, treten, so dass die Aufgabe der Gnosis jetzt vielmehr darin besteht, in dem mosaischen Cultusinstitut, welches an sich keine objective Bedeutung hat, Abbilder himmlischer Verhältnisse, in Gestalten der alttest. Geschichte, wie Melchisedek, Moses, Aaron, Josua, Typen auf Christus zu finden. Demgemäss ist in Hbr die Auslegung weniger allegorisch, als bestimmt typologisch (s. II, S. 287f, 291f). Sache der Gnosis ist es auch, nach dem Brief des Clemens an die Korinther (1 2 36 2 40 1 41 4 48 5), die höhere Bedeutung der alttest. Typen, namentlich im Ceremonialgesetze und in der israelitischen Geschichte zu erkennen. Aehnlich stehen ferner auch der Märtyrer Justin, Dial. 112 und der Barn-brief, welcher den Fortschritt vom einfachen praktischen Heilsbewusstsein zur tieferen Gnosis gleich von vornherein als Zweck angibt (1 5 ἵνα μετὰ τῆς πίστεως ὑμῶν τελείαν ἔχητε τὴν γνῶσιν). Und zwar bedeutet dem Verf. Gnosis eine, dem gewöhnlichen Blicke verborgene Erkenntniss, wie sie vermöge eines pneumatischen Schriftverständnisses gewonnen wird (9 8 10 10 13 7). Auf diesem Wege gelangt man nämlich zu der Einsicht, dass das Gesetz nach seinem buchstäblichen Sinne geradezu verwerflich ist, nach seinem geistigen aber die ganze Wahrheit enthält. Dies ein directer Ansatz zu der radical negativen Beurtheilung des Judenthums seitens der Gnosis. Aber trotz Herleitung des Judenthums von einem bösen Engel 9 4 wird

der Judengott noch nicht vom höchsten Gott unterschieden, trotz
starker Betonung der Gnosis der Glaube noch nicht verachtet.
Die Vorstellung von einer widergöttlichen Thätigkeit der Engel
war schon in Hen zur Erklärung der Entstehung des Heidenthums
verwendet worden. Da nun Judenthum wie Heidenthum unter den
Begriff der „Elemente der Welt", d. h. der an das Körperliche gebundenen Religion fallen (s. II, S. 32), so lag es nahe, die von der
göttlichen Absicht losgerissenen Engel auch schon bei der Entstehung
der Körperwelt selbst thätig sein zu lassen, womit der Standpunkt
Kerinth's, des ersten eigentlichen Gnostikers der Geschichte, gekennzeichnet ist. Der Unterschied verschiedener Religionsformen ist so
zu einem Unterschiede verschiedener Gottheiten geworden; der Kos-
mos steht als mindestens sehr getrübte Offenbarung der reinen Offenbarung des überweltlichen Gottes in der christl. Geistesreligion gegenüber. So sind die in den Pls-, Hbr- und Barn-briefen enthaltenen
Ideen von einer Vermittelung der Gesetzgebung durch Engel, und
zwar, wie sich die Sache allmählich stellte, durch abgefallene und
gottwidrige Engel, die Anknüpfungspunkte für den heidnischen Dualismus im christl. Bewusstsein geworden. Anders steht es mit den
deuteropaulin. und johann. Schriften. In diese Literatur ragt die Gnosis
schon selbst irgendwie hinein, nicht bloss ihre Präformationen.

Diese Gnosis bedeutet bekanntlich im Allgemeinen ein höheres
Wissen um Gott und göttliche Dinge, um das Woher und Wohin der
Welt, um Wesen und Bestimmung der Menschen, um die Geschichte
der menschlichen Seele insonderheit. Der letzterem Interesse zu Grunde
liegende Individualismus der damaligen Religiosität suchte seine Befriedigung zumeist in den Mysterien, welche in der röm. Kaiserzeit
den belebtesten Theil aller Culte bildeten. Sie waren entstanden,
seitdem in Griechenland das lediglich dem Staat und der Gesammtheit dienende Religionsinstitut angefangen hatte, dem religiösen Bedürfnisse des Einzelnen Rechnung zu tragen. Dieses Bedürfniss erstreckte sich theils auf Hülfe der Gottheit zur Läuterung des eigenen
Herzens, theils auf Beruhigung hinsichtlich des Endschicksales der
Seele und des geheimnissvollen Jenseits. Hier nahmen feierliche
Handlungen, Büssungen, Ordensgrade den Einzuweihenden auf
und führten ihn von Stufe zu Stufe der Vollendung zu. Was
im NT an die Mysterien erinnert (s. oben S. 384 und II, S. 178f,
237f, 379f) verknüpft also das Christenthum mit dem antiken Religionswesen [1].

---

[1] WHITEFOORD, The NT mysteries: Expositor IX, 1894, S. 204 f.

Die eigentliche Gnosis war intellectualistischer gestimmt, hatte
es direct mit der Lösung des Welträthsels selbst zu thun und genügte
diesem Drange auf demselben Wege und vermöge der gleichen Mittel,
wie das die, auch späterhin und bis in unser Jahrhundert herab Welt-
gedichte webende, Theosophie und speculative Philosophie gleichfalls
gethan haben. Freilich kostet es dem modernen Geist, seitdem die
kritische Philosophie einmal die Linie festgestellt hat, über welche
hinaus ein rechtmässig erworbener Besitz von wirklichen Erkennt-
nissen nicht mehr angetroffen wird, einige Mühe, bis man sich eine
Weltanschauung vorstellig gemacht hat, für welche jene, heutzutage
unverwischbar selbst in die widerstrebenden Geister eingezeichnete,
Linie noch gar nicht vorhanden war, so dass also die sinnigen und
duftigen Gebilde, welche die ahnende Phantasie zu äusserlich wahr-
nehmbaren und auf die Oberfläche tretenden Symbolen des in der
Tiefe des Geistes sich vollziehenden Processes erhebt, unmittelbar für
die Sache selbst genommen werden und als ebenso viele Wesen erscheinen konnten von derselben gegenständlichen Wirklichkeit, wie sie
sonst nur durch sinnliche Erfahrung verbürgt zu werden pflegt. Hatte
schon der Alexandrinismus die allgemeinen Umrisse einer solchen
Phantasiewelt gezeichnet, so füllte sie jetzt der Gnosticismus mit den
blendenden Lichtgestalten seiner Aeonen und Syzygien (Aeonenpaare) aus, welche Leben, Bewegung und Gliederung in die Ruhe der
unnahbaren Gottheit bringen und der unteren, leeren Welt gegenüber
ein übersinnliches Reich der Gottheit bilden, genannt Pleroma. Was
aber diese neue, reichere Weltanschauung vor der älteren, einfacheren
des Alexandrinismus besonders voraus hat, das ist die an die Stelle des
Falls der Seele (s. oben S. 99) getretene Vorstellung einer im Pleroma
selbst entstandenen Störung, welche zu einem Herabsinken einzelner
Aeonen und schliesslich auch zur Entstehung der Körperwelt führte.
Durch Abfall oder Raub verirren sich zerstreute Funken des Göttlichen, wie Himmelsthau des obern Lichts, in diese untere Welt. Um
dieselben zu erlösen, steigt dann aus der Geisteswelt der Aeon Christus
herab, sei es in einem Scheinleib, sei es, indem er sich des Menschen
Jesus von dessen Taufe bis zum Beginn des Leidens bedient zur Einwirkung auf die empfänglichen Seelen, in welchen jener göttliche Same
schlummert. Mit der Botschaft von oben, welche an dieselben gelangt,
ist auch die Erlösung gegeben. Als nunmehr Wissende unterscheiden
sie sich von der gläubigen Menge, erheben sich, sei es auf libertini-
stischem oder auf asketischem Wege, über die Schranken und Gesetze
der irdischen Niederung und folgen, schon hier innerlich auferweckt,
dem Erlöser in die obere Heimath nach. In dieser Behauptung einer

vollkommenen und endgültigen Erlösung macht sich das christl. In-
gredienz des Gnosticismus zum Schlusse noch erkennbar.

Irgendwie im Gegensatze zu solcherlei höherem Wissen geschieht
es nun, wenn Kol 2 4 8 16—23 vor Verführung durch falsche Lehre
und trügerische „Philosophie" gewarnt wird (s. II, S. 234). Sowohl
in Kol wie in Eph will eine scharfe Demarcationslinie zwischen wahrer
und falscher Gnosis gezogen werden, indem dieser das nur den Aposteln
Eph 3 5, nicht aber beliebigen Sectenführern geoffenbarte, wahre Mysterium des Christus (s. II, S. 232, 235f) und dem zerflatternden Secten-
wahne mit seinem wechselnden „Wind der Lehre" Eph 4 14 die Einheit
der Kirche gegenüber gestellt wird (s. II, S. 236, 242f, 256f), innerhalb
welcher es keinen Unterschied von Glauben und Wissen gibt Eph 4 13 [1].

Am deutlichsten wird der Einfluss der Gnosis, aber auch die
gegen dieselbe gerichtete Spitze der Polemik, in der Vorstellung
unserer Briefe vom Pleroma (s. II, S. 240 f). Was nämlich für die
Gnostiker in eine bunte Vielheit von Geisterreihen, in eine weitläufige
Aeonenreihe auseinanderfiel, soll sich hier in dem Einen Christus als
dem concreten Centralpunkte des Geisterreiches organisch zusammenschliessen. Die christologischen Aussagen dieser Briefe wenden sich also
gegen die Gnosis, aber sie thun solches selbst in der Form der Gnosis,
so dass sie genau die Stelle bezeichnen, wo vom Paulinismus her der
Seitenweg nach der Gnosis sich öffnet (s. II, S. 224). Und zwar führt die
Linie vom paulin. Himmelsmenschen über das kosmische Centralwesen
in Eph und Kol zu dem gnostischen Aeon Soter, welcher herabkommt,
um die gefallene Sophia zu erlösen. Den Grundgedanken, wornach
Christus alles das, was auf, über und unter der Erde ist, in Eins zusammenfasst Kol 1 16 20 3 11 Eph 1 10 21 22 4 9 10, haben die gnostischen
Systeme nur weiter ausgeführt, und zwar so, dass sie auch die das
Geisterreich füllenden Figuren gleichsam lebendig werden liessen und
in Action setzten. Aehnlich verhält es sich mit der in unseren Briefen
ausgesprochenen Idee einer, über das anthropologische Gebiet hinaus
sich erstreckenden, kosmischen Versöhnung (s. II, S. 247 f). In Christus
soll auch für die Gnosis das All zur Harmonie gelangen, wobei nur
der Unterschied ist, dass damit hier die Erlösung zum Naturprocess

---

[1] Zuerst hat BAUR, Pls II, S. 25 die Eph- und Kol-briefe einer Zeit zu-
gewiesen, „in welcher die eben erst in Umlauf kommenden gnostischen Ideen
noch als unverfängliche christl. Speculation erschienen", und, seinen Ausführungen
S. 8f, Neutest. Theologie S. 256f folgend, brachten sie LIPSIUS in SCHENKEL's
Bibel-Lexikon II, S. 504, HILGENFELD, zuletzt ZwTh 1882, S. 410f und THOMA,
Die Genesis des Joh-Evglms 1882, S. 257f bald in nähere, bald in entferntere
Beziehung zur Gnosis. Auch A. HARNACK, Dogmengeschichte [2]S. 44 hat dafür den
Namen „gnostisches Judenchristenthum".

wird, während in unseren Briefen der sich realisirende Endzweck der
Schöpfung in der Kirche zur Erscheinung kommt (s. II, S. 236, 242f,
257). Das Verhältniss, in welchem Christus als zu dieser Ekklesia
stehend gedacht wird, ist noch nicht die gnostische Syzygie selbst,
wohl aber hält es die Mitte zwischen der, als Ausgangspunkt dienenden, paulin. Idee des Brautstandes II Kor 11 ₂ (vgl. Apk 19 ₇ ₉ 21 ₂ ₉
22 ₁₇) und dem gnostischen Aeonenpaare des Idealmenschen und der
Gemeinde auf der einen, der Verbindung der in das Pleroma zurück-
kehrenden Sophia mit dem Soter auf der anderen Seite. Zu beiden
Anschauungen bildet, was wir Eph 5 ₂₃—₃₂ lesen, die directe Präformation, zumal da auch hier die göttliche Weisheit in dem „grossen
Geheimniss" Eph 5 ₃₂ der ehelichen Verbindung des Christus mit der
Kirche gipfelt (s. II, S. 244, 256). In Einem Athem nennt der Brief-
steller Eph 1 ₂₃ die Kirche, die das Weib des Christus ist, auch
seinen Leib und sein Pleroma (τὸ σῶμα αὐτοῦ, τὸ πλήρωμα τοῦ τὰ πάντα
ἐν πᾶσιν πληρουμένου). Sofern aber die Kirche, wenn sie Pleroma
heisst, nur als der jetzt schon erfüllte Kreis in's Auge gefasst wird,
von welchem aus die erfüllende Thätigkeit des Christus sofort nach
allen Seiten weiterschreitet (s. II, S. 243), sind wir von hier aus wieder
zu dem Hauptgedanken eines werdenden Mittelpunktes des Weltalls
zurückverwiesen, und so stellt dieser Gebrauch des in Rede stehenden Terminus eine Vorstufe zu dem ausgedehnteren Gebrauche dar,
welchen die Gnostiker davon machten, indem sie darunter die Stufen-
folge von göttlichen Wesenheiten verstanden, womit der Begriff Gottes
als mit seinem bestimmten Inhalte sich erfüllt. Konnte doch der Gnosticismus sogar die Namen für die Bewohner seines Pleroma theilweise unseren Briefen entnehmen [1]. Stehen auch Eph 3 ₉ ₁₁ ₂₁ Kol 1 ₂₆
die Aeonen noch in herkömmlichem, zeitlichem Sinn, so kommt es
doch schon zu einer Art von Personification, wenn Eph 2 ₂ der „Aeon
dieser Welt" (ὁ αἰὼν τοῦ κόσμου τούτου: unpaulinisch, weil I Kor 1 ₂₀ 2 ₆ ₁₂
3 ₁₈ ₁₉ beide Ausdrücke synonym sind) in Parallele mit dem „Fürsten
der Macht des Teufels" (ὁ ἄρχων τῆς ἐξουσίας τοῦ ἀέρος) tritt. Auch
die „Weltherrscher dieser Finsterniss" (κοσμοκράτορες τοῦ σκότους
τούτου), die „Geistwesen der Bosheit" (πνευματικὰ τῆς πονηρίας) Eph
6 ₁₂ erscheinen wieder bei Valentin, wo sie und die Luft gemeinsam
aus der Traurigkeit der Sophia entsprungen sind (Iren. I 5 ₄). Auf
den Spruch vom Licht Eph 5 ₁₃ beriefen sich die Valentinianer gleichfalls (Iren. I 8 ₅), wie sich denn ein gnostisches Bewusstsein leicht
selbst darin wieder erkennen mochte, wenn 2 ₂ die aus geistigem Tod

---

[1] Vgl. Kritik der Eph- und Kol-Briefe S. 300f.

Erweckten (vgl. 2 ₁ ₅) zugleich als den finstern Mächten der Luft, mit
welchen sie jedoch 6 ₁₂ immer noch zu kämpfen haben, entrissen dargestellt werden. Ebenso leicht konnte der Valentinianismus in 3 ₁₀
(ἡ πολυποίκιλος σοφία τοῦ θεοῦ) seinen Aeon Sophia wiederfinden, zu
dessen Wesen es gehört, durch verschiedenartige Formen und Zustände hindurchzugehen, wie überhaupt die ganze dramatische Gestaltung des Erlösungsprocesses [1], welche uns in der Gnosis begegnet,
schon im Paulinismus angelegt ist (s. II, S. 149), von welchem der
Weg zum Gnosticismus fast immer an der Zwischenstation von Eph
und Kol vorbeiführt.

Während aber der Paulinismus dieser Briefe sich gegenüber der
judaistischen Gnosis der Schlagworte der heidenchristl. bediente, begegnen wir dem Verf. von Past auf einem wesentlich späteren Stadium
der Entwickelung. Sei es nun, dass er — worauf Stellen wie Tit
1 ₁₀ ₁₄ I Tim 1 ₇ 4 ₃ führen — bloss eine ausgebildetere judaistische
Form, sei es dass er neben dem Judaismus auch — worauf die Genea-
logien I Tim 1 ₄ Tit 3 ₉ und Mythen I Tim 4 ₇ II Tim 4 ₄ Tit 1 ₁₄,
sowie die theosophisch motivirte Abstinenz I Tim 4 ₃ ₄ führen —
bereits die reif gewordene heidenchristl. Gnosis, also z. B. Marcionitis-
mus, Valentinianismus oder Ophitismus, bekämpft: jedenfalls haben
sich hier die Wege des kirchl. Glaubens, der „gesunden Lehre" (διδασκαλία ὑγιαίνουσα) und der „fälschlicher Weise so genannten Gnosis"
(I Tim 6 ₂₀ γνῶσις ψευδώνυμος), schon definitiv geschieden. Letztere
ist zur eigentlichen Häresie geworden (s. II, S. 271, 276 f, 279); sie
verflüchtigt die historischen Thatsachen des Christenthums zu allgemeinen Begriffen und Symbolen von rein speculativer Bedeutung.
Sie lehrt z. B., die Auferstehung sei schon geschehen II Tim 2 ₁₈,
nämlich durch die Erhebung der Geister auf den höheren Standpunkt
des Wissens. Das Evglm wird statt in die Sündenvergebung in die
Mittheilung der Gnosis gesetzt. Aus diesem Gegensatze versteht sich
die Theologie, wie die Christologie der Briefe (s. II, S. 262, 265).
Anstatt der Aeonenwelt, welche die Gnosis in die Mitte des Ab-
grundes zwischen Oben und Unten schüttete, betont I Tim 2 ₅, dass
Ein Gott und Ein Mittler sei; anstatt der Erlösung der Pneumatiker
wird der Universalismus der Gnade (II, S. 266 f) gelehrt und sowohl
gegen Sittenlosigkeit wie gegen Askese der Gnostiker die praktische Abzweckung des im Evglm geoffenbarten Heiles hervorgehoben (S.272,275).

---

[1] A. HARNACK, Dogmengeschichte [2], S. 49: „die Anschauung, dass die Ge-
schichte Fortsetzung der Naturgeschichte ist, speciell die Erlösung der letzte
Act zu einem Drama, dessen Ursprung in der Gottheit selbst liegt und dessen
Verwickelung die Welt ist."

Wenden wir uns von der paulin. zur johann. Literatur, so kommen hier schon die Nikolaiten zu Ephesus Apk 2 6 und Pergamus 2 15 in Betracht. Dieselben haben schwerlich etwas mit dem Siebenmann Nikolaus Act 6 5 zu thun, wie seit Iren. I 26 3 III 12 1 die Kirchenväter meinten [1], stellen aber jedenfalls eine heidenchristl.-antinomistische, vielleicht libertinistische Richtung dar. Und zwar kann nach 2 14 = 15 kein Zweifel darüber bestehen, dass Nikolaiten = Bileamiten, und wegen 20 = 14 müssen auch die Anhänger der Jesabel in Thyatira zur gleichen Richtung gezählt werden. Hier entscheidet lediglich das Gesammturtheil bezüglich der schriftstellerischen und theol. Stellung des Werkes darüber, ob wir in den Nikolaiten Christen paulin. Richtung, welche nicht gesonnen waren, sich in Lebensanschauung und Lebensführung auf jüd. Denkweise einzurichten (mosaische Ehegesetze und Scheu vor Götzenopfer), bzw. Ultrapauliner, welche sich über die Abmachungen des Apostelconvents Act 15 28 20 16 4 hinaussetzten [2], oder aber spätere Antinomisten, insonderheit Anhänger des Kerinth [3] oder Karpokrates [4] oder vielleicht auch ein Mittelglied zwischen beiden [5] finden wollen. Je später hinab wir mit Apk gehen [6], desto selbstverständlicher ist letztere Annahme; je weiter hinauf, desto eher kann die erstere noch in Betracht kommen. Dann liegt es nahe, in den ephesinischen Nikolaiten den Schweif der 2 2 bekämpften Pseudoapostel zu finden; es steht sogar einer Beziehung des angemaassten Apostolates auf Pls nach I Kor 9 1 16 9 II Kor 1 8 Act 19 9 20 27 29 30 II Tim 1 15, zumal unter Voraussetzung des einheitlichen Charakters und judenchristl. Standpunktes kaum etwas im Wege [7], ausser etwa dem Uebermaass antipaulin. Eifers 2 22 23, welches nicht stimmt zu der am meisten an Mt erinnernden Stellungnahme des Apokalyptikers zum Paulinismus [8]. Unter entgegengesetzten Voraussetzungen dagegen ist es möglich, in den falschen Aposteln sogar mit Bezug auf 2 9 3 9 gerade dieselben Judaisten zu finden,

---

[1] So zuletzt noch Seesemann, StKr 1893, S. 59f und Wohlenberg, Neue kirchliche Zeitschrift 1895, S. 923f.

[2] So Seesemann S. 47f.

[3] So Weizsäcker S. 510 und Häring, Theologische Abhandlungen S. 189f.

[4] So Völter, Die Entstehung der Apk 1885, ²S. 37f, 175, Das Problem der Apk 1893, S. 423.

[5] Pfleiderer, Das Urchristenthum S. 323. Weyland S. 126 räth auf die Barbelo-Gnosis.

[6] A. Harnack, Die Chronologie der altchristl. Literatur I 1897, S. 245f wird übrigens mit dem Ansatz 93—96 Recht behalten.

[7] So die Tübinger, welche Apk unter Galba ansetzten, auch Hausrath III, S. 247f, Hilgenfeld, Urchristenthum S. 76f, Einleitung S. 413, ZwTh 1890, S. 408, Haweis S. 155f, 162f, ganz besonders Volkmar zu Apk 1862, S. 28f, 80f, 83.

[8] P. W. Schmidt, Anmerkungen zur Composition der Offenbarung Joh 1891, S. 49.

die Pls II Kor 11 13 ebenso charakterisirt; nur würden dann sie und
die libertinistischen Nikolaiten zwei entgegengesetzte Extreme an dem
gleichen Orte vertreten [1]. Für jede verhältnissmässig spätere Zeit käme
überhaupt der sich bald genug einstellende, weitere Gebrauch des
Namens „Apostel" in Betracht. Dann bleibt es das Gerathenste,
in 2 2 die Tonangeber des nikolaitischen Schulschwarms, in diesen
aber bereits libertinistische Gnostiker zu finden, welche 2 24 vorgeben,
die Tiefen des Satans erkannt zu haben [2].
Entschieden überwunden ist die ursprünglich jüd. Verpuppung
erst in derjenigen Gnosis, welche in den Briefen und dem Evglm des
Joh vorausgesetzt wird. Hier sehen wir die Grundzüge einer christl.
Gnosis im Gegensatze zu der ausserchristl. und ausserkirchl. bestimmt
gezeichnet (s. II, S. 378f). Am erkennbarsten werden die Momente
sowohl der Gleichheit wie der Ungleichheit da, wo von einem geistigen
und göttlichen Samen die Rede ist, der in einer Minderzahl der Menschen sich regt und entfaltet, von einer specifischen Geistessalbung
dieser Gotteskinder, während andererseits auch die in Gleichgültigkeit für die sittliche Aufgabe des christl. Lebens sich gefallende libertinistische Gnosis bekämpft wird. Namentlich ist es die Tendenz von
I Joh, gegen die Gnosis, mit der das Evglm so viel Verwandtes zu
bieten schien, ausdrücklich zu protestiren. Kirchlich correct ist bloss
der Geist, welcher die Identität des von oben stammenden göttlichen
Wesens mit dem Menschen Jesus bekennt. Die johann. Schriften kennen
keinen grundstürzenderen Irrthum, als die Versetzung der Person des
Christus in eine, der Menschheit transcendente Sphäre, und sie treffen
damit richtig den Punkt, auf welchem die Aufstellungen der Gnosis mit
dem dogmenbildenden Instincte der Kirchenbildung in unversöhnlich-
sten Conflict geriethen. Der Libertinismus der Gnosis, welcher schon
in I Joh deutlich hervortritt, erscheint schliesslich noch auf einem ent-
wickelteren Stadium in den Häretikern der letzten neutest. Schriften,
welche vor Allem an dem vornehmen Spiritualismus der gnostischen
Eschatologie, an der Leugnung der Auferstehung und des zukünftigen
Gerichtes Anstoss nehmen. Wie in dieser Richtung schon II Tim
2 17 (Hymenäus und Philetus) geht, so sind die Episteln Jud und II Pt
gegen die aufgeklärten Christen gerichtet, welche über die Eschatologie und Apokalyptik der älteren neutest. Schriften die Köpfe schüt-
telten.
Demnach sind schon Pls und jene alexandrinischen Schrift-

---

[1] SPITTA S. 251.
[2] Sei es nach dem herkömmlichen Verständnisse, wie z. B. HILGENFELD,
Einleitung S. 416f, oder im Sinne BOUSSET's S. 257.

gelehrten, welche in dem Hbr- und im Barn-brief zu Worte kommen,
noch viel mehr aber der Autor ad Ephesios und der 4. Evglst, als
er den Logosbegriff vom hellenistischen auf christl. Boden ver-
pflanzte, auf Bahnen gewandelt, welche, weiterfortgesetzt, unvermeidlich zur Gnosis führen mussten, sobald das in den genannten Schriften
doch immer noch allbeherrschende Interesse der Religion principiell
vor dem intellectualistischen Interesse der Speculation das Feld
zu räumen anfing. Im Evglm heisst es: Was muss ich thun, dass
ich selig werde? In der Gnosis: Was muss ich wissen, um selig
zu sein. Dort handelt es sich um die Versöhnung der sündigen
Seele mit dem hl. Gott, hier um die Ausgleichung des metaphysischen Dualismus von Geist und Materie. Dort lohnt den
Gläubigen Friede mit Gott und mit sich selbst, hier den Wissenden
Aufklärung über das Welträthsel und eben damit auch über sich
selbst. Die Ausscheidung der Gnosis erfolgte demnach gemäss einem
instinctiven Selbsterhaltungstrieb der sich gleichzeitig consolidirenden
Kirche. Dieser Seite an der Sache gilt daher hier eine letzte Betrachtung.

12. Das NT und die alte kathol. Kirche.

1. Das Judenchristenthum.

Die neutest. Schriften geben uns, soweit sie überhaupt ursprüngliche Zustände noch erkennbar werden lassen, das Bild von Gemeinschaften, die nur als einstweilige Sammelpunkte der Gläubigen bis
zum Tage des Herrn gelten können und einem bloss vorübergehenden
Bedürfnisse nach Organisation Rechnung tragen, während man im
Uebrigen durchaus darauf gefasst bleibt, dem Reiche Gottes mit seinen
ewigen Ordnungen Platz zu machen. Erst die letzten Ausläufer des NTs
weisen das Bild einer ökumenischen Religionsgemeinde auf, die sich
mit rechtlichen Formen in der Welt einrichten will und eine irdische
Zukunft vor sich hat, d. h. sie lassen die Zeitnähe der alten kathol.
Kirche erkennen. In dieser finden alle Probleme, welche das Urchristenthum bewegen, eine vorläufige Lösung, alle Controversen
einen relativen Abschluss. Palästinisches und hellenistisches Judenchristenthum, Judaismus und Paulinismus waren die ersten Gegensätze gewesen, von welchen die Entstehung einer christl. Theologie
bedingt erschien. Die nächste grosse Erscheinung bietet der Gnosticismus dar. Alle diese Factoren sind in Rechnung zu ziehen, wenn es
gilt, das Werden der alten kathol. Kirche zu verstehen.

Das Programm der Tübinger Schule brachte es mit sich, diese
Kirche aus einem Friedensschluss hervorgehen zu lassen, welcher

aus einer allmählich erfolgten Abschwächung und Ausgleichung der
älteren Gegensätze resultirt wäre. Eine grundsätzliche Opposition hat
dagegen den Satz geltend gemacht, die Kirche sei vielmehr als directe
Fortsetzung des paulin. Heidenchristenthums zu verstehen, das Judenchristenthum aber habe sich je länger je mehr als zeugungs- und
gestaltungsunfähig, lebens- und entwicklungskräftig jedenfalls nur in
dem Maasse erwiesen, als es seine eigentlichsten Principien aufgegeben und sich darauf eingerichtet habe, in der grossen Heidenkirche aufzugehen[1]. Die letzte Bemerkung hat sich uns wenigstens
an den beiden Paradigmen von Mt (s. S. 437f) und Apk (s. S. 474f)
bewährt. Hier ist von der Beschneidung nicht mehr, dort dafür
um so mehr von der an ihre Stelle getretenen Taufe die Rede. Es
war die Logik der Thatsachen, die ein solches Endergebniss herbei-
führte. Denn die Judenchristen konnten trotz allem guten Willen auf
die Dauer nicht mehr als Juden gelten, wenn doch die grosse Mehrzahl dieses Volks das Verwerfungsurtheil seiner Oberen, das den Messias
zum Kreuz verurtheilt hatte, durch sein ablehnendes Verhalten gegen
das Christenthum fort und fort bestätigte. Sie konnten trotz allem

---

[1] Bekanntlich geht diese Beurtheilung des Beitrags, welchen Judenchristenthum und Heidenchristenthum zur Bildungsgeschichte der Kirche geleistet haben,
zurück auf A. RITSCHL, Die Entstehung der altkathol. Kirche [2]1857, S. 104f,
152f, 178f, 220f, 248f, 257, welcher ein ursprüngliches „jüd. Christenthum“, als
dessen Denkmäler ihm Jak, I Pt und Apk erscheinen wollten, von dem eigentlichen
Judenchristenthum pharisäischer oder essäischer Art unterscheidet hat; conservirt habe es sich im späteren Nazaräismus, der vom fortgeschrittenen, schon
gnostisirenden, Ebjonitismus zu unterscheiden ist. Von hier nimmt seinen Ausgang
A. HARNACK I[3], S. 86f, 271f, Dogmengeschichte [2]S. 42f, wenn er, ohne übrigens
jene unkritischen Voraussetzungen noch zu theilen, nicht bloss die Forderung
der Beobachtung des mosaischen Gesetzes, mindestens für das Christenthum geborener Juden, sondern namentlich auch die Aufrechterhaltung der Prärogative
der jüd. Nationalität zu den wesentlichen Zügen alles Judenchristenthums zählt
und daraufhin die Frage, ob dieses Judenchristenthum irgendwie einen Factor
innerhalb der Entwickelung des Christenthums zum Katholicismus gebildet habe,
entschieden verneint. Aehnlich wie HARNACK betont auch LOOFS, Dogmengeschichte S. 56f das nationale Moment als das für den Begriff des Judenchristenthums entscheidende, und vollends HORT, Judaistic christianity 1894
kennt überhaupt nur ein pharisäisch-gesetzliches Judenchristenthum, welches
weder auf das Urchristenthum noch auf die Entwickelung der Kirche von Einfluss gewesen sei. Dem gegenüber hat A. HILGENFELD, Judenthum und Judenchristenthum 1886 die Bedeutung des Judenchristenthums auch für die nachapostol. Zeit wieder kräftiger hervorgehoben; nicht ohne ernstlichen Kampf
sei es der Weltkirche im Laufe des 2. Jahrh. unterlegen. Im schroffen Gegensatze zu der obigen Construction steht aber erst LEMME, Das Judenchristenthum
der Urkirche und der Brief des Clemens Romanus: Neue JdTh 1892, S. 325f,
welchem zufolge der altchristl. Katholicismus seine ganze Fehlentwicklung ebenso
vom Judenchristenthum hergekommen sein soll, wie sie nach RITSCHL vom Heidenchristenthum herkam.

väterlichen Vorurtheil nicht mehr auf die Dauer am Gesetze festhalten, wenn doch die aufspriessenden Keime eines selbständigen sittlichen Lebens, welches Jesus in ihnen geweckt hatte, fort und fort
über die Schranken einer bloss gesetzlichen Frömmigkeit hinaus-
strebten. Sie konnten trotz aller Abneigung sich nicht mehr dagegen
wehren, die Heiden als Brüder zuzulassen, sobald einmal die Geschichte
selbst einen ganz andern Weg eingeschlagen hatte und die Christenheit aus den Heiden als vollendete Thatsache dastand. Und zu der
Masse eintretender Heiden kam die andere, noch viel handgreiflichere
und entscheidungsvollere Thatsache, dass die politische Existenz des
Volkes Israel durch die Römer vernichtet, der Mittelpunkt der mosaischen Gottesverehrung für immer zerstört, der gesetzliche Gottesdienst zu einer Sache der Unmöglichkeit gemacht worden war. Allerdings hat man sich innerhalb des Judenthums noch eine Zeit lang der
Erwartung hingegeben, es werde der Tempel bald wieder aufgerichtet
werden. Die in dem provisorischen Lehrhause zu Jamnia für den
Augenblick getroffenen Satzungen und Einrichtungen gehen von dem
Gesichtspunkte aus, dass der Tempel wieder aufgerichtet werden
solle, Alles daher nur auf die würdige Vorbereitung dazu ankomme. Sie
durften auf sympathisches Verständniss auch innerhalb des Judenchristenthums rechnen. Man könnte sogar versucht sein, in den Hebr-
und Barn-briefen Beziehungen auf solche Bewegungen zu finden,
wie sie auch nach der Zerstörung des Tempels, ja gerade damals, eine
Zeit lang mächtig pulsirten. Um so gewaltiger war die Enttäuschung,
als Jahre um Jahre vergingen, ohne dass die Restauration eintrat.
Sobald sich aber die Hoffnungen gänzlich losgerissen hatten von dem
Heiligthum zu Jerusalem, sobald gar an der Stelle eines solchen, dem
suchenden und bedürfenden Glauben gleichsam zum Hohn, ein römi-
scher Jupitertempel begegnete, war das Geschick des älteren, des im
NT vorkommenden, Judenchristenthums entschieden. Mit der Gründung
von Aelia Capitolina verliert die Gemeinde zu Jerusalem sogar ihren
judenchristl. Charakter. Wie zuvor das Judenthum, so hat nun auch
das Judenchristenthum für immer seinen Ausgangs- und Mittelpunkt
eingebüsst, während die kathol. Kirche, von der es zum grösseren Theil
aufgesogen wurde, um dieselbe Zeit ihre Weltstellung antrat. Draussen
blieben bloss kleinere, mit der Zeit absterbende Bruchtheile, nämlich
Alles, was sich auch jetzt, nachdem man sogar schon die Taufe als
Surrogat der Beschneidung angenommen hatte (s. oben S. 384), mit der
Person des Heidenapostels nicht versöhnen konnte oder gegen die
paulin. und alexandrinischen Anschauungen von dem in die Mitte des
Weltdramas hineingestellten, von oben stammenden und zur göttlichen

Würde erhöhten, Christus ablehnend verhielt und es bei einer beschränkt jüd. Scenerie der Glaubenswelt bewendet sein liess. Dagegen
kam die Kirche, welche in solcher Aermlichkeit später den Sinn des
Parteinamens Ebjonitismus entdecken wollte, auf dem Wege einer,
das Judenthum nach allen Seiten überschreitenden, Entwickelung der
Christologie in die Lage, in einer speciell als Nazaräismus fortlebenden Gestalt des Judenchristenthums gerade diejenige Anschauung von
der Person Jesu als des Christus auszuschliessen, welche geschichtlich der paulin. und johann. vorangegangen war[1].

Die Untersuchung, wie das zugegangen ist, überhaupt die ganze
Frage nach den späteren, zumal den synkretistisch und gnostisch gearteten Formen des Judenchristenthums (Ebjonitismus, Elkesaitismus),
die sich gleicher Weise vom Judenthum und Christenthum lossagten,
liegt jenseits der Zeitgrenzen, innerhalb welcher die neutest. Theologie sich bewegt[2]. Aber auf dem äussersten Rande des hier bebauten

---

[1] Die Umdeutungen, welche durch die natürliche Unfähigkeit des Heidenchristenthums, die Begriffe „Messias" und „Reich Gottes" in ihrem ursprünglichen Sinne zu verstehen, veranlasst waren, fasst HARNACK I, S. 50 dahin zusammen, „dass an die Stelle der βασιλεία τοῦ θεοῦ die ἀθανασία (ζωὴ αἰώνιος)
einerseits, die ἐκκλησία andererseits getreten ist", und dass die Vorstellung vom
Messias schliesslich durch die Vorstellungen von dem göttlichen Lehrer und dem
im Fleische erschienenen Gott ersetzt worden ist.
[2] Aus dem oben Gesagten geht hervor, dass das, an sich nur irgend welches
Mischungsverhältniss von Christenthum und Judenthum ausdrückende Wort
„Judenchristenthum" einen sehr weitschichtigen und in verschiedenen Farben schil-
lernden Begriff andeutet. Indem hier von den späteren, der Kirchengeschichte der
3 ersten Jahrhunderte angehörigen, Verzweigungen ganz abgesehen wird, sei nur
auf den oben S. 394f geltend gemachten, fast allgemein angenommenen Unterschied von primitivem Christenthum und Judaismus hingewiesen. Das Judenchristenthum, welchem sich diese beiden Erscheinungen so gut wie die pharisäischen und essäischen Nuancen (s. oben S. 396f) unterordnen, ist dort erst zu
Ende, wo das neue Gemeingefühl, welches Christen jüd. Geburt mit den Brüdern
aus den Heiden verbindet, das alte, welches sie bei den Stammesgenossen festhält, zurückgedrängt, ja zerstört hat. Aber diese nationale Fessel wird endgültig nur gesprengt sein, wenn zuvor auch das neue Heilsgut in seiner Ueberlegenheit gewürdigt, wenn der Heilsweg des Gesetzes mit Bewusstsein verlassen ist.
Genau auf denselben Punkten der Linie, wo so das Judenchristenthum seine
Ohnmacht erfährt, fängt dann der Paulinismus an, die Tragweite seiner Einwirkungen zu offenbaren (s. II S. 206, 209f). Nun gipfelt zwar HARNACK's Zurechtlegung der urchristl. Gegensätze in dem paradoxen Satze, dass „wir im NT überhaupt kein judenchristl. Denkmal besitzen, es sei denn in den paulin. Briefen"
(S. 280), sofern der Paulinismus, als die 3. der 4 im apostol. Zeitalter unterschiedenen Richtungen (S. 86f), wenigstens darin noch mit dem Judenchristenthum Fühlung hält, dass wenigstens eine zeitweilige Gültigkeit des Gesetzes und
dadurch bedingte Bevorzugung Israel's anerkannt, dem entsprechend aber auch
Rm 11 25—31 am Ende der Tage Bekehrung von Gesammtisrael vorbehalten wird
(s. unten II, S. 195). Aber Ersteres wird auch innerhalb des Heidenchristenthums
nur selten ausdrücklich in Abrede gestellt, und das Andere kann wohl als ein

Terrains sehen wir doch immer noch in Past und in einer ganz nahe
an die neutest. rückenden Literatur, den Barn- und Ignatius-briefen,
judenchristl. Umtriebe berücksichtigt, wir sehen den Justin, Dial. 47 in
eine Auseinandersetzung mit ihnen treten und endlich ein Hbr-Evglm
entstehen, welches füglich als eine Rückbildung des kanonischen Mt
in der Richtung auf seine judenchristl. Elemente bezeichnet werden kann.

2. Der Paulinismus.

Wenn sich aber solcher Gestalt das Christenthum in der Beschränktheit des jüd. Vorstellungskreises nicht festhalten liess, sondern im Gegentheil alle innerhalb desselben sich isolirenden Erscheinungen aus seiner Mitte ausstiess, so ist doch damit keineswegs gesagt, dass es die paulin. Dogmatik acceptirt habe und der Paulinismus in der Gestalt, wie er im Haupte seines Urhebers lebte, der
Sieger auf dem Platze geblieben sei. Als lebendes Ganzes hat der
Paulinismus überhaupt nur einmal existirt, nämlich eben in jenem
Haupte. In dieser Beziehung hat das quantitative Verhältniss der
paulin. Literatur zum Ganzen unseres neutest. Kanons irreführend
gewirkt, indem man die längste Zeit über auch den Beitrag, welchen
der paulin. Lehrbegriff zum Glaubensstand der alten Kirche geliefert
haben sollte, nach demselben Maassstabe abschätzte[1]. Und doch ist

---

vereinzeltes und individuelles Symptom jüd. Geburt gegen den principiellen
Bruch mit dem Gesetz nicht in Betracht kommen. Bestehen bleibt immer der
Grundunterschied, dass dort das christl. Heil zwar in Uebereinstimmung mit den
Verheissungen, aber im Gegensatz zu dem „dazwischen eingetretenen Gesetz",
hier dagegen in Zusammenhang und Uebereinstimmung damit gefasst wird.
Wo die Losung lautet „Entweder Gesetz oder Christus", da ist eben kein Judenchristenthum; denn dessen Schlagwort heisst vielmehr „Gesetz und Christus",
wobei es nichts ausmacht, ob jenes einfach = Mosaismus gesetzt oder irgendwie
(nämlich als Ritualgesetz) umgedeutet, bzw. (nämlich unter Zurückstellung des
Ritualgesetzes) idealisirt wird, so lange nur eine solche Weiterbildung noch
unter dem Gesichtspunkt des Zusammenhangs oder vielmehr, da einen solchen auch
Pls anerkannt hat, der wesentlichen Einheit und Einerleiheit erscheint. Umgekehrt muss vielmehr ein im Namen des Gottes Israel's und seines Propheten
Moses, also der Autorität des Gesetzes, zugleich freilich auch im Interesse
des jüd. Nationalitätsprincips unternommener Widerstand gegen die paulin.
Theorie und Praxis, bei gleichzeitiger Geltendmachung der Autorität der Urapostel, insonderheit des Pt und Jak, zu den kennzeichnenden Charakterzügen
alles dessen geschlagen werden, was Judenchristenthum heissen soll. Gehört
aber dieser religiöse Factor mindestens mit gleichem Recht wie der national-
particularistische zum Wesen des Judenchristenthums, so wird sich eine mehr
oder weniger judenchristl. Färbung auch Schriften wie Mt (s. oben S. 430f), Apk.
(s. oben S. 464) und Jak (s. II, S. 349f) nicht absprechen lassen, und werden auch
die jüd. Traditionen, von welchen noch ein Buch wie der Pastor des Hermas
ganz durchzogen ist, eine ähnliche Beurtheilung vertragen, ja herausfordern.

[1] Vgl. Harnack I, S. 128.

ein kirchl. Gemeindebewusstsein, durch und durch angefüllt mit der Gedankenwelt des Pls, zumal am Anfange der gesammten Entwickelung, eine reine Unmöglichkeit (s. II, S. 204 f).

Viel mehr Anknüpfungspunkte im allgemeinen, religiösen und philosophischen Bewusstsein standen von vornherein dem christl. Alexandrinismus zu Gebote. Mit ihm verbindet sich daher der Paulinismus, und an ihn gibt er ein gutes Theil seiner ursprünglichen Eigenthümlichkeit ab. Nicht wie Pls, sondern wie die Verfasser von Hbr und Joh, stellte sich die spätere kathol. Kirche das Verhältniss von Gesetz und Evglm, von AT und NT vor. Das hing damit zusammen, dass schon Hbr (s. II, S. 283 f), mehr noch Joh (s. II, S. 362, 366), ähnlich wie später die Kirche, den concreten geschichtlichen Bedingungen entwachsen waren, welchen der paulin. Lehrbegriff seine Entstehung verdankt. Pls hatte das christl. Princip wesentlich im Gegensatze zu der Forderung des pharisäischen Judenthums und Judenchristenthums, also durchweg antithetisch fixirt, als religionsgeschichtliche Ueberwindung des Gesetzes, Abrogation des Mosaismus. Für ihn war das Gesetz noch etwas Lebendiges, wenngleich Tod bringendes, für das spätere Heidenchristenthum etwas Todtes, dahinten Liegendes. In demselben Maasse als die Heidenchristen die überwiegende Majorität bildeten, ihres selbständigen Bestandes sicher bewusst und also auch von judaistischen Zumuthungen nicht mehr ernstlich und innerlich beunruhigt wurden, musste der Paulinismus zu einem unverständlichen dunkeln Wort werden. Fehlte doch diesen Christen im Grunde für das Problem der Befreiung vom sittlichen Mechanismus des Gesetzes durch das Evglm schon von Haus aus die natürliche Voraussetzung, die eigene Erfahrung um das Gebundensein an ein Gesetz; sie waren gar nie in der Lage gewesen, Gerechtigkeit aus des Gesetzes Werken zu suchen, wie Pls[1]. Sie erfassten vom Paulinismus einfach dessen universalistische Resultate. Sobald einmal der grosse Grundgedanke, um den diese Gedankenwelt lagerte, die Gleichberechtigung aller an Christus Gläubigen, die Vereinigung von Juden und Heiden in Einer Weltreligion, durchgefochten war, so musste sich das Verhältniss wieder dahin wenden, dass im Uebrigen sogar von Haus aus judenchristl. Anschauungen der Vortheil der grösseren Greifbarkeit und Fasslichkeit, des engeren Anschlusses an die bisherigen Vorstellungen

---

[1] Vgl. OVERBECK, Ueber das Verhältniss Justin's des Märtyrers zur Apostelgeschichte: ZwTh 1872, S. 305 f und bei DE WETTE zu Act, S. 33 f, PFLEIDERER Paulinismus S. 407, STÄHLIN, Justin der Märtyrer und sein neuester Beurtheiler 1880, S. 8: „Dem naturwüchsigen Heidenthum fehlte die Zucht und Vorschule der alttest. Bundes- und Gesetzesökonomie und damit die wirksamste geschichtliche Potenz zur Vorbereitung des Verständnisses der paulin. Ideen."

der Menschen, namentlich aber einer ungesucht sich einstellenden
Uebereinstimmung mit dem, was geborene Heiden von einer Religion
erwarteten und in ihr suchten, zu Gute kam[1]. Schon den Paulinismus
verband eine breite Unterlage gemeinschaftlicher Anschauungen mit
dem Judenchristenthum. Die alttest. Schrift war auch für Pls göttliche Offenbarung; die jüd. Theologie bildete die Grundlage auch für
seinen Lehrbegriff. Gab man dies einmal zu, so gehörte schon die
ganze Kunst allegorischer Auslegung, die ganze Feinheit paulin. Dialektik dazu, um der Anerkennung der Verbindlichkeit des Gesetzes als
Folgerung zu entgehen. Die Heidenchristen, die selbstverständlich
in ihrer grossen Mehrheit niemals in Versuchung gerathen konnten,
sich der mosaischen Satzung zu unterwerfen, nahmen einfach das Resultat der paulin. Auseinandersetzung mit dem Gesetzesprincip, nicht aber
deren Begründung an[2]. Ueberdies blieb, wenn Pls den Unterschied
zwischen Judenthum und Christenthum dahin bestimmte, dass man in
jenem durch des Gesetzes Werke selig zu werden suche, in diesem durch
den Glauben wirklich selig werde, noch die weitere Frage zu beantworten übrig, wie es denn mit denjenigen Werken stehe, welche, von
Pls „Früchte des Geistes" genannt, dem neuen Gesetze der Christen
entsprechen. Der Brief des Jak hält es für selbstverständlich, dass als
solche Geistesfrüchte die „Werke" zu gelten haben, und darum auch
ihre Nothwendigkeit zur Gerechtigkeit zu behaupten sei. Hier liess
sich nun dem gewöhnlichen Bewusstsein doch kaum klar machen,
dass das alte Gesetz zwar den Christen nichts mehr angehe, aber trotz
der Entbindung von der Formel doch in einem höheren und volleren
Sinne von ihm erfüllt, vollzogen und zur Wahrheit gemacht sein wolle.
Und noch mühevoller und aussichtsloser war es für den geborenen
Heiden, den tieferen Untergrund der paulin. Lösung der Gesetzesfrage,
sowohl der juridisch, wie der ethisch begründeten Lehre von Versöhnung, Rechtfertigung und Kindschaft zu durchschauen. Sobald einmal kraft dieser die Schranken in der überkommenen Religiosität
durchbrochen waren, legte man das Werkzeug bei Seite. Es hatte
seine Dienste gethan, und bald verstand man sich nicht mehr auf
seine Einrichtung und Wirkungsweise. Kein apostol. Vater, kein
Apologet, so oft sich diese Schriftsteller auch paulin. Formeln bedienen mögen, hat mehr einen Begriff davon, dass das Gesetz nur
gegeben gewesen sei, um die Sünde zu mehren, während der Glaube
an Gottes Verheissungen anknüpfe, wie also jenes nur da ist, um zu

---

[1] Vgl. die belehrende Darstellung von E. Zeller, Vorträge und Abhandlungen I [2]1875, S. 264 f.
[2] So Overbeck, ZwTh 1872, S. 343 und A. Harnack I, S. 86.

verschwinden. Nur wo und so lange noch ein intimes Pietätsverhält-
niss zum Judenthum bestand, konnte man den Aufwand einer so
weitläufigen Argumentation, um die Emancipation vom mosaischen
Gesetze zu erreichen, für der Mühe werth halten! Zugleich erwies
sich aber auch die Höhe einer Sittlichkeit, welche rein nur als freie
Ausprägung und reife Frucht des Geistes des Christus gelten wollte,
als unerreichbar, mindestens als unhaltbar für eine Gemeinschaft, in
welcher sich immer grössere Massen ansammelten, deren geistige
Führer überdies ihre sittliche Begriffswelt aus den Hörsälen und von
der Lectüre der griech.-röm. Popularphilosophen mitgebracht hatten.
Daher der diese Literatur beherrschende „Moralismus", in dessen Vertretung selbst so verschiedenartige Documente, wie I Joh und Jak,
sich durchaus gleichen. Ist wenigstens im ersten Schriftstück auch
die Nachwirkung des Paulinismus darin zu erkennen, dass noch vom
Sühnetod Jesu die Rede ist, so fällt dafür die Lehre von der Glaubens-
gerechtigkeit schon im ganzen Deuteropaulinismus aus. Spricht z. B.
im Anschlusse an Rm 4 10 Justin, Dial. 23 gelegentlich einmal davon,
dass dem unbeschnittenen Abraham die Gerechtigkeit zugerechnet
worden sei, so versteht er darunter doch lediglich dies, dass seine
factische Gerechtigkeit von Gott constatirt worden sei[1], Dem Brief
des röm. Clemens mangelt jede Stellungnahme zum Centralpunkt der
paulin. Lehre[2]. Ueberhaupt reducirt sich der Paulinismus der apostol.
Väter fast ganz auf die allgemeine Vorstellung eines im Leben und
Leiden des Christus den Menschen zu Theil gewordenen Gnaden-
geschenkes Gottes[3]. Den Glauben behandeln dieselben, auch wenn
sie die paulin. Terminologie anwenden, doch nur als die erste in der
Reihe von Tugenden, welche Christus von seinen Jüngern forderte,
und stellen namentlich die Liebe als ebenso unerlässlich immer in
seine nächste Nähe. Ueberall begegnen wir der Loosung „Glaube und
Liebe", die ja so verständlich und jeder Einseitigkeit gegenüber so
billig und correct erschien (s. II, S. 134, 235, 273).

In diesem Sinne also spricht man von einem abgeflachten, seiner
Kanten und Spitzen entledigten, von einem popularisirten, praktisch
gemachten und katholisch werdenden Paulinismus. Mehr oder weniger
gehört hierher die ganze, unter der Kategorie „Deuteropaulinismus"

---

[1] OVERBECK, ZwTh 1872, S. 330 f.

[2] WREDE, Untersuchungen zum ersten Clemensbriefe 1891, S. 84 f.

[3] STÄHLIN S. 7: „Kein apostol. Vater, auch Clemens von Rom nicht, hat
die Rechtfertigungslehre klar und ungetrübt reproducirt; das Auffallende bei dem
Genannten ist gerade, dass er an einer Stelle sich völlig paulinisch ausdrückt,
um dann später die paulin. Gedanken ganz eigenthümlich umzugestalten".

zu besprechende Literatur, voran die petrin. und die Past-briefe, in
welchen die kathol. Kirche sich schon fast leibhaftig anmeldet[1].

3. Das neue Gesetz.

Wir sehen, wie eine von Pls geübte und festgehaltene Anknüpfung
an das AT in den Heidengemeinden Anlass zu einer durchgreifenden
Aneignung und Uebertragung des Alttestamentlichen in das Christliche geworden ist. Pls hatte den Heidengemeinden das AT in die
Hände gelegt. Es war lange Zeit über das einzige Offenbarungsbuch
der Christenheit. Wie Pls aus diesem „Gesetz" den Beweis für seine
das Gesetz überwindende Lehre, wie die Evglsten aus dieser Prophetie
den Beweis für die Messianität Jesu führten, so haben auch die Apologeten nichts Wichtigeres zu thun, als aus demselben AT ihren Weissagungsbeweis für die Wahrheit des Christenthums zu führen (II, S. 354f).
Andererseits aber fiel der hohe sittliche Inhalt dieses Buches in's Gewicht, welcher im Verein mit den, als seine Blüthe und Krone erscheinenden, Aussprüchen Jesu für das Durchschnittsbewusstsein bald
zum praktischen Kern des Christenthums, zur eigentlichen Norm der
Lebensführung des Einzelnen, vor Allem aber auch des christl. Ge-
meinlebens geworden ist. Nicht bloss schienen daselbst die Werke
der mit dem Glauben gleich zu werthenden Liebe in reichster Fülle
verzeichnet, sondern die theokratische Ordnung der israelitischen
Volksgemeinde bot auch die natürlichen Vorbilder für die sich gestaltenden Verhältnisse der Kirche dar. So setzte man die Bräuche,
Ordnungen und Regeln, welche man, von täglich sich steigernden praktischen Bedürfnissen gedrängt, für das eigene Gemeinschaftsleben schuf,
in ein Verhältniss der Analogie und Antitypie zum Gesetze Israel's,
wie solches schon im Briefe des Clemens geschieht[2]. Auch in den weitesten Kreisen des Heidenchristenthums war damit ein gesetzlicher,
dem Judenthum wahlverwandter Geist eingekehrt. Nicht als ob das
Judenthum direct es den getauften Heiden angethan hätte. Aber noch
viel ferner lag dem theoretischen Verständnisse wie dem praktischen
Bedürfnisse der werdenden Heidenkirche, die Menschen aus allen Völkern, Schichten und Ständen in sich vereinigte, die paulin. Lehre von

---

[1] Nach RITSCHL stellt dieser Process im Wesentlichen eine Degeneration
der von Pls eingeleiteten Bewegung dar, welche freilich mit Verleugnung ihres
eigenen Princips endete, während O. PFLEIDERER gegentheils in den betreffenden
Schriftstücken, zumal in Past, zwar keine Bereicherung der christl. Gedankenwelt gegeben, aber den Weg, dieselbe anwendbar und fruchtbar zu machen, eingeschlagen sieht (s. oben S. 8, unten II, S. 273, 277).

[2] Vgl. H. HOLTZMANN, Pastoralbriefe S. 205f, PFLEIDERER, Paulinismus
S. 408f, WREDE S. 58f, LEMME, Neue JdTh 1892, S. 417f.

der Freiheit des Geistes. Der gesammte Gemüthsstand des religiös interessirten Heidenthums war von der Art, dass er einer positiven Offenbarung des göttlichen Willens, einer absolut normirenden Autorität
bedurfte. Man sah und wollte im Christenthum ein die Massen be-
wältigendes und bändigendes Gesetz, dessen Urheber so weit über alle
Menschheit hinausgerückt wäre, um Befolgung seiner Gebote mit göttlicher Autorität auferlegen zu können. Demgemäss fand man im
Christenthum nicht mehr in erster Linie ein neues religiöses Verhältniss, sondern eine neue sittliche Lebensordnung, die ihren concreten
Gehalt in einer Zusammenstellung zahlreicher Vorschriften für die besonderen Verhältnisse des menschlichen Verkehrs, vor Allem aber
auch des religiösen Gemeinschaftslebens findet. So liess man, geleitet
von dem Eindruck der matth. Bergpredigt, den jüd. Gedanken des
Gesetzes an sich stehen und fand das Schlagwort der altkathol. Kirche,
den Begriff des Christenthums als neues Gesetz [1]. Von dem richtigen
Paulinismus schien jetzt nichts mehr übrig als das paradoxe Wort
von der Aufrichtung des Gesetzes Rm 3 31 (νόμον οὖν καταργοῦμεν διὰ
τῆς πίστεως; μὴ γένοιτο, ἀλλὰ νόμον ἱστάνομεν). So reden Barnabas (2 6
καινὸς νόμος), Hermas (vgl. die ἐντολαί) und Justin, Dial. 11, demzufolge
das Christenthum dem AT gegenüber das neue Gesetz ist, welches,
gegeben von dem menschgewordenen Logos, schon durch sein blosses
Erscheinen das alte ungültig macht. Er unterscheidet Dial. 45 im
Mosaismus ein Naturgesetz (τὰ φύσει καλὰ καὶ εὐσεβῆ καὶ δίκαια), wodurch schon die Patriarchen selig geworden, und das Ritualgesetz
(τὰ πρὸς σκληροκαρδίαν τοῦ λαοῦ διαταχθέντα), welches Christus ab-
geschafft habe. Vollzogen ist diese principiell gesetzliche Auffassung
des Christenthums, seine Auffassung unter dem Haupttitel des neuen
Gesetzes, bei Irenäus, welcher ausdrücklich die Identität des Haupt-
stoffes der Gebote im AT und NT betont, bei Tertullian, welcher den
Satz, dass Christus das neue Gesetz gepredigt hat, in die Regula fidei
aufnahm, bei Clemens und Origenes, welche in der Gesetzgebung das
wesentliche Geschäft des Christus erblicken.

Diese neue Gesetzlichkeit, welcher der Gläubige sich nicht bloss
mit seinem Thun (Mt 28 20 διδάσκοντες τηρεῖν πάντα ὅσα ἐνετειλάμην ὑμῖν),
sondern gerade auch mit und in seinem Glauben (I Joh 3 23 αὕτη ἐστὶν
ἡ ἐντολὴ αὐτοῦ ἵνα πιστεύσωμεν τῷ ὀνόματι τοῦ υἱοῦ αὐτοῦ) unterwirft,
stammt somit an sich nicht aus dem Judenthum, erkennt sich aber
selbst wieder in der jüd. Gesetzlichkeit, so dass bei Mt (s. oben S. 426 f,

---

[1] STÄHLIN S. 7: „Das ist doch Judaismus, aber immerhin ein Judaismus, der
auf spontane Weise, ohne Uebertragung von aussen, aus der heidenchristl. Kirche
sich entwickelte.“

434), bei Lc (s. oben S. 453 f) und bei Jak (s. II, S. 345) der Anschluss
an den Mosaismus zuweilen wie ein directer erscheinen kann [1]. Man
konnte darum und könnte noch immer darin geradezu eine Wiederaufnahme der jüd. Religionsform und Denkweise erblicken, wenn nicht
der im Gegensatze zum Mosaismus freiere Charakter [2] und überhaupt die Neuheit des von Christus gegebenen Gesetzes so entschieden
betont wären, beispielsweise bei Joh (s. II, S. 388 f). Im Grunde tritt
hier ein praktisch-sittlicher Zug zu Tage, welchen die übertretenden
Griechen schon mitbrachten, und folgte somit das Heidenchristenthum
dabei, zumal soweit es unter dem Einflusse der stoischen Philosophie
stand, seinem eigensten Bildungstriebe.

4. Die Gnosis.

Aber auch der oben berührte Entwickelungsgang der Gnosis, die
Ueberfruchtung des religiösen Gemüthsbodens durch himmelstürmende
Speculation und Phantasie, musste zuletzt dem Bildungstrieb der Kirche
zu gut kommen, einen Beitrag zur Entstehungsgeschichte derselben
liefern, mag man nun den entscheidenden Anstoss zur Entstehung einer
Kirche und kirchl. Theologie, in welcher die urchristl. Gegensätze
überwunden werden sollten, erst in der ganzen Machtentfaltung der
Gnosis erblicken, oder aber das Werden des Katholicismus in eine
Zeit hinaufrücken, wo solche Conflicte eben erst sich anzukündigen
begannen.   Sobald die Gnosis ihre, noch in Kerinth vertretenen, Beziehungen zum Judenthum definitiv gelöst und den Triumphzug durch
die Heidenwelt angetreten hatte, überwog für die vom Judaismus nicht
mehr bedrängte Christenheit die Gefahr, von den alttest. Vorbildern
und Heiligthümern ganz abgedrängt zu werden und sich im Heidenthum zu verlieren. Und zwar im buntesten Schimmer heidnischer
Mythologie, in einer, keinerlei feste Gestaltungen aufweisenden, jeden
Augenblick sich verändernden, durchaus beweglichen Phantasiewelt.
Auf die gnostische Berauschung musste mit der Naturnothwendigkeit
aller Reflexbewegungen die Ernüchterung der Regula fidei folgen. Man
empfand dem unendlichen und unberechenbaren Spiel der gnostischen
Phantasie gegenüber das Bedürfniss, zu wissen, wo Einem der Kopf
steht: „Mir widersteht das tolle Zauberwesen." Schon innerhalb des
NT besorgen die späteren Pt- und Jud-briefe, vorzugsweise aber Past,
dieses Geschäft der Ernüchterung, und so brach sich die mächtige,

---

[1] HARNACK, Dogmengeschichte [2], S. 43: „Die Formel, das neue Gesetz der
kathol. Kirche ist nicht judaistisch, liess aber freilich Raum, in steigendem
Maasse alttest. Gebote in die Kirche einzuschleppen."
[2] HARNACK S. 84.

gnostische Fluthung, welche bald die ganze Christenheit des 2. Jahrhunderts mit fortgerissen hätte, an den Grundlinien einer sich bildenden Durchschnittslehre. Rascher, als alle theol. Vermittelungen,
Transactionen und Compromisse es vermocht hätten, wird angesichts
der tiefgreifenden Umwälzung, davon man sich durch die grundstür-
zenden Neuerer der Gnosis bedroht sieht, die überwiegende Mehrheit
der Christen, einfach dem Triebe der Selbsterhaltung folgend, zur
Einigung auch in Bezug auf Lehre geführt. Alles, was zwischen dem
ausscheidenden Judenchristenthum und der antijudaistischen Gnosis
in der Mitte lag, suchte jetzt Verständigung unter einer gemeinsamen
Fahne[1]. Dass auch die gnostischen Schulen sich gegenüber dieser
werdenden Kirche von Katholikern als Sonderkirchen aufzuthun
suchten, konnte den Zusammenschluss der den Gemeinglauben pflegen-
den Kreise zu einer allgemeinen Kirche gleichfalls nur befördern.
In unserem NT spiegelt sich diese Bewegung am deutlichsten in den
Briefen des Jud (s. II, S. 320) und Joh (s. II, S. 384f).

5. Die apostolische Gesammtautorität.

Etwa ein Jahrhundert nach dem Tode ihres Stifters war die
Kirche noch unfertig gewesen, um sich dann rasch in ihren einzelnen
Theilen zu nähern und einheitlich zusammenzuschliessen. Eben damit
war auch Anlass zur Herstellung einer neutralen Basis gemeinchristl.
Glaubens gegeben. Zuvor aber, in der ganzen vorkirchlich zu nennen-
den Periode, kann von einem bestimmten Lehrbegriffe die Rede nicht
sein. Soweit es eine gemeinchristl. Theologie gab, bewegte sie sich
in der typologischen Ausdeutung des von Judenchristen wie Heidenchristen als Orakelbuch gleich hochgeschätzten AT's. Dogmatische
Mittelpunkte gab es ausser dem Monotheismus, der höheren Würde
Jesu als des Bringers und Trägers einer absoluten Gottesoffenbarung
und dem Glauben an die herrliche Zukunft seines Reiches, wenige
oder keine[2]. Allenthalben unfertige Zustände, ein Chaos, aus dem
noch recht viel Anderes hätte werden können, ausser dem, was unter
dem Drucke der gegebenen geschichtlichen Voraussetzungen und Lebensbedingungen wirklich daraus geworden ist. Judenchristliche, paulinisirende, alexandrinische, gnostisirende, katholisirende Lehrformen bestehen nebeneinander in bunter Mischung. In einem so beschaffenen
kirchl. Bewusstsein mussten die Kanten der neutest. Lehrbegriffe sich
abschleifen, ihre feineren Unterschiede sich verwischen und verlieren.
Nur der gemeinsame Gehalt in seinen gröberen Umrissen konnte in

---

[1] E. Zeller S. 277f, 366 f.
[2] Harnack, Lehrbuch I, S. 75.

das allgemeine Bewusstsein übergehen. Die bestehende Unfähigkeit, die ursprünglichen Probleme des Christenthums noch zu begreifen, leistete diesem Verlaufe Vorschub.

Die Vergangenheit war gleichsam zu einem leeren Raum geworden, welchen man jetzt mit einer Theorie ausfüllte, derzufolge der gegenwärtige Zustand der heidenchristl. Gemeinden direct auf die Zwölfapostel zurückgeführt wurde [1]. Es ist Thatsache, dass bei denselben Schriftstellern des 2. Jahrhunderts, bei welchen die Zwölf in solchem Zusammenhange genannt werden, die Briefe des Pls dafür im dunkeln Hintergrunde verharren [2]. Andererseits aber werden auch in demselben Interesse, dem die Berufung auf die Zwölfapostel gilt, schon seit Ende des 1. und Anfang des 2. Jahrhunderts vielfach, besonders in Rom, gerade Pt und Pls als Hauptlehrautoritäten coordinirt. Der I Pt-brief trägt die paulin. Dogmatik in jener abgeblassten Form vor, wie sie keinem friedlich gesinnten Judenchristen mehr anstössig sein konnte (s. II, S. 309f), und II Pt heisst die Lehre des Pls Namens des Hauptapostels des Judenchristenthums ausdrücklich gut (s. II, S. 325f). Der Loosung Pt und Pls, die in Rom zu Hause war, entspricht nun aber in anderen Theilen der Kirche das Schlagwort: alle Apostel. Man geht zurück auf die, zuweilen als von Pt persönlich vertreten gedachte (s. oben S. 430), Gesammtautorität aller Apostel einerseits (s. II, S. 327), auf den mittleren Durchschnitt apostol. Lehre im NT andererseits (s. II, S. 206), macht wohl auch die Zwölf und Pls als Vertreter einer und derselben Sache geltend. Das ist die formale Grundlage der nunmehr sich bildenden kathol. Rechtgläubigkeit geworden. Wie sich die Verschiedenartigkeit der localen Traditionen und Lehrfärbungen in der kathol. Einheit ausgleicht, so basirt diese Kirche auf dem Durchschnittsgehalt des NT's.

Im NT selbst kündigt sich diese altkathol. Vorstellung von der unterschiedslosen Einerleiheit und solidarischen Einheit der gesammten apostol. Lehrbildung schon in Act an, sofern hier Pt später als Heidenapostel, Pls früher als Judenapostel auftritt, Beide somit zu Universalaposteln werden. Das Privilegium der Apostel ist 6 2 die Handhabung des „Wortes Gottes", ihre „Dogmen" 15 28 16 4 sind Producte des hl. Geistes. Die Zwölfapostel sind Apk 21 14 die Grundsteine des neuen Jerusalem, sie heissen 18 20 vielleicht (C, Vulg.) und Eph 3 5 (hier jedenfalls mit Einschluss des Pls, s. II, S. 257f) gewiss „hl. Apostel"; neben ihnen erscheinen hier und 2 20 neutest. Propheten, 4 11 auch Evglsten (s. oben S. 399) als constitutive Factoren für

[1] HARNACK I, S. 152.
[2] H. HOLTZMANN, Lehrbuch der hist.-krit. Einleitung[3], S. 100f, 121.

den Bestand der Kirche, und auch die, unter dem Namen der „kathol. Briefe" bekannten, Rund- und Gemeindeschreiben stellen sich der Reihe nach unter die Autorität der Gal 2 9 genannten Säulenapostel [1].

6. Der Kanon.

Dem Durchschnittsgehalt apostol. Lehre setzt man als apostol.-kirchl. Ueberlieferung die pseudo-apostol. Traditionen entgegen, auf welche die Gnostiker sich beriefen. Wie nun aber die Gnostiker mindestens seit Marcion auch apostol. Schriften für sich geltend machten, so ergab sich auch für die Kirche die Aufgabe, aus der immer mehr anwachsenden Literatur, die auf apostol. Ursprung Anspruch erhob, diejenigen Schriften, die das mit Fug und Recht thaten, zusammenzustellen, die ganze Erbschaft des apostol. Zeitalters zu sammeln und dem AT nicht, wie die Gnosis that, entgegenzustellen, sondern beizuordnen. Die Kirche aber war dann, wie die Besitzerin und Hüterin dieses Schatzes, so auch die alleinige Sachverständige in Bezug auf seine Werthung und Deutung. So hat das Auftreten der Gnosis die Bildung eines kirchl. Kanons zwar nicht ausschliesslich veranlasst, aber doch wesentlich mitbedingt. Die Thatsache der Bildung des Kanons selbst aber hat für die christl. Theologie die Doppelbedeutung, dass einerseits diese letztere damit alle Voraussetzungen und Bedingungen einer Buchreligion, insonderheit auch das ebenso heidnische wie jüd. Inspirationsdogma des Alexandrinismus auf sich genommen hat, dass aber andererseits eben dadurch, ja dadurch allein, die Gedankenwelt Jesu und des Urchristenthums, trotz ihrer so rasch erfolgten Ueberwucherung und Verhüllung durch das Dogma, doch durch alle Jahrhunderte erhalten und zugänglich geblieben ist.

Unser NT bietet nun aber nicht bloss den Stoff der Kanonbildung, sondern ist auch in seinen späteren Theilen schon ein Document derselben, sofern einerseits I Tim 5 18 die Stelle Lc 10 7 entweder selbst geradezu als „Schrift" citirt oder doch wenigstens unmittelbar an ein alttest. Citat angereiht wird, andererseits in Apk ein Buch auftritt, welches 1 3 schon als ein Gegenstand der I Tim 4 13 erwähnten cultischen Schriftlesung (ἀνάγνωσις) gelten will. Die Plsbriefe aber sind II Pt 3 16 nicht bloss als gesammelt, sondern auch bereits als Theile eines, auch die Propheten umfassenden, Schriften-

---

[1] Weiteres über Begriff und Entwickelung des Apostolats s. bei A. HARNACK, Die Lehre der 12 Apostel. Prolegomena 1884, S. 93f, W. SEUFERT, Der Ursprung und die Bedeutung des Apostolats in der christl. Kirche 1887, W. KÖPPEL, Der Ursprung des Apostolats nach den hl. Schriften NT's: StKr 1889, S. 257f, E. HAUPT, Zum Verständniss des Apostolats im NT 1896. Vgl. auch HEINRICI, Das 2. Sendschreiben des Apostels Pls an die Korinther 1887, S. 383, 407 f.

kanons vorausgesetzt, der schon den Apokryphen gegenüber abge-
grenzt zu werden anfängt (s. II, S. 325f). Die Theorie endlich von
einem heiligen, von Gottes Geist eingegebenen, untrüglichen Gottes-
worte, das Formalprincip aller Buchreligion, wird II Tim 3 16 (s. II,
S. 261f), womit auch I Pt 1 10—12, II Pt 1 19—21 zu vergleichen ist
(s. II, S. 317, 327), in aller Form vorgetragen.

7. Die Kirche.

Unter den vielen Missverständnissen, welche bei der Identificirung der in den Stürmen des 2. Jahrhunderts sich consolidirenden
Kirche mit der primitiven Christenheit und apostol. Gründung unter-
liefen, war das grösste und verhängnissvollste eben dieses, dass
sich diese Kirche ohne Weiteres für das von Jesus verkündigte Reich
Gottes, ihre Bischöfe für Nachfolger der Apostel, ihre ganze dogmatische Gedankenbildung für eine geradlinige Weiterbildung und Ex-
plication der neutest. Gedankenwelt hielt[1]. Und doch fehlte es ihr
für diese Fiction nicht ganz an allem Anhalt im NT selbst. Am
tiefsten führt wohl das Mt-Evglm in die specifisch kathol. Anschauungen des 2. Jahrhunderts hinein (s. oben S. 435). Aber auch der
richtige dogmatische Begriff von Kirche als einem, dem persönlichen
Wunder des Christus entsprechenden, gesellschaftlichen Wunder,
dem halb mystisch, halb kosmisch gedachten Leib des Christus,
liegt ja, wenigstens in Eph und Kol, schon im Wesentlichen ausgebildet vor (s. II, S. 255f, 258), und im Pastor Herm. Vis. II 4 1
wird die Ekklesia in richtiger Anwendung des jüd. Präexistenz-
gedankens geradezu zum Aeon vor der Welt, während die Welt um
ihretwillen geschaffen ist.

Mit der ursprünglichen Weltentfremdung, mit der das Urchristenthum kennzeichnenden Abkehr von der Welt musste es in dem gleichen Maasse anders werden, als in der paulin. und johann. Lehre
Christus zu einer in seiner Gemeinde gegenwärtig waltenden gött-

---

[1] A. Krauss, Das protest. Dogma von der unsichtbaren Kirche S. 155:
„Die Theorien, welche den kirchl. Organismus der Christen auf die Einsetzung
des Herrn zurückführen wollen, entbehren desshalb der Schriftbegründung.
Historisch lehnte sich die Gemeinde der Christgläubigen an die alttest. Institution an, und nur in dem Maasse, als durch verschiedene Einflüsse das Christenthum nicht mehr bloss als Sekte innerhalb der Synagoge bestehen konnte,
bildete sich eine eigenthümlich christl. Kirche mit eigenthümlichem Cultus, Verfassung, Amt und Sitte aus." Eine treffliche Ausführung des Gedankens, dass
auf Jesus selbst weder Kirche, noch Cultus der Christenheit zurückgehen, dass
das von ihm gepredigte Reich Gottes weder Staat, noch Kirche ist, gleichwohl
aber seine Gläubigen sowohl vom heidnischen Staat wie von der jüd. Kirche genöthigt wurden, ihr Gemeinschaftsleben in kirchl. Form zu führen, gibt H. Schultz,
Staat und Kirche in der Religionsgeschichte 1895, S. 11 f.

lichen Macht geworden war. Nicht mehr bloss in der Erinnerung
an die Ueberlieferung blieb der Christus den Seinigen erhalten, sondern die Kirche wurde erfüllt mit seinem göttlichen Wesen (s. oben
S. 416f), sie wurde zur Trägerin seines Bewusstseins, zur Ausrichterin
seines Willens, zur Fortsetzerin seiner Thaten. Nach dieser Seite
wird die Lehre von der Kirche schliesslich auch in Past durchgebildet
(s. II, S. 279f). Namentlich erscheint sie hier als Bewahrerin und
Hüterin der reinen Lehre, so dass mit dem Begriff des correcten Bekenntnisses und der Orthodoxie (s. II, S. 277f)[1] auch der, diese ergänzende, Begriff der Häresie in's Leben tritt (s. II, S. 221, 276f).
„Häretiker" (Tit 3 10 ἄνθρωπος αἱρετικός) ist, wer, statt der kirchl. Wahrheit Gehorsam zu leisten (s. II, S. 310), Gedanken über Gott und göttliche Dinge nach eigener Wahl und Neigung bildet, wozu sich leicht
der Trieb zur Absonderung und zum Parteitreiben hinzufindet (Rm
16 17 διχοστασίαι καὶ σκάνδαλα παρὰ τὴν διδαχήν, II Pt 2 1 ψευδοδιδά-
σκαλοι οἵτινες παρεισάξουσιν αἱρέσεις ἀπωλείας). Haftet so an der Häresie
der Charakterzug der unberechenbaren Subjectivität, so nimmt jetzt
die Kirche, unter Ausschluss des individuellen Beliebens in der
Ausdeutung und Zurechtlegung der christl. Wahrheit, den Charakter
einer Heilsanstalt an, welche an feste, zu ihrem Schutze aufgerich-
tete, Formen selbst gebunden ist und ihre Angehörigen bindet. Die
Kirche in Past ist schon eine ausschliessliche Gemeinschaft des religiösen Lebens, eine Anstalt zur Pflege des christl. Glaubens und der
christl. Sitte mit festen, greifbaren Normen, an deren Einhaltung und
Beobachtung der Heilsbesitz des einzelnen Christen sich knüpft. Die
Verfassung ist bereits auf dem Wege, eine monarchische, bischöf-
liche, zu werden[2]. Die an Past unmittelbar anschliessenden Ignatius-
briefe feiern den Bischof als den Repräsentanten des Christus in der
Einzelgemeinde. Nur wo der Bischof ist, da ist christl. Gemeinde,
christl. Cultus, wirksames Gebet. Der Bischof ist der Schützer und
Hort der Glaubensregel, der geisterfüllte Träger der ächten apostol.
Tradition. Nur auf die durch den Episkopat gesicherte Lehreinheit
gründet sich für den Einzelnen der persönliche Heilsbesitz. Jedoch ist
der Bischof immer noch kein Priester, kein Nachfolger der Apostel,

---

[1] Sehr Anfechtbares hierüber s. bei C. CLEMEN, NKZ 1885, S. 336: „Wir
können mit grösster Wahrscheinlichkeit behaupten, dass schon Pls eine zwei-
gliedrige Formel kannte, die von Christo aussagte: gestorben, begraben, am
dritten Tage auferstanden, sitzend zur Rechten Gottes und uns vertretend, während
spätestens in den achtziger Jahren auch noch die Hades- und Himmelfahrt, sowie
die Wiederkunft zum Gericht über Lebendige und Todte hinzugekommen war."
[2] H. HOLTZMANN, Die Pastoralbriefe 1880, S. 211, 221f, 224f. JEAN RÉVILLE,
Les origines de l'épiscopat 1894, S. 304f, 502.

kein Träger der Tradition, wie er dies Alles schon bei Irenäus ist,
für welchen die kirchl. Wahrheit bereits mit der Autorität der Aeltesten und Bischöfe steht und fällt. War damit der jüd. Gedanke der
Hierarchie, des Gottesstaates im Weltstaat, wiederholt, so war dies
doch auf dem viel breiteren Boden der Völkerwelt und durch Mittel
bewerkstelligt, wozu die Errungenschaften der alten Philosophie,
späterhin sogar auch das heidnische Pantheon und der röm. Instinct
der Weltherrschaft noch viel mehr Beiträge liefern sollten, als das
AT und das Judenthum. Besonders auf einem wichtigen Punkte ragen
in dieser Beziehung die Anfänge des kathol. Kirchenbegriffs, zumal
die specifisch kirchl. Auffassung des Vollzugs religiöser Processe, in
der neutest. Sphäre hinauf. Im Verlaufe des 2. Jahrh. machte sich
immer mächtiger der Einfluss der als Genossenschaften organisirten
fremden Culte geltend, welche in der Kaiserzeit das Ansehen der
Staatsreligion weit überstrahlten und bald zur religiösen Leidenschaft
des absterbenden Heidenthums werden sollten. Mit ihnen rivalisirte
das aufstrebende Christenthum; Zeuge dessen ist sein Cultus, vor
Allem der Mittelpunkt desselben, das eigentliche Mysterium, das
Sacrament. Dieses bildet so recht die stehen gebliebene Erinnerung
an die Geburtsstunde der Kirche im Zeitalter der Mysterienreligion
(s. oben S. 384, 387, 479 und II, S. 178 f, 186, 237 f, 509 f).

Dies die kathol. Kirche, d. h. die Gestalt, in welcher das Christenthum uns begegnet bei Irenäus, Tertullian, Clemens, in Verfassung,
Lebenssitte, Lehre etwas ganz Neues im Vergleich mit den Messias-
gemeinden der apostol. Zeit und ihrem Glaubenskreis. Diese Kirche,
für welche das ursprüngliche Christenthum in seiner geschichtlichen
Gestalt nur noch von der feststehenden Voraussetzung ihrer eigenen
absoluten Existenzberechtigung ein Gegenstand des Erkennens, eben
darum aber auch schon so gut wie unverständlich geworden war, nimmt
die Arbeit des theol. Denkens, die dogmatische Durcharbeitung und
Darstellung des christl. Princips, auf und führt sie in zwei grossen
Ansätzen, welche die Periode der christl. Weltgeschichte bilden, derjenigen Vollendung zu, welche eben unter den Bedingungen eines dogmatischen Denkens erreichbar war. Im Wesentlichen hat sie ihre
Physiognomie seither überhaupt nicht mehr geändert, und selbst innerhalb des Protestantismus macht sich, je länger je mehr, trotz der
theoretischen Verwerfung des Traditionsprincips eine von praktischen
Trieben und Bedürfnissen geleitete Strömung geltend, welche den,
nach urchristl. Idealen zurückstrebenden, altprotest. Kirchenbegriff auf
den altkathol. zurückzubilden sucht, wie er wenigstens in den späteren
Schriften des NT schon angebahnt erscheint. Auf das ganze NT en

bloc vermag sich bei einer solchen Sachlage keine der bestehenden
Kirchenlehren zu berufen, und auch das Schriftprincip des Protestantismus gewinnt Sinn und Verstand, innere Haltbarkeit und äussere
Anwendbarkeit nur in dem Maasse, als es nach den fortschreitenden Ergebnissen der historischen Kritik, der Exegese, der bibl. Theologie umgebildet, dem alexandrinischen Dunstkreis, in den seine Vorgeschichte zurückreicht, definitiv entrückt und auf ein der geschichtlichen Tageshelle allenthalben zugängliches Niveau gestellt wird.